Computational Finance

Computational Finance

Eine Matlab, Octave und Freemat basierte Einführung

Thorsten Poddig **Armin Varmaz** **Christian Fieberg**

2. Auflage

BOD – Books on Demand

Bibliografische Information der Deutschen Nationalbibliothek:
Die Deutsche Nationalbibliothek verzeichnet diese Publikation in der Deutschen Nationalbibliografie; detaillierte bibliografische Daten sind im Internet über http://dnb.dnb.de abrufbar.

Herstellung und Verlag: BoD – Books on Demand, Norderstedt
ISBN: 978-3-7347-5476-0

Vorwort

Das vorliegende Buch „Computational Finance: Eine Matlab, Octave und Freemat basierte Einführung“ richtet sich als primäre Zielgruppe an Studierende im fortgeschrittenen Bachelorstudium von Studiengängen wie Volks- und Betriebswirtschaftslehre, Wirtschaftsinformatik, Wirtschaftsingenieurwesen, Informatik oder ähnlich gelagerten Studiengängen, in welchen mit Hilfe computergestützter Verfahren Fragen der (empirischen) Finanzwirtschaft untersucht werden. Die Einschränkung auf „Finanzwirtschaft“ ist dabei dem inhaltlichen Anwendungsbezug geschuldet. Tatsächlich sind die in diesem Buch vermittelten (methodischen) Grundlagen universell anwendbar. Sie können nicht nur auf Fragestellungen der empirischen Wirtschaftsforschung allgemein, sondern auch auf artverwandte Gebiete angewandt werden, die inhaltlich ähnlich gelagerte Problemstellungen besitzen. Die Ausdehnung der hier vermittelten Methoden und Werkzeuge auf Fragen z.B. der Sozial- oder Politikwissenschaften, Ingenieurwissenschaften oder Naturwissenschaften erscheint auch nicht ungewöhnlich. Leser, die originär aus anderen Fachgebieten kommend auf dieses Buch stoßen, sind herzlich eingeladen, den hier präsentierten finanzwirtschaftlichen Beispielen zu folgen und auf Übertragbarkeit zu prüfen.

Neben Studierenden aus dem (fortgeschrittenen) Bachelorstudium als primäre Zielgruppe mag dieses Einführungswerk aber genauso für Masterstudierende im Eingangsstudium oder Berufspraktiker geeignet sein. Als Grundlagenwerk ist es unser primärer Anspruch, die Umsetzung von Methoden des Computational Finance „von Grund auf“ zu vermitteln. Die (primäre) Zielsetzung dieses Buches ist es nicht, eine anwendungsorientierte Einführung in den Umgang mit ausgearbeiteten Programmbibliotheken zu liefern, die „nur“ noch zusammengesetzt werden müssen, ohne dass ein tieferes Verständnis dafür entsteht, wie die dafür erforderlichen Algorithmen aussehen, wie diese zu programmieren sind und auf welchen methodischen Grundlagen diese überhaupt basieren. Dieser Hinweis ist entscheidend für die Konzeption dieses Buches, denn sonst wäre die Frage berechtigt, warum sehr umfassend Implementationen grundlegender Verfahren behandelt werden, für die doch längst leistungsfähige Programmbibliotheken vorhanden sind, die doch eigentlich nur „zusammengeklickt“ werden müssen. Die grundlegende Auffassung hinter diesem Einführungswerk ist es, dass das „Zusammenklicken“ vorgefertigter Bibliotheken früher oder später sein Ende findet. Weitergehende Forschung erfordert dann das „Selbermachen“. Und lässt sich dieses nicht am besten dadurch erlernen, in dem bereits Bekanntes repliziert wird? Jeder große Architekt wird damit begonnen haben, bestehende Konstruktionen zu verstehen und nachzubauen. Eben dies ist die Idee dieses Buchs. Dies sei nicht missverstanden: Wir halten die Verwendung bestehender Programmbibliotheken für sehr sinnvoll und jedes Mal das Rad neu zu erfinden, wäre töricht. Aber es ist lehrreich, einmal ein Rad gebaut zu haben.

Als Programmierwerkzeug-Familie haben wir für dieses Einführungswerk die kommerzielle Programmierumgebung Matlab[1] sowie dessen Open-Source-Klone Octave und Freemat ausge-

[1] Matlab® ist eingetragenes Warenzeichen von The Mathworks, Inc. Wir werden im weiteren Verlauf

wählt. Eine Alternative wäre auch das Open-Source-Projekt R gewesen, wobei wir für die hier gewählte „Familie" folgende Vorteile sehen: Diese besteht aus einem kommerziellen Vertreter, für welchen professioneller Support und Bibliotheken verfügbar sind, soweit dies gewünscht und bezahlt wird. Zugleich existiert mit Octave ein aus unserer Sicht in vielen Belangen ebenbürtiger Open-Source-Klon, der es Anhängern von Open-Source ermöglicht, alle Aufgabenstellungen und Beispiele dieses Buchs ohne Rückgriff auf ein kommerzielles Softwareprodukt nachzuarbeiten. Dieselbe Möglichkeit bietet im Prinzip auch Freemat, ein weiterer Open-Source-Klon, der aber nicht an die Leistungsfähigkeit von Octave heranreicht.[2] Die Beispiele dieses Buches sind daher nur teilweise und eingeschränkt unter Freemat zu bearbeiten. Dennoch hat der Leser dieses Buchs die völlige Freiheit sich beim Nacharbeiten zu entscheiden, ob dies mit Hilfe eines kommerziellen oder Open-Source-Werkzeuges erfolgen soll. Jede dieser Alternativen hat Vor- und Nachteile, aber diese Wahlfreiheit erscheint uns attraktiv.

Zentral für das Buch sind die umfangreichen Beispiele und Fallstudien, die aus Platzgründen nicht mit abgedruckt werden konnten. Alle Beispiele, Fallstudien, Demoskripte, Funktionen und Daten (soweit wir diese frei bereitstellen dürfen) sind als Begleitmaterial unter der URL

`www.computational-finance.de`

zum kostenlosen Download abrufbar. Alle Programmcodes stehen unter der GNU Public License Version 3 (oder höher). Daneben findet sich auf dieser Webseite weiteres Begleitmaterial. Dies sind die als PDF zu einem `Booklet` gebundenen Programmcodes zum Lesen oder Ausdrucken (in zwei Versionen, ein Matlab- und ein Octave-Booklet). Auch Fehlerkorrekturen, Erweiterungen oder Auszüge zukünftiger Auflagen des Buches werden auf dieser Webseite bereitgestellt. Schlussendlich besteht auch die Möglichkeit, dieses Buch selber online auf der Webseite zu lesen.

Über Anregungen und Kritik zu diesem Buch, auch über Hinweise auf Entwicklungsmöglichkeiten oder Wünsche für zukünftige Auflagen freuen wir uns sehr, welche sich auch auf der o.g. Webseite eintragen lassen. Wir wünschen allen Lesern viel Spaß bei der Lektüre dieses Buches.

Zum Schluss gilt unser Dank allen unmittelbar oder mittelbar von diesem Buchprojekt betroffenen Leidtragenden. Wir sehen bewusst davon ab, einzelne Betroffene namentlich hervorzuheben, bedanken uns aber ganz aufrichtig bei unseren Familien, Mitarbeitern und Kollegen. Jeder von ihnen hat uns in diesem langwierigen Projekt unterstützt; sei es durch Korrekturlesen, Beantwortung fachlicher Fragen oder schlichtweg durch das Ertragen schlechter Laune. Ebenfalls sei ganz herzlich dem gesamten Team vom Uhlenbruch Verlag GmbH und dem Verlag selber gedankt, der dieses Buchprojekt über den langen Vorlaufzeitraum stets mit Geduld und Hilfestellung begleitet hat.

---

dieses Buches zur Vereinfachung „Matlab" ohne Hinweis auf das eingetragene Warenzeichen verwenden. Octave und Freemat sind freie Software unter der GNU General Public Licence, Version 3. Octave ist erhältlich unter der URL `https://www.gnu.org/software/octave/index.html`, Freemat unter `http://freemat.sourceforge.net`.

[2] Freemat bietet gegenüber Octave andere Vorzüge, wie z.B. eine stabile grafische Benutzeroberfläche sowie leichter bedienbare und platformübergreifende Installationspakete für Windows, Mac OS und Linux. Die Installation von Octave kann dagegen im konkreten Anwendungsfall manchmal sehr „hakelig" sein.

Inhaltsverzeichnis

Abbildungsverzeichnis

Tabellenverzeichnis

Verzeichnis der Quellcodes

1. Einleitung

1.1. Computational Finance als Entscheidungslehre

Der Begriff des *Computational Finance* (CF) findet sich weit verbreitet im internationalen Schrifttum, ohne dass immer ganz genau klar ist, was hierunter verstanden werden soll. Insbesondere geht es auch um die Frage, ob hiermit eine eigenständige wissenschaftliche Teildisziplin gemeint ist, oder ob es sich nur um eine spezifische Ausrichtung innerhalb einer übergeordneten Disziplin handelt. Eine oftmals vorzufindende Sichtweise versteht unter CF - explizit oder implizit - den computergestützten Einsatz von Methoden der Statistik, Optimierung, Ökonometrie und Simulation zur Modellierung, Analyse und Lösung finanzwirtschaftlicher Entscheidungsprobleme. Hier wird stark der Methodenbezug in den Vordergrund gestellt, also CF stark in die Nähe von Operations Research und Computational Statistics gerückt. Tatsächlich besitzt CF viele eng verwandte Nachbardisziplinen, die näher in Kapitel 1.5 vorgestellt werden. Eine Sichtweise, welche tendenziell die Methodenorientierung in das Zentrum der Betrachtungen stellt, findet sich z.B. bei GILLI et al. (2011). Aus vorstehender (vorläufiger) Definition können aber 3 Dimensionen von CF - die finanzwirtschaftlichen Entscheidungsprobleme (Kapitel 1.2), die Methoden (Kapitel 1.3) und die Werkzeuge zum computergestützten Einsatz (Kapitel 1.4) - abgeleitet werden. Auf diese drei Dimensionen von CF wird in den nachfolgenden Kapiteln noch tiefer eingegangen.

Bei der Beschäftigung mit CF kann ein Aspekt besonders in den Fokus gerückt werden. Wir verstehen CF v.a. in der Tradition der entscheidungsorientierten Betriebswirtschaftslehre. Nach HEINEN (1991) bestehen die zentralen Aufgaben der entscheidungsorientierten Betriebswirtschaftslehre in der Erklärung und Gestaltung von (betrieblichen) Sachverhalten. Aufgrund der Orientierung von CF auf finanzwirtschaftliche Fragestellungen sind hier primär Sachverhalte aus der Finanzwirtschaft gemeint. Erklärung bedeutet im Wissenschaftsprogramm der entscheidungsorientierten Betriebswirtschaftslehre dabei, Gründe für das Auftreten von Phänomenen zu benennen. Unter Gestaltung versteht sie die Aufgabe, Menschen bei der Lösung ihrer ökonomischen Probleme unmittelbare Hilfestellung zu geben.[1] Zentral für das Wissenschaftsprogramm der entscheidungsorientierten Betriebswirtschaftslehre ist der ihr zugrunde liegende Systemansatz.[2] Daraus ergeben sich vielfältige Implikationen, die hier aus Platzgründen nicht alle entwickelt werden sollen.[3] Für unsere Sichtweise auf CF ist aber insbesondere das Grundmodell eines kybernetischen Systems hervorzuheben.[4] Obgleich diese Sichtweise sich nach

---

[1] Siehe HEINEN (1991).

[2] Siehe HEINEN (1991).

[3] Vgl. hierzu in HEINEN (1991) das Kapitel *Industriebetrieb als Erfahrungsobjekt*, dort: *Der Industriebetrieb als System.*

[4] Vgl. hierzu in HEINEN (1991), Abschnitt b: *Das kybernetische System als Grundmodell.*

heutigem Forschungsstand moderner formulieren ließe, bringt sie eine wichtige Einsicht zum Ausdruck: Betriebswirtschaftliche (hier primär betrachtet finanzwirtschaftliche) Entscheidungen vollziehen sich in einem komplexen soziotechnischen System, welches sich durch Steuerungs- und Regelkreisläufe auszeichnet (siehe dazu z.B. den Portfoliomanagementprozess, dargestellt in Kapitel 1.2.3). Im Fokus eines entscheidungsorientierten CF stehen also (finanzwirtschaftliche) Entscheidungen mit Bezug auf ein unterliegendes finanzwirtschaftliches System. Dies betrifft i.d.R. Geschäftsprozesse (siehe dazu ausführlicher Kapitel 1.2) innerhalb von Finanzbetrieben oder finanzwirtschaftliche Prozesse nicht-finanzieller Unternehmen. Da die Erklärungsfunktion ebenfalls zentral für das Wissenschaftsprogramm der entscheidungsorientierten Betriebswirtschaftslehre ist, erstreckt sich der Fokus von CF auch auf die Analyse, Modellierung und Erklärung finanzwirtschaftlicher Marktprozesse. Beispielhaft zu nennen sind hier Fragestellungen der empirischen Kapitalmarktforschung oder die Untersuchung von Finanzmarktprozessen mittels Finanzmarktsimulation durch Multi-Agentensysteme.

Unter Berücksichtigung des Ansatzes der entscheidungsorientierten Betriebswirtschaftslehre erweitern wir damit für Zwecke dieses Buches die methodenorientierte Definition von CF wie folgt: Computational Finance ist auch die Entwicklung computerbasierter Modelle von komplexen realen finanzwirtschaftlichen Systemen und das Experimentieren mit diesen Modellen mit dem Zweck, Aussagen über das Verhalten des realen Systems im Zeitablauf treffen und damit finanzwirtschaftliche Entscheidungen unterstützen zu können.

Die Bedeutung dieser stärker anwendungsorientierten Sichtweise von CF, die weit über die traditionelle Operations-Research-Orientierung hinausgeht, soll wegen ihrer besonderen Stellung näher entwickelt und hervorgehoben werden: Finanzwirtschaftliche Entscheidungsprobleme sind vielfach - wie beschrieben - gleichbedeutend mit dem Denken, Handeln und Entscheiden (also dem „Management") in komplexen Systemen. Gemäß DÖRNER (2000) ist ein System „... eine Menge von Variablen, die durch ein Netzwerk von kausalen Abhängigkeiten miteinander verbunden sind".[5] Als Komplexität[6] wird dabei die sich im Zeitablauf ändernde Anzahl und Verschiedenartigkeit der Elemente und Beziehungen des Systems bezeichnet. Nach FORRESTER (1974) ist der Umgang mit komplexen Systemen vor allem deshalb problematisch, weil (1) Ursache-Wirkungsbeziehungen nicht offensichtlich sind, (2) langfristige und kurzfristige Wirkungen von Entscheidungen nicht gleich sein müssen und (3) sich die Sensitivität von Entscheidungsparametern nur schwer bestimmen lässt. Soziotechnische Systeme wie Kapitalmärkte werden neben ökologischen und sozialen Systemen als komplex eingestuft.[7] Nach DICHTL (2001) handelt es sich bei Kapitalmärkten um sehr komplexe Gebilde, welche aus dem Zusammenwirken einer Vielzahl einzelner, nicht zwangsläufig offensichtlicher Faktoren entstehen.[8] Entscheidungen im Finanzbetrieb, welche den Entwicklungen an den Kapitalmärkten laufend Rechnung tragen müssen, können als Systeme verstanden werden, welche an das Realsystem Kapitalmärkte angekoppelt sind.

Die Ableitung konkreter Gestaltungs- und Handlungsempfehlungen zur Beantwortung finanz-

[5] Vgl. DÖRNER (2000), S. 109.

[6] Zur Komplexität vgl. PROBST und ULRICH (1988), S. 57-59.

[7] Vgl. BEER (1959), S. 27ff.

[8] Vgl. DICHTL (2001), S. 36.

wirtschaftlicher Fragestellungen bzw. zum Management komplexer Systeme erweist sich als schwierig, da Menschen im Umgang mit komplexen Systemen systematisch Fehler begehen. Dies zeigen Psychologen wie Dörner in Experimenten. Danach werden vor allem die vermeintlichen Hauptwirkungen von Entscheidungen berücksichtigt, Nebenwirkungen von Entscheidungen jedoch vernachlässigt oder erst gar nicht erkannt. Zudem erfolgt häufig eine Konzentration auf Teilprobleme des Gesamtproblems. Dabei handelt es sich zumeist um diejenigen Teilprobleme, welche in der Tendenz einfach zu lösen und für den Zielerreichungsgrad der das Gesamtproblem betreffenden Entscheidung nur von untergeordneter Bedeutung sind. Die von Dörner festgestellten Fehler im Zusammenhang mit dem Management komplexer Systeme wurden sowohl von Laien als auch von Experten begangen. Da Expertenwissen demzufolge kein probates Mittel im Umgang mit komplexen Systemen ist, stellt sich umso stärker die Frage nach konkreten Gestaltungs- und Handlungsempfehlungen in derartigen Entscheidungssituationen. Eine besondere Herausforderung von (Computational) Finance im Zusammenhang mit der Beantwortung finanzwirtschaftlicher Fragestellungen besteht damit auch darin, Menschen Empfehlungen und Vorgehensweisen zum Umgang mit dem komplexen System Kapitalmarkt oder angekoppelten Systemen zu geben.

Es stellt sich also die Frage, wie Fehler im Umgang mit komplexen Systemen vermieden werden können. SCHMIDT (1992) nennt zwei grundlegende Anforderungen, welche an ein geeignetes Paradigma zum Management komplexer Systeme zu stellen sind.[9] Erstens ist die Komplexität als ein allgegenwärtiges Phänomen anzuerkennen und zu akzeptieren. Zweitens müssen Einsichten in die komplexen Zusammenhänge gewonnen werden. Auf diese beiden Anforderungen Bezug nehmend fordert DICHTL (2001), dass ein erfolgreiches Management komplexer Systeme sich durch eine ganzheitliche (auch „holistische“), methodisch unterstützte Sichtweise auszeichnen muss, welche explizit auf das Verständnis von Zusammenhängen und Interdependenzen abstellt.[10] Einen Anknüpfungspunkt hierzu bietet die Systemforschung, die als zentrale Basis der entscheidungsorientierten Betriebswirtschaftslehre zugrunde liegt. Diese beschäftigt sich mit der Modellierung komplexer soziotechnischer Systeme unter Berücksichtigung einer ganzheitlichen Sichtweise unter der Zwecksetzung der Entscheidungsunterstützung.[11] Entsprechend muss auch Computational Finance mehr als der computerbasierte Einsatz von quantitativen Methoden in der Finanzwirtschaft sein. Es muss einen Beitrag zur Analyse, Modellierung und Erklärung (finanzwirtschaftlicher) Systeme leisten. Zur Modellierung von Systemen kommen in der Systemtheorie grundsätzlich zwei Modellarten in Frage, analytische Modelle und Simulationsmodelle. Analytische Modelle zeichnen sich dadurch aus, dass die Modellierung durch eine mathematisch geschlossene Formulierung erfolgen kann. Für die ganzheitliche Modellierung komplexer Systeme kann in aller Regel keine mathematisch geschlossene Formulierung gefunden werden, sodass anstelle analytischer Modelle Simulationsmodelle zum Einsatz kommen. Simulationsmodelle werden auch im Operations Research allgemein oder in Computational Statistics eingesetzt. Der zentrale Unterschied beim CF besteht nun darin, dass nicht die Methodik, sondern die finanzwirtschaftlichen Entscheidungsprobleme und die Nutzung von Simulationen

[9] Vgl. SCHMIDT (1992), S. 22-23.

[10] Vgl. DICHTL (2001), S. 50-51.

[11] Vgl. DICHTL (2001), S. 61-66.

zur Entscheidungsunterstützung im Mittelpunkt der Betrachtungen stehen. Simulationsmodelle ermöglichen in diesem Kontext die Verknüpfung verschiedener Einzelmodelle, sodass komplexe Sachverhalte und Interdependenzbeziehungen abgebildet und analysiert werden können. Unter Berücksichtigung der Zwecksetzung ermöglichen Simulationsmodelle die Gewinnung von Einsichten bezüglich verschiedener Fragestellungen, wie z.B.:[12]

- Welche Variablen sind im untersuchten System von besonderer Relevanz?
- Wie robust erweisen sich die erzielten Ergebnisse hinsichtlich der Wahl der Variablen?
- Welche Ergebnisse sind in Extremszenarien zu erwarten?

In Anlehnung an BAETGE und FISCHER (1989) kann die Systemforschung bzw. die Modellierung komplexer Systeme in vier Schritten durchgeführt werden:[13]

- Zerlegung des Systems in seine Elemente: In einem ersten Schritt ist das interessierende System von den sog. Umsystemen abzugrenzen sowie Eingangs- und Ausgangsgrößen festzulegen. Im zweiten Schritt wird das interessierende System selbst mit seinen Elementen bzw. Komponenten schrittweise disaggregiert bzw. zerlegt.
- Bildung von Modellelementen: Nachdem das Gesamtsystem in Systemkomponenten zerlegt ist, sind für alle Systemkomponenten geeignete Modelle auszuwählen.
- Zusammenfassung der Modellelemente zum Gesamtmodell: Die ausgewählten Einzelmodelle zur Abbildung der einzelnen Systemkomponenten sind nun zum Gesamtmodell zusammenzufassen.
- Modellgestützte Experimente und Untersuchungen: Ist das Gesamtmodell erstellt, können zur Gewinnung der oben genannten Einsichten Experimente und Untersuchungen durchgeführt werden.

Nach der hier entwickelten Auffassung hat CF drei zentrale Dimensionen: (i) Finanzwirtschaftliche Entscheidungen und Prozesse, (ii) Methoden und (iii) Werkzeuge.

- Finanzwirtschaftliche Entscheidungen und Prozesse stellen den Zweckbezug von CF an den Anfang aller Betrachtungen. Welches sind die relevanten Entscheidungen, bezüglich derer CF mit seiner Erklärungs- und Gestaltungsfunktion helfen soll? Diese Entscheidungen sind dabei untrennbar mit dem unterliegenden oder umgebenenden (finanzwirtschaftlichen) System verbunden, welches durch sich darin vollziehende, zentrale Prozesse gekennzeichnet ist. Entscheidungen beziehen sich auf diese Prozesse.
- Methoden sind zentral zur Analyse, Modellierung und Erklärung (u.A. durch Simulation) derartiger finanzwirtschaftlicher Systeme, um darauf basierend zweckdienliche Entscheidungen abzuleiten. In Übereinstimmung mit der Literatur zum CF betonen wir die besondere Stellung der methodischen Sichtweise auf CF. Sie alleine greift jedoch zu kurz.

[12] Die Ausführungen folgen hier DICHTL (2001), S. 80-81.

[13] Vgl. BAETGE und FISCHER (1989), Spalte 1947.

- Zur Umsetzung der Methoden sind schließlich Werkzeuge notwendig; dies betrifft also die „handwerkliche“ Perspektive des CF. Auch diese Perspektive wird mitunter gering geschätzt, da sich hier selten „akademische“ Herausforderungen bieten. Gleichwohl kann die Erklärungs- und Gestaltungsaufgabe des CF nur dann ausgefüllt werden, wenn der dafür notwendige Umgang mit den einschlägigen Werkzeugen gelingt.

Nach der Darlegung und Begründung des diesem Buch zugrunde liegenden Grundverständnisses von CF entwickeln die folgenden Kapitel der Einleitung diese Auffassung systematisch weiter und adressieren vertieft die o.g. drei zentralen Dimensionen.

1.2. Finanzwirtschaftliche Entscheidungsprobleme und Prozesse

1.2.1. Übersicht

Die Lösung finanzwirtschaftlicher Entscheidungsprobleme ist - wie oben ausgeführt - vielfach gleichbedeutend mit dem Management komplexer Systeme. Finanzwirtschaftliche Entscheidungen im Finanzbetrieb, welche den Entwicklungen an den Kapitalmärkten laufend Rechnung tragen müssen, sind mittelbar oder unmittelbar an das Realsystem Kapitalmärkte angekoppelt. Dies betrifft nicht nur Fragestellungen aus der Praxis, sondern auch aus der Wissenschaft. Praxisorientierte Applikationen des CF finden sich dabei insbesondere, aber nicht ausschließlich, im Asset-, Kredit- und Risikomanagement sowie im Financial Engineering. Einige Beispiele sind hier etwa:

- Modelle zur Risikoanalyse, Risikobewertung und Risikomanagement.
- Steuerung von Portfolios, Portfolioplanungs- und Allokationsmodelle.
- Handelsmodelle und Handelssimulationen.
- Modellierung von Finanzmärkten und Finanzprognosen.
- Performancemessung und Performanceanalyse.
- Kreditrating und Kreditrisikomanagement.
- Bewertung von (komplexen) Finanzprodukten.

Für derartige Applikationen werden entsprechende, spezifische Verfahren und Algorithmen benötigt. Diese müssen nicht originär mit Hinblick auf finanzökonomische Anwendungen entwickelt worden sein. Sie sollten aber hierfür eine besondere Tauglichkeit aufweisen, z.B. indem der zugrunde gelegte Problemtyp sehr repräsentativ für finanzökonomische Anwendungen ist. Neben der Lösungsorientierung auf praktische (Entscheidungs-) Probleme besitzt CF ebenso eine klare akademische Ausrichtung, in dem es als spezifische Forschungsmethodik (methodische Sichtweise des CF) helfen soll, aktuelle Forschungsfragen der Finanzökonomie zu bearbeiten. Aus der

Perspektive der entscheidungsorientierten Betriebswirtschaftslehre geht es in der akademischen Forschung um die Ausfüllung der Erklärungsfunktion, welche der späteren (praktischen) Gestaltungsfunktion vorgelagert ist. Auch hier sollen nur einige beispielhaft genannte Forschungsfelder diesen Fokus illustrieren:

- Untersuchung und vergleichender Test finanzierungstheoretischer Modelle, z.B. von Allokationsmodellen.
- Modellierung und Prognose von Finanzmärkten mit modernen Methoden, z.B. Neuronale Netze.
- Bewertung komplexer Finanzprodukte unter realitätsnahen Annahmen, z.B. mit Hilfe von Simulationstechniken.
- Simulation der Marktmikrostruktur (z.B. Multi-Agentensysteme), um z.B. Preisbildungsprozesse zu untersuchen.

Unzweifelhaft ist die moderne finanzökonomische Forschung heute ohne den Einsatz computergestützter Methoden nicht mehr denkbar, genauso wie die Anwendung moderner finanztheoretischer Konzepte und Modelle in wissenschaftlichen Studien und in der Praxis ohne CF unmöglich erscheint. Insofern kann CF als „Schlüssel" moderner finanzwirtschaftlicher Forschung und Praxis angesehen werden.

Die Ableitung konkreter Gestaltungs- und Handlungsempfehlungen zur Analyse und ggf. Lösung der oben exemplarisch skizzierten finanzwirtschaftlichen Entscheidungsprobleme bzw. zum Management komplexer Systeme erweist sich als schwierig, da Menschen im Umgang mit komplexen Systemen systematisch Fehler begehen (siehe Kapitel 1.1). Entsprechend ist Computational Finance mehr als der computerbasierte Einsatz von Methoden der Statistik, Optimierung, Ökonometrie und Simulation zur Beantwortung vereinfachter, von der Realität abstrahierender Fragestellungen. Computational Finance ist nach unserer Auffassung insbesondere auch die Entwicklung computerbasierter Modelle des komplexen Systems Kapitalmärkte oder angekoppelter Systeme und das Experimentieren mit diesen Modellen mit dem Zweck, Aussagen über das Verhalten des realen Systems im Zeitablauf treffen und damit komplexe finanzwirtschaftliche Entscheidungen unterstützen zu können. Die Modellierung kann dabei in vier Schritten durchgeführt werden (siehe Kapitel 1.1):

- Zerlegung des Systems in seine Elemente.
- Bildung von Modellelementen.
- Zusammenfassung der Modellelemente zum Gesamtmodell.
- Modellgestützte Experimente und Untersuchungen.

Wie die Modellierung im Einzelfall aussieht, hängt vom konkret betrachteten System ab. Für dieses Buch sind zwei finanzwirtschaftliche Entscheidungsprobleme (und damit unterliegende finanzwirtschaftliche Kontroll- und Regelsysteme) von besonderer Bedeutung - das Portfoliomanagement (auch als Asset Management bezeichnet) und das Risikomanagement. Unsere Betrachtungen hinsichtlich der Modellierung dieser komplexen Systeme setzen an Schritt zwei des oben vorgestellten Ablaufschemas der Systemforschung an. Die Zerlegung der Entscheidungsprobleme in seine Elemente selbst würde den Rahmen der hier angestrebten Betrachtungen übersteigen und ist jeweils Gegenstand eigenständiger Werke. Insofern wird in diesem Buch auf bereits bestehende Zerlegungen der Entscheidungsprobleme Portfoliomanagement und Risikomanagement aus der Literatur zurückgegriffen. Aufgrund der Bedeutung von Schritt eins für die gesamte Modellierung erscheint jedoch die Formulierung einiger allgemeiner Hinweise angebracht. Unter Berücksichtigung der Zwecksetzung konkrete Gestaltungs- und Handlungsempfehlungen zur Beantwortung finanzwirtschaftlicher Fragestellungen bzw. zum Management komplexer Systeme abzuleiten, ist es sinnvoll, das betrachtete Entscheidungsproblem zunächst als Entscheidungsprozess aufzufassen und in die Phasen Planung, Realisation und Kontrolle zu unterteilen. Aufgaben innerhalb dieser Phasen können als Teilprozesse des gesamten Entscheidungsprozesses aufgefasst werden. Ein Hilfsmittel zur Erfüllung dieser Aufgabe ist die Geschäftsprozessmodellierung. Auf letztere soll im Folgenden kurz eingegangen werden, bevor die für dieses Buch zentralen Entscheidungsprozesse Portfoliomanagement und Risikomanagement eingeführt werden.

1.2.2. Prozesse

Unter anderem beschäftigt sich die Geschäftsprozessmodellierung „mit der Dokumentation der betrieblichen Abläufe mit dem Ziel, sie einer inhaltlichen Diskussion zugänglich zu machen" (KRCMAR et al. (2010), S. 154). Der Dokumentationsfunktion der Geschäftsprozessmodellierung werden vielfältige Teilaufgaben beigemessen, von denen im Kontext des CF insbesondere zu nennen sind:

- Kenntnisse über Geschäftsprozesse: Im Asset- und Risikomanagement werden von den beteiligten Akteuren mitunter sehr komplexe Prozesse vollzogen, deren genaue Kenntnis dem Management mitunter in allen relevanten Details nicht bekannt ist. CF kann hier die Funktion der Dokumentation dieser Prozesse ausfüllen, wobei im Zuge der Dokumentation oftmals verborgenes Wissen der Mitarbeiter extrahiert und konserviert wird.

- Übertragbarkeit an andere Standorte, Organisationseinheiten oder Funktionsträger: Durch die Dokumentation dieser Prozesse wird die Übertragung auf andere Standorte (Filialen oder Niederlassungen im In- und Ausland), andere Unternehmenseinheiten, die artverwandte Prozesse vollziehen, oder auf neue Mitarbeiter erleichtert.

- Schulung von Mitarbeitern: Neben dem gerade genannten Aspekt kann eine Geschäftsprozessmodellierung im Zusammenhang mit dessen Simulation auch als wichtiges Schulungs- und Ausbildungsinstrument für neue Mitarbeiter fungieren.

- Erhalt des Wissens für die Organisation: Dieser Aspekt ist implizit in den vorhergehenden Punkten enthalten. Gegenüber einer „gewöhnlichen" Dokumentation in Form von schriftlichen Beschreibungen, Grafiken oder Handbüchern, können ergänzende Simulationsmodelle auch eine prozessuale Dokumentation darstellen.

Als Methoden der Geschäftsprozessmodellierung stehen vielfältige Ansätze und Techniken bereit. Diese reichen von einfachen schriftlichen Dokumentationen bis zu computergestützten, simulationsbasierten Methoden.[14] Kennzeichnend bei den spezifisch für die Prozessmodellierung entwickelten Techniken ist der Ansatz, möglichst umfassend die Struktur und Interaktion von Prozessen, Organisationseinheiten, Material- und Informationsflüssen, Ereignissen und Verantwortlichkeiten abbilden zu können. Die Modellierung kann sich auf die rein innerbetriebliche Perspektive beschränken, bei anderen Techniken auch darüber hinausgehen. Es handelt sich um sehr mächtige, allgemein gehaltene Modellierungsmethoden, die zudem keinen besonderen Typ von Unternehmen (z.B. Industrie- oder Handelsunternehmen) annehmen.

Für Unternehmen des finanziellen Sektors, insbesondere Banken, Versicherungen, Kapitalanlagegesellschaften oder Pensionsfonds, sind der Portfolio- und der Risikomanagementprozess zumindest zwei der *wichtigsten* Geschäftsprozesse zur Erreichung der Unternehmensziele. Daher sollten diese zentral im Fokus des Geschäftsprozessmanagements solcher Unternehmen stehen. Zugleich sind diese Prozesse durch ein hohes Maß an Komplexität gekennzeichnet, sodass sie in einem speziell betrachteten Unternehmen den dort handelnden Akteuren nicht unbedingt vollständig transparent sein müssen (Notwendigkeit der Dokumentation) und mögliche Anknüpfungspunkte für eine Verbesserung nicht offensichtlich sind.

Geschäftsprozessmodellierung und Computational Finance stehen also in engem Bezug zueinander. Während sich die Geschäftsprozessmodellierung allgemein mit der Dokumentation und Optimierung von Geschäftsprozessen jeglicher Art von Organisation beschäftigt, zielt der Fokus von CF auf finanzwirtschaftlich ausgerichtete Organisationen ab. „Geschäftsprozessmodellierung“ im CF ist völlig artverwandt zur allgemeinen Geschäftsprozessmodellierung, bedient sich dafür aber spezifischer Methoden und Werkzeuge. Zugleich kann die Modellierung im CF den Fokus der betrachteten Organisation verlassen und sich bis auf (Finanzmarkt-) Prozesse erstrecken. Obgleich die „klassische“ Geschäftsprozessmodellierung durchaus auf die Modellierung zwischenbetrieblicher Interaktionen abzielt, kann sich die Modellierung im CF bis auf komplexe Finanzmarktprozesse erstrecken. Demgegenüber ist auf den sehr eingeschränkten Anwendungsfokus von CF gegenüber der sehr viel allgemeiner gehaltenen Geschäftsprozessmodellierung hinzuweisen. Insofern kann CF auch als eine spezifische Ausgestaltungsform der Geschäftsprozessmodellierung aufgefasst werden.

Entscheidungen, Management komplexer Systeme und Geschäftsprozessmodellierung stehen also zueinander in einem engen inhaltlichen Bezug. Das nächste Kapitel betrachtet nun konkret den Portfolio- und Risikomanagementprozess.

1.2.3. Der Portfolio- und Risikomanagementprozess

Unter dem Begriff *Portfoliomanagement* kann die Gesamtheit aller Aufgaben verstanden werden, die im Zusammenhang mit Kapitalanlageentscheidungen zu bewältigen sind.[15] Ebenso findet sich dafür die synonyme Verwendung des Begriffes *Asset Management*, mitunter auch Unterscheidungen zwischen diesen beiden, die hier aber nicht von Bedeutung sind. Fasst man das Portfoliomanagement als einen typischen Entscheidungsprozess auf, können hier die Phasen

[14] Bei KRCMAR et al. (2010) findet sich eine kurze Zusammenstellung verschiedener Techniken zur Prozessmodellierung mit einfachen Beispielen.

[15] Vgl. SCHMIDT-VON RHEIN (1996), S. 13ff. oder PODDIG et al. (2009), S. 15ff.

Planung, Realisation und Kontrolle unterschieden werden. Im Kontext des Portfoliomanagements sind diesen verschiedene Bausteine oder Teilprozesse zugewiesen, wie es die nachfolgende Abbildung 1.1 illustriert.[16]

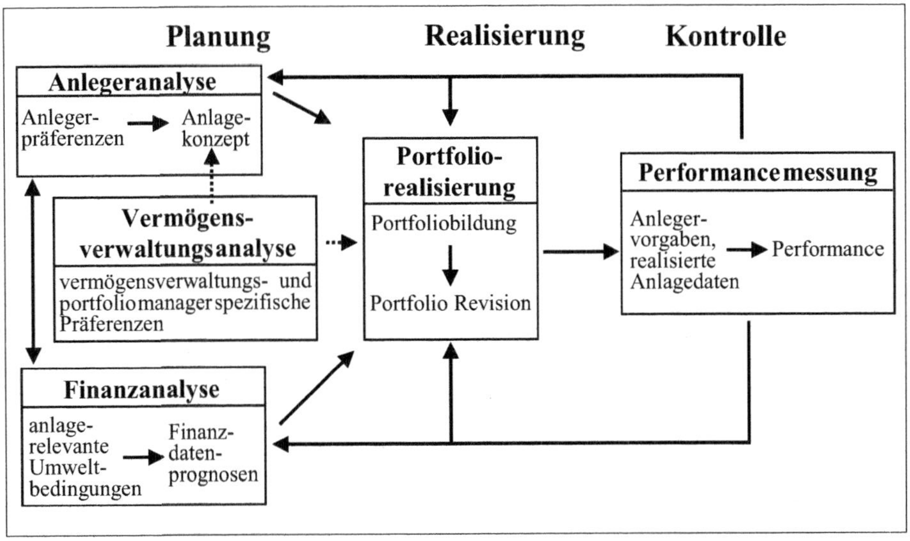

Abbildung 1.1.: Der Portfoliomanagementprozess

Die *Anlegeranalyse* dient als Ausgangspunkt, um die Rahmenbedingungen der Kapitalanlage festzustellen. Dazu gehören die Ziele und Präferenzen der Anlegerin sowie weitere zu beachtende Restriktionen. Die *Vermögensverwaltungsanalyse* dient vor allem im institutionellen Anlagemanagement bei Fremdverwaltung dazu, die geeignete Kapitalanlagegesellschaft und Portfoliomanager zu identifizieren. Im Rahmen der *Finanzanalyse* werden die anlageobjektbezogenen Informationen ermittelt, die für den weiteren Prozess der Kapitalanlage benötigt werden. Dies sind insbesondere Finanzmarktprognosen hinsichtlich der betrachteten Anlageobjekte, z.B. die Prognose der erwarteten Rendite und des zukünftigen Risikos. Die Informationen aus Anleger- und Finanzanalyse werden im Baustein der *Portfoliorealisierung* zusammengeführt. Auf Basis der Theorie der Portfolio Selection oder anderer geeigneter Portfolioplanungsmodelle wird hier das zu realisierende Portfolio (oder genauer: die Anteilsgewichte der Anlageobjekte im Portfolio) ermittelt. Nach der Implementation des Portfolios am Markt ist es Aufgabe der *Performanceanalyse*, den erzielten Anlageerfolg zu messen[17] und gegebenenfalls näher zu analysieren.

Der beschriebene Portfoliomanagementprozess wird über alle Prozessstufen hinweg vom

---

[16] Die Abbildung wurde bei SCHMIDT-VON RHEIN (1996), S. 14 entnommen.

[17] In der Abbildung 1.1 wird von Performancemessung gesprochen, die nur einen Teil der Performanceanalyse darstellt. Letztere umfasst neben der reinen Feststellung des Anlageerfolgs (Performancemessung) auch eine nähere Analyse, insbesondere im Hinblick auf die Erfolgsquellen (Performanceattribution). Wir wollen im Folgenden die umfassendere Performanceanalyse behandeln.

Kreislauf des *Risikomanagements* begleitet. Die Notwendigkeit einer Beschäftigung mit dem Risikomanagement ergibt sich aus der Problematik, überhaupt festzulegen, was unter Risiko zu verstehen ist und dann auch die adäquate Kennzahl zu identifizieren, das Risiko zu quantifizieren. Als Risikokennzahlen wird sowohl in der Praxis als auch in der akademischen Forschung eine breite Palette von Kennzahlen herangezogen, z.B. historische Standardabweichung, Beta (bzw. Faktorladung), Durationskennzahlen (für festverzinsliche Wertpapiere), Perzentile von Verteilungen etc. Mitunter werden Risikokennzahlen verwendet, die dem Risikoverständnis des Anwenders nicht Rechnung tragen. Im Rahmen des *Risikomanagementprozesses* sind allgemein die Phasen Risikoidentifikation, Risikomessung, Risikobewertung, Risikosteuerung und Risikokontrolle zu unterscheiden. Als Risikoidentifikation wird die fortlaufende Analyse der für die jeweilige Prozessstufe des Portfoliomanagements relevanten Risikoquellen und ihre Ordnung nach Risikoarten mit dem Zweck der Erstellung eines Risikoprofils bezeichnet. Nachdem die zentralen Risikoquellen determiniert sind, gilt es diese qualitativ und/oder quantitativ zu erfassen und zu bewerten. Hier stellen sich u.a. Fragen darüber, welche Messverfahren einzusetzen sind, über welchen Zeitraum die als relevant betrachteten Risiken zu messen sind und welche Umweltszenarien bei ihrer Messung berücksichtigt werden sollen. Ist ein Risiko identifiziert und quantifiziert, ist jede Risikoposition unter Berücksichtigung der verfolgten Risikostrategie zu bewerten. Hierbei gilt es die Relevanz gemessener Risiken einzuschätzen und die bedeutenden Risiken zu identifizieren. Beispielsweise sind Risikoprognosen, neben Renditeprognosen, zentrale Parameter in der Portfoliorealisierung und der Performanceanalyse. Steht die Einhaltung vom Risikolimiten im Vordergrund (sog. *Risikobudgetierung*), so ist v.a. auch zu prüfen, ob Toleranzschwellen um einen Risiko-Zielwert eingehalten werden oder nicht. Sind die Toleranzschwellen eingehalten, so kann auf Maßnahmen der Risikosteuerung verzichtet werden. Sofern Toleranzschwellen jedoch nicht eingehalten werden, sind entsprechende Maßnahmen einzuleiten. Welche Maßnahmen im Einzelfall einzuleiten sind hängt von dem jeweils betrachteten Risiko ab. Im Rahmen der Risikokontrolle werden die getroffenen risikostrategischen Entscheidungen und die ergriffenen Maßnahmen hinsichtlich ihrer Wirksamkeit analysiert.

Die im vorliegenden Buch betrachteten Verfahren und Anwendungsbeispiele lassen sich entlang der Prozesskette Finanzanalyse, Portfoliorealisierung und Performanceanalyse gruppieren.[18] Die methodischen Betrachtungen werden in Kapitel 2 mit dem letzten Teilprozess, der Performancemessung, beginnen, in welchem vielfältige statistische Analysemethoden zum Einsatz kommen. Der Teilprozess der „Portfoliorealisierung“ ist aus methodischer Sicht sehr stark durch den Einsatz von Optimierungskalkülen geprägt, die Gegenstand des Kapitels 3 sein werden. Im Teilprozess der „Finanzanalyse“ werden darüber hinaus vor allem (finanz-) ökonometrische Methoden eingesetzt, die in Kapitel 4 näher betrachtet werden. Simulationstechniken, die Gegenstand von Kapitel 5 sein werden, lassen sich in diesem Prozess überall und insbesondere in der Risikomessung einsetzen, welche den Portfoliomanagementprozess ergänzt. Die beiden letzten Schritte der Modellierung komplexer Systeme, die (i) Zusammenfassung der Modellelemente zum Gesamtmodell und die (ii) modellgestützten Experimente und Untersuchungen werden dann abschließend Gegenstand des Kapitels 6 sein.

Auch entlang des Risikomanagementprozesses lässt sich eine Gruppierung der im vorliegenden

[18] Da die Teilprozesse Anlegeranalyse und Vermögensverwaltungsanalyse eher durch qualitative Analysemethoden geprägt sind, finden hier Verfahren des CF eher wenig bis gar keine Anwendung.

Buch betrachteten Verfahren und Anwendungsbeispiele vornehmen. Das Kapitel 2 gibt im Sinne der Risikoidentifikation erste Hinweise darauf, welche Risiken im Rahmen des Portfoliomanagements relevant sind und wie diese gemessen werden können. Hieran schließt sich das Kapitel 4 an, in dem weitere wichtige Verfahren der Risikomessung vorgestellt werden. Exemplarisch seien hier die GARCH-Modelle genannt. Das Kapitel 3 besitzt insbesondere im Zusammenhang mit der Risikosteuerung eine große Bedeutung im Portfoliomanagement. So kann die Minimierung bestimmter Risiken oder die Einhaltung vorgegebener Toleranzbereiche für bestimmte Risiken durch die entsprechende Wahl von Optimierungskalkülen und/oder Nebenbedingungen sichergestellt werden. Im Kapitel 5 wird demonstriert, wie der Risikomanagementprozess innerhalb eines Bausteins des Portfoliomanagementprozesses berücksichtigt werden kann, während sich Kapitel 6 dem Risikomanagement im gesamten Geschäftsprozess Portfoliomanagement widmet.

1.3. Methoden des Computational Finance

Die im CF eingesetzten Methoden kommen aus allen Bereichen der eng in Verbindung mit dem CF stehenden Nachbardisziplinen (siehe dazu näher Kapitel 1.5), sodass der Versuch einer erschöpfenden Aufzählung im Vorhinein zum Scheitern verurteilt ist. Stattdessen wollen wir uns hier auf die exemplarische Nennung wichtiger Bereiche beschränken, die für den weiteren Gang der Betrachtungen in diesem Buch wichtig sind.

Mit Bezug auf den Portfolio- und Risikomanagementprozess (siehe Kapitel 1.2.3, dort auch Abbildung 1.1), sind dies hier primär Methoden aus den Bereichen der Statistik (Kapitel 2), Optimierung (Kapitel 3), Ökonometrie (Kapitel 4) und (stochastischen) Simulation (Kapitel 5).[19] Die Auswahl der hier besonders betrachteten Methoden ist dabei nahezu identisch zu jener bei Poddig et al. (2008), was wenig verwunderlich ist, da dort dieselbe Prozesskette betrachtet wird.

Die Begründung für Methoden der Statistik im CF ergibt sich daraus, dass sich viele wichtige Elemente des Portfoliomanagementprozesses als Zufallsvariablen oder Zufallsprozesse modellieren lassen. So können Kurse und Renditen von Assets als Zufallsvariablen aufgefasst werden, womit die Methoden der Wahrscheinlichkeitstheorie zu Analysezwecken herangezogen werden können. Auch lassen sich viele statistische Kennzahlen als finanzwirtschaftliche Risikomaße einsetzen. Beispielhaft zu nennen sind hier die Volatilität, die Semivarianz, die Ausfallwahrscheinlichkeit, der Value-at-Risk, die Schiefe und Wölbung einer Verteilung, der Korrelationskoeffizient der Renditen zweier Assets und vieles mehr.[20] Andere wichtige Konzepte der Statistik, wie beispielsweise die Konstruktion von Konfidenzintervallen, die Durchführung von (statistischen) Hypothesentests oder Verteilungsschätzungen können im Asset Management eine wichtige Rolle spielen, wenn es zum Beispiel um Investmententscheidungen geht, ob z.B. besser in einen Fonds A oder Fonds B investiert werden sollte. Eines der zentralen Modelle der Asset Allocation, das Modell der Portfolio Selection nach Markowitz (1952), benötigt als zentrale Inputparameter erwartende Renditen sowie geschätzte Varianzen und Kovarianzen der Renditen der ausgewählten Assets. Es basiert also ebenfalls auf grundlegenden Konzepten der Statistik. Da dies im weiteren

---

[19] Zur besseren Unterscheidung grenzen wir an dieser Stelle die Simulation stochastischer Prozesse von der Simulation eines komplexen Systems ab; letzteres wird in Kapitel 6 gesondert betrachtet.

[20] Vgl. auch Poddig et al. (2008), S. 2 f.

Verlauf eine wesentliche Basis sein wird, beginnen die Betrachtungen in Kapitel 2 mit dem Bezug von Statistik und CF.

Methoden der Portfolioplanung bedienen sich überwiegend Optimierungsverfahren, weshalb auch synonym von Portfoliooptimierung an dieser Stelle gesprochen wird. Im Grunde lassen sich als Methoden alle gängigen Optimierungsverfahren aus dem Operations Research nennen, wobei insbesondere Verfahren der quadratischen Optimierung und der allgemeinen nichtlinearen Optimierung mit Nebenbedingungen besondere Bedeutung für die Portfolioplanung besitzen. Andere klassische Optimierungstechniken, wie z.B. die lineare Optimierung oder die allgemeine nichtlineare Optimierung ohne Nebenbedingungen werden für spezifische Fragestellungen ebenfalls eingesetzt. Ebenso werden Verfahren der Optimierung in der Finanzökonometrie benötigt, wenn es um die Schätzung der Parameter eines finanzökonometrischen Modells geht.[21] Daher setzen die Betrachtungen in Kapitel 3 mit Optimierungsmethoden fort.

Das Kapitel 4 widmet sich den methodischen Herausforderungen der Finanzanalyse, dem Beginn der Prozesskette im Portfoliomanagement. Hier werden insbesondere (finanz-) ökonometrische Verfahren eingesetzt. Allgemein lassen sich unter „Ökonometrie" all jene mathematischen und statistischen Verfahren zusammenfassen, die zur Lösung von Problemen der empirischen Wirtschaftsforschung eingesetzt werden können.[22] Neben der Analyse (finanz-) wirtschaftlicher Zusammenhänge (z.B. welche Einflussfaktoren erklären die Renditeentwicklung von Assets, ex post Analyse), kann es auch um die Prognose zukünftiger Wirtschaftsgrößen (z.B. Prognose der erwarteten Renditen, Varianzen und Kovarianzen von Assetrenditen, ex ante Analyse) gehen. Ein wichtiges Instrument ist hier die lineare Regressionsanalyse, daneben gibt es fortgeschrittene Instrumente, wie z.B. GARCHX-Modelle, die in Kapitel 4 kurz angesprochen werden. Nachdem diese Modelle vorgestellt wurden, wird die Regressionsanalyse in verschiedenen Varianten im Rahmen einer praxisorientierten Fallstudie zur Performancenanalyse eingesetzt (Analyse von ex post beobachteten Zusammenhängen). Sehr viel wichtiger für die spätere Performance eines aktiv gesteuerten Portfolios sind dagegen die Prognosen der Inputparameter für eine sich daran anschließende Portfoliooptimierung. So bildet den Abschluss des Kapitels 4 eine praxisnahe Fallstudie, in welcher ein lineares Regressionsmodell zur Renditeprognose entwickelt wird. Diese kurze Skizze der kommenden Betrachtungen illustriert die Bedeutung (finanz-) ökonometrischer Methoden für das CF. Sie bilden die Basis für den Entwurf von Erklärungs- (ex post) und Prognosemodellen (ex ante) für (finanz-) wirtschaftliche Zusammenhänge. Sie passen damit ganz natürlich zur Erklärungs- und Gestaltungsfunktion der entscheidungsorientierten Betriebswirtschaftslehre. Zugleich sind sie Basiselemente für die Geschäftsprozessmodellierung des Portfoliomanagementprozesses.

Methoden der stochastischen Simulation (Kapitel 5) lassen sich (teil-) prozessübergreifend in allen (Teil-) Prozessen des Portfoliomanagements einsetzen, dort insbesondere im Risikomanagementprozess. Sehr abstrakt formuliert, geht es bei stochastischer Simulation darum, dem Entscheider die Auswirkungen von Unsicherheit zu verdeutlichen. Unsicherheit resultiert aus verschiedenen Quellen; dies sind Unsicherheiten über die Korrektheit geschätzter Parameter, Unsicherheiten über die Validität des eingesetzten Modells und Methoden und nicht zuletzt die

---

[21] Vgl. auch PODDIG et al. (2008), S. 4 f.

[22] Vgl. PODDIG et al. (2008), S. 3 ff.

Implikationen aus der explizit vorgenommenen stochastischen Modellierung eines Prozesses selber. Gemeint ist damit, dass obwohl die Unsicherheit als stochastisches Element der Modellierung explizit berücksichtigt wurde, können die daraus resultierenden Implikationen den Entscheidern aufgrund unzureichender kognitiver Fähigkeiten (siehe oben) nicht vollständig durchschaubar sein. Stochastische Simulationen und die Visualisierung der Ergebnisse können hier dem Management helfen, Modellimplikationen besser zu verstehen. So kann es beispielsweise bei bestimmten Kapitalanlagestrategien nicht offensichtlich sein, wie diese in einer stochastischen Umwelt (Kapitalmarkt) auf die Änderung bestimmter Entscheidungsparameter reagieren. Die Aufgabe des CF ist es hier, diese Implikationen in einer für die Enscheidungsträger leichten und durchschaubaren Weise aufzubereiten, um so sachgerechte Entscheidungen zu ermöglichen.[23]

Der letzte Gedankengang leitet zum Kapitel 6 über, in welchem es im Kern um dieselbe Fragestellung geht. Hier steht jedoch nicht die Analyse der Implikationen von Unsicherheiten aufgrund einer stochastischen Umwelt im Vordergrund, obwohl selbstverständlich stochastische Simulationen ein Element einer umfassenderen Geschäftsprozessmodellierung sein können. Vielmehr verlagert sich die Fragestellung auf das Verstehen eines Systems, welches angesichts der komplexen Interaktion vieler einzelner Prozesskomponenten den Entscheidungsträgern nicht mehr vollständig durchschaubar erscheint. Der Einbezug stochastischer Elemente ist möglich; gleichzeitig verliert sich dadurch zunehmend die Durchschaubarkeit solcher Systeme für die Entscheidungsträger. Simulationen des möglicherweise durch stochastische Einflüsse geprägten, komplexen Geschäftsprozesses sind dann der einzig verbleibende Zugang zum Verstehen. Methoden des CF sind in diesem Bereich die Techniken der Geschäftsprozessmodellierung und der Systemmodellierung, wie oben ausgeführt.

Zusammenfassend lassen sich anhand der vorgestellten Überlegungen einige beispielhafte Methoden, Verfahren und Algorithmen nennen, mit denen sich CF beschäftigt und welche „repräsentativ" für damit verbundene Fragestellungen im CF sind. Die folgenden Beispiele beziehen sich teilweise auf die zuvor genannten Anwendungen. Teilweise gehen sie aber auch darüber hinaus, um zu illustrieren, dass in diesem Buch nicht alle denkbaren Anwendungsszenarien von CF adressiert werden können.

- Teilprozess Finanzanalyse: Finanzökonometrische Verfahren, z.B. Regressionsmodelle, ARCH/GARCH/GARCHX-Modelle, Kointegrationsmodelle, etc. zur Finanzprognose.
- Teilprozess Finanzanalyse oder Eigenhandel (von z.B. Banken): Algorithmen zur Mustererkennung, zum Maschinellen Lernen, Techniken der Künstlichen Intelligenz, z.B. zur Generierung von Handelssignalen bei Finanzzeitreihen.
- Teilprozess Portfolioplanung: Algorithmen zur Portfoliooptimierung, z.B. lineare und nichtlineare Optimierung, robuste Optimierung, genetische Optimierung, etc.
- Kreditportfoliosteuerung: Algorithmen zur Steuerung eines Kreditportfolios durch Verknüpfung von Optimierungs- und Simulationstechniken.

---

[23] In diesem Kontext könnten Visualisierungstechniken genauso zu wichtigen Methoden des CF gezählt werden, soweit diese geeignet sind, komplexe Sachverhalte in einer für Entscheidungsträger verständlichen Weise darzustellen.

- Teilprozess Performanceanalyse: Methoden der beschreibenden Statistik, der Wahrscheinlichkeitstheorie und der induktiven Statistik zur Beurteilung der erzielten Performance, zur Generierung von Steuerungsinformationen oder Investmententscheidungen.
- Teilprozess Risikoanalyse: stochastische Simulationsmethoden, z.B. zur Risikoanalyse geplanter Handelsstrategien.
- Financial Engineering: stochastische Simulationsmethoden zur Entwicklung oder zur Bewertung (komplexer) Finanzprodukte.
- Geschäftsprozessmodellierung: Modellierung ganzer Geschäftsprozesse in Finanzbetrieben, wie z.B. Portfoliomanagementprozess, Kreditportfoliomanagementprozess, Risikomanagementprozess, Asset- und Liability-Managementprozess in Versicherungen usw.

Eine zentrale Aufgabe von CF ist es dabei auch, die in Nachbardisziplinen (siehe dazu Kapitel 1.5) entwickelten Methoden aufzugreifen. Durch die anwendungsspezifische Adaption derartiger Verfahren soll die Umsetzung von Applikationen in den zuoberst genannten Anwendungsbereichen ermöglicht werden.

1.4. Werkzeuge des Computational Finance

Als Werkzeuge des CF kommen alle Programmierwerkzeuge und Softwarepakete in Frage, die Datenanalysen, Datenmodellierungen, Simulationen und Optimierungen programmgesteuert erlauben. Das Spektrum ist dabei sehr weitreichend.

In der praktischen Anwendung dürfte vermutlich die Tabellenkalkulation Microsoft Excel als das am weitesten verbreitete Werkzeug zu nennen sein.[24] Die Gründe dafür werden vermutlich primär in der Vertrautheit und Einfachheit im Umgang liegen. Viele Anwender kennen aus dem privaten, schulischen oder universitären Bereich bereits den Umgang mit derartigen Softwarewerkzeugen. Sie sind zumeist als Standardsoftwareausstattung auf jedem PC verfügbar. Die eingebauten (statistischen) Funktionen in Microsoft Excel reichen für einfache Datenanalysen vielen Anwendern aus. Einfache Optimierungsprobleme können zudem mit dem eingebauten *Solver*, einem allgemeinen Optimierungsmodul, leicht gelöst werden. Durch die integrierte Programmiersprache *Visual Basic for Applications* (VBA) lassen sich zudem einfache benutzerdefinierte Funktionen „nachrüsten“, die ferner bei Bedarf mit einer grafischen Benutzeroberfläche ausgestattet werden können. Bei genügend Zeit und Ehrgeiz dürfte es kein Problem geben, welches sich nicht mit Excel und VBA lösen lässt. Jedoch ist bei komplexeren Problemen der dafür benötigte Zeitaufwand oftmals oder gar regelhaft nicht leistbar. Wir werden in diesem Buch Excel und VBA nicht einsetzen, weil deren Einsatz für die hier zu lösenden Probleme einfach ineffizient ist.

[24] Es sei ausdrücklich angemerkt, dass in der folgenden Diskussion die Tabellenkalkulation Microsoft Excel in Verbindung mit der eingebauten Programmiersprache Visual Basic for Applications nur als Stellvertreter für Tabellenkalkulationen mit integrierter Programmiersprache allgemein dient. Sämtliche Überlegungen beziehen sich also auf die gesamte Klasse dieser Werkzeuge und gelten nicht ausschließlich und allein für Microsoft Excel.

Der Grund für die Ineffizienz von Excel und VBA für den hier betrachteten Zweck liegt dabei nicht primär in den Unzulänglichkeiten bei der Bewältigung einzelner, in sich abgeschlossener Aufgaben, wie z.B. die Erstellung einer Risikoanalyse mittels Berechnung verschiedener Risikokennzahlen anhand einer historischen Simulation. Die Probleme beginnen dann, wenn verschiedene Teilschritte nahtlos ineinander integriert werden sollen. Beispielsweise könnte im Rahmen des Portfoliomanagements ein kompletter Analysegang daraus bestehen, Finanzdaten aus verschiedenen Datenbanken herunterzuladen, diese automatisch zu bereinigen und geeignet zu transformieren. Danach müssen verschiedene ökonometrische Prognosemodelle automatisiert generiert und darunter geeignete Modelle selektiert werden. Mit Hilfe der selektierten Prognosemodelle werden dann Prognosen erstellt und an eine Portfoliooptimierung weitergegeben. Die Portfoliooptimierung berechnet dann anhand der Prognosen eine optimale Allokation. Dieser Prozess wird danach, ebenfalls vollautomatisch, einem umfassenden Backtest unterzogen und dessen Leistungsfähigkeit z.B. mittels historischer Simulation an rollierenden Zeitfenstern getestet. Die im Backtest erzielten Anlageergebnisse werden schlussendlich einer umfassenden Performanceanalyse unterzogen, die Analyseergebnisse grafisch aufbereitet und ganz oder teilweise automatisiert als Powerpoint- oder PDF-Dateien für Reportingzwecke ausgegeben.[25] Die umfassenden Fallstudien in Kapitel 6 werden hiervon einen ersten Eindruck vermitteln, obgleich diese immer noch sehr elementar gehalten sind. Einen derartigen Analyseprozess in Excel manuell zu bewältigen, ist bei jedem Arbeitsdurchgang extrem zeitaufwendig. Die automatisierte Umsetzung mit Hilfe von VBA-Routinen ist möglich, aber ein ambitioniertes Vorhaben. Modernes Asset- und Risikomanagement erfordern in immer stärker werdendem Maße die Integration von Modellen und Methoden (also eine Geschäftsprozessmodellierung), die nur noch sinnvoll mit Hilfe einer Programmablaufsteuerung umgesetzt werden kann. Hier stoßen Excel/VBA an ihre Grenzen.

Ein anderer Ansatz wäre die Implementation eines derartigen integrierten Analyseansatzes mit Hilfe konventioneller Programmiersprachen, z.B. C, C++, Java oder vielen anderen. Moderne Softwareentwicklungsumgebungen und Funktionsbibliotheken helfen dabei erheblich weiter. Trotzdem bleibt die Implementation eines derartigen Analysesystems (Geschäftsprozesses) mit diesen Werkzeugen sehr arbeitsaufwändig. Erschwerend kommt hinzu, dass viele Analyseabläufe zu Beginn noch gar nicht eindeutig feststehen und die verwendeten Methoden sowie deren Integration oftmals erst explorativ erkundet werden müssen. Damit fehlt die zentrale Basis einer professionellen Softwareentwicklung, nämlich die Möglichkeit zur Erstellung einer klaren Projektspezifikation. Daraus erwächst die Anforderung nach Werkzeugen, die einerseits die Beschränkungen von Excel/VBA wirksam überwinden, andererseits ein schnelles Prototyping[26] von leistungsfähigen Analysewerkzeugen im CF erlauben.

Als verbreiteter Kompromiss hat sich hier die Verwendung von matrizenorientierten Programmierwerkzeugen bewährt. Hierzu zählen viele verwendete Systeme, wie z.B. GAUSS, Matlab, R-Project (im Folgenden kurz R), Scilab und viele andere. Allein anhand der Menge verfügbarer Systeme lässt sich unschwer erschließen, dass die Entscheidung für ein bestimmtes System auch sehr stark durch persönliche Präferenzen des Anwenders gegenüber einem bestimmten

25 Offensichtlich wird mit diesem Beispiel eine komplexe Geschäftsprozessmodellierung beschreiben, auf welche schlussendlich das CF auch abzielt.

26 Unter *Prototyping* wird in der Softwareentwicklung die schnelle Entwicklung eines ersten lauffähigen Programms verstanden, mit dem dann näher erkundet werden kann, wie die endgültige Spezifikation aussehen sollte.

System geprägt ist. Bei aller Vielschichtigkeit dieser Systeme lassen sich aber einige zentrale Gemeinsamkeiten identifizieren:

- Matrizen als elementare Datenstruktur, d.h. das System ist insbesondere in der Lage, Rechenoperationen auf Matrizen und Vektoren sehr effizient auszuführen.
- Zahlreiche vordefinierte Funktionen und Berechnungsverfahren, bereitgestellt durch den Hersteller und/oder aktive Nutzer.
- Integration einer Programmiersprache, mit deren Hilfe Berechnungsabläufe programmiert und eigene Funktionen erstellt werden können. Darüber kann die Systemfunktionalität individuell erweitert und angepasst werden.
- Geschwindigkeitsoptimierte Basis- oder Kernfunktionen des Systems, die mit hoher Recheneffizienz und auf Basis bewährter Algorithmen durchgeführt werden. Soweit in einem Programm überwiegend diese internen Basis- oder Kernfunktionen geschickt genutzt werden, ist die Realisierung eines Geschwindigkeitsvorteils durch Verwendung traditioneller Programmiersprachen kaum mehr möglich.[27]
- Viele Schnittstellen für die Dateneingabe, Datenausgabe, Datenvisualisierung und teilweise auch zu Datenbanksystemen, sodass automatisierte Datenbankabrufe leicht implementiert werden können.

Die Gemeinsamkeiten mit Tabellenkalkulationsprogrammen sind größer als vielleicht anfänglich gedacht. Insofern sind Tabellenkalkulationsprogramme zu den o.g. Systemen ähnlich, obgleich auch schwerfälliger, weniger flexibel und weniger effizient. Der Vorteil der matrizenorientierten Programmierwerkzeuge liegt in (i) den sehr viel umfangreicheren, sehr viel elaborierteren vordefinierten Funktionen, (ii) den darauf aufbauenden Funktionsbibliotheken (auch *Toolboxen* oder *Packages* genannt), (iii) der hohen Flexibilität und besserem Umgang mit großen Datenmengen, (iv) den mitunter einfacher erlernbaren internen Programmiersprachen im Vergleich zu denen der Tabellenkalkulationen (z.B. VBA), (v) den geschwindigkeitsoptimierten Matrizenoperationen, sowie nicht zuletzt (vi) den herausragenden Möglichkeiten zur Datenvisualisierung, die weit über die von Tabellenkalkulationen bekannten Möglichkeiten hinausgehen.[28]

Die Programmierung erfolgt typischerweise über Skripte und selbstgeschriebene Funktionen unter Nutzung umfangreicher System- oder Benutzerbibliotheken. In Analogie zu Tabellenkalkulationen wäre dies am ähnlichsten vergleichbar mit der Bedienung mittels Makros und selbstgeschriebenen Funktionen in der jeweiligen Programmiersprache der Tabellenkalkulation. Das Einlesen von Daten zwecks Analyse kann über die Kommandozeile (auch Konsole genannt, eher selten), aus anderen Dateien (Text- oder Excel-Dateien, typisch) oder Datenbanken (soweit durch geeignete Funktionsbibliotheken unterstützt) erfolgen. Gleiches gilt für die Ausgabe von

[27] Teilweise erlauben solche Systeme auch den einfachen Zugriff auf Spezialhardware, wie Multiprozessorensysteme, Rechenkerne von Grafikkarten, Rechnercluster usw. über komfortable Bibliotheksfunktionen. Dies ist aber sehr hard- und softwareabhängig.

[28] Auf die Bedeutung von Visualisierungsmethoden im CF wurde bereits in Kapitel 1.3 hingewiesen.

Analyseergebnissen und deren grafische Visualisierung. Teilweise stellen die Funktionsbibliotheken auch Funktionen bereit, die ganz oder teilweise die Generierung automatischer Reports (z.B. als Powerpoint oder PDF Dateien) ermöglichen.

Wesentliche Unterschiede der Systeme liegen vor allem im Bedienkomfort sowie in Umfang und Leistungsfähigkeit der System- und Open-Source-Bibliotheken. Hinsichtlich des Komforts kann ein System je nach Umfang über eine grafische Benutzeroberfläche, eine integrierte Entwicklungsumgebung mit Editor, Debugger, Grafiktools, usw. sowie ein ausgefeiltes Hilfesystem verfügen. Während die gerade genannten Aspekte besonders wichtig für Anwender sind, die tendenziell als „Entwickler" von neuen Programmen und Funktionen arbeiten, ist die Frage nach dem Umfang der System- und Open-Source-Bibliotheken für die tendenziellen „Nur-Anwender" bedeutsamer. Hier sind deutliche Unterschiede in der Tiefe der Programmbibliotheken (wie umfassend deckt eine bestimmte Funktionsbibliothek ein bestimmtes Anwendungsgebiet ab, z.B. zur Generierung von Zufallszahlen) und der Breite der Anwendungsgebiete festzustellen. Neben Tiefe und Breite der Bibliotheken sind auch deren Qualität und Konsistenz wichtig. Unter Qualität ist dabei u. A. die Fehlerfreiheit, Leistungsfähigkeit und Auswahl der Algorithmen und Bedienbarkeit zu nennen. Wenn ein Programmsystem sehr mächtig und umfangreich geworden ist, ist für den Anwender die Konsistenz der Funktionsbibliotheken auch ein wichtiger Faktor.

Wir werden in diesem Buch zwei matrizenorientierte Programmsysteme parallel verwenden, die in Wissenschaft und Praxis sehr weit verbreitet sind: Matlab und Octave. Beide zusammen können in Verbindung mit Freemat als quasi „Matlab-Familie" angesehen werden. Matlab ist dabei die kommerzielle Ausführung, während Octave und Freemat zwei Open-Source-Klone darstellen, letzterer mit sehr eingeschränktem Funktionsumfang. Im CF ist die wichtigste Alternative zu Matlab das Open-Source-Paket R.

Matlab ist ein kommerzielles Programmpaket mit langer Tradition, welches vor allem in den Natur- und Ingenieurwissenschaften hohe Verbreitung besitzt. Allerdings ist in jüngerer Zeit auch eine immer stärker werdende Etablierung in der Finanzindustrie feststellbar. Es besitzt eine sehr komfortable, benutzerfreundliche integrierte Entwicklungsumgebung (IDE) mit entsprechenden Werkzeugen (Editor, Debugger, Dateninspektor, Grafik und Hilfesystem). Das Matlab-Grundsystem ist recht „spartanisch" ausgestattet, kann aber individuell durch zusätzliche Lizenzierung von Bibliotheken (hier Toolboxen genannt) erweitert werden. Neben kommerziell vertriebenen Toolboxen sind auch viele Open-Source-Bibliotheken vorhanden, die von einem recht breiten Anwenderkreis erstellt und weiterentwickelt werden. Das System verfügt über eine exzellente Dokumentation, ist aber auch vergleichsweise teuer.

R ist im Gegensatz dazu ein sehr umfangreiches und schon lange existierendes Open-Source-Projekt mit langer und renommierter Tradition. Als Open-Source besitzt es ganz natürlich eine sehr hohe Verbreitung im akademischen Bereich. Die breite Basis akademischer Nutzer besitzt zwei Vorteile: Neue in der Wissenschaft entwickelte Methoden werden regelmäßig zuerst in R implementiert; mitunter kann es viele Jahre dauern, bis neuere Entwicklungen auch in den Matlab-Bibliotheken reflektiert werden, manchmal auch gar nicht. Industrielle Unternehmen, die ausgebildete Absolventen suchen, dürften eher in R versierte Absolventen finden. Der Ausbildungsaufwand für die Mitarbeiter bei einem Einstieg in ein derartiges System sollte auch niemals unterschätzt werden. Aufgrund der sehr ausgeprägten akademischen Nutzerbasis ist der Funktionsumfang der R-Bibliotheken enorm - und zudem völlig kostenlos. Viele mächtige, innovative Verfahren sind oftmals nur hier verfügbar. Die Nachteile liegen hier im Benutzerkomfort. Eine integrierte Entwicklungsumgebung ist im R Grundsystem nur ansatzweise vorhanden. Es gibt dafür einige Weiterentwicklungen durch die R Benutzergemeinschaft, jedoch reichen die verfügbaren Open-Source Erweiterungen für eine integrierte Entwicklungsumgebung nicht an die IDE von Matlab heran. Ähnlich leistungsfähige Tools sind dann wieder kommerziell. Es existiert zu R eine ebenfalls sehr umfangreiche Dokumentation, jedoch kein kommerzieller Support, sodass häufig geeignete Benutzerforen bei Fragen konsultiert werden müssen. Für die meisten akademischen Anwender ist dies indessen kaum ein Nachteil, gegeben die Vorteile bei den Kosten und dem Leistungsumfang. Auch viele industrielle Anwender sehen darin Vorteile.

Aufgrund der Komplementarität der Eigenschaften von Matlab und R wäre es ideal, alle Beispiele und Fallstudien in diesem Buch parallel in Matlab und R auszuführen. Trotz grundlegender Ähnlichkeiten zwischen Matlab und R, die es einem Matlab- oder R-Anwender nicht zu schwer fallen lassen, auf das jeweils andere System umzusteigen, ist eine einfache, mechanische Portierung der Beispiele und Fallstudien in diesem Buch nicht möglich. Tatsächlich würde man an sehr vielen Stellen bestimmte, in Matlab sinnvolle Vorgehensweisen in R gänzlich anders umsetzen, da sich die Systemphilosophie dort doch von derjenigen hinter Matlab unterscheidet. Schlussendlich müssten im Grunde alle Beispiele und Fallstudien für eine parallele Verwendung unter R neu kodiert werden. Der damit verbundene Aufwand war bei der Erstellung dieses Buches nicht leistbar und aufgrund der unterschiedlichen Systemphilosophien didaktisch auch nicht sinnvoll.

Um dennoch die Alternative eines Open-Source-Paketes anzubieten, wurden sämtliche Beispiele und Fallstudien unter Octave getestet und bei Bedarf an die spezifischen Besonderheiten von Octave angepasst. Dies wird dadurch erleichtert, dass Octave als „dezidierter Matlab-Klone" ausgeführt ist, obgleich die Octave-Entwickler möglicherweise in Octave den Ansatz eines „besseren" Matlabs sehen - und tatsächlich sind dort einige sehr vielversprechende Ansätze verwirklicht. Leider ist die hinter Octave stehende „Open-Source-Community" deutlich kleiner als diejenige hinter R. Octave besitzt damit gegenüber Matlab, hinter dem ein größeres Softwarehaus steht, einen deutlichen Entwicklungsrückstand. Erst in der jüngeren Version 3.8.X steht auch unter Octave eine grafische Benutzeroberfläche zur Verfügung, welche die Hemmschwelle für „gewöhnliche" Nutzer senken dürfte, sich näher an Octave heranzuwagen. Unsere Erfahrungen beim Portieren aller Beispiele und Fallstudien von Matlab nach Octave sind im Wesentlichen durchweg positiv überraschend. Die Portierung gelingt leichter als oftmals befürchtet, die Unterschiede zwischen Matlab und Octave sind nicht wirklich störend und die neue grafische Entwicklungsumgebung (IDE) gefällt. Für die industrielle Anwendung fällt jedoch auf, dass Octave gerade bei Simulationen deutlich langsamer als Matlab arbeitet, bis hin zur Impraktikabilität, wobei dies jedoch sehr stark vom konkreten Anwendungsbeispiel abhängt. Für Lehrzwecke betrachten wir dagegen Octave als nahezu vollwertige Alternative zu Matlab.[29]

[29] Eine Schwierigkeit beim Einsatz von Octave kann die mitunter nicht sehr einfache Installation sein. Freemat als weiterer Matlab-Klone verfügt über sehr einfach zu bedienende Installationsprogramme für Windows, Mac OS und Linux. Leider ist der Funktionsumfang von Freemat sehr eingeschränkt, sodass in diesem Buch nur wenige Beispiele und Fallstudien unter Freemat ablauffähig sind.

1.5. Verwandte Disziplinen des CF

Für die Charakterisierung des CF und dessen Einordnung ist auch der Blick auf umgebende Nachbardisziplinen aufschlussreich. So kann beispielsweise die Analogie zur Finanzmathematik hilfreich sein, um eine erste Verortung von CF vorzunehmen. Oftmals sehen viele Veröffentlichungen zum CF dieses quasi als das entsprechende Pendant an, nämlich CF als die Verbindung von Informatik, Operations Research (OR, auch Unternehmensforschung genannt) und Finanzwirtschaft. Wie in Kapitel 1.1 dargelegt, nehmen wir in diesem Buch eine etwas andere, erweiterte Perspektive auf CF ein.

Bleibt man bei der Analogie zur Finanzmathematik, so sind die Querbeziehungen von CF zu anderen angrenzenden Gebieten weitaus vielfältiger, womit eine klare Abgrenzung umso schwieriger fällt. Als wichtige angrenzende oder gar überlappende Gebiete sind hier zu nennen:

a) Mathematik, Informatik und Wirtschaftsinformatik

Grundlage von CF sind an der Basis mathematische und statistische Methoden. Die Informatik liefert hier mit Algorithmen, Programmiersprachen sowie Methoden zum Entwurf, Konzeption und Implementierung von Informationssystemen das wesentliche Fundament von CF. Zentrale Gegenstandsbereiche der Wirtschaftsinformatik sind u.A. die Modellierung von Geschäftsprozessen, IT-Management und E-Business, was auch im CF eine Rolle spielt. In Verbindung mit den spezifischen Geschäftsprozessen in der Finanzwirtschaft ergibt sich hier ein sehr großes Aufgabenspektrum. Dabei ist es allerdings schwierig, dies von den sonst üblichen Gegenstandsbereichen der Wirtschaftsinformatik abzugrenzen. Typische Geschäftsprozessmodellierungen in der Finanzwirtschaft, z.B. Kreditantrags- und Kreditabwicklungsverfahren, sind daher nicht Gegenstand des CF. Wo genau und warum eigentlich diese Trennungslinie zu ziehen ist, ist schwierig zu begründen.

b) Operations Research

Ebenso könnte eingewandt werden, dass CF im Grunde nur ein Seitenzweig des Operations Research ist, welches sich seit jeher mit dem Einsatz von mathematischen, statistischen oder allgemein quantitativen Methoden bei der Lösung ökonomischer Probleme beschäftigt. Insbesondere Optimierungsalgorithmen und Simulationstechniken besitzen hier eine sehr lange Forschungstradition, die sehr umfassend in CF zur Anwendung gelangen. Wir sehen vor allem die Abgrenzung im Übergang zur Modellierung komplexer finanzwirtschaftlicher Systeme. OR-Methoden enden typischerweise an der Stelle, die wir hier als „stochastische Simulation“ bezeichnen, während der Übergang in die Modellierung komplexer (finanzwirtschaftlicher) Systeme dann in Richtung Geschäftsprozessmodellierung und damit Wirtschaftsinformatik geht, dies aber auch nicht „wirklich“ ist.

c) Statistik und Ökonometrie, Computational Statistics

Wie auch OR-Verfahren, sind fortgeschrittene Verfahren der Statistik und Ökonometrie in der modernen, insbesondere empirischen Finanzökonomie nicht mehr wegzudenken. Exemplarisch sind hier etwa die vielfältigen Verfahren der Zeitreihenanalyse oder Verfahren zur Analyse von Paneldaten zu nennen. Moderne finanzierungstheoretische Modelle lassen sich ohne Rückgriff auf die hier bereitgestellten Verfahren nicht mehr umsetzen. Dabei werden genauso computergestützte Verfahren eingesetzt, sodass Computational Statistics als sehr enger Verwandter zum CF angesehen werden muss. Tatsächlich sind mit Bezug auf dieses Buch die Abgrenzungen in den Kapitel 2, 3, 4 und 5 schwierig; abgesehen von dem finanzwirtschaftlichen Bezug der Anwendungsbeispiele könnten sie auch als Computational Statistics angesehen werden. Der Unterschied ergibt sich nach unserer Auffassung daraus, dass die Betrachtungen der Kapitel 2, 3, 4 und auch 5 auf die anschließende Modellierung komplexer Systeme hinleiten. Insofern ist die Abgrenzung nicht inhaltlicher, sondern vielmehr konzeptioneller Natur.

d) Moderne Finanzierungstheorie

Schlussendlich geht es aber im CF um die praktische Umsetzung moderner finanzierungstheoretischer Modelle, unabhängig davon, ob in der Wissenschaft oder Praxis. In diesem Sinne stellt CF die Weiterführung finanztheoretischer Ansätze dar. Allokationsmodelle, Modelle zur Risikoanalyse oder zur Bewertung von Finanzinstrumenten ebenso wie empirische Kapitalmarktforschung erfahren durch CF ihre konsequente Implementation und Anwendbarkeit. Gegenüber der „klassischen" Finanzwirtschaft besitzt CF u.A. mit der Ausrichtung auf die Modellierung und Simulation komplexer (finanzwirtschaftlicher) Systeme in Verbindung mit der Betrachtung von Methoden und Werkzeugen zu diesem Zweck eine eigenständige Ausrichtung.

Der hier kurz dargelegte, teilweise pragmatisch orientierte Blick auf CF verdeutlicht, warum eine genaue, trennscharfe Definition und Abgrenzung von CF zu angrenzenden Disziplinen sehr schwierig sein dürfte. Die vorhergehenden Betrachtungen fordern also geradezu die Frage heraus, ob es sich bei CF tatsächlich um eine abgrenzbare Teildisziplin handelt oder ob nicht vielmehr ein amorphes „Sammelsurium" verschiedener Fachgebiete vorliegt. Mit den in Kapitel 1.1 dargelegten Ausgangsüberlegungen könnte für die Beantwortung dieser Frage eine Grundlage gelegt worden sein. Für eine eigenständige Teildisziplin sprechen dabei die zahlreichen Lehrbücher mit „Computational Finance" im Titel, die vielzähligen Konferenzen weltweit und die unbestrittene praktische Relevanz. Kritisch darf aber angemerkt werden, dass oftmals der Frage nach der genauen Abgrenzung und Identität von CF keine große Aufmerksamkeit gewidmet wird. Für junge, in der Entstehung befindliche Wissenschaftsdisziplinen ist indessen ein solcher Befund nicht ungewöhnlich. Möglicherweise wird die in diesem Buch präsentierte Sichtweise auf CF zur Klärung beitragen.

1.6. Inhalte und Zielsetzung

Das Kapitel 1.1 beschreibt die in diesem Buch zugrunde liegende Sichtweise auf CF, die schlussendlich in den Kapiteln 1.2, 1.3 und 1.4 auf die Auseinandersetzung mit (i) Entscheidungen/Prozessen, (ii) Methoden und (iii) Werkzeugen des CF zurückgeführt wird. Die grundlegende Zielsetzung dieses Buches ist es, dem Leser wichtige Kompetenzen in allen diesen drei Bereichen zu vermitteln, um schlussendlich CF als Entscheidungsinstrument nutzen zu können.

Da die Modellierung von Prozessen auf Methoden basiert und Methoden mit Hilfe von Werkzeugen umgesetzt werden müssen, sind die Betrachtungen in diesem Buch aus didaktischen Überlegungen von „rückwärts“ organisiert. In der Kette Entscheidungen/Prozesse, Methoden und Werkzeuge durchlaufen wir die Folge Werkzeuge, Methoden, Entscheidungen/Prozesse, wobei eine solche Trennung niemals im strengen, sondern nur im orientierenden Sinne gemeint ist. Gleiches gilt für den Portfolio- und Risikomanagementprozess (siehe dazu Kapitel 1.2.3, dort insbesondere Abbildung 1.1), an welchem die meisten der folgenden Betrachtungen inhaltlich ausgerichtet sind. Dieser wird ebenso in rückwärtiger Richtung durchlaufen, da in dieser Richtung die Anforderungen an die Kompetenz des Lesers im Umgang mit CF zunehmend ansteigen.

Wir beginnen die Auseinandersetzung mit CF anhand einer ersten Einführung in die dafür benötigten Werkzeuge, die wir im Rahmen der Einleitung oben gesondert vorgestellt haben (siehe Kapitel 1.4). Für Neueinsteiger und Leser ohne jegliche Vorkenntnisse in CF wird dafür die Lektüre des Anhangs (beginnend mit Teil A.1 direkt im Anschluss an die Einleitung (Kapitel 1, also noch vor dem Einstieg in das Kapitel 2) empfohlen. Der Anhang enthält eine elementare Einführung in Matlab und Octave. Dort werden grundlegende Datenstrukturen, grundlegende Konzepte der Programmierung und der Umgang mit Matlab und Octave behandelt. Die Zielsetzung ist es hier, dem Leser ohne Vorkenntnisse erste Hilfestellung zum Einstieg in die Werkzeuge zu geben, wobei gleichzeitig die Darstellungen möglichst kompakt gehalten wurden. Der Anhang erhebt also nicht den Anspruch eines Einführungslehrbuchs zu Matlab, sondern soll nur eine kompakte Hinführung auf die weitere Auseinandersetzung mit den kommenden Inhalten des Buches darstellen. Eine intensive, eigenständige Auseinandersetzung, ggf. unter Hinzuziehung weiterer Quellen, ist vom Leser ohne Vorkenntnisse erforderlich.

Der nähere inhaltliche Einstieg in das CF beginnt mit Kapitel 2 am Ende der Prozesskette des Portfoliomanagementprozesses. Gleichzeitig dienen weite Teile des Kapitels 2 der Risikoidentifikation und –messung und stehen demnach am Anfang der Prozesskette des Risikomanagements. Die Beispiele aus dem Bereich der Performanceanalyse sind sehr anschaulich, um daran den Einsatz von statistischen Methoden im CF zu entwickeln. Am Anfang der Auseinandersetzungen sind die Betrachtungen noch primär verfahrenstechnisch gehalten, sollen also den sicheren Umgang mit Matlab vertiefen. Die finanzwirtschaftlichen Inhalte spielen dabei die Rolle eines Vehikels zur Veranschaulichung. Ein besonderer Schwerpunkt wird auch auf die grafische Visualisierung von Ergebnissen gelegt, da eine geeignete Visualisierung von Untersuchungsergebnissen sowohl in Wissenschaft als auch Praxis hilfreich sein kann.[30] Die Zielsetzung ist es, am Ende der ersten Auseinandersetzung mit einfachen Fragen des CF dem Leser folgende Fertigkeiten vermittelt zu haben (Kapitel 2 inklusive Anhang):

- Grundlegendes Verständnis für die Bedienung und Funktionsweise der Werkzeuge.
- Kenntnisse über elementare Datenstrukturen und Programmierkonzepte in den jeweiligen Werkzeugen.
- Kenntnisse über einfache Grundlagen des Datenmanagements, des Einlesens von Daten und des Exportierens von Ergebnissen.

---

[30] Zur Bedeutung von Visualisierungstechniken im Rahmen des CF vgl. auch Kapitel 1.3.

- Grundlegendes Verständnis über die Aufgaben der Performanceanalyse.
- Grundlegendes Verständnis für die statistischen Methoden und deren Einsatz im CF.

In Kapitel 3 werden die Betrachtungen auf die Optimierung ausgeweitet. Optimierungsprobleme sind im CF sehr häufig anzutreffen. Neben vielfältigen Varianten der Portfoliooptimierung, z.B. die Bestimmung nutzenoptimaler Portfolios, effizienter Portfolios oder Minimum-Varianz-Portfolios, ist hier auch an verwandte oder gänzlich andere Bereiche mit methodisch ähnlich gelagerten Problemen zu denken, wie z.B. an Verfahren des Index Tracking. Daneben tauchen Optimierungsprobleme häufig als Baustein umgebender Probleme auf, innerhalb derer sie einen wichtigen Teilbeitrag liefern können. So ist z.B. die Schätzung finanzökonometrischer Modelle anhand empirisch beobachteter Daten ein oftmals sehr wichtiger Teilschritt. Für die Schätzung der freien Modellparameter des finanzökonometrischen Modells wird in aller Regel ein geeignet definiertes Optimierungsproblem gelöst. Die Zielsetzung des Kapitels 3 besteht darin, Kenntnisse und Fertigkeiten in den folgenden Bereichen zu vermitteln:

- Überblick und grundlegendes Verständnis wichtiger Verfahren der Optimierung.
- Verfahren der Portfolioplanung, insbesondere hinsichtlich des Unterschieds zwischen aktivem und passivem Management.
- Implementation einfacher und fortgeschrittener Optimierungsmodelle zur Portfoliokonstruktion im aktiven Portfoliomanagement, teilweise mit Visualisierung der Ergebnisse.
- Umsetzung wichtiger Basisalgorithmen zur Konstruktion von Tracking Portfolios im Rahmen eines passiven Managements, mit Hilfe derer vorgegebene Referenzportfolios in ihrer Wertentwicklung repliziert werden können.

Die Anforderungen an die sichere Beherrschung und die Programmierfertigkeiten nehmen dabei in Kapitel 3 deutlich gegenüber Kapitel 2 und dem Anhang zu, jedoch werden keine grundlegend neuen Dinge behandelt.

Das Kapitel 4 widmet sich einer ersten grundlegenden Einführung in die Finanzökonometrie. Hier geht es darum, mathematisch-statistische Modelle an finanzökonomische Fragestellungen anzupassen, geeignet zu schätzen und deren Ergebnisse sachgerecht zu interpretieren. Wesentliche Motivation dafür wird die Entwicklung von (Rendite-) Prognosemodellen sein, was Gegenstand und Aufgabe der Finanzanalyse ist. Techniken der Finanzökonometrie kommen aber auch in nachgelagerten Prozessstufen des Portfoliomanagements zum Einsatz, z.B. in der Performanceanalyse. So wird dort mit Hilfe von Regressionsmodellen der Selektions- und Timingbeitrag des aktiven Portfoliomanagements geschätzt. Ebenso werden die (bereits geschätzten) Regressionsmodelle benötigt, um stochastische Prozesse im Rahmen von (stochastischen) Simulationen zu formulieren.

Die Aufgabe dieses Buches zum CF ist es dabei nicht, ein statistisches oder ökonometrisches Lehrbuch zur Regressionsanalyse zu ersetzen. Vielmehr werden hier nur grundlegende Basiskonzepte zusammenfassend vermittelt. Stattdessen liegt der Fokus darauf, wie sich diese Modelle mit Methoden des CF umsetzen lassen. Insbesondere der spätere Einsatz als Prozesskomponente im Portfoliomanagement ist die besondere Zielsetzung. Die Betrachtungen in Kapitel 4 bereiten wichtige Teilprozesse für die spätere Zusammenführung verschiedener Bausteine zu einem einfachen, aber umfassenden Computermodell zur Simulation des gesamten Portfoliomanagementprozesses vor. Die Zielsetzung des Kapitels 4 ist es, dem Leser Kompetenzen bezüglich folgender Gegenstandsbereiche zu vermitteln:

- Grundmodell der linearen Regressionsanalyse, dessen Umsetzung und Anwendung im CF.
- Diagnose des Regressionsmodells, Erkennung von Problemen bei der Regressionsanalyse.
- Umsetzung der Maximum-Likelihood-Schätzung mit Hilfe von Optimierungstechniken.
- Entwicklung von Renditeprognosemodellen mit Hilfe der linearen Regressionsanalyse.

Das Kapitel 5 behandelt mit stochastischen Simulationsmethoden ein weiteres essentielles CF-Thema. Wie in Kapitel 1.3 bereits erläutert, geht es bei stochastischen Simulationen im CF insbesondere darum, die Implikationen aus der Unsicherheit transparent zu machen. Die Schwerpunkte des Kapitels 5 liegen in der sachgerechten Erzeugung von Zufallszahlen und in der Formulierung von stochastischen Prozessen zur Simulation von Renditen. Der Erzeugung von Pseudo-Zufallszahlen, die sich statistisch von echten, natürlichen Zufallszahlen nicht unterscheiden, wird im Rahmen der inversen Transformationsmethode besondere Aufmerksamkeit gewidmet. Dabei wird zur Kalibrierung der Simulationen auf die Verfahren zurückgegriffen, die Gegenstand der Kapitel 2 bis 4 sind. Neben den Verfahren zur Erzeugung von Zufallszahlen werden auch statistische Tests diskutiert und umgesetzt, mit deren Hilfe sich die Güte von Zufallszahlen überprüfen lässt.

Die Formulierung von stochastischen Prozessen für die Renditen ist der zweite Schwerpunkt des Kapitels 5. Die besondere Herausforderung stellt die Anpassung der simulierten Renditen an empirische Beobachtungen dar. Phänomene der zeitvariablen Volatilitäten, Beachtung der Korrelationsstruktur werden in diesem Kapitel behandelt. Die Umsetzung der Simulationsmethoden z.B. zur Analyse des Rendite-Risiko-Profils der CPPI-Strategie bildet den Abschluss des Kapitels. Die Zielsetzung des Kapitels 5 besteht in der Vermittlung von Kenntnissen und Fertigkeiten bei Fragestellungen wie z.B.:

- Erzeugung von Zufallszahlen aus theoretischen und empirischen Verteilungen.
- Generierung von Zufallszahlen gemäß zuvor geschätzter empirischer Verteilungen, z.B. anhand einer Kerndichteschätzung.
- Statistische Hypothesentests zur Beurteilung von Zufallszahlen.
- Erzeugung von korrelierten Zufallszahlen anhand der Korrelation, der Rangkorrelation und von Faktormodellen.
- Umsetzung einer (stochastischen) Simulationsstudie.

Nachdem sich die Betrachtungen des Anhangs ab A.1 primär den Werkzeugen, diejenigen der Kapitel 2 bis 5 den Methoden widmen, schließt sich in Kapitel 6 der Kreis zurück zur Modellierung von (komplexen Geschäfts-) Prozessen. Die Tabelle 1.1 illustriert die Schwerpunktsetzungen hinsichtlich (i) Prozesse, (ii) Methoden und (iii) Werkzeuge in den einzelnen Kapiteln 2 bis 6 und Anhang A.1. Die Entscheidungsorientierung ist in der Tabelle 1.1 nicht gesondert ausgewiesen. Bis auf den Anhang, welcher einer ersten, knappen Einführung in die Programmierung dient, ist die Entscheidungsorientierung in allen Kapiteln vorhanden.

Kapitel	Beschreibung	Prozesse	Methoden	Werkzeuge
2	Statistik	-	X	X
3	Optimierung	-	X	-
4	Ökonometrie	-	X	-
5	Stochastische Simulation	-	X	-
6	Geschäftsprozesse	X	-	-
Anhang	Programmierung	-	-	X

Tabelle 1.1.: Schwerpunktsetzungen in den einzelnen Kapiteln und Anhängen.

Inhaltlich wird in Kapitel 6 insbesondere im Rahmen einer Fallstudie ein einfaches Simulationsmodell des gesamten Portfoliomanagementprozesses entwickelt, in welchem Bausteine aus den Kapiteln 2 bis 4 zusammengesetzt werden. Die Abgrenzung zu stochastischen Simulationen in Kapitel 5 ergibt sich hier daraus, dass es nicht um die Analyse von Unsicherheiten geht, die aus einer stochastischen Umwelt resultieren, sondern um die Analyse eines komplexen, aber deterministischen Systems (Portfoliomanagementprozess). Der Einbezug stochastischer Elemente wäre hier problemlos möglich, könnte aber angesichts des ohnehin schon komplexen Systems erheblich verwirren. Beispielhaft soll dieses Kapitel zeigen, dass Intransparenz über die Arbeitsweise eines Systems nicht nur aus einer stochastischen Umwelt, sondern auch aus der Komplexität eines an sich deterministischen Systems resultieren kann. Um zu diesen Einsichten zu gelangen, muss zuvor ein solches System modelliert werden. Dies ist die primäre Zielsetzung des Kapitels 6. Insbesondere soll beispielhaft die schrittweise Entwicklung eines Simulationsmodells für den Portfoliomanagementprozess gezeigt werden, also insbesondere:

- Generierung von Rendite- und Risikoprognosen für mehrere Assets.
- Rollierende Prognosemodellentwicklung.
- Überführung von Rendite- und Risikoprognosen in eine Allokation durch Portfoliooptimierung.
- Performanceanalyse eines auf Prognosen basierten, simulierten Portfolios.
- Optimierung des Portfoliomanagementprozesses durch Multi-Modelle.

Die vorhergehenden Darstellungen zu den Zielen und Inhalten grenzen gleichzeitig den Charakter dieses Buchs zum CF ein. Wir verstehen das vorliegende Buch zugleich als Einführungsbuch (bzw. Lehrbuch) und Handbuch zum CF. Der Charakter als Einführungsbuch ergibt sich daraus, dass wir bewusst den Einsteiger in das CF adressieren, also typischerweise Studierende in höheren Semestern eines Bachelorstudiums, die bereits elementare Vorkenntnisse in Statistik, Finanzwirtschaft und/oder (Wirtschafts-) Informatik besitzen und sich näher mit angewandten quantitativen Methoden in der Finanzökonomie auseinandersetzen möchten. Ebenso zielen wir auf Studierende zu Beginn ihres Masterstudiums ab, denen dieses Wissen noch fehlt und es für die Durchführung eigener empirischer Studien im Rahmen ihres Studiums oder späteren beruflichen Tätigkeit benötigen. Neben Studierenden soll dieses Einführungslehrbuch auch für Berufspraktiker im Asset- und Risikomanagement als Einstiegspunkt dienen, soweit z.B. bisher mit Tabellenkalkulationen wie Microsoft Excel gearbeitet wurde und nunmehr der Umstieg auf Programmierwerkzeuge des CF vollzogen werden soll. Der Charakter eines Einführungsbuches ergibt sich auch aus dem didaktischen Aufbau des Buches, indem grundsätzlich von einer sequentiellen Lektüre ausgegangen wird, die sukzessive entlang der oben erläuterten Inhalte voranschreitet.

Angesichts des Umfangs der behandelten Themen werden vermutlich dagegen viele Leser das Buch eher als Handbuch nutzen wollen. Dies kann sich einerseits nach der vollständigen Lektüre des Buches ergeben, wenn beim weiteren Arbeiten nur noch gezielt einzelne Details oder Passagen nachgeschlagen werden sollen. Andererseits werden auch viele Leser weder die Zeit, noch das Interesse daran haben, alle Darstellungen des Buchs in sequentieller Weise abzuarbeiten. Vermutlich wird ein Großteil der Leser gezielt einzelne Passagen aufsuchen und bearbeiten wollen, ohne auf vorhergehende zurückgreifen zu wollen. Um diese Art der Nutzung zu erleichtern, haben wir durchgängig im Buch viele Vorwärts- und Rückwärtsreferenzen auf verwandte Passagen eingearbeitet sowie einen umfangreichen Schlagwortindex erstellt. Ebenso sind alle Kapitel mit einführenden Lese- und Bearbeitungshinweisen versehen. Dies sollte das Navigieren im Buch erleichtern. Die Nutzung des Buches als reines Handbuch setzt jedoch die jeweils geforderten Vorkenntnisse der betreffenden Passagen voraus, die dann anderweitig erworben sein müssen.

Gleichzeitig muss selbst bei Nutzung als Einführungsbuch ein Vorwissen vorausgesetzt werden. So kann das vorliegende Buch nicht zugleich ein Einführungsbuch in die Statistik, Optimierung, Ökonometrie oder Programmierung sein. Diesbezüglich fehlendes Wissen muss anhand dort ausgewiesener, einschlägiger Lehrbücher erarbeitet werden. Dieses Einführungsbuch zum CF beschränkt sich darauf, wichtige Grundlagen aus den Bereichen Statistik, Optimierung, Ökonometrie oder Programmierung kurz zu rekapitulieren, dann aber im Kontext des CF umzusetzen.

Dieses Einführungs- und Handbuch zum CF zielt dagegen nicht auf Leser mit deutlich fortgeschrittenen Kenntnissen in diesem Bereich. Diese Lesergruppe wird vielleicht an einigen Stellen interessante, weiterführende Darstellungen finden, jedoch geht es hier nicht um die Vermittlung fortgeschrittener Kenntnisse des CF. So werden beispielsweise komplexe ökonometrische Verfahren, wie z.B. Vektor-Autoregressive-Moving-Average (VARMA-) Modelle ebenso wenig behandelt, wie z.B. elaboriertere Portfoliooptimierungsmodelle, z.B. multikriterielle Optimierung. Auch die behandelten Programmiertechniken markieren ausschließlich ein Basisniveau. Fortgeschrittenere Techniken, wie z.B. objektorientierte Programmierung, sind nicht Gegenstand dieses Einführungswerkes. Auch bei der Modellierung des Portfoliomanagementprozesses geht es zunächst nur darum, ein erstes, in sich geschlossenes Modell des gesamten Prozesses zu erarbeiten. Elaborierte Verfeinerungen dieses ersten einfachen Modellansatzes sind dann nicht mehr Gegenstand der Betrachtungen.

2. Statistik im Computational Finance

Lese- und Arbeitshinweise:
In diesem Kapitel werden statistische Grundlagen, ihre Umsetzung mithilfe des Programmierwerkzeugs Matlab und ihre Anwendung zur Beantwortung finanzwirtschaftlicher Fragestellungen dargestellt. Traditionelle Bücher zur Statistik behandeln die Teilgebiete deskriptive Statistik, Stochastik (Wahrscheinlichkeitstheorie) und induktive Statistik in dieser Reihenfolge [vgl. hierzu beispielsweise HARTUNG (1995)]. Alle drei Teilgebiete sind jedoch nicht Gegenstand des vorliegenden Kapitels oder des vorliegenden Buches. Hierfür sei auf die einschlägige Literatur verwiesen. Das Ziel des vorliegenden Kapitels ist es dagegen, diejenigen statistischen Grundlagen darzustellen, welche für die Beantwortung finanzwirtschaftlicher Fragestellungen von Bedeutung sind. Ein besonderer Fokus wird dabei auf diejenigen finanzwirtschaftlichen Fragestellungen gelegt, welche im Zusammenhang mit den Aufgaben des Portfoliomanagementprozesses stehen.

Das vorliegende Kapitel orientiert sich eng an den Kapiteln 2-4 bei PODDIG et al. (2008). Da sich die Betrachtungen in diesem Kapitel aufgrund der anderen Zwecksetzung dieses Buches auf eine zentrale Zusammenfassung des notwendigen methodischen Hintergrundwissens konzentrieren, wird Lesern ohne entsprechende Vorkenntnisse in statistischen Grundlagen die begleitende Lektüre der oben genannten Kapitel bei PODDIG et al. (2008) empfohlen, sofern sich im Leseprozess dieses Kapitels Schwierigkeiten ergeben sollten. Lesern ohne Erfahrungen im Umgang mit den Programmierwerkzeugen Matlab oder Octave sei das Studium des Anhangs dieses Buches vor der Lektüre von Kapitel 2 nahegelegt. Ferner sei darauf hingewiesen, dass sich die Fallstudien in diesem Kapitel an der Fallstudie im Kapitel 8.3 bei PODDIG et al. (2009) orientieren. Bei Interesse kann auch hier hineingeschaut werden. Im Folgenden werden einige Hinweise dazu gegeben, welche Literaturquellen sich neben den vorgenannten beim Studium dieses Kapitels als Begleitlektüre eignen. Nach einigen einführenden Erläuterungen zur Statistik im CF in Kapitel 2.1 wird in Kapitel 2.2 die Rendite als zentraler Gegenstand statistischer Analysen im Rahmen finanzwirtschaftlicher Betrachtungen eingeführt. Kennzahlen zur Analyse ihrer Verteilung werden in Kapitel 2.3 dargestellt. Beispielsweise bei der Beurteilung der Vorteilhaftigkeit einer Kapitalanlage stellt sich die Frage, wie mithilfe der vorgestellten Verteilungskennzahlen die Größen Ertrag und Risiko gemessen werden können. Während Ertrag über den Erwartungswert bzw. den Mittelwert der Renditeverteilung operationalisiert werden kann, ist eine Operationalisierung des Risiko-Begriffs weniger eindeutig. Vor diesem Hintergrund werden in Kapitel 2.4 eine Reihe alternativer Maße zur Operationalisierung des Risiko-Begriffs vorgestellt. Die Größen Ertrag und Risiko sind zwei Maßstäbe, um die Vorteilhaftigkeit einer Kapitalanlage zu beurteilen. Insbesondere für den Vergleich unterschiedlicher Kapitalanlagen stellt sich aber die Frage, wie die beiden Größen geeignet gegeneinander abzuwägen sind. Zu diesem Zweck werden verschiedene Konzepte in Kapitel 2.5 vorgestellt. Die Betrachtungen in den Kapiteln 2.2 bis 2.5 adressieren die Eigenschaften einer Renditeverteilung. In dem Kapitel 2.6 werden die Betrachtungen um den linearen Zusammenhang zwischen zwei Renditeverteilungen erweitert. Die Kapitel 2.2 bis 2.6 bilden eine zentrale Grundlage für die Kapitel 3 bis 6. Sie sollten daher insbesondere von Lesern ohne Vorkenntnisse in statistischen Grundlagen oder ohne Erfahrungen im Umgang mit Matlab oder Octave bearbeitet werden. Leser mit entsprechender Vorbildung können dagegen gleich zu Kapitel 2.7 springen. Für viele finanzwirtschaftliche Anwendungen sind die in den Kapiteln 2.2 bis 2.6 eingeführten Grundlagen bereits ausreichend. Zur Beantwortung elaborierterer finanzwirtschaftlicher Fragestellungen ist jedoch eine Auseinandersetzung mit der Renditeverteilung insgesamt unerlässlich. Die Grundlagen hierfür legt das Kapitel 2.7, welches insbesondere in Kapitel 2.8 und in Kapitel 5 als bekannt vorausgesetzt wird. Bei einem Vergleich von empirischen Verteilungskennzahlen oder ganzer Verteilungen mit erwarteten, theoretischen oder anderen empirischen Verteilungskennzahlen oder Verteilungen stellt sich häufig die Frage, ob festgestellte Abweichungen nur rein zufällig sind oder nicht. Derartige Fragen sind Gegenstand des Kapitels 2.8 und werden in der Statistik auf Basis von Hypothesentests und Teststatistiken beantwortet, welche wiederum auf Intervallschätzungen und Konfidenzintervalle zurückgeführt werden können. Zwei sogenannte Resampling-Verfahren, die (neben weiteren Einsatzgebieten) zur Bestimmung von Konfidenzintervallen verwendet werden können, sind das Jackknifing (Kapitel 2.8.4.2) und das Bootstrapping (Kapitel 2.8.4.3). Zu diesen beiden Kapiteln sei Lesern bei Interesse auch das Kapitel 5.5.3 in PODDIG (1999) nahegelegt. Das Kapitel 2.9 fasst zusammen und gibt einen Ausblick auf das Kapitel 3.

2.1. Notwendigkeit statistischer Analysen

Viele Fragestellungen im CF betreffen statistische Analysen, die je nach konkreter Problemstellung das statistische Vorwissen des Analysten in sehr unterschiedlicher Weise herausfordern. Oftmals sind nur einfache statistische Analysen notwendig. Andere Problemstellungen können sehr fortgeschrittene statistische Analysetechniken erfordern, so dass nicht eindeutig klar ist, ob in solchen Fällen eher von Computational Statistics an Stelle von CF gesprochen werden sollte. Wie bereits in der Einleitung ausgeführt, besitzen beide Disziplinen eine enge Verwandtschaft und viele überlappende Fragestellungen.

Zugleich sind einfache statistische Analysen nicht nur in der Finanzwirtschaft in vielen Anwendungsfällen erforderlich. Aus diesem Grund bietet sich die Auseinandersetzung mit dieser Thematik als idealer Einstiegspunkt an, da hier an sehr einfachen Aufgabenstellungen sukzessiv die Fertigkeiten im Umgang mit Matlab, welches hier stellvertretend für Programmierwerkzeuge des CF betrachtet wird, erweitert werden können.[1]

[1] Wie in den Lesehinweisen ausgeführt, werden Grundkenntnisse der Statistik vorausgesetzt, wie sie typischerweise in Grundlagenveranstaltungen zur Statistik in sozial- oder naturwissenschaftlichen Fächern vermittelt werden. Im Wesentlichen handelt es sich hierbei nur um ein grundlegendes Basiswissen. In diesem Kapitel wird dabei in Anlehnung an den Buchteil „A. Statistik“ bei PODDIG et al. (2008), S. 7 bis 212 vorgegangen, wobei hier aus Platzgründen und

Statistische (Basis-) Analysen, lassen sich insbesondere sehr anschaulich anhand von Fragestellungen der Performanceanalyse illustrieren. Die Performanceanalyse ist ein Teil innerhalb des Portfoliomanagementprozesses (vgl. näher Kapitel 1.2.3), der sich mit der Messung und Analyse des in der Vergangenheit erzielten Kapitalanlageerfolgs beschäftigt. Insgesamt stellen finanzökonomische Fragestellungen, wie sie insbesondere im Portfoliomanagement auftreten, besonders geeignete Anwendungsbeispiele und Fallstudien für Zwecke dieses Buches dar.

2.2. Rendite als Gegenstand statistischer Analysen

Skript/Funktion	Beschreibung	Matlab	Octave	Freemat	Toolboxen
fPricesToReturns.m	Umrechnung von Preisen in Renditen	X	X	X	keine
fReturnsToPrices.m	Umrechnung von Renditen in Preise	X	X	X	keine
bDemoRenditeberechnung.m	Demoskript zur Renditeberechnung	X	X	X	keine
fConvReturns.m	Konvertierung der Renditearten	X	X	X	keine
bDemoRenditekonvertierung.m	Demoskript zur Renditekonvertierung	X	X	X	keine

Tabelle 2.1.: Übersicht verwendeter Skripte und Funktionen. Unter Matlab werden in diesem Buch die Statistics und Optimization Toolbox vorausgesetzt, sie werden deshalb nicht explizit in der Spalte „Toolboxen" ausgewiesen.

Unter *Rendite* wird die relative Wertänderung des eingesetzten Kapitals über einen vordefinierten Zeitraum verstanden. Sie ist eine zentrale Zielgröße der Kapitalanlage und für viele Investoren vermutlich die interessanteste Performancekennziffer. Dabei gibt es viele verschiedene Varianten der Renditeberechnung, denen unterschiedliche Sichtweisen und auch Zwecksetzungen zugrunde liegen.[2] Die folgenden Kapitel betrachten wichtige Varianten und erläutern die Umsetzung mit Hilfe von Matlab.

2.2.1. Diskrete und stetige Rendite

Unter *diskreter Rendite* wird die einfache, relative Wertänderung des eingesetzten Kapitals über eine Berechnungsperiode verstanden. Die Berechnungsvorschrift (ohne Berücksichtigung

der gänzlich anderen Ausrichtung dieses Buches nicht auf die statistischen Grundlagen im engeren Sinne eingegangen wird. Daher beschränken sich die Betrachtungen auf zentrale Zusammenfassungen des notwendigen methodischen Hintergrundwissens.

2 Vgl. ausführlicher PODDIG et al. (2008), S. 112 ff. oder PODDIG et al. (2009), S. 30 ff.

zwischenzeitlicher Erträge) lautet nach Formel 2.2:[3]

$$r_t^d = \frac{p_t - p_{t-1}}{p_{t-1}} = \frac{p_t}{p_{t-1}} - 1 \tag{2.2}$$

r_t^d diskrete Rendite zum Zeitpunkt t

p_t Preis des Investitionsobjektes zum Zeitpunkt t

Die Rückrechnung von Renditen in Preise ergibt sich durch einfache Umstellung der Formel 2.2 (vgl. Formel 2.3).

$$p_t = (1 + r_t^d)p_{t-1} \tag{2.3}$$

Die Formel 2.3 kann ebenfalls als Berechnung eines Vermögensendwertes interpretiert werden. Sie gibt an, welcher Vermögensendwert p_t in t erzielt wird, wenn in $t-1$ ein Kapitalbetrag in Höhe von p_{t-1} zu einem Zinssatz von r_t^d angelegt wird. Die Umstellung nach Formel 2.4 ergibt die dazu korrespondierende Berechnung des Barwertes von p_t aus der Sicht der Periode p_{t-1}.

$$p_{t-1} = \frac{p_t}{(1 + r_t^d)} \tag{2.4}$$

Bei der Berechnung der diskreten Rendite wird implizit von einer zeitdiskreten Änderung des Preises zum Ende der betrachteten Periode ausgegangen. Bei der stetigen Rendite wird dagegen ein zeitkontinuierlicher Änderungsprozess des Preises (bzw. zeitkontinuierlicher Wachstumsprozess des eingesetzten Kapitals) angenommen. Die Berechnung der *stetigen Rendite* aus den beobachteten Preisen eines Investitionsobjektes ergibt sich gemäß Formel 2.5 und die Rückrechnung in Preise gemäß Formel 2.6.

$$r_t^s = \ln\left(\frac{p_t}{p_{t-1}}\right) = \ln(p_t) - \ln(p_{t-1}) \tag{2.5}$$

$$p_t = \exp(r_t^s)\, p_{t-1} \tag{2.6}$$

r_t^s stetige Rendite zum Zeitpunkt t

$ln(x)$ natürlicher Logarithmus von x

$exp(x)$ Exponentialfunktion e^x

[3] Für viele finanzwirtschaftliche Zeitreihen, insbesondere Aktien- und Rentenindices, gibt es sog. Performanceindices, in welchen zwischenzeitliche Dividenden- oder Zinszahlungen in Form der Wiederanlage in die Wertentwicklung eingerechnet sind. Daher werden wir im weiteren Verlauf laufende Dividenden- oder Zinszahlungen nicht berücksichtigen. Die Berechnung unter Berücksichtigung zwischenzeitlicher Erträge erfolgt nach Formel 2.1:

$$r_t^d = \frac{p_t + d_t - p_{t-1}}{p_{t-1}} \tag{2.1}$$

d_t Erträge (Ausschüttungen) zwischen den Zeitpunkten $t-1$ und t

Wir gehen im Folgenden aber davon aus, dass zwischenzeitliche Erträge vernachlässigbar oder bereits in p_t eingerechnet sind.

Die jeweiligen Renditearten lassen sich einfach ineinander umrechnen (vgl. Formel 2.7 und 2.8).

$$r_t^d = \exp(r_t^s) - 1 \tag{2.7}$$

$$r_t^s = \ln\left(1 + r_t^d\right) \tag{2.8}$$

Die Verwendung diskreter Renditen ist in der praktischen Anwendung weit verbreitet, da diese unmittelbar verständlich und intuitiv interpretierbar sind. Allerdings sind diskrete Renditen bei der Verknüpfung rechentechnisch schwieriger zu handhaben. Soll z.B. aus mehreren diskreten Periodenrenditen die mittlere Verzinsung des eingesetzten Kapitals berechnet werden, ist dafür das geometrische Mittel zu berechnen (vgl. dazu näher Kapitel 2.3.3). Stetige Renditen können in erster Näherung als eine Approximation von diskreten Renditen betrachtet werden. Für kleine Werte der Renditen ist der Approximationsfehler gering und spielt praktisch kaum eine Rolle. Dafür lassen sich stetige Renditen rechentechnisch leichter handhaben, verknüpfen und besitzen zudem vorteilhaftere Eigenschaften für statistische Analysen. Daher werden in wissenschaftlichen Untersuchungen bevorzugt stetige Renditen verwendet.

Eine weitere wichtige Variante ist die sog. Überschussrendite (*Excess Return*), welche die Rendite des eingesetzten Kapitals über die Rendite einer risikolosen Kapitalanlage hinaus angibt. Dazu ist von der jeweils berechneten diskreten bzw. stetigen Rendite der Zinssatz der risikolosen Anlage[4] abzuziehen (vgl. Formel 2.9).

$$r_t^e = r_t - r_f \tag{2.9}$$

r_t^e Überschussrendite („Excess Return")

r_f Verzinsung (bzw. Zinsatz) der risikolosen Kapitalanlage

Üblicherweise versteht man unter „risikofreier Anlage" eine Anlagemöglichkeit, bei welcher die Verzinsung vorab über die als relevant betrachtete Zeitperiode fixiert und konstant ist. Besitzt z.B. die Investorin einen Planungshorizont von einem Jahr, so könnte die Verzinsung von einjährigen Staatsanleihen erster Bonität als ein solcher „risikoloser Zinssatz" angesehen werden. Die Berechnungsweise gilt in derselben Weise für diskrete und stetige Renditen, es ist jedoch auf die konsistente Verwendung des Zinssatzes der risikofreien Anlage zu achten. Wurde z.B. für ein Asset zunächst die stetige Rendite berechnet, so ist bei Berechnung der Überschussrendite auch der risikolose Zinssatz in Form einer stetigen Rendite zu verwenden.

Das nachfolgende Programmlisting 2.1 zeigt die Umsetzung dieser beiden Renditeberechnungsarten in Matlab. Dafür wird eine benutzerdefinierte Funktion `fPricesToReturns` benutzt, die eine Matrix `mPrices` mit T beobachteten Preisen für K Assets erwartet und als Ergebnis eine Matrix `mReturns` mit $T-1$ (Überschuss-) Renditen für die K Assets zurückliefert.[5] Wird

[4] Der Begriff der risikolosen Anlage (und damit des risikofreien Zinssatzes), obgleich intuitiv scheinbar verständlich, ist bei genauerer Betrachtung gar nicht eindeutig und hängt auch mit dem verwendeten Risikoverständnis zusammen, auf das noch ausführlicher eingegangen wird; siehe dazu näher Kapitel 2.4.

[5] Die Anwendung der Funktion `fPricesToReturns` im Programmlisting 2.1 wird später mit Hilfe des Demoskriptes 2.3 anhand von Beispieldaten gezeigt. Alle Programmlistings und Beispieldaten sind zum Download verfügbar.

bei Aufruf der Funktion der Wert für die Verzinsung der risikolosen Anlage `mRf` auf null gesetzt, so werden absolute Renditen ermittelt. Die Renditeberechnungsart kann dabei über die Schaltervariable `iOption` gesteuert werden. Als risikofreier Zinssatz für die Berechnung der Überschussrendite kann ein Skalar (einheitlicher risikofreier Zinssatz für alle T Perioden und alle K Assets), ein Spaltenvektor (jede Periode $t, t = 1, ..., T$ besitzt einen unterschiedlichen risikofreien Zinssatz, dieser ist aber für alle K Assets identisch in jeder Periode), ein Zeilenvektor (jedes Asset $k, k = 1..., K$ besitzt einen eigenen risikofreien Zinsatz, dieser ist aber in allen T Perioden konstant) oder eine $T \times K$ Matrix sein (jedes Asset und jede Periode besitzen spezifische risikofreie Zinssätze).

Quellcode 2.1: Renditeberechnung mit Matlab

```
Siehe Datei: fPricesToReturns.m
```

Da sich das vorliegende Buch als eine erste Einführung in das CF versteht, werden alle vorzustellenden Programmlistings kurz kommentiert, soweit dies für die Weiterentwicklung der Fertigkeiten in Matlab sinnvoll und notwendig erscheint. Diejenigen Leser, die bereits über profunde Matlab-Kenntnisse verfügen, können diese Kommentierungen querlesen oder gar gänzlich überspringen. Mit der Matlab-Funktion `nargin` kann die Anzahl der beim Aufruf der Funktion übergebenen Parameter abgefragt werden. Es ist in Matlab durchaus zulässig, eine Funktion mit weniger als der erforderlichen Anzahl an Parametern aufzurufen. Dies ist gerade dann nützlich, wenn einzelne Parameter als optional angesehen und mit Voreinstellungen belegt werden, soweit diese nicht mit dem Aufruf der Funktion übergeben wurden. Dies demonstriert die Funktion `fPricesToReturns`, in welcher die beiden letzten Parameter als optional angesehen und beim Funktionsaufruf weggelassen werden können. Werden weniger als drei Parameter übergeben, wird als Voreinstellung (default) die diskrete Renditeberechnung angenommen. Falls weniger als zwei Parameter übergeben werden, wird zusätzlich der risikofreie Zinssatz auf Null gesetzt, also absolute Renditen statt Überschussrenditen berechnet.

Eine weitere hilfreiche Matlab-Funktion ist `isempty`, mit der überprüft werden kann, ob ein übergebener Inputparameter (oder allgemein eine Variable) leer ist. Die Übergabe leerer Inputparameter ist dann sinnvoll, wenn für einzelne Inputparameter keine Werte vom Anwender übergeben und stattdessen die Voreinstellungen benutzt werden sollen (natürlich muss dies von der Funktion vorgesehen sein). Die Verwendung von `nargin` löst leider nicht immer das Problem der Verwendung optionaler Parameter. Soll z.B. ein expliziter Wert für die Schaltervariable `iOption` übergeben werden, aber keiner für den risikofreien Zinssatz, so hilft hier `nargin` nicht weiter. Stattdessen kann für den zweiten Inputparameter `mRf` eine leere Matrix `[]` übergeben werden. In derselben Weise verfahren auch viele Matlab-Toolbox-Funktionen. Auch hier sind gegebenenfalls leere Matrizen `[]` als Inputparameter zu übergeben, wenn die voreingestellten Werte (defaults) der Funktion benutzt werden sollen.

Eine oftmals gestellte Frage ist, ob `nargin` benötigt wird, wenn es doch `isempty` gibt. Die Funktion `nargin` hat tatsächlich ihre Berechtigung, denn die Prüfung eines Inputparameters mit `isempty` ist nur möglich, wenn dieser überhaupt existent ist. Wurde der betreffende Inputparameter gar nicht erst mit dem Funktionsaufruf übergeben, führt die Prüfung mit `isempty` zu einem Fehler. Im Programmlisting 2.1 wird daher immer zuerst mit `nargin` geprüft, bevor die nächste Prüfung mit `isempty` ausgeführt wird. Zu beachten ist auch, dass dies streng genommen auch die

Verwendung der „Kurzschlussvariante" (siehe dazu näher Kapitel A.6.5) des logischen ODER (||) erfordert. Denn die Prüfung von z.B. `isempty(iOption)` wird in der „Kurzschlussvariante" nur dann durchgeführt, wenn die vorhergehende Prüfung `nargin < 3` den logischen Wert FALSCH besitzt, also das Inputargument `iOption` existiert.

Darüber hinaus sollten weitere, umfangreiche Prüfungen der übergebenen Inputparameter auf Zulässigkeit und Plausibilität erfolgen, was aber in diesem Buch regelhaft aus Platzgründen ausgelassen wird. In diesem Zusammenhang sei an dieser Stelle angemerkt, dass hier und im Folgenden alle beispielhaft vorgestellten Funktionen und Skripte nur dazu dienen sollen, die Umsetzung der vorgestellten Methoden zu illustrieren. Für einen „professionellen" Einsatz sind sie indessen (noch) nicht geeignet, da aus besagten Platzgründen keinerlei Prüfungen der übergebenen Inputparameter erfolgen und auch innerhalb der Funktionen und Skripte mögliche Fehlerkonditionen nicht antizipiert und latent abgefangen werden. Dennoch soll zur Illustration exemplarisch an dieser und der folgenden Funktion 2.2 die Notwendigkeit von Fehler- und Konsistenzprüfungen illustriert werden.

Nach der Prüfung optionaler Argumente und deren Belegung mit den Voreinstellungen, was immer zuerst vorgenommen werden sollte, schließt sich in einem zweiten Schritt die Fehler- und Konsistenzprüfung an. In Programmlisting 2.1 wird zunächst geprüft, ob die übergebenen Inputparameter `mPrices` und `mRf` `NaN` enthalten, was in dieser Funktion nicht zulässig ist. Die Prüfung erfolgt mit dem geschachtelten Funktionsaufruf `any(isnan(mPrices(:)))`. Dabei bewirkt der Ausdruck `mPrices(:)` zunächst die Umwandlung von `mPrices` in einen Vektor, egal ob `mPrices` vorher ein Vektor oder eine Matrix war; das Ergebnis ist auf jeden Fall ein Vektor. Die Funktion `isnan` prüft danach die einzelnen Komponenten des so entstandenen Vektors auf `NaN`. Das Ergebnis ist ein logischer Vektor, der an allen Stellen den logischen Wert WAHR besitzt, wo sich in `mPrices(:)` der Wert `NaN` befindet. Mit `any` wird geprüft, ob irgendein Element WAHR ist. In analoger Weise ist die Prüfung `any(isnan(mRf(:)))` zu lesen. Wenn irgendwo der Wert `NaN` (in `mPrices(:)` oder `mRf(:)`) entdeckt wurde, wird ein Fehler mit der Funktion `error` ausgelöst.

Beginnend mit dem Matlab-Ausdruck `if iRowRf > 1 && iColRf == 1` folgt eine längere Prüfsequenz. Hier werden sukzessive die möglichen Fälle für die zulässigen Dimensionen von `mRf` abgeprüft und gleichzeitig getestet, ob im jeweiligen Fall die Dimension von `mRf` konsistent zur Dimension von `mPrices` ist. Bei entdeckter Inkonsistenz wird mit `error` ein Fehler ausgelöst. Um diese Prüfung der Dimensionen durchzuführen, wird vor Beginn der Prüfungen auf die Funktion `size` zurückgegriffen. Sie erlaubt es, die Dimension einer Matrix abzufragen. Z.B. ermittelt der Ausdruck `[iRowP, iColP] = size(mPrices)` hier die Zeilen- und Spaltendimension (Anzahl von Zeilen und Spalten) von `mPrices`.

Eine sehr hilfreiche Matlab-Funktion ist `repmat`. Der Aufruf `mB = repmat(mA,x,y)` dupliziert die Ausgangsmatrix `mA` insgesamt `x` mal in der Zeilen- und `y` mal in der Spaltendimension. Im betrachteten Anwendungsfall wird in der Funktion `fPricesToReturns` der Vektor der risikofreien Zinssätze, je nach Erfordernis, in der Zeilen- oder Spaltendimension dupliziert. Dies ist notwendig, damit die Dimensionen der Matrizen `mPrices` und `mRf` konsistent zueinander sind.

Dieses Beispiel zeigt in eindrucksvoller Weise, dass alle Vorprüfungen auf fehlende Argumente, konsistente Dimensionen und plausible Werte weitaus mehr Programmcode umfassen, als die eigentliche Berechnung selbst, die hier nach diesen Vorprüfungen sehr einfach ist.

Die Berechnung der diskreten Renditen erfolgt mit Hilfe des Matlab-Ausdrucks `mReturns = mPrices(2:end,:) ./ mPrices(1:end-1,:) - 1`. Dabei wird mit dem Ausdruck `mPrices(2:end,:)` zunächst eine Submatrix aus `mPrices` extrahiert, welche die Zeilen 2 bis zur letzten Zeile (`end`) und alle Spalten enthält. Ebenso wird eine weitere Submatrix extrahiert, welche die Zeilen 1 bis zur vorletzten Zeile und alle Spalten enthält (`mPrices(1:end-1,:)`). Die erste Submatrix wird dann durch die zweite komponentenweise dividiert und schließlich Eins abgezogen (es werden also komponentenweise die Preisquotienten minus Eins, zweite Variante nach Formel 2.2 berechnet). Dieses Beispiel zeigt, wie es mit Hilfe von matrizenorientierten Programmiersprachen möglich ist, in sehr kompakter Weise sehr umfängliche Berechnungsanweisungen zu formulieren. Ferner erlaubt es oftmals die konsequente Nutzung von Matrizenoperationen, die in anderen Programmiersprachen ansonsten notwendigen Schleifenkonstruktionen zu vermeiden.[6] Die Berechnung der stetigen Renditen vollzieht sich nach demselben Prinzip, allerdings wird hier Formel 2.5 umgesetzt.

Die Rückrechnung von Renditen in Preise erfolgt mittels der Funktion `fReturnsToPrices`, wie es im Programmlisting 2.2 dargestellt ist. Diese Funktion erwartet als erstes Argument eine T x K Matrix `mReturns` von Renditen (diskrete oder stetige), mit denen dann auf die Preise zurückgerechnet wird. Das zweite Argument `vInitVal` ist ein 1 x K Vektor mit den Startwerten für die Preisberechnung. Danach folgen als weitere Argumente der Wert für den risikofreien Zinssatz `mRf` und die Schaltervariable `iOption` für die Renditeart. Die letzten drei Inputparameter sind optional. Als Voreinstellung wird die diskrete Rendite, ein risikofreier Zinssatz von null sowie 100 als Startwert für die Preisberechnung angenommen. Die Funktion `fReturnsToPrices` ist im Grunde die Umkehrfunktion zu `fPricesToReturns`, sodass alle oben dargestellten Erläuterungen hier in analoger Weise gelten.

Quellcode 2.2: Umrechnung von Renditen in Preise

```
Siehe Datei: fReturnsToPrices.m
```

Die sehr hilfreiche Matlab-Funktion `repmat` kann an diesem Beispiel noch einmal anhand der Replikation der Variable `vInitVal` erläutert werden. Wie oben erläutert, besitzt die Funktion drei Argumente. Das erste stellt die zu replizierende Ausgangsmatrix dar. Das zweite Argument gibt an, wie häufig die Ausgangsmatrix in der Zeilendimension repliziert werden soll, das dritte Argument die Häufigkeit der Replikationen in der Spaltendimension. Der Ausdruck `vInitVal = repmat(100,1,iColR)` repliziert also den Wert 100 einmal in der Zeilendimension und K-Mal in der Spaltendimension,[7] erzeugt also einen 1 x K Vektor mit Einträgen von 100. Die Funktion `size` erlaubt es, die Dimension einer Matrix abzufragen (siehe oben). Neben der Abfrage aller Dimensionen können auch gezielt einzelne Dimensionen betrachtet werden. Der Ausdruck `size(mReturns,2)` ermittelt hier die Spaltendimension (Anzahl von Spalten) in `mReturns`.

Die sich dann anschließenden Fehler- und Konsistenzprüfungen sind analog zu den Beschreibungen bei `fPricesToReturns` zu lesen. Zwei weitere hilfreiche Funktionen in Matlab sind

---

6 Matrizenoperationen sind im Matlab-Kern implementiert und laufen dort geschwindigkeitsoptimiert ab. Die Nutzung von Matrizenoperationen anstelle von Schleifenkonstruktionen ist daher ratsam, obgleich in jüngeren Matlab-Versionen die Ausführungsgeschwindigkeit von Schleifenkonstruktionen erheblich gesteigert wurde.

7 Im Matlab-Code wird K durch die Variable `iColR` repräsentiert.

cumsum und cumprod. Mit cumsum werden per Voreinstellung längs der Zeilen einer Matrix die kumulierten Summen der jeweiligen Spalten gebildet, cumprod bildet entsprechend die kumulierten Produkte.[8] Der Matlab-Ausdruck mPrices = cumprod([vInitVal;1+mReturns]) bewirkt mit Hilfe dieser Funktion in sehr kompakter Weise die Umrechnung der diskreten Renditen in Preise entsprechend Formel 2.3. Zunächst werden mit Hilfe von 1+mReturns die Aufzinsungsfaktoren berechnet, indem zu allen diskreten Renditen in der Matrix mReturns eine Eins addiert wird. Danach wird der Vektor der Startwerte und die Matrix der Aufzinsungsfaktoren zu einer neuen Matrix mittels [vInitVal;1+mReturns] zusammengesetzt; diese Matrix enthält in der ersten Zeile die Startwerte für die Preisberechnung, danach folgen in den weiteren T Zeilen die Aufzinsungsfaktoren. Nun müssen noch die kumulierten Produkte entlang der Zeilen berechnet werden, um die Preisreihen (pro Spalte) zu erzeugen. Das Ergebnis ist dann eine $(T+1)$ x K Matrix mit den K Preisreihen. Prinzipiell in derselben Weise erfolgt die Berechnung bei stetigen Renditen. Wie aus Formel 2.6 ersichtlich, lässt sich hier die Berechnung vereinfachen, indem zunächst die linke und rechte Seite der Gleichung logarithmiert werden. Der logarithmierte Preis p_t der Periode t ergibt sich dann einfach als Summe der stetigen Rendite r_t der Periode t und des logarithmierten Preises p_{t-1} der Vorperiode $t-1$. Dementsprechend liefert cumsum([log(vInitVal);mReturns]) die Reihe der Log-Preise im Zeitablauf. Diese müssen nur noch als Argument der Exponentialfunktion exp übergeben werden, um die Preise selber zu erhalten.

Zur Illustration dieser und der weiteren Betrachtungen soll eine Fallstudie zur Performanceanalyse dienen, die sich eng an die Fallstudie bei PODDIG et al. (2009), S. 627 ff. anlehnt. Die Daten wurden wie in Kapitel 5.3.2.4 beschrieben generiert und besitzen dieselben Eigenschaften wie jene der originären Fallstudie. Der Vorteil ist es dabei, die hier gewählte Vorgehensweise und Ergebnisse mit dieser Vorlage vergleichen zu können, in welcher die Fallstudie mit Hilfe von Microsoft Excel umgesetzt wurde. Dieser Vergleich ist auch hilfreich, um die Unterschiede und Gemeinsamkeiten beim Arbeiten mit einer Tabellenkalkulationssoftware und einer matrizenorientierten Programmiersprache aufzuzeigen. In der Fallstudie geht es darum, die Performance eines (fiktiven) europäischen Aktienfonds gegen ein Benchmarkportfolio zu analysieren. Der Fallstudie in der Vorlage liegt ein Datenzeitraum von Januar 1993 bis Februar 2002 zugrunde, für den die Indexstände des hypothetischen Aktienfonds und der Benchmark auf monatlicher Basis verfügbar sind (Indexwert = 100 für Januar 1993). Aus Platzgründen wird für eine detailliertere Beschreibung der Fallstudie auf diese Ausgangsquelle verwiesen;[9] hier interessiert primär die Umsetzung der Renditeberechnungsarten, der Risikokennzahlen und der weiteren Analyseschritte in Matlab. Angemerkt sei hier lediglich, dass die Daten auch unter didaktischen Aspekten konstruiert wurden, weshalb die im Folgenden zu gewinnenden Analyseergebnisse nicht unbedingt repräsentativ für einen gewöhnlichen, durchschnittlichen Aktienfonds sind und nicht zu weitgehend interpretiert werden dürfen.

Basierend auf diesem Datenmaterial zeigt das kurze Beispielskript 2.3, wie das Datenmaterial

---

8 Bei beiden Funktionen kann aber auch explizit angegeben werden, entlang welcher Dimension operiert werden soll.

9 Zum Nachvollziehen der Betrachtungen in diesem Buch ist die benutzte Quelle PODDIG et al. (2009), S. 627 ff. im engeren Sinne nicht weiter von Interesse. Sie hat lediglich den Vorteil, bei Bedarf die Ergebnisse vergleichen zu können. Die hier benutzten Daten für fiktiven Fonds und Benchmark sind das Ergebnis der Simulation eines 3-Faktorenmodells; vgl. dazu auch näher Kapitel 5.3.2.4.

in Matlab eingelesen und die Berechnung der diskreten und stetigen Überschussrenditen mit Hilfe der Funktion `fPricesToReturns` vorgenommen werden kann.

Quellcode 2.3: Demoskript zur Renditeberechnung

```
Siehe Datei: bDemoRenditeberechnung.m
```

Das Demoskript 2.3 ermittelt zum Schluss die maximalen absoluten Wertedifferenzen zwischen den originären Preisen und den zurückgerechneten Preisen aus den zuvor ermittelten Überschussrenditen. Soweit kein Fehler vorliegt, müssen im Idealfall die maximalen absoluten Wertedifferenzen genau null sein. Tatsächlich ergeben sich hier nach Durchlauf des Demoskriptes sehr kleine Differenzen in der Größenordnung von 10^{-13}, was in der begrenzten Zahlendarstellung und Präzision eines Digitalcomputers begründet ist. Dadurch kann es bei jeder Rechenoperation zu sehr kleinen Rundungsfehlern kommen, die sich im Verlaufe sukzessiver Berechnungsfolgen kumulieren können. Insofern illustriert dieses Demoskript auch das Problem der numerischen Präzision im CF.[10]

Die Funktion `fConvReturns` in Programmlisting 2.4 zeigt schließlich noch die Konvertierung von diskreten in stetige und stetige in diskrete Renditen. Die Funktion erwartet als Inputparameter die T x K Matrix der zu konvertierenden Renditen sowie die Angabe, um welchen Typ von Renditeart es sich dabei handelt. Danach erfolgt die Konvertierung in den jeweils anderen Typ der Renditeart, nach Formel 2.7 und Formel 2.8.

Quellcode 2.4: Konvertierung der Renditearten

```
Siehe Datei: fConvReturns.m
```

Das Demoskript 2.5 illustriert die Konvertierung der Renditearten. Dazu werden beide Renditearten einmal direkt aus den eingelesenen Preisreihen berechnet und dann indirekt über den Weg der Konvertierung aus der jeweils anderen Art. Die Ergebnisse werden anschließend miteinander verglichen, indem die maximalen absoluten Wertedifferenzen berechnet werden. Idealerweise sollten diese (näherungsweise) null sein.

Quellcode 2.5: Demoskript zur Renditekonvertierung

```
Siehe Datei: bDemoRenditekonvertierung.m
```

2.2.2. Skalierungen von Renditen

In diesem Buch werden wir häufiger vor der Frage stehen, wie Renditen und deren statistische Kennzahlen zu skalieren sind. Diese Frage ist z.B. dann relevant, wenn Ergebnisse auf Basis von Monatsdaten vorliegen und die damit berechneten Renditen entsprechend Monatsrenditen sind. Für Interpretationszwecke ist dann die Frage bedeutsam, wie hoch die zu einer Monatsrendite korrespondierende Jahresrendite ist. Hintergrund ist, dass typischerweise Zins- und Renditeangaben in der Praxis zumeist als *per annum* (p.a., Jahreswerte) kommuniziert werden, um eine von der Dauer der Berechnungsperiode unabhängige und vergleichbare Bezugsbasis zu haben. Auch der

[10] Eine gute einführende Betrachtung dazu findet sich z.B. bei GILLI et al. (2011), S. 9 ff.

umgekehrte Fall kommt häufig vor: Möchte man z.B. Simulationen von Renditen auf Tagesbasis möglichst realitätsgerecht durchführen, so könnte man bei der Wahl der Simulationsparameter auf typische empirische Renditewerte zurückgreifen. Diese liegen jedoch oftmals nur in Form von p.a. Angaben vor. Die relevante Frage ist also, wie z.B. Monatsrenditen in Jahresrenditen oder Jahresrenditen in Tagesrenditen umgerechnet werden.

Diese Fragestellung betrifft nicht nur die Renditeberechnung selber, sondern auch daraus abgeleitete statistische Kennzahlen. Ein wichtiges Risikomaß ist z.B. die Standardabweichung von Renditen (siehe dazu näher Kapitel 2.3.5 oder 2.4), welche in der Finanzwirtschaft ein bedeutsames Risikomaß darstellt. Auch hier wäre die Frage, wie eine solche Kennzahl, die z.B. auf Basis von Monatsrenditen berechnet wurde, sich auf Jahresbasis hochrechnen lässt oder sich Angaben auf Jahresbasis auf Tagesbasis herunter skalieren lassen. Wir werden die im Folgenden vorzustellenden Skalierungsformeln im weiteren Verlauf in sehr vielen Skripten und Funktionen verwenden, sodass diese bereits hier genannt werden sollen, auch wenn z.B. die Behandlung der Standardabweichung als Risikomaß ausführlicher in Kapitel 2.4 erfolgen wird.

Die Skalierungsformeln für die Umrechnung von Renditeangaben unterschiedlicher Periodizitäten lauten nach Formeln 2.10 bis 2.12 für stetige Renditen.[11]

$$r_t^s(T) = r_t^s + r_{t-1}^s + \ldots + r_{t-T+1}^s = \sum_{i=0}^{T-1} r_{t-i}^s \tag{2.10}$$

$r_t^s(T)$ stetige T-Periodenrendite zum Zeitpunkt t

T Anzahl Perioden

r_j^s stetige Rendite der Periode j

Daraus ergibt sich unter der Annahme konstanter Periodenrenditen die Skalierungsformel 2.11 für Renditen:

$$r_t^s(T) = T \cdot r_t^s \tag{2.11}$$

Ist z.B. $r_t^s = 0,0001$ die beobachtete Tagesrendite einer Aktie und geht man von 250 Börsentagen im Jahr aus, so würde dies auf eine Jahresrendite hochgerechnet einem Wert von $0,0001 \cdot 250 = 0,025$ entsprechen. Beträgt umgekehrt z.B. die Jahresrendite einer Aktie 2,5% p.a., so entspricht dies einer Tagesrendite von 0,01% (immer bezogen auf stetige Renditen und angenommene 250 Börsentage[12]).

Das Skalierungsgesetz für die Standardabweichung von (stetigen) Renditen lautet nach Formel 2.12:

$$\sigma_{r_t^s}(T) = \sqrt{T} \cdot \sigma_{r_t^s} \tag{2.12}$$

[11] Für die konkrete Herleitung und eine detaillierte Diskussion wird auf PODDIG et al. (2008), S. 102 ff. sowie S. 123 ff. verwiesen.

[12] Für zinstragende Finanzinstrumente, wie z.B. Handelswechsel, existieren verschiedene Konventionen, wie viele Zinstage pro Jahr angesetzt werden. Gebräuchlich sind 360 und 365 Zinstage bei Zinsberechnungen zinstragender Finanzinstrumente. Bei Aktienrenditeberechnungen werden üblicherweise 250 Börsentage angenommen.

$\sigma_{r_t^s}(T)$ Standardabweichung der stetigen T-Periodenrendite zum Zeitpunkt t

$\sigma_{r_t^s}$ Standardabweichung der stetigen Rendite der Periode t

Wäre z.B. die Standardabweichung der Tagesrendite einer Aktie $\sigma_{r_t^s} = 0,001$, so würde dies bei 250 Börsentagen im Jahr einer Standardabweichung von $\sqrt{250} \cdot 0,001 \approx 0,016$ auf Basis von Jahresrenditen entsprechen.

2.2.3. Renditen als Zufallsvariablen

Für finanztheoretische Betrachtungen und statistische Analysen werden Preise bzw. Kurse von (börsengehandelten) Assets und deren Renditen als Zufallsvariablen betrachtet.[13] Unter einer *Zufallsvariable* versteht man einen messbaren Aspekt eines Zufallsexperimentes. Bei einem Zufallsexperiment handelt es sich um einen Vorgang oder ein Experiment, dessen Ausgang nicht exakt vorhersehbar ist. Ein solcher Vorgang kann dabei sehr komplex sein und vielfältige interessierende Aspekte besitzen, wie sie z.B. im Rahmen der Kollision von Elementarteilchen in einem Teilchenbeschleuniger auftauchen. Die Beschränkung auf einen messbaren Teilaspekt des Ausgangs stellt die Zufallsvariable dar. Weitere Beispiele sind die Zahl der Augen bei einem Würfelwurf, die Wartezeit an der Bushaltestelle oder die Niederschlagsmenge in einem bestimmten Monat an einer bestimmten Wetterstation. Genauso kann die (relative) Preisänderung eines Assets innerhalb einer Zeitperiode als Zufallsvariable aufgefasst werden. Ob diese Preisänderungen (Renditen) tatsächlich zufällig,[14] quasi zufällig[15] oder deterministisch sind, ist in der finanzökonomischen Forschung umstritten. Zunächst vollzieht sich die Preisbildung für ein Asset an einer Börse nach klar definierten Regeln aufgrund der herrschenden Angebots- und Nachfrageverhältnisse, die als deterministischer Vorgang (also kein Zufallsexperiment) angesehen werden können. Allerdings handelt es sich hier um eine Überlagerung mehrerer Teilprozesse. So können den Überlegungen der Marktteilnehmer, ob und zu welchen Preisen sie Angebote platzieren, sehr komplizierte Informationssammlungs- und -verarbeitungsprozesse zu Grunde liegen. Auch welche Art von Information überhaupt vorliegt und in welcher Reihenfolge neue Informationen eintreffen, kann als zufällig angesehen werden. Wie viele Orders (Kauf- und Verkaufaufträge) zu einem Handelstag und zu welchen Preislimits eingereicht werden, kann überdies noch von weiteren Begleitumständen (z.B. technische Störungen in Kommunikationssystemen usw.) abhängig sein. Welches Ordervolumen zu einem bestimmten Handelszeitpunkt vorliegen wird, ist ex ante faktisch nicht bestimmbar. Damit ergibt sich der nächste Preis bzw. die nächste

---

[13] Vgl. hierzu näher PODDIG et al. (2008), S. 26 ff., S. 93 ff.

[14] Unter „tatsächlich zufällig" wollen wir in diesem Buch das Ergebnis eines echten Zufallsprozesses, wie z.B. das Ziehen von Lottozahlen, verstehen.

[15] Unter „quasi zufällig" verstehen wir in diesem Buch Ergebnisse eines deterministischen Prozesses, die aber nicht von echten Zufallsergebnissen unterscheidbar sind. Dies spielt später in Kapitel 5 eine wichtige Rolle. Dort werden sog. Pseudo-Zufallszahlen von einem Algorithmus erzeugt. Algorithmen sind deterministisch, können also keine zufälligen Ergebnisse hervorbringen. Die statistischen Eigenschaften der mit diesen Algorithmen erzeugten Zufallszahlen sind jedoch nicht von denen echter Zufallszahlen unterscheidbar. Daraus folgt die Bezeichnung „pseudo" oder „quasi".

(relative) Preisänderung zufällig, zumindest in einem Sinne vom „quasi zufällig“.[16] Ungeachtet der Frage, ob nun ein komplexer Determinismus, eine „quasi“ oder „echte“ Zufälligkeit den Preismechanismus bestimmt, besteht eine gängige Modellannahme darin, den Preismechanismus als stochastischen Prozess darzustellen. Ein wichtiges Basismodell ist hier das *Random-Walk-Modell*. In seiner orthodoxen Form ist es nach Formel 2.13 formuliert:

$$K_t = K_{t-1} + \varepsilon_t \tag{2.13}$$

K_t Kurs eines Assets zum Zeitpunkt t

ε_t (zufällige) Preisänderung des Assets zum Zeitpunkt t

Die Eigenschaften der (zufälligen) Preisänderung ε_t sind dabei näher zu spezifizieren, um den zufälligen Charakter näher zu fassen. So wird angenommen, der Erwartungswert sei null, aufeinanderfolgende Preisänderungen seien stochastisch unabhängig und identisch verteilt („i.i.d.“, für „independent and identically distributed“). Die Art der Verteilung wird mitunter auf eine Normalverteilung eingeschränkt. Nimmt man ferner an, in Formel 2.13 würden logarithmierte Kurse betrachtet, so stellt diese Formel zugleich die Wertentwicklung der (Log-) Preise eines Assets unter Verwendung stetiger Renditen dar; siehe dazu Formel 2.6. Das Random-Walk-Modell nach Formel 2.13 kann als ein sehr einfacher Preismechanismus auf Basis von stetigen Renditen interpretiert werden. Wir werden den Random-Walk insbesondere in Kapitel 5.3.1 wieder näher aufgreifen.

Für den weiteren Gang der Betrachtungen ist zunächst die Auffassung von Renditen als Zufallsvariablen sehr hilfreich. Obgleich dies zunächst nur eine Modellannahme darstellt, erlaubt sie es doch, die Analyse von Renditen mit dem methodischen Instrumentarium der Statistik durchführen zu können. Die Anwendung dieser Modellannahme besagt zunächst, dass jede Preis- oder Kursreihe durch Realisationen stochastischer Renditen zustandegekommen ist. Deshalb ist es in einem nächsten Schritt sinnvoll, die einer Kurs- oder Preisreihe inhärent enthaltene Renditeverteilung näher zu analysieren, wenn man den untersuchten Preisbildungsmechanismus näher verstehen möchte. Dazu stehen verschiedene Methoden zur Verfügung, die im nächsten Kapitel näher betrachtet werden.

---

[16] Mit „quasi zufällig“ wird in der Literatur oftmals auch alternativ gemeint, dass sich der Preis bzw. die (relative) Preisänderung deterministisch bestimmen ließe, falls alle Determinanten und Wirkungszusammenhänge des Preisbildungsmechanismus bekannt wären. Da diese Kenntnis nicht vorhanden ist, würde sich dann die (relative) Preisänderung aus der Sicht des (unvollständig informierten) Betrachters als „quasi“ zufällig ergeben. Allerdings ist diese Auffassung wenig operational. Operationaler ist die oben gegebene Definition, von „quasi zufällig“ dann zu sprechen, wenn die Ergebnisse eines deterministischen Prozesses sich in ihren statistischen Eigenschaften nicht von denen echter Zufallsprozesse unterscheiden. Denkbar ist natürlich auch, dass selbst die unterliegenden Determinanten stochastisch sind, z.B. die Informationsverarbeitungsprozesse der Marktteilnehmer und deren Orderverhalten, woraus sich dann ein echter zufälliger Preismechanismus ergeben würde.

2.3. Analyse von Verteilungen und Verteilungskennzahlen

Skript/Funktion	Beschreibung	Matlab	Octave	Toolboxen
fHist.m	Funktion zur Erstellung von Häufigkeitsdiagrammen	X	X	keine
bDemoHistogramm.m	Demo zur Erstellung von Häufigkeitsdiagrammen	X	X	keine
fGeomean.m	Funktion zur Berechnung des geometrischen Mittels	X	X	keine
fNaNmean.m	Funktion zur Berechnung des arithmetischen Mittels, wenn NaN vorhanden sind	X	X	keine
fSkewness.m	Funktion zur Berechnung der Schiefe	X	X	keine
fKurtosis.m	Funktion zur Berechnung der Wölbung	X	X	keine
fDescriptiveStats.m	Funktion zur Berechnung deskriptiver Statistiken	X	X	keine
bDemoDeskriptive-Statistiken.m	Demoskript zur Berechnung der Verteilungskennzahlen	X	X	keine
bDemoBoxPlot.m	Demoskript zur Erzeugung eines Boxplots	X	-	keine
bDemoBoxPlot_oct.m	Demoskript zur Erzeugung eines Boxplots, Octave-Version	-	X	statistics

Tabelle 2.2.: Übersicht verwendeter Skripte und Funktionen. Unter Matlab werden in diesem Buch die Statistics und Optimization Toolbox vorausgesetzt, sie werden deshalb nicht explizit in der Spalte „Toolboxen" ausgewiesen. Für die Lauffähigkeit dieser Skripte oder Funktionen unter Freemat sind aufgrund zahlreicher dort fehlender Funktionen umfängliche Anpassungen und zusätzliche benutzerdefinierte Funktionen erforderlich.

2.3.1. Deskriptive Statistik, Wahrscheinlichkeitsrechnung und induktive Statistik

Für die folgende Auseinandersetzung mit statistischen Methoden sind einige grundlegende Vorbemerkungen erforderlich. Typische Einführungslehrbücher in die Statistik behandeln die Teilgebiete der deskriptiven Statistik, der Wahrscheinlichkeitsrechnung bzw. Wahrscheinlichkeitstheorie und der induktiven Statistik in dieser Reihenfolge. Die deskriptive Statistik liefert Beschreibungen von Beobachtungsdaten, zumeist in Form verschiedener statistischer Kennzahlen. Ihre Aussagen zielen allein auf die (statistische) Beschreibung einer Menge vorliegender Beobachtungsdaten ab. Dabei ist zunächst nicht relevant, ob die beobachteten Daten in ihrer Gesamtheit eine vollständige Beobachtung eines interessierenden Vorgangs sind oder nur eine unvollständige Stichprobe davon. Die induktive Statistik geht einen Schritt weiter. Sie betrachtet die vorliegenden Beobachtungsdaten als (unvollständige) Stichprobe und versucht daraus Aussagen über die Eigenschaften der unbekannten Grundgesamtheit zu treffen, aus der die Stichprobe stammt. Gemessene Kennzahlen anhand einer zufälligen Stichprobe sind ebenfalls zufällig. Daher liefert die Wahrscheinlichkeitsrechnung bzw. die Wahrscheinlichkeitstheorie die zentralen Grundlagen für die induktive Statistik.

Alle drei Teilgebiete sind ausdrücklich nicht Gegenstand des vorliegenden Buchs. Für eine nähere Auseinandersetzung wird daher auf die einschlägige (Lehrbuch-) Literatur verwiesen. Die genannte Unterscheidung dieser drei Teilgebiete ist aber für die folgenden Betrachtungen insoweit relevant, als dass sich oftmals verschiedene Berechnungsformeln oder Optionen zur Berechnung interessierender Kennzahlen ergeben und für die sachgerechte Auswahl der anzuwendenden Alternative diese Unterscheidungen eine Rolle spielen.

Wir werden von beschreibenden Statistiken dann sprechen, wenn die alleinige Beschreibung von Beobachtungsdaten beabsichtigt ist. So werden wir beispielsweise von der Formel für die Varianz einer Grundgesamtheit sprechen, soweit nur die Beschreibung (hier: Varianz) der Beobachtungsdaten interessiert. Ob die Beobachtungsdaten dabei eine vollständige oder unvollständige Beobachtung darstellen, ist nicht von Relevanz, da ausschließlich die vorliegenden Daten beschrieben werden sollen. Wenn wir von Stichproben sprechen, so werden die vorliegenden Daten als unvollständige, zufällige Beobachtung aus einer unbekannten Grundgesamtheit angesehen. Kennzahlen der Stichprobe beschreiben diese und sollen einen Rückschluss auf die Eigenschaften der unbekannten Grundgesamtheit erlauben. Theoretische Kennzahlen sind aus der Wahrscheinlichkeitstheorie abgeleitet. Sie stellen die Kenngrößen unter idealen Bedingungen dar. Folgt eine Zufallsvariable einer bestimmten Verteilung, so kann z.B. für viele Verteilungen die theoretische Varianz angegeben werden. Im Beispiel der Varianz können also drei Varianten unterschieden werden: (i) theoretische Varianz, die aus der Verteilung folgt, welcher die Zufallsvariable folgt (Wahrscheinlichkeitstheorie); (ii) Stichprobenvarianz, welche anhand empirischer Beobachtungsdaten gewonnen wurde und welche Rückschlüsse auf die Varianz der unbekannten Grundgesamtheit liefern soll (Induktive Statistik); (iii) Varianz der Beobachtungsdaten im Sinne einer reinen Beschreibung (Varianz der Grundgesamtheit, irrelevant, ob die Beobachtung vollständig oder unvollständig ist; Deskriptive Statistik).

Zur Unterscheidung werden - soweit nicht anders vermerkt - für theoretische Kennzahlen griechische Buchstaben wie μ, σ usw. verwendet. Schätzer für die theoretischen Kennzahlen, die anhand empirischer Beobachtungen gewonnen wurden, werden durch ein hochgestelltes Dach gekennzeichnet, wie z.B. $\hat{\mu}$, $\hat{\sigma}$, usw. Für die empirischen Kennzahlen verwenden wir - wenn möglich - die korrespondierenden lateinischen Buchstaben, wie z.B. m, s usw. Den empirischen Mittelwert kennzeichen wir alternativ auch durch den Querbalken über einem Symbol, wie z.B. bei $\bar{x}$.[17]

Die Analyse einer Verteilung, wie beispielsweise hier die Renditeverteilungen der Benchmark und des aktiv verwalteten Portfolios, stellt häufig den ersten Schritt einer tiefer gehenden Untersuchung dar. Neben der visuellen Darstellung einer Verteilung, z.B. mit Hilfe eines Histogramms, bieten sich dafür verschiedene Verteilungskennzahlen an. Im Folgenden sollen wichtige Verteilungskennzahlen kurz vorgestellt und deren Berechnung mit Hilfe von Matlab erläutert werden. Die Darstellungen folgen dabei inhaltlich PODDIG et al. (2008), S. 9 ff. Hier werden aber nur die

---

[17] Diese Unterscheidung folgt der oben angesprochenen Dreiteilung in Wahrscheinlichkeitstheorie, induktive und deskriptive Statistik. So bezeichnet beispielsweise μ den (theoretischen) Erwartungswert, $\hat{\mu}$ den Schätzer für den Erwartungswert (gewonnen anhand einer Stichprobe) und m oder $\bar{x}$ den Mittelwert einer Grundgesamtheit.

notwendigsten Aspekte zusammengefasst. Für weitergehende Erläuterungen sei daher auf die genannte Quelle verwiesen.

2.3.2. Häufigkeiten und Histogramm

Eine erste einfache Methode zur Analyse einer Verteilung besteht in deren Visualisierung mit Hilfe eines Häufigkeitsdiagramms oder Histogramms. Bei einem Häufigkeitsdiagramm wird zunächst die Spannweite der Beobachtungswerte (kleinster bis größter Wert) in eine vorgegebene Anzahl geeignet gewählter Abschnitte (Intervalle, Klassen) unterteilt. Üblich und empfehlenswert, aber nicht notwendig ist es dabei, die Klasseneinteilung äquidistant, also in Intervalle gleicher Breite vorzunehmen. Danach wird ausgezählt, wie häufig Beobachtungen in die vordefinierten Klassen fallen. Das Ergebnis dieser Auszählung sind dann die absoluten Häufigkeiten pro Klasse, die sich tabellarisch oder grafisch darstellen lassen. Die folgende Funktion `fHist`, dargestellt in Programmlisting 2.6, illustriert die Vorgehensweise. Matlab selber stellt dafür bereits systemeigene Funktionen `hist` und `histc` bereit, die alternativ Verwendung finden können. Wir benutzen hier jedoch eine benutzerdefinierte Funktion, da sich daran zum einen das Vorgehen bei der Erstellung eines Häufigkeitsdiagramms und Histogramms gut illustrieren lässt, zum anderen weil die Matlab-eigenen Funktionen `hist` und `histc` streng genommen nur Häufigkeitsdiagramme erstellen, nicht jedoch Histogramme, wie es der Name fälschlicherweise suggeriert. Die benutzerdefinierte Funktion behebt diesen Umstand, ist aber im Übrigen eng an der Matlab-eigenen Funktion `histc` orientiert.

Quellcode 2.6: Funktion zur Erstellung von Häufigkeitsdiagrammen

```
Siehe Datei: fHist.m
```

Die Funktion `fHist` erwartet als Inputparameter einen Vektor von Beobachtungsdaten `vData` sowie als optionale Inputparameter einen Vektor der Klassengrenzen `vClasses` und den zu erstellenden Typ der Auswertung in `iType`. Wird der Typ nicht angegeben, wird als Voreinstellung (default) die Tabelle der absoluten Häufigkeiten erstellt. Als Outputparameter liefert die Funktion eine Tabelle zurück. Im Vektor `vFi` stehen die beobachteten absoluten Häufigkeiten (default), im Vektor `vXi` die jeweils zugehörigen Klassenuntergrenzen. Der dritte Outputparameter `iNumIgnored` gibt die Anzahl derjenigen Beobachtungen an, die bei der Erstellung der Tabelle nicht berücksichtigt wurden, da sie außerhalb der angegebenen Klassengrenzen lagen.

Die Klassengrenzen können vom Benutzer im Inputparameter `vClasses` vorgegeben werden. Die Klassengrenze an der Stelle `vClasses(i)` wird als Untergrenze xl_i der i-ten Klasse interpretiert. Die Obergrenze xu_i der i-ten Klasse ist die Untergrenze der folgenden Klasse $i+1$, also gilt $xu_i = xl_{i+1}$. Anstelle der expliziten Vorgabe der Klassengrenzen kann aber der Benutzer einfach nur die Anzahl der zu bildenden Klassen in `vClasses` übergeben; in diesem Falle ist `vClasses` kein Vektor, sondern ein Skalar. Wird diese Variante gewählt, so bestimmt die Funktion zunächst die Spannweite der Beobachtungen mit `dMin = min(vData)` und `dMax = max(vData)`. Mit `dStep = (dMax - dMin) / (vClasses-1)` wird im nächsten Schritt die Schrittweite für die Erzeugung der Klassengrenzen berechnet, die durch `vXi = (dMin:dStep:dMax)'` erstellt werden.

Die absoluten Häufigkeiten n_i von Beobachtungen in der Klasse i werden durch Auszählen ermittelt. Wesentlich ist hier der Matlab-Ausdruck `vFi(iIdxC) = sum( vData >= vXi(iIdxC) & vData < vXi(iIdxC+1) )`. Der innere Ausdruck in `sum`, also `vData >= vXi(iIdxC) & vData < vXi(iIdxC+1)` liefert einen logischen Vektor zurück, der WAHR[18] für diejenigen Komponenten ist, wenn für eine Beobachtung x_j die Bedingung nach Formel 2.14 erfüllt ist.

$$xl_i <= x_j < xu_i \tag{2.14}$$

Die Summationsfunktion `sum` summiert dann die Einsen dieses Zwischenergebnisses und liefert damit die Anzahl derjenigen Beobachtungen n_i (absolute Häufigkeiten), welche die Bedingung nach 2.14 für die Klasse i erfüllen. Eine Besonderheit stellt die Behandlung der letzten Klassengrenze `vXi(end)` dar. Die Matlab-eigene Funktion `histc` zählt hier alle diejenigen Beobachtungen, die dieser Klassengrenze entsprechen. Der korrespondierende Matlab-Ausdruck wäre also: `sum(vData == vXi(end))`. Aus weiter unten noch zu erläuternden Gründen geht die benutzerdefinierte Funktion `fHist` etwas abweichend vor. Sie berechnet eine fiktive Klassenobergrenze, indem die letzte Klassenbreite fortgeschrieben wird. Der Matlab-Ausdruck `dLastWidth = vXi(end) - vXi(end-1)` berechnet die letzte Klassenbreite und mit `sum(vData >= vXi(end) & vData < vXi(end) + dLastWidth)` werden diejenigen Beobachtungen gezählt, die größer oder gleich der letzten angegebenen Klassengrenze und kleiner der fiktiven obersten Klassengrenze sind. Üblicherweise wird der Benutzer für die letzte Klassengrenze das Maximum der Beobachtungswerte angeben. Für diesen typischen Fall gelangen die Matlab-eigene Funktion `histc` und die benutzerdefinierte Funktion `fHist` zu denselben Ergebnissen.

Decken die vom Benutzer angegebenen Klassengrenzen die gesamte Spannweite der Beobachtungsdaten vom Minimum bis zum Maximum ab, so werden alle Beobachtungen auf die Klassen verteilt. Die Anzahl der verteilten Beobachtungen entspricht dann der Anzahl aller Beobachtungen. Dies sollte der Regelfall sein. Falls die Klassengrenzen nicht die gesamte Spannweite abdecken, können einzelne Beobachtungen ausgelassen worden sein. Die Anzahl unberücksichtigter Beobachtungen zählt der Outputparameter `iNumIgnored`.

Zum Zwecke der leichteren Interpretation werden zumeist die absoluten Häufigkeiten n_i der i-ten Klasse in relative Häufigkeiten f_i nach Formel 2.15 umgerechnet, wobei T die Anzahl aller Beobachtungen bezeichnet. Das Häufigkeitsdiagramm bzw. die Häufigkeitstabelle würde dann anstelle der absoluten die relativen Häufigkeiten ausweisen.

$$f_i = \frac{n_i}{T} \tag{2.15}$$

Die Umrechnung der absoluten in die relativen Häufigkeiten erfolgt im unteren Teil der Funktion `fHist`. Dort wird geprüft, ob der Benutzer als Typ der Auswertung die relativen Häufigkeiten oder die Häufigkeitsdichte wünscht. Hierfür werden die absoluten Häufigkeiten mit `vFi = vFi / iNumObs` in relative umgerechnet. Zu beachten ist dabei, dass die Funktion in der Variable `iNumObs` alle Beobachtungen zählt, also auch diejenigen, die bei der Verteilung der

---

[18] Die logischen Werte WAHR bzw. FALSCH werden auch alternativ als 1 bzw. 0 dargestellt. Matlab erlaubt es auch, mit diesen Werten wie mit Zahlen zu rechnen.

Beobachtungen auf die Klassen ausgelassen wurden. Soweit tatsächlich ausgelassene Beobachtungen vorhanden sind, summieren sich die relativen Häufigkeiten nicht zu eins. Der Quotient `iNumIgnored/iNumObs` liefert den relativen Anteil nicht berücksichtigter Beobachtungen.

Die relative Häufigkeit f_i kann als empirisch geschätzte Wahrscheinlichkeit $P(xl_i <= x < xu_i)$ interpretiert werden, mit welcher eine bestimmte (Rendite-) Beobachtung x in eine der vorgegebenen Klassen i hineinfällt, siehe auch Formel 2.16.

$$P(xl_i <= x < xu_i) = f_i \tag{2.16}$$

Per Konstruktion summieren sich die relativen Häufigkeiten zu eins.[19] Der letzte Schritt kann in der Berechnung der Häufigkeitsdichte f_i^* bestehen, die nach Formel 2.17 berechnet wird. Dabei wird die relative Häufigkeit f_i durch die Klassenbreite $\Delta x_i = xu_i - xl_i$ geteilt.

$$f_i^* = \frac{f_i}{\Delta x_i} \tag{2.17}$$

Die Eigenschaft der Häufigkeitsdichte ist es, dass die Fläche einer vorgegebenen Klasse die (empirisch geschätzte) Wahrscheinlichkeit repräsentiert, mit der eine (Rendite-) Beobachtung in die vorgegebene Klasse hineinfällt, siehe auch Formel 2.18:[20]

$$P(xl_i <= x < xu_i) = f_i^* \cdot \Delta x_i \tag{2.18}$$

Multipliziert man die Häufigkeitsdichten f_i^* mit ihren jeweiligen Klassenbreiten $\Delta x_i = xu_i - xl_i$, berechnet man also die Fläche der jeweiligen Klasse i, und summiert diese Flächen über alle Klassen auf, so ergibt diese Summe ebenfalls eins. Dies ist aus der Formel 2.17 leicht ersichtlich.

Die Funktion `fHist` enthält am Ende die notwendigen Berechnungsschritte, falls die Berechnung der Häufigkeitsdichten gewünscht wird. Die Vorgehensweise folgt den vorgestellten Formeln, der Matlab-Ausdruck `vFi(iIdxC) = vFi(iIdxC) / dWidth` berechnet die Häufigkeitsdichte gemäß Formel 2.17. Dafür muss zuvor die Klassenbreite berechnet werden, siehe `dWidth = vXi(iIdxC+1) - vXi(iIdxC)`, die im Regelfall, aber nicht notwendigerweise, konstant ist. Ein besonderes Problem ist die Berechnung der Häufigkeitsdichte für die letzte Klassengrenze. Würde man der Vorgehensweise der Matlab-eigenen Funktion `histc` folgen, müsste die Dichte an genau der Stelle der letzten Klassengrenze berechnet werden. Übergibt der Anwender im Regelfall als letzte Klassengrenze das Maximum der Beobachtungsdaten, findet sich hier genau eine Beobachtung. Die Klassenbreite an dieser Stelle ist null, die Auswertung der Formel 2.17 liefert ein undefiniertes Ergebnis. Man könnte daher die Dichte an dieser Stelle als 0 oder `NaN` definieren. Die benutzerdefinierte Funktion `fHist` geht hier einen anderen Weg. Legt man den Regelfall bei der Erstellung eines Histogramms zugrunde, so übergibt der Anwender äquidistante Klassen, die Klassenbreite ist also konstant. Ebenfalls ist als Regelfall als letzte Klassengrenze das Maximum der Beobachtungsdaten zu erwarten. Um die Dichte der letzten Klasse konsistent zu der Berechnung der Dichten der vorhergehenden Klassen zu halten, wird deshalb die letzte Klasse in Richtung einer fiktiven Obergrenze erweitert. Damit

[19] Im Folgenden wird der Normalfall unterstellt, dass alle Beobachtungen auf die Klassen verteilt wurden.

[20] Formel 2.18 resultiert aus Formel 2.16, indem dort die nach f_i umgestellte Formel 2.17 eingesetzt wird.

liefert die Berechnung nach Formel 2.17 ein definiertes Ergebnis. Als Sonderfälle sind aber die Klassengrenzen `realmax` oder `+Inf` zu behandeln, bei denen dieses Vorgehen nicht anwendbar ist.

Das Programmlisting 2.7 zeigt, wie sich mit Hilfe von Matlab diese Häufigkeitsdiagramme und ihre Gegenüberstellung in einfacher Weise realisieren lassen. Dabei wird der Einsatz der Matlab-eigenen Funktion `histc` ebenso demonstriert, wie die gerade beschriebene benutzerdefinierte Funktion `fHist`. Ebenfalls könnte die Matlab-eigene Funktion `hist` eingesetzt werden, die jedoch ein wenig anders arbeitet.[21]

Bei der Interpretation der Ergebnisse ist zu beachten, dass im Demoskript Überschussrenditen über den risikofreien Zinssatz berechnet werden. Die Häufigkeitsdiagramme bzw. Histogramme beziehen sich also auf Überschussrenditen. Soll die Analyse dagegen auf absoluten Renditen basieren, so ist der risikofreie Zinssatz zur Berechnung der Überschussrenditen einfach auf null zu setzen, wie es das Programmlisting 2.7 zeigt.[22]

Quellcode 2.7: Erstellung von Häufigkeitsdiagrammen mit Matlab

```
Siehe Datei: bDemoHistogramm.m
```

Der Programmcode ist anhand der Kommentierung leicht nachzuvollziehen, sodass hier nur wenige ergänzende Hinweise notwendig erscheinen. Im ersten Schritt werden aus den Indexständen bzw. Fondspreisen diskrete Überschussrenditen berechnet. Um die Erstellung des Häufigkeitsdiagramms vorzubereiten ist zunächst die Spannweite der Renditen zu ermitteln. Dazu werden die Matlab-Funktionen `min` und `max` verwendet, welche das Minimum bzw. Maximum aller Spalten einer Matrix berechnen.[23] Damit sich später die Häufigkeitsdiagramme besser visuell und vor allem tabellarisch leicht vergleichen lassen, wird hier das Gesamtminimum bzw. Gesamtmaximum benötigt, weshalb die beiden Funktionen jeweils zweimal hintereinander angewendet werden.[24] Danach kann die Schrittweite für die Klasseneinteilungen berechnet werden. Schließ-

---

21 Die Matlab-eigene Funktion `hist` erlaubt es, entweder eine Grafik des Häufigkeitsdiagramms zu erstellen oder dieses in Tabellenform wie oben zu erhalten. Der wesentliche Unterschied ist es allerdings, dass `hist` die übergebenen Klassengrenzen nicht als Klassenuntergrenzen, sondern als Klassenmittelpunkte interpretiert. Daher wird hier die Variante `histc` verwendet.

22 Das Demoskript 2.7 ist ebenso unverändert unter Octave lauffähig. Je nach Installation von Octave können sich eventuell zwei Schwierigkeiten ergeben. Octave benutzt für das Erstellen von Grafiken die Open Source Software `gnuplot`, welche von den meisten Octave-Installationsprogrammen gleich mit installiert wird. Falls das Anzeigen der Grafiken scheitert, ist dies zu kontrollieren und gegebenenfalls muss `gnuplot` nachinstalliert werden. In umfangreichen Tests ist dies aber selten vorgekommen. Ein größeres Problem ist das Abspeichern der Grafiken, falls dies überhaupt erwünscht ist. Dazu benötigt Octave das ebenfalls als Open Source verfügbare Programm `ghostscript`, welches unter Ubuntu (Linux) standardmäßig verfügbar ist. Unter Windows muss dies manuell nachinstalliert werden, außerdem muss gegebenenfalls eine Umgebungsvariable geeignet gesetzt werden, die auf das Installationsverzeichnis von `ghostscript` verweist. Falls die Installation von `ghostscript` scheitert, kann der `print` Befehl zum Speichern der Grafiken auskommentiert werden. Für viele Anwender dürfte das Abspeichern der Grafiken ohnehin unerwünscht sein.

23 Die Ermittlung der Minima bzw. Maxima jeweils entlang der Spalten ist nur die Voreinstellung. Den Funktionen kann ebenfalls mittels eines optionalen Inputparameters mitgeteilt werden, entlang welcher Dimension vorgegangen werden soll.

24 Anstelle der zweimaligen Anwendung der Funktion, wie z.B. bei `dMinR = min(min(mRenditeD))` hätte alternativ auch `dMinR = min(mRenditeD(:))` verwendet werden können.

lich werden mit `vClasses = dMinR:dStep:dMaxR` die Grenzen für die Klasseneinteilungen erzeugt. Der Vektor `vClasses` enthält dabei 10 Elemente beginnend mit dem Minimum aller Renditebeobachtungen und dann 9 äquidistante Intervallgrenzen bis zum Maximum aller Renditebeobachtungen. Dieser Vektor wird benutzt, um die Häufigkeitsdiagramme erzeugen zu lassen. Im ersten Schritt wird mit Hilfe von `histc(mRenditeD(:,1),vClasses)` die Zählung der absoluten Häufigkeiten durchgeführt. Danach erfolgt die Visualisierung in Form eines Barcharts mit Hilfe der Funktion `bar`. Um die absoluten Häufigkeiten der Benchmarkrenditen anzuzeigen, dient z.B. der Matlab-Ausdruck `bar(vClasses,vCountB,'BarWidth',1)`. Die Verwendung des `figure` Befehls ist notwendig, damit Matlab jedes Mal eine neue Grafik anlegt und nicht die letzte einfach überschreibt. In derselben Weise wird die Grafik für die absoluten Häufigkeiten der Fondsrenditen erzeugt. In der dritten Abbildung werden beide Häufigkeitsdiagramme in einer Grafik untereinander vergleichend angeordnet (vgl. Abb. 2.1). Dafür wird der Matlab-Befehl `subplot` verwendet.

Die folgende Abbildung 2.1 visualisiert die Verteilung der absoluten Häufigkeiten der Renditen von Benchmark und fiktivem Fonds aus der zuvor betrachteten Fallstudie.

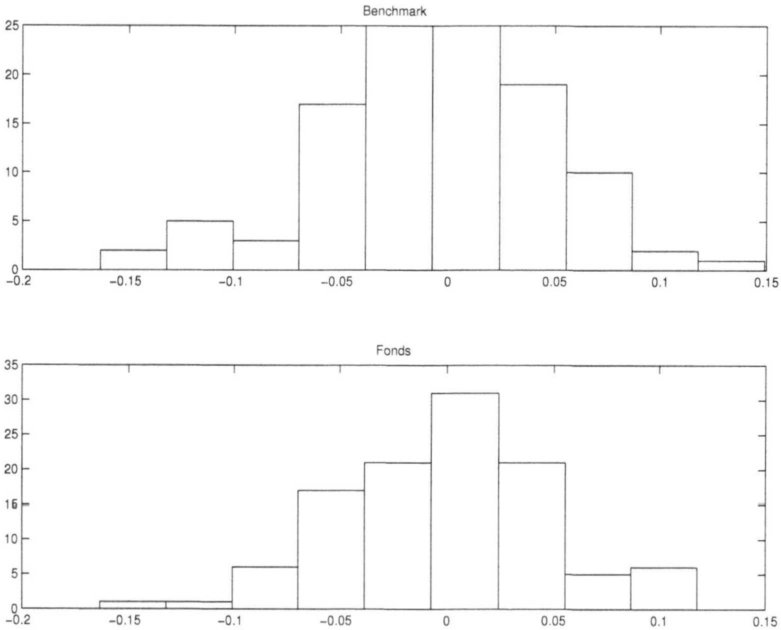

Abbildung 2.1.: Häufigkeitsdiagramm der absoluten Häufigkeiten der Renditen von Benchmark und fiktivem Fonds.

Eine erste visuelle Analyse anhand des Häufigkeitsdiagramms zeigt schon leichte Unterschiede in den beiden Renditeverteilungen, die sich jedoch mit dem bloßen Auge nicht exakt quantifizieren lassen. Insgesamt scheint die Verteilung der Fondsrenditen gegenüber der Benchmark leicht nach rechts verschoben zu sein und damit im Mittel etwas höhere Überschussrenditen

Von	Bis	Benchmark	Fonds
-0,1476	-0,1164	2	1
-0,1164	-0,0852	5	1
-0,0852	-0,0539	3	6
-0,0539	-0,0227	17	17
-0,0227	0,0085	25	21
0,0085	0,0398	25	31
0,0398	0,0710	19	21
0,0710	0,1023	10	5
0,1023	0,1335	2	6
0,1335	0,1647	1	0

Tabelle 2.3.: Absolute Häufigkeiten der Benchmarkrenditen und Fondsrenditen.

aufzuweisen. Ebenso erscheint die Verteilung der Fondsrenditen ein wenig symmetrischer um den häufigsten Wert (Modalwert, siehe Kapitel 2.3.3), wobei beide Verteilungen aber insgesamt eher asymmetrisch wirken. Die absoluten Häufigkeiten können auch tabellarisch erstellt werden, wie es Tabelle 2.3 im Beispiel zeigt; siehe dazu die letzten Zeilen im Programmlisting 2.7. Die Tabelle enthält in den ersten beiden Spalten die Werte für die Intervallgrenzen der jeweiligen Klasse (untere Grenze „Von“, obere Grenze „Bis“) und die ausgezählten Anzahlen von Renditebeobachtungen in den jeweiligen Klassen für Benchmark und fiktiven Fonds. Die Analyse der Tabelle erbringt keine Erkenntnisse, die über diejenigen der visuellen Analyse hinausgehen, bestätigt diese aber. Eine detailliertere Analyse ermöglichen die später zu bestimmenden Verteilungskennzahlen.

Das Programmlisting 2.7 zeigt im letzten Abschnitt, wie manuell auf Basis der von `histc` gelieferten absoluten Häufigkeiten die korrespondierenden relativen Häufigkeiten und Häufigkeitsdichten berechnet werden können. Einfacher geschieht diese Berechnung durch die benutzerdefinierte Funktion `fHist`, die ebenfalls demonstriert wird. Beide Funktionen, `histc` und `fHist`, liefern hier exakt dieselben Ergebnisse. Für den späteren Einsatz ist jedoch die benutzerdefinierte Funktion `fHist` flexibler.

Die grafische oder tabellarische Darstellung der Häufigkeitsdichte stellt dann das Histogramm dar. Dies wird in den letzten Codezeilen des Demoskriptes 2.7 gezeigt. Dort wird mit Hilfe der Funktion `bar` der Barchart des Histogramms, ermittelt anhand der benutzerdefinierten Funktion `fHist`, erzeugt. Bei strenger Betrachtung liefert die Matlab-Funktion `histc` bzw. `hist` also nicht das Histogramm, sondern das Häufigkeitsdiagramm, auch wenn der Funktionsname etwas anderes suggeriert. Wie das Demoskript 2.7 auch zeigt, ist die Umrechnung der absoluten Häufigkeiten in Häufigkeitsdichten leicht möglich. Im weiteren Verlauf werden wir aus Vereinfachungsgründen bei den Matlab-Funktionen `histc` bzw. `hist` in Übereinstimmung mit der Matlab-Dokumentation einfach von „Histogramm“ sprechen, auch wenn dies nicht ganz präzise ist.

In der Wahrscheinlichkeitstheorie stellt die Wahrscheinlichkeitsdichte das korrespondierende Gegenstück zur Häufigkeitsdichte dar. Die Wahrscheinlichkeitsdichte wird durch die Dichtefunktion $pdf(x)$ (Probabilistic Density Function, kurz PDF) beschrieben. Folgt eine Zufallsvariable X einer Verteilung V, welche durch eine PDF $pdf(x)$ beschrieben wird, so gibt die Fläche unter der

PDF an der Stelle x an, mit welcher Wahrscheinlichkeit $P(x-\varepsilon \leq X < x+\varepsilon)$ die Zufallsvariable X in ein infinitesimal kleines Intervall $[x-\varepsilon; x+\varepsilon)$ mit $\varepsilon \to 0$ fällt. Ist xl die Intervalluntergrenze, xu die Intervallobergrenze, so ist die Wahrscheinlichkeit $P(xl \leq X < xu)$, dass die Zufallsvariable X in dieses Intervall fällt, nach Formel 2.19 definiert:

$$P(xl \leq X < xu) = \int_{xl}^{xu} pdf(x)dx \tag{2.19}$$

Hieraus wird das Verhältnis von Wahrscheinlichkeitsdichte und Häufigkeitsdichte ersichtlich. Die Häufigkeitsdichte ist das empirische Pendant zur Wahrscheinlichkeitsdichte aus der Wahrscheinlichkeitstheorie.

Eine Abwandlung des Häufigkeitsdiagramms bzw. Histogramms ist die Darstellung der kumulierten Häufigkeiten. Die kumulierte Häufigkeit F_i gibt an, wie viele Beobachtungen N_i in die Klassen n_j mit $j = 1, ..., i$ fallen. Dies ist äquivalent zu der Anzahl der Beobachtungen N_i, für die $x_t < xu_i$ gilt. Die kumulierten absoluten Häufigkeiten ergeben sich einfach durch Bildung der kumulierten Summen entlang der Klassen. Wird bei der Anwendung der benutzerdefinierten Funktion `fHist` die Option `iType` auf den Wert `3` gesetzt, so berechnet die Funktion die kumulierten absoluten Häufigkeiten. Werden die kumulierten absoluten Häufigkeiten N_i durch die Anzahl der Beobachtungen T dividiert, erhält man die relativen kumulierten Häufigkeiten $N_i^* = \frac{N_i}{T}$. Die kumulierten relativen Häufigkeiten werden durch die benutzerdefinierte Funktion `fHist` berechnet, indem die Option `iType` auf den Wert `4` gesetzt wird. Die so erhaltenen Werte können als die empirisch geschätzten Wahrscheinlichkeiten $P(x_t < xu_i)$ interpretiert werden, einen Wert x_t kleiner xu_i zu beobachten.

Die letzte hier berücksichtigte Variante ist die Berechnung der *Empirical-Cumulative-Density-Function, ecdf* (siehe dazu näher Kapitel 2.7.1), wofür die Option `iType` auf den Wert `5` gesetzt werden muss. Die $ecdf$ liefert die empirisch geschätzte Verteilungsfunktion $F(x)$. Die Verteilungsfunktion $F(x)$ gibt bei einer Zufallsvariable X an, wie hoch die Wahrscheinlichkeit $P(X \leq x)$ ist, einen Wert für X kleiner oder gleich einem konkret vorgegebenen Wert x zu beobachten. Um die $ecdf$ zu berechnen, können die bereits vorgestellten Berechnungsoperationen in der benutzerdefinierten Funktion `fHist` mittels eines einfachen „Tricks“ verwendet werden. Wie aus dem Programmcode ersichtlich, werden in diesem Fall einfach die beobachteten Werte unter Verwendung des Matlab-Befehls `sort` in aufsteigender Reihenfolge sortiert und anschließend als Klassengrenzen verwendet.

2.3.3. Lagemaße

Lagemaße beschreiben die Lage des Schwerpunktes einer Verteilung, auch als „zentrale Tendenz einer Verteilung“ bezeichnet. Dabei ist das Verständnis von „zentraler Tendenz“ einer Verteilung nicht unmittelbar eindeutig, sodass es verschiedene Lagemaße gibt. Unter bestimmten Voraussetzungen nehmen die Lagemaße dieselben Werte an, im Allgemeinen aber eben nicht. Deshalb ist Kenntnis darüber notwendig, was generell mit den verschiedenen Varianten von Lagemaßen beschrieben wird.

Das bekannteste Lagemaß einer Verteilung ist das arithmetische Mittel der Beobachtungsdaten, zumeist einfach nur als Mittelwert bezeichnet. Es lässt sich leicht nach Formel 2.20 berechnen. Die

Matlab-Funktion dafür ist `mean`. Eine verallgemeinerte Fassung ist das gewichtete arithmetische Mittel, bei dem jeder Beobachtungswert mit einem spezifischen Gewicht w_t gewichtet wird (siehe Formel 2.21). Offensichtlich ist das (gewöhnliche) arithmetische Mittel davon ein Spezialfall, für den $w_t = 1/T$ für alle $t = 1, ..., T$ gilt.[25]

$$\hat{\mu} = \bar{x} = \frac{1}{T}\sum_{t=1}^{T} x_t \qquad (2.20)$$

$$\hat{\mu}_w = \bar{x}_w = \sum_{t=1}^{T} w_t x_t \qquad (2.21)$$

$\bar{x}, \bar{x}_w$ Mittelwert (ungewichtetes oder gewichtetes arithmetisches Mittel), zugleich Schätzer $\hat{\mu}$ bzw. $\hat{\mu}_w$ für Erwartungswert

x_t Beobachteter Wert zum Zeitpunkt t (Zeitindex) oder von Beobachtungsobjekt t (Objektindex)

w_t Gewichtungsfaktor für die Beobachtung t

T Anzahl an Beobachtungen

Der Mittelwert dient zugleich als Schätzer für den Erwartungswert einer Verteilung. Der Erwartungswert E(X) bzw. μ einer Zufallsvariable X (siehe Formel 2.22) beschreibt denjenigen Wert, den man „im Mittel“ bei unendlich häufiger Durchführung desselben Zufallsexperimentes erwarten kann.

$$E(X) = \mu = \int_{-\infty}^{+\infty} pdf(x)x dx \qquad (2.22)$$

Ein anderes Lagemaß ist der Median. Er ist derjenige Wert, für den mindestens 50% aller Beobachtungsdaten kleiner oder gleich diesem Wert sind und mindestens 50% größer oder gleich. Diesen Wert erhält man, indem die Reihe der Beobachtungsdaten in aufsteigender Reihenfolge der Beobachtungswerte sortiert wird. Bei einer ungeraden Anzahl T von Beobachtungsdaten findet sich der Median an Position $(T+1)/2$ der geordneten Reihe. Bei einer geraden Anzahl von Beobachtungen kann jeder Wert im Intervall derjenigen Werte gewählt werden, die durch die Positionen $T/2$ und $T/2+1$ markiert werden. In der Regel wird dann der Mittelwert der beiden Werte auf den Positionen $T/2$ und $T/2+1$ als Median ausgegeben; siehe auch Formel 2.24. Die Matlab-Funktion zur Ermittlung des Medians heißt `median`.[26]

---

[25] Die Formeln 2.20 und 2.20 gelten gleichermaßen für Schätzer $\hat{\mu}$ und empirische Kennzahlen $\bar{x}$.

[26] Das dritte wichtige Lagemaß, welches den wichtigsten Lageparameter für nominalskalierte Beobachtungswerte darstellt, ist der Modus, auch Modalwert genannt. Dieser gibt den am häufigsten beobachteten Wert an. Nominalskalierte Beobachtungswerte bzw. Merkmalswerte von Beobachtungsobjekten sind unterscheidbare Ausprägungen, wie z.B. die Blütenfarben rot, blau, grün usw., denen auch Zahlenwerte wie 1, 2, 3 usw. zugeordnet sein können. Zahlenwerte bei nominalskalierten Werten haben aber nur eine Unterscheidungsfunktion. Ordinal oder rangskalierte Werte liegen vor, wenn die Ausprägungen nicht nur unterschieden werden können, sondern auch eine Ordnung besitzen, wie z.B. ausreichend, befriedigend, gut, ausgezeichnet. Bei kardinal oder metrisch skalierten Werten ist nicht nur die Angabe einer Rangordnung möglich, zusätzlich kann auch noch gemessen und sinnvoll interpretiert werden, in welchem

$$\bar{x}_{Median} = x_{(T+1)/2} \tag{2.23}$$

$$\bar{x}_{Median} = \frac{1}{2}\left(x_{T/2} + x_{T/2+1}\right) \tag{2.24}$$

$\bar{x}_{Median}$ Median. Sortiere zuvor alle Beobachtungsdaten so, dass gilt: $x_1 \leq x_2 \leq \ldots \leq x_T$. Berechne dann den Median $\bar{x}_{Median}$ gemäß Formel 2.23 (ungerade Anzahl an Beobachtungsdaten T) oder Formel 2.24 (gerade Anzahl an Beobachtungsdaten).

Bei Verteilungen, deren PDF symmetrisch um den Erwartungswert sind, fallen Mittelwert und Median zusammen. Bei asymmetrischen Verteilungen, die z.B. bereits in Abbildung 2.1 vorzuliegen scheinen, sind diese Werte im Allgemeinen verschieden. Ein gerne herangezogenes Beispiel ist die Verteilung des Einkommens in einer Bevölkerung. Typisch ist hier in aller Regel eine ausgeprägte „Schiefe" in der (Einkommens-) Verteilung,[27] bei welcher sehr wenige Einkommensbezieher über ein extrem hohes Einkommen verfügen, welches bei der Berechnung des Mittelwertes (als Ausdruck des „mittleren Einkommens" einer Bevölkerung) diesen nach oben „verzerrt". In einem solchen Fall wird dann der Mittelwert als nicht „repräsentativ" für das „mittlere Einkommen" in einer Bevölkerung angesehen und dann auf den Median als Ausdruck des „mittleren Einkommens" ausgewichen. Der Median drückt in diesem Beispiel dasjenige Einkommen aus, welches der in der Mitte der geordneten Einkommen stehende Einkommensbezieher erhält. Ob dieser Wert ein besserer Repräsentant für das Konzept des „mittleren Einkommens" in einer Bevölkerung ist, soll hier nicht diskutiert werden.[28] Das Beispiel soll lediglich verdeutlichen, dass ein sinnvoll zu wählendes Lagemaß vom betrachteten Kontext abhängig ist.

Im Falle von (diskreten) Renditen (oder allgemeiner Wachstumsraten) ergibt sich ferner ein weiteres Problem im Zusammenhang mit dem (arithmetischen) Mittelwert. Dieser stellt bei Wachstumsraten den *Verteilungsmittelwert* dar, nicht jedoch zwangsläufig das mittlere Wachstum im Zeitablauf, bei Renditen also die im Mittel erzielte Verzinsung des eingesetzten Kapitals. Wird bei Renditen also nicht nach dem Verteilungsmittelwert gefragt, sondern nach der im Durchschnitt erzielten Verzinsung des eingesetzten Kapitals, so ist bei diskreten Renditen der geometrische Mittelwert zu berechnen (siehe Formel 2.25). Wichtig bei der Anwendung von Formel 2.25 ist, dass die Beobachtungswerte x_t^* hier Wachstumsfaktoren darstellen müssen, im Falle von (diskreten) Renditen $x_t^* = (1 + r_t^d)$. In Matlab heißt die Funktion zur Berechnung des geometrischen Mittelwertes `geomean`. Die Formel 2.25 liefert das geometrische Mittel der Wachstumsfaktoren. Ist man aber an der mittleren Verzinsung des eingesetzten Kapitals im Sinne

Ausmaß sich die Ausprägungen unterscheiden. Wir werden uns hier nahezu ausschließlich mit metrisch skalierten Beobachtungswerten beschäftigen. Für metrische Beobachtungswerte ist der Modus schwieriger definierbar; man könnte hierunter dasjenige Intervall oder denjenigen Wert mit der höchsten Dichte verstehen (dichtester Wert). Wir werden dieses Lagemaß im weiteren Verlauf nicht weiter betrachten.

27 Die Schiefe einer Verteilung wird näher in Kapitel 2.3.6 behandelt. Sie wird mit der Matlab-Funktion `skewness` berechnet.

28 Interessant ist aber in diesem Zusammenhang die Armutsforschung der Europäischen Statistikbehörde EuroStat, welche auf den Median als Gradmesser des mittleren Einkommens zurückgreift.

einer (diskreten) Rendite (und nicht des Wachstumsfaktors) interessiert, so ist vom geometrischen Mittel noch der Wert Eins abzuziehen.

$$\bar{x^*}_{geom} = \sqrt[T]{\prod_{t=1}^{T} x_t^*} \tag{2.25}$$

$\bar{x}^*_{geom}$ geometrische Mittel der Wachstumsfaktoren, ggf. ist $\bar{x}_{geom} = \bar{x}^*_{geom} - 1$ zu bilden, wenn nach dem geometrischen Mittel der Wachstumsraten (und nicht Wachstumsfaktoren) gefragt wird

x_t^* Wachstumsfaktor, bei Renditen $x_t^* = (1 + r_t^d)$

Die Berechnung der Lagemaße in Matlab soll anhand von zwei einfachen Beispielen veranschaulicht werden. Obwohl äquivalente Funktionen in Matlab und Octave zur Verfügung stehen, lassen sich an diesen Beispielen einige wichtige Details erläutern, die im weiterem Gang der Betrachtungen bedeutsam sind. Die Funktion `fGeomean` illustriert die Berechnung des geometrischen Mittels nach Formel 2.25.

Quellcode 2.8: Berechnung des geometrischen Mittels

```
Siehe Datei: fGeomean.m
```

Hinzuweisen ist bei dieser Funktion zunächst auf die Matlab-Funktion `prod`, mit welcher das Produkt einer Reihe von Faktoren berechnet werden kann. Sie ist das Gegenstück zur Funktion `sum`, mit welcher die Summe einer Reihe von Summanden ermittelt wird. Der Ausdruck `.^ (1/iNumObs)` bewirkt die Ermittlung der `iNumObs`-ten Wurzel. Der vorangestellte Punkt vor dem Potenzoperator `^` wendet diese Operation komponentenweise auf alle Komponenten des Vektors `prod(mData)` an. Die direkte Umsetzung der Formel 2.25 kann eventuell zu numerischen Problemen führen. Alternativ kann die Berechnung über die Logarithmen erfolgen, wie es der auskommentierte Code als Beispiel zeigt.[29]

Bei der Berechnung von statistischen Kennzahlen, wie z.B. dem Mittelwert, können durchaus fehlende Werte, zumeist gekennzeichnet mit `NaN`, vorkommen.[30] Die gängigen Standardformeln und darauf basierende Implementationen erlauben es nicht, diesen Umstand zu berücksichtigen. Eine einfache Variante für den Umgang mit fehlenden Werten (oder überhaupt solchen, die den Wert `NaN` besitzen) ist es, diese bei der Berechnung zu ignorieren. Das Programmlisting 2.9 zeigt beispielhaft die Ermittlung des arithmetischen Mittels, falls `NaN` vorhanden sind.

---

[29] Testet man diese Funktion gegen die Matlab-eigene Funktion `geomean`, so ergeben sich marginale, numerisch bedingte Abweichungen. Verwendet man den auskommentierten Programmcode, also die Berechnung mit Hilfe der Logarithmen, erhält man das exakt identische Ergebnis wie mit der Matlab-eigenen Funktion. Vermutlich wird dort die Berechnung über die Logarithmen vorgenommen, woraus sich die marginalen Unterschiede gegenüber der originären Fassung erklären.

[30] NaN steht für *not a number* und ist eine spezielle Kennzeichnung einer Gleitkommazahl in einem Computer, die einen ungültigen Wert markiert. Derartige ungültige Werte können z.B. im Zuge nicht definierter Rechenoperationen, aufgrund von Zahlenunter- oder Zahlenüberläufen entstehen oder als Markierung für fehlende oder ungültige Beobachtungen verwendet werden.

Quellcode 2.9: Berechnung des arithmetischen Mittels, wenn NaN vorhanden sind.

```
Siehe Datei: fNaNmean.m
```

Die Funktion `fNaNmean` ermittelt zunächst die Anzahl der vorhandenen Datenreihen. Danach werden mit Hilfe einer for-Schleife die einzelnen Datenreihen abgearbeitet. Bezüglich einer jeden Datenreihe werden diejenigen Daten selektiert, welche nicht `NaN` sind. Anschließend wird deren Summe ermittelt und durch deren Anzahl dividiert, soweit deren Anzahl größer als null ist. Nach diesem Schema kann grundsätzlich jede statistische Kennzahl auch bei Vorliegen von `NaN` Werten ermittelt werden. Aus Vereinfachungsgründen betrachten wir dies hier aber nur anhand des arithmetischen Mittels. Die Übertragung auf alle im Folgenden betrachteten statistischen Kennzahlen vollzieht sich in analoger Weise.

Die Anwendung dieser Lagemaße in Matlab wird weiter unten durch das Demoskript 2.13 illustriert. Zuvor sollen weitere Verteilungskennzahlen vorgestellt werden.

2.3.4. Perzentile und Quantile

Weitere wichtige Maße zur Charakterisierung einer Verteilung stellen Quantilsmaße dar, hier als Perzentile und Quantile bezeichnet. Die Berechnungsweise dieser Maße erfolgt analog zu derjenigen Vorgehensweise bei der Berechnung des Medians (siehe oben). Der Median ist ein Spezialfall, nämlich das 50% Perzentil bzw. 0,5 Quantil einer (Rendite-) Verteilung. Weitere wichtige Spezialfälle sind das untere Quartil (25% Perzentil) und das obere Quartil (75% Perzentil), der Median ist also das mittlere Quartil. Zur Ermittlung dieser Werte werden die Beobachtungsdaten in der Reihenfolge aufsteigender Werte sortiert, genauso wie bei der Ermittlung des Medians. Das untere Quartil ist dann derjenige Wert, für welchen mindestens 25% der Beobachtungswerte kleiner oder gleich diesem Wert sind und mindestens 75% größer oder gleich sind. Die Berechnung des oberen Quartils erfolgt analog. Da die Vorgehensweise bei der Berechnung von 25% Quantil (untere Quartil) und 75% Quantil (obere Quartil) wie bei der Berechnung des Medians (50% Quantil oder mittlere Quartil) erfolgt, wird auf die Formel 2.23 bzw. 2.24 zurückverwiesen. Die Vorgehensweise lässt sich noch weiter verallgemeinern, indem ein beliebiges p (%) Perzentil (bzw. $p/100$ Quantil) zugelassen wird. Die Formel zur Berechnung des Medians ist also nur der Spezialfall für das 50% Perzentil. In Matlab existiert eine Funktion `prctile`, mit deren Hilfe ein beliebiges p Perzentil berechnet werden kann. Eine noch weiter gehende Verallgemeinerung ist das q Quantil, bei dem q beliebige Werte zwischen 0 und 1 annehmen kann. Der Median ist also das 50% Quantil (als Prozentzahl ausgedrückt) oder das 0,5 Quantil (als Dezimalzahl ausgedrückt). Die Matlab-Funktion zur Berechnung heißt hier `quantile`.

Quantile einer Verteilung besitzen bei der Risikoanalyse und im Risikomanagement eine besondere Bedeutung, weil zur Quantifizierung des Risikos die Risikokennzahl *Value-at-Risk* (*VaR*) aufgrund aufsichtsrechtlicher Vorschriften zwingend zu berechnen ist und zudem eine leicht verständliche Interpretation besitzt. Im statistischen Sinne interpretiert, ist der *VaR* im Wesentlichen ein Quantilsmaß, das oftmals das untere 1%, 2,5% oder 5% Perzentil (0,01; 0,025; 0,05 Quantil) der Renditeverteilung angibt.

2.3.5. Streuungsmaße

Während Lagemaße ausdrücken, wo sich das „Zentrum" einer Verteilung befindet, drücken Streuungsmaße die Breite (auch „Streuung" oder „Dispersion") der Verteilung um ihr Zentrum aus. Drei einfache, in diesem Sinne als „Streuungsmaße" zu interpretierende Kennzahlen wurden bereits implizit im Zusammenhang mit der Vorstellung des Histogramms eingeführt. Dies sind der minimale Wert einer Verteilung, der maximale Wert sowie die Spannweite, welche die Differenz zwischen maximalem und minimalem Wert darstellt.

Das bekannteste Streuungsmaß dürfte aber die Varianz und die Quadratwurzel daraus, die Standardabweichung, sein. Zur Berechnung der Varianz bzw. Standardabweichung aus Beobachtungsdaten existieren zwei Formeln; siehe Formeln 2.26 bis 2.29:

$$S_x^2 = \frac{1}{T}\sum_{t=1}^{T}(x_t - \bar{x})^2 \tag{2.26}$$

$$\hat{\sigma}^2 = s_x^2 = \frac{1}{T-1}\sum_{t=1}^{T}(x_t - \bar{x})^2 \tag{2.27}$$

$$S_x = \sqrt{S_x^2} \tag{2.28}$$

$$\hat{\sigma} = s_x = \sqrt{s_x^2} \tag{2.29}$$

S_x^2 Varianz der Grundgesamtheit

$\hat{\sigma}^2, s_x^2$ Stichprobenvarianz, Schätzer für die Varianz

S_x Standardabweichung der Grundgesamtheit

$\hat{\sigma}, s_x$ Stichprobenstandardabweichung, Schätzer für die Standardabweichung

Die Formeln 2.26 für die Varianz und 2.28 für die Standardabweichung stellen die Streuungsmaße für eine Grundgesamtheit dar.[31] Dabei ist es zunächst nicht relevant, ob „Grundgesamtheit" eine vollständige oder unvollständige Beobachtung darstellt. Es geht allein um die (statistische) Beschreibung der vorliegenden Beobachtungsdaten, die als in sich abgeschlossene Einheit betrachtet werden. Weitergehende Aussagen sind nicht beabsichtigt. Bei den Formeln 2.27 für die Stichprobenvarianz und 2.29 für die Stichprobenstandardabweichung werden die vorliegenden Beobachtungsdaten als Stichprobe betrachtet. Die so berechnete Stichprobenvarianz bzw. Stichprobenstandardabweichung stellen zugleich unverzerrte Schätzer[32] für die Varianz bzw. Standardabweichung der unbekannten Grundgesamtheit dar. Die Matlab-Funktionen zur

[31] Die Größe S_x^2 wird in der Literatur auch als mittlere quadratische Abweichung einer Zufallsvariablen von ihrem Mittelwert bezeichnet, was eventuell weniger verwirrend ist als „Varianz der Grundgesamtheit".

[32] Ein Schätzer für eine Maßzahl, hier z.B. Varianz bzw. Standardabweichung, wird aufgrund des Stichprobenfehlers in aller Regel vom wahren, aber unbekannten Wert der (unbekannten) Grundgesamtheit abweichen. Bei einem idealen Schätzer sollte diese Abweichung aber im Mittel null sein. D.h., der Erwartungswert des Schätzers stimmt mit dem wahren Wert überein. Wenn diese Eigenschaft vorliegt, wird ein Schätzer als „erwartungstreu" bezeichnet. Unter der „Verzerrung" (Bias) eines Schätzers versteht man eine systematische Abweichung des Erwartungswertes eines

Berechnung heißen `var` bzw. `std`. Beide Funktionen erlauben es, über ein optionales Argument zwischen den jeweiligen Varianten (Grundgesamtheit bzw. Stichprobe) zu wählen. Per Voreinstellung greift Matlab auf die Formeln 2.27 für die Stichprobenvarianz bzw. 2.29 für die Stichprobenstandardabweichung zurück. Sollen die Formeln 2.26 bzw. 2.28 verwendet werden, so ist als zweiter Inputparameter der Wert 1 zu übergeben, also z.B. `vV = var(mX,1)`.

Die Wahl der zutreffenden Option ist vom Anwendungskontext abhängig. In aller Regel ist die Voreinstellung in Matlab sinnvoll gesetzt. Denn zumeist ist implizit oder explizit beabsichtigt, die ermittelte Varianz bzw. Standardabweichung als (unverzerrten) Schätzer für diejenige der (unbekannten) Grundgesamtheit zu verwenden. Genau dieser Umstand wird durch Formel 2.27 bzw. 2.29 abgebildet. Werden dagegen die vorliegenden Beobachtungsdaten als eine in sich geschlossene Einheit betrachtet, deren Varianz bzw. Standardabweichung beschrieben werden soll, sind die Formeln 2.26 bzw. 2.28 zu verwenden. Rein pragmatisch lässt sich argumentieren, dass der Ergebnisunterschied zwischen diesen beiden Berechnungsvarianten bei hinreichend großer Stichprobe in aller Regel vernachlässigbar ist und man daher mit der Verwendung der Formel für die Stichprobenvarianz bzw. Stichprobenstandardabweichung „auf der sicheren Seite“ ist, womit die Voreinstellung in Matlab zusätzlich begründet werden kann. Eine tiefer gehende Diskussion dieser Unterscheidungen steht allerdings nicht im Fokus des vorliegenden Buches. Wichtig ist hier allein der Umstand, dass die Matlab-Funktionen in aller Regel optionale Argumente für die Nutzung dieser verschiedenen Varianten anbieten und daher zumindest der Hintergrund erwähnt sei, warum diese Varianten existieren.

Die theoretische Varianz $var(X) = \sigma_x^2$ bzw. Standardabweichung $std(X) = \sigma_x$ einer stetigen Zufallsvariable X berechnet sich nach Formel 2.30 bzw. 2.31 unter Verwendung der PDF:

$$var(X) = \sigma_x^2 = \int_{-\infty}^{+\infty} pdf(x)(x-\mu)^2 dx \tag{2.30}$$

$$std(X) = \sigma_x = \sqrt{\sigma_x^2} \tag{2.31}$$

Die theoretische Varianz bzw. Standardabweichung besitzt für die folgenden Betrachtungen keine unmittelbare Relevanz, da es hier vorrangig um empirische Analysen geht. Dennoch verdeutlicht die Gegenüberstellung der theoretischen und empirischen Berechnung, worin die Gemeinsamkeiten und Unterschiede zwischen diesen Größen bestehen. Die Formeln 2.27 für die Stichprobenvarianz s^2 bzw. 2.29 für die Stichprobenstandardabweichung s dienen dazu, unverzerrte Schätzer für die unbekannte Varianz σ_x^2 bzw. Standardabweichung σ_x der unbekannten Grundgesamtheit zu liefern, weshalb sie im Folgenden auch durch die Symbole $\hat{\sigma}_x^2 = s_x^2$ bzw. $\hat{\sigma}_x = s_x$ bezeichnet werden.

Schätzers vom wahren Wert. Ursache für solche systematischen Abweichungen können darin begründet liegen, dass für die Berechnung eines Schätzers ebenfalls geschätzte Größen herangezogen werden müssen. Dies wird hier deutlich: Bei der Berechnung der Stichprobenvarianz bzw. Stichprobenstandardabweichung wird der Mittelwert als Schätzer für den unbekannten Erwartungswert benutzt. In die Berechnung des Schätzers (Stichprobenvarianz bzw. Stichprobenstandardabweichung) geht also bereits ein zuvor bestimmter Schätzer (Mittelwert) ein. Mitunter ist es möglich, Korrekturformeln anzugeben, die diese systematische Abweichung korrigieren. Die Division durch $T-1$ anstelle von T korrigiert hier für diese Verzerrung. Matlab erlaubt es, auch die Werte anderer Verteilungskennzahlen, z.B. für Schiefe und Wölbung (siehe Kapitel 2.3.6) mit und ohne Korrekturmaßnahmen zu berechnen.

Die Verwendung von Minimum, Maximum und Spannweite zur alleinigen Charakterisierung der Streuung einer Verteilung ist im Allgemeinen nicht empfehlenswert, da diese Werte maßgeblich durch die Existenz von „Ausreißern", also extremen Beobachtungen beeinflusst werden. Die Varianz bzw. Standardabweichung ist demgegenüber „robuster" und besitzt zudem einige einfache, anschauliche Interpretationsregeln. Sofern nämlich die Beobachtungsdaten einer Normalverteilung folgen, befinden sich ca. 66% aller Beobachtungsdaten in einem Intervall von $[\bar{x}-s_x, \bar{x}+s_x]$, ca. 95% aller Beobachtungsdaten im Intervall $[\bar{x}-2s_x, \bar{x}+2s_x]$ und ca. 99% aller Beobachtungsdaten im Intervall $[\bar{x}-3s_x, \bar{x}+3s_x]$.

Weicht die beobachtete Verteilung deutlich von der Normalverteilung ab, so lassen sich Varianz bzw. Standardabweichung nicht mehr so einfach interpretieren, weshalb oftmals auch gerne auf die *Interquartile-Range* (Interquartilabstand) zurückgegriffen wird. Die Differenz zwischen dem oberen Quartilswert (75%) und dem unteren Quartilswert (25%) ist dann die Interquartile-Range (IQR). Die IQR wird gerne als ein gegenüber von Ausreißern „robustes Streuungsmaß" angesehen, welches die Breite einer Verteilung anschaulich und kompakt in einer Maßzahl verdichtet.

2.3.6. Formmaße

Die Verteilungskennzahlen, die hier unter dem Oberbegriff „Formmaße" subsumiert werden, drücken aus, ob und in welchem Ausmaß Asymmetrien und Wölbungen in den Verteilungen vorliegen. Diese beschreiben also die Verteilungsform näher. Die Schiefe einer Verteilung (in Matlab die Funktion `skewness`) drückt das Ausmaß der Asymmetrie in einer Verteilung aus. Sie wird nach Formel 2.32 berechnet.

$$Skewness_x = \frac{\frac{1}{T}\sum_{t=1}^{T}(x_t-\bar{x})^3}{S_x^3} \tag{2.32}$$

Skewness (empirische) Schiefe der Verteilung

Soll die Schiefe aus einer Stichprobe als unverzerrter Schätzer für die Schiefe der (unbekannten) Grundgesamtheit berechnet werden, ist noch die Berücksichtigung eines Korrekturfaktors notwendig. Es ergibt sich dann der Wert nach Formel 2.33:

$$skewness_x = \frac{\sqrt{T(T-1)}}{(T-2)} Skewness_x \tag{2.33}$$

Die Normalverteilung besitzt eine Schiefe von null, die häufig bei Vergleichen von Verteilungseigenschaften als Referenz herangezogen wird. Ergibt sich ein positiver Wert für die Schiefe, so spricht man von einer rechtsschiefen (linkssteilen) Verteilung, bei einem negativen Wert von einer linksschiefen (rechtssteilen) Verteilung. Eine Verteilung mit negativer Schiefe besitzt gegenüber einer ansonsten identischen Verteilung (einer Verteilung mit demselben Erwartungswert) mit positiver Schiefe eine höhere Wahrscheinlichkeit des Auftretens extremer Werte am linken Rand, da die Wahrscheinlichkeitsdichte am linken Rand höher ist als bei einer rechtsschiefen Verteilung. Im Zusammenhang mit Renditeverteilungen bevorzugen daher Investoren im Allgemeinen ceteris paribus rechtsschiefe Verteilungen gegenüber linksschiefen, da bei letzteren das Auftreten hoher

Verluste wahrscheinlicher ist. Die Abbildung 2.2 illustriert diese Überlegungen anhand der Gegenüberstellung zweier ansonsten identischer rechts- und linksschiefer Verteilungen (d.h. solchen mit identischem Erwartungswert und identischer Varianz). Die höhere Wahrscheinlichkeit hoher Verluste wird hier bei der linksschiefen Verteilung besonders deutlich ersichtlich.

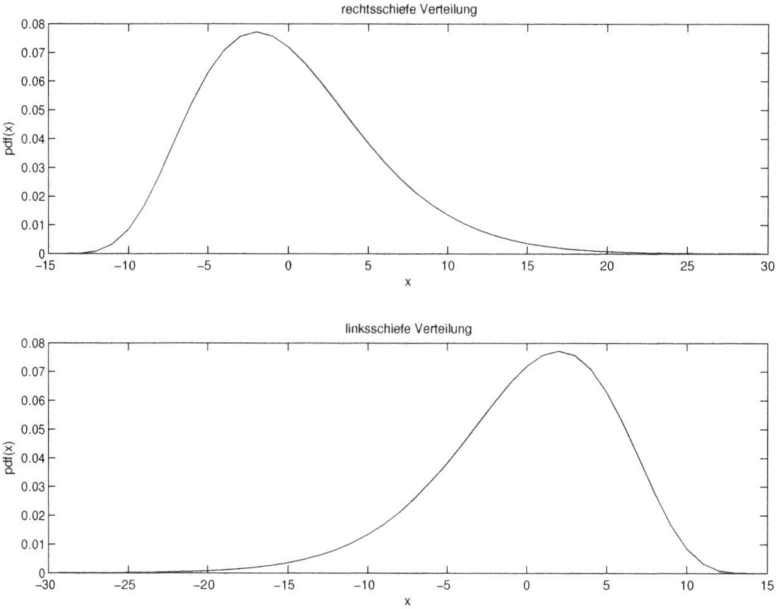

Abbildung 2.2.: Gegenüberstellung rechtsschiefer und linksschiefer Verteilungen.

Die Berechnung der Schiefe in beiden Varianten wird durch die benutzerdefinierte Funktion `fSkewness` illustriert. Sie ist im Wesentlichen identisch zu der Matlab-eigenen Funktion `skewness`. Sie dient daher allein der Illustration und ist vor allem für Leser, die mit Open Source Klonen (Octave oder Freemat) arbeiten, interessant.

Quellcode 2.10: Funktion zur Berechnung der Schiefe

```
Siehe Datei: fSkewness.m
```

Die Funktion `fSkewness` setzt in direkter Weise die Berechnung der Schiefe um. Zunächst wird die Schiefe nach Formel 2.32 berechnet. Soweit ein unverzerrter Schätzer berechnet werden soll, also der optionale Inputparameter `iOption` auf `0` gesetzt ist, wird zusätzlich der Korrekturfaktor und die Schiefe nach Formel 2.33 ermittelt.

Mit Hilfe der Matlab-Funktion `kurtosis` wird die Wölbung einer Verteilung berechnet, siehe auch Formel 2.34.

$$Kurtosis_x = \frac{\frac{1}{T}\sum_{t=1}^{T}(x_t - \bar{x})^4}{S_x^4} \tag{2.34}$$

$Kurtosis_x$ (empirische) Wölbung (Kurtosis) der Verteilung

Soll die Kurtosis aus einer Stichprobe als unverzerrter Schätzer für die Kurtosis der (unbekannten) Grundgesamtheit berechnet werden, ist auch hier die Berücksichtigung eines Korrekturfaktors notwendig. Es ergibt sich dann der Wert nach Formel 2.35:

$$kurtosis_x = \frac{(T-1)}{(T-2)(T-3)}[(T+1) \cdot Kurtosis_x - 3(T-1)] + 3 \tag{2.35}$$

Eine Normalverteilung besitzt eine Kurtosis von 3. Es lassen sich für die Formeln 2.34 bzw. 2.35 auch Varianten finden, bei denen zusätzlich der Wert 3 abgezogen wird, sodass sich Null für die Kurtosis einer Normalverteilung ergibt. Oftmals wird diese zuletzt genannte Variante zutreffender als *Excess Kurtosis* bezeichnet. Daher ist beim Studium der Literatur genau auf die Definition zu achten. Wird als Referenzwert $Kurtosis = 3$ für eine Normalverteilung zu Grunde gelegt, so bezeichnet man eine Verteilung mit $Kurtosis < 3$ als *platykurtisch*, Verteilungen mit $Kurtosis > 3$ als *leptokurtisch*. Leptokurtische Verteilungen, die häufig im Zusammenhang mit Renditeverteilungen zu beobachten sind, besitzen eine höhere Wahrscheinlichkeitsdichte an den äußeren Rändern der Verteilung, sodass eine leptokurtische Verteilung gegenüber einer ansonsten identischen Normalverteilung (d.h. einer solchen mit demselben Erwartungswert und derselben Varianz) eine höhere Wahrscheinlichkeit für das Auftreten extremer Werte an den Rändern aufweist, da hier die Wahrscheinlichkeitsdichte höher ist. Geht man davon aus, dass Investoren im Allgemeinen sehr avers gegenüber dem Auftreten von hohen Verlusten sind, so präferieren diese ceteris paribus Verteilungen mit möglichst kleiner Kurtosis (also $Kurtosis < 3$ und möglichst $Kurtosis \to 0$). Die Abbildung 2.3 illustriert diese Überlegungen anhand der Gegenüberstellung von zwei Verteilungen; die erste besitzt eine hohe Kurtosis, die zweite fast die einer Normalverteilung. Die deutlich höhere Wahrscheinlichkeitsdichte an den Rändern, insbesondere auch am unteren Verteilungsrand, wird hier sehr deutlich.

Die Berechnung der Kurtosis in beiden Varianten wird durch die benutzerdefinierte Funktion `fKurtosis` illustriert. Auch sie ist im Wesentlichen identisch zu der Matlab-eigenen Funktion `kurtosis`, zu Illustrationszwecken gedacht und adressiert vor allem Leser, die mit Open Source Klonen arbeiten.

Quellcode 2.11: Funktion zur Berechnung der Kurtosis

```
Siehe Datei: fKurtosis.m
```

Die Funktion `fKurtosis` arbeitet analog zur vorhergehenden Funktion `fSkewness`, sodass für nähere Erläuterungen auf diese Funktion verwiesen wird.

2.3.7. Berechnung der Verteilungskennzahlen mit Matlab

Die vorgestellten Verteilungskennzahlen sollen im nächsten Schritt im Rahmen der betrachteten Fallstudie berechnet werden. Dabei werden zunächst die beobachteten Renditen von Benchmark und Fonds als in sich abgeschlossene Beobachtungseinheiten angesehen und lediglich nach einer statistischen Beschreibung der Beobachtungsdaten gefragt. Rückschlüsse auf die unbekannte Grundgesamtheit, Aussagen über jene und damit verbundene Hypothesentests sind im Moment noch nicht beabsichtigt. Da derartige (beschreibende) Verteilungskennzahlen bei einer Perfor-

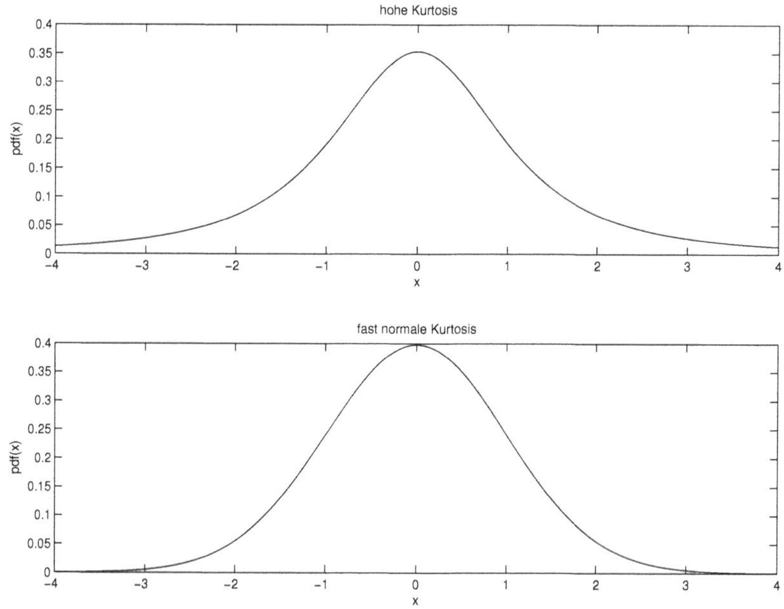

Abbildung 2.3.: Unterschiedlich gewölbte Verteilungen.

manceanalyse (und auch in anderen Untersuchungen) wiederholt berechnet werden, bietet es sich an, dafür zunächst eine Funktion zu schreiben, wie es das folgende Programmlisting 2.12 zeigt.

Quellcode 2.12: Funktion zur Berechnung deskriptiver Statistiken

```
Siehe Datei: fDescriptiveStats.m
```

Die Funktion `fDescriptiveStats` ist in Verbindung mit den Kommentaren im Programmcode und mit Rückgriff auf die Matlab-Hilfe nicht schwer zu verstehen, weshalb nur wenige ergänzende Hinweise genügen mögen. Zunächst sollte vor dem Einsatz einer Matlab-Funktion stets die Dokumentation in der Matlab-Hilfe genau gelesen werden. Hier finden sich sehr wichtige Informationen, welche Inputparameter die Funktion erwartet, welche Berechnungsformeln genau angewendet werden und welche Wahlmöglichkeiten (Optionen) es gibt. Exemplarisch seien hier nur `skewness` und `kurtosis` erwähnt, welche zwei alternative Berechnungsweisen anbieten. Zunächst können Schiefe und Wölbung gemäß den Formeln für die Grundgesamtheit berechnet werden (siehe Formeln 2.32 und 2.34) oder aber mit Korrektur für die Verzerrung im Schätzer bei Verwendung der vorstehend genannten Formeln, wenn diese als unverzerrte Schätzer der jeweiligen Maßzahlen für die unbekannte Grundgesamtheit dienen sollen. Die beispielhafte Funktion `fDescriptiveStats` benutzt die Variante für die Grundgesamtheit, weil hier nur die Beobachtungsdaten beschrieben werden sollen, aber nicht nach unverzerrten Schätzern gefragt wird. Die

Ergebnisse sind nur teilweise vergleichbar mit der Originalfallstudie bei PODDIG et al. (2009)[33], da Microsoft Excel mitunter etwas anders rechnet. Die Funktion berechnet 11 Verteilungskennzahlen für jede Spalte der Eingabematrix `mData`, die in der Ausgabematrix `mDescriptiveStats` abgelegt werden. Darüber hinaus werden die Ergebnisse in einer zweiten, beschrifteten Tabelle `cDescriptiveStats` zusammen mit Zeilen- und Spaltenbeschriftungen ausgegeben. Diese kann dann leichter am Bildschirm angeschaut und gelesen werden oder auch mit Hilfe der Funktion `xlswrite` als beschriftete Tabelle nach Microsoft Excel exportiert werden.

Etwas undurchsichtig mag dabei der Matlab-Ausdruck zum Zusammensetzen des Cell-Arrays aussehen, also der Ausdruck `cDescriptiveStats = ... [[cell(1,1);cLabel], [cVarNames; num2cell(mDescriptiveStats)]]`. Die drei Punkte (`...`) sind die Anweisung an Matlab, nicht das Zeilenende als Ende des Matlab-Ausdrucks aufzufassen, sondern die Fortsetzung in der nächsten Zeile zu erwarten. Dies dient der leichteren Lesbarkeit des Programmcodes bei langen Matlab-Ausdrücken. Der innere Ausdruck `[cell(1,1);cLabel]` bewirkt die vertikale Konkatenation (Zusammensetzung) eines leeren Cell-Arrays der Dimension 1x1 und des Cell-Arrays `cLabel`, welches die Zeilenbeschriftungen enthält. Dies ist notwendig, weil die numerischen Daten noch eine Zeile mit Spaltenbeschriftungen bekommen werden. Die numerischen Daten werden als nächstes mit den Spaltenbeschriftungen zu einem (temporären) Cell-Array zusammengebunden, was mit Hilfe von `[cVarNames; num2cell(mDescriptiveStats)]` geschieht. Der Befehl `num2cell(mDescriptiveStats)` bewirkt das Konvertieren der numerischen Daten in ein Cell-Array, indem jeder numerische Wert in eine Zelle des entstehenden Cell-Arrays gepackt wird. Das so konvertierte Cell-Array wird dann mit dem Cell-Array `cVarNames` zusammengebunden, welches die Namen der K Variablen (Objekte, Spaltenbeschriftungen) enthält. Abschließend wird das temporäre Cell-Array mit den Zeilenbeschriftungen `[cell(1,1);cLabel]` und das temporäre Cell-Array mit Spaltenbeschriftungen und numerischen Daten `[cVarNames; num2cell(mDescriptiveStats)]` zu der gesamten Tabelle durch die äußeren Klammern `[]` (Konkatenations-Operator) zusammengesetzt.

Die Anwendung der Funktion `fDescriptiveStats` wird durch das Demoskript 2.13 illustriert.

Quellcode 2.13: Demoskript zur Berechnung der Verteilungskennzahlen

```
Siehe Datei: bDemoDeskriptiveStatistiken.m
```

Das Demoskript 2.13 liest die Ausgangsdaten ein, rechnet die Preise bzw. Indexwerte in diskrete und stetige Renditen um und ruft dann die Funktion zur Berechnung der deskriptiven Statistiken auf. Zum Schluss werden die Ergebnisse für die diskreten und stetigen Renditen in einer gemeinsamen Tabelle zusammengefasst (durch `cTabelle = [cDescriptiveStatsD, cDescriptiveStatsS(:,2:end)]`) und mit `fPrintCellArrayAsTable` in eine CSV Datei exportiert. Damit ist es z.B. möglich, die berechneten Ergebnisse in einem Textverarbeitungsprogramm zu verarbeiten.[34]

Bei der Durchführung der Analyse ist die grundsätzliche Frage zu klären, ob diese auf Überschussrenditen oder absoluten Renditen basieren soll. Das Demoskript bietet beide Möglichkeiten

---

[33] Vgl. PODDIG et al. (2009) S. 629 ff.

[34] Die Funktion `fPrintCellArrayAsTable` wird im Anhang A.9 als kleine Fallstudie vorgestellt.

an. Um die Ergebnisse mit jenen der originären Fallstudie vergleichen zu können, werden zunächst Überschussrenditen berechnet. Soll die Analyse auf absoluten Renditen basieren, so sind im Demoskript die betreffenden Programmzeilen auszukommentieren und die vorgesehenen Programmzeilen für die Berechnung der absoluten Renditen zu aktivieren.

	Diskret		Stetig	
Kennzahl	Benchmark	Fonds	Benchmark	Fonds
Mittelwert	0,00960	0,01468	0,00816	0,01331
Median	0,00964	0,01628	0,00956	0,01610
geom. Mittel	0,00821	0,01344		
Varianz	0,00277	0,00249	0,00277	0,00242
Standardabweichung	0,05261	0,04990	0,05265	0,04921
Minimum	-0,14765	-0,12505	-0,15919	-0,13312
Maximum	0,13350	0,13286	0,12492	0,12436
Spannweite	0,28114	0,25790	0,28411	0,25748
IQR	0,06984	0,06192	0,06873	0,06082
Schiefe	-0,37829	-0,03649	-0,54486	-0,18212
Wölbung	3,20294	2,94924	3,44657	3,02854

Tabelle 2.4.: Deskriptive Statistiken in der Fallstudie.

Die Analyse der deskriptiven Statistiken in Tabelle 2.4 ist weitgehend konsistent mit der visuellen Analyse anhand des Histogramms (siehe Kapitel 2.3.2). Zunächst sind keine qualitativen Unterschiede erkennbar, je nachdem, ob die Analyse auf diskreten oder stetigen Monatsrenditen basiert. Dies ist nicht überraschend, da für kleine Renditewerte sich diskrete und stetige Renditen nur marginal unterscheiden. Größere Unterschiede sind bei Jahresrenditen zu erwarten. Da stetige Renditen für statistische Analysen vorteilhafte Eigenschaften besitzen und um die Vergleichbarkeit mit der Originalquelle[35] zu wahren, wird im Folgenden die Analyse mit der stetigen Renditen durchgeführt.

Beim Vergleich der Mittelwerte zeigt sich eine deutlich höhere „mittlere Rendite“ des Fonds gegenüber der Benchmark, sowohl beim arithmetischen Mittelwert als auch beim Median. Interessant ist der niedrigere Mittelwert gegenüber dem Median (sowohl bei Fonds als auch Benchmark), der auf stark negative Ausreißerrenditen schließen lässt, die ihn nach unten „verzerren“. Bestätigt wird diese Vermutung durch die negative Schiefe bei den Benchmarkrenditen. Allerdings ist bei den Fondsrenditen der Wert der Schiefe nahe bei Null. Die Wölbung (Kurtosis) weicht bei den Benchmarkrenditen ebenfalls leicht von der einer Normalverteilung ab. Bei den Fondsrenditen besitzt die Wölbung sowohl bei diskreten als auch stetigen Renditen fast die idealtypischen Werte, die unter einer Normalverteilung zu erwarten wären. Die Streuung der Renditen ist bei der Benchmark leicht höher als beim fiktiven Fonds, was durch alle Streuungsmaße bestätigt wird. Standardabweichung, Spannweite und IQR sind bei den Benchmarkrenditen stets höher als bei den Fondsrenditen. Zusammengefasst lautet also das Ergebnis, dass der betrachtete Fonds eine höhere mittlere Rendite als die Benchmark bei geringerer Streuung, Schiefe

[35] Vgl. Poddig et al. (2009), S. 629 ff.

und Wölbung besitzt. Für eine typische Investorin wäre damit der fiktive Fonds anhand der Verteilungskennzahlen gegenüber der Benchmark vorzuziehen.

2.3.8. Boxplots

Nach der Einführung wichtiger Verteilungskennzahlen soll noch kurz eine weitere hilfreiche Methode zur visuellen Analyse von Verteilungen vorgestellt werden, der Boxplot. Die Abbildung 2.4 zeigt den Boxplot für die stetigen Renditen von Benchmark und Fonds in der Gegenüberstellung. Um den Boxplot zu erzeugen, ist einfach der Matlab-Ausdruck `boxplot(mRenditeS,'labels',{'Benchmark','Fonds'})` nach Ablauf des Demoskriptes 2.13 einzugeben oder in das Demoskript selber einzufügen.[36] Alternativ kann das Demoskript 2.14 benutzt werden.[37]

Quellcode 2.14: Demoskript zur Erzeugung eines Boxplots

```
Siehe Datei: bDemoBoxPlot.m
```

Ein Boxplot besitzt einen rechteckigen Kasten, dessen Ausdehnung durch die IQR bestimmt wird, d.h., der untere Rand des Kastens markiert das untere (25%) Quartil, der obere Rand das obere (75%) Quartil, der rote Strich[38] etwa in der Mitte des Kastens stellt den Median dar. Außerhalb des Kastens erstreckt sich eine Linie jeweils nach unten und oben aus dem Kasten heraus. Grundsätzlich erstrecken sich die Begrenzungen der Linien bis zum minimalen bzw. maximalen beobachteten Wert. Das Ende der gestrichelten Linien wird dann durch den Querstrich am unteren und oberen Ende markiert. Liegen jedoch Beobachtungen außerhalb des Intervalls [unteres Quartil - 1,5 * IQR, oberes Quartil + 1,5 * IQR], so gilt folgende Konvention: Die gestrichelte Linie endet spätestens bei „unteres Quartil - 1,5 * IQR", wenn noch kleinere Beobachtungswerte auftreten. Analog gilt, dass die gestrichelte Linie bei „oberes Quartil + 1,5 * IQR" endet, falls noch größere Werte beobachtet werden. Außerhalb der durch die gestrichelte Linie markierten Bandbreiten auftretende Werte („Ausreißer") werden durch „+" Zeichen markiert. Viele dieser Parameter für die Erstellung eines Boxplots lassen sich dabei in Matlab beliebig benutzerdefiniert abändern. Die dargestellten Einstellungen sind aber die gängigen, im Allgemeinen üblichen Standardwerte für Boxplot-Analysen.

[36] Unter Octave erfordert dies das Statistik-Paket, welches zuvor installiert worden sein muss. Je nach Installationsprogramm wird dies bei der Erstinstallation mit installiert oder muss manuell nachinstalliert werden. Bei bestehender Internetverbindung gelingt dies am einfachsten mit dem Befehl `pkg install -forge statistics`. Falls die Installation direkt über das Internet nicht gelingt, ist das Paket `statistics` manuell herunter zu laden, dann in das aktuelle Arbeitsverzeichnis zu kopieren und mit `pkg install statistics` zu installieren. Dabei ist dann der genaue Dateiname des Statistikpaketes anzugeben. Ferner kann die Installation misslingen, weil zuvor noch andere Pakete zu installieren sind. Leider löst der Paketmanager von Octave die Abhängigkeiten nicht selber auf, sondern der Anwender muss sich anhand der Fehlermeldungen langsam vorarbeiten. Die Installation eventuell fehlender Pakete folgt demselben Vorgehen. Nachdem alle notwendigen Pakete, inklusive `statistics`, installiert sind, muss dieses vor Verwendung des Befehls `boxplot` noch mit Hilfe des Befehls `pkg load statistics` geladen werden. Dieser Befehl kann über die Kommandokonsole gegeben oder in das Demoskript eingearbeitet werden.

[37] Unter Octave ist die Variante `bDemoBoxPlot_oct` zu verwenden.

[38] Gemeint ist hier die Darstellung der Abbildung am Bildschirm beim Nacharbeiten der Fallstudie.

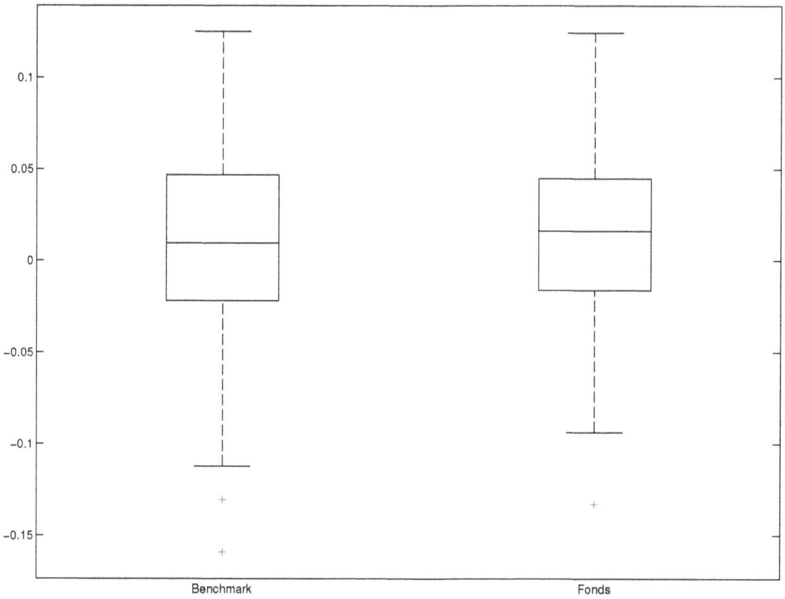

Abbildung 2.4.: Boxplot von Benchmark- und Fondsrenditen.

Auch die Analyse mit Hilfe des Boxplots bestätigt die bereits gewonnenen Erkenntnisse. Die Verteilung der Fondsrenditen ist gegenüber der Benchmark schmaler und besitzt einen höheren Median sowie - hier ersichtlich - weniger (negative) Ausreißer als die Benchmarkrenditen. Damit würde auch bei dieser Analyse der betrachtete Fonds gegenüber der Benchmark für gewöhnliche Investoren attraktiver sein.[39]

2.4. Risikoverständnis und Risikokennzahlen

2.4.1. Zweiseitiges versus einseitiges Risikoverständnis

Die bisherigen Betrachtungen haben gezeigt, wie sich mit Hilfe von statistischen Kennzahlen Renditeverteilungen (oder allgemeiner: empirische Verteilungen) analysieren lassen. Als Modellannahme werden dabei die Renditen von Assets, Fonds, Benchmark etc. als Zufallsvariablen

[39] Voraussetzung für diese Aussage ist natürlich, dass die in der Vergangenheit festgestellten Verhältnisse auch für die Zukunft stabil bleiben, in diesem speziellen Falle also von der in der Vergangenheit festgestellten Performance und Performanceunterschiede auch auf die Zukunft geschlossen werden darf. Diese Frage wurde auch in vielen empirischen Studien untersucht (Persistenz der Fondsperformance). Typische Ergebnisse sind dabei allerdings, dass schon im Mittel keine Überlegenheit der Fondsperformance gegenüber einer adäquat gewählten Benchmark feststellbar ist. Darüber hinaus ist die festgestellte Performance im Allgemeinen auch nicht persistent, sodass im Regelfall Analysen der hier vorgestellten Art zwar interessant, für zukünftige Anlageentscheidungen aber nicht zwangsläufig hilfreich sind.

Skript/Funktion	Beschreibung	Matlab	Octave	Freemat	Toolboxen
fLPM.m	LPM-Berechnung, erste Variante	X	X	X	keine
fLPMV2.m	LPM-Berechnung, zweite Variante	X	X	X	keine
fLPMV3.m	LPM-Berechnung, dritte Variante	X	X	X	keine
bDemoLPM.m	Demoskript zur Anwendung der LPM-Berechnungen	X	X	X	keine
fValueAtRisk.m	CVaR- und VaR-Berechnung in verschiedenen Varianten	X	X	-	keine
bTestValueAtRisk.m	Testskript zur CVaR- und VaR-Berechnung	X	X	-	keine
bDemoVaR.m	Demoskript zur Anwendung der VaR-Berechnungen	X	X	-	keine

Tabelle 2.5.: Übersicht verwendeter Skripte und Funktionen. Unter Matlab werden in diesem Buch die Statistics und Optimization Toolbox vorausgesetzt, sie werden deshalb nicht explizit in der Spalte „Toolboxen“ ausgewiesen.

aufgefasst, weshalb dann für deren Analyse die gängigen statistischen Methoden zum Einsatz kommen können. Aus finanzwirtschaftlicher Sicht interessiert dabei besonders die Frage nach dem Ertrag und dem Risiko einer Kapitalanlage. Interpretiert man die Rendite einer Kapitalanlage als Zufallsvariable, so ist der (erwartete) Ertrag einer Kapitalanlage gar nicht im Sinne einer bestimmten, deterministischen Größe operationalisierbar. Jedoch bietet es sich bei einer solchen Interpretation an, den „Ertrag“ einer Kapitalanlage mit Hilfe von Lagemaßen der Renditeverteilung zu charakterisieren, wofür üblicherweise der Erwartungswert (ex ante) bzw. der Mittelwert (ex post) der Renditeverteilung herangezogen wird.

Während die Operationalisierung des „Ertrags“ über den Erwartungswert bzw. Mittelwert der Renditeverteilung naheliegend erscheint, ist eine intuitive Operationalisierung für das „Risiko“ überhaupt nicht offensichtlich. Insofern haben es die bisherigen Betrachtungen auch vermieden, den Begriff des „Risikos“ exakt zu fassen und haben implizit verschiedene Sichtweisen darauf präsentiert. In der (neo-) klassischen Finanzierungstheorie wird „Risiko“ im Sinne der Entscheidungstheorie aufgefasst. Im Kapitalanlagekontext bedeutet dies, dass sich eine Investorin im Entscheidungszeitpunkt einer Vielzahl verschiedener Anlagemöglichkeiten (Handlungsalternativen) gegenüber sieht. Der später einmal erzielte Ertrag aus den jeweiligen Anlageobjekten ist dabei nicht exakt vorhersehbar, sondern hängt von dem Eintritt verschiedener, zukünftig möglicher Umweltzustände ab. Dies sei an einem einfachen Beispiel illustriert.

Eine Investorin überlege, ob sie in Aktien oder Renten investieren soll. Die zukünftigen Renditen der Anlageobjekte sind unsicher und hängen von dem Eintritt zukünftig möglicher Umweltzustände ab. Diese sind durch die Investorin nicht beeinflussbar. Sie verfügt jedoch über Einschätzungen hinsichtlich der Eintrittswahrscheinlichkeiten für den Eintritt eines jeweiligen Umweltzustandes. Ihre Erwartungen über die Zukunft sind in der Tabelle 2.6 zusammengefasst. Wie ausgeführt, kann zur Operationalisierung des (erwarteten) Ertrags der Anlageobjekte der Erwartungswert der (stochastischen) Rendite R der Anlageobjekte (Aktien, Renten) herangezogen werden. Dieser berechnet sich bei einer diskret verteilten Zufallsvariable (wie im Beispiel) nach

	Konjunktur		
Umweltzustände (UZ)	Schlecht	Normal	Gut
p(UZ)	30%	50%	20%
Alternative 1: Renten	9%	6%	4%
Alternative 2: Aktien	5%	8%	10%

Tabelle 2.6.: Renditeprognosen.

Formel 2.36.

$$\mu_i = \sum_{s=1}^{S} p_s r_{is} \tag{2.36}$$

μ_i Erwartungswert der Renditen der i-ten Kapitalanlage (Asset)

p_s Eintrittswahrscheinlichkeit des Umweltzustandes s, $s = 1,...,S$, mit S als Anzahl möglicher Umweltzustände

r_{is} Rendite des i-ten Assets bei Eintritt des Umweltzustandes s

Dabei wird von endlich vielen, zukünftig möglichen Umweltzuständen ausgegangen. Es könnte aber auch sein, dass in der Zukunft unendlich viele Umweltzustände möglich sind, welche dann zu (unendlich vielen) unterschiedlichen Werten der Renditerealisationen für die einzelnen Assets führen können. In diesem Falle wäre die diskrete (Rendite-) Verteilung durch eine stetige zu ersetzen, wie es Formel 2.37 zeigt.[40]

$$\mu_i = \int p(r_i) r_i dr_i \tag{2.37}$$

$p(r_i)$ Wahrscheinlichkeitsdichte der Renditeverteilung des i-ten Assets.

Die direkte Schätzung einer Renditeverteilung ist im Allgemeinen schwierig, weshalb bei der praktischen Anwendung der Renditeerwartungswert oftmals mit Hilfe des empirischen Mittelwertes aus historischen Beobachtungen geschätzt wird, wie dies die vorhergehenden Betrachtungen am Beispiel der Performanceanalyse gezeigt haben.

In der Entscheidungstheorie wird die in Tabelle 2.6 illustrierte Entscheidungssituation als eine sog. *Risikosituation* bezeichnet. Die Entscheiderin kann nicht exakt vorhersagen, welcher Umweltzustand zukünftig eintreten wird. Sie kann dafür aber die (diskrete oder stetige) Verteilung der Ergebnisse angeben. „Risiko" im Sinnes dieses entscheidungstheoretischen Modells ist

[40] Trotz gleichlautender Namen sind diskrete und stetige Renditeverteilungen keinesfalls mit diskreten und stetigen Renditen zu verwechseln. Die Unterscheidung zwischen einer diskreten und stetigen Renditeverteilung besagt, dass es im ersten Fall eine endliche Anzahl zukünftig möglicher Umweltzustände gibt, im zweiten Fall jedoch unendlich viele. Diskrete und stetige Renditen bezeichnen dagegen unterschiedliche Arten der Renditeberechnung, siehe Formeln 2.2 und 2.5.

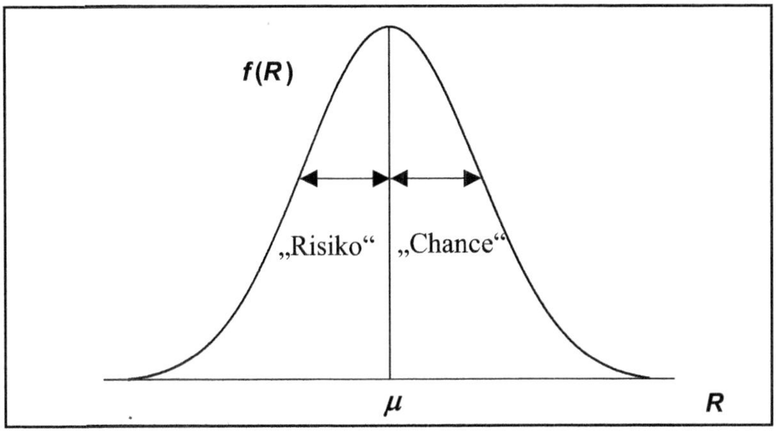

Abbildung 2.5.: Stetige Renditeverteilung und Risikobegriff. $f(R)$ bezeichnet die Wahrscheinlichkeitsdichte der Renditeverteilung, R die Rendite des betrachteten Assets. Die Abbildung wurde bei PODDIG et al. (2009), S. 301 entnommen.

also die Unsicherheit über den zukünftig eintretenden Umweltzustand und das damit zu realisierende Ergebnis (hier: Rendite) einer Handlungsalternative (hier: Kapitalanlage). Das Ausmaß der Unsicherheit wird in der Entscheidungstheorie also durch die gesamte Ergebnisverteilung repräsentiert. Geht man von einer stetigen Renditeverteilung aus, repräsentiert deren „Spreizung“ das Ausmaß an Unsicherheit über die Zukunft, wie es die Abbildung 2.5 illustriert.

Als Maßzahlen oder Kennzahlen des so verstandenen Risikobegriffes kommen dabei grundsätzlich alle Streuungsmaße in Frage, wobei die Verwendung der Varianz bzw. der Standardabweichung (als Quadratwurzel aus der Varianz) dafür eine naheliegende Wahl darstellt. Der entscheidungstheoretische Risikobegriff drückt also Unsicherheit über die Zukunft aus, was aber per se nicht einen schlechten Ausgang bedeuten muss. Dies zeigt die Abbildung 2.5 anhand der beiden Pfeile „Risiko“ und „Chance“, wobei offensichtlich die Bezeichnung „Risiko“ in der Abbildung 2.5 etwas anderes meinen muss. Dort ist mit „Risiko“ das umgangssprachliche, intuitive Verständnis von „Risiko“ gemeint. So wird mit „Risiko“ im umgangssprachlichen Sinne nicht nur die Unsicherheit über die Zukunft per se ausgedrückt, sondern vor allem, dass etwas fehlschlagen bzw. eine Handlung ein unerwünschtes Ergebnis zeigen kann. Demgegenüber steht die umgangssprachlich verwendete „Chance“, mit der die Möglichkeit der Realisation von Ergebnissen gemeint ist, die besser als erwartet ausfallen. Verwendet man im Kapitalanlagekontext den Renditeerwartungswert als Referenzpunkt, so ist „Risiko“, im umgangssprachlichen Sinne, die negative Abweichung davon. Vor diesem Hintergrund existieren (nicht nur) in der Finanzwirtschaft zwei unterschiedliche Risikobegriffe. Der traditionelle, entscheidungstheoretische Risikobegriff bedeutet im umgangssprachlichen, aber neutralem Sinne lediglich „Unsicherheit über die Zukunft“, womit sowohl schlechtere als auch bessere Renditen gegenüber der erwarteten Rendite als „risikobehaftet“ angesehen werden. In diesem Sinne wird auch von einem *schwankungsorientierten* oder *zweiseitigen* Risikoverständnis gesprochen. Das umgangssprachliche Risikoverständnis bzw. der darauf fußende Risikobegriff betrachtet dagegen nur negative Abweichungen gegenüber einem zuvor gewählten Referenzwert. In diesem Sinne wird von einem *ausfallorientierten* oder auch *einseitigen* Risikoverständnis gesprochen. Der dabei gewählte Referenzwert kann der Renditeerwartungswert sein, muss es aber nicht. Grundsätzlich kann jeder sinnvoll erscheinende Referenzwert gewählt werden, der in diesem Zusammenhang auch als *Anspruchsniveau* oder *angestrebte Mindestrendite* bezeichnet wird.

Bei einem zweiseitigen Risikoverständnis würde also die beispielhaft betrachtete Kapitalanlegerin die Varianz bzw. Standardabweichung als Risikomaß wählen und gemäß Formel 2.38 bzw. 2.39 berechnen.

$$Var(r_i) = \sigma_i^2 = \sum_{s=1}^{S} p_s (r_{is} - \mu_i)^2 \tag{2.38}$$

$$Var(r_i) = \sigma_i^2 = \int p(r_i)(r_i - \mu_i)^2 dr_i \tag{2.39}$$

$$Std(r_i) = \sigma_i = \sqrt{\sigma_i^2} \tag{2.40}$$

$Var(r_i)$ Varianz σ_i^2 der Renditen der i-ten Kapitalanlage (Asset)

$Std(r_i)$ Standardabweichung der Renditen der i-ten Kapitalanlage (Asset)

Für die Schätzung des Erwartungswertes und der Varianz der Rendite einer Anlage ist eine Betrachtung historischer Renditebeobachtungen weder notwendig noch zwangsläufig hinreichend. Sofern die Investorin ihre Erwartungen über die Zukunft in Form einer diskreten oder stetigen Renditeverteilung formulieren kann, lassen sich daraus Erwartungswert und Varianz ableiten. Woher die Schätzung der Renditeverteilung kommt, bleibt dabei zunächst offen und ist für die Berechnung dieser Größen nicht von Relevanz. Allerdings ist die Schätzung der zukünftigen Renditeverteilung eines Assets alles andere als trivial. Geht man von der vereinfachenden Annahme aus, dass die in der Vergangenheit beobachtete Renditeverteilung repräsentativ für die in der Zukunft zu erwartende Verteilung ist, so bietet sich die Schätzung der Renditeverteilung anhand der historischen Beobachtungen an. Dabei können die historischen Renditebeobachtungen benutzt werden, um die gesamte Verteilung zu schätzen, oder aber auch um nur wenige, ausgewählte Verteilungskennzahlen (Mittelwert als Schätzer für den Erwartungswert, empirische Varianz als Schätzer für die zukünftige Varianz) zu ermitteln. Dabei ist die gesetzte Annahme höchst kritisch; die zukünftige Renditeverteilung kann sich von der in der Vergangenheit beobachteten in Form und Lage unterscheiden. Insofern sind rein empirisch basierte Schätzungen nicht zwangsläufig sinnvoll für eine gute Finanzprognose. Die Schätzung dieser Größen anhand der in der Vergangenheit beobachteten Renditeverteilung ist aber zumindest ein guter Startpunkt für weiterführende Analysen. Aus diesem Grund wurden die im vorhergehenden Kapitel vorgestellten Verteilungskennzahlen allein in ihrer ex post Form vorgestellt, was im Folgenden auch beibehalten wird.

Die Verwendung der in der Statistik üblichen Streuungsmaße ist nicht unbedingt eine zwangsläufige Wahl für die Operationalisierung von „Risiko“. Deren Verwendung ist zwar mit dem Risikobegriff der Entscheidungstheorie verträglich, aber nicht mit dem intuitiven Verständnis. Genau hieraus resultieren im praktischen Asset Management mitunter zentrale Missverständnisse zwischen Investoren, Portfoliomanagern, Finanzanalysten oder Risikocontrollern, weil jeder möglicherweise ein unterschiedliches Verständnis darüber besitzt, aber alle von „Risiko“ reden. Nachdem die wichtigsten Risikomaße, die auf einem zweiseitigen Risikoverständnis basieren (Varianz, Standardabweichung) bereits im Zusammenhang mit den vorgestellten statistischen (Basis-) Analysen eingeführt und praktisch demonstriert wurden, soll im Folgenden der Blick auf Risikokennzahlen gerichtet werden, die auf einem einseitigen Risikoverständnis beruhen.

2.4.2. Semivarianz und Lower Partial Moments

Bei einem einseitigen Risikoverständnis könnte die beispielhaft betrachtete Kapitalanlegerin die oben dargestellten Formel 2.38 bzw. 2.39 in die Formeln 2.41 bzw. 2.42 abwandeln.[41]

$$SemiVar(r_i) = \sigma^2_{SV,i} = \sum_{\substack{s=1 \\ r_{is}<\mu_i}}^{S} p_s(r_{is} - \mu_i)^2 \tag{2.41}$$

$$SemiVar(r_i) = \sigma^2_{SV,i} = \int_{r_i<\mu_i} p(r_i)(r_i - \mu_i)^2 dr_i \tag{2.42}$$

$$SemiStd(r_i) = \sigma_{SV,i} = \sqrt{\sigma^2_{SV,i}} \tag{2.43}$$

$SemiVar(r_i)$ Semivarianz σ_i^2 der Renditen der i-ten Kapitalanlage (Asset)

$SemiStd(r_i)$ Semistandardabweichung der Renditen der i-ten Kapitalanlage (Asset)

Bei der Berechnung der Semivarianz bzw. Semistandardabweichung fungiert immer der Erwartungswert μ_i als Referenzpunkt. Wie bereits erwähnt, muss dies nicht so sein, sondern es kann jeder andere, sinnvolle Referenzpunkt τ gewählt werden. Verallgemeinert man die Formeln 2.41 bzw. 2.42 in diesem Sinne, erhält man das sog. *Lower Partial Moment* der Ordnung 2 (LPM2). Ferner kann der Exponent beim Klammerausdruck durch einen beliebigen Exponenten n ersetzt werden. Mit diesen Verallgemeinerungen erhält man das *Lower Partial Moment* zum Niveau τ der Ordnung n. Die Berechnungsformel 2.44 stellt das LPM in der *ex ante* Form bei diskreter Renditeverteilung, Formel 2.45 bei stetiger Renditeverteilung und Formel 2.46 das LPM in der *ex post* Form dar.

$$LPM_i^{\tau,n} = \sum_{\substack{s=1 \\ r_{is}<\tau_i}}^{S} p_s(\tau - r_{is})^n \tag{2.44}$$

$$LPM_i^{\tau,n} = \int_{r_i<\tau} p(r_i)(\tau - r_i)^n dr_i \tag{2.45}$$

$$\widehat{LPM}_i^{\tau,n} = \frac{1}{T} \sum_{\substack{t=1 \\ r_{it}<\tau}}^{T} (\tau - r_{it})^n \tag{2.46}$$

[41] Die Einschränkung $r_{is} < \mu_i$ beim Summenzeichen in Formel 2.41 bzw. $r_i < \mu_i$ beim Integralzeichen in Formel 2.42 bedeutet, dass hier nur diejenigen Zustände betrachtet werden, in welchen die betreffende Bedingung erfüllt ist.

$LPM_i^{\tau,n}$ (theoretisches, ex ante) Lower Partial Moment des i-ten Assets zum Anspruchsniveau τ der Ordnung n

$\widehat{LPM}_i^{\tau,n}$ (empirisches, ex post) Lower Partial Moment des i-ten Assets zum Anspruchsniveau τ der Ordnung n

Die LPM sind also Maßzahlen für das (Ausfall-) Risiko, welches auf einem einseitigen Risikoverständnis beruht. Zur konkreten Anwendung dieses Risikomaßes müssen die Parameter Anspruchsniveau τ und Ordnung n näher spezifiziert werden. Deren Wahl ist dabei grundsätzlich beliebig, d.h., die Investorin muss diese in geeigneter Weise für sich selbst festlegen. Unter praktischen Aspekten und in Bezug auf eine ökonomisch sinnvolle Interpretation sollte die Wahlfreiheit jedoch eingeschränkt werden. Für die Wahl der Ordnungen haben sich die ganzzahligen Werte $n = 0$, $n = 1$ und $n = 2$ in Sinne einer leichten Interpretierbarkeit bewährt. Wird $n = 0$ gewählt, so gibt das LPM der Ordnung 0 die Ausfallwahrscheinlichkeit gegenüber der geforderten Mindestrendite τ an. Das LPM der Ordnung 0 wird daher auch als *Ausfallwahrscheinlichkeit* bezeichnet. Für $n = 1$ ergibt sich der im Mittel erwartete Verlust (Ausfall) gegenüber der geforderten Mindestrendite τ. Daraus resultieren die Bezeichnungen des LPM der Ordnung 1 als *mittleres Ausfallrisiko* oder *expected shortfall*. Wird die Ordnung $n = 2$ gewählt, handelt es sich um den *mittleren quadratischen Ausfall*. Für die Festlegung des Anspruchniveaus τ werden in der Literatur als sinnvoll zu wählende Größen die Werte null (nominaler Erhalt des eingesetzten Kapitals), die erwartete Inflationsrate (realer Erhalt des eingesetzten Kapitals), die Verzinsung einer Anlage mit garantiertem Zinssatz oder der Erwartungswert der Verzinsung der Kapitalanlage genannt. Die sog. *Semivarianz* ist ein Spezialfall des LPM für $\tau = \mu_i$ und $n = 2$. Die Berechnung der LPM in Matlab[42] ist ein besonders interessantes Anwendungsbeispiel, um daran verschiedene Varianten der Programmierung in Matlab (und den meisten anderen, ähnlichen matrizenorientierten Programmiersprachen) zu illustrieren. Das Programmlisting 2.15 zeigt die erste Variante der Umsetzung der Berechnungsformel in Matlab.[43]

Quellcode 2.15: LPM-Berechnung in Matlab, erste Variante

```
Siehe Datei: fLPM.m
```

Mit `iNumObs = size(vRet,1)` wird zunächst die Zeilendimension des Inputparameters `vRet` abgefragt, welcher die beobachteten Assetrenditen enthält, wobei hier ein Spaltenvektor (Dimension $T \times 1$) vorausgesetzt wird. Danach wird die Hilfsvariable `dSum` mit null initialisiert. Es folgt eine for-Schleife, in welcher der Laufindex `iIndex` die Werte von 1 bis `iNumObs` durchläuft. Bei jedem Durchlauf wird mit `if vRet(iIndex,1) < dTau` geprüft,[44] ob die

[42] Die Financial Toolbox in Matlab enthält bereits eine Funktion zur Berechnung der LPM. Die Berechnung des LPM wird hier dennoch behandelt, weil es sich als anschauliches Übungsbeispiel gut bewährt hat.

[43] Für Umsteiger aus anderen Programmiersprachen sei angemerkt, dass der Programmierstil in Programmlisting 2.15 weitgehend dem in VBA, C, Pascal, u.ä Programmiersprachen ähnelt, in dem die Formel 2.46 unter Verwendung der for-Schleife und if-Abfrage umgesetzt wird. Mit Matlab vertraute Anwender werden hier anders vorgehen, wie weiter unten gezeigt wird.

[44] Da hier `vRet` ein Vektor ist, ist die Indizierung mit `vRet(iIndex,1)` eigentlich unnötig, es würde auch `vRet(iIndex)` ausreichen.

Bedingung der Renditeunterschreitung erfüllt ist. Falls zutreffend, wird der Term hinter dem Summenzeichen berechnet und in der Hilfsvariable `dSum` kumuliert; siehe `dSum = dSum + (dTau - vRet(iIndex,1))^iOrd`. Vor dem Verlassen der Funktion ist zur Ermittlung des LPM die Summe noch durch die Anzahl der Beobachtungen mit `dLPM = dSum / iNumObs` zu teilen. Eine sehr viel kompaktere Umsetzung zeigt das Programmlisting 2.16. Dort wird das LPM unter Verwendung der Matlab-typischen Möglichkeiten berechnet. Zugleich ist diese Variante aber auch für Einsteiger oder Umsteiger von anderen Programmiersprachen nicht sofort einfach durchschaubar.

Quellcode 2.16: Berechnung des LPM in Matlab, zweite Variante

```
Siehe Datei: fLPMV2.m
```

Im Programmlisting 2.16 wurden aus Platzgründen einige Kommentare entfernt, da diese Variante in Bezug auf die Funktion und die übergebenen Inputparameter absolut identisch zur vorhergehenden ist; die dortigen Kommentare gelten also hier in exakt derselben Weise. Interessanter sind dagegen die Änderungen gegenüber der ersten Variante. Die Berechnung des LPM erfolgt hier in einer einzigen Zeile. Zur Erläuterung sei zunächst mit dem Teilausdruck `vRet(vRet < dTau)` begonnen. Der Vektor der Renditebeobachtungen `vRet` wird hier mit einem logischen Ausdruck `vRet < dTau` indiziert. Damit werden aus `vRet` nur diejenigen Werte als Vektor extrahiert, für die diese Bedingung erfüllt ist. Im Klammerausdruck `(dTau - vRet(vRet < dTau))` wird dann von `dTau` dieser (verkürzte) Vektor abgezogen.[45] Der Vektor der so erhaltenen Differenzen wird dann mit `iOrd` komponentenweise potenziert (`.^` Operator). Die Funktion `sum` bildet danach die Summe dieser potenzierten Differenzen, welche abschließend durch die Anzahl der Beobachtungen `iNumObs` dividiert wird. Eine dritte Variante ist im Programmlisting 2.17 dargestellt. Im Gegensatz zu den beiden vorhergehenden Varianten ist es hier möglich eine $T \times K$ Matrix mit T Renditebeobachtungen für K Assets zu übergeben, für die dann der $1 \times K$ Vektor der LPM berechnet wird.

Quellcode 2.17: Berechnung des LPM, dritte Variante

```
Siehe Datei: fLPMV3.m
```

Auch diese Variante kommt ohne eine Schleifenkonstruktion aus, indem die Matlab-typischen Möglichkeiten verwendet werden. Die Berechnung des LPM als Vektor erfolgt mit `vLPM = fNaNmean(max(dTau-mRet,0).^iOrd)`.[46] Der innere Ausdruck `dTau-mRet` berechnet zunächst komponentenweise die Differenzen zwischen `dTau` und `mRet`. Mit `max(dTau-mRet,0)` werden diese Differenzen komponentenweise gegen `0` verglichen und davon jeweils das Maximum genommen. Das Ergebnis von `max(dTau-mRet,0)` ist eine Matrix derselben Dimension wie `mRet`, wobei jedoch jeder Eintrag der Matrix das Maximum der Renditedifferenz gegenüber

---

[45] Streng genommen ist diese Operation in der linearen Algebra nicht definiert, weil von einem Skalar ein Vektor abgezogen wird. In Matlab funktioniert dies trotzdem, indem Matlab den Skalar auf die Dimension des Vektors (oder Matrix) erweitert und dann die Operation komponentenweise durchführt.

[46] Zwecks einfacherer Austauschbarkeit der Programmcodes zwischen Matlab und den Open-Source-Klonen Octave und Freemat verwenden wir hier unsere eigene Funktion `fNaNmean`, die in Kapitel 2.3.3 vorgestellt wurde. Reine Matlab-Anwender können hier problemlos die Matlab-eigene Funktionen `nanmean` verwenden.

`dTau` oder null enthält. Die jeweiligen Renditedifferenzen sind nur dann größer als null, wenn die jeweilige (originäre) Renditebeobachtung kleiner als `dTau` ist. Diese Matrix der Renditedifferenzen (oder null) wird dann komponentenweise potenziert mit `iOrd`. Auf die so erhaltene Matrix der potenzierten Renditedifferenzen wird zum Schluss die benutzerdefinierte Funktion `fNaNmean` angewendet (reine Matlab-Nutzer können diese Alternative gegen die Matlab-eigene Funktion `nanmean` austauschen). Die Funktion `fNaNmean` bzw. `nanmean` ist im Wesentlichen identisch zu der Funktion `mean`, mit welcher der arithmetische Mittelwert gebildet wird. Die Funktionen `fNaNmean` bzw. `nanmean` erlauben es jedoch, dass die Inputmatrix, für welche die (Spalten-) Mittelwerte berechnet werden sollen, auch `NaN` Einträge enthält.[47] Diese Variante ist deshalb flexibler, weil damit auch das LPM für beobachtete Renditereihen berechnet werden kann, wenn z.B. einzelne Renditebeobachtungen fehlen und diese mit `NaN` gekennzeichnet wurden.[48] Das Demoskript 2.18 zeigt, wie sich die drei Varianten zur Berechnung des LPM anwenden lassen.

Im Demoskript wird exemplarisch als Anspruchsniveau τ der risikofreie Zinssatz gewählt. Die Renditen werden als absolute Renditen (nicht Überschussrenditen) berechnet, da sonst der risikofreie Zinssatz doppelt zur Anwendung gelangen würde. Technisch ist dies zwar möglich, aber es würde inhaltlich kaum Sinn ergeben.

Quellcode 2.18: Demoskript zur Anwendung der LPM Berechnungen

```
Siehe Datei: bDemoLPM.m
```

Im Folgenden wird regelhaft auf die Darstellung unterschiedlicher Varianten zur Berechnung interessierender Größen verzichtet. Dieses Beispiel dient hier lediglich dazu, verschiedene Programmierstile und Möglichkeiten des Vorgehens in Matlab zu illustrieren. Welche Variante in einem konkreten Einzelfall gewählt wird, ist nicht zuletzt eine Frage des persönlichen Geschmacks. In früheren Matlab-Versionen galt generell die Empfehlung, aus Gründen der Rechengeschwindigkeit, Schleifenkonstruktionen zu vermeiden und nach Möglichkeit immer mit Vektor- und Matrizenoperationen zu arbeiten und die eingebauten Matlab-Funktionen immer zu benutzen. Dies gilt in jüngeren Versionen nur noch sehr eingeschränkt. Gerade Schleifenkonstruktionen sind in den jüngeren Matlab-Versionen erheblich beschleunigt worden und Zeitmessungen zwischen unterschiedlichen Varianten (mit und ohne Schleifenkonstruktionen) zeigen oftmals keine Unterschiede, mitunter sind sogar Varianten mit Schleifenkonstruktionen schneller als solche ohne geworden. Daher sollte an erster Stelle die Frage nach der Lesbarkeit des Programmcodes stehen. Schleifenkonstruktionen besitzen den Vorteil, für einen dritten Leser oftmals leichter verständlich zu sein, als wenn stattdessen eine hochkomplexe, mitunter „kryptisch" anmutende

[47] NaN steht für *not a number* und ist eine spezielle Kennzeichnung einer Gleitkommazahl in einem Computer, die einen ungültigen Wert markiert. Für eine Diskussion und Einführung vgl. Kapitel 2.3.3, insb. Programmlisting 2.9.

[48] An dieser Stelle mag berechtigt gefragt werden, wieso nicht grundsätzliche *alle* statistischen Kennzahlen unter potenzieller Berücksichtigung von `NaN` berechnet werden. Die Berücksichtigung dieses Einwandes würde jedoch eine erhebliche „Verkomplizierung" der bisher vorgestellten und noch aller folgenden Codes bedeuten, ohne zusätzliche Einsichten zu liefern. Auch in Matlab selber ist der Umgang mit `NaN` bei statistischen Berechnungen bislang auch nur sehr partiell vorgesehen. Für Octave gibt es ein spezielles Paket `nan`, welches dies ermöglicht. Interessierte Anwender können dieses anstelle der systemeigenen Statistikfunktionen unter Octave verwenden. Da es in diesem Buch nur darum geht, grundsätzliche Vorgehensweisen aufzuzeigen, aber kein Komplettpaket zum CF vorzulegen, soll die Behandlung von `NaN` bei der Berechnung des LPM als Hinweis auf grundsätzliche Erweiterungsmöglichkeiten verstanden werden.

Matrizenkonstruktion gewählt wird. Wann eine Codierung als „kryptisch" angesehen wird, ist natürlich von der Vertrautheit und Erfahrung des Programmlesers abhängig. So ist für manche Einsteiger oder Umsteiger aus anderen Programmiersprachen die Formulierung der Varianten 2 und 3 bei der LPM-Berechnung schon sehr „kryptisch", andere empfinden dies dagegen als eine sehr „elegante" Form der Formulierung. Beim weiteren Vorgehen wird insgesamt nicht angestrebt, möglichst „elegante" Matlab-Codierungen vorzulegen. Wenn es der leichteren Verständlichkeit dient, werden weiterhin Schleifenkonstruktionen verwendet, auch wenn diese im Einzelfall durch geschickte Umformulierungen verzichtbar wären.

2.4.3. Value-at-Risk und Conditional-Value-at-Risk

Eine weitere, sehr bedeutsame Gruppe von Risikokennzahlen, die auf einem einseitigen Risikoverständnis basieren, sind Value-at-Risk (VaR) basierte Risikomaße. Der *Value-at-Risk* ist ein in der Finanzwirtschaft gängiges Risikomaß. Es ist auch deshalb besonders bedeutsam, da es aufgrund aufsichtsrechtlicher Vorschriften zur Quantifizierung des Risikos bei z.B. bestimmten Bankgeschäften von Kreditinstituten zu ermitteln und gegenüber den Aufsichtsbehörden zu berichten ist. In seiner originären Formulierung ist der VaR derjenige maximale Verlustbetrag (ausgedrückt als positive Zahl), der (bei einer bestimmten, gerade betrachteten risikobehafteten Position, z.B. einer Kapitalanlage) bei einem vorgegebenen Konfidenzniveau $1-\alpha$ (typische Werte sind z.B. $1-\alpha = 0{,}99$ (99%) oder $1-\alpha = 0{,}975$ (97,5%)) innerhalb einer vorgegebenen Zeitperiode nicht überschritten wird.[49] Die Darstellung des VaR als absoluter Verlustbetrag sowie die Bedeutung des Konfidenzniveaus $1-\alpha$ illustriert die folgende Abbildung 2.6.[50]

Der VaR, ausgedrückt als positiver Geldbetrag, hat Vorteile im Sinne einer sehr leichten, anschaulichen Interpretierbarkeit. Der Nachteil dieser Formulierung aus finanzökonometrischer Sicht ist dagegen, dass hier mit Renditeverteilungen gearbeitet wird. Verluste werden bei Betrachtung der originären Renditeverteilung als negative Renditen ausgedrückt. Die Konvertierung in die übliche Darstellung des VaR erfordert also stets die Umkehrung des Vorzeichens und dann schließlich die Multiplikation der (Verlust-) Rendite mit dem eingesetzten Kapitalanlagebetrag, um einen Geldbetrag zu erhalten. Diese Konvertierung in die Standardformulierung ist für viele Zwecke unzulänglich und birgt die Gefahr von Missverständnissen. Aus diesem Grund wird oftmals die vorliegende Analysebasis, nämlich die beobachtete Renditeverteilung, nicht verlassen und der VaR als Rendite (ohne Vorzeichenumkehr, nicht als Geldbetrag) formuliert. Dieser Vorgehensweise wird auch hier gefolgt. Die Abbildung 2.7 illustriert diese Variante des VaR.

Eine weitere zentrale Angabe bei der Berechnung des VaR ist die Angabe der Zeitperiode bzw. des Zeitintervalls, über welches diese Aussage gemeint ist. Im Folgenden wird die Zeitperiode immer implizit mit der Berechnungsperiode gleichgesetzt, welcher der Renditeberechnung zugrunde lag. Wurden z.B. Monatsrenditen verwendet, ist die implizit verwendete Zeitperiode bei der VaR-Berechnung ein Monat. Diese Gleichsetzung muss nicht zwangsläufig erfolgen, erleichtert aber die Betrachtungen.

---

49 Zum VaR und einer einführenden Diskussion aus statistischer Sicht siehe näher PODDIG et al. (2008), S. 137 ff.

50 Die Abbildung ist entnommen bei PODDIG et al. (2008), S. 138. Dabei bezeichnet $f(Verlust)$ die Wahrscheinlichkeitsdichte des Verlustbetrags $Verlust$.

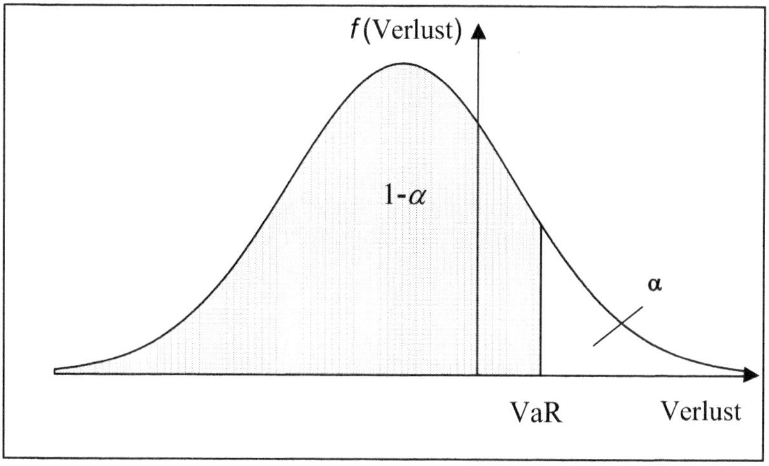

Abbildung 2.6.: Value-at-Risk als absoluter Verlustbetrag. Dabei bezeichnet $f(Verlust)$ die Wahrscheinlichkeitsdichte des Verlustbetrags *Verlust*. Die Abbildung ist entnommen bei PODDIG et al. (2008), S. 138.

Mit diesen vorgestellten Einschränkungen ist der VaR diejenige Rendite υ_i^α eines Assets i, für welche die Wahrscheinlichkeit einer Unterschreitung α beträgt. Der Value-at-Risk für ein Asset i, also $VaR_\alpha(r_i) = \upsilon_i^\alpha$, ist derjenige Wert von υ_i^α, für den die Bedingung in Formel 2.47 erfüllt ist.

$$P(r_i \leq \upsilon_i^\alpha) = \alpha \tag{2.47}$$

$P(.)$ Wahrscheinlichkeit

r_i Rendite des i-ten Assets

υ_i^α Value-at-Risk des i-ten Assets zum Niveau α

α (maximal) zulässige Wahrscheinlichkeit der Unterschreitung von υ_i^α

Bei näherer Überlegung kann der VaR zum Niveau α interpretiert werden als das α-Quantil der Renditeverteilung. Das α-Quantil ist derjenige Wert υ^α, für den ein Anteil von α Beobachtungen einer Verteilung kleiner oder gleich diesem Wert υ^α ist. Die Berechnung in Matlab erfolgt also einfach mit Hilfe der bereits bekannten Funktion `quantile`.

Der so ermittelte VaR ist zwar leicht und anschaulich interpretierbar, hat jedoch auch einige zentrale Nachteile. Besitzt der VaR eines Assets i zum Niveau α den Wert υ_i^α, so ist die Wahrscheinlichkeit des Auftretens noch kleinerer Renditen (und damit noch höherer Verluste) gerade α; mit einer Wahrscheinlichkeit von $1-\alpha$ ist also mit einem maximalen Verlust in Höhe von υ_i^α (als Rendite ausgedrückt) zu rechnen. Wenn aber ein Verlustfall $r_i < \upsilon_i^\alpha$ eintritt, dann sagt dieses Maß nichts darüber aus, mit welcher Verlusthöhe im Mittel zu rechnen ist. Diese

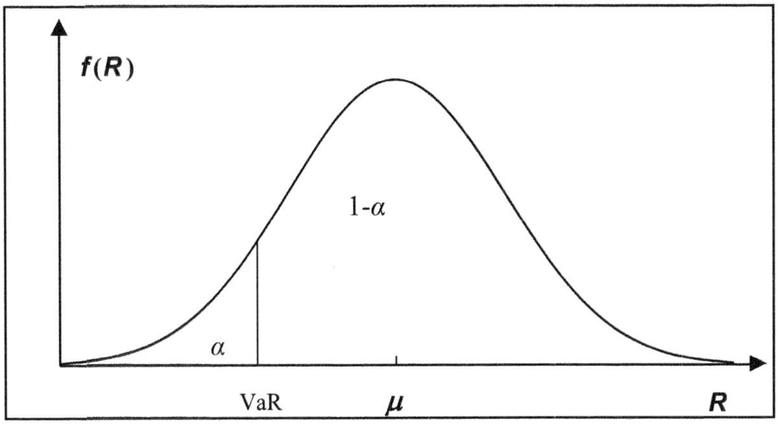

Abbildung 2.7.: Value-at-Risk als Rendite.

Information liefert der *Conditional-Value-at-Risk* (CVaR). Es ist der Erwartungswert der Rendite eines Assets, falls diese den VaR zum Niveau α unterschreitet.[51]

$$CVaR_\alpha(r_i) = \kappa_i^\alpha = E(r_i \mid r_i \leq \upsilon_i^\alpha) \tag{2.48}$$

$CVaR_\alpha(r_i)$ Conditional-Value-at-Risk des i-ten Assets zum Niveau α, hier auch als κ_i^α bezeichnet

$E(.)$ Erwartungswert

Die Schätzung des CVaR anhand beobachteter Daten kann prinzipiell auf zwei Wegen erfolgen: Bei der indirekten Schätzung ist zunächst die Renditeverteilung selber geeignet zu schätzen (z.B. als Normalverteilung), aus welcher dann der CVaR abgeleitet wird. Bei der direkten Schätzung wird der CVaR direkt anhand der Beobachtungsdaten geschätzt, wie es Formel 2.49 zeigt.

$$\hat{\kappa}_i^\alpha = \frac{1}{T_{r_{it} \leq \upsilon_i^\alpha}} \sum_{\substack{t=1 \\ r_{it} \leq \upsilon_i^\alpha}}^{T} r_{it} \tag{2.49}$$

$T_{r_{it} \leq \upsilon_i^\alpha}$ Anzahl der Beobachtungen aus der Menge aller Beobachtungen T, für welche $r_{it} \leq \upsilon_i^\alpha$ gilt

[51] In der Literatur findet sich üblicherweise die dazu äquivalente Definition, nach der der Conditional-Value-at-Risk gleich dem VaR plus dem Erwartungswert der Unterschreitungen des VaR (Erwartungswert der Differenzen zwischen Rendite und VaR, wenn die Rendite kleiner als der VaR ausfällt) ist. Diese analytische Aufspaltung des CVaR dient in erster Linie einer anschaulichen Interpretation. Danach ist der CVaR gleich dem VaR zuzüglich einer mittleren Unterschreitung im Unterschreitungsfall. Da der VaR oftmals benutzt wird, um damit einen Risikopuffer für risikobehaftete Kapitalanlagen zu berechnen, kann die Differenz zwischen CVaR und VaR als eine Art zusätzlicher Reserve interpretiert werden, die vorzusehen ist, um die mittlere Unterschreitung abzufangen.

Ein Problem der direkten (empirischen) Schätzung liegt hier in der Betrachtung des äußeren linken Verteilungsrandes, für den in praktischen Anwendungen regelhaft besonders wenige Beobachtungen vorliegen. Sowohl die Ermittlung des Quantilswertes als auch die des Mittelwertes aller Beobachtungen unterhalb dieses Wertes stützt sich auf sehr wenige Beobachtungen im Vergleich zu der insgesamt vorhandenen Anzahl vorliegender Beobachtungen, wodurch die Güte der Schätzung sehr stark durch Zufälligkeiten beeinflusst werden kann. Daher ist oftmals die indirekte Vorgehensweise zu präferieren, bei der zunächst eine bestimmte Verteilungsannahme getroffen wird, die Verteilung aus den insgesamt vorliegenden Beobachtungen geschätzt und erst dann daraus VaR und CVaR abgeleitet werden. Besonders einfach gelingt dies, wenn eine Normalverteilung angenommen wird. Folgen die beobachteten Renditen einer Normalverteilung, so folgt daraus für den VaR und CVaR die Berechnung nach Formel 2.50 bzw. 2.51.

$$VaR_{\alpha}^{Norm}(r_i) = \mu_i + z_{\alpha} \cdot \sigma_i \tag{2.50}$$

$$CVaR_{\alpha}^{Norm}(r_i) = \mu_i - \frac{\varphi(z_{\alpha})}{\alpha}\sigma_i \tag{2.51}$$

$VaR_{\alpha}^{Norm}(r_i)$ Value-at-Risk der Renditen des i-ten Assets unter Normalverteilungsannahme

$CVaR_{\alpha}^{Norm}(r_i)$ Conditional Value-at-Risk der Renditen des i-ten Assets unter Normalverteilungsannahme

μ_i Erwartungswert der Renditen des i-ten Assets, zumeist geschätzt mit dem empirischen Mittelwert $\bar{r}_i$

z_{α} α Quantil der Standardnormalverteilung, liegt tabelliert vor oder kann über die Inverse der Normalverteilungsfunktion berechnet werden

σ_i Standardabweichung der Renditen des i-ten Assets, zumeist geschätzt mit der empirischen Standardabweichung s_i der Renditen r_i

$\varphi(.)$ Dichtefunktion der Standardnormalverteilung

Für die praktische Anwendung der Formel 2.50 bzw. 2.51 müssen die unbekannten Verteilungsparameter μ_i und σ_i geschätzt werden, wofür in aller Regel der Mittelwert $\bar{r}_i$ und die empirische Standardabweichung s_i der beobachteten Assetrenditen des i-ten Assets herangezogen werden. Das Programmlisting 2.19 zeigt die Funktion zur Berechnung der verschiedenen Varianten von VaR und CVaR.

Quellcode 2.19: CVaR- und VaR-Berechnung in verschiedenen Varianten

```
Siehe Datei: fValueAtRisk.m
```

Die Berechnung des VaR als α-Quantil der Renditeverteilung braucht nicht weiter kommentiert zu werden. Die Berechnung des CVaR kann auf vielfältige Weise vorgenommen werden, mit und ohne Schleifenkonstruktionen. Hier wird in einem ersten Schritt mit `mVaR = repmat(vEmpVaR,iNumObs,1)` der bereits ermittelte Vektor der VaR-Werte zu einer Matrix erweitert, sodass jede Spalte der Matrix `mVaR` durchgehend (also von Zeile 1 bis T) den jeweiligen VaR-Wert für das i-te Asset enthält. Mit `mRet(mRet > mVaR) = NaN` wird an alle diejenigen Stellen der Renditematrix `mRet` der Wert `NaN` eingetragen, wo die jeweilige beobachtete Rendite größer als der VaR-Wert ist. Nach dieser Operation enthält die Matrix `mRet` nur noch an denjenigen Stellen gültige Renditewerte, an denen diese kleiner als ihre (oder gleich ihren) zugehörigen VaR-Werten sind. Mit `fNaNmean` (oder alternativ: `nanmean`) werden dann spaltenweise die Mittelwerte aller gültigen, nicht als `NaN` markierten Renditewerte berechnet. Dies ist definitionsgemäß der Vektor der CVaR-Werte für die einzelnen K Assets. Die Berechnung des VaR unter Normalverteilungsannahme beginnt im Grunde schon am Anfang der Funktion mit der Ermittlung des Vektors der Renditemittelwerte und Standardabweichungen (siehe die Matlab-Funktionen `mean` und `std`). Mit `vZalpha = norminv(dAlpha*ones(1,iNumAssets))` (oder alternativ: `vZalpha = repmat(norminv(dAlpha),1,iNumAssets)`, siehe auskommentierten Code) wird der Vektor der z_α-Werte für die K Assets erzeugt. Danach wird die Berechnungsformel 2.50 für den VaR unter Normalverteilungsannahme angewendet, hier also `vNormVaR = vMean + vZalpha .* vStd`. Nach diesen vorbereitenden Schritten braucht nur noch die Berechnung des CVaR gemäß Formel 2.51 mit dem Matlab-Ausdruck `vNormCVaR = vMean - normpdf(vZalpha) / dAlpha .* vStd` direkt umgesetzt zu werden. Hilfreiche Funktionen sind dabei `norminv`, welche die Inverse der (Standard-) Normalverteilung berechnet, sowie `normpdf`, mit der sich die Dichte der Normalverteilung ermitteln lässt. Das Programmlisting 2.20 zeigt ein Testskript, mit welchem die Korrektheit der Funktion überprüft werden kann sowie einige interessante Simulationsexperimente durchgeführt werden können.[52]

Quellcode 2.20: Testskript zur CVaR- und VaR-Berechnung

```
Siehe Datei: bTestValueAtRisk.m
```

Dieses Testskript erzeugt für 3 Assets jeweils 1.000.000 fiktive, (standard-) normalverteilte „Renditen" (oder besser: Zufallszahlen). Dafür wird die Matlab-Funktion `normrand` benutzt, mit der eine Matrix unabhängig und normalverteilter Zufallszahlen erzeugt werden kann. Der Wert für α wird hier auf 0,01 (also 1%) gesetzt. Danach wird die Funktion `fValueAtRisk` mit diesen „Renditen" aufgerufen. Da die „Renditen" hier per Konstruktion einer Normalverteilung folgen und zudem die Parameter der Normalverteilung (Erwartungswert, Standardabweichung) bekannt sind, können hier die „wahren" Werte für VaR und CVaR unmittelbar berechnet werden. Diese dienen als Referenz für den Vergleich mit den Schätzungen durch die Funktion `fValueAtRisk`. Da hier sehr viele Beobachtungen vorliegen (1.000.000), sollten die Schätzwerte von den wahren Werten nicht deutlich abweichen. Kleinere Abweichungen und Unterschiede in den Schätzungen für die Assets 1, 2 und 3 sind aber zu erwarten, da auch eine Stichprobe von großem Umfang eben auch nur endlich und kleinen, zufälligen Schwankungen ausgesetzt ist. Kleine Abweichungen sind zu erwarten, größere Abweichungen zeigen aber einen Programmierfehler an. Dieses Beispiel soll illustrieren, wie ein einfacher, aber bewährter Weg zur Verifikation einer Funktion aussehen könnte. Dazu werden künstliche Daten konstruiert, deren Eigenschaften vorab bekannt sind. Dann wird die zu untersuchende Funktion auf diese künstlichen Daten angewendet und geschaut,

[52] Die Validierung von Funktionen mit Hilfe künstlich generierter Daten ist ein übliches Vorgehen. Das hier vorgestellte Programmlisting 2.20 kann als ein einfaches Anwendungsbeispiel für eine solche Vorgehensweise angesehen werden.

	emp. VaR	norm. VaR	emp. CVar	norm. CVar
Benchmark	-0,1014	-0,0756	-0,1198	-0,0977
Fonds	-0,0735	-0,0647	-0,0914	-0,0854

Tabelle 2.7.: Schätzungen für VaR und CVaR.

ob die in den Daten enthaltenen Eigenschaften (hier die theoretisch bekannten, wahren Werte für VaR und CVaR) korrekt ermittelt werden. Da reale Anwendungen im CF immer einen hohen Grad an Komplexität aufweisen, ist eine derartige Verifikation von Programmen und Funktionen vor der Anwendung auf reale Daten unbedingt empfehlenswert. Zudem erlaubt dieser Ansatz mit künstlichen Daten zu untersuchen, wie sich bestimmte Schätzprozeduren bei z.B. der Variation der Stichprobengröße verhalten. Im vorliegenden Beispiel wird angeregt, die Stichprobengröße einmal von 1.000.000 auf 200 oder 100 herabzusetzen; dies sind bei realen Anwendungen typische Stichprobengrößen. Wenn man jetzt die Schätzungen mit den wahren Werte vergleicht, fallen deutlich größere Abweichungen und Schwankungen zwischen den Ergebnissen auf. Hier äußert sich der Stichprobenfehler recht deutlich. Ferner ist dieser bei der direkten, empirischen Schätzung sehr viel größer und variabler, als wenn indirekt über die Normalverteilungsannahme die Schätzung von VaR und CVaR erfolgt. Man mag hier kritisch einwenden, dass in der realen Anwendung die Verteilung a priori auch nicht bekannt ist und deshalb hier ein „unfairer" Vergleich vorliegt, weil die Daten gemäß Normalverteilung erzeugt wurden, die für die (indirekte) Schätzung angenommen wird. Dies ist korrekt; hier soll aber nur gezeigt werden, worin der Vorteil einer Verteilungsannahme und indirekten Schätzung liegen könnte. Die Anwendung auf die Fallstudie mit dem Fonds und der Benchmark zeigt das Programmlisting 2.21.

Quellcode 2.21: Demoskript zur Anwendung der VaR-Berechnungen

```
Siehe Datei: bDemoVaR.m
```

Im Beispiel wird der Wert für α auf 0,05 (5%) gesetzt. Da hier nur 109 Renditebeobachtungen vorliegen, sollte dieser nicht zu klein gewählt werden, da sonst die Schätzungen von extrem wenigen Beobachtungen abhängen (was hier auch schon bei 5% der Fall ist). Die teilweise doch recht unterschiedlichen Schätzungen sind in der Tabelle 2.7 dargestellt.

Der exemplarische Vergleich von VaR und CVaR zeigt zunächst, dass die empirischen, direkt geschätzten Werte jeweils (dem Absolutbetrag nach) höher ausfallen als die jeweiligen Werte unter Normalverteilungsannahme. Dies ist teilweise mit der in den vorhergehenden Analysen bereits erkannten Abweichung von der Normalverteilung, die besonders für die Benchmark ausgeprägt ist, konsistent. Die Fondsrenditen schienen danach recht nahe an einer Normalverteilung zu sein, was sich hier in deutlich kleineren Abweichungen zwischen empirischen VaR/CVaR und VaR/CVaR unter Normalverteilungsannahme äußert. Daneben darf aber nicht der vermutlich recht hohe Stichprobenfehler bei der empirischen, direkten Schätzung übersehen werden. Der Vorteil der indirekten Schätzung ist es hier, eine Normalverteilung vorauszusetzen, für deren Verteilungsparameterschätzung alle 109 Werte verwendet werden können. Unklar ist aber, welche Fehlerquelle hier bedeutsamer ist: Der Stichprobenfehler aufgrund der sehr geringen Anzahl an

Beobachtungen bei direkter Schätzung oder der Fehler einer möglicherweise falschen Verteilungsannahme bei indirekter Schätzung. Insofern repräsentieren die Werte in der Tabelle 2.7 (so auch später in realen Anwendungen) nur erste Abschätzungen. Der VaR der Benchmark scheint danach etwa zwischen -8% und - 10%, derjenige des Fonds etwa zwischen -6% und -7% zu liegen. Mit einer Wahrscheinlichkeit von 95% ist demnach beim Fonds mit einem maximalen Verlust zwischen 6% und 7% des eingesetzten Kapitals innerhalb eines Monats zu rechnen, bei der Benchmark zwischen 8% und 10%. In diesem Sinne erscheint der Fonds deutlich „risikoärmer", hier im Sinne eines einseitigen Risikoverständnisses.

2.5. Risikoadjustierte Performancemaße

Skript/Funktion	Beschreibung	Matlab	Octave	Freemat	Toolboxen
fHPM.m	HPM-Berechnung	X	X	X	keine
fRiskAdjPerf.m	Berechnung risikoadjustierter Performancemaße	X	X	X	keine
bDemoRiskAdjPerf.m	Demoskript zur Berechnung risikoadjustierter Performancemaße	X	X	X	keine

Tabelle 2.8.: Übersicht verwendeter Skripte und Funktionen. Unter Matlab werden in diesem Buch die Statistics und Optimization Toolbox vorausgesetzt, sie werden deshalb nicht explizit in der Spalte „Toolboxen" ausgewiesen.

Für die Analyse der Performance von Assets wurden bisher zwei zentrale Kenngrößen betrachtet: Rendite und Risiko. Wie gezeigt, gibt es unterschiedliche Konzepte, um diese Größen geeignet zu operationalisieren. Neben alternativen Operationalisierungskonzepten besteht bei der Beurteilung der erzielten Performance die Schwierigkeit darin, diese beiden Kenngrößen gegeneinander abzuwägen. Angenommen, es werden zwei Assets A und B verglichen, wobei A eine geringere Rendite als B, aber auch ein geringeres Risiko aufweist. Welche Kapitalanlage ist dann vorzuziehen? Zur Beantwortung dieser Frage muss offensichtlich der Trade-off zwischen Rendite und Risiko quantifiziert werden. Ist schon die Operationalisierung von Rendite und noch weniger von Risiko unmittelbar offensichtlich, so gilt dies noch weniger für diesen Trade-off. Ein sehr einfacher Weg, dieses Problem zu lösen, ist die Verwendung risikoadjustierter Performancemaße. Der grundlegende Ansatz besteht hier darin, beide Kenngrößen zueinander in Beziehung zu setzen, um damit in einer komprimierten Kennzahl die Performance eines Assets auszudrücken.

Im Folgenden sollen einige wichtige risikoadjustierte Performancemaße vorgestellt und ihre Berechnung in Matlab umgesetzt werden. Die Betrachtungen beschränken sich jedoch auf diejenigen Maße, welche mit den bisher erarbeiteten Grundlagen entwickelt werden können. Andere risikoadjustierte Performancemaße, wie z.B. das Jensens-Alpha-Maß, welche auf noch nicht vorgestellten Konzepten beruhen, werden für den Moment übersprungen.[53] Das bekannteste risikoadjustierte Performancemaß dürfte das *Sharpe-Maß* sein, auch *Sharpe-Ratio* oder *Reward-to-Variability-Ratio* genannt. Hier wird die erzielte Überschussrendite gegenüber der risikofreien Anlage in das Verhältnis zur Standardabweichung als Risikomaß gesetzt, siehe Formel 2.52.

$$SR_i = \frac{\mu_i - r_f}{\sigma_i} \tag{2.52}$$

SR_i (ex ante) Sharpe-Ratio des i-ten Assets

μ_i Erwartungswert der Rendite des i-ten Assets im Betrachtungszeitraum

r_f risikofreier Zinssatz im Betrachtungszeitraum

σ_i Standardabweichung der Renditen des i-ten Assets im Betrachtungszeitraum

Die Sharpe-Ratio kann - wie jedes andere Maß auch - als *ex ante* oder *ex post* Maß berechnet werden. Bei der Berechnung als ex ante Maß werden hier Erwartungsgrößen eingesetzt, also der Erwartungswert der Assetrendite, der zukünftige risikofreie Zinssatz sowie die zukünftige Standardabweichung der Assetrenditen. Da hier und im Folgenden im Rahmen der Performanceanalyse ausschließlich eine ex post Betrachtung vorgenommen wird, werden auch im Folgenden alle risikoadjustierten Performancemaße primär in ihrer *ex post* Formulierung vorgestellt. In der ex post Form der Sharpe-Ratio ist in Formel 2.52 der Erwartungswert μ_i durch den Mittelwert $\bar{r}_i$ der Assetrenditen und die zukünftige Standardabweichung σ_i durch die empirische Standardabweichung s_i zu ersetzen.

Die Sharpe-Ratio drückt aus, wie viele Einheiten Überschussrendite pro Risikoeinheit, gemessen anhand der Standardabweichung, in der abgelaufenen Beobachtungsperiode im Mittel erzielt wurden. Dabei empfiehlt sich im Allgemeinen die Berechnung auf Basis stetiger Renditen, weil bei diesen der Verteilungsmittelwert der Rendite und die im Mittel erzielte Verzinsung zusammenfallen. Bei diskreten Renditen ist die beabsichtigte Interpretation wichtig. Soll die in der Vergangenheit erzielte Sharpe-Ratio als Schätzer für die zukünftig zu erwartende Sharpe-Ratio dienen, wäre der (Verteilungs-) Mittelwert der in der Vergangenheit erzielten (diskreten) Renditen als Schätzer für den Erwartunsgswert zu verwenden. Soll bei diskreten Renditen dagegen das Maß als reine ex post Beschreibung ausdrücken, welche „Überschussverzinsung" pro Risikoeinheit im Mittel erzielt wurde, könnte auch die mittlere Verzinsung (berechnet mit Hilfe des geometrischen Mittels) gerechtfertigt werden. Auch die Festlegung des risikofreien Zinssatzes, selbst bei einer ex post Betrachtung, ist nicht immer eindeutig, da hier verschiedenste Kapitalanlagen als Surrogate in Frage kommen. Die Beliebtheit der Sharpe-Ratio resultiert aus ihrer sehr einfachen Berechnungsmöglichkeit und dem Ansatz, Rendite und Risiko in einer komprimierten Kennzahl zu verdichten. Sie wird deshalb gerne herangezogen, um verschiedene Kapitalanlagen miteinander zu vergleichen. Dennoch sind bei der Interpretation mögliche Einschränkungen zu bedenken: Die Sharpe-Ratio basiert mit der Verwendung der Standardabweichung als Bezugsgröße auf einem zweiseitigen Risikoverständnis, welches möglicherweise dem Empfinden der betrachteten Investorin nicht gerecht wird. Besondere Interpretationsprobleme ergeben sich unabhängig von diesem

[53] Das Kapitel 4.3 widmet sich fortgeschrittenen Verfahren der risikoadjustierten Performancemessung und -analyse.

Aspekt immer dann, wenn die Sharpe-Ratio negative Werte annimmt, weil dann Vergleiche nicht mehr sinnvoll möglich sind. Denn dann würde bei gleicher (negativer) Überschussrendite eine zunehmende Standardabweichung (steigendes Risiko) zu einem höher werdenden Sharpe-Maß und damit zu dessen Verbesserung führen, was inhaltlich unsinnig ist. Daher wird von der Interpretation der Sharpe-Ratio abgeraten, falls diese negative Werte annimmt.

Soweit ein einseitiges Risikoverständnis besteht, kann der genannte Kritikpunkt an der Sharpe-Ratio durch Austausch des Risikomaßes beseitigt werden. Ein zur Sharpe-Ratio in diesem Sinne analoges Risikomaß ist die *Sortino-Ratio*, bei welcher ein Lower Partial Moment als Bezugsgröße für das Risiko Verwendung findet.

$$\widehat{Sortino_i} = \frac{\bar{r}_i - r_f}{\sqrt[n]{\widehat{LPM}_i^{\tau,n}}} \tag{2.53}$$

$\widehat{Sortino_i}$ (empirische) Sortino-Ratio des i-ten Assets

$\widehat{LPM}_i^{\tau,n}$ (empirisches) Lower Partial Moment der Ordnung n zum Anspruchsniveau τ der Renditen des i-ten Assets im Beobachtungszeitraum

Die Sortino-Ratio stellt das Analogon zur Sharpe-Ratio für ein einseitiges Risikoverständnis dar, ist aber ansonsten in identischer Weise zu interpretieren. Ebenso gelten hier dieselben Hinweise und Warnungen. Insbesondere sollten negative Sortino-Ratios nicht näher interpretiert oder miteinander verglichen werden. In der Literatur ist es üblich, bei der Sortino-Ratio von einem LPM der Ordnung $n = 2$ auszugehen.[54]

Eine konsequente gedankliche Weiterführung der Sortino-Ratio ist die *Gain-to-Loss-Ratio*, bei welcher das „Gewinnpotenzial", gemessen durch das Higher Partial Moment, in Beziehung zum „Verlustpotenzial", gemessen durch das Lower Partial Moment, gesetzt wird. Das *Higher Partial Moment* ist analog zum Lower Partial Moment definiert und betrachtet ausschließlich die positiven Renditeüberschreitungen gegenüber dem Anspruchsniveau τ, siehe Formel 2.54.

$$\widehat{HPM}_i^{\tau,n} = \frac{1}{T} \sum_{\substack{t=1 \\ r_{it} > \tau}}^{T} (r_{it} - \tau)^n \tag{2.54}$$

$\widehat{HPM}_i^{\tau,n}$ (empirische) Higher Partial Moment des i-ten Assets zum Anspruchsniveau τ der Ordnung n

Das HPM betrachtet also denjenigen Teil der Renditeverteilung, bei dem die Renditebeobachtungen größer als τ sind („Gewinnmöglichkeiten"), während das LPM den Teil der Renditeverteilung unterhalb von τ misst („Verlustmöglichkeiten"). In diesem Sinne kann auch das HPM als Operationalisierung des „Ertrags" angesehen werden. Werden beide Größen zueinander ins Verhältnis gesetzt, entsteht die besagte Gain-to-Loss-Ratio (Formel 2.55).

$$\widehat{GLR}_i^{\tau,n} = \frac{\widehat{HPM}_i^{\tau,n}}{\widehat{LPM}_i^{\tau,n}} \tag{2.55}$$

[54] Ökonomisch sinnvolle Festlegungen von τ wurden kurz in Kapitel 2.4.2 diskutiert.

$\widehat{GLR}_i^{\tau,n}$ (empirische) Gain-to-Loss-Ratio des i-ten Assets zum Anspruchsniveau τ der Ordnung n

Quellcode 2.22: Berechnung des HPM

```
Siehe Datei: fHPM.m
```

Die Funktion `fHPM` zur Berechnung des HPM wird in Programmlisting 2.22 gezeigt. Die exemplarische Umsetzung der beschriebenen Performancemaße in Matlab wird anhand der Funktion `fRiskAdjPerf` (siehe Programmlisting 2.23) demonstriert.

Quellcode 2.23: Berechnung risikoadjustierter Performancemaße

```
Siehe Datei: fRiskAdjPerf.m
```

Die Funktion `fRiskAdjPerf` folgt eng den dargestellten Berechnungsformeln und sollte daher mit dem bisher erarbeiteten Kenntnisstand leicht nachvollziehbar sein. Die Berechnung der Gain-to-Loss-Ratio (GLR) greift dabei auf die bereits erstellte Funktion `fLPMV3` (siehe Programmlisting 2.17) zur Berechnung des Lower Partial Moments zurück, aus welcher auch die Funktion `fHPM` abgeleitet wurde, die hier ebenfalls Verwendung findet. Eine Alternative zu diesen beiden Funktionen ist die Verwendung der Matlab-eigenen Funktion `lpm`, mit welcher das Lower Partial Moment berechnet werden kann. Deren Anwendung ist in dem auskommentierten Programmcode dargestellt. Soll diese Variante verwendet werden, so ist das Kommentarzeichen vor diesen Matlab-Ausdrücken zu entfernen und zugleich sind die Funktionsaufrufe von `fLPMV3` und `fHPM` auszukommentieren. Bei der Berechnung des Higher Partial Moments mit den Matlab-eigenen Funktionen ist zu beachten, dass es hierfür keine explizite Funktion gibt. Stattdessen erfolgt die Berechnung mit Hilfe von `vHPM = lpm(-mRet,-dTau,iOrd)`, was dazu offensichtlich äquivalent ist.[55]

Das Demoskript 2.24 zeigt die Anwendung der Funktion `fRiskAdjPerf` auf die Daten der bisherigen Fallstudie. Es ergeben sich die in Tabelle 2.9 dargestellten Ergebnisse.

Quellcode 2.24: Demoskript zur Berechnung risikoadjustierter Performancemaße

```
Siehe Datei: bDemoRiskAdjPerf.m
```

Auch bei der Betrachtung der risikoadjustierten Performancemaße stellt sich im Beispiel der fiktiv betrachtete Fonds als der Benchmark klar überlegen heraus. Alle risikoadjustierten Performancemaße sind positiv (dürfen also sinnvoll intepretiert werden) und beim Fonds deutlich höher als bei der Benchmark.

Die Berechnung der risikoadjustierten Performancemaße in diesem Beispiel bringt keine zusätzlichen Erkenntnisse gegenüber den bereits vorangegangenen Analysen, da dort für den Fonds bereits eine höhere Rendite bei geringerem Risiko festgestellt wurde. In praktischen

[55] Genauso kann natürlich auch hier darauf verzichtet werden, eine eigene benutzerdefinierte Funktion `fHPM` zur Berechnung des Higher Partial Moments zu schreiben. Dessen Berechnung kann ebenfalls durch Verwendung der Funktionen zur Berechnung des Lower Partial Moments erfolgen, indem beim Funktionsaufruf die Renditematrix und das Anspruchsniveau mit (-1) multipliziert werden.

Maß	Benchmark	Fonds
Sharpe-Ratio	0,1542	0,2693
Sortino-Ratio	0,2288	0,4604
Gain-to-Loss-Ratio	1,2344	2,1079

Tabelle 2.9.: Risikoadjustierte Performancemaße für Benchmark und Fonds.

Anwendungen werden die vorhergehenden Befunde aber selten in dieser Weise eindeutig sein, weshalb eine ergänzende Analyse mit Hilfe von risikoadjustierten Performancekennzahlen seine Berechtigung besitzt. Kritisch kann aber bei diesen Kennzahlen eingewendet werden, dass hier Quotienten gebildet und damit ein fixer Trade-off zwischen Rendite (oder allgemeiner: „Gewinnmöglichkeiten") und Risiko unterstellt wird. Eine investorspezifische stärkere oder schwächere Gewichtung des Risikos ist nicht vorgesehen. Andererseits würde die Berücksichtigung einer solchen Möglichkeit die Spezifikation der investorindividuellen Risikoaversion erfordern, was in praktischen Anwendungen zumeist sehr schwierig bis gar unmöglich ist. Trotz dieser Einschränkungen besitzen diese einfachen Verhältniszahlen den Vorteil, Rendite und Risiko intuitiv zueinander in Beziehung zu setzen.

Eine weitere, interessante Frage bei der Analyse ist es, ob es einen Zusammenhang zwischen der Kursentwicklung der Benchmark und des Fonds gibt. Zur Untersuchung dieser Frage dienen statistische Zusammenhangsmaße wie Kovarianz und Korrelation, die im Folgenden vorgestellt werden.

2.6. Kovarianz und Korrelation

Skript/Funktion	Beschreibung	Matlab	Octave	Toolboxen
bDemoCov.m	Demoskript zur Kovarianzberechnung	X	X	keine

Tabelle 2.10.: Übersicht verwendeter Skripte und Funktionen. Unter Matlab werden in diesem Buch die Statistics und Optimization Toolbox vorausgesetzt, sie werden deshalb nicht explizit in der Spalte „Toolboxen" ausgewiesen. Für die Lauffähigkeit unter Freemat fehlt hier die Funktion `corr`.

Im CF sind Kovarianz und Korrelation zwei wichtige statistische Maßzahlen, weil mit ihnen in der traditionellen Theorie der Portfolio Selection der Zusammenhang zwischen den Renditen zweier oder mehrerer Asets modelliert wird. Die Darstellungen folgen PODDIG et al. (2008), S. 53 ff., wobei hier primär die Umsetzung in Matlab und die Anwendung im CF interessiert.[56]

[56] Im Anhang A zu den Matlab-Grundlagen, dort Kapitel A.3, werden anhand des Beispiels von Kovarianz und Korrelation die Matrizenoperationen von Matlab illustriert. Hier geht es jetzt um die inhaltliche Bedeutung und Anwendung von Kovarianz und Korrelation.

Die Kovarianz $Cov(X,Y)$, auch alternativ mit $\sigma_{x,y}$ bezeichnet, zwischen zwei Zufallsvariablen X und Y ist definiert nach Formel 2.56.[57]

$$Cov(X,Y) = E\left[(X - E(X)) \cdot (Y - E(Y))\right] \tag{2.56}$$

X,Y Zufallsvariablen, z.B. Renditen zweier Assets A, B

$E(.)$ Erwartungswert

Typischerweise wird die Kovarianz der Renditen zweier Assets anhand historischer Renditebeobachtungen geschätzt, woraus sich die Formel 2.57 für die empirische Kovarianz ergibt.[58]

$$\hat{\sigma}_{x,y} = s_{x,y} = \frac{1}{T-1} \sum_{t=1}^{T} (x_t - \bar{x})(y_t - \bar{y}) \tag{2.57}$$

$s_{x,y}$ (empirische) Kovarianz zwischen den Zufallsvariablen X, Y, auch mit $\hat{\sigma}_{x,y}$ bezeichnet

x_t beobachteter Wert x zum Zeitpunkt t oder vom Objekt t

y_t beobachteter Wert y zum Zeitpunkt t oder vom Objekt t

T Anzahl an Beobachtungen

Die Formel für die (empirische) Kovarianz nach 2.57 lässt zunächst offen, worum es sich genau bei den Zufallsvariablen X und Y handelt. Diese seien im hier betrachteten Kontext regelhaft Renditen von Assets, typischerweise betrachtet im Zeitablauf. Im Allgemeinen können dies aber auch gänzlich andere Größen sein. Beispielsweise könnte X das Gewicht und Y die Größe einer Person darstellen, wobei die Stichprobe dann aus einer Vielzahl untersuchter Menschen besteht. Dann würde mit der Kovarianz ausgedrückt werden, ob es einen (empirischen) Zusammenhang zwischen Gewicht und Größe bei Menschen gibt.

Die Kovarianz ist ein Maß, welches den Grad eines linearen Zusammenhangs zwischen den betrachteten Zufallsvariablen X und Y ausdrückt. Ist dieses (annähernd) null, existiert kein linearer Zusammenhang. Ein positiver Wert drückt einen tendenziellen Gleichlauf der beiden Größen aus. Je größer dieser Wert dem Betrag nach ist, umso stärker ausgeprägt ist der vorhandene lineare Zusammenhang. Eine negative Kovarianz beschreibt dagegen einen inversen linearen Zusammenhang zwischen den beiden Größen. Auch hier ist der Zusammenhang umso ausgeprägter, je größer dem Betrag nach die Kovarianz ausfällt.[59] In der Theorie der Portfolio

---

[57] Vgl. auch PODDIG et al. (2008), S. 54.

[58] Die Formel 2.57 kann alternativ auch als Stichprobenkovarianz bezeichnet werden und liefert einen unverzerrten Schätzer für die Kovarianz der unbekannten Grundgesamtheit. Werden die Beobachtungsdaten als eine in sich abgeschlossene Einheit betrachtet und soll nur deren Kovarianz beschrieben werden, ist die Formel $S_{x,y} = \frac{1}{T} \sum_{t=1}^{T} (x_t - \bar{x})(y_t - \bar{y})$ zu benutzen. Die Matlab-Funktion `cov` geht als Voreinstellung von Formel 2.57 aus. Soll die zuletzt genannte Formel berechnet werden, ist dies als explizite Option zu setzen; siehe dazu näher die Matlab-Hilfe.

[59] Die Abbildung 2.8 weiter unten zeigt den Zusammenhang zwischen den Renditen von Fonds und Benchmark. Es ist ein typisches Beispiel für den Zusammenhang von Assetrenditen.

Selection ist die Kovarianz ein natürliches Maß, um den (linearen) Gleichlauf der Renditen zweier Assets zu beschreiben. Je größer dem Betrag nach dieser Wert ist, umso stärker ausgeprägt ist die gemeinsame Renditebewegung. Typischerweise besitzen Assetrenditen positive Kovarianzen, zeigen also eine in der Tendenz gleichgerichtete Bewegung. Eher selten sind negative Kovarianzen, bei denen sich die Renditebewegungen zweier Assets im Zeitablauf tendenziell entgegengerichtet verhalten. Kovarianzen können für viele Paare von Assets berechnet werden. Betrachtet man N Assets, können insgesamt $N \cdot (N-1)/2$ Paare von Kovarianzen der Assetrenditen berechnet werden.[60] Ferner ist die Kovarianz einer Zufallsvariable X mit sich selbst gleich der Varianz von X, also $Cov(X,X) = Var(X)$. Trägt man alle paarweisen Kovarianzen und Varianzen in einer Matrix ab, spricht man von einer Kovarianzmatrix. Die Kovarianzmatrix ist symmetrisch, sie wird deshalb oft als Dreiecksmatrix angegeben. Für Berechnungszwecke in diesem Buch ist es aber sehr hilfreich, stets von einer vollbesetzten Kovarianzmatrix auszugehen, auch wenn dies zunächst redundant erscheinen mag.

Die Berechnung der (empirischen) Kovarianzmatrix gelingt in Matlab ganz einfach mit Hilfe der Matlab-eigenen Funktion `cov`, die als Ergebnis die vollbesetzte Kovarianzmatrix zurückliefert. Das Problem bei der Interpretation der Kovarianz liegt darin, dass diese ein unnormiertes Maß für den Grad des linearen Zusammenhangs darstellt. Insofern ist nicht klar, wann ein Zusammenhang besonders ausgeprägt oder aber nur gering vorhanden ist. Daher wird gerne auf die Korrelation als normiertes Maß für den linearen Zusammenhang zurückgegriffen. Die Korrelation zweier Zufallsvariablen X und Y erhält man, indem deren Kovarianz durch das Produkt der beiden Standardabweichungen geteilt wird.[61]

$$Cor(X,Y) = \frac{Cov(X,Y)}{\sqrt{Var(X) \cdot Var(Y)}} = \frac{\sigma_{x,y}}{\sigma_x \cdot \sigma_y} \tag{2.58}$$

$Cor(X,Y)$ Korrelationskoeffizient von X und Y (auch $\rho_{x,y}$)

Der Korrelationskoeffizient liegt zwischen -1 und $+1$, was seine Interpretation erheblich erleichtert. Bei einem Wert von $+1$ besteht ein perfekt positiver linearer Zusammenhang zwischen X und Y, bei -1 ein perfekt negativer linearer Zusammenhang; bei null existiert überhaupt gar kein linearer Zusammenhang. Im Übrigen gelten für die Korrelation aber dieselben Ausführungen wie für die Kovarianz, da erstere nur eine normierte Version von letzterer ist. Wegen der leichteren Interpretation der Korrelation ist diese als Zusammenhangsmaß allerdings weitaus beliebter, weshalb mitunter auch die Kovarianz - wenn erforderlich - indirekt über die Korrelation ausgedrückt wird. Dazu ist lediglich die Formel 2.58 nach der Kovarianz umzustellen, siehe Formel 2.59:

$$\rho_{x,y} \cdot \sigma_x \cdot \sigma_y = \sigma_{x,y} \tag{2.59}$$

Die Matlab-Funktion zur Berechnung der Korrelation bzw. einer Korrelationsmatrix heißt `corr`. Soll für mehrere Assets aus dem bereits geschätzten Vektor der Standardabweichungen und der Korrelationsmatrix die Kovarianzmatrix berechnet werden, gelingt dies einfach mit Hilfe der Formel 2.60:

$$\mathbf{V} = (\boldsymbol{\sigma} \cdot \boldsymbol{\sigma}^{\mathrm{T}}) .* \boldsymbol{\rho} \tag{2.60}$$

---

60 Wie aus den Formel 2.56 bzw. 2.57 ersichtlich, ist die Kovarianz symmetrisch, d.h., es gilt stets: $\sigma_{ij} = \sigma_{ji}$

61 Da $Std(X) = \sqrt{Var(X)}$ gilt, lässt sich das Produkt $Std(X) \cdot Std(Y)$ auch als $\sqrt{Var(X) \cdot Var(Y)}$ schreiben.

$\mathbf{V}$ $N \times N$ Kovarianzmatrix der Assetrenditen, N Assets

$\boldsymbol{\sigma}$ $N \times 1$ Vektor der Standardabweichungen der Assetrenditen

$\boldsymbol{\rho}$ $N \times N$ Korrelationsmatrix der Assetrenditen

$.*$ komponentenweise Multiplikation der Elemente einer Matrix (wie in Matlab)

Mit Hilfe der Kovarianzmatrix lässt sich leicht die Varianz der Rendite eines Portfolios berechnen. Wir werden diesen Umstand später sehr extensiv in Kapitel 3 ausnutzen. Besteht ein Portfolio aus N Assets und bezeichnet man mit w_i das Anteilsgewicht, mit dem das i-te Asset im Portfolio gehalten wird (dabei gilt zumeist $0 \leq w_i \leq 1$), so gilt für die Varianz der Portfoliorendite nach Formel 2.61:[62]

$$\sigma_p^2 = \mathbf{w}^{\mathrm{T}} \cdot \mathbf{V} \cdot \mathbf{w} \tag{2.61}$$

σ_p^2 Varianz der Portfoliorenditen, kurz Portfoliovarianz

$\mathbf{w}$ $N \times 1$ Vektor der Anteilsgewichte w_i, $i = 1, ..., N$ Assets

Für die Portfoliorendite ergibt sich eine etwas einfachere Formel nach 2.62. Auch diese Beziehung wird in Kapitel 3 häufig benötigt werden.

$$r_p = \mathbf{w}^{\mathrm{T}} \cdot \mathbf{r} \tag{2.62}$$

r_p Portfoliorendite

$\mathbf{r}$ $N \times 1$ Vektor der (erwarteten) Assetrenditen $\mathbf{r} = (\mu_1, \mu_2, ..., \mu_N)^{\mathrm{T}}$, z.B. mit Hilfe der historischen Renditemittelwerte geschätzt

Das Demoskript `bDemoCov` (siehe Programmlisting 2.25) zeigt die Berechnung von Kovarianz und Korrelation in der Fallstudie zwischen den Benchmark- und den Fondsrenditen. Zur Demonstration der Formeln für ein Portfolio wird ferner ein fiktives Portfolio angenommen, welches zu 50% aus der Benchmark und zu 50% aus dem Fonds besteht. Dabei werden die Berechnungsformeln für Portfoliovarianz und Portfoliorendite demonstriert. Abschließend erfolgt eine Kontrollrechnung, in welcher zunächst die Zeitreihe dieses fiktiven 50/50 Portfolios für den Beobachtungszeitraum ermittelt wird. Mit dieser Zeitreihe der Portfoliorendite wird der Mittelwert und die Varianz der Portfoliorendite berechnet. Beide Vorgehensweisen müssen (bis auf numerische Ungenauigkeiten) zu demselben Ergebnis führen.

Quellcode 2.25: Demoskript zur Kovarianzberechnung

```
Siehe Datei: bDemoCov.m
```

---

[62] Die Herleitungen der Formeln 2.61 und 2.62 findet sich z.B. bei PODDIG et al. (2008), S. 150 ff. oder PODDIG et al. (2009), S. 41 ff.

In der Fallstudie beträgt der Korrelationskoeffizient zwischen den Benchmark- und den Fondsrenditen ca. 0,74; offensichtlich ist hier ein recht ausgeprägter linearer Gleichlauf der Benchmark- und Fondsrenditen im Beobachtungszeitraum festzustellen. Die Berechnungen für die Portfoliovarianz und Portfoliorendite eines fiktiven 50/50 Portfolios haben hier inhaltlich keine nähere Bedeutung. Sie illustrieren aber die Verwendung dieser wichtigen Formeln an einem sehr einfachen Beispiel, da auf diese Formeln im weiteren Verlauf (insbesondere in Kapitel 3) noch vielfach zurückgegriffen wird. Die letzten Programmzeilen im Demoskript zeigen, wie sich Zusammenhänge zwischen zwei Größen (hier: Benchmark- und Fondsrenditen) visualisieren lassen. Dazu wird ein Scatterplot erstellt, der in Abbildung 2.8 dargestellt ist. Bei diesem werden einfach als ein Punktediagramm die Fondsrenditen (Y) gegen die Benchmarkrenditen (X) abgetragen.

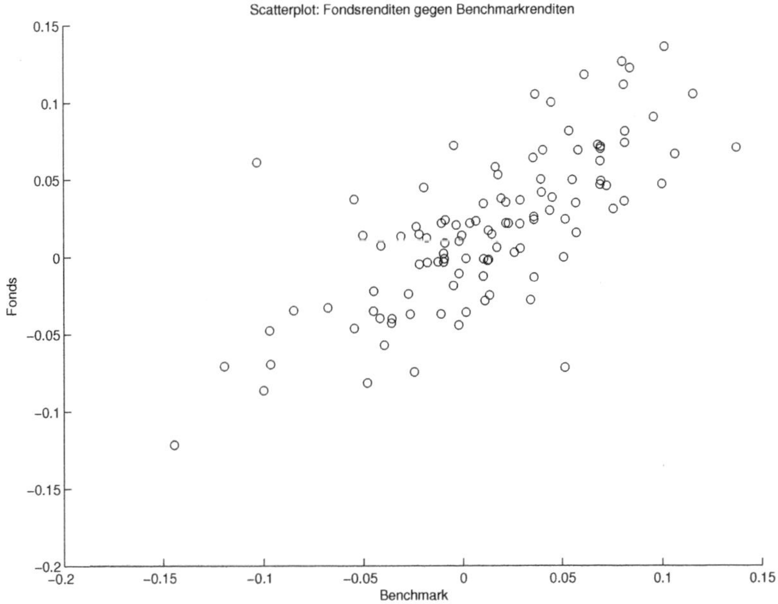

Abbildung 2.8.: Scatterplot: Fondsrenditen gegen Benchmarkrenditen.

Aus dem Scatterplot in Abbildung 2.8 wird ebenfalls der ausgeprägte, positiv lineare Zusammenhang zwischen Fonds- und Benchmarkrenditen ersichtlich. In der Tendenz scheinen beide Assets (Fonds, Benchmark) in ähnlicher Weise auf einen oder mehrere, nicht weiter bekannte exogene Einflüsse in derselben Weise zu reagieren.

Bei der Interpretation des Korrelationskoeffizienten sind schließlich noch zwei Warnungen angebracht: Zunächst misst der Korrelationskoeffizient nur den Grad eines linearen Zusammenhangs. So kann etwa der Korrelationskoeffizient einen Wert von null annehmen, obwohl zwischen zwei Größen X und Y ein perfekter, nichtlinearer Zusammenhang existiert.[63] Ein Korrelationskoeffizient von null zeigt also nur einen nicht existenten linearen Zusammenhang

[63] Vgl. z.B. PODDIG et al. (2008), S. 66 ff.

an. Außerdem darf ein festgestellter Zusammenhang keinesfalls mit einer Kausalität, also einer Ursache-Wirkungsbeziehung, gleichgesetzt werden. Ein Korrelationskoeffizient zeigt einen linearen Zusammenhang an. Dies bedeutet noch lange nicht, dass Y kausal von X oder X kausal von Y abhängt. Ebenso ist es möglich, dass X und Y beide kausal von einer (oder mehreren) nicht beobachteten Variablen Z abhängig sind. Dies ist auch in der vorliegenden Fallstudie der Fall. Die Fondsrenditen werden hier nicht kausal durch die Benchmarkrenditen bzw. vice versa verursacht, sondern beide hängen von mehreren unbeobachteten exogenen Faktoren ab.[64]

2.7. Verteilungen

Skript/Funktion	Beschreibung	Matlab	Octave	Toolboxen
fLogLikeNorm.m	Funktion zur Berechnung des Log-Likelihood-Wertes der Normalverteilung	X	X	keine
fLogLikeNorm2.m	Funktion zur Berechnung des Log-Likelihood-Wertes der Normalverteilung, zweite Variante ohne Verwendung von normpdf, auch unter Freemat ablauffähig	X	X	keine
bDemoMLEnorm.m	Demoskript zur MLE Schätzung bei der Normalverteilung	X	-	keine
bDemoMLEnorm_oct.m	Demoskript zur MLE Schätzung bei der Normalverteilung, Octave-Version	-	X	optim
fMLE.m	benutzerdefinierte Funktion zur MLE, dient zur Sicherstellung der Quellcodekompatibilität unter Matlab und Octave, setzt die MLE mittels Optimierung um	X	X	keine
fLogLiket.m	Funktion zur Berechnung des Log-Likelihood-Wertes der t-Verteilung, wird von fMLE benötigt	X	X	keine
bDemoMLEt.m	Demoskript zur MLE, Schätzung und Visualisierung der t-Verteilung	X	-	keine
bDemoMLEt_oct.m	Demoskript zur MLE, Schätzung und Visualisierung der t-Verteilung, Octave-Version	-	X	statistics

Tabelle 2.11.

[64] Dieser Schluss wäre rein aus der bisher vorliegenden Datenanalyse natürlich nicht zulässig, da keiner der drei Fälle hier mit Sicherheit ausgeschlossen werden kann. Bei dem hier vorliegenden Datenmaterial handelt es sich jedoch um künstlich generierte Daten, deren Bildungsgesetz (Datengenerierungsprozess) bekannt ist (sie wurden mit Hilfe dreier exogener, „unbeobachteter" Faktoren konstruiert); daher kann hier diese Aussage getroffen werden. Deshalb ist dieses Beispiel auch besonders anschaulich dafür, warum aufgrund eines ausgeprägten Zusammenhangs nicht auf eine kausale Beziehung geschlossen werden darf.

Skript/Funktion	Beschreibung	Matlab	Octave	Toolboxen
fTlsPDF.m	Funktion zur Berechnung der PDF einer t-location-scale-Verteilung	X	X	keine
fTlsPDFV2.m	Funktion zur Berechnung der PDF einer t-location-scale-Verteilung, vereinfachte Variante	X	X	keine
fLogLikeTls.m	Funktion zur Berechnung des Log-Likelihood-Wertes der t-location-scale-Verteilung, wird von Octave benötigt	X	X	keine
bDemoMLEt_Benchmark.m	Demoskript zur Anpassung der t-location-scale-Verteilung an die Benchmarkrenditen	X	-	keine
bDemoMLEt_Benchmark_oct.m	Demoskript zur Anpassung der t-location-scale-Verteilung an die Benchmarkrenditen, Octave-Version	-	X	optim
fReskalFPDF.m	Funktion zur Berechnung der PDF einer reskalierten F-Verteilung	X	X	keine
fLogLikeReskalF.m	Funktion zur Berechnung des Log-Likelihood-Wertes der reskalierten F-Verteilung, wird von Octave benötigt	X	X	keine
bDemoMLEF_Benchmark.m	Demoskript zur Anpassung einer reskalierten F-Verteilung an die Benchmarkrenditen	X	-	keine
bDemoMLEF_Benchmark_oct.m	Demoskript zur Anpassung einer reskalierten F-Verteilung an die Benchmarkrenditen, Octave-Version	-	X	optim
fReskalChi2PDF.m	Funktion zur Berechnung der PDF einer reskalierten χ^2-Verteilung	X	X	keine
fLogLikeReskalChi2.m	Funktion zur Berechnung des Log-Likelihood-Wertes der reskalierten χ^2-Verteilung, wird von Octave benötigt	X	X	keine
bDemoMLEChi2_-Benchmark.m	Demoskript zur Anpassung einer reskalierten χ^2-Verteilung an die Benchmarkrenditen	X	-	keine
bDemoMLEChi2_-Benchmark_oct.m	Demoskript zur Anpassung einer reskalierten χ^2-Verteilung an die Benchmarkrenditen, Octave-Version	-	X	keine

Tabelle 2.11.: Übersicht verwendeter Skripte und Funktionen (Maximum-Likelihood-Estimation MLE). Unter Matlab werden in diesem Buch die Statistics und Optimization Toolbox vorausgesetzt, sie werden deshalb nicht explizit in der Spalte „Toolboxen“ ausgewiesen. Für die Lauffähigkeit dieser Skripte oder Funktionen unter Freemat sind aufgrund zahlreicher dort fehlender Funktionen umfängliche Anpassungen und zusätzliche benutzerdefinierte Funktionen erforderlich.

Skript/Funktion	Beschreibung	Matlab	Octave	Toolboxen
bDemoLogNormalSimPrices.m	Demoskript zur Simulation von Aktienkursen	X	-	keine
bDemoLogNormalSimPrices_oct.m	Demoskript zur Simulation von Aktienkursen, Octave-Version	-	X	keine
bDemoLogNormal.m	Demoskript zur Visualisierung der PDF einer Log-Normalverteilung	X	X	keine
bDemoLogNormalSimPrices2.m	Demoskript zur Simulation von Aktienkursen in der Zeit	X	-	keine
bDemoLogNormalSimPrices2_oct.m	Demoskript zur Simulation von Aktienkursen in der Zeit, Octave-Version	-	X	keine

Tabelle 2.12.: Übersicht verwendeter Skripte und Funktionen (Log-Normalverteilung). Unter Matlab werden in diesem Buch die Statistics und Optimization Toolbox vorausgesetzt, sie werden deshalb nicht explizit in der Spalte „Toolboxen“ ausgewiesen.

Im Gang der bisherigen Betrachtungen wurden in der Fallstudie die empirischen Renditeverteilungen zweier Assets betrachtet. Die Analyse bezog sich darauf, die Eigenschaften der beiden Renditeverteilungen mittels (empirischer) Verteilungskennzahlen zu analysieren und unter Verwendung von grafischen Methoden zu visualisieren. Diese Vorgehensweise ist oftmals für viele analytische Fragestellungen ausreichend. Für weiterführende Fragestellungen reicht dies aber noch nicht. Beispielsweise werden im Rahmen der Risikoanalyse sehr häufig sog. Monte-Carlo-Simulationen aufgesetzt, mit welchen die zukünftig möglichen Renditen von Assets simuliert und die daraus erwachsenden Verlustrisiken von Kapitalanlagen oder komplexen Anlagestrategien quantifiziert werden sollen. Wir werden dies z.B. sehr ausführlich im Kapitel 5 behandeln, sodass die Kenntnis dieses Kapitels später in Kapitel 5 zwingend vorausgesetzt wird. Denn die zentrale Voraussetzung für die Konstruktion solcher Monte-Carlo-Simulationen ist die geeignete Modellierung der gesamten Renditeverteilung; die Kenntnis einzelner Verteilungskennzahlen wie Mittelwert, Standardabweichung, Schiefe, Wölbung usw. ist dafür nicht immer ausreichend. Eine zentrale Aufgabenstellung im CF ist damit die Anpassung von (theoretischen) Verteilungen an empirische Beobachtungen.

Aber auch in der vorliegenden Fallstudie, in welcher es zunächst nur um die Performanceanalyse geht, könnte die Frage lauten, welche der vielen in der statistischen Theorie bekannten Verteilungen am besten zu den Beobachtungsdaten der beiden Assets passt, wie deren Parameter geeignet zu schätzen sind und ob sich gegebenenfalls beide Verteilungen voneinander unterscheiden. Auf der Beantwortung dieser Frage baut das Kapitel 2.8 auf. Hier wird mit Bezug auf die Performanceanalyse gefragt, ob z.B. die Renditen des aktiv verwalteten Fonds statistisch signifikant höher als diejenigen der Benchmark sind. Um diese Frage später beantworten zu können, sind die folgenden Betrachtungen zwingende Voraussetzung.

Im Rahmen dieser ersten Einführung werden nur wenige, ausgewählte „Standardverteilung“

Skript/Funktion	Beschreibung	Matlab	Octave	Freemat	Toolboxen
fGaussianKernel.m	Funktion zur Berechnung des Gausskerns	X	X	X	keine
fEpanechnikovKernel.m	Funktion zur Berechnung des Epanechnikov-Kerns	X	X	X	keine
fCauchyKernel.m	Funktion zur Berechnung des Cauchy-Kerns	X	X	X	keine
fPicardKernel.m	Funktion zur Berechnung des Picard-Kerns	X	X	X	keine
fBoxKernel.m	Funktion zur Berechnung des Rechteck-Kerns	X	X	X	keine
fTriangleKernel.m	Funktion zur Berechnung des Dreieck-Kerns	X	X	X	keine
bDemoKernel-Functions.m	Demoskript zur Visualisierung von vier Kernfunktionen	X	X	X	keine
fKernelDensity.m	Benutzerdefinierte Basisfunktion zur Kerndichteschätzung	X	X	X	keine
fKSdensity.m	Funktion zur Schätzung von PDF, CDF und ICDF mittels Kerndichteschätzung	X	X	X	keine
bDemoKernelDensity.m	Demonstration der Kerndichteschätzung	X	-	-	keine
bDemoKernel-Density_oct.m	Demonstration der Kerndichteschätzung, Octave-Version	-	X	X	keine

Tabelle 2.13.: Übersicht verwendeter Skripte und Funktionen (Kerndichteschätzung). Unter Matlab werden in diesem Buch die Statistics und Optimization Toolbox vorausgesetzt, sie werden deshalb nicht explizit in der Spalte „Toolboxen“ ausgewiesen.

betrachtet, die in der Ökonometrie und CF eine zentrale Basis darstellen.[65] Wie es dem Vorgehen in diesem Buch entspricht, werden nur elementare Zusammenfassungen und intuitive Überlegungen präsentiert, da der Schwerpunkt auf der Umsetzung im CF liegt.

2.7.1. PDF, CDF, ECDF und ICDF

Für die praktische Umsetzung im CF ist zunächst das Verständnis der Begriffe *Probability-Density-Function* (pdf), *Cumulative-Density-Function* (cdf), *Empirical-Cumulative-Density-Function* ($ecdf$) und *Inverse-Cumulative-Density-Function* ($icdf$) sehr wichtig, da diese Funktionen in aller Regel in Matlab-Funktionsbibliotheken oder -Toolboxen für eine Vielzahl von theoretischen Verteilungen vordefiniert sind. Das praktische Arbeiten im CF wird regelhaft immer auf diese Funktionen zurückgreifen, weshalb die Kenntnis ihrer Bedeutung und Anwendungsmöglichkeiten unverzichtbar ist. Dabei wurden die pdf, cdf und $ecdf$ bereits teilweise in Kapitel 2.3.2 eingeführt, auf den hier auch zurückverwiesen wird.

Ausgangspunkt der Betrachtungen ist zunächst die Verteilungsfunktion $F(x)$ einer beliebig verteilten Zufallsvariable X. Die Verteilungsfunktion drückt die Wahrscheinlichkeit $P(X \leq x)$ aus, einen Wert von X kleiner oder gleich dem spezifischen Wert x zu beobachten, siehe Formel

[65] Die Betrachtungen folgen hier PODDIG et al. (2008), S. 69 ff.

2.63

$$F(x) = P(X \leq x) \tag{2.63}$$

$F(x)$ Wert der Verteilungsfunktion F an der Stelle x

Die genaue funktionale Form von F hängt ab von der spezifischen Art der Verteilung (z.B. Normalverteilung, t-Verteilung, F-Verteilung, usw., von denen einige weiter unten näher betrachtet werden). Im Angelsächsischen wird die Verteilungsfunktion auch als *Cumulative-Density-Function* (cdf) bezeichnet. In den Funktionsbibliotheken oder Toolboxen wird die entsprechende Funktion in der Regel durch den Namenszusatz „cdf" gekennzeichnet. So heißt z.B. die Verteilungsfunktion der Normalverteilung in Matlab `normcdf`. Liegen empirische Beobachtungsdaten vor, kann die Verteilungsfunktion auch allein anhand der empirischen Beobachtungsdaten geschätzt werden. Konkret gibt es dafür zahlreiche Varianten, die empirische Verteilungsfunktion ($ecdf$) an der Stelle x zu berechnen, eine sehr einfache Variante ist mit Formel 2.64 dargestellt:

$$ecdf(x) = \frac{1}{T} \sum_{t=1}^{T} I(x_t, x) \tag{2.64}$$

$$I(x_t, x) = \begin{cases} 1 & \text{wenn } x_t \leq x \\ 0 & \text{sonst} \end{cases} \tag{2.65}$$

$ecdf(x)$ Wert der empirischen cdf an der Stelle x

T Anzahl vorliegender Beobachtungsdaten von x

$I(.)$ Indikatorfunktion

In Formel 2.64 wird mit Hilfe einer Indikatorfunktion 2.65 ausgezählt, wie viele Beobachtungen x_t kleiner oder gleich dem spezifisch betrachteten Wert x sind. Diese Anzahl wird dann durch die Anzahl der Beobachtungen T geteilt. Die $ecdf$ drückt also die rein empirisch geschätzte Wahrscheinlichkeit aus, einen Beobachtungswert kleiner oder gleich x zu erhalten. In Matlab heißt die Funktion zur Ermittlung der $ecdf$ entsprechend `ecdf`.[66]

Die Wahrscheinlichkeitsdichte bzw. kurz Dichtefunktion $f(x)$ wurde bereits in Kapitel 2.3.2 eingeführt. Die Dichtefunktion einer beliebig verteilten Zufallsvariablen X kann alternativ zu der dort präsentierten Vorstellung als die erste Ableitung der Verteilungsfunktion $F(x)$ an der Stelle x definiert werden. Sie wird im Angelsächsischen auch *Probability Density Function* (kurz pdf) genannt. Entsprechend werden in Funktionsbibliotheken oder Toolboxen diese Funktionen mit dem Namenszusatz „pdf" gekennzeichnet.

$$f(x) = \frac{dF(x)}{dx} \tag{2.66}$$

$f(x)$ (Wahrscheinlichkeits-) Dichte an der Stelle x

[66] In Kapitel 2.3.2 wurde die benutzerdefinierte Funktion `fHist` vorgestellt, welche ebenfalls erlaubt, die $ecdf$ durch Setzen der entsprechenden Option zu berechnen.

Umgekehrt kann auch die Verteilungsfunktion $F(x)$ über das Integral der Dichtefunktion bis zur Stelle x definiert werden, also nach Formel 2.67:

$$F(x) = \int_{-\infty}^{x} f(s)ds \tag{2.67}$$

Die empirische Schätzung der cdf kann mit Hilfe der $ecdf$ erfolgen; sie ist vereinfacht ausgedrückt ihr empirisches „Gegenstück". Entsprechend ist das Histogramm das empirische „Gegenstück" zur pdf.[67] Zu beachten ist, dass bei der pdf die *Fläche* unter der pdf als Wahrscheinlichkeit zu interpretieren ist, was bei stetigen Zufallsvariablen nur für Intervallbetrachtungen sinnvoll möglich ist. So kann die Wahrscheinlichkeit, einen konkreten Wert x einer stetigen Zufallsvariablen X im Intervall von $x-\varepsilon$ bis $x+\varepsilon$ zu beobachten, nach Formel 2.68 berechnet werden:

$$P(x-\varepsilon \leq X \leq x+\varepsilon) = \int_{x-\varepsilon}^{x+\varepsilon} pdf(x)dx \tag{2.68}$$

Diese Interpretation ist für $\varepsilon \to 0$ sinnvoll möglich, aber nicht für $\varepsilon = 0$. Vereinfacht ausgedrückt, ist die Fläche unter der pdf an der Stelle x zu interpretieren als die Wahrscheinlichkeit einen Wert für X in einem infinitesimal kleinem Intervall $\varepsilon \to 0$ um x zu beobachten.

Sehr hilfreich für viele praktische Anwendungen ist die Inverse der Verteilungsfunktion, im Angelsächsischen als *Inverse-Cumulative-Density-Function* (kurz $icdf$) bezeichnet. Wie es der Name ausdrückt, handelt es sich um die Umkehrfunktion der Verteilungsfunktion (soweit diese existiert), also gilt als allgemeine Definition Formel 2.69. In vielen Funktionsbibliotheken oder Toolboxen ist die ICDF durch den Namenszusatz „icdf" gekennzeichnet:

$$icdf(x) = F^{-1}(x) \tag{2.69}$$

$icdf(x)$ Inverse der Verteilungsfunktion an der Stelle x

Oftmals ist man nicht an der Fragestellung interessiert, mit welcher Wahrscheinlichkeit $P(X \leq x)$ eine Zufallsvariable X einen Wert kleiner oder gleich einem spezifischen Wert x annimmt, sondern welchen Wert x^* man verwenden müsste, um eine vorgegebene Wahrscheinlichkeit $p^* = P(X \leq x^*)$ zu erhalten. Genau diesen gesuchten Wert liefert die $icdf$, wenn man die vorgegebene Wahrscheinlichkeit $p^* = P(X \leq x^*)$ als Argument einsetzt, also $x^* = icdf(p^* = P(X \leq x^*))$. Implizit wurde diese Funktion schon behandelt, es handelt sich nämlich um die Bestimmung der Quantilswerte einer Verteilungsfunktion. Der Wert x^* stellt also den Quantilswert für das gesuchte p^* Quantil dar; für den Wert x^* gilt dann, dass ein Anteil von p^* Beobachtungen einer Zufallsvariablen X kleiner oder gleich dem Wert von x^* ausfällt. Deshalb wird die $icdf$ oftmals auch als *Quantilsfunktion* bezeichnet. Bei den Risikomaßen wurde bereits der Value-at-Risk vorgestellt. Offensichtlich erhält man den Value-at-Risk zum Niveau α, indem die $icdf$ an der Stelle α berechnet wird, also $VaR_\alpha = icdf(\alpha)$.

Nach diesen sehr allgemeinen Begriffsklärungen stellen sich die konkreten Fragen, welche verschiedenen Verteilungen für Zwecke des CF interessant erscheinen und wie diese an empirische Beobachtungsdaten angepasst werden. Beginnend soll die Frage zunächst in einer sehr allgemeinen Form geklärt werden. Danach werden ausgewählte Verteilungen vorgestellt und deren

[67] Vgl. hierzu Kapitel 2.3.2.

Umsetzung in Matlab, insbesondere die Anpassung der theoretischen Verteilung an empirische Beobachtungsdaten, demonstriert.

2.7.2. Anpassung von Verteilungen

Für die Anpassung einer theoretischen Verteilung an empirisch beobachtete Daten stehen verschiedene Vorgehensweisen zur Verfügung. Grundsätzlich lässt sich das Problem dabei wie folgt formulieren: Eine bestimme theoretische Verteilung ist durch freie Parameter charakterisiert, die diese näher bestimmen. So ist z.B. eine Normalverteilung vollständig durch die beiden Verteilungsparameter Erwartungswert μ und Standardabweichung σ spezifiziert. Andere Verteilungen besitzen andere, weniger oder mehr freie Parameter. Ganz allgemein kann man diese freien Parameter in einem Parametervektor $\boldsymbol{\theta}$ zusammenfassen. Die Aufgabe bei der Anpassung einer theoretischen Verteilung an empirische Beobachtungsdaten ist es nun, denjenigen Werte für die Komponenten des Parametervektors $\boldsymbol{\theta}$ zu finden, bei dem die Beobachtungsdaten „bestmöglich“ durch die angenommene theoretische Verteilung abgebildet werden. Zu diesem Zweck ist eine geeignet definierte „Gütefunktion“ zu wählen, die die Anpassungsgüte beschreibt. Hierfür gibt es verschiedene Ansätze. Grundsätzlich liegt jedoch ein Optimierungsproblem nach 2.70 vor:

$$GoF(\nu, \boldsymbol{\theta}, \mathbf{X}) \rightarrow max/min \tag{2.70}$$

GoF „Goodness of Fit“ Funktion, Gütefunktion zur Beurteilung der Anpassungsgüte einer Verteilungsfunktion ν an empirische Beobachtungen im Vektor $\mathbf{X}$

ν angenommene, theoretische Verteilung, kann in der GoF z.B. durch die cdf oder pdf repräsentiert werden

$\boldsymbol{\theta}$ Parametervektor, mit welcher die Verteilungsfunktion ν vollständig spezifiziert wird; unbekannt und aus den Daten zu schätzen

$\mathbf{X}$ Vektor der empirischen Beobachtungsdaten

Je nach genauer Definition der „Goodness of Fit“ Funktion kann es sich dabei um ein Maximierungs- oder Minimierungsproblem handeln. Die Lösung des Optimierungsproblems liefert den Schätzer $\hat{\boldsymbol{\theta}}$, für welchen eine optimale Anpassung der angenommenen theoretischen Verteilung an die Beobachtungsdaten erzielt wird.

Eine Möglichkeit der Definition der „Goodness of Fit“ Funktion ist die „Kleinste-Quadrate Schätzung“, bei welcher die Quadratesumme zwischen Beobachtungswert und theoretisch erwartetem Wert minimiert wird. Für die Anpassung einer Verteilung könnte die Definition nach Formel 2.71 lauten.

$$GoF(\nu, \boldsymbol{\theta}, \mathbf{X}) = \sum_{t=1}^{T} (ecdf(x_t) - cdf_{\nu,\boldsymbol{\theta}}(x_t))^2 \rightarrow min \tag{2.71}$$

$cdf_{\nu,\boldsymbol{\theta}}(x_t)$ Wert der theoretischen cdf für die angenommene Verteilungsfunktion ν und Parametervektor $\boldsymbol{\theta}$ an der Stelle x_t

Die Idee hinter diesem Schätzansatz ist es, die Summe der quadratischen Abstände zwischen empirischer und theoretischer cdf zu minimieren. Bei einer perfekten Anpassung der theoretischen Verteilung an die empirischen Beobachtungsdaten muss die theoretische, angepasste cdf an allen Beobachtungsstellen x_t mit den Werten der $ecdf$ an diesen Stellen übereinstimmen; dann ist die Fehlerquadratesumme gleich null. Ein solcher perfekter „Fit" dürfte jedoch selten zu erreichen sein. Daher lautet die abgeschwächte Forderung, diese Fehlerquadratesumme möglichst klein werden zu lassen (daher der Name „Kleinste-Quadrate Schätzung"). Die Quadrierung der Abweichungen zwischen theoretischer und empirischer cdf begründet sich damit, dass sich ansonsten große positive und negative Abweichungen gegenseitig aufheben könnten. Es könnte dann eine Fehlersumme von null entstehen, wobei jedoch an den einzelnen Stellen x_t erhebliche Abweichungen zwischen theoretischer und empirischer cdf resultieren könnten.

Eine andere gängige Standardmethode, die auch schon als Standardfunktion in der Matlab-eigenen Funktionsbibliothek vorgesehen ist, stellt die *Maximum Likelihood Estimation Method*, kurz MLE Methode oder nur MLE dar. Hier wird gefragt, wie ein Parametervektor $\boldsymbol{\theta}$ bei angenommener Verteilungsfunktion v gewählt werden müsste, damit das Auftreten der Beobachtungsdaten $\mathbf{X}$ am „wahrscheinlichsten" ist. Da bei einer als stetig angenommenen Zufallsvariablen X nicht sinnvoll von der Wahrscheinlichkeit des Auftretens eines speziellen Beobachtungswertes x_t gesprochen werden kann, wird als Surrogat hierfür der Wert der pdf an der Stelle x_t, also $pdf(x_t)$, verwendet. Nimmt man ferner an, dass die beobachteten Daten voneinander unabhängig, aber identisch verteilt sind, so ist die „Wahrscheinlichkeit" der gemeinsamen Beobachtung (im Vektor $\mathbf{X}$) bei angenommener Verteilung v und für einen bestimmten Parametervektor $\boldsymbol{\theta}$ nach Formel 2.72 zu berechnen:

$$L(v,\boldsymbol{\theta},\mathbf{X}) = \prod_{t=1}^{T} pdf_{v,\boldsymbol{\theta}}(x_t) \tag{2.72}$$

$L(v,\boldsymbol{\theta},\mathbf{X})$ Wert der Likelihood-Funktion für eine angenommene, theoretische Verteilungsfunktion v bei gegebenem Parametervektor $\boldsymbol{\theta}$ für einen Vektor empirischer Beobachtungen $\mathbf{X}$

$pdf_{v,\boldsymbol{\theta}}(x_t)$ Wert der pdf der Verteilungsfunktion v bei gegebenem Parametervektor $\boldsymbol{\theta}$ an der Stelle x_t

Die Intuition hinter diesem Ansatz ist sehr einfach. Seien A und B zwei unabhängige Zufallsereignisse und $P(A)$ und $P(B)$ ihre Eintrittswahrscheinlichkeiten, so ist die Wahrscheinlichkeit des gemeinsamen Auftretens von A und B eben $P(A \cap B) = P(A) \cdot P(B)$. Sind allgemein $A_1, A_2, \ldots, A_N$ voneinander unabhängige Zufallsereignisse, gilt $P(A_1 \cap A_2 \cap \ldots \cap A_N) = \prod_{i=1}^{N} P(A_i)$. Allerdings wird in Formel 2.72 korrekt nicht von „Wahrscheinlichkeit", sondern von „Likelihood" (am besten zu übersetzen mit „Möglichkeit") gesprochen, da der Wahrscheinlichkeitsbegriff hier streng genommen nicht sinnvoll verwendbar ist. Die Formel aus der Wahrscheinlichkeitstheorie zur Berechnung der Wahrscheinlichkeit des gemeinsamen Auftretens mehrerer voneinander unabhängiger Zufallsereignisse wird also hier nur in einem übertragenen Sinne angewendet; an die Stelle der Wahrscheinlichkeit tritt dabei die (Wahrscheinlichkeits-) Dichte. Bei der Parameterschätzung wird dann der Wert der Likelihood-Funktion maximiert.

Dabei ist es ferner in vielen Fällen sehr hilfreich, nicht die Likelihood-Funktion direkt, sondern deren Logarithmus, die Log-Likelihood-Funktion (*LL*), zu maximieren. Da die Logarithmierung eine positiv monotone Transformation ist, ändert sich dadurch nicht die Lage des Optimums. Allerdings lassen sich bei der Verwendung der Log-Likelihood-Funktion die Berechnungen oftmals deutlich beschleunigen. Damit lautet die Zielfunktion für die Optimierung nach Formel 2.73:

$$LL(\nu, \boldsymbol{\theta}, \mathbf{X}) = \sum_{t=1}^{T} log(pdf_{\nu,\boldsymbol{\theta}}(x_t)) \rightarrow max! \qquad (2.73)$$

$LL(\nu, \boldsymbol{\theta}, \mathbf{X})$ Wert der logarithmierten Likelihood-Funktion für eine angenommene, theoretische Verteilungsfunktion ν bei gegebenem Parametervektor $\boldsymbol{\theta}$ für einen Vektor empirischer Beobachtungen $\mathbf{X}$

$log(pdf_{\nu,\boldsymbol{\theta}}(x_t))$ logarithmierter Wert der pdf der Verteilungsfunktion ν bei gegebenem Parametervektor $\boldsymbol{\theta}$ an der Stelle x_t

Der Grund für die schnellere Berechnung liegt häufig darin, dass die pdf vielfach unter Verwendung der Exponentialfunktion definiert ist, sodass sich dann Logarithmierung und Bildung der Exponentialfunktion - zwei berechnungsintensive Vorgänge - gegenseitig aufheben. Ein weiteres Argument ist die höhere numerische Stabilität bei der Berechnung der Log-Likelihood-Funktion. Bei der Berechnung der Likelihood-Funktion können vielfach sehr kleine Werte der pdf für die einzelnen Beobachtungen nahe null auftreten, deren Produkte dann gebildet werden. Das resultierende Produkt kann sehr ungenau sein, auch können (Zahlen-) Unterläufe[68] entstehen. Beide Effekte erschweren die Optimierung oder gestalten diese sogar als unmöglich. Die Log-Likelihood-Funktion ist diesbezüglich numerisch stabiler.

Die konkrete Optimierung bei der MLE kann analytisch oder numerisch erfolgen. Bei einigen Verteilungen, z.B. der Normalverteilung, dient die MLE als analytischer Schätzansatz. Es wird die Log-Likelihood-Funktion formuliert, partiell nach den freien Parametern abgeleitet, die partiellen Ableitungen gleich null gesetzt und das Gleichungssystem analytisch gelöst. Damit liegt dann eine geschlossene, analytische Lösung für die MLE-Schätzer vor, eine numerische Optimierung ist dann nicht notwendig. Bei anderen Verteilungen kann eine solche geschlossene, analytische Lösung nicht angegeben werden. Dann existieren entweder gute Approximationen oder es muss eine (aufwändige) numerische Optimierung durchgeführt werden.

Im Folgenden soll daher anhand ausgewählter Verteilungen kurz vorgestellt und gezeigt werden, wie sich im jeweiligen Einzelfall die Verteilungsanpassung vornehmen lässt.

2.7.3. Die Normalverteilung

Die Normalverteilung ist durch zwei Verteilungsparameter, Erwartungswert μ und Standardabweichung σ, vollständig spezifiziert. Ihre pdf lautet nach Formel 2.74:

---

68 Reellwertige Zahlen (Gleitkommazahlen) sind auf einem Digitalcomputer nur mit begrenzter Genauigkeit und nur für einen begrenzten Wertebereich darstellbar. Werden Gleitkommazahlen durch Rechenoperationen (dem Absolutbetrag nach) zu klein, d.h., verlassen sie den darstellbaren Zahlenbereich, so spricht man von einem Unterlauf. Werden Gleitkommazahlen (dem Absolutbetrag nach) zu groß, wird entsprechend von einem Überlauf gesprochen. Deren Werte sind dann nicht mehr definiert.

$$normpdf(x,\mu,\sigma) = f^{norm}_{\mu,\sigma}(x) = \frac{1}{\sigma\sqrt{2\pi}} exp\left(-\frac{(x-\mu)^2}{2\sigma^2}\right) \tag{2.74}$$

$normpdf(x,\mu,\sigma)$ pdf der Normalverteilung mit Erwartungswert μ und Standardabweichung σ an der Stelle x, auch $f^{norm}_{\mu,\sigma}(x)$

Die Verteilungsfunktion der Normalverteilung (cdf) ergibt sich nach Formel 2.75:

$$normcdf(x,\mu,\sigma) = F^{norm}_{\mu,\sigma}(x) = \int_{-\infty}^{x} \frac{1}{\sigma\sqrt{2\pi}} exp\left(-\frac{(z-\mu)^2}{2\sigma^2}\right) dz \tag{2.75}$$

$normcdf(x,\mu,\sigma)$ cdf der Normalverteilung mit Erwartungswert μ und Standardabweichung σ an der Stelle x, auch $F^{norm}_{\mu,\sigma}(x)$

Die besondere Bedeutung der Normalverteilung ergibt sich aus ihrer einzigartigen Stellung in der Wahrscheinlichkeitstheorie. Nach dem zentralen Grenzwertsatz ist die Summe von N unabhängig und identisch verteilten Zufallsvariablen X_i für ein großes N (approximativ) normalverteilt. Aufgrund dieser Eigenschaft können in der Wahrscheinlichkeitstheorie viele Betrachtungen, z.B. bei der Herleitung von Teststatistiken, auf die Normalverteilung zurückgeführt werden. Ebenso stellt die Normalverteilung für die Modellierung von Assetrenditen einen ersten und zudem theoretisch gut zu rechtfertigenden Ausgangspunkt der Betrachtungen dar. So könnte man argumentieren, dass die am Ende der Periode t festgestellte relative Preisänderung eines Assets, also dessen Periodenrendite r_t, sich als Resultat einer Vielzahl von kleinsten Störungen („Schocks") ergibt, die innerhalb der Periode auf den Assetpreis gewirkt haben. Nimmt man ferner an, dass diese „Schocks" unabhängig und identisch verteilt sind, so folgt nach dem zentralen Grenzwertsatz die Normalverteilung von Assetrenditen.

Geht man mit dieser Argumentation zunächst von der Normalverteilungseigenschaft von Assetrenditen aus, so wäre im nächsten Schritt zu fragen, wie eine Normalverteilung an eine beobachtete Verteilung von Assetrenditen anzupassen ist. Konkret bedeutet dies die Frage, wie die Parameter μ und σ geeignet zu schätzen sind. Dafür kann der MLE Ansatz herangezogen werden.[69] Im ersten Schritt ist die Zielfunktion für die Optimierung zu formulieren, sie ergibt sich nach Formel 2.76:

$$L(\mu,\sigma,\mathbf{X}) = \prod_{t=1}^{T} normpdf_{\mu,\sigma}(x_t) = \prod_{t=1}^{T} \frac{1}{\sigma\sqrt{2\pi}} exp\left(-\frac{(x_t-\mu)^2}{2\sigma^2}\right) \rightarrow max! \tag{2.76}$$

$L(\mu,\sigma,\mathbf{X})$ Wert der Likelihood-Funktion für eine Normalverteilung bei gegebenen Parametern μ,σ für einen Vektor empirischer Beobachtungen $\mathbf{X}$

$normpdf_{\mu,\sigma}(x_t)$ Wert der pdf der Normalverteilung bei gegebenen Parametern μ und σ an der Stelle x_t

[69] Zu den folgenden Darstellungen vgl. näher BAMBERG und BAUR (1996), S. 153 ff.

Durch Logarithmierung erhält man die Log-Likelihood-Funktion, die sich wesentlich einfacher und kompakter formulieren lässt, siehe Formel 2.77:

$$LL(\mu,\sigma,\mathbf{X}) = -T\left[log(\sqrt{2\pi}) + log(\sigma)\right] - \frac{1}{2\sigma^2}\sum_{t=1}^{T}(x_t-\mu)^2 \rightarrow max! \qquad (2.77)$$

$LL(\mu,\sigma,\mathbf{X})$ Wert der Log-Likelihood-Funktion für eine Normalverteilung bei gebenen Parametern μ,σ für einen Vektor empirischer Beobachtungen $\mathbf{X}$

Die Programmlistings 2.26 und 2.27 illustrieren zwei Varianten zur Berechnung des Log-Likelihood-Wertes für eine Normalverteilung. Die erste Variante in Programmlisting 2.26 setzt direkt die Formel 2.76 um. Die zweite Variante in Programmlisting 2.27 benutzt die Formel 2.77. Der Vorteil der zweiten Variante ist es, die Berechnung der pdf der Normalverteilung (mittels der Matlab-Funktion `normpdf`) zu vermeiden, was hier rechenintensiv und zugleich unnötig ist. Zu beachten ist, dass beide Varianten den negativen Log-Likelihood-Wert berechnen, damit diese Funktionen bei Bedarf später einmal für eine MLE mittels Optimierung eingesetzt werden können. Die zweite Variante wird später in Kapitel 4 benötigt, um den Log-Likelihood-Wert einer Regression zu berechnen, der dort ein zentrales Gütemaß darstellt.

Quellcode 2.26: Funktion zur Berechnung des Log-Likelihood-Wertes einer Normalverteilung

```
Siehe Datei: fLogLikeNorm.m
```

Quellcode 2.27: Funktion zur Berechnung des Log-Likelihood-Wertes einer Normalverteilung, zweite Variante ohne normpdf

```
Siehe Datei: fLogLikeNorm2.m
```

Die partiellen Ableitungen zur Bestimmung des Maximums lauten nach Formel 2.78 und Formel 2.79:

$$\frac{\partial}{\partial\mu}LL(\mu,\sigma,\mathbf{X}) = \frac{1}{\sigma^2}\sum_{t=1}^{T}(x_t-\mu) \qquad (2.78)$$

$$\frac{\partial}{\partial\sigma}LL(\mu,\sigma,\mathbf{X}) = -\frac{T}{\sigma} - (-2)\frac{1}{2\sigma^3}\sum_{t=1}^{T}(x_t-\mu)^2 = \frac{1}{\sigma^3}\sum_{t=1}^{T}(x_t-\mu)^2 - \frac{T}{\sigma} \qquad (2.79)$$

$\frac{\partial}{\partial\mu}LL(\mu,\sigma,\mathbf{X})$ partielle Ableitung der Log-Likelihood-Funktion für eine Normalverteilung bei gegebenen Parametern μ und σ für einen Vektor empirischer Beobachtungen $\mathbf{X}$ nach μ

$\frac{\partial}{\partial\sigma}LL(\mu,\sigma,\mathbf{X})$ partielle Ableitung der Log-Likelihood-Funktion für eine Normalverteilung bei gegebenen Parametern μ und σ für einen Vektor empirischer Beobachtungen $\mathbf{X}$ nach σ

Werden nun die partiellen Ableitungen gleich null gesetzt und das Gleichungssystem gelöst, ergeben sich die MLE Schätzer für μ und σ nach Formel 2.80 und Formel 2.81.

$$\hat{\mu} = \frac{1}{T}\sum_{t=1}^{T} x_t \tag{2.80}$$

$$\hat{\sigma} = \sqrt{\frac{1}{T}\sum_{t=1}^{T}(x_t - \mu)^2} \tag{2.81}$$

Diese kurzen Betrachtungen sind für die weiteren Darstellungen nicht essentiell. Sie sollen nur zeigen, dass eine numerische Optimierung, um die MLE Schätzer zu erhalten, nicht immer notwendig ist. Im Falle der Normalverteilung können die MLE Schätzer also einfach analytisch bestimmt und später berechnet werden. Um jedoch die spätere Anwendung numerischer Schätzungen in Matlab zu demonstrieren, soll ebenfalls an diesem einfachen Beispiel gezeigt werden, wie eine solche in Matlab zu formulieren ist. Der Vorteil bei der Normalverteilung ist es, dass die optimale Lösung für die Schätzer bekannt ist. Daher kann hier leicht kontrolliert werden, ob der Programmcode richtig arbeitet, bevor dieser für die Verwendung bei anderen Verteilungen angepasst wird. Das Programmlisting 2.28 demonstriert das Vorgehen unter Verwendung der Toolbox-Funktion `mle`, eine universelle Matlab-Funktion für MLE-Schätzungen.[70]

Quellcode 2.28: Demoskript zur MLE Schätzung bei Normalverteilung

```
Siehe Datei: bDemoMLEnorm.m
```

Das Demoskript 2.28 liest die Daten der bisherigen Fallstudie ein, berechnet daraus stetige (absolute) Renditen und trennt die Benchmarkrenditen ab, für die hier exemplarisch die MLE Schätzung demonstriert wird. Zunächst werden die bekannten, analytisch bestimmten Lösungen für die MLE Schätzer berechnet. Zu beachten ist hier der Matlab-Ausdruck `dSigma = std(vRet,1)`, mit dem Matlab angewiesen wird, bei der Berechnung der Standardabweichung die Division durch T und nicht durch $(T-1)$ vorzunehmen; siehe dazu die Matlab-Dokumentation.[71]

Der Aufruf der Matlab-Toolbox Funktion `mle` geschieht mit `vPara1 = mle(vRet, 'distribution', 'norm')`. Dabei werden alle vorgesehenen, komfortablen Optionen genutzt, um die MLE Schätzung möglichst einfach aufzurufen. Diese Funktion sieht bereits die MLE Schätzung einer Normalverteilung vor, was mit `'distribution','norm'` der Funktion `mle` im Zuge der Parameterübergabe mitgeteilt wird. Soweit die betreffende Verteilungsfunktion bereits in `mle` vorgesehen ist, sind keine weiteren Parameter oder Einstellungen erforderlich; die Schätzung erfolgt dann ohne weiteres Zutun des Benutzers.

Komplizierter wird es, wenn eine MLE Schätzung für eine Verteilungsfunktion durchgeführt werden soll, die (noch) nicht vorgesehen ist. Dann ist ein größerer „manueller" Aufwand zu betreiben, was der Matlab-Ausdruck `vPara2=mle(vRet,'pdf',@normpdf,'start',vStart)`

---

70 Unter Octave ist die Variante `bDemoMLEnorm_oct` zu verwenden.

71 In der Voreinstellung berechnet Matlab den erwartungstreuen Schätzer für die Standardabweichung, bei dem durch $(T-1)$ geteilt wird. Hier wird aber nach dem MLE-Schätzer gefragt, bei dem durch T geteilt wird.

zeigt. Damit überhaupt eine MLE Schätzung aufgesetzt werden kann, muss mindestens die pdf der interessierenden Verteilungsfunktion bekannt und vorhanden sein. Die Funktion `mle` erwartet dann zwingend die Übergabe der betreffenden pdf Funktion als Argument. Die Übergabe einer Funktion als Argument für eine aufzurufende Funktion geschieht mit Hilfe des `@`-Operators, gefolgt von dem Namen der Funktion. Mit `@normpdf` wird also eine Funktion, hier die pdf zur Berechnung der Dichte einer Normalverteilung `normpdf`, übergeben. Dann ist `mle` in der Lage, den Wert der Log-Likelihood-Funktion wie oben beschrieben zu berechnen. Die Funktion `mle` führt dann eine numerische Optimierung durch, für die ein sinnvoll gewählter Startpunkt zusätzlich als Argument der Funktion zu übergeben ist. Dies geschieht mit `'start', vStart`. Ein natürlicher Startpunkt bei diesem Problem wäre es, den Mittelwert und die Standardabweichung zu berechnen und als Startvektor `vStart` zu übergeben. Bei diesem einfachen Beispiel ist dies aber zugleich die optimale Lösung, der Startpunkt ist dann schon der MLE Schätzer, womit nicht kontrolliert werden könnte, ob die Funktion überhaupt etwas sinnvolles tut. Daher wird hier ersatzweise auf den Median und die IQR als Startwerte für Erwartungswert und Standardabweichung zurückgegriffen.[72]

Wie gezeigt, ist die Verwendung von `mle` für eine Anpassung der Normalverteilung an empirisch beobachtete Daten nicht notwendig. Dennoch ist sie ein gutes Beispiel für die grundsätzliche Demonstration der Vorgehensweise. Im Folgenden werden jetzt einige schwierigere Probleme betrachtet.

2.7.4. Die t-Verteilung

Die t-Verteilung spielt bei Hypothesentests eine wichtige Rolle, ist aber auch für die Modellierung von Renditeverteilungen besonders gut geeignet. Sie ist symmetrisch um den Erwartungswert, besitzt aber eine höhere Wölbung als die Normalverteilung, d.h. eine höhere Wahrscheinlichkeitsdichte an den Rändern der Verteilung, was sich empirisch sehr häufig bei Assetrenditen beobachten lässt. Die pdf der t-Verteilung ist nach Formel 2.82, die cdf nach Formel 2.83 definiert:

$$tpdf(x,n) = f_n^t(x) = \frac{\Gamma\left(\frac{n+1}{2}\right)}{\Gamma\left(\frac{n}{2}\right)\sqrt{\pi \cdot n}} \cdot \left(1 + \frac{x^2}{n}\right)^{-\frac{n+1}{2}} \tag{2.82}$$

$$tcdf(x,n) = F_n^t(x) = \frac{\Gamma\left(\frac{n+1}{2}\right)}{\Gamma\left(\frac{n}{2}\right)\sqrt{\pi \cdot n}} \cdot \int_{-\infty}^{x} \left(1 + \frac{z^2}{n}\right)^{-\frac{n+1}{2}} dz \tag{2.83}$$

[72] Für Octave existiert eine komfortable Funktion wie `mle` nicht. Zwar existiert für Octave ein Paket `Econometrics`, dieses ist jedoch nicht gut dokumentiert und das originäre Matlab-Skript `bDemoMLEnorm` lässt sich nicht leicht auf die dort vorhandene Funktion `mle_estimate` adaptieren. Daher wird im Octave-Skript die MLE direkt mittels Optimierung durchgeführt. Die MLE mittels Optimierung wird ausführlich Gegenstand von Kapitel 4.4 sein. In Vorgriff auf dieses Kapitel wird am Ende des Demoskriptes 2.28 eine benutzerdefinierte Funktion `fMLE` demonstriert, die plattformunabhängig unter Matlab oder Octave eingesetzt werden kann. Für die meisten reinen Matlab- oder reinen Octave-Anwender dürfte diese Funktion nur nachrichtlich interessant sein, weshalb hier kurz auf sie hingewiesen sei. Sie wird aber im weiteren Verlauf nicht mehr explizit angewendet.

$tpdf(x,n)$ Wert der pdf der t-Verteilung mit Verteilungsparameter n an der Stelle x, auch $f_n^t(x)$

$tcdf(x,n)$ Wert der cdf der t-Verteilung mit Verteilungsparameter n an der Stelle x, auch $F_n^t(x)$

$\Gamma(x)$ Wert der Gamma-Funktion an der Stelle x mit $\Gamma(x) = \int_0^{+\infty} e^{-z} \cdot z^{x-1} dz$

Das Programmlisting 2.29 zeigt die Berechnung des Log-Likelihood-Wertes einer t-Verteilung gemäß Formel 2.82 in Verbindung mit Formel 2.73 (siehe auch Formel 2.72). Sie wird für die Octave-Version zwingend benötigt, welche die MLE direkt mittels Optimierung umsetzen muss.[73] Die nähere Auseinandersetzung mit der Optimierung zur MLE soll aber erst in Kapitel 4.4 erfolgen.

Quellcode 2.29: Funktion zur Berechnung des Log-Likelihood-Wertes der t-Verteilung

```
Siehe Datei: fLogLiket.m
```

Das Programmlisting 2.30 zeigt die MLE Schätzung bei einer t-Verteilung anhand künstlich erzeugter Daten und deren anschließende Visualisierung.[74] Das Demoskript erzeugt zunächst 10.000 Beobachtungen der t-verteilten Zufallsvariable mit einem Verteilungsparameter von $n = 10$; dieser wird auch *Freiheitsgrad* der t-Verteilung genannt.[75] Zur Erzeugung der Zufallszahlen wird die Matlab-eigene Funktion `random` benutzt.[76] Die anschließende Schätzung des Verteilungsparameters erfolgt unter Matlab mit dem Matlab-Ausdruck `dNest = mle(vTdata,'pdf',@tpdf,'start',3)`, der schon aus der MLE Schätzung der Verteilungsparameter einer Normalverteilung bekannt ist. Als Startwert wird hier der Wert 3 gewählt, da Erwartungswert und Varianz einer t-Verteilung erst ab $n = 3$ definiert sind, dies also der kleinste sinnvolle Wert für den Verteilungsparameter ist.

Quellcode 2.30: Demoskript zur MLE Schätzung und Visualisierung der t-Verteilung

```
Siehe Datei: bDemoMLEt.m
```

Die Visualisierung der Ergebnisse ist anhand der Abbildung 2.9 ersichtlich. Um eine solche Abbildung in Matlab anzufertigen, müssen zwei „Plots“ in dieselbe Grafik erfolgen, was einige Vorbereitungen erfordert. Außerdem gibt es hier zwei Möglichkeiten, die notwendigen Berechnungen für die Grafik vorzunehmen. Die erste Variante greift auf die Matlab-eigene Funktion

---

73 Auch die benutzerdefinierte Funktion `fMLE` zur Maximum-Likelihood-Estimation benutzt diese Funktion.

74 Unter Octave ist die Variante `bDemoMLEt_oct` zu verwenden. Wie oben erwähnt, muss hier die MLE direkt mittels Optimierung umgesetzt werden.

75 Der Freiheitsgrad der t-Verteilung bestimmt im Wesentlichen die Wölbung der t-Verteilung. Sehr grob vereinfacht kann man sich die t-Verteilung ungefähr wie eine Standardnormalverteilung vorstellen (die Verteilungsparameter sind $\mu = 0$ und $\sigma \approx 1$), bei welcher die Wölbung von n abhängt. Für $n \to \infty$ konvergiert die t-Verteilung gegen die Standardnormalverteilung.

76 Diese Funktion befindet sich unter Octave im Paket `statistics`.

`hist` zurück, welche die absoluten Häufigkeiten ermittelt, die aber anders skalieren als die *pdf*. Der gemeinsame „Plot“ in eine Grafik ist so noch nicht sinnvoll möglich. Daher werden die absoluten Häufigkeiten in einem ersten Schritt in relative Häufigkeiten umgerechnet und diese dann in einem zweiten Schritt auf die *pdf* reskaliert (dies könnte auch in einem einzigen Schritt erfolgen, der Zwischenschritt über die Berechnung der relativen Häufigkeiten ist nicht unbedingt notwendig). Die zweite Variante greift auf die zuvor entwickelte benutzerdefinierte Funktion `fHist` zurück, welche hier das „echte“ Histogramm berechnet. Umskalierungen sind dann nicht mehr notwendig. Das (ggf. reskalierte) Histogramm wird dann zunächst als Bar-Chart in Schwarz-Weiß gezeichnet, siehe `bar(vX,vY,'w')`. Der Befehl `hold on` bewirkt das Halten der aktuellen Grafik, sodass zusätzliche Plots in die bestehende Grafik integriert werden können. Das Halten der aktuellen Grafik wird mit der Anweisung `hold off` aufgehoben. Dann wird die *pdf* in die bestehende Grafik integriert und anschließend noch dessen Farbe auf Schwarz gesetzt. Schließlich erfolgt noch die Beschriftung der Grafik. Aus der Abbildung 2.9 ist ersichtlich, dass die geschätzte t-Verteilung sehr gut an die künstlich generierten Daten angepasst ist.

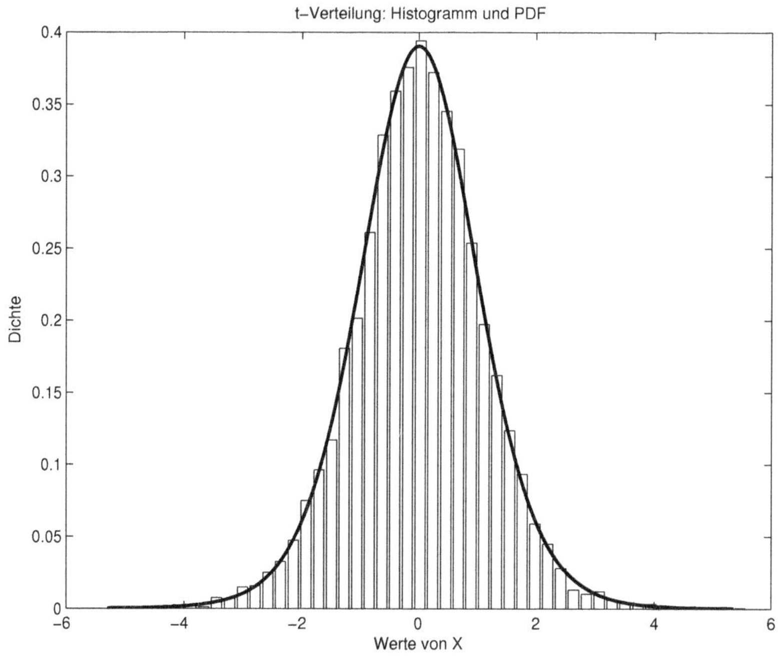

Abbildung 2.9.: t-Verteilung: Histogramm und PDF

Die t-Verteilung bietet sich im CF besonders für die Modellierung von Renditeverteilungen an, da Verteilungen von Assetrenditen aufgrund empirischer Beobachtungen eine höhere (Wahrscheinlichkeits-) Dichte an den Rändern zu besitzen scheinen, als dies unter der Normalverteilungsannahme zu erwarten ist. Für die Anpassung einer t-Verteilung an eine beobachtete Renditeverteilung ergibt sich jedoch eine Schwierigkeit. Eine t-Verteilung besitzt den in Formel

2.84 dargestellten Erwartungswert null. Aus Formel 2.85 für die Varianz wird ersichtlich, dass die Standardabweichung einer t-Verteilung größer als eins ist und sich mit zunehmenden Wert für n asymptotisch diesem Wert nähert.

$$E_n^t(X) = 0 \tag{2.84}$$

$$Var_n^t(X) = \frac{n}{n-2} \tag{2.85}$$

$E_n^t(X)$ Erwartungswert einer t-verteilten Zufallsvariable X mit n Freiheitsgraden

$Var_n^t(X)$ Varianz einer t-verteilten Zufallsvariable X mit n Freiheitsgraden

Eine in der Realität beobachtete Renditeverteilung wird davon in aller Regel abweichende Werte besitzen. Aus diesem Grund ist eine Umskalierung der empirisch beobachteten (Rendite-) Verteilung auf die t-Verteilung und dessen Verallgemeinerung notwendig. Sei τ eine t-verteilte Zufallsvariable, so wird angenommen, dass die Beziehung nach Formel 2.86 bzw. umgeformt nach Formel 2.87 gilt:

$$X = \mu_\tau + \sigma_\tau \cdot \tau \tag{2.86}$$

$$\tau = \frac{X - \mu_\tau}{\sigma_\tau} \tag{2.87}$$

μ_τ Verschiebungs- oder Lokationsparameter der t-location-scale-Verteilung

σ_τ Skalierungsparameter der t-location-scale-Verteilung

Die Dichtefunktion einer derart modifizierten t-location-scale-Verteilung lautet nach Formel 2.88.

$$tpdf(x, n, \mu_\tau, \sigma_\tau) = f^t_{n,\mu_\tau,\sigma_\tau}(x) = \frac{\Gamma\left(\frac{n+1}{2}\right)}{\Gamma\left(\frac{n}{2}\right) \cdot \sqrt{\pi \cdot n} \cdot \sigma_\tau} \cdot \left(1 + \frac{1}{n}\left(\frac{x - \mu_\tau}{\sigma_\tau}\right)^2\right)^{-\frac{n+1}{2}} \tag{2.88}$$

$tpdf(x, n, \mu_\tau, \sigma_\tau)$ Wert der pdf der t-location-scale-Verteilung mit Verteilungsparameter n, Lokationsparameter μ_τ und Skalierungsparameter σ_τ an der Stelle x

Die Umformung nach Formel 2.87 ist ähnlich zu der sogenannten z-Transformation nach Formel 2.89, mit welcher Beobachtungsdaten so normalisiert werden können, sodass diese nach der Transformation einen Mittelwert von null und eine Standardabweichung von eins besitzen. Obwohl die Formeln 2.87 und 2.89 praktisch identisch sind, gilt es einen wichtigen Unterschied zu beachten. In Formel 2.87 werden mit μ_τ der Lokations- und mit σ_τ der Skalierungsparameter einer t-location-scale-Verteilung bezeichnet. Diese sind zwar ähnlich zu Mittelwert und Standardabweichung, aber in aller Regel nicht identisch. Aus Vereinfachungsgründen wird im Folgenden diese Operation immer als z-Transformation bezeichnet.

$$z_t = \frac{x_t - \bar{x}}{s_x} \tag{2.89}$$

z_t z-Score oder z-Wert eines Beobachtungswertes x_t zum Zeitpunkt t

$\bar{x}$ Mittelwert aller Beobachtungen von $x_t, t = 1, \ldots, T$ mit T = Anzahl Beobachtungen, $\bar{x} = \frac{1}{T} \sum x_t$

s_x (empirisch geschätzte) Standardabweichung aller Beobachtungen von $x_t, t = 1, \ldots, T$, $s_x = \sqrt{\frac{1}{T-1} \sum (x_t - \bar{x})^2}$

Soweit die pdf einer solchen t-location-scale-Verteilung in den Funktionsbibliotheken oder Toolboxen nicht vorhanden ist, muss die dafür benötigte Funktion selber geschrieben werden. Das Programmlisting 2.31 zeigt die direkte Umsetzung der Formel 2.88 in Matlab.

Quellcode 2.31: Funktion zur Berechnung der PDF einer t-location-scale-Verteilung

```
Siehe Datei: fTlsPDF.m
```

Die Funktion `fTlsPDF` ist nichts weiter als die direkte Umsetzung der Formel 2.88 und braucht daher nicht weiter kommentiert werden.[77] Die Funktion kann weiter vereinfacht werden, wenn die Formeln 2.82 und 2.88 zur Berechnung der pdf einer gewöhnlichen und t-location-scale-Verteilung miteinander verglichen werden. Setzt man in Formel 2.82 gleich die z-transformierte Variable ein, so unterscheiden sich beide nur noch um den Skalenfaktor σ_τ. Damit kann die Berechnung der pdf einer t-location-scale-Verteilung einfach auf die Berechnung der pdf einer gewöhnlichen t-Verteilung zurückgeführt werden, für die es bereits eine Funktion gibt. Das Programmlisting 2.32 zeigt die zweite, vereinfachte Variante zur Berechnung der pdf. Aus Platzgründen ist die Kommentierung teilweise gelöscht worden, da diese redundant wäre. Welche Variante bevorzugt wird, ist eine Frage des persönlichen Geschmacks. Dieses Beispiel soll aber zeigen, dass es sehr hilfreich sein kann zu überlegen, wie bereits bestehende Funktionen sich bestmöglich zur Berechnung neuer Größen nutzen lassen, um so das Schreiben von komplexem und damit häufig auch fehlerträchtigem Programmcode zu vermeiden.

Quellcode 2.32: Funktion zur Berechnung der PDF einer t-location-scale-Verteilung, vereinfachte Variante

```
Siehe Datei: fTlsPDFV2.m
```

Nach diesen notwendigen Vorbereitungen zeigt das Programmlisting 2.33 die Berechnung des Log-Likelihood-Wertes einer t-location-scale-Verteilung gemäß Formel 2.88 in Verbindung mit Formel 2.73 (siehe auch Formel 2.72). Sie wird von der Octave-Version zur Maximum-Likelihood-Estimation benötigt, welche die MLE direkt mittels Optimierung vornimmt; nähere Einzelheiten dazu werden später in Kapitel 4.4 behandelt.

[77] Erwähnenswert ist allenfalls der Funktionsaufruf `gamma`. Hier handelt es sich um eine Matlab-eigene Funktion, mit welcher der Wert der Gammafunktion $\Gamma(x)$ an der Stelle x berechnet werden kann.

Quellcode 2.33: Funktion zur Berechnung des Log-Likelihood-Wertes der t-location-scale-Verteilung

```
Siehe Datei: fLogLikeTls.m
```

Das Demoskript 2.34 zeigt die Anpassung einer t-location-scale-Verteilung an die Daten der Fallstudie,[78] hier nur für die Renditen der Benchmark. Die Schätzung der Parameter einer t-location-scale-Verteilung geschieht hier mittels der Matlab-Funktion `mle`. Diese kann mittels `vPara = mle(vRet, 'pdf', @fTlsPDF, 'start', vStart)` oder alternativ mit `vPara = mle(vRet, 'distribution', 'tlocationscale')` aufgerufen werden. Die t-location-scale-Verteilung ist in jüngeren Matlab-Versionen vorhanden und kann damit direkt mit Hilfe der Matlab-Funktion geschätzt werden (die Matlab-Funktion ordnet jedoch die drei Parameter in einer anderen Reihenfolge an). Beide Versionen liefern dasselbe Ergebnis.

Quellcode 2.34: Demoskript zur Anpassung der t-location-scale-Verteilung an die Benchmarkrenditen

```
Siehe Datei: bDemoMLEt_Benchmark.m
```

Zur Beurteilung der Anpassungsgüte wird abschließend der Wert der Log-Likelihood-Funktion (als Gütemaß) für die angepasste t-location-scale-Verteilung berechnet und mit demjenigen Wert einer angepassten Normalverteilung berechnet. Der Log-Likelihood-Wert der angepassten t-Verteilung ist dabei geringfügig höher (besser) als derjenige der Normalverteilung, was eine bessere Anpassungsgüte signalisiert. Allerdings ist der Unterschied nicht groß.

2.7.5. Die F-Verteilung

Die F-Verteilung besitzt in der Statistik eine große Bedeutung im Zusammenhang mit Hypothesentests, weshalb sie auch im weiteren Verlauf dieses Buches immer wieder betrachtet wird. Auch für die Modellierung von Verteilungen kann sie hilfreich sein. Die pdf der F-Verteilung ist nach Formel 2.90 definiert, die cdf nach Formel 2.91:

$$fpdf(x,m,n) = f^F_{m,n}(x) = \begin{cases} \frac{\Gamma\left(\frac{m+n}{2}\right)}{\Gamma\left(\frac{m}{2}\right)\cdot\Gamma\left(\frac{n}{2}\right)}\cdot\left(\frac{m}{n}\right)^{\frac{m}{2}}\cdot x^{\frac{m}{2}-1}\cdot\left(1+\frac{m}{n}x\right)^{-\frac{m+n}{2}} & \text{falls } x>0 \\ 0 & \text{sonst} \end{cases} \tag{2.90}$$

$$fcdf(x,m,n) = F^F_{m,n}(x) = \frac{\Gamma\left(\frac{m+n}{2}\right)}{\Gamma\left(\frac{m}{2}\right)\cdot\Gamma\left(\frac{n}{2}\right)}\cdot\left(\frac{m}{n}\right)^{\frac{m}{2}}\cdot\int_0^x z^{\frac{m}{2}-1}\cdot\left(1+\frac{m}{n}z\right)^{-\frac{m+n}{2}}dz \tag{2.91}$$

$fpdf(x,m,n)$ Dichte der F-Verteilung mit Verteilungsparametern m (erster Freiheitsgrad) und n (zweiter Freiheitsgrad) an der Stelle x, auch $f^F_{m,n}(x)$

$fcdf(x,m,n)$ Wert der Verteilungsfunktion der F-Verteilung mit Verteilungsparameter m (erster Freiheitsgrad) und n (zweiter Freiheitsgrad) an der Stelle x, auch $F^F_{m,n}(x)$

[78] Unter Octave ist die Variante `bDemoMLEt_Benchmark_oct` zu verwenden.

Der Erwartungswert einer F-Verteilung errechnet sich nach Formel 2.92, die Varianz nach Formel 2.93:

$$E^F_{m,n}(X) = \frac{n}{n-2} \tag{2.92}$$

$$Var^F_{m,n}(X) = \frac{2n^2(m+n-2)}{m(n-2)^2(n-4)} \tag{2.93}$$

$E^F_{m,n}(X)$ Erwartungswert der F-Verteilung mit Verteilungsparametern m (erster Freiheitsgrad) und n (zweiter Freiheitsgrad)

$Var^F_{m,n}(X)$ Varianz der F-Verteilung mit Verteilungsparametern m (erster Freiheitsgrad) und n (zweiter Freiheitsgrad)

Die ursprüngliche Bestimmung der F-Verteilung ist es, Hypothesentests zu ermöglichen. Sie besitzt einige Besonderheiten bzw. Einschränkungen. Zunächst ist die F-Verteilung nur für positive Werte von X definiert. Die Freiheitsgrade n und m können ebenfalls nicht beliebig gewählt werden. Sie müssen positiv sein; sollen zudem Erwartungsgwert und Varianz definiert sein, so muss ferner $n \geq 5$ gelten.[79] Bei der F-Verteilung wird der Quotient zweier Summen von quadrierten, unabhängig standardnormalverteilten Zufallsvariablen betrachtet, womit die Freiheitsgrade streng genommen ganzzahlig sein müssen; die F-Verteilung kann jedoch auch für reellwertige Freiheitsgrade m und n ausgewertet werden. Beachtet man die Einschränkung $n \geq 5$, so ist der Erwartungswert höchstens $5/(5-2) = 5/3 \approx 1{,}67$. Mit steigendem Freiheitsgrad n nähert sich dieser asymptotisch eins, sodass die möglichen Erwartungswerte für beliebige F-Verteilungen in einer sehr engen Bandbreite von etwa 1 bis $1{,}67$ liegen. Damit eignet sich die F-Verteilung für die Anpassung auf beliebige Verteilungen im Allgemeinen nicht direkt; dies ist aber auch nicht ihre originäre Zweckbestimmung. Ähnliches gilt für die oben betrachtete t-Verteilung; auch sie dient originär der Konstruktion von Hypothesentests und eine Anpassung an eine beliebige Verteilung ist eigentlich nicht vorgesehen. Die t-Verteilung lässt sich jedoch durch Einführung eines Lokations- und Skalierungsparameters so verallgemeinern, dass dies hinterher möglich ist. Eine analoge Erweiterung gibt es für die F-Verteilung nicht.

Dennoch kann die F-Verteilung über einen Umweg an eine beliebige Verteilung angepasst werden, indem diese geeignet auf den Definitionsbereich einer F-Verteilung reskaliert wird. Dabei verstehen sich die folgenden Betrachtungen rein exemplarisch, denn natürlich kann gefragt werden, warum man denn eine F-Verteilung an eine z.B. Renditeverteilung anpassen sollte, wenn dies per Konstruktion eigentlich nicht vorgesehen ist. Oder es könnte eingewendet werden, warum nicht andere Verteilungstypen benutzt werden, bei denen dies vorgesehen ist. Der Grund dafür besteht darin, dass es in vielen praktischen Anwendungsfällen hilfreich sein kann zu wissen, wie verfügbare Verteilungen zur Verteilungsmodellierung herangezogen werden können, auch wenn sie scheinbar dafür nicht vorgesehen sind. Die F-Verteilung ist ein solches Beispiel: Sie besitzt eine Asymmetrie (rechtsschief, linkssteil), die auch in der Fallstudie - zumindest bei der Renditeverteilung der Benchmark - vorzuliegen scheint; dort ist diese aber eher linksschief und

[79] Der Erwartungswert einer F-Verteilung ist für $n \geq 3$, die Varianz zusätzlich erst ab $n \geq 5$ definiert. Für kleine Werte von m und n (< 3) treten ferner oftmals numerische Probleme auf.

rechtssteil. Die praktische Aufgabenstellung könnte es nun sein, zu klären, ob die Modellierung mit Hilfe einer F-Verteilung bessere Ergebnisse als mit einer Normalverteilung oder t-Verteilung zeigt.

Die Reskalierung einer beobachteten Renditeverteilung vollzieht sich am besten in zwei sukzessiven Schritten. Im ersten Schritt wird die beobachtete Renditeverteilung z-transformiert. Sie besitzt danach einen Mittelwert von 0 und eine Standardabweichung von 1, womit sie sich leicht im zweiten Reskalierungsschritt auf einen beliebigen Wertebereich „ummappen" lässt. Soll eine in der originären Renditeverteilung bestehende Schiefe umgekehrt werden, ist nach der z-Transformation die z-transformierte Renditeverteilung mit -1 zu multiplizieren. Im folgenden zweiten Reskalierungsschritt wird die z-transformierte (und gegebenenfalls an der Nullachse gespiegelte) Renditeverteilung auf den Wertebereich der interessierenden F-Verteilung abgebildet. Dazu werden die z-transformierten Renditen mit der (theoretischen) Standardabweichung multipliziert und anschließend der Erwartungswert addiert. Die Formeln 2.94, 2.95 und 2.96 zeigen die beiden Reskalierungsoperationen:

Schritt 1: z-Transformation der originären Renditeverteilung:

$$z_t = \frac{r_t - \bar{r}}{s_r} \tag{2.94}$$

Optionaler Zwischenschritt: Spiegelung an der Nullachse:

$$z_t^* = \begin{cases} -z_t & \text{wenn Asymmetrie umzukehren ist} \\ z_t & \textit{sonst} \end{cases} \tag{2.95}$$

Schritt 2: Reskalierung auf gewünschten Wertebereich:

$$x_t^F = z_t^* \cdot \sqrt{Var_{m,n}^F(X)} + E_{m,n}^F(X) \tag{2.96}$$

z_t z-Score oder z-Wert der Rendite r_t zum Zeitpunkt t

z_t^* gegebenenfalls an der Nullachse gespiegelter z-Score oder z-Wert der Rendite r_t zum Zeitpunkt t

x_t^F auf eine F-Verteilung mit Verteilungsparametern m und n reskalierte Rendite r_t zum Zeitpunkt t

In umgekehrter Reihenfolge wird dann wieder auf die originäre Renditeverteilung zurückskaliert. Erzeugt man z.B. in einer Simulation F-verteilte, simulierte Renditen, wie es im späteren Kapitel 5.2.2.2 noch gezeigt wird, so folgen diese zunächst einer reinen F-Verteilung mit besagten Eigenschaften. Um wieder eine Renditeverteilung zu erhalten, welche mit den originären Beobachtungsdaten verträglich ist, sind die dargestellten Schritte in umgekehrter Reihenfolge zu durchlaufen. Insofern ist es problemlos möglich, die Renditeverteilung im originären Skalenbereich oder demjenigen der gewünschten Verteilung zu betrachten. Da die Hin- und Zurück-Transformationen jederzeit möglich sind, ist es insoweit irrelevant, welcher Skalenbereich betrachtet wird.

Nachdem die originär beobachtete Renditeverteilung auf den gewünschten Skalenbereich gebracht wurde, kann die pdf der betrachteten F-Verteilung berechnet werden. Der letzte Schritt ist dann nur noch die Maximierung des Log-Likelihood-Wertes, um die optimalen Werte für die Verteilungsparameter m und n zu bestimmen. Das Programmlisting 2.35 zeigt die Berechnung für eine solche, reskalierte F-Verteilung. Voraussetzung ist hier, dass bereits der erste Transformationsschritt und die gegebenenfalls erforderliche Spiegelung der Verteilung an der Nullachse vor dem Aufruf der Funktion erledigt wurden.

Quellcode 2.35: Funktion zur Berechnung der Dichte einer reskalierten F-Verteilung

```
Siehe Datei: fReskalFPDF.m
```

Die Funktion `fReskalFPDF` setzt dabei lediglich den zweiten Schritt der gesamten Reskalierungsoperationen um, indem die bereits vorbereitete, z-transformierte und gespiegelte Renditeverteilung auf den Skalenbereich der betrachteten F-Verteilung „umgemappt" wird. Die ersten Programmzeilen mit den if-Abfragen sollen zunächst unzulässige Parameter für den ersten und zweiten Freiheitsgrad abfangen, weil es sonst zu numerischen Problemen kommen kann und später die `mle` mit einer Fehlermeldung abbricht. Danach werden im Programmcode die Formeln 2.92, 2.93 und 2.96 umgesetzt. Mit der Codezeile `vXF = vZ * dStdF + dMuF` werden die vorbereiteten, z-transformierten und gespiegelten Renditen auf den Skalenbereich der betrachteten F-Verteilung ausgerichtet. Danach kann die pdf berechnet werden. Da die Funktion später als Inputparameter für die Funktion `mle` zur MLE-Schätzung dienen wird, sind numerische Probleme abzufangen, die sonst zu einem Abbruch der Funktion `mle` mit einer Fehlermeldung führen. Und zwar kann `mle` mit 0, `NaN` oder `Inf` nicht weiterarbeiten, d.h., die Funktion bricht mit einer Fehlermeldung ab. Um einen Abbruch der Optimierung zu verhindern, wird als Ersatzwert `realmin` eingesetzt, welches die (dem Absolutbetrag nach) kleinste auf dem Computer darstellbare Gleitkommazahl ist (also ein Wert sehr nahe an 0). Mit dem Matlab-Ausdruck `vReskalFPDF( (vReskalFPDF <= 0) | isnan(vReskalFPDF) | isinf(vReskalFPDF) ) = realmin` werden an allen denjenigen Stellen im Vektor `vReskalFPDF` diejenigen Werte auf `realmin` gesetzt, wo diese Bedingungen vorliegen.

Die beispielhafte Implementation von `fReskalPDF` dient primär didaktischen Zwecken und ist für einen praktischen Einsatz nicht ideal. Der Grund hierfür liegt darin, dass die Matlab-Funktion `mle`, obwohl sehr benutzerfreundlich, nur sehr eingeschränkt kontrolliert werden kann. Gerade bei diesem Optimierungsproblem ist aber eine umfassende Kontrolle des Optimierers unbedingt erforderlich. Zunächst sind bei der Optimierung die Nebenbedingungen für die Freiheitsgrade m und n direkt zu kontrollieren. Die indirekte Zurücksetzung innerhalb der Funktion `fReskalFPDF` auf als zulässig erachtete Werte ist unbefriedigend, weil damit der Optimierer (innerhalb der Matlab-eigenen Funktion `mle`) keine Rückmeldung bekommt, ob er im zulässigen Wertebereich sucht.[80] Der Optimierer kann dann mit gänzlich anderen Werten arbeiten, als sie von der

[80] Hier wird der Wertebereich für die Parameter der reskalierten F-Verteilung auf das Intervall [5,500] begrenzt. Die Untergrenze von 5 ergibt sich daraus, dass für Werte kleiner als 5 die Varianz nicht definiert ist. Die Obergrenze von 500 ist pragmatisch gesetzt, da sich für Freiheitsgrade größer als 500 die Quantile der F-Verteilung nicht mehr wesentlich ändern, es aber dann zu numerischen Problemen kommen kann. Wie eine MLE unter Berücksichtigung von Nebenbedingungen für die Parameter vorgenommen wird, wird später in Kapitel 4.4 detailliert besprochen. Die hier demonstrierte Lösung besitzt daher nur vorläufigen Charakter in Bezug auf die Verwendung der Matlab-

Funktion `fReskalFPDF` tatsächlich verwendet werden. Dies kann die Lösungsqualität erheblich beeinträchtigen. Ferner ist die Behandlung von numerischen Problem (0, `NaN`, `Inf`) sehr einfach gelöst. Hier gibt es bessere Strategien den Optimierer davon abzuhalten, solche unerwünschten Bedingungen zu erzeugen. Eine solche verbesserte Lösung stellt die MLE mittels Optimierung unter Nebenbedingungen dar. Dieses Vorgehen ist allerdings deutlich komplexer und erfordert die noch folgende Einführung in die Optimierung, weshalb detaillierte Betrachtungen später in Kapitel 4.4 erfolgen werden.

Das Programmlisting 2.36 zeigt die Berechnung des Log-Likelihood-Wertes einer reskalierten F-Verteilung gemäß den vorhergehenden Betrachtungen. Sie wird von der Octave-Version zur Maximum-Likelihood-Estimation benötigt.

Quellcode 2.36: Funktion zur Berechnung des Log-Likelihood-Wertes der reskalierten F-Verteilung

```
Siehe Datei: fLogLikeReskalF.m
```

Das Programmlisting 2.37 zeigt das Demoskript zur Anpassung der F-Verteilung an die beobachtete Renditeverteilung der Benchmark.[81]

Quellcode 2.37: Demoskript zur Anpassung einer reskalierten F-Verteilung an die Benchmarkrenditen

```
Siehe Datei: bDemoMLEF_Benchmark.m
```

Das Demoskript 2.37 ist aufgrund der zahlreichen Schritte und der Anfertigung zweier alternativer Grafiken zur Visualisierung der Verteilungsanpassung deutlich länger als bei der t-Verteilung. Die einzelnen Schritte im Demoskript sind aber dieselben wie oben ausgeführt, sodass hier nur ausgewählte Stellen kommentiert werden. Der Ausdruck `vZ = -(vRet - dMu) / dSigma` bewirkt die z-Transformation und Spiegelung der originären Verteilung der Benchmarkrenditen an der Nullachse. Die z-Transformation erfolgt im Demoskript „manuell“, ebenso könnte auf die Matlab-eigene Funktion `zscore` zurückgegriffen werden; siehe dazu den auskommentierten Programmcode.

Unter Matlab erfolgt der Aufruf der MLE Schätzung mit `vPara = mle(vZ, 'pdf', @fReskalFPDF, 'start', vStart, 'options', options)`. Die Besonderheit ist hier die Verwendung von Optionen, die mit Hilfe von `options = statset('Display', 'iter', 'MaxIter', 1000, 'MaxFunEvals', 10000)` zuvor gesetzt wurden. Hiermit besteht die Möglichkeit, die Optimierung bei der MLE in einem begrenzten Rahmen zu kontrollieren. Beispielhaft wird die Anzeige des Optimierungsfortschrittes eingeschaltet sowie die Anzahl der maximalen Iterationen und Funktionsauswertungen heraufgesetzt, um einen vorzeitigen Abbruch der Optimierung zu verhindern. Die Kontrolle des Optimierungsprozesses ist bei `mle` nur sehr eingeschränkt möglich, weshalb die Lösung der Schätzung noch einmal auf Zulässigkeit kontrolliert und gegebenenfalls korrigiert werden muss. Besser wäre es, die MLE direkt über eine Optimierung unter Nebenbedingungen durchzuführen und dabei die Nebenbedingungen zu kontrollieren.

eigenen Funktion `mle`. Die benutzerdefinierte Funktion `fMLE` löst dieses Problem über die direkte Kontrolle der Nebenbedingungen.

[81] Unter Octave ist die Variante `bDemoMLEF_Benchmark_oct` zu verwenden.

Den Schluss des Demoskriptes bildet die Visualisierung der Verteilungsanpassung. Der dazu mögliche Programmcode ist bereits aus den Betrachtungen zur Anpassung der t-Verteilung bekannt. Interessant ist hier nur die Demonstration, wie zwischen den beiden Skalen (F-Skala und originäre Skala) gewechselt werden kann. Die dargestellten Skalierungsoperationen sind also, je nach gewünschter Darstellung, in der einen oder anderen Richtung zu durchlaufen. Ein zentrales Beispiel ist hier die Codezeile `vXorgPDF = (-(vXFpdf - dMuF) / dStdF) * dSigma + dMu`, mit welcher die X-Achse der F-Verteilung zurückskaliert wird auf die X-Achse der originären Renditeverteilung. Der Teilausdruck `(-(vXFpdf - dMuF) / dStdF)` standardisiert die X-Achse der F-Verteilung und spiegelt diese an der Nullachse. Danach erfolgt die Rücktransformation auf den originären Wertebereich mit `... * dSigma + dMu`. Die zuvor berechneten Dichtewerte bleiben aber unverändert; diesen werden nur durch das „Remapping" andere x-Werte zugeordnet. Die Abbildung 2.10 zeigt die Anpassungsgüte der Verteilung auf der originären Renditeskala.

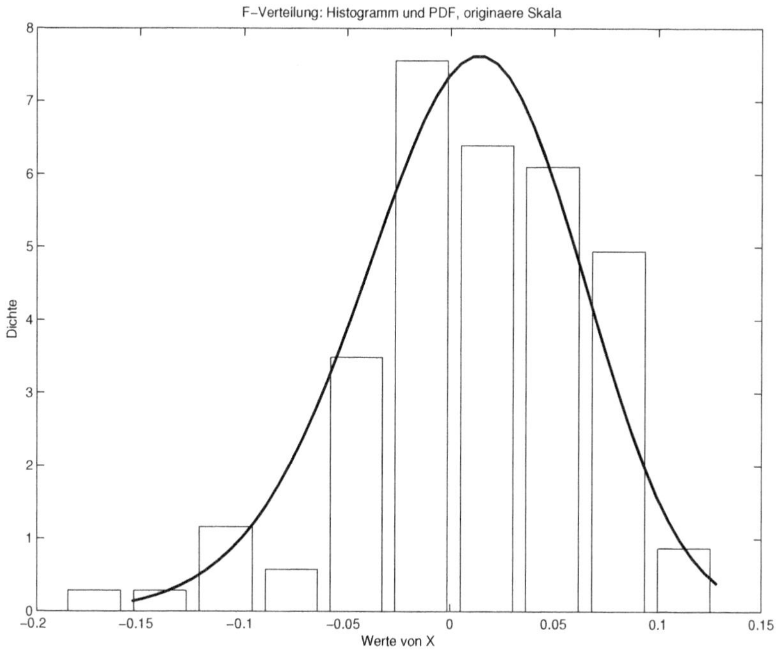

Abbildung 2.10.: Anpassung der F-Verteilung an die Benchmarkrenditen.

Anschaulich erkennbar ist die gelungene Abbildung der Asymmetrie in der beobachteten Renditeverteilung der Benchmark. Zugleich sind aber ebenso deutliche „Anpassungslücken" erkennbar, bezüglich derer die zuvor angepasste Normalverteilung und t-Verteilung viel besser gepasst haben. So kommt es insgesamt dazu, dass der Log-Likelihood-Wert der F-Verteilung im Beispiel deutlich geringer ausfällt (ca. 144) gegenüber denjenigen der Normal- oder t-Verteilung (dort ca. 166 bzw. ca. 167). So gesehen kann insgesamt keine Verbesserung der Verteilungsanpassung festgestellt werden. Jedoch zeigt das Beispiel, wie eine Verteilungsanpassung gelingen kann, auch wenn die dafür benutzte Verteilung auf den ersten Blick ungeeignet erscheint.

2.7.6. Die Chi-Quadrat-Verteilung

Die Chi-Quadrat-Verteilung, auch kurz χ^2-Verteilung, wird ebenfalls im Zusammenhang mit Hypothesentests in der Statistik benutzt. Sie beschreibt, wie eine Summe von n quadrierten, unabhängigen und standardnormalverteilten Zufallsvariablen $X = \sum_{i=1}^{n} X_i^2$ verteilt ist. Die pdf einer χ^2-Verteilung ist nach Formel 2.97, die cdf nach Formel 2.98 definiert.

$$chi2pdf(x,n) = f_n^{\chi^2}(x) = \begin{cases} \frac{1}{2^{\frac{n}{2}} \cdot \Gamma\left(\frac{n}{2}\right)} \cdot x^{\frac{n}{2}-1} \cdot e^{-\frac{x}{2}} & \text{falls } x > 0 \\ 0 & \text{sonst} \end{cases} \tag{2.97}$$

$$chi2cdf(x,n) = F_n^{\chi^2}(x) = \frac{1}{2^{\frac{n}{2}} \cdot \Gamma\left(\frac{n}{2}\right)} \cdot \int_0^x z^{\frac{n}{2}-1} \cdot e^{-\frac{z}{2}} dz \tag{2.98}$$

$chi2pdf(x,n)$ Dichte der χ^2-Verteilung mit Verteilungsparameter n an der Stelle x, auch $f_n^{\chi^2}(x)$

$chi2cdf(x,n)$ Wert der Verteilungsfunktion der χ^2-Verteilung mit Verteilungsparameter n an der Stelle x, auch $F_n^{\chi^2}(x)$

Der Erwartungswert einer χ^2-Verteilung errechnet sich nach Formel 2.99, die Varianz nach Formel 2.100.

$$E_n^{\chi^2}(X) = n \tag{2.99}$$

$$Var_n^{\chi^2}(X) = 2n \tag{2.100}$$

$E_n^{\chi^2}(X)$ Erwartungswert der χ^2-Verteilung mit Verteilungsparameter n

$Var_n^{\chi^2}(X)$ Varianz der χ^2-Verteilung mit Verteilungsparameter n

Genauso wie bei der F-Verteilung ist die ursprüngliche Bestimmung der χ^2-Verteilung im Zusammenhang mit Hypothesentests zu sehen. Zur Modellierung bzw. Anpassung an empirisch beobachtete Verteilungen ist sie ebenso wenig vorgesehen, kann aber in analoger Weise verwendet werden. Die Umsetzung geschieht in derselben Weise, wie es im Zusammenhang mit der F-Verteilung beschrieben wurde, jedoch vereinfacht sich hier die Vorgehensweise ein wenig. Das Programmlisting 2.38 zeigt die Funktion zur Berechnung der Dichte einer reskalierten χ^2-Verteilung. Die Voraussetzungen und Erläuterungen bei der F-Verteilung gelten hier in analoger Weise. Daher ist der Programmcode unmittelbar nachvollziehbar.

Quellcode 2.38: Funktion zur Berechnung der PDF einer reskalierten χ^2-Verteilung

```
Siehe Datei: fReskalChi2PDF.m
```

Das Programmlisting 2.39 zeigt die Berechnung des Log-Likelihood-Wertes einer reskalierten χ^2-Verteilung gemäß den vorhergehenden Betrachtungen. Sie wird von der Octave-Version zur Maximum-Likelihood-Estimation benötigt. Nähere Betrachtungen hierzu werden in Kapitel 4.4 erfolgen.

Quellcode 2.39: Funktion zur Berechnung des Log-Likelihood-Wertes der reskalierten χ^2-Verteilung

```
Siehe Datei: fLogLikeReskalChi2.m
```

Das zugehörige Demoskript 2.40 ergibt sich durch direkte Anpassung des Demoskriptes 2.37, weshalb eine ausführliche Besprechung weitgehend redundant wäre.[82]

Quellcode 2.40: Demoskript zur Anpassung einer reskalierten χ^2-Verteilung an die Benchmarkrenditen

```
Siehe Datei: bDemoMLEChi2_Benchmark.m
```

Die Anwendung in der Fallstudie ergibt die in Abbildung 2.11 dargestellte Anpassungsgüte. Der Wert der Log-Likelihood-Funktion als Gütemaß der Anpassung beträgt nur noch ca. -323, ist also sehr viel schlechter als bei den bisherigen Anpassungen. Ein Blick auf die Abbildung 2.11 bestätigt dieses Ergebnis. Die Schiefe der Verteilung in den Benchmarkrenditen wird zwar einigermaßen durch die angepasste χ^2-Verteilung eingefangen, jedoch lässt sich diese offensichtlich nur sehr schwer an die beobachtete Renditeverteilung anpassen.

Die Betrachtungen dieses Kapitels haben am Beispiel von vier wichtigen Verteilungen aus der Statistik gezeigt, wie sich Verteilungen an empirische Beobachtungen anpassen lassen. Dies ist im CF ein sehr wichtiger, vorbereitender Schritt für später interessierende Fragestellungen. So erfordert z.B. das Aufsetzen einer Simulation zur Risikoanalyse regelhaft die Anpassung von angenommenen theoretischen Verteilungen an empirische Beobachtungsdaten, bevor damit künstliche (Rendite-) Daten generiert werden können. Daher wird auf die hier vermittelten Grundlagen im Kapitel 5 Rückgriff genommen.

2.7.7. Die Log-Normal-Verteilung

Abschließend sei noch kurz die Log-Normalverteilung erwähnt, welche in der Finanzwirtschaft und im CF zur Modellierung von Aktienkursen beliebt ist. Zur Motivation verweisen wir zurück auf Kapitel 2.2.1, dort auf die stetige Rendite nach Formel 2.6. Sind die (stetigen) Renditen r_t^s eines Assets normalverteilt mit Verteilungsparametern μ und σ, $r_t \sim N(\mu, \sigma)$, so sind die daraus resultierenden Assetpreise p_t nach Formel 2.101 Log-normalverteilt.

$$p_t = \exp\left(r_t^s\right) p_{t-1} \tag{2.101}$$

[82] Unter Octave ist die Variante `bDemoMLEChi2_Benchmark_oct` zu verwenden.

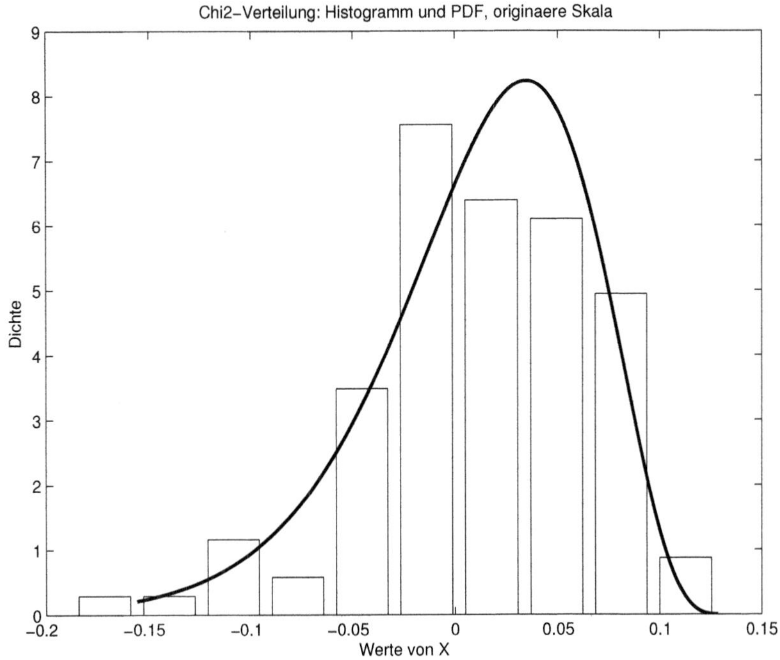

Abbildung 2.11.: Anpassung einer χ^2-Verteilung an die Benchmarkrenditen.

Das Programmlisting 2.41 illustriert dies anhand eines kleinen Simulationsexperiments.[83] Wir nehmen an, zu Beginn einer Periode seien 100.000 Aktien am Markt vorhanden, die alle mit einem Preis von 100 notieren. Ferner sei angenommen, die Aktienkursrenditen einer Periode (z.B. ein Jahr) seien normalverteilt mit $\mu = 0{,}08$ und $\sigma = 0{,}2$.[84] Wir wollen nun ermitteln, welcher mittlere Aktienkurs sich am Ende der Periode (z.B. des Jahres) im Querschnitt aller Aktien unter den gesetzten Annahmen ergibt. Dazu generiert das Demoskript insgesamt 100.000 normalverteilte Renditen mit den gegebenen Verteilungsparametern (eine Jahresrendite pro Asset), berechnet dann nach Formel 2.101 die daraus resultierenden Kursstände am Ende der Periode und ermittelt schließlich den mittleren Aktienpreis im Querschnitt über alle 100.000 Aktien. Der so ermittelte Mittelwert wird dann mit zwei erwarteten mittleren Preisen verglichen. Die Berechnung `dMuPriceNaive = 100 * exp(dMu)` ist eine intuitive, aber falsche Abschätzung. Hier wird der erwartete mittlere Preis einfach durch Aufzinsung mit dem Erwartungswert der Assetrenditen berechnet, also als $E(p) = exp(\mu) * 100$.

[83] Unter Octave ist die Variante `bDemoLogNormalSimPrices_oct` zu verwenden. Dort wird ersatzweise die in Kapitel 4.2.4.3 vorzustellende Funktion `fJBstat` zur Durchführung des Jarque-Bera-Tests verwendet.

[84] Dies sind in der Praxis gebräuchliche Standardannahmen für die Jahresrendite und Jahresvolatilität von Aktien im Mittel.

Quellcode 2.41: Demoskript zur Simulation von Aktienkursen

```
Siehe Datei: bDemoLogNormalSimPrices.m
```

Das vom Demoskript 2.41 erstellte Histogramm lässt die Ursache für das Auseinanderfallen des empirischen Mittelwertes und des (falsch) berechneten Erwartungswertes vermuten. Danach scheint die Verteilung der Aktienpreise am Ende der Periode linkssteil und rechtsschief zu sein, folgt also anscheinend keiner Normalverteilung. Dies hängt mit dem „Zinseszins"-Effekt zusammen. Obwohl die Assetrenditen normalverteilt um den Renditeerwartungswert schwanken, führen positive Abweichungen von Renditeerwartungswert aufgrund des exponentiellen Wachstumseffektes zu höheren Preisanstiegen als gleiche hohe negative Renditeabweichungen zu Kursverlusten. Dies führt zu einem höheren Mittelwert der Preise als zunächst vielleicht intuitiv erwartet. Die dritte Art der Mittelwertberechnung korrigiert für diesen Effekt und ermittelt den korrekten Erwartungswert der Aktienpreise. Dieser theoretisch berechnete Erwartunsgwert (nach Formel 2.104) stimmt mit dem empirischen Mittelwert der Simulation bis auf Nachkommastellen überein.

Verallgemeinert man dieses Beispiel, so wird die Verteilung der Aktienkurse bzw. Preise durch eine Log-Normalverteilung beschrieben. Die logarithmierten Preise im Beispiel sind wieder normalverteilt.[85] Die Dichtefunktion (pdf) einer Log-Normalverteilung ist in Formel 2.102 dargestellt, die zugehörige Verteilungsfunktion (cdf) in Formel 2.103.

$$lnormpdf(x,\mu,\sigma) = f^{lnorm}_{\mu,\sigma}(x) = \begin{cases} \frac{1}{\sqrt{2\pi}\cdot\sigma\cdot x} exp\left(-\frac{(log(x)-\mu)^2}{2\sigma^2}\right) & \text{für } x > 0 \\ 0 & \text{für } x \leq 0 \end{cases} \tag{2.102}$$

$$lnormcdf(x,\mu,\sigma) = \frac{1}{\sqrt{2\pi}\cdot\sigma} \int_0^x \frac{1}{z} exp\left(-\frac{(log(z)-\mu)^2}{2\sigma^2}\right) dz \tag{2.103}$$

$lnormpdf(x,\mu,\sigma)$ Dichte der Log-Normalverteilung mit Verteilungsparametern μ und σ an der Stelle x, auch $f^{lnorm}_{\mu,\sigma}$

$lnormcdf(x,\mu,\sigma)$ Wert der Verteilungsfunktion der Log-Normalverteilung mit Verteilungsparametern μ und σ an der Stelle x, auch $F^{lnorm}_{\mu,\sigma}$

Der Erwartungswert μ_{log} einer Log-Normalverteilung berechnet sich nach Formel 2.104, die Varianz σ^2_{log} der Log-Normalverteilung nach Formel 2.105. Die Standardabweichung σ_{log} der Log-Normalverteilung ergibt sich als Quadratwurzel aus der Varianz (siehe Formel 2.106).

[85] Das Demoskript 2.41 testet am Ende die Verteilung der Preise und die der Log-Preise auf Normalverteilung mit dem Jarque-Bera-Test, siehe dazu später Kapitel 4.2.4.3. Für die Preise wird die Nullhypothese einer Normalverteilung statistisch signifikant bei 5% Irrtumswahrscheinlichkeit verworfen, für die Log-Preise beibehalten. Da die dafür benötigte Matlab-Funktion `jbtest` unter Octave nicht verfügbar ist, wird dann ersatzweise auf die in Kapitel 4.2.4.3 vorzustellende benutzerdefinierte Funktion `fJBstat` zurückgegriffen.

$$\mu_{log} = e^{\left(\mu+\frac{1}{2}\sigma^2\right)} \tag{2.104}$$

$$\sigma_{log}^2 = e^{\left(2\mu_{log}+\sigma^2\right)} \cdot \left(e^{\sigma^2}-1\right) \tag{2.105}$$

$$\sigma_{log} = \sqrt{\sigma_{log}^2} \tag{2.106}$$

Das Programmlisting 2.42 visualisiert den Verlauf der Dichtefunktion einer Log-Normalverteilung mit Verteilungsparametern $\mu_{log} = 0$ und $\sigma_{log} = 1$ im Intervall von 0 bis +4. Visualisiert wird hier die Verteilung der „Aufzinsungsfaktoren" e^{ε} mit $\varepsilon \sim N(0,1)$, soweit eine Analogie zum obigen Beispiel hergestellt werden soll.[86]

Quellcode 2.42: Demoskript zur Visualisierung der PDF einer Log-Normalverteilung

```
Siehe Datei: bDemoLogNormal.m
```

Die Berechnung der pdf der Log-Normalverteilung erfolgt im Demoskript 2.42 mit Hilfe der Matlab-Funktion `lognpdf`, welche in der Statistics Toolbox enthalten ist. Die Berechnung der pdf kann jedoch leicht durch eine eigene benutzerdefinierte Funktion vorgenommen werden, was hier aus Platzgründen aber nicht näher demonstriert wird. Die Schätzung der Verteilungsparameter μ und σ der Log-Normalverteilung anhand empirisch beobachteter Daten kann wie gewöhnlich mittels MLE vorgenommen werden, was bereits oben mehrfach demonstriert wurde. Soweit die Statistics Toolbox vorhanden ist, ist dafür die Matlab-Funktion `lognfit` geeignet. Alternativ kann eine MLE auch selbst unter Verwendung der Optimierung und einer benutzerdefinierten Funktion zur Berechnung der pdf erfolgen.

Die besondere Bedeutung der Log-Normalverteilung im CF ergibt sich aus der Modellierung von Assetpreisen, deren Renditen einer Normalverteilung folgen. Als ein weiteres Anwendungsgebiet sei auf das Kapitel 2.2.3 zurückverwiesen, in welchem das Random-Walk-Modell vorgestellt wurde. Dazu wollen wir annehmen, dass die Log-Preise $log(K)$ eines Assets durch ein Random-Walk-Modell nach Formel 2.107 beschrieben werden. Die zufälligen Renditen folgen einer Normalverteilung, also $r_t \sim N(\mu,\sigma)$.

$$log(K_t) = log(K_{t-1}) + r_t \tag{2.107}$$

Um den Kursverlauf in der Zeit zu modellieren, nehmen wir ferner an, dass die Renditen r_t unabhängig und identisch verteilt sind. Unter diesen Annahmen gilt für die erwartete kumulierte Rendite der Zusammenhang nach Formel 2.108:[87]

$$E\left(\sum_{t=1}^{T} r_t\right) = T \cdot \mu \tag{2.108}$$

86 Alternativ kann man die von Demoskript 2.42 visualisierte pdf auch als die Dichtefunktion der Aktienpreise interpretieren, wenn der Anfangskurs bei einer Geldeinheit liegt

87 Dies folgt aus den Rechenregeln für den Erwartungswert für eine Summe unabhängiger Zufallsvariablen; siehe z.B. PODDIG et al. (2008), S. 47, die hier zusätzlich als identisch verteilt angenommen werden.

Für die Varianz der kumulierten Rendite gilt Formel 2.109:[88]

$$Var\left(\sum_{t=1}^{T} r_t\right) = T \cdot \sigma^2 \tag{2.109}$$

Das Demoskript 2.43 zeigt ein einfaches Beispiel für die Simulation der unterjährigen Kursverläufe von Aktien nach dem gerade beschriebenen Modell.[89] Es handelt sich dabei um eine Abwandlung des Eingangsbeispiels, bei dem wir jetzt auch den unterjährigen Kursverlauf von 100.000 Aktien unter den gesetzten Annahmen simulieren. Dabei wird die betrachtete Periode (ein Jahr) in 250 Subperioden (250 Börsentage) unterteilt. Für die Simulation nach dem Random-Walk-Modell müssen zunächst die Werte für die erwartete Rendite und Standardabweichung nach den Formeln 2.108 und 2.109 skaliert werden. Im nächsten Schritt werden normalverteilte Renditen erzeugt, mit denen dann die Kursverläufe nach dem Random-Walk-Modell berechnet werden.

Quellcode 2.43: Demoskript zur Simulation von Aktienkursen in der Zeit

```
Siehe Datei: bDemoLogNormalSimPrices2.m
```

Das Demoskript 2.43 vergleicht zum Schluss den empirischen Mittelwert und Varianz der Preise mit den theoretisch erwarteten Größen unter Annahme einer Log-Normalverteilung. In der Simulation stimmen diese Werte bis auf geringfügige Abweichungen überein. Das Ergebnis ändert sich auch nicht wesentlich, wenn z.B. die Anzahl der Subperioden variiert wird.

Das Demoskript 2.43 zeigt zunächst, wie sich Aktienkurse auf einfache Weise simulieren lassen. Es greift damit kurz auf die wesentlich umfassenderen Betrachtungen in Kapitel 5 vor, in welchem wir das Themengebiet der Simulation sehr viel ausführlicher behandeln werden. Für den Moment soll diese Simulation nur illustrieren, warum die Log-Normalverteilung in der Finanzwirtschaft und dem CF für die Modellierung von Assetpreisen beliebt ist. In der bisher betrachteten Fallstudie zur Performancemessung lässt sich die Log-Normalverteilung dagegen weniger sinnvoll anwenden, da es in dieser Fallstudie um die Modellierung von Renditen, und nicht von Preisen geht.

2.7.8. Kerndichteschätzung

Als eine Alternative zur Annahme einer theoretischen Verteilung oder zur reinen Verwendung der empirischen Verteilungsfunktion bieten sich die *Kerndichten* bzw. *Kerndichteschätzungen* an. Die Kerndichten stellen ein nicht parametrisches Verfahren dar, für das keine a priori Annahmen über einen Verteilungstyp der Beobachtungsdaten (hier: Renditen) notwendig ist. Die grundsätzliche Idee einer Kerndichteschätzung ist es, die Modellierung der unbekannten Dichtefunktion empirischer Daten durch Überlagerung sog. Kernfunktionen vorzunehmen. Dabei wird die Dichte $f(x_i)$ an der Stelle x_i mit der Gleichung 2.110 geschätzt.

[88] Dies folgt aus den Rechenregeln für die Varianz einer Summe von unabhängigen Zufallsvariablen, vgl. z.B. PODDIG et al. (2008), S. 51, die hier zusätzlich als identisch verteilt angenommen werden.

[89] Unter Octave ist die Variante `bDemoLogNormalSimPrices2_oct` zu verwenden. Dort wird ersatzweise die in Kapitel 4.2.4.3 vorzustellende Funktion `fJBstat` zur Durchführung des Jarque-Bera-Tests verwendet.

$$\hat{f}(x_i) = \frac{1}{h \cdot T} \sum_{j=1}^{T} K\left(\frac{x_i - x_j}{h}\right) \tag{2.110}$$

In der Gleichung 2.110 ist x_i eine Größe, für die aktuell der Wert der Dichte zu bestimmen ist. x_i selber muss keine empirische Beobachtung sein. T ist die Anzahl der empirischen Beobachtungen, x_j sind die tatsächlichen empirischen Beobachtungen und werden als Stützstellen bezeichnet. h ist ein frei zu wählender Bandweitenparameter. Die Funktion $K(\cdot)$ stellt eine ebenfalls frei zu wählende Kernfunktion dar. In der Gleichung 2.110 wird der Abstand von x_i zu allen Stützstellen $x_j, j = 1, ..., T$ berechnet, durch den Bandweitenparameter h geteilt und die Ergebnisse der Kernfunktionen aufsummiert. Je kleiner die Abstände der Stützstellen $x_j, j = 1, ..., T$ zu x_i, umso höhere aufsummierte Werte ergeben sich und umso höher ist die geschätzte Dichte. Der Vorteil der Nutzung der Kerndichten ist ihre Annahmefreiheit über die funktionale Form der Verteilung empirischer Beobachtungen. Der Nachteil liegt in der Datenintensität, weil möglichst viele empirische Beobachtungen notwendig sind, um eine stabile Schätzung zu gewährleisten, die insensitiv gegenüber neuen Beobachtungen reagiert.

Die Kerndichteschätzung besitzt zwei wichtige, vom Anwender vorzugebende Spezifikationen, nämlich die Kernfunktion sowie den Bandweitenparameter. Die Wahl der Kernfunktion wird in der Literatur als nicht kritisch eingestuft. Für finanzwirtschaftliche Anwendungen hat sich die sog. Gauss-Kernfunktion als Quasi-Standard etabliert. Die Gauss-Kernfunktion ist:

$$K_{\text{gauss}}(z) = \frac{1}{\sqrt{2\pi}} e^{-\frac{1}{2}z^2} \qquad \text{mit } z = \frac{x_i - x_j}{h} \tag{2.111}$$

Sie ist auch in der Gleichung 2.74 in Kapitel 2.7 eingeführt und dort ausführlich beschrieben.[90]

Die Wahl einer Gauss-Kernfunktion ist dabei nicht mit der Annahme der Normalverteilung zu verwechseln. Die Beliebtheit der Gauss-Kernfunktion in den empirischen Anwendungen ist durch die numerisch einfache Berechenbarkeit der Dichte begründet.[91] Neben der Gauss-Kernfunktion existieren zahlreiche andere Kernfunktionen, z.B. die Epanechnikov-Kernfunktion:

$$K_{\text{epan}}(z) = \begin{cases} \frac{3}{4}\left(1 - z^2\right), & z = \frac{x_i - x_j}{h} \quad \text{falls } |z| \leq 1 \\ 0, & \text{sonst} \end{cases} \tag{2.113}$$

Weitere wichtige Kernfunktionen sind der Cauchy-Kern (Formel 2.114), der Picard-Kern (Formel 2.115), der Rechteckkern (Formel 2.116)[92] und Dreieckkern (Formel 2.117). Beispielhafte

---

90 Mitunter findet sich in der Literatur, insbesondere im Zusammenhang mit Kernregressionen, die auf der Kerndichteschätzung basieren, eine vereinfachte Form des Gauss-Kerns:

$$K_{\text{gauss}}(z) = e^{-z^2} \qquad \text{mit } z = \frac{x_i - x_j}{h} \tag{2.112}$$

91 Eine Diskussion verschiedener Kernfunktionen und die Wahl einer Kernfunktion kann bei HILDEBRANDT (2009), S. 61-67, nachgelesen werden.

92 Für den Rechteckkern existieren zahlreiche Synonyme, wie z.B. Box-Kern, Uniform-Kern u.Ä.

Implementationen dieser Kernfunktionen finden sich als `fGaussianKernel` (siehe Programmlisting 2.44), `fEpanechnikovKernel` (siehe Programmlisting 2.45), `fCauchyKernel` (siehe Programmlisting 2.46), `fPicardKernel` (siehe Programmlisting 2.47), `fBoxKernel` (siehe Programmlisting 2.48) und `fTriangleKernel` im Begleitmaterial zu diesem Buch.

$$K_{\text{cauchy}}(z) = \frac{1}{\pi(1+z^2)} \qquad \text{mit } z = \frac{x_i - x_j}{h} \tag{2.114}$$

$$K_{\text{picard}}(z) = \frac{1}{2}e^{-|z|} \qquad \text{mit } z = \frac{x_i - x_j}{h} \tag{2.115}$$

$$K_{\text{box}}(z) = \begin{cases} \frac{1}{2}, & z = \frac{x_i - x_j}{h} \quad \text{falls } |z| \leq 1 \\ 0, & \text{sonst} \end{cases} \tag{2.116}$$

$$K_{\text{triangle}}(z) = \begin{cases} 1-|z|, & z = \frac{x_i - x_j}{h} \quad \text{falls } |z| \leq 1 \\ 0, & \text{sonst} \end{cases} \tag{2.117}$$

Quellcode 2.44: Funktion zur Berechnung des Gausskerns

```
Siehe Datei: fGaussianKernel.m
```

Quellcode 2.45: Funktion zur Berechnung des Epanechnikov-Kerns

```
Siehe Datei: fEpanechnikovKernel.m
```

Quellcode 2.46: Funktion zur Berechnung des Cauchy-Kerns

```
Siehe Datei: fCauchyKernel.m
```

Quellcode 2.47: Funktion zur Berechnung des Picard-Kerns

```
Siehe Datei: fPicardKernel.m
```

Quellcode 2.48: Funktion zur Berechnung des Rechteck-Kerns

```
Siehe Datei: fBoxKernel.m
```

Quellcode 2.49: Funktion zur Berechnung des Dreieck-Kerns

```
Siehe Datei: fTriangleKernel.m
```

Das Demoskript 2.50 illustriert den Verlauf von vier ausgewählten Kernfunktionen, die in Abbildung 2.12 dargestellt sind.

Quellcode 2.50: Demoskript zur Visualisierung von vier Kernfunktionen

```
Siehe Datei: bDemoKernelFunctions.m
```

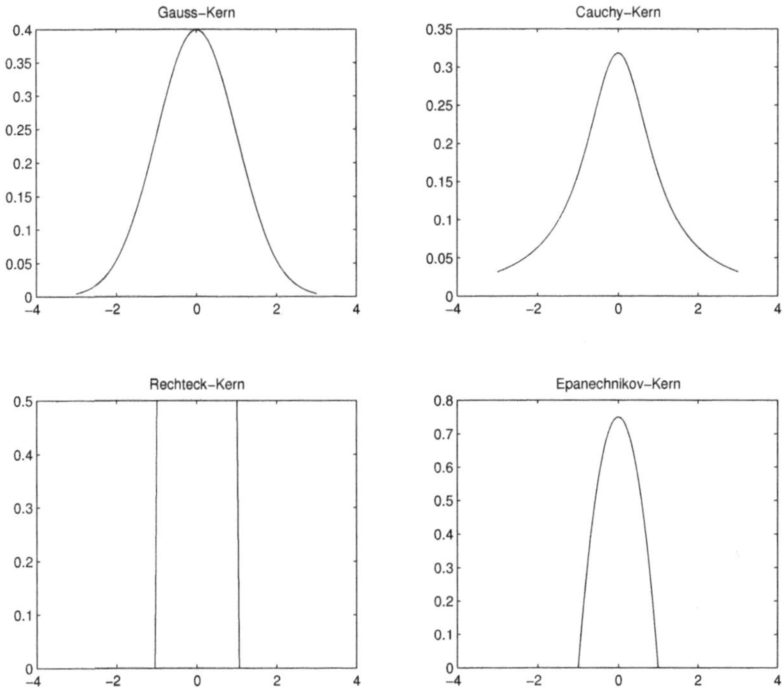

Abbildung 2.12.: Visualisierung von vier Kernfunktionen.

Die Wahl des Bandweitenparameters wird in der Literatur kritischer angesehen. Wir werden die Faustformel von SILVERMAN (1986)[93] benutzen.

$$h_{\mathbf{opt,x}} = 1,06 \cdot \sigma_x \cdot T^{-\frac{1}{5}} \tag{2.118}$$

$h_{\mathbf{opt,x}}$ stellt dabei die optimale Bandweite für eine Zufallsvariable X dar, σ_x ist die Standardabweichung der Zufallsvariable und T die Anzahl der Beobachtungen. Neben der Faustformel 2.118 kann die optimale Bandweite auch mittels einer „One-Hold-Out-Kreuzvalidierung" bestimmt werden, bei der die gerade aktuelle Beobachtung aus der Datenmenge bei den Berechnungen entfernt wird. Ein ähnliches Prinzip, das Jackknife, wird im Kapitel 2.8.4.2 beschrieben.[94]

Um die Kerndichteschätzung zu implementieren, wird zunächst eine (benutzerdefinierte) Basisfunktion `fKernelDensity` benötigt, welche die Kerndichteschätzung nach Formel 2.110 in Matlab-Code übersetzt, siehe dazu Programmlisting 2.51.

Quellcode 2.51: Benutzerdefinierte Basisfunktion zur Kerndichteschätzung

```
Siehe Datei: fKernelDensity.m
```

[93] Vgl. SILVERMAN (1986), S. 45.

[94] Zur Bestimmung der optimalen Bandweite vgl. u.a. HILDEBRANDT (2009), S. 67-71.

Die Implementation folgt dem beschriebenen Vorgehen, enthält aber eine wichtige Besonderheit. Um eine Vielzahl an möglichen Kernfunktionen berücksichtigen zu können, wird in dem Codeabschnitt, der mit dem Kommentar `% Kernfunktion selektieren` eingeleitet wird, die später zu verwendende Kernfunktion identifiziert. Mit dem Matlab-Ausdruck `if strcmpi('sKernel', 'epan') || strcmpi('sKernel', 'epanechnikov')` wird geprüft, ob der Benutzer in der String-Variable `sKernel`, welche zur Auswahl der Kernfunktion dient, den String `'epan'` oder `'epanechnikov'` übergeben hat. Die Matlab-Funktion `strcmpi` vergleicht zwei Strings, wobei Groß- und Kleinschreibung ignoriert wird.[95] Sobald die vom Benutzer gewünschte Kernfunktion gefunden wurde, wird diese mit `hKernFunc = @fEpanechnikovKernel` in der Variable `hKernFunc` gespeichert. Dabei ist `hKernFunc` ein sog. *Function-Handle*, also eine Referenz auf eine Funktion. Der Umgang mit Function-Handles wird später in Kapitel 3.4.2.1 noch sehr viel ausführlicher besprochen. Die mittels Function Handle referenzierte Funktion, hier in der Variable `hKernFunc`, wird dann konkret mit der Matlab-Funktion `feval` aufgerufen. Der Matlab-Ausdruck `vK = feval(hKernFunc, vArg)` bewirkt dann, dass die zuvor in `hKernFunc` abgespeicherte Funktionsreferenz aufgelöst, also die korrespondierende Funktion mit der Variablen `vArg` aufgerufen wird. Der Vorteil dieser Konstruktion ist es, dass damit der Programmcode lesbarer und die eigentliche Berechnungsschleife `for iIdxI=1:iNumX ... end` von einer langen und ständig zu wiederholenden `if ... elseif ... else` Abfrage entlastet wird.

Die Schätzung von pdf, cdf oder $icdf$ erfolgt mittels der benutzerdefinierten Funktion `fKSdensity`, die an der Matlab-eigenen Funktion `ksdensity` orientiert ist und insbesondere es auch Octave-Anwendern ermöglichen soll, auf Kerndichteschätzungen basierende Verfahren in diesem Buch nutzen zu können (siehe Programmlisting 2.52).

Quellcode 2.52: Funktion zur Schätzung von PDF, CDF und ICDF mittels Kerndichteschätzung

```
Siehe Datei: fKSdensity.m
```

Die zentrale Idee ist es, die geschätzte Funktion (pdf, cdf, $icdf$) als Tabelle zurückzuliefern. Die Tabelle besteht aus zwei Spalten, den Funktionsargumenten `vX`, und den Funktionswerten `vY`. Dabei kann über den optionalen Inputparameter `iNumPoints` bestimmt werden, wie viele Tabelleneinträge vorhanden sind. Die Voreinstellung ist 100, womit eine im Regelfall ausreichend genaue Tabelle entsteht. Nachdem diese Tabelle vorliegt, können beliebige Funktionswerte mittels Interpolation (siehe Matlab-Funktion `interp1`) berechnet werden. Diese Interpolation ist umso genauer, je mehr Tabelleneinträge die Funktionstabelle hat. Insofern kann entsprechend dem Anforderungsgrad an die Genauigkeit der späteren Interpolation die Anzahl der Tabelleneinträge `iNumPoints` herunter- oder heraufgesetzt werden. Ein weiterer optionaler Inputparameter ist die Bandweite `dBandwidth`, welche per Voreinstellung nach der Silverman-Formel (siehe Formel 2.118) berechnet wird. Als Kernfunktionen (Inputparameter `sKernel`) stehen in dieser beispielhaften Implementation der Gauss-, Epanechnikov-, Cauchy-, Picard-, Dreieck- und Rechteckkern zur Verfügung, womit eine etwas größere Auswahl gegenüber der Matlab-eigenen Funktion `ksdensity` gegeben ist. Diese kann überdies beliebig erweitert werden. Per Voreinstellung oder bei unbekannter Auswahl wird stets der Gauss-Kern benutzt. Mit dem Inputparameter `sType` wird

[95] Die Matlab-Funktion `strcmp` unterscheidet dagegen zwischen Groß- und Kleinschreibung.

der Typ der zu schätzenden Funktion (`'pdf'`,`'cdf'`,`'icdf'`) festgelegt, die Voreinstellung ist `'cdf'`.

Im einfachsten Fall ist die *pdf* zu schätzen. Dazu muss in einem ersten Schritt bestimmt werden, für welche minimalen x_{min} und maximalen Argumente x_{max} die geschätzten Dichten $pdf(x_{min})$ bzw. $pdf(x_{max})$ fast null sind. In dem Codeabschnitt, welcher mit dem Kommentar `% Minimum und Maximum der Kernschaetzung feststellen` beginnt, wird deshalb zunächst der minimale Beobachtungswert `dMin = min(vData)` festgestellt und dann sukzessive herabgesetzt, bis die geschätzte Dichte für `dMin` unter 0,001 gefallen ist, was hier als „fast null" angesehen wird. Zur Bestimmung des maximalen Wertes wird in analoger Weise vorgegangen. Nach der Bestimmung von minimalem und maximalem Funktionsargument, braucht nur noch die Tabelle aufgebaut werden. Der Matlab-Ausdruck `dStep = (dMax - dMin) / (iNumPoints - 1)` berechnet die Schrittweite der x-Werte, mit `vArg = dMin:dStep:dMax` werden dann die Einträge für die Spalte `vX` der Tabelle aufgebaut. Anschließend sind für diese Werte nur noch die Dichten mittels `vPDF = fKernelDensity( vData, vArg, dBandwidth, sKernel )` zu bestimmen, indem auf die oben beschriebene Basisfunktion `fKernelDensity` zurückgegriffen wird.

Wenn *cdf* oder *icdf* geschätzt werden sollen, ist die Integration der *pdf* erforderlich, die hier in sehr einfacher Weise numerisch approximiert wird. Dazu werden zunächst alle Werte der *pdf* mit der Intervallbreite multipliziert, siehe `vProb = vPDF * dStep`. Dies liefert eine Approximation für die Wahrscheinlichkeit, mit welcher Beobachtungen in das betreffende Intervall fallen. Von diesen so approximierten Wahrscheinlichkeiten müssen dann nur noch die kumulierten Summen gebildet werden, um eine Approximation der *cdf* zu erhalten (siehe dazu `cumsum( vProb )`). Streng genommen liefert dies die obere Schätzung des Integrals bei der numerischen Approximation. Um die Genauigkeit der Approximation zu erhöhen, wird auch die untere Schätzung des Integrals berechnet (`cumsum( [0; vProb(1:end-1)] )`) und anschließend zwischen beiden Schätzungen gemittelt (`vCDF = (vLowerInt + vUpperInt) / 2`). Dies liefert eine Approximation der *cdf*. Um die *icdf* zu erhalten, brauchen nur die Tabellenspalten getauscht werden.

Zusätzlich kontrolliert die Funktion noch die Genauigkeit der Approximation. Bei Berechnung der *cdf* sollte im Idealfall der Endwert der *cdf* (Integral der *pdf*) genau eins sein. Da hier aber eine doppelte Schätzung vorliegt (Schätzung der *pdf* mittels Kerndichte, sehr einfache numerische Approximation des Integrals) sind Abweichungen denkbar. Ist die Abweichung von eins dem Absolutbetrag nach größer als 0,001, wird eine Warnung mit dem Wert der Abweichung ausgegeben. Einige Experimente mit dieser Funktion zeigen aber, dass die Approximationen im Regelfall genau sind.

Das Demoskript 2.53 demonstriert die Anwendung dieser Funktionen und den Vergleich mit der Matlab-eigenen Funktion `ksdensity`.[96]

Quellcode 2.53: Demonstration der Kerndichteschätzung

```
Siehe Datei: bDemoKernelDensity.m
```

[96] Unter Octave ist die Variante `bDemoKernelDensity_oct` zu verwenden, die auch unter Freemat ablauffähig ist. Unter Octave und Freemat entfällt der Vergleich mit der Matlab-eigenen Funktion `ksdensity`.

Das Demoskript erzeugt 200 Zufallszahlen aus einer Gleichverteilung aus dem Intervall [0,1], schätzt die Bandweite mittels Silverman-Formel (siehe Formel 2.118) und benutzt anschließend die Kerndichteschätzung zur Approximation der cdf. Zunächst erfolgt diese unter Verwendung der Matlab-eigenen Funktion `ksdensity`, danach mit den hier vorgestellten Funktionen. Zum Schluss werden die Ergebnisse der Schätzung visuell verglichen. Erst wird die geschätzte cdf durch die Matlab-eigene Funktion `ksdensity` angezeigt, dann nach dem Drücken einer Taste durch den Benutzer die mittels der vorgestellten Funktionen geschätzte cdf. Da hier Zufallszahlen aus einer Gleichverteilung [0,1] gezogen wurden, ist der idealtypische Verlauf leicht vorstellbar. Die ideale cdf muss als 45-Grad-Linie an der Stelle 0 mit Funktionswert 0 bis zur Stelle 1 mit Funktionswert 1 verlaufen. Je größer die Abweichungen von der 45-Grad-Linie, umso ungenauer ist die Schätzung. Der Ablauf des Demoskriptes zeigt bei Wahl des Gauss-Kerns (in Matlab `'normal'`, hier `'gaussian'`) praktisch identische Ergebnisse zwischen der Matlab-eigenen Funktion `ksdensity` und den hier vorgestellten Funktionen. Auffällig sind die großen Abweichungen an den Rändern der Verteilung, jedoch folgen im Intervall [0,1] die geschätzten cdf-Werte in beiden Fällen recht exakt einer 45-Grad-Linie.

Aufschlussreich ist das Experimentieren mit anderen Kernfunktionen. Bessere Anpassungen ergeben sich, wenn der Rechteckkern oder der Dreieckkern gewählt werden. Auffällig ist dann, dass die hier vorgestellte Implementation unter den Idealbedingungen (perfekte Daten, keine Störungen) eine bessere Schätzung als die Matlab-eigene Funktion liefert.[97]

Die Verwendung von Kerndichteschätzungen im CF wird ausführlich Gegenstand von Kapitel 5 sein. Insbesondere sei auf das Kapitel 5.2.2.3 verwiesen, in welchem die Kerndichteschätzung am Beispiel der Schätzung der Verteilungsfunktion der DAX-Renditen ausführlich dargestellt wird. Da dieses Beispiel dort im engen Zusammenhang mit der Simulation von DAX-Renditen steht, soll dem hier nicht vorgegriffen werden. Soweit sofort Interesse an einer praktischen Anwendung der Kerndichteschätzung besteht, kann aber problemlos von dieser Stelle aus zum genannten Kapitel gesprungen werden.

[97] Soweit nicht der Gauss-Kern benutzt wird, zeigt bereits ein Vergleich der geschätzten pdf zwischen der Matlab-eigenen Funktion `ksdensity` und der hier vorgestellten Implementation deutlichere Abweichungen an.

2.8. Intervallschätzungen, Konfidenzintervalle und Hypothesentests

Skript/Funktion	Beschreibung	Matlab	Octave	Toolboxen
bDemoConfEst.m	Demoskript zur Schätzung eines Konfidenzintervalls	X	-	keine
bDemoConfEst_oct.m	Demoskript zur Schätzung eines Konfidenzintervalls, Octave-Version	-	X	optim
fNormFit.m	Funktion zur Schätzung von Verteilungsparametern bei einer Normalverteilung, wird von Octave benötigt	X	X	keine
bDemoKonfidenz-Mittelwert.m	Demoskript zur Schätzung des Konfidenzintervalls für den Mittelwert	X	-	keine
bDemoKonfidenz-Mittelwert_oct.m	Demoskript zur Schätzung des Konfidenzintervalls für den Mittelwert, Octave-Version	-	X	keine
fJackknifeStd.m	Umsetzung des Jackknifing für die Standardabweichung	X	X	keine
fJackknifeStats.m	Berechnung der Jackknife Statistiken	X	X	keine
bTestJackknife.m	Testskript zum Jackknifing	X	X	keine
fJackknifeMean.m	Funktion zum Jackknifing des Mittelwertes	X	X	keine
fJackknife.m	Allgemeine Funktion zum Jackknifing	X	X	keine
bDemoJackknife.m	Demoskript zum Jackknifing von Renditemittelwert und Standardabweichung bei Benchmark und Fonds	X	-	keine
bDemoJackknife_oct.m	Demoskript zum Jackknifing von Renditemittelwert und Standardabweichung bei Benchmark und Fonds, Octave-Version	-	X	keine
fMakeBootSample.m	Konstruktion eines Bootstrap-Samples	X	X	keine
fMakeBlockBootSample.m	Konstruktion eines Block-Bootstrap-Samples	X	X	keine
fBootstrap.m	Funktion zur Durchführung eines kompletten Bootstrapping	X	X	keine
fBootstrapStats.m	Berechnung der Bootstrapping-Statistiken	X	X	keine
bDemoBootstrap.m	Demoskript zur Anwendung des Bootstrapping in der Fallstudie	X	-	keine
bDemoBootstrap_oct.m	Demoskript zur Anwendung des Bootstrapping in der Fallstudie, Octave-Version	-	X	keine

Tabelle 2.14.: Übersicht verwendeter Skripte und Funktionen (Konfidenzintervalle). Unter Matlab werden in diesem Buch die Statistics und Optimization Toolbox vorausgesetzt, sie werden deshalb nicht explizit in der Spalte „Toolboxen“ ausgewiesen. Für die Lauffähigkeit dieser Skripte oder Funktionen unter Freemat sind aufgrund zahlreicher dort fehlender Funktionen umfängliche Anpassungen und zusätzliche benutzerdefinierte Funktionen erforderlich.

Skript/Funktion	Beschreibung	Matlab	Octave	Toolboxen
bDemoHypothesentest-Mittelwert.m	Demoskript zum Hypothesentest des Mittelwertes	X	-	keine
bDemoHypothesentest-Mittelwert_oct.m	Demoskript zum Hypothesentest des Mittelwertes, Octave-Version	-	X	keine
fTwoSampleFtest	Funktion zur Durchführung des Zweistichproben-F-Tests	X	X	keine
bDemoHypothesentest-Varianz.m	Demoskript zur Anwendung des Zweistichproben-F-Tests auf gleiche Varianzen	X	X	keine
bDemoKStest.m	Demoskript zur Anwendung des KS-Tests auf Normalverteilung	X	-	keine
bDemoKStest_oct.m	Demoskript zur Anwendung des KS-Tests auf Normalverteilung, Octave-Version	-	X	keine
fEmpCDF.m	Funktion zur Berechnung der empirischen Verteilungsfunktion	X	X	keine
bDemoKStest2.m	Demoskript KS-Test auf Gleichheit zweier Verteilungen	X	-	keine
bDemoKStest2_oct.m	Demoskript KS-Test auf Gleichheit zweier Verteilungen, Octave-Version	-	X	keine

Tabelle 2.15.: Übersicht verwendeter Skripte und Funktionen (Hypothesentests). Unter Matlab werden in diesem Buch die Statistics und Optimization Toolbox vorausgesetzt, sie werden deshalb nicht explizit in der Spalte „Toolboxen“ ausgewiesen. Für die Lauffähigkeit dieser Skripte oder Funktionen unter Freemat sind aufgrund zahlreicher dort fehlender Funktionen umfängliche Anpassungen und zusätzliche benutzerdefinierte Funktionen erforderlich.

Mit den bisherigen Überlegungen zu Verteilungsschätzungen ist es möglich, neben Punktschätzungen (für z.B. Erwartungswert, Varianz oder Standardabweichung) auch Intervallschätzungen vorzunehmen, also Intervalle angeben zu können, in die mit einer vorgegebenen Wahrscheinlichkeit (sog. Konfidenzintervalle) der wahre, aber unbekannte Wert fällt. Die Konstruktion solcher Intervalle ist für Hypothesentests wichtig. So wurde in der bisherigen Fallstudie festgestellt, dass die mittlere Rendite des aktiv verwalteten Fonds höher liegt als die der Benchmark. Die Frage ist aber, ob der festgestellte Unterschied nur rein zufällig ist, oder ob tatsächlich ein über den Zufall hinausgehender Unterschied vorliegt. Die Frage wäre es also, ob die festgestellten mittleren Renditen beider Fonds statistisch signifikant voneinander verschieden sind. Für solche Fragen werden in der Statistik Hypothesentests und Teststatistiken benutzt, die sich auf Intervallschätzungen und Konfidenzintervalle zurückführen lassen. Dabei bietet das CF interessante Möglichkeiten, derartige Schätzungen und darauf basierende Analysen umzusetzen. Dies wird im Folgenden näher vorgestellt.[98]

[98] Die Betrachtungen folgen dabei in Orientierung PODDIG et al. (2008), S. 167 ff., wo die theoretischen Grundlagen ausführlicher behandelt werden. Aus Platzgründen werden hier nur die grundsätzlichen Überlegungen grob zusammengefasst, da primär die Umsetzung im CF interessiert.

2.8.1. Konstruktion einfacher Konfidenzintervalle

Ein Konfidenzintervall ist ein Intervall, in welches eine interessierende Größe ϑ mit einer bestimmten, vorgegebenen Wahrscheinlichkeit (Konfidenzniveau) $1-\alpha$ bei einer angenommenen Wahrscheinlichkeitsverteilung hineinfällt (siehe Formel 2.119):

$$P(x_{lb} \leq \vartheta \leq x_{ub}) = 1 - \alpha \tag{2.119}$$

x_{lb} untere Grenze des Konfidenzintervalls

x_{ub} obere Grenze des Konfidenzintervalls

ϑ wahre, aber unbekannte Größe (z.B. Erwartungswert)

α Zulässige Wahrscheinlichkeit, mit welcher die wahre, aber unbekannte Größe ϑ außerhalb des Konfidenzintervalls liegt

In der in diesem Kapitel betrachteten Fallstudie zur Performanceanalyse könnte z.B. die Fragestellung lauten, wie konkret das Konfidenzintervall aussieht, in welches mit $1-\alpha = 0,95$ (95%) Wahrscheinlichkeit (vorgegebene Konfidenzniveau) Renditebeobachtungen der Benchmark hineinfallen. Wie konkret die Grenzen dieses Intervalls aussehen, hängt von der angenommenen Verteilung ab. Ein erster, sehr einfacher Weg ist die Bestimmung dieser Intervallgrenzen anhand der empirischen Verteilung mit ihren zugehörigen empirischen Quantilen. Bleibt man bei der beispielhaft genannten Fragestellung, so ist das vorgegebene Konfidenzniveau von 95% äquivalent zu einer 5% Wahrscheinlichkeit, mit welcher Renditebeobachtungen außerhalb dieses gesuchten Konfidenzintervalls fallen. Anders formuliert wird also nach der unteren Grenze x_{lb} des Konfidenzintervalls gefragt, unter welche 2,5% aller Beobachtungen fallen und nach der oberen Grenze x_{ub} des Konfidenzintervalls, welche von ebenfalls 2,5% aller Beobachtungen überschritten wird. Diese Fragestellung ist bereits bekannt; es handelt sich hier um eine analoge Fragestellung, mit welcher bereits die IQR (Interquartile-Range, Interquartilsbandbreite) bestimmt wurde. Allerdings wird nicht nach dem Interquartilsabstand gefragt, sondern nach dem Abstand des 97,5% Quantils zum 2,5% Quantil einer Verteilung, oder besser, die dazu korrespondieren Quantilswerte. Das zu bestimmte Konfidenzintervall ergibt sich also als [0,025-Quantilswert, 0,975-Quantilswert]. Dazu kann auf die beobachtete Renditeverteilung einfach die Matlab-Funktion `quantile` angewendet werden.

Der Nachteil einer solchen Bestimmung des Konfidenzintervalls über die empirischen Quantile liegt in der Unzuverlässigkeit und Instabilität der Schätzung der Grenzen des Konfidenzintervalls, gerade bei kleinen Stichproben. Leichte Variationen der Stichprobe (Wegfallen von Beobachtungsdaten oder neu hinzukommende Beobachtungen) können die Intervallgrenzen stark schwanken lassen. Zudem sind diese auch sehr anfällig gegenüber Ausreißern.

Besser ist es oftmals, gerade bei kleinen Stichproben, eine theoretische Verteilung anzunehmen und diese an die Beobachtungsdaten anzupassen. Im vorhergehenden Kapitel wurden einige wichtige Verteilungen diskutiert. Ebenso wurde gezeigt, wie sich diese an die Beobachtungsdaten anpassen lassen. In der dort betrachteten Fallstudie zeigten dabei insbesondere die Normalverteilung und die t-location-scale-Verteilung eine gute Anpassungsgüte. Daher könnte gefragt werden, welche Grenzen sich für das Konfidenzintervall ergeben, wenn die Renditen der jeweils angenommen Verteilung mit geschätzten Verteilungsparametern (z.B. mittels MLE) folgen.

Der am universellsten einsetzbare Weg führt über die *Inverse-Cumulative-Density-Function* (*icdf*), auch Quantilsfunktion genannt, welche genau die benötigten Quantilswerte aus einer vorgegebenen theoretischen Verteilung mit Verteilungsparametern liefert. Matlab stellt für alle gängigen Verteilungsfunktionen die jeweiligen, zugehörigen $icdf$ bereit. D.h., nach Anpassung der Verteilung, z.B. mittels MLE, kann dann in einfacher Weise die Bestimmung der Grenzen des Konfidenzintervalls vorgenommen werden.

$$[x_{lb}; x_{ub}] = \left[icdf\left(\frac{\alpha}{2}\right); icdf\left(1-\frac{\alpha}{2}\right)\right] \tag{2.120}$$

sodass gilt:

$$P(x_{lb} \leq X \leq x_{ub}) = 1-\alpha \tag{2.121}$$

$icdf(.)$ Inverse-Cumulative-Density-Function, Quantilsfunktion der betrachteten Verteilung

α Zulässige Wahrscheinlichkeit, mit welcher Beobachtungen außerhalb des Konfidenzintervalls auftreten können

Das folgende Programmlisting 2.54 zeigt drei exemplarische Wege zur Bestimmung des Konfidenzintervalls für die Renditen der Benchmark, und zwar die rein empirische Schätzung, die Verwendung einer Normalverteilung und einer t-location-scale-Verteilung.[99]

Quellcode 2.54: Demoskript zur Schätzung eines Konfidenzintervalls

```
Siehe Datei: bDemoConfEst.m
```

Das Demoskript 2.54 setzt dabei die vorstehend genannten Formeln und Vorgehensweisen direkt um. Bei der t-location-scale-Verteilung ergibt sich jedoch die Schwierigkeit, dass zwar die Schätzung der Verteilungsparameter mit Hilfe von `mle` in Matlab leicht möglich ist, es jedoch für die t-location-scale-Verteilung keine $icdf$ gibt, sondern nur für die gewöhnliche t-Verteilung. Dies ist jedoch kein Problem, da zuerst die Intervallgrenzen einer gewöhnlichen t-Verteilung mit Hilfe des geschätzten Freiheitsgrades für die t-Verteilung ermittelt werden können, die dann im nächsten Schritt mit Lokations- und Skalierungsparameter auf die endgültigen Intervallgrenzen umgerechnet werden. Am Ende des Demoskriptes werden dann noch die Fehlerquoten berechnet, d.h., der Anteil derjenigen Beobachtungen, der außerhalb des Konfidenzintervalls liegt. Idealerweise sollte diese Fehlerquote mit der vorgegebenen Wahrscheinlichkeit (im Demoskript von 5%) übereinstimmen. Die Tabelle 2.16 zeigt den Vergleich der Ergebnisse.

Die Schätzungen für die Konfidenzintervalle sowie die Fehlerquoten bei Normalverteilung und t-location-scale-Verteilung fallen sehr ähnlich aus, was aber nicht verwundert, da die Güte

[99] Unter Octave ist die Variante `bDemoConfEst_oct` zu verwenden. Dort muss die MLE direkt mittels Optimierung umgesetzt werden. Dafür können die Octave-eigenen Optimierungsfunktionen eingesetzt werden. Eine Alternative ist die MLE unter Octave mit Hilfe der benutzerdefinierten Funktion `fMLE`.

	Empirische Quantile	Normalverteilung	t-location-scale-Verteilung
untere Grenze	-10,80%	-9,22%	-9,17%
obere Grenze	10,00%	11,51%	11,81%
Fehlerquote	5,5%	6,42%	6,42%

Tabelle 2.16.: Schätzungen der Konfidenzintervalle für die Benchmarkrenditen.

der Verteilungsanpassung bei beiden Verteilungen ebenfalls kaum Unterschiede zeigt. Ähnliche Ergebnisse waren daher zu erwarten. Die Schätzung über die empirischen Quantile zeigt gemessen an der Fehlerquote das beste Ergebnis,[100] was aber nicht falsch interpretiert werden darf. Die empirischen Quantile werden ja genauso bestimmt, dass die geforderte Eigenschaft erfüllt wird. Dieses Ergebnis und die zugehörigen Intervallgrenzen werden aber vermutlich sehr instabil gegenüber neuen Beobachtungen sein.

Die kurzen Darstellungen haben gezeigt, wie sich einfache Konfidenzintervalle für die Beobachtungswerte konstruieren lassen. Ebenso wichtig sind Konfidenzintervalle für Schätzer, wie z.B. für Erwartungswerte oder Varianzen.

2.8.2. Konfidenzintervalle für den Erwartungswert bei normalverteilter Stichprobe

Der Erwartungswert wird mit Hilfe des arithmetischen Mittelwertes geschätzt. Dieser Schätzer beruht auf einer zufällig beobachteten Stichprobe, ist also selber ebenfalls eine Zufallsvariable. Die Frage ist also, welche Verteilung der Mittelwert als (zufälliger) Schätzer für den Erwartungswert besitzt. Kennt man diese, so ist die Konstruktion eines Konfidenzintervalls mit dem oben vorgestellten Vorgehen leicht möglich. Ohne nähere Beweisführung,[101] folgt eine geeignet konstruierte Teststatistik einer t-Verteilung (im Folgenden auch abgekürzt mit t_n mit n Freiheitsgrad), siehe Formel 2.122:

$$Test = \sqrt{T}\frac{\bar{x}-\mu}{s_x} \sim t_{T-1} \tag{2.122}$$

$Test$ Wert der Teststatistik für den Mittelwert

T Anzahl der Beobachtungen

$\bar{x}$ Mittelwert, also $\bar{x} = \frac{1}{T}\sum x_i$, wobei die x_i Realisationen von unabhängig und identisch normalverteilten Zufallsvariablen mit Erwartungswert μ und Standardabweichung σ sind

μ Wahrer, aber unbekannter Erwartungswert

[100] Die Fehlerquote beträgt hier nicht exakt 5%, da für die genaue Bestimmung des 2,5% und des 97,5% Quantils zu wenige Beobachtungen vorliegen und die Matlab-eigene Funktion `quantile` dann interpolieren muss.

[101] Für nähere Ausführungen vgl. PODDIG et al. (2008), S. 183 ff.

s_x (Empirisch geschätzte) Standardabweichung der Beobachtungen von x_i

Für die Konstruktion eines Konfidenzintervalls folgt damit (siehe Formel 2.123):

$$P\left(\bar{x} - \tau \cdot \frac{s_x}{\sqrt{T}} \leq \mu \leq \bar{x} + \tau \cdot \frac{s_x}{\sqrt{T}}\right) = 1 - \alpha \tag{2.123}$$

τ Das $1 - \frac{\alpha}{2}$ Quantil einer t-Verteilung mit $T - 1$ Freiheitsgraden

Das folgende Demoskript 2.56 konstruiert ein Konfidenzintervall für den Mittelwert der Benchmarkrenditen und berechnet zu Vergleichszwecken den Mittelwert der Fondsrenditen.[102] Es basiert auf der Matlab-eigenen Funktion `normfit` zur Schätzung der Verteilungsparameter einer Normalverteilung. Unter Octave ist die Funktion `normfit` nicht implementiert, weshalb hier standardmäßig auf die benutzerdefinierte Ersatzfunktion `fNormFit` ausgewichen wird (siehe Programmlisting 2.55, welche die beschriebenen Berechnungen in eine benutzerdefinierte Funktion überführt).

Quellcode 2.55: Funktion zur Schätzung von Verteilungsparametern bei einer Normalverteilung

```
Siehe Datei: fNormFit.m
```

In der Funktion `fNormFit` werden ebenso die Konfidenzintervalle der Varianz-Schätzer bestimmt, auf die wir im nächsten Kapitel näher eingehen werden. Daher kann der Leser an dieser Stelle den entsprechenden Code-Ausschnitt ignorieren.

Quellcode 2.56: Demoskript zur Schätzung des Konfidenzintervalls für den Mittelwert

```
Siehe Datei: bDemoKonfidenzMittelwert.m
```

Nach dem Einlesen der Kursdaten und deren Umrechnung in stetige Renditen wird zunächst die Matlab-eigene Funktion `normfit` (Matlab) (bzw. die benutzerdefinierte Funktion `fNormFit`) mit dem Ausdruck `[muhat,sigmahat,muci,sigmaci] = normfit(mRenditeS(:,1), dAlpha)` aufgerufen.[103] Der Mittelwert der Benchmarkrenditen wird mit $0,0114$ geschätzt, das zugehörige 95%-Konfidenzintervall ist $[0,0014; 0,0215]$. Mit einer Konfidenz von 95% fällt der Erwartungswert der Benchmarkrendite in dieses Intervall, ist also von null verschieden. Die nächsten Codeabschnitte zeigen die „manuelle" Berechnung der Konfidenzintervalle, also ohne Rückgriff auf bereits vorgefertigte Toolbox-Funktionen. Zunächst wird die direkte Umsetzung der Formel 2.123 gezeigt, die zu demselben Ergebnis führt. Wie aus dem Demoskript 2.56 ersichtlich wird, gibt es neben der direkten Umsetzung der Formel 2.123 einen alternativen Weg zur Berechnung der Intervallgrenzen. Und zwar kann τ interpretiert werden als eine t-location-scale verteilte Zufallsvariable mit $T - 1$ Freiheitsgraden, Skalierungsparameter $\frac{s_x}{\sqrt{T}}$ und Lokationsparameter $\bar{x}$. Bei dieser Vorgehensweise ist der Wert des unteren 2,5% Quantils und der Wert des oberen 97,5% Quantils einer t-Verteilung mittels der $icdf$ zu bestimmen

[102] Unter Octave ist die Variante `bDemoKonfidenzMittelwert_oct` zu verwenden.

[103] In Übereinstimmung mit der Matlab-Dokumentation werden hier abweichend von den sonst angewendeten Namenskonventionen die Variablennamen der Matlab-Dokumentation übernommen.

und anschließend zu reskalieren. Beide Vorgehensweisen sind inhaltlich identisch; sie führen entsprechend zu denselben Ergebnissen.

Eine interessante Fragestellung ist, ob sich die beobachteten Fondsrenditen von denen der Benchmark im Mittel unterscheiden. Die bisherigen Analysen haben gezeigt, dass die Fondsrenditen im Mittel höher als die Benchmarkrenditen liegen, wobei allerdings unklar ist, ob diese Unterschiede auch statistisch signifikant sind. Um diese Frage zu beantworten, können ebenfalls Konfidenzintervalle eingesetzt werden. Wie das Demoskript zeigt, werden dazu mit `vDeltaRet = mRenditeS(:,2) - mRenditeS(:,1)` die Renditedifferenzen zwischen Fondsrenditen und Benchmarkrenditen berechnet. Aus der Reihe der Renditedifferenzen werden dann Mittelwert und Standardabweichung bestimmt. Damit wird in derselben Weise wie oben das Konfidenzintervall für den Erwartungswert der Differenzen bestimmt. Der Mittelwert der Renditedifferenzen ist mit $0,0052$ im Mittel positiv, deutet also eine Überlegenheit des Fonds gegenüber der Benchmark an. Die Bestimmung des 95%-Konfidenzintervalls liefert die Intervallgrenzen $[-0,0019; 0,0122]$. Dieses Konfidenzintervall umschließt den Wert 0, bei dem kein Unterschied in den mittleren Renditen vorliegt. Mit den Ergebnissen dieser Analyse kann nicht auf eine statistisch signifikante Überlegenheit des Fonds gegenüber der Benchmark geschlossen werden. Dazu müsste die untere Intervallgrenze positiv, also größer null sein, was hier nicht der Fall ist. Insofern gibt es Hinweise auf eine Überlegenheit des Fonds gegenüber der Benchmark, diese sind aber nicht statistisch signifikant. Der letzte Codeabschnitt zeigt noch die Bestimmung von Konfidenzintervallen für die Varianz bzw. Standardabweichung, was im Folgenden kurz betrachtet wird.

2.8.3. Konfidenzintervalle für die Varianz bei normalverteilter Stichprobe

Ähnlich wie im vorhergehenden Kapitel lässt sich auch ein Konfidenzintervall für die Varianz konstruieren, wobei ebenfalls von normalverteilten Stichprobendaten ausgegangen wird. Die Intervallgrenzen ergeben sich nach Formel 2.124:

$$\left[\frac{(T-1)\cdot s_x^2}{\chi^2_{T-1,1-\frac{\alpha}{2}}}; \frac{(T-1)\cdot s_x^2}{\chi^2_{T-1,\frac{\alpha}{2}}}\right] \tag{2.124}$$

$\chi^2_{T-1,\frac{\alpha}{2}}$ Das $\frac{\alpha}{2}$ Quantil einer χ^2-Verteilung mit $T-1$ Freiheitsgraden

$\chi^2_{T-1,1-\frac{\alpha}{2}}$ Das $1-\frac{\alpha}{2}$ Quantil einer χ^2-Verteilung mit T-1 Freiheitsgraden

Das Demoskript 2.56 des vorhergehenden Kapitels zeigt am Ende des Programmcodes die Berechnung des Konfidenzintervalls. Die Grenzen dieses Konfidenzintervalls wurden bereits durch die Matlab-eigene Funktion `normfit` (oder alternativ durch die benutzerdefinierte Funktion `fNormFit`) ermittelt, das 95%-Konfidenzintervall für die Standardabweichung der Benchmarkrenditen beträgt $[0,0467; 0,0610]$. Damit ist die Standardabweichung der Benchmarkrenditen klar von null verschieden, da null weit außerhalb des Konfidenzintervalls liegt. Die Benchmark besitzt also ein statistisch signifikant von null verschiedenes Risiko (gemessen an der Standardabweichung) der Benchmarkrenditen. Es handelt sich hier ganz offensichtlich um eine risikobehaftete Anlage, was aber vor dem Hintergrund der bisherigen Analysen nicht verwundert. Neben der Verwendung der benutzerdefinierten Funktion `fNormFit` oder der vorgefertigten Toolbox-Funktion `normfit` kann auch die Bestimmung des Konfidenzintervalls „manuell" unter Verwendung der Formel 2.124 erfolgen, wie es der Programmcode im letzten Kapitel zeigt. Die Ergebnisse sind dabei identisch.

Die beiden vorgestellten Ansätze zur Berechnung von Konfidenzintervallen für Erwartungswert und Varianz besitzen allerdings den Nachteil, eine Normalverteilung der Beobachtungsdaten vorauszusetzen. Eine Alternative ist die Bestimmung von Schätzern und Konfidenzintervallen mit Hilfe von Techniken des Resamplings, die sich im CF oftmals anbieten.

2.8.4. Bestimmung von Konfidenzintervallen mit Hilfe von Resampling-Verfahren

2.8.4.1. Begründung und Eigenschaften von Resampling-Verfahren

Bei vielen Analysen ist die Annahme normalverteilter Daten für die Konstruktion von Konfidenzintervallen kritisch. Die Normalverteilungsannahme ist im Allgemeinen ein guter Startpunkt, weil unter Verweis auf den zentralen Grenzwertsatz oftmals gute Argumente diese Annahme stützen. Weiterführende empirische oder theoretische Analysen können jedoch ebenfalls zu dem Ergebnis führen, dass in einem speziellen Untersuchungsfall die Normalverteilungsannahme nicht sinnvoll aufrechterhalten werden kann. In diesem Fall gestaltet sich die Bestimmung von Konfidenzintervallen weitaus schwieriger. Das generelle Prinzip ändert sich aber nicht. Sofern Kenntnis (oder gute Vermutung) über die Verteilung besteht, kann unter Verwendung der $icdf$ das Konfidenzintervall konstruiert werden. Eine Möglichkeit des Vorgehens wäre es also, verschiedene theoretische Verteilungen an eine empirisch beobachtete anzupassen, die Log-Likelihood-Werte der MLE zu bestimmen und zu vergleichen. Es wird dann diejenige Verteilung mit dem höchsten Log-Likelihood-Wert gewählt, deren $icdf$ bestimmt und anschließend damit das Konfidenzintervall in der vorgestellten Form konstruiert.

Der Nachteil bei diesem Vorgehen ist zweierlei. Zum einen kann es recht arbeitsintensiv sein, verschiedene theoretische Verteilungen an eine beobachtete anzupassen, wobei die Resultate später auch noch uneindeutig ausfallen können. Dies zeigt bereits die bisherige Fallstudie. Der Vergleich der verschiedenen Verteilungsanpassungen lässt offen, ob eine Normalverteilung oder t-location-scale Verteilung für die Modellierung der Benchmarkrenditen geeigneter ist. Die Ergebnisunterschiede in den Log-Likelihood-Werten sind marginal und dürften kaum statistisch signifikant sein. Zum anderen muss aber am Ende doch eine Verteilungsannahme getroffen werden, die trotz aller vorgeschalteten Analysen falsch sein kann.

Eine interessante Alternative ist es daher, auf Verteilungsannahmen hinsichtlich der Beobachtungsdaten zu verzichten. Resampling-Verfahren zeichnen sich dadurch aus, solche Annahmen nicht zu setzen. Die Gemeinsamkeit dieser Verfahren besteht darin, durch gezielte Variation der Stichprobendaten neue Schätzer für interessierende Größen (z.B. Erwartungswert, Standardabweichung) zu konstruieren, deren Verteilung dann wieder bekannt ist. Dies darf nicht missverstanden werden: Hinsichtlich der originären Beobachtungsdaten wird keine Verteilungsannahme getroffen. Das jeweils angewandte Resampling-Verfahren führt aber dann später zu einer Konstruktion von Schätzern, deren Verteilung wieder bekannt ist bzw. approximativ abgeschätzt werden kann, und zwar unabhängig davon, wie die originären Beobachtungsdaten verteilt sind.

Resampling-Verfahren sind nur noch computergestützt sinnvoll einsetzbar, da sie einen erheblichen Rechenaufwand verursachen. Dies erklärt, warum sie schon im Verlaufe der 1950er bis 1960er Jahre entwickelt wurden, aber lange Zeit nicht ernsthaft genutzt wurden. In jüngerer Zeit ist sowohl in Wissenschaft als auch Praxis ein ausgeprägter Trend zur Nutzung dieser Verfahren zu beobachten, da deren Nachteil heute kaum eine Rolle spielt. Der große Vorteil ist indessen, auf a priori Verteilungsannahmen verzichten zu können. Überdies haben sich diese Verfahren in zahllosen Untersuchungen als ausgesprochen robust erwiesen, weshalb sie heute aus dem CF nicht mehr wegzudenken sind. Zwei wichtige Resampling-Verfahren sind das Jackknifing und das Bootstrapping, wobei ersteres in der Literatur als Spezialfall von letzterem angesehen wird. Da das Jackknifing ein sehr einfaches, leicht umzusetzendes und universell anwendbares Verfahren ist, soll es dennoch einführend als quasi eigenständige Resampling-Technik präsentiert werden.

2.8.4.2. Berechnung von Schätzern und Konfidenzintervallen mittels Jackknife

Das Jackknifing ist eine sehr einfache, intuitiv verständliche Technik des Resampling.[104] Liegen T Beobachtungsdaten vor, so wird in einem ersten Schritt der interessierende Schätzer (für z.B. Erwartungswert, Standardabweichung, usw.) anhand aller T vorliegenden Beobachtungsdaten bestimmt. Danach wird insgesamt T-mal die folgende Prozedur wiederholt: Es wird in jedem Wiederholungsschritt die i-te Beobachtung entfernt, $i = 1, ..., T$, also die beobachtete Stichprobe auf $T - 1$ Beobachtungen reduziert, und der interessierende Schätzer erneut anhand dieser „jackknifed" Stichprobe geschätzt.[105] Nach Durchführung aller Beobachtungsschritte liegen dann $T + 1$ Werte für den interessierenden Schätzer vor, und zwar einmal ermittelt anhand der gesamten beobachteten Stichprobe und T-mal für die insgesamt T „jackknifed" Stichproben. Aus diesen $T + 1$ vorläufigen Werten für den interessierenden Schätzer lässt sich der endgültige Schätzer konstruieren. Dieser besitzt die Eigenschaft, unverzerrt zu sein und (approximativ) einer t-Verteilung mit $T - 1$ Freiheitsgraden zu folgen. Damit kann ein Konfidenzintervall für diesen Schätzer konstruiert werden, obwohl keine Verteilungsannahme hinsichtlich der Verteilung der originären Beobachtungsdaten getroffen werden musste. Die Formeln 2.125 bis 2.128 illustrieren diese Vorgehensweise und die Berechnungsschritte, die zum „jackknifed" Schätzer, dessen Standardabweichung und zum Konfidenzintervall führen:

$$y_i^* = T \cdot y_{all} - (T - 1) \cdot y_i \tag{2.125}$$

y_i^* i-ter Pseudowert, mit $i = 1, ..., T$; die Berechnung des interessierenden Schätzers und der Konfidenzintervalle erfolgt später anhand dieser Pseudowerte

[104] Vgl. dazu näher MOSTELLER und TUKEY (1968), S. 134 ff., auch alternativ PODDIG (1999), S. 438 ff.

[105] Dieses Verfahren wird als „one-hold-out" bezeichnet, da immer eine Beobachtung ausgelassen bzw. gelöscht wird. Ebenso existiert die Variante, in einem Schritt $d > 1$ Beobachtungen auszulassen. d ist damit die Anzahl an Beobachtungen ($d > 1$), die dann jeweils als Block entfernt werden. Dieses Verfahren wird entsprechend als „d-hold-out" oder „d-delete jackknife" bezeichnet. Es stellt die Verallgemeinerung des „one-hold-out" Verfahrens dar, ist aber zugleich deutlich komplizierter. Aus Vereinfachungsgründen betrachten wird daher im Folgenden nur den Spezialfall $d = 1$, welcher zugleich den üblicherweise gebräuchlichen Standardfall darstellt. Alle folgenden Darstellungen und Formeln beziehen sich daher ausdrücklich auf den (üblichen) Spezialfall $d = 1$.

T Anzahl der Beobachtungsdaten, im Standardfall („one-hold-out") zugleich Anzahl der Jackknife-Samples

y_{all} Schätzer, der sich bei Verwendung aller Beobachtungsdaten der originären Gesamtstichprobe ergeben würde

y_i Schätzer, der sich bei Auslassung der i-ten Beobachtung ergibt

Der zentrale Schritt beim Jackknifing ist die Ermittlung der Pseudowerte nach Formel 2.125. Dafür werden zunächst T Teilstichproben gebildet. Der Schätzer y_{all} für eine interessierende Größe (z.B. Erwartungswert, Standardabweichung, usw.) wird wie sonst üblich anhand der Gesamtstichprobe (also anhand aller T Beobachtungsdaten) ermittelt. Der Schätzer y_i einer interessierenden Größe ergibt sich in analoger Weise, jedoch wird eine modifizierte Stichprobe gebildet, bei welcher aus der Gesamtstichprobe die i-te Beobachtung entfernt wird. Das Verfahren ist für alle $i = 1, ..., T$ reduzierten Stichproben zu wiederholen.

Danach erfolgt die Berechnung des „jackknifed" Schätzers $\bar{y}^*$ gemäß Formel 2.126 sowie dessen Standardabweichung, auch Standardfehler genannt (siehe Formel 2.127 und 2.128):[106]

$$\bar{y}^* = \frac{1}{T}\sum_{i=1}^{T} y_i^* \tag{2.126}$$

$$s^2 = \frac{\sum_{i=1}^{T}(y_i^*)^2 - \frac{1}{T}\cdot(\sum_{i=1}^{T} y_i^*)^2}{T-1} \tag{2.127}$$

$$s^* = \sqrt{\frac{s^2}{T}} \tag{2.128}$$

$\bar{y}^*$ „jackknifed" Schätzer einer interessierenden Größe (z.B. Mittelwert, Standardabweichung)

s^* Standardabweichung oder Standardfehler des „jackknifed" Schätzers $\bar{y}^*$

Die zentrale Eigenschaft des „jackknifed" Schätzers ist es nun, dass dieser approximativ einer t-Verteilung mit $T-1$ Freiheitsgraden folgt. Diese Eigenschaft kann in der oben vorgestellten Weise genutzt werden, um daraus ein Konfidenzintervall für den „jackknifed" Schätzer zu konstruieren. Im Folgenden interessiert nun vorrangig die Umsetzung im CF, die zunächst mit Hilfe der Funktion `fJackknifeStd` illustriert werden soll. Zum besseren Verständnis ist es hilfreich, die Umsetzung zunächst für eine spezielle Schätzung zu entwickeln, die dann später verallgemeinert wird. Die spezielle Schätzung wird als Erstes am Beispiel der „jackknifed" Schätzung der Standardabweichung illustriert.[107] Das Programmlisting 2.57 zeigt die Umsetzung von Formel 2.125, also zunächst nur die des Jackknifing im engeren Sinne.[108]

---

[106] Siehe dazu auch MOSTELLER und TUKEY (1968), S. 134 ff. Die Formel 2.127 stellt die Formel zur Berechnung der Varianz dar und kann dazu vereinfacht werden, also alternativ $s^2 = \sum(y_i^* - \bar{y}^*)^2/(T-1)$.

[107] Für diese Schätzung findet sich auch bei PODDIG (1999), S. 446 ein einfaches Rechenbeispiel.

[108] In jüngeren Matlab-Versionen existiert in der Statistics Toolbox eine Funktion `jackknife`, welche alternativ für das

Quellcode 2.57: Umsetzung des Jackknifing für die Standardabweichung

```
Siehe Datei: fJackknifeStd.m
```

Die Funktion `fJackknifeStd` erfüllt dabei zwei Aufgaben; erstens, die Organisation des one-hold-out Prozesses, zweitens, die Berechnung des Schätzers, hier die Standardabweichung, für die T jackknifed Stichproben und für die Gesamtstichprobe. Der zweite Aspekt wird später verallgemeinert, für den Moment interessiert zunächst die Umsetzung des one-hold-out.[109] Dafür gibt es grundsätzlich viele Wege, von denen der Programmcode zwei Alternativen präsentiert. Die erste Variante (siehe den auskommentierten Code), basiert auf der intuitiven Überlegung, das one-hold-out über Entnehmen und Zurücklegen von Daten zu organiseren. Der einfachste Weg wäre es dabei, in einer Schleife von `1` bis `iNumObs` jedesmal der Matrix `mDataOneHoldOut` die originäre Datenmatrix `mData` zuzuweisen und dann mit `mDataOneHoldOut(iIdx,:) = []` die gerade betrachtete i-te Beobachtung wieder zu löschen. Dieser Weg funktioniert und würde den Programmcode einfach gestalten. Der Nachteil dabei wären jedoch sehr viele Kopierfunktionen und speicherinterne Umorganisationen der Datenmatrizen durch die Löschoperationen, was erheblich Zeit kostet. Effizienter ist es dagegen, die one-hold-out Matrix nur einmal anzulegen, nur die benötigten Beobachtungen zu entnehmen und zugleich die zuletzt entnommenen Beobachtungen wieder einzufügen. Der auskommentierte Programmcode vollzieht genau dies, verzichtet also auf zeitintensive Kopier- und Löschoperationen von Daten. Dazu müssen aber trotzdem beständig Daten der Matrix `mDataOneHoldOut` entnommen und alte Daten wieder eingefügt werden, was den Programmcode kompliziert gestaltet.

Einfacher ist die zweite Variante, die sich der Möglichkeit in Matlab bedient, Matrizen auch mit logischen Ausdrücken indizieren zu können. Zunächst wird mit `vRows = 1:iNumObs` ein Indexvektor angelegt. Danach werden in einer for-Schleife der Datenmatrix `mData` diejenigen Zeilen entnommen, für die `vRows ~= iIdx` gilt. Für die so selektierte Submatrix wird die Standardabweichung berechnet. Offensichtlich ist diese Variante sehr viel einfacher und zeigt illustrativ, wie sich Indexierungen mit logischen Ausdrücken sinnvoll verwenden lassen.

Der zweite Teil der gesamten Jackknife-Prozedur ist in der Funktion `fJackknifeStats` dargestellt. Hier werden die Formeln 2.125 bis 2.128 umgesetzt, also nach erfolgter Vorarbeit die eigentlichen Jackknife Schätzer, Standardfehler und Konfidenzintervalle berechnet. Der Grund für die Aufspaltung des Jackknifing in diese zwei Teile besteht darin, dass der zweite Prozessschritt unabhängig vom ersten Prozessschritt ist. Im zweiten Prozessschritt interessiert es nicht mehr, ob die interessierende Größe ein Mittelwert, eine Standardabweichung, usw. ist; dies ist nur im ersten Prozessschritt relevant.

Quellcode 2.58: Berechnung der Jackknife Statistiken

```
Siehe Datei: fJackknifeStats.m
```

Jackknifing genutzt werden kann. Um die Kompatibilität mit Octave zu wahren, wo eine zu `jackknife` äquivalente Funktion nicht existiert, beschränken wir uns im Folgenden ausschließlich auf die Behandlung der vorzustellenden benutzerdefinierten Funktionen.

[109] Diese Funktion wendet zwingend das one-hold-out Verfahren an, setzt also $d = 1$, was dem üblichen Jackknifing entspricht. Diese Funktion könnte später ebenfalls dahingehend verallgemeinert werden, diese Einschränkung aufzuheben.

Die Funktion fJackknifeStats setzt nur die Formeln 2.126 bis 2.128 um, enthält aber ansonsten nur wenige besondere Aspekte. In der Programmzeile vJackT = vJackEst ./ vJackSE, wird die sog. „jackknifed" t-Statistik berechnet, mit welcher später ein einfacher Hypothesentest durchgeführt werden kann, ob der ermittelte „jackknifed" Schätzer statistisch signifikant von null verschieden ist. Dieselbe Information findet sich auch in der Matrix mJackEstI, welche die Konfidenzintervallgrenzen für die „jackknifed" Schätzer enthält. Ein „jackknifed" Schätzer ist dann statistisch signifikant von null verschieden, wenn null nicht in das betreffende Konfidenzintervall fällt. Das folgende Testskript 2.59 zeigt eine einfache Anwendung der vorgestellten Funktionen.

Quellcode 2.59: Testskript zum Jackknifing

```
Siehe Datei: bTestJackknife.m
```

Unbefriedigend bei der bisherigen Umsetzung ist die spezifische Ausrichtung des ersten Teilschritts, implementiert mit der Funktion fJackknifeStd, auf die Standardabweichung. Soll z.B. die Jackknife-Prozedur auf den Mittelwert angewandt werden, so müsste dafür eine neue Funktion fJackknifeMean geschrieben werden, die in Programmlisting 2.60 aus Platzgründen ohne Kommentare dargestellt ist.

Quellcode 2.60: Funktion zum Jackknifing des Mittelwertes

```
Siehe Datei: fJackknifeMean.m
```

Ein kurzer Vergleich von fJackknifeStd und fJackknifeMean lässt auch praktisch keine Unterschiede erkennen. Nur dort, wo in fJackknifeStd die Funktion std aufgerufen wird, findet sich in fJackknifeMean der Funktionsaufruf mean. Eine offensichtlich elegante Lösung könnte es sein, wenn man in Matlab Funktionen als Parameter einer Funktion übergeben könnte. Angenommen, die aufzurufende Funktion std in fJackknifeStd wäre Argument dieser Funktion, so könnte hier jede beliebige Funktion aufgerufen werden. Anders ausgedrückt, bräuchte der Anwender der Funktion nur einen zusätzlichen Parameter, nämlich die anzuwendende Funktion, an fJackknifeStd zu übergeben, die dann aufgerufen wird. Die manuelle Abänderung von fJackknifeStd in fJackknifeMean wäre dann nicht mehr notwendig, der Anwender könnte eine so universell geschriebene Jackknife-Funktion auf beliebige Funktionen wie mean, std, var, skewness usw. anwenden. Die Umsetzung dieser Idee in Matlab zeigt das Programmlisting 2.61.

Quellcode 2.61: Allgemeine Funktion zum Jackknifing

```
Siehe Datei: fJackknife.m
```

Die allgemeine Funktion zum Jackknifing heißt jetzt nur noch schlicht fJackknife. Sie besitzt drei Inputparameter. Der erste Inputparameter hFunc ist ein Function-Handle, was sich am besten mit Referenz auf eine Funktion übersetzen lässt. Eine solche Referenz ist entweder die „Adresse" einer Funktion (man könnte dies als Function-Handle im engeren Sinne bezeichnen) oder ersatzweise der Name der Funktion als String. Das zweite Argument der Funktion ist wie zuvor die Datenmatrix mData in der bisherigen Form. Das dritte Argument der Funktion, varargin, ist optional. Das Schlüsselwort varargin bezeichnet in Matlab ein Cell-Array, in welchem eine beliebige Anzahl beliebiger weiterer Funktionsargumente aufgenommen werden kann. Das Cell-Array `varargin` hat in der Funktion keine weitere Bedeutung. Es stellt lediglich eine Art „durchlaufender Posten" dar, welcher an die später noch aufzurufende Funktion, die über `hFunc` referenziert wird, übergeben wird. Im Kern ist die generalisierte Funktion `fJackknife` absolut identisch zu der speziellen Funktion `fJackknifeStd`. Lediglich dort, wo in der speziellen Funktion `fJackknifeStd` der Funktionsaufruf `std(mData(...))` steht, findet sich jetzt die Anweisung `feval(hFunc, mData(...), varargin{:})`. Der Funktionsaufruf `feval(hFunc,x,varargin{:})` wertet eine Funktion aus, die in `hFunc` referenziert ist. Dieser mit `hFunc` referenzierten Funktion wird als erstes Argument `x` übergeben sowie alle weiteren Parameter, die im Cell-Array `varargin` enthalten sind. Referenziert z.B. `hFunc` die Matlab-Funktion `std`, so übersetzt der Funktionsaufruf `feval(hFunc,x,varargin{:})` diesen in den finalen Aufruf `std(x,varargin{:})`. Das Cell-Array `varargin` ist optional, in vielen Fällen ist es leer, womit sich im Beispiel der finale Funktionsaufruf zu `std(x)` verkürzen würde. Der Aufruf der so generalisierten Funktion findet sich bereits im Testskript 2.59 und lautet: `[ mJackknifeStd2 ] = fJackknife( @std, mData )`. Der `@` Operator ermittelt in Matlab die Adresse (einer Funktion), hier die Adresse der Matlab-Funktion `std`. Dadurch entsteht eine Referenz auf diese Funktion, die dann im Parameter `hFunc` übergeben wird. Die Datenmatrix `mData` bleibt unverändert, eine weitere Liste von Funktionsargumenten, die an `std` zu übergeben ist, gibt es hier nicht.

Zu beachten ist, dass die allgemeine Funktion `fJackknife` nur den ersten Outputparameter der mit `hFunc` referenzierten Funktion im Jackknifing berücksichtigt und gleichzeitig auch nur den ersten Inputparameter, nämlich die Datenmatrix, mittels one-hold-out bearbeitet. Dies mag als unnötige Einschränkung erscheinen. So könnte es bei einer für das Jackknifing interessierenden Funktion sein, dass von dieser z.B. der dritte Outputparameter im Jackknifing analysiert werden soll. Ebenso könnte der zu manipulierende Inputparameter, die Datenmatrix, nicht der erste, sondern z.B. der zweite Inputparameter sein. In solchen Fällen kann dafür die Funktion `fJackknife` scheinbar nicht angewendet werden. Um dieses Problem zu lösen, gibt es aber einen einfachen Trick: Es ist dann eine sog. (benutzerdefinierte) „Wrapper"- Funktion (eine Art „Hilfsfunktion"; zu Wrapper-Funktionen siehe auch näher Anhang A.12) zu schreiben, welche diese Umsetzung vornimmt. Die Aufgabe dieser Wrapper-Funktion wäre es lediglich, die Input- und Outputparameter umzusortieren. Die Funktion `fJackknife` bekommt dann im Function-Handle die Referenz auf die Wrapper-Funktion. Die Wrapper-Funktion wird dann mit der Datenmatrix als ersten Inputparameter aufgerufen. Innerhalb der Wrapper-Funktion kann dieser erste Inputparameter als z.B. zweiter Inputparameter bei Aufruf der eigentlich interessierenden Funktion weitergereicht werden. Die eigentlich interessierende Funktion liefert z.B. im dritten Outputparameter das interessierende Ergebnis zurück. Die Wrapper-Funktion selektiert diesen dritten Outputparameter und reicht ihn als erstes Outputargument der Wrapper-Funktion zurück. Mittels solcher benutzerdefinierten Wrapper-Funktionen kann, wenn notwendig, jede beliebige Funktion zum Jackknifing verwendet werden. Beispiele für diesen Fall behandeln wir in Kapitel 5.

Das Programmlisting 2.62 zeigt die Anwendung des Jackknifing auf die Bestimmung von

	Jackknife			Normalverteilung		
	Schätzer	Grenze		Schätzer	Grenze	
		untere	obere		untere	obere
μ_B	0,0114	0,0014	0,0215	0,0114	0,0014	0,0215
σ_B	0,0530	0,0450	0,0611	0,0529	0,0467	0,0610
μ_F	0,0166	0,0072	0,0260	0,0166	0,0072	0,0260
σ_F	0,0496	0,0427	0,0564	0,0494	0,0436	0,0570
μ_{F-B}	0,0052	-0,0019	0,0122	0,0052	-0,0019	0,0122

Tabelle 2.17.: Schätzung der Konfidenzintervalle mit Jackknife und unter Normalverteilungsannahme.

Konfidenzintervallen für die mittleren Renditen und Standardabweichungen bei Benchmark und Fonds.[110]

Quellcode 2.62: Demoskript zum Jackknifing von Renditemittelwert und Standardabweichung bei Benchmark und Fonds

```
Siehe Datei: bDemoJackknife.m
```

Zum Vergleich werden hier die speziellen Funktionen der generalisierten Jackknife Funktion gegenübergestellt. Beide führen zu denselben Ergebnissen, letztere ist aber weitaus flexibler einsetzbar, und wird im Folgenden nur noch verwendet. Am Ende des Skriptes wird noch die Reihe der Renditedifferenzen zwischen Fonds und Benchmark berechnet, um zu prüfen, ob deren Mittelwert statistisch signifikant von null verschieden ist. Tabelle 2.17 zeigt die Ergebnisse des Jackknifing im Vergleich zu den Ergebnissen unter Normalverteilungsannahme.

Die Ergebnisse in Tabelle 2.17 zeigen bei Betrachtung bis zur vierten Nachkommastelle praktisch keine Unterschiede, die Schätzer selber und deren Konfidenzintervalle fallen unter Normalverteilungsannahme und bei Jackknifing praktisch identisch aus. Dieses Ergebnis ist hier nicht überraschend, da die Ergebnisse aus der Anpassung verschiedener theoretischer Verteilungen an die beobachteten Renditeverteilungen keine erkennbaren Unterschiede zwischen Normalverteilung und t-location-scale Verteilung zeigten. Insofern ist bereits zu vermuten, dass die Normalverteilung in diesem Beispiel zumindest eine sehr gute Annäherung darstellt. Wenn dies der Fall ist, dann kann eigentlich auch das Jackknifing keine wesentlichen Ergebnisunterschiede erbringen. Dies wird hier bestätigt. Jedoch sollte dieses Beispiel nicht verallgemeinert werden. Vielfach stellt eben die Normalverteilung keine gute Annäherung an die empirischen Beobachtungen dar. Dann treten auch erkennbare Unterschiede zwischen beiden Verfahren auf.

Der besondere Vorzug des Jackknife-Verfahrens ist es nun, auf beliebige interessierende Größen anwendbar zu sein. So wurden z.B. alternative Risikomaße, wie etwa Lower Partial Moments, Value-at-Risk oder Conditional-Value-at-Risk usw. vorgestellt. Mit Hilfe der Jackknife-Methode ist es ebenfalls in genau derselben Weise einfach möglich, unverzerrte Schätzer und deren Konfidenzintervalle zu bestimmen. Im Demoskript 2.62 müsste dazu der Funktion `fJacknife`

[110] Unter Octave ist die Variante `bDemoJackknife_oct` zu verwenden. Da dort die Funktion `normfit` nicht implementiert ist, benutzt die Octave-Variante die Ersatzfunktion `fNormFit`.

nur eine andere Funktion als Parameter übergeben werden. Das Jackknifing wird in der Literatur als besonderer Spezialfall des Bootstrapping angesehen, welches ein wenig komplizierter ist, sich aber jetzt auf Basis der bisherigen Überlegungen leicht erarbeiten lässt.

2.8.4.3. Bootstrapping

Ähnlich wie beim Jackknifing geht es beim Bootstrapping darum, ohne Verteilungsannahme über die Beobachtungsdaten zu arbeiten. Für beliebige interessierende Größen wie z.B. Erwartungswert, Standardabweichung, Lower Partial Moments usw. sollen Schätzer, deren Standardfehler und Konfidenzintervalle bestimmt werden. Dazu wird in ähnlicher Weise eine mehrfache Variation der Ausgangsstichprobe vorgenommen, aus den einzelnen Stichprobenvariationen die interessierenden Schätzer bestimmt und anschließend die Ergebnisse über alle durchgeführten Variationen aggregiert. Analytisch betrachtet, zerfällt das Bootstrapping in drei sukzessive aufeinander aufbauende Teilschritte: (i) Variation der Ausgangsstichprobe, (ii) Berechnung des interessierenden Schätzers auf einer variierten Stichprobe, (iii) Aggregation der Ergebnisse über alle Durchläufe. Bei der Implementation bietet es sich an, die ersten beiden Teilschritte gemeinsam zu betrachten.

(i) Variation der Ausgangsstichprobe

Die Variation der Ausgangsstichprobe erfolgt beim Jackknifing durch sukzessives Auslassen der i-ten Beobachtung, mit $i = 1, ..., T$. Beim Bootstrapping wird dagegen eine neue Stichprobe (i-tes Bootstrap-Sample) erzeugt, indem ein „Urnenexperiment" durchgeführt wird. Dazu wird jede der $i = 1, ..., T$ Beobachtungen als eine „Kugel" betrachtet, die aus der „Urne" aller Beobachtungen gezogen, notiert und dann wieder zurückgelegt wird. Die Anzahl der Ziehungen mit Zurücklegen kann dabei kleiner oder größer als die Anzahl der originären Beobachtungsdaten sein, d.h., für die Anzahl aller Beobachtungen T^B in einem Bootstrap-Sample gilt nicht notwendigerweise $T^B = T$, jedoch ist diese Gleichsetzung in der Regel üblich. Ferner besitzt jedes Bootstrap-Sample dieselbe Anzahl an Beobachtungen T^B. Durch einen Bootstrap wird also eine neue Stichprobe aus der originär beobachteten Stichprobe konstruiert. Die neue Stichprobe enthält T^B Beobachtungen, welche aus den originären Beobachtungsdaten entstammen. Dabei können jedoch bestimmte Beobachtungen mehrfach, andere überhaupt nicht im neuen Bootstrap-Sample vertreten sein. Im Folgenden sei mit S die originäre Gesamtstichprobe, mit $b = 1, ..., B$ der Index des Bootstrap, mit B die Anzahl der Bootstraps und mit S_b^B das b-te Bootstrap-Sample bezeichnet.

Die Erzeugung eines Bootstrap-Samples lässt sich leicht in Matlab implementieren, wie es das Programmlisting 2.63 zeigt.

Quellcode 2.63: Konstruktion eines Bootstrap-Samples mit Matlab

```
Siehe Datei: fMakeBootSample.m
```

Das entscheidende Statement in der Funktion `fMakeBootSample` ist `vIdx = 1 + round(( iNumObsBoot-1) * rand(iNumObsBoot,1))`, mit welchem das wiederholte Urnenexperiment (Ziehen-mit-Zurücklegen) simuliert wird. Die Funktion `rand(iNumObsBoot,1)` erzeugt einen Vektor mit `iNumObsBoot` (B) gleichverteilten Zufallszahlen im Intervall von null bis eins. Diese so erzeugten, gleichverteilten Zufallszahlen werden mit `(iNumObs-1)` skaliert und anschließend gerundet, womit Indices im Intervall von `0` bis `iNumObs-1` resultieren. Darauf wird `1` addiert, sodass insgesamt `iNumObsBoot` gültige Indices im Intervall von `1` bis `iNumObs` resultieren. Diese werden im Indexvektor `vIdx` abgelegt. Die schlussendliche Erzeugung des Boostrap-Samples ist dann mit `mBootSample = mData(vIdx,:)` möglich. Diese Erzeugungsfunktion eines Bootstrap-Samples wird im folgenden Schritt wiederholt, also B-mal angewendet.

In der beispielhaften Implementation wird dabei stets ein kompletter Beobachtungsvektor mit `mData(vIdx,:)` für einen bestimmten, zufällig gezogenen Zeitpunkt t aus der originären Datenmatrix `mData` gezogen. Damit wird eine eventuell vorhandene Korrelationsstruktur zwischen den Datenreihen in den Spalten von `mData` erhalten, was hier regelhaft beabsichtigt ist. Ist der Erhalt der Korrelationsstruktur unnötig, können auch zusätzlich die Spaltenelemente dem Ziehen-mit-Zurücklegen unterworfen werden. Um diesen Fall zu realisieren, ist die Funktion `fMakeBootSample` in einer Schleife für jede einzelne Spalte der Datenmatrix `mData` separat aufzurufen oder aber der Code entsprechend anzupassen.

Eine noch weitergehende Variante der vorgestellten Funktion ist die Erweiterung zur Funktion `fMakeBlockBootSample`, wie es Programmlisting 2.64 zeigt.

Quellcode 2.64: Konstruktion eines Block-Bootstrap-Samples mit Matlab

```
Siehe Datei: fMakeBlockBootSample.m
```

Bei diesem „Block-Bootstrapping" werden durch Ziehen-mit-Zurücklegen ganze zeitlich zusammenhängende Blöcke der Beobachtungslänge `iBlockSize` gezogen und zu einem Block-Bootstrap-Sample zusammengesetzt. Bei dieser Variante werden nicht nur in den Daten vorhandene Korrelationen zwischen den Datenreihen von `mData` erhalten, sondern ebenso vorhandene Auto- und Kreuzkorrelationen in und zwischen den Datenreihen (siehe dazu näher Kapitel 4.5.2). Diese Funktion wird insbesondere später zur Generierung der Daten für die Fallstudie in Kapitel 4.6 benötigt. Aus Vereinfachungsgründen werden wir im Folgenden aber regelhaft auf die einfachere Grundvariante `fMakeBootSample` zurückgreifen.

(ii) Wiederholte Berechnung des Schätzers der Bootstrap-Samples

Die Erzeugung von Bootstrap-Samples wird B-mal wiederholt, wobei in jeder b-ten Wiederholung der interessierende Schätzer $\hat{\theta}(S_b^B)$ auf Basis des Bootstrap-Samples S_b^B berechnet wird. Der interessierende Schätzer kann irgendeine Größe sein, z.B. der Mittelwert, die Standardabweichung, ein Lower Partial Moment usw. Das Programmlisting 2.65 zeigt die Umsetzung dieses zweiten Schrittes.

Quellcode 2.65: Funktion zur Durchführung eines kompletten Bootstrapping

```
Siehe Datei: fBootstrap.m
```

Die Funktion `fBootstrap` ist dabei sehr ähnlich zu der allgemeinen Funktion `fJackknife`. Genauso wird dort keine spezielle Größe (Mittelwert, Standardabweichung, usw.) angenommen, die berechnet werden soll. Stattdessen ist vom Anwender der Funktion ein Function-Handle für die zu verwendende Schätzfunktion zu übergeben. Die Funktion `fBootstrap` führt im Grunde nur die wiederholte Erzeugung der Boostrap-Samples, die Berechnung der Schätzer und die Sammlung der Einzelergebnisse durch. Zu beachten ist, dass `fBootstrap` genauso wie `fJackknife` erlaubt, eine Matrix von Beobachtungsdaten (und nicht nur einen Vektor) als Argument der Funktion zu übergeben. Daher ist es möglich, innerhalb eines einzelnen Bootstrap einen Vektor von Schätzern zu berechnen, also z.B. den Vektor der Mittelwerte für K Variablen. Der letzte Schritt besteht in der statistischen Auswertung des kompletten Bootstraps.

Genauso wie bei der Funktion `fJackknife` (siehe Kapitel 2.8.4.2) besteht bei `fBootstrap` die Einschränkung, dass diese ausschließlich den ersten Inputparameter, die Datenmatrix, manipuliert und auch nur den ersten Outputparameter der mittels `hFunc` referenzierten Funktion verarbeitet. Befindet sich in der eigentlich interessierenden Funktion der zu manipulierende Inputparameter, die Datenmatrix, an anderer Stelle und/oder soll ein oder sollen mehrere andere Outputparameter dem Bootstrapping unterzogen werden, so ist dafür eine benutzerdefinierte Wrapper-Funktion (vgl. dazu Anhang A.12) zu schreiben, welche die In- und Outputparameter geeignet umsortiert und gegebenenfalls aggregiert. Der Function-Handle `hFunc` referenziert dann nicht mehr die eigentlich interessierende Funktion, sondern deren Wrapper-Funktion. Derartige Beispiele behandeln wir in Kapitel 5.

(iii) Aggregation der Ergebnisse, Ermittlung der Bootstrap-Statistiken

Nach Durchführung eines kompletten Bootstraps liegen insgesamt $B+1$ Schätzer vor, und zwar der Schätzer $\hat{\theta}_0$ ermittelt an der originären Stichprobe sowie die Schätzer $\hat{\theta}_b = \hat{\theta}(S_b^B)$ ermittelt an den $b = 1,\ldots,B$ Bootstrap-Samples. Der endgültige Bootstrap-Schätzer wird dann als Mittelwert, dessen Standardfehler über die Varianz der Schätzer in den Bootstrap-Samples berechnet; siehe Formeln 2.129 und 2.130.

$$\hat{\theta}^B = \frac{1}{B}\sum_{b=1}^{B}\hat{\theta}_b \tag{2.129}$$

$$\widehat{SE}(\theta^B) = s_{\theta^B} = \sqrt{\frac{1}{B-1}\sum_{b=1}^{B}(\hat{\theta}_b - \hat{\theta}^B)^2} \tag{2.130}$$

$\hat{\theta}^B$ Schätzer für die interessierende Größe aus dem kompletten Bootstrap, Mittelwert der einzelnen Bootstrap-Schätzer $\hat{\theta}_b$

B Anzahl der Bootstraps (Wiederholungen bei der Generierung der Bootstrap-Samples)

$\hat{\theta}_b$ Schätzer der interessierenden Größe im b-ten Bootstrap

$\widehat{SE}(\theta^B)$ geschätzter Standardfehler (Standardabweichung)

Die Verteilung der einzelnen Bootstrap-Schätzer $\hat{\theta}_b$, $b = 1,\ldots,B$ kann dabei einer Normalverteilung folgen, muss dies aber nicht zwangsläufig. Gerade wenn die Ausgangsdaten nicht normalverteilt sind, wird letzteres der Fall sein. Daher gibt es prinzipiell zwei Ansatzpunkte, die Konfidenzintervalle zu bestimmen. Im einfachsten Fall wird eine Normalverteilung der Bootstrap-Schätzer angenommen. Dieses Vorgehen ist bereits bekannt aus der Bestimmung des Konfidenzintervalls für den Erwartungswert bei normalverteilter Stichprobe; siehe oben. Unter dieser Annahme folgt der Bootstrap-Schätzer $\hat{\theta}^B$ einer t-Verteilung mit $B-1$ Freiheitsgraden. Für eine große Anzahl von B konvergiert allerdings die t-Verteilung gegen eine Normalverteilung, sodass für $B > 40$ die Approximation der t-Verteilung über die Normalverteilung ausreichend genau ist.

Dabei stellt sich grundsätzlich die Frage nach der angemessenen Anzahl an Bootstraps B. Unter theoretischen Gesichtspunkten sollte die Anzahl möglichst groß sein, da der Bootstrap-Schätzer nur asymptotisch gegen den wahren Wert konvergiert.[111] Unter praktischen Gesichtspunkten kann es mitunter schwer sein, diese Forderung zu erfüllen. Zum einen kann die Ermittlung des Bootstrap-Schätzers sehr rechenintensiv sein, sodass eine große Anzahl von Bootstrap-Samples impraktikabel ist. Zum anderen gibt es nur eine endliche, maximale Anzahl an Bootstrap-Samples, die aus einer Stichprobe gebildet werden können. Liegen T Beobachtungen von *verschiedenen* Datenpunkten $x_1, x_2, \ldots, x_T$ vor, so gibt es $\begin{pmatrix} 2T-1 \\ T \end{pmatrix}$ mögliche Bootstrap-Samples. Für $T = 3$ sind dies 10, für $T = 15$ gibt es 77558760 und für $T = 20$ insgesamt 68923264410 Bootstrap-Samples. Für sehr kleine Stichprobenumfänge kann man also die Anzahl an Bootstrap-Samples nicht beliebig hoch ansetzen. Für praktische Anwendungen des Bootstrap-Verfahrens finden sich in der Literatur Empfehlungen für Untergrenzen (ca. 50 bis 200 Bootstraps), die mindestens für eine einigermaßen zuverlässige Abschätzung des Standardfehlers durchgeführt werden sollten.[112] Beachtet man diese Empfehlung, gilt $B >> 40$, weshalb die Approximation über die Normalverteilung sinnvoll erscheint. Das Konfidenzintervall kann dann über die $icdf$ der Normalverteilung berechnet werden. Die Intervallgrenzen unter Normalverteilungsannahme der einzelnen Bootstrap-Schätzer und bei Approximation der t-Verteilung über die Normalverteilung ergeben sich dann nach Formel 2.131 bzw. äquivalent nach Formel 2.132:

$$\left[icdf^{norm}\left(\frac{\alpha}{2}\right) \cdot \widehat{SE}\left(\theta^B\right) + \hat{\theta}^B; icdf^{norm}\left(1-\frac{\alpha}{2}\right) \cdot \widehat{SE}\left(\theta^B\right) + \hat{\theta}^B\right] \tag{2.131}$$

oder äquivalent

$$\left[icdf^{norm}_{\hat{\theta}^B, \widehat{SE}(\theta^B)}\left(\frac{\alpha}{2}\right); icdf^{norm}_{\hat{\theta}^B, \widehat{SE}(\theta^B)}\left(1-\frac{\alpha}{2}\right)\right] \tag{2.132}$$

$icdf^{norm}_{\mu,\sigma}(x)$ Inverse-Cumulative-Density-Function der Normalverteilung mit μ und σ an der Stelle x, auch Quantilsfunktion der Normalverteilung genannt ($icdf^{norm}(x)$ für $\mu = 0$ und $\sigma = 1$)

α zulässige, vorgegebene und akzeptierte Wahrscheinlichkeit, mit der Beobachtungen außerhalb des Konfidenzintervalls auftreten können

Die Alternative besteht darin, die Intervallgrenzen direkt aus der empirischen Verteilung der einzelnen Bootstrap-Schätzer abzuleiten. Dazu wird einfach das untere $\frac{\alpha}{2}$-Quantil und das obere $\left(1-\frac{\alpha}{2}\right)$-Quantil der empirischen Verteilung der einzelnen Bootstrap-Schätzer bestimmt;

[111] Für eine nähere Diskusssion dieser Frage vgl. im Folgenden auch EFRON und TIBSHIRANI (1993), S. 50 ff.

[112] Diese Empfehlungen gelten dann, wenn die Rechenzeit kritisch ist. Ansonsten sollte die Anzahl an Bootstraps möglichst groß gewählt werden (1.000 bis 100.000), wenn dies die Rechenzeit zulässt.

z.B. mit der Matlab-Funktion `quantile`. Der Vorteil hier ist es, keine Normalverteilung der einzelnen Bootstrap-Schätzer unterstellen zu müssen. Weicht deren Verteilung deutlich von einer Normalverteilung ab, können daraus bei Bestimmung der Konfidenzintervallgrenzen unter Normalverteilungsannahme erhebliche Schätzfehler resultieren. Andererseits ist die Bestimmung der Konfidenzintervallgrenzen über die empirische Verteilung recht ungenau und zudem anfällig gegenüber Ausreißern. Daher wird in der Literatur empfohlen, eine Anzahl von mindestens $B \approx 200$ Bootstraps zu wählen,[113] wenn die Konfidenzgrenzen einigermaßen zuverlässig über die empirischen Quantile bestimmt werden sollen. Je nachdem, wie rechenintensiv die Berechnung des Schätzers ist, kann dieses Vorgehen mehr oder weniger praktikabel sein. Ist die Berechnung des Schätzers extrem rechenaufwändig, wird man sich zwangsläufig mit $B \approx 50-200$ und einer Normalverteilungsannahme (für die Bootstrap-Schätzer, nicht die originären Daten) abfinden müssen.

Gerade bei nicht normalverteilten, ausgeprägt schiefen Verteilungen der einzelnen Boostrap-Schätzer kann es zudem zu einer Verzerrung des Bootstrap-Schätzers und Fehlschätzung der Konfidenzintervallgrenzen, selbst bei Verwendung der empirischen Quantile, kommen. Die Verzerrung des Bootstrap-Schätzers wird nach Formel 2.133 geschätzt. Negative Werte bedeuten, dass der Bootstrap-Schätzer vermutlich zu klein ausfällt, positive Werte deuten auf zu große Werte des Bootstrap-Schätzers hin.

$$\widehat{Bias}(\hat{\theta}^B) = \hat{\theta}^B - \hat{\theta}_0 \tag{2.133}$$

$\widehat{Bias}(\hat{\theta}^B)$ geschätzte Verzerrung im Schätzer $\hat{\theta}^B$ (Ausmaß der systematischen Fehlschätzung)

$\hat{\theta}_0$ Schätzer der interessierenden Größe, ermittelt auf der originären Gesamt- bzw. Ausgangsstichprobe

Das Programmlisting 2.66 zeigt die Umsetzung des dritten Schritts in Matlab. Anders als beim Jackknifing fallen hier wesentlich mehr beachtenswerte Aspekte an.

Quellcode 2.66: Berechnung der Bootstrap-Statistiken

```
Siehe Datei: fBootstrapStats.m
```

Die Funktion `fBootstrapStats` berechnet wie `fJackknifeStats` vier Gruppen von Informationen, für die hier aber mehr Detailinformationen geliefert werden. Zunächst wird der Bootstrap-Schätzer nach Formel 2.129 berechnet, der Schätzer auf der Ausgangsstichprobe $\hat{\theta}_0$ zusätzlich ausgewiesen sowie die Verzerrung nach Formel 2.133 ermittelt. Die zweite Gruppe an Informationen ist identisch zu `fJackknife` und umfasst nur die Standardabweichung der einzelnen Bootstrap-Schätzer nach Formel 2.130. In den meisten Anwendungen ist dies die eigentlich nur interessierende Größe. Die dritte Gruppe von Informationen liefert Teststatistiken, die für einen Hypothesentest benötigt werden (siehe Kapitel 2.8.5). Dabei handelt es sich um den empirischen t-Wert sowie die kritischen Unter- und Obergrenzen des Konfidenzintervalls

[113] Vgl. näher EFRON und TIBSHIRANI (1993), S. 50 ff.

für diese Teststatistik. Die Berechnungen der Intervallgrenzen erfolgen alternativ unter Normalverteilungsannahme und anhand der empirischen Quantile. Die vierte Gruppe an Informationen sind schließlich die Konfidenzintervallgrenzen bezogen auf den Bootstrap-Schätzer $\hat{\theta}^B$ selber. Auch diese werden alternativ unter Normalverteilungsannahme und anhand empirischer Quantile bestimmt.

Das Demoskript 2.67 zeigt die Anwendung des Bootstrapping in der Fallstudie, hier in Bezug auf die Renditemittelwerte von Benchmark und Fonds.[114] Ferner wird der Mittelwert der Renditedifferenzen zwischen Fondsrenditen und Benchmarkrenditen ebenfalls untersucht.

Quellcode 2.67: Demoskript zur Anwendung des Bootstrapping in der Fallstudie

```
Siehe Datei: bDemoBootstrap.m
```

Tabelle 2.18 zeigt einige der erhaltenen Ergebnisse im Überblick, wobei der Vergleich der Ergebnisse mit Tabelle 2.17 interessant ist. Nimmt man den dort ersichtlichen Schätzer für die mittleren Renditen als „wahren" Wert an, so weicht der Bootstrap-Schätzer davon marginal ab. Es könnte daher eine leichte, aber unbedeutende Verzerrung im Bootstrap-Schätzer vorliegen. Für praktische Zwecke sind diese Unterschiede aber unbedeutend. Etwas deutlichere Unterschiede sind bei den geschätzten Grenzen der Konfidenzintervalle zu erkennen, vor allem wenn auf die empirischen Quantile der einzelnen Bootstrap-Schätzer zurückgegriffen wird. Diese Unterschiede ergeben sich aufgrund der Schiefe der Verteilung der Bootstrap-Schätzer, wie es Abbildung 2.13 exemplarisch anhand des Häufigkeitsdiagramms der Bootstrap-Schätzer für die mittlere Benchmarkrendite zeigt.[115]

	$\hat{\theta}^B$	Normalverteilung		Empirisch	
		Grenze		Grenze	
		untere	obere	untere	obere
Benchmark	0,0111	0,0010	0,0213	0,0009	0,0216
Fonds	0,0163	0,0067	0,0258	0,0069	0,0263
μ_{F-B}	0,0051	-0,0018	0,0120	-0,0018	0,0118

Tabelle 2.18.: Ergebnisse des Bootstrapping in der Fallstudie. Dabei bezeichnet μ_{F-B} den Mittelwert der Renditedifferenzen zwischen Fonds- und Benchmarkrenditen.

Zur Erhöhung der Genauigkeit der Ergebnisse und deren Stabilisierung kann die Anzahl der Bootstraps auch sehr hoch gesetzt werden. Allerdings schwächt dies nur die zufällige Fluktuation der Ergebnisse, beseitigt diese aber nicht gänzlich.

[114] Unter Octave ist die Variante `bDemoBootstrap_oct` zu verwenden. Hier wird die Ersatzfunktion `fNormFit` anstelle von `normfit` verwendet, die unter Octave nicht implementiert ist.

[115] Bei der Replikation dieser Ergebnisse ist zu beachten, dass diese auf zufällig generierten Bootstrap-Samples beruhen, sich also beim Nachrechnen in Nachkommastellen abweichende Ergebnisse von den hier präsentierten ergeben können.

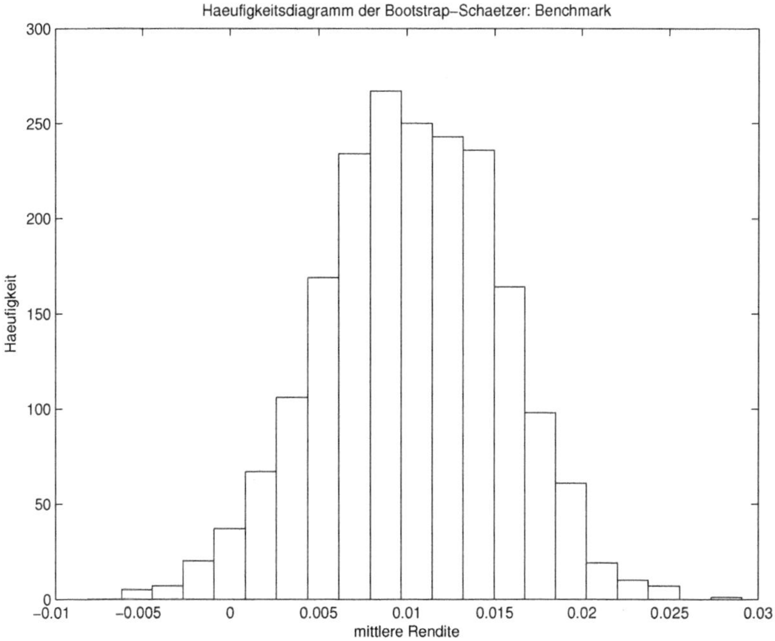

Abbildung 2.13.: Häufigkeitsdiagramm der Bootstrap-Schätzer: Benchmark.

2.8.5. Hypothesentests

Eng verbunden mit der Konstruktion von Konfidenzintervallen sind Hypothesentests. Dabei geht es im Folgenden aber nicht um die ausführliche Darstellung der Theorie und Konstruktion von Hypothesentests.[116] Hier interessiert allein, wie sich Hypothesentests in den Gang der bisherigen Betrachtungen grundsätzlich integrieren und wie diese mit Hilfe von Methoden des CF angewendet werden. Grundsätzlich wird bei einem (statistischen) Hypothesentest eine interessierende Größe, z.B. der Mittelwert der Renditedifferenzen zwischen Fondsrenditen und Benchmarkrenditen, gegen einen zu prüfenden Wert (im Folgenden: Prüfwert) getestet. Die Frage ist dabei zumeist, ob die betrachtete Größe statistisch signifikant von dem Prüfwert (z.B. null) verschieden ist. Dies bezeichnet man dann als einen sog. *zweiseitigen Hypothesentest.* Am einfachsten lässt sich ein solcher Hypothesentest mit Hilfe des Konfidenzintervalls durchführen. Dazu wird in einem ersten Schritt das Konfidenzintervall um die interessierende Größe konstruiert. Im zweiten Schritt wird geprüft, ob der Prüfwert in das zuvor bestimmte Konfidenzintervall hineinfällt. Ist dies der Fall, so könnte der vorgegebene Prüfwert bei vorgegebenem Konfidenzniveau durchaus der „wahre", aber unbekannte Wert der interessierenden Größe sein. Anders formuliert, unterscheidet sich der gemessene Wert der interessierenden Größe nicht statistisch signifikant von dem vorgegebenen Prüfwert.

[116] Vgl. dafür z.B. BOL (2003).

Im bisher betrachteten Beispiel war stets die Frage, ob sich die Fondsrenditen im Mittel statistisch signifikant von denjenigen der Benchmark unterscheiden. Dazu wurde der Mittelwert der Renditedifferenzen berechnet, das dazugehörige Konfidenzintervall bestimmt und schließlich gegen null getestet. Denn falls die Renditen von Fonds und Benchmark im Mittel nicht voneinander verschieden sind, so ist ein Mittelwert der Renditedifferenzen von null zu erwarten. Greifen wir exemplarisch auf die Ergebnisse des Resampling (zum Jackknifing siehe Tabelle 2.17, zum Bootstrapping siehe Tabelle 2.18) zurück, so wurden dort die 95%-Konfidenzintervalle mit $[-0,0019; +0,0122]$ (Jackknifing) bzw. $[-0,0018; +0,0118]$ (Bootstrapping) geschätzt. Damit fällt im bisherigen Beispiel der Prüfwert null in das 95%-Konfidenzintervall, womit bei diesem vorgegebenen Konfidenzniveau nicht ausgeschlossen werden kann, dass der Mittelwert der Renditedifferenzen doch tatsächlich null ist und nur zufällig den gemessenen Wert von $0,0052$ (Jackknifing) bzw. $0,0051$ (Bootstrapping) angenommen hat. Der Prüfwert, gegen den getestet wird (im Beispiel 0) drückt die sog. Nullhypothese aus.[117] Das Gegenteil zur Nullhypothese heißt Alternativhypothese. Die vorliegenden Befunde erlauben es im Beispiel nicht, die Nullhypothese zugunsten der Alternativhypothese zu verwerfen, sondern die Nullhypothese ist beizubehalten.

Die Verfahrensschritte in einem Hypothesentest mittels Konfidenzintervallen sind also: (i) Formulierung der Null- und Alternativhypothese, Vorgabe des Prüfwertes, der unter der Nullhypothese zu erwarten ist sowie Vorgabe des Konfidenzniveaus $(1-\alpha)$; (ii) Bestimmung der interessierenden Größe anhand der empirischen Stichprobe; (iii) Bestimmung des Konfidenzintervalls um den empirisch bestimmten Wert der interessierenden Größe; (iv) Vergleich des Prüfwertes mit dem Konfidenzintervall. Fällt der Prüfwert nicht in das Konfidenzintervall, so liegt dieser nicht bei vorgegebenem Konfidenzniveau im Intervall der „möglichen" Werte um den gemessenen Wert. Daher wird dann die Nullhypothese verworfen und auf einen statistisch signifikanten Unterschied geschlossen. Natürlich könnte dieser Schluss falsch sein, was dann als Fehler 1. Art bezeichnet wird. Die Wahrscheinlichkeit für diesen Fehler 1. Art wird durch die Irrtumswahrscheinlichkeit (α) quantifiziert.

Neben zweiseitigen Hypothesentests sind bei vielen Fragen auch *einseitige Hypothesentests* von Interesse, bei der nicht auf Ungleichheit zu einem vorgegebenen Prüfwert getestet wird, sondern nur einseitig auf größer oder kleiner. Im Beispiel könnte also der einseitige Hypothesentest interessant sein, ob die Fondsrenditen im Mittel statistisch signifikant größer als die Benchmarkrenditen sind. Die Nullhypothese lautet hier also bezogen auf den Mittelwert der Renditedifferenzen (Fondsrenditen abzüglich Benchmarkrenditen): „Der Mittelwert der Renditedifferenzen ist kleiner oder gleich null", die Alternativhypothese: „Der Mittelwert der Renditedifferenzen ist größer als null". Der daraus abzuleitende Prüfwert ist also null. Das Vorgehen bei einem einseitigen Hypothesentest mittels Konfidenzintervallen folgt weiterhin dem bisherigen Vorgehen, nur sind die Intervallgrenzen anders zu konstruieren. Im gerade betrachteten Beispiel ist nur zu prüfen, ob die Prüfgröße die untere Grenze des Konfidenzintervalls unterschreitet. Uninteressant ist die Frage, ob diese „irgendeine" Obergrenze überschreitet, weil dieser Fall bereits Bestandteil der Nullhypothese ist. Die obere Grenze des Konfidenzintervalls ist in diesem Beispiel $+\infty$. Die untere Grenze des Konfidenzintervalls im Beispiel ist wie bisher über die $icdf$ der t-Verteilung

[117] Der Begriff *Nullhypothese* hat nichts mit dem dem Wert 0 zu tun, sondern könnte auch als „Ausgangshypothese" bezeichnet werden. Der konkrete Prüfwert, gegen den unter „Ausgangshypothese" getestet wird, kann natürlich jeder beliebig andere Wert sein.

zu bestimmen, jedoch hier an der Stelle α und nicht $\frac{\alpha}{2}$. Ist die so bestimmte untere Grenze für das Konfidenzintervall des Mittelwertes der Renditedifferenzen größer als null, fällt der Prüfwert nicht in das Konfidenzintervall, so wäre die Nullhypothese abzulehnen.

Grundsätzlich sind Hypothesentests immer über die Konstruktion von Konfidenzintervallen möglich. Der Nachteil hier ist es aber, dass dafür erst Konfidenzintervalle geeignet bestimmt werden müssen, die oftmals gar nicht weiter interessieren. Hypothesentests sind daher Verfahren, die den Test einer Null- gegen eine Alternativhypothese einfacher und kompakter gestalten. Dies geschieht oftmals dadurch, indem die empirisch gemessene, interessierende Größe geeignet transformiert wird, sodass diese nach der Transformation unter der Nullhypothese einer bekannten theoretischen Verteilung folgt. Die dazu notwendigen Transformationen hängen von der betrachteten Fragestellung und dem jeweiligen Hypothesentest ab. Eine häufig anzutreffende Transformation ist es, zunächst von dem empirisch gemessenen Wert den zu prüfenden Wert abzuziehen und die erhaltene Differenz durch den (geschätzten) Standardfehler der empirisch gemessenen Größe zu dividieren. Ist der Prüfwert null, reduziert sich diese typische Transformation auf die Division des gemessenen Wertes durch dessen geschätzten Standardfehler. Die Grenzen des Konfidenzintervalls[118] lassen sich dann anhand der $icdf$ der bekannten theoretischen Verteilung bestimmen und müssen nicht umskaliert werden, wie es im zuerst beschrieben Vorgehen der Fall ist.

Zur näheren Erläuterung dieses allgemeinen Vorgehens sei beispielhaft auf Formel 2.122 zurückverwiesen, welche diese Transformation für die Gewinnung einer Teststatistik für den Mittelwert zeigt. Hier wird von dem empirisch gemessenen Mittelwert $\bar{x}$ der zu testende Prüfwert μ (wahrer Wert unter Nullhypothese) abgezogen und die Differenz durch $\frac{s_x}{\sqrt{T}}$ (geschätzter Standardfehler für den Mittelwert) dividiert. Unter der Nullhypothese folgt diese Prüfgröße einer t-Verteilung mit $T-1$ Freiheitsgraden, womit das Konfidenzintervall unmittelbar aus der t-Verteilung abgelesen werden kann, wie es die Abbildung 2.14 zeigt.[119]

Unter der Nullhypothese, dass der wahre, aber unbekannte Erwartungswert gleich null ist, beträgt die Wahrscheinlichkeit, mit der Realisationen von $Test = \sqrt{T}(\bar{x}-\mu)/s_x$ in dem vorgegebenen Konfidenzintervall auftreten, $1-\alpha$. Es wird dann geprüft, ob die empirisch gemessene Prüfgröße in das so konstruierte Konfidenzintervall hineinfällt. Das beschriebene Vorgehen ist äquivalent zum oben erläuterten, wobei hier jedoch das Konfidenzintervall um den zu prüfenden Wert 0 konstruiert wird. Dann wird geprüft, ob die gemessene Teststatistik außerhalb dieses Intervalls liegt. Oben wurde umgekehrt vorgegangen, indem das Konfidenzintervall um die gemessene Größe bestimmt und dann geprüft wurde, ob der Prüfwert außerhalb des Konfidenzintervalls der gemessenen, interessierenden Größe liegt. Beide Vorgehensweisen sind zueinander äquivalent. Das beschriebene Vorgehen ist natürlich in derselben Weise bei einseitigen Hypothesentests

---

[118] In der statistischen Literatur wird bei strenger Betrachtung zwischen Schwankungsintervallen und Konfidenzintervallen unterschieden. Schwankungsintervalle besitzen feste Grenzen, in die eine Zufallsvariable, z.B. eine Teststatistik, mit bestimmter Wahrscheinlichkeit hineinfällt. Konfidenzintervalle besitzen stochastische Grenzen, die einen festen Wert, z.B. den Prüfwert, mit einer bestimmten Wahrscheinlichkeit umschließen. Bei strenger Betrachtung wurden zuvor Konfidenzintervalle betrachtet, während es im Folgenden um Schwankungsintervalle geht. Aus Vereinfachungsgründen wird diese strenge begriffliche Unterscheidung unterlassen.

[119] Abbildung entnommen bei PODDIG et al. (2008), S. 200; siehe auch dort für nähere Erläuterungen. Die Anzahl der Beobachtungen wird in der Abbildung mit n statt wie hier mit T bezeichnet.

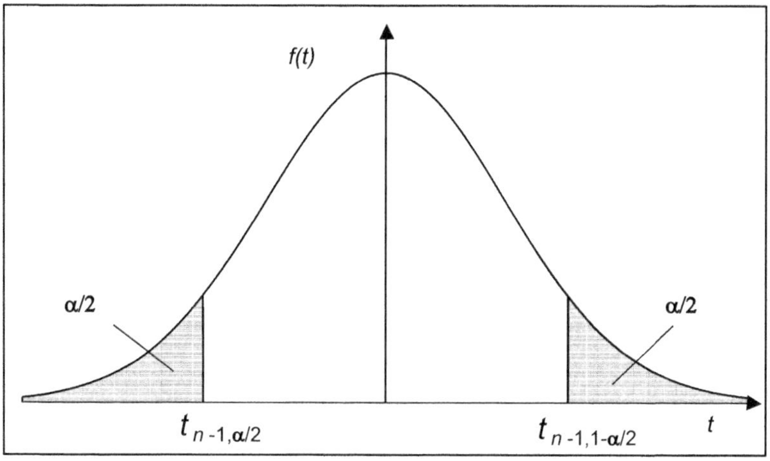

Abbildung 2.14.: t-Verteilung mit Konfidenzintervall.

anzuwenden. Möchte man prüfen, ob die Fondsrenditen im Mittel größer als die Benchmarkrenditen sind, so lautet die Nullhypothese bezogen auf den Mittelwert der Renditedifferenzen: „Der Mittelwert der Renditedifferenzen ist kleiner oder gleich null“ (Nullhypothese) gegen: „Der Mittelwert der Renditedifferenzen ist größer als null“ (Alternativhypothese). Das zugehörige Konfidenzintervall um den Prüfwert null ist in Abbildung 2.15 dargestellt.[120]

Das Konfidenzintervall erstreckt sich hier von $-\infty$ bis $icdf^t_{T-1}(1-\alpha)$, da ein beliebig großes Unterschreiten der aus der gemessenen Größe abgeleiteten Teststatistik unter null durch die Nullhypothese abgedeckt ist. Im Vergleich zum zweiseitigen Hypothesentest ist das Konfidenzintervall nach links, also in den negativen Bereich, verschoben worden, womit entsprechend untere und obere Intervallgrenze kleinere Werte annehmen als im Fall des zweiseitigen Hypothesentests. Das Vorgehen selber bleibt unverändert: Nach der Bestimmung der Intervallgrenzen wird die gemessene Teststatistik bestimmt und geprüft, ob diese innerhalb oder außerhalb des Konfidenzintervalls liegt. Ist diese größer als die obere Intervallgrenze, so kann die Nullhypothese mit der vorgegebenen (Irrtums-) Wahrscheinlichkeit α abgelehnt werden. In analoger Weise ist das Vorgehen bei der umgekehrten Prüfung, wenn gefragt wird, ob die Fondsrenditen im Mittel kleiner als die Benchmarkrenditen sind. Nullhypothese: „Die Fondsrenditen sind nicht kleiner, also größer oder gleich den Benchmarkrenditen“ gegen Alternativhypothese: „Die Fondsrenditen sind kleiner als die Benchmarkrenditen“ bzw. auf den Mittelwert der Renditedifferenzen bezogen: „Der Mittelwert der Renditedifferenzen ist nicht kleiner, also größer oder gleich null“ (Nullhypo-

[120] Abbildung entnommen bei PODDIG et al. (2008), S. 206; siehe auch dort für nähere Erläuterungen. Die Anzahl der Beobachtungen wird in der Abbildung mit n statt wie hier mit T bezeichnet.

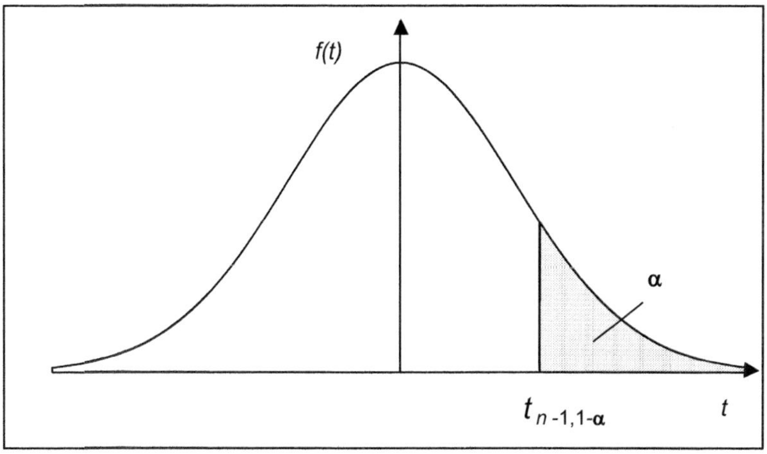

Abbildung 2.15.: Einseitiges Konfidenzintervall (Prüfung, ob größer).

these) gegen „Der Mittelwert der Renditedifferenzen ist kleiner als null“ (Alternativhypothese). Das zugehörige Konfidenzintervall zeigt die Abbildung 2.16.[121]

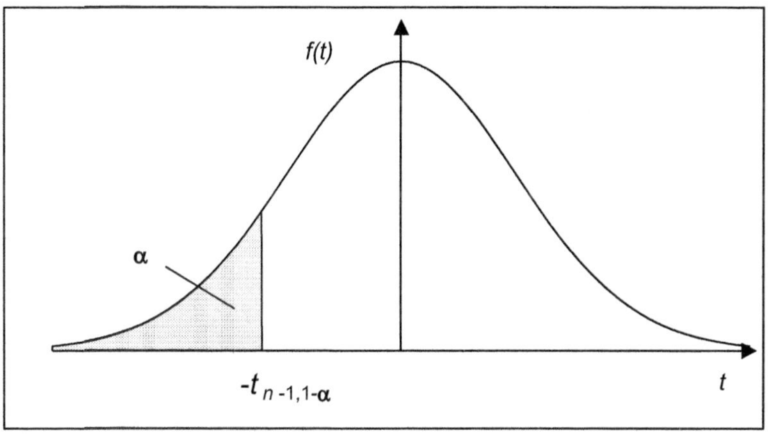

Abbildung 2.16.: Einseitiges Konfidenzintervall (Prüfung, ob kleiner).

Das folgende Programmlisting 2.68 zeigt die beiden möglichen Vorgehensweisen in Matlab beim Hypothesentest der Renditedifferenz in den Fondsrenditen.[122]

[121] Abbildung entnommen bei PODDIG et al. (2008), S. 206; siehe auch dort für nähere Erläuterungen. Die Anzahl der Beobachtungen wird in der Abbildung mit n statt wie hier mit T bezeichnet.

[122] Unter Octave ist die Variante `bDemoHypothesentestMittelwert_oct` zu verwenden. In Octave heißt die zur

Quellcode 2.68: Demoskript zum Hypothesentest des Mittelwertes

```
Siehe Datei: bDemoHypothesentestMittelwert.m
```

Das Demoskript 2.68 enthält einen zweiseitigen Hypothesentest, ob die Differenz der Fondsrenditen im Mittel ungleich null ist, sowie einen einseitigen Hypothesentest, ob die Differenz der Fondsrenditen im Mittel größer null ist. Zu Beginn des Demoskriptes werden die Daten eingelesen, in stetige Renditen umgerechnet, die Reihe der Renditedifferenzen berechnet, Mittelwert und Standardabweichung der Renditedifferenzen ermittelt. Dem Vorgehen in den vorhergehenden Kapiteln folgend wird das zweiseitige 95%-Konfidenzintervall um den empirisch gemessenen Mittelwert bestimmt. Der letzte Schritt besteht in der Prüfung, ob der Prüfwert unter der Nullhypothese (0) in das Konfidenzintervall fällt. Der logische Wert der Alternativhypothese (wahr oder falsch) ergibt sich durch Negation des logischen Wertes der Nullhypothese. Alternativ kann die Teststatistik mit `dT_Test = sqrt(iNumObs) * (dMuDelta - dPruef) / dSigmaDelta` berechnet, das Konfidenzintervall um den Prüfwert 0 konstruiert und dann der Vergleich mit der Teststatistik vorgenommen werden.

Der zweite Teil des Demoskriptes zeigt den einseitigen Hypothesentest. Gerade bei einem einseitigen Hypothesentest ist die Konstruktion eines Konfidenzintervalls um den Mittelwert eher unüblich, da dieses Vorgehen weniger intuitiv sein kann. Die Alternativhypothese beim hier betrachteten Hypothesentest ist, dass die Renditedifferenzen größer als null sind. Um auf die Alternativhypothese schließen zu dürfen, muss der Prüfwert außerhalb des Konfidenzintervalls um den gemessenen Mittelwert der Renditedifferenzen fallen, hier also unter die untere Grenze. Daher reicht das Konfidenzintervall für den einseitigen Hypothesentest von $+\infty$ (Obergrenze) bis $icdf^{t}_{T-1}(\alpha)\cdot\frac{s_x}{\sqrt{T}}+\bar{x}$ (Untergrenze). Einfacher verständlich beim einseitigen Hypothesentest ist das übliche Vorgehen, eine Teststatistik und ein Konfidenzintervall um den Prüfwert unter Nullhypothese zu konstruieren. Überschreitet der Wert der Teststatistik die obere Grenze des Konfidenzintervalls um den Prüfwert, so kann die Nullhypothese verworfen werden. Außerdem ergibt sich hier die Obergrenze einfach als $icdf^{t}_{T-1}(1-\alpha)$ (siehe `dToneSided_ub = tinv(1-dAlpha,iNumObs-1)`), ein Umskalieren der Grenzen auf den Wertebereich des Mittelwertes ist nicht erforderlich. Alles in allem ist also ein Hypothesentest immer über die Konstruktion von Konfidenzintervallen, wie in den vorhergehenden Kapiteln gezeigt, möglich; im Falle von einseitigen Hypothesentests sind diese aber nicht immer intuitiv konstruierbar. Üblicher ist daher die Konstruktion von Teststatistiken, die Konstruktion von Konfidenzintervallen um den Prüfwert unter Nullhypothese und deren Vergleich mit dem Wert der Teststatistik.

Das Demoskript 2.68 zeigt ebenfalls die Matlab-Funktion `ttest`, welche bereits eine vordefinierte Funktion zur Durchführung eines derartigen Hypothesentests des Mittelwertes anbietet. Im Demoskript führt diese zu denselben Ergebnissen, ist aber insgesamt leichter anwendbar, als einen solchen Hypothesentest selbst zu programmieren.

Die Anwendung in der Fallstudie zeigt, dass weder beim zweiseitigen, noch einseitigen Hypothesentest die jeweilige Nullhypothese verworfen werden kann. Insofern gibt es Hinweise auf eine Überlegenheit des betrachteten Fonds gegenüber der Benchmark, aber bei der vorgegebenen

---

Matlab-Toolboxfunktion `ttest` korrespondierende Funktion dort `t_test`, außerdem besitzt sie leicht andere Input- und Outputparameter als die Matlab-Variante. Im Wesentlichen sind aber beide identisch und führen zu denselben Ergebnissen, wie es die Demo zeigt.

Irrtumswahrscheinlichkeit von 5% kann die Nullhypothese nicht zurückgewiesen werden. Für die Interpretation des Ausgangs eines Hypothesentests sei noch auf einen verbreiteten Interpretationsfehler hingewiesen: Das Beibehalten der Nullhypothese aufgrund des Testausgangs darf in gar keinem Fall als „statistischer Beweis" für deren Gültigkeit betrachtet werden; sie kann nur nicht zurückgewiesen werden. Am besten verdeutlicht man sich dies in Analogie mit einem Gerichtsverfahren, wo als Nullhypothese die Unschuldsvermutung des Angeklagten gilt. Es mögen nun im Verlaufe des Prozesses zwar Belege von der Staatsanwaltschaft für die Schuld des Angeklagten vorgebracht werden, die durchaus beeindrucken, aber sie reichen nicht aus, um die letzten Restzweifel von Geschworenen und Richter zu zerstreuen. Der Angeklagte wird aus Mangel an Beweisen freigesprochen, d.h., die Unschuldsvermutung (Nullhypothese) wird nicht verworfen, obwohl viele Belege für die Schuld des Angeklagten sprechen.

Viele (Matlab-) Funktionen liefern als Ergebnis bereits die berechneten Werte von Teststatistiken zurück, mit denen Hypothesentests in der zuletzt erläuterten Form einfach möglich sind. Dazu sei beispielhaft auf die benutzerdefinierten Funktionen 2.58 oder 2.66 zurückverwiesen. Dort werden Teststatistiken berechnet (`vJackT` in `fJackknifeStats`, folgt unter Nullhypothese einer t-Verteilung mit $T-1$ Freiheitsgraden; `mBootT` in `fBootstrap`, folgt unter Nullhypothese bei normalverteiltem Bootstrap-Schätzer einer t-Verteilung mit $B-1$ Freiheitsgraden), die dann einfach für die Durchführung von Hypothesentests herangezogen werden können.

Neben dem Test von Renditedifferenzen spielen im CF auch Tests von Varianzen bzw. Unterschiede in den Renditevarianzen zweier Assets eine große Rolle. Da die Varianz bzw. Standardabweichung ein gängiges Risikomaß ist, wäre die damit verbundene Frage, ob zwei Assets dasselbe Risiko (Nullhypothese: Gleichheit der Varianzen) aufweisen oder sich hier statistisch signifikant voneinander unterscheiden. Bezeichnet man allgemein mit **X** einen Vektor von Beobachtungsdaten der ersten und mit dem Vektor **Y** die Beobachtungsdaten der zweiten Stichprobe, so wird bei einem zweiseitigen Test die Nullhypothese $Var(\mathbf{X}) = Var(\mathbf{Y})$ getestet. Die Teststatistik sowie das Konfidenzintervall unter Nullhypothese bei einem zweiseitigen Test berechnen sich nach Formel 2.134 und 2.135. Ebenso kann ein linksseitiger Test (Nullhypothese $Var(\mathbf{X}) < Var(\mathbf{Y})$, Formel 2.136) oder rechtsseitiger Test (Nullhypothese $Var(\mathbf{X}) > Var(\mathbf{Y})$, Formel 2.137) vorgenommen werden. Dabei werden die Konfidenzintervalle für die Nullhypothese ausgewiesen. Soweit die Teststatistik *Test* in das betreffende Konfidenzintervall hineinfällt, ist die Nullhypothese beizubehalten.

$$Test = \frac{s_x^2}{s_y^2} \tag{2.134}$$

$$\left[icdf^F_{T_x-1,T_y-1}\left(\frac{\alpha}{2}\right); icdf^F_{T_x-1,T_y-1}\left(1-\frac{\alpha}{2}\right)\right] \tag{2.135}$$

$$\left[icdf^F_{T_x-1,T_y-1}(\alpha); +\infty\right] \tag{2.136}$$

$$\left[0; icdf^F_{T_x-1,T_y-1}(1-\alpha)\right] \tag{2.137}$$

s_x^2 empirische Varianz der Stichprobe **X**

s_y^2 empirische Varianz der Stichprobe **Y**

$icdf_{T_x-1,T_y-1}^F(.)$ Inverse-Cumulative-Density-Function einer F-Verteilung mit 1. Freiheitsgrad $T_x - 1$ und 2. Freiheitsgrad $T_y - 1$, dabei ist T_x der Stichprobenumfang der Stichprobe **X**, T_y der Stichprobenumfang der Stichprobe **X**

Der vorgestellte Test heißt Zweistichproben-F-Test. Voraussetzung sind unabhängig und normalverteilte Zufallsvariablen $X_i, i = 1, ..., T_x$ sowie $Y_j, j = 1, ..., T_y$. Das Programmlisting 2.69 zeigt die beispielhafte Implementation dieses Tests.

Quellcode 2.69: Funktion zur Durchführung des Zweistichproben-F-Tests

```
Siehe Datei: fTwoSampleFtest.m
```

Die Funktion `fTwoSampleFtest` setzt die genannten Formeln direkt um. Die einzige Neuerung gegenüber den bisherigen Betrachtungen ist es, die Art des Test in einem String zu spezifizieren, wie es bei vielen Matlab-Funktionen üblich ist. Um Strings miteinander vergleichen zu können, sind in Matlab spezielle Funktionen notwendig, wie z.B. `strcmp` oder `strcmpi`. Erstere unterscheidet dabei Groß- und Kleinschreibung, letztere nicht, weshalb sie hier angewendet wird. Die Anwendung in der Fallstudie zeigt das Demoskript 2.70.

Quellcode 2.70: Demoskript zur Anwendung des Zweistichproben-F-Tests auf gleiche Varianzen

```
Siehe Datei: bDemoHypothesentestVarianz.m
```

Die Durchführung des Hypothesentests auf gleiche Varianzen behält ebenfalls die Nullhypothese bei; hier liegt die Teststatistik deutlich innerhalb des Konfidenzintervalls.

2.8.6. Kolmogorov-Smirnov-Test

Unter den zahlreichen Hypothesentests soll zum Schluss der Kolmogorov- Smirnov-Test (KS-Test) kurz skizziert werden, da dieser später im Kapitel 5 noch sehr häufig benötigt wird. Dort wird der KS-Test verwendet um zu prüfen, ob simulierte Renditen einer vorgegebenen, gewünschten Verteilung folgen. Ein solcher Test ist dort notwendig, um die Qualität von simulierten Daten und deren Verträglichkeit mit den gesetzten Annahmen sicherzustellen. Ganz allgemein dient dieser Test zur Prüfung zweier Verteilungen auf Gleichheit. Der KS-Test kann dabei in zwei Varianten verwendet werden. Bei der ersten Variante wird eine empirisch beobachtete Verteilung gegen eine angenommene theoretische Verteilung getestet, bei der zweiten zwei empirische Verteilungen gegeneinander.

Um die Idee des KS-Tests zu skizzieren, wollen wir diesen anhand eines Beispiels entwickeln, welches zugleich als kleine Fallstudie dient. Im Rahmen der bisher entwickelten Fallstudie zur Performancemessung wurde bereits häufig die Fragestellung aufgeworfen, ob die beobachteten Renditen von Benchmark und Fonds einer Normalverteilung folgen. Exemplarisch wollen wir diese Frage nun näher für die Fondsrenditen mit Hilfe des KS-Tests untersuchen. Das Programmlisting 2.71 zeigt ein kleines Demoskript, welches die Ausgangsdaten einliest, die Renditen berechnet und anschließend die Fondsrenditen unter Verwendung des KS-Tests auf Normalverteilung testet.[123]

Quellcode 2.71: Demoskript zur Anwendung des KS-Tests auf Normalverteilung

```
Siehe Datei: bDemoKStest.m
```

Das Demoskript 2.71 erzeugt dabei zusätzlich die Abbildung 2.17, an welcher die grundsätzliche Idee erläutert werden kann. Die Abbildung zeigt den Verlauf der empirischen Verteilungsfunktion und denjenigen der Verteilungsfunktion einer Normalverteilung mit denselben Verteilungsparametern μ und σ der Fondsrenditen. Wenn nun die angenommene theoretische Verteilung zutreffend ist, dann sollte die empirische Verteilungsfunktion in ihrem Verlauf keine großen Abweichungen von dem Verlauf der angepassten, theoretischen Verteilungsfunktion zeigen. Werden dagegen große Abweichungen beobachtet, liefert die angenommene theoretische Verteilungsfunktion keine gute Beschreibung. Im betrachteten Beispiel scheint die empirische Verteilungsfunktion sehr dicht am Verlauf der theoretisch angenommenen Normalverteilung zu liegen, also nicht weit von dieser abzuweichen. Die Frage ist nun aber, was hier konkret „nicht weit" heißt und wie damit ein Hypothesentest konstruiert werden kann.

Die genaue Herleitung des KS-Tests übersteigt hier den Rahmen der Betrachtungen, aber die grundsätzliche Idee zu skizzieren ist hilfreich für die Anwendung des KS-Tests und der Interpretation der Ergebnisse. Als Nullhypothese wird angenommen, die theoretische Verteilungsfunktion beschreibt die empirischen Beobachtungen korrekt. Die Ausgangsüberlegung ist nun, dass unter der Nullhypothese die empirische Verteilungsfunktion (Formel 2.138) nach Wahrscheinlichkeit gegen die wahre Verteilungsfunktion konvergiert.

$$\hat{F}_T(x) = ecdf_T(x) = \hat{P}_T(X \leq x) = \frac{1}{T}\sum_{t=1}^{T} I(x_t \leq x) \tag{2.138}$$

$$I(x_t \leq x) = \begin{cases} 1 & \text{wenn } x_t \leq x \\ 0 & \text{sonst} \end{cases} \tag{2.139}$$

[123] Unter Octave ist die Variante `bDemoKStest_oct` zu verwenden. In Octave heißt die zu `kstest` korrespondierende Funktion `kolmogorov_smirnov_test`, die bei den Teststatistiken und p-Werten abweichende Ergebnisse liefert. Während die Matlab-Funktion `kstest` und die im Demoskript illustrierte manuelle Berechnung übereinstimmende Werte liefern, weichen die Ergebnisse von `kolmogorov_smirnov_test` hiervon deutlich ab. Die Abweichung bei der Teststatistik lässt sich aber damit erklären, dass die Octave-Funktion die skalierte Teststatistik berechnet, siehe auch die Erläuterungen zu Formel 2.141. Als zusätzliche Plausibilitätsprüfung wird in dem Demoskript bereits die Funktion `kstest2` (unter Octave: `kolmogorov_smirnov_test_2`) zusätzlich verwendet, die nachfolgend vorgestellt wird. Dort sind die Ergebnisse zwischen Matlab und Octave weitgehend übereinstimmend. Am Ende des Demoskriptes wird der KS-Test grafisch visualisiert. Dafür wird die Matlab-Funktion `cdfplot` verwendet. Unter Octave ist diese nicht im Basissystem implementiert. Eine äquivalente Variante mit demselben Namen findet sich aber im Paket `nan`. Soll dieses verwendet werden, muss das Paket zuvor mit `pkg install -forge nan` bei bestehender Internetverbindung installiert werden. Nach erfolgreicher Installation ist das Paket vor Durchführung des Skriptes mit `pkg load nan` zu laden. Dieser Befehl kann auf der Kommandokonsole eingegeben oder zu Beginn des Demoskriptes eingefügt werden. Allerdings „überschreibt" das Paket `nan` sehr viele statistische Basisfunktionen von Octave mit eigenen Funktionen, wodurch zahllose Warnungen ausgelöst werden. Wir verzichten aus diesem Grund auf die Nutzung von `nan` und verwenden ersatzweise `plot` anstelle von `cdfplot`. Die grafische Visualisierung ist dadurch aber nicht sehr ansehnlich.

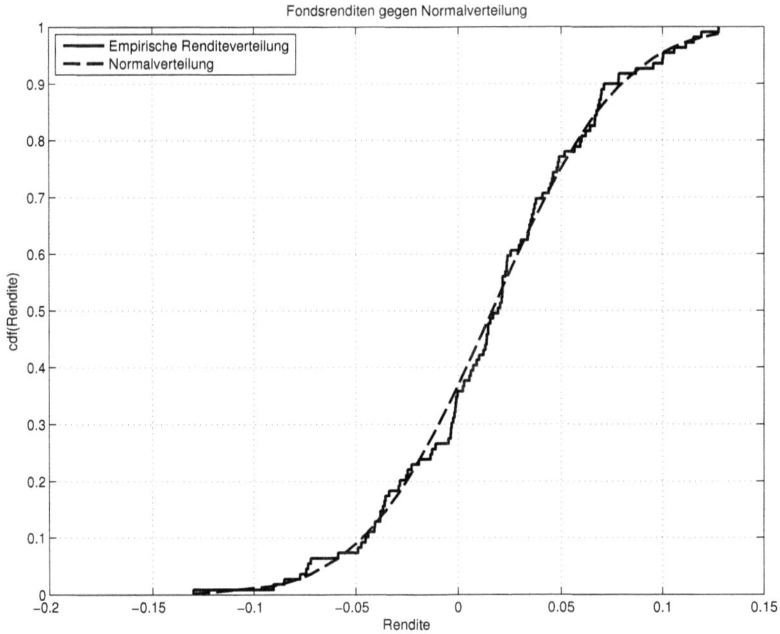

Abbildung 2.17.: KS-Test: Empirische Fondsrenditen gegen Normalverteilung.

$\hat{F}_T(x)$ Wert der empirischen Verteilungsfunktion an der Stelle x bei Stichprobenumfang T, auch $ecdf_T(x)$

$I(x_t \leq x)$ Indikatorfunktion, ob eine spezifische Beobachtung x_t kleiner oder gleich einem Wert x ist

Für einen großen Stichprobenumfang $T \to \infty$ muss also $\hat{F}_T(x) \to F(x)$, wobei $F(x)$ den Wert der theoretischen Verteilungsfunktion an der Stelle x darstellt. Anders ausgedrückt, muss für alle denkbaren Werte $x \in \mathbb{R}$ gelten, dass der größte Abstand zwischen $\hat{F}_T(x)$ und $F(x)$ gegen null konvergiert, siehe Formel 2.140.[124]

$$sup\left|\hat{F}_T(x) - F(x)\right| \to 0 \text{ für alle } x \in \mathbb{R} \qquad (2.140)$$

Aufgrund des Stichprobenfehlers kann es allerdings zu Abweichungen zwischen den Werten der empirischen und der theoretischen Verteilungsfunktion kommen. Die Frage ist nun, ob eine bestimmte Abweichung mit der Nullhypothese verträglich und bei dem unvermeidlichen Stichprobenfehler zu erwarten oder ob das Ausmaß der Abweichung mit der Nullhypothese nicht

[124] In Formel 2.140 bezeichnet *sup* das Supremum, die kleinste obere Schranke. Das Supremum ist verwandt mit dem Maximum einer bestimmten Menge von Elementen, ist jedoch der kleinste Wert, der über dem Maximum liegt. Operationalisiert wird das Supremum in der Regel mit dem Maximum.

mehr verträglich ist. Dazu muss eine geeignete Teststatistik konstruiert und deren Verteilung hergeleitet werden. Die Konstruktion der Teststatistik D_T folgt dieser grundsätzlichen Überlegung, indem diese nach Formel 2.141 gewählt wird.[125]

$$D_T = max\left|\hat{F}_T(x) - F(x)\right| \tag{2.141}$$

Als Problem bei der konkreten Berechnung der Teststatistik D_T ergibt sich noch die Frage, ob der Abstand zwischen der $ecdf$ und der cdf der angenommenen Verteilungsfunktion vor oder nach dem Sprung der $ecdf$ an der Stelle eines konkreten Beobachtungswertes x_t berechnet wird. Das Programmlisting 2.71 zeigt die Vorgehensweise bei der Berechnung der Teststatistik. Dazu werden die maximalen Abstände vor und nach dem Sprung der $ecdf$ ermittelt und die Teststatistik D_T dann als Maximum von beiden Werten gewählt.

Die Teststatistik D_T folgt einer speziellen Kolmogorov-Smirnov-Verteilung, welche hier nicht näher behandelt werden soll. Mit Hilfe dieser Verteilung lassen sich dann kritische Testwerte für die Teststatistik D_T und die zugehörigen Irrtumswahrscheinlichkeiten ermitteln. Die kritischen Testwerte $dcrit_\alpha$ liegen für kleine Stichproben für variierende Stichprobenumfänge T und Irrtumswahrscheinlichkeiten α tabelliert vor. Für Stichprobengrößen ab $T > 40$ kann die Näherung nach Formel 2.142 benutzt werden, falls der KS-Test ohne Rückgriff auf die Matlab-Funktion `kstest` durchgeführt werden soll bzw. muss.

$$dcrit_\alpha = \frac{\sqrt{log(\frac{2}{\alpha})}}{\sqrt{2T}} \tag{2.142}$$

Im präsentierten Anwendungsbeispiel beträgt der Wert der Irrtumswahrscheinlichkeit für das fälschliche Verwerfen der Nullhypothese (hier: Normalverteilung) ca. 68%, womit diese nicht abgelehnt werden kann. Unter Verwendung des KS-Test ergibt sich in der Fallstudie also kein statistisch signifikanter Befund dafür, nicht von einer Normalverteilung auszugehen, obwohl die bisherigen Analyseergebnisse eher das Gegenteil nahe legen. Hier sei noch einmal daran erinnert, dass die Beibehaltung einer Nullhypothese nicht gleichbedeutend mit deren Gültigkeit ist. Es mag also klare Hinweise auf Nichtnormalverteilung geben, eine Ablehnung der Nullhypothese mit dem KS-Test ist aber nicht möglich.[126]

Die zweite Variante des KS-Test testet zwei empirische Verteilungen gegeneinander. Im vorliegenden Anwendungsbeispiel wäre es also naheliegend zu fragen, ob die Verteilungen von Fonds- und Benchmarkrenditen gleich sind (Nullhypothese). Zur Beantwortung der Frage kann diese zweite Variante des KS-Tests herangezogen werden, wie es das Programmlisting 2.73 zeigt.[127] Das Demoskript 2.73 verwendet die Hilfsfunktion `fEmpCDF`, welche den Wert der

---

[125] Die Teststatistik D_T findet sich in der Literatur auch noch mit $\sqrt{T}$ skaliert, also $D_T = \sqrt{T}max\left|\hat{F}_T(x) - F(x)\right|$. Wir folgen hier der Darstellung in der Matlab-Dokumentation, um das Nachrechnen der Ergebnisse zu erleichtern. Notwendige Skalierungen werden bei der Berechnung der kritischen Testwerte berücksichtigt, siehe unten.

[126] Angemerkt sei, dass es speziell für den Test auf Normalverteilung zahlreiche Alternativen gibt. Ein bedeutsamer Test ist der Jarque-Bera-Test auf Normalverteilung, welchen wir in Kapitel 4.2.4.3 behandeln werden.

[127] Unter Octave ist die Variante `bDemoKStest2_oct` zu verwenden. Die zur Matlab-Funktion `kstest2` korrespondierende Funktion heißt unter Octave `kolmogorov_smirnov_test_2`. Hier weichen die Ergebnisse zwischen

empirischen Verteilungsfunktion nach Formel 2.138 berechnet. Sie ist im Programmlisting 2.72 dargestellt.

Quellcode 2.72: Funktion zur Berechnung der empirischen Verteilungsfunktion

```
Siehe Datei: fEmpCDF.m
```

Quellcode 2.73: Demoskript KS-Test auf Gleichheit zweier Verteilungen

```
Siehe Datei: bDemoKStest2.m
```

Die Vorgehensweise bei der zweiten Variante des KS-Test ist ähnlich wie bei der ersten. Auch die Teststatistik wird im Prinzip in genau derselben Weise berechnet. Der wesentliche Unterschied ist lediglich, dass an die Stelle einer theoretisch angenommenen Verteilung als Referenz (gegen die getestet wird) nun eine zweite empirische Verteilung tritt. Im Detail gibt es jedoch einige Unterschiede. Da hier die Teststatistik anhand einer zweiten empirischen Verteilung ermittelt wird, ist deren Berechnung etwas komplizierter, wie es das Demoskript zeigt. Insbesondere ist dafür die Verwendung der empirischen Verteilungsfunktion notwendig, weshalb auf die (Hilfs-) Funktion `fEmpCDF` zurückgegriffen wird. Für die Durchführung des Hypothesentests ist diese auch anders zu skalieren. Dies erklärt, warum in der zweiten Anwendung trotz optisch erkennbar deutlich größerer Abweichungen (siehe Abbildung 2.18) zwischen den beiden empirischen Verteilungsfunktionen die Irrtumswahrscheinlichkeit für das fälschliche Verwerfen der Nullhypothese (Gleichheit beider Verteilungen) angestiegen ist. Im konkret betrachteten Fallbeispiel kann die Nullhypothese der Gleichheit beider Verteilungen also nicht verworfen werden.

Sofern der KS-Test in dieser zweiten Variante manuell durchgeführt werden soll bzw. muss, etwa wenn nicht auf die Matlab-Funktion `kstest2` zurückgegriffen werden kann, lässt sich der kritische Testwert $dcrit_\alpha$ für Stichprobengrößen $M,N > 40$ näherungsweise nach Formel 2.143 bestimmen. Dabei bezeichnet M die Anzahl der Beobachtungen in der ersten, N diejenige in der zweiten Stichprobe.

$$dcrit_\alpha = \frac{\sqrt{\frac{log(\frac{2}{\alpha})}{2}}}{\sqrt{\frac{M \cdot N}{M+N}}} \tag{2.143}$$

Auch hier ist das Testergebnis sorgfältig zu interpretieren. Die Nullhypothese gleicher Renditeverteilungen von Fonds und Benchmark kann bei der vorgegebenen Irrtumswahrscheinlichkeit nicht verworfen werden. Dies ist nicht gleichbedeutend mit deren Gültigkeit, auch hier haben die bisherigen Analysen Hinweise darauf geliefert, dass die Fondsrenditen im Mittel höher als diejenigen der Benchmarkrenditen zu liegen scheinen, also keine Gleichheit der beiden Verteilungen vorliegt. Eine Ablehnung der Nullhypothese gleicher Verteilung ist aber auf Basis des KS-Tests nicht möglich.

Matlab, manueller Berechnung und Octave nur unwesentlich ab. Die Teststatistik, der maximale Abstand zwischen den beiden empirischen Verteilungsfunktionen, wird in allen drei Berechnungen identisch bestimmt. Die p-Werte bei Matlab und Octave sind leicht unterschiedlich, was eventuell mit etwas abweichenden Approximationen der Kolmogorov-Smirnov-Verteilung erklärt werden könnte.

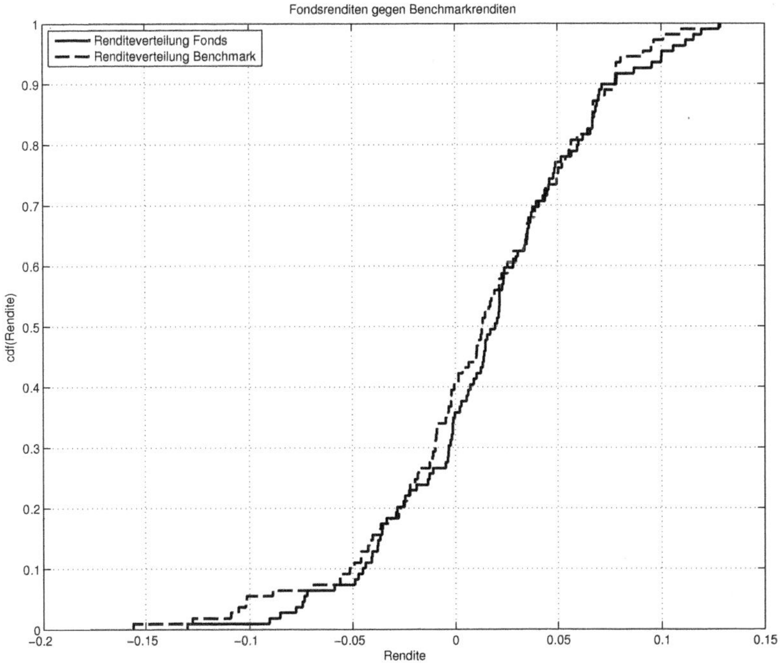

Abbildung 2.18.: KS-Test: Fondsrenditen gegen Benchmarkrenditen.

2.9. Zwischenfazit

Viele grundlegende Aufgaben des CF beschäftigen sich mit statistischen Datenanalysen, so auch insbesondere im Bereich der Performanceanalyse. Wenig verwunderlich ist in diesem Aspekt eine enge Verwandtschaft zwischen CF und Computational Statistics festzustellen. Tatsächlich sind bei bestimmten Anwendungsbereichen die Übergänge fließend. CF betont dabei mehr die finanzwirtschaftliche Anwendung statistischer Verfahren, während Computational Statistics sich mehr mit der computergestützten Umsetzung statistischer Verfahren allgemein beschäftigt. Typische Basisanwendungen, wie z.B. die Berechnung statistischer Kennzahlen (Verteilungsmomente), Anpassungen von theoretischen Verteilungen an empirisch beobachtete Daten, Konstruktion von Konfidenzintervallen und Hypothesentests sind dabei identisch. Bestimmte andere Aspekte sind eher finanzwirtschaftlich geprägt, wie etwa die Diskussion zum Risikoverständnis, zu alternativen Risikomaßen und deren Umsetzung, auch wenn diese wieder zu Konzepten der Statistik zurückführen. Basiskenntnisse der statistischen Datenanalyse und deren Umsetzung sind ein erster, elementarer Einstiegspunkt in das CF.

Ein zweiter wichtiger Bereich des CF sind Optimierungsverfahren. Blickt man zurück auf die Darstellung des Portfoliomanagementprozesses, so werden diese insbesondere bei der Asset Allocation eingesetzt. Hier geht es darum, auf Basis der aus der Anlegeranalyse kommenden Ziele, Präferenzen, Restriktionen und sonstigen vorgegebenen Rahmenbedingungen der Kapitalanlage, sowie der aus der Finanzanalyse gewonnenen Informationen eine optimale Kapitalaufteilung auf die zur Verfügung stehenden Assets zu bestimmen. Typischerweise lässt sich diese Aufgabenstellung immer als ein Optimierungsproblem formulieren.

Optimierungsverfahren sind auch im Zusammenhang mit fortgeschrittenen statistischen und ökonometrischen Analysetechniken interessant. Bei der Schätzung elaborierter Modelle sind häufig komplexe Optimierungsprobleme zu lösen, was die Kenntnis dieser Verfahren sinnvoll erscheinen lässt. Die folgenden Betrachtungen zur Optimierung im CF betonen die Querverbindung zu einer weiteren, eng verwandten Nachbardisziplin, dem Operations Research. Dort ist die Erforschung von Optimierungsverfahren ein zentraler Gegenstand, da sich viele (betriebswirtschaftliche) Probleme auf Optimierungsprobleme zurückführen lassen. Im Folgenden steht die Frage im Vordergrund, wie Optimierungsverfahren eingesetzt werden können, um typische Probleme im CF zu lösen.

3. Optimierung im Computational Finance

Lese- und Arbeitshinweise:
In diesem Kapitel werden ausgewählte Optimierungsverfahren, ihre Umsetzung mithilfe des Programmierwerkzeugs Matlab und ihre Anwendung zur Beantwortung finanzwirtschaftlicher Fragestellungen dargestellt. Allgemein formuliert geht es bei der Optimierung um die Bestimmung derjenigen Werte für eine Menge von Aktionsvariablen, welche (ggf. unter der Berücksichtigung von Nebenbedingungen) ein vorgegebenes Zielkriterium minimieren oder maximieren. Optimierungsprobleme und Verfahren zu ihrer Lösung sind vor allem Gegenstand von Lehrbüchern zum Operations Research. Die Betrachtungen in diesem Buch konzentrieren sich auf diejenigen Methoden, welche für die Beantwortung finanzwirtschaftlicher Fragestellungen und insbesondere für die Portfoliooptimierung von Bedeutung sind. Beispielsweise könnten in diesem Kontext die Anteilsgewichte von Wertpapieren in einem Portfolio derart zu bestimmen sein, dass die Sharpe-Ratio (vgl. zur Sharpe-Ratio auch näher Kapitel 2.5) des Portfolios maximal wird. Daneben sind Optimierungsverfahren auch für die Schätzung von Koeffizienten ökonometrischer Modelle von Bedeutung. Dieses Anwendungsgebiet ist Gegenstand der Betrachtungen in Kapitel 4, dort insb. Kapitel 4.4.

Das vorliegende Kapitel orientiert sich methodisch an den Kapiteln 9-12 bei PODDIG et al. (2008) und mit Blick auf die Anwendungen zur Portfoliooptimierung an den Kapiteln 2 und 4-5 bei PODDIG et al. (2009). Die Lektüre der vorgenannten Quellen sei insbesondere Lesern empfohlen, die an weiteren Anwendungsbeispielen, ergänzenden methodischen Hinweisen und/oder Excel/VBA-Umsetzungen interessiert sind. Ferner sei darauf hingewiesen, dass für das Studium dieses Kapitels die Kenntnis des vorhergehenden Kapitels 2 (dort insbesondere die Kapitel 2.2 bis 2.6) empfohlen wird.

Das Kapitel 3.1 führt allgemein in die Thematik der Optimierung und ihre Anwendung im CF ein. Es orientiert sich dabei vor allem an dem Kapitel 9 bei PODDIG et al. (2008). Im Kapitel 3.2 wird die lineare Optimierung charakterisiert. Der linearen Optimierung kommt, verglichen mit der quadratischen oder der nichtlinearen Optimierung, im Portfoliomanagement eine untergeordnete Bedeutung zu. Sie ist jedoch gut geeignet, um die allgemeine Struktur von Optimierungsproblemen zu skizzieren. Das Kapitel 3.2 orientiert sich vor allem an den Kapiteln 9 und 10 bei PODDIG et al. (2008) (Methodik) sowie an dem Kapitel 4 bei PODDIG et al. (2009) (Anwendung). Auch wenn es sich bei quadratischen Optimierungsproblemen um nichtlineare Optimierungsprobleme handelt, werden sie unter anderem aufgrund ihrer immensen Bedeutung für das Portfoliomanagement in Kapitel 3.3 gesondert berücksichtigt. Das Kapitel 3.3 orientiert sich vor allem an den Kapiteln 9 und 11 bei PODDIG et al. (2008) (Methodik) sowie an den Kapiteln 2 und 4 bei PODDIG et al. (2009) (Anwendung). Ist das zu lösende Optimierungsproblem weder linearer noch quadratischer Natur, so sind allgemeine nichtlineare Optimierungsverfahren erforderlich. Sie sind Gegenstand des Kapitels 3.4. Das Kapitel 3.4 orientiert sich vor allem an den Kapiteln 9 und 12 bei PODDIG et al. (2008) (Methodik) sowie an den Kapiteln 2, 4 und 5 bei PODDIG et al. (2009) (Anwendung). Die Verfahren der Optimierung, insbesondere der allgemeinen nichtlinearen Optimierung, werden in den nachfolgenden Kapiteln 4, 5 und 6 mehr oder weniger intensiv auch zur Beantwortung der sich dort stellenden Fragen verwendet. Sollten sich daher Schwierigkeiten beim Studium der nachfolgenden Kapitel aufgrund der Anwendung der in diesem Kapitel eingeführten Optimierungsverfahren ergeben, so möge dieses Kapitel entsprechend als Nachschlagewerk dienen. Optimierungsalgorithmen basieren häufig auf der Verwendung des Vektors der ersten partiellen Ableitungen (Gradient) und/oder der Matrix der zweiten partiellen Ableitungen (Hesse-Matrix) der Zielfunktion nach den Aktionsvariablen. Im Kapitel 3.5 werden einige Approximationsformeln zu ihrer Implementierung vorgestellt. Das Kapitel 3.6 fasst zusammen und gibt einen Ausblick auf das Kapitel 4.

Für die Lösung von Optimierungsproblemen mithilfe von Programmierwerkzeugen ist die Verwendung eigens dafür entwickelter Bibliotheken erforderlich. So basieren die Betrachtungen im Kapitel 3 auf der Verwendung der Optimization Toolbox unter Matlab bzw. dem Paket optim unter Octave. Im Anhang zum Kapitel 3 wird eine eigene Implementation von Optimierungsfunktionen vorgenommen, sodass auf die Verwendung dritter Bibliotheken verzichtet werden könnte. Für die Lektüre des Anhangs ist jedoch sehr umfangreiches Hintergrundwissen erforderlich, wofür auf die Kapitel 9-12 bei PODDIG et al. (2008) verwiesen sei. Die Matlab/Octave/Freemat-Implementation in diesem Buch versteht sich als Fortführung der VBA-Implementation in PODDIG et al. (2008).

Leser mit begrenztem Zeitbudget können sich auf die Lektüre von Kapitel 3.1 bis 3.4 beschränken. Sind bereits Grundlagenkenntnisse zur Optimierung vorhanden, so ist auch die Lektüre der Kapitel 3.1 und 3.2 verzichtbar. Lesern, die insbesondere an der Umsetzung der Optimierungsverfahren mit Matlab im Portfoliooptimierungskontext interessiert sind, sei insbesondere das Kapitel 3.3 nahegelegt. Steht dagegen vor allem die Parameterschätzung im Vordergrund des Interesses, so wird insbesondere das Studium von Kapitel 3.4 als Grundlage des späteren Kapitels 4 empfohlen.

3.1. Optimierung im Computational Finance

Ein zentraler Bereich des CF ist die Optimierung. Ein prominentes Beispiel ist die Portfoliooptimierung. Bei der Portfoliooptimierung geht es darum, einen zur Verfügung stehenden Anlagebetrag möglichst „optimal" auf die zur Verfügung stehenden Anlageobjekte (Investments, Assets) aufzuteilen. Dabei bezeichnet man die Aufteilung des zur Verfügung stehenden Vermögens und die Zuweisung der Anlagebeträge an die Assets als Asset Allocation. Die Portfoliooptimierung ist insofern das methodische Hilfsmittel der Asset Allocation, indem sie das Problem löst, wie diese Aufteilung bestmöglich vorgenommen werden sollte. Die unterliegende Theorie der Portfolio

Selection stellt die theoretische Basis für die Asset Allocation dar, die Methoden der Optimierung bilden dann die Basis für die Planung der Asset Allocation im verfahrenstechnischen Sinne. Die klassische Theorie der Portfolio Selection nach Harry Markowitz[1] und James Tobin[2] mit ihren darauf basierenden Optimierungskalkülen wurde im Zeitablauf beständig weiterentwickelt. So ist es im heutigen Asset Management auch sehr verbreitet, die Asset Allocation relativ zu einem Benchmarkportfolio zu bestimmen und dabei eine „optimale Abweichung" von der Benchmark durch Einsatz von Optimierungsmethoden zu berechnen. Dies wird als sog. *relative Optimierung* bezeichnet, da die Bestimmung des „optimalen Portfolios" relativ zu einer Benchmark erfolgt. Die klassische Portfoliooptimierung nach Markowitz und Tobin wird dagegen mitunter auch *absolute Optimierung* genannt, da hier das „absolut optimale" Portfolio für eine Investorin gesucht wird, und zwar losgelöst von jeglicher Referenz gegenüber einer Benchmark. Unabhängig davon, ob nun eine absolute oder relative Portfoliooptimierung betrachtet wird, Optimierungsmethoden stellen dafür die zentrale „Schlüsseltechnologie" dar.

Absolute und relative Optimierung zählen dabei zum sog. *aktiven Management* und basieren auf Finanzmarktprognosen, also auf spezifischen Erwartungen über erwartete Renditen und Risiken der betrachteten Anlageobjekte. Diese beeinflussen im Rahmen der Optimierung als zentrale Inputparameter das Optimierungsergebnis und damit die darauf basierende Asset Allocation. Das Management glaubt bei diesem Ansatz, über informationshaltige Finanzmarktprognosen zu verfügen, die es in die Lage versetzt - etwa unter Einsatz von Methoden der Portfoliooptimierung - einen höheren Anlageerfolg zu erzielen als wenn einfach nur in das Benchmarkportfolio investiert werden würde. Dies setzt voraus, dass informationshaltige Finanzmarktprognosen überhaupt erstellt werden können, was mit Verweis auf die These informationseffizienter Kapitalmärkte bezweifelt werden kann.[3] Nach dieser These sind alle bewertungsrelevanten Informationen unmittelbar und vollständig in den Assetpreisen abgebildet. Daher ist es keiner Investorin möglich, durch welche Analysetechniken auch immer, Informationsvorsprünge zu erzielen. Folgt man dieser These, ist der einzig sinnvolle Ansatz für eine Asset Allocation, die vorgegebene Benchmark zu realisieren (da man ohnehin nicht besser sein kann). Leider ist es aufgrund zahlreicher in der Realität gegebener Restriktionen und Begleitumstände in aller Regel unmöglich oder zumindest nicht sinnvoll, das vorgegebene Benchmarkportfolio exakt in der vorgegebenen Zusammensetzung zu implementieren. Stattdessen ist das Asset Management gezwungen, ein Replikationsportfolio aufzusetzen, welches in seiner Zusammensetzung eben nicht der Benchmark entspricht, aber in bestmöglicher Weise die Wertentwicklung der Benchmark replizieren soll. Ein solches Portfolio wird auch als *Tracking Portfolio* bezeichnet, der dahinter stehende Managementansatz als *passives Management* oder auch *Index Tracking*. Darüber hinaus gibt es weitere Gründe, warum ein Index Tracking sinnvoll sein kann (z.B. im Rahmen von Arbitragestrategien, welche darauf abzielen, Wertungleichgewichte zwischen ansonsten identischen Finanztiteln oder Portfolios abzuschöpfen). Auch hier geht es aus methodischer Sicht darum, ein „optimales" Tracking Portfolio zu konstruieren, wofür Optimierungsmethoden eingesetzt werden.

Ein dritter Bereich ist z.B. die optimale Parametrisierung von Handelsstrategien. Oftmals

---

[1] Vgl. MARKOWITZ (1952), MARKOWITZ (1959).

[2] Vgl. TOBIN (1958).

[3] Vgl. dazu FAMA (1970), FAMA (1991).

werden im Anlagemanagement „mechanistische Handelsstrategien“ eingesetzt, denen zumeist verschiedene, durch den Benutzer frei wählbare Parameter zugrunde liegen. Ein sehr einfaches Beispiel ist dafür das Handeln nach Gleitenden Durchschnitten. Bei einem Gleitenden Durchschnitt wird aus den letzten N zurückliegenden Kursen einer Aktie (oder allgemeiner Finanztitels) der sich zum aktuellen Zeitpunkt t ergebende Durchschnittswert berechnet und mit dem aktuellen Kurswert verglichen. War nun der Kurswert des Assets am Vortag $t-1$ kleiner als der Wert des Gleitenden Durchschnitts und liegt zum aktuellen Zeitpunkt t der aktuelle Kurswert über dem Wert des aktuellen Gleitenden Durchschnitts, hat also - bildlich ausgedrückt - die Kurslinie die Linie des Gleitenden Durchschnitts „von unten nach oben durchstoßen“, so liegt ein Kaufsignal vor. Im umgekehrten Fall, wenn die Kurslinie „von oben nach unten“ die Linie des Gleitenden Durchschnitts durchstößt, so liegt bei dieser Handelsregel ein Verkaufsignal vor.[4] Offensichtlich besitzt diese Handelsregel einen freien Parameter, nämlich den Zeitraum von N Perioden, über den der Wert des Gleitenden Durchschnitts berechnet wird. Zeitpunkt und Häufigkeit der Handelssignale sind dabei extrem von der Wahl von N abhängig. Offensichtlich liegt hier ein Optimierungsproblem vor, bei dem N so zu wählen ist, dass sich ein maximaler Handelsgewinn ergibt. Das gerade dargelegte Beispiel ist natürlich ein sehr einfaches. So gibt es weitaus komplexere Handelsregeln, die im Kern aber doch ein Optimierungsproblem bedingen. Auch dort sind optimale Einstellungen durch den Benutzer frei wählbarer Parameter gesucht, die zu einem möglichst hohen Handelsgewinn führen sollen. Hierfür sind geeignete Optimierungsmethoden erforderlich.

Zur Lösung solcher Probleme bietet sich Matlab an, welches verschiedene Bibliotheken (Toolboxen) zur Lösung von Optimierungsproblemen bereitstellt. Zu nennen sind hier die *Optimization Toolbox* und die *Global Optimization Toolbox*. Unter Octave befinden sich viele Funktionen zur Optimierung bereits im Basissystem. Bei Bedarf kann zusätzlich das Paket `optim` nachinstalliert werden.[5] Darüber hinaus existieren zahlreiche kostenlose Open-Source Optimierungsbibliotheken oder kommerzielle Erweiterungen für Matlab. Im Folgenden soll daher systematisch der Einsatz der Optimierung im CF aufgezeigt werden. Dabei werden im Rahmen dieser Einführung drei Typen von Optimierungsproblemen betrachtet, nach denen zugleich der weitere Gang der Betrachtungen im Folgenden gegliedert ist:

- **Lineare Optimierung**: Diese markiert den Einstieg und ist gut geeignet, um zu zeigen, wie grundsätzlich ein Optimierungsproblem aufgebaut ist und mit Hilfe von Matlab gelöst werden kann.

- **Quadratische Optimierung**: Die quadratische Optimierung ist die Standardmethode zur Lösung „klassischer“ Optimierungsprobleme in der Asset Allocation, z.B. zur Durch-

4 Die Sinnhaftigkeit dieser Handelsregel soll hier nicht diskutiert werden. Sie dient lediglich als Beispiel, um das grundsätzliche Problem der optimalen Parametrisierung von Handelsregeln oder Handelsstrategien zu illustrieren. Ob derartige Handelsregeln wirklich sinnvoll sind, lässt sich sehr gut mit Methoden des CF untersuchen.

5 Die Installation gelingt am einfachsten, wenn bei bestehender Internet-Verbindung in Octave auf der Kommandokonsole der Befehl `pkg load -forge optim` eingegeben wird. Dabei kann es sein, dass weitere benötigte Pakete, von denen `optim` abhängt, mit installiert werden müssen. Leider löst der Paketmanager in Octave diese Abhängigkeiten nicht selbstständig auf. Der Benutzer muss dann die Fehlermeldungen aufmerksam lesen und die fehlenden Pakete in derselben Weise manuell nachinstallieren.

führung einer „Standard-Markowitz-Optimierung" oder zur Bestimmung eines Tracking Portfolios nach dem Ansatz von Markowitz. Die Umsetzung ist dabei nicht schwierig, da sich die bekannten Prinzipien aus dem Umgang mit der linearen Optimierung hierauf übertragen lassen.

- **Allgemeine nichtlineare Optimierung**: Diese ist dann erforderlich, wenn das zu lösende Optimierungsproblem weder ein lineares, noch quadratisches Optimierungsproblem darstellt. In Matlab ist dafür die Toolbox-Funktion `fmincon` verfügbar, die quasi als Gegenstück zum Solver in Excel angesehen werden kann.

Wie zumeist durchgängig in diesem Buch, wird auch hier sehr eng den Darstellungen in PODDIG et al. (2008), dort Buchteil C, und bei den Anwendungsbeispielen PODDIG et al. (2009), dort die Kapitel 2 bis 5, gefolgt. Nähere methodische Darstellungen oder Erläuterungen der unterliegenden finanztheoretischen Konzepte erfolgen hier nicht.

Die Anwendungsbeispiele werden in Matlab und Octave, teilweise auch in Freemat umgesetzt. Während im Kapitel 2 bei den dort betrachteten Fallstudien die Unterschiede zwischen Matlab und Octave nicht sehr groß waren, sind diese im Bereich der Optimierungsbibliotheken deutlich ausgeprägter. Daher war es bei den in Kapitel 2 vorgestellten statistischen Analysen weitgehend möglich, einheitliche (oder zumindest eng verwandte) Skripte und Funktionen für Matlab und Octave zu verwenden. Dies ist hier teilweise stärker eingeschränkt. Daher werden in diesem Kapitel häufiger unterschiedliche Varianten (Matlab, Octave) verwendet. Die Programmlogik ist dabei stets dieselbe, nur sind manchmal deutlichere Adaptionen der originären Matlab-Codes an Octave notwendig. Die Verwendung von Freemat ist in diesem Kapitel nur sehr eingeschränkt möglich, da für Freemat kein Open-Source-Optimierungspaket verfügbar ist. Wir stellen im Kapitalanhang 3.A ein sehr einfach gehaltenes, benutzerdefiniertes Optimierungspaket vor, mit welchem grundsätzlich alle in diesem Kapitel präsentierten Fallstudien auch unter Freemat nachgearbeitet werden können. Dafür sind jedoch benutzerdefinierte Anpassungen an den vorgestellten Beispielen notwendig, die wir nur teilweise im Kapitalanhang 3.A behandeln. Alle dafür notwendigen Kenntnisse werden aber vermittelt.

3.2. Lineare Optimierung

Lineare Optimierungsprobleme besitzen in ökonomischen Anwendungen eine sehr weite Verbreitung, insbesondere im Bereich der Produktions- und Absatzwirtschaft oder auch in der Logistik. Im Bereich der Finanzwirtschaft sind lineare Optimierungsprobleme wohl nicht in einem vergleichbaren Ausmaße präsent, dennoch aber bedeutsam. Die folgenden Betrachtungen beginnen zunächst mit der Vorstellung der allgemeinen Struktur eines linearen Optimierungsproblems in Kapitel 3.2.1. Die Lösung eines linearen Optimierungsproblems mit Matlab wird in 3.2.2 an einem sehr einfachen Beispiel betrachtet. Ein finanzwirtschaftlich relevantes Anwendungsbeispiel ist die Bestimmung eines optimalen Tracking-Portfolios in Kapitel 3.2.3.

Skript/Funktion	Beschreibung	Matlab	Octave	Freemat	Toolboxen
bDemoLinprog.m	Demoskript zur Anwendung von linprog	X	-	-	keine
bDemoLinprog_oct.m	Demoskript zur Anwendung von linprog, Octave-Version	-	X	-	optim
bDemoLinprog_fre.m	Demoskript zur Anwendung der linearen Optimierung, Freemat-Version	X	X	X	keine
fIndTrackLinOpt	Funktion zur Bestimmung eines Tracking-Portfolios mit der linearen Optimierung	X	-	(X)	keine
fIndTrackLinOpt_oct	Funktion zur Bestimmung eines Tracking-Portfolios mit der linearen Optimierung, Octave-Version	-	X	-	optim
bDemoIndexTracking-LinOpt	Demoskript zum Index-Tracking mit linearer Optimierung	X	-	(X)	keine
bDemoIndexTracking-LinOpt_oct	Demoskript zum Index-Tracking mit linearer Optimierung, Octave-Version	-	X	-	optim

Tabelle 3.1.: Übersicht verwendeter Skripte und Funktionen. Unter Matlab werden in diesem Buch die Statistics und Optimization Toolbox vorausgesetzt, sie werden deshalb nicht explizit in der Spalte „Toolboxen“ ausgewiesen. (X): Für die Lauffähigkeit dieser Skripte oder Funktionen unter Freemat fehlt ein eigenständiges Optimierungspaket für die lineare Optimierung. Um die Fallbeispiele unter Freemat nachzuarbeiten, muss die Matlab-Funktion `linprog` auf die im Kapitelanhang 3.A vorgestellte benutzerdefinierte lineare Optimierungsfunktion `LinProgSimplex` umgeleitet werden.

3.2.1. Allgemeine Struktur eines linearen Optimierungsproblems

Ein lineares Optimierungsproblem ist durch (i) eine lineare Zielfunktion sowie (ii) ausschließlich lineare Nebenbedingungen gekennzeichnet.[6] Die Zielfunktion in einem linearen Optimierungsproblem lautet dabei nach Formel 3.1 bzw. 3.2:

$$ZF(x_1,...,x_N) = \sum_{i=1}^{N} f_i x_i \rightarrow \max! \tag{3.1}$$

oder in Matrizennotation

$$\max_{\mathbf{x}} \quad ZF(\mathbf{x}) = \mathbf{f}^{\mathrm{T}}\mathbf{x} \tag{3.2}$$

x_i i-ter zu optimierender Parameter, $i = 1,...,N$ mit N = Anzahl freier Parameter

f_i i-ter Zielfunktionskoeffizient

$\mathbf{x}$ Vektor der zu optimierenden Parameter, mit $\mathbf{x} = (x_1,...,x_N)^{\mathrm{T}}$,[7]

[6] Zielfunktion und Nebenbedingungen sind also als lineare Funktionen der Form $y = a_1x_1 + a_2x_2 + ... + a_nx_n$ darstellbar.

[7] Das hochgestellte T bezeichnet die Transposition des Vektors.

f Vektor der Zielfunktionskoeffizienten, mit $\mathbf{f} = (f_1, ..., f_N)^{\mathrm{T}}$

Die zu optimierenden Parameter x_i werden auch als *Problemvariablen* oder *freie Parameter* des Optimierungsproblems bezeichnet. In der Literatur ist es üblich, die Zielfunktion und das zu optimierende Problem bei der linearen Optimierung als Maximierungsproblem zu formulieren, d.h., die Zielfunktion soll bei Lösung des Problems einen maximalen Wert annehmen. Sofern das zu optimierende Problem jedoch ein Minimierungsproblem ist, so ist zuvor die Zielfunktion mit dem Faktor (-1) zu multiplizieren.[8] Ferner wird die Zielfunktion maßgeblich durch die Zielfunktionskoeffizienten f_i bestimmt, die als externer Input für das Optimierungsproblem vorgegeben werden müssen.

Grundsätzlich gilt für alle Problemvariablen bei einem linearen Optimierungsproblem die *Nichtnegativitätsbedingung*, d.h., die Problemvariablen dürfen keine negativen Werte annehmen. Es gilt also stets $x_i \geq 0$ für alle $i = 1, ..., N$ Problemvariablen. Daneben können drei weitere Typen von linearen Nebenbedingungen auftreten, nämlich in Form von Kleiner-Gleich- (siehe Formel 3.3), Größer-Gleich- (siehe Formel 3.4) und Gleich-Restriktionen (siehe Formel 3.5):

$$\sum_{i=1}^{N} \gamma_{ij} x_i \leq b_j, \qquad j = 1, \ldots, J \tag{3.3}$$

$$\sum_{i=1}^{N} \delta_{ik} x_i \geq c_k, \qquad k = 1, \ldots, K \tag{3.4}$$

$$\sum_{i=1}^{N} \zeta_{il} x_i = d_l, \qquad l = 1, \ldots, L \tag{3.5}$$

γ_{ij}, δ_{ik}, ζ_{il} i-ter Restriktionskoeffizient für die j-te Kleiner-Gleich-Restriktion (bzw. k-te Größer-Gleich-Restriktion oder l-te Gleich-Restriktion)

b_j, c_k, d_l j-ter Restriktionswert für die j-te Kleiner-Gleich-Restriktion (bzw. k-te Größer-Gleich-Restriktion oder l-te Gleich-Restriktion)

Die Kleiner-Gleich- und Größer-Gleich-Restriktionen lassen sich zusammenfassen, indem z.B. alle Größer-Gleich-Restriktionen auf beiden Seiten der Ungleichung mit dem Faktor (-1) multipliziert werden. Dadurch werden die Größer-Gleich-Restriktionen in dazu äquivalente Kleiner-Gleich-Restriktionen konvertiert und können zusammen mit den Kleiner-Gleich-Bedingungen als $J + K$ lineare Ungleichheitsbedingungen betrachtet werden.

Für die Anwendung der Matlab-Optimierungsbibliothek ist es ferner hilfreich, die Nebenbedingungen in Matrizennotation zu schreiben. Fasst man die Kleiner-Gleich- und (transformierten)

---

[8] Die Multiplikation der Zielfunktion mit (-1) konvertiert also ein Minimierungsproblem in ein Maximierungsproblem und umgekehrt. Diese Eigenschaft wird später noch häufiger benutzt, da Programmbibliotheken zur Optimierung zumeist einen bestimmten Typ von Optimierungsproblem voraussetzen. Dies ist in Matlab der Fall, sodass die später vorzustellende Funktion `linprog` zur linearen Optimierung von einem Minimierungsproblem ausgeht.

Größer-Gleich-Restriktionen zusammen und schreibt sie in Matrizennotation, entsteht der kompakte Ausdruck nach Formel 3.6 bzw. 3.7:

$$\begin{bmatrix} \gamma_{11} & \dots & \gamma_{1N} \\ \dots & \dots & \dots \\ \gamma_{J1} & \dots & \gamma_{JN} \\ -\delta_{11} & \dots & -\delta_{1N} \\ \dots & \dots & \dots \\ -\delta_{K1} & \dots & -\delta_{KN} \end{bmatrix} \begin{bmatrix} x_1 \\ \dots \\ x_N \\ x_1 \\ \dots \\ x_N \end{bmatrix} \leq \begin{bmatrix} b_1 \\ \dots \\ b_J \\ -c_1 \\ \dots \\ -c_K \end{bmatrix} \tag{3.6}$$

oder kompakter

$$\mathbf{A} \cdot \mathbf{x} \leq \mathbf{b} \tag{3.7}$$

In analoger Weise lassen sich die L Gleich-Restriktionen formulieren, siehe Formel 3.8 bzw. 3.9:

$$\begin{bmatrix} \zeta_{11} & \dots & \zeta_{1N} \\ \dots & \dots & \dots \\ \zeta_{L1} & \dots & \gamma_{LN} \end{bmatrix} \begin{bmatrix} x_1 \\ \dots \\ x_N \end{bmatrix} = \begin{bmatrix} d_1 \\ \dots \\ d_L \end{bmatrix} \tag{3.8}$$

oder kompakter

$$\mathbf{A_{eq}} \cdot \mathbf{x} = \mathbf{b_{eq}} \tag{3.9}$$

Die Benennung der Restriktionskoeffizientenmatrix $\mathbf{A}$ bzw. $\mathbf{A_{eq}}$ und der Restriktionswertevektoren $\mathbf{b}$ bzw. $\mathbf{b_{eq}}$ wurde hier bereits in Vorgriff auf die Bennung in der Matlab-Dokumentation vorgenommen.

3.2.2. Die Formulierung eines linearen Optimierungsproblems in Matlab

Die Matlab-Toolbox Funktion zur Lösung linearer Optimierungsprobleme heißt `linprog`. Die Funktion `linprog` geht dabei von einem nach den Formeln 3.10, 3.11, 3.12 und 3.13 formulierten Optimierungsproblem aus:

$$\mathbf{f}^{\mathrm{T}} \cdot \mathbf{x} \to min! \tag{3.10}$$

unter den Nebenbedingungen

$$\mathbf{A} \cdot \mathbf{x} \leq \mathbf{b} \tag{3.11}$$

$$\mathbf{A_{eq}} \cdot \mathbf{x} = \mathbf{b_{eq}} \tag{3.12}$$

$$\mathbf{lb} \leq \mathbf{x} \leq \mathbf{ub} \tag{3.13}$$

lb Nx1 Vektor mit den Werteuntergrenzen für die Problemvariablen x_i für alle $i = 1,...,N$ mit N = Anzahl der Problemvariablen

ub Nx1 Vektor mit den Werteobergrenzen

Die von `linprog` vorausgesetzte Struktur ist bis auf wenige Unterschiede mit der im vorhergehenden Kapitel vorgestellten Standardformulierung eines linearen Optimierungsproblems identisch. Der erste auffällige Unterschied ist, dass `linprog` von einem Minimierungsproblem ausgeht, wie dies bei allen Matlab-Optimierungsfunktionen zumeist (insbesondere in älteren Versionen) üblich ist.

Der zweite scheinbare Unterschied liegt in den zusätzlichen Nebenbedingungen nach Formel 3.13. Bei strenger Betrachtung ist diese Restriktionsart redundant, denn Restriktionen dieser Art können problemlos mit Hilfe der Restriktionsart nach Formel 3.11 abgebildet werden. Der Grund für diese zusätzliche Berücksichtigung liegt darin, dem Anwender die Bedienung der Funktion zu erleichtern. Viele Optimierungsprobleme in der Praxis sind oftmals nur durch Werteunter- und Werteobergrenzen für die zu optimierenden Parameter gekennzeichnet, darüber hinaus existieren in vielen Anwendungsfällen keine weiteren Restriktionen. In einem solchen Fall können die Werteunter- und Werteobergrenzen in den Vektoren **lb** und **ub** verpackt werden, ohne diese umständlich in der Matrix **A** unterbringen zu müssen.

Die Anwendung von `linprog` soll zunächst an einem sehr einfachen Beispiel demonstriert werden (siehe dazu PODDIG et al. (2008), S. 485 ff.). Das lineare Optimierungsproblem lautet nach Formel 3.14 bis 3.17:

$$ZF = 10x_1 + 12x_2 \rightarrow max! \tag{3.14}$$

unter den Nebenbedingungen

$$x_1 \geq 0,\ x_2 \geq 0 \tag{3.15}$$

$$3x_1 + 2x_2 \leq 60 \tag{3.16}$$

$$2x_1 + 3x_2 \leq 60 \tag{3.17}$$

Das Programmlisting 3.1 zeigt die Übersetzung dieses Optimierungsproblems in die von `linprog` erwartete Struktur. Der Aufruf von `linprog` bringt danach die erwartete, optimale Lösung $x_1 = 12$ und $x_2 = 12$.[9]

Quellcode 3.1: Demonstrationsbeispiel zur Anwendung von linprog

```
Siehe Datei: bDemoLinprog.m
```

Der erste Schritt besteht in der Definition der Zielfunktion, was im Beispiel mit Hilfe des Matlab-Ausdrucks `f = [-10; -12]` erfolgt. Der Vektor der Zielfunktionskoeffizienten wird hier in Anlehnung an die Matlab-Dokumentation `f` genannt. Bei der Definition des Vektors der Zielfunktionskoeffizienten ist die Multiplikation mit dem Faktor (-1) zu beachten, da es sich im originär zu lösenden Optimierungsproblem um ein Maximierungsproblem handelt, die

[9] Unter Octave ist die Variante `bDemoLinprog_oct` zu verwenden. Dort wird das Paket `optim` benötigt, welches eine äquivalente Funktion `linprog` enthält. Ferner besitzt Octave mit `glpk` eine bereits im Octave-System integrierte Funktion zur linearen Optimierung, welche einige zusätzliche Erweiterungen anbietet. Im Folgenden wird dennoch `linprog` aus dem Paket `optim` verwendet, da hier die Übereinstimmung mit Matlab am größten ist. Die Verwendung von `glpk` erfordert umfangreichere Abwandlungen der originären Matlab-Codes. Freemat besitzt kein Optimierungspaket, daher ist unter Freemat die Variante `bDemoLinprog_fre` zu verwenden. Hier wird die benutzerdefinierte Funktion `fLinProgSimplex` zur linearen Optimierung ersatzweise benutzt. Diese wird näher im Kapitelanhang 3.A.2 vorgestellt.

Matlab-Funktion `linprog` jedoch ein Minimierungsproblem erwartet. Der Matlab-Ausdruck `lb = zeros(2,1)` setzt die Nichtnegativitätsbedingungen, wobei hier auf die komfortable Möglichkeit in Matlab zurückgegriffen wird, Werteunter- bzw. Werteobergrenzen in separaten Vektoren angeben zu können. Die Restriktionskoeffizientenmatrix **A** ist im Beispiel unmittelbar ersichtlich, sie lautet: $\mathbf{A} = \begin{bmatrix} 3 & 2 \\ 2 & 3 \end{bmatrix}$, entsprechend bildet sich diese im Matlab-Ausdruck `A = [3 2; 2 3]` ab. Die Definition der rechten Seiten der Ungleichungen (Restriktionswertevektor **b**) ist mit `b = [60; 60]` ebenso einfach möglich. Alle anderen von `linprog` vorgesehenen Parameter werden in diesem Beispiel nicht benötigt und daher auf leere Matrizen gesetzt. Danach kann der Funktionsaufruf mittels `x = linprog(f,A,b,Aeq,beq,lb,ub)` erfolgen. Der Vektor `x` enthält nach Ausführung der Funktion die Lösungen für die optimalen Werte von x_1 und x_2.

Eine Alternative wäre es, die Werteuntergrenzen (hier also die Nichtnegativitätsbedingungen) mit in die Restriktionskoeffizientenmatrizen und Restriktionswertevektoren zu integrieren. Diese würden in Matlab entsprechend `A = [-1 0; 0 -1; 3 2; 2 3]` sowie `b = [0; 0; 60; 60]` lauten. Die Verwendung dieser Alternative ist bei ernsthaften linearen Optimierungsproblemen im Allgemeinen umständlicher als die zuerst genannte Variante. Dennoch ist es hilfreich diese Alternative zu kennen, weil es viele andere, insbesondere Open-Source-Bibliotheken zur Optimierung gibt, die nicht immer diesen komfortablen Weg vorsehen und stattdessen voraussetzen, dass auch Werteunter- und Werteobergrenzen in der Restriktionskoeffizientenmatrix und dem Restriktionswertevektor angegeben sind.

Das Beispiel verdeutlicht dabei, dass die Schwierigkeit hier nicht im Aufruf der Funktion `linprog` an sich liegt, sondern vielmehr darin, die korrekte „Verpackung" des originären Optimierungsproblems in den Zielfunktionskoeffizientenvektor, den Restriktionskoeffizientenmatrizen und Restriktionswertevektoren zu finden. Diese „Verpackung" ist im hier betrachteten Beispiel nicht besonders schwer. Bei realen Anwendungsproblemen kann dagegen die Lösung dieser Aufgabe mitunter sehr „knifflig" sein. Im Folgenden soll daher ein schwierigeres Anwendungsbeispiel betrachtet werden.

3.2.3. Bestimmung eines optimalen Tracking-Portfolios mit linearer Optimierung

Gegenstand, Probleme und Methoden des Index-Tracking werden ausführlich z.B. in PODDIG et al. (2009), S. 245 ff. vorgestellt. Aus methodischer Sicht wird das im Folgenden vorzustellende Beispiel auch in PODDIG et al. (2008), S. 543 ff. umfassender behandelt. Hier wird den beiden genannten Quellen eng gefolgt, jedoch die Thematik des Index-Tracking nicht vertiefend diskutiert. Stattdessen geht es hier nur um die zusammenfassende, grundsätzliche Charakterisierung des Problems und primär um die Frage, wie sich dieses mit Methoden des CF lösen lässt.

Aufgabe des Index-Tracking ist es, die Renditen eines vorgegebenen Benchmarkportfolios in bestmöglicher Weise mit weniger oder anderen Assets zu replizieren (*Tracking-Portfolio*), als mit denjenigen, die Bestandteil des Benchmarkportfolios sind. Da das Benchmarkportfolio oftmals ein Marktindex ist, hat sich hierfür der Begriff „Index-Tracking" durchgesetzt, obwohl sich das Tracking-Portfolio nicht zwangsläufig auf einen Index beziehen muss. Die Gründe, warum überhaupt ein Index-Tracking erforderlich ist, sind sehr vielfältig und sollen hier nicht näher diskutiert werden. Die Frage an dieser Stelle lautet, wie ein solches Tracking-Portfolio bestimmt werden kann.

Wir gehen im Folgenden davon aus, dass für die Konstruktion des Tracking-Portfolios N Assets zur Verfügung stehen. Die Aufgabe ist es nun, aus diesen N Assets ein Portfolio zu konstruieren, dessen Wertentwicklung im Zeitablauf sich möglichst ähnlich wie diejenige der Benchmark verhält. Um diese Eigenschaft zu operationalisieren, wird ein *Tracking-Error* definiert, welcher die Abweichung der Rendite von Benchmark- und Tracking-Portfolio misst. Eine intuitive Definition des Tracking-Errors (TE) über einen Beobachtungszeitraum von T Perioden könnte sein:

$$QTE(w_1, ..., w_N) = \sum_{t=1}^{T} (r_{Pt} - r_{Bt})^2 \tag{3.18}$$

QTE Quadratischer Tracking-Error

r_{Pt} Rendite des Tracking-Portfolios zum Zeitpunkt t, wobei gilt: $r_{Pt} = \sum_{i=1}^{N} w_i r_{it}$ mit w_i Anteilsgewicht des i-ten Assets im Tracking-Portfolio und r_{it} Rendite des i-ten Assets im Tracking-Portfolio zum Zeitpunkt t

r_{Bt} Rendite des Benchmarkportfolios (Benchmark) zum Zeitpunkt t

In Formel 3.18 wird für jeden Beobachtungszeitpunkt t die Renditedifferenz zwischen dem Benchmarkportfolio und dem Tracking-Portfolio bestimmt, quadriert und über alle T Beobachtungszeitpunkte aufsummiert. Die Quadrierung der Renditedifferenzen soll verhindern, dass sich in der Summe negative und positive Renditeabweichungen gegenseitig kompensieren. Denn dann könnte ein Tracking-Error von null resultieren, obwohl zu den einzelnen Beobachtungszeitpunkten sehr große Abweichungen vorliegen. Dies würde aber nicht dem inhaltlichen Verständnis eines Tracking-Errors von null gerecht. Aus Gründen der besseren Vergleichbarkeit könnte zudem der QTE noch durch die Anzahl der Beobachtungen T dividiert werden. Das so entstehende Maß wäre dann der *Mean Squared Error* (MSE) zwischen den Renditen des Tracking-Portfolios und denen der Benchmark. Für die eigentliche Optimierung ist dies jedoch nicht erforderlich, da dadurch nur das Maß, welches später die Zielfunktion darstellt, anders skaliert wird. Die Lage des Optimums wird aber durch die Division nicht beeinflusst.

Ein Problem der Formel 3.18 ist die Quadrierung der Renditedifferenzen, wodurch große Abweichungen relativ stärker in das Fehlermaß eingehen als kleine Abweichungen. Wenige extreme „Ausreißer“ könnten dadurch einen unerwünschten, überproportionalen Einfluss auf den Tracking-Error nehmen, was eventuell unerwünscht ist. Abhilfe könnte hier die Berechnung der Summe der absoluten Renditeabweichungen (Absolute-Tracking-Error) bringen, also $ATE(w_1, ..., w_N) = \sum_{t=1}^{T} \mid r_{Pt} - r_{Bt} \mid$.[10] Bei beiden Maßen wird die Abweichung in der Rendite des Tracking-Portfolios von derjenigen des Benchmarkportfolios in beide Richtungen betrachtet. Dies ist sinnvoll, wenn es wirklich auf eine exakte Replikation der Wertentwicklung ankommt, also z.B. bei Hedging oder Arbitragestrategien.

---

[10] Auch hier könnte zum Zwecke der besseren Vergleichbarkeit der ATE noch durch die Anzahl der Beobachtungen T dividiert werden, womit sich der mittlere absolute Fehler (Mean Absolute Error MAE) ergeben würde. Damit ändert sich aber nur die Skalierung des Fehlers, die Lage des Optimums bleibt davon unberührt.

Ein anderer Anwendungsfall des Index-Tracking ist das passive Management, bei dem versucht wird, möglichst kostengünstig eine vorgegebene Benchmark zu replizieren. Das Portfoliomanagement zieht sich hier bewusst auf die Benchmark zurück. Bei näherer Betrachtung dieses Anwendungsfalls kann vermutet werden, dass im Grunde dem Portfoliomanagement nicht an einer möglichst exakten Replikation der Wertentwicklung der Benchmark gelegen ist. Vielmehr dürften positive Renditeabweichungen des Tracking-Portfolios durchaus erwünscht sein, negative Abweichungen sollten aber unbedingt vermieden werden. Daher kann hier eine modifizierte Definition des absoluten Tracking-Errors wie folgt lauten:

$$ATE^{-}(w_1,\dots,w_N) = \sum_{\substack{t=1 \\ r_{Pt}<r_{Bt}}}^{T} \mid r_{Pt} - r_{Bt} \mid \tag{3.19}$$

ATE^{-} Absoluter Tracking-Error der negativen Renditeabweichungen

In Formel 3.19 wird für jeden Beobachtungszeitpunkt t die absolute Renditedifferenz zwischen Tracking-Portfolio und Benchmarkportfolio berechnet, wenn diese negativ, also die Rendite des Tracking-Portfolios kleiner als diejenige des Benchmarkportfolios ist. Die Optimierungsaufgabe ist es nun, diejenigen Werte für die Anteilsgewichte w_i zu finden, bei denen der ATE^{-} ein Minimum annimmt.[11]

Diese Optimierungsaufgabe lässt sich dabei als ein lineares Optimierungsproblem formulieren. Dazu werden zunächst zwei Hilfsvariablen d^{+} und d^{-} eingefügt, welche die folgenden Definitionen nach 3.20 und 3.21 besitzen:

$$d^{+} = \begin{cases} r_{Pt} - r_{Bt} & \text{wenn } r_{Pt} > r_{Bt} \\ 0 & \text{sonst} \end{cases} \tag{3.20}$$

$$d^{-} = \begin{cases} r_{Bt} - r_{Pt} & \text{wenn } r_{Bt} > r_{Pt} \\ 0 & \text{sonst} \end{cases} \tag{3.21}$$

Die Zielfunktion für die lineare Optimierung kann dann unter Rückgriff auf diese Hilfsvariablen formuliert werden.

$$ZF(w_1,\dots,w_N,d_1^{+},\dots,d_T^{+},d_1^{-},\dots,d_T^{-}) = \sum_{t=1}^{T} d_t^{-} \rightarrow min! \tag{3.22}$$

Die Definitionen bzw. Eigenschaften der Hilfsvariablen d^{+} und d^{-} dienen zur Formulierung des linearen Optimierungsproblems. Sie werden jedoch als freie Parameter des Optimierungsproblems betrachtet und erst mit der Lösung des Optimierungsproblems die Definitionen nach 3.20 und 3.21 erfüllen. Da die Hilfsvariablen als freie Parameter des linearen Optimierungsproblems „frei“ gewählt werden dürfen, müssen sie durch Nebenbedingungen kontrolliert oder gebunden

[11] Bei genauer Betrachtung wird mit einem solchen Optimierungsansatz das ex post optimale Tracking-Portfolio bestimmt. Tatsächlich ist aber im realen Asset Management eigentlich das ex ante optimale Tracking-Portfolio gesucht. Diesem Ansatz liegt daher die entscheidende Annahme implizit zugrunde, dass das ex post bestimmte, optimale Tracking-Portfolio auch in der Zukunft (näherungsweise) ein optimales ex ante Tracking-Portfolio sein wird.

werden, damit eine inhaltlich sinnvolle Lösung entsteht. Die wichtigsten Nebenbedingungen dafür sind die nach Formel 3.23. Danach muss für alle Beobachtungszeitpunkte $t = 1,...,T$ in jedem Zeitpunkt t gelten:

$$\sum_{t=1}^{T} w_i r_{it} - d_t^+ + d_t^- = r_{Bt} \tag{3.23}$$

$\sum_{t=1}^{T} w_i r_{it}$ Rendite des Tracking-Portfolios im Zeitpunkt t, also $r_{Pt} = \sum_{t=1}^{T} w_i r_{it}$, oder in Matrizennotation: $r_{Pt} = \mathbf{w}^{\mathrm{T}}\mathbf{r}_t$ mit $\mathbf{w}$ Vektor der Anteilsgewichte w_i der N Assets im Tracking-Portfolio und $\mathbf{r}_t$ Vektor der Assetrenditen zum Zeitpunkt t.

d_t^+ Positive Renditedifferenz der Portfoliorendite gegenüber der Benchmarkrendite zum Zeitpunkt t

d_t^- Negative Renditedifferenz

Die Nebenbedingung nach 3.23 drückt inhaltlich einen trivialen Sachverhalt aus. Danach muss die Rendite des Tracking-Portfolios abzüglich dessen positiver Renditeabweichung d^+ (ausgedrückt als positiver Wert, oder null) und zuzüglich dessen negativer Renditeabweichung d^- (ebenfalls ausgedrückt als positiver Wert, oder null) gleich der Rendite des Benchmarkportfolios sein. Diese explizite Nebenbedingung ist jedoch erforderlich, da die Hilfsvariablen d^+ und d^- frei wählbare Parameter des Optimierungsproblems sind und ohne diese Nebenbedingung die Einhaltung der Definitionen nach 3.20 und 3.21 keinesfalls sichergestellt wäre. Diese Nebenbedingungen erzwingen erst bei Lösung des Optimierungsproblems die Erfüllung dieser Definitionen. Daneben sind weitere Nebenbedingungen zu beachten. So müssen die Anteilsgewichte in der Summe eins ergeben (sog. Budgetrestriktion) und für alle Problemvariablen gilt die Nichtnegativitätsbedingung:

$$\sum_{t=1}^{T} w_i = 1 \tag{3.24}$$

$$w_i \geq 0 \text{ für alle Assets } i = 1,...,N \tag{3.25}$$

$$d_t^+ \geq 0 \text{ für alle Zeitpunkte } t = 1,...,T \tag{3.26}$$

$$d_t^- \geq 0 \text{ für alle Zeitpunkte } t = 1,...,T \tag{3.27}$$

Die *Budgetrestriktion* nach Formel 3.24 besagt ökonomisch, dass alles vorhandene Kapital investiert sein muss (sie wird daher auch als *Vollinvestitionsannahme* bezeichnet), aber auch nicht mehr als vorhanden investiert werden kann (daher auch der alternative Name „Budgetrestriktion"). Darüber hinaus könnten weitere Nebenbedingungen existieren, z.B. weitere Restriktionen für die Werteunter- und Werteobergrenzen der Anteilsgewichte. Die Umsetzung dieses Optimierungsproblems in eine Matlab-Funktion zur Bestimmung eines optimalen Tracking-Portfolios mit Hilfe der linearen Optimierung zeigt das folgende Programmlisting 3.2.[12]

---

[12] Unter Octave ist die Variante `fIndTrackLinOpt_oct` zu verwenden. Hier können keine Optionen und kein Startpunkt gesetzt werden, auch besitzt `linprog` (Octave) eine leicht abgeänderte Liste von Rückgabeparametern.

Quellcode 3.2: Funktion zur Bestimmung eines Tracking-Portfolios mit der linearen Optimierung

```
Siehe Datei: fIndTrackLinOpt.m
```

Die Umsetzung des vorgestellten Optimierungsansatzes in Matlab ist bis auf zwei schwierigere Schritte aus dem vorhergehenden Beispiel bekannt. Daher konzentrieren sich die Erläuterungen nur auf diese beiden Passagen. Der erste nicht ganz offensichtliche Schritt ist die Definition der Zielfunktionskoeffizienten. Hier hilft ein Blick auf die Zielfunktion nach Formel 3.22. Freie Parameter und damit zu optimierende Variablen sind im vorliegenden Optimierungsproblem die Anteilsgewichte w_i sowie die Hilfsvariablen d^+ und d^-. Nur letztere tauchen aber explizit in der Zielfunktion auf, sodass die Zielfunktionskoeffizienten für alle w_i sowie Hilfsvariablen d^+ gleich null sind. Offensichtlich sind umgekehrt alle Zielfunktionskoeffizienten für die Hilfsvariablen d^- gleich eins. Der Matlab-Ausdruck `f = [zeros(iNumAssets,1); zeros(iNumObs,1); ones(iNumObs,1)]` setzt diese Überlegungen um.

Komplizierter ist es dagegen, die Identitätsnebenbedingung nach Formel 3.23 in Matrizenschreibweise zu formulieren. Um die Vorgehensweise zu erläutern, ist die Definition folgender Hilfsmatrizen sinnvoll:

$$\mathbf{R} = \begin{bmatrix} r_{11} & r_{12} & \dots & r_{1N} \\ r_{21} & r_{22} & \dots & r_{2N} \\ \dots & \dots & \dots & \dots \\ r_{T1} & r_{T2} & \dots & r_{TN} \end{bmatrix} \tag{3.28}$$

$$\mathbf{E}^+ = \begin{bmatrix} 1 & 0 & \dots & 0 \\ 0 & 1 & \dots & 0 \\ \dots & \dots & \dots & \dots \\ 0 & \dots & 0 & 1 \end{bmatrix} \tag{3.29}$$

$$\mathbf{E}^- = (-1) \cdot \mathbf{E}^+ \tag{3.30}$$

R TxN Matrix der beobachteten Assetrenditen, für alle $t = 1, \dots, T$ Zeitpunkte und $i = 1, \dots, N$ Assets

$\mathbf{E}^+$ TxT (positive) Einheitsmatrix, enthält nur Nullen, außer Einsen auf der Hauptdiagonalen

$\mathbf{E}^-$ TxT (negative) Einheitsmatrix, enthält nur Nullen, außer -1 auf der Hauptdiagonalen

Mit diesen Hilfsmatrizen lassen sich nun alle Identitätsnebenbedingungen in Matrizenschreibweise formulieren:

$$\mathbf{A_1} = \begin{bmatrix} \mathbf{R} & \mathbf{E}^- & \mathbf{E}^+ \end{bmatrix} \tag{3.31}$$

$$\mathbf{x} = \left[w_1, \dots, w_N, d_1^+, \dots, d_T^+, d_1^-, \dots, d_T^-\right]^{\mathrm{T}} \tag{3.32}$$

$$\mathbf{A_1} \cdot \mathbf{x} = \mathbf{r}_B \tag{3.33}$$

$\mathbf{A_1}$ Hilfsmatrix der Dimension Tx$(N + T + T)$, bestehend aus der spaltenweisen Konkatenation von **R**, $\mathbf{E}^-$ und $\mathbf{E}^+$

$\mathbf{x}$ Vektor der Problemvariablen, bestehend aus den N Anteilsgewichten w_i, den T Hilfsvariablen d_t^+ sowie den T Hilfsvariablen d_t^-

$\mathbf{r}_B$ Vektor der Dimension Tx1 mit den T beobachteten Renditen der Benchmark

Zuletzt ist noch die Budgetrestriktion zu beachten, die als weitere Zeile zu der Matrix $\mathbf{A_1}$ hinzugefügt werden kann. Mit diesen Überlegungen ergibt sich die endgültige Formulierung der Restriktionskoeffizientenmatrix $\mathbf{A_{eq}}$:

$$\mathbf{A_{eq}} = \begin{bmatrix} \mathbf{R} & \mathbf{E}^- & \mathbf{E}^+ \\ \mathbf{1}_{1\text{x}N} & \mathbf{0}_{1\text{x}T} & \mathbf{0}_{1\text{x}T} \end{bmatrix} \tag{3.34}$$

$$\mathbf{A_{eq}} \cdot \mathbf{x} = \begin{bmatrix} \mathbf{r}_B \\ 1 \end{bmatrix} \tag{3.35}$$

$\mathbf{1}_{1\text{x}N}$ 1xN (Zeilen-) Vektor mit lauter Einsen

$\mathbf{0}_{1\text{x}T}$ 1xT (Zeilen-) Vektor mit lauter Nullen

Mit der Formulierung der Gleichheitsbedingungen in Matrizennotation nach Formel 3.35 ist der wesentliche Schritt zur Umsetzung in Matlab getan. Der Matlab-Ausdruck `Aeq = [mAssetRet, -1 * eye(iNumObs), eye(iNumObs); ones(1,iNumAssets), zeros(1,2*iNumObs)]` übersetzt diese Überlegungen. Zuletzt sei noch kurz die Formulierung der Obergrenzen mit `ub = [vUB; +inf(2*iNumObs,1)]` kommentiert. Für die Anteilsgewichte gelten Gewichteobergrenzen, die der Anwender beim Aufruf der Funktion im Vektor `vUB` übergibt (Dimension Nx1). Tatsächlich sind aber $N+2T$ Problemvariablen vorhanden, wobei für die Hilfsvariablen d^+ und d^- keine besonderen Werteobergrenzen existieren; sie können beliebige positive Werte annehmen. Dies wird mit `+inf` ausgedrückt, womit eine beliebig große positive Zahl als Obergrenze zugelassen wird.

Zur Demonstration dieser Funktion wird eine Fallstudie präsentiert, die an PODDIG et al. (2009), S. 279 ff. orientiert ist, jedoch leicht veränderte Daten verwendet. Für nähere Details und Hintergründe zu dieser Fallstudie sei auf diese Quelle verwiesen. In der Fallstudie der Originalquelle geht es darum, den DJ EURO STOXX 50 (ein repräsentativer Marktindex für den gesamteuropäischen Aktienmarkt) mit Hilfe von acht exemplarisch ausgewählten europäischen Standardaktien zu replizieren. Dafür steht ein Beobachtungszeitraum von Januar 1993 bis Februar 2002 zur Verfügung. Anhand dieses Beobachtungszeitraums soll mit Hilfe der linearen Optimierung das optimale Tracking-Portfolio nach dem gerade vorgestellten Ansatz bestimmt werden. Die hier benutzen Daten stellen künstliche Daten dar, die eng an den Daten bei PODDIG et al. (2009), S. 279 ff. orientiert sind, jedoch gemäß dem in Kapitel 5.3.2.4 beschriebenen Verfahren generiert wurden. Ferner wurde als Benchmarkportfolio (bzw. Target-Portfolio) für das Tracking-Portfolio ein gleichgewichtetes Portfolio, berechnet auf den Renditen der originären Daten aus PODDIG et al. (2009), zugrunde gelegt. Die Begründung für das hier gewählte Vorgehen besteht darin, dass sich das Tracking eines Marktindex mit nur acht Einzeltiteln, wie bei PODDIG et al. (2009) beispielhaft gezeigt, nicht zufriedenstellend realisieren lässt, da für die Replikation zu wenige Titel vorhanden sind. Um die Fallstudie überschaubar zu halten, soll die Datenbasis aber auch nicht vergrößert werden. Stattdessen wird ein neues Benchmarkportfolio konstruiert, welches mit den vorhandenen Daten perfekt replizierbar ist. Jedoch soll die Optimierungsaufgabe auch nicht zu „trivial“ werden. Deshalb werden die Daten der acht Einzeltitel, aus denen zuvor das Benchmarkportfolio berechnet wurde, durch Simulation leicht abgewandelt. Dadurch ist sichergestellt, dass zum einen das Benchmarkportfolio prinzipiell durch die acht Einzeltitel replizierbar ist, zum anderen dies aber nicht in „trivialer Weise“ mehr möglich ist. Durch diese Abwandlung lässt sich die Leistungsfähigkeit der verschiedenen, betrachteten Tracking-Algorithmen angemessener beurteilen als in der originären Fallstudie.

Das Programmlisting 3.3 zeigt die Anwendung der Funktion `fIndTrackLinOpt`.[13]

Quellcode 3.3: Demoskript zum Index-Tracking mit linearer Optimierung

```
Siehe Datei: bDemoIndexTrackingLinOpt.m
```

Die folgende Tabelle 3.2 zeigt die Ergebnisse zur Bestimmung des optimalen Tracking-Portfolios.

	55 Beobachtungen	109 Beobachtungen
Titel	Anteilsgewicht	Anteilsgewicht
Total Fina Elf	0,1875	0,1280
BCO Santander	0,1868	0,1397
Telecom Italia	0,1797	0,1571
SIEMENS	0,1513	0,1266
Ass. Generali	0,0641	0,0777
E.ON	0,0500	0,0500
Sanofi	0,1306	0,1803
Danone	0,0500	0,1406
$\sum_{t=1}^{T} d_t^-$	0,1220	0,3331

Tabelle 3.2.: Optimale Tracking-Portfolios mit linearer Optimierung. Die Optimierung wurde einmal auf den ersten 55 Beobachtungen, einmal auf 109 Beobachtungen durchgeführt, um den Einfluss eines variierenden Schätzzeitraums zu illustrieren.

Wie aus dem Demoskript 3.3 ersichtlich, werden in Anlehnung an die Originalquelle weitere Nebenbedingungen für die Werteunter- und Werteobergrenzen der Anteilsgewichte gesetzt. Und zwar wird ein Mindestanteilsgewicht von 5% und ein Höchstanteilsgewicht von 40% gefordert. Daraus ergeben sich die in der Tabelle 3.2 dargestellten Lösungen. Hier werden zwei

[13] Unter Octave ist die Variante `bDemoIndexTrackingLinOpt_oct` zu verwenden. Hier wird das Optimierungspaket `optim` geladen sowie die Anpassung an die leicht abgewandelte Funktion `fIndTrackLinOpt_oct` vorgenommen. Anwender von Freemat werden auf Kapitel 3.A.2 verwiesen. Dort wird eine benutzerdefinierte Funktion zur linearen Optimierung vorgestellt. Alle Betrachtungen dieses Kapitels lassen sich alternativ mit den dort vorgestellten, benutzerdefinierten Funktionen durchführen. Die Optimization Toolbox von Matlab unterliegt beständigen Weiterentwicklungen. So ändern sich insbesondere die Optionen, welche mit `optimset` gesetzt werden können. Je nach Matlab-Version werden die hier exemplarisch gewählten Optionen einwandfrei akzeptiert oder lösen in anderen Versionen Warnungen aus. Gegebenenfalls sind die Optionen vom Benutzer anzupassen. Etwaige Warnungen können aber ansonsten ignoriert werden.

Lösungen ausgewiesen. In der zweiten Spalte stehen die Lösung bei Verwendung der ersten 55 (Rendite-) Beobachtungen.[14] In der dritten Spalte ist die Lösung für die Verwendung des gesamten zur Verfügung stehenden Datenzeitraums ausgewiesen. Deutlich wird dabei, wie sich die Lösung für das optimale Tracking-Portfolio bei variierendem Schätzzeitraum verändert. Als grobe Orientierung für die „wahren" optimalen Gewichte des Tracking-Portfolios kann der Wert $0,1250$ (Anteilsgewicht im Benchmarkportfolio) dienen. Da jedoch die Beobachtungsdaten nach Berechnung des Benchmarkportfolios durch Simulation modifiziert wurden, ist eine perfekte Replikation des Benchmarkportfolios nicht mehr möglich. Die ausgewiesenen Ergebnisse zeigen jedoch, dass für 6 von 8 Assets in etwa diese Anteilsgewichte für das Tracking-Portfolio ermittelt werden. Außerdem scheinen die geschätzten Gewichte des Tracking-Portfolios bei verlängertem Schätzzeitraum im Mittel näher an den „wahren" Gewichten des optimalen Tracking-Portfolios zu liegen.

Abschließend sei noch kurz angemerkt, dass sich die Funktion `fIndTrackLinOpt` leicht modifizieren lässt, falls ein exaktes Tracking des Benchmarkportfolio notwendig ist, also auch positive Renditeabweichungen eine Rolle spielen und daher zu vermeiden sind. In diesem Falle lautet die Zielfunktion offensichtlich:

$$ZF(w_1,...,w_N,d_1^+,...,d_T^+,d_1^-,...,d_T^-) = \sum_{t=1}^{T} d_t^+ + \sum_{t=1}^{T} d_t^- \rightarrow min! \tag{3.36}$$

Um diese Änderung in `fIndTrackLinOpt` umzusetzen, ist der bisherige Ausdruck zur Definition der Zielfunktionskoeffizienten `f = [zeros(iNumAssets,1);zeros(iNumObs,1); ones(iNumObs,1)]` in `f = [zeros(iNumAssets,1); ones(2 * iNumObs, 1)]` abzuändern. Eine weitergehende Flexibilisierung der Funktion wäre es, eine optionale Schaltervariable `iOption` als Argument der Funktion hinzuzufügen, mit welcher zwischen diesen beiden Varianten gewechselt werden kann.

3.3. Quadratische Optimierung

Skript/Funktion	Beschreibung	Matlab	Octave	Freemat	Toolboxen
bDemoQuadprog.m	Demoskript zur Anwendung der quadratischen Optimierung	X	-	(X)	keine
bDemoQuadprog_oct.m	Demoskript zur Anwendung der quadratischen Optimierung, Octave-Version	-	X	-	keine
fEffPort.m	Funktion zur Berechnung eines effizienten Portfolios	X	-	(X)	keine

Tabelle 3.3.

[14] In der Fallstudie bei Poddig et al. (2009), S. 279 ff. wurde diese Optimierung nur mit 55 Beobachtungen durchgeführt. Die Ergebnisse sind mit jener Fallstudie nicht vergleichbar, da hier ein verändertes Benchmarkportfolio und leicht abgewandelte Daten benutzt werden.

Skript/Funktion	Beschreibung	Matlab	Octave	Freemat	Toolboxen
fEffPort_oct.m	Funktion zur Berechnung eines effizienten Portfolios, Octave-Version	-	X	-	keine
bDemoEffizientePortfolio.m	Demoskript zur Berechnung des Minimum-Varianz-Portfolios und eines effizienten Portfolios	X	-	(X)	keine
bDemoEffizientePortfolio_oct.m	Demoskript zur Berechnung des Minimum-Varianz-Portfolios und eines effizienten Portfolios, Octave-Version	-	X	-	keine
fEffFront1.m	Erste Funktion zur Berechnung der Effizienzkurve	X	-	(X)	keine
fEffFront1_oct.m	Erste Funktion zur Berechnung der Effizienzkurve, Octave-Version	-	X	-	keine
bDemoEffizienzgrenze1.m	Demoskript für die erste Variante zur Berechnung der Effizienzkurve	X	-	(X)	keine
bDemoEffizienzgrenze1_oct.m	Demoskript für die erste Variante zur Berechnung der Effizienzkurve, Octave-Version	-	X	-	keine
fMaxRetPort.m	Funktion zur Bestimmung des Maximum-Ertrag-Portfolios	X	-	(X)	keine
fMaxRetPort_oct.m	Funktion zur Bestimmung des Maximum-Ertrag-Portfolios, Octave-Version	-	X	-	optim
fEffFront2.m	Verbesserte Effizienzkurvenberechnung	X	-	(X)	keine
fEffFront2_oct.m	Verbesserte Effizienzkurvenberechnung, Octave-Version	-	X	-	optim
bDemoEffizienzgrenze2.m	Demoskript für verbesserte Effizienzkurvenberechnung	X	-	(X)	keine
bDemoEffizienzgrenze2_oct.m	Demoskript für verbesserte Effizienzkurvenberechnung, Octave-Version	-	X	-	optim
fOptPort.m	Funktion zur Bestimmung eines nutzenoptimalen Portfolios	X	-	(X)	keine
fOptPort_oct.m	Funktion zur Bestimmung eines nutzenoptimalen Portfolios, Octave-Version	-	X	-	keine
bDemoNutzenoptimalePortfolio.m	Demoskript zur Bestimmung eines nutzenoptimalen Portfolios	X	-	(X)	keine
bDemoNutzenoptimalePortfolio_oct.m	Demoskript zur Bestimmung eines nutzenoptimalen Portfolios, Octave-Version	-	X	-	keine

Tabelle 3.3.

Skript/Funktion	Beschreibung	Matlab	Octave	Freemat	Toolboxen
fIndTrackMar.m	Bestimmung eines optimalen Tracking-Portfolios mit der quadratischen Optimierung	X	-	(X)	keine
fIndTrackMar_oct.m	Bestimmung eines optimalen Tracking-Portfolios mit der quadratischen Optimierung, Octave-Version	-	X	-	keine
bDemoIndexTracking-Markowitz.m	Demoskript zum Index-Tracking nach Markowitz	X	-	(X)	keine
bDemoIndexTracking-Markowitz_oct.m	Demoskript zum Index-Tracking nach Markowitz, Octave-Version	-	X	-	keine

Tabelle 3.3.: Übersicht verwendeter Skripte und Funktionen. Unter Matlab werden in diesem Buch die Statistics und Optimization Toolbox vorausgesetzt, sie werden deshalb nicht explizit in der Spalte „Toolboxen" ausgewiesen. (X): Für die Lauffähigkeit dieser Skripte oder Funktionen unter Freemat fehlt ein Ersatz für die quadratische Optimierung. Um die Fallbeispiele unter Freemat nachzuarbeiten, muss auf die allgemeine nichtlineare Optimierung (siehe Kapitel 3.4) ausgewichen werden. Anwender von Freemat werden insbesondere auf den Kapitelanhang 3.A verwiesen.

Die quadratische Optimierung besitzt für das CF eine besondere Bedeutung, da sich die meisten „klassischen" Portfoliooptimierungsprobleme auf diese Methode zurückführen lassen. Im Folgenden wird zunächst das Optimierungsproblem allgemein vorgestellt, dann die Umsetzung in Matlab anhand eines einfachen Beispiels illustriert und schließlich auf konkrete Anwendungen eingegangen. Die Anwendungsfelder sind hier Probleme der klassischen Portfoliooptimierung nach Markowitz, von denen verschiedene Varianten vorgestellt werden. Auch hier wird eng den Darstellungen bei PODDIG et al. (2008), S. 561 ff. zur Methode[15] und PODDIG et al. (2009), S. 29 ff. zur unterliegenden finanzwirtschaftlichen Theorie und Anwendungsbeispielen (siehe dort insbes. ab S. 121 ff.) gefolgt. Eine vorherige oder parallele Lektüre dieser Quellen ist hier nicht erforderlich, da jeweils die notwendigen Zusammenfassungen behandelt werden, jedoch wird für ein tiefergehendes Verständnis und weitergehende Erläuterungen auf diese Quellen verwiesen.

3.3.1. Das quadratische Optimierungsproblem

Das quadratische Optimierungsproblem ähnelt im Wesentlichen dem vorhergehend behandelten linearen Optimierungsproblem. Der wesentliche Unterschied besteht in einer anderen Zielfunktion, die neben einem linearen Teil noch einen quadratischen Term besitzt, wie sie in Formel 3.37

[15] Die quadratische Optimierung wird in der Literatur synonym auch als „Quadratische Programmierung" bezeichnet, was analog auch für die lineare Optimierung gilt, die entsprechend „Lineare Programmierung" genannt wird. Die Bezeichnungen sind synonym und werden hier auch so verwendet.

bzw. 3.38 dargestellt ist:

$$ZF(x_1,...,x_N) = \sum_{i=1}^{N} f_i x_i + \sum_{i=1}^{N} \sum_{i=1}^{N} h_{ij} x_i x_j \to min! \tag{3.37}$$

oder in Matrizennotation

$$ZF(\mathbf{x}) = \mathbf{f}^{\mathrm{T}}\mathbf{x} + \mathbf{x}^{\mathrm{T}}\mathbf{H}\mathbf{x} \tag{3.38}$$

h_{ij} Zielfunktionskoeffizient für das Kreuzprodukt (i,j), quadratischer Term

$\mathbf{H}$ Matrix der Zielfunktionskoeffizienten, mit $\mathbf{H} = \begin{bmatrix} h_{11} & ... & h_{1N} \\ ... & ... & ... \\ h_{N1} & ... & h_{NN} \end{bmatrix}$, quadratischer Term

Die zu optimierenden Parameter x_i werden wie auch bei der linearen Optimierung als Problemvariablen des Optimierungsproblems bezeichnet. Das zu optimierende Problem wird hier als Minimierungsproblem formuliert. Die Zielfunktion besitzt neben den Zielfunktionskoeffizienten f_i für den linearen Teil der Zielfunktion weitere Zielfunktionskoeffizienten h_{ij} für den quadratischen Term. Beide Typen von Zielfunktionskoeffizienten und deren Werte müssen als externer Input für das Optimierungsproblem vorgegeben werden.

Hinsichtlich der Nebenbedingungen gilt dasselbe wie beim linearen Optimierungsproblem, weshalb auf die dortigen Ausführungen zurückverwiesen sei. Dabei können lineare Ungleichheits- oder Gleichheitsrestriktionen berücksichtigt werden, wie es in den Formeln 3.39, 3.40, 3.41 und 3.42 dargestellt ist:

$$\sum_{i=1}^{N} \gamma_{ij} x_i \leq b_j \text{ für alle } j = 1,...,J+K \tag{3.39}$$

$$\mathbf{A}\mathbf{x} \leq \mathbf{b} \tag{3.40}$$

$$\sum_{i=1}^{N} \zeta_{il} x_i = d_l \text{ für alle } l = 1,...,L \tag{3.41}$$

$$\mathbf{A_{eq}}\mathbf{x} = \mathbf{b_{eq}} \tag{3.42}$$

Bei dieser Darstellung wird wie im vorhergehenden Kapitel davon ausgegangen, dass die originären K Größer-Gleich-Nebenbedingungen bereits durch Multiplikation mit dem Faktor (-1) in dazu äquivalente Kleiner-Gleich-Nebenbedingungen konvertiert und mit den J originären Kleiner-Gleich-Nebenbedingungen zu den insgesamt $J+K$ Ungleichheitsnebenbedingungen zusammengefasst wurden. Die zusätzliche Forderung nach der Nichtnegativität der Problemvariablen $x_i \geq 0$ für alle $i = 1,...,N$ Problemvariablen ist häufig anzutreffen, bei vielen Bibliotheksfunktionen zur Lösung quadratischer Optimierungsprobleme aber nicht unbedingt notwendig.

3.3.2. Die Formulierung eines quadratischen Optimierungsproblems in Matlab

Für die Lösung eines quadratischen Optimierungsproblems mit Hilfe von Matlab wird die in der *Optimization Toolbox* vorhandene Funktion `quadprog` verwendet. Die von `quadprog` vorausgesetzte Struktur eines quadratischen Optimierungsproblems ähnelt weitgehend der gerade vorgestellten allgemeinen Beschreibung.

$$\frac{1}{2}\mathbf{x}^{\mathrm{T}}\mathbf{H}\mathbf{x}+\mathbf{f}^{\mathrm{T}}\mathbf{x} \rightarrow min! \tag{3.43}$$

unter den Nebenbedingungen

$$\mathbf{A}\cdot\mathbf{x} \leq \mathbf{b} \tag{3.44}$$

$$\mathbf{A_{eq}}\cdot\mathbf{x} = \mathbf{b_{eq}} \tag{3.45}$$

$$\mathbf{lb} \leq \mathbf{x} \leq \mathbf{ub} \tag{3.46}$$

Wie auch bei `linprog` ist in `quadprog` die komfortable Möglichkeit vorgesehen, Werteunter- und Werteobergrenzen in den Vektoren **lb** und **ub** angeben zu können, also nicht unbedingt den umständlichen Weg über **A** und **b** nehmen zu müssen. Zu beachten ist die Skalierung der Zielfunktionskoeffizientenmatrix **H** mit dem Faktor 1/2. Soweit die Zielfunktion keinen linearen Term enthält, kann dieser ignoriert werden, da dann lediglich die Zielfunktionswerte um den Faktor 1/2 anders skalieren, was aber keinen Einfluss auf die Lage des Optimums hat. Soweit der lineare Teil vorhanden ist, ist diese Skalierung aber zu berücksichtigen.

Zu Demonstrationszwecken wird das kleine Einführungsbeispiel aus dem vorhergehenden Kapitel modifiziert.

$$ZF = -2x_1x_2 + 10x_1 + 12x_2 \rightarrow max! \tag{3.47}$$

unter den Nebenbedingungen

$$x_1 \geq 0,\ x_2 \geq 0 \tag{3.48}$$

$$3x_1 + 2x_2 \leq 60 \tag{3.49}$$

$$2x_1 + 3x_2 \leq 60 \tag{3.50}$$

Das Programmlisting 3.4 zeigt die Übersetzung dieses Optimierungsproblems in die von `quadprog` erwartete Struktur. Der Aufruf von `quadprog` ergibt als optimale Lösung $x_1 = 0$ und $x_2 = 20$.[16]

Quellcode 3.4: Demoskript zur Anwendung der quadratischen Optimierung

```
Siehe Datei: bDemoQuadprog.m
```

[16] Unter Octave ist die Variante `bDemoQuadprog_oct` zu verwenden. Octave besitzt mit der Funktion `qp` bereits eine im Octave-System selber integrierte Funktion zur quadratischen Optimierung, weshalb hier kein Optimierungspaket geladen werden muss. Die Funktion `qp` ist ähnlich zur Matlab-Funktion `quadprog` aufgebaut, besitzt aber leicht veränderte Listen von Input- und Outputparametern, was in der Folge etwas umfangreichere Anpassungen der Matlab-Codes erfordert. Freemat besitzt kein eigenständiges Optimierungspaket. Hier wird hilfsweise mittels einer Wrapper-Funktion `quadprog` die quadratische Optimierung auf die allgemeine nichtlineare Optimierung mit der benutzerdefinierten Funktion `fNLfmincon` umgeleitet. Nähere Erläuterungen dazu finden sich im Kapitelanhang 3.A.

Die Umsetzung des Beispiels ist sehr ähnlich zum vorhergehenden Beispiel bei der linearen Optimierung. Neu ist hier die Formulierung der Zielfunktionskoeffizientenmatrix **H**, die auf vielen verschiedenen Wegen erfolgen könnte. Zwei mögliche Alternativen wären z.B. $H = -2 \cdot \begin{bmatrix} 0 & -2 \\ 0 & 0 \end{bmatrix}$ oder $H = \begin{bmatrix} 0 & 2 \\ 2 & 0 \end{bmatrix}$. Die erstgenannte Alternative ist in Matlab nicht zulässig, weil hier **H** als symmetrische Matrix zwingend vorausgesetzt wird. Deshalb wird in dem kleinen Demonstrationsprogramm die (originäre) Zielfunktion $-2x_1x_2 + 10x_1 + 12x_2$ in die dazu äquivalente Formulierung $-x_1x_2 - x_2x_1 + 10x_1 + 12x_2$ konvertiert und dann in der Zielfunktionskoeffizientenmatrix **H** kodiert. Ferner ist die spätere Skalierung der Zielfunktionskoeffizientenmatrix mit dem Faktor 1/2 zu berücksichtigen, weshalb die Multiplikation von **H** mit dem Faktor 2 notwendig ist. Außerdem ist das originäre Optimierungsproblem im Beispiel ein Maximierungsproblem, weshalb die Zielfunktion mit dem Faktor (-1) zu multiplizieren ist. Skalierung und Transformation der Zielfunktion werden also durch die Multiplikation von **H** mit dem Faktor (-2) erreicht. Diese Schritte könnten alternativ bereits in die Definition der Zielkoeffizientenmatrix **H** integriert werden, womit sich die zweite genannte Alternative ergibt. Letztendlich ist es eine Frage des persönlichen Geschmacks, welche Alternative bevorzugt wird. Wir empfehlen jedoch aus rein praktischen Gründen stets die Verwendung der Vorgehensweise im Beispiel, also die Multiplikation der (originären) Zielfunktionskoeffizientenmatrix **H** mit dem Faktor 2 (Minimierungsproblem) oder (-2) (Maximimierungsproblem). Die alternativen Vorgehensweisen, soweit in Matlab zulässig, sind fehlerträchtig, da die Multiplikation eines Matrizeneintrags schnell vergessen werden kann.

Eine weitere wichtige Erweiterung gegenüber dem einfachen Beispiel bei der linearen Optimierung ist der Matlab-Ausdruck `options = optimset('Algorithm', 'active-set', 'Display', 'off')`. Hiermit können verschiedene Optionen gesetzt werden, wie z.B. der anzuwendende Algorithmus ausgewählt oder die Anzeige auf der Konsole über den Optimierungsfortschritt unterdrückt werden.[17] Der Matlab-Ausdruck `x0 = []` erlaubt es, einen Startpunkt für den Optimierungsalgorithmus zu setzen, der im Beispiel auf eine leere Matrix gesetzt wird. In diesem Fall bestimmt der Optimierungsalgorithmus den Startpunkt selber.

3.3.3. Bestimmung eines effizienten Portfolios

Der klassische Anwendungsfall im CF für die quadratische Optimierung ist die Bestimmung eines effizienten Portfolios, was mitunter auch (ungenau) als „Standard-Markowitz-Optimierung“ bezeichnet wird. Als Ausgangssituation wird angenommen, eine Investorin habe Prognosen (Erwartungen) über die zukünftig erwarteten Renditen μ_i für $i = 1, ..., N$ zur Verfügung stehende Assets sowie über deren zukünftige Varianzen und Kovarianzen σ_{ij} gebildet. Annahmegemäß entscheidet die Investorin nur anhand der erwarteten Renditen und prognostizierten Risiken, welche durch die Varianzen bzw. Standardabweichungen der (Asset-) Renditen operationalisiert werden. Dabei bevorzugt eine Investorin bei gleichem Risiko Anlagen mit höherer erwarteter Rendite und bei Anlagen mit gleicher erwarteter Rendite solche mit geringerem Risiko. Die Erwartungen der Investorin über die Zukunft sind aber unsicher. Aus diesem Grund erscheint es

[17] Ähnliche Optionen können in analoger Weise auch bei `linprog` gesetzt werden; siehe dazu die Matlab-Dokumentation.

vernünftig, nicht den gesamten zur Verfügung stehenden Anlagebetrag in ein einzelnes Asset zu investieren, sondern breit über die zur Verfügung stehenden Assets zu streuen, also das Risiko zu diversifizieren. Investoren bilden folglich Portfolios. Gesucht wird diejenige Kombination von Assets (Portfolio), welche bei gegebenen Erwartungen über die Zukunft für eine spezifisch betrachtete Investorin „optimal" erscheint. Offensichtlich handelt es sich dabei um ein Optimierungsproblem, welches kurz näher zu entwickeln ist. Zunächst ist dafür die Beantwortung der Frage hilfreich, wie sich die erwartete Rendite und das zukünftige Risiko eines Portfolios berechnen lässt, gegeben die Prognosen (Erwartungen) über die einzelnen Assets. Die erwartete Portfoliorendite lässt sich dabei recht leicht aus den Erwartungswerten der Assetrenditen nach Formel 2.62 (siehe Kapitel 2.6) berechnen. Ein wenig komplexer fällt die Berechnung des Portfoliorisikos aus (vgl. Formel 2.61 in Kapitel 2.6), da hier zusätzlich die Kovarianzen der Assetrenditen untereinander zu berücksichtigen sind. Die Berechnungsformeln sind allerdings leicht in Matlab umzusetzen (vgl. auch Anhang A.3).

Bei der Konstruktion eines optimalen Portfolios für eine Investorin spielt die Risikoaversion der Investorin eine entscheidende Rolle, also der individuell empfundene „Trade-off" zwischen erwarteter Rendite und zukünftigem Risiko des Portfolios. Bei der praktischen Umsetzung ist es nicht einfach, diese Risikoaversion zu operationalisieren. Zwar kann schlussendlich ein leicht zu berechnender Ausdruck für die zu optimierende Zielfunktion formuliert werden, jedoch ist dafür die Festlegung eines investorenspezifischen Risikoaversionsparameters erforderlich, der in der praktischen Anwendung alles andere als trivial zu bestimmen ist. Um dieses Problem für den Moment zu umgehen, können als wichtige Vorstufe zunächst sog. effiziente Portfolios bestimmt werden. Unter den gesetzten Annahmen lässt sich schlussfolgern, dass eine Investorin (bei gegebenen Erwartungen über die Zukunft) bei fixiertem, d.h. exogen vorgegebenem Anspruchsniveau der Renditeerwartung μ^* (sog. Zielrendite oder „Target-Return") immer dasjenige Portfolio wählen wird, welches dafür das geringste Risiko erwarten lässt. Ohne also auf den spezifischen Grad der Risikoaversion zurückgreifen zu müssen, wird unter den gesetzten Annahmen eine Investorin immer so entscheiden, wie es im folgenden Optimierungsproblem nach Formeln 3.51 bis 3.53 dargestellt ist. Zum besseren Verständnis sind dabei sowohl die Summenschreibweise als auch die Matrizennotation ausgewiesen, wobei für die spätere Umsetzung in Matlab ausschließlich die Matrizennotation Verwendung finden wird.

Das Optimierungsproblem zur Bestimmung eines effizienten Portfolios lautet nach Formel 3.51:

$$\sigma_P^2 = \sum_{i=1}^{N}\sum_{i=1}^{N} w_i w_j \sigma_{ij} \rightarrow min! \quad \text{bzw.} \quad \sigma_P^2 = \mathbf{w}^{\mathrm{T}} \cdot \mathbf{V} \cdot \mathbf{w} \rightarrow min! \tag{3.51}$$

unter den Nebenbedingungen nach Formeln 3.52 und 3.53:

$$\mu^* = \sum_{i=1}^{N} w_i \mu_i \quad \text{bzw.} \quad \mu^* = \mathbf{w}^{\mathrm{T}}\mathbf{r} \tag{3.52}$$

$$\sum_{i=1}^{N} w_i = 1 \tag{3.53}$$

Die Nebenbedingung nach Formel 3.53 wurde bereits im Zusammenhang mit Formel 3.24 in Kapitel 3.2.3 erläutert. Eine Nichtnegativitätsbedingung für die Anteilsgewichte ($w_i \geq 0$)

ist üblich, aber nicht zwingend. Negative Anteilsgewichte würden, ökonomisch interpretiert, auf einen Leerverkauf hinauslaufen.[18] Leerverkäufe sind jedoch den meisten privaten und vielen institutionellen Investoren verboten, sodass in diesem Falle die Nichtnegativitätsbedingung Anwendung finden muss. Darüber hinaus können weitere Forderungen nach Mindestanteilsgewichten ($w_i \geq w_i^{min}$) bestehen. Diese sollen eine gewisse Mindeststreuung (Diversifikation) der Kapitalanlage erzwingen.[19] Das Setzen zulässiger Höchstanteilsgewichte ($w_i \leq w_i^{max}$) soll zu hohe Kapitalkonzentrationen in einzelnen Assets verhindern. Auch diese Art von Restriktionen sind typisch für institutionelle Anleger, wie z.B. Publikumsfonds.

Ein Spezialfall des Optimierungsproblems zur Bestimmung eines effizienten Portfolios entsteht, wenn die Nebenbedingung für die geforderte Zielrendite nach Formel 3.52 weggelassen wird. In diesem Falle wird dasjenige Portfolio gesucht, welches ungeachtet seiner erwarteten Rendite das minimale Risiko (Varianz) aufweist. Man spricht dann auch von dem sog. *Minimum-Varianz-Portfolio* (MVP). Eine nähere Betrachtung des Optimierungsproblems lässt schnell die Übereinstimmung mit der Grundstruktur eines quadratischen Optimierungsproblems erkennen. Offensichtlich sind die Vektoren und Matrizen von `quadprog` wie folgt zu definieren:

$$\mathbf{H} = 2 \cdot V = 2 \cdot \begin{bmatrix} \sigma_1^2 & \sigma_{12} & \dots & \sigma_{1N} \\ \sigma_{21} & \sigma_2^2 & \dots & \sigma_{2N} \\ \dots & \dots & \dots & \dots \\ \sigma_{N1} & \sigma_{N2} & \dots & \sigma_N^2 \end{bmatrix} \quad \text{Zielfunktionskoeffizienten quadratischer Teil} \tag{3.54}$$

$$\mathbf{f} = \begin{bmatrix} 0 \\ \dots \\ 0 \end{bmatrix} \quad \text{Zielfunktionskoeffizienten linearer Teil} \tag{3.55}$$

$$\mathbf{A_{eq}} = \begin{bmatrix} \mu_1 & \mu_2 & \dots & \mu_N \\ 1 & 1 & \dots & 1 \end{bmatrix} \tag{3.56}$$

$$\mathbf{b_{eq}} = \begin{bmatrix} \mu^* \\ 1 \end{bmatrix} \tag{3.57}$$

Soweit weitere Nebenbedingungen für die Gewichteunter- und Gewichteobergrenzen bestehen, können diese leicht in den Vektoren **lb** und **ub** untergebracht werden. Mit diesen Überlegungen ergibt sich die folgende Funktion zur Bestimmung eines effizienten Portfolios.

Quellcode 3.5: Funktion zur Berechnung eines effizienten Portfolios

```
Siehe Datei: fEffPort.m
```

[18] Bei einem Leerverkauf leiht sich eine Investorin das zu verkaufende Asset von einer anderen Investorin gegen eine Leihgebühr (entsprechende Bonität und gegebenenfalls Stellung von Sicherheiten vorausgesetzt), verkauft dieses am Markt und erwirbt es dann nach Ablauf der Leihfrist wieder am Markt, um es an die andere Investorin zurückzugeben. Dies geschieht z.B. in der Erwartung, dass während der Laufzeit der Leihfrist das Asset am Markt an Kurswert verliert, es also nach Ablauf der Leihfrist billiger zurückgekauft werden kann. Somit kann auf fallende Kurse spekuliert werden. Für Leerverkäufe gibt es viele weitere Gründe, z.B. Arbitrage oder Hedging.

[19] Wenn solche Forderungen nach (positiven) Mindestanteilsgewichten vorhanden sind, ist die Nichtnegativitätsbedingung redundant.

Die dargestellte Funktion 3.5 demonstriert lediglich die Anpassung dieses spezifischen Optimierungsproblems an die Toolbox-Funktion `quadprog`.[20] Aus Vereinfachungsgründen und leichterer Lesbarkeit des Programmcodes wird hier - wie durchgängig in diesem Buch - auf sorgfältige Fehlerprüfungen verzichtet, was aber für einen späteren Einsatz nicht empfehlenswert ist. Schon bei dieser einfachen Funktion können leicht jede Menge unbeabsichtigter Fehler bei der Übergabe der Inputparameter passieren, die zu kuriosen Fehlern führen können, wenn diese nicht im Vorfeld erkannt und behandelt werden. Erwähnenswert ist die Prüfung auf einen leeren Vektor der Assetrenditen, einen leeren Target-Return bzw. einen Target-Return von kleiner oder gleich null mit dem Matlab-Ausdruck `if isempty(vR) || isempty(dTarget) || dTarget <= 0`. In diesem Falle ist die Berechnung eines effizienten Portfolios nicht (oder nicht sinnvoll) möglich, sodass dann das Minimum-Varianz-Portfolio berechnet wird. Umgekehrt kann damit auch die Berechnung des Minimum-Varianz-Portfolios erzwungen werden, indem bei Aufruf der Funktion ein leerer Renditevektor, ein leerer Target-Return oder ein Target-Return von kleiner oder gleich null übergeben wird.

Zur Demonstration dieser Funktion sollen Teile der Fallstudie aus PODDIG et al. (2009)[21] unter Verwendung sehr ähnlicher Daten repliziert werden. In der Fallstudie stehen Beobachtungsdaten für acht marktbreite Indizes für europäische (A_EMU), britische (A_UK), US-amerikanische (A_USA) und japanische (A_Japan) Aktien sowie europäische (R_EMU), britische (R_UK), US-amerikanische (R_USA) und japanische (R_Japan) Renten zur Verfügung. Die beobachteten Indexstände dieser 8 Indices sind tatsächlichen Indexständen im Zeitraum Januar 1993 bis Februar 2002 (110 Monatsdaten) nachgebildet. Die Aufgabe ist es nun, das Minimum-Varianz-Portfolio und ein effizientes Portfolio mit einem Target-Return von $0,0095$ (entsprechend $0,95\%$ Monatsrendite) zu berechnen. Eine besondere Herausforderung der späteren, echten Anwendung dieser Methoden in der Praxis ist es, die benötigten Inputparameter für die Portfoliooptimierung (die erwarteten Assetrenditen sowie die zukünftige Kovarianzmatrix) zu prognostizieren. Für deren Prognose bzw. Schätzung können höchst unterschiedliche Methoden eingesetzt werden, die sich erheblich in ihrer Prognosekraft bzw. Schätzgüte unterscheiden. In dieser Fallstudie wird für

[20] Unter Octave ist die Variante `fEffPort_oct` zu verwenden. Hier sind einige wenige Anpassungen an die Octave-Funktion qp erforderlich.

[21] Vgl. PODDIG et al. (2009) S. 121 ff. Die hier verwendeten Daten wurden in ähnlicher Weise wie in der genannten Quelle mit Hilfe eines Faktormodells konstruiert; für nähere Erläuterungen siehe Kapitel 5.3.2.4. Die hier konstruierten Daten weichen leicht von jenen der Originalquelle ab. Der Grund hierfür ist, dass es bei der Übernahme der Daten aus Excel und beim Speichern der Daten in Form einer Textdatei zu einem Verlust an signifikanten Ziffern kommt. Dies führt bei diesen Daten, die auch schon in der Originalquelle speziell konstruiert wurden, später zu numerischen Problemen. Insbesondere weist die dann auf diesen Daten berechnete Kovarianzmatrix negative Eigenwerte nahe null auf, die eine Folge der entstehenden numerischen Ungenauigkeiten beim Import und Konvertieren der Originaldaten sind. Die entstehende, nicht positiv definite Kovarianzmatrix löst dann erhebliche numerische Instabilitäten bei Verwendung verschiedener Optimierungsalgorithmen aus. Eine Lösung besteht darin, auf die mittels eines Faktormodells konstruierten Assetrenditen kleine normalverteilte Störungen zu addieren. Die modifizierten Daten finden sich im Begleitmaterial in der Datei `KurseMod.txt`, gespeichert als Textdatei. Die Unterschiede zur Originalquelle sind geringfügig, jedoch ist die mit diesen Daten berechnete Kovarianzmatrix wieder positiv definit. Dadurch werden numerische Probleme bei den Optimierungsalgorithmen vermieden. Zugleich unterscheiden sich die hier erzielten Lösungen von denen der Originalquelle nur unwesentlich, sodass unter praktischen Aspekten die hier verwendeten Daten „faktisch" identisch sind. Aus den genannten Gründen wird zugleich davon abgeraten, die Daten der Originalquelle direkt zu übernehmen.

diese Schätzung auf die einfache empirische Schätzung dieser Größe anhand der zur Verfügung stehenden Beobachtungsdaten zurückgegriffen. Der Vektor der erwarteten Renditen wird also mit Hilfe des Vektors der (historischen) Mittelwerte geschätzt, die zukünftige Kovarianzmatrix mit Hilfe der empirischen Kovarianzmatrix. Dafür werden die Matlab-Funktionen `mean` und `cov` verwendet.[22] Das Programmlisting 3.6 zeigt die Umsetzung dieser Fallstudie.[23]

Quellcode 3.6: Demoskript zur Berechnung des Minimum-Varianz-Portfolios und eines effizienten Portfolios

```
Siehe Datei: bDemoEffizientePortfolio.m
```

Die Ablaufschritte sind aus dem Demo-Skript 3.6 ersichtlich. Zunächst werden die Rohdaten (Indexstände) der acht Assets eingelesen und in diskrete (Monats-) Renditen umgerechnet. Danach erfolgt die Schätzung der Inputparameter für die folgenden Portfoliooptimierungen mit Hilfe der Bibliotheksfunktionen `mean` und `cov` zur Berechnung der Renditemittelwerte und Renditekovarianzen. In Anlehnung an die originäre Fallstudie werden die Nebenbedingungen für die Gewichteuntergrenzen (5%) und Gewichteobergrenzen (40%) gesetzt. Dann erfolgt der Aufruf der Funktion `fEffPort`. Mit dem ersten Aufruf wird das Minimum-Varianz-Portfolio berechnet, mit dem zweiten das effiziente Portfolio. Die Tabelle 3.4 zeigt die erhaltenen Lösungen.

	Anteilsgewichte	
	Minimum-Varianz-Portfolio	Effizientes Portfolio
A_EMU	0,0500	0,0815
A_UK	0,0500	0,0500
A_USA	0,0500	0,0831
A_JP	0,0500	0,0500
R_EMU	0,4000	0,2354
R_UK	0,1999	0,4000
R_USA	0,0500	0,0500
R_JP	0,1501	0,0500
	deskriptive Statistiken	
Portfoliorendite	0,0084	0,0095
Portfoliostandardabweichung	0,0196	0,0235

Tabelle 3.4.: Ergebnisse für das Minimum-Varianz und das effiziente Portfolio.

Welches von beiden Portfolios eine Investorin wählen soll, hängt von dem individuell empfundenen Grad der Risikoaversion oder dem individuellen „Trade-off" zwischen Rendite und Risiko

[22] Für nähere Details zu diesen Funktionen sei auf die Matlab-Hilfe sowie Kapitel 2.6 verwiesen.

[23] Unter Octave ist die Variante `bDemoEffizientePortfolio_oct` zu verwenden. Hier wird nur der Aufruf von `fEffPort` in `fEffPort_oct` abgeändert. Unter Freemat wird mittels der Wrapper-Funktion `quadprog` die quadratische Optimierung auf die allgemeine nichtlineare Optimierung mit der benutzerdefinierten Funktion `fNLfmincon` umgeleitet. Nähere Erläuterungen dazu finden sich im Kapitelanhang 3.A. Die Ergebnisse unterscheiden sich nur in Nachkommastellen.

ab. Das effiziente Portfolio zum Target-Return von 0,95% besitzt gegenüber dem Minimum-Varianz-Portfolio eine um 0,11%-Punkte höhere Renditeerwartung bei allerdings gleichzeitig gestiegenem Risiko (2,35% Standardabweichung gegenüber 1,96%). Ob die höhere erwartete Rendite mehr wertgeschätzt wird bei gestiegenem Risiko, kann nur individuell entschieden werden.

3.3.4. Berechnung der Effizienzkurve

Im vorhergehenden Kapitel wurde anhand einer Fallstudie gezeigt, wie ein effizientes Portfolio für einen gegebenen Target-Return berechnet werden kann. Gibt man jedoch einen anderen Target-Return vor, so resultiert ein anderes effizientes Portfolio. Prinzipiell gibt es unendlich viele effiziente Portfolios. Diese erhält man, indem ausgehend vom Minimum-Varianz Portfolio und dessen Rendite der Target-Return in marginalen Schritten heraufgesetzt und dann die Optimierung zur Bestimmung eines effizienten Portfolios erneut durchlaufen wird. Dieser Prozess wird solange wiederholt, bis keine Lösung mehr gefunden wird. Die Menge der so erhaltenen effizienten Portfolios wird auch als *effizienter Rand*, *Effizienzkurve* oder *Effizienzgrenze* (*Efficient-Frontier*) bezeichnet. Die Kenntnis der Effizienzkurve ist bei praktischen Anwendungen mitunter deshalb interessant, weil sie zum einen die Menge aller derjenigen Portfolios bildet, unter denen eine rationale Investorin, unter den gesetzten Annahmen und Erwartungen über die Zukunft, wählen sollte und weil sie sich zum anderen sehr anschaulich grafisch darstellen lässt. Daher soll in diesem Kapitel gezeigt werden, wie sich die Effizienzkurve leicht mit Hilfe von Matlab berechnen lässt.[24]

Der beschriebene Algorithmus kann mittels der Funktion `fEffFront1` (siehe Programmlisting 3.7) umgesetzt werden.[25]

Quellcode 3.7: Erste Funktion zur Berechnung der Effizienzkurve

```
Siehe Datei: fEffFront1.m
```

Der Aufruf dieser ersten Variante zur Berechnung der Effizienzkurve wird durch das Demoskript 3.8 illustriert. Die Abbildung 3.1 zeigt die berechnete Effizienzkurve in dieser Fallstudie.[26]

Quellcode 3.8: Demoskript für die erste Variante zur Berechnung der Effizienzkurve

```
Siehe Datei: bDemoEffizienzgrenze1.m
```

---

[24] In Matlab gibt es eine spezielle *Financial Toolbox*, in welcher eine Bibliotheksfunktion `frontcon` vorhanden ist, welche bereits diese Funktionalität zur Verfügung stellt. Hier soll aber bewusst auf die Nutzung dieser Funktion verzichtet werden, weil die Berechnung der Effizienzkurve ein sehr anschauliches Beispiel für eine Einführung in das CF darstellt.

[25] Unter Octave ist die Variante `fEffFront1_oct` zu verwenden. Hier werden lediglich anstelle der Matlab-Version `fEffPort` die Octave-Variante `fEffPort_oct` aufgerufen und die Abbruchbedingungen angepasst.

[26] Unter Octave ist die Variante `bDemoEffizienzgrenze1_oct` zu verwenden. Unter Freemat wird mittels der Wrapper-Funktion `quadprog` die quadratische Optimierung auf die allgemeine nichtlineare Optimierung mit der benutzerdefinierten Funktion `fNLfmincon` umgeleitet. Nähere Erläuterungen dazu finden sich im Kapitelanhang 3.A.

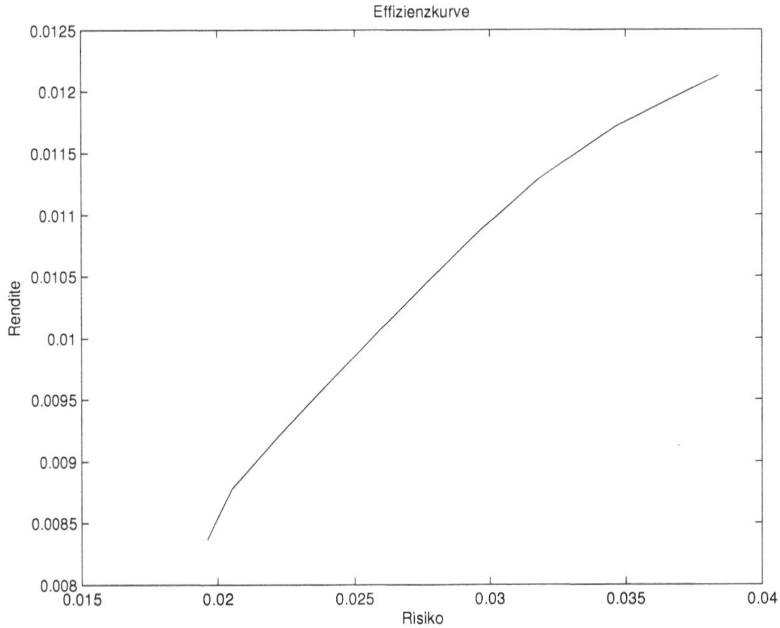

Abbildung 3.1.: Effizienzkurve.

Die Umsetzung dieser Effizienzkurvenberechnung ist zwar sehr einfach, besitzt aber auch zwei Defizite. Bei diesem Vorgehen ist zunächst nicht genau klar, wie die Erhöhung (das Inkrement) für den Target-Return pro Optimierungsschritt gewählt werden soll. In der Funktion `fEffFront1` wird das Inkrement auf willkürlich das 0,05-fache der Rendite des Minimum-Varianz-Portfolios gesetzt; siehe dazu das Statement `dStep = 0.05 * dPrMVP`. Aufgrund dieser willkürlichen Setzung ist auch zu Beginn der Prozedur unklar, wie häufig die Schleife durchlaufen werden wird. Eventuell ist das Inkrement unnötig klein gewählt, was zu einer unnötig langen Laufzeit führt, weil sehr viele Optimierungen durchzuführen sind. Oder das Inkrement wurde viel zu groß gewählt, dann wird die Effizienzkurve zu grob „gerastert". Ferner müssen aufgrund der anfänglich unbekannten Anzahl an Optimierungsdurchläufen die Ergebnisse einer Optimierung (Portfoliostandardabweichung, Portfoliorendite und Portfoliogewichte) umständlich mit den bereits gewonnenen Ergebnissen konkateniert werden; siehe dazu die Statements `mEffFrontier = [mEffFrontier; dPStdEff, dPrEff]` und `mPortWts = [mPortWts; vWts']`. Alles in allem ist dies eine zwar funktionsfähige, aber eher unelegante Lösung. Eine bessere Lösung würde darin bestehen, nach der Berechnung des Minimum-Varianz-Portfolios (Startwert für das Target-Return) zunächst das *Maximum-Ertrag-Portfolio* (MEP, auch *Maximum-Return-Portfolio* (MRP) genannt) zu bestimmen. Dieses resultiert als Lösung des Optimierungsproblems nach Formel 3.58. Dabei sind die üblichen Nebenbedingungen (Budgetrestriktion, Nebenbedingungen für Gewichteunter- und Gewichteobergrenzen, Nichtnegativitätsbedingungen), soweit relevant, zu beachten. Jedoch erfolgt die Maximierung der Zielfunktion ohne Rücksicht auf das entstehende

Risiko. Es wird das Portfolio mit maximaler Renditeerwartung gesucht, und zwar unabhängig von dem dabei zu tragenden Risiko. Die Bestimmung des Maximum-Ertrag-Portfolios stellt dabei offensichtlich ein lineares Optimierungsproblem dar. Die Funktion `fMaxRetPort` bestimmt dieses Portfolio; siehe Programmlisting 3.9.[27]

$$\mu_P = \sum_{i=1}^{N} w_i \mu_i \rightarrow max! \quad \text{bzw.} \quad \mu_P = \mathbf{w}^{\mathrm{T}}\mathbf{r} \rightarrow max! \tag{3.58}$$

Quellcode 3.9: Funktion zur Bestimmung des Maximum-Ertrag-Portfolios

```
Siehe Datei: fMaxRetPort.m
```

Bei der Ermittlung des MEP ist unbedingt darauf zu achten, dass eine Lösung nur dann garantiert ist, wenn die Anteilsgewichte beschränkt sind. Wenn die Anteilsgewichte unbeschränkt sind, etwa durch die Angabe der Untergrenze mit `-inf` und der Obergrenze `inf`, kann kein MEP gefunden werden. Dann wäre es theoretisch möglich, durch immer größere Leerverkäufe immer mehr Kapital für die Käufe zu akquirieren und so die erwartete Rendite des Portfolios in das Unendliche zu erhöhen. Das ist eine Besonderheit des MEP, die nicht auf die anderen effizienten Portfolios zutrifft.

Nach der Bestimmung des MVP und des MEP sind für die gegebenen Erwartungen (erwartete Assetrenditen und zukünftige Renditekovarianzmatrix) die minimal und maximal erzielbaren Portfoliorenditen berechnet worden. Der nächste Schritt ist es nun, die Renditedifferenz zwischen MVP und MEP in gleichmäßige Abstände zu unterteilen, dann entlang dieser „Rasterpunkte" den Target-Return anzuheben und für jeden dieser Punkte die Bestimmung des effizienten Portfolios durchzuführen. Die Funktion `fEffFront2` zeigt eine solche verbesserte Variante; siehe Programmlisting 3.10.[28]

Quellcode 3.10: Verbesserte Effizienzkurvenberechnung

```
Siehe Datei: fEffFront2.m
```

Die Anwendung dieser verbesserten Variante kann ebenfalls mit Hilfe des Demoskriptes 3.8 erfolgen. Dazu muss lediglich der Funktionsaufruf der Effizienzkurvenberechnung ausgetauscht werden. Der neue Aufruf muss jetzt lauten: `[mEffFrontier,mPortWts] = fEffFront2(vMeanR,mCovR,vLB,vUB,10)`.[29] Zu beachten ist, dass `fEffFront2` einen weiteren Inputparameter besitzt, nämlich die Anzahl der zu berechnenden Punkte entlang der

---

27 Unter Octave ist die Variante `fMaxRetPort_oct` zu verwenden. Hier wird die Octave-Version von `linprog` benutzt, die sich im Optimierungspaket `optim` befindet. Das Paket muss vorher geladen worden sein.

28 Unter Octave ist die Variante `fEffFront2_oct` zu verwenden. Diese angepasste Funktion leitet lediglich die Funktionsaufrufe auf die zu den Matlab-Versionen korrespondierenden Octave-Varianten um.

29 Das Begleitmaterial zu diesem Buch enthält bereits die angepasste Variante `bDemoEffizienzgrenze2`. Unter Octave ist die Variante `bDemoEffizienzgrenze2_oct` zu verwenden. Unter Freemat ist hier ebenfalls die Effizienzkurvenberechnung möglich, da nunmehr Anfangs- und Endpunkt der Effizienzkurve bestimmt und somit existierende Lösungen vorausgesetzt werden können. Auch ist zu beachten, dass unter Freemat mit Hilfe von zwei Wrapper-Funktionen `linprog` und `quadprog` auf die benutzerdefinierte lineare und nichtlineare Optimierung umgeleitet wird. Es kommen hier also deutlich andere Algorithmen als unter Matlab und Octave zum Einsatz. Beim Vergleich weisen

Effizienzkurve, der hier im Beispiel auf 10 gesetzt wird. Die Anwendung von `fEffFront2` ergibt im Wesentlichen dasselbe Ergebnis wie zuvor, jedoch lässt sich hier genauer bestimmen, wie viele Portfolios entlang der Effizienzkurve berechnet werden sollen. Außerdem liefert die Funktion `fEffFront2` eine exakte Lösung für das obere Ende der Effizienzkurve, das Maximum-Ertrag-Portfolio, während die erste Variante dieses nur näherungsweise bestimmt. Die Berechnung der Effizienzkurve ist ein sehr anschauliches Beispiel für die erweiterten Möglichkeiten, die matrizenorientierte Programmierumgebungen im CF gegenüber der Verwendung einer Tabellenkalkulation, wie z.B. Microsoft Excel, besitzen. Während die bisherigen Fallstudien dieses Kapitels bislang ausschließlich Replikationen von bereits durchgeführten Umsetzungen in Microsoft Excel waren, geht diese Fallstudie erstmalig darüber hinaus. Die Berechnung der Effizienzkurve ist nämlich in Excel nicht mit „Bordmitteln" zu bewältigen und erfordert stattdessen eine umständliche Programmierung in VBA, die weitaus anspruchsvoller ist als die hier vorgestellte Lösung.

3.3.5. Bestimmung eines nutzenoptimalen Portfolios

Die Berechnung der Effizienzkurve in der vorhergehenden Fallstudie liefert ein wichtiges Zwischenergebnis in Form der Menge aller effizienten Portfolios.[30] Die Frage im nächsten Schritt ist es, welches von diesen effizienten Portfolios das „optimale" Portfolio für eine spezifische Investorin ist. Wie bereits ausgeführt, muss dafür die individuelle Bewertung des Risikos durch die gerade betrachtete Investorin bekannt sein. Die Frage ist also, wie eine spezifische Investorin individuell den „Trade-off" zwischen Rendite und Risiko empfindet. Ein einfacher Ansatz besteht darin, einen (investorindividuellen) Gewichtungsfaktor, den sog. *Risikoaversionsparameter* λ, einzuführen, mit welchem das Risiko eines Portfolios (ausgedrückt durch die Portfoliovarianz) gegenüber der erwarteten Portfoliorendite gewichtet wird.[31] Damit ergibt sich folgende Zielfunktion für die Bestimmung eines nutzenoptimalen Portfolios (unter den bisher gesetzten Annahmen) nach Formel 3.59:

$$ZF(w_1,\ldots,w_N) = \mu_p - \lambda\sigma_P^2 = \mathbf{w}^\mathrm{T}\mathbf{r} - \lambda\mathbf{w}^\mathrm{T}\mathbf{V}\mathbf{w} \rightarrow max! \tag{3.59}$$

die berechneten Punkte (Portfoliostandardabweichung, Portfoliorendite) auf der Effizienzkurve nur geringfügige Unterschiede auf. Leider dauert die Effizienzkurvenberechnung unter Freemat extrem lange. Für den praktischen Einsatz ist diese wenig geeignet.

30 Genau genommen liefern die beiden vorgestellten Funktionen `fEffFront1` und `fEffFront2` nur eine Teilmenge aller effizienten Portfolios, weil nicht unendlich viele Portfolios längs der Effizienzkurve berechnet wurden, sondern nur diejenigen an ausgewählten Stellen der Effizienzkurve.

31 Dieser hier sehr pragmatisch eingeführte Ansatz besitzt indessen eine sehr viel tiefergehende theoretische Begründung und entsprechende Voraussetzungen, unter welchen Bedingungen so sinnvoll verfahren werden kann. In der praktischen Anwendung ist es darüber hinaus die zentrale Herausforderung, diesen Wert für die gerade betrachtete Anlegerin zu bestimmen. Beide genannten Aspekte erfordern eine tiefgehende theoretische Behandlung, die weit über den Fokus dieses Buches hinausgeht. Für nähere Ausführungen sei daher auf PODDIG et al. (2009), S. 85 ff. verwiesen. Die hier pragmatisch motivierte Zielfunktion wird theoretisch aus dem Bernoulli-Prinzip abgeleitet; vgl. dazu näher MARKOWITZ (1998), S. 205 ff. Das Bernoulli-Prinzip selber ist näher vorgestellt bei z.B. FRANKE und HAX (2004), S. 298 ff., siehe auch LAUX (2007), S. 164 ff. Zur Ableitung eines Entscheidungsprinzips aufgrund zweier Parameter, wie hier konkret μ und σ aus der Bernoulli-Nutzenmaximierung sei auf FRANKE und HAX (2004), S. 306 ff. bzw. LAUX (2007), S. 155 ff. verwiesen.

λ investorspezifischer Risikoaversionsparameter, Gewichtungsfaktor für das Risiko, operationalisiert durch die Portfoliovarianz

Wie aus der Formel 3.59 ersichtlich, drückt der Risikoaversionsparameter λ aus, wie viele Risiskoeinheiten als äquivalent zu einer Renditeeinheit angesehen werden. Dabei ist die Zielfunktion intuitiv verständlich: Mehr Rendite ist besser als weniger, d.h., eine zunehmende Renditeerwartung steigert c.p. den Wert der Zielfunktion und damit den Nutzen der Anlegerin. Umgekehrt ist weniger Risiko besser als mehr Risiko,[32] also mindert ein zunehmendes Risiko c.p. den Nutzen. Das Austauschverhältnis zwischen Rendite und Risiko wird damit kompakt im Risikoaversionsparameter λ ausgedrückt. Der Wert von λ drückt aus, welche Anzahl an Renditeeinheiten von der Anlegerin mehr gefordert werden, um für einen Anstieg des Risikos um eine Einheit kompensiert zu werden. Anders ausgedrückt, beschreibt λ den Preis des Risikos.

Die Bestimmung des nutzenoptimalen Portfolios kann mit den bisherigen Funktionen erfolgen. Nachdem die Effizienzkurve durch `fEffFront1` bzw. `fEffFront2` berechnet wurde, brauchen nur noch die ermittelten Werte für die erwartete Portfoliorendite und das zukünftige Portfoliorisiko eines jeden effizienten Portfolios in die Zielfunktion nach Formel 3.59 eingesetzt, alle Zielfunktionswerte für alle berechneten effizienten Portfolios bestimmt und schließlich dasjenige Portfolio ausgewählt werden, welches den höchsten Zielfunktionswert besitzt. Dies ist (näherungsweise) das nutzenoptimale Portfolio für die betrachtete Investorin bei gegebenen Erwartungen über die Zukunft. Die Berechnung der Zielfunktionswerte könnte bereits in die beiden Funktionen integriert werden, sodass diese als zusätzlichen Outputparameter zugleich das nutzenoptimale Portfolio mit zurückliefern.

Diese naheliegende Lösung besitzt allerdings zwei Defizite: Zum einen wird das nutzenoptimale Portfolio nur näherungsweise bestimmt, weil nicht alle effizienten Portfolios (Punkte entlang der Effizienzkurve) berechnet werden. Zum anderen ist diese Art der Bestimmung des nutzenoptimalen Portfolios ineffizient, weil dafür gegebenenfalls erst sehr viele effiziente Portfolios längs der Effizienzkurve bestimmt werden müssen. Eine elegantere Lösung ist es, die Optimierung direkt anhand der genannten Zielfunktion nach Formel 3.59 durchzuführen. Das Programmlisting 3.11 zeigt die Umsetzung dieses Ansatzes.[33]

Quellcode 3.11: Funktion zur Bestimmung eines nutzenoptimalen Portfolios

```
Siehe Datei: fOptPort.m
```

Die Anwendung der Funktion `fOptPort` in der Fallstudie gelingt einfach, indem z.B. das Demo-Skript 3.6 zur Bestimmung eines effizienten Portfolios entsprechend modifiziert wird.[34]

---

[32] Dies gilt streng genommen nur unter der üblichen und zugleich realistischen Annahme, wonach Investoren im Allgemeinen risikoavers sind, also wenn $\lambda > 0$ gilt.

[33] Unter Octave ist die Variante `fOptPort_oct` zu verwenden. Diese Funktion nimmt die notwendigen Anpassungen an die Octave-Systemfunktion `qp` zur quadratischen Optimierung vor.

[34] Das Begleitmaterial zu diesem Buch enthält bereits die angepasste Variante `bDemoNutzenoptimalePortfolio`. Unter Octave ist die Variante `bDemoNutzenoptimalePortfolio_oct` zu verwenden. Unter Freemat wird mittels der Wrapper-Funktion `quadprog` die quadratische Optimierung auf die allgemeine nichtlineare Optimierung mit der benutzerdefinierten Funktion `fNLfmincon` umgeleitet. Nähere Erläuterungen dazu finden sich im Kapitelanhang 3.A. Unter Freemat wird eine marginal abweichende Lösung erzielt. Erzwingt man bei Matlab die Umleitung auf die

Dazu sind dort die Funktionsaufrufe zur Bestimmung des Minimum-Varianz-Portfolios und des effizienten Portfolios zu löschen und der Funktionsaufruf von `fOptPort` einzusetzen. Beim Aufruf der Funktion `fOptPort` ist der Risikoaversionsparameter mit anzugeben, der hier aus Vergleichbarkeitsgründen mit der originären Fallstudie auf $\lambda = 3{,}51614$ gesetzt wurde. Dieser „krumme" Wert resultiert in der originären Fallstudie daraus, dass dieser aus dem Benchmarkportfolio abgeleitet wurde.[35] Die Tabelle 3.5 zeigt die Lösung für das optimale Portfolio in der Fallstudie. Die Lösung stimmt dabei bis auf geringfügige Unterschiede mit jener der originären Fallstudie überein. Die Gründe dafür liegen in numerischen Ungenauigkeiten bei der Datenübernahme und den verwendeten Optimierungsalgorithmen. Unter praktischen Gesichtspunkten sind diese Unterschiede wenig bedeutend. Die Schätzfehler in den Inputparametern (erwartete Renditen und zukünftige Kovarianzmatrix) sind um Größenordnungen höher.

	Anteilsgewichte	
	Fallstudie	Originalquelle
A_EMU	0,0050	0,0050
A_UK	0,0050	0,0050
A_USA	0,2816	0,2816
A_Japan	0,0500	0,0500
R_EMU	0,0684	0,0684
R_UK	0,4000	0,4000
R_USA	0,0500	0,0500
R_Japan	0,0500	0,0500
	Kennzahlen	
Zielfunktionswert	0,00778	0,00778
Rendite	0,01095	0,01095
Standardabweichung	0,03000	0,03000

Tabelle 3.5.: Nutzenoptimales Portfolio.

3.3.6. Bestimmung eines optimalen Tracking-Portfolios mit quadratischer Optimierung

Bei der Behandlung der linearen Optimierung wurde ein anderer Anwendungsfall, nämlich die Bestimmung eines optimalen Tracking-Portfolios behandelt. Hier soll möglichst kostengünstig[36] das Benchmarkportfolio repliziert werden. Wie ausgeführt, ist dies nicht immer einfach in direkter Weise möglich. Vielmehr besteht die praktische Herausforderung oftmals darin, das vorgegebene Benchmarkportfolio mit einer Teilmenge der in der Benchmark enthaltenen Assets oder gar mit

benutzerdefinierte Funktion `fNLfmincon`, so resultiert hier dieselbe Lösung wie bei der originären Matlab-Funktion `quadprog`.

[35] Vgl. PODDIG et al. (2009), S. 153; dort sind auch die Angaben für die nachfolgende Tabelle entnommen.

[36] Gemeint sind hier insbesondere die Kosten des Managements und Transaktionskosten.

völlig anderen Assets replizieren zu müssen. Im Zusammenhang mit der linearen Optimierung wurde bereits ein Ansatz vorgestellt, mit welchem sich ein solches Tracking-Portfolio bestimmen lässt. Die Idee dort war es, einen asymmetrisch definierten Tracking-Error zu minimieren. Ebenso ist es möglich, den Ansatz auf einen symmetrisch definierten Tracking-Error auszuweiten, wobei in beiden Fällen die Summe der absoluten Renditeabweichungen zwischen Tracking-Portfolio und Benchmark minimiert wird. Beim asymmetrisch definierten Tracking-Error wird die Summe aller absoluten Renditeunterschreitungen des Tracking-Portfolios gegenüber der Benchmark minimiert, während beim symmetrisch definierten Tracking-Error die Summe aller absoluten Renditeabweichungen minimiert wird.

Dabei ist die Definition von „Tracking-Error" nicht eindeutig, es gibt dafür in der Literatur und Praxis unterschiedliche Definitionen. Eine Alternative zu dem bei der linearen Optimierung definierten Tracking-Error wäre es, den Tracking-Error als mittlere quadratische Abweichung (Mean-Squared-Error, MSE) zwischen Benchmarkrenditen und Renditen des Tracking-Portfolios zu definieren (vgl. Formel 3.60).[37]

$$TE^{MSE}(w_1,...,w_N) = \frac{1}{T}\sum_{t=1}^{T}(r_{Pt} - r_{Bt})^2 \tag{3.60}$$

TE^{MSE} (Quadratischer) Tracking-Error in Form eines Mean-Squared-Errors

r_{Pt} Rendite des Tracking-Portfolios zum Zeitpunkt t, wobei gilt: $r_{Pt} = \sum_{i=1}^{N} w_i r_{it}$ mit w_i Anteilsgewicht des i-ten Assets im Tracking-Portfolio und r_{it} Rendite des i-ten Assets im Tracking-Portfolio zum Zeitpunkt t

r_{Bt} Rendite des Benchmarkportfolios zum Zeitpunkt t

In Formel 3.60 wird offensichtlich auf den bereits definierten Quadratischen-Tracking-Error (QTE) zurückgegriffen, der hier nur mit der Anzahl der Beobachtungen T normiert wird. Bei diesem Vorgehen resultiert eine Definition, die einem üblicherweise definierten Mean Squared Error entspricht. In der Literatur[38] findet sich überwiegend die Definition des Tracking-Errors nach Formel 3.61:

$$TE^{Var}(w_1,...,w_N) = Var(r_P - r_B) \tag{3.61}$$

TE^{Var} (Quadratischer) Tracking-Error in Form der Varianz der Renditeabweichungen

Dabei gibt es einen engen Zusammenhang zwischen diesen beiden Definitionen. Definiert man aus Gründen der leichteren Darstellung die Abweichung zwischen Rendite des Tracking-

[37] Hier und im Folgenden werden stets quadrierte Größen als „Tracking-Error" bezeichnet, während es zum Zwecke leichterer Interpretierbarkeit üblicher ist, die Quadratwurzel der betreffenden Größen als Tracking-Error zu bezeichnen (um die Quadrierung und damit verbundene Skalierung rückgängig zu machen). Streng genommen handelt es sich also bei allen folgenden Größen um die Quadrate entsprechend definierter Tracking-Errors. Aus Gründen der sprachlichen Vereinfachung wird jedoch auf diese genaue Unterscheidung verzichtet.

[38] Für eine detailliertere Diskussion und Darstellung der folgenden Überlegungen siehe auch PODDIG et al. (2009), S. 253 ff.; S. 262 ff.

Portfolios und Benchmarkrendite zum Zeitpunkt T als $\varepsilon_t = r_{Pt} - r_{Bt}$, so folgt nach dem Verschiebesatz aus der Statistik:[39]

$$Var(\varepsilon) = \frac{1}{T}\sum_{t=1}^{T}\varepsilon_t^2 - \bar{\varepsilon}^2 \tag{3.62}$$

$$\Leftrightarrow TE^{Var} + \bar{\varepsilon}^2 = TE^{MSE} \tag{3.63}$$

ε_t Renditeabweichung zwischen Tracking-Portfolio und Benchmarkportfolio zum Zeitpunkt T, also $\varepsilon_t = r_{Pt} - r_{Bt}$

$\bar{\varepsilon}$ Mittelwert der Renditeabweichungen, also $\bar{\varepsilon} = \frac{1}{T}\sum_{t=1}^{T}\varepsilon_t$

Nach Formel 3.63 unterscheiden sich beide Definitionen des Tracking-Errors nur durch das Quadrat der mittleren Renditeabweichung. Ist dieses null, sind beide Definitionen identisch. Unter dieser Voraussetzung ist der TE^{Var} auch als Mean-Squared-Error der Renditeabweichungen zwischen den Renditen des Tracking-Portfolios und Benchmarkrenditen interpretierbar. Natürlich könnte gefragt werden, warum der TE nicht gleich als TE^{MSE} definiert wird, falls diese Definition intendiert ist. Der Grund dafür liegt darin, dass sich die Bestimmung des optimalen Tracking-Portfolios durch Minimierung des TE^{Var} sehr elegant als Problem der quadratischen Optimierung formulieren lässt, die dann flexibel anpassbar ist. Dieser Ansatz soll nun näher betrachtet werden.[40]

Für die Umsetzung ist die Definition der *aktiven Gewichte* (oder auch *aktive Position*) erforderlich. Hierunter werden die Gewichtedifferenzen zwischen den Anteilsgewichten der Assets im Tracking-Portfolio und denjenigen in der Benchmark verstanden (siehe Formel 3.64 bzw. 3.65).

$$w_{Ai} = w_{Pi} - w_{Bi} \tag{3.64}$$

$$\mathbf{w}_A = \mathbf{w}_P - \mathbf{w}_B \tag{3.65}$$

w_{Ai} aktives Anteilsgewicht des i-ten Assets, $i = 1, \ldots, N$

w_{Pi} Anteilsgewicht des i-ten Assets im Tracking-Portfolio P,

w_{Bi} Anteilsgewicht des i-ten Assets im Benchmarkportfolio B,

$\mathbf{w}_A$ Vektor der aktiven Anteilsgewichte

$\mathbf{w}_P$ Vektor der Anteilsgewichte im Tracking-Portfolio

$\mathbf{w}_B$ Vektor der Anteilsgewichte im Benchmarkportfolio

[39] Zum Verschiebesatz und der folgenden Herleitung vgl. näher PODDIG et al. (2008), S. 50 ff. In der Darstellung des Zusammenhangs zwischen beiden Definitionen des Tracking-Errors wird für die Berechnung der (empirischen) Varianz die Formel für die Varianz einer Grundgesamtheit benutzt (bei der durch T geteilt wird) und nicht diejenige für eine Stichprobe (Division durch $T-1$), die eigentlich korrekt wäre. Der Ergebnisunterschied ist für die Verdeutlichung des Zusammenhangs nicht wesentlich und bei praktischen Anwendungen in aller Regel vernachlässigbar. Bei der dargestellten Vorgehensweise ist der Zusammenhang zwischen beiden Größen dann sofort klar.

[40] Vgl. dazu auch näher PODDIG et al. (2009), S. 262 ff. und für die Fallstudie S. 279 ff.

Die Varianz der Renditeabweichungen, also der TE^{Var}, lässt sich auch alternativ nach Formel 3.66 berechnen. Diese Formel stellt zugleich die Zielfunktion für die Optimierung dar, welche offensichtlich quadratisch ist. Im Grunde handelt es sich bei näherer Betrachtung um dasselbe Optimierungsproblem wie bei der Bestimmung des Minimum-Varianz-Portfolios. Die Unterschiede sind hier, dass nicht die Varianz der Portfoliorenditen, sondern die Varianz der Renditeabweichungen minimiert wird. Ferner wird nicht der optimale Vektor der Anteilsgewichte gesucht, sondern der Vektor der optimalen aktiven Gewichte, also Abweichungen von der Benchmark.

$$TE^{Var} = Var(r_P - r_B) = \mathbf{w}_A^{\mathrm{T}} \cdot \mathbf{V} \cdot \mathbf{w}_A \tag{3.66}$$

$\mathbf{V}$ (zukünftige) Kovarianzmatrix der Assetrenditen

Ist mit der Bestimmung des optimalen Tracking-Portfolios die Minimierung des MSE beabsichtigt, so muss sichergestellt sein, dass der Mittelwert der Renditeabweichungen genau null ergibt. Daher ist bei der Formulierung des Optimierungsproblems unbedingt die Nebenbedingung nach Formel 3.67 zu berücksichtigen. Die Einhaltung der Nebenbedingung gewährleistet die Gleichheit von TE^{Var} und TE^{MSE} bei der Lösung des Optimierungsproblems.

$$\bar{\varepsilon} = \mathbf{w}_A^{\mathrm{T}} \cdot \boldsymbol{\mu} = 0 \tag{3.67}$$

$\boldsymbol{\mu}$ Vektor der erwarteten Assetrenditen, $\boldsymbol{\mu} = (\mu_1, ..., \mu_N)^{\mathrm{T}}$, in aller Regel geschätzt mit Hilfe der historischen Mittelwerte der Assetrenditen

Alle weiteren, bereits bekannten und diskutierten Nebenbedingungen sind - soweit relevant - bei der Bestimmung des optimalen Tracking-Portfolios zu beachten. Bevor die Umsetzung dieses Optimierungsproblems in Matlab anhand einer kleinen Fallstudie demonstriert wird, ist auf ein letztes praktisches Problem hinzuweisen. Die bisherigen Darstellungen unterstellen implizit, dass die Zusammensetzung der Benchmark bekannt ist und die Assets, mit denen das Tracking-Portfolio konstruiert werden darf identisch zu denjenigen sind, aus denen die Benchmark besteht. Anders ausgedrückt, die Anlageuniversen (Menge aller zur Verfügung stehenden Assets, aus denen die Portfolios gebildet werden dürfen) stimmen bei beiden überein. Diese implizite Annahme ist zugleich eine idealtypische Anforderung, derer die Benchmark genügen sollte, aber die Notwendigkeit des Tracking-Portfolios ergibt sich oftmals gerade aus der Verletzung dieser Voraussetzung. Methoden des Index-Tracking sollten also keinesfalls die Identität der Anlageuniversen voraussetzen, weil sie ansonsten nur sehr eingeschränkt bis gar nicht praktisch anwendbar sind. Um dieses Problem zu lösen (die bei der linearen Optimierung vorgestellte Methode setzt dies nicht implizit voraus), gibt es einen kleinen „Kunstgriff".[41] Dazu sei angenommen, die Zusammensetzung der Benchmark sei nicht näher bekannt (wohl aber ihre in der Vergangenheit beobachtete Renditereihe) und außerdem sei sie nicht erwerbbar. Für die Replikation der Benchmark stehen N beliebige Assets zur Verfügung, die ganz oder teilweise oder gar nicht in der Benchmark enthalten sind. Nun wird ein fiktives Anlageuniversum konstruiert, welches aus $N+1$ Anlagen besteht, nämlich den N für die Replikation zur Verfügung

[41] Die folgenden, knapp gehaltenen Überlegungen werden z.B. bei PODDIG et al. (2009), S. 231 ff. ausführlicher dargestellt.

stehenden Assets sowie der Benchmark selber als „virtuelles Asset". Mit dieser Definition des neuen Anlageuniversums ist die implizit angenommene Voraussetzung wieder hergestellt. Das Tracking-Portfolio ist aus den ersten N Assets zu konstruieren, darf aber nicht das $(N+1)$-te Asset (die Benchmark) enthalten. Die Benchmark dagegen enthält die ersten N Assets nicht, deren Gewichte sind also in der Benchmark gleich null, jedoch besteht die Benchmark zu 100% aus sich selbst, also ist das $(N+1)$-te Anteilsgewicht gleich eins. Für das Verständnis des Programmcodes ist diese Überlegung essentiell. Das Programmlisting 3.12 zeigt die Umsetzung dieses Ansatzes.[42]

Quellcode 3.12: Bestimmung eines optimalen Tracking-Portfolios mit der quadratischen Optimierung

```
Siehe Datei: fIndTrackMar.m
```

Die Bestimmung eines optimalen Tracking-Portfolios mit Hilfe der quadratischen Optimierung nach dem vorgestellten Ansatz wird auch als Index-Tracking nach Markowitz bezeichnet, weshalb hier beide Bezeichnungen synonym verwendet werden. Die Umsetzung dieses Ansatzes in den entsprechenden Matlab-Code sollte anhand der vorgestellten Überlegungen leicht nachvollziehbar sein. Wichtig ist es bei diesem Ansatz zu bedenken, dass die zu optimierenden Parameter, die Problemvariablen, hier aktive Gewichte (Differenzengewichte) zwischen den Anteilsgewichten des Tracking-Portfolios und denen der Benchmark sind. Aufgrund der zuletzt entwickelten Überlegungen, die N Assets des Tracking-Portfolios mit dem $(N+1)$-ten „virtuellen" Asset, der Benchmark, zu einem gemeinsamen Anlageuniversum zusammenzufassen, ergibt sich eine Besonderheit, die hier ausgenutzt wird: Jedes der beiden Portfolios (Tracking-Portfolio und Benchmark) besteht formal aus $N+1$ Assets. Die ersten N Assets werden in der Benchmark nicht gehalten und besitzen definitionsgemäß ein Gewicht von null. Damit sind zugleich die ersten N aktiven Gewichte (Differenzengewichte) als Gewichte des „eigentlichen" Tracking-Portfolios interpretierbar, da $w_{Ai} = w_{Pi} - 0 \Longleftrightarrow w_{Ai} = w_{Pi}$ für alle $i = 1, \ldots, N$ Assets gilt. Die Benchmark ist im Tracking-Portfolio nicht enthalten, besitzt also dort ein Anteilsgewicht von null, während die Benchmark als $(N+1)$-tes Gewicht sich selbst mit einem Anteilsgewicht von eins enthält. Somit hat das $(N+1)$-te Asset im Tracking-Portfolio ein aktives Gewicht von (-1). Dieses $(N+1)$-te Gewicht muss fest auf diesen Wert fixiert werden.

Diese Besonderheiten sind insbesondere bei der Formulierung der Restriktionskoeffizientenmatrix `Aeq` und des Restriktionswertevektors `beq` zu berücksichtigen. Die erste Zeile `in Aeq` besteht aus lauter Einsen. Sie bildet die Summe der aktiven Gewichte, die gleich null sein muss. Dies ist äquivalent zur Budgetrestriktion, wonach die Summe der Anteilsgewichte (im Tracking-Portfolio) eins ergeben muss. In welcher Form die Budgetrestriktion formuliert wird, ob über die aktiven Gewichte oder direkt über die Anteilsgewichte, ist unerheblich; sie muss nur konsistent erfolgen. Die zweite Zeile in `Aeq` erzwingt die Fixierung des aktiven Gewichtes der virtuellen $(N+1)$-ten Anlage im Tracking-Portfolio auf (-1) (siehe dazu zweite Zeile im Vektor `beq`). Der Startpunkt für die Optimierung wird durch den Matlab-Ausdruck `vW0 = [1/(iNumAssets-1) * ones(iNumAssets-1,1); -1]` vorgegeben. Dabei werden im Tracking-Portfolio die ersten N aktiven Gewichte auf $1/N$ gesetzt, das $(N+1)$-te aktive Gewicht ist definitionsgemäß auf (-1) fixiert. Danach erfolgt die Optimierung der aktiven Gewichte. Soweit die Optimierung erfolgreich

---

[42] Unter Octave ist die Variante `fIndTrackMar_oct` zu verwenden. Diese enthält die Anpassungen an die Octave-Systemfunktion `qp` zur quadratischen Optimierung.

war, werden zum Schluss die ersten N aktiven Gewichte des Tracking-Portfolios entnommen und als Lösung die Gewichte des Tracking-Portfolios zurückgegeben.

	55 Beobachtungen	109 Beobachtungen
Titel	Anteilsgewicht	Anteilsgewicht
Total Fina Elf	0,1597	0,1416
BCO Santander	0,1674	0,1527
Telecom Italia	0,1206	0,1279
SIEMENS	0,1686	0,1257
Ass. Generali	0,1392	0,1261
E.ON	0,0500	0,0500
Sanofi	0,1191	0,1480
Danone	0,0753	0,1280
	Kennzahl	Kennzahl
(quadrierter) TE	4,2454e-05	6,0827e-05

Tabelle 3.6.: Optimale Tracking-Portfolios nach Markowitz. Die Optimierung wurde einmal auf den ersten 55 Beobachtungen, einmal auf 109 Beobachtungen durchgeführt, um den Einfluss eines variierenden Schätzzeitraums zu illustrieren.

Die Anwendung der Funktion `fIndTrackMar` erfolgt im Rahmen derselben kleinen Fallstudie, die bereits im Zusammenhang mit der linearen Optimierung bei der Bestimmung eines optimalen Tracking-Portfolios vorgestellt wurde. Das gewählte Vorgehen und die erhaltenen Ergebnisse können mit PODDIG et al. (2009), S. 280 ff. verglichen werden. Das Demoskript 3.13 setzt die Fallstudie mit den im Kapitel 3.2.3 beschriebenen Daten um.[43] Die Tabelle 3.6 zeigt die erhaltene, optimale Lösung für das Tracking-Portfolio.

Quellcode 3.13: Demoskript zum Index-Tracking nach Markowitz

```
Siehe Datei: bDemoIndexTrackingMarkowitz.m
```

Der Katalog möglicher Anwendungsfelder der quadratischen Optimierung im CF ist mit diesen exemplarischen Betrachtungen längst nicht erschöpft. Diese mögen aber für den Moment genügen und ausreichend illustriert haben, welche Optimierungsprobleme sich der Art nach bei der Asset Allocation stellen. Von diesen sollen einige weitere, methodisch noch etwas anspruchsvollere vorgestellt werden, die nicht mehr mit der quadratischen Optimierung lösbar sind. Im Folgenden geht es daher um die allgemeine nichtlineare Optimierung und deren Anwendung im CF.

[43] Unter Octave ist die Variante `bDemoIndexTrackingMarkowitz_oct` zu verwenden. Diese leitet lediglich die Funktionsaufrufe auf die Octave-Versionen um. Unter Freemat wird mittels der Wrapper-Funktion `quadprog` die quadratische Optimierung auf die allgemeine nichtlineare Optimierung mit der benutzerdefinierten Funktion `fNLfmincon` umgeleitet. Nähere Erläuterungen dazu finden sich im Kapitelanhang 3.A. Unter Freemat ergeben sich hier nur in der vierten Nachkommastelle abweichende Ergebnisse. Dies gilt ebenso, wenn unter Matlab die Umleitung auf die benutzerdefinierte Optimierungsfunktion `fNLfmincon` erzwungen wird. Diese Lösung erscheint numerisch stabil. Ferner sei daran erinnert, dass die hier benutzten Daten nicht mit jenen bei PODDIG et al. (2009), S. 280 ff. identisch sind. Die hier benutzten Daten besitzen jedoch den Vorteil, dass das „wahre“ Tracking-Portfolio bekannt ist und Anteilsgewichte in Höhe von 0,1250 für jedes Asset besitzt.

3.4. Nichtlineare Optimierung

Skript/Funktion	Beschreibung	Matlab	Octave	Freemat	Toolboxen
fZfDemoFmin1.m	Benutzerdefinierte Zielfunktion für das einfache nichtlineare Optimierungsbeispiel ohne Nebenbedingungen.	X	X	X	keine
bDemoFminunc1.m	Erstes Demoskript zur Anwendung von `fminunc`.	X	X	(X)	keine
fZfDemoFmin2.m	Parametrisierte Zielfunktion für das einfache nichtlineare Optimierungsbeispiel.	X	X	X	keine
bDemoFminunc2.m	Zweites Demoskript zur Anwendung von `fminunc`.	X	-	-	keine
fZfDemoFmin3.m	Variante der parametrisierten Zielfunktion im einfachen nichtlinearen Optimierungsbeispiel.	X	X	X	keine
bDemoFminunc3.m	Demoskript zur Verwendung eines Anonymous-Function-Handle.	X	X	(X)	keine
fZfDemoFmin4.m	Zielfunktion und Gradientenberechnung im einfachen nichtlinearen Optimierungsbeispiel.	X	X	X	keine
bDemoFminunc4.m	Demoskript zur Nutzung der Gradienteninformation.	X	X	(X)	keine
fZfEUmax.m	Zielfunktion zur Erwartungsnutzenoptimierung, ohne Nebenbedingungen.	X	X	X	keine
bDemoErwartungsnutzen1.m	Demoskript zur Erwartungsnutzenoptimierung, ohne Nebenbedingungen.	X	X	(X)	keine
fZfEUmax2.m	Zielfunktion zur Erwartungsnutzenoptimierung, mit Nebenbedingung.	X	X	X	keine
bDemoErwartungsnutzen2.m	Demoskript zur Erwartungsnutzenoptimierung, mit Nebenbedingung.	X	-	(X)	keine
bDemoErwartungsnutzen2_oct.m	Demoskript zur Erwartungsnutzenoptimierung, mit Nebenbedingung, Octave-Version.	-	X	-	keine
fZfEUmax3.m	Zielfunktion zur Erwartungsnutzenoptimierung, mit Herfindahl-Index.	X	X	X	keine
bDemoErwartungsnutzen3.m	Demoskript zur Erwartungsnutzenoptimierung, mit Herfindahl-Index.	X	X	(X)	keine

Tabelle 3.7.: Übersicht verwendeter Skripte und Funktionen (nichtlineare Optimierung ohne Nebenbedingungen). Unter Matlab werden in diesem Buch die Statistics und Optimization Toolbox vorausgesetzt, sie werden deshalb nicht explizit in der Spalte „Toolboxen" ausgewiesen. (X): Für die Lauffähigkeit dieser Skripte oder Funktionen unter Freemat fehlt ein eigenständiges Optimierungspaket. Für das Nacharbeiten unter Freemat muss die Matlab-Funktion `fmincon` auf die im Kapitelanhang 3.A vorgestellte benutzerdefinierte Funktion `fNLfmincon` umgeleitet werden. In diesem Kapitelanhang werden benutzerdefinierte Funktionen zur nichtlinearen

Skript/Funktion	Beschreibung	Matlab	Octave	Freemat	Toolboxen
bDemoFmincon1.m	Erstes Demoskript zur Anwendung von `fmincon`	X	-	(X)	keine
bDemoFmincon1_oct.m	Erstes Demoskript zur Anwendung von `fmincon`, Octave-Version	-	X	-	keine
bDemoFmincon2.m	Zweites Demoskript zur Anwendung von `fmincon`	X	-	-	keine
bDemoFmincon2_oct.m	Zweites Demoskript zur Anwendung von `fmincon`, Octave-Version	-	X	-	keine
bDemoFmincon3.m	Demoskript zur Verwendung eines Anonymous-Function-Handle	X	-	(X)	keine
bDemoFmincon3_oct.m	Demoskript zur Verwendung eines Anonymous-Function-Handle, Octave-Version	-	X	-	keine
bDemoFmincon4.m	Demoskript zur Nutzung der Gradienteninformation	X	-	(X)	keine
bDemoFmincon4_oct.m	Demoskript zur Nutzung der Gradienteninformation, Octave-Version	-	X	-	keine
fNONLCONdemo5.m	Funktion zur Kontrolle der nichtlinearen Nebenbedingung	X	X	(X)	keine
bDemoFmincon5.m	Demoskript zur Verwendung nichtlinearer Nebenbedingungen in `fmincon`	X	-	(?)	keine
bDemoFmincon5_oct.m	Demoskript zur Verwendung nichtlinearer Nebenbedingungen in `fmincon`, Octave-Version	-	X	-	keine
fIndTrackMeanSSR.m	Zielfunktion für Index-Tracking mit Regression unter Nebenbedingungen	X	X	(X)	keine
fIndTrackReg.m	Funktion zum Index-Tracking mit Regression unter Nebenbedingungen	X	-	(X)	keine
fIndTrackReg_oct.m	Funktion zum Index-Tracking mit Regression unter Nebenbedingungen, Octave-Version	-	X	-	keine
bDemoIndexTracking-Regression.m	Demoskript zum Index-Tracking mit Regression unter Nebenbedingungen	X	-	(X)	keine
bDemoIndexTracking-Regression_oct.m	Demoskript zum Index-Tracking mit Regression unter Nebenbedingungen, Octave-Version	-	X	-	keine
fIndTrackMean-SSRgrad.m	Zielfunktion für Index-Tracking mit Regression unter Nebenbedingungen mit Gradientenberechnung	X	X	(X)	keine

Tabelle 3.8.

Skript/Funktion	Beschreibung	Matlab	Octave	Freemat	Toolboxen
fIndTrackRegGrad.m	Funktion zum Index-Tracking mit Regression unter Nebenbedingungen mit Gradientenberechnung	X	-	(X)	keine
fIndTrackReg-Grad_oct.m	Funktion zum Index-Tracking mit Regression unter Nebenbedingungen mit Gradientenberechnung, Octave-Version	-	X	-	keine
fIndTrackMeanSSR-asym.m	Zielfunktion zum Index-Tracking mit Regression unter Nebenbedingungen bei asymmetrischem Abweichungsfehler	X	X	(X)	keine
fIndTrackRegAsym.m	Funktion zum Index-Tracking mit Regression unter Nebenbedingungen mit asymmetrischem Abweichungsfehler	X	-	(X)	keine
fIndTrackRegAsym_-oct.m	Funktion zum Index-Tracking mit Regression unter Nebenbedingungen mit asymmetrischem Abweichungsfehler, Octave-Version	-	X	-	keine
fOfMaxSharpeRatio-Port.m	Zielfunktion zur Bestimmung des Maximum-Sharpe-Ratio-Portfolios	X	X	(X)	keine
fMaxSharpeRatio-Port.m	Funktion zur Bestimmung des Maximum-Sharpe-Ratio-Portfolios	X	-	(X)	keine
fMaxSharpeRatio-Port_oct.m	Funktion zur Bestimmung des Maximum-Sharpe-Ratio-Portfolios, Octave-Version	-	X	-	keine
bDemoMaxSharpe-Ratio.m	Demoskript zur Bestimmung des Maximum-Sharpe-Ratio-Portfolios	X	-	(X)	keine
bDemoMaxSharpe-Ratio_oct.m	Demoskript zur Bestimmung des Maximum-Sharpe-Ratio-Portfolios, Octave-Version	-	X	-	keine
fOfTelser.m	Zielfunktion für die Telser-Optimierung	X	X	X	keine
fNLConTelserNorm.m	Funktion zur Kontrolle der nichtlinearen Nebenbedingung bei der Telser-Optimierung unter Normalverteilung	X	X	(?)	keine
fTelserOptNorm.m	Funktion zur Durchführung einer Telser-Optimierung bei normalverteilten Portfoliorenditen	X	-	(?)	keine
fTelserOptNorm_oct.m	Funktion zur Durchführung einer Telser-Optimierung bei normalverteilten Portfoliorenditen, Octave-Version	-	X	-	keine

Tabelle 3.8.

Skript/Funktion	Beschreibung	Matlab	Octave	Freemat	Toolboxen
bDemoTelserNorm.m	Demoskript zur Anwendung der Telser-Optimierung unter Annahme normalverteilter Portfoliorenditen	X	-	(?)	keine
bDemoTelserNorm_-oct.m	Demoskript zur Anwendung der Telser-Optimierung unter Annahme normalverteilter Portfoliorenditen, Octave-Version	-	X	-	keine
fNLConTelserTLS.m	Funktion zur Kontrolle der nichtlinearen Nebenbedingung bei der Telser-Optimierung mit t-verteilten Portfoliorenditen	X	-	-	keine
fNLConTelserTLS_-oct.m	Funktion zur Kontrolle der nichtlinearen Nebenbedingung bei der Telser-Optimierung mit t-verteilten Portfoliorenditen, Octave-Version	-	X	-	keine
fTelserOptTLS.m	Funktion zur Durchführung einer Telser-Optimierung bei t-verteilten Portfoliorenditen	X	-	-	keine
fTelserOptTLS_oct.m	Funktion zur Durchführung einer Telser-Optimierung bei t-verteilten Portfoliorenditen, Octave-Version	-	X	-	keine
bDemoTelserTLS.m	Demoskript zur Anwendung der Telser-Optimierung unter Annahme t-verteilter Portfoliorenditen	X	-	-	keine
bDemoTelserTLS_oct.m	Demoskript zur Anwendung der Telser-Optimierung unter Annahme t-verteilter Portfoliorenditen, Octave-Version	-	X	-	keine
fNLConTelserTLS2.m	Zweite Variante der Funktion zur Kontrolle der nichtlinearen Nebenbedingung bei der Telser-Optimierung mit t-verteilten Portfoliorenditen	X	-	-	keine
fNLConTelserTLS2_-oct.m	Zweite Variante der Funktion zur Kontrolle der nichtlinearen Nebenbedingung bei der Telser-Optimierung mit t-verteilten Portfoliorenditen, Octave-Version	-	X	-	keine
fTLSmleDfScale.m	Funktion zur benutzerdefinierten MLE	X	-	-	keine
fTLSmleDfScale_oct.m	Funktion zur benutzerdefinierten MLE, Octave-Version	-	X	-	keine

Tabelle 3.8.

Skript/Funktion	Beschreibung	Matlab	Octave	Freemat	Toolboxen
fOfTLS.m	Zielfunktion für die benutzerdefinierte MLE-Schätzung der TLS-Verteilung	X	X	-	keine
fTelserOptTLS2.m	Zweite Variante der Funktion zur Telser-Optimierung mit t-verteilten Portfoliorenditen	X	-	-	keine
fTelserOptTLS2_oct.m	Zweite Variante der Funktion zur Telser-Optimierung mit t-verteilten Portfoliorenditen, Octave-Version	-	X	-	keine
bDemoTelserTLS2.m	Zweite Variante des Demoskriptes zur Anwendung der Telser-Optimierung mit t-verteilten Portfoliorenditen	X	-	-	keine
bDemoTelserTLS2_-oct.m	Zweite Variante des Demoskriptes zur Anwendung der Telser-Optimierung mit t-verteilten Portfoliorenditen, Octave-Version	-	X	-	keine

Tabelle 3.8.: Übersicht verwendeter Skripte und Funktionen (nichtlineare Optimierung mit Nebenbedingungen). Unter Matlab werden in diesem Buch die Statistics und Optimization Toolbox vorausgesetzt, sie werden deshalb nicht explizit in der Spalte „Toolboxen" ausgewiesen. (X): Für die Lauffähigkeit dieser Skripte oder Funktionen unter Freemat fehlt ein eigenständiges Optimierungspaket. Für das Nacharbeiten unter Freemat muss die Matlab-Funktion `fminunc` auf die im Kapitelanhang 3.A vorgestellte benutzerdefinierte Funktion `fNLfminunc` umgeleitet werden. In diesem Kapitelanhang werden benutzerdefinierte Funktionen zur nichtlinearen Optimierung ohne und mit Nebenbedingungen kurz vorgestellt. Diese können benutzt werden, um unter Freemat oder bei fehlender Optimization Toolbox die hier vorgestellten Fallstudien nachzuarbeiten. (?): Erst lauffähig, wenn Fehler im Freemat-Programmsystem korrigiert wurde.

3.4.1. Einführung und Überblick

Die Thematik der (allgemeinen) nichtlinearen Optimierung ist sehr umfangreich; sie füllt vollständig eigene Lehrbücher. Insofern geht es in dem vorliegenden Buch nicht darum, die grundlegenden Theorien und Methoden der nichtlinearen Optimierung darzustellen. Hierfür sei auf die Literatur verwiesen, wobei hier insbesondere die Darstellungen aus PODDIG et al. (2008)[44] zugrunde gelegt werden. In diesem Buch geht es allein um die Vermittlung einer grundsätzlichen Vorstellung, welche Verfahren es gibt, wie diese arbeiten und wo deren Vor- und Nachteile liegen, soweit dieses Verständnis für die spätere Umsetzung im CF notwendig ist. Primär werden sich die Darstellungen auf die Umsetzung und Anwendung im CF konzentrieren.

Allgemeine nichtlineare Optimierungsprobleme, d.h., soweit sie nicht einer bestimmten, speziellen Form genügen, wie z.B. ein quadratisches Optimierungsproblem, können in aller Regel nicht

[44] Vgl. PODDIG et al. (2008), S. 457 ff. (dort Kap. 9 mit einer grundlegenden Einführung) und S. 637 ff. (dort Kap. 12. mit einer ersten grundlegenden methodischen Einführung in die nichtlineare Optimierung).

durch einen geschlossenen analytischen Ausdruck gelöst werden. Stattdessen werden regelhaft Iterationsverfahren benutzt, die ausgehend von einer Startlösung versuchen, diese sukzessive zu verbessern, bis keine nachhaltige Verbesserung der Lösung mehr erzielt werden kann. Der Algorithmus bricht dann ab. Die gefundene Lösung wird als Annäherung an die optimale Lösung betrachtet. Diese Verfahren der numerischen Lösung, oder besser Approximation der optimalen Lösung, eines nichtlinearen Optimierungsproblems besitzen den großen Vorzug, universell anwendbar zu sein, d.h., unabhängig von der konkreten Ausgestaltung des Optimierungsproblems. Jedoch verbinden sich damit sehr viele Probleme und Fallstricke, die für die spätere Anwendung unbedingt zu beachten sind. Im Folgenden sollen nur die wichtigsten Aspekte kurz diskutiert werden.

(i) Suchrichtung

Der Optimierungsalgorithmus sucht zumeist in einem mehrdimensionalen Parameterraum nach einer schrittweisen Verbesserung der Lösung. Somit stellt sich die Frage, in welche Richtung der Optimierungsalgorithmus sucht. Dafür gibt es verschiedene Verfahrensklassen. Bei einer ungerichteten oder auch stochastischen Suche wird im Wesentlichen „zufällig gesucht", indem nach einem bestimmten Verfahren neue Punkte (mehr oder weniger zufällig) im Parameterraum generiert werden. Der Optimierer wertet die Zielfunktion an dem neuen Punkt aus. Die neue Lösung wird akzeptiert, wenn sie besser als die zuletzt gefundene Lösung ist. Die Besonderheit ungerichteter oder stochastischer Suchverfahren ist es, auch neue Punkte mit schlechterer Lösungsqualität zu akzeptieren, womit gegebenenfalls lokale Optima im Lösungsraum überwunden werden können.[45] Eine bekannte Gruppe von Optimierungsalgorithmen, die in diese Kategorie fallen, sind die Verfahren der evolutionären oder genetischen Optimierung. Ein solcher Optimierer ist als Funktion ga in der Global Optimization Toolbox vorhanden. Der große Nachteil ungerichteter oder stochastischer Suchverfahren ist ihr hoher Zeitbedarf. Da hier mehr oder weniger systematisch neue Lösungen „probiert" werden, kann das Auffinden der optimalen Lösung in einem hochdimensionalen Parameterraum lange Rechenzeiten verursachen.

An diesem zentralen Nachteil ungerichteter oder stochastischer Suchalgorithmen setzen gerichtete Suchverfahren an. Bei diesen wird der Parameterraum nach einer vorgegebenen Systematik durchsucht, was zu einer erheblichen Beschleunigung bei der Auffindung der Lösung führt. Dabei können drei Gruppen von Verfahren unterschieden werden:

- Verfahren ohne Gradienten[46],
- Verfahren mit Gradienten (sog. First-Order Verfahren),

[45] Dies mag auf den ersten Blick widersprüchlich wirken. Es gilt zu bedenken, dass Suchverfahren, die in jedem Iterationsschritt strikt nur bessere Lösungen akzeptieren, schnell in einer lokal optimalen Lösung „festhängen" können. Um die Lösungsqualität weiter zu verbessern, wäre in einem solchen Fall eine fortgesetzte Suche erforderlich, die temporär schlechtere Lösungen akzeptiert.

[46] Unter *Gradient* wird der Vektor der ersten partiellen Ableitungen verstanden, im betrachteten Kontext also die Ableitungen der Zielfunktion nach den freien, gesuchten Parametern. Verfahren ohne Gradienten nutzen diese Information nicht.

- Verfahren mit Gradienten und Hesse-Matrix[47] (sog. Second-Order Verfahren).

Verfahren ohne Gradienten benutzen nur die Zielfunktion. Dabei werden neue Punkte im Parameterraum nach einer Systematik generiert, welche in aller Regel sehr umfassend alle im bisherigen Optimierungsverlauf gesammelten Informationen über die Suche im Parameterraum auswertet. Zwei in der Literatur bekannte Verfahren aus dieser Gruppe sind die *Powells Methode*[48] oder die *Downhill Simplex Methode* nach NELDER und MEAD (1965)[49]. Letztere ist in weiterentwickelter Form als Funktion `fminsearch` in der Optimization Toolbox vorhanden. Der große Vorteil dieser Verfahren ist der Verzicht auf Gradienteninformationen, was gerade dann hilfreich ist, wenn der Gradient der Zielfunktion schwierig oder gar nicht zu berechnen ist. Für den Anwender stellen sie sich aus dem Grund sehr anwendungsfreundlich dar, allerdings wird dieser Vorteil mit einem hohen Rechenaufwand erkauft. Diese Verfahren sind in aller Regel nicht empfehlenswert. Soll bewusst auf Gradienteninformationen verzichtet werden, könnten auch gleich evolutionäre oder genetische Algorithmen benutzt werden, die oftmals nicht viel langsamer sind, aber andere Vorteile bieten (siehe unten). Dennoch sind generelle Anwendungsempfehlungen bei nichtlinearen Optimierungsproblemen schwierig. Es mag bestimmte Anwendungsprobleme geben, bei denen sich diese Verfahren bewähren. Im Zweifelsfall hilft hier nur ein exploratives Vorgehen („Ausprobieren").

Verfahren mit Gradienten benutzen den Vektor der ersten partiellen Ableitungen der Zielfunktion nach den freien, gesuchten Parametern. Im einfachsten Fall ergibt sich hier die Suchrichtung in Richtung des negativen Gradienten, weil die Zielfunktion lokal in der Nähe des aktuellen Suchpunktes in diese Richtung fallend ist.[50]

Der Gradient liefert jedoch nur lokale Suchinformationen am aktuellen Suchpunkt. Daher ist die zentrale Frage, wie weit der Algorithmus ausgehend vom aktuellen Suchpunkt in Richtung des negativen Gradienten voranschreiten soll. Einfache Suchverfahren benutzen hier eine vom Anwender vorzugebende feste, kleine Schrittweite. Bessere Suchalgorithmen verwenden hier ein „Line-Search" Verfahren, eine Linienminimierung, indem entlang der vom negativen Gradienten vorgegebenen Suchrichtung das Minimum der Zielfunktion aufgesucht wird. Dies ist dann der neue Suchpunkt, an welchem der Gradient erneut bestimmt wird. Das Verfahren wird solange wiederholt, bis keine Verbesserung mehr erzielt werden kann. Es wird als „Weg des steilsten Abstiegs" (*Steepest-Descent* Verfahren) bezeichnet. Nähere Analysen dieses Algorithmus haben jedoch zahlreiche Ineffizienzen aufgezeigt. Deutliche Verbesserungen bringen konjugierte Gradientenabstiegsverfahren, welche nicht nur den aktuellen Gradienten, sondern auch frühere Suchrichtungen bei der Bestimmung der neuen Suchrichtung benutzen.[51] Dies kann eine Beschleunigung des Suchalgorithmus bewirken. Konjugierte Gradientenabstiegsverfahren mit Linienminimierung stellen oftmals keine schlechte Wahl dar. Nachteilig bei Verfahren mit

---

[47] Unter *Hesse-Matrix* wird die Matrix der zweiten partiellen Ableitungen, hier der Zielfunktion nach den freien, gesuchten Parametern, verstanden.

[48] Vgl. PRESS et al. (2005), S. 417 ff.

[49] Vgl. PRESS et al. (2005), S. 413 ff.

[50] Soweit nicht anders erwähnt, werden im Folgenden ausschließlich Minimierungsprobleme betrachtet.

[51] Vgl. z.B. auch PRESS et al. (2005), S. 424 ff.

Gradienten ist die Notwendigkeit, den Gradienten berechnen oder zumindest approximieren zu müssen. Möchte der Anwender in Matlab diese Möglichkeit nutzen, so muss nicht nur die problembezogene Zielfunktion vom Anwender geschrieben werden. Der Anwender muss darüber hinaus, neben der Berechnung des Zielfunktionswertes, auch die Berechnung des Gradienten durchführen. Ist es dem Anwender nicht möglich, die Berechnung des Gradienten selber zu formulieren, so kann Matlab alternativ den Gradienten über finite Differenzen approximieren. Dies ist aber rechenintensiv und bietet sich nur bei Optimierungsproblemen mit wenigen freien Parametern an. Die Berechnung des Gradienten setzt im Übrigen eine stetige Zielfunktion voraus, bei nicht stetigen Zielfunktionen versagen derartige Verfahren zumeist. Dann muss auf Verfahren ohne Gradienten oder auf ungerichtete oder stochastische Suchverfahren ausgewichen werden.

Verfahren mit Gradienten und Hesse-Matrix, also mit Nutzung der ersten und zweiten partiellen Ableitungen der Zielfunktion nach den freien Parametern, sind gegenüber konjugierten Verfahren nochmals deutlich schneller; in aller Regel handelt es sich hier um die am schnellsten auf eine Lösung konvergierenden Verfahren - wobei die gefundene Lösung nicht unbedingt das globale Minimum sein muss, was aber für alle nichtlinearen Optimierungsverfahren grundsätzlich gilt. Der Grund hierfür liegt darin, auf eine rechenintensive Linienminimierung entlang des konjugierten Gradienten verzichten zu können. Stattdessen erlaubt die Information aus der Hesse-Matrix zu berechnen, wo der nächste, bestmögliche Suchpunkt liegt.[52] Vor- und Nachteile von Verfahren dieser Gruppe sind letztlich eine erweiterte Variante derjenigen von Gradientenverfahren: Sie sind noch einmal sehr viel schneller, verlangen aber zusätzlich die Berechnung der Hesse-Matrix oder deren Approximation. Für den Anwender ergibt sich damit die Notwendigkeit, neben der Berechnung der Zielfunktion und des Gradienten auch die Hesse-Matrix berechnen zu müssen. Allerdings gibt es hier recht gute Approximationsverfahren („Quasi-Newton-Verfahren“), bei denen die Bereitstellung des Gradienten durch den Anwender genügt.[53]

Verfahren mit Gradienten und Hesse-Matrix sind in der Matlab-Funktion `fminunc` (nichtlineare Optimierung ohne Nebenbedingungen) und `fmincon` (nichtlineare Optimierung mit Nebenbedingungen) zusammengefasst. Tatsächlich handelt es sich bei diesen Funktionen eher um eine einheitliche Benutzerschnittstelle, über welche der Zugang zu einer Vielzahl darunter liegender Optimierungsverfahren bereitgestellt wird. Diese werden über Einstellungen in den Optionen angesprochen, sodass gerade bei diesen beiden Funktionen der Anwender nicht umhin kommt, sich mit den vielfältigen Einstellungsmöglichkeiten auseinandersetzen zu müssen. Wir werden dies später näher betrachten.

---

52 Streng genommen gilt diese Aussage nur für quadratische Zielfunktionen. Daher verwenden auch Optimierungsverfahren mit Hesse-Matrix eine Linienminimierung (Line-Search), welche hier aber durch die Nutzung der Informationen aus der Hesse-Matrix erheblich schneller abläuft.

53 Eventuell könnte an dieser Stelle gefragt werden, wozu die Bereitstellung von Gradienten und Hesse-Matrix bei der numerischen Optimierung notwendig ist, denn falls analytische Berechnungsformeln für diese angegebenen werden können, so müsste sich doch auch das zugehörige Optimierungsproblem analytisch lösen lassen. Dies gelingt jedoch nur bei sehr einfachen Optimierungsproblemen. Hochgradig nichtlineare Optimierungsprobleme mit sehr vielen freien Parametern können weiterhin analytisch unlösbar bleiben, selbst wenn Gradient und Hesse-Matrix analytisch bestimmbar sind. Diese in der numerischen Optimierung zu verwenden hat vor allem erhebliche Beschleunigungen zur Folge, da die numerische Approximation sehr rechen- und damit zeitintensiv ist.

(ii) Nebenbedingungen

Bei Optimierungsproblemen ist zwischen unrestringierten und restringierten Optimierungsproblemen zu unterscheiden, also solchen ohne und mit Nebenbedingungen. Während bei der linearen und quadratischen Optimierung Nebenbedingungen quasi Bestandteil des Lösungsalgorithmusses sind, ist deren Berücksichtigung in allgemeinen Verfahren eher kompliziert, weshalb auch spezifische Anpassungen der Algorithmen erforderlich sind. Besitzt ein Optimierungsproblem keine Nebenbedingungen, so ist ein unrestringiertes Lösungsverfahren zu verwenden, also z.B. die Matlab-Funktion `fminunc`.

Die Berücksichtigung von Nebenbedingungen kann auf verschiedene Arten erfolgen. Zwei bekannte Verfahren sind die Berücksichtigung in der Zielfunktion oder Projektionsmethoden der Suchrichtung. Bei der ersten Variante wird die Zielfunktion modifiziert, aber trotzdem mit einem unrestringierten Optimierungsverfahren gearbeitet.[54] Bei Projektionsmethoden als zweite Variante werden dagegen Nebenbedingungen bei der Festlegung der Suchrichtung berücksichtigt. Suchrichtung und Schrittweite in einem Iterationsschritt werden so gewählt, dass der zulässige Lösungsraum nicht verlassen wird. Diese Methoden setzen unmittelbarer an der Berücksichtigung von Nebenbedingungen an, sind im Allgemeinen schneller, aber auch komplizierter in der Umsetzung. Die Matlab-Funktion `fmincon` erlaubt dem Anwender, über die Bereitstellung entsprechender Algorithmen, auch Nebenbedingungen in der nichtlinearen Optimierung zu benutzen. Bei ungerichteten oder stochastischen Suchverfahren ist die Berücksichtigung von Nebenbedingungen unkompliziert. Nach der Generierung eines neuen Suchpunktes muss dieser nur auf Zulässigkeit überprüft werden. Ist die neu generierte Lösung unzulässig, wird diese verworfen und einfach eine weitere erzeugt. Dies entspricht in Analogie der zweiten Gruppe von Verfahren. Bei evolutionären und genetischen Algorithmen hat es sich aber bewährt, temporär unzulässige Lösungen im Suchlauf zu berücksichtigen, diese jedoch mit einer „Strafe“ für die Unzulässigkeit beim Zielfunktionswert zu versehen. Dies ist analog zur ersten Verfahrensgruppe. Grundsätzlich können sich also Bibliotheksfunktionen darin unterscheiden, ob sie dem Anwender erlauben, Nebenbedingungen mit zu formulieren oder nicht. Im letzteren Fall muss sich der Anwender darum selber kümmern, z.B. durch Berücksichtigung in der Zielfunktion.

(iii) Lösungsqualität

Nichtlineare Optimierungsprobleme besitzen zumeist die (unerwünschte) Eigenschaft, viele lokale Optima neben dem globalen zu besitzen. Alle nichtlinearen Optimierungsverfahren besitzen keine Garantie, das globale Optimum aufzufinden, sondern suchen nur eines der von der Startlösung ausgehend nächstgelegen (lokalen) Optima auf. Am besten kann man sich dies mit der Suche nach dem tiefstgelegenen Talpunkt im Gebirge vorstellen. Ausgehend von einem - mehr oder weniger willkürlich - gewählten Startpunkt, wird iterativ nach dem nächstgelegen Tiefpunkt gesucht. Dies kann bereits die nächst gelegene Mulde sein, weit jenseits vom eigentlich tiefstgelegenen Talpunkt. Wie gut die gefundene Lösung die tatsächlich global optimale Lösung annähert, wird hier als Lösungsqualität bezeichnet. Darin unterscheiden sich die Verfahren je nach Opti-

---

[54] Ein solches Verfahren wird z.B. bei PODDIG et al. (2003), S. 648 ff. (3. Auflage) beschrieben und weitere Literaturhinweise gegeben.

mierungsproblem teilweise stark; außerdem besteht oftmals ein Trade-off zwischen akzeptierter Rechenzeit und Lösungsqualität. Die sehr schnell auf eine Lösung konvergierenden Verfahren mit Gradienten und Hesse-Matrix sind nur dann hinsichtlich der Lösungsqualität als gut einzustufen, wenn das Optimierungsproblem nur ein (globales) Minimum besitzt - oder zumindest nicht sehr viele lokale Minima aufweist. Für Optimierungsprobleme mit sehr vielen lokalen Minima sind sie in aller Regel ungeeignet. Verbesserungen bringen bei diesen Verfahren mehrfache Starts des Optimierungsalgorithmus von unterschiedlichen Startpunkten aus (Multi-Start-Verfahren). Es wird dann die beste unter allen erzielten Lösungen gewählt. Jedoch ist dies nur ein Behelf, mit dem Optimierungsprobleme, die eine moderate Anzahl lokaler Optima besitzen, sinnvoll bearbeitet werden können. Existieren sehr viele lokale Optima, sind nur Verfahren der ungerichteten oder stochastischen Suche (z.B. evolutionäre und genetische Algorithmen) sinnvoll einsetzbar, jedoch zulasten der Rechenzeit. Unglücklicherweise ist selten im Vorhinein bekannt, ob ein Optimierungsproblem sehr viele lokale Optima besitzt. Eine pragmatische Vorgehensweise besteht darin, zunächst mit einem Verfahren mit Gradienten und Hesse-Matrix zu beginnen, jedoch mehrfache Neustarts durchzuführen. Führen alle Startpunkte zu (im Wesentlichen) derselben Lösung, ist dies ein Indiz für ein globales oder zumindest sehr robust auffindbares lokales Optimum. Erhält man jedoch so viele unterschiedliche Lösungen wie Startpunkte, so ist der Optimierungsalgorithmus ungeeignet. Es ist dann ein anderer zu wählen.

Fazit

„Den“ Optimierungsalgorithmus und „das“ anzuwendende Vorgehen bei der Lösung nichtlinearer Optimierungsprobleme gibt es nicht. Dazu sind die einzelnen Algorithmen sowie die zu beachtenden Aspekte eines Optimierungsproblems zu vielfältig. Der Anwender muss die Einzelfallbezogenheit bei der Handhabung eines nichtlinearen Optimierungsproblems akzeptieren. Unvermeidbar ist bei der praktischen Anwendung ein exploratives Vorgehen. Verschiedene Optimierungsalgorithmen sind vergleichend anzuwenden, auch „Experimente“ mit den setzbaren Optionen sind unverzichtbar.

3.4.2. Allgemeine nichtlineare Optimierung ohne Nebenbedingungen

3.4.2.1. Formulierung eines nichtlinearen Optimierungsproblems ohne Nebenbedingungen

Bei der Behandlung von allgemeinen nichtlinearen Optimierungsproblemen ist es hilfreich, in zwei Schritten vorzugehen. Zunächst sollen einführend nichtlineare Optimierungsprobleme ohne Nebenbedingungen betrachtet werden, die leichter zu behandeln sind. Im zweiten Schritt werden dann die Betrachtungen auf den zusätzlichen Einbezug von linearen und nichtlinearen Nebenbedingungen erweitert. Soweit ein nichtlineares Optimierungsproblem ohne Nebenbedingungen vorliegt, besteht dieses nur aus der zu optimierenden Zielfunktion nach Formel 3.68:

$$ZF(x_1, ..., x_N) \rightarrow min! \tag{3.68}$$

x_i i-ter zu optimierender Parameter, $i = 1, ..., N$ mit N = Anzahl freier Parameter

x Vektor der zu optimierenden Parameter, mit $\mathbf{x} = (x_1, ..., x_N)^{\mathrm{T}}$

Die Zielfunktion kann ferner durch weitere Zielfunktionskoeffizienten parametrisiert sein, die keine freien, gesuchten Parameter des Optimierungsproblems darstellen. Deren Werte müssen aber als externer Input für das Optimierungsproblem vorgegeben werden.

Für die Lösung eines nichtlinearen Optimierungsproblems ohne Nebenbedingungen mit Hilfe von Matlab wird die in der Optimization Toolbox vorhandene Funktion `fminunc` verwendet.[55] Die Anwendung von `fminunc` ist repräsentativ für alle in Matlab vorhandenen Optimierungsfunktionen, weshalb ihre Anwendung demonstriert werden soll. Die von `fminunc` vorausgesetzte Struktur eines nichtlinearen Optimierungsproblems entspricht der gerade vorgestellten allgemeinen Beschreibung, wobei keine Nebenbedingungen existieren.

$$f(\mathbf{x}) \rightarrow min! \tag{3.69}$$

Verfahren zur Lösung nichtlinearer Optimierungsprobleme ohne Nebenbedingungen werden z.B. bei PODDIG et al. (2008)[56] näher vorgestellt.

Zunächst soll an einem bewusst sehr einfach gehaltenen Beispiel der Umgang mit `fminunc` demonstriert werden, der sich in identischer Weise auf die Verwendung der eigenen Beispielcodes zur nichtlinearen Optimierung übertragen lässt. Dazu wird das Beispiel sukzessive variiert, um die verschiedenen Möglichkeiten des Umgangs mit `fminunc` zu illustrieren. Eine besondere Schwierigkeit ist dabei die Übergabe von Funktionen als Inputparameter von `fminunc`. Dies kann mitunter recht „kniffelig" sein und verdient daher eine umfassendere Besprechung.

Zunächst ist die Übergabe von Funktionen als Inputparameter einer Funktion in Matlab an sich kein Problem. Damit wurde bereits bei der Vorstellung von Resampling-Verfahren gearbeitet (vgl. näher Kapitel 2.8.4; siehe dazu insbesondere die Funktionen `fJackknife` oder `fBootstrap`). In Matlab existieren zwei alternative Wege, die Übergabe von Funktionen als Inputparameter und deren späteren Aufruf in der entgegennehmenden Funktion zu handhaben. In `fJackknife` und `fBoostrap` wurde die erste, einfache Variante benutzt. Die entgegennehmende Funktion sieht dabei wie folgt aus:

```
[...] = function fXY(...,hFhandle,...,X,...,varargin)
...
result = feval(hFhandle,X,varargin{:});
...
```

Die Funktion `fXY` wird zur Laufzeit des Programms wie folgt aufgerufen:

```
...
[...] = fXY(...,@myfun,...,X,...,varargin-Parameter);
...
```

Ein Vergleich mit den bereits bekannten Funktionen `fJackknife` oder `fBootstrap` zeigt, dass dort genau diese Struktur verwendet wurde. Die Funktionen nahmen eine Referenz auf eine

---

55 Unter Octave existiert dafür eine äquivalente Systemfunktion mit demselben Namen.

56 Vgl. PODDIG et al. (2008), S. 637 ff. Dort finden sich auch beispielhafte Implementationen in Microsoft Excel, Visual Basic for Applications (VBA), auf die hier verwiesen sei. Aus Platzgründen sollen die dortigen Darstellungen hier nicht wiederholt werden. Dennoch präsentieren wir später kurz die Portierungen der dortigen VBA-Codes nach Matlab in Kapitel 3.A.

Funktion im Inputparameter `hFhandle` entgegen sowie das Funktionsargument dieser Funktion im Inputparameter `X` und gegebenenfalls weitere Argumente im Inputparameter `varargin`. Der Aufruf der referenzierten Funktion geschieht dann mit `feval(hFhandle,X,varargin{:})`. Die aufrufende Funktion oder das aufrufende Skript erzeugt die Referenz auf die gewünschte Funktion `myfun` durch den vorangestellten `@` Operator. Im Beispiel der Anwendung der Funktionen `fJackknife` und `fBoostrap` waren dies die Matlab-Funktionen `mean` und `std`. Die Funktion `myfun` kann im Allgemeinen irgendeine beliebige Funktion sein.

Die Funktion `fminunc` kann in exakt derselben Weise aufgerufen werden. Ein einfacher Aufruf lautet wie folgt:

```
x = fminunc(@myfun,x0);
```

Dabei ist `myfun` die benutzerdefinierte Zielfunktion und `x0` der Startpunkt für die Optimierung. Ein kleines Beispiel soll die Anwendung illustrieren. Es sei das Optimierungsproblem nach Formel 3.70 zu lösen.[57]

$$f(x) = -4x^2 + 4x - 2 \rightarrow max! \tag{3.70}$$

Das Programmlisting 3.14 zeigt die benutzerdefinierte Zielfunktion.[58]

Quellcode 3.14: Benutzerdefinierte Zielfunktion für das einfache nichtlineare Optimierungsbeispiel ohne Nebenbedingungen

```
Siehe Datei: fZfDemoFmin1.m
```

Im Demoskript 3.15 wird `fminunc` mit `x = fminunc(@fZfDemoFmin1, x0)` aufgerufen.[59] Als Lösung resultiert $x = 0,5$.

Quellcode 3.15: Erstes Demoskript zur Anwendung von fminunc

```
Siehe Datei: bDemoFminunc1.m
```

Diese einfache Aufrufvariante ist nur für sehr einfache Optimierungsprobleme ausreichend, bei praktischen Anwendungsproblemen werden die benutzerdefinierten Zielfunktionen weitaus komplexer ausfallen, was einige Erweiterungen erfordert. Ein ganz typischer Anwendungsfall ist es, dass der benutzerdefinierten Zielfunktion weitere Inputparameter zu übergeben sind, welche erst zur Laufzeit des Programms feststehen. Dieser Anwendungsfall lässt sich im vorhergehenden Beispiel leicht simulieren, indem die Zielfunktion parametrisiert wird. Die Zielfunktion lautet jetzt nach Formel 3.71:

$$f(x) = a \cdot x^2 + b \cdot x + c \rightarrow max! \tag{3.71}$$

---

[57] Im Beispiel handelt es sich um eine Zielfunktion mit nur einer Problemvariablen, wofür in Matlab und Octave eine spezifische Funktion `fminbnd` zur Verfügung steht. Hier und im Folgenden geht es aber allein darum, den Aufruf von `fminunc` an einem möglichst einfach gehaltenen Beispiel zu erläutern.

[58] Wir werden diese Zielfunktion später im Zusammenhang mit der Matlab-Funktion `fmincon` zur Lösung nichtlinearer Optimierungsprobleme unter Berücksichtigung von Nebenbedingungen umfänglicher wieder aufgreifen, weshalb die Zielfunktion neutral `fZfDemoFmin1` heißt. Dies gilt analog für die Benennung der folgenden Zielfunktionen.

[59] Für Anwender von Freemat verweisen wir auf den Kapitelanhang 3.A. Dort stellen wir knapp die Implementation von einigen benutzerdefinierten Funktionen dar, die ersatzweise verwendet werden können. So kann als Ersatz für `fminunc` die dort vorgestellte, benutzerdefinierte Funktion `fNLfminunc` benutzt werden. Dies ist unter Matlab und Octave natürlich auch möglich, aber mit Blick auf den praktischen Einsatz weniger von Interesse.

Das Programmlisting 3.16 zeigt die parametrisierte Variante der Zielfunktion zur Durchführung dieser Optimierung. Aus Platzgründen wurden dort alle bereits bekannten Kommentare entfernt.

Quellcode 3.16: Parametrisierte Zielfunktion für das einfache nichtlineare Optimierungsbeispiel

```
Siehe Datei: fZfDemoFmin2.m
```

Natürlich muss jetzt der Aufruf der Funktion `fminunc` entsprechend modifiziert werden, wie es das Demoskript 3.17 zeigt.[60]

Quellcode 3.17: Zweites Demoskript zur Anwendung von fminunc

```
Siehe Datei: bDemoFminunc2.m
```

Auch dort wurden aus Platzgründen alle bekannten Kommentare herausgenommen. Zu beachten ist bei dem Aufruf `fminunc(@fZfDemoFmin2, x0, [], dA, dB, dC)`, dass zunächst alle Parameter von `fminunc` vollständig angegeben sein müssen. Soweit bestimmte, optionale Inputparameter von `fminunc` nicht benötigt werden oder nicht relevant sind, müssen diese vollständig mit leeren Matrizen `[]` besetzt werden.[61] Erst wenn alle Inputparameter von `fminunc` vollständig belegt wurden, dürfen die weiteren Parameter der benutzerdefinierten Zielfunktion folgen.

Damit ist die erste Variante zur Übergabe einer Funktion als Inputparameter einer anderen Funktion vollständig beschrieben, womit sich auch prinzipiell alle typischen Optimierungsprobleme bei realen Anwendungen formulieren lassen. Diese erste Variante hat aber mehrere Einschränkungen. Erstens muss der erste Inputparameter der benutzerdefinierten Funktion immer der Vektor der zu optimierenden Parameter sein, es darf sich also nicht um den zweiten, dritten, vierten usw. Inputparameter handeln. Zweitens können die weiteren Parameter der benutzerdefinierten Zielfunktion erst nach Belegung sämtlicher originären Inputparameter von `fminunc`, notfalls durch leere Matrizen, als zusätzliche Parameter am Ende der Parameterliste übergeben werden. Und drittens muss die aufgerufene Funktion (`fminunc`) latent die Übergabe weiterer Parameter an die benutzerdefinierte Funktion vorsehen und diese durchreichen.[62]

Eine elegantere zweite Variante ist das Arbeiten mit einem *Anonymous-Function-Handle* (AFH). Der Aufruf von `fminunc` besitzt dann folgende Struktur:

```
x = fminunc(@(x)myfun(...,x,...),x0);
```

Der `@` Operator erzeugt eine Referenz auf die gewünschte Funktion, jedoch folgt auf diesen Operator erst in Klammern die Angabe desjenigen Inputparameter (`x`), der manipuliert werden

---

[60] Unter Octave existiert zwar eine zu `fminunc` äquivalente Systemfunktion mit identischem Namen, diese erlaubt aber diese Aufrufvariante nicht. Daher provoziert dieses Demoskript unter Octave einen Fehler. Eine Alternative für Octave für dieses Beispiel können wir daher nicht anbieten. Für das praktische Arbeiten ist dies nicht relevant, da diese Aufrufvariante grundsätzlich nicht empfehlenswert ist.

[61] Die Funktion `fminunc` besitzt noch einen weiteren optionalen Parameter, nämlich `options` für die Optionen zur Steuerung des Optimierungsalgorithmus, der aber erst weiter unten gesondert behandelt werden soll. Um diesen Parameter formal zu belegen, wird hier eine leere Matrix übergeben.

[62] Dies ist unter Octave bei der dortigen Systemfunktion `fminunc` nicht vorgesehen, weshalb diese Variante dort einen Fehler auslöst.

darf bzw. in welchen die aufgerufene Funktion ihre Werte einsetzen soll. Danach folgt der Name der Funktion, hier `myfun`. Neu ist jetzt, dass der komplette Funktionskopf von `myfun` anzugeben ist, also die komplette Inputparameterliste, so wie `myfun` genau definiert ist. In `myfun(...,x,...)` soll mit `...` angedeutet werden, dass `x` nicht am Anfang der Parameterliste stehen muss, sondern sich irgendwo in ihr befinden kann, z.B. an fünfter Stelle. Jedoch muss die in Klammern bei `@(x)` genannte Variable auch tatsächlich in der Inputparameterliste von `myfun` vorkommen, aber nicht notwendigerweise an erster Stelle. Bei Verwendung dieser Variante ist die Übergabe weiterer Parameter an die benutzerdefinierte Zielfunktion damit bereits erledigt.[63] Sie dürfen jetzt nicht mehr am Ende der Parameterliste von `fminunc` zusätzlich übergeben werden. Diese Variante soll im nächsten Beispiel demonstriert werden, damit der Unterschied deutlich wird. Zunächst zeigt Programmlisting 3.18 eine dritte Variante der benutzerdefinierten Zielfunktion. Hier wurde bewusst die gesuchte Problemvariable `x` als dritter Inputparameter platziert, um die erweiterten Möglichkeiten dieser zweiten Aufrufvariante zu demonstrieren.

Quellcode 3.18: Variante der parametrisierten Zielfunktion im einfachen nichtlinearen Optimierungsbeispiel

```
Siehe Datei: fZfDemoFmin3.m
```

Die Möglichkeit, die Problemvariable an beliebiger Stelle in der Inputparameterliste der benutzerdefinierten Funktion platzieren zu können, hat mehrere Vorteile. Zum einen kann die Inputparameterliste nach sachlogischer Reihenfolge der Inputparameter aufgebaut werden, in welcher der Vektor der Problemvariablen nicht unbedingt immer an erster Stelle stehen muss. Zum anderen kann es sich bei der Zielfunktion auch um eine Toolbox-Funktion oder eine fremdgeschriebene Funktion handeln, bei der eben nicht der Vektor der Problemvariablen an erster Stelle steht.

Der Aufruf von `fminunc` bei der zweiten Alternative zeigt das Demoskript 3.19.[64]

Quellcode 3.19: Demoskript zur Verwendung eines Anonymous-Function-Handle

```
Siehe Datei: bDemoFminunc3.m
```

---

[63] Für den typischen Anwendungsgebrauch soll diese Erläuterung des Anonymous-Function-Handle ausreichen. Tatsächlich ist das dahinter stehende Konzept weitaus mächtiger und flexibler einsetzbar, als es die knappen Erläuterungen vermuten lassen. Genau genommen handelt es sich bei einer mittels AFH referenzierten Funktion um ein *Closure*, welches ein Programmierkonstrukt moderner Programmiersprachen ist und sich z.B. ebenfalls in C++, Objective-C, Java oder JavaScript findet. Eine knappe, aber sehr anschaulich gehaltene Erläuterung findet sich bei LAU et al. (2013). (Leider sind jene Darstellungen nicht direkt auf Matlab, sondern andere Programmiersprachen bezogen, wobei die grundsätzlichen Überlegungen leicht übertragbar sind.) Arg verkürzt gesprochen, werden hier die zum Zeitpunkt der Definition des AFH vorhandenen und von ihr verwendeten Variablen als Funktionsobjekt zusammengebunden, sodass der Zugriff für die mittels AFH referenzierten Funktion auf die sie umgebenden Variablen aus dem umgebenden Code zum Definitionszeitpunkt erhalten bleibt. Die Namen der aktuellen Parameter bei Definition des AFH, im Beispiel mit `...` symbolisiert, müssen nicht dieselben wie diejenigen der formalen Parameter der referenzierten Funktion, im Beispiel von `myfun`, sein. Ebenfalls kann der AFH mit mehr als einer freien Variable definiert werden. Im Beispiel könnte die Definition des AFH auch `@(x,y,z)myfun(...,x,...,y,...,z,...)` lauten. Diese erweiterten Möglichkeiten werden im Folgenden jedoch nicht benutzt und sollen daher aus Platzgründen nicht näher ausgeführt werden.

[64] Unter Octave ist nur diese Variante zulässig.

Diese Variante ist flexibler und weniger fehlerträchtig als die erste Variante, wenn auch vielleicht auf den ersten Blick etwas umständlich. Wir werden im Folgenden nur noch diese zweite Variante mit AFH verwenden, zumal auch nur diese unter Octave zulässig ist.

Die Geschwindigkeit von fminunc kann erheblich gesteigert werden, wenn der Gradient der Zielfunktion von der benutzerdefinierten Zielfunktion mitberechnet wird. Der Gradient ist dabei der Vektor der ersten partiellen Ableitungen der Zielfunktion nach allen Problemvariablen. Im betrachteten einfachen Beispiel ist dieser sehr leicht zu berechnen, da es nur eine Problemvariable gibt.

$$\nabla(x) = \frac{\partial f(x)}{\partial x} = 2a \cdot x + b \tag{3.72}$$

Das Programmlisting 3.20 zeigt die vierte Variante der Zielfunktion, welche den Gradienten mit zurückliefert.[65] Der berechnete Gradient wird als zweiter Outputparameter der benutzerdefinierten Zielfunktion berechnet. Im hier betrachteten Beispiel ist der Gradient ein Skalar, bei einem Optimierungsproblem mit mehreren Problemvariablen jedoch im Allgemeinen ein Vektor.

Quellcode 3.20: Zielfunktion und Gradientenberechnung im einfachen nichtlinearen Optimierungsbeispiel

```
Siehe Datei: fZfDemoFmin4.m
```

Das Demo-Skript 3.21 zeigt die Verwendung der Gradienteninformation. Dazu sind die Optionen von fminunc entsprechend zu setzen, wofür es eine spezielle Funktion optimset gibt.

Quellcode 3.21: Demoskript zur Nutzung der Gradienteninformation

```
Siehe Datei: bDemoFminunc4.m
```

Die Einstellung der Optionen für fminunc kann nach dem Muster options = optimset('param1', value1, 'param2', value2, ...) erfolgen.[66] Dabei sind param1, param2, usw. Strings, welche den Namen der jeweiligen Option bezeichnen und value1, value2, usw. die dazugehörigen Werte bzw. Einstellungen. Im Demoskript 3.31 wird mit options = optimset('GradObj', 'on', 'DerivativeCheck', 'on') die Option GradObj auf on gesetzt (Einschalten der Nutzung der Gradienteninformation). Ebenfalls wird die Option DerivativeCheck eingeschaltet (Überprüfung des berechneten Gradienten mittels Finite-Differenzen-Verfahren).[67] Die letzte Option ist sinnvoll, weil man bei der Berechnung des

[65] Zu beachten ist die Konvertierung des originären Maximierungsproblems in ein Minimierungsproblem durch Multiplikation der Zielfunktion mit dem Faktor (-1). Dies ist bei der Berechnung des Gradienten natürlich mit zu berücksichtigen.

[66] In jüngeren Matlab-Versionen steht dafür alternativ die Matlab-Funktion optimoptions zur Verfügung. Octave kennt diese Funktion nicht, weshalb wir hier bei optimset bleiben, die in analoger Weise unter Octave angewendet werden kann. Allerdings heißen die Optionen unter den Octave-Optimierungsfunktionen mitunter anders, sind nicht vollständig vorhanden oder wirken anders.

[67] Die Voreinstellung bei GradObj ist off, d.h., Matlab benutzt dann eine Finite-Differenzen-Approximation zur Bestimmung des Gradienten. Setzt man dagegen diese Option auf on, wird der von der benutzerdefinierten Funktion berechnete Gradient verwendet. Nur wenn die benutzerdefinierte Funktion den Gradienten berechnet, ergibt die Option DerivativeCheck Sinn. In diesem Falle wird einmalig zu Beginn der Optimierung die Gradientenberech-

Gradienten einer sehr komplexen Zielfunktion einen Fehler begehen kann. Die Überprüfung des berechneten Gradienten über eine Approximation mit finiten Differenzen kann diesen Fehler aufdecken. Bleibt dieser unentdeckt, arbeitet später der Optimierungsalgorithmus suboptimal oder gar nicht. Für `fminunc` bestehen zahlreiche weitere Optionen, deren Behandlung den Fokus dieser Einführung bei weitem übersteigt. Hier sei auf die Matlab-Dokumentation und die nachfolgenden Kapitele verwiesen, in denen darauf noch eingegangen werden wird.

3.4.2.2. Portfolioplanung mittels Erwartungsnutzenmaximierung

Verfahren der (allgemeinen) nichtlinearen Optimierung kommen insbesondere in der (Finanz-) Ökonometrie bei der Schätzung der Parameter nichtlinearer Modelle zum Einsatz. Ein wichtiges Beispiel dafür ist die Nichtlineare-Kleinste-Quadrate-Schätzung.[68] Eine wichtige finanzwirtschaftliche Anwendung aus dem Bereich Financial Engineering und Bewertung ist die Schätzung impliziter Volatilitäten aus beobachteten Marktpreisen von (Finanz-) Optionen.[69] Im Bereich der Portfolioplanung sind allgemeine nichtlineare Optimierungsprobleme ohne Nebenbedingungen selten anzutreffen. Diese sind zumeist quadratische und allgemeine nichtlineare Optimierungsprobleme mit Nebenbedingungen. Ein interessanter Spezialfall ist aber die Portfolioplanung mittels Erwartungsnutzenoptimierung, welche ausführlich bei PODDIG et al. (2009) beschrieben ist.[70] Im Folgenden präsentieren wir eine Variante jener Fallstudie, um die Anwendung von `fminunc` an einem praktisch orientierten Beispiel aus der Portfolioplanung zu erläutern. Dabei ist zwar ein Verzicht auf Nebenbedingungen nicht gänzlich möglich, diese lassen sich hier aber leicht in eine Optimierung ohne (explizite) Nebenbedingungen integrieren.

Der Erwartungsnutzenmaximierung bei der Portfolioplanung liegt das Bernoulli-Prinzip zugrunde. Danach entscheidet sich eine Investorin bei der Wahl einer Kapitalanlage für jene Alternative, bei welcher der höchste Erwartungsnutzen resultiert. Grundlage ist zunächst die Existenz einer (investorspezifischen) Nutzenfunktion $U(r)$, welche den aus einer bestimmten Rendite r resultierenden Nutzen $U(r)$ für die betrachtete Investorin beschreibt. Unklar ist jedoch, wie diese Nutzenfunktion genau aussieht. In der ökonomischen Theorie werden zahlreiche Varianten von Nutzenfunktionen diskutiert. Selbst wenn der Typ der Nutzenfunktion bekannt ist, verfügt diese über freie Parameter, die individuell für den Entscheidungsträger bestimmt werden müssen. Wichtige Eigenschaften einer ökonomisch plausiblen Nutzenfunktion sind ein konkaver Verlauf (abnehmender Grenznutzen) und die Nichtsättigung. Ein Vertreter von Nutzenfunktionen ist eine exponentielle Nutzenfunktion nach Formel 3.73:[71]

$$U(r) = -e^{-c \cdot r} \tag{3.73}$$

nung zwischen benutzerdefinierter Funktion und dem Finite-Differenzen-Verfahren verglichen. Ergibt sich eine Abweichung, die über die numerischen Ungenauigkeiten hinausgeht, so erfolgt eine Warnung an den Benutzer. Dieser kann dann die Optimierung abbrechen und nach dem Fehler suchen. Unter Octave steht allerdings diese Option nicht zur Verfügung.

68 Siehe für eine Fallstudie auch PODDIG et al. (2008), S. 721 ff.

69 Vgl. z.B. PODDIG et al. (2008), S. 734 ff. für eine Fallstudie.

70 Vgl. PODDIG et al. (2009) S. 173 ff.

71 Vgl. PODDIG et al. (2009), S.177, dort Gleichung (2).

e Eulersche Zahl

c Koeffizient der exponentiellen Nutzenfunktion (wobei $c > 0$)

In der Fallstudie wird $c = 8$ gewählt. Der Erwartungsnutzen $E(U(r))$ ist allgemein nach Formel 3.74 bei einer diskreten bzw. Formel 3.75 bei einer stetigen Renditeverteilung definiert. Dieser ist bei der Portfoliooptimierung zu maximieren.

$$E(U(r)) = \sum_{z=1}^{Z} U(r_z)p_z \tag{3.74}$$

$$E(U(r)) = \int U(r)p(r)dr \tag{3.75}$$

Z Anzahl diskreter Umweltzustände

r_z Rendite im z-ten Umweltzustand

p_z Wahrscheinlichkeit des z-ten Umweltzustandes

$p(r)$ Dichtefunktion der Renditeverteilung

Wie jede Portfolioplanung ist auch diese zukunftsbezogen, d.h., es wird eine Prognose der zukünftigen Renditeverteilung benötigt. Eine sehr einfache Schätzung der Renditeverteilung besteht darin, die in der Vergangenheit beobachteten Renditeverteilungen der in das Portfolio aufzunehmenden Assets als repräsentativ für die Zukunft anzunehmen. Die eigentlich ex ante bezogenen Renditeverteilungen der Assets werden so durch ihre ex post Beobachtungen ersetzt. Der Erwartungswert des Nutzen wird dann mit Hilfe des Mittelwertes des ex post beobachteten Nutzen geschätzt. Mit diesen Ersetzungen lautet die Zielfunktion für die Portfoliooptimierung (vgl. auch näher PODDIG et al. (2009), S. 182) nach Formel 3.76:

$$ZF(\mathbf{w}) = E(U(r_p)) = \frac{1}{T}\sum_{t=1}^{T} U(\mathbf{w}^{\mathrm{T}}\mathbf{r_t}) \rightarrow max! \tag{3.76}$$

$\mathbf{w}$ Gesuchter Vektor der Portfoliogewichte

Der Vorteil einer Erwartungsnutzenoptimierung gegenüber einer gewöhnlichen Markowitz-Optimierung besteht darin, die gesamte Renditeverteilung und vollständige Nutzenfunktion der Investorin zu betrachten. Bei einer Standard-Markowitz-Optimierung werden dagegen nur die beiden ersten Momente der Renditeverteilung berücksichtigt. Nur bei Annahme normalverteilter Portfoliorenditen oder einer quadratischen Nutzenfunktion führen Erwartungsnutzenoptimierung und Standard-Markowitz-Optimierung zu demselben Ergebnis. Da oftmals weder normalverteilte Portfoliorenditen vorliegen, noch die Investorin eine quadratische Nutzenfunktion besitzt, kann eine Standard-Markowitz-Optimierung zu einem nicht nutzenoptimalen Ergebnis führen. Aus diesem Grund favorisieren jüngere Ansätze auch den Einbezug höherer Verteilungsmomente (Schiefe, Wölbung) in die Zielfunktion bei der Portfoliooptimierung, um eine bessere Annäherung an die nutzenoptimale Lösung zu erhalten. Die konsequenteste Vorgehensweise ist es aber, gleich eine Erwartungsnutzenoptimierung durchzuführen.

Das Programmlisting 3.22 zeigt die benutzerdefinierte Zielfunktion. Im Demoskript 3.23 wird `fminunc` zur Lösung des Optimierungsproblems aufgerufen. Am Ende des Demoskripts wird eine benutzerdefinierte Funktion `fNLfminunc` zur nichtlinearen Optimierung demonstriert, die näher in Kapitel 3.A.4 erläutert wird. Dies ist vorrangig für Anwender von Freemat wichtig, da Freemat über kein eigenständiges Optimierungspaket verfügt.[72]

Quellcode 3.22: Zielfunktion zur Erwartungsnutzenoptimierung, ohne Nebenbedingungen

```
Siehe Datei: fZfEUmax.m
```

Quellcode 3.23: Demoskript zur Erwartungsnutzenoptimierung, ohne Nebenbedingungen

```
Siehe Datei: bDemoErwartungsnutzen1.m
```

Gemessen am Zielfunktionswert ergibt sich unter Verwendung der benutzerdefinierten Funktion `fNLfminunc` ein etwas niedrigerer (besserer) Wert für die Minimierung der Zielfunktion durch `fNLfminunc` als bei `fminunc`, weshalb die Lösungen nicht identisch sind.[73] Ungeachtet der Ergebnisunterschiede zwischen den beiden Optimierungsfunktionen sind die Lösungen selber wenig plausibel. Der Grund könnte möglicherweise in der Nichtberücksichtigung der zentralen Nebenbedingung bei jeder Portfoliooptimierung liegen, nach der sich die Anteilsgewichte zu eins summieren müssen:

$$\sum_{i=1}^{N} w_i = 1 \tag{3.77}$$

Die Berücksichtigung von Nebenbedingungen ist aber bei `fminunc` grundsätzlich nicht vorgesehen. Die Nebenbedingung nach Formel 3.77 lässt sich allerdings sehr einfach beachten, ohne gleich auf die Verwendung eines Optimierers zurückgreifen zu müssen, der Nebenbedingungen handhaben kann. Die Formel 3.77 kann zu Formel 3.78 umgestellt werden:

$$w_N = 1 - \sum_{i=1}^{N-1} w_i \tag{3.78}$$

Da das N-te Anteilsgewicht durch die Nebenbedingung gebunden wird, reduziert sich das Optimierungsproblem von N auf $N-1$ freie, zu bestimmende Parameter. Der Vektor der Anteilsgewichte besteht zwar immer noch aus N Komponenten, jedoch sind nur noch $N-1$ davon

[72] Anwender von Freemat müssen zudem die Codeabschnitte auskommentieren, die zur Anwendung von `fminunc` gehören, da dies unter Freemat sonst zu einem Fehler führt.

[73] Bei der Erwartungsnutzenmaximierung handelt es sich zwar um ein Maximierungsproblem, jedoch behandeln die Matlab-Funktion `fminunc` und die benutzerdefinierte Funktion `fNLfminunc` nur Minimierungsprobleme. Dazu wird der Zielfunktionswert mit dem Faktor -1 multipliziert. Nach der Konvertierung in ein Minimierungsproblem bedeutet ein niedrigerer Zielfunktionswert eine bessere Lösung. Angemerkt sei, dass dieses Optimierungsproblem in Verbindung mit den hier benutzten Daten numerisch sehr instabil ist und daher die erhaltenen Lösungen unter Matlab, Octave und Freemat, auch in Abhängigkeit von Version und Betriebssystem, variieren können. Die erhaltenen Zielfunktionswerte im Optimum hängen ebenfalls von den gewählten Optionen des Optimierungsalgorithmus ab. Ein Rückschluss auf die Überlegenheit des einen oder anderen Algorithmus sollte aus diesem Fallbeispiel nicht gezogen werden.

frei wählbar. Der Vektor lautet damit: $\mathbf{w} = (w_1, w_2, .., w_{N-1}, 1 - \sum w_i)^T$. Durch dieses Vorgehen wird die Nebenbedingung implizit in die Zielfunktion integriert. Dies ist ein gängiges Vorgehen zur Nutzung allgemeiner nichtlinearer Optimierungsverfahren, wenn diese es nicht erlauben, Nebenbedingungen zu berücksichtigen.

Das Programmlisting 3.24 zeigt die modifizierte, benutzerdefinierte Zielfunktion, in welcher jetzt implizit die Nebenbedingung eingearbeitet wurde. Zu beachten ist jetzt, dass das Optimierungsproblem nicht mehr N, sondern nur noch $N-1$ freie Parameter (hier: Anteilsgewichte) besitzt. Im Demoskript 3.25 wird wiederum `fminunc` zur Lösung des Optimierungsproblems aufgerufen, wobei hier die Einarbeitung der Nebenbedingung in die Zielfunktion entsprechend zu berücksichtigen ist. Im Demoskript erfolgt weiterhin der Aufruf der benutzerdefinierten Optimierungsfunktion `fNLfminunc` zur nichtlinearen Optimierung, die näher in Kapitel 3.A.4 behandelt wird. Dies ist insbesondere für Anwender von Freemat wichtig, um die Fallstudie bearbeiten zu können.

Zum Lösungsvergleich mit der Originalquelle bei PODDIG et al. (2009) wird abschließend noch die Funktion `fmincon` zur nichtlinearen Optimierung unter Nebenbedingungen aufgerufen, die in Kapitel 3.4.3.1 behandelt wird.[74]

Quellcode 3.24: Zielfunktion zur Erwartungsnutzenoptimierung, mit Nebenbedingung

```
Siehe Datei: fZfEUmax2.m
```

Quellcode 3.25: Demoskript zur Erwartungsnutzenoptimierung, mit Nebenbedingung

```
Siehe Datei: bDemoErwartungsnutzen2.m
```

Die Durchführung der Optimierung ergibt auch nach Integration der zentralen Nebenbedingung eine wenig plausible Lösung. Das nutzenoptimale Portfolio besitzt danach extreme Anteilsgewichte, insbesondere auch sehr hohe Leerverkaufspositionen, die kaum eine Investorin akzeptieren

---

[74] Hier handelt es sich zwar um einen Vorgriff auf die folgenden Betrachtungen, jedoch ist die Lösung unter Berücksichtigung aller bei PODDIG et al. (2009), S. 184 f. benutzten Nebenbedingungen nahezu identisch zu jener der Vorlage. Die erheblichen Abweichungen der hier vorgestellten Lösungen sind also ursächlich in den nicht vollständig berücksichtigten Nebenbedingungen begründet. Zum Schluss des Demoskriptes wird noch die benutzerdefinierte Funktion `fNLfmincon` aufgerufen, welche ähnlich wie `fmincon` eine nichtlineare Optimierung mit Nebenbedingungen erlaubt. Die mit dieser Funktion erzielte Lösung ist im Rahmen der numerischen Ungenauigkeiten identisch zu jener von `fmincon`. Die Funktion `fNLfmincon`, welche auf zwei darunter liegende benutzerdefinierte Optimierungsfunktionen `fNLbarriermin` und `fNLlagrange` umleitet, wird näher in Kapitel 3.A.5 vorgestellt. Sie erlaubt es insbesondere Anwendern von Freemat, die optimale Lösung unter Nebenbedingungen zu bestimmen. Die im Kapitelanhang 3.A, Kapitel 3.A.5 vorgestellten Varianten der Optimierung mit Barrierefunktionen und erweiterten Lagrangefunktionen führen hier zu im Wesentlichen denselben Ergebnissen. Unter Octave ist die angepasste Version `bDemoErwartungsnutzen2_oct` zu verwenden, welche die Wrapper-Funktion `fmincon_oct` nutzt. Auch dies wird später ausführlich behandelt. Die Anwendung der benutzerdefinierten Optimierungsfunktion `fNLfmincon` führt unter Octave zu einem in Nachkommastellen abweichenden Ergebnis, welches nahezu identisch mit demjenigen des Solver aus Microsoft Excel ist. Dieses Beispiel zeigt, dass bei numerisch instabilen Optimierungsproblemen schon kleinste Unterschiede im Rechenkern der Systeme zu Variationen in Nachkommastellen bei identischem Programmcode führen können. Das Ergebnis numerischer Optimierungen ist also in solchen Fällen keinesfalls bis in die letzte Nachkommastelle genau. Übertriebene Anforderungen an die Genauigkeit sind dann unrealistisch und erhöhen nur unnötig den Rechenaufwand.

dürfte. Die benutzerdefinierte Optimierungsfunktion erzielt auch hier gemessen am Zielfunktionswert einen niedrigeren, besseren Wert im Minimum $2,0280e-06$ (Matlab) und ≈ 0 (eigene Funktion), jedoch führt dies zu noch extremeren, völlig unsinnigen Portfoliogewichten.[75] In der originären Fallstudie bei PODDIG et al. (2009) wird dieses Problem durch zusätzliche Berücksichtigung von Unter- und Obergrenzen für die Anteilsgewichte gelöst. Dieses Vorgehen ist aber mit `fminunc`, welche keine Nebenbedingungen handhaben kann, nicht möglich. Dazu wird die Funktion `fmincon` benötigt, welche in Kapitel 3.4.3.1 näher vorgestellt wird. Das Demoskript enthält aber am Ende bereits den Aufruf von `fmincon`, womit nahezu identische Ergebnisse zur Originalquelle erzielt werden.[76]

Offensichtlich ist eine Kontrolle der Anteilsgewichte bei einer Portfoliooptimierung sehr wichtig, um nicht völlig unplausible Ergebnisse zu erzielen, die zwar die Zielfunktion minimieren, aber inhaltlich keinen Sinn ergeben. Viele Anleger wünschen sich ein gut diversifiziertes Portfolio. Die intuitive Vorstellung von Diversifikation ist es dabei, möglichst gleichmäßig in allen vorhandenen Assets investiert zu sein. Unerwünscht sind nach dieser Vorstellung hohe Konzentrationen der Kapitalanlage in nur wenigen Assets. Die bislang erzielten Ergebnisse stehen extrem im Gegensatz zu dieser Intuition. Eine Diversifikation wird nach dieser Vorstellung hier nicht erzielt.

Als ein Maß der Diversifikation wird in der Literatur der Herfindahl-Index vorgeschlagen. Der Herfindahl-Index ist allgemein wie folgt definiert:

$$H = \sum_{i=1}^{N} a_i^2 \tag{3.79}$$

mit

$$a_i = \frac{x_i}{\sum_{j=1}^{N} x_j} \tag{3.80}$$

Dabei bezeichnet x_i diejenige Größe des i-ten Objektes, bezüglich dessen der Konzentrationsgrad gemessen werden soll. In der Ökonomie wird der Herfindahl-Index typischerweise verwendet, um den Monopolisierungsgrad eines Marktes zu messen. Die Größe x_i könnte in diesem Fall z.B. das Umsatzvolumen des i-ten Unternehmens im betrachteten Marktsegment sein, dessen Monopolisierungsgrad gemessen werden soll. Der Herfindahl-Index liegt zwischen: $\frac{1}{N} \leq H \leq 1$, wobei mit N die Anzahl der Objekte (z.B. Anzahl konkurrierender Unternehmen im betrachteten Marktsegment) bezeichnet wird.

Um die Konzentration eines Portfolios in den einzelnen Assets zu messen, ist offensichtlich $w_i = x_i$ zu setzen. Zu beachten ist ferner, dass in einem Portfolio definitionsgemäß immer $\sum w_i = 1$

---

75 Es sei noch einmal auf die numerische Instabilität dieses Optimierungsproblems hingewiesen. Beim Nacharbeiten können sich unter Matlab, Octave oder Freemat unterschiedliche Ergebnisse ergeben, auch in Abhängigkeit von der Programmversion und dem Betriebssystem.

76 Die numerische Instabilität ist in diesem Beispiel durch die Daten bedingt. Verwendet man beispielsweise die Daten der Fallstudie aus Kapitel 3.2.3, so ergibt sich eine plausible Lösung, welche auch bei Verwendung von Matlab, Octave oder Freemat in Verbindung mit den verschiedenen Optimierungsalgorithmen nur geringfügig schwankt. Die Verwendung der nichtlinearen Optimierung mit Nebenbedingungen, z.B. mit Hilfe von `fmincon` ist dann nicht notwendig. Das Demoskript sieht dieses Experiment bereits vor, indem einfach nur die Anweisung zum Einlesen der Daten abgeändert werden muss. Die Einsicht aus diesen beiden Beispielen ist, dass Optimierungsprobleme in Abhängigkeit von den benutzten Daten mehr oder weniger numerisch stabil sein können. Die tatsächliche Genauigkeit der Lösung hängt also von den Eigenschaften der benutzten Daten ab.

gilt. Ein naives Portfolio besitzt also einen Herfindahl-Index von $H = \frac{1}{N}$, ein vollständig in nur einem Asset konzentriertes Portfolio $H = 1$.

Der Herfindahl-Index kann im betrachteten Optimierungsproblem herangezogen werden, um die Anteilsgewichtekonzentration bei der Portfolioptimierung zu kontrollieren. Dazu wird die Zielfunktion nach Formel 3.76 zu Formel 3.81 erweitert.[77]

$$ZF(\mathbf{w}) = E(U(r_p)) = \frac{1}{T}\sum_{t=1}^{T} U(\mathbf{w}^{\mathrm{T}}\mathbf{r_t}) - \gamma \cdot H \rightarrow max! \tag{3.81}$$

Dabei ist γ ein investorspezifischer Gewichtungsfaktor, mit dem die Gewichtekonzentration „bestraft" wird. Die Intuition hinter der Erweiterung nach Formel 3.81 ist, dass eine Investorin grundsätzlich die Maximierung des Erwartungsnutzen anstrebt. Dabei soll aber die Diversifikation im Sinne der intuitiven Vorstellung möglichst gleichmäßiger Investition in alle zur Verfügung stehenden Assets gewahrt bleiben. Zunehmende Konzentration der Investition in einzelne Assets führt zu einem steigenden Herfindahl-Index. Der Herfindahl-Index wird dann mit dem Gewichtungsfaktor γ multipliziert, welcher die von der Investorin empfundene Bedeutung der Konzentration ausdrückt. Der gewichtete Herfindahl-Index wird dann vom Erwartungsnutzen abgezogen. Zunehmende Anteilsgewichtekonzentration führt dann bei gleichem Erwartungsnutzen zu einem abnehmenden Zielfunktionswert. Der Konzentrationsgrad der Anteilsgewichte wirkt also in der Zielfunktion als sog. „Strafterm". Ein steigender Erwartungsnutzen wird dann „bestraft", wenn dieser mit zunehmendem Konzentrationsgrad einhergeht. Das Ausmaß der „Bestrafung" für die Gewichtekonzentration steuert der Gewichtungsfaktor γ. Der Strafterm $\gamma \cdot H$ wird minimal für das naive Portfolio und immer größer für den Betrag nach zunehmende Anteilsgewichte. Damit erzwingt der Strafterm eine Orientierung am naiven Portfolio, welches als intuitives Referenzportfolio für „vollständige Diversifikation" wirkt. Daher gilt auch $\gamma \geq 0$. Je größer γ, desto ausgeprägter ist die Orientierung am naiven Portfolio. Für $\gamma = 0$ resultiert wieder der oben bereits vorgestellte Grenzfall der reinen Erwartungsnutzenoptimierung.

Das Programmlisting 3.26 zeigt die erweiterte, benutzerdefinierte Zielfunktion, welche die Berechnung der Zielfunktion nach Formel 3.81 umsetzt. Ferner ist dort die Budgetrestriktion als implizite Nebenbedingung ebenfalls eingearbeitet. Wie bei der zweiten Variante der Ewartungsnutzenoptimierung gilt auch hier, dass das Optimierungsproblem nicht mehr N, sondern nur noch $N-1$ freie Parameter (hier: Anteilsgewichte) besitzt. Im Demoskript 3.27 werden `fminunc` und die benutzerdefinierte Optimierungsfunktion `fNLfminunc` zur nichtlinearen Optimierung, die näher in Kapitel 3.A.4 behandelt wird, aufgerufen. Ein Vergleich mit `fmincon` ist hier nicht notwendig.

Quellcode 3.26: Zielfunktion zur Erwartungsnutzenoptimierung, mit Herfindahl-Index

```
Siehe Datei: fZfEUmax3.m
```

[77] In diesem Beispiel geht es darum, die Kontrolle der Zielfunktion, auch als *Regularisierung* bezeichnet, durch einen „Strafterm" bzw. „Kontrollterm" zu illustrieren, die insbesondere bei numerisch instabilen Optimierungsproblemen erforderlich ist. Die hier vorgenommene Regularisierung besitzt offensichtlich keine nutzentheoretische Begründung, um die es hier aber auch nicht geht. Sie stabilisiert dieses Optimierungsproblem nachhaltig. In praktischen Anwendungen wird dann die Frage wesentlich sein, welche Art der Regularisierung inhaltlich angemessen erscheint.

Quellcode 3.27: Demoskript zur Erwartungsnutzenoptimierung, mit Herfindahl-Index

```
Siehe Datei: bDemoErwartungsnutzen3.m
```

Die Tabelle 3.9 zeigt die Ergebnisse der Portfoliooptimierung für variierende Werte des Gewichtungsfaktors γ. Dabei wird in der Tabelle nicht zwischen den Lösungen von `fminunc` und `fNLfminunc` unterschieden, da diese stets identisch ausfallen. Es ist also unerheblich, ob mit der Matlab-eigenen oder der hier vorgestellten Optimierungsfunktion gearbeitet wird. Die Tabelle enthält im oberen Teil die aus der Optimierung resultierenden Assetgewichte, im unteren Teil die bei dieser Optimierung interessierenden Portfoliokennzahlen, nämlich den Erwartungsnutzen, den Herfindahl-Index sowie die resultierenden Zielfunktionswerte. In Übereinstimmung mit den oben genannten Formeln weist die Tabelle dabei die Werte für die Kennzahlen ohne Umkehrung des Vorzeichens aus. Ein höherer Zielfunktionswert ist besser als ein niedrigerer, es wird in der Tabelle von dem originären Maximierungsproblem ausgegangen.

	Gewicht			
Asset	$\gamma = 0,25$	$\gamma = 0,50$	$\gamma = 0,75$	$\gamma = 1,00$
A_EMU	0,1388	0,1313	0,1290	0,1279
A_UK	0,1251	0,1249	0,1249	0,1249
A_USA	0,1466	0,1346	0,1311	0,1294
A_Japan	-0,0084	0,0524	0,0751	0,0869
R_EMU	0,1530	0,1424	0,1375	0,1347
R_UK	0,1648	0,1482	0,1413	0,1376
R_USA	0,1445	0,1374	0,1340	0,1320
R_Japan	0,1357	0,1288	0,1272	0,1265
	Kennzahlen			
Erwartungsnutzen	-0,9415	-0,9465	-0,9485	-0,9496
Herfindahl-Index	0,1463	0,1314	0,1281	0,1268
Zielfunktionswert	-0,9781	-1,0122	-1.0446	-1,0764

Tabelle 3.9.: Ergebnisse zur Erwartungsnutzenoptimierung mit Herfindahl-Index.

Die Berücksichtigung des Konzentrationsgrads über den Herfindahl-Index kontrolliert sehr effektiv die Anteilsgewichte. Die Lösungen wirken durchweg intuitiv plausibel, völlig unsinnige Anteilsgewichtekonzentrationen treten nicht mehr auf. Die Portfoliostruktur erscheint ausgewogen. Sie reagiert überdies nur wenig sensitiv auf Variationen des Gewichtungsfaktors γ. Aus der Tabelle 3.9 wird anschaulich dessen Wirkung ersichtlich. Mit abnehmendem Gewichtungsfaktor γ verliert sich graduell die Kontrolle des Konzentrationsgrades. Erkennbar ist dies am steigendem Herfindahl-Index, verbunden mit zunehmendem Erwartungsnutzen. Bei abnehmendem Gewichtungsfaktor γ wird in der Optimierung der Erwartungsnutzen immer bedeutsamer, der aber nur zu Lasten eines zunehmenden Konzentrationsgrads gesteigert werden kann.

Insgesamt liefert die Erwartungsnutzenmaximierung mit Herfindahl-Index in dem hier betrachteten Beispiel intuitive, ausgewogene Portfoliostrukturen. Die Sinnhaftigkeit dieses Ansatzes kann unter theoretischen und praktischen Aspekten diskutiert werden. Theoretisch ist vor allem die fehlende nutzentheoretische Begründung zu kritisieren. Danach ist im Erwartungsnutzen allein das Nutzenkalkül der Investorin umfassend und vollständig abgebildet, eine zusätzliche Kontrolle durch den „Konzentrationsgrad“ ist unnötig und unbegründet. Unter praktischen Aspekten sind hier mindestens drei höchst problematische Spezifikationen vorzunehmen: (i) Wahl des geeigneten Typs der Nutzenfunktion, (ii) Wahl der geeigneten Parametrisierung der gewählten Nutzenfunktion, (iii) Wahl des geeigneten Gewichtungsfaktors γ. Keine dieser drei Spezifikationen dürfte in der praktischen Anwendung zweifelsfrei gelingen.

Insgesamt zeigt die Fallstudie zur Erwartungsnutzenoptimierung, wie die Anwendung der Funktion `fminunc` an einem praktisch orientierten Beispiel aus der Portfolioplanung vollzogen wird. Ebenfalls wird illustriert, wie einfache Nebenbedingungen in eine Optimierung integriert werden können, selbst wenn das Optimierungsverfahren an sich keine Handhabung von Nebenbedingungen vorsieht. Dies hat hohe praktische Relevanz, weil oftmals nichtlineare Optimierungsprobleme nur eine oder sehr wenige zusätzliche Nebenbedingung bzw. Nebenbedingungen besitzen und deshalb nicht gleich der Umstieg auf einen Optimierer mit der Fähigkeit zur Berücksichtigung von Nebenbedingungen erforderlich ist, die zumeist komplizierter anzusteuern sind. Auch dies ist leider bei `fmincon` der Fall. Daher ist bedarfsweise zu überlegen, Optimierungsprobleme der gerade vorgestellten Art eher mit `fminunc` als mit `fmincon` zu lösen.

3.4.3. Allgemeine nichtlineare Optimierung mit Nebenbedingungen

3.4.3.1. Formulierung eines nichtlinearen Optimierungsproblems mit Nebenbedingungen

Die Vorgehensweise bei der Formulierung eines allgemeinen nichtlinearen Optimierungsproblems mit Nebenbedingungen unterscheidet sich grundsätzlich nicht von den bisherigen Darstellungen. Im Wesentlichen müssen nur die bisherigen Betrachtungen miteinander kombiniert werden. Die Formulierung und Übergabe der Zielfunktion erfolgt analog zu den Betrachtungen bei `fminunc`, die der Nebenbedingungen ähnlich wie beim quadratischen Optimierungsproblem. Die Zielfunktion lautet wie bei `fminunc` nach Formel 3.82:

$$ZF(x_1,\ldots,x_N) \rightarrow min! \tag{3.82}$$

x_i i-ter zu optimierender Parameter, $i = 1,\ldots,N$ mit N = Anzahl freier Parameter

$\mathbf{x}$ Vektor der zu optimierenden Parameter, mit $\mathbf{x} = (x_1,\ldots,x_N)^{\mathrm{T}}$

Hinsichtlich der Nebenbedingungen gilt dasselbe wie beim quadratischen Optimierungsproblem. Zunächst können lineare Ungleichheitsrestriktionen sowie lineare Gleichheitsrestriktionen berücksichtigt werden, wie es in den Formeln 3.83, 3.84, 3.85 und 3.86 dargestellt ist:

$$\sum_{i=1}^{N} \gamma_{ij} x_i \leq b_j \text{ für alle } j = 1,\ldots,J+K \text{ Ungleichheitsrestriktionen} \tag{3.83}$$

$$\mathbf{Ax} \leq \mathbf{b} \text{ in Matrizennotation} \tag{3.84}$$

$$\sum_{i=1}^{N} \zeta_{il} x_i = d_l \text{ für alle } l = 1,\ldots,L \text{ Gleichheitsrestriktionen} \tag{3.85}$$

$$\mathbf{A_{eq}x} = \mathbf{b_{eq}} \text{ in Matrizennotation} \tag{3.86}$$

Wie bisher wird davon ausgegangen, dass die originären Größer-Gleich Nebenbedingungen bereits durch Multiplikation mit dem Faktor (-1) in dazu äquivalente Kleiner-Gleich Nebenbedingungen konvertiert und mit den originären Kleiner-Gleich Nebenbedingungen zu den insgesamt $J+K$ Ungleichheitsnebenbedingungen zusammengefasst wurden. Die Definitionen der Restriktionskoeffizientenmatrizen $\mathbf{A}$ und $\mathbf{A_{eq}}$ sowie Restriktionswertevektoren $\mathbf{b}$ und $\mathbf{b}_{eq}$ lauten wie bei den Darstellungen zur linearen und quadratischen Optimierung. Die zusätzliche Forderung nach der Nichtnegativität der Problemvariablen $x_i \geq 0$ für alle $i = 1,...,N$ Problemvariablen ist auch hier mitunter anzutreffen, kann aber in der dargestellten allgemeinen Form leicht berücksichtigt werden, weshalb diese hier nicht explizit ausgewiesen ist. Bei einem allgemeinen nichtlinearen Optimierungsproblem kann es ferner auch nichtlineare Nebenbedingungen geben, was bisher nicht berücksichtigt wurde. Es können also weitere Nebenbedingungen nach Formel 3.87 und 3.88 mit hinzutreten.

$$f_r(\mathbf{x}) \leq p_r,\ r = 1,...,R \text{ nichtlineare Ungleichheitsrestriktionen} \tag{3.87}$$

$$f_s(\mathbf{x}) = q_s,\ s = 1,...,S \text{ nichtlineare Gleichheitsrestriktionen} \tag{3.88}$$

Die Funktionen f_r und f_s können dabei beliebige, nichtlineare Funktionen sein, mit welchen die Einhaltung geforderter, nichtlinearer Restriktionen kontrolliert wird. Diese sind später, ebenso wie die Zielfunktion, als vom Anwender selbst geschriebene Funktionen dem Optimierungsalgorithmus mit zu übergeben.

Für die Lösung eines nichtlinearen Optimierungsproblems unter Berücksichtigung von Nebenbedingungen mit Hilfe von Matlab wird die in der Optimization Toolbox vorhandene Funktion `fmincon` verwendet. Die Anwendung von `fmincon` vollzieht sich im Wesentlichen wie von `fminunc`. Die von `fmincon` vorausgesetzte Struktur eines nichtlinearen Optimierungsproblems entspricht der gerade vorgestellten allgemeinen Beschreibung.

$$f(\mathbf{x}) \rightarrow min! \tag{3.89}$$

unter den Nebenbedingungen

$$\mathbf{A} \cdot \mathbf{x} \leq \mathbf{b} \tag{3.90}$$

$$\mathbf{A_{eq}} \cdot \mathbf{x} = \mathbf{b_{eq}} \tag{3.91}$$

$$\mathbf{lb} \leq \mathbf{x} \leq \mathbf{ub} \tag{3.92}$$

$$f_c(\mathbf{x}) = \mathbf{c} \leq 0 \tag{3.93}$$

$$f_{ceq}(\mathbf{x}) = \mathbf{c_{eq}} = 0 \tag{3.94}$$

$f_c(.)$ Funktion zur Kontrolle der nichtlinearen Ungleichheitsbedingungen, liefert einen Rx1 Vektor zurück mit den R Werten der nichtlinearen Ungleichheitsbedingungen

$f_{ceq}(.)$ Funktion zur Kontrolle der nichtlinearen Gleichheitsbedingungen, liefert einen Sx1 Vektor zurück mit den S Werten der nichtlinearen Gleichheitsbedingungen

Die von `fmincon` vorausgesetzte Struktur ist sehr ähnlich zu den bereits bekannten Darstellungen zu `linprog` oder `quadprog`. Zunächst ist wie bei `linprog` oder `quadprog` die komfortable Möglichkeit vorgesehen, Werteunter- und Werteobergrenzen in den Vektoren **lb** und **ub** angeben zu können, also nicht unbedingt den bereits bekannten, aber umständlichen Weg über **A** und **b** nehmen zu müssen. Alle anderen linearen Restriktionen (Gleichheit, Ungleichheit) werden in bekannter Weise in Matrizennotation abgebildet. Neu ist die potenzielle Berücksichtigung nichtlinearer Gleichheits- oder Ungleichheitsrestriktionen. Hierfür gibt es jedoch keine kompakte Darstellung in Matrizennotation, sondern hinter den Funktionen f_c und f_{ceq} verbirgt sich eine vom Anwender zu schreibende Matlab-Funktion. In der obigen Darstellung sind zum Zwecke der Verdeutlichung die beiden Funktionen f_c und f_{ceq} separat ausgewiesen. Bei der späteren, tatsächlichen Umsetzung in Matlab müssen beide in einer benutzerdefinierten Funktion zusammengefasst werden. Diese zu schreibende benutzerdefinierte Funktion liefert dann zwei Outputparameter (i.d.R Vektoren) zurück, nämlich die Rückgabewerte von f_c und f_{ceq}.

Beim Umgang mit `fmincon` sind typischerweise zwei Schwierigkeiten festzustellen: (i) Formulierung der Nebenbedingungen und (ii) Übergabe von Funktionen als Inputparameter von `fmincon`. Der erste Aspekt wurde bereits hinreichend im Zusammenhang mit `linprog` und `quadprog` abgearbeitet; hier ergeben sich keinerlei Abweichungen oder Neuerungen. Der zweite Punkt wurde im Zusammenhang mit der nichtlinearen Optimierung ohne Nebenbedingungen (`fminunc`) erläutert. Insofern müssen hier beide Betrachtungslinien nur noch zusammengeführt werden. Da diese bereits umfänglich dargestellt wurden, beschränken sich die folgenden Darstellungen nur noch auf die Kombination.

Dazu erläutern wir den Umgang mit `fmincon` anhand des bereits im Zusammenhang mit `fminunc` eingeführten Beispiels, welches jetzt durch zusätzlich zu berücksichtigende Nebenbedingungen ergänzt wird.

$$f(x) = -4x^2 + 4x - 2 \rightarrow max! \tag{3.95}$$

$$0 \leq x \leq 1 \tag{3.96}$$

Das Programmlisting 3.14 zeigt die benutzerdefinierte Zielfunktion, welche bereits oben bei `fminunc` vorgestellt wurde. Im Demoskript 3.28 wird `fmincon` mit `x = fmincon( @fZfDemoFmin1, x0, A, b, Aeq, beq, lb, ub)` aufgerufen. Als Lösung resultiert $x = 0,5$.[78] Da die beiden Nebenbedingungen in diesem Beispiel nicht bindend sind, erhalten wir hier dieselbe Lösung wie bei der Optimierung ohne Nebenbedingungen.

---

[78] Unter Octave ist die Variante `bDemoFmincon1_oct` zu verwenden. Die Anpassungen von Matlab-Funktionen, die mit `fmincon` arbeiten, sind deutlich aufwändiger, da es ein direktes oder sehr ähnliches Gegenstück zu dieser Funktion in Octave nicht gibt. Am ähnlichsten ist die Octave-Systemfunktion `sqp`, die jedoch andere Input- und Outputparameterlisten besitzt. Insbesondere werden dort die Nebenbedingungen in gänzlich anderer Form erwartet. Um die Anpassungen zu erleichtern, wird hier eine benutzerdefinierte Wrapper-Funktion `fmincon_oct` benutzt, welche Funktionsaufrufe der Matlab-Funktion `fmincon` auf die Octave-Systemfunktion `sqp` abbildet. Die hier bereitgestellte Wrapper-Funktion `fmincon_oct` kann allerdings nicht alle denkbaren Aufrufvarianten der originären Matlab-Funktion `fmincon` auf die Octave-Systemfunktion `sqp` abbilden. In besonders komplizierten Fällen muss die Anpassung manuell vorgenommen, d.h., die betreffende Funktion direkt an den Aufruf von `sqp` angepasst werden. Freemat besitzt überhaupt kein eigenes Optimierungspaket, auch nicht ähnlich leistungsfähige Funktionen wie die Octave-Systemfunktion `sqp`. Für Freemat wird eine Wrapper-Funktion `fmincon` benutzt, die auf die benutzerdefinierte Funktion `fNLfmincon` zur allgemeinen, nichtlinearen Optimierung mit Nebenbedingungen umleitet. Diese wird näher im Kapitelanhang 3.A vorgestellt. Die Verwendung zweier unterschiedlicher Wrapper-Funktionen begründet sich damit, unter Octave die leistungsfähige Optimierungsfunktion `sqp` nutzen zu können, während die

Quellcode 3.28: Erstes Demoskript zur Anwendung von fmincon

```
Siehe Datei: bDemoFmincon1.m
```

Wie im Zusammenhang mit `fminunc` erläutert, sind im Allgemeinen parametrisierte Zielfunktionen zu berücksichtigen. Die Zielfunktion lautet jetzt, wie schon oben bei `fminunc` dargestellt, nach Formel 3.71. Das Programmlisting 3.16 zeigt die parametrisierte Variante der Zielfunktion zur Durchführung dieser Optimierung.

Das Demoskript 3.29 zeigt den Aufruf von `fmincon` im Beispiel.[79]

Quellcode 3.29: Zweites Demoskript zur Anwendung von fmincon

```
Siehe Datei: bDemoFmincon2.m
```

Zu beachten ist bei dem Aufruf `fmincon(@fZfDemoFmin2, x0, A, b, Aeq, beq, lb, ub, [], [], dA, dB, dC)`, dass zunächst alle Parameter von `fmincon` vollständig angegeben sein müssen. Wie auch bei `fminunc` gilt hier: Soweit bestimmte, optionale Inputparameter von `fmincon` nicht benötigt werden oder nicht relevant sind, müssen diese vollständig mit leeren Matrizen `[]` besetzt werden.[80] Erst wenn alle Inputparameter von `fmincon` vollständig belegt wurden, dürfen die weiteren Parameter der benutzerdefinierten Zielfunktion folgen.

Wie bereits bei der Behandlung von `fminunc` ausgeführt, wird von der Verwendung dieser Variante im Allgemeinen abgeraten. Besser ist das Arbeiten mit einem *Anonymous-Function-Handle* (AFH). Der Aufruf von `fmincon` besitzt dann folgende Struktur:

```
x = fmincon(@(x)myfun(...,x,...),x0,A,b,Aeq,beq,lb,ub);
```

Das Programmlisting 3.18 zeigt die dritte Variante der benutzerdefinierten Zielfunktion (siehe oben). Der Aufruf von `fmincon` bei der zweiten Alternative zeigt das Demoskript 3.30.[81]

Quellcode 3.30: Demoskript zur Verwendung eines Anonymous-Function-Handle

benutzerdefinierte Optimierungsfunktion `fNLfmincon` nur als Behelf angesehen wird, wenn keine Alternativen zur Verfügung stehen. Umgekehrt kann aber unter Freemat nicht auf die Octave-Systemfunktion `sqp` umgeleitet werden. Auch Matlab kann nicht auf `sqp` umgeleitet werden, weshalb zwei Wrapper notwendig sind.

[79] Unter Octave ist die Variante `bDemoFmincon2_oct` zu verwenden. Für Freemat wird eine Wrapper-Funktion `fmincon` benutzt, die auf die benutzerdefinierte Funktion `fNLfmincon` zur allgemeinen, nichtlinearen Optimierung mit Nebenbedingungen umleitet. Diese wird näher im Kapitelanhang 3.A vorgestellt. Die Wrapper-Funktion `fmincon` funktioniert unter Freemat nur mit Anonymous-Function-Handle. Das unter Octave mögliche Vorgehen in der Wrapper-Funktion `fmincon_oct` zur Konvertierung dieses Funktionsaufrufs in einen Anonymous-Function-Handle, welches auch unter Matlab funktioniert, führt in Freemat zu einem Fehler. Dies ist allerdings keine praktisch relevante Einschränkung, da grundsätzlich immer mit Anonymous-Function-Handle gearbeitet werden sollte und diese Aufrufvariante nicht empfehlenswert ist.

[80] Die Funktion `fmincon` besitzt noch zwei weitere optionale Parameter, nämlich `nonlcon` und `options` für die Funktion zur Kontrolle der nichtlinearen Nebenbedingungen und die Optionen für den Optimierungsalgorithmus, die aber erst weiter unten gesondert behandelt werden sollen. Um diese formal zu belegen, werden hier leere Matrizen übergeben.

[81] Unter Octave ist die Variante `bDemoFmincon3_oct` zu verwenden. Für Freemat wird eine Wrapper-Funktion `fmincon` benutzt, die auf die benutzerdefinierte Funktion `fNLfmincon` zur allgemeinen, nichtlinearen Optimierung mit Nebenbedingungen umleitet. Diese wird näher im Kapitelanhang 3.A vorgestellt. Diese Variante funktioniert auch unter Freemat im Gegensatz zur vorgehenden Variante, die nicht empfehlenswert ist.

```
Siehe Datei: bDemoFmincon3.m
```

Diese Variante ist nach Möglichkeit immer zu verwenden. Wie auch bei `fminunc` kann die Geschwindigkeit von `fmincon` erheblich gesteigert werden, wenn der Gradient der Zielfunktion von der benutzerdefinierten Zielfunktion mitberechnet wird. Das Programmlisting 3.20 (siehe oben) zeigt die vierte Variante der Zielfunktion, welche den Gradienten mit zurückliefert. Das Demo-Skript 3.31 zeigt die Verwendung der Gradienteninformation.[82] Dazu sind die Optionen von `fmincon` entsprechend zu setzen, wofür es eine spezielle Funktion `optimset` gibt.

Quellcode 3.31: Demoskript zur Nutzung der Gradienteninformation

```
Siehe Datei: bDemoFmincon4.m
```

Die Einstellung der Optionen wurde bereits in Kapitel 3.4.2.1 behandelt. Der letzte wichtige Aspekt beim Umgang mit `fmincon` ist die Kontrolle nichtlinearer Nebenbedingungen, was ebenfalls an diesem sehr einfachen Beispiel demonstriert wird. Dazu sei angenommen, es gelte die zusätzliche, nichtlineare Nebenbedingung nach Formel 3.97.

$$\alpha \cdot x^2 \leq \beta \tag{3.97}$$

oder äquivalent:

$$\alpha \cdot x^2 - \beta \leq 0 \tag{3.98}$$

α, β Parameter der nichtlinearen Nebenbedingung

Zur Kontrolle der nichtlinearen Nebenbedingung ist vom Anwender eine weitere, benutzerdefinierte Funktion zu schreiben. Diese wird analog zur Zielfunktion gehandhabt, berechnet jedoch nicht den Wert der Zielfunktion und des Gradienten, sondern den Wert der linken Seite von Formel 3.98 (bzw. die Werte aller linken Seiten, wenn mehrere nichtlineare Gleichheits- und Ungleichheitsrestriktionen bestehen). Das Programmlisting 3.32 zeigt die Funktion zur Kontrolle der nichtlinearen Nebenbedingung.

Quellcode 3.32: Funktion zur Kontrolle der nichtlinearen Nebenbedingung

```
Siehe Datei: fNONLCONdemo5.m
```

---

[82] Unter Octave ist die Variante `bDemoFmincon4_oct` zu verwenden. Hier wird die Nutzung der Gradientenfunktion nicht über das Setzen des Inputparameters `options` gesteuert. Stattdessen prüft die Wrapper-Funktion selber, ob die Zielfunktion zwei Outputparameter zurückliefert. Ist dies der Fall, wird angenommen, dass der erste Outputparameter der Zielfunktionswert, der zweite der Gradient ist. Da die Octave-Systemfunktion `sqp` aber die Übergabe von Zielfunktion und Funktion zur Berechnung des Gradienten in gänzlich anderer Weise als in Matlab erwartet, muss der Wrapper zeitaufwändig durch zweimaligen Aufruf der Zielfunktion den Zielfunktionswert vom Gradienten abtrennen. Die Nutzung des Wrappers ist damit zwar bequem, aber ineffizient. Wenn unter Octave gearbeitet wird, sollte bei zeitaufwändigen Berechnungen von Zielfunktionswert und Gradienten nicht der Wrapper benutzt werden. Für Freemat wird eine Wrapper-Funktion `fmincon` benutzt, die auf die benutzerdefinierte Funktion `fNLfmincon` zur allgemeinen, nichtlinearen Optimierung mit Nebenbedingungen umleitet. Diese wird näher im Kapitelanhang 3.A vorgestellt. Da die benutzerdefinierte Funktion `fNLfmincon` immer mit Gradientenapproximation arbeitet, ist die Berechnung des Gradienten in Verbindung mit `fNLfmincon` nutzlos. Dementsprechend ist diese Variante unter Freemat zwar lauffähig, führt aber niemals zu einer Geschwindigkeitssteigerung.

Die Aufgabe der vom Anwender zur Kontrolle der nichtlinearen Nebenbedingungen geschriebenen Funktion ist es lediglich, die Werte der linken Seiten der Nebenbedingungen auszurechnen. Die Prüfung, ob diese linken Seiten dann kleiner, gleich oder größer als die rechten Seiten (null) sind, obliegt der Funktion `fmincon`. Ihr interner Algorithmus entscheidet dann, wie bei einer Verletzung zu verfahren ist.[83]

Das Demoskript 3.33 zeigt den Aufruf von `fmincon`, wenn zusätzlich nichtlineare Nebenbedingungen zu kontrollieren sind.[84] Offensichtlich unterscheidet sich die Übergabe von `nonlcon` (Funktion, welche die nichtlinearen Nebenbedingungen kontrolliert, im Demoskript 3.33 also `fNONLCONdemo5`) in keinster Weise hinsichtlich der Handhabung von der Zielfunktion. Die Übergabe erfolgt auch hier in Form eines Anonymous-Function-Handle, womit ein weiterer Vorteil deutlich wird. In der ersten Variante der Übergabe von Funktionen als Inputparameter einer Funktion wäre es gar nicht möglich, gleichzeitig Zielfunktion und die Funktion zur Kontrolle der nichtlinearen Nebenbedingungen mit zusätzlichen Parametern aufzurufen. Spätestens hier ist die zweite Variante über AFH unverzichtbar.

Quellcode 3.33: Demoskript zur Verwendung nichtlinearer Nebenbedingungen in fmincon

```
Siehe Datei: bDemoFmincon5.m
```

Damit sind alle grundlegenden Operationen zur Anwendung von `fmincon` an einem sehr einfachen Beispiel vollständig vorgestellt worden. Im nächsten Kapitel soll ein weiteres, praktisch relevantes Optimierungsproblem aus dem CF betrachtet werden.

3.4.3.2. Index-Tracking mit Regression unter Nebenbedingungen

Ein erstes interessantes, aber immer noch einfaches Anwendungsbeispiel für eine allgemeine nichtlineare Optimierung stellt das Index-Tracking mit Hilfe einer Regression unter Nebenbedingungen dar.[85] Das Index-Tracking selbst wurde bereits im Zusammenhang mit der linearen und quadratischen Optimierung angesprochen, womit bereits zwei Methoden zur Konstruktion eines Tracking-Portfolios bekannt sind. Beide beruhen auf speziellen Konstruktionen. Bei der

[83] Die Genauigkeit der Einhaltung der geforderten Nebenbedingungen kann durch Setzen der entsprechenden Option bestimmt werden. Die gefundene Lösung darf also innerhalb des zulässigen Toleranzbereichs die Einhaltung der Nebenbedingungen verletzen.

[84] Unter Octave ist die Variante `bDemoFmincon5_oct` zu verwenden. Auch hier muss die Wrapper-Funktion die Matlab-Aufrufkonvention von `fmincon` umständlich und zeitaufwändig auf die Octave-Systemfunktion `sqp` umsetzen. Sofern die Berechnung von Zielfunktion und nichtlinearen Nebenbedingungen sehr viel Zeit kostet, sollte der Wrapper nicht benutzt und `sqp` direkt aufgerufen werden. Dazu sind aber größere Anpassungen in den Funktionen erforderlich, die hier nicht interessieren. Für Freemat wird eine Wrapper-Funktion `fmincon` benutzt, die auf die benutzerdefinierte Funktion `fNLfmincon` zur allgemeinen, nichtlinearen Optimierung mit Nebenbedingungen umleitet. Diese wird näher im Kapitelanhang 3.A vorgestellt. Beim Testen dieser Funktion unter Freemat Version 4.2 stellte sich heraus, dass offensichtlich ein Fehler im Freemat-Programmsystem ist. Obwohl laut Dokumentation beim Arbeiten mit Anonymous-Function-Handles die referenzierte Funktion mehr als einen Outputparameter haben darf, wird tatsächlich nur der erste Outputparameter zurückgeliefert und alle weiteren nicht. Erzwingt man unter Matlab die Umleitung auf `fNLfmincon`, läuft diese Demo einwandfrei. Anwender von Freemat müssen daher eine korrigierte Version von Freemat abwarten, bevor dieses Beispiel dort nachgearbeitet werden kann.

[85] Die Regressionsanalyse wird näher in Kapitel 4.2 vorgestellt. Hier interessiert lediglich die Namensgebung, für die weitere Betrachtung ist die Kenntnis der Regressionsanalyse selber irrelevant.

linearen Optimierung wird der absolute negative Abweichungsfehler des Tracking-Portfolios gegenüber dem Target-Portfolio minimiert. Dabei kann dieser Ansatz auch erweitert werden, indem die gesamte Summe der absoluten Renditeabweichungen zwischen Tracking- und Target-Portfolio betrachtet wird. Beim Index-Tracking nach Markowitz (quadratische Optimierung) wird die Varianz der Renditeabweichungen zwischen Tracking- und Target-Portfolio minimiert. Wie ausgeführt, wird dort der mittlere quadratische Fehler zwischen den Renditen des Tracking- und Target-Portfolios nur dann minimiert, wenn die mittlere Renditeabweichung (auch *Bonus-Return* genannt) genau null ist. Ist dies nicht der Fall, kann trotz minimaler Varianz der Renditeabweichungen dennoch ein ausgeprägter mittlerer Lagefehler zwischen den Renditen von Tracking- und Target-Portfolio bestehen. Damit haben beide bereits bekannten Methoden gewisse Vorzüge, aber auch Einschränkungen. Als dritte Alternative erlaubt es die Regression unter Nebenbedingungen insbesondere die Einschränkungen beim Index-Tracking nach Markowitz zu überwinden. Im Grunde sind beide Verfahren sehr ähnlich und führen zu demselben Ergebnis, wenn beim Index-Tracking nach Markowitz die mittlere Renditedifferenz zwischen Tracking- und Target-Portfolio über eine explizite Nebenbedingung kontrolliert wird. Bei der vorzustellenden dritten Alternative geschieht dies aber bereits implizit. Der Name der Methode (*Regression unter Nebenbedingungen*) resultiert aus der engen methodischen Anlehnung an das Vorgehen, welches bei der Regressionsanalyse im Rahmen der Datenanalyse angewendet wird. Daraus resultiert auch alternativ die Bezeichnung *Methoden der Datenanalyse* für dieses Index-Tracking Vorgehen. Die Idee ist dabei sehr intuitiv. Definiert man den Abweichungsfehler zwischen den Renditen von Target- und Tracking-Portfolio nach Formel 3.99, so ist es naheliegend, das optimale Tracking-Portfolio dergestalt zu bestimmen, dass der mittlere quadrierte Abweichungsfehler minimal wird; siehe Zielfunktion nach Formel 3.100:[86]

$$u_t = r_t^B - r_t^P \tag{3.99}$$

$$ZF(w_1, \ldots, w_N) = \frac{1}{T}\sum_{t=1}^{T} u_t^2 \to min! \tag{3.100}$$

r_t^B Rendite des Target-Portfolios B (i.d.R. Benchmarkportfolio) zum Zeitpunkt t

r_t^P Rendite des Tracking-Portfolios P zum Zeitpunkt t, dabei gilt $r_t^P = \mathbf{w}^T \mathbf{r}_t$ mit $\mathbf{w}^T = (w_1, \ldots, w_N)$ Vektor der Anteilsgewichte $w_i, i = 1, \ldots, N$ der N Assets im Tracking-Portfolio und $\mathbf{r}_t = (r_{1t}, \ldots, r_{Nt})^T$ Vektor der Assetrenditen r_{it}.

Auch hier handelt es sich streng genommen um ein ex ante bezogenes Planungsproblem. Insofern geht es darum, den zukünftigen mittleren Abweichungsfehler zwischen den Renditen des Target- und des Tracking-Portfolios zu minimieren. Da die Zukunft aber unbekannt ist, muss auf Schätzungen zurückgegriffen werden. Eine einfache Annahme besteht darin, die in der Vergangenheit beobachteten Renditen von Target- Portfolio und Assetrenditen als repräsentativ

[86] Vgl. näher zu diesem Modell PODDIG et al. (2009), S. 266 ff. Um die inhaltliche Nähe zur Regressionsanalyse herzustellen, wird bei der Definition des Tracking-Errors u_t die Renditedifferenz zwischen Target- und Tracking-Portfolio (und nicht umgekehrt zwischen Tracking- und Target-Portfolio wie bisher) betrachtet. Wegen der anschließenden Quadrierung der Renditedifferenzen ist dies völlig unerheblich. Die Definition des Tracking-Errors u_t als $r_t^B - r_t^P$ bzw. $r_t^P - r_t^B$ hat primär konzeptionelle Gründe, ist aber für den weiteren Gang der Betrachtungen ohne Folgen.

für die zukünftig zu erwartenden anzusehen. Unter dieser Voraussetzung ist die ex post basierte Schätzung des optimalen Tracking-Portfolios eine Approximation des zukünftig optimalen Tracking-Portfolios. Diese grundlegende Annahme sei im Folgenden vorausgesetzt, weshalb nur noch die reine ex post basierte Optimierung des Tracking-Portfolios betrachtet wird. Ob zukünftig das so bestimmte Tracking-Portfolio ein gutes Tracking-Portfolio für das Target-Portfolio sein wird, hängt von der Gültigkeit der gesetzten Annahme ab.[87]

Bei der Bestimmung des Tracking-Portfolios sind verschiedene Nebenbedingungen zu beachten. Dabei ist die Budgetrestriktion nach Formel 3.101 zwingend, die Restriktionen hinsichtlich der Gewichteunter- und Gewichteobergrenzen fakultativ (siehe Formeln 3.102 und 3.103), aber in der Praxis üblich. Insbesondere werden Leerverkaufspositionen in einem Tracking-Portfolio in aller Regel vermieden, sodass auf jeden Fall regelhaft die Nichtnegativitätsbedingung für die Assetgewichte gilt, soweit dies nicht bereits durch die Nebenbedingung für die Gewichteuntergrenzen berücksichtigt ist.[88]

$$\sum_{i=1}^{N} w_i = 1 \tag{3.101}$$

$$w_i \geq w_i^{min} (\geq 0) \tag{3.102}$$

$$w_i \leq w_i^{max} (\leq 1) \tag{3.103}$$

Die Zielfunktion bei der Optimierung ist dieselbe wie bei einer Regressionsanalyse,[89] wobei jedoch die Nebenbedingungen nach Formel 3.101 bis 3.103 zu beachten sind; hieraus resultiert die Namensgebung für die Methode. Das Programmlisting 3.34 zeigt die Umsetzung der Zielfunktion in Matlab, die später bei Verwendung der Funktion `fmincon` zu übergeben ist.

Quellcode 3.34: Zielfunktion für Index-Tracking mit Regression unter Nebenbedingungen

```
Siehe Datei: fIndTrackMeanSSR.m
```

Bei der Definition bzw. Umsetzung der Zielfunktion in Matlab ist es hilfreich zu bedenken, dass der Matlab Optimierer `fmincon` systematisch verschiedene Gewichtevektoren „ausprobieren“ wird. Die benutzerdefinierte Zielfunktion `fIndTrackMeanSSR` hat also nur die Aufgabe, dem Optimierer den Zielfunktionswert für denjenigen Gewichtevektor **w** zurückzuliefern, der gerade generiert wurde. Wie dieser vom Optimierer gewählt wurde, ist erst einmal nicht interessant. Die Funktion `fIndTrackMeanSSR` nimmt als Inputparameter den aktuell gewählten Gewichtevektor `vW` entgegen. Zusammen mit der Matrix der beobachteten Assetrenditen `mAssetRet` wird in einem ersten Schritt der Vektor der Renditen des Tracking-Portfolios `vTrackRet` berechnet.

[87] Poddig et al. (2009), S. 277 ff. illustrieren im Rahmen einer Fallstudie, dass deutliche Schätzfehler resultieren können. Danach besitzt das ex post optimale Tracking-Portfolio bei der späteren Implementation, also in einem zukünftigen Zeitraum, deutlich höhere Abweichungsfehler, als nach der ex post Schätzung zu erwarten gewesen wären. Dieser Umstand soll hier aber nicht weiter betrachtet werden.

[88] Die Obergrenze von 1 in Formel 3.103 ist unnötig, wenn die Nichtnegativitätsbedingung nach Formel 3.102 gilt.

[89] Die Regressionsanalyse wird näher in Kapitel 4.2 vorgestellt. Bei Interesse kann die vorgestellte Zielfunktion mit derjenigen der Regressionsanalyse verglichen werden. Für die hier angestellten Betrachtungen ist aber die Kenntnis der Regressionsanalyse selber irrelevant.

Dieser wird dann von dem Vektor der beobachteten Renditen des Index (Benchmark) abgezogen. Es ergibt sich der Vektor der Renditedifferenzen `vDeltaRet`. Gemäß Formel 3.100 sind die Differenzen der Renditen zu quadrieren und aufzusummieren[90] und durch die Anzahl der Beobachtungen zu teilen. Das Programmlisting 3.35 zeigt die Funktion `fIndTrackReg`, welches das gesamte Optimierungsproblem mit Hilfe von `fmincon` umsetzt.[91]

Quellcode 3.35: Funktion zum Index-Tracking mit Regression unter Nebenbedingungen

```
Siehe Datei: fIndTrackReg.m
```

Der Aufruf von `fmincon` benutzt die Variante mit Anonymous-Function-Handle. Die Funktion setzt ferner zwei Optionen. Mit `'Display', 'off'` wird die Anzeige von Statusmeldungen des Optimierers auf der Konsole abgeschaltet. Die Option `'algorithm', 'sqp'` wählt den Optimierungsalgorithmus aus. Ferner benötigt `fmincon` einen Startpunkt für die Suche im Parameterraum (hier: Assetgewichte). Dieser kann willkürlich gewählt oder zufällig generiert werden. Die einfachste Variante ist es, das naive Portfolio (gleichgewichtetes Portfolio aller Assets) zu wählen.

Das Demoskript 3.36 zeigt die Anwendung dieser Funktion in der bisher betrachteten Fallstudie zum Index-Tracking.[92] Die Fallstudie sowie die benutzten Daten wurden in Kapitel 3.2.3 kurz vorgestellt. Es soll ein Tracking-Portfolio, bestehend aus acht Einzelaktien konstruiert werden, um damit die Renditeentwicklung eines Benchmarkportfolios nachzubilden. Dafür steht ein Zeitraum mit 110 Beobachtungen von Kurs- bzw. Indexständen zur Verfügung. Bei den hier verwendeten Daten kann als Orientierung für das „wahre", optimale Anteilsgewicht im Tracking-Portfolio der Wert 0,1250 dienen, da die Konstruktion des Target-Portfolios bekannt ist.

Quellcode 3.36: Demoskript zum Index-Tracking mit Regression unter Nebenbedingungen

```
Siehe Datei: bDemoIndexTrackingRegression.m
```

Die Beobachtungsdaten werden vom Demoskript eingelesen und in diskrete Renditen umgerechnet. Um den Einfluss einer variierenden Länge des Schätzzeitraums für die Bestimmung des Tracking-Portfolios zu illustrieren, werden zum einen die ersten 55 Renditebeobachtungen als Schätzzeitraum für die Bestimmung des optimalen Tracking-Portfolios herangezogen, zum anderen der gesamte Beobachtungszeitraum.[93] Die Durchführung der Optimierung ergibt das in Tabelle 3.10 dargestellte Ergebnis. Die Tabelle zeigt in der Gegenüberstellung die Ergebnisse für 55 und 109 (Rendite-) Beobachtungen. Die Ergebnisse der letzten Spalte werden später näher erläutert.

---

90 Eine elegante Berechnung, um die Elemente eines Vektors zu quadrieren und aufzusummieren, ist die Matrizenoperation $\mathbf{x}^T\mathbf{x}$ mit $\mathbf{x} = (x_1, ..., x_N)^T$, welche in der Funktion genutzt wird.

91 Unter Octave ist die Variante `fIndTrackReg_oct` zu verwenden. Diese verwendet die Octave-Systemfunktion `sqp` als Optimierer, welcher indirekt über die Wrapper-Funktion `fmincon_oct` angesteuert wird.

92 Unter Octave ist die Variante `bDemoIndexTrackingRegression_oct` zu verwenden. Für Freemat wird eine Wrapper-Funktion `fmincon` benutzt, die auf die benutzerdefinierte Funktion `fNLfmincon` zur allgemeinen, nichtlinearen Optimierung mit Nebenbedingungen umleitet. Diese wird näher im Kapitelanhang 3.A vorgestellt.

93 Zur Originalfallstudie vgl. auch PODDIG et al. (2009) , S. 283 ff. Dort werden andere Daten gegenüber den hier verwendeten benutzt.

	Gewicht		
Asset	55 Beobachtungen	109 Beobachtungen	asym. Optimierung
Total Fina Elf	0,1577	0,1466	0,1379
BCO Santander	0,1677	0,1518	0,1560
Telecom Italia	0,1183	0,1177	0,1405
SIEMENS	0,1680	0,1268	0,1194
Ass. Generali	0,1432	0,1432	0,1159
E.ON	0,0500	0,0500	0,0500
Sanofi	0,1177	0,1372	0,1568
Danone	0,0774	0,1267	0,1235
	Kennzahlen		
Mittlerer Fehler	4,1599e-05	5,9199e-05	3,1095e-05
Fehlersumme	0,0023	0,0065	0,0034

Tabelle 3.10.: Ergebnisse zum Index-Tracking mit Regression unter Nebenbedingungen. Die Optimierung wurde einmal auf den ersten 55 Beobachtungen, einmal auf 109 Beobachtungen durchgeführt, um den Einfluss eines variierenden Schätzzeitraums zu illustrieren.

Allerdings können die Ergebnisse in Abhängigkeit von der Wahl des Optimierungsalgorithmus schwanken. Wird in der Fallstudie z.B. die Option `'algorithm', 'active-set'` gewählt, können sich Abweichungen ergeben. Diese sind in der grundsätzlichen Arbeitsweise der Optimierungsalgorithmen begründet, die nach verschiedenen Verfahren iterativ die optimale Lösung annähern. Das schlussendliche Ergebnis ist damit insbesondere vom Suchverlauf und Abbruchverhalten des Optimierungsalgorithmus abhängig, woraus sich Unterschiede in den Lösungen ergeben. Unter praktischen Aspekten besitzen diese Ergebnisunterschiede bei realistischer Betrachtung keine Bedeutung. Zum einen kann ein Tracking-Portfolio selten mit der numerischen Präzision der ausgewiesenen Lösung in der Praxis implementiert (also am Markt gekauft) werden. Aber selbst wenn dies bis in der fünften Nachkommastelle genau gelingt, so handelt es sich hier nur um eine ex post basierte Schätzung für das eigentlich gesuchte ex ante optimale Tracking-Portfolio. Der dabei entstehende Schätzfehler ist um Größenordnungen höher als derjenige aufgrund numerischer Ungenauigkeiten des Optimierers. Insofern ist die konkrete Wahl des Optimierungsalgorithmus in dem hier (und im Folgenden) betrachteten Problem unbedeutend. Die Wahl von `sqp` beruht auf (unseren eigenen) praktischen Erfahrungen, wonach dieser bei Portfoliooptimierungen regelhaft zuverlässig arbeitet und „vernünftige" Lösungen produziert. Für andere Optimierungsprobleme können dagegen andere Algorithmen geeigneter sein; der Standard-Algorithmus in `fmincon` ist `'trust-region-reflective'`, auch `'interior-point'` liefert erfahrungsgemäß regelhaft gute Ergebnisse (zu setzen mit `'algorithm','trust-region-reflective'` oder `'algorithm','interior-point'`).

Für den Umgang mit `fmincon` ist es illustrativ, zwei Erweiterungen bzw. Abwandlungen dieses Beispiels zu betrachten. Die erste Erweiterung nutzt die Möglichkeit, den Gradienten bei der Berechnung der Zielfunktion mit zurückliefern zu können, womit sich gerade bei großen Optimierungsproblemen die Geschwindigkeit erheblich steigern lässt. Im hier betrachteten Optimierungsproblem berechnet sich der Gradient nach Formel 3.104:[94]

$$\frac{\partial ZF(w_1,\ldots,w_N)}{\partial w_i} = \frac{1}{T}\sum_{t=1}^{T} -2(r_t^B - r_t^P)r_{it} \tag{3.104}$$

Das Programmlisting 3.37 zeigt die modifizierte Zielfunktion, welche jetzt den Gradienten gemäß Formel 3.104 mit berechnet.

Quellcode 3.37: Zielfunktion für Index-Tracking mit Regression unter Nebenbedingungen mit Gradientenberechnung

```
Siehe Datei: fIndTrackMeanSSRgrad.m
```

Um diese Zielfunktion und die Gradienteninformation zu nutzen, sind in der Funktion `fIndTrackReg` nur marginale Anpassungen notwendig, die durch das leicht modifizierte Programmlisting 3.38 angezeigt werden.[95] Zunächst sollten bei den Optimierungsoptionen die Optionen `'GradObj','on','DerivativeCheck','on'` gesetzt werden. Erstere schaltet die Nutzung der Gradienteninformation ein, die zweite Option dient zur Sicherheit, mit welcher der berechnete Gradient nochmals durch eine finite Differenzenapproximation überprüft wird. In `fmincon` selber ist dann die modifizierte Zielfunktion mit Gradientenberechnung aufzurufen. Eine Änderung der Ergebnisse in der Fallstudie ergibt sich hierdurch nicht.

Quellcode 3.38: Funktion zum Index-Tracking mit Regression unter Nebenbedingung mit Gradientenberechnung

```
Siehe Datei: fIndTrackRegGrad.m
```

Die Berechnung des Gradienten kann bei größeren Optimierungsproblemen die Konvergenzgeschwindigkeit des Optimierungsalgorithmus deutlich steigern. In der hier betrachteten kleinen Fallstudie ist der Unterschied überhaupt nicht bemerkbar; die finite Differenzenapproximation, die `fmincon` ansonsten benutzt, ist ausreichend schnell. Im Allgemeinen kann es mehr oder weniger schwierig sein, den Gradienten für eine Zielfunktion zu berechnen. Als generelle Empfehlungen lässt sich unter pragmatischen Aspekten folgende Vorgehensweise empfehlen: (i) Ist das Optimierungsproblem einfach und wenig komplex, braucht diese nicht berücksichtigt zu werden. (ii) Bei größeren, komplexeren Problem sollte zunächst die Optimierung ohne explizite Gradientenberechnung ausprobiert werden, soweit diese nicht offensichtlich ist. (iii) Falls die Optimierung inakzeptabel lange dauert, kann versucht werden, die Gradientenberechnung herzuleiten.

Die zweite Abwandlung betrifft die Zielfunktion. In der vorgestellten, üblichen Form werden bei der Optimierung des Tracking-Portfolios positive und negative Renditeabweichungen gleichermaßen behandelt. Deren gemeinsame mittlere quadratische Abweichung wird minimiert.

---

[94] Die Formel kann durch Nachrechnen verifiziert werden. Eine Herleitung dafür, jedoch in einem anderen Kontext, kann bei PODDIG (1999), S. 286 ff. nachgeschlagen werden; vgl. dort insbesondere Formel (21).

[95] Unter Octave ist die Variante `fIndTrackRegGrad_oct` zu verwenden. Die im Folgenden besprochenen Optionen stehen in der Octave-Variante nicht zur Verfügung (Überprüfung des Gradienten) bzw. sind dort unnötig (Nutzung der Gradienteninformationen, dies geschieht dort automatisch).

Dies ist sinnvoll, wenn es auf ein exaktes Tracking des Target-Portfolios ankommt, etwa beim Hedging oder Arbitragestrategien. Wird dagegen Index-Tracking als passives Anlagemanagement betrieben, so sollten Überschreitungen der Rendite des Tracking-Portfolios gegenüber dem Target-Portfolio nicht stören. Unterschreitungen sind dagegen zu vermeiden, also zu minimieren. Dieser Ansatz ist bereits im Zusammenhang mit der linearen Optimierung besprochen worden, lässt sich hier aber in seinem Grundgedanken in analoger Weise umsetzen. Dazu wird die Zielfunktion nach Formel 3.106 abgewandelt.

$$u_t^{under} = \begin{cases} r_t^B - r_t^P & \text{wenn } r_t^B > r_t^P \\ 0 & \text{sonst} \end{cases} \tag{3.105}$$

$$ZF(w_1, ..., w_N) = \frac{1}{T} \sum_{t=1}^{T} (u_t^{under})^2 \rightarrow min! \tag{3.106}$$

u_t^{under} Asymmetrischer Abweichungsfehler des Tracking-Portfolios gegenüber dem Benchmarkportfolio („underperformance“) zum Zeitpunkt t

In Analogie zu den Risikomaßen wird bei dieser Zielfunktion eine Art „relatives Lower Partial Moment“ zweiter Ordnung minimiert, also die gemittelten quadrierten Unterschreitungen der Rendite des Tracking-Portfolios gegenüber denjenigen des Target-Portfolios. Das Programmlisting 3.39 zeigt die Umsetzung der Zielfunktion, wobei es sich wiederum um eine Modifikation der bisherigen Implementationen von `fIndTrackMeanSSR` handelt.

Quellcode 3.39: Zielfunktion zum Index-Tracking mit Regression unter Nebendingungen bei asymmetrischem Abweichungsfehler

```
Siehe Datei: fIndTrackMeanSSRasym.m
```

Für die Verwendung dieser Zielfunktion sind marginale Anpassungen in `fIndTrackReg` erforderlich.[96] Die Anwendung in der Fallstudie ergibt die in der Tabelle 3.10 ausgewiesenen Ergebnisse. Dabei sind zwar Änderungen in der Portfoliostruktur des Tracking-Portfolios festzustellen, in der Tendenz fallen diese aber weniger deutlich aus als vielleicht anfänglich erwartet. Dies könnte damit erklärt werden, dass sich die Abweichungsfehler anscheinend weitgehend symmetrisch verhalten. Ist dies der Fall, so skaliert die modifizierte Zielfunktion nur um den Faktor 0,5 anders als die originäre, was jedoch keine oder kaum Auswirkungen auf die Lage des Optimums hat. Vergleicht man die Zielfunktionswerte im Optimum miteinander, so beträgt der Zielfunktionswert dieser Variante etwa die Hälfte des originären, was diese Vermutung stützt. Ob diese Art des asymmetrischen Index-Tracking gegenüber der ursprünglichen Variante einen Vorteil erbringt, hängt also auch von der Verteilung der Abweichungsfehler ab.

---

[96] Im Begleitmaterial findet sich diese angepasste Funktion unter dem Namen `fIndTrackRegAsym`. Unter Octave ist die Variante `fIndTrackRegAsym_oct` zu verwenden. Für Freemat wird eine Wrapper-Funktion `fmincon` benutzt, die auf die benutzerdefinierte Funktion `fNLfmincon` zur allgemeinen, nichtlinearen Optimierung mit Nebenbedingungen umleitet. Diese wird näher im Kapitelanhang 3.A vorgestellt. Daher läuft die Matlab-Variante dieser Fallstudie ebenso unter Freemat, wobei hier die explizite Gradientenberechnung wirkungslos ist. Die unter Freemat erzielten Ergebnisse sind im Wesentlich identisch.

3.4.3.3. Bestimmung des Maximum-Sharpe-Ratio-Portfolios (Tangentialportfolio)

Ein weiterer wichtiger Anwendungsfall der nichtlinearen Optimierung ist die Bestimmung des Tangentialportfolios in der klassischen Markowitz-Optimierung, auch als Maximum-Sharpe-Ratio-Portfolio bezeichnet. Dieses Portfolio besitzt in der Theorie der Portfolio-Selection eine zentrale Bedeutung, weil es nach der Tobin-Separation dazu benutzt werden kann, die Asset-Allocation einer jeden Investorin analytisch in zwei Komponenten zu zerlegen: Die Allokation eines Teils des Kapitals auf eine risikofreie Anlage und die Allokation des anderen Teils auf das Tangentialportfolio.[97] Da hier nicht die unterliegende Finanztheorie im Mittelpunkt der Betrachtungen steht, wird ein anderer, pragmatisch motivierter Zugang zu diesem Optimierungsproblem gewählt.

Dazu sei zunächst auf die Sharpe-Ratio aus der Performanceanalyse zurückgegriffen, die als ein zweidimensionales Performancemaß die ex post erzielte Rendite eines Portfolios zu dem dabei eingegangenen Risiko ins Verhältnis setzt, wie es Formel 3.107 noch einmal zeigt. Die Formel 3.107 wird später auch die zu maximierende Zielfunktion darstellen.[98]

$$SR_P = \frac{\mu_P - r_f}{\sigma_P} \rightarrow max! \tag{3.107}$$

μ_P erwartete Portfoliorendite des Portfolios P

r_f Verzinsung der risikolosen Anlage

σ_P (zukünftige) Standardabweichung der Portfoliorenditen

Die Sharpe-Ratio drückt aus, wie viele Einheiten Überschussrendite (über den risikofreien Zinssatz hinaus) pro Einheit Risiko (gemessen an der Standardabweichung) mit dem Portfolio P erzielt wurden. Es ist somit ein leicht interpretierbares, intuitives Maß, welches Rendite und Risiko zueinander ins Verhältnis setzt. Bei der Kapitalanlage muss jede Investorin bei gegebenen Erwartungen über die Zukunft erwartete Rendite gegen prognostiziertes Risiko individuell gewichten. Bei der Bestimmung eines nutzenoptimalen Portfolios im Rahmen der klassischen Markowitz-Optimierung haben wir bereits die dort übliche Gewichtungsformel (Zielfunktion nach Formel 3.59) kennengelernt. Wenig greifbar ist allerdings der Risikoaversionsparameter λ, mit welchem jede Investorin den individuell empfundenen Trade-off spezifizieren muss. Unter Rückgriff auf die Sharpe-Ratio könnte argumentiert werden, dass jede Investorin das bestmögliche Verhältnis von Überschussrendite zu dabei eingegangenem Risiko sucht. Das optimale Portfolio wäre dann jenes, welches eine maximale Sharpe-Ratio erwarten lässt.

Die Bestimmung des Maximum-Sharpe-Ratio-Portfolios könnte also eine pragmatisch motivierte Alternative zur oben vorgestellten Bestimmung eines nutzenoptimalen Portfolios sein. Dabei ist auf jeden Fall zu bedenken, dass es sich bei der Portfolioplanung um ein ex ante bezogenes Problem handelt. Die Sharpe-Ratio aus der Performanceanalyse ist jedoch ein ex post Maß. Daraus ergibt sich eine Prognose- oder Schätzproblematik: Für die Bestimmung des ex

---

[97] Vgl. dazu näher PODDIG et al. (2009), S. 77ff.

[98] Die Formel 3.107 stellt die Sharpe-Ratio in der ex ante Form dar. In der ex post Formulierung sind anstelle des Erwartungswertes der Mittelwert und anstelle der zukünftigen Standardabweichung die empirische zu verwenden.

ante Maximum-Sharpe-Ratio-Portfolios werden Renditeerwartungswerte, Standardabweichungen der Assetrenditen und Schätzungen für den risikofreien Zinssatz benötigt. Eine sehr simple Vorgehensweise ist es, die in der Vergangenheit beobachteten Renditen als repräsentativ für die Zukunft anzusehen. Somit führt eine ex post bezogene Optimierung zu einem Schätzer für das eigentlich interessierende ex ante Maximum-Sharpe-Ratio-Portfolio. Mit dieser Begründung wird wie bisher auch hier eine ex post bezogene Optimierung durchgeführt. Dabei darf diese zentrale Annahme niemals bei der Interpretation der Ergebnisse vernachlässigt werden.

Mit der genannten Begründung ist die Zielfunktion 3.107 anhand eines beobachteten Datensatzes zu maximieren. Bei der Optimierung sind wiederum die gängigen Nebenbedingungen zu berücksichtigen. Die Budgetrestriktion ist dabei zwingend (vgl. Formel 3.53), ferner können je nach Problemstellung die Nichtnegativitätsbedingung sowie Gewichteunter- und Gewichteobergrenzen zu berücksichtigen sein. Das Programmlisting 3.40 zeigt zunächst die Umsetzung der Zielfunktion zur Bestimmung des Maximum-Sharpe-Ratio-Portfolios in Matlab.

Quellcode 3.40: Zielfunktion zur Bestimmung des Maximum-Sharpe-Ratio-Portfolios

```
Siehe Datei: fOfMaxSharpeRatioPort.m
```

Die Zielfunktion erwartet als Argumente den Anteilsgewichtevektor, den Vektor der erwarteten Assetrenditen, die Kovarianzmatrix und den risikofreien Zinssatz. Die erwartete Portfoliorendite wird in bekannter Weise nach $\mu_p = \mathbf{w}^T\mathbf{r}$, das Portfoliorisiko nach $\sigma_P = \sqrt{\mathbf{w}^T\mathbf{V}\mathbf{w}}$ berechnet.[99] Zuletzt erfolgt die Berechnung des Zielfunktionswertes nach Formel 3.107. Diese Zielfunktion wird von der Funktion `fMaxSharpeRatioPort` genutzt, welche die eigentliche Optimierung durchführt; siehe Programmlisting 3.41.[100]

Quellcode 3.41: Funktion zur Bestimmung des Maximum-Sharpe-Ratio-Portfolios

```
Siehe Datei: fMaxSharpeRatioPort.m
```

Die Funktion `fMaxSharpeRatioPort` ist dabei sehr ähnlich zu der im vorhergehenden Kapitel betrachteten Funktion `fIndTrackReg` zur Bestimmung eines optimalen Tracking-Portfolios. Offensichtlich handelt es sich hier um methodisch eng verwandte Fragestellungen, obgleich diese inhaltlich sehr verschieden sind. Die Anwendung auf die Fallstudiendaten[101] zeigt das Demoskript 3.42.[102] Die Tabelle 3.11 weist das Ergebnis der Optimierung aus.[103]

---

[99] Als Schätzer für **r** kann der Vektor der mittleren Assetrenditen, als Schätzer für **V** die empirische Kovarianzmatrix verwendet werden.

[100] Unter Octave ist die Variante `fMaxSharpeRatioPort_oct` zu verwenden.

[101] Vgl. PODDIG et al. (2009), S. 121; hier zum Vergleich der Ergebnisse insbesondere S. 149.

[102] Unter Octave ist die Variante `bDemoMaxSharpeRatio_oct` zu verwenden. Für Freemat wird eine Wrapper-Funktion `fmincon` benutzt, die auf die benutzerdefinierte Funktion `fNLfmincon` zur allgemeinen, nichtlinearen Optimierung mit Nebenbedingungen umleitet. Diese wird näher im Kapitelanhang 3.A vorgestellt. Die Ergebnisse unter Freemat sind hier im Wesentlichen identisch.

[103] Bei der Sharpe-Ratio ergibt sich eine marginale Abweichung zu PODDIG et al. (2009), S. 149, was in den unterschiedlichen Optimierungsalgorithmen und marginal veränderten Daten begründet liegt.

Quellcode 3.42: Demoskript zur Bestimmung des Maximum-Sharpe-Ratio-Portfolios

```
Siehe Datei: bDemoMaxSharpeRatio.m
```

Asset	Gewicht
A_EMU	0,0587
A_UK	0,0500
A_USA	0,0500
A_Japan	0,0500
R_EMU	0,4000
R_UK	0,2913
R_USA	0,0500
R_Japan	0,0500
	Kennzahl
Sharpe-Ratio	0,2688

Tabelle 3.11.: Maximales Sharpe-Ratio-Portfolio in der Fallstudie.

In der Theorie der Portfolio-Selection resultiert die besondere Bedeutung des Maximum-Sharpe-Ratio-Portfolios aus der „Tobin-Separation". Bei Existenz einer risikofreien Anlagemöglichkeit kann nach diesem Theorem die nutzenoptimale Kapitalallokation einer Investorin analytisch in zwei Teilportfolios aufgespalten werden. Danach zerfällt die optimale Kapitalallokation einerseits in einen risikobehafteten Teil, repräsentiert durch das Maximum-Sharpe-Ratio-Portfolio (hier auch Tangentialportfolio genannt), andererseits in einen risikolosen Teil, repräsentiert durch die risikofreie Anlage. Die Bestimmung des nutzenoptimalen Portfolios für eine Investorin vollzieht sich damit in einem zweistufigen Prozess: In der ersten Prozessstufe wird das Tangentialportfolio (Maximum-Sharpe-Ratio-Portfolio) bestimmt, dann in der zweiten Prozessstufe die optimale Aufteilung des zur Verfügung stehenden Kapitals auf Tangentialportfolio und risikofreie Anlage vorgenommen. Die erste Prozessstufe ist wie gerade demonstriert bereits in der Fallstudie vollzogen worden. Jetzt müsste in einem zweiten Schritt eine weitere Optimierung aufgesetzt werden. Allerdings ist das Optimierungsproblem der zweiten Prozessstufe sehr einfach. Es besitzt eine analytische Lösung nach Formel 3.108:

$$w_{opt} = \frac{(\mu_{TP} - r_f)}{2 \cdot \lambda \cdot \sigma_{TP}^2} \tag{3.108}$$

w_{opt} Anteilsgewicht des Tangentialportfolios (Maximum-Sharpe-Ratio-Portfolio) in einem Mischportfolio bestehend aus risikobehaftetem Tangentialportfolio und risikofreier Anlagemöglichkeit; das Anteilsgewicht w_{r_f} der risikofreien Anlagemöglichkeit beträgt in diesem Mischportfolio entsprechend $w_{r_f} = (1 - w_{opt})$

μ_{TP} (erwartete) Rendite des Tangentialportfolios, ergibt sich nach $\mu_{TP} = \mathbf{w}^{\mathrm{T}}\boldsymbol{\mu}$ mit $\mathbf{w}$ Gewichtevektor des Tangentialportfolios (Maximum-Sharpe-Ratio-

Portfolio, Lösung aus der ersten Prozessstufe) und $\boldsymbol{\mu} = (\mu_1, ..., \mu_N)^T$ Vektor der erwarteten Assetrenditen

r_f Verzinsung der risikofreien Anlagemöglichkeit

λ investorenspezifischer Risikoaversionsparameter

σ_{TP}^2 (zukünftige) Varianz des Tangentialportfolios, berechnet sich als $\sigma_{TP}^2 = \mathbf{w}^T\mathbf{V}\mathbf{w}$ mit $\mathbf{w}$ Gewichtevektor des Tangentialportfolios (Maximum-Sharpe-Ratio-Portfolio, Lösung aus der ersten Prozessstufe, und $\mathbf{V}$ (zukünftige) Kovarianzmatrix der Assetrenditen

Damit kann in die Funktion zur Bestimmung des Maximum-Sharpe-Ratio-Portfolios in die zweite Prozessstufe mit integriert werden, wie es das Programmlisting 3.41 zeigt. Die Liste der Inputparameter enthält als letztes, optionales Argument den Inputparameter für die investorspezifische Risikoaversion. Wird dieser Parameter nicht angegeben, so erfolgt allein die Bestimmung des Maximum-Sharpe-Ratio-Portfolios. Wird dagegen dieser Wert bereitgestellt, so wird das Gewicht w_{opt}, mit dem das Maximum-Sharpe-Ratio-Portfolio im Mischportfolio vertreten ist, mit ausgerechnet. Dabei können keine Unter- oder Obergrenzen für dieses Gewicht angegeben werden, d.h., es können durchaus negative Anteilsgewichte oder Anteilsgewichte größer als eins resultieren. Im ersten Fall bedeutet ein negatives Anteilsgewicht, dass das Tangentialportfolio leer zu verkaufen und der daraus resultierende Erlös in die risikofreie Anlage zu investieren ist. Eine solche Lösung ist technisch möglich, ergibt aber finanzökonomisch keinen Sinn. In einem solchen Fall kann das optimale Anteilsgewicht auf null zurückgesetzt werden. Der umgekehrte Fall eines Anteilsgewichts von größer als eins kann im Einzelfall durchaus Sinn ergeben. Dies bedeutet inhaltlich, dass die Investorin einen Kapitalanteil in Höhe von $(w_{opt} - 1) > 0$ als Kredit aufnehmen und den erhaltenen Kreditbetrag zusätzlich in das Tangentialportfolio investieren soll. Im konkreten Anwendungsfall ist dann zu prüfen, ob die erhaltene Lösung zulässig ist. Falls kreditfinanzierte Investitionen (Leerverkauf der risikolosen Anlagemöglichkeit) verboten sind, braucht der erhaltene Wert für w_{opt} nur auf eins zurückgesetzt werden. Sind kreditfinanzierte Investitionen erlaubt, jedoch nicht in Höhe der optimalen Lösung für w_{opt}, so ist dieses Anteilsgewicht einfach auf den maximal zulässigen Wert zu begrenzen. Insofern ist eine besondere Berücksichtigung von Gewichteunter- und Gewichteobergrenzen bei der Berechnung des optimalen Wertes von w_{opt} nicht notwendig. Falls diese existieren, können sie problemlos hinterher berücksichtigt werden. In der Fallstudie ergibt sich etwa ein Wert von $w_{opt} \approx 1,90$ für den Anteil des Maximum-Sharpe-Ratio-Portfolios in der Fallstudie. Dies bedeutet inhaltlich die Empfehlung an die Investorin, in Höhe von 90% des zur Verfügung stehenden Kapitals zusätzlich einen Kredit zum risikofreien Zinssatz aufzunehmen. Der erhaltene Kreditbetrag ist dann zusammen mit dem zur Verfügung stehenden Kapital, also 190% davon, in das Tangentialportfolio zu investieren. Im konkreten Einzelfall wäre zu prüfen, ob dies überhaupt erlaubt ist. Ist z.B. der Investorin eine Verschuldung erlaubt, diese aber auf maximal 50% des zur Verfügung stehenden Anlagebetrages begrenzt, so ist dann die optimale Lösung auf $w_{opt} = 1,5$ zurückzusetzen. Ist eine Verschuldung gänzlich ausgeschlossen, so gilt $w_{opt} = 1$.

3.4.3.4. Telser-Optimierung

Ein weiteres interessantes Anwendungsfeld der nichtlinearen Optimierung innerhalb der Portfolioplanung bzw. Portfoliooptimierung ist das Telser-Modell. Das Telser-Modell, oder auch Telser-Optimierung genannt, zählt zu den sog. *Safety-First* Ansätzen innerhalb der Theorie der Portfolio-Selection.[104] Diese sind in etwa zeitgleich zum Markowitz-Modell entstanden. Im Gegensatz zu dem Markowitz-Modell besitzen diese keine stringente entscheidungs- und nutzentheoretische Herleitung; sie sind diesbezüglich eher als „heuristische" Optimierungsansätze zu interpretieren. Jedoch besitzt die praktische Anwendung der Markowitz-Optimierung zahlreiche Umsetzungsprobleme, weshalb zunehmend nach Alternativen gefragt wird. Eine davon könnte die Telser-Optimierung sein, die zumindest sehr intuitiv verständlich ist. Für den hier verfolgten Zweck der Illustration der nichtlinearen Optimierung im Rahmen des CF besitzt sie den Reiz, bei der Umsetzung technisch anspruchsvoller zu sein, obwohl das Optimierungsmodell selber viel einfacher als die Markowitz-Optimierung erscheint. Daher wird die Telser-Optimierung in zwei Schritten entwickelt. Im ersten Schritt wird das grundsätzliche Modell der Telser-Optimierung vorgestellt. Bei der Umsetzung werden zunächst normalverteilte (Portfolio-) Renditen angenommen. Dieser erste Schritt stellt inhaltlich keine wesentliche Erweiterung gegenüber dem klassischen Markowitz-Modell dar, erlaubt aber, die prinzipielle Umsetzung des Optimierungsansatzes zu erläutern. Im zweiten Schritt erfolgt eine deutlich aufwändigere Implementation, bei welcher t-verteilte Renditen angenommen werden. Dies bedeutet auch inhaltlich eine Erweiterung gegenüber dem klassischen Markowitz-Modell.

3.4.3.4.1. Telser-Optimierung bei normalverteilten Portfoliorenditen

Das Telser-Modell[105] besitzt einen sehr intuitiven Ansatz zur Portfoliooptimierung: Maximiere bei gegebenen Erwartungen über die Zukunft die erwartete Rendite des Portfolios nach Formel 3.109.

$$\mu_p = \mathbf{w}^{\mathrm{T}}\boldsymbol{\mu} \to max! \tag{3.109}$$

μ_p (erwartete) Portfoliorendite (Erwartungswert)

Dabei darf die Wahrscheinlichkeit der Unterschreitung einer geforderten Mindestrendite (oder anders ausgedrückt: akzeptierten Verlustrendite) maximal eine vorgegebene (Ausfall-) Wahrscheinlichkeit α annehmen, siehe Formel 3.110:

$$P(r_P \leq \tau) \leq \alpha \tag{3.110}$$

τ geforderte Mindestrendite bzw. tolerierte Verlustrendite

α vorgegebene, von der Investorin akzeptierte Ausfallwahrscheinlichkeit

---

[104] Vgl. näher zu den „Safety-First" Ansätzen inklusive verschiedener Fallstudien PODDIG et al. (2009), S. 362ff.

[105] Das Telser-Modell ist näher bei PODDIG et al. (2009), S. 380 ff. dargestellt; jenen Darstellungen wird hier in stark gekürzter Form gefolgt.

Darüber hinaus sind die bei einer Portfoliooptimierung zwingenden (z.B. Budgetrestriktion), üblichen (z.B. Nichtnegativitätsbedingung) und oftmals vorhandenen weitergehenden Nebenbedingungen (z.B. für Gewichteunter- und Gewichteobergrenzen) zu beachten, die hier nicht explizit wiederholt werden. Während die Umsetzung der Zielfunktion bei diesem Modell sehr einfach ist, gestaltet sich die Kontrolle der zwingend einzuhaltenden Nebenbedingung nach Formel 3.110 schwieriger. Hierfür ist eine Verteilungsannahme und Verteilungsschätzung bzw. Verteilungsanpassung erforderlich, um für einen gegebenen Anteilsgewichtevektor **w** die zugehörige Ausfallwahrscheinlichkeit gegenüber einer geforderten Mindestrendite (bzw. tolerierten Verlustrendite) τ zu schätzen. Die einfachste Vorgehensweise ist eine Normalverteilungsannahme für die Portfoliorenditen zu setzen. Unter Normalverteilungsannahme kann die zentrale Nebenbedingung nach Formel 3.110 mit Hilfe der Formeln 3.111 bis 3.113 kontrolliert werden.

$$\mu_p = \mathbf{w}^{\mathrm{T}} \boldsymbol{\mu} \tag{3.111}$$

$$\sigma_p = \sqrt{\mathbf{w}^{\mathrm{T}} \mathbf{V} \mathbf{w}} \tag{3.112}$$

$$P(r_p \leq \tau) = CDF^{norm}_{\mu_p,\sigma_p}(\tau) \tag{3.113}$$

$CDF^{norm}_{\mu_p,\sigma_p}(\tau)$ Cumulative-Density-Function der Normalverteilung mit Erwartungswert μ_p und Standardabweichung σ_p an der Stelle τ

Für die Umsetzung in Matlab mit Hilfe der Toolbox-Funktion `fmincon` sind hier zwei benutzerdefinierte Funktionen zu schreiben: Zunächst eine einfache für die Zielfunktion nach Formel 3.109, dann eine etwas aufwändigere für die Kontrolle der Nebenbedingung nach Formel 3.110.

Quellcode 3.43: Zielfunktion für die Telser-Optimierung

```
Siehe Datei: fOfTelser.m
```

Das Programmlisting 3.43 zeigt die Zielfunktion, das Programmlisting 3.44 die Funktion zur Kontrolle der nichtlinearen Nebenbedingung.

Quellcode 3.44: Funktion zur Kontrolle der nichtlinearen Nebenbedingung bei der Telser-Optimierung unter Normalverteilungsannahme

```
Siehe Datei: fNLConTelserNorm.m
```

Die eigentliche Funktion zur Telser-Optimierung zeigt das Programmlisting 3.45.[106] Hier ist bei Aufruf der Funktion `fmincon` zu beachten, dass nun zwei Funktionen als Parameter zu übergeben sind, und zwar die Zielfunktion `fOfTelser` und weiter hinten in der Argumentenliste die Nebenbedingung (in Form einer Funktion) `fNLConTelserNorm`. Auf jeden Fall sollte hier die

[106] Unter Octave ist die Variante `fTelserOptNorm_oct` zu verwenden. Neben der Nutzung der Wrapper-Funktion `fmincon_oct` ist hier vor allem auf die veränderte Bestimmung des Startpunktes für die Optimierung bei Existenz einer risikofreien Anlage hinzuweisen. Hintergrund ist, dass die Octave-Systemfunktion `sqp` nicht fehlerfrei arbeitet und mit einem Fehler abbricht, wenn intern eine Teiloptimierung scheitert. Im Programmcode der Funktion `sqp` findet sich der Hinweis, dass dort eigene Programmanpassungen vorgenommen werden müssten. Dies würde hier aber zu weit führen. Bei dem hier betrachteten Problem vermeidet eine alternative Bestimmung des Startpunktes diesen internen Fehler innerhalb von `sqp`. Befriedigend ist diese Lösung zwar nicht, aber eine Korrektur von `sqp` ist nicht Gegenstand dieses Buchs.

Übergabe mittels Anonymous-Function-Handle erfolgen, da beide Funktionen viele zusätzliche Inputparameter benötigen.

Quellcode 3.45: Funktion zur Durchführung einer Telser-Optimierung bei normalverteilten Portfoliorenditen

```
Siehe Datei: fTelserOptNorm.m
```

Das Demoskript 3.46 zeigt die Anwendung auf die Fallstudiendaten, wobei die Einstellungen für die Durchführung der Optimierung in Anlehnung an die originäre Fallstudie[107] gewählt wurden.[108] Tabelle 3.12 stellt die beiden Lösungen in der zweiten und dritten Spalte gegenüber.[109] Diese beziehen sich auf den ersten Teil des Demoskriptes 3.46, in welchem zunächst die Telser-Optimierung ohne Existenz einer risikolosen Kapitalanlagemöglichkeit vorgenommen wird.

Quellcode 3.46: Demoskript zur Anwendung der Telser-Optimierung unter Annahme normalverteilter Portfoliorenditen in der Fallstudie

```
Siehe Datei: bDemoTelserNorm.m
```

Für das Verständnis der Fallstudie sind noch einige Anmerkungen hilfreich. Wie dem Demoskript 3.46 (im ersten Teil) zu entnehmen ist, wird hier die tolerierte Verlustrendite auf -5% gesetzt. Für dieses Niveau beträgt die maximal zulässige Ausfallwahrscheinlichkeit 5%. Diese Werte sind in der Fallstudie willkürlich gewählt und können auch anders, aber nicht völlig beliebig gesetzt werden. Natürlich dürfte jede Investorin an einer möglichst hohen geforderten Mindestrendite interessiert sein, die nur mit einer minimal zulässigen Ausfallwahrscheinlichkeit unterschritten werden darf. Insofern erscheinen Werte von +20% für die geforderte Mindestrendite und 1% für die maximal zulässige Ausfallwahrscheinlichkeit weitaus naheliegender. Die Frage ist dann nur, ob bei den gegebenen Erwartungen (Erwartungswerte der Assetrenditen und geschätzte Kovarianzmatrix) überhaupt eine zulässige Lösung gefunden werden kann. In der originären Fallstudie wurde der erste Optimierungslauf mit einer geforderten Mindestrendite von 0% bei maximal zulässiger Ausfallwahrscheinlichkeit von 10% durchgeführt. Daraus resultierte ein Abbruch der Optimierung mit einer Fehlermeldung, wonach keine zulässige Lösung gefunden werden konnte.[110,111] Auch hier stellt sich dasselbe Ergebnis ein, wenn diese Werte gewählt

[107] Vgl. PODDIG et al. (2009), S. 387.

[108] Unter Octave ist die Variante `bDemoTelserNorm_oct` zu verwenden. Die Ergebnisse stimmen mit denen des Matlab-Optimierers bis auf Nachkommastellen überein. Für Freemat wird eine Wrapper-Funktion `fmincon` benutzt, die auf die benutzerdefinierte Funktion `fNLfmincon` zur allgemeinen, nichtlinearen Optimierung mit Nebenbedingungen umleitet. Diese wird näher im Kapitelanhang 3.A vorgestellt. Trotzdem ist das Demoskript unter Freemat nicht lauffähig, da dort wichtige zentrale statistische Grundfunktionen wie `normcdf` fehlen, die hier benötigt werden. Die grundsätzliche Lauffähigkeit kann überprüft werden, indem die Umleitung der Optimierung auf `fNLfmincon` unter Matlab erzwungen wird. Hier ergeben sich im Wesentlichen dieselben Ergebnisse. Sobald die Funktion `normcdf` unter Freemat verfügbar ist, sollte diese Demo auch unter Freemat lauffähig sein.

[109] Der Vergleich illustriert die leichten Ergebnisunterschiede, die sich bei unterschiedlichen Optimierern und marginal geänderten Daten ergeben können.

[110] Vgl. PODDIG et al. (2009), S. 384 f.

[111] Dies bezieht sich auf die Optimierung ohne risikofreie Anlage. Wird die Optimierung mit risikofreier Anlage durchgeführt, existiert bei diesen Werten für τ und α eine Lösung; siehe dazu auch Tabelle 3.12.

werden. Hohe geforderte Mindestrenditen in Verbindung mit sehr niedrig angesetzten Werten für die maximal zulässige Ausfallwahrscheinlichkeit sind in aller Regel unrealistisch.

	Gewicht			
Asset	Matlab, sqp	Excel, Solver	Matlab, sqp	Excel, Solver
A_EMU	0,2113	0,2178	0,0282	0,0284
A_UK	0,0500	0,0500	0,0000	0,0000
A_USA	0,4000	0,4000	0,0000	0,0000
A_Japan	0,0500	0,0500	0,0000	0,0000
R_EMU	0,0500	0,0500	0,2464	0,2480
R_UK	0,1387	0,1322	0,0000	0,0000
R_USA	0,0500	0,0500	0,0000	0,0000
R_Japan	0,0500	0,0500	0,0176	0,0177
risikolose Anlage			0,7078	0,7060
	Renditen			
Portfolio	0,01206	0,01208	0,00442	0,00443

Tabelle 3.12.: Ergebnis der Telser-Optimierung bei Annahme normalverteilter Portfoliorenditen in der Fallstudie. Bei der Optimierung ohne risikofreie Anlage wurden $\tau = -0,05$ und $\alpha = 0,05$ gewählt, bei der Optimierung mit risikofreier Anlage sind $\tau = 0$ und $\alpha = 0,1$.

Die Berücksichtigung einer risikofreien Kapitalanlagemöglichkeit ist bei der Telser-Optimierung ebenfalls möglich, jedoch nicht mehr in einer zweistufigen Vorgehensweise, da hier eine Analogie zur „Tobin-Separation" im klassischen Modell der Portfolio-Selection leider nicht möglich ist. Stattdessen muss die risikofreie Kapitalanlagemöglichkeit wie ein zusätzliches Asset dem Anlageuniversum hinzugefügt werden. Konkret bedeutet dies die Erweiterung des Vektors der erwarteten Renditen um die Verzinsung der risikofreien Kapitalanlagemöglichkeit sowie die Erweiterung der Kovarianzmatrix um eine zusätzliche Zeile und Spalte. Da es sich bei der Erweiterung um eine risikofreie Anlage handelt, deren Renditen nicht schwanken, ist die Kovarianz der Renditen der risikofreien Anlage mit allen anderen, risikobehafteten Assetrenditen stets null. Damit fällt die Erweiterung der Kovarianzmatrix leicht.[112] Die oben

[112] Streng genommen ist diese Vorgehensweise zumindest diskussionsfähig. Der Begriff der „risikolosen" Kapitalanlage in der klassischen Theorie der Portfolio Selection mit einem zweiseitigen Risikoverständnis unterscheidet sich von demjenigen der „risikolosen" Kapitalanlage bei Portfolioplanungsmodellen, die auf einem einseitigen, ausfallorientierten Risikoverständnis basieren, zu denen auch das Telser-Modell gehört. Im Telser-Modell ist eine Kapitalanlage dann risikofrei, wenn sie niemals, in keinem zukünftig möglichen Umweltzustand eine Verzinsung unterhalb der Mindestrenditeforderung von τ besitzt. Die Tatsache, eine über die zukünftig möglichen Umweltzustände schwankungsfreie Verzinsung zu besitzen (risikofreie Anlage im klassischen Verständnis) ist dafür weder notwendig, noch hinreichend. Schwankt die Verzinsung der Anlage über alle zukünftig möglichen Umweltzustände, fällt dabei aber niemals unter die geforderte Mindestrendite τ, so ist diese risikofrei im einseitigen Risikoverständnis. Schwankungsfreiheit ist also keine notwendige Bedingung. Ferner kann eine Anlage mit schwankungsfreier Verzinsung (risikolos im klassischen Sinne) unterhalb der geforderten Mindestrendite τ liegen, dann ist sie nicht risikofrei im hier verstandenen Sinne. Schwankungsfreiheit ist also auch keine hinreichende Bedingung. Zusammenfassend hat also „risikofrei" im klassisch verstandenen Sinne (schwankungsfrei) nichts mit dem hier eigentlich zu verwendenden einseitigen Risikoverständnis und der dort anders definierten „Risikolosigkeit" zu tun. Insofern kann überhaupt nicht ausgesagt werden, ob die

vorgestellte Funktion `fTelserOptNorm` sieht diese Möglichkeit bereits latent vor. Als optionale Inputparameter kann die Gewichteuntergrenze für die risikofreie Kapitalanlagemöglichkeit sowie deren Zinssatz angegeben werden. Fehlt dessen Angabe, so wird eine übliche Telser-Optimierung ohne risikofreie Anlage, d.h. mit dem originären Anlageuniversum durchgeführt. Gibt der Anwender dagegen eine Verzinsung für die risikofreie Anlage an, so wird das Anlageuniversum in der beschriebenen Weise um die risikofreie Kapitalanlagemöglichkeit erweitert. Als optionales Argument kann die Gewichteuntergrenze für die risikolose Kapitalanlage angegeben werden, die nur im Falle einer Verschuldungsmöglichkeit wirklich Sinn ergibt. In diesem Fall ist ein negativer Wert anzugeben, welcher die maximale Höhe der zulässigen Verschuldung als Anteil des ursprünglich zur Verfügung stehenden Kapitalanlagebetrages angibt.[113] Die Obergrenze für die risikolose Kapitalanlagemöglichkeit ist hier automatisch auf Eins fixiert; Werte größer als eins ergeben ökonomisch wenig Sinn.[114] Auch ein Wert zwischen null und eins als Obergrenze ist nicht notwendig, weil z.B. eine Obergrenze von 80% für die risikolose Kapitalanlage gleichbedeutend mit dem Zwang ist, 20% in den risikobehafteten Assets anzulegen. Dies kann dort aber über entsprechend gewählte Gewichteuntergrenzen sichergestellt werden.

Das Demoskript 3.46 enthält im unteren Teil die Durchführung einer alternativen Fallstudie mit geänderten Vorgaben für die geforderte Mindestrendite (jetzt 0%) und die maximal zulässige Ausfallwahrscheinlichkeit (jetzt 10%), außerdem ist eine risikolose Kapitalanlagemöglichkeit mit einem Zinssatz von 4% p.a. verfügbar. Die Durchführung der Optimierung ergibt die in der vierten und fünften Spalte von Tabelle 3.12 dargestellten Ergebnisse.

Obwohl diese erste Umsetzung des Telser-Modells sehr einfach erscheint, markiert sie keinen besonderen inhaltlichen Fortschritt gegenüber den bereits gewonnenen Erkenntnissen. So lässt sich zeigen, dass bei normalverteilten Renditen das optimale Telser-Portfolio - wenn es denn existiert - auf dem effizienten Rand des klassischen Modells der Portfolio Selection liegt, welches viel einfacher mit den oben vorgestellten Techniken bestimmt werden kann.[115] Dies ändert sich aber, wenn nicht normalverteilte Portfoliorenditen zugelassen werden.

Kovarianz der in diesem Sinne verstandenen „risikolosen" Kapitalanlage wirklich null mit allen anderen Assetrenditen ist; dies kann der Fall sein, muss es aber nicht. Inhaltlich ist also das gewählte Vorgehen diskussionsfähig. Der Grund dafür ist eher auch ein pragmatischer: Im Alltagsverständnis des Asset-Managements, aber auch in zahllosen Lehrbüchern der Portfoliotheorie, wird diese Unterscheidung selten vorgenommen, oftmals nicht einmal thematisiert. „Risikofrei" meint - eigentlich in überraschender Weise - selbst bei alternativen Portfolioplanungsmodellen mit einseitigem Risikoverständnis „schwankungsfrei". Wie erläutert, ist dies nicht korrekt, aber übliches Vorgehen.

[113] Z.B. würde ein Wert von -0.5 erlauben, 50% des anfänglich zur Verfügung stehenden Kapitalanlagebetrages zusätzlich als Kredit aufzunehmen und in die risikobehafteten Assets zu investieren.

[114] Soll ein Anteil größer eins in die risikolose Anlage investiert werden, so müssen die risikobehafteten Assets per Saldo leerverkauft werden. Dies ist der Fall, wenn im Mittel für die risikobehafteten Assets eine erwartete Rendite kleiner als die Verzinsung der risikofreien Anlage angenommen wird. Diese Situation erscheint ökonomisch wenig plausibel, denn dann würden rationale Investoren am Markt derartige Anlagen nicht halten wollen, womit deren Preise sinken und erwarteten Renditen wieder ansteigen würden. Jedoch könnte argumentiert werden, dass eine einzelne spezifische Investorin, die dieses Modell anwendet und über überlegene Prognosefähigkeit verfügt, durchaus rational so handeln könnte. Denn wäre es einer einzelnen Investorin möglich, den Kursverfall der Assets vorherzusehen, so würde sich deren Leerverkauf und die Investition des Erlöses in die risikolose Anlage anbieten. Sofern dieser Ansicht gefolgt wird, kann auch die Obergrenze höher gesetzt werden.

[115] Vgl. näher ELTON et al. (2007), S. 229 f.

3.4.3.4.2. Telser-Optimierung mit t-verteilten Portfoliorenditen

Die Betrachtungen zur Verteilungsanpassung im Kapitel 2.7.4 haben bereits die t-location-scale Verteilung als eine interessante Alternative zur Modellierung von Portfoliorenditen eingeführt. Daher erscheint es interessant zu fragen, wie das Telser-Modell umzusetzen ist, wenn t-location-scale verteilte Portfoliorenditen zugelassen werden. Das grundsätzliche Vorgehen gegenüber der Annahme normalverteilter Portfoliorenditen ändert sich dabei im Prinzip nicht. Die Zielfunktion bleibt von dieser Änderung unberührt, auch die Telser-Optimierung an sich ändert sich kaum. Die Kontrolle der nichtlinearen Nebenbedingung (bei normalverteilten Renditen gemäß den Formeln 3.111, 3.112 und 3.113) ist jetzt aber nach Formel 3.114 zu reformulieren.

$$P(r_p \leq \tau) = CDF^t_{n_p,\mu_p,\sigma_p}(\tau) \tag{3.114}$$

$CDF^t_{n_p,\mu_p,\sigma_p}(\tau)$ Cumulative-Density-Function der t-location-scale-Verteilung mit Freiheitsgrad n_p, Lokationsparameter μ_p und Skalierungsparameter σ_p an der Stelle τ

Die Umsetzung in die Funktion zur Kontrolle der nichtlinearen Nebenbedingung ist hier ein wenig komplizierter, weil die Verteilungsparameter der t-location-scale-Verteilung über eine Maximum-Likelihood-Schätzung bestimmt werden müssen, bevor die Kontrolle der Nebenbedingung nach Formel 3.114 möglich ist. Das Programmlisting 3.47 zeigt die geänderte Funktion zur Kontrolle der nichtlinearen Nebenbedingung.[116]

Quellcode 3.47: Funktion zur Kontrolle der nichtlinearen Nebenbedingung bei der Telser-Optimierung mit t-verteilten Portfoliorenditen

```
Siehe Datei: fNLConTelserTLS.m
```

Während des Optimierungsprozesses probiert der Optimierer in systematischer Weise verschiedene Werte für den Anteilsgewichtevektor aus. Dadurch ändert sich nicht nur Lage und Streuung der Portfoliorenditen, sondern möglicherweise auch die Wölbung der Renditeverteilung. Neben Lage- (Portfoliorendite) und Skalierungsparameter (Portfoliostandardabweichung) muss bei einer t-location-scale-Verteilung auch bei jedem neuen Gewichtevektor der Wölbungsparameter (Freiheitsgrad der t-location-scale-Verteilung) erneut geschätzt werden. Während sich Lage- (Portfoliorendite) und Skalierungsparameter (Portfoliostandardabweichung) wie bisher aus den bekannten Portfolioformeln berechnen lassen, gelingt dies nicht in derselben einfachen Weise für die Schätzung des Wölbungsparameters. Deshalb muss hier grundsätzlich anders vorgegangen werden. Anstelle des Vektors der erwarteten Assetrenditen und deren Kovarianzmatrix (wie oben), werden hier alle beobachteten Assetrenditen in der Matrix `mRet` übergeben. Für einen gegebenen Anteilsgewichtevektor `vW` kann dann in einem ersten Schritt die Reihe der beobachteten Portfoliorenditen berechnet werden; siehe `vPRet = mRet * vW`. Aus dieser Reihe lassen

[116] Unter Octave ist die Variante `fNLConTelserTLS_oct` zu verwenden. Leider steht unter Octave keine einfach zu nutzende Funktion zur Maximum-Likelihood-Estimation zur Verfügung, die zur Kontrolle der nichtlinearen Nebenbedingung benötigt wird. Stattdessen wird die MLE hier direkt mittels Optimierung vorgenommen, indem die Octave-Systemfunktion `fminbnd` benutzt wird. Diese Lösung ist am ähnlichsten zur originären Matlab-Version. Allerdings läuft diese Variante deutlich langsamer als die originäre Matlab-Version.

sich Mittelwert und Standardabweichung der Portfoliorenditen schätzen. Diese Vorgehensweise liefert dieselben Ergebnisse wie das Vorgehen nach den Formeln 3.111 und 3.112, wenn als Vektor der erwarteten Assetrenditen der Vektor der historischen Mittelwerte und als Kovarianzmatrix die empirische übergeben wird, so wie es hier im Allgemeinen durchgeführt wird. Insofern wäre bis zu diesem Punkt keine Abänderung gegenüber dem oben gewählten Vorgehen unter Normalverteilungsannahme erforderlich gewesen. Für die Schätzung des Wölbungsparameters der t-Verteilung ist jedoch die gesamte beobachtete Verteilung der Portfoliorenditen erforderlich, die erst auf diese Weise berechnet werden muss. Dieser Schritt ist also ohnehin erforderlich, weshalb Portfoliorendite und Portfoliostandardabweichung hier alternativ berechnet werden. Zu beachten ist, dass für die hier angenommene t-location-scale-Verteilung der Portfoliorenditen Lokations- und Skalierungsparameter[117] bereits bekannt sind, also nicht geschätzt werden brauchen bzw. auch nicht dürfen, da sonst die erwartete Portfoliorendite in der Zielfunktion möglicherweise nicht mit dem Lokationsparameter übereinstimmt. Unbekannt ist lediglich der Wölbungsparameter. Mit dem Matlab-Ausdruck `vPRetZ = (vPRet - dMuP) / dSigmaP` werden die berechneten Portfoliorenditen mit den bereits geschätzten Lokations- und Skalierungsparameter standardisiert. Danach kann mit `dNest = mle( vPRetZ , 'pdf', @tpdf , 'start', 3, 'lowerbound', dLB, 'upperbound', dUB )` die MLE des Freiheitsgrades der t-Verteilung (Wölbungsparameter) vorgenommen werden. Danach kann die Kontrolle der nichtlinearen Nebenbedingung nach Formel 3.114 erfolgen. Die CDF einer t-location-scale-Verteilung lässt sich in Matlab nicht direkt berechnen, daher ist hier die geforderte Mindestrendite (tolerierte Verlustrendite) mit Lokations- und Skalierungsparameter zu standardisieren, bevor die CDF einer gewöhnlichen t-Verteilung mit geschätztem Freiheitsgrad benutzt werden kann. Zur Erhöhung der numerischen Stabilität und Fehlersicherheit wird vor Eintritt in die MLE überprüft, ob die Portfoliostandardabweichung wirklich größer null ist. Erfolgt nämlich eine Telser-Optimierung mit risikoloser Anlage und sind 100% in der risikolosen Anlage investiert, so kann das daraus resultierende Portfolio eine Portfoliorendite mit Standardabweichung von null besitzen. Dann ist eine Verteilungsschätzung offensichtlich sinnlos. In diesem Falle ist nur zu überprüfen, ob die Portfoliorendite größer oder gleich der Mindestrenditeforderung ist. Ist diese Bedingung erfüllt, hält die nichtlineare Nebenbedingung. Der Matlab-Ausdruck `c = double(dMuP < dTau) - dAlpha` übersetzt diese Überlegung.

Im Prinzip unterscheidet sich die Funktion `fNLConTelserTLS` nicht von der Funktion `fNLConTelserNorm`, welche die Nebenbedingung unter Annahme normalverteilter Portfoliorenditen kontrolliert. Die Funktion zur Durchführung der eigentlichen Optimierung unterscheidet sich von der vorhergehenden nur geringfügig, wie es Programmlisting 3.48 zeigt.[118]

Quellcode 3.48: Funktion zur Durchführung einer Telser-Optimierung bei t-verteilten Portfoliorenditen

```
Siehe Datei: fTelserOptTLS.m
```

[117] Konsistenter wäre es, den Skalierungsparameter simultan mit dem Wölbungsparameter mittels MLE zu schätzen. Dies wird im nächsten Kapitel näher betrachtet.

[118] Unter Octave ist die Variante `fTelserOptTLS_oct` zu verwenden. Bei der Portierung der originären Matlab-Codes hat sich auch hier wieder gezeigt, dass die Octave-Systemfunktion `sqp` bei einem fehlgeschlagenen internen Optimierungsschritt mit einem Fehler abbricht, worauf auch schon oben hingewiesen wurde. Sie ist weniger robust als die Matlab-Variante gegenüber der Wahl der Startpunkte für die Optimierung.

Ein Vergleich der Funktionen `fTelserOptNorm` (siehe Programmlisting 3.44) und `fTelserOptTLS` (siehe Programmlisting 3.47) offenbart nur wenige Unterschiede. Im Wesentlichen wurde in `fTelserOptTLS` nur die Inputparameterliste angepasst, um die Übergabe an `fNLConTelserTLS` vornehmen zu können, daneben wurden die Funktionsaufrufe angepasst und für die Nutzung der bisherigen Zielfunktion der Mittelwert der Assetrenditen aus der Matrix der Renditebeobachtungen berechnet. Für die Durchführung dieser Telser-Optimierung mit t-verteilten Portfoliorenditen ist noch das Demoskript 3.46 an die geänderten Funktionsaufrufe anzupassen.[119] Da diese erforderlichen Änderungen offensichtlich sind, wird auf die Darstellung des angepassten Demoskriptes aus Platzgründen verzichtet. Die Durchführung der Optimierung in der Fallstudie ergibt in beiden Fällen (Optimierung ohne die risikolose und mit der risikolosen Anlagemöglichkeit) nur geringfügig veränderte Lösungen gegenüber den in Tabelle 3.12 dargestellten Ergebnissen. Unter praktischen Gesichtspunkten bewegen sich die Abweichungen im Rahmen der natürlichen, praktisch irrelevanten Ungenauigkeiten, sodass hier ein Fortschritt zunächst nicht erkennbar ist. Zum Vergleich der Lösungen bietet es sich an, die Log-Likelihood-Werte der Anpassungen einer Normalverteilung und einer t-location-scale-Verteilung an die geschätzten Portfoliorenditen bei den jeweils gefundenen Lösungen zu berechnen. Die Log-Likelihood-Werte der beiden Verteilungsanpassungen liegen hier eng beieinander, lassen also keinen bedeutsamen Unterschied erkennen. Ferner weist der geschätzte Freiheitsgrad für die t-Verteilung aus der MLE einen sehr hohen Wert auf, womit die angepasste t-Verteilung praktisch zu einer Normalverteilung geworden ist. Dies erklärt die Übereinstimmung der Ergebnisse. Eine weitere Plausibilitätsprüfung besteht in der Anfertigung von Häufigkeitsdiagrammen der geschätzten Portfoliorenditen im Optimum. Bei visueller Inspektion gibt es auch hier keine Anhaltspunkte, warum in dieser Fallstudie eine t-Verteilung gegenüber der Normalverteilung einen Vorteil hätte; die gefundenen Ergebnisse sind auch mit der visuellen Analyse konsistent.

Dennoch sollten die Ergebnisse nicht vorschnell verallgemeinert werden. Es hängt schlussendlich von den benutzten Daten ab, ob eine angenommene Normalverteilung oder t-Verteilung der Portfoliorenditen zu einem valideren Ergebnis führt. Im Zweifelsfalle sind beide Optimierungen durchzuführen und die Log-Likelihood-Werte aus den Verteilungsanpassungen zu berechnen. Liegen diese nah beieinander, kann die Lösung unter Normalverteilungsannahme beibehalten werden. Ist der Log-Likelihhod-Wert bei t-Verteilung deutlich besser, wäre jene Lösung vorzuziehen.

Die hier vorgestellte Vorgehensweise besitzt indessen noch einige Verbesserungspotenziale, die im folgenden Exkurs behandelt werden. Für den weiteren Gang der Betrachtungen und das Verständnis der folgenden Teile ist der Exkurs aber nicht wesentlich.

3.4.3.4.3. Exkurs: Verbesserung der Telser-Optimierung mit t-verteilten Portfoliorenditen

Die präsentierten Fallstudienlösungen verstehen sich stets als exemplarisch. Die zuletzt dargestellte Lösung besitzt verschiedene Verbesserungspotenziale. Vorrangig zu nennen ist hier die Schätzung der Verteilungsanpassung. Dazu wurden die aus den geschätzten Portfoliorenditen er-

[119] Im Begleitmaterial zu dem Buch findet sich diese Variante unter `bDemoTelserTLS` für Matlab bzw. `bDemoTelserTLS_oct` für Octave.

mittelten Schätzer für den Lokations- und Skalierungsparameter (Mittelwert der Portfoliorendite, Standardabweichung der Portfoliorenditen) aus Vereinfachungsgründen übernommen. Würden alle drei Parameter einer t-location-scale-Verteilung anhand der geschätzten Portfoliorenditen bestimmt werden, so könnte - rein theoretisch - der Fall eintreten, dass die geschätzte (erwartete) Portfoliorendite (mittels Mittelwert der Portfoliorenditen) nicht exakt mit dem Lokationsparameter aus der MLE übereinstimmt. Dies wäre inkonsistent, weil dann in der Zielfunktion und in der nichtlinearen Nebenbedingung unterschiedliche Werte verwendet werden. Jedoch können Skalierungsparameter und Freiheitsgrad aus der Verteilung geschätzt werden; der Skalierungsparameter muss nicht notwendigerweise der Standardabweichung der Portfoliorenditen entsprechen (es gibt hierfür keine inhaltliche Notwendigkeit im Sinne von Konsistenzbedingungen). Die simultane Schätzung von Skalierungsparameter und Freiheitsgrad könnte hier eine Verbesserung bewirken, sodass sich doch ein Fortschritt gegenüber der Lösung unter Normalverteilungsannahme feststellen lässt. Einige Experimente mit der vorgestellten Lösung zeigen zudem, dass die Lösung und der Optimierungsverlauf anfällig gegenüber der Wahl des Startpunktes sind, insbesondere bei Einbezug einer risikofreien Anlagemöglichkeit. Auch hier könnten einige Verbesserungen vorgenommen werden. Das Programmlisting 3.49 zeigt eine überarbeitete Version der Funktion zur Kontrolle der nichtlinearen Nebenbedingung.[120]

Quellcode 3.49: Zweite Variante der Funktion zur Kontrolle der nichtlinearen Nebenbedingung bei der Telser-Optimierung mit t-verteilten Renditen

```
Siehe Datei: fNLConTelserTLS2.m
```

Nur ein Unterschied zur ersten Variante ist wichtig. Hier wird die Standard-MLE aus der Matlab-Toolbox durch eine benutzerdefinierte MLE ersetzt (Funktion `fTLSmleDfScale`), da die MLE einer t-location-scale-Verteilung mit fixiertem Lokationsparameter dort nicht vorgesehen ist. Wie auch oben schon ausgeführt, wird ferner zur Erhöhung der numerischen Stabilität und Fehlersicherheit vor Eintritt in die MLE überprüft, ob die Portfoliostandardabweichung wirklich größer null ist. Sofern dies nicht der Fall ist, ist nur zu überprüfen, ob die Portfoliorendite größer oder gleich der Mindestrenditeforderung ist. Ist diese Bedingung erfüllt, hält die nichtlineare Nebenbedingung. Der Matlab-Ausdruck `c = double(dMuP < dTau) - dAlpha` übersetzt diese Überlegung. Interessanter ist die Funktion `fTLSmleDfScale` zur benutzerdefinierten MLE, die Programmlisting 3.50 zeigt.[121] Diese Funktion dient zugleich als Beispiel, wie eine benutzerdefinierte MLE ohne Rückgriff auf die Matlab-Toolbox Funktion `mle` durchgeführt werden kann. Dies ist immer dann notwendig, wenn „Nicht-Standard-Schätzungen" durchzuführen sind.

Quellcode 3.50: Funktion zur benutzerdefinierten MLE

```
Siehe Datei: fTLSmleDfScale.m
```

Die Funktion `fTLSmleDfScale` selber setzt dabei nur das Optimierungsproblem für `fmincon` auf, bereitet die Daten vor, setzt einen Startpunkt und definiert die Nebenbedingungen sowie

[120] Unter Octave ist die Variante `fNLConTelserTLS2_oct` zu verwenden. Hier wird die angepasste Hilfsfunktion `fTLSmleDfScale_oct` benutzt, die nachfolgend erläutert wird.

[121] Unter Octave ist die angepasste Hilfsfunktion `fTLSmleDfScale_oct` zu verwenden. Diese benutzt die Wrapper-Funktion `fmincon_oct`, um die erforderliche Optimierung auf die Octave-Systemfunktion `sqp` abzubilden.

Optionen für die durchzuführende Optimierung. Wichtig ist es hier aber, eine benutzerdefinierte Zielfunktion zu schreiben, die in Programmlisting 3.51 dargestellt ist.

Quellcode 3.51: Zielfunktion für die benutzerdefinierte MLE-Schätzung der TLS-Verteilung

```
Siehe Datei: fOfTLS.m
```

Die Zielfunktion `fOfTLS` berechnet den negativen Log-Likelihood-Wert einer t-location-scale-Verteilung mit fixiertem Lokationsparameter. Die Berechnung selber ist dabei bereits bekannt. Wichtig ist, dass `fmincon` bei der Optimierung nicht funktioniert, wenn die Zielfunktion `NaN` oder `Inf` zurückliefert. Es ist Aufgabe des Anwenders, diese Möglichkeiten vorzusehen. Die dargestellte Funktion `fOfTLS` versteht sich in diesem Sinne exemplarisch. Bei konkreten Optimierungsproblemen ist es oftmals mit Abstand schwieriger, sinnvolle Ausnahmebehandlungen zu programmieren, als den eigentlichen Wert der Zielfunktion im „Normalfall" zu berechnen. Das Konvergenzverhalten des Optimierungsalgorithmus kann davon dramatisch beeinflusst werden. Ungeeignet definierte Ausnahmebehandlungen führen zumeist zum vorzeitigen Abbruch und schlechten Lösungen. Diese drei Funktionen zusammen kontrollieren jetzt die nichtlineare Nebenbedingung in der Telser-Optimierung mit t-location-scale-verteilten Portfoliorenditen. Die eigentliche Optimierungsfunktion in einer zweiten Variante zeigt das Programmlisting 3.52.[122]

Quellcode 3.52: Zweite Variante der Funktion zur Telser-Optimierung mit t-verteilten Portfoliorenditen

```
Siehe Datei: fTelserOptTLS2.m
```

Die zweite Variante `fTelserOptTLS2` besitzt einige Variationen im Detail. Die wichtigsten Änderungen sind bereits im Funktionskopf ersichtlich. Zunächst erlaubt es die Funktion, einen benutzerdefinierten Startpunkt für die Optimierung zu setzen. Dieser wird vorrangig genommen; erst wenn dieser fehlt, wird ein eigener Startpunkt ermittelt. Darüber hinaus ist die Information wichtig, wie gut die Verteilungsanpassung der angenommenen t-Verteilung bei der optimalen Lösung ist und welche Werte die geschätzten Verteilungsparameter besitzen. Diese Informationen werden zusätzlich zurückgeliefert. Im Kern ist der Berechnungsablauf aber derselbe wie in der ursprünglichen Variante. Es werden zunächst die optionalen Parameter geprüft, das Optimierungsproblem modifiziert, falls die risikolose Anlage berücksichtigt werden soll, Optionen für den Optimierer gesetzt und der Startpunkt ermittelt, falls dieser nicht vorgegeben wurde. Die wesentliche Modifikation hier ist es, den Startpunkt bei Existenz einer risikolosen Anlagemöglichkeit etwas „geschickter" zu wählen. Soweit eine risikolose Anlagemöglichkeit existiert und deren Verzinsung größer als die geforderte Mindestrendite ist, führt eine vollständige Allokation auf die risikofreie Anlage zumindest zu einer Einhaltung der nichtlinearen Nebenbedingung. Eine vollständige Allokation auf die risikofreie Anlage kann sich aber in der Nähe eines lokalen Optimums befinden; die anderen Assets werden dann praktisch nicht berücksichtigt. Die hier vorgestellte Lösung versucht einen einfachen Kompromiss für diese Problematik zu finden. Im Allgemeinen gilt, dass die Qualität des Optimierungsprozesses sehr nachhaltig von der geschickten Wahl des Startpunktes abhängt. Eine ideale Startlösung sollte sämtliche Nebenbedingungen

[122] Unter Octave ist die Variante `fTelserOptTLS2_oct` zu verwenden. Diese verwendet die Wrapper-Funktion `fmincon_oct` sowie die angepasste Hilfsfunktion `fTLSmleDfScale_oct`.

erfüllen sowie sich bereits in der Nähe des (globalen) Optimums befinden. Beide idealtypischen Bedingungen werden von der vorgestellten Implementation offensichtlich nicht unbedingt eingehalten. Hier werden noch wesentliche Aufgaben auf den Optimierungsalgorithmus verlagert, die dieser möglicherweise nicht lösen kann. Daher ist die Möglichkeit vorgesehen, einen benutzerdefinierten Startpunkt vorzugeben, der idealerweise diese Bedingungen erfüllen sollte. Nach Durchführung der eigentlichen Optimierung mit `fmincon` wird die Gültigkeit der Lösung überprüft. Bei gültiger Lösung erfolgt eine nochmalige MLE der t-location-scale-Verteilung auf den Portfoliorenditen mit optimalem Gewichtevektor. Liefert diese ein gültiges Ergebnis, werden der Log-Likelihood-Wert, der geschätzte Freiheitsgrad und Skalierungsparameter zurückgeliefert. Der Lokationsparameter ist bereits implizit geschätzt worden und entspricht der erwarteten Portfoliorendite im Optimum. Der entsprechende Funktionswert ist in `fval` enthalten, allerdings mit negativem Vorzeichen (siehe dazu auch die Zielfunktion `fOfTelser` in Programmlisting 3.43). Die Anwendung auf die Fallstudiendaten zeigt das modifizierte Demoskript 3.53.[123]

Quellcode 3.53: Zweite Variante des Demoskriptes zur Anwendung der Telser-Optimierung mit t-verteilten Portfoliorenditen

```
Siehe Datei: bDemoTelserTLS2.m
```

In dem Demoskript 3.53 sind nur wenige Aspekte interessant, ansonsten ist es praktisch identisch zur Grundvariante. Zur Bestimmung eines guten Startpunktes wird zunächst eine Telser-Optimierung unter Annahme normalverteilter Portfoliorenditen durchgeführt. Die oben erzielten Ergebnisse legten bereits die Vermutung nahe, dass sich bei diesen Fallstudiendaten keine großen Unterschiede ergeben. Insofern könnte die optimale Lösung bei Annahme normalverteilter Portfoliorenditen bereits eine gute Annäherung an die optimale Lösung bei Annahme t-verteilter Portfoliorenditen sein. Die Lösung dieser Optimierung ist der Startpunkt für die nachfolgende Optimierung. Nach erfolgter Lösung wird diese überprüft. Dazu werden die Portfoliorenditen mit optimalem Gewichtevektor berechnet und der Log-Likelihood-Wert einer angenommenen Normalverteilung berechnet. Der Vergleich mit dem Log-Likelihood-Wert der t-Verteilung gibt Aufschluss darüber, ob eine Verbesserung erzielt werden konnte. Die Durchführung der Fallstudie ergibt im Vergleich die folgenden Werte: 202,6215/203,0627 (t-/Normalverteilung; ohne risikofreie Anlage) sowie 463,0076/463,8206[124] (t-/Normalverteilung, mit risikofreier Anlage). Die Werte sind praktisch identisch, sogar leicht höher für die Normalverteilung. Auch

[123] Unter Octave ist die Variante `bDemoTelserTLS2_oct` zu verwenden. Für Anwender von Freemat ist bereits die Verwendung der Wrapper-Funktion `fmincon` vorbereitet, welche auf die benutzerdefinierte Optimierungsfunktion `fNLfmincon` umleitet, die näher in Kapitel 3.A.5 vorgestellt wird. Für die vollständige Lauffähigkeit des Skriptes fehlen allerdings unter Freemat wichtige statistische Grundfunktionen. Soweit diese bereitgestellt werden, sollte das Skript lauffähig sein. Erzwingt man unter Matlab die Umleitung auf `fNLfmincon`, resultiert im Wesentlichen dieselbe Lösung. Allerdings dauert hier die Optimierung deutlich länger als unter Verwendung von `fmincon`. Eine exemplarische Zeitmessung ergab ca. 10 Sekunden bei Verwendung von `fmincon` und ca. 421s bei `fNLmincon`. Dies liegt daran, dass in dieser Aufgabenstellung ein verschachteltes Optimierungsproblem vorliegt, bei dem die Geschwindigkeit des Optimierers sehr relevant ist. Konstruktionsbedingt basieren die Optimierungen mit Barrierefunktionen und erweiterten Lagrangefunktionen, mit denen `fNLmincon` arbeitet, auf mehrfachen Wiederholungen der Optimierungsläufe und sind dadurch recht langsam, also für komplexe oder verschachtelte Optimierungsprobleme praktisch nur sehr eingeschränkt verwendbar.

[124] Beim Nachrechnen können sich in Abhängigkeit von der benutzten Matlab-Version und den Voreinstellungen des

die Zielfunktionswerte sind bei beiden angenommenen Verteilungen identisch ($-0,0121$ ohne risikofreie Anlage, $-0,0044$ mit risikofreie Anlage). Da überdies der zentrale Grenzwertsatz zudem für eine Normalverteilung spricht, sich also hier keine davon offensichtlich abweichenden empirischen Befunde ergeben, wird die oben vorgestellte Lösung unter Annahme normalverteilter Portfoliorenditen als bisher beste beibehalten.

Obwohl die Annahme von t-verteilten Portfoliorenditen bei diesen Fallstudiendaten keine Verbesserung gebracht hat, sollte dies nicht vorschnell verallgemeinert werden. Werden Portfolios aus Assets gebildet, deren Renditeverteilungen stark von der einer Normalverteilung abweichen und zudem auch noch Derivate[125] bei der Asset-Allocation benutzt, können sich trotz zentralem Grenzwertsatz auch auf Portfolioebene stark von einer Normalverteilung abweichende Portfoliorenditen ergeben. Dabei sind in der praktischen Anwendung sehr häufig „Tat-Tails" - selbst auf Portfolioebene - zu beobachten, womit die t-Verteilung eine bessere Modellierung liefert.

Für Zwecke des vorliegenden Buches ist unabhängig davon ein ganz anderer Aspekt wesentlich, in dem aufgezeigt wird, wie sich die Telser-Optimierung mit einer MLE kombinieren lässt, die selbst eine Optimierung erfordert. Hier findet eine verschachtelte Optimierung statt. In Matlab oder anderen (matrizenorientierten) Programmiersprachen ist dies nichts ungewöhnliches, aber in Microsoft Excel oder anderen Tabellenkalkulationen gar nicht bzw. sehr schwierig über eigenständige Programmierung in VBA zu realisieren.

3.5. Exkurs: Approximation von Gradient und Hesse-Matrix

Skript/Funktion	Beschreibung	Matlab	Octave	Freemat	Toolboxen
fGradApprox.m	Benutzerdefinierte Gradientenapproximation	X	X	X	keine
fTestGradVec.m	Vektorielle Testfunktion für `fGradApprox`	X	X	X	keine
bDemoGradientApprox.m	Demoskript für `fGradApprox`	X	X	X	keine
fHessApprox.m	Benutzerdefinierte Approximation der Hesse-Matrix	X	X	X	keine
fTestHessian.m	Testfunktion für `fHessApprox`	X	X	X	keine
bDemoHesse.m	Demoskript für `fHessApprox`	X	X	X	keine

Tabelle 3.13.: Übersicht verwendeter Skripte und Funktionen im Kapitel 3.5.

Optimierungsalgorithmen basieren vielfach auf der Nutzung der Informationen von Gradient und Hesse-Matrix. Wie exemplarisch in Kapitel 3.4.3.2 gezeigt, kann die zusätzliche Berechnung

Optimierungsalgorithmus bzw. bei Verwendung von Octave leicht abweichende Ergebnisse in den Nachkommastellen ergeben.

[125] Zu den Finanzderivaten, kurz Derivate, zählen insbesondere Optionen, welche extrem asymmetrische Renditeverteilungen besitzen. Werden diese im größeren Umfang als Assets im Portfolio eingesetzt, so erhält dadurch auch die Verteilung der Portfoliorenditen eine Asymmetrie und damit Abweichung von der Normalverteilung.

des Gradienten - neben dem Zielfunktionswert - in der benutzerdefinierten Zielfunktion den Ablauf der Optimierung deutlich beschleunigen. Soweit die benutzerdefinierten Zielfunktionen die Berechnung des Gradienten nicht zur Verfügung stellen, behilft sich Matlab (sowie viele andere benutzerdefinierte Optimierungsfunktionen auch) mit einer Gradientenapproximation. Diese Gradientenapproximation erfolgt in aller Regel verborgen vor dem Anwender innerhalb der (benutzerdefinierten) Optimierungsfunktion selbst. Insbesondere die in den Kapiteln 3.A.4 und 3.A.5 vorgestellten, benutzerdefinierten Funktion zur nichtlinearen Optimierung (`fNLfminunc` zur nichtlinearen Optimierung ohne Nebenbedingung, `fNLfmincon` zur nichtlinearen Optimierung mit Nebenbedingungen) greifen auf eine solche Gradientenapproximation zurück. Da aber zumeist eine explizite Bereitstellung der Gradientenapproximation durch den Benutzer in solchen Fällen nicht notwendig ist, wurde diese Thematik bisher nicht näher behandelt.

Dennoch gibt es zahlreiche Anwendungfälle, in denen eine eigenständige Approximation von Gradient oder Hesse-Matrix notwendig ist. Üblicherweise sind Approximationen dann notwendig, wenn eine geschlossene analytische Formel für den Gradienten oder die Hesse-Matrix nicht vorhanden oder zumindest nicht einfach herleitbar ist. Oftmals sind aber auch Approximationen in Bezug auf die numerische Genauigkeit völlig ausreichend. Wichtige Anwendungsgebiete für Approximationen des Gradienten oder der Hesse-Matrix sind neben der Optimierung auch die Ökonometrie, wo sie z.B. genutzt werden können, um Standardfehler für Koeffizientenschätzer zu bestimmen. Wir werden dies z.B. in Kapitel 4.4.1 behandeln.

Im Folgenden sollen jedoch nur elementare Approximationsformeln behandelt und implementiert werden, so wie sie für Zwecke dieses Buches ausreichend sind. Für weiterführende Verfeinerungen wird auf die Literatur verwiesen. Der Gradient ist der Vektor der ersten partiellen Ableitungen der Zielfunktion f an der Stelle $\mathbf{x}$ nach den i-ten Komponenten x_i mit $i = 1, ..., n$ Komponenten, siehe Formel 3.115:

$$\nabla f(\mathbf{x}) = \begin{bmatrix} \frac{\partial f}{\partial x_1} \\ \frac{\partial f}{\partial x_2} \\ \dots \\ \frac{\partial f}{\partial x_n} \end{bmatrix} \tag{3.115}$$

Eine sehr einfache Vorgehensweise ist es, die Approximation des Gradienten über den Differenzenquotienten vorzunehmen, siehe dazu Formel 3.116.

$$f_i'(\mathbf{x}) = \frac{\partial f}{\partial x_i} \approx \frac{f(\mathbf{x}+h_i) - f(\mathbf{x})}{h_i} \tag{3.116}$$

f Zielfunktion, von welcher der Gradient zu bestimmen ist

$\mathbf{x}$ Stelle $\mathbf{x} = (x_1, ..., x_n)^{\mathrm{T}}$, an welcher der Gradient approximiert werden soll, n Anzahl der Komponenten des Vektors $\mathbf{x}$

h_i Kleine Änderung (Differenz), welche in der i-ten Komponente betrachtet wird, dabei gilt $\mathbf{x} + h_i = (x_1, ..., x_{i-1}, x_i + h_i, x_{i+1}, ..., x_n)^{\mathrm{T}}$[126]

[126] Im weiteren Verlauf dieses Kapitels soll das hochgestellte „T" für das Transponieren eines Vektors aus Vereinfa-

Die Approximation des Gradienten über den Differenzenquotienten kann durch verschiedene Maßnahmen verbessert werden. Die Formel nach 3.116 kann als rechtsseitiger Differenzenquotient bezeichnet werden. Als Alternativen dazu können ebenso der linksseitige (Formel 3.117) sowie zentrale Differenzenquotient (Formel 3.118) berechnet werden. Eine Möglichkeit der genaueren Approximation könnte es dann sein, alle drei Varianten zu berechnen und darüber zu mitteln.

$$f_i'(\mathbf{x}) = \frac{\partial f}{\partial x_i} \approx \frac{f(\mathbf{x}) - f(\mathbf{x} - h_i)}{h_i} \tag{3.117}$$

$$f_i'(\mathbf{x}) = \frac{\partial f}{\partial x_i} \approx \frac{f(\mathbf{x} + h_i) - f(\mathbf{x} - h_i)}{2h_i} \tag{3.118}$$

Neben der Verwendung von rechstseitigem, linksseitigem und zentralem Differenzenquotienten können auch höhere Ordnungen der Differenzenberechnungen verwendet werden, welche die Genauigkeit der Approximation weiter steigern. Für eine erste Einführung soll aber im weiteren Verlauf die alleinige Betrachtung des rechtsseitigen Differenzenquotienten (Formel 3.116) ausreichen. Das folgende Programmlisting zeigt eine erste einfache Implementation einer benutzerdefinierten Funktion zur Gradientenapproximation. Das Programmlisting 3.54 setzt dabei die Formeln 3.116 bis 3.118 direkt um. Sie erlaubt es damit, zwischen diesen drei Berechnungsvarianten zu unterscheiden.

Quellcode 3.54: Benutzerdefinierte Gradientenapproximation

```
Siehe Datei: fGradApprox.m
```

Auffällig sind im Programmlisting 3.54 zwei Aspekte. Zum einen liefert diese Funktion viele Ergebnisse von Zwischenberechnungen zurück, die scheinbar uninteressant sind. Wir werden diese aber später noch bei der Approximation der Hesse-Matrix benötigen. Zum anderen erlaubt es die Funktion `fGradApprox` ebenfalls, den Gradienten einer vektoriellen Funktion zu approximieren, was ein seltener, aber durchaus vorkommender Sonderfall sein kann. Liefert eine Funktion $\mathbf{y} = f(\mathbf{x})$ einen vektoriellen Output $\mathbf{y} = (y_1, y_2, ... y_m)$, so ist die Ableitung $\frac{\partial \mathbf{y}}{\partial \mathbf{x}^T}$ nach Formel 3.119 definiert.

$$\frac{\partial \mathbf{y}}{\partial \mathbf{x}^T} = \begin{bmatrix} \frac{\partial y_1}{\partial x_1} & \frac{\partial y_1}{\partial x_2} & \cdots & \frac{\partial y_1}{\partial x_n} \\ \frac{\partial y_2}{\partial x_1} & \frac{\partial y_2}{\partial x_2} & \cdots & \frac{\partial y_2}{\partial x_n} \\ \cdots & \cdots & \cdots & \cdots \\ \frac{\partial y_m}{\partial x_n} & \frac{\partial y_m}{\partial x_n} & \cdots & \frac{\partial y_m}{\partial x_n} \end{bmatrix} \tag{3.119}$$

Die erste partielle Ableitung $\frac{\partial \mathbf{y}}{\partial \mathbf{x}^T}$ einer vektoriellen Funktion ist also ein $m \times n$ Matrix, welche als Zeilenvektoren die ersten partiellen Ableitungen des j-ten Funktionswertes y_j nach den $i = 1, ..., n$ Komponenten x_i des Argumentvektors $\mathbf{x}$ enthält. Diese Matrix $\frac{\partial \mathbf{y}}{\partial \mathbf{x}^T}$ ist keinesfalls zu verwechseln mit der Hesse-Matrix, die weiter unten behandelt wird.

Das Demoskript 3.56 zeigt den Aufruf von `fGradApprox`, hier an dem seltenen Sonderfall einer vektoriellen Funktion. Diese ist in Programmlisting 3.55 dargestellt.

---

chungsgründen fortgelassen werden. Gemeint sind mit den Klammerausdrücken (...) immer Spaltenvektoren, soweit nicht anders vermerkt.

Quellcode 3.55: Vektorielle Testfunktion für fGradApprox

```
Siehe Datei: fTestGradVec.m
```

Quellcode 3.56: Demoskript für fGradApprox

```
Siehe Datei: bDemoGradientApprox.m
```

Die Hesse-Matrix ist die Matrix der zweiten partiellen Ableitungen der Zielfunktion f an der Stelle $\mathbf{x}$ nach den „Kreuzprodukten" x_i, x_j also $\partial x_i \partial x_j$, siehe Formel 3.120:[127]

$$\mathbf{H} = \begin{bmatrix} \frac{\partial^2 f}{\partial x_1 \partial x_1} & \frac{\partial^2 f}{\partial x_1 \partial x_2} & \cdots & \frac{\partial^2 f}{\partial x_n \partial x_n} \\ \frac{\partial^2 f}{\partial x_2 \partial x_1} & \frac{\partial^2 f}{\partial x_2 \partial x_2} & \cdots & \frac{\partial^2 f}{\partial x_2 \partial x_n} \\ \cdots & \cdots & \cdots & \cdots \\ \frac{\partial^2 f}{\partial x_n \partial x_1} & \frac{\partial^2 f}{\partial x_n \partial x_1} & \cdots & \frac{\partial^2 f}{\partial x_n \partial x_n} \end{bmatrix} \tag{3.120}$$

Die Herleitung der Approximation ist hier ein wenig komplexer. Zunächst kann die zweite partielle Ableitung $\frac{\partial^2 f}{\partial x_i \partial x_j}$ nach Formel 3.121 geschrieben werden.

$$\frac{\partial^2 f}{\partial x_i \partial x_j} = \frac{\partial}{\partial x_i}\left[\frac{\partial}{\partial x_j} f(\mathbf{x})\right] \tag{3.121}$$

Der Ausdruck in der eckigen Klammer kann durch den Differenzenquotienten nach Formel 3.116 ersetzt werden. Dann gilt nach Formel 3.122:

$$\frac{\partial^2 f}{\partial x_i \partial x_j} \approx \frac{\partial}{\partial x_i}\left[\frac{f(x_1,\ldots,x_{j-1},x_j+h_j,x_{j+1},\ldots,x_n) - f(\mathbf{x})}{h_j}\right] \tag{3.122}$$

Der Zählerausdruck in der eckigen Klammer sei definiert als $g(\mathbf{x}) = f(x_1,\ldots,x_{j-1},x_j + h_j,x_{j+1},\ldots,x_n) - f(\mathbf{x})$. Damit lässt sich die Formel 3.122 kompakter als Formel 3.123 schreiben.

$$\frac{\partial^2 f}{\partial x_i \partial x_j} \approx \frac{\partial}{\partial x_i}\left[\frac{g(\mathbf{x})}{h_j}\right] = \frac{\partial}{\partial x_i}\left[\frac{1}{h_j} g(\mathbf{x})\right] = \frac{1}{h_j}\frac{\partial g(\mathbf{x})}{\partial x_i} \tag{3.123}$$

Im nächsten Schritt wird $\frac{\partial g(\mathbf{x})}{\partial x_i}$ wie oben erläutert wieder mit dem Differenzquotienten approximiert. Es gilt nach Formel 3.124:

$$\frac{\partial^2 f}{\partial x_i \partial x_j} \approx \frac{1}{h_j}\frac{\partial g(\mathbf{x})}{\partial x_i} \approx \frac{1}{h_j}\left[\frac{g(\mathbf{x}+h_i) - g(\mathbf{x})}{h_i}\right] \tag{3.124}$$

Das Rückeinsetzen der ursprünglichen Definition $g(\mathbf{x}) = f(x_1,\ldots,x_{j-1},x_j+h_j,x_{j+1},\ldots,x_n) - f(\mathbf{x})$ führt zu dem Ausdruck nach Formel 3.125

$$\frac{\partial^2 f}{\partial x_i \partial x_j} \approx \frac{f(x_1,\ldots,x_i+h_i,\ldots,x_j+h_j,\ldots,x_n)}{\ldots}\ldots \tag{3.125}$$

[127] Im Folgenden wird wieder von einer Funktion $f(\mathbf{x})$ ausgegangen, die einen skalaren, nicht vektoriellen Output liefert.

$$\dots \frac{-f(x_1,\dots,x_i+h_i,\dots,x_n)-f(x_1,\dots,x_j+h_j,\dots,x_n)+f(\mathbf{x})}{h_j\cdot h_i}$$

Zwecks Vereinfachung wird oftmals $h_i = h_j = h$ gesetzt, womit man zur Formel 3.126 kommt.

$$\frac{\partial^2 f}{\partial x_i \partial x_j} \approx \frac{f(x_1,\dots,x_i+h,\dots,x_j+h,\dots,x_n)}{\dots} \tag{3.126}$$

$$\dots \frac{-f(x_1,\dots,x_i+h,\dots,x_n)-f(x_1,\dots,x_j+h,\dots,x_n)+f(\mathbf{x})}{h^2}$$

Auch hier bestehen vielfältige Möglichkeiten der Verbesserung, die Formeln 3.125 bzw. 3.126 finden sich jedoch in vielen Basisimplementationen zur Approximation der Hesse-Matrix. Das Programmlisting 3.57 zeigt eine einfache Umsetzung dieser Approximationen der Hesse-Matrix in einer benutzerdefinierten Funktion.

Quellcode 3.57: Benutzerdefinierte Approximation der Hesse-Matrix

```
Siehe Datei: fHessApprox.m
```

Das Demoskript 3.59 zeigt den Aufruf von `fHessApprox`. Zu beachten ist, dass die hier exemplarisch vorgestellte benutzerdefinierte Funktion nur auf Funktionen angewendet werden darf, die einen skalaren Output zurückliefern, was im CF den Regelfall darstellt. Eine mögliche Testfunktion ist in Programmlisting 3.58 dargestellt.

Quellcode 3.58: Testfunktion für fHessApprox

```
Siehe Datei: fTestHessian.m
```

Quellcode 3.59: Demoskript für fHessApprox

```
Siehe Datei: bDemoHesse.m
```

3.6. Zwischenfazit

Optimierung ist ein zentraler Gegenstandsbereich im CF. Fragen der Optimierung werden hier insbesondere im Zusammenhang mit der Portfolioplanung diskutiert, wie es die vorhergehenden Betrachtungen und Fallstudien gezeigt haben. Dabei unterscheidet sich aus einer methodischen Perspektive das aktive und passive Management kaum. In beiden Fällen geht es - methodisch - darum, unter Einsatz geeigneter Optimierungsverfahren die Asset-Allocation zu bestimmen. Verfahren der linearen, quadratischen und allgemein nichtlinearen Optimierung können sowohl beim Index-Tracking (Passives Management) als auch Standard- und Nicht-Standard-Markowitz-Optimierung (Aktives Management) Anwendung finden. Die vorhergehenden Betrachtungen haben eine breite Palette an möglichen Anwendungsfällen im Portfoliomanagement abgedeckt.

Natürlich wurden nicht alle möglichen Portfoliooptimierungsmodelle behandelt, denn dazu ist deren Fülle nahezu unübersehbar.[128]

Ein zweiter wichtiger Anwendungsbereich der Optimierung ist die Schätzung von Parametern in (statistischen) Modellen, was z.B. anhand der MLE im Zuge der Telser-Optimierung unter Annahme t-verteilter Portfoliorenditen demonstriert wurde. Dies wird auch in den folgenden Kapiteln ein zentraler Anwendungsbereich bleiben, auf den noch häufiger zurückgegriffen wird.

Die Vielzahl verfügbarer Optimierungsmethoden wurde dabei gerade einmal angerissen. Wichtige Verfahren wie z.B. evolutionäre oder genetische Algorithmen wurden aus Platzgründen ebenso wenig angesprochen, wie andere interessante Optimierungsverfahren (z.B. *Simulated-Annealing* oder *Threshold-Accepting*). Auch wurde auf nähere Darstellungen der Optimierungsalgorithmen an sich verzichtet, da dies außerhalb des Fokus einer ersten Einführung in das CF liegt. Hier wird auf weiterführende Literatur oder das Kapitel 3.A verwiesen.

3.A. Benutzerdefinierte Optimierungsfunktionen

Skript/Funktion	Beschreibung	Matlab	Octave	Freemat	Toolboxen
fmincon_oct.m	Wrapper-Funktion zur Umleitung von `fmincon` auf `sqp`	-	X	-	keine
fLinProgSimplex.m	Funktion zur linearen Optimierung	X	X	X	keine
fIndTrackLinOptSOO.m	Funktion zur Bestimmung eines Tracking Portfolios mit der linearen Optimierung mit Simplex-Algorithmus	X	X	X	keine
bDemoIndexTracking-LinOptSOO.m	Demoskript zum Index-Tracking mit linearer Optimierung mit Simplex-Algorithmus	X	X	X	keine
linprog.m	Wrapper-Funktion zur Umleitung von `linprog` auf `fLinProgSimplex`	X	X	X	keine

Tabelle 3.14.: Übersicht verwendeter Skripte und Funktionen (lineare Optimierung und Octave-Wrapper).

Skript/Funktion	Beschreibung	Matlab	Octave	Freemat	Toolboxen
fOfQuadprog.m	Hilfsfunktion für die Wrapper-Funktion `quadprog`	X	X	X	keine
quadprog.m	Wrapper-Funktion zur Umleitung von `quadprog` auf `fNLfmincon`	X	X	X	keine

Tabelle 3.15.: Übersicht verwendeter Skripte und Funktionen (quadratische Optimierung).

[128] Vgl. z.B. PODDIG et al. (2009), S. 199 ff. zum Modell der relativen Optimierung oder S. 299 ff. zu verschiedenen Varianten alternativer Portfolioplanungsmodelle.

Skript/Funktion	Beschreibung	Matlab	Octave	Freemat	Toolboxen
fOfLinMin.m	Hilfsfunktion zur Berechnung des Zielfunktionswertes während der Linienminimierung	X	X	X	keine
fNLbracket.m	Funktion zur erstmaligen Einschachtelung des Linienminimums	X	X	X	keine
fNLgolden.m	Funktion zur Golden Section Search	X	X	X	keine
fNLlinmin.m	Funktion zur Linienminimierung	X	X	X	keine
fNLsteepest.m	Steepest-Descent-Verfahren	X	X	X	keine
fNLconjgrad.m	Konjugierte Gradientenabstiegs-Verfahren	X	X	X	keine
fNLqnewton.m	Quasi-Newton-Verfahren	X	X	X	keine
fZfBeispiel1a.m	Beispielhafte Zielfunktion für nichtlineare Optimierung	X	X	X	keine
bDemoNLopt1a.m	Testskript zur nichtlinearen Optimierung	X	X	X	keine
fNLfminunc	Schnittstellenfunktion zur nichtlinearen Optimierung ohne Nebenbedingungen	X	X	X	keine
fZfBeispiel1b.m	Beispielhafte Zielfunktion für nichtlineare Optimierung	X	X	X	keine
bDemoNLopt1b.m	Demokript zur nichtlinearen Optimierung	X	X	X	keine
fminunc.m	Wrapper-Funktion zur Umleitung von `fminunc` auf `fNLfminunc`	X	X	X	keine

Tabelle 3.16.: Übersicht verwendeter Skripte und Funktionen (nichtlineare Optimierung ohne Nebenbedingungen).

Gegenstand des vorliegenden Einführungswerkes zum CF ist im Bereich der Optimierung primär die Nutzung vorhandener Optimierungsbibliotheken, so wie sie z.B. für Matlab durch die Optimization Toolbox bereitgestellt werden oder sich bei Octave bereits im Basissystem befinden und durch das Paket `optim` ergänzt werden. Dies ist für die meisten Anwender völlig ausreichend. Ferner erfordert die eigene Implementation von Optimierungsfunktionen umfangreiches Hintergrundwissen, welches hier aus Platzgründen nicht vermittelt werden kann. Dennoch mag mancher Leser an näheren Details zur Implementation interessiert sein, sodass hier eine knapp gehaltene Darstellung erfolgt. Da hier eine dafür notwendige Einführung in Methoden der Optimierung nicht möglich ist, wird auf die Einführung in PODDIG et al. (2008) verwiesen.[129] Die nachfolgenden Darstellungen verstehen sich insbesondere als Fortführung der dort präsentierten Einführungen. Es wird gezeigt, wie sich die dort vorgestellten Verfahren mit Matlab umsetzen lassen.

Zugleich entsteht dabei ein eigenes, kleines benutzerdefiniertes Optimierungspaket, mit welchem lineare und nichtlineare Optimierungsprobleme ohne und mit Nebenbedingungen gelöst werden können. Dabei ist es nicht der Anspruch des hier entstehenden Optimierungspaketes, eine umfassende Alternative z.B. zu den Optimierungsfunktionen der Optimization Toolbox darzustellen. Sie können jedoch dann eingesetzt werden, wenn die in diesem Buch präsentier-

[129] Vgl. PODDIG et al. (2008), S. 453 ff.

Skript/Funktion	Beschreibung	Matlab	Octave	Freemat	Toolboxen
fNLbarrierOf.m	Zielfunktion für die Optimierung mit Barrierefunktionen	X	X	X	keine
fNLbarrierLE.m	Barrierefunktion für lineare Ungleichheiten	X	X	X	keine
fNLbarrierEQ.m	Barrierefunktion für lineare Gleichheiten	X	X	X	keine
fNLbarrierLE2.m	Alternative Barrierefunktion für lineare Ungleichheiten	X	X	X	keine
fNLbarriermin.m	Benutzerdefinierte Funktion zur nichtlinearen Optimierung mit Nebenbedingungen auf Basis von Barrierefunktionen	X	X	X	keine
fZfDemoBarriere.m	Zielfunktion zur Portfoliooptimierung mit Barrierefunktionen	X	X	X	keine
bDemoBarriere.m	Demoskript zur Portfoliooptimierung mit Barrierefunktionen	X	-	(X)	keine
bDemoBarriere_oct.m	Demoskript zur Portfoliooptimierung mit Barrierefunktionen, Octave-Version	-	X	-	keine
fNLlagrangeOf.m	Zielfunktion für die Optimierung mit Lagrange-Funktionen	X	X	X	keine
fNLlagrangemin.m	Benutzerdefinierte Funktion zur nichtlinearen Optimierung mit Nebenbedingungen auf Basis von erweiterten Lagrange-Funktionen	X	X	X	keine
fNLfmincon	Schnittstellenfunktion zur nichtlinearen Optimierung mit Nebenbedingungen	X	X	X	keine
fZfLagrange.m	Zielfunktion zur Optimierung mit Lagrange-Funktionen für `bDemoLagrange`	X	X	X	keine
bDemoLagrange.m	Demoskript zur Optimierung mit Lagrange-Funktionen	X	X	X	keine
fmincon.m	Wrapper-Funktion zur Umleitung von `fmincon` auf `fNLfmincon`	X	X	X	keine

Tabelle 3.17.: Übersicht verwendeter Skripte und Funktionen (nichtlineare Optimierung mit Nebenbedingungen). (X): Eingeschränkte Lauffähigkeit unter Freemat, nicht alle Teile des Skriptes können durchlaufen werden.

ten Optimierungsprobleme nachgearbeitet werden sollen, jedoch dafür kein anderes geeignetes Optimierungspaket zur Verfügung steht, z.B. beim Arbeiten mit Freemat.

3.A.1. Wrapper-Funktionen zur Optimierung

Auf die Bedeutung und Verwendungsmöglichkeiten von Wrapper-Funktionen wurde bereits im Anhang, dort Kapitel A.12, hingewiesen. Dort wurde ein einfaches Beispiel behandelt, in welchem der Funktionsaufruf der Matlab-Funktion `corrcoef`, die unter Octave und Freemat nicht existiert, auf die Funktion `corr` abgebildet wurde, welche in allen Systemen vorhanden ist. Wie dort ausgeführt, können Wrapper-Funktionen mehr oder weniger komplex ausfallen. Sehr anspruchsvoll sind Wrapper-Funktionen dann, wenn der Funktionsaufruf einer sehr komplexen Funktion in einen völlig anders aufgebauten Funktionsaufruf einer anderen, ebenfalls sehr komplexen Funktion umzusetzen ist. Ein Beispiel für einen solchen Fall zeigt das Programmlisting 3.60.

Quellcode 3.60: Wrapper-Funktion fmincon_oct

```
Siehe Datei: fmincon_oct.m
```

Aufgabe der Wrapper-Funktion `fmincon_oct` ist die Erleichterung bei der Portierung von Matlab-Programmen nach Octave, welche die Matlab-Optimierungsfunktion `fmincon` benutzen. Eine ähnlich leistungsfähige, komfortabel anzusteuernde Optimierungsfunktion wie `fmincon` steht unter Octave leider nicht zur Verfügung. Am ähnlichsten ist die Optimierungsfunktion `sqp`, welche allerdings gänzlich anders anzusteuern ist. Die „händische" Portierung von Matlab-Programmen würde hier einen erheblichen Aufwand verursachen, da jede Funktion, welche `fmincon` nutzt, sehr umfänglich zu überarbeiten wäre. Ein möglicher Ausweg ist es, eine Schnittstellenfunktion (Wrapper-Funktion) zu schreiben, welche den Funktionsaufruf von `fmincon` auf `sqp` umsetzt. Da vermutlich eher weniger Leser mit Octave arbeiten werden, soll diese Wrapper-Funktion hier nicht umfassend besprochen werden. Die Kommentare im Programmcode enthalten alle wichtigen Hinweise.

Weitere Wrapper-Funktionen und ihr Einsatz werden im Folgenden an denjenigen Stellen besprochen, an denen die Wrapper zum Einsatz kommen. Insbesondere die folgenden Kapitel verwenden verschiedene Wrapper, um die Optimierungsbeispiele unter Freemat lauffähig zu gestalten.

3.A.2. Implementation der linearen Optimierung

Die Methode der linearen Optimierung ist umfänglich bei PODDIG et al. (2008) erläutert.[130] Neben der Darstellung des Simplex-Algorithmus[131] findet sich dort auch eine didaktisch orientierte Umsetzung unter Microsoft Excel mit Hilfe der Programmiersprache Visual Basic for Applications (VBA).[132] Hier soll gezeigt werden, wie die dort vorgestellte Implementation der linearen Optimierung unter Matlab aussehen könnte. Das Programmlisting 3.61 zeigt eine eng an der Vorlage orientierte Umsetzung unter Matlab. Aus Platzgründen soll hier aber der Algorithmus selber und die Details der Implementation nicht wiederholt werden. In der Originalquelle wird der Algorithmus in Form von zahlreichen Hilfsfunktionen ausgeführt, die in der nachfolgenden Matlab-Implementation zwecks übersichtlicher und kompakter Darstellung in einem Listing zusammengefasst sind. Matlab erlaubt es, Hilfsfunktionen zu einer Funktion in derselben Datei nach dem Ende der Funktion folgen zu lassen. Dadurch werden Funktion und zugehörige Hilfsfunktionen in einer einzigen Datei zusammengebunden. Die Hilfsfunktion sind dann nicht nach außen sichtbar, also nur für die behandelte Funktion selbst zugänglich.

[130] Vgl. PODDIG et al. (2008), S. 483 ff.

[131] Der Simplex-Algorithmus ist einer der bekanntesten und ältesten Algorithmen zur Lösung linearer Optimierungsprobleme, der in zahlreichen Lehrbüchern behandelt wird.

[132] Vgl. auch PODDIG et al. (2008), S. 509 ff.

Quellcode 3.61: Funktion zur linearen Optimierung

```
Siehe Datei: fLinProgSimplex.m
```

Da sowohl für Matlab als auch Octave hoch effiziente Bibliotheksfunktionen zur linearen Optimierung vorhanden sind, ist es hier nicht die Zielsetzung, eine „verbesserte" Implementation vorzulegen, sondern lediglich die Umsetzung des Simplex-Algorithmus in Matlab zu illustrieren. Ein wichtiger Begleiteffekt ist es aber, dass damit Anwender von Freemat die vorgestellten Fallbeispiele nacharbeiten können. Die benutzerdefinierte Funktion `fLinProgSimplex` geht anders als `linprog` von einem Maximierungsproblem aus, was in der direkten Umsetzung der benutzten Vorlage begründet ist.

Die Zielsetzung der Implementation unter VBA bei PODDIG et al. (2008) war es primär, die einzelnen Umformungsschritte beim Simplex-Algorithmus beobachten zu können. Genau dies leistet die vorliegende Umsetzung in Matlab sehr viel besser als der Vorgänger. Mit Hilfe des Debuggers und Dateneditors in Matlab kann Schritt-für-Schritt verfolgt werden, wie sich die Umformungen des Tableaus vollziehen. Genau hierin liegt die primäre Zwecksetzung, weshalb die vorgestellte Implementation auch nicht auf Effizienz ausgelegt ist. Weiterhin lässt sich an diesem Beispiel auch gut zeigen, welche Gemeinsamkeiten und Unterschiede sich bei der Implementation unter Matlab gegenüber VBA ergeben. Da diese Aspekte nur bestimmte Leser interessieren werden, soll die vergleichende Gegenüberstellung nicht extensiv behandelt werden. Bei PODDIG et al. (2008) wurde die VBA-Implementation nur an sehr einfachen Beispielen demonstriert. Tatsächlich lässt sich diese aber genauso für die Bestimmung eines optimalen Tracking-Portfolios nutzen, wie es das Programmlisting 3.62 zeigt, wobei die Unterschiede zum vorhergehenden Programmlisting 3.2 nur marginal sind.

Quellcode 3.62: Funktion zur Bestimmung eines Tracking-Portfolios mit der linearen Optimierung mit Simplex-Algorithmus

```
Siehe Datei: fIndTrackLinOptSOO.m
```

Das Programmlisting 3.63 zeigt die Anwendung der Funktion `fIndTrackLinOptSOO`. Das Demoskript illustriert, dass die primär didaktisch orientierte Implementation durchaus geeignet ist, „ernsthafte" Optimierungsprobleme zu lösen. Dieses Demoskript ist z.B. neben Octave auch unter Freemat lauffähig, welches anders als Matlab oder Octave über keine umfangreiche Optimierungsbibliothek verfügt.

Quellcode 3.63: Demoskript zum Index-Tracking mit linearer Optimierung mit Simplex-Algorithmus

```
Siehe Datei: bDemoIndexTrackingLinOptSOO.m
```

Anwender von Freemat können durch Nutzung von `fLinProgSimplex` alle Fallstudien des Kapitels 3.2 bearbeiten. Dennoch wird die Verwendung dieser Implementation zur Lösung linearer Optimierungsprobleme nur als Behelf empfohlen, wenn keine alternativen, effizienteren Optimierungsfunktionen zur Verfügung stehen. Um die Anwendung für Nutzer von Freemat zu erleichtern, wurde eine einfache Wrapper-Funktion geschrieben, welche Funktionsaufrufe der Matlab-Funktion `linprog` in einen Funktionsaufruf von `fLinProgSimplex` umsetzt; siehe dazu Programmlisting 3.64.

Quellcode 3.64: Wrapper-Funktion linprog

```
Siehe Datei: linprog.m
```

Die Aktivierung der Wrapper-Funktion geschieht durch das jeweilige Demoskript, indem die Suchpfade um den Pfad auf die Wrapper-Funktion ergänzt werden, wie es die vorhergehenden Demoskripte bereits gezeigt haben. Obwohl dieses Vorgehen sehr einfach erscheint, ist ein Wort der Warnung angebracht: Das hier gewählte Vorgehen benutzt die Möglichkeit, unter Matlab (Octave, Freemat) systemeigene Funktionen mit benutzerdefinierten Funktionen „überschreiben" (oder „überlagern") zu können. Dieses Vorgehen ist deshalb gefährlich, weil dadurch unbeabsichtigte Seiteneffekte ausgelöst werden können. Besser ist es, in den betreffenden Skripten oder Funktionen explizit die gewünschte Funktion aufzurufen und intransparente Überlagerungen zu vermeiden. Dies wird am vorhergehenden Beispiel illustriert: Das Demoskript `bDemoIndexTrackingLinOpt` ist bereits unter Freemat läuffähig, weil das Demoskript dort eine Umleitung auf `fLinProgSimplex` einrichtet, wenn die systemeigene Funktion `linprog` nicht gefunden wurde. Dies mag sehr clever wirken, weil dadurch die separate Funktion `fIndTrackLinOptSOO` und das separate Demoskript `bDemoIndexTrackingLinOptSOO` unnötig sind. Jedoch können dadurch in komplexen Programmierprojekten sehr schwer erkennbare Seiteneffekte ausgelöst werden. Oftmals ist es sinnvoller, denn zusätzlichen Aufwand in separate Funktionen und Skripte zu investieren, als „merkwürdige" Fehler zu suchen. Wir setzen in diesem Buch beide Varianten ein, verzichten also oftmals bewusst auf die Nutzung von Überlagerungen durch Wrapper-Funktionen, wenn dies sinnvoll erscheint.

3.A.3. Implementation der quadratischen Optimierung

Die Methode der quadratischen Optimierung ist umfänglich bei PODDIG et al. (2008) erläutert.[133] Algorithmisch ist die Implementation deutlich aufwändiger als diejenige der linearen Optimierung, weshalb hier die Portierung der VBA-Implementation nach Matlab auf eine spätere Auflage verschoben wird.

Um dennoch das Nacharbeiten der Fallstudien unter Freemat oder bei fehlender Optimization Toolbox zu ermöglichen, wird zwischenzeitlich auf die allgemeine nichtlineare Optimierung mit Nebenbedingungen zurückgegriffen, die in Kapitel 3.A.5 näher behandelt wird. Dies ist zulässig, da die quadratische Optimierung ein Spezialfall der allgemeinen nichtlinearen Optimierung (mit Nebenbedingungen) ist. Einschränkend sei aber angemerkt, dass spezifische Algorithmen für ein quadratisches Optimierungsproblem in aller Regel schneller, effizienter und akkurater solche Optimierungsprobleme lösen.

Anwender von Freemat können durch Nutzung der benutzerdefinierten Funktion `fNLfmincon` (siehe dazu näher Kapitel 3.A.5) alle Fallstudien des Kapitels 3.3 bearbeiten. Dennoch wird die Verwendung dieser Implementation zur Lösung quadratischer Optimierungsprobleme nur als Behelf empfohlen, wenn keine alternativen, effizienteren Optimierungsfunktionen zur Verfügung stehen. Wie für die lineare Optimierung auch, wurde eine spezielle Wrapper-Funktion

[133] Vgl. PODDIG et al. (2008), S. 561 ff. Zudem finden sich dort ab S. 587 ff. Betrachtungen zur konkreten Implementation, die mittels der Tabellenkalkulation Microsoft Excel unter VBA umgesetzt werden.

geschrieben, welche Funktionsaufrufe der Matlab-Funktion `quadprog` in einen Funktionsaufruf von `fNLfmincon` umsetzt; siehe dazu Programmlisting 3.66.

Quellcode 3.65: Hilfsfunktion für die Wrapper-Funktion quadprog

```
Siehe Datei: fOfQuadprog.m
```

Quellcode 3.66: Wrapper-Funktion quadprog

```
Siehe Datei: quadprog.m
```

Die Wrapper-Funktion `quadprog` konvertiert auch vom Anwender gesetzte Optionen, die von der Wrapper-Funktion `linprog` ignoriert werden, weil dort die benutzerdefinierte Funktion `fLinProgSimplex` keine Setzung von Optionen erlaubt. Dagegen besitzt `fNLfmincon` einige Optionen, die zu einigen Optionen der originären Matlab-Funktion `quadprog` korrespondieren. Ferner ist für die Umleitung von `quadprog` auf `fNLfmincon` noch eine weitere Hilfsfunktion notwendig, die in Programmlisting 3.65 dargestellt ist. Die Aufgabe dieser Hilfsfunktion `fOfQuadprog` ist es, den Zielfunktionswert bei der quadratischen Optimierung zu berechnen.

Die Aktivierung der Wrapper-Funktion geschieht durch das jeweilige Demoskript, indem die Suchpfade um den Pfad auf die Wrapper-Funktion ergänzt werden, wie es die vorhergehenden Demoskripte bereits gezeigt haben.

3.A.4. Implementation der nichtlinearen Optimierung ohne Nebenbedingungen

Verfahren der nichtlinearen Optimierung und deren Implementation sind ein umfassendes Thema, welches den hier vorliegenden Fokus bei weitem übersteigt. Bei PODDIG et al. (2008) findet sich eine erste Einführung mit umfänglichen Erläuterungen und beispielhaften Implementationen ausgewählter Verfahren der nichtlinearen Optimierung ohne Nebenbedingungen unter Microsoft Excel und VBA.[134] Die zentralen VBA-Programmcodes und deren Portierungen nach Matlab sollen hier kurz angesprochen werden. So finden Leser hier die Fortführung jener Betrachtungen in Matlab, andere interessierte Leser finden nachfolgend die Matlab-Beispiele zu den Darstellungen bei PODDIG et al. (2008). Auch wenn daran kein Interesse besteht, stellen die folgenden Implementationen eine Alternative zur Optimization Toolbox dar, falls diese nicht vorhanden ist. Dies ist insbesondere für Anwender von Freemat relevant, da sich die Fallstudien des Kapitels 3.4 nur mit diesen benutzerdefinierten Funktionen nacharbeiten lassen.

Bei grober Zusammenfassung der Darstellungen aus PODDIG et al. (2008) bestehen die dort präsentierten Verfahren aus zwei zentralen Komponenten. Die erste Komponente eines nichtlinearen Optimierungsalgorithmus berechnet die Suchrichtung im N-dimensionalen Parameterraum. Die zweite Komponente führt dann entlang der berechneten Suchrichtung eine sogenannte *Linienminimierung* durch. Diese bestimmt entlang der festgelegten Suchrichtung die optimale Schrittweite, also den Punkt, an welchem sich entlang der Suchrichtung der minimale Zielfunktionswert ergibt (Linienminimum). Eine nichtlineare Optimierung vollzieht sich dann durch

[134] Vgl. PODDIG et al. (2008), S. 637 ff.

iterative Anwendung beider Schritte: (i) Bestimmung der Suchrichtung, (ii) Linienminimierung und dann Wiederholung ab (i), bis ein vorgegebenes Abbruchkriterium erreicht wurde.

Die folgenden Programmlistings stellen die Linienminimierung dar, welche sich aus zwei Funktionen zur initialen Einschachtelung des Linienminimums sowie der endgültigen Bestimmung der Lage des Linienminimums zusammensetzen.[135] Grob zusammengefasst beginnt die Linienminimierung mit der erstmaligen Einschachtelung des Minimums der Zielfunktion längs der vorgegebenen Suchrichtung. Dabei werden drei Schrittweiten λ^a, λ^b und λ^c derart bestimmt, dass $f(\lambda^a) > f(\lambda^b) < f(\lambda^c)$ mit $\lambda^a < \lambda^b < \lambda^c$ gilt, wobei $f(\lambda)$ der Wert der Zielfunktion an der Stelle $\mathbf{x} - \lambda \cdot \mathbf{h}$ ist (mit $\mathbf{x}$ aktueller Parametervektor und $\mathbf{h}$ aktuelle Suchrichtung). Die Bestimmung der Suchrichtung $\mathbf{h}$ wird unten besprochen. Vereinfacht gesprochen zeigt $\mathbf{h}$ an, in welche Richtung der Zielfunktionswert ansteigt. Da hier grundsätzlich Minimierungsprobleme vorausgesetzt werden, ist die Stelle $\mathbf{x}$ also entgegengesetzt, d.h. in Richtung $-\lambda \cdot \mathbf{h}$ anzupassen. Der Algorithmus startet mit einer sehr kleinen Schrittweite, z.B. $\lambda \approx 0,001$, die dann sukzessive erhöht wird, bis die genannte Bedingung erstmalig erfüllt wird. Die Schrittweiten λ^a, λ^b und λ^c schachteln dann die optimale Schrittweite λ^{opt} ein, wobei λ^b als erste, grobe Schätzung für das Linienminimum angesehen werden kann.

Die folgenden Matlab-Codes folgen sehr eng diesen Überlegungen und den bei PODDIG et al. (2008) präsentierten Vorlagen. Sie übernehmen auch weitgehend die Variablennamen, sodass die umfangreiche Dokumentation der hier präsentierten Beispiele dort entnommen werden kann. Das Programmlisting 3.67 zeigt die Hilfsfunktion zur Berechnung des Zielfunktionswertes während der Linienminimierung. Sie berechnet den Wert $f(\mathbf{x} - \lambda \cdot \mathbf{h})$. Hier handelt es sich um die Portierung der VBA-Prozedur `zf_linienminimierung` (vgl. PODDIG et al. (2008), S. 680). Der Vergleich mit der VBA-Vorlage demonstriert anschaulich, wie viel einfacher und effizienter in Matlab im Vergleich zu VBA programmiert werden kann.

Quellcode 3.67: Hilfsfunktion zur Berechnung des Zielfunktionswertes während der Linienminimierung

```
Siehe Datei: fOfLinMin.m
```

Das Programmlisting 3.68 zeigt die erstmalige Einschachtelung des Linienminimums. Hier handelt es sich um die Portierung der VBA-Prozedur `einschachteln`[136], die in nahezu direkter Weise umgesetzt wurde. Zu beachten ist, dass VBA eine `do ... while` Schleifenkonstruktion[137]

---

[135] Die zugehörigen Erläuterungen und VBA-Codes finden sich bei PODDIG et al. (2008), S. 674 ff., wobei das Verfahren zur Linienminimierung ab S. 637 ff. schrittweise entwickelt wird. Die dortigen Darstellungen folgen eng PRESS et al. (2005), S. 401 ff., die die Umsetzung des Verfahrens in der Programmiersprache C++ vorstellen. Für nähere Erläuterungen sei auf jene Darstellungen verwiesen.

[136] Vgl. PODDIG et al. (2008), S. 681.

[137] Bei einer `do ... while` Schleife in VBA erfolgt die Prüfung der Abbruchbedingung am Ende des Schleifendurchgangs, nicht jedoch vor Eintritt in den Schleifenkörper wie bei einer `while ... end` Schleifenkonstruktion in Matlab. Falls vor der erstmaligen Ausführung einer `while ... end` Schleife die Abbruchbedingung bereits erfüllt ist, wird diese nicht betreten. Eine `do ... while` Schleife wird dagegen zwingend mindestens einmal durchgeführt. Oftmals ist eine solche Schleifenkonstruktion sehr hilfreich, bei welcher das Betreten des Schleifenkörpers sichergestellt ist. In Matlab kann dies über den Umweg erzwungen werden, dass die Abbruchbedingung vorher geeignet initialisiert wird. Jüngere Versionen von Matlab besitzen zwar mit der Variante `repeat ... until` eine dazu äquivalente Schleifenkonstruktion, die aber nicht zu Octave kompatibel ist; siehe dazu näher auch Kapitel A.7.2

besitzt, die wir unter Matlab aus Gründen der Portabilität zu Octave nicht verwenden. Die Initialisierung der `while`-Schleife mag daher zunächst „merkwürdig" anmuten, dient aber nur dazu, die Schleife zwingend zu betreten. Alternativ hätte man bei der Umsetzung in Matlab auch eine Konstruktion `while true ... break` verwenden können.

Quellcode 3.68: Erstmalige Einschachtelung des Linienminimums

```
Siehe Datei: fNLbracket.m
```

Nach der erstmaligen Einschachtelung des Linienminimums λ^{opt} durch die alternativen Schrittweiten λ^a, λ^b und λ^c, wird dessen Lage genauer bestimmt. Dazu wird das Verfahren der „Golden-Section-Search" verwendet.[138] Dieses Verfahren verringert sukzessive den Abstand zwischen den beiden äußeren Schachtelpunkten λ^a und λ^c, bis der Abstand $\lambda^c - \lambda^a$ einen geforderten Mindestabstand ε unterschreitet, also der Schätzer λ^b für das Linienoptimimum λ^{opt} mit der (Mindest-) Präzision ε bestimmt ist. Das Programmlisting 3.69 zeigt die Umsetzung der „Golden-Section-Search" in Matlab, mit der nach der initialen Einschachtelung des Linienminimums dessen genaue Lage bestimmt wird. Dabei wird die VBA-Prozedur `goldener_schnitt` in weitgehend ähnlicher Form portiert.[139] Zu beachten ist wiederum, dass wir in Matlab eine `do ... while` Schleifenkonstruktion nicht verwenden, diese also indirekt über die Initialisierung der Schleifenbedingung einer gewöhnlichen while-Schleife nachbilden.

Quellcode 3.69: Golden Section Search

```
Siehe Datei: fNLgolden.m
```

Alle vorgestellten Funktionen werden in der Funktion `fNLlinmin` im Programmlisting 3.70 zusammengesetzt, wie es bereits in der VBA-Prozedur `linienminimierung`[140] vollzogen wird. Damit ist eine zentrale Komponente der nichtlinearen Optimierung, die Linienminimierung, vollständig in Matlab umgesetzt.

Quellcode 3.70: Linienminimierung

```
Siehe Datei: fNLlinmin.m
```

Die andere wichtige Komponente bei der nichtlinearen Optimierung ist die Bestimmung der Suchrichtung. Die einfachste Variante ist es dazu, an der aktuellen Stelle $\mathbf{x}$ im Suchraum den Gradienten $\nabla f(\mathbf{x})$ der Zielfunktion $f(\mathbf{x})$ zu berechnen und diesen als Suchrichtung ($\mathbf{h} = \nabla f(\mathbf{x})$) zu benutzten.[141] Dieses Verfahren heißt „Steepest-Descent" (Weg des steilsten Abstiegs).

Beim Steepest-Descent-Verfahren ergibt sich damit im Optimierungsschritt $l+1$ die neue Schätzung für den Parametervektor $\mathbf{x}^{l+1}$ nach der Update-Formel 3.127:

$$\mathbf{x}^{l+1} = \mathbf{x}^l - \lambda^{opt} \cdot \mathbf{h}^l \tag{3.127}$$

[138] Das Verfahren ist bei PRESS et al. (2005), S. 401 ff. näher erklärt.

[139] Vgl. PODDIG et al. (2008), S. 682 f.

[140] Vgl. PODDIG et al. (2008), S. 632.

[141] Unter dem Gradienten versteht man den Vektor der ersten partiellen Ableitungen der Zielfunktion nach den freien Parametern. Die nähere Darstellung und Schätzung des Gradienten findet sich in Kapitel 3.5.

$\mathbf{x}^l$ geschätzter optimaler Parametervektor im l-ten Optimierungsschritt

$\mathbf{h}^l$ geschätzte Suchrichtung im l-ten Optimierungsschritt, wobei $\mathbf{h} = \nabla f(\mathbf{x})$ beim Steepest-Descent-Verfahren

λ^{opt} geschätzte optimale Schrittweite im l-ten Optimierungsschritt (bestimmt mittels vorhergehender Linienminimierung)

Das Programmlisting 3.71 zeigt die Umsetzung dieses Verfahrens. Dabei wird die VBA-Prozedur `steilster_abstieg`[142] in deutlich erweiterter Form portiert, indem hier umfassendere Möglichkeiten zur Einstellung und Steuerung des Algorithmus vorgesehen werden. Wie die Matlab-Optimierungsfunktionen auch, erlaubt es `fNLsteepest` (sowie alle nachfolgend vorzustellenden Optimierungsfunktionen) entweder den durch die benutzerdefinierte Zielfunktion selber berechneten Gradienten zu nutzen oder diesen über eine Finite-Differenzen-Approximation zu schätzen. Diese wird ausführlich in Kapitel 3.5 vorgestellt.

Quellcode 3.71: Steepest-Descent-Verfahren

```
Siehe Datei: fNLsteepest.m
```

Das Steepest-Descent-Verfahren ist zwar sehr einfach, besitzt aber zugleich Defizite.[143] Eine deutliche Verbesserung stellen Verfahren des konjugierten Gradientenabstiegs dar.[144] Grob zusammengefasst, wird beim konjugierten Gradientenabstieg die neue Suchrichtung $\mathbf{h}^{l+1}$ aus aktuellem Gradienten $\mathbf{g}^{l+1}$ und gewichteter alter Suchrichtung $\mathbf{h}^l$ bestimmt. Die Update-Formel für die Suchrichtung $\mathbf{h}^{l+1}$ lautet hier nach Formel 3.128. Zum Start wird $\mathbf{h}^1 = \mathbf{g}^1$ gesetzt.

$$\mathbf{h}^{l+1} = \mathbf{g}^{l+1} + \gamma^{l+1} \cdot \mathbf{h}^l \tag{3.128}$$

$\mathbf{g}^{l+1}$ Gradient $\nabla f(\mathbf{x})$ der Zielfunktion $f(\mathbf{x})$ im $l+1$-ten Optimierungsschritt

γ^{l+1} Skalierungsfaktor im $l+1$-ten Optimierungsschritt

Die Besonderheit ist die Berechnung des Gewichtungs- oder Skalierungsfaktors γ. In der Literatur finden sich vorrangig die Berechnungsformeln 3.129 (Methode nach Fletcher-Reeves) und 3.130 (Methode nach Polak-Ribière).

$$\gamma^{l+1} = \frac{(\mathbf{g}^{l+1})^{\mathrm{T}} \cdot \mathbf{g}^{l+1}}{(\mathbf{g}^l)^{\mathrm{T}} \cdot \mathbf{g}^l} \tag{3.129}$$

$$\gamma^{l+1} = \frac{(\mathbf{g}^{l+1} - \mathbf{g}^l)^{\mathrm{T}} \cdot \mathbf{g}^{l+1}}{(\mathbf{g}^l)^{\mathrm{T}} \cdot \mathbf{g}^l} \tag{3.130}$$

Das Programmlisting 3.72 zeigt die Umsetzung des konjugierten Gradientenabstiegs. Die Funktion erlaubt es, die Suchrichtungen nach Fletcher-Reeves und Polak-Ribière zu berechnen.[145]

[142] Vgl. PODDIG et al. (2008), S. 684 f.

[143] Bildlich gesprochen, neigt das Steepest-Descent-Verfahren zu einem sehr ausgeprägten „Zick-Zack"-Kurs im Parametersuchraum, wodurch es extrem langsam auf das nächstgelegene (lokale) Optimum konvergiert.

[144] Vgl. PODDIG et al. (2008), S. 690 ff.

[145] Die VBA-Prozedur `konjugierter_abstieg` aus PODDIG et al. (2008), S. 704 f. stellt die Vorlage dar. Bei der Matlab-Portierung wurden umfassendere Möglichkeiten zur Einstellung und Steuerung des Algorithmus vorgesehen.

Quellcode 3.72: Konjugierter Gradientenabstieg

```
Siehe Datei: fNLconjgrad.m
```

Verfahren des konjugierten Gradientenabstiegs arbeiten in aller Regel erheblich schneller als das Steepest-Descent-Verfahren. Als weitere Verbesserung gelten die Newton- bzw. Quasi-Newton-Verfahren.[146] Vereinfacht gesprochen, wird hier die Suchrichtung $\mathbf{h}^l$ im l-ten Optimierungsschritt aus aktuellem Gradienten $\mathbf{g}^l$ und der Inversen der Hesse-Matrix[147] $\mathbf{H}_l^{-1}$ gebildet. Es gilt $\mathbf{h}^l = \mathbf{H}_l^{-1} \cdot \mathbf{g}^l$. Für die Approximation der Hesse-Matrix kann prinzipiell das in Kapitel 3.5 vorgestellte Verfahren eingesetzt werden, welches aber unter praktischen Aspekten zu berechnungsintensiv und damit zu langsam ist. Stattdessen wird die Inverse der Hesse-Matrix innerhalb der fortgesetzten Optimierungsschritte selbst approximiert. Für die Approximation sind zunächst fünf Hilfsvariablen nach Formeln 3.131 bis 3.135 zu definieren.

$$\Delta\mathbf{x}^{l+1} = \mathbf{x}^{l+1} - \mathbf{x}^l \tag{3.131}$$

$$\Delta\mathbf{g}^{l+1} = \mathbf{g}^{l+1} - \mathbf{g}^l \tag{3.132}$$

$$d_1 = (\Delta\mathbf{g}^{l+1})^{\mathrm{T}} \cdot \Delta\mathbf{x}^{l+1} \tag{3.133}$$

$$d_2 = (\Delta\mathbf{g}^{l+1})^{\mathrm{T}} \cdot \mathbf{H}_l^{-1} \cdot \Delta\mathbf{g}^{l+1} \tag{3.134}$$

$$\mathbf{u} = \frac{\Delta\mathbf{x}^{l+1}}{d_1} - \frac{\mathbf{H}_l^{-1}\Delta\mathbf{g}^{l+1}}{d_2} \tag{3.135}$$

Mit diesen Hilfsvariablen lautet die Update-Formel von Davidon-Fletcher-Powell (DFP) für die Approximation der Inversen der Hesse-Matrix im $l+1$-ten Optimierungsschritt nach Formel 3.136. Üblicherweise wird jedoch die alternative Formel von Broyden-Fletcher-Goldfarb-Shanno (BFGS) für das Update der Approximation der inversen Hesse-Matrix benutzt. Dementsprechend heißt dieses Verfahren auch BFGS-Algorithmus.

$$\mathbf{H}_{l+1}^{-1} = \mathbf{H}_l^{-1} + \frac{\Delta\mathbf{x}^{l+1} \cdot (\Delta\mathbf{x}^{l+1})^{\mathrm{T}}}{d_1} - \frac{(\mathbf{H}_l^{-1}\Delta\mathbf{g}^{l+1}) \cdot (\mathbf{H}_l^{-1}\Delta\mathbf{g}^{l+1})^{\mathrm{T}}}{d_2} \tag{3.136}$$

$$\mathbf{H}_{l+1}^{-1} = \mathbf{H}_l^{-1} + \frac{\Delta\mathbf{x}^{l+1} \cdot (\Delta\mathbf{x}^{l+1})^{\mathrm{T}}}{d_1} - \frac{(\mathbf{H}_l^{-1}\Delta\mathbf{g}^{l+1}) \cdot (\mathbf{H}_l^{-1}\Delta\mathbf{g}^{l+1})^{\mathrm{T}}}{d_2} + d_2(\mathbf{u} \cdot \mathbf{u}^{\mathrm{T}}) \tag{3.137}$$

PODDIG et al. (2008) geben eine Beschreibung des Algorithmus, implementieren diesen aber nicht mehr unter VBA. Das Programmlisting 3.73 zeigt die Implementation des Quasi-Newton-Verfahrens, die sich an den vorhergehenden Funktionen orientiert und zugleich die Beschreibung bei PODDIG et al. (2008) integriert, die gerade kurz skizziert wurde.[148] Die Funktion erlaubt, die Approximation der inversen Hesse-Matrix nach Davidon-Fletcher-Powell und Broyden-Fletcher-Goldfarb-Shanno zu berechnen. Quasi-Newton-Verfahren mit Berechnung der inversen Hesse-Matrix nach dem BFGS-Verfahren markieren einen wichtigen „Standard" nichtlinearer Optimierungsverfahren.

[146] Vgl. PODDIG et al. (2008), S. 710 ff.

[147] Matrix der zweiten partiellen Ableitungen, vgl. näher Kapitel 3.5

[148] Vgl. PODDIG et al. (2008), S. 716.

Quellcode 3.73: Quasi-Newton-Verfahren

```
Siehe Datei: fNLqnewton.m
```

Ein kleines Testprogramm und Vergleich mit der Matlab-Optimierungsfunktion `fminunc` ist in Programmlisting 3.75 dargestellt. Es greift auf die Zielfunktion aus dem Programmlisting 3.74 zurück, die auch bei PODDIG et al. (2008) implementiert ist.[149]

Quellcode 3.74: Zielfunktion nichtlineare Optimierung

```
Siehe Datei: fZfBeispiel1a.m
```

Quellcode 3.75: Testskript zur nichtlinearen Optimierung

```
Siehe Datei: bDemoNLopt1a.m
```

In diesem einfachen Test arbeitet der konjugierte Gradientenabstieg am schnellsten und erreicht mit den wenigsten Iterationsschritten die akkurateste Lösung, gleich nach dem BFGS-Verfahren. Die Matlab-Funktion `fminunc`, obwohl diese ebenfalls mit dem BFGS-Verfahren arbeiten soll, erreicht nicht in derselben Anzahl an Iteratiosschritten die Präzision der hier vorgestellten Implementation (konjugierter Gradientenabstieg, Quasi-Newton-Verfahren). Jedoch sollte dieser Test nicht überbewertet werden, da auch die gesetzten Einstellungen erheblichen Einfluss auf die Konvergenzeigenschaften des Optimierungsalgorithmus haben. Dabei ist es unmöglich, faire Vergleichsbedingungen zwischen den Funktionen herzustellen, da nicht im Detail klar ist, wie die Implementationen bei den Matlab-Toolbox-Funktionen genau vorgenommen wurden. Deshalb zeigt die Demo lediglich die grundsätzliche Tauglichkeit und Arbeitsweise der Portierungen aus PODDIG et al. (2008).

Um die vorhergehend vorgestellten Optimierungsfunktionen unter eine gemeinsam ansprechbare Funktion zu stellen, wird die Funktion `fNLfminunc` in Programmlisting 3.76 vorgestellt. Sie erlaubt es, in einfacher Weise Zugriff auf die verschiedenen Optimierungsalgorithmen zu nehmen. Dies wird mit Hilfe des Demoskriptes 3.77 demonstriert. Dieses ist eine Variante von Demoskript 3.75, nutzt jedoch die komfortablere Funktion `fNLfminunc` und zeigt, wie die Gradientenberechnung durch die benutzerdefinierte Zielfunktion eingebunden werden kann.[150]

Quellcode 3.76: Schnittstellenfunktion zur nichtlinearen Optimierung

```
Siehe Datei: fNLfminunc.m
```

Quellcode 3.77: Demoskript zur nichtlinearen Optimierung

```
Siehe Datei: bDemoNLopt1b.m
```

Die vorgestellten Demoskripte 3.23, 3.25 und 3.27 zur Erwartungsnutzenoptimierung zeigen den Einsatz der benutzerdefinierten Optimierungsfunktion `fNLminunc` an einem komplexeren

[149] Vgl. PODDIG et al. (2008), S. 687.

[150] Die dazu notwendige Zielfunktion findet sich im Begleitmaterial als `fZfBeispiel1b`.

nichtlinearen Optimierungsproblem. Die erzielten Ergebnisse wurden dort ausführlich kommentiert. Im Wesentlichen liefern `fminunc` und `fNLfminunc` im Rahmen der numerischen Ungenauigkeiten zueinander äquivalente Lösungen. Wie schon am Ende von Kapitel 3.A.2 erläutert, wird insbesondere für Nutzer von Freemat in Programmlisting 3.78 eine Wrapper-Funktion definiert, die es erlaubt, Funktionsaufrufe der originären Matlab-Funktion `fminunc` auf die hier entwickelte Schnittstellenfunktion `fNLfminunc` umzuleiten. Damit ist es für Anwender von Freemat in einfacher Weise möglich, die Fallstudien nachzuarbeiten.

Quellcode 3.78: Wrapper-Funktion für fminunc

```
Siehe Datei: fminunc.m
```

Die Demoskripte für die Fallstudien prüfen dabei gegebenenfalls, ob die originäre Matlab-Funktion `fminunc` existiert. Falls dies nicht der Fall ist, wird die Umleitung eingerichtet, soweit nicht die benutzerdefinierte Funktion `fNLfminunc` direkt angesprochen wird. Das Für und Wider von derartigen Wrapper-Funktionen wurde oben in Kapitel 3.A.2 bereits diskutiert.

3.A.5. Implementation der nichtlinearen Optimierung mit Nebenbedingungen

Die Berücksichtigung von Nebenbedingungen bei der nichtlinearen Optimierung und die Implementation entsprechender Verfahren in Matlab ist eine anspruchsvolle Thematik, die den Fokus des vorliegenden Einführungsbuchs zu Methoden des CF übersteigt. Bei PODDIG et al. (2003) wird ein einfaches Verfahren vorgestellt.[151] Es folgt grundsätzlich den Überlegungen, die bereits in Kapitel 3.4.2.2 zur Erwartungsnutzenoptimierung vorgestellt wurden. Dort erfolgte die (indirekte) Kontrolle der Anteilsgewichte mittels Herfindahl-Index. Dieser wurde als „Strafterm" in die Zielfunktion aufgenommen. Aufgabe des Strafterms ist es, unerwünschte Lösungen bei der Optimierung durch einen „Aufschlag" auf den originären Zielfunktionswert künstlich zu verschlechtern. Damit wird der Algorithmus gezwungen, sich auf erwünschte Lösungen zu fokussieren.

Für eine sehr knappe, nur intuitiv gehaltene Charakterisierung sei auf die Notation eines nichtlinearen Optimierungsproblems mit Nebenbedingungen aus Kapitel 3.4.3.1 zurückgegriffen. Im Folgenden wollen wir noch kompakter mit $c > 0$ den Wert der Verletzung einer Ungleichheitsbedingung bezeichnen (eine Ungleichheitsbedingung ist eingehalten, wenn $c \leq 0$ gilt), mit $ceq \neq 0$ den Wert der Verletzung einer Gleichheitsnebenbedingung (eine Gleichheitsnebenbedingung ist eingehalten, solange $ceq = 0$ gilt). Wie bisher gehen wir von einem Minimierungsproblem aus. Die Eigenschaft einer Straffunktion $p(.)$ bzw. $q(.)$, auch *Penalty-Funktion* genannt, ist $p(c) \to \infty$ für $c \to \infty$ bzw. $q(ceq) \to \infty$ für $|ceq| \to \infty$. Dabei sollte der Wert der Straffunktion schnell anwachsen. Wenn mehrere Ungleichheits- und Gleichheitsnebenbedingungen vorliegen, sind **c** bzw. **ceq** (Spalten-) Vektoren mit so vielen Komponenten, wie es korrespondierende Nebenbedingungen gibt. Eine einfache Straffunktion ist eine quadratische Funktion nach Formel 3.138 bzw. 3.139 und Formel 3.140 bzw. 3.141:

$$p(c) = max(0, c)^2 \tag{3.138}$$

[151] Vgl. PODDIG et al. (2003), S. 648 ff.

bzw.

$$p(\mathbf{c}) = \sum_{i=1}^{M} max(0, c_i)^2 \tag{3.139}$$

$max(x,y)$ Maximumfunktion, liefert Maximum von x und y zurück

M Anzahl der Ungleichheitsrestriktionen

c_i i-te Komponente des Vektors der Ungleichheitsrestriktionen **c**

und

$$q(ceq) = ceq^2 \tag{3.140}$$

bzw.

$$q(\mathbf{ceq}) = \sum_{j=1}^{N} ceq_j^2 \tag{3.141}$$

N Anzahl der Gleichheitsrestriktionen

ceq_j j-te Komponente des Vektors der Gleichheitsrestriktionen **ceq**

Sei $f(x)$ bzw. $f(\mathbf{x})$ die zu minimierende Zielfunktion, so lautet die erweiterte Zielfunktion unter Einbezug der Straffunktionen nach Formel 3.142 bzw. 3.143.[152]

$$ZF(x) = f(x) + \zeta \cdot max(0,c)^2 + \eta \cdot ceq^2 \rightarrow min! \tag{3.142}$$

bzw.

$$ZF(\mathbf{x}) = f(\mathbf{x}) + \zeta \cdot \sum_{i=1}^{M} max(0,c_i)^2 + \eta \cdot \sum_{j=1}^{N} ceq_j^2 \rightarrow min! \tag{3.143}$$

Dabei sind ζ und η Skalierungs- bzw. Gewichtungsfaktoren der Strafterme, wobei oftmals auch $\zeta = \eta$ gilt, also beide in einem einheitlichen Faktor zusammengefasst werden. Das grundlegende Problem der Optimierung mit Straftermen besteht darin, die richtigen Werte für die Faktoren ζ und η zu finden. Werden diese zu niedrig gewählt, wird der Optimierer die Nebenbedingungen ignorieren und unzulässige Lösungen ausweisen. Werden diese zu hoch gewählt, besitzen die Strafterme bei der Optimierung ein dominantes Gewicht. Dies kann das Auffinden der optimalen Lösung deutlich erschweren oder sogar völlig verhindern. Optimierungen mit Straftermen laufen deshalb oftmals auf einen „Trial-and-Error" Prozess hinaus. Der Anwender muss mitunter sehr lange probieren, bis eine „gute" Setzung der Faktoren ζ und η gefunden wurde.

Genau dieselbe Idee steht hinter der Optimierung mit Hilfe von Barrierefunktionen. Hier wird jede Nebenbedingung mit einer Barrierefunktion versehen, welche einen „Aufschlag" auf die Zielfunktion berechnet, sobald ein zu optimierender Parameter seinen zulässigen Lösungsbereich verlässt.[153] Grob verkürzt handelt es sich bei der Optimierung mit Barrierefunktionen um eine

[152] Unter Verweis auf den Abschnit 3.4.3.1 sei erinnert, dass c und ceq von x bzw. **c** und **ceq** von **x** abhängen, was aus Vereinfachungsgründen nicht explizit ausgewiesen wird.

[153] Details zum Verfahren können bei PODDIG et al. (2003), S. 650 ff. entnommen werden.

Optimierung mit Straffunktionen. Wesentlich anders ist hier aber, dass die Optimierung mehrfach wiederholt wird. Legt man die Formulierung der Formeln 3.142 bzw. 3.143 zugrunde, beginnt die Optimierung mit einem willkürlich gewähltem Startpunkt x_0^1 bzw. $\mathbf{x}_0^1$ im ersten Optimierungslauf, wobei die Skalierungsfaktoren ζ und η klein gewählt werden, z.B. $\zeta \approx 0,01$ und $\eta \approx 0,01$. Somit ist die Lösung im ersten Optimierungslauf nicht wesentlich beschränkt. Der Optimierer wird deshalb eine Lösung realisieren, die weitgehend dem nicht eingeschränkten Optimierungsproblem entspricht. Mit den Ergebnissen des ersten Optimierungslaufs wird dann der zweite Optimierungslauf initialisiert, also $x_0^2 = x_{opt}^1$ bzw. $\mathbf{x}_0^2 = \mathbf{x}_{opt}^1$ gesetzt. Die Skalierungsfaktoren werden auf z.B. $\zeta \approx 0,1$ und $\eta \approx 0,1$ angehoben.[154] Dieser Prozess wird solange fortgesetzt, bis x bzw. $\mathbf{x}$ auf eine (zulässige) Lösung konvergiert. Vielfach existieren Konvergenzbeweise, dass für $\zeta \to \infty$ und $\eta \to \infty$ auch x bzw. $\mathbf{x}$ gegen ein zulässiges, lokales Optimum konvergieren.

Zu beachten ist, dass die Wirkungsrichtung der Skalierungsfaktoren auch von der Art der Barrierefunktion abhängt (z.B. die Barrierefunktionen nach den Formeln 3.144, 3.145, 3.146 oder 3.147). Bei solchen Barrierefunktionen startet man mit großen Werten für die Skalierungsfaktoren, die dann im weiteren Verlauf sukzessive abzusenken sind.[155] In der Literatur ist es mitunter auch üblich, die Skalierungsfaktoren als Kehrwerte $1/\zeta$ bzw. $1/\eta$ auszudrücken. Auch dann beginnt man mit großen Werten, wie z.B. $\zeta \approx 100$ und $\eta \approx 100$ und senkt die Skalierungsfaktoren sukzessive ab. Die Konvergenz entsteht dann für $\zeta \to 0$ und $\eta \to 0$. Die Intuition des Verfahrens ist es unabhängig davon, zunächst mit einem fast unbeschränkten Optimierungsproblem zu starten, eine fast unbeschränkte Lösung aufzufinden und dann diese sukzessive in den zulässigen Lösungsraum zurückzudrängen. Um im Folgenden die Skalierungsfaktoren ζ und η einheitlich zu handhaben, sei als Konvention stets die Konvergenz $\zeta \to 0$ und $\eta \to 0$ betrachtet. Erfordert der Typ der Barrierefunktion dagegen einen ansteigenden Skalierungsfaktor, so ist die Formulierung als Kehrwert zu verwenden.

Als typische Barrierefunktionen werden für Ungleichheiten Barrierefunktionen nach Formeln 3.144 bzw. 3.145 und 3.146 bzw. 3.147 diskutiert. Bei diesen Barrierefunktionen wird entsprechend der festgelegten Konvention mit hohen ζ begonnen und dieses langsam gegen null abgesenkt. Würde man als eine Barrierefunktion die Funktionen nach Formeln 3.138 bzw. 3.139 verwenden, so ist im Folgenden nach der festgelegten Konvention die Formulierung als Kehrwert $1/\zeta$ anzuwenden. Für Gleichheiten werden zumeist die in Formeln 3.140 bzw. 3.141 genannten Straffunktionen auch als Barrierefunktionen verwendet. Auch dann wäre im Folgenden der Skalierungsfaktor η in der Formulierung als Kehrwert $1/\eta$ zu benutzen.

$$p(c) = \zeta \cdot \frac{1}{-c} \tag{3.144}$$

[154] Entsprechend der in der Literatur auch üblichen Darstellung, die Skalierungsfaktoren als $1/\zeta$ bzw. $1/\eta$ auszudrücken, würde man diese nun absenken auf z.B. $\zeta \approx 10$ und $\eta \approx 10$.

[155] Genau genommen wirken hier die Barrierefunktionen etwas anders. Anfänglich große Werte für die Skalierungsfaktoren erzwingen zunächst Lösungen weit innerhalb des zulässigen Lösungsraums. Durch sukzessives Absenken der Skalierungsfaktoren wird nachfolgend eine Annäherung der Lösung an den Randbereich ermöglicht, sofern dort das Optimum liegt. Mittelbar wird dies aus der Definition der Barrierefunktionen nach den Formeln 3.144, 3.145, 3.146 oder 3.147 ersichtlich, die nur innerhalb des zulässigen Lösungsraum definiert sind bzw. nur dort sinnvolle Werte liefern. Für nähere Details siehe auch PODDIG et al. (2003), S. 650 ff.

bzw.

$$p(\mathbf{c}) = \zeta \cdot \sum_{i=1}^{M} \frac{1}{-c_i} \tag{3.145}$$

und

$$p(c) = \zeta \cdot -log(-c) \tag{3.146}$$

bzw.

$$p(\mathbf{c}) = \zeta \cdot \sum_{i=1}^{M} -log(-c_i) \tag{3.147}$$

Die Werte der Barrierefunktionen bei Ungleichheiten (Formeln 3.144 bis 3.147) steigen bei Annäherung an die zulässigen Grenzen langsam an, unmittelbar vor der Grenze aber enorm steil. Damit soll der Optimierer zurückgehalten werden, über die zulässige Grenze hinauszugehen. Nachteilig bei diesen Barrierefunktionen sind zwei Aspekte: Zum einen wirken die Barrierefunktionen auch innerhalb des zulässigen Lösungsraums und leisten einen Beitrag zur Zielfunktion. Z.B. senkt die Logarithmus-Barrierefunktion den Zielfunktionswert, wenn eine Lösung weit von der zulässigen Grenze entfernt liegt. Je weiter die Lösung sich von der Grenze entfernt, desto stärker die „Belohnung“. Dies ist aber originär nicht intendiert. Die Barrierefunktion $1/-c$ ist dagegen immer „aktiv“. Selbst Lösungen weit entfernt von der Grenze bekommen eine (kleine) Bestrafung. Die „Bestrafung“ sinkt mit zunehmendem Abstand von der Grenze. Diese Effekte werden durch den im Optimierungsprozess absinkenden Skalierungsparameter ζ abgemildert. Suboptimal ist aber das Verhalten der Barrierefunktionen, wenn der Optimierer doch den zulässigen Bereich verlassen hat. Die Logarithmus-Barriere-Funktion ist dann undefiniert, die Barrierefunktion $1/-c$ „belohnt“ jetzt die Überschreitung. Beide Barrierefunktionen sind ohne sorgfältige Ausnahmebehandlungen in der Optimierung nicht brauchbar. Algorithmisch weniger problematisch ist es dagegen, die Funktionen nach Formeln 3.138 bzw. 3.139 als Barrierefunktionen zu verwenden, obgleich sie in der Literatur nicht als Barrierefunktion zählen.[156]

Eine beispielhafte Implementation in Microsoft Excel und VBA findet sich bei PODDIG et al. (2003) ab S. 660 ff. Die im Folgenden präsentierte Portierung nach Matlab setzt die dort ausführlich diskutierten und hier nur skizzierten Überlegungen um. Im Unterschied zu der in der Originalquelle präsentierten VBA-Implementation, die sehr einfach umgesetzt wurde, kann die hier vorgestellte Portierung grundsätzlich wie `fmincon` auf jedes beliebige nichtlineare Optimierungsproblem angewendet werden. Entsprechend ist später auch der Funktionskopf der vorzustellenden Funktion `fNLbarriermin` analog zu `fmincon` ausgeführt.

Die besondere Attraktivität der Optimierung mittels Barrierefunktionen liegt darin, die Optimierung mit Nebenbedingungen in sehr einfacher Weise auf eine Optimierung ohne Nebenbedingungen zurückzuführen, die oben bereits vorgestellt wurde. Zentral für die Optimierung mit Barrierefunktionen ist daher eine modifizierte Zielfunktion, welche das Programmlisting 3.79 zeigt.

---

[156] Als Eigenschaften einer Barrierefunktion gilt der enorme Anstieg unmittelbar vor Erreichen der zulässigen Grenze sowie das Wirken der Barrierefunktion in den zulässigen Lösungsraum hinein. Beide Eigenschaften besitzen die Straffunktionen nach Formeln 3.138 bzw. 3.139 nicht.

Quellcode 3.79: Zielfunktion für die Optimierung mit Barrierefunktionen

```
Siehe Datei: fNLbarrierOf.m
```

Die Inputparameter für die modifizierte Zielfunktion sind der Parametervektor `vX`, den der Optimierungsalgorithmus gerade prüft. Im Function-Handle `hFunc` wird die originäre Zielfunktion übergeben. Weitere Inputparameter sind die Restriktionskoeffizientenmatrizen `mA` und `mAeq` sowie deren zugehörige Restriktionswertevektoren `vB` und `vBeq`. Mit diesen Matrizen und Vektoren werden die (linearen) Restriktionen berechnet: `vC = mA * vX - vB` für die linearen Ungleichungen sowie `vCeq = mAeq * vX - vBeq` für die linearen Gleichheiten. In Anlehnung an die üblichen Matlab-Konventionen muss stets gelten: `vC <= 0` sowie `vCeq == 0`. Weiterhin kann der Funktion im Inputparameter `hNonlcon` ein Function-Handle auf eine benutzerdefinierte Funktion zur Kontrolle der nichtlinearen Restriktionen übergeben werden. Die Anforderungen an die über `hNonlcon` referenzierte Funktion zur Kontrolle der nichtlinearen Restriktionen sind dieselben wie bezüglich `nonlcon` bei `fmincon`. Soweit nichtlineare Restriktionen zu beachten sind, werden diese als erstes ausgewertet und später dann mit den linearen Restriktionen zusammengefasst. Die berechneten linken Seiten der Restriktionen (lineare, nichtlineare) werden dann zwei Barrierefunktionen übergeben. Das Programmlisting 3.80 zeigt die Barrierefunktion für Ungleichheitsrestriktionen, welche sich an PODDIG et al. (2003) orientiert.[157] Das Programmlisting 3.81 zeigt die Barrierefunktion für Gleichheitsrestriktionen, welche sich ebenfalls an PODDIG et al. (2003) orientiert.[158] In der vorliegenden Portierung wird alternativ für die Ungleichheitsrestriktionen die Barrierefunktion aus Programmlisting 3.82 verwendet. Sie führt in der Optimierung zu robusteren Ergebnissen.

Quellcode 3.80: Barrierefunktion für lineare Ungleichheiten

```
Siehe Datei: fNLbarrierLE.m
```

Quellcode 3.81: Barrierefunktion für lineare Gleichheiten

```
Siehe Datei: fNLbarrierEQ.m
```

Quellcode 3.82: Barrierefunktion für lineare Ungleichheiten, Alternative

```
Siehe Datei: fNLbarrierLE2.m
```

Aufgabe der modifizierten Zielfunktion ist es, (i) den originären Zielfunktionswert an der Stelle `vX` auszuwerten, (ii) die linken Seiten der Restriktionen (lineare, nichtlineare) zu berechnen sowie (iii) durch Aufruf der Barrierefunktionen die „Zuschläge" für die Verletzung der Restriktionen zu ermitteln. Der kombinierte Zielfunktionswert ergibt sich als gewichtete Summe von originärem Zielfunktionswert und „Aufschlägen" für die Verletzungen der Restriktionen (gewichtete Summe der Barrierefunktionen).

Neben der modifizierten Zielfunktion ist eine weitere Funktion notwendig, welche die Optimierung mit Barrierefunktionen mehrfach mit absinkendem Skalierungsfaktor `dR` durchführt. Dabei

[157] Vgl. PODDIG et al. (2003), S. 660.

[158] Vgl. PODDIG et al. (2003), S. 673 f.

wird die finale Lösung einer vorhergehenden Optimierung als Startlösung für eine nachfolgende Optimierung mit abgesenktem Skalierungsparameter benutzt.[159] Das Programmlisting 3.83 zeigt die benutzerdefinierte Funktion zur nichtlinearen Optimierung mit Nebenbedingungen mit Hilfe von Barrierefunktionen.[160]

Quellcode 3.83: Benutzerdefinierte Funktion zur nichtlinearen Optimierung mit Nebenbedingungen, Barrierefunktionen

```
Siehe Datei: fNLbarriermin.m
```

Die nichtlineare Optimierung mit Nebenbedingungen mittels Barrierefunktionen wird bei PODDIG et al. (2003) an einem einfachen Beispiel zur Portfoliooptimierung mit drei Assets demonstriert.[161] Das Demoskript 3.85 zeigt ein einfaches Skript, welches jenes Beispiel repliziert und als Referenzlösung diejenige einer quadratischen Optimierung mittels `quadprog` ermittelt. Die Lösungen unterscheiden sich erst in der vierten Nachkommastelle.[162] Das Demoskript benötigt dabei die im Programmlisting 3.84 dargestellte Zielfunktion.

Quellcode 3.84: Zielfunktion zur Portfoliooptimierung mit Barrierefunktionen

```
Siehe Datei: fZfDemoBarriere.m
```

Quellcode 3.85: Demoskript zur Portfoliooptimierung mit Barrierefunktionen

```
Siehe Datei: bDemoBarriere.m
```

Interessant ist es, die Funktion `fNLbarriermin` auf ein komplexeres Problem der nichtlinearen Optimierung mit mehreren Nebenbedingungen anzuwenden. Dies wurde implizit bereits in nahezu allen Fallbeispielen des Kapitels 3.4.3 vorgenommen. So existiert für die Funktion `fNLbarriermin` und für die Funktion `fNLlagrangemin` (siehe unten) eine gemeinsame Schnittstellenfunktion `fNLfmincon`, unter der diese beiden einfach durch das Setzen der entsprechenden Option, z.B. mit `rOptions.sMethod = 'barrier'` für Barrierefunktionen, angesprochen werden können. Insbesondere für Nutzer von Freemat wurde eine Wrapper-Funktion `fmincon` erstellt, welche die Matlab-Funktion `fmincon` auf `fNLfmincon` und damit auf `fNLbarriermin` umleitet, sofern die entsprechende Option gesetzt ist. Damit lassen sich alle Fallstudien unter Freemat mit Hilfe dieser Funktion nacharbeiten. Wie in Kapitel 3.4.3 diskutiert, ergeben sich im Allgemeinen im Rahmen der numerischen Ungenauigkeiten nahezu gleichwertige Lösungen.

Der größte Nachteil der hier vorgestellten Implementation wird anhand der Fallstudie aus Kapitel 3.4.3.4.3 ersichtlich. Dort gelingt zwar die Optimierung mit im Wesentlichen denselben Ergebnissen, sie benötigt jedoch extrem viel Zeit und ist daher praktisch nicht verwendbar. Daher

---

[159] Vgl. dazu PODDIG et al. (2003), S. 656.

[160] Sie ist an PODDIG et al. (2003), S. 674 f. orientiert, verwendet aber hier die wesentlich erweiterten, komfortableren Möglichkeiten der Programmierung unter Matlab.

[161] Vgl. PODDIG et al. (2003), S. 664 ff.

[162] Unter Octave ist die Variante `bDemoBarriere_oct` zu verwenden, da hier Anpassungen für die Nutzung der quadratischen Optimierung `qp` notwendig sind.

benutzen wir diese Implementation hier nicht als Standard, sondern verweisen nur auf sie als mögliche Alternative. Der Vorteil der Optimierung mit Barrierefunktionen ist ihre Robustheit, insbesondere benötigt diese Optimierung nicht notwendigerweise eine zulässige Lösung als Startpunkt. Oftmals ist bei einem Optimierungsproblem eine zulässige Lösung keinesfalls offensichtlich und schon für sich ein Problem. Hierfür bietet sich diese Implementation an, da der Algorithmus konstruktionsbedingt auf den zulässigen Lösungsraum konvergiert, auch wenn außerhalb des zulässigen Lösungsbereichs gestartet wurde. Diese Robustheit wird durch eine mehrfache Optimierung erkauft, die dadurch konstruktionsbedingt extrem zeitintensiv ist. Gerade komplexe, verschachtelte Optimierungsprobleme, wie z.B. die Fallstudie in Kapitel 3.4.3.4.3, sind damit praktisch nicht sinnvoll lösbar. Soweit nicht zu komplexe und nicht verschachtelte Optimierungsprobleme vorliegen, könnte die vorgestellte Implementation bedarfsweise als Alternative herangezogen werden.

Eine weitere Alternative, ein Optimierungsproblem mit Nebenbedingungen in ein Optimierungsproblem ohne Nebenbedingungen zu transformieren, ist das Verfahren der erweiterten Lagrange-Funktionen, synonym auch Verfahren der erweiterten Lagrange-Multiplikatoren genannt. Die grundsätzliche Idee ist diejenige der Optimierung mit Lagrange-Funktionen, die in vielen Lehrbüchern standardmäßig behandelt wird.[163] Das Vorgehen besteht hier darin, die Verletzungen der Nebenbedingungen c bzw. ceq mit Skalierungsparametern (sog. Lagrange-Faktoren oder Lagrange-Mulitplikatoren) λ und γ bzw. Skalierungsvektoren $\boldsymbol{\lambda}$ und $\boldsymbol{\gamma}$ zu versehen und der originären Zielfunktion $f(\mathbf{x})$ hinzuzufügen, siehe Formeln 3.148 bzw. 3.149.

$$ZF(x) = f(x) + \lambda \cdot c + \gamma \cdot ceq \rightarrow min! \tag{3.148}$$

bzw.

$$ZF(\mathbf{x}) = f(\mathbf{x}) + \boldsymbol{\lambda}^{\mathrm{T}}\mathbf{c} + \boldsymbol{\gamma}^{\mathrm{T}}\mathbf{ceq} \rightarrow min! \tag{3.149}$$

Hier sind x, λ sowie γ bzw. $\mathbf{x}$, $\boldsymbol{\lambda}$ sowie $\boldsymbol{\gamma}$ die freien, gesuchten Parameter des Optimierungsproblems. Diese mit den sog. Lagrange-Funktionen erweiterte Zielfunktion ist in der Literatur zu Optimierungsverfahren ein wichtiger Ausgangspunkt der Betrachtungen, auf dem dann die Herleitungen vieler mathematischer Sätze der Optimierung beruhen. Für die direkte numerische Optimierung sind dagegen die Zielfunktionen nach Formeln 3.148 bzw. 3.149 ungeeignet, da der Algorithmus nach kürzester Zeit auf eine triviale Lösung konvergiert. Dies ist leicht ersichtlich. Betrachten wir z.B. nur die Gleichheitsrestriktionen, ist eine triviale Lösung die Setzung von $\gamma = 0$ bzw. $\boldsymbol{\gamma} = \mathbf{0}$. In diesem Fall werden die Gleichheitsrestriktionen ignoriert. Eine andere triviale Lösung ist es, bei z.B. $ceq < 0$ den korrespondierenden Skalierungsfaktor $\gamma \rightarrow \infty$ zu wählen. Dies minimiert offensichtlich die Zielfunktion, führt jedoch zu einer absurden Lösung. Um dennoch diese Optimierung durchführen zu können, werden erweiterte Lagrange-Funktionen benutzt. Letztendlich ist dies nur die Kombination der Zielfunktionen nach den Formeln 3.148 bzw. 3.149 mit den Straffunktionen nach den Formeln 3.138 bzw. 3.139 für Ungleichheiten sowie nach den Formeln 3.140 bzw. 3.141 für Gleichheiten. Damit entsteht folgende erweiterte Zielfunktion:

$$ZF(x) = f(x) + \lambda \cdot c + \gamma \cdot ceq + \frac{1}{2\zeta} \cdot max(0,c)^2 + \frac{1}{2\zeta} \cdot ceq^2 \rightarrow min! \tag{3.150}$$

[163] Auch bei z.B. PODDIG et al. (2008), S. 564 ff. findet sich eine kurze Einführung mit Beispielen aus der Portfoliooptimierung.

bzw.

$$ZF(\mathbf{x}) = f(\mathbf{x}) + \boldsymbol{\lambda}^{\mathrm{T}}\mathbf{c} + \boldsymbol{\gamma}^{\mathrm{T}}\mathbf{ceq} + \frac{1}{2\zeta} \cdot \sum_{i=1}^{M} max(0, c_i)^2 + \frac{1}{2\zeta} \cdot \sum_{j=1}^{N} ceq_j^2 \rightarrow min! \tag{3.151}$$

Auch hier besteht das Problem der geeigneten Wahl des Parameters ζ, weshalb wie bei der Optimierung mit Barrierefunktionen mehrfache, sukzessive aufeinander aufbauende Optimierungsläufe mit $\zeta \rightarrow 0$ durchgeführt werden. Außerdem werden in jedem Optimierungslauf nur die originären Problemvariablen x bzw. $\mathbf{x}$ vom Optimierer bestimmt, jedoch die Lagrange-Faktoren vor jedem Optimierungslauf auf einen festen Wert gesetzt. Die Optimierung der Lagrange-Faktoren erfolgt zwischen jedem Optimierungslauf. Bezeichnen wir mit $k = 1, ..., K$ den Optimierungslauf, so lautet die Update-Formel für die Lagrange-Faktoren nach den Formel 3.152 und 3.153:

$$\begin{aligned} \lambda^{k+1} &= \lambda^k + \frac{c(x_{opt}^k)}{\zeta} \text{ wenn } c(x_{opt}) > 0 \\ \lambda^{k+1} &= 0 \text{ sonst} \end{aligned} \tag{3.152}$$

$$\gamma^{k+1} = \gamma^k + \frac{ceq(x_{opt}^k)}{\zeta} \tag{3.153}$$

Dabei bezeichnet x_{opt}^k die optimale Lösung nach Beendigung des k-ten Optimierungslaufs. Entsprechend sind $c(x_{opt}^k)$ bzw. $ceq(x_{opt}^k)$ die Werte der Verletzungen der Ungleichungen bzw. Gleichungen durch die gefundene Lösung x_{opt}^k. Stellen die Lagrange-Multiplikatoren $\boldsymbol{\lambda}$ bzw. $\boldsymbol{\gamma}$ Vektoren dar, so sind die Update-Formeln 3.152 und 3.153 für jede Komponente λ_i bzw. γ_j der Vektoren $\boldsymbol{\lambda}$ bzw. $\boldsymbol{\gamma}$ entsprechend anzuwenden.

Als Startwerte für die Lagrange-Multiplikatoren kann $\lambda = 0$ sowie $\gamma = 0$ bzw. $\boldsymbol{\lambda} = \mathbf{0}$ sowie $\boldsymbol{\gamma} = \mathbf{0}$ gewählt werden. Der Vorteil gegenüber der Verwendung von Barrierefunktionen ist die zusätzliche Bestimmung der Lagrange-Multiplikatoren, welche für viele Optimierungsprobleme eine inhaltliche Interpretation besitzen und auch schnell erkennen lassen, welche Nebenbedingungen bei einem Optimierungsproblem bindend (Lagrange-Multiplikator ist ungleich null) oder nicht bindend (Lagrange-Multiplikator ist null) sind. Für Zwecke dieses Buchs sind sie deshalb interessant, weil sich die oben vorgestellte, von PODDIG et al. (2008) abgeleitete Portierung der nichtlinearen Optimierung mit Barrierefunktionen sehr leicht auf die Optimierung mit erweiterten Lagrange-Funktionen anpassen lässt, da beide Verfahren zueinander sehr ähnlich sind. Im Wesentlichen sind an der oben vorgestellten Portierung nur zwei Erweiterungen notwendig. Erstens muss die Zielfunktion um die Lagrange-Funktionen erweitert werden, zweitens muss der Steuerungsalgorithmus für die sukzessive aufeinander aufbauenden Optimierungsläufe die Update-Formeln für die Lagrange-Multiplikatoren nach Formeln 3.152 und 3.153 umsetzen.

Das Programmlisting 3.86 zeigt die Umsetzung der Zielfunktion für die Optimierung mit erweiterten Lagrange-Funktionen. Offensichtlich unterscheidet sich die Implementation nur in wenigen Aspekten von der Zielfunktion 3.79, welche bei der Optimierung mit Barrierefunktionen zu Einsatz kommt. Die Inputparameter sind hier im Wesentlichen dieselben. Die Straffunktionen sind hier direkt in die Zielfunktion integriert. Außerdem werden zusätzlich die Werte der Lagrange-Funktionen berechnet. Der gesamte Zielfunktionswert setzt sich dann aus dem originären Zielfunktionswert, den Werten der beiden Lagrange-Funktionen sowie den Werten der beiden Straffunktionen zusammen. Ein Vergleich der Implementationen nach 3.79 und 3.86 zeigt anschaulich Gemeinsamkeiten und Unterschiede beider Verfahren bezüglich der Transformation der Zielfunktion.

Quellcode 3.86: Zielfunktion für die Optimierung mit Lagrange-Funktionen

```
Siehe Datei: fNLlagrangeOf.m
```

Das Programmlisting 3.87 zeigt die benutzerdefinierte Funktion zur nichtlinearen Optimierung mit Nebenbedingungen mit Hilfe von Lagrange-Funktionen. Sie ist eng an Programmlisting 3.83 orientiert. Als wesentliche Erweiterungen sind hier neben der Umsetzung der Update-Formeln 3.152 und 3.153 die Berechnung weiterer Zwischenergebnisse zu nennen. Wie schon bei der Funktion `fNLbarriermin` zur Optimierung mit Barrierefunktionen werden die erzielten Zwischenergebnisse in dem Cell-Array `cTrace` abgespeichert, welches später eine kleine Dokumentation aller Optimierungsläufe enthält.

Quellcode 3.87: Benutzerdefinierte Funktion zur nichtlinearen Optimierung mit Nebenbedingungen, erweiterte Lagrange-Funktionen

```
Siehe Datei: fNLlagrangemin.m
```

Um die beiden Optimierungsfunktionen `fNLbarriermin` und `fNLlagrangemin` unter einer gemeinsamen Funktion ansprechen zu können, kann eine gemeinsame Schnittstellenfunktion `fNLfmincon` geschrieben werden, die in Abhängigkeit von dem gewählten Algorithmus (mittels der Variable `rOptions.sMethod` zu setzen) in den entsprechenden Algorithmus verzweigt (`'barrier'` für Barrierefunktionen, `'lagrange'` für erweiterte Lagrange-Funktionen). Das Programmlisting 3.88 zeigt diese Schnittstellenfunktion.

Quellcode 3.88: Schnittstellenfunktion zur nichtlinearen Optimierung mit Nebenbedingungen

```
Siehe Datei: fNLfmincon.m
```

Für die grundsätzliche Demonstration der Optimierung mit erweiterten Lagrange-Funktionen sei auf das sehr einfache Beispiel bei PODDIG et al. (2008), S. 572 verwiesen, welches in Demoskript 3.90 dargestellt ist. Während dort die Lösung analytisch hergeleitet und anschließend ausgerechnet wurde, wird sie hier durch die Optimierungsfunktion `fNLlagrangemin` numerisch angenähert, was verfahrenstechnisch ein erheblicher Unterschied ist. In diesem einfachen Beispiel konvergiert das Optimierungsverfahren aber bis auf geringfügige numerische Ungenauigkeiten auf die exakt bestimmte analytische Lösung. Das Demoskript benötigt dabei die in Programmlisting 3.89 dargestellte Zielfunktion.

Quellcode 3.89: Zielfunktion zur Optimierung mit Lagrange-Funktionen

```
Siehe Datei: fZfLagrange.m
```

Quellcode 3.90: Demoskript zur Optimierung mit Lagrange-Funktionen

```
Siehe Datei: bDemoLagrange.m
```

Interessanter ist dagegen die Anwendung der Optimierungsfunktion `fNLlagrangemin` auf die in Kapitel 3.4.3 behandelten Optimierungsprobleme. Auf die dabei erzielten Ergebnisse wurde oben hingewiesen. Diese unterscheiden sich kaum von denjenigen der Optimierung mittels Barrierefunktionen, jedoch arbeitet die Optimierung mit erweiterten Lagrange-Funktionen deutlich schneller. Insgesamt verstehen sich die hier beispielhaft präsentierten Optimierungsverfahren als reine Demonstrationen der Algorithmen, die behelfsweise dann verwendet werden sollten, wenn sonst keine Alternativen vorhanden sind, wie z.B. unter Freemat. Um Freemat-Anwendern das Nacharbeiten der Fallstudien zu erleichtern, wird die in Programmlisting 3.91 dargestellte Wrapper-Funktion benutzt. Sie leitet Funktionsaufrufe der originären Matlab-Funktion `fmincon` auf die benutzerdefinierte Funktion `fNLfmincon` um. Dabei werden teilweise auch die gesetzten Optionen konvertiert.

Quellcode 3.91: Wrapper-Funktion zur nichtlinearen Optimierung mit fmincon

```
Siehe Datei: fmincon.m
```

4. Ökonometrie im Computational Finance

Lese- und Arbeitshinweise:
In diesem Kapitel werden ausgewählte ökonometrische Verfahren, ihre Umsetzung mithilfe des Programmierwerkzeugs Matlab und ihre Anwendung zur Beantwortung finanzwirtschaftlicher Fragestellungen dargestellt. Allgemein geht es in der Ökonometrie um die Zusammenführung von mathematischen Methoden und statistischen Daten zur Lösung von Problemen der empirischen Wirtschaftsforschung. Die Ökonometrie ist ein Teilgebiet der Wirtschaftswissenschaften, ihre Verfahren sind Gegenstand spezieller Lehrbücher zur Ökonometrie. Im Vordergrund dieses Kapitels stehen diejenigen Verfahren, welche für die Beantwortung finanzwirtschaftlicher Fragestellungen von Bedeutung sind. Hierzu gehören vor allem das Kleinste-Quadrate-Verfahren (Ordinary-Least-Squares, OLS) sowie die Maximum-Likelihood-Schätzung (Maximum-Likelihood-Estimation, MLE). Beide Verfahren finden Verwendung, um Schätzfunktionen für unbekannte Parameter einer statistischen Grundgesamtheit zu konstruieren. Um Schätzwerte für die unbekannten Parameter zu erhalten, wird ein Zielkriterium benötigt. Nach OLS sind die Schätzer für die unbekannten Parameter derart zu bestimmen, dass sich für die Summe der quadrierten Störterme ein Minimum ergibt. Nach MLE ergeben sich diejenigen Schätzer für die unbekannten Parameter, unter denen die gegebene Stichprobe die größtmögliche Likelihood besitzt. An diesen Ausführungen wird bereits deutlich, dass es sich bei den hier vorzustellenden Verfahren ebenfalls um Optimierungsverfahren handelt, für die zum Teil jedoch analytische Lösungen existieren. Ein zentraler Vorteil von OLS ist, dass, anders als bei MLE, keine Annahme über den Verteilungstyp gemacht werden muss. Insbesondere wenn auch Gütemaße für die Schätzer der unbekannten Parameter bestimmt werden sollen, ist die Normalverteilungsannahme (für die Residuen) unter OLS aber (zumindest für die Herleitung von Sätzen) unerlässlich. Ein Vorteil von MLE ist, dass neben den unbekannten Parametern des Erwartungswertmodells auch die unbekannten Parameter des Varianzmodells geschätzt werden können. Dies ist im Risiko- und Portfoliomanagement sehr hilfreich.

Das vorliegende Kapitel orientiert sich methodisch an den Kapiteln 5-7 bei PODDIG et al. (2008) und mit Blick auf die Anwendungen zum Portfoliomanagement an den Kapiteln 8 bei PODDIG et al. (2009) und 6 bei PODDIG et al. (2008). Den vorgenannten Quellen können Leser bei Interesse weitere methodische Hinweise und weitere Anwendungsbeispiele entnehmen. Ferner sei darauf hingewiesen, dass für das Studium dieses Kapitels die Kenntnis der Kapitel 2 und 3 dieses Buches empfohlen wird.

Das Kapitel 4.1 führt allgemein in die Thematik der Ökonometrie und ihre Anwendung im CF ein. Im Kapitel 4.2 wird das Grundmodell der Regressionsanalyse (4.2.1 und 4.2.3), Überprüfungen des Regressionsmodells im Vorfeld (4.2.5) und im Nachgang (4.2.4) an die Regressionsanalyse sowie OLS zur Schätzung der unbekannten Parameter vorgestellt (Kapitel 4.2.2). Das Kapitel 4.2 ist eng an die Kapitel 5-7 bei PODDIG et al. (2008) angelehnt. Im Kapitel 4.3 erfolgt dann eine Demonstration von OLS anhand einer Fallstudie zur Performanceanalyse. Diese Fallstudie ist angelehnt an die entsprechende Fallstudie in Kapitel 6 bei PODDIG et al. (2008) sowie an das Kapitel 8 bei PODDIG et al. (2009). In dem Kapitel 4.4 wird mit MLE ein alternatives Parameterschätzverfahren vorgestellt. Wie oben diskutiert, ist ein besonderer Vorteil von MLE gegenüber OLS die Möglichkeit auch die unbekannten Parameter des Varianzmodells zu schätzen. Diese Möglichkeit wird nach einer Diskussion der Grundlagen der MLE in den Kapiteln 4.4.1- 4.4.2 in dem Exkurs zu GARCHX-Modellen in Kapitel 4.4.3 demonstriert. In vielen Anwendungsfällen kann der angenommene Zusammenhang bzw. die zu verwendenden Variablen (unabhängige und abhängige) der unterliegenden ökonomischen Theorie entnommen werden. In anderen Anwendungsfällen mag eine zentrale Herausforderung im Vorfeld der Regressionsanalyse jedoch auch darin bestehen, die Selektion der zu verwendenden unabhängigen Variablen vorzunehmen. Verfahren hierfür werden in dem Kapitel 4.5 vorgestellt. Kapitel 4.6 schließt die Betrachtungen in Kapitel 4 mit einer umfassenderen Fallstudie zur Prognose bzw. Finanzanalyse als Teilprozess des Portfoliomanagementprozesses ab. Diese orientiert sich an der Fallstudie in Kapitel 8 bei PODDIG et al. (2008).

Für die Lektüre des vorliegenden Buchs sind die genannten Quellen (PODDIG et al. (2008) und PODDIG et al. (2009)) nicht erforderlich, da stets die notwendigen Zusammenfassungen geliefert werden. Bei näherem Interesse an Herleitungen oder Details wird aber auf diese Quellen verwiesen.

4.1. Einführung und Überblick

Das vorliegende vierte Kapitel beschäftigt sich mit der Umsetzung finanzökonometrischer Verfahren im Rahmen des CF. Zur inhaltlichen Einordnung kehren wir zurück zur Darstellung des Portfoliomanagementprozesses (vgl. Kapitel 1.2.3). Die zentrale Teilprozesskette besteht dort aus den Bausteinen Portfolioplanung (insbesondere mit der Finanzanalyse) und -realisierung sowie aus der Performanceanalyse. Begonnen haben wir mit den Betrachtungen zum CF am Ende der Teilprozesskette, nämlich mit der Performanceanalyse. Aufgabe ist es hier, den in der Vergangenheit mit der Kapitalanlage erzielten Erfolg festzustellen und näher zu analysieren. Dabei kommen primär grundlegende Verfahren der statistischen Analyse zum Einsatz, die wir an diesem Anschauungsobjekt im Kapitel 2 systematisch entwickelt, aufgezeigt und angewandt haben.

Der nächste Schritt in Kapitel 3 war es, in der (Teil-) Prozesskette eine Stufe zurück zur Portfolioplanung zu gehen. Diese Prozessstufe ist methodisch durch den Einsatz von Optimierungsverfahren verschiedenster Art gekennzeichnet. Die Auseinandersetzung mit Verfahren der Optimierung diente aus methodischer Sicht dazu, die Grundlagenkenntnisse für die jetzt kommende (Teil-) Prozessstufe - die Finanzanalyse - zu erweitern.

Mit diesem vorliegenden Kapitel gehen wir zum Anfang der (Teil-) Prozesskette, die den eigentlichen wertschöpfenden Prozess im Portfoliomanagement darstellt. Die Begründung dafür basiert auf einer sehr einfachen Überlegung: Wie gezeigt, basiert eine Portfolioplanung immer auf erwarteten Größen, also Schätzern bezogen auf die Zukunft. Das später einmal erzielte Ergebnis wird nur so gut sein, wie es die Qualität der Schätzer zulässt. Sind die Inputparameter für eine Portfoliooptimierung, z.B. erwartete Assetrenditen, deren Standardabweichungen und Kovarianzen, völlig informationslos, so ist ein auf informationslosen Eingangsgrößen optimiertes Portfolio ebenfalls völlig informationslos - also wertlos. Im vorliegenden Kapitel 4 geht es um die Bereitstellung der Schätzer. Hierfür sind finanzökonometrische Verfahren notwendig, deren Umsetzung im CF Gegenstand der nun kommenden Betrachtungen ist. Bei einer Portfoliooptimierung sind drei Größen durch die Finanzanalyse als Schätzer bereit zu stellen: erwartete Renditen, zukünftige Varianzen bzw. Standardabweichungen der Renditen sowie deren Kovarianzen. Damit stellt sich sofort die Frage nach der Auswirkung der Schätzgrößen auf das spätere Anlageergebnis. Hierzu gibt es in der Literatur viele Studien, die diesbezüglich ein eindeutiges Bild zeichnen. Danach sind Fehler in den Renditeschätzern weitaus bedeutender für das spätere Kapitalanlageergebnis; Fehlern in den Varianzschätzern kommt noch eine gewisse Bedeutung bei, Fehler in den Kovarianzschätzern sind von geringer Bedeutung.[1] Aus diesem Grund konzentrieren sich die folgenden Betrachtungen allein auf die Modellierung von erwarteten Assetrenditen. Hinsichtlich der Varianz- und Kovarianzschätzungen bleiben wir bei der einfachen historischen Schätzung mittels empirischer Kovarianzmatrix, die sich für die allermeisten Fälle als hinreichend gut bei der Portfoliooptimierung erwiesen hat.

Die Betrachtungen konzentrieren sich auf die klassische Regressionsanalyse, da zahlreiche finanzökonometrische Modellierungen auf dieser Technik basieren. Die Darstellungen sind auch in diesem Kapitel primär auf die Umsetzung im CF ausgerichtet, d.h., die methodischen Grundlagen und Hintergründe der inhaltlichen (finanzwirtschaftlichen) Anwendung werden stets nur grob zusammenfassend skizziert. Für ein weitergehendes Interesse, insbesondere für Klärung von Detailfragen, Herleitungen und differenzierten Diskussionen wird auf die einschlägige Literatur verwiesen.[2]

4.2. Regressionsanalyse

Skript/Funktion	Beschreibung	Matlab	Octave	Freemat	Toolboxen
fRegress1.m	OLS-Schätzung, erste Variante	X	X	X	keine
bDemoOls-Schaetzung.m	Verschiedene Möglichkeiten der OLS-Schätzung unter Matlab	X	-	-	keine

Tabelle 4.1.

[1] Vgl. dazu insbesondere die Studie von CHOPRA und ZIEMBA (1993).

[2] Die folgenden Darstellungen sind in methodischer und inhaltlicher Hinsicht, soweit nicht anders erwähnt, eng angelehnt an PODDIG et al. (2008), S. 215 ff. und PODDIG (1999).

Skript/Funktion	Beschreibung	Matlab	Octave	Freemat	Toolboxen
bDemoOls-Schaetzung_oct.m	Verschiedene Möglichkeiten der OLS-Schätzung unter Octave	-	X	-	statistics
bDemoOls-Schaetzung_fre.m	OLS-Schätzung unter Freemat	X	X	X	keine
fRegress2.m	OLS-Schätzung, zweite Variante	X	X	X	keine
fRegress3.m	OLS-Schätzung, dritte Variante	X	X	X	keine
fRegressBase.m	Basisfunktion zur OLS-Schätzung	X	X	-	keine
fRegressStats.m	Erweiterte Gütemaße zur Regressionsanalyse	X	X	-	keine
fBreuschPaganTest.m	Breusch-Pagan-Test auf Heteroskedastizität	X	X	-	keine
fWhiteHetTest.m	White-Test auf Heteroskedastizität	X	X	-	keine
fJBstat.m	Funktion zur Durchführung des Jarque-Bera-Tests	X	X	-	keine
fVIFR2.m	Funktion zur Berechnung der Variance-Inflation-Factors	X	X	-	keine
fVIFclear.m	Hilfsfunktion zur Bereinigung von Multikollinearität	X	X	-	keine
fRegressStatsDiagn.m	Diagnostische Tests zur Regressionsanalyse	X	X	-	keine
bDemoOls-Schaetzung2.m	Demoskript zur OLS-Schätzung mit erweiterten Gütemaßen und diagnostischen Tests	X	-	-	keine
bDemoOls-Schaetzung2_oct.m	Demoskript zur OLS-Schätzung mit erweiterten Gütemaßen und diagnostischen Tests, Octave-Version	-	X	-	keine
bDemoOls-Schaetzung2_fre.m	Demoskript zur OLS-Schätzung mit erweiterten Gütemaßen und diagnostischen Tests, eingeschränkte Version	X	X	X	keine
bDemoRandomWalk.m	Demoskript zur Spurious-Regression	X	X	-	keine
bDemoRandom-Walk_oct.m	Demoskript zur Spurious-Regression, Octave-Version	X	X	-	keine
fDFtest.m	Gewöhnlicher Dickey-Fuller-Test (DF-Test)	X	X	-	keine
bDemoDFtest-Marktmodell.m	Demoskript zur Anwendung des DF-Tests	X	X	-	keine
fADFtest.m	Augmented-Dickey-Fuller-Test (ADF-Test)	X	X	-	keine
fLagmatrix.m	Funktion zur Erzeugung einer Lagmatrix	X	X	-	keine

Tabelle 4.1.

Skript/Funktion	Beschreibung	Matlab	Octave	Freemat	Toolboxen
bDemoADFtest-Marktmodell.m	Demoskript zur Anwendung des ADF-Tests	X	X	-	keine
fAutoADFtest.m	Automatisierter Augmented-Dickey-Fuller-Test (ADF-Test)	X	X	-	keine
bDemoADFtest-MarktmodellAuto.m	Demoskript zur Anwendung des automatisierten ADF-Tests	X	X	-	keine

Tabelle 4.1.: Übersicht verwendeter Skripte und Funktionen. Unter Matlab werden in diesem Buch die Statistics und Optimization Toolbox vorausgesetzt, sie werden deshalb nicht explizit in der Spalte „Toolboxen" ausgewiesen.

Die Regressionsanalyse ist in der Finanzökonometrie eine Basistechnik, die bei der Umsetzung zahlreicher finanzökonomischer Modelle zum Einsatz gelangt. Es existiert zu ihr eine unüberschaubare Fülle an Lehrbüchern, wobei hier primär PODDIG et al. (2008) gefolgt wird.[3]

4.2.1. Das Grundmodell der Regressionsanalyse

Im Grundmodell der Regressionsanalyse wird ein linearer Zusammenhang zwischen einer abhängigen Größe y und einer oder mehreren unabhängigen Größen x_i nach Formel 4.1 angenommen.

$$y = \alpha + \beta_1 x_1 + \beta_2 x_2 + \ldots + \beta_K x_K + \varepsilon \tag{4.1}$$

y abhängige Variable, synonyme Bezeichnungen sind *endogende Variable* oder *Regressand*, auch *zu erklärende Variable*

x_i i-te unabhängige Variable, synonyme Bezeichnungen sind *exogene Variable* oder *Regressor*, auch *erklärende Variablen*, $i = 1, 2, \ldots, K$

α (Regressions-) Konstante, Absolutglied der linearen Regressionsgleichung

β_i i-ter Regressionskoeffizient, Sensitivität, mit welcher y auf Änderungen von x_i reagiert

ε zufällige Störgröße (*Error-Term*), nicht durch die Linearkombination der unabhängigen Größen erklärter Resteinfluss, welcher annahmegemäß völlig unsystematisch und rein zufällig ist

Für die weiteren Darstellungen ist zunächst die Unterscheidung zwischen Quer- und Längsschnittregressionen (auch Cross-Sectional- und Time-Series-Regression genannt) hilfreich, obgleich dies im methodischen Sinne keinen Unterschied ergibt; es handelt sich hier lediglich um

3 Vgl. PODDIG et al. (2008), S. 215 ff.

die Art der Anwendung der Regressionsanalyse. Bei einer Zeitreihenregression (*Längsschnittregression, Time-Series-Regression*) wird der allgemeine Zusammenhang nach Formel 4.1 zwischen verschiedenen Größen im Zeitablauf, $t = 1, ..., T$, als gültig angenommen. Die allgemeine Form nach Formel 4.1 lautet also bei der Betrachtung in der Zeit nach Formel 4.2:

$$y_t = \alpha + \beta_1 x_{1t} + \beta_2 x_{2t} + ... + \beta_K x_{Kt} + \varepsilon_t \quad (4.2)$$

y_t, x_{it} abhängige Variable bzw. unabhängige Variablen zum Zeitpunkt t, mit $t = 1, ..., T$, T Anzahl der betrachteten Zeitpunkte

Ein typisches Anwendungsbeispiel in der Finanzökonomie ist ein sog. Faktormodell. Bei diesem wird angenommen, dass sich die Rendite eines Assets oder Marktindex r_t zum Zeitpunkt t (in Formel 4.2 also y_t) als Linearkombination verschiedener „Renditetreiber" (Faktoren) x_{it} erklären lässt. Es wird also nach dem linearen Zusammenhang zwischen verschiedenen Größen im Zeitablauf gefragt, der Zusammenhang wird in der Zeitdimension betrachtet. In der Finanzökonometrie überwiegen in der Anwendung Zeitreihenregressionen, weshalb im Folgenden darauf auch primär abgestellt wird.

Daneben ist die Querschnittsregression (*Cross-Sectional-Regression*) zu erwähnen. Hier ist der Zeitindex t implizit fixiert und auch nicht relevant. Stattdessen wird nach dem linearen Zusammenhang zwischen verschiedenen Größen desselben Betrachtungsobjektes j im Querschnitt über alle beobachteten Objekte gefragt. Eine Querschnittsregression wird daher durch den Objektindex j anstelle des Zeitindex t gekennzeichnet. Betrachtet wird hier also der lineare Zusammenhang zwischen verschiedenen Merkmalsvariablen bei demselben Objekt in der Objektdimension. Ein Beispiel könnte der Zusammenhang zwischen Konsumausgaben und Haushaltseinkommen eines Haushaltes sein. Hier würde danach gefragt, welcher Anteil (der Regressionskoeffizient β kann in diesem Beispiel so interpretiert werden) des Haushaltseinkommen für Konsumzwecke ausgegeben wird. Um diesen Zusammenhang zu ermitteln, würde eine Stichprobe von N Haushalten erhoben werden (zu untersuchende Objekte). Die beobachteten Merkmalsausprägungen von Konsum und Einkommen würden dann aufeinander regressiert werden.

Bei Zeitreihenregressionen wird dagegen der lineare Zusammenhang zwischen i.d.R. verschiedenen Objekten zu demselben Zeitpunkt in der Zeitdimension betrachtet. Rein aus der engen methodischen Sicht betrachtet, ist diese Unterscheidung unerheblich. Eine Querschnittsregression vollzieht sich verfahrenstechnisch absolut in der selben Weise wie eine Längsschnittregression. Der Unterschied ergibt sich allein aus der Interpretation der Daten und Ergebnisse sowie aus bestimmten empirischen Eigenschaften, hinsichtlich derer sich Längs- und Querschnittsregressionen unterscheiden. So treten bestimmte Phänomene (z.B. Autokorrelationen, welche wir später behandeln werden), typischerweise bei Längsschnittregressionen auf, die bei Querschnittsregressionen im Allgemeinen keine Rolle spielen. Im Folgenden wird stets von Zeitreihenregressionen ausgegangen, soweit dies nicht anders explizit erwähnt ist.

Eine weitere Unterscheidung ist die zwischen univariater und multivariater Regression. Bei der univariaten Regression gibt es nur eine unabhängige Variable, bei einer multivariaten mehrere unabhängige Variablen. Ein in der Finanzökonomie bekanntes Beispiel für ein univariates Regressionsmodell ist das sog. Marktmodell, wie es Formel 4.3 zeigt.

$$r_{it} = \alpha_i + \beta_i r_{mt} + \varepsilon_{it} \quad (4.3)$$

Diese Modell basiert auf der Beobachtung, dass sich die Renditen r_{it} (börsengehandelter) Assets i weitgehend gleichförmig mit den Renditen r_{mt} eines repräsentativen Marktindex bewegen. Das Marktmodell nach Formel 4.3 setzt diese Beobachtung in ein einfaches lineares Modell um. Das Marktmodell liefert trotz seiner Schlichtheit oftmals erstaunlich gute Erklärungen für die beobachteten Bewegungen der einzelnen (Aktien-) Renditen auf (Aktien-) Märkten. Dennoch ist dessen Erklärungskraft in aller Regel für viele Zwecke nicht ausreichend. Eine Verbesserung des Modells besteht darin, weitere renditetreibende Faktoren zuzulassen. Die Erweiterung dieses Modells führt zu einem Multi-Index-Modell, auch Mehr-Faktorenmodell oder kurz Faktor-Modell genannt, wie es Formel 4.4 zeigt.

$$r_{it} = \alpha_i + \beta_{i1}x_{1t} + \beta_{i2}x_{2t} + \ldots + \beta_{iK}x_{Kt} + \varepsilon_{it} \tag{4.4}$$

Dieses in Formel 4.4 dargestellte Modell ist multivariat, besitzt also mehrere unabhängige Einflussfaktoren x_{kt}. Oftmals sind dies Renditen eines repräsentativen Markt- oder Teilmarktindex oder Wachstumsraten eines makroökonomischen Aggregates, wie z.B. Geldmengenwachstum. Es ist in der Finanzanalyse und Finanzökonometrie ein beliebtes Standardmodell, mit dem sich sehr viele Fragestellungen in diesem Bereich einfach und zugleich hinreichend gut bewältigen lassen. Die Schwierigkeit bei der Umsetzung ist es zumeist, die relevanten Einflussgrößen zu identifizieren. In einem Faktormodell können dies verschiedene repräsentative Indizes von Markt- oder Teilmarktsegmenten sein, wie z.B. Aktien-, Renten- oder Branchenindizes. Daneben kommen auch makroökonomische Einflussgrößen in Frage, wie z.B. Zinssätze oder Geldmarktaggregate.[4]

Ein multivariates, lineares Regressionsmodell beruht in seiner Standardform auf zahlreichen Annahmen. Kurz zusammengefasst lassen sich diese wie folgt skizzieren:[5]

(i) Funktionaler Zusammenhang

Die lineare Regressionsanalyse unterstellt einen linearen Zusammenhang zwischen der abhängigen Variable und ihren erklärenden unabhängigen Variablen. Nichtlineare Zusammenhänge können mit ihr nur bedingt modelliert werden, indem originär nichtlineare funktionale Zusammenhänge durch Transformationen in lineare überführt werden.[6] Dies ist jedoch als expliziter Arbeitsschritt vorab durchzuführen, d.h., es muss eine Annahme hinsichtlich der Art des nichtlinearen Zusammenhangs bestehen und dieser muss sich in geeigneter Form linearisieren lassen. Ohne eine solche, explizit durchgeführte Vortransformation ist die Abbildung nichtlinearer Zusammenhänge mit der linearen Regressionsanalyse nicht möglich.

(ii) Grundlegende Annahmen hinsichtlich der Störgrößen

Annahmegemäß erklärt der unterstellte lineare Zusammenhang zwischen der abhängigen und den unabhängigen Variablen erstere hinsichtlich der Systematik vollständig. Die Störgröße ε ist

---

4 Für eine nähere Diskussion von Faktormodellen im Portfoliomanagement vgl. PODDIG et al. (2009), S. 517 ff.

5 Vgl. näher PODDIG et al. (2008), S. 215 ff.

6 Vgl. dazu näher PODDIG (1999), S. 228 ff. Ein einfaches Beispiel ist etwa $y = \alpha + \beta \cdot x^2 + \varepsilon$. Durch Quadrierung der unabhängigen Variable x kann hier schon in einfacher Weise ein nichtlinearer (hier: quadratischer) Zusammenhang untersucht werden.

demnach rein zufällig. Diese Eigenschaft ist jedoch geeignet zu operationalisieren, was mit Hilfe der Annahmen nach Formel 4.5 bis Formel 4.7 geschieht.

$$E(\varepsilon_t) = 0, \text{ für alle } t = 1, ..., T \tag{4.5}$$

$$Var(\varepsilon_t) = \sigma^2 = const, \text{ für alle } t = 1, ..., T \tag{4.6}$$

$$Cov(\varepsilon_t, \varepsilon_{t-l}) = 0, \text{ für } l \neq 0 \text{ und für alle } t = 1, ..., T \tag{4.7}$$

Die Annahme nach Formel 4.5 erfordert, dass die Störgröße „im Mittel“ null ist. Die technische Sicherstellung der Erfüllung dieser Annahme ist bei der Regressionsanalyse einfach, indem grundsätzlich eine Regressionskonstante in der Regressionsgleichung berücksichtigt wird, selbst wenn diese bei späterer Analyse des geschätzten Regressionsmodells statistisch nicht signifikant von null verschieden ist. Oder anders ausgedrückt, es sollten sehr gute Gründe vorliegen, warum in einer speziellen Regressionsanalyse keine Regressionskonstane verwendet wird.

Die Annahme nach Formel 4.6 wird auch als *Homoskedastizitätsannahme* bezeichnet, wonach die Störgröße im Zeitablauf (oder bei Querschnittsregressionen über alle Beobachtungsobjekte hinweg) eine endliche und konstante Varianz besitzt. Diese Annahme wird oftmals verletzt. Bei Zeitreihenregressionen mit finanzwirtschaftlichen Zeitreihen tritt häufig das Phänomen des „volatility clustering“ auf, eine zeitabhängige Zu- oder Abnahme der Varianz der Störgröße. Bei Querschnittsregressionen ist häufig eine Abhängigkeit der Varianz der Störgröße von einer exogenen Einflussgröße zu beobachten.

Die dritte Annahme nach Formel 4.7 verbietet systematische Zusammenhänge der Störgrößen untereinander, entweder zwischen verschiedenen Beobachtungszeitpunkten bei Zeitreihenregressionen (Verbot von Autokorrelationen der Störgrößen) oder zwischen verschiedenen Beobachtungsobjekten bei Querschnittsregressionen (Verbot von Kreuzkorrelationen der Störgrößen). Auch diese Eigenschaft der Störgrößen ist nicht automatisch sichergestellt.

Verstöße gegen die Annahmen nach Formeln 4.6 und 4.7 können sich zum einen auf die Güte der Schätzer (geschätzte Regressionskonstante und Regressionskoeffizienten), zum anderen auf die Inferenzstatistiken der Regressionsanalyse auswirken, mit Hilfe derer Schlussfolgerungen über beobachtete Zusammenhänge gezogen werden sollen.[7] Im schlimmsten Falle können diese vollständig invalide sein, also statistisch signifikante Zusammenhänge anzeigen, obwohl überhaupt keine vorhanden sind. Eine sorgfältige Überprüfung dieser Annahmen nach erfolgter Schätzung eines Regressionsmodells ist immer geboten.

(iii) Verteilungsannahme hinsichtlich der Störgrößen

Hinsichtlich der Verteilung der Störgrößen wird angenommen, dass diese unabhängig und identisch verteilt sind (siehe (ii)). Die Annahme einer speziellen Verteilungsform ist für die Herleitung des gewöhnlichen „Kleinste-Quadrate-Schätzers“ (siehe unten) nicht erforderlich. Andere Schätzverfahren können Verteilungsannahmen erfordern, z.B. Maximum-Likelihood-Schätzungen. Für die Durchführung von Hypothesentests aus dem geschätzten Regressionsmodell sind Verteilungsannahmen hilfreich. Die Standard-Verteilungsannahme ist die der Normalverteilung der

[7] Wir werden diese Aspekte im weiteren Verlauf der Betrachtungen an den jeweils relevanten Stellen intensiver diskutieren.

Störgrößen, was gut nachvollziehbar mit dem zentralen Grenzwertsatz begründet wird. Weichen jedoch die Störgrößen von einer Normalverteilung ab, kann dies zu Fehlern bei den Inferenzstatistiken führen. Daher sollte die Normalverteilungsannahme nach der Schätzung eines Regressionsmodells ebenso überprüft werden.[8]

(iv) Annahmen über die unabhängigen Variablen

Die unabhängigen Variablen $x_k, k = 1, ..., K$ werden im Grundmodell als feste, nicht stochastische Größen angesehen. Damit besteht auch keine Kovarianz zwischen den Störgrößen des Regressionsmodells und den unabhängigen Variablen, es gilt also $cov(x_{kt}, \varepsilon_t) = 0$ für alle $k = 1, ..., K$ und $t = 1, .., T$. Außerdem wird angenommen, dass alle unabhängigen Variablen voneinander linear unabhängig sind.

Für die Schätzung eines Regressionsmodells anhand beobachteter Daten existieren zahlreiche Methoden, die teilweise auf unterschiedlichen Voraussetzungen und Techniken beruhen. Im Folgenden werden davon einige ausgewählte betrachtet.

4.2.2. Gewöhnliche Kleinste-Quadrate-Schätzung

Die gewöhnliche „Kleinste-Quadrate-Schätzung“ (*Ordinary-Least-Squares*, OLS) basiert auf der Lösung eines einfachen Optimierungsproblems nach Formel 4.8.

$$SSR = \sum_{t=1}^{T} (y_t - \hat{y}_t)^2 \rightarrow min! \tag{4.8}$$

SSR Sum-of-Squared-Residuals

y_t wahrer, beobachteter Wert der abhängigen Größe y zum Zeitpunkt t

$\hat{y}_t$ durch die Regressionsgleichung geschätzter Wert für y zum Zeitpunkt t, wobei $\hat{y}_t = \hat{\alpha} + \hat{\beta}_1 x_{1t} + \hat{\beta}_2 x_{2t} + ... + \hat{\beta}_K x_{Kt}$[9]

Unter den oben gesetzten Annahmen existiert eine analytische Lösung für das Optimierungsproblem nach Formel 4.8. Dazu ist es hilfreich, das Regressionsmodell in Matrizennotation nach Formel 4.9 bzw. 4.10 darzustellen:

$$\begin{bmatrix} y_1 \\ y_2 \\ ... \\ y_T \end{bmatrix} = \underbrace{\begin{bmatrix} 1 & x_{11} & ... & x_{K1} \\ 1 & x_{12} & ... & x_{K2} \\ ... & ... & ... & ... \\ 1 & x_{1T} & ... & x_{KT} \end{bmatrix}}_{\equiv \mathbf{X}} \underbrace{\begin{bmatrix} \alpha \\ \beta_1 \\ ... \\ \beta_K \end{bmatrix}}_{\equiv \boldsymbol{\beta}} + \begin{bmatrix} \varepsilon_1 \\ \varepsilon_2 \\ ... \\ \varepsilon_T \end{bmatrix} \tag{4.9}$$

---

8 Streng genommen erfordern die später zu behandelnden Inferenzstatistiken die Normalverteilung der Schätzer. Die Normalverteilung der Störgrößen ist dafür eine hinreichende, aber keine notwendige Bedingung.

9 Der Schätzer $\hat{y}_t$ wird mittels des Erwartungswertes der Regressionsgleichung $\hat{y}_t = E(y_t) = E(\alpha + \beta_1 x_{1t} + \beta_2 x_{2t} + ... + \beta_K x_{Kt} + \varepsilon_t)$ geschätzt. Da annahmegemäß $E(\varepsilon_t) = 0$ gilt, fällt die Störgröße bei der Bestimmung des Schätzers weg. Die wahren, aber unbekannten Regressionskoeffizienten α, β_k werden durch ihre Schätzer $\hat{\alpha}, \hat{\beta}_k$ ersetzt. Schätzer werden durch das Dach-Symbol gekennzeichnet oder alternativ durch die korrespondierenden lateinischen Kleinbuchstaben a (für $\hat{\alpha}$), b (für $\hat{\beta}$), e (für $\hat{\varepsilon}$) usw., wenn dies übersichtlicher ist.

oder kompakter:

$$\mathbf{y} = \mathbf{X}\boldsymbol{\beta} + \boldsymbol{\varepsilon} \tag{4.10}$$

y $T \times 1$ Vektor der beobachteten Werte der abhängigen Variablen $y_t, t = 1, ..., T$, T Beobachtungen

$\boldsymbol{\beta}$ $(K+1) \times 1$ Vektor der Regressionskoeffizienten, K Anzahl der unabhängigen Variablen

X $T \times (K+1)$ Matrix der Beobachtungsdaten der unabhängigen Variablen $x_{kt}, k = 1, ..., K, t = 1, ..., T$ ergänzt um eine Spalte mit lauter Einsen zur Modellierung der Regressionskonstante α

$\boldsymbol{\varepsilon}$ $T \times 1$ Vektor der Störgrößen

In Matrizennotation folgt daraus die Formulierung der Zielfunktion nach Formel 4.13, die äquivalent zu Formel 4.8 ist:

$$\hat{\mathbf{y}} = \mathbf{X}\hat{\boldsymbol{\beta}} \tag{4.11}$$

$$\hat{\boldsymbol{\varepsilon}} = \mathbf{y} - \mathbf{X}\hat{\boldsymbol{\beta}} \tag{4.12}$$

$$SSR = (\mathbf{y} - \mathbf{X}\hat{\boldsymbol{\beta}})^{\mathrm{T}}(\mathbf{y} - \mathbf{X}\hat{\boldsymbol{\beta}}) \to min! \tag{4.13}$$

$\hat{\mathbf{y}}$ $T \times 1$ Vektor der geschätzten Werte der abhängigen Variable $y_t, t = 1, ..., T$, durch das Regressionsmodell

Mit dieser Notation ergibt sich der sog. OLS-Schätzer für die Regressionskoeffizienten nach Formel 4.14.

$$\hat{\boldsymbol{\beta}} = (\mathbf{X}^{\mathrm{T}}\mathbf{X})^{-1}\mathbf{X}^{\mathrm{T}}\mathbf{y} \tag{4.14}$$

$\mathbf{X}^{\mathrm{T}}$ transponierte Datenmatrix **X**

$(\mathbf{X}^{\mathrm{T}}\mathbf{X})^{-1}$ Inverse der Matrix $(\mathbf{X}^{\mathrm{T}}\mathbf{X})$

Für die Umsetzung im CF stehen zahllose Bibliotheksfunktionen zur Verfügung, unabhängig davon, mit welcher speziellen matrizenorientierten Programmiersprache gearbeitet wird. Insofern gibt es keine Veranlassung, die dargestellte OLS-Schätzung selber zu implementieren, also das sprichwörtliche Rad zum x-ten Mal neu zu erfinden. Trotz dieses Umstandes sollen im Folgenden dennoch verschiedene Implementationstechniken am Beispiel der OLS-Technik besprochen werden. Der Grund dafür ist einfach. Geht es später einmal um die Implementation fortgeschrittener finanzökonometrischer Verfahren und Schätztechniken, stehen ab einem bestimmten Punkt dafür eben nicht mehr vorgefertigte Funktionsbibliotheken zur Verfügung. Weiterhin ist es oftmals erforderlich, fremden Programmcode lesen zu können, was ohne die Kenntnis grundlegender Implementationstechniken sehr schwierig ist. Daher wollen wir im Folgenden die Grundzüge der Implementation ökonometrischer Verfahren, primär am Beispiel der Regressionsanalyse, besprechen. Das erste Programmlisting 4.1 zeigt die direkte Umsetzung des OLS-Regressionsschätzers in einer eigenen Funktion. Bei dieser Implementation ist die Formel zur Bestimmung des Regressionsschätzers einfach „abgetippt“ worden.

Quellcode 4.1: Erste Umsetzung des OLS-Schätzers in Matlab

```
Siehe Datei: fRegress1.m
```

Vor einer weitergehenden Diskussion implementationstechnischer Aspekte soll eine kurze Demonstration erfolgen. Dazu wird auf eine Fallstudie bei PODDIG et al. (2008) zurückgegriffen, die dort sehr ausführlich besprochen wird.[10] Sehr stark zusammengefasst geht es dabei um die Schätzung des Marktmodells (nach Formel 4.3). Dafür stehen Beobachtungsdaten für die Kursdaten der Aktie der BASF AG und des Deutschen Aktienindex DAX im Zeitraum 1. Januar 1997 bis 31. Dezember 1997 zur Verfügung.[11] Im Gegensatz zur Vorlage werden hier künstlich generierte Daten verwendet, wie es in Kapitel 5.3.1 näher erläutert wird. Die Daten wurden dabei basierend auf den Analyseergebnissen bei PODDIG et al. (2008), S. 275 generiert. Die Verwendung künstlicher Daten ergibt sich aus verschiedenen Gründen. Zum einen kann an diesem Beispiel sehr anschaulich die Erzeugung und Verwendung künstlicher Daten, generiert nach einem univariaten stochastischen Prozess, gezeigt werden. Zum anderen ist es interessant, die Ergebnisse der Regressionsanalyse mit dem wahren datengenerierenden Prozess zu vergleichen, der in diesem Falle bekannt ist. Die Analyse in der Vorlage besitzt dagegen die Einschränkung, dass dort lediglich die Regressionsanalyse präsentiert, aber nicht beurteilt werden kann, ob die Ergebnisse mit dem wahren datengenerierenden Prozess übereinstimmen.

Mit der Annahme des Marktmodells wird ein linearer funktionaler Zusammenhang zwischen der Rendite der BASF-Aktie (abhängige Variable) und jener des deutschen Aktienmarktes (repräsentiert durch den DAX, unabhängige Variable) unterstellt. Die erste Frage ist nun, welche Werte der Regressionskoeffizienten sich hier ergeben. Das Demoskript 4.2 zeigt die Anwendung der OLS-Schätzung in der Fallstudie.[12]

Quellcode 4.2: Demoskript zur OLS-Schätzung

```
Siehe Datei: bDemoOlsSchaetzung.m
```

Das Demoskript 4.2 liest zunächst die Fallstudiendaten ein, rechnet die Kurs- bzw. Indexstände (BASF, DAX) in stetige Renditen um und bereitet die Daten für die anschließende Regressionsanalyse vor. Danach werden drei Möglichkeiten demonstriert, eine lineare Regressionsanalyse in Matlab mit den dort vorhandenen Toolbox-Funktionen durchzuführen. Die einfachste Variante ist die Funktion `lscov`, die bereits im Matlab-Basispaket vorhanden ist. Sie stellt aber nur eine begrenzte Basisfunktionalität für Regressionsanalysen bereit. Etwas komfortabler ist die Funktion `regress`, welche aber bereits die zusätzliche Lizenzierung der Statistics Toolbox erfordert. Diese Funktion berechnet bereits umfangreichere Regressionsresultate, aber nicht alle möglichen. Am umfangreichsten ist `regstats`, welche ebenfalls die Statistics Toolbox erfordert. Diese Toolbox-Funktion ermittelt in sehr umfangreicher Weise alle denkbaren Regressionsstatistiken,

[10] Vgl. PODDIG et al. (2008), S. 265 ff.

[11] Zur Fallstudie im engeren Sinne vgl. PODDIG et al. (2008), S. 273 ff.

[12] Unter Octave ist die Variante `bDemoOlsSchaetzung_oct` zu verwenden. Im Paket `statistics` für Octave ist eine zu der Matlab-Funktion `regress` äquivalente Funktion vorhanden, die hier kurz demonstriert wird. Allerdings sind dort die Funktionen `lscov` und `regstats` nicht vorhanden. Die Variante `bDemoOlsSchaetzung_fre` ist auf die Verwendung der benutzerdefinierten Funktion `fRegress1` reduziert und auch unter Freemat ablauffähig.

die aber nicht immer interessieren. Daher sollten `lscov` und `regress` immer dann verwendet werden, wenn der Umfang deren Ergebnisse für die betrachtete Fragestellung ausreichend ist. Die Funktion `regstats` erfordert dagegen deutlich mehr Rechenzeit, die unnötig ist, wenn viele nicht interessierende Auswertungen vorgenommen werden. Zum Schluss wird die Anwendung der Funktion `fRegress1` gezeigt; alle Funktionen liefern erwartungsgemäß dasselbe Ergebnis. Der Wert der geschätzten Regressionskonstate ist $\hat{\alpha} = -0{,}0015$ (wahrer Wert: $\alpha = -0{,}0013$), der Wert für den Regressionskoeffizienten ist $\hat{\beta} = 1{,}0270$ (wahrer Wert: $\beta = 1{,}0518$). Danach bewegt sich die Rendite der Aktie der BASF AG im betrachteten Zeitraum fast gleichfömig zu den Schwankungen der Gesamtaktienmarktrendite.[13] Der so geschätzte Beta-Faktor (Faktorsensitivität gegenüber dem Gesamtmarkt) kann in der Finanzwirtschaft als ein wichtiges Maß für das sog. systematische Risiko eines Assets interpretiert werden. Dies ist derjenige Anteil am Gesamtrisiko eines Assets, welcher nicht durch Portfoliobildung reduziert werden kann. Dieser Risikoanteil verbleibt beim Investor. Nach gängiger Kapitalmarkttheorie muss dieses systematische Risiko am Markt durch eine entsprechende Renditeerwartung kompensiert werden.

Bei der Anwendung verschiedener Funktionen zur Schätzung eines Regressionsmodells ist besondere Aufmerksamkeit geboten, wie die einzelnen Funktionen die Regressionskonstante handhaben. Wie oben gezeigt, können alle Regressionskoeffizienten, auch inklusive der Regressionskonstanten, im Vektor der Regressionskoeffizienten $\boldsymbol{\beta} = (\alpha, \beta_1, ..., \beta_K)^{\mathrm{T}}$ zusammengefasst werden. Die Datenmatrix $\mathbf{X}$ ist dann entsprechend um eine vorangestellte, erste Spalte bestehend aus lauter Einsen zu ergänzen. Unterschiedlich gehandhabt wird es jedoch, ob diese Vorbereitung der Daten Aufgabe des Anwenders ist oder von der aufgerufenen Funktion erledigt wird. Die erste hier vorgestellte Funktion `fRegress1` ebenso wie die Bibliotheksfunktionen `lscov` und `regress` erwarten eine entsprechende Vorbereitung der Daten. Wird die Datenmatrix $\mathbf{X}$ ohne vorangestellte erste Spalte bestehend aus lauter Einsen übergeben, so wird das Regressionsmodell ohne Regressionskonstante geschätzt. Der Vorteil ist hier die völlige Freiheit des Anwenders selber zu entscheiden, ob die Regression mit oder ohne Regressionskonstante durchgeführt werden soll. Alternativ kann automatisch eine Regressionskonstante durch die Regressionsfunktion hinzugefügt werden. Dieses Vorgehen findet sich bei `regstats`. Da beide Vorgehensweisen inhaltlich gut begründbar sind, erfordert dies vom Anwender erhöhte Aufmerksamkeit. Wird `regstats` mit einer vom Anwender ergänzten Einserspalte bei der Datenmatrix $\mathbf{X}$ aufgerufen, so resultiert eine Fehlermeldung. Wird dies unbeabsichtigt vergessen, liefert der Aufruf von `regress` ein Ergebnis, nicht aber das intendierte.[14]

Die Anzahl der unabhängigen Variablen `iNumVars` im Programmcode der Funktion `fRegress1` kann je nach Kontext beides bedeuten, nämlich K oder $(K+1)$. Dies hängt davon ab, wie sich der Anwender entschieden hat. Da grundsätzlich immer eine Regressionskonstante

---

[13] Bei einem $\beta = 1$ vollzieht die betreffende Aktie Schwankungen des Gesamtmarktes in gleicher Stärke nach, bei $\beta > 1$ reagiert die Rendite sensitiver als der Gesamtmarkt, bei $\beta < 1$ weniger sensitiv. Das β drückt also in intuitiv verständlicher Weise aus, ob ein Investor stärker, gleich oder weniger den Gesamtmarktschwankungen ausgesetzt ist.

[14] Außerdem führt die Existenz beider Alternativen bei der Zählung der Anzahl unabhängiger Variablen immer wieder zu Verwirrungen, ob nämlich die Anzahl mit oder ohne Konstante gezählt wird. Hier im Buchtext wird daher mit dem Symbol K immer die Anzahl der originären unabhängigen Variablen bezeichnet, also *ohne* Konstante. Die Anzahl $(K+1)$ drückt dabei immer die hinzugefügte Konstante mit aus.

hinzugefügt werden sollte,[15] bedeutet `iNumVars` im Programmcode regelhaft $(K+1)$. Dies ist beim Lesen des Programmcodes bzw. der Übersetzung der Formeln in den Programmcode unbedingt zu beachten!

Eine Umsetzung wie in Programmlisting 4.1 anhand der Funktion `fRegress1` dargestellt, findet sich beim Lesen typischer Programmcodes zur Implementation der Regressionsanalyse selten. Der Grund dafür liegt in der direkten Berechnung der Inversen von $(\mathbf{X}^{\mathrm{T}}\mathbf{X})^{-1}$.[16] Viele Programmpakete nehmen eine indirekte Berechnung vor, welche in aller Regel deutlich schneller, numerisch stabiler und genauer ist. Dazu wird die Beziehung nach Formel 4.15 ausgenutzt:[17]

$$(\mathbf{X}^{\mathrm{T}}\mathbf{X})^{-1} = \frac{(\mathbf{X}^{\mathrm{T}}\mathbf{X})}{\mathbf{I}_K} \tag{4.15}$$

Dabei stellt $\mathbf{I}_K$ eine $K \times K$ Einheitsmatrix dar.[18] Anstelle der Inversen (linke Seite von 4.15) kann indirekt auch die rechte Seite von 4.15 genutzt werden. In der Funktion `fRegress1` (Programmlisting 4.1) ist der Matlab-Ausdruck `vBeta = inv(mX' * mX) * mX' * vY` durch die folgenden Statements zu ersetzen:[19]

```
iNumVars = size(mX,2);
mInv_XtX = (mX' * mX) \ eye(iNumVars);
vBeta = mInv_XtX * mX' * vY;
```

Hintergrund für dieses Vorgehen ist, dass die direkte Inversenberechnung auf einem anderen Algorithmus als die Lösung linearer Gleichungssysteme beruht, die bei der indirekten Variante benutzt wird. Die indirekte Berechnung ist schneller und weniger anfällig gegenüber Rundungsungenauigkeiten. Beim Lesen von Programmcodes, in denen ökonometrische Modelle implementiert sind, trifft man diese Konstruktion typischerweise an, direkte Inversenberechnung eher selten. Eine dritte häufig anzutreffende Variante ist die Verwendung der QR-Zerlegung einer Matrix.[20]

$$(\mathbf{X}^{\mathrm{T}}\mathbf{X})^{-1} = \frac{(\mathbf{R}^{\mathrm{T}}\mathbf{R})}{\mathbf{I}_K} \tag{4.16}$$

mit

$$[\mathbf{Q},\mathbf{R}] = qr(\mathbf{X}) \tag{4.17}$$

In Matlab liefert die QR-Dekomposition `[Q,R]=qr(A)` eine Zerlegung zu zwei Matrizen, sodass `A=Q*R` gilt, wobei `Q` orthogonal und unitär ist. In dem hier betrachteten Kontext lässt sich

[15] Siehe dazu die Diskussion zu den Annahmen des Regressionsmodells (ii), die durch eine Regressionskonstante automatisch sichergestellt wird.

[16] Hier greift die oben gesetzte Annahme, wonach alle unabhängigen Variablen $x_i, i = 1, \ldots, K$ voneinander linear unabhängig sein müssen. Sind sie es nicht, besitzt die Matrix $\mathbf{X}^{\mathrm{T}}\mathbf{X}$ nicht den vollen Rang und ist nicht invertiertbar.

[17] In Formel 4.15 ist zu beachten, dass eine „Matrizendivision" nicht definiert ist. Der Operator $\div$ bedeutet hier das (mehrfache) Lösen eines linearen Gleichungssystems, und zwar nach den Spalten von $eye(K)$. Dafür wird in Matlab der Operator $\backslash$ benutzt.

[18] Der Matlab-Ausdruck `eye(K)` liefert eine KxK Einheitsmatrix.

[19] Im Begleitmaterial findet sich bereits die angepasste Version dieser Funktion als `fRegress2`.

[20] Vgl. dazu z.B. PRESS et al. (2005), S. 101 ff.

die Inverse des Produkts `mX'*mX` nach erfolgter QR-Dekomposition der Datenmatrix `mX` (d.h. nach `[Q,R]=qr(mX)`) nach Formel 4.16 berechnen. In der Funktion `fRegress1` (Programmlisting 4.1) kann der Matlab-Ausdruck `vBeta = inv(mX' * mX) * mX' * vY` alternativ durch die folgenden Statements dargestellt werden:[21]

```
iNumVars = size(mX,2);
[mQ, mR] = qr(mX);
mInv_XtX = (mR' * mR) \ eye(iNumVars);
vBeta = mInv_XtX * mX' * vY;
```

Derartige Varianten tauchen in fremden Programmcodes immer wieder auf, wenn es um solche Konstrukte wie $(\mathbf{X}^{\mathrm{T}}\mathbf{X})^{-1}$ geht. Die Kenntnis dieser Varianten ist also hilfreich, um den Programmcode an solchen Stellen inhaltlich besser zu verstehen.

4.2.3. Gütemaße der Regressionsanalyse

Nach erfolgter Schätzung eines Regressionsmodells interessiert die Frage, wie gut die erfolgte Schätzung ist. Dazu existieren verschiedene Gütemaße, die hierüber Auskunft geben. Diese werden im Folgenden aber nur grob charakterisiert. Ein erstes natürliches Gütemaß ist der Wert der Zielfunktion *SSR* nach Formel 4.8. Aus diesem Wert lässt sich der Standardfehler der Regression bestimmen, der sich nach Formel 4.18 ergibt:

$$\hat{\sigma}_{\varepsilon}^{2} = \frac{1}{T-(K+1)} \sum_{t=1}^{T} \hat{\varepsilon}_{t}^{2} = \frac{1}{T-(K+1)} \hat{\boldsymbol{\varepsilon}}^{\mathrm{T}} \hat{\boldsymbol{\varepsilon}} = \frac{SSR}{T-(K+1)} \tag{4.18}$$

$\hat{\sigma}_{\varepsilon}^{2}$ Quadrat des Standardfehlers der Regression, empirische Varianz der (geschätzten) Störgrößen (Residuen)

Der Standardfehler der Regression drückt im Wesentlichen den mittleren quadratischen Fehler (MSE) zwischen wahren beobachteten Daten y_t und den durch die Regression geschätzten Werten $\hat{y}_t$ aus. Während beim MSE die Sum-of-Squared-Residuals durch die Anzahl der Beobachtungen dividiert wird, wird bei der Ermittlung des Standardfehlers die *SSR* durch $T-(K+1)$ geteilt.[22] Diese Adjustierung ist notwendig, um einen unverzerrten Schätzer für die Varianz der Residuen zu erhalten. Da im Allgemeinen $T >> K$ gilt, handelt es sich hier im Wesentlichen um den mittleren quadratischen Fehler. Dieser Wert sollte möglichst klein, im Idealfall null sein. Der Standardfehler der Regression drückt also aus, wie gut im Mittel die geschätzte Regression arbeitet. *SSR* und Standardfehler der Regression sind die ersten naheliegenden Gütemaße, da sie dem Kriterium entsprechen, welches bei der Schätzung des Regressionsmodells optimiert wird. Ein ergänzendes Gütemaß in diesem Sinne ist der Log-Likelihood-Wert, Formel 4.19, da anstelle einer Kleinste-Quadrate-Schätzung auch eine Maximum-Likelihood-Schätzung durchgeführt werden könnte.

$$LLR = \sum_{t=1}^{T} log(pdf_{0,S_e}^{norm}(e_t)) \tag{4.19}$$

[21] Im Begleitmaterial findet sich bereits die angepasste Version dieser Funktion als `fRegress3`.

[22] Wie bei der Ermittlung der Stichprobenvarianz im Kapitel 2.3.5 erläutert, korrigiert der Term $(K+1)$ für den Schätzfehler für die verwendeten Koeffizientenschätzer von K Faktoren und der Konstante.

LLR Log-Likelihood-Wert der Regression[23]

$pdf_{0,S_e}^{norm}(.)$ Wahrscheinlichkeitsdichte (Probability-Density-Function) der Normalverteilung mit Erwartungswert 0 und Standardabweichung $S_e = \sqrt{\frac{1}{T}\sum_{t=1}^{T} e_t^2}$, wobei eine Regression mit Regressionskonstante unterstellt wird, damit $\bar{e} = \frac{1}{T}\sum_{t=1}^{T} e_t = 0$

Streng davon zu unterscheiden ist der Standardfehler eines Regressionskoeffizienten, welcher benötigt wird, um Konfidenzintervalle für die geschätzten Regressionskoeffizienten zu konstruieren. Darüber sind dann wieder Hypothesentests möglich. Unter den oben gesetzten Annahmen berechnen sich die Standardfehler der Regressionskoeffizienten nach Formel 4.20.

$$SE(\hat{\boldsymbol{\beta}}) = \sqrt{Var(\hat{\boldsymbol{\beta}})} = \sqrt{diag(\hat{\sigma}_{\varepsilon}^2(\mathbf{X}^{\mathrm{T}}\mathbf{X})^{-1})} \tag{4.20}$$

$Var\left(\hat{\boldsymbol{\beta}}\right)$ $(K+1)\times 1$ Vektor der Varianzen der Regressionsschätzer $\hat{\boldsymbol{\beta}}$

$diag(.)$ Funktion, welche die Elemente auf der Hauptdiagonale einer Matrix liefert

Damit lassen sich nach den bekannten Verfahren Konfidenzintervalle konstruieren, was jedoch eine Verteilungsannahme erfordert. Werden normalverteilte Schätzer vorausgesetzt, ergeben sich die Konfidenzintervalle wie in Kapitel 2.8 beschrieben. Die Teststatistiken (t-Werte) der Regressionsschätzer ergeben sich als Division der jeweiligen Regressionskoeffizienten durch ihre korrespondierenden Standardfehler.

$$t(\hat{\beta}_i) = \frac{\hat{\beta}_i}{SE(\hat{\beta}_i)} \tag{4.21}$$

$t(\hat{\beta}_i)$ t-Statistik des Regressionsschätzers $\hat{\beta}_i$

Das (gewöhnliche) Bestimmtheitsmaß der Regression R^2 drückt den Varianzanteil der abhängigen Variable aus, welcher durch das Regressionsmodell erklärt werden kann, siehe Formel 4.22. Als normiertes Maß liegt es zwischen 0 und 1, weshalb es auch leicht zu interpretieren ist. Ein Wert von 1 bedeutet, dass die Varianz der abhängigen Variable vollständig durch das lineare Regressionsmodell erklärt werden kann. Ein Wert von null bedeutet keinerlei Erklärungskraft des linearen Modells. Das adjustierte Bestimmtheitsmaß nach Formel 4.23 korrigiert das gewöhnliche Bestimmtheitsmaß noch um die Anzahl der freien Parameter (Regressionskoeffizienten) im Regressionsmodell. Je mehr unabhängige Variablen ein Regressionsmodell besitzt, um so besser kann es die beobachteten Daten schlichtweg aufgrund der höheren Anzahl an frei wählbaren Parametern anpassen. Dieser Effekt soll durch die Adjustierung berücksichtigt werden.

$$R^2 = \frac{Var(\hat{y})}{Var(y)} = \frac{\sum_{t=1}^{T}(\hat{y}_t - \bar{y})^2}{\sum_{t=1}^{T}(y_t - \bar{y})^2} \tag{4.22}$$

[23] Zwecks übersichtlicherer Darstellung wird für das Residuum $\hat{\varepsilon}$ der korrespondierende lateinische Kleinbuchtstabe e, also $e = \hat{\varepsilon}$ benutzt.

$$R_{adj}^2 = 1 - \frac{T-1}{T-(K+1)}(1-R^2) \tag{4.23}$$

R^2 gewöhnliches Bestimmtheitsmaß, unadjustiert

R_{adj}^2 adjustiertes Bestimmtheitsmaß

$\bar{y}$ Mittelwert der beobachteten Werte der abhängigen Variable

Die Adjustierung um die Anzahl freier Parameter zur Beurteilung der Güte eines geschätzten Regressionsmodells findet sich auch bei den Informationskriterien. Anders als das adjustierte Bestimmtheitsmaß, welches auf den erklärten Varianzanteil abstellt, wird dort der mittlere quadratische Fehler des Regressionsmodells korrigiert. Zwei bekannte Informationskriterien sind das Akaike-Informationskriterium (AIC), siehe Formel 4.24, und das Schwarz-Informationskriterium (SIC), welches in der Literatur auch synonym als Bayes-Informationskriterium (BIC) bezeichnet wird, siehe Formel 4.25. Wie bei den Sum-of-Squared-Residuals (SSR) als unnormiertes bzw. dem Mean-Squared-Error ($MSE = \frac{1}{T}SSR$) als normiertes Maß bedeutet auch hier ein möglichst kleiner Wert ein gutes Modell. Der MSE korrigiert allerdings nicht um die Anzahl freier Parameter, bevorzugt damit größere Modelle (solche mit mehr freien Parametern) gegenüber kleineren, weil erstere leichter an die Daten anzupassen sind. Dadurch wächst aber die Gefahr, irrelevante Einflussgrößen in das Modell aufzunehmen, die keinen bedeutsamen Erklärungsbeitrag liefern. Die Informationskriterien sollen diesen Effekt korrigieren. Eine zunehmende Anzahl an freien Parametern bewirkt bei der Berechnung des Informationskriteriums eine zunehmende „Bestrafung". Beide Informationskriterien unterscheiden sich allerdings im Ausmaß der „Bestrafung" eines zusätzlichen freien Parameters. Beim AIC fällt diese moderater als beim SIC aus. Selektiert man unter konkurrierenden Modellen anhand der Informationskriterien, so selektiert das AIC in der Tendenz größere, das SIC kleinere Modelle.

$$AIC = \log\left(\frac{\sum_{t=1}^{T}(y_t - \hat{y}_t)^2}{T}\right) + \frac{2(K+1)}{T} \tag{4.24}$$

$$SIC = \log\left(\frac{\sum_{t=1}^{T}(y_t - \hat{y}_t)^2}{T}\right) + \frac{(K+1)\log(T)}{T} \tag{4.25}$$

Der F-Wert einer Regression, Formel 4.26, dient dem Hypothesentest der gesamten Regression und folgt der F-Verteilung. Dabei wird als Nullhypothese angenommen, alle Regressionskoeffizienten seien Null, womit dann das Regressionsmodell keine Erklärungskraft hätte. Die Alternativhypothese lautet, dass zumindest einer der Regressionskoeffizienten von Null verschieden ist.

$$F = \frac{T-(K+1)}{K} \cdot \frac{R^2}{(1-R^2)} \tag{4.26}$$

Die Implementation der kurz skizzierten Gütemaße sowie die Regressionsschätzung selbst wird im Folgenden in zwei Schritten vollzogen. Zunächst zeigt das Programmlisting 4.3 die Basisfunktion `fRegressBase`, welche nur die OLS-Schätzung selbst durchführt und einige wichtige Hilfsgrößen für später darauf aufsetzende Funktionen berechnet.

Quellcode 4.3: Basisfunktion zur Regressionsanalyse

```
Siehe Datei: fRegressBase.m
```

Die Basisfunktion `fRegressBase` schätzt die Regressionskoeffizienten mit Hilfe der indirekten Berechnung der Inversen. Damit werden die geschätzten Werte der abhängigen Variablen und Residuen berechnet. Danach ermittelt die Basisfunktion einige elementare Gütemaße bzw. diagnostische Kennzahlen, wie z.B. die Sum-of-Squared-Residuals oder die Durbin-Watson-Teststastitik, die im nächsten Kapitel 4.2.4 behandelt wird. Das Programmlisting 4.4 zeigt den zweiten Teil der erweiterten Regressionsanalyse. Die Funktion `fRegressStats` setzt auf den Ergebnissen der Funktion `fRegressBase` auf. Sie vervollständigt die Gütemaße. Dabei werden die vorstehend aufgeführten Formeln sukzessive in Matlab-Code übersetzt; die Implementation dürfte dabei weitgehend selbsterklärend sein. Für die Berechnung des Konfidenzintervalls sei auf die Darstellungen in Kapitel 2.8 zurückverwiesen. Zur Erleichterung nachfolgender Hypothesentests werden die Irrtumswahrscheinlichkeiten der jeweiligen Nullhypothesen direkt berechnet. Ein Standardhypothesentest des Regressionskoeffizienten testet diese gegen Null (Nullhypothese: „Regressionskoeffizient ist Null" gegen Alternativhypothese: „Regressionskoeffizient ist von null verschieden", zweiseitiger Test). Die Berechnung der Irrtumswahrscheinlichkeiten für das Verwerfen der jeweiligen Nullhypothesen ist dem Programmlisting 4.4 zu entnehmen.

Quellcode 4.4: Erweiterte Gütemaße zur Regressionsanalyse

```
Siehe Datei: fRegressStats.m
```

Zur Anwendung auf die Fallstudie ist lediglich der Funktionsaufruf im Demoskript 4.2 abzuändern.[24] Dabei empfiehlt es sich, zur Kontrolle der Ergebnisse auch die Berechnung mit `regstats` durchzuführen. Der geschätzte Standardfehler wird in der Fallstudie in Höhe von $0,0122$ (wahrer Wert: $0,0118$) ausgewiesen. Dies ist der „mittlere Schätzfehler" des Marktmodells im Beispiel. Da dieser Wert jedoch nicht normiert ist, fällt eine Aussage schwer, ob dieser nun besonders gut oder schlecht ist. Dazu wäre ein Vergleich mit anderen, ähnlichen Modellen notwendig, also weiteren geschätzten Marktmodellen für andere Aktien. Im Vergleich mit den dort erzielten Ergebnissen könnte dann beurteilt werden, ob die Schätzung des Marktmodells für die Aktie der BASF AG relativ gut oder schlecht gelungen ist. Besser interpretierbar ist das gewöhnliche und adjustierte R^2, hier in Höhe von ca. $0,5993$ (in der Vorlage:[25] $0,6405$) bzw. $0,5977$ (in der Vorlage: $0,6391$). Danach kann im Beobachtungszeitraum ca. 60% der Varianz der BASF-Renditen durch das Marktmodell erklärt werden, was nach allgemeiner Erfahrung ein recht guter Wert, zumindest für ein derartig einfaches Modell ist. Die Standardfehler für die geschätzte Regressionskonstante $\hat{\alpha}$ und den geschätzten Regressionskoeffizienten $\hat{\beta}$ betragen $0,0008$ (in der Vorlage: $0,0007$) bzw. $0,0524$ (in der Vorlage: $0,0492$), die zur Konstruktion

[24] Alternativ kann zum Testen auch das Demoskript `bDemoOlsSchaetzung2` verwendet werden, welches im folgenden Kapitel zur Demonstration der Regressionsdiagnosen verwendet wird. Unter Octave ist die Variante `bDemoOlsSchaetzung2_oct` zu verwenden. Zu beachten ist, dass hier die Matlab-Funktion `regstats` nicht zur Verfügung steht. Anwender von Freemat müssen mit `bDemoOlsSchaetzung2_fre` arbeiten. Hier ist nur die Basisschätzung ablauffähig, da unter Freemat viele statistische Grundfunktionen fehlen, die für die Berechnung der erweiterten Gütemaße und diagnostischen Tests notwendig sind.

[25] vgl. PODDIG et al. (2008), S. 275.

eines Konfidenzintervalls benutzt werden können. Unter Annahme normalverteilter Residuen folgen die geschätzten Regressionskoeffizienten einer Normalverteilung.[26] Für die Konstruktion eines Konfidenzintervalls und den Hypothesentest der Regressionskoeffizienten muss allerdings auf eine t-Verteilung mit $T-(K+1)$ Freiheitsgraden zurückgegriffen werden.[27] Zur leichteren Interpretierbarkeit berechnet die Funktion `fRegressStats` die Irrtumswahrscheinlichkeiten für einen Hypothesentest der Regressionskoeffizienten gegen Null (Nullhypothese, Alternativhypothese: „Regressionskoeffizient ist von null verschieden", zweiseitiger Test) mit. Diese betragen im Beispiel $0,0441$ (in der Vorlage: $0,0827$) (für die Regressionskonstante α) und $\approx 0,0000$ (quasi null, für den Regressionskoeffizienten β, genauso in der Vorlage). Damit kann mit einer Irrtumswahrscheinlichkeit von praktisch null auf einen linearen Zusammenhang zwischen den BASF-Renditen und den DAX-Renditen geschlossen werden. Dieser Befund wird durch den F-Test bestätigt. Mit einer F-Statistik in Höhe von $384,3896$ (in der Vorlage: $457,8170$) und einer zugehörigen Irrtumswahrscheinlichkeit von praktisch null kann die Nullhypothese abgelehnt werden, wonach alle Regressionskoeffizienten gleich null sind, also das Regressionsmodell keine Erklärungskraft besitzt.

Die hier vorgenommenen Interpretationen sind jedoch nur als vorläufig zu betrachten, da sie von der Gültigkeit der Annahmen des Regressionsmodells abhängen. So können bei der Durchführung einer Regressionsanalyse zahlreiche Verletzungen dieser Annahmen existieren, die erhebliche Auswirkungen auf die geschätzten Koeffizienten, geschätzten Standardfehler und Teststatistiken haben. Diese Auswirkungen können soweit gehen, dass die Ergebnisse irreführend werden. Daher sind im Vorfeld und im Nachgang zu einer Regressionsanalyse verschiedene Prüfungen durchzuführen, die Aufschluss darüber liefern, ob und welche Probleme hier vorliegen.

4.2.4. Diagnostische Tests des geschätzten Regressionsmodells

Prüfungen des Regressionsmodells können bzw. müssen im Vorfeld und im Nachgang einer Regressionsanalyse erfolgen. Im Vorfeld geht es darum zu klären, ob die verwendeten Daten überhaupt für die Durchführung einer Regressionsanalyse zulässig sind. Prüfungen im Nachgang (Diagnostische Tests des geschätzten Regressionsmodells) prüfen erst nach erfolgter Schätzung des Regressionsmodells, ob sich Anhaltspunkte für Verletzungen der Modellannahmen ergeben. Obwohl es sich in der Reihenfolge der Arbeitsschritte anbieten würde, zuerst die Prüfungen im Vorfeld zu behandeln, beginnen die Betrachtungen hier mit diagnostischen Tests des Regressionsmodells. Der Grund liegt in deren einfacheren Umsetzung. Diagnostische Tests lassen sich im Allgemeinen verfahrenstechnisch gleich mit der Regressionsanalyse durchführen, verursachen also einen überschaubaren Aufwand. Prüfungen im Vorfeld sind dagegen aufwändiger und werden daher zunächst zurückgestellt.

4.2.4.1. Tests auf Autokorrelation der Residuen

Nach Annahme gemäß Formel 4.7 dürfen zwischen den Residuen keine Zusammenhänge bestehen. Ein gängiges Problem bei Zeitreihenregressionen ist aber das Auftreten von Autokor-

[26] Vgl. PODDIG et al. (2008), S. 292.

[27] Vgl. näher PODDIG et al. (2008), S. 294.

relationen. Hierunter sind Zusammenhänge (Kovarianzen, Korrelationen) einer Zeitreihe „mit sich selbst", allerdings zeitverzögert um l Perioden (Lags) zu verstehen. Ist $y_t, t = 1, ..., T$ eine Zeitreihe von beobachteten Werten, so ist die Autokovarianz oder Autokorrelation der Ordnung l nach Formel 4.27 bzw. Formel 4.28 definiert.

$$acov_l(y_t) = cov(y_t, y_{t-l}) \tag{4.27}$$

$$acor_l(y_t) = cor(y_t, y_{t-l}) \tag{4.28}$$

$acov_l(y_t)$ Autokovarianz der Ordnung l in der Zeitreihe von y_t

$cov(y_t, y_{t-l})$ Kovarianz zwischen y_t und y_{t-l}, um l Perioden gegen sich selbst zeitverschoben („gelaggt")[28]

$acor_l(y_t)$ Autokorrelation der Ordnung l in der Zeitreihe von y_t

$cor(y_t, y_{t-l})$ Korrelation zwischen y_t und y_{t-l}

Kovarianz und Korrelation wurden bereits in Kapitel 2.6 eingeführt. Hier handelt es sich um dasselbe, jedoch wird nicht der Zusammenhang zwischen zwei verschiedenen Zufallsvariablen betrachtet, sondern der zeitverzögerte Zusammenhang einer Zufallsvariable „mit sich selbst". Existierende Autokovarianzen bzw. Autokorrelationen zeigen eine bestehende, zeitliche Abhängigkeit in einer Zeitreihe an. Dies kann zu Prognosezwecken ausgenutzt werden, verursacht aber auch bei vielen statistischen Verfahren Probleme. So wird z.B. die Formel 4.20 zur Bestimmung des Standardfehlers der Regressionskoeffizienten unter der Annahme hergeleitet, dass alle Autokovarianzen $l = 1, 2, ..., \infty$ in den Residuen null sind. Ist diese Annahme verletzt, resultieren daraus erhebliche Verzerrungen (Unterschätzungen) der Standardfehler und in der Folge irreführende Teststatistiken. Daher müssen die geschätzten Residuen nach der Durchführung der Schätzung einer Regressionsgleichung unbedingt auf Freiheit von Autokovarianz bzw. Autokorrelation geprüft werden.[29]

Die Annahme nach Formel 4.7 erfordert streng genommen die Überprüfung aller denkbaren Lagordnungen $l = 1, 2, ..., \infty$, wofür spezielle Tests erforderlich sind.[30] Ein bekannter Test dafür ist der Ljung-Box-Q-Test, mit welchem auf statistisch signifikante Autokorrelationen bis zu einer maximalen Lagordnung L getestet werden kann. Dieser ist in der Econometrics Toolbox implementiert; siehe dort die Funktion `lbqtest`. Bei der Regressionsanalyse wird zumeist nur auf Autokorrelation erster Ordnung (also zum Lag $l = 1$) getestet, wofür der wesentlich einfachere

---

[28] Die Zeitverschiebung einer Zeitreihe gegen sich selbst oder gegen eine andere Zeitreihe wird im Folgenden synonym als „lagging" oder Bilden von „Lags" bezeichnet. In der Ökonometrie bedeutet ein „Lag" eine Rückwärtsverschiebung, ein „Lead" eine Vorwärtsverschiebung in der Zeit. Da in diesem Kontext ausschließlich (rückwärtige) Zeitverzögerungen von Interesse sind, spielen „Leads" hier keine Rolle.

[29] Wie aus Kap. 2 bekannt, ist die Korrelation nichts anderes als eine normierte Kovarianz. Im Sprachgebrauch werden daher oftmals die Begriffe synonym verwendet und sogar von Korrelation gesprochen, wenn streng genommen Kovarianz gemeint ist. Auch hier wird nicht streng zwischen den Begriffen unterschieden.

[30] Selbst mit diesen Tests ist eine Überprüfung bis zur Lagordnung ∞ unmöglich, man muss sich daher immer auf eine maximale Lagordnung L beschränken.

Durbin-Watson-Test zu Einsatz kommt.[31] Die Durbin-Watson-Teststatistik berechnet sich nach Formel 4.29.

$$DW = \frac{\sum_{t=2}^{T}(\hat{\varepsilon}_t - \hat{\varepsilon}_{t-1})^2}{\sum_{t=1}^{T}\hat{\varepsilon}_t^2} \tag{4.29}$$

Der ideale Wert der Durbin-Watson-Teststatistik liegt bei 2, hier existiert keine Autokorrelation erster Ordnung. Als „Daumenregel" können Werte zwischen ca. 1,8 und 2,2 für „unkritische" Werte genannt werden; Werte im Intervall zwischen 1,7 bis 2,3 sind noch gerade akzeptabel, Werte außerhalb dieses Bereichs bedenklich. Werte für den Durbin-Watson unter 1,5 oder über 2,5 zeigen deutlich ein Problem an.[32]

Autokorrelationen sind ein typisches Problem bei Zeitreihenregressionen, nicht bei Querschnittsregressionen, da dort im Allgemeinen keine zeitlich Ordnung der Beobachtungsobjekte vorgegeben ist. Autokorrelationen treten dort eher zufällig auf. Ordnet man die Beobachtungsobjekte beliebig anders um, verschwindet diese wieder. Eine solche Umordnung ist dort zulässig, da im Allgemeinen keine natürliche Anordnung bei Querschnittsbeobachtungen existiert. Bei Zeitreihendaten ist dies nicht zulässig.

Bei Querschnittsregressionen und auch Zeitreihenregressionen ist Heteroskedastizität ein weiteres mögliches Problem, das im Folgenden betrachtet wird.

4.2.4.2. Test auf Heteroskedastizität in den Residuen

Die Annahme des Regressionsmodells nach Formel 4.6 fordert eine endliche und konstante Varianz der Störgrößen, auch Homoskedastizitätsannahme genannt. Das Gegenteil davon ist Heteroskedastizität, wenn also die einzelnen Störgrößen ε_t eine variierende Varianz aufweisen. Bei Finanzmarktzeitreihen ist dies (leider) ein typisches Phänomen. Empirische Beobachtungen zeigen eine systematisch vorhandene, zeitliche Variation im Verlauf der Renditevarianzen an. Typischerweise folgen auf hohe Renditeausschläge (hohe Varianzen) ebenfalls tendenziell hohe Renditeausschläge, auf kleine Renditeausschläge tendenziell ebenfalls kleine Renditeausschläge. Dieses Phänomen heißt „Volatility Clustering" also das „klumpenweise" Auftreten von hohen und niedrigen Renditevarianzen in Finanzmarktzeitreihen. Bei Querschnittsregressionen tritt das Phänomen variierender Varianz ebenfalls häufig auf.

Ein erster, einfacher Test auf Heteroskedastizität ist der Breusch-Pagan-Test.[33] Dazu wird eine Regression der quadrierten Residuen auf vermutete Einflussgrößen zur Erklärung der Varianz durchgeführt (vgl. Formel 4.30); typischerweise werden hier dieselben Einflussgrößen (oder deren Quadrate) verwendet, die im zu untersuchenden Regressionsmodell vorhanden sind (was aber nicht unbedingt erforderlich ist).

$$e_t^2 = \gamma_0 + \gamma_1 z_{1t} + \ldots + \gamma_M z_{Mt} + u_t \tag{4.30}$$

[31] Die Berechnung der Durbin-Watson-Teststatistik ist bereits in der Basisfunktion `fRegressBase` vorhanden, da diese sehr häufig benötigt wird.

[32] Soll eine genaue Prüfung erfolgen, lassen sich für die Durbin-Watson-Teststatistik exakte Konfidenzintervalle konstruieren, vgl. dazu näher Poddig et al. (2008), S. 311 ff. Liegt die Durbin-Watson-Teststatistik in diesem Konfidenzintervall, wird von keiner existenten Autokorrelation ausgegangen.

[33] Vgl. näher Poddig et al. (2008), S. 322 ff. und Breusch und Pagan (1979).

e_t^2 quadriertes Regressionsresiduum aus der zu untersuchenden Regression zum Zeitpunkt t[34]

γ_m m-ter Regressionskoeffizient

z_{mt} m-te unabhängige Variable der Breusch-Pagan-Regression, von welcher ein Einfluss auf die Varianz der Residuen vermutet wird[35]

u_t Regressionsresiduum zum Zeitpunkt t

Die Teststatistik wird nach Formel 4.31 bis Formel 4.33 konstruiert. Die Nullhypothese lautet dabei, dass alle Regressionskoeffizienten $\gamma_1 = \gamma_2 = ... = \gamma_M = 0$ null sind. Trifft die Nullhypothese zu, dann gilt offensichtlich $E(e_t^2) = \gamma_0 = const$ für alle $t = 1,...,T$, wobei e_t^2 als Schätzer für die nicht beobachtbaren Varianzen $Var(\varepsilon_t)$ herangezogen werden.[36] Die Alternativhypothese ist, dass mindestens ein Regressionskoeffizient $\gamma_m, m = 1,...,M$ von Null verschieden ist, womit die Varianz nicht mehr konstant, sondern heteroskedastisch wäre.

$$S_e^2 = \frac{1}{T}\sum_{t=1}^{T} e_t^2 \tag{4.31}$$

$$RSS = \sum_{t=1}^{T} (\widehat{e_t^2} - \overline{e^2})^2 \tag{4.32}$$

$$BP = \frac{RSS}{2S_e^4} \tag{4.33}$$

e_t^2 quadriertes Regressionsresiduum aus der originären, zu untersuchenden Regression

S_e^2 Varianz der Residuen aus der originären, zu untersuchenden Regression

$\widehat{e_t^2}$ Schätzer für das quadrierte Residuum e_t^2, also $\widehat{e_t^2} = \hat{\gamma}_0 + \hat{\gamma}_1 z_{1t} + ... + \hat{\gamma}_M z_{Mt}$ nach der Schätzung von Regressionsgleichung 4.30

RSS Summe der quadrierten Differenzen zwischen den Schätzern für die Quadrate der Residuen e_t aus der originären Regression und deren Mittelwert. Hinweis: Da die Residuen der originären Regression einen Mittelwert von null haben (bei Verwendung einer Regressionskonstanten) und die Breusch-Pagan-Regression ebenfalls eine Konstante besitzt, haben abhängige und geschätzte abhängige Variable der Breusch-Pagan-Regression denselben Mittelwert, es kann also $\overline{e^2} = S_e^2$ gesetzt werden.

34 Zwecks Übersichtlichkeit wird für das Residuum $\hat{\varepsilon}_t$ der korrespondierende lateinische Kleinbuchstabe e, also $e_t = \hat{\varepsilon}_t$, verwendet.

35 In der Regel wird $z_m = x_i$ oder $z_m = x_i^2$ und $M = K$ gewählt.

36 Diese Vereinfachung ist möglich, weil annahmegemäß $E(e) = 0$ ist. Dann ist $Var(e) = E(e_i^2) - (E(e_i))^2 = E(e_i^2) - (0)^2 = E(e_i^2)$. Bei Verwendung der Regressionskonstante ist diese Annahme technisch garantiert.

Die Teststatistik folgt einer χ^2-Verteilung mit M Freiheitsgraden (Anzahl der unabhängigen Variablen in der Breusch-Pagan-Regression, ohne Konstante). Das Programmlisting 4.5 zeigt eine mögliche Umsetzung des Breusch-Pagan-Tests.

Quellcode 4.5: Funktion zur Durchführung des Breusch-Pagan-Tests

```
Siehe Datei: fBreuschPaganTest.m
```

Die Funktion `fBreuschPaganTest` setzt im Wesentlichen die Formeln zum Breusch-Pagan-Test um. Zwei Besonderheiten sind zu beachten: Typischerweise enthält die Matrix `mX` der unabhängigen Variablen der Breusch-Pagan-Regression die unabhängigen Variablen der zu untersuchenden Regression und/oder deren Quadrate. Dadurch kann unbeabsichtigt das Problem der Multikollinearität der unabhängigen Variablen entstehen, was wir weiter unten behandeln werden.[37] Die Funktion `fVIFclear`, die später vorgestellt wird, prüft auf dieses Problem und nimmt gegebenenfalls erforderliche Korrekturen an der Matrix `mX` vor. Ebenfalls kann es durch die Quadrierung der originären unabhängigen Variablen zu Skalierungsproblemen in der Datenmatrix `mX` kommen. Die Folge sind sehr ungenau bestimmte Regressionsschätzer. Mit der Matlab-eigenen Funktion `rcond` kann auf solche Skalierungsprobleme getestet werden. Sind diese vorhanden, so wird die Datenmatrix `mX` reskaliert, indem jede unabhängige Variable durch ihre Standardabweichung dividiert wird. Die Reskalierung ändert nicht das Ergebnis der Regressionsanalyse, lediglich die Regressionskoeffizienten skalieren hinterher anders.

Eine weiterentwickelte Variante ist der White-Test auf Heteroskedastiziät, der sich im Vorgehen nicht wesentlich von dem eben vorgestellten Breusch-Pagan-Test unterscheidet. Jedoch wird hier die Teststatistik auf Basis des Bestimmtheitsmaßes R^2 der Breusch-Pagan-Regression (Formel 4.30) nach Formel 4.34 berechnet.

$$W = T \cdot R^2 \tag{4.34}$$

W Teststatistik des White-Tests auf Heteroskedastizität

R^2 Bestimmtheitsmaß der Breusch-Pagan Regression

Die Null- und Alternativhypothese beim White-Test sind identisch zu denen beim oben vorgestellten Breusch-Pagan-Test. Unter der Nullhypothese folgt die Teststatistik W einer χ^2-Verteilung mit M Freiheitsgraden (Anzahl der unabhängigen Variablen in der Breusch-Pagan-Regression nach Formel 4.30, jedoch ohne Konstante gezählt). Nach WHITE (1980) bietet es sich an, als unabhängige Variablen der Breusch-Pagan-Regression alle unabhängigen Variablen der originären Regression, deren Quadrate und alle Kreuzprodukte zu nehmen.[38] Das Programmlisting 4.6 zeigt eine mögliche Umsetzung des White-Tests mit dieser Erweiterung.

Quellcode 4.6: Funktion zur Umsetzung des White-Tests auf Heteroskedastizität

```
Siehe Datei: fWhiteHetTest.m
```

[37] Das Problem der Multikollinearität wird näher in Kapitel 4.2.4.4 besprochen.

[38] Grundsätzlich überlässt auch der White-Test, ebenso wie der Breusch-Pagan-Test, die Auswahl der erklärenden Variablen für die Modellierung der Varianz dem Anwender. Die Verwendung der hier genannten Variablen ist im Allgemeinen aber ein guter Ausgangspunkt.

In diesem Buch wird aus Platzgründen nach Möglichkeit auf Fehlerüberprüfungen grundsätzlich verzichtet. Die Funktionen zum Breusch-Pagan-Test und zum White-Test besitzen demgegenüber eine Ausnahme. Damit der Breusch-Pagan-Test sinnvoll anwendbar ist, muss die übergebene Datenmatrix `mX` eine Konstante besitzen (eine Einserspalte), dagegen darf beim White-Test eine solche im Inputparameter `mX` nicht vorhanden sein. Deshalb nehmen beide Funktionen eine entsprechende Prüfung vor, indem zunächst für alle Spalten der Inputmatrix `mX` die Varianzen berechnet werden. Darüber lässt sich eine Spalte mit lauter Einsen entdecken.[39] Wird beim Breusch-Pagan-Test eine solche nicht gefunden, so wird eine hinzugefügt. Beim White-Test werden umgekehrt alle solchen Spalten gelöscht; die Konstante aber später wieder hinzugefügt.

4.2.4.3. Test auf Normalverteilung der Residuen

Um Hypothesentests für die Regressionsschätzer konstruieren zu können, wird als gängige Annahme die Normalverteilung der Schätzer $(\hat{\alpha}, \hat{\beta})$ gesetzt. Die Normalverteilung der Schätzer kann allerdings nicht direkt getestet werden. Aus der Herleitung der Kleinsten-Quadrate-Schätzer lässt sich jedoch zeigen, dass die Normalverteilung der Residuen eine hinreichende (aber nicht notwendige) Bedingung für die Normalverteilung der Schätzer ist. Insofern besteht ein einfacher diagnostischer Test darin, die Residuen auf die Normalverteilungseigenschaft zu testen. Gegen dieses Vorgehen lassen sich pragmatische Gegenargumente formulieren. So ist die Normalverteilung der Residuen keine notwendige Bedingung. Sind die Residuen unabhängig und identisch (i.i.d.) verteilt (aber nicht zwangsläufig normalverteilt), lässt sich ebenfalls zeigen, dass bei sehr großem Stichprobenumfang die Schätzer näherungsweise normalverteilt sind. Bei hinreichend großem Stichprobenumfang[40] und i.i.d. Residuen ist die Normalverteilungseigenschaft nach dem zentralen Grenzwertsatz näherungsweise sichergestellt. Daher ist die Prüfung auf Normalverteilung der Residuen primär bei kleinen Stichproben von praktischem Interesse. Hier kann argumentiert werden, dass die Residuen einer Kleinsten-Quadrate-Schätzung streng genommen nicht alle unabhängig voneinander sein können und sich daher nicht valide testen lassen. Folgt man dieser Argumentation, ist ein Test auf Normalverteilung der Residuen bei großem Stichprobenumfang unnötig und bei kleinem Stichprobenumfang nicht valide durchführbar. Damit wäre dieser Diagnoseschritt insgesamt sinnlos.

Der Test auf Normalverteilung soll hier dennoch kurz behandelt werden. Zum einen wird ein derartiger Test auch in gänzlich anderen Zusammenhängen benötigt, also nicht nur ausschließlich in Verbindung mit dem Regressionsmodell. Zum anderen liegen typische Stichprobenumfänge bei finanzökonometrischen Untersuchungen oftmals an der Schwelle zu „hinreichend groß“. Die Beschränkungen des Tests auf Normalverteilung aufgrund zu kleiner Stichprobe spielen an dieser Grenze nur eingeschränkt eine Rolle, zugleich ist aber die Stichprobe noch nicht „unendlich groß“, um sorgenlos mit dem zentralen Grenzwertsatz argumentieren zu können.

---

[39] Streng genommen wird damit nur eine Spalte mit einer Konstanten, nicht notwendigerweise mit Einsen, entdeckt. Dies ist aber für die Regressionsanalyse unerheblich, da dann die Regressionskonstante nur anders skaliert.

[40] Gängige Faustregeln betrachten Stichproben vom Umfang ab $T = 100$ bis $T = 200$ als „hinreichend groß“ in diesem Sinne.

Ein gängiger Test auf Normalverteilung ist der Jarque-Bera-Test.[41] Die Teststatistik berechnet sich nach den Formel 4.35 bis 4.37. Die Nullhypothese lautet, dass die betrachteten Daten normalverteilt sind gegen die Alternativhypothese einer Nicht-Normalverteilung. Unter der Nullhypothese folgt die Jarque-Bera Teststatistik einer χ^2-Verteilung mit 2 Freiheitsgraden.

$$Skewness = \frac{\frac{1}{T}\sum_{t=1}^{T} e_t^3}{S_e^3} \tag{4.35}$$

$$Kurtosis = \frac{\frac{1}{T}\sum_{t=1}^{T} e_t^4}{S_e^4} \tag{4.36}$$

$$JB = \frac{T-(K+1)}{6}\left[Skewness^2 + \frac{1}{4}(Kurtosis-3)^2\right] \tag{4.37}$$

$Skewness$ Schiefe der Verteilung der Residuen e_t,[42] wobei der Mittelwert der geschätzten Residuen als null angenommen wird (ist erfüllt, wenn Regressionskonstante vorhanden)

T Anzahl Beobachtungen

K Anzahl Regressoren (ohne Konstante)

S_e Standardabweichung der Residuen

$Kurtosis$ Kurtosis (Wölbung) der Residuenverteilung

JB Jarque-Bera Teststatistik

Das Programmlisting 4.7 zeigt die Implementation des Jarque-Bera-Test. Soweit in Matlab die Statistics Toolbox vorhanden ist, kann alternativ die Matlab-Toolbox-Funktion `jbtest` verwendet werden, die allerdings die Anzahl der Beobachtungen nicht um die Anzahl der freien Parameter der Regression korrigiert, was die folgende Funktion latent vorsieht. Die für die Berechnung der Jarque-Bera-Teststatistik notwendige Berechnung von Schiefe und Wölbung kann alternativ durch benutzergeschriebene Funktionen (`fSkewness` und `fKurtosis`, siehe Kapitel 2.3.6) oder die Matlab-Toolbox-Funktionen `skewness` und `kurtosis` erfolgen, welche ebenfalls die Statistics Toolbox voraussetzen.

Quellcode 4.7: Funktion zur Durchführung des Jarque-Bera Tests

```
Siehe Datei: fJBstat.m
```

[41] Vgl. für eine ausführlichere Darstellung Poddig et al. (2008) , S. 331. Ein anderer Test auf Normalverteilung wurde auch schon in Kapitel 2.8.6 vorgestellt.

[42] Zu Schiefe und Wölbung einer Verteilung vgl. auch Kapitel 2.3.6. Siehe dort auch die benutzerdefinierten Funktionen `fSkewness` und `fKurtosis`.

4.2.4.4. Test auf Multikollinearität

Wenn mehrere unabhängige Variablen vorhanden sind, ist die Annahme der linearen Unabhängigkeit der einzelnen unabhängigen Variablen voneinander sehr wichtig. Lässt sich eine unabhängige Variable perfekt als Linearkombination verschiedener anderer unabhängiger Variablen darstellen, so besitzt die Matrix $\mathbf{X}^T\mathbf{X}$ nicht mehr den vollen Rang. Sie kann dann nicht invertiert werden, womit die Lösung für den Regressionsschätzer unbestimmt ist. Perfekte lineare Abhängigkeiten sind in praktischen Anwendungen selten anzutreffen, aber durchaus „fast" perfekte lineare Abhängigkeiten. Die Auswirkungen davon sind ebenfalls erheblich. Zwar kann die Matrix $\mathbf{X}^T\mathbf{X}$ dann noch invertiert werden, es drohen aber ausgeprägte numerische Instabilitäten. Als Konsequenz können die einzelnen Regressionskoeffizienten nicht mehr eindeutig bestimmt werden und ihr Erklärungsbeitrag ist schwierig zu beurteilen.[43] Zur Aufdeckung linearer Abhängigkeiten werden verschiedene Ansätze vorgeschlagen.[44] Der einfachste Weg besteht darin, die Korrelationsmatrix der unabhängigen Variablen zu berechnen. Der Nachteil hier besteht aber in der Beschränkung auf die Aufdeckung nur paarweiser linearer Abhängigkeiten. Multiple lineare Abhängigkeiten untereinander sind damit nicht zu entdecken. Ein elegantes, sehr einfaches Verfahren ist die Berechnung der *Variance-Inflation-Factors*.[45] Dazu wird zuerst die gewöhnliche Korrelationsmatrix der unabhängigen Variablen ermittelt. In einem zweiten Schritt wird die Inverse der Korrelationsmatrix berechnet. Im dritten Schritt werden die Elemente der Hauptdiagonale der invertierten Korrelationsmatrix extrahiert. Die Hauptdiagonale enthält dabei die sog. Variance-Inflation-Factors (VIF), die eine sehr anschauliche Interpretation besitzen. Würde man eine Regression der k-ten unabhängigen Variable auf alle anderen unabhängigen Variablen durchführen, so würde man das Bestimmtheitsmaß R_k^2 erhalten. Es drückt aus, welcher Varianzanteil der Varianz der k-ten unabhängigen Variablen durch eine Linearkombination aller anderen unabhängigen Variablen erklärt werden könnte. Zwischen dem k-ten Element auf der Hauptdiagonale der invertierten Korrelationsmatrix (VIF_k) und dem Bestimmtheitsmaß R_k^2 besteht nun der Zusammenhang nach Formel 4.38 bzw. 4.39.

$$VIF_k = \frac{1}{1-R_k^2} \tag{4.38}$$

$$R_k^2 = 1 - \frac{1}{VIF_k} \tag{4.39}$$

Auf diese Weise lässt sich schnell berechnen, wie gut jede einzelne unabhängige Variable linear durch alle anderen erklärt werden kann. Als kritische Grenze für den VIF werden in der Literatur unterschiedliche Werte genannt.[46] Manche Autoren halten Werte für den VIF_k bis 10 (entsprechend einem $R_k^2 = 0,9$) für unbedenklich, konservativere Meinungen nennen Werte bis $VIF_k = 5$ (entsprechend $R_k^2 = 0,8$) oder nur bis $VIF_k = 2$ (entsprechend $R_k^2 = 0,5$). Wir halten $VIF_k = 5$ für eine sinnvolle Wahl. Das folgende Programmlisting 4.8 zeigt die Berechnung der Variance-Inflation-Factors in Matlab.

---

43 Vgl. Poddig (1999), S. 179 ff.

44 Vgl. Poddig et al. (2008), S. 373 ff.

45 Vgl. dazu Poddig et al. (2008), S. 379 ff.

46 Vgl. Poddig et al. (2008), S. 380, 386 f., Chatterjee und Price (1991), S. 191.

Quellcode 4.8: Funktion zur Berechnung der Variance-Inflation-Factors

```
Siehe Datei: fVIFR2.m
```

Die Funktion `fVIFR2` setzt einfach nur die beschriebenen Schritte um. Erwähnenswert ist auch hier, dass obwohl die Übergabe einer Matrix unabhängiger Variablen erwartet wird, die Funktion Vorkehrungen trifft, falls die Matrix doch Spalten mit Konstanten enthält. In diesem Falle werden diese Spalten zunächst gelöscht und die VIF sowie die R^2 für die verbliebenen variablen Spalten berechnet. Die so erhaltenen Werte werden wieder in zwei erweiterten Vektoren `vVIF` und `vR2` eingesetzt, welche `NaN` an den Stellen ausweisen, an denen eine Berechnung wegen der Spalten mit Konstanten nicht möglich war.

Das folgende Programmlisting 4.9 zeigt eine einfache Hilfsfunktion, die bei aufgedeckter Kollinearität die Bereinigung einer Datenmatrix `mX` um die Kollinearität verursachenden unabhängigen Variablen durchführt. Aufwändigere Verfahren zur Beseitigung von Kollinearität werden z.B. bei PODDIG et al. (2008), S. 383 f. vorgestellt, die hier aber nicht implementiert werden.

Quellcode 4.9: Funktion zur Bereinigung von Multikollinearität

```
Siehe Datei: fVIFclear.m
```

4.2.4.5. Implementation der diagnostischen Tests

Das Programmlisting 4.10 zeigt eine erweiterte Funktion zur linearen Regression, welche neben den üblichen Regressionsstatistiken jetzt auch noch die diagnostischen Tests durchführt.

Quellcode 4.10: Funktion zur Durchführung einer Regressionsanalyse mit diagnostischen Tests

```
Siehe Datei: fRegressStatsDiagn.m
```

Das Demoskript 4.11 zeigt die Anwendung der OLS-Schätzung inklusive der diagnostischen Tests in der Fallstudie.[47]

Quellcode 4.11: Demoskript zur OLS-Schätzung mit diagnostischen Tests

```
Siehe Datei: bDemoOlsSchaetzung2.m
```

Das Demoskript 4.11 ist weitgehend identisch zum Demoskript 4.2. Es liest zunächst die Fallstudiendaten ein, rechnet die Kurs- bzw. Indexstände (BASF, DAX) in stetige Renditen um und bereitet die Daten für die anschließende Regressionsanalyse vor. Danach werden die Regressionsanalysen inklusive der vorgestellten diagnostischen Tests durchgeführt.

Die Anwendung der Funktion in der Fallstudie zur Schätzung des Marktmodells zeigt zunächst einen Durbin-Watson Wert von $DW = 1{,}9871$ (in der Vorlage:[48] $DW = 2{,}0194$), der damit

[47] Unter Octave ist die Variante `bDemoOlsSchaetzung2_oct` zu verwenden. Hier wurde lediglich der Funktionsaufruf der Matlab-Funktion `regstats` entfernt, zu der es unter Octave keine äquivalente Funktion gibt. Da diese nur zu Referenzzwecken dient und identische Ergebnisse liefert, ist dieser Verzicht nicht bedeutsam. Anwender von Freemat müssen mit `bDemoOlsSchaetzung2_fre` arbeiten. Hier ist nur die Basisschätzung ablauffähig, da unter Freemat viele statistische Grundfunktionen fehlen, die für die Berechnung der erweiterten Gütemaße und diagnostischen Tests notwendig sind.

[48] vgl. PODDIG et al. (2008), S. 337 ff.

praktisch am Idealwert liegt. Autokorrelationen erster Ordnung sind in dieser Regressionsanalyse nicht feststellbar. Der Breusch-Pagan-Test weist eine Teststatistik in Höhe von $BP = 1,5528$ (in der Vorlage: $BP = 3,7654 \times 10^{-6}$) mit einer zugehörigen Irrtumswahrscheinlichkeit für das Ablehnen der Nullhypothese von $p = 0,2127$ (in der Vorlage: $p = 0,9985$) auf. Nach diesem Test kann die Nullhypothese von Homoskedastizität nicht verworfen werden. Auch der White-Test zeigt ein ähnliches Bild. Der Wert der White-Teststatistik ist hier $W = 1,8041$ (in der Vorlage: $W = 0,4318$) mit einer zugehörigen Irrtumswahrscheinlichkeit von $p = 0,6141$ (in der Vorlage: $p = 0,9336$). Auch hier kann die Nullhypothese von Homoskedastizität nicht verworfen werden. Damit liegen für Heteroskedastizität keinerlei Anhaltspunkte vor. Der Test auf Normalverteilung der Residuen zeigt eine Jarque-Bera-Teststatistik in Höhe von $JB = 4,5419$ mit zugehöriger Irrtumswahrscheinlichkeit für das Verwerfen der Nullhypothese von normalverteilten Residuen in Höhe von $p = 0,1032$. Somit kann die Nullhypothese normalverteilter Residuen beibehalten werden.[49] Der Test auf Multikollinearität ist hier natürlich sinnlos, entsprechend wird auch ein $VIF = 1$ und ein korrespondierendes $R^2 = 0$ ausgewiesen. Insgesamt handelt es sich um ein gültiges Regressionsmodell.[50]

4.2.5. Stationarität

Bei Zeitreihenregressionen ist die Verwendung stationärer Zeitreihen (und auch vielen anderen ökonometrischen Verfahren) geboten, da ansonsten das Phänomen der *Spurious-Regressions* auftritt.[51] Hierunter wird das Anzeigen eines statistisch signifikanten Zusammenhangs zwischen abhängiger und unabhängiger Variable bzw. Variablen verstanden, obwohl dieser Zusammenhang tatsächlich nicht existent ist. Ein einfaches Experiment verdeutlicht dieses Phänomen. Angenommen sei ein sog. *Random-Walk* nach Formel 4.40 für die abhängige und Formel 4.41 für die unabhängige Variable.

$$y_t = y_{t-1} + \xi_t \tag{4.40}$$

[49] Der Test auf Normalverteilung zeigt in der Vorlage eine Jarque-Bera-Teststatistik in Höhe von $JB = 8,3751$ mit zugehöriger Irrtumswahrscheinlichkeit für das Verwerfen der Nullhypothese von normalverteilten Residuen in Höhe von $p = 0,0152$. Dort muss die Nullhypothese normalverteilter Residuen verworfen werden. Jedoch ist die Normalverteilung der Residuen keine notwendige Bedingung für die Normalverteilungseigenschaft der Regressionsschätzer. Der Stichprobenumfang in der Fallstudie beträgt $T = 259$ Renditebeobachtungen, was nach gängigen Faustregeln als „hinreichend groß“ angesehen wird, um näherungsweise - auch ohne Test auf Normalverteilung der Residuen - von einer Normalverteilung der Schätzer ausgehen zu dürfen.

[50] Dieselben Aussagen gelten für die Ergebnisse der Originalfallstudie auf echten Daten, wobei dort allerdings eine Verletzung der Normalverteilungsannahme der Residuen festzustellen ist. Dies könnte vielleicht zu leicht verzerrten Inferenzstatistiken führen. Der Ausgang des Jarque-Bera-Tests und der Umgang mit dem Ergebnis mag dort unbefriedigend erscheinen, da die Verletzung der Normalverteilungseigenschaft der Residuen möglicherweise Verzerrungen in den Inferenzstatistiken für die Regressionskoeffizienten bedeuten kann, aber nicht notwendigerweise bedeuten muss. Um dort eine klarere Aussage abgeben zu können, müssten direkt die Verteilungseigenschaften der Regressionskoeffizienten in der Fallstudie untersucht werden. Dazu könnte die Regression mehrfach mittels Bootstrapping wiederholt und die empirischen Verteilungen der Regressionskoeffizienten ermittelt werden, die dann einem Test auf Normalverteilung unterzogen werden. Ein solches Verfahren könnte für den Leser eine reizvolle Übungsaufgabe darstellen. Jedoch sind nach gängiger Erfahrung Verstöße gegen die Freiheit von Autokorrelation oder Homoskedastizität weitaus gravierender in ihren Auswirkungen.

[51] Vgl. PODDIG et al. (2008), S. 353 ff.

$$x_t = x_{t-1} + \nu_t \tag{4.41}$$

ξ_t unabhängig und identisch verteilte Störgröße (Zufallsvariable) zum Zeitpunkt t

ν_t unabhängig und identisch verteilte Störgröße (Zufallsvariable) zum Zeitpunkt t

Offensichtlich existiert per Konstruktion zwischen abhängiger und unabhängiger Variable kein Zusammenhang. Das Programmlisting 4.12 zeigt nun das Experiment. Es werden zwei Zeitreihen für abhängige und unabhängige Variable nach diesen Bildungsgesetzen konstruiert und anschließend aufeinander regressiert. Anhand der F- und t-Teststatistiken wird dann beurteilt, ob ein statistisch signifikanter Zusammenhang zwischen beiden Variablen vorliegt. Dabei handelt es sich natürlich um ein Zufallsexperiment mit unterschiedlichen Ausgängen, so mehrfach wiederholt werden muss (siehe Programmlisting 4.12). Dabei wird ausgezählt, wie häufig die Nullhypothese eines nicht vorliegenden Zusammenhangs bei vorgegebener Irrtumswahrscheinlichkeit verworfen wird.[52] Die Quote der Ablehnungen wird mit der erwarteten Quote nach Irrtumswahrscheinlichkeit verglichen. Erkennbar ist im Experiment, dass die Quote der tatsächlichen, irrtümlichen Ablehnungen der Nullhypothese weitaus höher liegt als bei vorgegebener Irrtumswahrscheinlichkeit zu erwarten ist.

Quellcode 4.12: Demoskript zur Spurious-Regression

```
Siehe Datei: bDemoRandomWalk.m
```

Im Simulationsexperiment werden zwei Random-Walks auf Basis von zwei unabhängig und identisch standardnormalverteilten Zufallsvariablen ξ_t und ν_t erzeugt. Das beschriebene Vorgehen wird im Demoskript 10.000-fach wiederholt. Dabei haben sich 8260 tatsächliche zu 500 erwarteten Ablehnungen ergeben, entsprechend einer tatsächlichen Ablehnungsquote von 82,6% zu 5,0%.[53]

Vergleicht man das Häufigkeitsdiagramm der berechneten Testwerte mit dem einer t-Verteilung, welchem die Testwerte unter der Nullhypothese eigentlich folgen sollten, so ist die Verteilung der berechneten Testwerte deutlich breiter als die der theoretischen t-Verteilung. Zur besseren Vergleichbarkeit sind die Achsen der beiden Häufigkeitsdiagramme in Programmlisting 4.12 auf den gleichen Wertebereich eingestellt.[54] Offensichtlich beschreibt die t-Verteilung jetzt nicht mehr zutreffend die Verteilung der Teststatistik unter der Nullhypothese, weshalb es zu dieser massiven

[52] Unter Octave empfiehlt sich die Variante `bDemoRandomWalk_oct`, in welcher lediglich die Anzahl der Simulationen auf 100 statt 10000 (unter Matlab) herabgesetzt wurde. Leider ist Octave bei Simulationen deutlich langsamer als Matlab, sodass das originäre Matlab-Skript zwar unter Octave problemlos durchläuft, jedoch sehr viel Zeit benötigt. Außerdem funktioniert unter Octave die Ausrichtung der Bar-Plots auf denselben Wertebereich nicht korrekt. Bei der Interpretation der Diagramme ist unter Octave unbedingt auf die Achsenbeschriftungen zu achten.

[53] Da es sich hier um ein Zufallsexperiment handelt, können sich natürlich beim Nacharbeiten leicht andere Ergebnisse einstellen. So ergaben sich in einem zweiten Lauf 8331 zu erwartete 500 Ablehnungen, entsprechend einer Quote von 83,31% zu 5,0%. Die dargestellten Größenordnungen ändern sich jedoch nicht.

[54] Dies funktioniert unter Octave nicht korrekt. Hier besitzen beide Achsen einen unterschiedlichen Wertebereich, was bei der Interpretation unbedingt zu beachten ist.

Fehlschätzung kommt. Sehr aufschlussreich ist es bei diesem Experiment sich die Verteilung der Durbin-Watson-Teststatistik anzuschauen, die wie oben dargestellt eine zentrale diagnostische Kennziffer des linearen Regressionsmodells ist. Aus der Abbildung 4.1 wird ersichtlich, wie stark der Durbin-Watson von seinem idealen Wert (2) abweicht. Ein gewissenhafter Finanzökonometriker hätte in diesem Experiment schnell erkannt, dass es sich um eine Fehlspezifikation des Modells handelt. Die Frage, ob in allen praktischen Anwendungen der Regressionsanalyse, auch in einschlägigen akademischen Publikationen, der DW-Teststatistik dieselbe gewissenhafte Aufmerksamkeit gewidmet und diese stets mit ausgewiesen wird, sei dahingestellt.

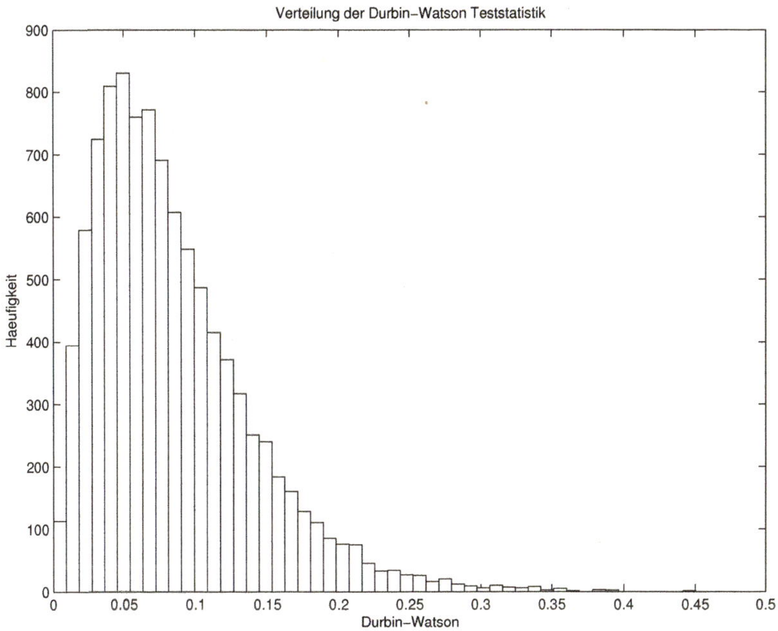

Abbildung 4.1.: Verteilung der Durbin-Watson-Teststatistik bei der Regression zweier Random-Walks

Ursache dieser Problematik ist die Verwendung nicht stationärer Zeitreihen. Eine Zeitreihe y_t heißt schwach stationär, wenn (i) ihr Erwartungswert und (ii) ihre Varianz im Zeitablauf konstant (also vom Zeitindex unabhängig) sowie (iii) alle Autokovarianzen (bzw. Autokorrelationen) nur von der Lagordnung abhängen, aber bei gegebener Lagordnung ebenfalls im Zeitablauf konstant (also vom Zeitindex unabhängig) sind. Die Formeln 4.42 bis 4.44 operationalisieren diese Eigenschaften.[55]

$$E(y_t) = const, \text{ für alle } t = 1, ..., T \tag{4.42}$$

$$Var(y_t) = const, \text{ für alle } t = 1, ..., T \tag{4.43}$$

$$Var(y_t, y_{t-l}) = \sigma_l, \text{ für alle } t = 1, ..., T \tag{4.44}$$

[55] Vgl. näher PODDIG et al. (2008), S. 96 ff. und S. 360 ff.

σ_l Autokovarianz der Lagordnung l, wobei $\sigma_l = const$

Verstöße gegen die Stationaritätseigenschaft äußern sich in dem oben vorgestellten Phänomen der Spurious-Regression. Damit stellt sich die Frage, wie im Vorfeld einer Regressionsanalyse diese Eigenschaft überprüft werden kann. Dazu stehen verschiedene Tests zur Verfügung, von denen hier nur der einfache Dickey-Fuller- und seine Erweiterung, der Augmented-Dickey-Fuller-Test, betrachtet werden sollen.

Beim einfachen Dickey-Fuller-Test wird als Nullhypothese von dem Vorliegen eines Random-Walks nach Formel 4.45 ausgegangen.[56] Zieht man auf beiden Seiten von Formel 4.45 den Wert y_{t-1} ab, so gelangt man zu einer modifizierten Testgleichung nach Formel 4.46. Definiert man den Faktor $(\beta - 1) = \delta$, gilt unter der Nullhypothese $\delta = 0$. Dies lässt sich mit Hilfe einer gewöhnlichen Regression überprüfen, in dem die Zeitreihenwerte Δy_t der ersten Differenzen auf die zeitverzögerten originären Werte y_{t-1} regressiert werden. Die dabei erhaltene Teststatistik nach Formel 4.47 für den Regressionskoeffizienten δ folgt jedoch nicht einer t-Verteilung, weshalb andere (tabellierte) kritische Werte für die Prüfung der Nullhypothese verwendet werden müssen.

$$y_t = \beta y_{t-1} + \varepsilon_t \tag{4.45}$$

$$\Delta y_t = (\beta - 1) \cdot y_{t-1} + \varepsilon_t \tag{4.46}$$

$$DF - Test = \frac{\hat{\delta}}{SE(\hat{\delta})} \tag{4.47}$$

β Koeffizient der Testgleichung, unter Nullhypothese eines Random-Walks (Nichtstationarität) muss $\beta = 1$ gelten

Δy_t Differenz der Variable y_t zum Zeitpunkt t gegenüber der Vorperiode $t-1$, also $\Delta y_t = y_t - y_{t-1}$

δ Regressionskoeffizient der modifizierten Testgleichung, dabei gilt $\delta = (\beta - 1)$

$SE(\hat{\delta})$ Standardfehler des Regressionsschätzers $\hat{\delta}$, wird wie bei der Berechnung der Standardfehler beschrieben ermittelt

Bei der Interpretation der erhaltenen Teststatistik $DF - Test$ ist zu beachten, dass hier nur ein einseitiger Test durchgeführt wird. Die Alternativhypothese lautet hier $\beta < 1$ bzw. äquivalent $\delta < 0$. Denn wenn die Alternativhypothese gilt, so stellt der Prozess nach Formel 4.45 einen stationären Prozess dar. Der kritische Wert für die Ablehnung der Nullhypothese ist hier das untere 5%-Quantil der Verteilung der Testwerte $DF - Test$. Die in Formel 4.45 dargestellte Testgleichung kann noch um zwei Komponenten erweitert werden, nämlich um eine Konstante (sog. Driftterm) und um einen deterministischen Zeittrend. Der Grund besteht darin, weitere denkbare Varianten der Nullhypothese (Random-Walk) berücksichtigen zu können. Bei einem Random-Walk mit Drift bewegt sich der Random-Walk tendenziell in Richtung der Driftkomponente. Ist beispielsweise ein positiver Drift vorhanden, ist der Random-Walk tendenziell ansteigend.

[56] Es sei daran erinnert, dass das Vorliegen eines Random-Walks die Nichtstationarität impliziert.

Diese Variante ist z.B. für die Modellierung von Aktienkursen sehr bedeutsam. Nach gängiger Finanzmarkttheorie müssen nämlich Aktienrenditen eine „positive Grundverzinsung" (positive Driftkomponente) besitzen, um für das höhere Risiko der Aktienanlage zu kompensieren. Vorstellbar ist ebenfalls, dass in einem Random-Walk zusätzlich ein deterministischer Zeittrend vorhanden ist. Die Formel 4.48 reflektiert diese erweiterte Nullhypothese eines (erweiterten) Random-Walks.

$$y_t = \alpha + \beta y_{t-1} + \gamma \cdot t + \varepsilon_t \tag{4.48}$$

$$\Delta y_t = \alpha + (\beta - 1) \cdot y_{t-1} + \gamma \cdot t + \varepsilon_t \tag{4.49}$$

α Konstante im Random-Walk, sog. „Driftterm", entsprechend „Random-Walk mit Drift"

γ Regressionskoeffizient des deterministischen Zeitrends

Es ergibt sich damit die erweiterte Random-Walk-Nullhypothese des Dickey-Fuller-Tests nach Formel 4.48 bzw. in modifizierter Form nach Formel 4.49. Damit bestehen drei Variationen, nach denen der Dickey-Fuller-Test durchgeführt werden kann: (i) ohne Konstante, ohne Zeittrend; (ii) mit Konstante, ohne Zeittrend; (iii) mit Konstante, mit Zeittrend. Das Programmlisting 4.13 zeigt die erste Umsetzung des DF-Tests mit diesen drei Möglichkeiten.

Quellcode 4.13: Funktion zur Durchführung des DF-Tests

```
Siehe Datei: fDFtest.m
```

Da die Durchführung des Dickey-Fuller-Tests einfach auf eine gewöhnliche Regressionsanalyse zurückgeführt werden kann, ist die Umsetzung dieses Tests wie aus Programmlisting 4.13 ersichtlich denkbar einfach. Aufgabe der Funktion `fDFtest` ist es lediglich, die Daten entsprechend der gewählten Testgleichung vorzubereiten. Danach wird die gewöhnliche Regressionsanalyse aufgerufen, hier `fRegressStats` und anschließend die Teststatistik $DF - Test$ aus den Regressionsresultaten extrahiert. Die Anwendung auf das Beispiel der Schätzung des Marktmodells zeigt das Demoskript 4.14.

Quellcode 4.14: Demoskript zur Anwendung des DF-Tests

```
Siehe Datei: bDemoDFtestMarktmodell.m
```

Wird die Kurs- oder Indexreihe des deutschen Aktienindex DAX im Niveau (als Preis- bzw. Indexreihe) dem DF-Test unterzogen (mit Konstante, ohne Zeittrend), so ergibt sich ein Wert der DF-Teststatistik in Höhe von $DF - Test = -1,7367$ (in der Vorlage:[57] $DF - Test = -1,6158$). Um zu beurteilen, ob auf Basis dieses Testwertes die Nullhypothese abgelehnt werden kann, werden die kritischen Werte benötigt. Bei PODDIG et al. (2008) finden sich Tabellen mit den kritischen Werten des im Folgenden vorzustellen Augmented-Dickey-Fuller-Tests.[58] Zieht man dort die ähnlichste Variante (ein Lag beim Augmented-Dickey-Fuller Test und 200 Beobachtungen) zur Beurteilung der hier erzielten Ergebnisse heran, so finden sich dort die kritischen Werte

[57] Vgl. PODDIG et al. (2008), S. 369 ff.

[58] Vgl. PODDIG et al. (2008), S. 769 ff.

$-1,9413$ (Test ohne Konstante, ohne Zeitrend), $-2,8760$ (mit Konstante, ohne Zeittrend) und $-3,4332$ (mit Konstante, mit Zeitrend). Relevant ist hier also der kritische Wert $-2,8760$. Der empirische Testwert unterschreitet diesen relevanten kritischen Testwert nicht, also ist die verwendete Reihe des DAX im Niveau vermutlich nicht stationär und die Nullhypothese kann beibehalten werden („Random-Walk, also Zeitreihe ist nicht stationär“). Im Regressionsmodell wurde jedoch nicht die Indexreihe des DAX, sondern die daraus abgeleitete Reihe der stetigen DAX-Renditen benutzt. Wird diese in derselben Weise dem DF-Test unterzogen, ergibt sich hier eine Teststatistik in Höhe von $DF - Test = -14,2379$ (in der Vorlage: $DF - Test = -16,7493$), die deutlich unterhalb des kritischen Wertes liegt. Die Nullhypothese kann für die stetige Renditereihe des DAX klar abgelehnt und daher auf eine stationäre Renditereihe geschlossen werden.

Dieselbe Prüfung ist noch einmal für die BASF-Reihe durchzuführen, führt aber zu denselben Befunden. Beide Renditereihen sind stationär, dürfen also in der Regressionsanalyse verwendet werden.

Der Dickey-Fuller-Test wird typischerweise in einer modifizierten Form angewendet, die sich Augmented-Dickey-Fuller-Test nennt. Ausgangspunkt für diese Erweiterung ist das Problem möglicherweise vorliegender Autokorrelationen in den Residuen der geschätzten Testgleichung des DF-Tests, und zwar unabhängig davon, welche der drei Varianten gerade zum Einsatz kommt. Liegen nämlich Autokorrelationen in den Residuen vor, so ist dadurch bedingt die Teststatistik $DF - Test$ verzerrt und nicht mehr valide. Die modifizierte Form des Dickey-Fuller-Tests, der Augmented-Dickey-Fuller-Test (ADF-Test), verwendet in der Testgleichnung noch zusätzlich zeitverzögerte endogene Variablen auf der rechten Seite, wie es Formeln 4.50 und 4.51 zeigen.

$$\Delta y_t = \alpha + \delta \cdot y_{t-1} + \gamma \cdot t + \sum_{l=1}^{L} \eta_l \Delta y_{t-l} + \varepsilon_t \tag{4.50}$$

$$ADF - Test = \frac{\hat{\delta}}{SE(\hat{\delta})} \tag{4.51}$$

η_l Regressionskoeffizient des l-ten zeitverzögerten Gliedes der abhängigen (endogenen) Variable

Δy_{t-l} zeitverzögerte abhängige (endogene) Variable Δy_t zum Zeitlag l

L maximale Lagordnung bis zu der zeitverzögerte Glieder der endogenen Variable Δy_{t-l} berücksichtigt werden

Im Übrigen ändert sich nichts am beschriebenen Vorgehen. Die zeitverzögerten Glieder der endogenen Variable $\sum_{l=1}^{L} \eta_l \Delta y_{t-l}$ besitzen hier lediglich die Aufgabe, eventuell vorhandene Autokorrelationen in den Residuen der Testgleichung zu absorbieren. Dadurch ist der geschätzte Standardfehler $SE(\hat{\delta})$ des Regressionsschätzers δ nicht mehr verzerrt und die Teststatistik $ADF - Test$ valide. Das Programmlisting 4.15 zeigt die Erweiterung der bisherigen Funktion `fDFtest` zum Augmented-Dickey-Fuller-Test `fADFtest`.

Quellcode 4.15: Funktion zur Durchführung des ADF-Tests

```
Siehe Datei: fADFtest.m
```

Die Funktion `fADFtest` ist weitgehend identisch mit der oben vorgestellten einfacheren Variante `fDFtest`. Neu hinzugekommen ist die Generierung einer Lagmatrix, mit welcher die zeitverzögerten Glieder der endogenen Variablen Δy_{t-l} zusätzlich als unabhängige Variablen auf der rechten Seite der Regressionsgleichung erzeugt werden. Die Erzeugung der Lagmatrix wird hier mit Hilfe einer benutzerdefinierten Funktion `fLagmatrix` realisiert (siehe Programmlisting 4.16), jedoch stehen dafür auch Bibliotheksfunktionen zur Verfügung, z.B. die Matlab-Toolbox-Funktion `lagmatrix` in der Econometrics Toolbox. Die Anwendung in der Fallstudie gelingt einfach, indem die Funktionsaufrufe in Demoskript 4.14 entsprechend abgeändert werden. Wesentliche Unterschiede zu den bisherigen Ergebnissen ergeben sich dadurch nicht.[59]

Quellcode 4.16: Funktion zur Erzeugung einer Lagmatrix

```
Siehe Datei: fLagmatrix.m
```

Im Zusammenhang mit dem ADF-Test sind noch zwei Fragen offen. Zunächst ist zu klären, wie zu verfahren ist, wenn sich eine getestete Zeitreihe als nicht stationär erweist bzw. - vorsichtiger formuliert - die Nullhypothese eines nicht stationären Prozesses nicht abgelehnt werden kann. In einem solchen Fall ist die Verwendung dieser Zeitreihe in einer Regression problematisch. Die betreffende Zeitreihe ist entweder zu verwerfen oder geeignet zu transformieren, um die Stationarität herzustellen. Der einfachste Weg einer solchen Transformation wurde oben bereits mehrfach implizit angesprochen, nämlich die Bildung einfacher oder Log-Differenzen. Beide Transformationen sind noch einmal in den Formeln 4.52 und 4.53 dargestellt.

$$\Delta y_t = y_t - y_{t-1} \tag{4.52}$$

$$dlog(y_t) = \log(y_t) - \log(y_{t-1}) \tag{4.53}$$

Δy_t einfache Differenzenreihe erster Ordnung, $t = 2, ..., T$

$dlog(y_t)$ Log-Differenzenreihe erster Ordnung, $t = 2, ..., T$

Die so transformierten Zeitreihen sind nach erfolgter Transformation wiederum dem ADF-Test zu unterziehen. Erweisen sie sich dann als stationär (Ablehnung der Nullhypothese ist zulässig), dann können sie in transformierter Form in der anschließenden Regressionsanalyse verwendet werden. Kann aber nach erster Differenzenbildung die Nullhypothese nicht abgelehnt werden, so ist von der Differenzenreihe wieder eine Differenzenreihe zu bilden. Dies ist die Differenzenreihe zweiter Ordnung. Danach wird der ADF-Test wiederholt. Das beschriebene Vorgehen ist nun solange fortzuführen, bis die Nullhypothese abgelehnt und auf eine stationäre Differenzenreihe d-ter Ordnung geschlossen werden kann. Die Anzahl der notwendigen Differenzenbildungen d bezeichnet man als Integrationsgrad der betreffenden Zeitreihe, kurz mit $I(d)$. Ist schon

[59] Das Begleitmaterial enthält die bereits angepasste Variante `bDemoADFtestMarktmodell`. Die ADF-Teststatistiken sind in der Fallstudie $ADF-Test = -2,1083$ (in der Vorlage: $ADF-Test = -1,6431$) (DAX Indexreihe, mit Konstante, ohne Trend, 4 Lags) und $ADF-Test = -6,4694$ (in der Vorlage: $ADF-Test = -7,7182$) (stetige DAX-Renditen, Log-Differenzenreihe, mit Konstante, ohne Trend, 4 Lags). Auch hier kann die Nullhypothese einer nicht stationären Reihe für die Indexreihe des DAX nicht verworfen werden. Die Nullhypothese kann jedoch für die Log-Differenzenreihe des DAX abgelehnt werden. Diese ist stationär.

die originäre Reihe stationär, so ist ihr Integrationsgrad null ($I(0)$). Bei einmal erforderlicher Differenzenbildung ist ihr Integrationsgrad eins ($I(1)$), der den Regelfall bei makroökonomischen und finanzwirtschaftlichen Zeitreihen darstellt. Nur selten sind zweimalige Differenzenbildungen erforderlich.

Die zweite wichtige Frage ist die nach der korrekten Testspezifikation. Hierzu ist zu klären, ob der ADF-Test (i) ohne Konstante, ohne Zeittrend, (ii) mit Konstante, ohne Zeittrend oder (iii) mit Konstante, mit Zeittrend durchzuführen ist. Darüber hinaus ist die Anzahl der Lags zu spezifizieren.[60] In der Literatur finden sich „Brute-Force" Ansätze, welche mehrfach alternative Testspezifikationen durchrechnen und davon die beste, z.B. gemessen am Akaike oder Schwarz Kriterium, selektieren. Einen solchen „Brute-Force" ADF-Test zeigt das Programmlisting 4.17.

Quellcode 4.17: Automatisierter ADF-Test

```
Siehe Datei: fAutoADFtest.m
```

Die Funktion `fAutoADFtest` versteht sich dabei nur als rein exemplarisch, diese grundsätzliche Idee zu illustrieren. Bei dieser Implementation wird nach derjenigen Testspezifikation gesucht, welche den minimalen SIC aufweist. Dabei wird allerdings die Nebenbedingung gesetzt, dass der Durbin-Watson innerhalb einer Bandbreite von `dTolDW` um den Idealwert von 2 liegen muss.[61] Wendet man diese Funktion in der Fallstudie an, so ergeben sich keine wesentlichen Änderungen.[62] Als Testspezifikation mit minimalem SIC wird für die Kursreihe die Variante (i) ohne Konstante, ohne Zeittrend mit einem Lag, für die Renditereihe ebenfalls die Spezifikation (i) mit null Lags identifiziert. Die Teststatistiken ($0{,}2479$ für die Kursreihe, $-14{,}2511$ für die Renditereihe) unterscheiden sich qualitativ nicht von den oben präsentierten Teststatistiken und die Befunde bzgl. des Vorliegens der Stationarität der Zeitreihen bleiben gleich.

4.3. Fallstudie zur Performanceanalyse mittels Regressionsanalyse

Um die bisherigen Darstellungen zum Grundmodell der Regressionsanalyse an einer umfangreicheren Fallstudie zu illustrieren, soll noch einmal zur Performanceanalyse (Kapitel 2) zurückgekehrt werden. Zwar wird es in diesem Kapitel 4 vorrangig um Finanzanalyse und Finanzprognose gehen, jedoch steht ein abschließender Baustein der Performanceanalyse zur Behandlung noch aus. Dazu werden in Kapitel 4.3.1 die grundsätzlichen Konzepte von Selektion und Timing erklärt. Das kapitel 4.3.2 zeigt anhand der Fallstudie aus Kapitel 2 die konkrete Ermittlung des *Jensens-Alpha*. Das abschließende Kapitel 4.3.3 demonstriert die Messung der Timing-Fähigkeit.

---

[60] Eine kurze Diskussion dieser Frage mit weiterführenden Literaturhinweisen findet sich bei PODDIG et al. (2008), S. 367 ff. Dort wird empfohlen, die geeignete Testspezifikation mit Hilfe theoretischer und ökonometrischer Überlegungen zu identifizieren.

[61] Zur Begründung siehe auch die Diskussion bei PODDIG et al. (2008), S. 368 f.

[62] Im Begleitmaterial findet sich das angepasste Demoskript unter `bDemoADFtestMarktmodellAuto`.

Skript/Funktion	Beschreibung	Matlab	Octave	Toolboxen
bDemoJensensAlpha-Kap2.m	Demoskript zur Berechnung des Jensens-Alpha.	X	-	keine
bDemoJensensAlpha-Kap2_oct.m	Demoskript zur Berechnung des Jensens-Alpha, Octave-Version.	-	X	keine

Tabelle 4.2.: Übersicht verwendeter Skripte und Funktionen. Unter Matlab werden in diesem Buch die Statistics und Optimization Toolbox vorausgesetzt, sie werden deshalb nicht explizit in der Spalte „Toolboxen“ ausgewiesen.

4.3.1. Selektion und Timing

Wie bereits in Kap. 2 ausgeführt, untergliedert sich die Performanceanalyse als letzter Teilprozess innerhalb des Portfoliomanagements in die Bereiche Performancemessung und Performanceanalyse. Die Darstellungen in Kapitel 2 betreffen dabei die Performancemessung und Teile der Performanceanalyse im weiteren Sinne. Dort ging es zunächst um die Feststellung des erzielten Anlageerfolgs eines (aktiv) gemanagten Portfolios, dessen Vergleich mit dem Anlageerfolg einer adäquat gewählten Benchmark und erste einführende statistische Analysen. Der zweite Bereich der Performanceanalyse, die Performanceattribution, geht noch einen Schritt weiter. Hier wird der erzielte Erfolg auf wesentliche „Erfolgstreiber“ zugerechnet („attributiert“). Als wesentliche Erfolgsquellen eines aktiven Anlagemanagements gelten dabei Timing und Selektion.[63]

Unter *Selektion* wird zunächst die Fähigkeit des Fondsmanagements verstanden, gezielt lukrative Anlageobjekte zu selektieren. Ist dem Anlagemanagement ein bestimmtes Benchmarkportfolio vorgegeben, z.B. der Aktienindex S&P 500[64], so könnte sich dieses fragen, welche Anlagetitel der Benchmark besonders attraktiv und welche besonders unattraktiv erscheinen. Dementsprechend werden Umgewichtungen gegenüber der Benchmark vorgenommen. Anlagetitel, die das Management zukünftig als besonders attraktiv ansieht, werden im aktiv verwalteten Portfolio übergewichtet, d.h., sie bekommen ein höheres Anteilsgewicht im aktiven Portfolio gegenüber demjenigen in der Benchmark. Umgekehrt werden als wenig attraktiv eingestufte Anlagetitel im aktiven Portfolio geringer gegenüber der Benchmark gewichtet oder überhaupt nicht gehalten. Im Extremfall könnten diese - wenn zulässig - sogar leer verkauft werden. Ist das Management bei dieser Selektion besonders begabt, spricht man von einer „Selektionsfähigkeit“. Eine bessere Performance gegenüber der Benchmark („Outperformance“) wird hier durch den Erfolgstreiber „Selektion“ bewirkt. Natürlich kann eine solche Selektionsstrategie auch misslingen. Dann wird im aktiv gemanagten Portfolio ein schlechteres Anlageergebnis als mit der Benchmark erzielt („Underperformance“), der Selektionsbeitrag ist dann negativ.

Eine typische Messmethode zur Feststellung des Selektionsbeitrages ist das „Jensens Alpha“, welches auf kapitalmarkttheoretischen Überlegungen beruht. Es basiert auf dem Capital Asset

63 Die folgenden Darstellungen orientieren sich an Poddig et al. (2008), S. 345 ff. und Poddig et al. (2009), S. 613 ff.

64 Hier handelt es sich um einen US-amerikanischen Aktienmarktindex, welcher 500 Einzeltitel enthält.

Pricing Model (CAPM).[65] Grob zusammengefasst stellt es den Zusammenhang zwischen der erwarteten Rendite eines Assets und derjenigen des Marktportfolios (Portfolio bestehend aus allen Vermögensgegenständen einer Volkswirtschaft) nach Formel 4.54 bzw. 4.55 dar.

$$\mu_i = r_f + \beta_i(\mu_m - r_f) \tag{4.54}$$

$$\Leftrightarrow (\mu_i - r_f) = \beta_i(\mu_m - r_f) \tag{4.55}$$

μ_i Erwartungswert der Rendite des i-ten Assets

r_f Verzinsung der risikofreien Anlage

β_i Sensitivität, mit welcher die erwartete Rendite des i-ten Assets auf Schwankungen der erwarteten Marktüberschussrendite $(\mu_m - r_f)$ reagiert

μ_m erwartete Rendite des Marktportfolios

$(\mu_i - r_f)$ erwartete Überschussrendite des i-ten Assets über die Verzinsung der risikolosen Anlage hinaus

$(\mu_m - r_f)$ erwartete Überschussrendite des Marktportfolios über die Verzinsung der risikolosen Anlage hinaus; Marktrisikoprämie

Die Formeln nach 4.54 bzw. 4.55 beschreiben einen *ex ante* Zusammenhang. Unterstellt man die Gültigkeit des CAPM, ist dieser für Zwecke der Performanceanalyse in eine *ex post* Form zu bringen. Außerdem ist das nicht näher spezifizierte „Marktportfolio" zu operationalisieren, wofür pragmatisch das Benchmarkportfolio herangezogen wird. Damit resultiert die Messgleichung nach Formel 4.56 in ex post Form.[66]

$$r'_{it} = \alpha_i + \beta_i r'_{Bt} + \varepsilon_{it} \tag{4.56}$$

r'_{it} Überschussrendite des i-ten Assets (kann auch das aktiv gemanagte Portfolio sein) zum Zeitpunkt t, also $r'_{it} = (r_{it} - r_f)$, dabei ist r_{it} die beobachtete Rendite des i-ten Assets zum Zeitpunkt t

r'_{Bt} Überschussrendite der Benchmark (Surrogat für das unbekannte Marktportfolio) zum Zeitpunkt t, also $r'_{Bt} = (r_{Bt} - r_f)$, dabei ist r_{Bt} die beobachtete Rendite der Benchmark zum Zeitpunkt t

α_i (Jensens-) Alpha des i-ten Assets, derjenige systematische Teil der Überschussrendite, welcher nicht erklärt werden kann

β_i Sensitivität des i-ten Assets, mit welcher es auf Schwankungen der Benchmarküberschussrendite reagiert

---

[65] Das CAPM wurde unabhängig von SHARPE (1964), LINTNER (1965) und MOSSIN (1966) entwickelt.

[66] Vgl. näher JENSEN (1968), für eine lehrbuchartige Darstellung z.B. PODDIG et al. (2008), S. 345 ff.

ε_{it} rein zufällige Störgröße (residuale Rendite) des i-ten Assets zum Zeitpunkt t

Unterstellt man die Gültigkeit des CAPM und ist die Benchmark dafür ein adäquates Surrogat, so gilt unter dieser Nullhypothese $\alpha_i = 0$. Ex post beobachtete Abweichungen vom unter Nullhypothese unterstellten Zusammenhang nach Formel 4.55 sind zwar möglich und nicht überraschend, sie müssen aber unter der Nullhypothese rein zufällig sein und insbesondere muss $E(\varepsilon_{it}) = 0$ für alle $t = 1,...,T$ gelten. Eine möglicherweise bestehende, systematische Abweichung vom unter der Nullhypothese bestehenden Zusammenhang äußert sich im Jensens-Alpha $\alpha_i \neq 0$. Bei der Performanceanalyse gilt es nun, diesen Zusammenhang nach Formel 4.56 zu schätzen, das Jensens-Alpha zu ermitteln und auf statistische Signifikanz zu überprüfen. Dabei kann - je nach Fragestellung - ein zwei- oder einseitiger Hypothesentest durchgeführt werden. Bei einem zweiseitigen Hypothesentest geht es nur um die Frage, ob sich das Jensens-Alpha überhaupt statistisch signifikant von null unterscheidet, getestet wird also Nullhypothese $\alpha_i = 0$ gegen Alternativhypothese $\alpha_i \neq 0$. Dieser Hypothesentest wird quasi „automatisch" von einer Standard-Regressionsanalyse mitgeliefert, in dem einfach nur die t-Teststatistik der Regressionskonstante $t - Test = \frac{\hat{\alpha}_i}{SE(\hat{\alpha}_i)}$ betrachtet werden muss. Aufgrund der Einfachheit dieser Durchführung begnügt man sich in der Praxis zumeist mit diesem Vorgehen. Streng genommen interessiert aber die Frage, ob das untersuchte Management besser als die Benchmark war, eine möglicherweise schlechtere Performance ist im ersten Analyseschritt nicht relevant. Daher ist eigentlich die Nullhypothese $\alpha_i \leq 0$ gegen die Alternativhypothese $\alpha_i > 0$ interessant, wofür die „manuelle" Bestimmung des kritischen Testwertes erforderlich ist. Aus Bequemlichkeitsgründen unterbleibt dies oft, es wird dann auf das Ergebnis des zweiseitigen Hypothesentests zurückgegriffen. Ist das Jensens-Alpha positiv und statistisch signifikant, so liegt eine Outperformance der Benchmark vor.

Die zweite potenzielle Quelle für Outperformance gegenüber der Benchmark ist *Timing*. Hierunter ist zunächst die bewusste Ausnutzung von Erwartungen über die allgemeine Marktentwicklung durch das Management zu verstehen. Erwartet z.B. das Management einen allgemeinen Marktanstieg des Aktienmarktes, so kann es diesen durch den Einsatz verschiedener Maßnahmen zu nutzen versuchen. Eine Möglichkeit ist es, gezielt in solche Aktien zu investieren, welche eine hohe Sensitivität (hohen β_i-Koeffizienten, siehe Formel 4.54) auf die allgemeine Marktentwicklung besitzen. Erweist sich die allgemeine Markterwartung als richtig, so verstärken diese Aktien die Aufwärtsbewegung. Alternativ kann Leverage eingesetzt werden, also ein Kredit aufgenommen und der Erlös aus der Kreditaufnahme gezielt in weitere Aktien (vorzugsweise mit hohem β_i) investiert werden. Eine dritte Möglichkeit ist der Einsatz von Finanzderivaten, wie z.B. Long-Positionen in Aktienindexfutures oder in Call-Optionen auf den Aktienindex oder einzelne Aktien. Alle Maßnahmen zielen schlussendlich darauf ab, verstärkt am erwarteten allgemeinen Marktanstieg zu partizipieren. Erwartet das Management dagegen einen allgemeinen Abschwung am Aktienmarkt, so würde es genau gegenteilig agieren. So würden jetzt nicht Aktien mit hohem β_i gekauft werden, sondern solche mit niedrigem. Leverage wird dann nicht eingesetzt bzw. ein bestehender Leverage abgebaut. Ebenso könnten auch temporär Aktienpositionen gänzlich aufgelöst und der Verkaufserlös in Rentenpapiere oder als Festgeld angelegt werden. Ferner können auch Finanzderivate als Sicherungsinstrumente gegen den befürchteten Kursabschwung eingesetzt werden. Möglich sind z.B. Short-Positionen in Aktienindexfutures oder Long-Positionen in Put-Optionen auf den Aktienindex oder einzelne Aktien. Auch hier zielen die Maßnahmen schlussendlich darauf ab, den befürchteten allgemeinen Abschwung am Markt nur mit geringerer Sensitivität mitzunehmen oder gar gänzlich zu vermeiden. Im Gegensatz zu einer Selektionsstrategie hat Timing nicht Einzeltitel im Fokus, sondern die allgemeine Marktentwicklung einer bestimmten Assetklasse.

Die Formulierung eines Messkonzeptes für die Timing-Fähigkeit setzt an den zuletzt präsentierten Überlegungen für ein (erfolgreiches) Timing an. Gelingen dem Management erfolgreich Sicherungsmaßnahmen gegen Marktabschwünge, so sollte die erzielte Fondsrendite bei negativen Marktrenditen etwa null sein, bei positiven Marktrenditen diesen in etwa entsprechen. Abbildung 4.2 zeigt diesen idealtypischen Zusammenhang.

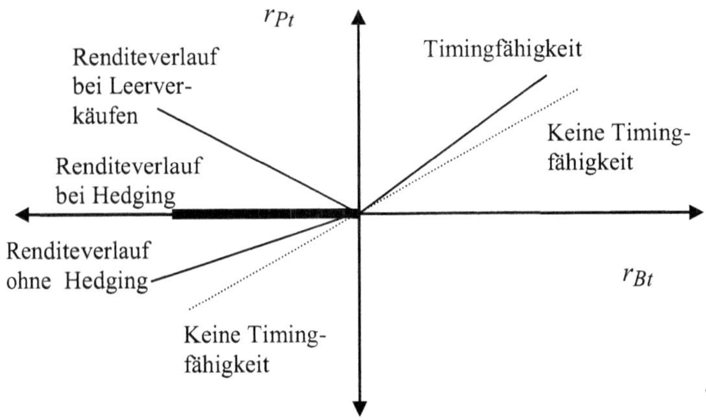

Abbildung 4.2.: Timingfähigkeit: Renditen Portfolio gegen Benchmark. Abbildung entnommen bei PODDIG et al. (2009) S. 618.

Eine erste Analysetechnik wäre die rein visuelle Inspektion des Zusammenhangs zwischen Fonds- und Benchmarkrenditen, wie es der stilisierte Scatter-Plot in Abbildung 4.3 illustriert. Deutlich wird aus beiden Abbildungen, dass bei bestehender Timing-Fähigkeit sich der Zusammenhang zwischen Fonds- und Benchmarkrenditen nicht mehr durch eine lineare, sondern eher durch eine quadratische Beziehung erklären lässt.

Genau diese Überlegung wird nun bei der Operationalisierung zu einem Messkonzept umgesetzt. Dabei wird nach Formel 4.57 von einem quadratischen Zusammenhang zwischen Fonds- und Benchmarkrenditen ausgegangen.

$$r'_{it} = \alpha_i + \beta_i r'_{Bt} + \gamma_i (r'_{Bt})^2 + \varepsilon_{it} \tag{4.57}$$

$(r'_{Bt})^2$ quadrierte Überschussrendite der Benchmarkt zum Zeitpunkt t, also $(r'_{Bt})^2 = (r_{Bt} - r_f)^2$

γ_i Regressionskoeffizient des quadratischen Terms des i-ten Assets, Ausdruck der Timingfähigkeit

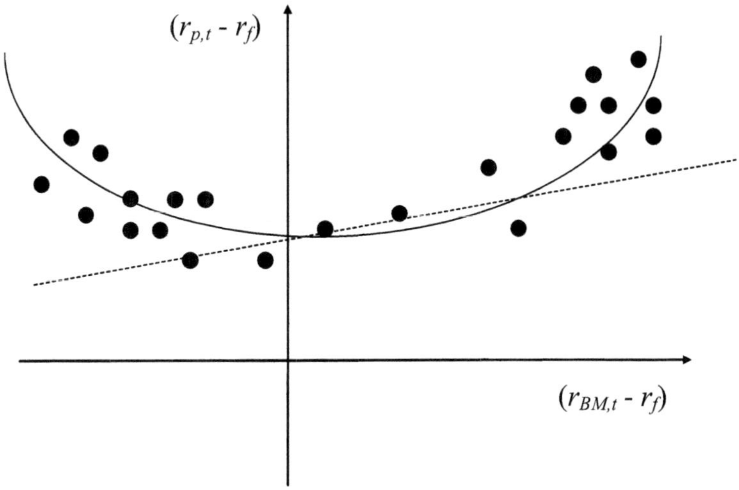

Abbildung 4.3.: Stilisierter Scatter-Plot bei Timingfähigkeit. Abbildung entnommen bei PODDIG et al. (2008), S. 351.

Bei näherer Betrachtung handelt es sich hier um eine Erweiterung der Messgleichung zum Jensens-Alpha um einen zusätzlichen quadratischen Term. Unterstellt man auch hier die Gültigkeit des CAPM als Nullhypothese und ist die Benchmark ein adäquates Surrogat für das unbeobachtete Marktportfolio, so gilt unter Nullhypothese $\alpha_i = 0$ und $\gamma_i = 0$. Ähnlich wie bei Jensens-Alpha wird hier eine Regression der Fondsüberschussrenditen auf die Überschussrenditen der Benchmark und deren Quadrate durchgeführt. Neben der Prüfung des Jensens-Alpha interessiert hier der Timingkoeffizient γ_i. Bei einem zweiseitigen Test wird die Nullhypothese $\gamma_i = 0$ gegen die Alternativhypothese $\gamma_i \neq 0$ getestet, der quasi automatisch von jeder Regressionsanalyse durchgeführt wird. Eigentlich interessiert hier nur der einseitige Test der Nullhypothese $\gamma_i \leq 0$ gegen die Alternativhypothese $\gamma_i > 0$. Dafür ist der kritische Testwert wiederum „manuell" zu ermitteln.

Nach dieser knappen theoretischen Einführung soll im Folgenden anhand einer Fallstudie kurz gezeigt werden, wie sich die Regressionsanalyse auf diese Frage im CF anwenden lässt.

4.3.2. Ermittlung des Jensens-Alpha (Selektionsfähigkeit)

Obwohl es sich scheinbar bei Betrachtung der Messgleichung 4.57 anbietet, Selektions- und Timingfähigkeit simultan zu bestimmen, hat es sich bewährt, dies in zwei separaten Schritten zu vollziehen. Der Grund liegt darin, dass bei beiden Messgleichungen 4.56 und 4.57 die Gefahr von Fehlspezifikationen (linearer vs. quadratischer Zusammenhang) und Messfehlern gegeben ist. Ein stufenweises Vorgehen zur gegenseitigen Absicherung der Ergebnisse erscheint daher sinnvoll.

Für die Durchführung der Fallstudie wird auf den Datensatz aus Kapitel 2 zurückgegriffen, um hier den noch fehlenden, letzten Teil der Performanceanalyse zu vollziehen. Das Programmlisting 4.18 zeigt die Durchführung der Jensens-Alpha-Messung.[67]

Quellcode 4.18: Demoskript zur Berechnung des Jensens-Alpha

```
Siehe Datei: bDemoJensensAlphaKap2.m
```

Das Programmlisting 4.18 zeigt die Durchführung der erforderlichen Schritte.[68] Nach dem Einlesen der Daten und der Umrechnung in Renditen sind in einem ersten Schritt die Überschussrenditen von Fonds und Benchmark zu berechnen. Bei dem Datensatz, welcher aus der Fallstudie des Kapitel 2 stammt, wird aus Vereinfachungsgründen ein konstanter risikofreier Zinssatz angenommen. Nach Berechnung der Überschussrenditen ist zuerst zu prüfen, ob diese beiden Zeitreihen überhaupt in einer Regressionsanalyse verwendet werden dürfen, wofür der ADF-Test verwendet werden kann. Um dem Spezifikationsproblem aus dem Weg zu gehen, wird hier die automatische Suche nach einer „optimalen" Spezifikation verwendet. Die Teststatistiken sind eindeutig, womit die Nullhypothese eines nicht stationären Prozesses klar abgelehnt werden kann. Sie betragen $ADF-Test = -9,4666$ für die Benchmarküberschussrenditen und $ADF-Test = -11,9253$ für die Fondsüberschussrenditen. Es ergibt sich ein Jensens-Alpha in Höhe von $\hat{\alpha} = 0,0077$, welches bei einer Irrtumswahrscheinlichkeit von $p = 0,0196$ statistisch signifikant von null verschieden ist. Damit besitzt der Fonds eine statistisch signifikante, also nicht zufällige Outperformance gegenüber der Benchmark. Allerdings ist zuvor anhand der diagnostischen Tests der Regressionsanalyse zu prüfen, ob dieses Ergebnis überhaupt valide ist. Der Durbin-Watson Test weist hier einen Wert in Höhe von $DW = 2,4439$ aus, der hoch ist und etwas überraschend negative Autokorrelationen in den Residuen anzeigt. Der Breusch-Pagan-Test auf Heteroskedastizität weist einen Testwert in Höhe von $BP = 3,6943$ mit einer Irrtumswahrscheinlichkeit von $p = 0,0546$ aus, womit sehr starke Hinweise für das Vorliegen von Heteroskedastizität bestehen. Der White-Test lässt mit einem Testwert von $W = 2,3603$ bei einer Irrtumswahrscheinlichkeit von $p = 0,5011$ kein Verwerfen der Nullhypothese von Homoskedastizität zu. Der Jarque-Bera-Test zeigt mit einem Testwert von $JB = 19,4123$ bei einer Irrtumswahrscheinlichkeit von $p \approx 0$ einen klaren Verstoß gegen die Annahme normalverteilter Residuen an. Damit ist das Ergebnis nicht ganz eindeutig. Zwar erscheint das Jensens-Alpha statistisch signifikant, jedoch liegen auch Hinweise auf mögliche Verstöße gegen die Grundannahmen der Regressionsanalyse vor.

4.3.3. Ermittlung der Timing-Fähigkeit

Zur Beurteilung der Timing-Fähigkeit ist die Regressionsanalyse zu wiederholen. Dazu ist eine zusätzliche Zeitreihe zu berechnen, nämlich die Zeitreihe der quadrierten Überschussrenditen, welche in derselben Weise den vorgelagerten Prüfungen (ADF-Test) zu unterziehen ist. Die Datenmatrix der unabhängigen Variablen ist dann um diese Zeitreihe zu ergänzen. Danach wird

[67] Unter Octave ist die Variante `bDemoJensensAlphaKap2_oct` zu verwenden. Hier wurde lediglich der Aufruf der Matlab-Funktion `regstats` entfernt, die lediglich zu Referenzzwecken dient.

[68] Das Programmlisting 4.18 enthält aus Platzgründen bereits die erforderlichen Berechnungsschritte für die Ermittlung der Timing-Fähigkeit. Die damit verbundenen Ergebnisse werden im nächsten Kapitel besprochen.

eine Regressionsanalyse mit zwei unabhängigen Variablen durchgeführt (Überschussrenditen der Benchmark sowie deren Quadrate). Dieses Vorgehen ist bereits im Programmlisting 4.18 enthalten. Hier wird nur noch kurz auf die sich zusätzlich ergebenden Erkenntnisse eingegangen.

Auf dem Datensatz (siehe auch Kapitel 2) ergibt sich für die quadrierten Überschussrenditen der Benchmark eine Teststatistik in Höhe von $ADF - Test = -7,6146$, womit die Nullhypothese einer nicht stationären Reihe abgelehnt werden kann. Der Timing-Koeffizient wird mit $\gamma = 0,7692$ mit einer Irrtumswahrscheinlichkeit für das Verwerfen der Nullhypothese von $p = 0,3311$ geschätzt. Damit ergibt sich zwar die ganz vage Vermutung auf eine möglicherweise vorliegende Timingfähigkeit, diese ist aber nicht einmal auf dem 10% Niveau statistisch signifikant. Daher wird die Nullhypothese einer nicht existenten Timingfähigkeit beibehalten. Das Jensens-Alpha wird unter Berücksichtigung von Timing in Höhe von $0,0054$ (vorher $0,0077$) gemessen, unterscheidet sich also nur unwesentlich vom vorherigen Ergebnis. Die diagnostischen Tests der Regression zeigen dieselben Befunde wie oben, obgleich sich hier andere Zahlenwerte einstellen. Die Beurteilung der Ergebnisse ändert sich dadurch aber nicht. Die Durchführung des White-Tests bringt in dieser Fallstudie eine Warnung, dass die Matrix nahezu singulär ist. Dies mag verwundern, erklärt sich aber schnell bei der Betrachtung des White-Tests. Die Prozedur zur Durchführung des White-Tests konstruiert als unabhängige Variablen eine Matrix bestehend aus den originären Einflussfaktoren, deren Quadrate und alle Kreuzprodukte. Nun ist aber die zweite unabhängige Variable bereits das Quadrat der ersten. Die Prozedur zum White-Tests konstruiert diese ein zweites Mal, womit die Datenmatrix des White-Tests zwei identische Datenreihen enthält. Damit besitzt die Datenmatrix nicht mehr den vollen Rang, woraus die Warnung resultiert. In diesem Fall darf der White-Test nicht mehr ausgewertet werden;[69] ersatzweise kann aber auf den Breusch-Pagan-Test ausgewichen werden. Dieser zeigt qualitativ dieselben Befunde wie oben.

Mit den Betrachtungen dieses Kapitels ist die Performanceanalyse im Rahmen dieses Buches abgeschlossen. Die letzten Betrachtungen haben gezeigt, wie die Ergebnisse des Kapitels 2 durch den Einsatz der Regressionsanalyse vervollständigt werden. Die zentrale Frage war es dabei, ob das Fondsmanagement in der Lage ist, die vorgegebene Benchmark zu schlagen. Dazu wurden verschiedene Analysetechniken behandelt, von denen insbesondere letztere sehr wichtig sind.

4.4. Maximum-Likelihood-Schätzung (MLE)

Skript/Funktion	Beschreibung	Matlab	Octave	Toolboxen
fOfRegressMLEnorm.m	Zielfunktion für die MLE des linearen Regressionsmodells bei normalverteilten Residuen	X	X	keine

Tabelle 4.3.

[69] Tatsächlich ist die Funktion `fWhiteHetTest` zum White-Test gegen diesen Effekt abgesichert, in dem die Hilfsfunktion `fVIFclear` die Datenmatrix bereinigt. Die Warnung wird auch nicht von der Funktion `fWhiteHetTest`, sondern von `fVIFclear` bei der Bereinigung ausgelöst.

Skript/Funktion	Beschreibung	Matlab	Octave	Toolboxen
fRegressMLEnorm.m	Funktion zur MLE des linearen Regressionsmodells unter Annahme normalverteilter Residuen	X	-	keine
fRegressMLEnorm_oct.m	Funktion zur MLE des linearen Regressionsmodells unter Annahme normalverteilter Residuen, Octave-Version	-	X	keine
bDemoMleSchaetzung.m	Demoskript zur Anwendung der MLE bei der Schätzung des Marktmodells	X	-	keine
bDemoMle-Schaetzung_oct.m	Demoskript zur Anwendung der MLE bei der Schätzung des Marktmodells, Octave-Version	-	X	keine
fOfRegressMLEnorm2.m	Effizientere Implementation der Zielfunktion zur MLE eines linearen Regressionsmodells mit normalverteilten Residuen	X	X	keine
fOfRegressMLEt.m	Zielfunktion zur MLE des linearen Regressionsmodells unter Annahme t-verteilter Residuen	X	X	keine
fRegressMLEt.m	Funktion zur MLE des linearen Regressionsmodells unter Annahme t-verteilter Residuen	X	-	keine
fRegressMLEt_oct.m	Funktion zur MLE des linearen Regressionsmodells unter Annahme t-verteilter Residuen, Octave-Version	-	X	keine
bDemoJensens-AlphaKap2t.m	Demoskript zur Schätzung des Jensens-Alpha bei t-verteilten Residuen	X	-	keine
bDemoJensens-AlphaKap2t_oct.m	Demoskript zur Schätzung des Jensens-Alpha bei t-verteilten Residuen, Octave-Version	-	X	keine
fLLGarchX11.m	Funktion zur Berechnung des Log-Likelihood-Wertes beim GARCHX(1,1)-Modell	X	X	keine
fNlconGarchX11.m	Funktion zur Kontrolle der Nebenbedingungen beim GARCHX(1,1)-Modell	X	X	keine
fGarchX11.m	Funktion zur Schätzung des GARCHX(1,1)-Modells	X	-	keine
fGarchX11_oct.m	Funktion zur Schätzung des GARCHX(1,1)-Modells, Octave-Version	-	X	keine
bDemoGarchX11.m	Demoskript zur Schätzung des GARCHX(1,1)-Modells an künstlichen Daten	X	-	(Econometrics)

Tabelle 4.3.

Skript/Funktion	Beschreibung	Matlab	Octave	Toolboxen
bDemoGarchX11_oct.m	Demoskript zur Schätzung des GARCHX(1,1)-Modells an künstlichen Daten, Octave-Version	-	X	keine
bDemoIBMGarch11.m	Demoskript zur Schätzung des GARCH(1,1)-Modells für IBM	X	-	(Econometrics)
bDemoIBMGarch11_oct.m	Demoskript zur Schätzung des GARCH(1,1)-Modells für IBM, Octave-Version	-	X	keine

Tabelle 4.3.: Übersicht verwendeter Skripte und Funktionen. Unter Matlab werden in diesem Buch die Statistics und Optimization Toolbox vorausgesetzt, sie werden deshalb nicht explizit in der Spalte „Toolboxen" ausgewiesen. (Econometrics) bedeutet, dass zur Ausführung auskommentierter Codeabschnitte die Econometrics Toolbox benötigt wird.

Neben der Kleinsten-Quadrate-Methode existieren weitere Verfahren zur Schätzung des Regressionsmodells. Ein bekanntes Verfahren ist die Maximum-Likelihood-Schätzung. Das Kapitel 4.4.1 führt zunächst grundlegend in die Schätzung des Regressionsmodells mittels MLE am Beispiel normalverteilter Residuen ein. In Kapitel 4.4.2 werden die Betrachtungen auf die Schätzung eines linearen Regressionsmodells mit t-verteilten Residuen erweitert. Der Exkurs in Kapitel 4.4.3 zeigt dann die Anwendung der MLE an dem komplexeren Beispiel der Schätzung eines GARCHX(1,1)-Modells, welches sich bei der Modellierung von Finanzmarktzeitreihen gut bewährt hat.

4.4.1. MLE bei normalverteilten Residuen

Die Maximum-Likelihood-Schätzung (Maximum-Likelihood-Estimation, MLE) ist bereits aus Kapitel 2.7 bei der Anpassung von theoretischen Verteilungen an empirische Daten bekannt. Das dort eingeführte Schätzverfahren lässt sich in derselben Weise für die Schätzung anderer Modelle einsetzen. Um die MLE für die Schätzung ökonometrischer Modelle einzuführen, soll bewusst mit einem sehr einfachen Anwendungsfall begonnen werden. Dabei geht es um die Schätzung des Regressionsmodells in der oben erläuterten Grundform unter der Annahme normalverteilter Residuen. Jedoch bringt die MLE im Falle normalverteilter Residuen gegenüber den bereits bekannten Erkenntnissen keinerlei Fortschritt; Kleinste Quadrate Schätzung und MLE mit normalverteilten Residuen führen unter den oben gesetzten Grundannahmen zu demselben Ergebnis. Dennoch ist es sinnvoll, mit diesem Beispiel zu beginnen. Zum einen ist es sehr einfach gehalten, um daran das Grundprinzip der Modellschätzung mittels MLE zu erläutern. Alle hier eingeführten Vorgehensweisen lassen sich später in unveränderter Weise auf viel komplexere Modelle in identischer Weise übertragen. Zum anderen können die hier erzielten Ergebnisse ganz leicht mit der „Referenzlösung" nach Kleinster-Quadrate-Schätzung verglichen werden.

Die Grundidee der MLE ist gegenüber Kapitel 2.7 unverändert. Dort ging es bei der Anpassung einer theoretischen Verteilung an beobachtete Daten darum, die unbekannten Verteilungsparameter so zu wählen, dass unter dem gewählten Parametersatz das Auftreten der Beobachtungsdaten am „wahrscheinlichsten" ist. Dasselbe gilt für die Schätzung von Parametern eines ökonometrischen Modells. Diese Idee soll am linearen Regressionsmodell erläutert werden. Unter den Annahmen des linearen Regressionsmodells gilt Formel 4.58 (hier exemplarisch dargestellt anhand einer Zeitreihenregression; die Überlegungen gelten aber genauso für Querschnittsregressionen):

$$y_t = \alpha + \beta_1 x_{1t} + \beta_2 x_{2t} + \ldots + \beta_K x_{Kt} + \varepsilon_t \tag{4.58}$$

Formt man Formel 4.58 nach den Residuen ε_t um, so ergibt sich Formel 4.59:

$$\varepsilon_t = y_t - (\alpha + \beta_1 x_{1t} + \beta_2 x_{2t} + \ldots + \beta_K x_{Kt}) \tag{4.59}$$

Für eine MLE ist nun zwingend eine Verteilungsannahme erforderlich. Am einfachsten ist es, normalverteilte Störgrößen ε_t anzunehmen. Die Frage ist nun, wie die freien, aber unbekannten Parameter gewählt werden sollen, damit das Auftreten der (geschätzten) Residuen $\hat{\varepsilon}_t$ am „wahrscheinlichsten" ist. Wie bereits in Kapitel 2.7 erläutert, ist die Wahrscheinlichkeit des gemeinsamen Auftretens voneinander unabhängiger Zufallsereignisse das Produkt deren einzelner Wahrscheinlichkeiten. Da die Wahrscheinlichkeit $P(\hat{\varepsilon}_t)$ des Auftretens von einer stetigen Zufallsvariablen $\hat{\varepsilon}_t$ nicht sinnvoll definierbar ist, wird die Wahrscheinlichkeitsdichte $pdf(\hat{\varepsilon}_t)$ herangezogen. In Analogie errechnet sich die „Wahrscheinlichkeit" (Likelihood) des gemeinsamen Auftretens aller Residuen $\hat{\varepsilon}_t, t = 1, \ldots, T$ bei gegebenem Parametersatz $\hat{\boldsymbol{\theta}}$ nach Formel 4.60, wobei die $\hat{\varepsilon}_t$ als unabhängig und identisch verteilt angenommen werden:

$$L(\hat{\boldsymbol{\varepsilon}}, \hat{\boldsymbol{\theta}}) = \prod_{t=1}^{T} pdf(\hat{\varepsilon}_t, \hat{\boldsymbol{\theta}}) \tag{4.60}$$

$L(.)$ Likelihood eines Modells

$\hat{\boldsymbol{\varepsilon}}$ Vektor der Residuen $\hat{\varepsilon}_t, t = 1, \ldots, T$

$\hat{\boldsymbol{\theta}}$ (geschätzter) Parametervektor $\hat{\boldsymbol{\theta}} = (\hat{\alpha}, \hat{\beta}_1, \ldots, \hat{\beta}_K, \hat{\gamma}_1, \ldots, \hat{\gamma}_L)^{\mathrm{T}}$, bestehend aus den Modellparametern $\hat{\alpha}, \hat{\beta}_1, \ldots, \hat{\beta}_K$ sowie den Verteilungsparametern $\hat{\gamma}_1, \ldots, \hat{\gamma}_L$

Wird eine Normalverteilung der Residuen angenommen, ergibt sich hier konkret für das lineare Regressionsmodell Formel 4.61:[70]

$$L(\hat{\boldsymbol{\varepsilon}}, \hat{\boldsymbol{\theta}}) = \prod_{t=1}^{T} pdf_{0,\hat{\sigma}}^{norm}(y_t - (\hat{\alpha} + \hat{\beta}_1 x_{1t} + \hat{\beta}_2 x_{2t} + \ldots + \hat{\beta}_K x_{Kt})) \tag{4.61}$$

In Formel 4.61 mag verwundern, dass der Verteilungsparameter der Normalverteilung $\mu = 0$ gesetzt wurde und damit kein freier, zu schätzender Parameter mehr ist. Dies resultiert aus der Annahme einer linearen Regression mit Konstante, womit der Mittelwert der Residuen null ist.

70 Der Parametervektor lautet hier konkret: $\hat{\boldsymbol{\theta}} = (\hat{\alpha}, \hat{\beta}_1, \ldots, \hat{\beta}_K, \hat{\sigma})^{\mathrm{T}}$, bestehend aus den Regressionsschätzern $\hat{\alpha}, \hat{\beta}_1, \ldots, \hat{\beta}_K$ sowie der (geschätzten) Standardabweichung der Normalverteilung der Residuen $\hat{\sigma}$. Der Erwartungswert der Residuen ist $\mu = 0$, da eine Regressionskonstante vorausgesetzt wird.

Die Verwendung einer Regressionskonstante wird im Folgenden stets unterstellt, ansonsten ist μ ein freier Parameter. Wie bei einer gewöhnlichen MLE wird die Formel 4.62 als Zielfunktion einer Optimierung aufgefasst, die zu maximieren ist. Das Optimierungsproblem der MLE bei der linearen Regression unter Annahme normalverteilter Residuen lautet nach Formel 4.62 und 4.63.

$$LL(\hat{\boldsymbol{\varepsilon}},\hat{\boldsymbol{\theta}}) = \sum_{t=1}^{T} log(pdf_{0,\hat{\sigma}}^{norm}(y_t - (\hat{\alpha} + \hat{\beta}_1 x_{1t} + \hat{\beta}_2 x_{2t} + \ldots + \hat{\beta}_K x_{Kt}))) \rightarrow max! \tag{4.62}$$

$$0 \leq \hat{\sigma} \leq \hat{\sigma}_y = \sqrt{\frac{1}{T}\sum_{t=1}^{T}(y_t - \bar{y})^2} \tag{4.63}$$

In den Formeln 4.62 und 4.63 zur Beschreibung des Optimierungsproblems bei der MLE des linearen Regressionsmodells mögen die Nebenbedingungen nach Formel 4.63 für verzichtbar gehalten werden, da sie scheinbar selbstverständlich sind. Die Nebenbedingung nach Formel 4.63 fordert die Nichtnegativität der geschätzten Standardabweichung, was zunächst trivial wirkt, da eine Standardabweichung niemals negativ sein kann. Ohne diese Nebenbedingung wird aber der Optimierer auch negative Werte für die (geschätzte) Standardabweichung $\hat{\sigma}$ im Verlaufe des Optimierungsprozesses ausprobieren, was dann zu Berechnungsfehlern oder kuriosen Ergebnissen führen kann. Die Obergrenze nach Formel 4.63 ist nach kurzem Nachdenken ebenfalls trivial, aber ebenso unverzichtbar. Angenommen, das lineare Regressionsmodell kann überhaupt nicht die abhängige Variable erklären, dann sind alle Regressionskoeffizienten null. Wenn alle Regressionskoeffizienten null sind, dann gilt aber $\varepsilon_t = y_t$ für alle $t = 1, \ldots, T$, womit ebenfalls deren Varianzen (bzw. Standardabweichungen) identisch sind. Anders ausgedrückt, die geschätzte Varianz (Standardabweichung) der Residuen $\hat{\sigma}$ darf niemals größer als diejenige der abhängigen Variablen sein. Betrachtet man jedoch genauer die Definition der PDF einer Normalverteilung, so tritt dort die Standardabweichung immer im Nennerausdruck auf. Die PDF einer Normalverteilung nimmt ihr Maximum beim Argument null an. Daher wird der Optimierer folgerichtig versuchen, während der Optimierung den Wert von $\hat{\sigma}$ beliebig groß werden zu lassen, da dies den Zielfunktionswert steigert. Damit können am Ende unsinnige Ergebnisse resultieren. Da Unter- und Obergrenze absolut selbstverständlich sind, finden sie sich oftmals nicht in entsprechenden Lehrbuchdarstellungen. Spätestens bei der Implementierung scheitert aber die MLE ohne sie.

Im Übrigen ist die MLE wie ein gewöhnliches nichtlineares Optimierungsproblem in Matlab zu formulieren und anschließend z.B. mit Hilfe von `fmincon` zu lösen. Die Umsetzung der MLE beginnt mit der Formulierung der Zielfunktion, welche in Programmlisting 4.19 dargestellt ist.

Quellcode 4.19: Zielfunktion für die MLE des linearen Regressionsmodells bei normalverteilten Residuen

```
Siehe Datei: fOfRegressMLEnorm.m
```

Die Zielfunktion `fOfRegressMLEnorm` berechnet den Zielfunktionswert. Zunächst nimmt sie im Vektor `vPara` die freien Parameter entgegen, deren Werte der Optimierer gerade ausprobiert. Dieser Parametervektor wird zwecks besserer Lesbarkeit aufgespalten in den Vektor der Regressionskoeffizienten `vBeta` und den Parameter für die geschätzte Standardabweichung `dSigma`.

Mit den gerade auszuprobierenden Werten der Regressionskoeffizienten wird der Vektor der geschätzten Werte der abhängigen Variablen `vYhat` berechnet und damit der Vektor der geschätzten Residuen `vEhat` bestimmt. Dann erfolgt die Berechnung des Log-Likelihood-Wertes. Hier ist aber Vorsicht geboten, da der Optimierer möglicherweise sehr „merkwürdige" Parameterkonstellationen ausprobiert, für welche nicht definierte Werte auftauchen können. Der naheliegende Matlab-Ausdruck `dLL = -sum(log(normpdf(...)))` funktioniert nicht zwangsläufig, da u.U. `Inf`, `NaN` und Null auftreten können. Wichtig bei der Fehlerbehandlung ist es, sinnvolle Ersatzwerte zu wählen. Der Ersatzwert sollte entweder dem undefinierten Wert nahe kommen oder aber dem Optimierer eine unerwünschte Lösung signalisieren. In der exemplarischen Implementation wird stets der Ersatzwert `realmin`, die kleinste darstellbare Gleitkommazahl, gewählt, die hier beide Zwecke erfüllt. Ein Wert der PDF von Null kann bei der späteren Logarithmierung nicht verwendet werden, daher ist `realmin` ein nahe liegender Ersatzwert. Werte wie `Inf` oder `NaN` zeigen undefinierte Ergebnisse an. Sie werden ebenfalls durch `realmin` ersetzt, weil es die Lösung verschlechtert.[71] Die Zielfunktion liefert dann trotzdem einen definierten Funktionswert zurück, dieser ist aber „künstlich" verschlechtert, also „bestraft" worden für undefinierte Ergebnisse.

Kritisch mag bei der vorgestellten Implementation eingewandt werden, dass die Logarithmierung der PDF einer Normalverteilung völlig ineffizient ist. Da die PDF einer Normalverteilung unter Verwendung der Exponentialfunktion definiert ist, heben sich Logarithmierung und Exponentialfunktion gegenseitig auf. Für die Normalverteilung lässt sich unter Berücksichtigung dieses Umstandes die Log-Likelihood-Funktion sehr viel schneller und kompakter berechnen, indem unnötige Verknüpfung von Logarithmierung und Exponentialfunktion vermieden werden. Wir werden daher eine verbesserte, effizientere Implementation der Zielfunktion betrachten. Die vorgestellte Zielfunktion soll für den Moment gar keine effiziente Implementation der Zielfunktion sein. Im ersten Schritt geht es nur darum, die allgemeine Vorgehensweise zu illustrieren, die später auf andere Typen von PDF übertragen werden wird. Dort muss dann zumeist `log(pdf(·))` berechnet werden; effizientere Umformungen sind entweder nicht möglich oder zumindest nicht leicht ersichtlich. Wenn auch im Einzelfall ineffizient, so lässt sich der vorgestellte Ansatz im Prinzip immer anwenden.

Das Programmlisting 4.20 zeigt die Funktion `fRegressMLEnorm`, welche die eigentliche Optimierung durchführt.[72] Diese ist im Funktionskopf genauso aufgebaut wie die Funktionen zur Kleinsten-Quadrate-Schätzung der linearen Regression (siehe Programmlisting 4.3). Die Funktion `fRegressMLEnorm` zeigt, wie das Optimierungsproblem aufgesetzt, die Optimierung durchgeführt und die Standardfehler berechnet werden. Weitere Berechnungen, insbesondere Gütekennzahlen oder Regressionsdiagnosen können mittels `fRegressStats` und `fRegressStatsDiagn` hinzugefügt werden.

Quellcode 4.20: Funktion zur MLE Schätzung des linearen Regressionsmodells unter Annahme normalverteilter Residuen

---

[71] Zu unterscheiden ist der Ersatz ungültiger Werte der PDF und der logarithmierten PDF. Ein ungültiger Wert der PDF sollte in sinnvoller Weise durch (fast) null ersetzt werden. Der Logarithmus $log(x)$ von $x \to 0$ konvergiert gegen minus Unendlich, daher wird hier `-realmax` eingesetzt.

[72] Unter Octave ist die Variante `fRegressMLEnorm_oct` zu verwenden. Diese benutzt die Wrapper-Funktion `fmincon_oct`, um den Aufruf von `fmincon` auf die Octave-Systemfunktion `sqp` abzubilden.

```
1 Siehe Datei: fRegressMLEnorm.m
```

Beim Aufsetzen des Optimierungsproblems ist zunächst die Bestimmung des Startpunktes wichtig. Ein gut gewählter Startpunkt entscheidet zentral über Güte und Dauer der Optimierung. In diesem Fall bietet sich die Verwendung der gewöhnlichen Kleinste-Quadrate-Schätzung als Startpunkt für die Optimierung an. Bei dem hier betrachteten Problem ist jedoch der Startpunkt zugleich die optimale Lösung; daher wird später mit dem Matlab-Ausdruck `vStart = vStart + randn(size(vStart,1),1) * 0.01` der optimale Startpunkt zufällig verschoben, damit der Optimierer nicht schon im Optimum mit der Suche beginnt. Dies dient nur zu Demonstrationszwecken. Im Allgemeinen gibt es keinen guten Grund, einen sehr gut gewählten Startpunkt künstlich zu verschlechtern.[73] Bei der Definition des Optimierungsproblems werden die Nebenbedingungen wie oben (siehe Formel 4.63) beschrieben gesetzt. Die Untergrenze für $\hat{\sigma}$ wird jedoch nicht auf null, sondern auf einen sehr kleinen Wert größer null gesetzt. Der Grund ist es, numerische Probleme bei zu kleiner Wahl von $\hat{\sigma}$ zu verhindern. Unter praktischen Gesichtspunkten dürfte dies keine besondere Einschränkung darstellen, derartige kleine Standardabweichungen der Residuen kommen in realen Regressionsanalysen praktisch nicht vor. Danach erfolgt der Aufruf von `fmincon` wie aus Kapitel 3.4.3 bekannt.

Ein weiterer größerer Unterschied zur Kleinsten-Quadrate-Schätzung ergibt sich bei der MLE hinsichtlich der Bestimmung der Standardfehler. Bei der Kleinsten-Quadrate-Schätzung kann unter den dort gesetzten Annahmen nicht nur der Regressionsschätzer analytisch bestimmt werden, sondern auch dessen geschätzter Standardfehler. Bei der MLE wird hier der Regressionsschätzer numerisch approximiert; dasselbe gilt für die Bestimmung der Standardfehler. Die numerische Approximation beruht dabei auf der sog. *Hesse-Matrix* $\mathbf{H}$,[74] dies ist die Matrix der zweiten partiellen Ableitung der Zielfunktion nach den freien Parametern x_i. Formel 4.64 zeigt die allgemeine Definition einer Hesse-Matrix.

$$\mathbf{H} = \begin{bmatrix} \frac{\partial^2 f}{\partial x_1^2} & \frac{\partial^2 f}{\partial x_1 \partial x_2} & \cdots & \frac{\partial^2 f}{\partial x_1 \partial x_K} \\ \frac{\partial^2 f}{\partial x_2 \partial x_1} & \frac{\partial^2 f}{\partial x_2^2} & \cdots & \frac{\partial^2 f}{\partial x_2 \partial x_K} \\ \cdots & \cdots & \cdots & \cdots \\ \frac{\partial^2 f}{\partial x_K \partial x_1} & \frac{\partial^2 f}{\partial x_K \partial x_2} & \cdots & \frac{\partial^2 f}{\partial x_K^2} \end{bmatrix} \tag{4.64}$$

$\frac{\partial^2 f}{\partial x_i \partial x_j}$ zweite partielle Ableitung der Zielfunktion f nach x_i, x_j mit x_i freier Parameter des Optimierungsproblems, $i = 1, \ldots, K$ freie Parameter

Eine Möglichkeit, den Standardfehler der freien Koeffizienten zu bestimmen ist es, die Quadratwurzeln aus den Diagonalelementen der invertierten Hesse-Matrix im Optimum zu bestimmen, wie es Formel 4.65 zeigt.

$$SE(\hat{\mathbf{x}}) = sqrt(diag(\mathbf{H}^{-1})) \tag{4.65}$$

[73] Eine Ausnahme ist es, wenn es die berechtigte Vermutung gibt, der gewählte Startpunkt könnte ein lokales Optimum sein oder sich zumindest in dessen Nähe befinden. Dann ist eine zufällige Verschiebung des Startpunktes durchaus sinnvoll. Dieser Umstand liegt hier nicht vor.

[74] Siehe dazu auch ausführlicher den Exkurs in Kapitel 3.5.

$SE(\hat{\mathbf{x}})$ Vektor der (geschätzten) Standardfehler der (geschätzten) freien Parameter $\hat{\mathbf{x}}$ mit $\hat{\mathbf{x}} = (\hat{x}_1, \hat{x}_2, ..., \hat{x}_K)^{\mathrm{T}}$

Das Programmlisting 4.20 illustriert die Umsetzung dieser Berechnung. Dazu ist es unbedingt notwendig, beim Aufruf der Funktion `fmincon` als Outputparameter die Hesse-Matrix im Optimum zu bestimmen, da hierauf später die Bestimmung der Standardfehler basiert. Auf die Bestimmung der Hesse-Matrix als Outputparameter kann verzichtet werden, wenn die Hesse-Matrix selber mittels benutzerdefinierter Funktion approximiert wird bzw. werden muss (wie unter Octave). Wie aus dem Programmlisting 4.20 ersichtlich, wird die approximierte Hesse-Matrix mittels benutzerdefinierter Funktion verwendet. Die Invertierung der Hesse-Matrix erfolgt dann mit dem Matlab-Ausdruck `mInvHes = mHessianB \ eye((iNumVars+1))`. Mit `vParaSE = sqrt(diag(mInvHes))` wird die Quadratwurzel aus den Diagonalelementen der invertierten Hesse-Matrix bestimmt. Der letzte Schritt besteht in der Extraktion der berechneten Resultate. Das Programmlisting 4.21 zeigt die Anwendung der MLE Schätzung auf die Daten der Fallstudie (Schätzung des Marktmodells für die Aktie der BASF AG und DAX).[75] Als Referenz dient hier die Kleinste-Quadrate-Schätzung, wofür die Matlab-Toolbox-Funktion `regstats` verwendet wird.

Quellcode 4.21: Demoskript zur Anwendung der MLE bei der Schätzung des Marktmodells

```
Siehe Datei: bDemoMleSchaetzung.m
```

Die Tabelle 4.4 zeigt eine Gegenüberstellung der Ergebnisse von Kleinste-Quadrate-Schätzung (OLS für „ordinary least squares") mit denen der MLE. Die Ergebnisse für die geschätzten Regressionskoeffizienten stimmen in der vierten Nachkommastelle überein, leichte Abweichungen sind bei den geschätzten Standardfehlern zu erkennen, die aber kaum praktische Relevanz besitzen. Der Grund liegt darin, dass die MLE eine numerische Approximation der Regressionsschätzer und deren Standardfehler darstellt, aber keine exakte analytische Lösung. Dafür ist im Gegenteil die Approximation erstaunlich genau.[76]

Die geschätzten Koeffizienten und insbesondere deren approximierte Standardfehler sind bei auf numerischen Approximationen beruhenden Schätzungen mit gewisser Vorsicht zu behandeln. Insbesondere können die Schätzungen der Standardfehler und die darauf basierenden Teststatistiken bei kleinen Stichprobenumfängen erhebliche Schätzfehler aufweisen. Schon die Verwendung alternativer Verfahren zur Approximation der Hesse-Matrix im Optimum kann

---

[75] Unter Octave ist die Variante `bDemoMleSchaetzung_oct` zu verwenden. Hier wird zu Vergleichszwecken die benutzerdefinierte Funktion `fRegressStats` aufgerufen, da die Matlab-Funktion `regstats` nicht zur Verfügung steht. Im Übrigen sei darauf hingewiesen, dass wegen der fehlenden Funktion `mle` unter Octave alle bisherigen Maximum-Likelihood-Schätzungen direkt unter Verwendung der Optimierung erfolgten. Die vielen Octave-Codes enthalten somit zahlreiche Beispiele der Umsetzung einer MLE.

[76] Beim Nachrechnen der Ergebnisse ist zu beachten, dass der Startpunkt zufällig verschoben wird. Daher können sich leicht abweichende Ergebnisse einstellen. Ferner wurden die Einstellungen für den Optimierungsalgorithmus sehr streng gewählt, d.h., eine hohe Genauigkeit gefordert und eine sehr große Anzahl an maximalen Iterationen erlaubt. Werden hier anderen Werte gesetzt, also eine geringe Genauigkeit gefordert oder weniger maximal zulässige Iterationen vorgegeben, können sich deutlichere Abweichungen ergeben. Insbesondere ist zu prüfen, ob der Optimierungsalgorithmus vorzeitig vor Konvergenz abgebrochen hat. In einem solchen Fall sind die Lösungen ungültig oder können zumindest erheblich abweichen.

	OLS		MLE	
	Koeffizient	Standardfehler	Koeffizient	Standardfehler
Alpha	-0,0015	7,5685e-04	-0,0015	7,5979e-04
Beta	1,0270	0,0522	1,0270	0,0524

Tabelle 4.4.: Gegenüberstellung Kleinste-Quadrate-Schätzung und MLE.

hierauf erhebliche Auswirkungen haben. Die Wahl des Optimierungsalgorithmus in `fmincon` kann unterschiedliche Approximationen der Hesse-Matrix und damit abweichende Schätzungen der Standardfehler liefern.[77] Aufgrund der Approximation der Hesse-Matrix im Optimum ist auch nicht sichergestellt, dass nach der Invertierung die Diagonalelemente positiv sind. Aufgrund von Approximationsfehlern können negative Diagonalelemente auf der Hauptdiagonalen der Inverse auftreten, was dann zu komplexen Zahlen bei der Quadratwurzelberechnung führt. Dies unterstreicht einmal mehr den Demonstrationscharakter der dargestellten Funktion. Bei einer praktisch einsatzfähigen Schätzfunktion müsste diese Fehlerbedingung geeignet geprüft und behandelt werden, was hier aus Platzgründen nicht erfolgt.

Wie oben kurz erwähnt, kann die Berechnung der Zielfunktion bei Annahme einer Normalverteilung noch effizienter gestaltet werden. Dazu ist die Log-Likelihood-Funktion unter Normalverteilung auszurechnen, wie es Formel 4.66 zeigt:

$$log(L(\hat{\boldsymbol{\varepsilon}},\hat{\boldsymbol{\theta}})) = log(\prod_{t=1}^{T} pdf_{0,\hat{\sigma}}^{norm}(y_t - (\hat{\alpha} + \hat{\beta}_1 x_{1t} + \hat{\beta}_2 x_{2t} + \ldots + \hat{\beta}_K x_{Kt}))) \tag{4.66}$$

$$\Leftrightarrow LL(\hat{\boldsymbol{\varepsilon}},\hat{\boldsymbol{\theta}}) = log(\prod_{t=1}^{T} pdf_{0,\hat{\sigma}}^{norm}(\hat{\varepsilon}_t))$$

$$\Leftrightarrow LL(\hat{\boldsymbol{\varepsilon}},\hat{\boldsymbol{\theta}}) = log(\prod_{t=1}^{T}(\frac{1}{\sqrt{2\pi}\cdot\hat{\sigma}}\cdot exp(-\frac{\hat{\varepsilon}_t^2}{2\hat{\sigma}^2})))$$

$$\Leftrightarrow LL(\hat{\boldsymbol{\varepsilon}},\hat{\boldsymbol{\theta}}) = \sum_{t=1}^{T} log(\frac{1}{\sqrt{2\pi}\cdot\hat{\sigma}}\cdot exp(-\frac{\hat{\varepsilon}_t^2}{2\hat{\sigma}^2}))$$

$$\Leftrightarrow LL(\hat{\boldsymbol{\varepsilon}},\hat{\boldsymbol{\theta}}) = -T\cdot(log(\sqrt{2\pi}) + log(\hat{\sigma})) - \sum_{t=1}^{T}(\frac{\hat{\varepsilon}_t^2}{2\hat{\sigma}^2})$$

$$\Leftrightarrow LL(\hat{\boldsymbol{\varepsilon}},\hat{\boldsymbol{\theta}}) = -T\cdot(log(\sqrt{2\pi}) + log(\hat{\sigma})) - \frac{1}{2\hat{\sigma}^2}\sum_{t=1}^{T}\hat{\varepsilon}_t^2$$

[77] Die zufällige Verschiebung des Startpunktes ermöglicht hier wiederholte Experimente. So lässt sich bei häufiger Wiederholung der Schätzung beobachten, dass sich manchmal deutliche Fehlschätzungen der Standardfehler ergeben, wenn die Approximationen der Hesse-Matrix benutzt werden, die von den Matlab-eigenen Optimierungsfunktionen zurückgeliefert werden. Hier wird alternativ die benutzerdefinierte Funktion zur Approximation der Hesse-Matrix aus Kapitel 3.5 benutzt. Diese Funktion liefert hier stabil gute Approximationen.

$LL(.)$ Log-Likelihood des linearen Regressionsmodells mit normalverteilten Residuen

Das Programmlisting 4.22 zeigt die modifizierte, effizientere Implementation der Zielfunktion für die MLE des linearen Regressionsmodells unter Annahme normalverteilter Residuen.

Quellcode 4.22: Effizientere Implementation der Zielfunktion zur MLE eines linearen Regressionsmodells mit normalverteilten Residuen

```
Siehe Datei: fOfRegressMLEnorm2.m
```

Die grundsätzliche Vorgehensweise ändert sich dadurch offensichtlich nicht, jedoch werden ineffiziente Verknüpfungen von Logarithmus- und Exponentialfunktion vermieden, die sich am Ende gegenseitig aufheben. Außerdem sind hier weniger Ausnahmebedingungen für das Auftreten numerischer Fehler zu berücksichtigen. Die Einbindung in die eigentliche Schätzroutine gelingt durch Änderung des Inputparameters in `fmincon`. Qualitativ ändern sich die Resultate nicht.

Die Äquivalenz von Kleinste-Quadrate-Schätzung und MLE in dem hier betrachteten Fall lässt sich leicht zeigen, wofür auf die ausgerechnete Log-Likelihood-Funktion nach Formel 4.67 zurückgegriffen wird.

$$LL(\boldsymbol{\varepsilon},\boldsymbol{\theta}) = -T \cdot (log(\sqrt{2\pi}) + log(\sigma)) - \frac{1}{2\sigma^2}\sum_{t=1}^{T}\varepsilon_t^2 \tag{4.67}$$

Diese lässt sich weiter vereinfachen. Die gesuchte Standardabweichung der Störgrößen σ in Formel 4.67 ist zwar unbekannt, aber konstant. Damit ist auch der Teilausdruck $-T \cdot (log(\sqrt{2\pi}) + log(\sigma))$ konstant. Eine Konstante ändert zwar den Wert der Zielfunktion, nicht aber die Lage des Optimums. Deshalb kann dieser Teil der Zielfunktion weggelassen werden, es ergibt sich die weiter vereinfachte Zielfunktion nach Formel 4.68.

$$LL(\boldsymbol{\varepsilon},\boldsymbol{\theta}) = -\frac{1}{2\sigma^2}\sum_{t=1}^{T}\varepsilon_t^2 \tag{4.68}$$

Dieselbe Argumentation trifft auf den Faktor $\frac{1}{2\sigma^2}$ zu. Auch hier ist σ die gesuchte, konstante Standardabweichung der Störgrößen. Lässt man den Faktor $\frac{1}{2\sigma^2}$ in der vereinfachten Zielfunktion nach Formel 4.68 weg, so skaliert die so modifizierte Zielfunktion anders als vorher, dies hat aber keine Auswirkung auf die Lage des Optimums. Damit ergibt sich eine weiter vereinfachte Zielfunktion nach Formel 4.69, welche nach dem MLE-Ansatz zu maximieren ist.

$$LL(\hat{\boldsymbol{\varepsilon}},\hat{\boldsymbol{\theta}}) = -\sum_{t=1}^{T}\hat{\varepsilon}_t^2 \rightarrow max! \tag{4.69}$$

Die Maximierung einer Zielfunktion ist dabei äquivalent zur Minimierung der negativen Zielfunktion. Damit entspricht das Optimierungsproblem der MLE in diesem speziellen Fall exakt demjenigen der Kleinsten-Quadrate-Schätzung, weshalb Kleinste-Quadrate-Schätzung und MLE in diesem Spezialfall äquivalent sind. Dies gilt jedoch im Allgemeinen nicht. Im Folgenden soll ein Regressionsmodell betrachtet werden, in dem die MLE einen Fortschritt darstellt.

4.4.2. Lineare Regression mit t-verteilten Residuen

Die bisherigen Fallstudien haben mehrfach gezeigt, dass Assetrenditen möglicherweise nicht normalverteilt sind und daher eine lineare Regression unter Annahme normalverteilter Störgrößen keine adäquate Spezifikation ist. Zur Modellierung von Assetrenditen bietet sich insbesondere die t-Verteilung als Alternative an. Nach den Vorarbeiten im vorhergehenden Kapitel ist jetzt die Umsetzung dieses Modells sehr einfach möglich. Dazu ist die Annahme einer Normalverteilung für die Residuen bei der MLE gegen die Annahme t-location-scale-verteilter Residuen auszutauschen. Der MLE-Schätzansatz ergibt sich damit nach Formeln 4.70 bis 4.72.

$$LL(\hat{\boldsymbol{\varepsilon}}, \hat{\boldsymbol{\theta}}) = \sum_{t=1}^{T} log(pdf^{t}_{\hat{n},0,\hat{\sigma}}(y_t - (\hat{\alpha} + \hat{\beta}_1 x_{1t} + \hat{\beta}_2 x_{2t} + \ldots + \hat{\beta}_K x_{Kt}))) \rightarrow max! \tag{4.70}$$

$$0 \leq \hat{\sigma} \leq \hat{\sigma}_y = \sqrt{\frac{1}{T} \sum_{t=1}^{T} (y_t - \bar{y})^2} \tag{4.71}$$

$$\hat{n} \geq 3 \tag{4.72}$$

Das in den Formeln 4.70 bis 4.72 dargestellte Optimierungsproblem zur MLE des linearen Regressionsmodells unter Annahme t-verteilter Residuen unterscheidet sich nur marginal von demjenigen zur MLE des linearen Regressionsmodells unter Annahme normalverteilter Residuen. Neu ist lediglich die zusätzliche Nebenbedingung für die Untergrenze des Freiheitsgrades $\hat{n}$ der t-Verteilung, da für einen Wert kleiner 3 die Varianz nicht mehr definiert ist. Aus numerischen Gründen kann es ebenfalls sinnvoll sein, eine Obergrenze für den Freiheitsgrad einzuführen, z.B. 200, ab dem die t-Verteilung praktisch der Normalverteilung entspricht. Die Umsetzung der Zielfunktion ist im Programmlisting 4.23 dargestellt.

Quellcode 4.23: Zielfunktion zur MLE des linearen Regressionsmodells unter Annahme t-verteilter Residuen

```
Siehe Datei: f0fRegressMLEt.m
```

Offensichtlich entspricht die Funktion `f0fRegressMLEt` weitgehend der ersten Version von `f0fRegressMLEnorm`. Wie bisher üblich, wird eine Regressionsanalyse mit Konstante vorausgesetzt, weshalb der Parameter $\mu = 0$ gesetzt ist. Bei einer Regression ohne Konstante ist dieser ebenfalls zu schätzen. Die eigentliche Funktion zur Durchführung der Optimierung ist im Programmlisting 4.24 dargestellt.[78] Auch sie unterscheidet sich nur unwesentlich von der oben vorgestellten Funktion `fRegressMlEnorm`.

Quellcode 4.24: Funktion zur MLE des linearen Regressionsmodells unter Annahme t-verteilter Residuen

```
Siehe Datei: fRegressMLEt.m
```

[78] Unter Octave ist die Variante `fRegressMLEt_oct` zu verwenden. Die notwendigen Anpassungen sind hier analog zu denen bei `fRegressMLEnorm_oct`.

Hier ist die gewöhnliche Kleinste-Quadrate-Schätzung sinnvoll als Startpunkt für die Optimierung zu verwenden, der auch nicht mehr „künstlich“ verschoben werden muss. Ebenso ist die geschätzte Standardabweichung der Residuen des Startpunktes ein guter Startwert für den $\hat{\sigma}$-Parameter der t-location-scale-Verteilung. Der Startwert für den Freiheitsgrad wird hier auf 40 gesetzt. Bei diesem Wert ist die t-Verteilung schon einer Normalverteilung sehr ähnlich, was konsistent zu den übrigen Werten des Startpunktes ist. Als Ergebnis der Optimierung ist auch der geschätzte Freiheitsgrad und dessen geschätzter Standardfehler zu extrahieren.

Die Anwendung auf die Fallstudie (Schätzung des Marktmodells für die Aktie der BASF AG und DAX) gelingt durch einfachen Austausch des Funktionsaufrufs,[79] was hier aus Platzgründen nicht demonstriert werden braucht. Dabei ergeben sich ähnliche Schätzungen für die Regressionskoeffizienten und Standardfehler. Der geschätzte Freiheitsgrad wird mit $\hat{n} = 18,3045$ mit einem Standardfehler mit $18,3041$ ausgewiesen. Diese Ergebnisse lassen tendenziell eine Normalverteilung der Residuen vermuten, was hier dem bekannten, datengenerierenden Prozess entspricht (da die Daten künstlich erzeugt wurden).[80] Dieses Ergebnis ist konsistent mit den Ergebnissen der diagnostischen Tests des gewöhnlichen Regressionsmodells. Dort wurde anhand der Jarque-Bera-Teststatistik die Nullhypothese normalverteilter Residuen abgelehnt.

Nachdem das lineare Regressionsmodell auf die Schätzung unter Annahme t-verteilter Residuen erweitert wurde, interessieren bei diesem Modell in derselben Weise wie beim Regressionsmodell unter Annahme normalverteilter Residuen die erweiterten Regressionsstatistiken und diagnostischen Tests. Dazu lassen sich die Darstellungen aus Kapitel 4.2 hierauf übertragen. Zur Berechnung der erweiterten Regressionsstatistiken sind lediglich die bereits vorgestellten Funktionen in den Programmlistings 4.4 und 4.10 auf die Ergebnisse von `fRegressMLEt` anzuwenden.

Eine weitere Anwendung ist die Bestimmung des Jensens-Alpha auf den Daten der Fallstudie aus Kapitel 2. Die Analysen des Kapitels 4.3 hatten dort ein statistisch signifikantes Jensens Alpha identifiziert, allerdings auch Probleme in der Regressionsanalyse festgestellt. Insbesondere wurde dort ein Verstoß gegen die Normalverteilungsannahme anhand der Jarque-Bera Teststatistik angezeigt. Die nochmalige Bestimmung des Jensens-Alpha, hier mit einem Regressionsmodell unter Annahme t-verteilter Residuen, bestätigt die Ergebnisse.[81] Der geschätzte Freiheitsgrad beträgt $\hat{n} = 5,0523$, der „fat tails“ in den Residuen und eine Nichtnormalverteilung anzeigt. Das geschätzte Jensens-Alpha ist auf $\hat{\alpha} = 0,0065$ (vorher $\hat{\alpha} = 0,0077$) abgesunken. Der geschätzte Standardfehler beträgt $0,0029$, die Teststatistik des Jensens-Alpha weist einen Wert in Höhe von $2,2318$ auf, womit die Irrtumswahrscheinlichkeit $p = 0,0277$ beträgt.[82] Der höhere Log-Likelihood-Wert dieses Regressionsmodells in Höhe von $LL = 220,7988$ zeigt eine bes-

[79] Siehe dazu das Demoskript 4.21 (`bDemoMleSchaetzung`), dort am Ende des Skriptes die letzte Programmzeile.

[80] Werden die Daten der Vorlage aus PODDIG et al. (2008), S. 273 ff. verwendet, so wird der geschätzte Freiheitsgrad mit $\hat{n} = 6,8113$ ausgewiesen, der auf „fat tails“ in den Residuen schließen lässt.

[81] Siehe dazu das Demosksript `bDemoJensensAlphaKap2t`. Beim Nachrechnen der Ergebnisse können sich in Abhängigkeit von dem gewählten Optimierungsalgorithmus und der benutzten Matlab-Version bzw. bei Verwendung von Octave leichte Unterschiede in den Nachkommastellen ergeben. Unter Octave ist die Variante `bDemoJensensAlphaKap2t_oct` zu verwenden.

[82] Auch hier hängen die geschätzten Standardfehler davon ab, ob die Matlab-eigenen Approximationen der Hesse-Matrix oder diejenigen der benutzerdefinierten Funktion aus Kapitel 3.5 verwendet werden. Die hier ausgewiesenen Werte

sere Modelanpassung gegenüber dem Regressionsmodell mit normalverteilten Residuen (dort $LL = 216,7986$). Die Analyse der weiteren Regressionsstatistiken und diagnostischen Tests zeigt dennoch weiterhin Bedenken gegen die Verwendung dieser Resultate. Die Durbin-Watson Statistik ist mit $DW = 2,4191$ unverändert zu hoch, deutet also negative Autokorrelationen erster Ordnung in den Residuen an. Auch die Breusch-Pagan-Teststatistik in Höhe von $BP = 4,1470$ mit einer Irrtumswahrscheinlichkeit von $p = 0,0417$ weist auf Heteroskedastizität hin, obgleich der White-Test keine Probleme anzeigt. Die Jarque-Bera Teststatistik lässt mit $JB = 25,7507$ und einer Irrtumswahrscheinlichkeit von $p \approx 0$ auf nicht normalverteilte Residuen schließen, die hier aber nicht verwunderlich sind. Das Modell wurde gerade unter Annahme t-verteilter Residuen geschätzt, weshalb die Diagnose nicht normalverteilter Residuen zu erwarten war. Der Verstoß ist hier nicht relevant, weil die Schätzung der Standardfehler bereits unter Annahme der t-Verteilung (implizit über Inverse der Hesse-Matrix) erfolgt ist. Die MLE setzt genauso wie die Annahmen des klassischen Grundmodells unabhängig und identisch verteilte Residuen voraus, da ansonsten die Formulierung des MLE Schätzansatzes fehlspezifiziert ist, was sich in Fehlschätzungen von Regressionskoeffizienten und Standardfehlern niederschlagen kann. Daher stimmen die Ergebnisse des Durbin-Watson- und des Breusch-Pagan-Tests bedenklich. Die vermeintlich festgestellte, statistisch signifikante Outperformance (Jensens-Alpha) könnte daher auch das Ergebnis möglicher Verzerrungen der Teststatistiken sein. Die Analyse auf Timing-Fähigkeit bringt in der Tendenz dieselben Ergebnisse hervor wie zuvor bei Verwendung des gewöhnlichen Regressionsmodells unter Annahme normalverteilter Residuen. Der Timingkoeffizient ist zwar positiv mit $\hat{\gamma} = 0,1836$, jedoch bei einer Irrtumswahrscheinlichkeit von $p = 0,8031$ eindeutig nicht statistisch signifikant von null verschieden. Das Jensens-Alpha wird unter Berücksichtigung einer Timingkomponente mit ca. $0,0060$ geschätzt, der zugehörige t-Wert ist $1,6705$ mit einer Irrtumswahrscheinlichkeit (p-Wert) von $0,0978$. Legt man das übliche 5% Niveau für die Irrtumswahrscheinlichkeit zugrunde, ist das Alpha unter Berücksichtigung von Timing nicht mehr statistisch signifikant von null verschieden.

4.4.3. Exkurs: GARCHX-Modelle

Eine weitere wichtige Anwendung für die MLE ist die Schätzung von GARCHX-Modellen, welche in der Finanzökonometrie und der Risikoanalyse eine besondere Bedeutung besitzen.[83] Hintergrund für die GARCH-Modelle ist die Beobachtung an empirischen Finanzmarktzeitreihen, dass die Stärke der Renditebewegungen (gleich in welche Richtung) nicht zufällig verteilt, sondern zeitlich gehäuft auftritt. So folgen in der Tendenz auf große Kursveränderungen (also dem Absolutbetrag nach große Renditen) ebenfalls große Kursveränderungen in der Folgeperiode. Umgekehrt folgen auf kleine Kursveränderungen der Vorperiode ebenfalls tendenziell kleine Kursveränderungen in der Nachfolgeperiode. Die Stärke der Kursveränderungen (Renditeausschläge)

beziehen sich auf die benutzerdefinierte Funktion. Die Verwendung der Matlab-eigenen Approximation liefert etwas höhere Standardfehler und damit geringere t-Werte.

[83] Vgl. auch dazu Kapitel 5.3.

tritt in zeitlichen Häufungen auf; man spricht hier von dem Phänomen des „Volatility-Clustering". Ein anschauliches Beispiel ist die tägliche Renditeentwicklung der IBM-Aktie.[84]

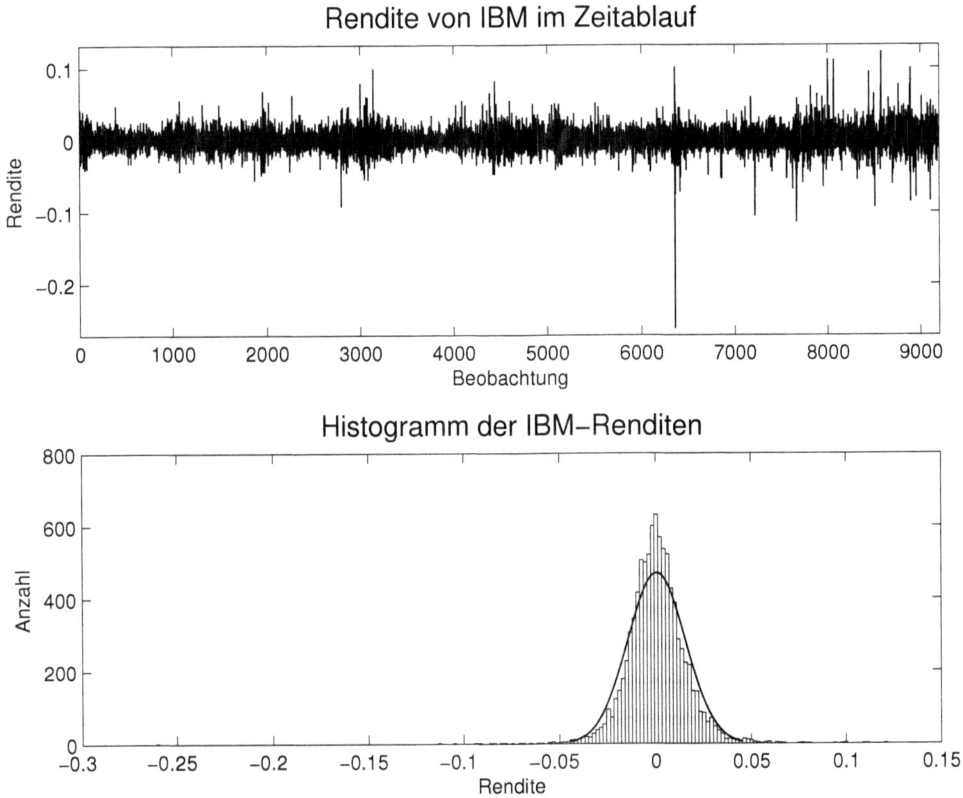

Abbildung 4.4.: Eigenschaften von 9010 Tagesrenditen von IBM

In der Abbildung 4.4 sind im oberen Teil die Renditen im Zeitablauf dargestellt. Deutlich erkennbar sind die variierenden Schwankungen der Renditen. Die untere Abbildung zeigt einen Vergleich der Renditeverteilung von IBM und der Normalverteilung, die mit dem Mittelwert und der Standardabweichung der IBM-Renditen kalibriert ist. Die Anzahl von Renditen um den Median ist deutlich höher als unter Normalverteilung zu erwarten. Gleichzeitig treten die extrem positiven und extrem negativen Renditen häufiger auf als es der Fall unter einer Normalverteilung wäre. Diese Eigenschaft besitzt gerade für das finanzwirtschaftliche Risikomanagement eine besondere Bedeutung. Würde man unter der Annahme einer Normalverteilung die Renditeverteilung der IBM-Aktie modellieren, so würde dies zu einer deutlichen Unterschätzung der Verlustrisiken

[84] Die Renditen sind als Begleitmaterial zum Buch von TSAY (2005) frei erhältlich. Aufgrund der Lizenzbestimmungen dürfen wir die Renditen nicht zum Download bereitstellen.

führen. Gerade für das Risikomanagement ist das im Folgenden näher vorzustellende GARCH- und GARCHX-Modell von großer Bedeutung.

Eine mögliche Erklärung für das aufgezeigte Phänomen ist die Annahme einer zeitabhängigen Entwicklung der Varianz σ_t^2 der Störgröße ε_t. Wie bisher nehmen wir an, dass die abhängige Variable y_t sich als Linearkombination verschiedener exogener Einflussgrößen x_{it} darstellen lässt, auf welche zusätzlich die Störgröße ε_t wirkt:

$$y_t = \alpha + \beta_1 x_{1t} + \beta_2 x_{2t} + \ldots + \beta_K x_{Kt} + \varepsilon_t \tag{4.73}$$

Anders als im bislang betrachteten Standardmodell nehmen wir jedoch keine konstante Varianz der Störgröße ε_t im Zeitablauf an. Die zeitvariable Varianz σ_t^2 der Störgröße kann verschiedene Ursachen haben. Sie kann durch exogene Einflussfaktoren getrieben werden oder aber einem autoregressiven Prozess folgen. Da letztere Annahme die einfachere ist, soll diese kurz näher entwickelt werden. Das einfachste Modell zur Erklärung der zeitvariablen Varianz ist ein sog. ARCH(Q)-Prozess,[85] wie es Formel 4.74 zeigt:

$$\sigma_t^2 = \omega + \phi_1 \varepsilon_{t-1}^2 + \phi_2 \varepsilon_{t-2}^2 + \ldots + \phi_Q \varepsilon_{t-Q}^2 \tag{4.74}$$

Der Parameter Q bezeichnet dabei die Ordnung des ARCH(Q)-Prozesses. Er beschreibt, wie viele Perioden Q vergangene „Schocks" ε_{t-Q} noch auf die aktuelle Varianz der Störgröße nachwirken. Das ARCH(Q)-Modell ist das erste Modell, welches eine solche zeitvariable Entwicklung der Varianz der Störgröße im Zeitablauf annahm. Es wurde später um einen sog. GARCH(P)-Prozess[86] ergänzt. Hier wird angenommen, dass sich die aktuelle Varianz der Störgröße allein aus ihren früheren Varianzen erklären lässt, siehe Formel 4.75:

$$\sigma_t^2 = \omega + \gamma_1 \sigma_{t-1}^2 + \gamma_2 \sigma_{t-2}^2 + \ldots + \gamma_P \sigma_{t-P}^2 \tag{4.75}$$

Beide Prozesse lassen sich zu einem gemeinsamen GARCH(P,Q)-Prozess kombinieren. Danach folgt die zeitvariable Varianz der Störgröße dem in Formel 4.76 dargestellten Modell:

$$\sigma_t^2 = \omega + \gamma_1 \sigma_{t-1}^2 + \gamma_2 \sigma_{t-2}^2 + \ldots + \gamma_P \sigma_{t-P}^2 + \phi_1 \varepsilon_{t-1}^2 + \phi_2 \varepsilon_{t-2}^2 + \ldots + \phi_Q \varepsilon_{t-Q}^2 \tag{4.76}$$

Das in Formel 4.76 dargestellte Modell beschreibt dabei nur die zeitliche Entwicklung der Störgrößenvarianz, nicht jedoch die abhängige Variable y_t. In der einfachsten Variante kann diese durch eine Konstante, vorzugsweise ihren Mittelwert beschrieben werden, also nach Formel 4.77:

$$y_t = c + \varepsilon_t = \mu_y + \varepsilon_t \tag{4.77}$$

Die Formel 4.77 stellt die Erwartungswertgleichung eines GARCH(P,Q)-Modells dar, Formel 4.76 die zugehörige Varianzgleichung. Bezogen auf die Modellierung von Assetrenditen würde also ein solches GARCH(P,Q)-Modell eine im Zeitablauf konstante, mittlere Rendite μ_y annehmen, auf welche jedoch Störungen mit zeitvariabler Varianz nach Formel 4.76 einwirken.[87]

---

[85] ARCH steht dabei für *AutoRegressive Conditional Heteroscedasticity*, also autoregressive bedingte Heteroskedastizität (variable Varianz). Das ARCH-Modell wurde ursprünglich von ENGLE (1982), S. 987 ff. vorgestellt.

[86] GARCH steht für *Generalized AutoRegressive Conditional Heteroscedasticity*, also für ein verallgemeinertes ARCH-Modell. Streng genommen beschreibt erst Formel 4.76 dieses Modell, die gerade betrachtete Formel 4.75 dient zunächst der Unterscheidung der beiden Teilkomponenten des Gesamtmodells. Das ARCH-Modell wurde von BOLLERSLEV (1986), S. 307 ff. zum GARCH-Modell weiterentwickelt.

[87] Ein solches einfaches Modell werden wir später im Rahmen einer kleinen empirischen Fallstudie anwenden.

Das Erwartungswertmodell für die abhängige Variable kann jedoch auch komplexer gewählt werden, etwa nach Formel 4.73. Verwendet man die Formel 4.73 als Erwartungswertmodell, spricht man von einem GARCHX-Modell.[88] Bei näherer Betrachtung ist ein solches GARCHX-Modell ein lineares Regressionsmodell, bei welchem eine zeitvariable Varianz der Störgrößen angenommen wird. Die zeitvariable Varianz folgt einem Prozess nach Formel 4.76.

Ein wichtiger Spezialfall des allgemeinen GARCHX(P,Q)-Modells ist das GARCH(1,1)-Modell. Damit ergibt sich für die zeitvariable Varianz das vereinfachte Modell nach Formel 4.78:

$$\sigma_t^2 = \omega + \gamma_1 \sigma_{t-1}^2 + \phi_1 \varepsilon_{t-1}^2 \tag{4.78}$$

Dieses Modell hat sich bei der Modellierung von Finanzmarktzeitreihen gut bewährt. Es gibt zwar weitaus elaboriertere Modelle mit zeitvariabler Varianz, das GARCH(1,1)-Modell mit normalverteilten Störgrößen stellt aber einen bewährten Kompromiss aus Einfachheit und Modellierungsgenauigkeit dar. Für den weiteren Verlauf der Betrachtungen wollen wir von diesem eingeschränkten, aber bewährten Spezialfall ausgehen. Dabei nehmen wir an, die abhängige Variable y_t wird durch ein lineares Modell nach Formel 4.73 beschrieben, wobei die Störgrößen ε_t im Zeitablauf eine zeitvariable Varianz σ_t^2 besitzen und einer Normalverteilung folgen, also $\varepsilon_t \sim N(0, \sqrt{\sigma_t^2})$. Die Varianz σ_t^2 folgt einem GARCH(1,1)-Prozess nach Formel 4.78.

Um die Modellschätzung in Matlab zu implementieren, sind noch ein paar Vorüberlegungen notwendig. Aufgabe der Optimierungsalgorithmen ist es, denjenigen Schätzer $\hat{\boldsymbol{\theta}} = (\hat{\alpha}, \hat{\beta}_1, ..., \hat{\beta}_K, \hat{\omega}, \hat{\gamma}_1, \hat{\phi}_1)^{\mathrm{T}}$ zu finden, für den die Log-Likelihood-Funktion ein Maximum annimmt. Dafür „probiert" der Optimierungsalgorithmus in systematischer Weise verschiedene Parameterwerte für $\hat{\boldsymbol{\theta}}$ aus, bis das Maximum gefunden ist. Aufgabe der benutzerdefinierten Funktionen ist es, die Berechnung der Log-Likelihood-Werte durchzuführen. Dazu sind im ersten Schritt die Residuen zu berechnen, was dem bisher üblichen Vorgehen folgt, das noch einmal kurz in Formel 4.79 wiederholt dargestellt ist:

$$\hat{\varepsilon}_t = y_t - (\hat{\alpha} + \hat{\beta}_1 x_{1t} + \hat{\beta}_2 x_{2t} + ... + \hat{\beta}_K x_{Kt}) \tag{4.79}$$

Die nach Formel 4.79 bestimmten Residuen werden in die Formel 4.80 zur Berechnung des Log-Likelihood-Wertes eingesetzt:[89]

$$LL(\hat{\boldsymbol{\varepsilon}}, \hat{\boldsymbol{\theta}})) = -T \cdot log(\sqrt{2\pi}) - \sum_{t=1}^{T} log(\hat{\sigma}_t) - \frac{1}{2} \sum_{t=1}^{T} \frac{\hat{\varepsilon}_t^2}{\hat{\sigma}_t^2} \tag{4.80}$$

Zu beachten ist in Formel 4.80 die zeitvariable Varianz $\hat{\sigma}_t^2$ bzw. Standardabweichung $\hat{\sigma}_t$. Damit der Wert der Log-Likelihood-Funktion berechnet werden kann, müssen die Schätzungen für die zeitvariablen Varianzen zuvor ermittelt werden. Dazu wird die Formel 4.78 rekursiv ausgewertet, also von $t = 1$ bis $t = T$ iterativ berechnet. Danach liegt eine Zeitreihe der geschätzten Varianzen $\hat{\sigma}_t^2$ bzw. Standardabweichungen $\hat{\sigma}_t$ vor, welche in Formel 4.80 eingesetzt werden. Damit ist für den gegebenen Parametervektor $\hat{\boldsymbol{\theta}}$ der Wert der Log-Likelihood-Funktion bestimmt. Das folgende Programmlisting 4.25 zeigt die Umsetzung dieser Vorgehensweise in Matlab:

---

[88] Die Abkürung GARCHX bedeutet *Generalized AutoRegressive Conditional Heteroscedasticity with eXogenous variables*.

[89] Vgl. dazu auch oben die Herleitung nach Formel 4.66 und das Ergebnis in Formel 4.67.

Quellcode 4.25: Funktion zur Berechnung des Log-Likelihood-Wertes beim GARCHX(1,1)-Modell

```
Siehe Datei: fLLGarchX11.m
```

Die Funktion `fLLGarchX11` setzt die beschriebenen Überlegungen direkt um. Die freien Parameter des GARCHX(1,1)-Modells sind im Vektor `vPara` enthalten. Dieser enthält als die ersten K Komponenten die zu schätzenden Regressionskoeffizienten, danach folgen die drei Parameter des GARCH(1,1)-Prozesses $\hat{\omega}, \hat{\gamma}_1, \hat{\phi}_1$. Um die Formel 4.78 rekursiv zu berechnen, ist die Wahl des Startwertes $\hat{\sigma}_1^2$ erforderlich. Zu dessen Bestimmung gibt es verschiedene Varianten. Hier wird die einfachste Möglichkeit gewählt, den Startwert $\hat{\sigma}_1^2 = \hat{\sigma}_e^2$ auf die unbedingte Varianz der geschätzten Residuen zu setzen. Eine Alternative ist es, den Startwert selbst als zusätzlichen freien Parameter zu betrachten und durch den Optimierungsalgorithmus simultan mit schätzen zu lassen. Eine dritte Variante besteht darin, die Formel 4.78 zunächst vorwärts in der Zeit zu iterieren, damit den Schätzer $\hat{\sigma}_T^2$ zu bestimmen, diesen als Startwert zu benutzten, um dann die Formel 4.78 rückwärts in der Zeit zu iterieren. Somit erhält man eine Schätzung für $\hat{\sigma}_1^2$, mit welcher dann die Formel 4.78 wieder vorwärts in der Zeit iteriert wird. Dieser Prozess kann solange wiederholt werden, bis die Schätzung für $\hat{\sigma}_1^2$ auf einen stabilen Wert konvergiert. Diese Technik wird auch als *backcasting* (als Abkürzung für „backward forecasting") bezeichnet. Aus Vereinfachungsgründen wird hier von diesen aufwändigeren Varianten abgesehen.

Die MLE-Schätzung eines GARCHX-Modells ist trotz der einfachen Zielfunktion zur Berechnung des Log-Likelihood-Wertes nicht ganz trivial. Das ist nicht sofort ersichtlich, kann aber bei der konkreten Optimierung schnell zu suboptimalen Ergebnissen führen. Um dies zu verstehen, ist die Log-Likelihood-Funktion nach Formel 4.80 sehr sorgfältig zu betrachten.[90] Danach gibt es eine triviale Lösung, um den Wert der Log-Likelihood-Funktion zu maximieren, indem $\hat{\sigma}_t \to \infty$ für alle $t = 1, \ldots, T$ gewählt wird. Dies gelingt einfach durch die Wahl großer Werte für die Koeffizienten $\hat{\omega}, \hat{\gamma}_1, \hat{\phi}_1$ des GARCH(1,1)-Prozesses. Das Ergebnis ist dann eine unsinnige Koeffizientenschätzung, soweit nicht schon vorher der Optimierer mit einem Fehler abbricht. Zentral für eine sinnvolle Schätzung eines GARCHX-Modells ist die Kontrolle von einzuhaltenden Nebenbedingungen. Die ersten notwendigen, aber nicht hinreichenden Bedingungen müssen das Auftreten negativer Varianzschätzungen verhindern. Danach gelten zunächst Untergrenzen für die Parameter des GARCH(1,1)-Prozesses nach Formel 4.81:

$$\hat{\omega} \geq 0, \hat{\gamma}_1 \geq 0, \hat{\phi}_1 \geq 0 \tag{4.81}$$

Ferner dürfen die zeitvariablen Varianzen sich nicht „aufschaukeln", was durch eine Begrenzung der Koeffizienten $\hat{\gamma}_1, \hat{\phi}_1$ nach Formel 4.82 erschwert wird.

$$\hat{\omega} \leq \hat{\sigma}_y^2, \hat{\gamma}_1 < 1, \hat{\phi}_1 < 1 \tag{4.82}$$

Die Obergrenze $\hat{\sigma}_y^2$ für das Absolutglied $\hat{\omega}$ ist eine Konsistenzbedingung. Selbst wenn die Koeffizienten $\hat{\gamma}_1, \hat{\phi}_1$ beide null sind, also der GARCH(1,1)-Prozess eine konstante Varianz besitzt, so kann diese nicht größer sein als die unbedingte Varianz $\hat{\sigma}_y^2$ der abhängigen Variablen y. Denn falls das GARCHX(1,1)-Modell die abhängige Variable überhaupt nicht erklären kann, sind alle

[90] Der im Folgenden beschriebene Umstand wird alternativ auch anhand der Herleitung nach Formel 4.66 ersichtlich.

Regressionskoeffizienten null. In diesem Fall entsprechen die Residuen der abhängigen Variable und besitzen damit im schlechtesten Fall deren Varianz.

Dies sind allerdings nur notwendige Bedingungen. Sie erschweren unsinnige Schätzungen, verhindern aber nicht in jedem Fall ein Aufschaukeln des GARCH(1,1)-Prozesses (und in der Folge Abbrüche des Optimierungsalgorithmus oder unsinnige Werte für die Parameterschätzer). Daher sind weitergehende Kontrollen der Nebenbedingungen beim GARCHX-Modell notwendig, wobei eine detaillierte Diskussion hier den Rahmen des Buches übersteigt. Im Folgenden werden daher nur kurz einige Konsistenzbedingungen genannt. Die zentrale Konsistenzbedingung für die Parameterschätzung ergibt sich aus der grundlegenden Annahme, nach der die Störgrößen unabhängig verteilt sind. Für die Varianz einer Summe von unabhängigen Zufallsvariablen gilt, dass diese der Summe der Varianzen der einzelnen Zufallsvariablen entspricht.[91] Berechnet man die unbedingte Varianz $\hat{\sigma}_\varepsilon^2$ der Residuen, ist diese als Schätzung für die durchschnittliche Varianz der einzelnen Residuen anzusehen. Anders ausgedrückt, ist $T \cdot \hat{\sigma}_\varepsilon^2$ ein Schätzer für die Varianz der Summe der Residuen. Gleichzeitig liefert das GARCH(1,1)-Modell nach Formel 4.78 einen Vektor der geschätzten einzelnen Varianzen für jedes Residuum $\hat{\varepsilon}_t$. Die Summe dieser Einzelvarianzen (Summe der Elemente im Vektor der geschätzten Varianzen) entspricht der geschätzten Varianz der Summe der Residuen. Beide Berechnungen müssen unter der zentralen Annahme der Unabhängigkeit der Residuen zu demselben Ergebnis führen. Es muss also die Konsistenzbedingung nach Formel 4.83 bzw. 4.84 gelten:

$$T \cdot \hat{\sigma}_\varepsilon^2 = \sum_{t=1}^{T} \hat{\sigma}_t^2 \tag{4.83}$$

$$\hat{\sigma}_\varepsilon^2 = \frac{1}{T} \sum_{t=1}^{T} \hat{\sigma}_t^2 \tag{4.84}$$

Diese Konsistenzbedingung hat auch eine sehr intuitive Interpretation. Danach darf beim GARCHX(1,1)-Modell die Varianz $\hat{\sigma}_t^2$ eines Residuums $\hat{\varepsilon}_t$ zu einem bestimmten Zeitpunkt t durchaus von der unbedingten (durchschnittlichen) Varianz der Residuen $\hat{\sigma}_\varepsilon^2$ abweichen. Die zeitabhängige Abweichung stellt gerade die Kernidee des GARCH-Modells dar. Der Durchschnitt aller Einzelvarianzen $\frac{1}{T}\sum_{t=1}^{T} \hat{\sigma}_t^2$ muss aber wieder der Gesamtvarianz $\hat{\sigma}_\varepsilon^2$ entsprechen, da sonst das Modell in sich inkonsistent wäre. Anders ausgedrückt, steht ein „Varianzbudget" $T \cdot \hat{\sigma}_\varepsilon^2$ zur Verfügung, welches durch geeignete Wahl der Parameter $\hat{\omega}, \hat{\gamma}_1, \hat{\phi}_1$ auf die Einzelvarianzen verteilt werden darf. Dabei darf nicht mehr oder weniger „Varianz" verteilt werden als insgesamt zur Verfügung steht.[92]

Zur Absicherung der Optimierung werden zwei weitere Konsistenzbedingungen aufgestellt. Danach darf die geschätzte Varianz eines Residuums niemals negativ sein. Auch ist es sinnvoll

---

[91] Vgl. PODDIG et al. (2008), S. 51.

[92] Die Konsistenzbedingung kann auch abgeschwächt als $\hat{\sigma}_\varepsilon^2 \geq \frac{1}{T}\sum_{t=1}^{T} \hat{\sigma}_t^2$ formuliert werden. Die Einhaltung exakter Gleichheiten kann die Auffindung einer Lösung für den Optimierungsalgorithmus erschweren, zudem basiert die Herleitung auf der Annahme der Unabhängigkeit der Störgrößen. Sind diese nicht unabhängig, zwingt die Vorgabe der Gleichheit den Optimierer eventuell zu einer suboptimalen Lösung. Dann ist aber ohnehin die zentrale Grundannahme des Modells verletzt. Die Beibehaltung der Gleichheit stellt auf jeden Fall die Konsistenz mit der Grundannahme sicher und stabilisiert nach Erfahrung den Optimierungsalgorithmus.

zu fordern, das jede geschätzte Varianz echt größer als null ist, weil es sonst zum einen bei der Berechnung des Log-Likelihood-Wertes zu Divisionen durch null kommen kann, zum anderen ist eine geschätzte Varianz von null für ein Residuum keine sinnvolle Schätzung.[93] Es muss also die Bedingung nach Formel 4.85 gelten:

$$\hat{\sigma}_t^2 > 0 \text{ für alle } t = 1, ..., T \tag{4.85}$$

Schließlich darf die unbedingte Varianz der geschätzten Residuen $\hat{\sigma}_\varepsilon^2$ niemals größer werden als die Varianz der abhängigen Variable y. Die Argumentation dafür ist bekannt: Falls das GARCHX(1,1)-Modell die abhängige Variable überhaupt nicht erklären kann, sind alle Regressionskoeffizienten null. Dann sind die Residuen mit der abhängigen Variable identisch und besitzen deren Varianz.

$$\hat{\sigma}_\varepsilon^2 \leq \hat{\sigma}_y^2 \tag{4.86}$$

Das Programmlisting 4.26 zeigt die Funktion zur Kontrolle der Nebenbedingungen nach Formel 4.84 bis Formel 4.86.

Quellcode 4.26: Funktion zur Kontrolle der Nebenbedingungen beim GARCHX(1,1)-Modell

```
Siehe Datei: fNlconGarchX11.m
```

Die Funktion `fNlconGarchX11` setzt die vorgestellten Überlegungen direkt um. Zur Erhöhung der numerischen Stabilität wurde zur Kontrolle der Nebenbedingung nach Formel 4.85 noch ein minimal gefordertes Niveau für die Einzelvarianz als Untergrenze eingeführt. Im Übrigen ergeben sich aber keine Abweichungen zum beschriebenen Vorgehen. Mit diesen Vorarbeiten ist die Schätzung des GARCHX(1,1)-Modells umfassend vorbereitet worden. Die Schätzfunktion im engeren Sinne zeigt das Programmlisting 4.27.[94]

Quellcode 4.27: Funktion zur Schätzung des GARCHX(1,1)-Modells

```
Siehe Datei: fGarchX11.m
```

Nach den umfassenden Erläuterungen sind nur noch wenige Aspekte näher zu kommentieren. Die Schätzfunktion `fGarchX11` benutzt als Startpunkt für die Optimierung die Kleinste-Quadrate-Schätzung unter Annahme konstanter Varianz der Residuen. Mit dem Matlab-Ausdruck `vStart = [vBetaStart;dSigmaStart;0;0]` wird der Startpunkt `vStart` auf die korrespondierenden Werte gesetzt.[95] Für die Lösungsqualität ist auch die Wahl des Optimierungsalgorithmus wichtig, der hier auf `'algorithm','sqp'` gesetzt wird.[96] Bei der konkreten Anwendung kann es even-

---

[93] Die Nebenbedingungen nach Formel 4.81 verhindern nicht das Auftreten von exakt null.

[94] Unter Octave ist die Variante `fGarchX11_oct` zu verwenden. Hier wird die Wrapper-Funktion `fmincon_oct` anstelle von `fmincon` benutzt. Außerdem muss die Hesse-Matrix über eine benutzerdefinierte Funktion approximiert werden.

[95] In Matlab kann über das Setzen der Optionen für den Optimierungsalgorithmus gesteuert werden, mit welcher Genauigkeit die Einhaltung der Nebenbedingungen kontrolliert wird. Der voreingestellte Wert ist dabei $1e-6 = 0,000001$, der für praktische Zwecke ausreichend ist und deshalb hier nicht geändert wird. Die Wahl der Startwerte orientiert sich an dem voreingestellten Toleranzbereich. Dies gilt insbesondere für die Obergrenzen für $\gamma = 0,999998$ und $\phi = 0,999998$. Diese müssen echt kleiner als eins sein, inklusive des Toleranzbereichs.

[96] Diese Auswahl erfolgt insbesondere in Hinblick auf die Vergleichbarkeit mit der Lösung unter Octave. Soweit dies nicht interessiert, ist auch `'algorithm','active-set'` eine gute Wahl.

tuell erforderlich sein, alternative Optimierungsalgorithmen zu testen. Für die spätere Schätzung der Standardfehler ist unbedingt die Schätzung der Hesse-Matrix notwendig, welche hier von der Matlab-Funktion `fmincon` und mit unserer Funktion `fHessApprox` approximiert wird. Falls mit anderen Optimierungsfunktionen gearbeitet wird, ist gegebenenfalls eine separate Schätzung der Hesse-Matrix notwendig[97] bzw. ist auf diese gänzlich zu verzichten. Sofern dann dennoch die geschätzten Standardfehler benötigt werden, müssen diese auf anderem Wege ermittelt werden.

Da es sich hier um das bislang komplexeste Modell handelt, soll die erste Demonstration nicht auf empirischen Daten, sondern auf künstlich generierten Daten erfolgen, die einem idealen GARCHX(1,1)-Modell folgen. Dazu sei angenommen, folgender datengenerierende Prozess nach Formel 4.87 bis Formel 4.89 möge gelten:

$$y_t = 1,0 + 0,5x_{1t} - 0,7x_{2t} + \varepsilon_t \tag{4.87}$$

$$\sigma_t^2 = 0,1 + 0,4\sigma_{t-1}^2 + 0,2\varepsilon_{t-1}^2 \tag{4.88}$$

$$\varepsilon \sim N(0, \sigma_t) \tag{4.89}$$

Als Startwert wird $\sigma_1^2 = 0,2$ angenommen. Das Programmlisting 4.28 zeigt die Schätzung des GARCHX(1,1)-Modells an diesen künstlichen Daten.[98] Dazu werden zunächst 10.000 Beobachtungen künstlicher Daten erzeugt. Das Demoskript visualisiert den Verlauf der künstlich generierten Renditen und den Verlauf der zeitvariablen Varianz. Anschaulich erkennbar ist der wechselhafte Verlauf der Varianz, insbesondere die klar erkennbaren „Peaks“ im Varianzverlauf. Die Schätzung des GARCHX(1,1)-Modell erfolgt im ersten Schritt unter Verwendung der Econometrics Toolbox von Matlab, was jedoch deren Lizenzierung voraussetzt. Die dafür notwendige Schätzfunktion heißt `garchfit` in den Versionen bis R2012b, in neueren Matlab-Versionen ab R2013a heißt diese Funktion `estimate`. Da die Lizenzierung dieser Toolbox hier nicht vorausgesetzt wird, ist der zugehörige Programmcode auskommentiert. Die notwendige Spezifikation des unterliegenden GARCHX-Modells erfolgt mit Hilfe von `garchset`. Die Anwendung dieser Funktionen ist aus dem Demoskript ersichtlich. Weitergehende Erläuterungen zur Verwendung dieser Funktionen finden sich in der Matlab-Dokumentation. Im zweiten Schritt wird das GARCHX(1,1)-Modell erneut unter Verwendung der Funktion `fGarchX11` geschätzt. Beide Schätzfunktionen gelangen annähernd zu demselben Ergebnis.[99]

Quellcode 4.28: Demoskript zur Schätzung des GARCHX(1,1)-Modells an künstlichen Daten

```
Siehe Datei: bDemoGarchX11.m
```

[97] Das Problem der Schätzung der Hesse-Matrix durch die Matlab-eigenen Optimierungsalgorithmen wird weiter unten diskutiert. Der Programmcode zeigt bereits die Möglichkeit einer alternativen Schätzung der Hesse-Matrix, auf die noch näher hingewiesen wird.

[98] Unter Octave ist die Variante `bDemoGarchX11_oct` zu verwenden. Die Schätzung des Garch-Modells unter Octave läuft erheblich langsamer ab, sodass die Simulation am besten nur mit 1000 Beobachtungen durchgeführt wird.

[99] Beim Vergleich der Ergebnisse zwischen Matlab und Octave ist zu bedenken, dass die Daten auf Basis von Zufallszahlen künstlich generiert werden. Daher arbeiten Matlab und Octave beim parallelen Vergleich mit unterschiedlichen Daten, sodass die Ergebnisse stärker voneinander abweichen können.

Die marginalen Ergebnisunterschiede können vielfältige Ursachen haben, wie z.B. unterschiedliche Optimierungsalgorithmen oder die Vorgehensweise bei der Bestimmung des Initialwertes $\hat{\sigma}_1^2$. Wichtig ist vor allem, dass beide Funktionen die wahren Werte der Parameter bis auf Abweichungen in Nachkommastellen genau schätzen. Unter idealtypischen Bedingungen und einer hohen Anzahl an Beobachtungen scheinen beide Funktionen korrekt zu arbeiten. Ein interessantes Experiment ist die sukzessive Verringerung der Anzahl der Beobachtungen. Dies führt zu sukzessive ansteigenden Schätzfehlern für die Modellparameter, vorrangig bei den Koeffizienten des GARCH(1,1)-Prozesses. Setzt man die Anzahl an Beobachtungen z.B. auf $T = 200$, so werden größere Abweichungen erkennbar. Interessant ist die Abweichung in den Koeffizientenschätzungen. Während die Abweichung des Zielfunktionswertes (Wert der Log-Likelihood-Funktion) zwischen beiden Funktionen nur minimal ist, fallen die Koeffizientenschätzer deutlicher auseinander. Eine Erklärung liefert der Blick auf die geschätzten Standardfehler. Diese werden, je nach Verwendung der Funktion zur Schätzung der Hesse-Matrix, von `fGarchX11` mitunter enorm groß ausgewiesen. Das stellt einen weiteren beachtenswerten Aspekt dar.

Die Schätzung der Standardfehler auf Basis der Hesse-Matrix nutzt die Krümmung der Zielfunktion im Optimum. Niedrige Standardfehler zeigen eine hohe Krümmung und damit eine „zuverlässig" bestimmte Lage des Optimums an, während hohe Standardfehler eine sehr flache Krümmung der Zielfunktion im Optimum bedeuten. Bei einem flachen Verlauf der Zielfunktion ist aber die Lage des Optimums nicht genau bestimmbar, also der Schätzfehler entsprechend hoch. Dies liegt hier in der Fallstudie vor. Insofern sind die Ergebnisunterschiede zwischen den beiden Funktionen `garchfit` und `fGarchX11` nicht überzubewerten. Wegen des offensichtlich sehr flachen Verlaufs der Zielfunktion sind die geschätzten Koeffizienten mit Fehlern behaftet, die um Größenordnungen über den Ergebnisunterschieden liegen.[100]

Die konkreten Werte für die geschätzten Standardfehler sind daher mit Vorsicht zu interpretieren. Zunächst bestimmten die Matlab-Optimierungsalgorithmen die Hesse-Matrix nur approximativ nach unterschiedlichen Verfahren. Einfache Experimente zeigen, dass bei denselben Ausgangsdaten die Wahl eines anderen Optimierungsalgorithmus (zu Setzen mittels `optimset`) zu komplett anderen Schätzungen für die Hesse-Matrix und in der Folge für die Standardfehler führt.[101] Die Ergebnisunterschiede sind dabei beachtlich, die Ergebnisse schwanken in den Experimenten sehr stark. Eigentlich ist zu empfehlen, die Schätzungen der Matlab-eigenen Optimierungsalgorithmen für die Hesse-Matrix mit großer Vorsicht zur Bestimmung der Standardfehler zu verwenden. Wenn möglich, sollte der Einsatz spezifischer Funktionen geprüft werden.[102] Weiterhin ist die Bestimmung der Standardfehler über die Hesse-Matrix zunächst

---

[100] Die Bestimmung der Standardfehler, der Zusammenhang mit der Krümmung (zweite Ableitung, Hesse-Matrix) und der Genauigkeit der Schätzung wird ausführlicher bei PODDIG et al. (2008), S. 730 ff. dargestellt.

[101] Diese Experimente lassen sich am besten mit der weiter unten vorgestellten Fallstudie auf realen Daten durchführen, sind aber auch schon hier möglich. Die Ergebnisunterschiede sind bei der unten vorzustellenden Fallstudie auf empirischen Daten wesentlich deutlicher.

[102] Die Funktion `fGarchX11` nutzt dafür exemplarisch die in Kapitel 3.5 vorgestellte benutzerdefinierte Funktion zur Approximation der Hesse-Matrix. Eine Alternative ist die Funktion `hessian` aus der Spatial Econometrics Toolbox von James P. LeSage, zu finden unter www.spatial-econometrics.com. Beide Funktionen verwenden jedoch exakt dieselbe Berechnungsformel, lediglich die Bestimmung der Schrittweite ist leicht unterschiedlich. Die Unterschiede zwischen diesen beiden Funktionen sind daher nicht groß.

nur ein Hinweis auf die Krümmung der Zielfunktion im Optimum. Die daraus abgeleitete Bestimmung der Standardfehler nimmt an, dass ein lokales oder das globale Optimum gefunden wurde. In den vorhergehenden Kapiteln darf dies angenommen werden. Beispielsweise zeigte der Vergleich der Standardfehler beim linearen Regressionsmodell mit normalverteilten Residuen die hohe Übereinstimmung zwischen analytischer Bestimmung der Standardfehler und der Abschätzung mit Hilfe der Hesse-Matrix. Bei diesem Modell sind aber zahlreiche Nebenbedingungen einzuhalten. Oben wurde bereits ausgeführt, dass das globale Maximum der Zielfunktion dann erreicht wird, wenn alle $\hat{\sigma}_t^2 \to \infty$. Diese Lösung wäre jedoch inhaltlich sinnlos und inkonsistent, weshalb sie über Nebenbedingungen verhindert werden muss. Damit ist aber nicht klar, ob die gefundene Lösung nicht ganz oder teilweise eine Randlösung ist, also durch die Nebenbedingungen erzwungen wird. Dann drückt zwar die Hesse-Matrix immer noch die Krümmung der Zielfunktion im (begrenzten) Optimum aus und liefert eine Indikation für die Genauigkeit der Schätzung, aber der konkrete Wert für den Schätzfehler ist schwierig interpretierbar. Zu bedenken ist ferner, dass mit diesen Standardfehlern konstruierte Teststatistiken (geschätzter Wert des Koeffizienten dividiert durch geschätzten Standardfehler) nur asymptotisch einer Standardnormalverteilung folgen. Dies wird im Beispiel deutlich. Bestimmt man anhand der geschätzten Standardfehler überschlägig die t-Werte der Modellparameter, so sind diese überwiegend nicht statistisch signifikant, insbesondere diejenigen des GARCH(1,1)-Prozesses. Da die Stichprobe mit $T = 200$ aber sehr klein ist, ist unklar, welcher Verteilung der so konstruierte Testwert folgt. Ist man in diesem Falle an zuverlässigen Signifikanzaussagen interessiert, müssen diese anders als hier bestimmt werden. Eine - wenn auch rechenintensive - Vorgehensweise könnte Jackknifing oder Boostrapping sein.

Das Programmlisting 4.29 zeigt die Anwendung auf empirische Daten.[103] Hier geht es um die Schätzung eines „reinen" GARCH(1,1)-Modells, bei welchem das Erwartungswertmodell nach Formel 4.73 nur aus der Konstanten α besteht, welche den Mittelwert repräsentiert. Bei den Daten handelt es sich um 9190 Beobachtungen täglicher Renditen für die IBM-Aktie. Dieses Beispiel wird später in Kapitel 5.3 ausführlicher besprochen. Dort dient es zunächst zur Kalibrierung eines Simulationsmodells, mit dessen Hilfe Tagesrenditen simuliert werden. Hier interessiert für den Moment nur die Modellschätzung, also die Kalibrierung des Modells für die späteren Betrachtungen in Kapitel 5.3.

Quellcode 4.29: Demoskript zur Schätzung des GARCH(1,1)-Modells für IBM

```
Siehe Datei: bDemoIBMGarch11.m
```

Das Demoskript 4.29 unterscheidet sich kaum vom Demoskript 4.28 für die Schätzung eines GARCHX(1,1)-Modells anhand künstlicher Daten. Anstelle künstlicher Daten werden hier empirische Daten für die Renditen der IBM-Aktie eingelesen. Danach wird das GARCH(1,1)-Modell spezifiziert, welches hier einfacher ist, da die X-Komponente des Modells wegfällt. Danach erfolgt die Schätzung mit Hilfe der (Econometrics) Toolbox-Funktion `garchfit` (bis Version R2012b) bzw. `estimate` (ab R2013a). Der auskommentierte Code ist zu aktivieren,

[103] Unter Octave ist die Variante `bDemoIBMGarch11_oct` zu verwenden. Sie läuft deutlich langsamer als die originäre Matlab-Version, weshalb beim Nachrechnen dieses Beispiels gerade auf leistungsschwächeren Rechnern viel Geduld erforderlich ist. Die Ergebnisse stimmen aber exakt zwischen beiden Varianten überein.

falls die Econometrics Toolbox lizenziert wurde. Zum Schluss wird dieselbe Schätzung noch einmal unter Verwendung der hier entwickelten Funktion wiederholt. Beide Funktionen führen zu ähnlichen Ergebnissen, jedoch weist die Matlab-Funktion einen geringfügig höheren - und damit besseren - Wert für die Log-Likelihood-Funktion aus. Wie erwähnt, kann neben einem anderen Optimierungsalgorithmus dafür auch eine sophistiziertere Bestimmung des Startwertes von $\hat{\sigma}_1^2$ ursächlich sein. Insgesamt sind aber die relativen Ergebnisunterschiede zwischen den Log-Likelihood-Werten und den Koeffizientenschätzern vernachlässigbar.[104] Die konkreten Werte der Standardfehler selber können je nach Wahl des Matlab-Optimierungsalgorithmus bei direkter Verwendung der zurückgegebenen Schätzung für die Hesse-Matrix wenig plausibel sein. Hier ist auf jeden Fall der Einsatz einer alternativen Funktion zur Schätzung der Hesse-Matrix zu erwägen, wie es der Programmcode 4.27 bereits zeigt.

Die hier entwickelte Funktion zur Schätzung eines GARCHX(1,1)-Modells versteht sich als exemplarisch. Sie soll vor allem aufzeigen, wie derartige Modellschätzungen im CF implementiert werden. Anknüpfungspunkte für eigene Weiterentwicklungen gibt es viele. So kann die Funktion leicht auf ein allgemeines GARCHX(P,Q)-Modell erweitert werden, es können t-verteilte Residuen angenommen oder exogene Variablen im Varianzmodell einbezogen werden. Weitere Verbesserungen können auf die Qualität der Koeffizientenschätzung abzielen. Diese könnte durch Backcasting verbessert werden, auch könnten bessere und alternative Verfahren der Schätzung der Standardfehler implementiert werden. Alle diese Erweiterungen sind leicht umzusetzen, das Beispiel zeigt dafür die grundsätzliche Vorgehensweise. Anstatt dieses Modell jetzt in die möglichen beschriebenen Richtungen zu erweitern, soll wieder zum gewöhnlichen Regressionsmodell zurückgekehrt werden. Eine weitere wichtige Frage ist nämlich diejenige nach der Auswahl der „richtigen“ unabhängigen Variablen.

4.5. Variablenselektion im linearen Regressionsmodell

Skript/Funktion	Beschreibung	Matlab	Octave	Toolboxen
fCrossCorr.m	Erste einfache Funktion zur Kreuzkorrelationsanalyse	X	-	keine
fCrossCorr_oct.m	Erste einfache Funktion zur Kreuzkorrelationsanalyse, Octave-Version	-	X	keine
fCrossCorr2.m	Verbesserte Variante zur Berechnung der Kreuzkorrelationen	X	X	keine
bDemoCrossCorr.m	Demoskript zur Anwendung der Kreuzkorrelationsanalyse	X	-	(Signal)
bDemoCrossCorr_oct.m	Demoskript zur Anwendung der Kreuzkorrelationsanalyse, Octave-Version	-	X	signal

Tabelle 4.5.

[104] Die Überprüfung der zentralen Konsistenzbedingung nach Formel 4.83 bzw. 4.84 weist für `fGarchX11` einen besseren Wert als für `garchfit` aus. Die Verletzung durch `garchfit` liegt aber nur geringfügig über der Toleranzgrenze.

Skript/Funktion	Beschreibung	Matlab	Octave	Toolboxen
fDeleteXregress.m	Funktion zur Identifikation und Löschung einer unabhängigen Variablen	X	X	keine
fRegressBackward.m	Funktion zur Backward-Suche beim linearen Regressionsmodell	X	X	keine
bDemoRegress-Backward.m	Demoskript zur Überprüfung des Backward-Algorithmus	X	-	keine
bDemoRegress-Backward_oct.m	Demoskript zur Überprüfung des Backward-Algorithmus, Octave-Version	-	X	keine
fAddXregress.m	Funktion zum Hinzufügen einer weiteren unabhängigen Variable beim Forward-Algorithmus	X	X	keine
fRegressForward.m	Funktion zur Umsetzung des Forward-Selektionsalgorithmus	X	X	keine
bDemoRegress-Forward.m	Demoskript zur Forward-Suche	X	-	keine
bDemoRegress-Forward_oct.m	Demoskript zur Forward-Suche, Octave-Version	-	X	statistics
fRegressStepwise.m	Funktion zur Umsetzung des Stepwise-Selektionsalgorithmus	X	X	keine
fRegressStepwise2.m	Verbesserte Funktion zur Umsetzung des Stepwise-Selektionsalgorithmus	X	X	keine
bDemoRegress-Stepwise.m	Demoskript zur Stepwise-Suche	X	-	keine
bDemoRegress-Stepwise_oct.m	Demoskript zur Stepwise-Suche, Octave-Version	-	X	statistics

Tabelle 4.5.

Skript/Funktion	Beschreibung	Matlab	Octave	Toolboxen
bDemoSimVarSelection.m	Demoskript zur Simulation der drei Variablenselektionsalgorithmen	X	X	keine
fRegressResForward.m	Funktion zur Forward-Suche mit Residuenanalyse	X	X	keine
bDemoRegressResForward.m	Demoskript zur Vorwärtssuche mit Residuenanalyse	X	X	keine
bDemoSimVarSelection2.m	Demoskript zur Simulation der vier Variablenselektionsalgorithmen	X	X	keine

Tabelle 4.5.: Übersicht verwendeter Skripte und Funktionen. Unter Matlab werden in diesem Buch die Statistics und Optimization Toolbox vorausgesetzt, sie werden deshalb nicht explizit in der Spalte „Toolboxen“ ausgewiesen. (Signal) bedeudet, dass zur Ausführung des auskommentierten Codes die Signal Processing Toolbox (Matlab) benötigt wird. signal: Paket `signal` (Octave) wird benötigt. statistics: Paket `statistics` (Octave) wird benötigt.

4.5.1. Überblick

Eine zentrale Herausforderung beim Entwurf eines Regressionsmodells ist die Selektion der dafür verwendeten unabhängigen Variablen. Die Frage nach den relevanten unabhängigen Variablen ist dabei zunächst losgelöst von der konkreten Bestimmung des Modells und gilt im Allgemeinen immer. Besonders relevant ist diese Frage insbesondere in der Finanzanalyse bei der Konstruktion eines (Finanz-) Prognosemodells, welche im Folgenden stellvertretend für alle derartigen Herausforderungen betrachtet wird. In idealer Weise sollte die Auswahl der verwendeten unabhängigen Variablen auf Basis der ökonomischen Theorie erfolgen. Dies ist in vielen Anwendungsfällen möglich. Hier gibt die Theorie den angenommenen Zusammenhang sowie die dabei verantwortlichen unabhängigen Variablen eindeutig vor. Aufgabe der Regressionsanalyse ist es dann, das theoretisch vorgegebene Modell anhand empirischer Daten zu schätzen. Anschließend wird der geschätzte Zusammenhang mit den Regressionsstatistiken geprüft. Damit sollen Rückschlüsse auf die Gültigkeit der unterliegenden ökonomischen Theorie gezogen werden. Insbesondere ist die Frage relevant, ob sich der angenommene Wirkungszusammenhang auch empirisch bestätigt.

Bei der explorativen Modellentwicklung, die auch den Regelfall bei der Entwicklung eines (Finanz-) Prognosemodells darstellt, existiert kein klares theoretisches Modell, welches einen genau spezifizierten Wirkungszusammenhang vorgibt. Im Gegenteil verneint hier die Hypothese informationseffizienter Kapitalmärkte die Existenz derartiger Modelle. Folgt man dieser These, so ist der Versuch einer Prognosemodellentwicklung für Finanzmärkte völlig sinnlos. Aber auch in vielen anderen Modellierungszusammenhängen mag im Vorfeld der Modellentwicklung nicht eindeutig klar sein, welche unabhängigen Variablen für die Modellentwicklung herangezogen werden sollten. Neben Hinweisen aus der ökonomischen Theorie müssen auch Vermutungen über Wirkungszusammenhänge, Plausibilitätsüberlegungen oder Erfahrungswissen herangezogen werden. Eine weitere Möglichkeit, relevante unabhängige Variablen zu identifizieren ist es, auf Variablenselektionsalgorithmen zurückzugreifen.

Variablenselektionsalgorithmen versuchen ganz allgemein, aus einer vorgegebenen Menge potenzieller Einflussgrößen die für die Modellierung relevanten unabhängigen Variablen zu selektieren. Derartige Variablenselektionsalgorithmen sind zwar in ihrer Arbeitsweise zueinander ähnlich, aber in aller Regel an eine bestimmte Methode bzw. Methodenfamilie gebunden. Dies ist unmittelbar einsichtig. Da z.B. die lineare Regressionsanalyse nur linear funktionale Zusammenhänge abbilden kann, wäre ein Variablenselektionsalgorithmus, welcher auf nichtlineare Zusammenhänge prüft, für die Verwendung mit einem linearen Regressionsmodell dort wenig hilfreich. Daher sollen im Folgenden auch ausschließlich Variablenselektionsalgorithmen betrachtet werden, die im Zusammenhang mit dem linearen Regressionsmodell stehen.

Ein sehr einfacher, erster Variablenselektionsalgorithmus ist die Kreuzkorrelationsanalyse, welche darauf ausgerichtet ist, statistisch signifikante Kreuzkorrelationen zwischen einer abhängigen und einer gelaggten unabhängigen Variable zu identifizieren. Da die Korrelation ein Maß des linearen Zusammenhangs ist, ergibt sich die Tauglichkeit für die spätere Verwendung der gefundenen Ergebnisse in einem linearen Regressionsmodell. Speziell ausgerichtet auf die (lineare) Regressionsanalyse im engeren Sinne sind die bekannten Variablenselektionsalgorithmen *backward*, *forward* und *stepwise*, die nachfolgend vorgestellt werden.

Vor dem Einstieg in die folgenden Betrachtungen seien aber ein paar Worte der Warnung angebracht. Mit den heutigen Computerkapazitäten ist es leicht möglich, unter Verwendung geeigneter Algorithmen riesige Datenbestände zu durchsuchen und dabei (vermeintlich) erklärende unabhängige Variablen zu identifizieren, mit denen dann entsprechende Modelle geschätzt werden. Diesen Prozess bezeichnet man als *Data Mining* oder in einer noch weitergehenden Form als *Model Mining*. Die folgenden Betrachtungen des Kapitels 4.5 können als Illustration für Data Mining, diejenigen in Kapitel 6.2.2 als Illustration für Model Mining angesehen werden. Während die praktische Relevanz von Data Mining und Model Mining heute unbestritten ist, sollten aber deren Ergebnisse immer mit großer Vorsicht interpretiert werden. Wie zu zeigen sein wird, basieren die automatischen Selektionen immer auf statistischen Tests und vorgegebenen Irrtumswahrscheinlichkeiten. Gerade in sehr großen Datenbeständen muss damit gerechnet werden, dass selektierte Variablen nur zufällig als erklärungsrelevant identifiziert wurden. Eine einfache Überschlagsrechnung illustriert das Problem: Angenommen, in einer Datenbank befinden sich 1000 potenzielle, aber irrelevante unabhängige Variablen. Ein Selektionsalgorithmus basiert auf einem statistischen Hypothesentest mit einer vorgegebenen Irrtumswahrscheinlichkeit von 1%. Dann sind im Mittel 10 irrtümlich identifizierte unabhängige Variablen zu erwarten. Die finale Trennung zwischen wirklich erklärungsrelevanten und irrtümlich identifizierten unabhängigen Variablen muss immer vor dem theoretischen Verständnis des zugrundeliegenden Problems erfolgen.

4.5.2. Kreuzkorrelationsanalyse

Der Ansatz der Kreuzkorrelationsanalyse ist einfach und sehr intuitiv. Die (vermutete) unabhängige Variable wird gegenüber der abhängigen Variablen mehrfach gelaggt, somit werden Zeitverzögerungen der Ordnungen $l = 0, \ldots, L$ betrachtet, und die Korrelationen zwischen abhängiger und unabhängiger Variable zu den verschiedenen Lagordnungen nach Formel 4.90 berechnet. Diese Vorgehensweise ist bei der Konstruktion eines linearen Prognosemodells naheliegend, da sich so lineare Zusammenhänge in der Zeit feststellen lassen. Aber auch in zahlreichen anderen Anwendungen ist die Frage nach der Aufdeckung (linearer) zeitlicher Zusammenhänge sehr wichtig, sodass die Anwendung der Kreuzkorrelationsanalyse sehr häufig anzutreffen ist.

$$crosscorr(y_t, x_{t-l}) = cor(y_t, x_{t-l}) = \frac{cov(y_t, x_{t-l})}{std(y_t) \cdot std(x_{t-l})} \tag{4.90}$$

$crosscorr(y_t, x_{t-l})$ Kreuzkorrelation der Ordnung l zwischen abhängiger Variable y_t zum Zeitpunkt t und (vermuteter) unabhängiger Variable x_{t-l} zum Zeitpunkt $t-l$, bei angenommener Wirkungsverzögerung von l Perioden

Die Formel 4.90 drückt zunächst nur aus, dass die Kreuzkorrelation der Ordnung l nichts weiter als eine ganz gewöhnliche Korrelation ist, bei welcher die unabhängige Variable x nur um l Zeitperioden wirkungsverzögert gegenüber der abhängigen Variable y betrachtet wird. Für die Variablenselektion wird eine maximale Lagordnung L vorgegeben, z.B. $L = 12$,[105] bis zu der die Kreuzkorrelationen berechnet werden. Unter allen Kreuzkorrelationen zwischen der abhängigen Variable y_t und allen wirkungsverzögerten unabhängigen Variablen $x_{t-l}, l = 0, ..., L$ wird dann diejenige Lagordnung l^* selektiert, bei welcher sich die dem Absolutbetrag nach höchste Kreuzkorrelation ergibt. Die Variable x_{l^*} ist dann ein potenzieller Kandidat für eine relevante unabhängige Variable.

Bei der Berechnung der Kreuzkorrelationen und der darauf basierenden Vorselektion der vermutlichen unabhängigen Variablen sind verschiedene Detailprobleme zu beachten. Die erste relevante Frage ist, ob die Lagordnung $l = 0$ überhaupt in Betracht zu ziehen ist. Soweit es um die Entwicklung eines Prognosemodells geht, ist dies zumeist nicht der Fall. Denn bei der Prognose geht es darum, auf Basis zum aktuellen Zeitpunkt vorliegender Informationen x_t eine Schätzung über die zukünftig erwartete Größe y_{t+M} abzugeben, mit M = Prognosehorizont in Zeitperioden. Die minimale Lagordnung l_{min} muss also $l_{min} = M$ sein. Lagordnungen kleiner als l_{min} sind in einem solchen Fall ohne jegliche praktische Relevanz. Würde man diese verwenden, so müsste man bei der Prognose zukünftige Werte der unabhängigen Variablen kennen. Behelfsweise könnte man dann Schätzungen (Prognosen) der unabhängigen Variablen verwenden, was im Allgemeinen das Prognoseproblem eher erschwert. Die Verwendung derartiger bedingter Prognosemodelle (solche Prognosemodelle, bei denen die Prognose der abhängigen Variable die Prognose der unabhängigen Variable erfordert) beschränkt sich in der Finanzanalyse und Finanzprognose auf ausgewählte Spezialfragestellungen. Zumeist werden aber unbedingte Prognosemodelle konstruiert, bei denen mit heutiger Kenntnis der unabhängigen Variablen eine Schätzung der erwarteten abhängigen Variablen M Perioden in die Zukunft möglich sein soll. Im Regelfall wird dabei $M = 1$ gewählt, womit $l_{min} = 1$ gilt. Dies wird im Folgenden unterstellt.

Ein zweites Detail betrifft die konkrete Berechnung der Formel 4.90. Eine einfache „ad hoc" Lösung ist es, eine Lagmatrix von x für alle Lagordnungen $l = 0, ..., L$ zu erzeugen und dann

[105] Betrachtet man Zeitreihen auf Monatsbasis, so bedeutet eine maximale Lagordnung $L = 12$ inhaltlich die Suche nach bzw. die Berücksichtigung von Jahressaisonalitäten. Die konkrete Wahl der maximalen Lagordnung ist dabei immer vom jeweiligen Kontext abhängig.

mit Hilfe der gewöhnlichen Funktion zur Berechnung der Korrelation die Kreuzkorrelationen zu bestimmen. Das Programmlisting 4.30 zeigt einen solchen intuitiven Ansatz.[106]

Quellcode 4.30: Erste einfache Funktion zur Kreuzkorrelationsanalyse

```
Siehe Datei: fCrossCorr.m
```

Die Funktion `fCrossCorr` im Programmlisting 4.30 greift auf die bereits bekannten Berechnungsverfahren und Funktionen zurück. Zunächst wird die benutzerdefinierte Funktion `fLagmatrix` verwendet, um alle Lagordnungen der unabhängigen Variablen bis zur maximalen Lagordnung `iNumLags` zu erzeugen. Im nächsten Schritt wird die abhängige Variable und die erzeugte Lagmatrix zusammengesetzt. Bei der Berechnung der Kreuzkorrelationen kommt die Funktion zur Berechnung der Korrelationsmatrix `corrcoef` zum Einsatz. Von der berechneten Korrelationsmatrix `mC` ist nur die erste Zeile bzw. erste Spalte interessant, nämlich die Kreuzkorrelationen der abhängigen Variable mit den Zeitverzögerungen der unabhängigen Variable. Diese wird in einem letzten Schritt extrahiert, ebenso wie die zugehörigen Irrtumswahrscheinlichkeiten (p-Werte in der Matrix `mP`) für das irrtümliche Verwerfen der Nullhypothese („Korrelation ist null"). Der Vektor der berechneten Kreuzkorrelationen wird zusammen mit dem Vektor der Irrtumswahrscheinlichkeiten als Ergebnis der Funktion zurückgegeben.

Der Hypothesentest der Nullhypothese, wonach die betrachtete Korrelation in Wahrheit null ist und nur zufällig davon abweicht, basiert auf der Konstruktion einer spezifischen Teststatistik. Diese wird nach Formel 4.91 konstruiert. Die so konstruierte Teststatistik folgt unter der Nullhypothese einer t-Verteilung mit $T-2$ Freiheitsgraden, mit Hilfe derer dann die Irrtumswahrscheinlichkeit berechnet werden kann.

$$test = \hat{\rho}_{xy} \cdot \sqrt{\frac{(T-2)}{(1-\hat{\rho}_{xy}^2)}} \tag{4.91}$$

$test$ Teststatistik zum Prüfen der Nullhypothese, die Korrelation ρ_{xy} ist null

$\hat{\rho}_{xy}$ empirische Korrelation zwischen x und y (kann eine Kreuzkorrelation sein)

T Anzahl Beobachtungen

Der Vorteil dieser ersten Variante ist ihre Einfachheit, indem alle Berechnungsschritte auf bereits bekannte Funktionen zurückgeführt werden. Sie ist damit intuitiv verständlich. Jedoch ist bei näherer Betrachtung diese Implementation nicht besonders effizient, außerdem ergeben sich beim Nachrechnen der Ergebnisse mit Standard-Ökonometrieprogrammen einige Abweichungen bei den Kreuzkorrelationen, die eine nähere Analyse erfordern. Ursächlich für die Berechnungsunterschiede dieser einfachen Variante gegenüber Standard-Ökonometrieprogrammen ist das „Schneiden" der Daten im Rahmen der Erzeugung der Lagmatrix. Beim Erzeugen der Lagmatrix entstehen „Überstände" der gegeneinander verschobenen Zeitreihen am Anfang und Ende des Beobachtungszeitraums. Für die Berechnung von Kovarianzen oder Korrelationen müssen je

[106] Unter Octave ist die Variante `fCrossCorr_oct` zu verwenden. Die Octave-Funktion `corr` zur Berechnung der Korrelationen liefert leider keine p-Werte zurück.

zwei Zeitreihen komplett vorhanden sein, d.h., weder die eine noch die andere darf am Anfang oder Ende `NaN` Einträge aufweisen. Daher müssen am Anfang und Ende der Lagmatrix Zeilen entfernt werden. Wird von der originären Datenreihe x eine Lagmatrix der Ordnung L gebildet, so werden in den einzelnen Spalten der Lagmatrix unterschiedlich viele Datenelemente der originären Datenreihe x am Anfang und am Ende entfernt. Berechnet man nun auf den einzelnen Spalten der Lagmatrix die Mittelwerte, welche in die Berechnung der Korrelationen eingehen, so ergibt sich für jede Spalte der gelaggten Werte von x ein leicht variierender Mittelwert, was aber inkonsistent ist, da es sich ja eigentlich immer um dieselbe Datenreihe handelt. Um die Berechnungen von Kovarianzen, Standardabweichungen und Mittelwerten bei der Ermittlung der Kreuzkorrelationen trotz unterschiedlicher „Datenschnitte" in Abhängigkeit der Lagordnung l möglichst konsistent zu halten, sind die Elemente aus Formel 4.90 konkret nach den Formeln 4.92 bis 4.97 zu berechnen. Die Berechnungsformeln mögen dabei völlig intuitiv und klar erscheinen; jedoch erfolgt diese Berechnung in Programmlisting 4.30 gerade nicht derart, weil es dort zu unterschiedlichen Schnitten der Datenreihen kommt, die im weiteren Berechnungsverlauf nicht explizit berücksichtigt werden.

$$\bar{y} = \frac{1}{T}\sum_{t=1}^{T} y_t \tag{4.92}$$

$$\bar{x} = \frac{1}{T}\sum_{t=1}^{T} x_t \tag{4.93}$$

$$\widehat{std}(y) = \hat{\sigma}_y = \sqrt{\frac{1}{T-1}\sum_{t=1}^{T}(y_t - \bar{y})^2} \tag{4.94}$$

$$\widehat{std}(x) = \hat{\sigma}_x = \sqrt{\frac{1}{T-1}\sum_{t=1}^{T}(x_t - \bar{x})^2} \tag{4.95}$$

$$\widehat{cov}(y_t, x_{t-l}) = \frac{1}{T-1}\sum_{t=l+1}^{T}(y_t - \bar{y})(x_{t-l} - \bar{x}) \tag{4.96}$$

$$\widehat{crosscorr}(y_t, x_{t-l}) = \widehat{cor}(y_t, x_{t-l}) = \frac{\widehat{cov}(y_t, x_{t-l})}{\widehat{std}(y) \cdot \widehat{std}(x)} \tag{4.97}$$

Das Programmlisting 4.31 zeigt eine verbesserte Variante der Berechnung der Kreuzkorrelationen, bei welcher die oben vorgestellten Formeln 4.92 bis 4.97 direkt umgesetzt werden.

Quellcode 4.31: Verbesserte Variante zur Berechnung der Kreuzkorrelationen

```
Siehe Datei: fCrossCorr2.m
```

Eine kleine Fallstudie soll die Anwendung der Kreuzkorrelationsanalyse illustrieren. Zur Demonstration und Überprüfung der Korrektheit der Funktionen werden künstlich generierte Daten verwendet. Die Erzeugung der Daten folgt dabei grundsätzlich dem in Kapitel 5.3.1 beschriebenen Vorgehen. Zusätzlich wird bei diesen Daten eine künstliche Lagstruktur eingerechnet. Und zwar werden Betas in Höhe von $1,2$ für das Lag 2 und -0.8 für das Lag 6 zwischen abhängiger und gelaggter unabhängiger Variable angenommen. Der datengenerierende Prozess lautet also nach Formel 4.98.[107]

$$y_t = 1,2 \cdot x_{t-2} - 0,8 \cdot x_{t-6} + \varepsilon_t \tag{4.98}$$

In der Kreuzkorrelationsanalyse sollen alle Kreuzkorrelationen bis zu einer maximalen Lagordnung von $L = 12$ berechnet werden. Das Programmlisting 4.32 zeigt ein Demoskript zur Umsetzung der Fallstudie.[108]

Quellcode 4.32: Demoskript zur Anwendung der Kreuzkorrelationsanalyse

```
Siehe Datei: bDemoCrossCorr.m
```

Die Tabelle 4.6 stellt die erzielten Ergebnisse gegenüber. Vorgestellt werden die Ergebnisse der einfachen und verbesserten Variante zur Berechnung der Kreuzkorrelationen und die Ergebnisse der Matlab-Toolbox-Funktion `xcorr`.

Lagordnung	einfache Variante	verbesserte Variante	xcorr	p-Werte
0	0,0586	0,0533	0,0573	0,0824
1	0,0275	0,0279	0,0302	0,3809
2	0,6830	0,6802	0,6807	0,0000
3	0,0334	0,0324	0,0345	0,3095
4	-0,0014	0,0021	0,0043	0,9466
5	-0,0130	-0,0098	-0,0077	0,7594
6	-0,4556	-0,4494	-0,4462	0,0000
7	-0,0452	-0,0416	-0,0394	0,1919
8	-0,0531	-0,0537	-0,0516	0,0915
9	0,0096	0,0070	0,0090	0,8255
10	0,0203	0,0178	0,0198	0,5754
11	0,0093	0,0079	0,0100	0,8032
12	0,0187	0,0183	0,0204	0,5656

Tabelle 4.6.: Kreuzkorrelationen von abhängiger Variable zu unabhängiger Variable. Die Spalte „p-Werte" sind mit der Funktion `fCrossCorr2` bestimmt worden.

Aus der Tabelle 4.6 wird deutlich die in den künstlichen Daten inhärente Kreuzkorrelationsstruktur ersichtlich. Die Kreuzkorrelationen zu den Lags 2 und 6 sind deutlich höher als diejenigen aller übrigen Lags und zugleich hoch signifikant. Dies lässt sich anhand der letzten Spalte der Tabelle 4.6 ersehen, welche die p-Werte für das irrtümliche Verwerfen der Nullhypothese („Die Kreuzkorrelationen sind in Wahrheit null") ausweist. Alle übrigen Lags sind nicht auf dem 5%

[107] Ausführlichere Diskussionen zur Erzeugung künstlicher Daten mittels univariater stochastischer Prozesse können dem Kapitel 5.3.1 entnommen werden.

[108] Zur Verwendung der Matlab-Funktion `xcorr` muss zusätzlich die Signal Processing Toolbox lizenziert sein. Da wir hier nur die Statistiscs und Optimization Toolbox voraussetzen, ist diese Funktion nur für Leser interessant, die über diese Toolbox verfügen. Unter Octave ist die Variante `bDemoCrossCorr_oct` zu verwenden. Für die Nutzung der Funktion `xcorr` ist hier das Paket `signal` erfoderlich. Die im weiteren Verlauf benötigten Informationen werden jedoch von der Funktion `fCrossCorr2` berechnet. Die Funktionen `fCrossCorr` und `xcross` sind verzichtbar.

Niveau statistisch signifikant. Die Unterschiede bei den Werten der Kreuzkorrelationskoeffizienten sind zwischen den drei benutzten Varianten sehr gering, sodass es scheinbar unerheblich zu sein scheint, welche der drei Varianten konkret benutzt wird. Allerdings liegen dieser kleinen Fallstudie knapp 1.000 Beobachtungen zugrunde, weshalb die Ergebnisunterschiede hier nicht so deutlich werden. Bei deutlich kleinerem Stichprobenumfang können diese ausgeprägter sein, was sich leicht mit Hilfe der Fallstudie simulieren lässt. Im Allgemeinen ist die Verwendung der Funktion `fCrossCorr2` empfehlenswert, da sie dem üblichen Standardvorgehen bei der Berechnung von Kreuzkorrelationen entspricht oder die Matlab-Toolbox-Funktion `xcorr`, da sie ohnehin vorhanden ist, sofern die Signal Processing Toolbox lizenziert wurde.[109]

Bei der explorativen Entwicklung eines Regressionsmodells könnte nun die Kreuzkorrelationsanalyse sukzessive für alle als möglicherweise relevant betrachteten Einflussvariablen wiederholt werden. Ergebnis einer derartigen Analyse ist eine Vorselektion von unabhängigen Einflussgrößen mit zugehöriger Lagordnung. Ausgehend von einer solchen Vorselektion kann versucht werden, mit ergänzenden Variablenselektionsalgorithmen die endgültige Selektion zu bestimmen.

Ein wichtiger Spezialfall der Kreuzkorrelationsanalyse entsteht, wenn die Kreuzkorrelationen von y mit sich selbst, also $crosscorr(y_t, y_{t-l})$ mit $l = 1, \ldots, L$ berechnet werden. Dies bezeichnet man als *Autokorrelation* der l-ten Ordnung, wie es Formel 4.99 zeigt. Insofern ist die oben bereits eingeführte Autokorrelation der Ordnung l als Spezialfall der Kreuzkorrelation interpretierbar, kann also mit denselben Methoden berechnet werden. Die Funktion `fCrossCorr` und `fCrossCorr2` kann folglich in derselben Weise für die Berechnung der Autokorrelationen benutzt werden, wobei anstelle des zweiten Arguments `vX` noch einmal `vY` übergeben wird.

$$autocorr_l(y) = crosscorr(y_t, y_{t-l}) \tag{4.99}$$

$autocorr_l(y)$ Autokorrelation von y der Ordnung l

Für die Identifikation potenzieller Einflussgrößen ist die Analyse der Autokorrelationen ebenfalls hilfreich. Möglicherweise bestehen in der zu modellierenden und prognostizierenden Zeitreihe lineare zeitliche Strukturen, welche durch eine Autokorrelationsanalyse aufgedeckt werden können. Die identifizierten, statistisch signifikanten Lagordnungen können dann als weitere, potenzielle Einflussgrößen vorselektiert werden. Aufgabe der im Folgenden vorzustellenden Variablenselektionsalgorithmen im engeren Sinne ist es dann, aus einer Vorselektion anhand von Kreuz- und Autokorrelationen die finale Selektion zu bestimmen.

---

[109] Die Ergebnisse wurden ferner mit jenen einer Fallstudie auf realen Daten bei PODDIG et al. (2008), S. 399 ff. zur Entwicklung eines Finanzprognosemodells verglichen. Dort wird auf S. 411 ff. eine Kreuzkorrelationsanalyse zwischen den Renditen zweier Finanzmarktzeitreihen präsentiert, die dort mit Hilfe des Ökonometrieprogramms EViews Version 3.1 durchgeführt wurde. Ein Vergleich zeigt die Übereinstimmung der Ergebnisse der verbesserten Variante zur Kreuzkorrelationsberechnung mit denen der Referenz (EViews Version 3.1). Die beiden anderen Funktionen (einfache Variante, Matlab-Toolbox-Funktion `xcorr`) zeigen Abweichungen von den Referenzwerten, wobei jene von `xcorr` vernachlässigbar sind. Die Ergebnisabweichungen von den Referenzwerten sind bei der einfachen Variante deutlich ausgeprägter, dennoch spielen diese bei praktischen Datenanalysen (vor dem Hintergrund der ohnehin sehr schätzfehlerbehafteten Analysen) nur eine geringe Rolle. Dennoch empfiehlt sich die Verwendung der verbesserten Variante oder der Toolbox-Funktion `xcorr`.

4.5.3. Backward

Der Backward-Selektionsalgorithmus ist der einfachste Selektionsalgorithmus für das lineare Regressionsmodell. Ausgangspunkt ist eine Datenmatrix **X**, welche eine Vorselektion potenzieller unabhängiger Variablen enthält. Der Algorithmus arbeitet nun in der folgenden Weise: Zuerst wird das Regressionsmodell unter Verwendung aller potenziellen Variablen geschätzt. Anhand der Regressionsstatistiken wird dann diejenige unabhängige Variable x_j identifiziert, welche den dem Absolutbetrag nach niedrigsten Testwert des Regressionskoeffizienten (kleinste absolute t-Teststatistik) aufweist. Dann wird geprüft, ob der Testwert statistisch signifikant bei vorgegebener Irrtumswahrscheinlichkeit ist. Ist dies der Fall, so ist diese Einflussvariable x_j relevant. Der Algorithmus ist beendet, die zuletzt verwendete Datenselektion ist die endgültige, ebenso das zuletzt geschätzte Regressionsmodell. Ist jedoch die identifizierte unabhängige Variable x_j mit kleinstem absoluten t-Wert nicht statistisch signifikant, so wird diese Variable aus der Datenmatrix **X** gelöscht. Danach wird das beschriebene Vorgehen solange wiederholt, bis keine weitere potenzielle unabhängige Variable x_j mehr entfernt werden kann.

Für die Implementation des Algorithmus bietet sich eine zweistufige Vorgehensweise an. Die erste vorgestellte Funktion `fDeleteXregress` prüft zunächst nur, ob aus einer bestehenden Selektion mit Datenmatrix **X** eine unabhängige Variable x_j (Spalte der Matrix) entfernt werden kann. Programmlisting 4.33 zeigt die Umsetzung dieses ersten Teils des Backward-Algorithmus.

Quellcode 4.33: Funktion zur Identifikation und Löschung einer unabhängigen Variable aus einer Vorselektion

```
Siehe Datei: fDeleteXregress.m
```

Die Funktion `fDeleteXregress` ist selbsterklärend. Die Funktion nimmt eine bereits bestehende Selektion von unabhängigen Variablen als Inputparameter entgegen, schätzt das zugehörige Regressionsmodell, identifiziert diejenige unabhängige Variable mit minimalem absoluten t-Wert und prüft schließlich, ob diese gelöscht werden kann. Das Regressionsmodell muss anschließend ohne diese gelöschte Variable neu geschätzt werden. Zu beachten ist bei dieser Funktion die zentrale implizite Annahme, dass die erste Spalte der Datenmatrix **X** eine Spalte mit lauter Einsen ist, also die Konstante enthält. Wegen der besonderen Bedeutung der Konstante in der Regressionsanalyse, den Mittelwert von null der Residuen sicherzustellen, muss diese vorhanden sein. Sie ist aus diesem Grund von der Löschung ausgeschlossen. Sie wird nicht als unabhängige Variable mitgezählt, die Indexzählung der unabhängigen Variablen der Datenmatrix **X** (`mXin`) beginnt in der zweiten Spalte. Die aufrufende Funktion bekommt im Rückgabewert `iIdxDel` den Index der gelöschten Variable aus `mXin` zurück, jedoch gezählt ab Spalte 2, beginnend mit Index 1.

Der zweite Teil des Backward-Algorithmus wird mit der Funktion `fRegressBackward` implementiert (siehe Programmlisting 4.34). Diese realisiert im Kern nur die Schleife mit der fortgesetzten Löschung einzelner unabhängiger Variablen. Daneben erledigt die Funktion noch die Initialisierung der Suche sowie die Buchführung über die schlussendlich selektierten Variablen.

Quellcode 4.34: Funktion zur Backward-Suche beim linearen Regressionsmodell

```
Siehe Datei: fRegressBackward.m
```

Die Funktion `fRegressBackward` fügt automatisch eine Regressionskonstante hinzu, weil diese hier zwingend vorausgesetzt wird. Daher darf der Inputparameter `mX` mit dem Pool potenzieller unabhängiger Variablen diese nicht enthalten, also sind in `mX` nur die „wirklichen" Einflussgrößen enthalten. Zur Sicherheit enthält die Funktion `fRegressBackward` eine Prüfung, ob Spalten der Inputdatenmatrix `mX` eine Varianz von null besitzen, also konstant sind. Ist dies der Fall, werden diese Spalten gleich im Vorfeld des Suchalgorithmus gelöscht. Zur Buchführung über die selektierten unabhängigen Variablen wird ferner ein Indexvektor `vIdxSel` angelegt, in welchem die aktuelle Selektion stets verzeichnet wird. Zu beachten ist, dass sich die Zählung der Indizes immer auf die originäre Inputdatenmatrix `mX` bezieht, also die automatisch hinzugefügte Konstante nicht mitgezählt wird. Sie besäße den Index 0, wird aber nicht explizit als vorhanden ausgewiesen. Das Ergebnis der Funktion `fRegressBackward` ist das vollständig geschätzte Regressionsmodell mit diagnostischen Tests, selektierten unabhängigen Variablen und hinzugefügter Konstante sowie ein Indexvektor mit den Indizes der selektierten Variablen, bezogen auf die Eingabematrix `mX`.

Die Anwendung der Funktion `fRegressBackward` zeigt das Demoskript in Programmlisting 4.35.[110] Dazu generiert das Demoskript in einem ersten Schritt eine künstliche Datenmatrix `mX` und einen Vektor der abhängigen Variable `vY`, bei dem der wahre Datenzusammenhang bekannt ist. Dabei kann natürlich mit dem Demoskript `bDemoRegressBackward` beliebig experimentiert werden. Anschaulich sind drei Fallkonstellationen: (i) keine unabhängige Variable ist relevant, (ii) einige ausgewählte sind relevant, (iii) alle sind relevant. Das Demoskript zeigt nur den mittleren Fall, alle anderen lassen sich durch Modifikationen des Demoskriptes erzeugen.

Quellcode 4.35: Demoskript zur Überprüfung des Backward-Algorithmus

```
Siehe Datei: bDemoRegressBackward.m
```

Beim Experimentieren mit dem Demoskript mag auffallen, dass dieses zuverlässig die relevanten Einflussgrößen identifiziert, darüber hinaus aber sporadisch auch nicht relevante Einflussvariablen selektiert werden.[111] Dies hängt unmittelbar mit dem statistischen Hypothesentest auf Basis einer vorgegebenen Irrtumswahrscheinlichkeit zusammen, der innerhalb dieser falsch ausgehen kann. Je mehr anfänglich potenzielle unabhängige Variablen vorselektiert werden, um so häufiger werden im Rahmen der vorgegebenen Irrtumswahrscheinlichkeit fälschlicherweise nicht relevante Einflussgrößen als relevant identifiziert. Der Leser möge dazu ein kleines Experiment durchführen, bei dem die Anzahl anfänglich vorhandener unabhängiger Variablen von 10 auf 100 oder 1000 hochgesetzt wird. Wird jetzt das Demoskript erneut durchgeführt, tauchen sehr häufig

---

[110] Diese Funktion wird später zur Entwicklung des Prognosemodells eingesetzt, also die Anwendung auf reale Daten wird noch demonstriert. Für den Moment soll aber zunächst die grundsätzliche Korrektheit des Algorithmus anhand von künstlich generierten Daten überprüft werden. Unter Octave ist die Variante `bDemoRegressBackward_oct` zu verwenden. Im originären Matlab-Skript wird dabei demostriert, wie mit Hilfe der Matlab-Funktion `stepwisefit` sich der Backward-Algorithmus nachbilden lässt. Unter Octave findet sich eine ähnliche Funktion `stepwisefit` im Paket `statistics`. Diese erlaubt es jedoch nicht, eine Liste bereits im Modell vorhandener Variablen zu definieren, womit der Backward-Algorithmus nachgebildet werden könnte. Daher wird unter Octave darauf verzichtet, die Nachbildung von Backward über `stepwisefit` zu demonstrieren. Für die weiteren Betrachtungen ist dies im Übrigen ohne Belang.

[111] Vgl. dazu die warnenden Hinweise in Kapitel 4.5.1, die hier vermutlich klarer werden.

fehlerhaft selektierte Einflussgrößen, zumeist in größerer Zahl, auf. Dies ist eine anschauliche Warnung, sich beim praktischen Einsatz nicht „blindlings“ auf Variablenselektionsalgorithmen zu verlassen und eine Vielzahl potenzieller unabhängiger Variablen ungeprüft zu verwenden.

Soweit beim Arbeiten mit Matlab auch die Statistics Toolbox lizenziert ist, steht dort die Toolbox-Funktion `stepwisefit` zur Verfügung. Diese stellt den Stepwise-Algorithmus dar, welcher weiter unten näher erläutert wird. Eine direkte Funktion zum Backward-Algorithmus gibt es nicht. Jedoch kann die Backward-Suche mit Hilfe von `stepwisefit` nachgebildet werden, wie es ebenfalls das Demoskript 4.35 zeigt. Warum mit `stewisefit` auf diese Weise der Backward-Algorithmus nachgebildet werden kann, wird erst nach dessen Vorstellung weiter unten vollständig klar und daher später näher erläutert.

4.5.4. Forward

Der zweite bekannte Suchalgorithmus beim (linearen) Regressionsmodell ist der Forward-Algorithmus, welcher in umgekehrter Richtung gegenüber dem Backward-Algorithmus arbeitet. Auch hier steht eine anfängliche Vorselektion potenzieller, unabhängiger Variablen in einer Datenmatrix $\mathbf{X}$ zur Verfügung. Jetzt werden aber in einem ersten Schritt zunächst so viele univariate Regressionsmodelle geschätzt, wie potenzielle unabhängige Variablen vorhanden sind. Von diesen wird dasjenige univariate Regressionsmodell identifiziert, bei welchem die verwendete unabhängige Variable x_j (j-te Spalte der Matrix $\mathbf{X}$) den Absolutbetrag nach höchsten Testwert des Regressionskoeffizienten (t-Teststatistik) aufweist. Ist diese bei vorgegebener Irrtumswahrscheinlichkeit statistisch signifikant, wird dieses Modell übernommen und die betreffende unabhängige Variable x_j selektiert. Ausgehend von diesem univariaten Regressionsmodell wird dasselbe Vorgehen für alle noch nicht selektierten Variablen wiederholt. Es werden im zweiten Schritt alle bivariaten Regressionsmodelle, bestehend aus bereits selektierter unabhängiger Variable und allen noch nicht selektierten Variablen, geschätzt. Wiederum wird dasjenige Regressionsmodell identifiziert, bei welchem sich der den Absolutbetrag nach höchste Wert der Teststatistik der zweiten unabhängigen Variable ergibt. Ist diese statistisch signifikant, wird auch diese selektiert und das Vorgehen entsprechend fortgesetzt. Ist dies nicht der Fall, bricht der Algorithmus ab.

Für die Implementation des Algorithmus bietet es sich an, diesen in zwei Stufen zu unterteilen. Die Funktion `fAddXregress` geht in der ersten Stufe der Implementation von einem bereits bestehenden Regressionsmodell mit zugehöriger vorläufiger Selektion der unabhängigen Variablen aus. Die Funktion prüft nur, ob und welche Variable aus dem Pool der noch nicht selektierten unabhängigen Variablen zu übernehmen ist. Das Programmlisting 4.36 zeigt die Implementation.

Quellcode 4.36: Funktion zum Hinzufügen einer weiteren unabhängigen Variable beim Forward-Algorithmus

```
Siehe Datei: fAddXregress.m
```

Die Funktion `fAddXregress` arbeitet wie beschrieben. Ausgehend von einer vorläufigen Variablenselektion in `mXin` werden alle um jeweils eine Variable aus dem Pool der noch nicht selektierten Variablen ergänzten Regressionsmodelle (insgesamt `iNumVarsNew`) geschätzt. Gesucht wird nach derjenigen, um eine Variable erweiterten Selektion, bei welcher sich ein dem Absolutbetrag nach maximaler Wert der t-Teststatistik ergibt. Diese Variable wird selektiert, wobei die Variable bei vorgegebener Irrtumswahrscheinlichkeit statistisch signifikant sein muss. Die Funktion liefert die beste geschätzte Regression zurück, die beste Variablenselektion sowie den Index der selektierten Variable aus dem Pool der zuvor noch nicht selektierten Variablen.

Die zweite Stufe der Forward-Variablenselektion iteriert diesen Prozess solange, bis keine statistisch signifikante neue Variable mehr aufgenommen werden kann. Das Programmlisting 4.37 zeigt die Funktion `fRegressForward`, mit welcher der Forward-Algorithmus komplett umgesetzt ist. Für diese Funktion gelten dieselben Hinweise wie bei `fRegressBackward` in analoger Weise. Wichtig ist es auch hier, die anfängliche Vorselektion, den Pool anfänglich vorhandener, potenzieller unabhängiger Variablen `mX` ohne Regressionskonstante zu übergeben. Die Regressionskonstante wird von `fRegressForward` automatisch ergänzt. Zur Sicherheit findet auch hier eine Vorprüfung auf eventuell vorhandene unabhängige Variablen in `mX` statt, die eine Varianz von null besitzen, also konstant sind. Diese werden vorab gelöscht. Die Funktion liefert die letzte geschätzte Regression mit diagnostischen Tests, die finale Variablenselektion inklusive hinzugefügter Regressionskonstante sowie den Indexvektor der selektierten Variablen zurück.

Quellcode 4.37: Funktion zur Umsetzung des Forward-Variablenselektionsalgorithmus

```
Siehe Datei: fRegressForward.m
```

Die eigentliche Anwendung von `fRegressForward` wird später bei der Entwicklung des Prognosemodells betrachtet. Zur Überprüfung der Funktionsfähigkeit bietet sich das Demoskript 4.35 an, in welchem lediglich der Funktionsaufruf von `fRegressBackward` gegen `fRegressForward` auszutauschen ist. Das Demoskript 4.38 zeigt neben diesem Austausch des Funktionsaufrufs primär die Nachbildung des Forward-Algorithmus mit Hilfe der Toolbox-Funktion `stepwisefit`.[112] Auch hier gilt wie bei Backward, dass Matlab eine explizite Funktion für den Forward-Algorithmus nicht enthält, dieser aber implizit in `stepwisefit` enthalten ist. Dies wird näher im nachfolgenden Kapitel erläutert.

Quellcode 4.38: Demoskript zur Forward-Suche

```
Siehe Datei: bDemoRegressForward.m
```

Im Wesentlichen ergeben sich hier bei der Anwendung dieselben Befunde wie bei der Funktion `fRegressBackward`. Der Algorithmus funktioniert, selektiert aber auch im Rahmen der vorgegebenen Irrtumswahrscheinlichkeit fehlerhaft identifizierte, vermeintliche Einflussgrößen.

4.5.5. Stepwise

Die dritte Variante ist eine Kombination von Forward und Backward. Dabei handelt es sich im Wesentlichen um dieselbe vorwärtsgerichtete Suche wie bei Forward, jedoch wird nach der Aufnahme einer neuen unabhängigen Variable geprüft, ob bisher selektierte Variablen wieder

[112] Unter Octave ist die Variante `bDemoRegressForward_oct` zu verwenden. Hier wird das Paket `statistics` geladen, welches ebenfalls eine Funktion `stepwisefit` besitzt, die jedoch etwas andere Input- und Outputparameter als die korrespondierende Matlab-Funktion besitzt.

entfernt werden können. Vereinfacht gesprochen, wird nach jedem Forward-Schritt der Backward-Algorithmus wieder aufgerufen. Das Programmlisting zeigt die Funktion `fRegressStepwise`, welche beide Algorithmen miteinander kombiniert.

Quellcode 4.39: Funktion zur Umsetzung des Stepwise-Variablenselektionsalgorithmus

```
Siehe Datei: fRegressStepwise.m
```

Nachdem Forward- und Backward-Algorithmus bereits besprochen wurden, ist die Kombination von beiden nicht weiter schwierig. Etwas komplizierter gestaltet sich hier lediglich die Buchführung der selektierten Variablen, weil dort Neuaufnahmen und Löschungen zusammen auftreten können. Im Übrigen gelten alle Hinweise und Kommentierungen zu `fRegressForward` und `fRegressBackward` hier in analoger Weise. Die grundsätzliche Überprüfung der Funktionsfähigkeit kann wieder mit Hilfe des Demoskriptes 4.35 vorgenommen werden, indem der Funktionsaufruf von `fRegressBackward` gegen `fRegressStepwise` ausgetauscht wird.[113]

Die Statistical-Toolbox in Matlab enthält die Funktion `stepwisefit`, mit welcher sich der Stepwise-Algorithmus direkt als in Matlab verfügbare Funktion nutzen lässt; die beiden vorhergehenden Demoskripte 4.35 und 4.38 haben dies bereits angedeutet. Der Aufruf des Stepwise-Algorithmus im engeren Sinne vollzieht sich genauso wie im Demoskript 4.38 dargestellt, wobei typischerweise beim Stepwise-Algorithmus getrennte Irrtumswahrscheinlichkeiten für die Aufnahme einer neuen (Option `'penter'`) und das Entfernen einer bereits aufgenommenen Variable (Option `'premove'`) verwendet werden; diese sind zumeist 5% (Aufnahme) und 10 % (Entfernen). Die Matlab-Funktion `stepwisefit` erlaubt die Vorgabe eines initialen Modells, mit dessen Hilfe sich der Backward- und Forward-Algorithmus nachbilden lassen. Gibt man alle verfügbaren unabhängigen Variablen als initiales Modell vor, so nähert man implizit eine Backward-Vorgehensweise des Stepwise-Algorithmus an. Ist das initiale Modell leer, wird implizit eine Forward-Suche angenähert.

Zum Vergleich der Güte der drei Variablenselektionsalgorithmen bietet sich eine kleine Simulationsstudie an, welche das Demoskript 4.40 zeigt.[114] In dieser Simulationsstudie werden 50 vorselektierte unabhängige Variablen angenommen, von denen aber nur 3 wirklich relevant sind; 47 besitzen keinen Zusammenhang mit der abhängigen Variablen. Es werden nun 1000 Simulationsdurchgänge vorgenommen. In jedem Simulationsdurchgang werden neue künstliche Daten erzeugt, die drei Variablenselektionsalgorithmen aufgerufen und anschließend die gefundenen Selektionen mit den wahren unabhängigen Variablen verglichen. Ausgezählt wird dabei, wie oft die wirklich relevanten unabhängigen Variablen auch tatsächlich gefunden wurden. Ein idealer Algorithmus sollte stets in jedem Simulationslauf genau die relevanten unabhängigen Variablen vollständig identifizieren. Die absoluten Zahlen korrekter und falscher Selektionen werden am Ende des Demoskriptes in Quoten umgerechnet.

---

[113] Im Begleitmaterial zu diesem Buch befinden sich zwei angepasste Demoskripte `bDemoRegressStepwise` für Matlab und `bDemoRegressStepwise_oct` für Octave. Die weiter unter verbesserte Variante der Stepwise-Regression `fRegressStepwise2` wird dort auch demonstriert.

[114] Unter Octave sind keine Anpassungen notwendig. Allerdings ist die Laufzeit unter Octave extrem langsam. Die im Folgenden dargestellte Tabelle lässt sich unter Octave nicht in vertretbarer Zeit reproduzieren.

Quellcode 4.40: Demoskript zur Simulation der drei Variablenselektionsalgorithmen

```
1 Siehe Datei: bDemoSimVarSelection.m
```

Die Tabelle 4.7 weist die in einer Simulation erzielten Ergebnisse aus. Dabei sind 1000 Simulationsdurchläufe für eine wirklich fundierte Beurteilung recht wenig, die Ergebnisse zeigen aber die Tendenz.[115]

	Backward	Forward	Stepwise
Anzahl korrekter Identifikationen	3000 (3000)	3000 (3000)	3000 (3000)
Quote	1,0000 (1,0000)	1,0000 (1,0000)	1,0000 (1,0000)
Anzahl falscher Selektionen	2869 (2834)	2460 (2478)	2450 (2467)
Quote	0,9563 (0,9447)	0,8200 (0,8260)	0,8167 (0.8223)

Tabelle 4.7.: Simulation der drei Variablenselektionsalgorithmen in 1000 Simulationen. In jeder Simulation werden 200 Beobachtungen mit 50 unabhängigen Variablen generiert, von denen 3 relevant sind. Bei Nachrechnen können sich abweichende Ergebnisse einstellen. Dies wird durch die Zahlen in Klammern ausgedrückt, die die Ergebnisse eines zweiten Simulationslaufs mit ebenfalls 1000 Simulationen darstellen.

Zunächst gelingt es allen drei Algorithmen gleichermaßen, die tatsächlich relevanten Einflussgrößen in jedem Simulationsdurchgang vollständig korrekt zu identifizieren. Alle drei kommen auf eine Quote von 100% korrekter Identifikationen. Deutlichere Unterschiede sind allerdings bei den fehlerhaften Selektionen zu erkennen. Der Backward-Algorithmus weist dabei die meisten fehlerhaften Selektionen auf, was konsistent zu unserer praktischen Erfahrung ist. Danach neigt der Backward-Algorithmus in der Tendenz zu größeren Modellen (solchen, mit mehr Einflussvariablen), worunter sich vermutlich viele fehlerhaft selektierte unabhängige Variablen befinden. Bei den Bedingungen der durchgeführten Simulation selektiert der Backward-Algorithmus fast genauso häufig fehlerhafte wie korrekte Einflussvariablen. Der Forward-Algorithmus schneidet hier besser ab. Die Quote fehlerhafter Selektionen ist mit 82% in der Simulation deutlich niedriger, trotzdem immer noch sehr hoch. Der Stepwise-Algorithmus senkt die Quote fehlerhafter Selektionen nur marginal auf 81,67%. Offensichtlich ist die Wahrscheinlichkeit, eine früher einmal falsch selektierte unabhängige Variable später als solche zu erkennen gering.

Eine Modifikation des Stepwise-Algorithmus besteht üblicherweise darin, unterschiedliche Irrtumswahrscheinlichkeiten für die Aufnahme neuer Variablen (z.B. 5%) und für das Entfernen bereits früher aufgenommener Variablen (z.B. 10%) vorzusehen, wie dies auch als Voreinstellung in der Matlab-Toolbox Funktion `stepwisefit` vorgesehen ist. Dazu müsste die Funktion `fRegressStepwise` leicht modifiziert werden, in dem als Inputparameter zwei unterschiedliche Werte für die Irrtumswahrscheinlichkeit zulässig sind. Das Programmlisting 4.41 zeigt die verbesserte Funktion `fRegressStepwise2`, welche diese Überlegung reflektiert und den Algorithmus etwas robuster als die oben vorgestellte Variante gestaltet.

[115] Aufgrund der geringen Anzahl von Simulationsläufen können sich beim Nachrechnen auch größere Abweichungen von den hier ausgewiesenen Ergebnissen einstellen. Die grundsätzliche Tendenz der Aussage bleibt aber unberührt.

Quellcode 4.41: Verbesserte Funktion zur Umsetzung des Stepwise-Variablenselektionsalgorithmus

```
Siehe Datei: fRegressStepwise2.m
```

Insgesamt sind die drei vorgestellten Variablenselektionsalgorithmen bei der Modellentwicklung hilfreich, aber kein „Wunderwerkzeug", wie es die Simulation illustriert. Die Gefahr fehlerhafter Selektionen ist groß, und zwar um so höher, je mehr potenzielle Variablen anfänglich vorselektiert werden. Es ist daher sinnvoll, auch bei fehlender Theorie oder tragfähigen Hypothesen über mögliche Wirkungszusammenhänge nicht extensiv potenzielle Variablen vorzuselektieren. Auch im Vorfeld ist eine theoretisch fundierte, eher sparsam gehaltene Vorselektion ratsam.

Hinsichtlich der zur Verfügung stehenden Selektionsalgorithmen sind Forward- und Stepwise gegenüber Backward zu bevorzugen. Die Auswahl zwischen Forward und Stepwise ist dagegen in Bezug auf die Selektionsgüte nicht entscheidend. Forward ist algorithmisch einfacher und schneller als Stepwise, dafür schneidet er etwas schlechter bei der Nicht-Selektion irrelevanter Variablen ab. Die Frage ist nun, ob der marginale Vorteil von Stepwise die höhere Komplexität und Rechenzeit rechtfertigt. Jedoch spielt Rechenzeit heute kaum noch eine Rolle, was stets für die Verwendung von Stepwise sprechen würde. Dies erklärt auch, warum in der Statistical Toolbox nur `stepwisefit` vorhanden, jedoch keine expliziten Funktionen für den Backward- und Forward-Algorithmus vorhanden sind. Zum einen können diese mit `stepwisefit` nachgebildet werden, zum anderen gibt es für deren Verwendung im Allgemeinen keinen besonderen Grund. Die ausführliche Behandlung von Backward und Forward ist dennoch sinnvoll. Zum einen stellen beide die Basis von Stepwise, also deren Herleitung dar. Zum anderen sind die Backward- und Forward-Algorithmen grundlegende Basisverfahren der Variablenselektion, die sich auf viele andere ökonometrische Methoden übertragen lassen.

4.5.6. Exkurs: Variablenselektion über Residuenanalyse

In diesem Exkurs soll ein vierter Variablenselektionsalgorithmus vorgestellt werden, der weniger verbreitet ist. Er kann als Variante des Forward-Algorithmus angesehen werden, basiert jedoch nicht auf der Auswertung der t-Teststatistiken der Regressionskoeffizienten, sondern geht einen anderen Weg über die Analyse der Residuen. Der Algorithmus kann dabei wie folgt beschrieben werden:

1. Berechne die Korrelationen der abhängigen Variable mit allen potenziellen unabhängigen Variablen.

2. Bestimme diejenige unabhängige Variable, welche den dem Absolutbetrag nach höchsten Korrelationskoeffizienten aufweist. Nimm diese Variable als erste Variable in die Regressionsgleichung auf.

3. Schätze die Regressionsgleichung. Ist die Regression nicht signifikant (F-Test; bzw. hier auch t-Test der bisher einzigen unabhängigen Variable), brich das Verfahren erfolglos ab. Ansonsten berechne die geschätzten Residuen.

4. Berechne die Korrelationen der in Schritt 3. oder 6. geschätzten Residuen mit allen potenziellen unabhängigen Variablen, die noch nicht in der Regressionsgleichung enthalten sind.

5. Bestimme diejenige unabhängige Variable, welche den dem Absolutbetrag nach höchsten Korrelationskoeffizienten mit den nach 3. oder 6. geschätzten Residuen besitzt.

6. Nimm diese Variable zusätzlich in die Regressionsgleichung mit auf, schätze die Regressionsgleichung neu. Bestimme den t-Wert der zuletzt aufgenommenen unabhängigen Variablen. Ist diese nicht auf dem geforderten Niveau signifikant, beende das Verfahren. Die Regressionsgleichung besteht dann aus allen zuvor selektierten Variablen, außer der zuletzt aufgenommenen (sie ist wieder zu entfernen). Falls die zuletzt aufgenommene Variable signifikant ist, schätze die Residuen der aktuellen Regressionsgleichung und fahre bei Schritt 4. wieder fort.

Die Idee hinter diesem Verfahren ist, dass in den Residuen bereits der gesamte (lineare) Informationsgehalt der zuvor selektierten Variablen implizit enthalten ist. Bei der Korrelationsanalyse der Residuen mit denjenigen potenziellen, unabhängigen Variablen, die noch nicht selektiert wurden, wird der potenzielle (zusätzliche) Erklärungsbeitrag einer noch nicht selektierten, potenziellen unabhängigen Variable gemessen. Mit anderen Worten wird der zusätzlich über die bereits selektierten Variablen hinaus gehende Erklärungsbeitrag gemessen. Darüber werden auf besonders elegante Weise auch Multikollinearitäten in den selektierten Variablen vermieden. Sind zwei unabhängige Variablen untereinander hoch korreliert, befindet sich eine von beiden schon im Pool der selektierten Variablen und die andere noch im Pool nicht selektierter Variablen, so würde letztere Variable nicht selektiert werden. Denn aufgrund ihrer hohen Korrelation mit einer bereits selektierten unabhängigen Variablen kann sie darüber hinaus keinen zusätzlichen Erklärungsbeitrag liefern, der nicht schon durch die bereits selektierte Variable abgedeckt ist. Dies gilt in analoger Weise für multiple Korrelationen zwischen bereits selektierten Variablen und den noch nicht selektierten Variablen. Auch im Falle von multiplen Korrelationen könnten solche Variablen aus dem Pool noch nicht selektierter Variablen keinen Erklärungsbeitrag für die Residuen, den bisher nicht erklärten Teil, liefern, denn der durch sie abgedeckte Informationsgehalt befindet sich bereits im Modell und in den Residuen. Sie weisen dann keine bedeutsame Korrelation zu den Residuen auf.

Das Programmlisting 4.42 zeigt die Implementation dieser Variante. Die Überprüfung des Algorithmus kann wieder mit Hilfe des modifizierten Demoskriptes 4.35 vorgenommen werden.[116]

Quellcode 4.42: Funktion zur Forward-Suche mit Residuenanalyse

```
Siehe Datei: fRegressResForward.m
```

Auch hier ist interessant, wie gut diese Variante im Vergleich zu den vorhergehenden arbeitet. Dazu wird die Simulation aus dem vorhergehenden Kapitel wiederholt.[117] Außerdem wird geprüft, ob die Verwendung zweier unterschiedlicher Irrtumswahrscheinlichkeiten beim Stepwise-Algorithmus eine bedeutsame Veränderung bewirkt. Typische Werte für die Irrtumswahrscheinlichkeiten sind dabei 5% für die Aufnahme einer neuen Variable (Vorwärtsschritt) und

---

[116] Im Begleitmaterial findet sich die angepasste Version bereits als `bDemoRegressResForward`.

[117] Zur Wiederholung findet sich im Begleitmaterial ein bereits angepasstes Demoskript `bDemoSimVarSelection2`. Die Simulation ist unter Octave extrem langsam, eine Reproduktion der nachstehenden Tabelle ist in überschaubarer Zeit damit nicht möglich.

10% für das Behalten einer bereits selektierten Variable (Rückwärtsschritt). Die Idee ist es hier, eine früher einmal aufgenommene Variable „großzügiger“ zu behandeln, d.h., sie verbleibt in der Selektion, selbst wenn die Irrtumswahrscheinlichkeit über 5% gestiegen ist, aber immer noch unter 10% liegt. Zur Umsetzung wird auf die oben in Programmlisting 4.41 verbesserte Funktion `fRegressStepwise2` zurückgegriffen.

Die Tabelle 4.8 zeigt die Ergebnisse bei Wiederholung der Simulation, ebenfalls mit 1000 Durchläufen. Wie oben erwähnt, können sich beim Nachrechnen wegen der geringen Anzahl an Simulationsläufen durchaus größere Abweichungen gegenüber den ausgewiesenen Ergebnissen einstellen.

	Backward	Forward	Stepwise	Residuen-analyse
Anzahl korrekter Identifikationen	3000 (3000)	3000 (3000)	3000 (3000)	3000 (3000)
Quote	1,0000 (1,0000)	1,0000 (1,0000)	1,0000 (1,0000)	1,0000 (1,0000)
Anzahl falscher Selektionen	2870 (2818)	2536 (2456)	2536 (2456)	2533 (2453)
Quote	0,9567 (0,9393)	0,8453 (0,8187)	0,8453 (0,8187)	0,8443 (0,8177)

Tabelle 4.8.: Simulation der vier Variablenselektionsalgorithmen in 1000 Simulationen. In jeder Simulation werden 200 Beobachtungen mit 50 unabhängigen Variablen generiert, von denen 3 relevant sind. Bei Nachrechnen können sich abweichende Ergebnisse einstellen. Dies wird durch die Zahlen in Klammern ausgedrückt, die die Ergebnisse eines zweiten Simulationslaufs mit ebenfalls 1000 Simulationen darstellen.

Die Simulationsergebnisse unterscheiden sich nur unwesentlich von den vorhergehenden, die Verwendung zweier unterschiedlicher Irrtumswahrscheinlichkeiten bei Stepwise hat in dieser Simulation keine Verbesserung gebracht. Die drei tendenziell vorwärts arbeitenden Algorithmen Forward, Stepwise und Residuenanalyse weisen praktisch dieselbe Güte auf, Backward ist erkennbar schlechter. Für eine umfassende Beurteilung ist die vorgestellte Simulation zu einfach gehalten, zeigt aber exemplarisch auf, wie sich solche Fragestellungen untersuchen lassen.

4.6. Fallstudie: Entwicklung und Test eines Prognosemodells mit Hilfe der linearen Regression

Skript/Funktion	Beschreibung	Matlab	Octave	Toolboxen
fAutoADFtestALL.m	Funktion zur automatisierten Durchführung des ADF-Tests für mehrere Variable.	X	X	keine

Tabelle 4.9.

Skript/Funktion	Beschreibung	Matlab	Octave	Toolboxen
fADFtestALLmatlab.m	Alternative Funktion zur automatisierten Durchführung des ADF-Tests für mehrere Variablen	X	-	Econometrics
bDemoPrognosemodell-Teil1.m	Demoskript zur Entwicklung des Prognosemodelles, ADF-Test	X	-	Econometrics
bDemoPrognosemodell-Teil1_oct.m	Demoskript zur Entwicklung des Prognosemodelles, ADF-Test, Octave-Version	X	X	keine
fCrossCorrSelLag.m	Funktion zur Selektion des optimalen Lags	X	X	keine
bDemoPrognosemodell-Teil2.m	Demoskript zur Durchführung des ADF-Tests und der Kreuzkorrelationsanalyse	X	X	keine
bDemoPrognosemodell-Teil3.m	Demoskript zur Entwicklung des Stepwise-Prognosemodells und Referenzmodells	X	X	keine
fMeanForecast.m	Funktion zur Umsetzung des Mittelwert-Prognosemodells (Benchmarkmodell)	X	X	keine
fNaiveForecast.m	Funktion zur Umsetzung der naiven Prognose (Benchmarkmodell)	X	X	keine
fAR1Forecast.m	Funktion zur Umsetzung der AR(1)-Prognose (Benchmarkmodell)	X	X	keine
fMeanSquaredError.m	Funktion zur Berechnung von MSE und RMSE	X	X	keine
fMaeMape.m	Funktion zur Berechnung von MAE und MAPE	X	X	keine
fForecastCorr.m	Funktion zur Berechnung der Korrelation zwischen prognostizierten und wahren Werten	X	X	keine
fForecastHits.m	Funktion zur Berechnung der Trefferquote	X	X	keine
fForecastProfits.m	Funktion zur Berechnung der Wegstrecke und Sharpe-Ratio	X	X	keine
fForecastCDSFE.m	Funktion zur Berechnung des CDSFE	X	X	keine
bDemoPrognosemodell-Benchmark.m	Demoskript zur Simulation der Benchmarkmodelle und Berechnung der Performancemaße	X	X	keine
bDemoPrognosemodell-Teil4.m	Demoskript zur Entwicklung des Stepwise-Prognosemodells und Referenzmodells sowie Out-of-Sample-Test mit Berechnung der Performancemaße	X	X	keine
fRollRegress.m	Funktion zur Durchführung einer rollierenden Regression	X	X	keine

Tabelle 4.9.

Skript/Funktion	Beschreibung	Matlab	Octave	Toolboxen
bDemoPrognosemodell-Teil5.m	Demoskript zur Entwicklung des Stepwise-Prognosemodells und Referenzmodells sowie Out-of-Sample-Test mit Berechnung der Performancemaße, rollierende Regressionen	X	X	keine

Tabelle 4.9.: Übersicht verwendeter Skripte und Funktionen. Unter Matlab werden in diesem Buch die Statistics und Optimization Toolbox vorausgesetzt, sie werden deshalb nicht explizit in der Spalte „Toolboxen" ausgewiesen. Econometrics: Erfordert die Econometrics Toolbox (Matlab).

Die Darstellungen im Kapitel 3 zur Optimierung haben bereits illustriert, worin die zentrale Herausforderung eines aktiven Managements besteht. Während die Optimierung zunächst nur eine Technik ist, um einen gegebenen Anlagebetrag optimal auf die zur Verfügung stehenden Anlageobjekte (Assets) unter Berücksichtigung bestehender Kapitalmarkterwartungen, Anlagezielsetzung und Anlagerestriktionen aufzuteilen, müssen die zentralen Inputparameter im Vorfeld ermittelt werden. Eine klassische „Markowitz-Optimierung" benötigt dabei erwartete Renditen der Anlageobjekte sowie die zugehörigen zukünftigen Renditevarianzen und Renditekovarianzen aller Assets des zur Verfügung stehenden Anlageuniversums. Die Prognose der Renditeerwartungswerte stellt eine besondere Herausforderung dar. Zum einen hängt der ex-post erzielte Anlageerfolg ganz maßgeblich und primär von der Güte der Renditeprognose ab, während die Güte der Varianz- und Kovarianzprognosen von - relativ gesehen - nachrangiger Bedeutung sind. Zum anderen gelten Renditeprognosen in der Literatur als besonders schwierig, wenn nicht sogar als unmöglich. Daher sollte bei der Entwicklung eines Prognosemodells für die Inputparameter der Portfoliooptimierung zunächst das Hauptaugenmerk auf die Erstellung der Renditeprognosen gelegt werden. Die folgende Fallstudie wird sich daher ausschließlich auf diesen Aspekt beschränken. Diese Fallstudie orientiert sich im Wesentlichen an der Vorgehensweise bei PODDIG et al. (2008), S. 399 ff. Damit wird die Anwendung der zuvor diskutierten theoretischen Grundlagen und finanzökonometrischen Methoden demonstriert. Am Ende dieses Entwicklungsprozesses steht ein statisches Renditeprognosemodell, welches sich in der vorgestellten Form auch mit klassischen Ökonometrieprogrammen entwickeln ließe. Der Einsatz des CF bringt hier noch keine besonderen Vorteile, jedoch werden hier bereits die zentralen Grundlagen zum Übergang auf die spätere Geschäftsprozessmodellierung des Portfoliomanagmentprozesses in Kapitel 6 gelegt. Dort wird nicht nur das hier vorzustellende statistische Prognosemodell zu einem dynamischen Prognosemodell fortentwickelt, sondern sogar in einfacher Weise der gesamte Portfoliomanagementprozess als Simulationsmodell abgebildet.

4.6.1. Grundlegende Vorüberlegungen

Bei der Entwicklung eines unbedingten Renditeprognosemodells wird der Versuch unternommen, einen eventuell vorhandenen Zusammenhang zwischen der zu prognostizierenden, abhängigen Variable y_t (hier: Rendite eines Assets) zum Zeitpunkt t und möglichen beeinflussenden Faktoren (unabhängigen Variablen) x_{it-l} unter Berücksichtigung einer Wirkungsverzögerung von l Perioden zu modellieren. Dabei können die verschiedenen Einflussfaktoren x_i, $i = 1,...,K$ durchaus individuelle Wirkungsverzögerungen besitzen. Aus Vereinfachungsgründen sei für den Moment eine einheitliche Wirkungsverzögerung l für alle unabhängigen Variablen angenommen. Damit würde ein Renditeprognosemodell auf Basis des linearen Regressionsmodells die folgende grundsätzliche Struktur nach Formel 4.100 aufweisen.

$$y_t = \alpha + \beta_1 x_{1t-l} + \beta_2 x_{2t-l} + \ldots + \beta_K x_{Kt-l} + \varepsilon_t \tag{4.100}$$

Dieser unterstellte Zusammenhang wird bei der Entwicklung des Prognosemodells anhand von in der Vergangenheit beobachteten Daten geschätzt. Bei der späteren Anwendung des Prognosemodells ist zu beachten, dass der Wert der zukünftigen Störgröße ε_t unbekannt ist. Dieser wird durch deren Erwartungswert $E(\varepsilon_t) = 0$ ersetzt. Die Anwendung des Prognosemodells erfolgt dann nach Formel 4.101.

$$\hat{y}_{t+l} = \hat{\alpha} + \hat{\beta}_1 x_{1t} + \hat{\beta}_2 x_{2t} + \ldots + \hat{\beta}_K x_{Kt} \tag{4.101}$$

Beim Vergleich der Formeln 4.100 und 4.101 sind ein paar feine Unterschiede zu beachten. Bei der Anwendung des Renditeprognosemodells nach Formel 4.101 ist der Zeitlag l, die Wirkungsverzögerung, auf die linke Seite gerutscht; sie beschreibt jetzt den Prognosehorizont. Bei der Prognose ist das geschätzte Modell mit den zugehörigen geschätzten Modellparametern (geschätzte Regressionskonstante und Regressionskoeffizienten) zu verwenden. Die rechte Seite von Formel 4.101 enthält implizit die Ersetzung von $\hat{\varepsilon}_{t+l} = E(\varepsilon_{t+l}) = 0$. Vor allem aber wird die spätere Anwendung des Prognosemodells nach Formel 4.101 auf anderen Daten erfolgen, als für dessen Entwicklung und Parameterschätzung benutzt wurden. Damit interessiert bei der späteren Anwendung des Prognosemodells primär die Frage, ob und wie gut das an der Vergangenheit entwickelte Prognosemodell mit zukünftigen, unbekannten Daten arbeiten wird. Damit dies überhaupt gelingt, ist bereits bei der Entwicklung die Annahme der Zeitstabilität der modellierten Zusammenhänge erforderlich. Diese muss am Ende der Modellentwicklung sorgfältig überprüft werden. Dazu wird der Einsatz des entwickelten Modells auf späteren Daten „simuliert", in dem nicht alle der zur Verfügung stehenden Daten für die Modellentwicklung benutzt, sondern ein Teil davon vorher ausgesondert wird. Diese ausgesonderte Datenmenge, auf denen später die „simulierte" Anwendung getestet wird, bezeichnet man auch als *Out-of-Sample*-Daten bzw. -Zeitraum, synonym auch als *Testmenge*, *Validierungsmenge*[118] oder *Generalisierungsmenge*. Leider ist der Sprachgebrauch in der Literatur nicht ganz einheitlich, weshalb besondere Aufmerksamkeit geboten ist, wie die einzelnen Begriffe verwendet werden. Mit „Out-of-Sample" werden hier stets die „pseudo unbekannten", ausgesonderten Daten verstanden, welche der „simulierten" Anwendung eines Modells auf unbekannten Daten der Zukunft dienen. Die verbleibenden Daten, welche für die Modellentwicklung, Parameterschätzung und ggf. vorläufiger Validierung eines Modells dienen, werden als *In-Sample*-Daten bzw. -Zeitraum, synonym auch als *Lernstichprobe*,

[118] Der Begriff der „Validierungsmenge" wird in der Literatur mitunter in Abgrenzung zur „Generalisierungsmenge" auch etwas anders belegt. Mit beiden sind letztendlich ausgesonderte Mengen von Daten zur Überprüfung eines Modells gemeint.

Schätzzeitraum oder *Trainingsmenge* bezeichnet. Die Abbildung[119] 4.5 illustriert die notwendige Datenaufteilung im Vorfeld der Modellentwicklung.

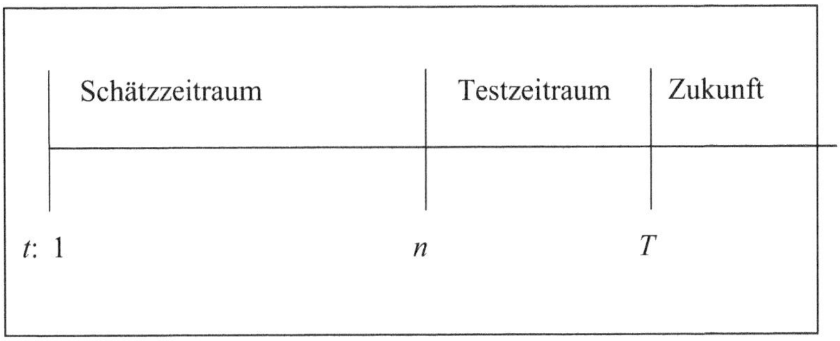

Abbildung 4.5.: Aufteilung des Datenmaterials.

Insgesamt stehen, wie in Abbildung 4.5 illustriert, $t = 1,...,T$ Beobachtungsdaten zur Verfügung. Der Schätzzeitraum (Lernstichprobe, Trainingsmenge) wird von den Beobachtungsdaten $t = 1,...,n$ gebildet; der Out-of-Sample-Zeitraum (Testzeitraum, Generalisierungsmenge) läuft von den Beobachtungen $t = n+1,...,T$. Der tatsächliche spätere Echteinsatz des Modells erfolgt dann ab $t = T+1, T+2,....$

Beim Testen des Modells auf den Out-of-Sample-Daten gibt es verschiedene Vorgehensweisen. Die erste, einfache Vorgehensweise nimmt eine einmalige Modellentwicklung anhand der In-Sample-Daten vor. Danach wird das Modell quasi „eingefroren" und unverändert auf die Daten des Out-of-Sample-Bereiches angewandt. Natürlich werden dabei die jeweils zum simulierten Prognosezeitpunkt zur Verfügung stehenden Daten der unabhängigen Variablen x_{it} benutzt, jedoch bleibt das Modell in Aufbau, Struktur und geschätzten Parametern unverändert. Diese Vorgehensweise soll im Folgenden als *statischer Test* bezeichnet werden.

Für den späteren realen Einsatz ist ein derartiges Vorgehen zwar prinzipiell möglich, aber eher wenig wahrscheinlich, da nicht alle aktuell verfügbaren Informationen genutzt werden. Eine Verbesserung in der späteren praktischen Anwendung könnte darin bestehen, neu beobachtete Daten, sobald sie beobachtet sind (Echteinsatz) bzw. beobachtet worden sein könnten (Simulation), der bestehenden Datenbasis, also den In-Sample-Daten, hinzuzufügen. Mit Hilfe der am aktuellen Rand t (innerhalb des Prognosezeitraums oder Testzeitraums) zur Verfügung stehenden, erweiterten In-Sample-Daten kann dann das Modell erneut geschätzt werden. Dabei bleibt die Modellstruktur unverändert, die Parameterschätzung wird aber auf den aktualisierten Daten wiederholt. Dieses Vorgehen wird hier als *rollierende Schätzung* des Modells mit *expandierendem Zeitfenster* bezeichnet. Eine Variante davon ist die Verwendung eines *Zeitfensters fixer Länge*, also z.B. im Umfang von n Daten. Werden am aktuellen Zeitrand neue Beobachtungsdaten bekannt, so werden diese wie zuvor der bestehenden Datenbasis (In-Sample-Daten) hinzugefügt, jedoch die ältesten Daten daraus gelöscht. Damit wird immer am aktuellen Zeitrand ein in der

[119] Die Abbildung wurde entnommen bei PODDIG et al. (2008), S. 402.

zeitlichen Länge fixiertes, konstantes Zeitfenster mit n (In-Sample) Daten hinterher gezogen. Dies ist eine *rollierende Schätzung des Modells mit fixiertem Zeitfenster.*

Die konsequenteste Form des „Modellupdates" besteht darin, zu jedem aktuellen Prognosezeitpunkt t die komplette Modellentwicklung inklusive Parameterschätzung erneut zu durchlaufen. Dabei ändern sich die Struktur und die Modellparameter in jedem Prognosezeitpunkt $t = n+1, ..., T, T+1, T+2, ...$, sowohl in Simulation, als auch später im Echteinsatz. Dieses Vorgehen soll hier als modelldynamischer Test bezeichnet werden, der sowohl mit expandierendem wie auch fixiertem Zeitfenster erfolgen kann.

Bei der Beurteilung der Testergebnisse ist darauf zu achten, wie diese Ergebnisse zu interpretieren sind. Beim statischen Test wird ein genau spezifiziertes Modell inkl. geschätzter Parameter vermessen, bei rollierender Parameterneuschätzung nur der generelle Modelltyp, beim modelldynamischen Test ein kompletter Entwicklungsprozess. Methoden des CF erlauben in besonderer Weise, alle drei Varianten zu erproben. Soweit Modelle dagegen „manuell" unter Einsatz von Tabellenkalkulationen oder Ökonometrieprogrammen entwickelt werden, ist arbeitstechnisch schon ein statischer Test mit einigem Aufwand verbunden. Rollierende Parameterneuschätzungen sind extrem arbeitsintensiv, ein modelldynamischer Test praktisch unmöglich.

Die folgende Fallstudie orientiert sich beim Vorgehen zunächst sehr eng an der Fallstudie bei PODDIG et al. (2008), wobei hier zwar derselbe grundsätzliche Aufbau übernommen wird, jedoch andere Daten Verwendung finden.[120] Die hier verwendeten Daten wurden mit Hilfe des Block-Bootstrap-Verfahrens (siehe dazu auch Kapitel 2.8.4.3, dort die benutzerdefinierte Funktion `fMakeBlockBootSample` in Programmlisting 2.64) auf Basis der Daten bei PODDIG et al. (2008), S. 399 ff. generiert. Dazu wurden zeitliche Blöcke von 12 aufeinander folgenden Beobachtungen („Block-Size") insgesamt 100 Mal gezogen, sodass der künstliche Datensatz für die folgende Fallstudie insgesamt 1200 Beobachtungen umfasst. Durch die Verwendung des Block-Bootstrap-Verfahrens besitzen die künstlich generierten Daten weitgehend dieselben statistischen Eigenschaften wie die realen Daten, wobei in den Daten eventuell vorhandene Auto- und Kreuzkorrelationen bis zur Lagordnung 12 (Block-Size des Block-Bootstraps)[121] erhalten bleiben.

Die Verwendung eines umfangreichen künstlichen Datensatzes mit weitgehend denselben statistischen Eigenschaften wie die Daten der Vorlage hat für die hier verfolgten Zwecke diverse Vorteile. Zunächst ist in der Vorlage aufgrund der kleinen Stichprobe von ca. 180 Datenpunkten der Stichprobenfehler groß. Kleine Variationen bei dieser Stichprobe führen zu deutlichen Änderungen in den Ergebnissen. Ferner muss für die abschließende Beurteilung des Modells der Datenzeitraum noch einmal in eine In-Sample- und Out-of-Sample-Stichprobe geteilt werden. Dies verringert nicht nur weiter die Größe der Lernstichprobe. Auch die Out-of-Sample-Stichprobe mit 24 Beobachtungen ist extrem klein und lässt kaum eine valide Beurteilung der Out-of-Sample-Prognosegüte zu. Der hier verwendete Datensatz mit 1.200 Beobachtungen kann in eine In-Sample- und Out-of-Sample-Stichprobe mit jeweils 600 Beobachtungen

[120] Vgl. PODDIG et al. (2008), S. 399 ff.

[121] Da es sich in der Vorlage um monatliche Daten handelt, entspricht eine Lagordnung von 12 einem Jahr. Somit können maximal jährliche Saisonalitäten in den Daten gewahrt bleiben. Auto- und Kreukorrelationen jenseits der Lagordnung 12 werden allerdings durch den Block-Bootstrap zerstört. Da in der Vorlage ohnehin nur eine maximale Lagordnung von 12 berücksichtigt wird, erscheint dieser Umstand nicht als einschränkend.

zerlegt werden. Damit sind wesentlich validere Modellschätzungen und Beurteilungen der Out-of-Sample-Prognoseperformance möglich. Da die künstlich generierten Daten zudem implizit auf demselben, konstanten datengenerierenden Prozess beruhen, kann später eine mangelhafte Prognoseperformance im Out-of-Sample-Zeitraum an Modellierungsfehlern liegen, also ist die Ursache für eine unbefriedigende Prognoseleistung eindeutig identifizierbar. Bei realen Daten - selbst wenn diese in einem solchen Stichprobenumfang vorliegen würden - wäre die Ursache für eine unbefriedigende Prognoseperformance nicht klar identifizierbar. Ursächlich könnte hier auch ein sich im Zeitablauf ändernder datengenerierender Prozess sein, nicht aber eine mangelhafte Modellierung an sich. Da für Zwecke diese Buches die Prognoseleistung auf realen Daten überhaupt nicht interessiert, sondern nur die Leistungsfähigkeit der Modellierung selbst, ist das gewählte Vorgehen hier zweckdienlich. Lediglich die Ergebnisse dürfen nicht unreflektiert auf Verhältnisse der Realität übertragen werden. Ob sich mit dem hier demonstrierten Vorgehen auch im realen praktischen Einsatz vergleichbare Ergebnisse erzielen lassen, bedarf einer zusätzlichen Überprüfung. Diese setzt aber voraus, dass die Modellierung an sich zuverlässig arbeitet. Insofern ist die hier demonstrierte Vorgehensweise der zentrale erste Schritt vor dem endgültigen Test auf realen Daten. Kritisieren lässt sich daher an der Vorlage, dass dort genau diese wichtige Trennung nicht vollzogen wurde. Allerdings war sie dort auch niemals beabsichtigt.

Aus Gründen der sprachlichen Vereinfachung wird im Folgenden aber nicht immer explizit auf die Verwendung künstlicher Daten hingewiesen, sondern - da diese auf Basis realer Daten generiert wurden - so getan, als ob es die Daten der Vorlage seien.

Eine weitere Einschränkung der Vorlage ist es, dass dort die Fallstudie unter Verwendung eines Ökonometrieprogramms durchgeführt wird, womit in der Originalquelle nur ein statischer Modelltest möglich ist. Der besondere Reiz von Methoden des CF besteht darin, wesentlich anspruchsvollere Testverfahren umsetzen zu können, die hier demonstriert werden sollen. Trotzdem beginnen die Darstellungen zunächst mit der Replikation der statischen Modellentwicklung und des statischen Modelltests, da sich hieran bereits alle grundlegenden Überlegungen entwickeln lassen. Der Übergang auf einen Test mit rollierender Parameterschätzung oder sogar modelldynamischer Neuentwicklung ist dann nicht schwierig. Dies markiert aber bereits den Übergang zur Geschäftsprozessmodellierung, welche näher in Kapitel 6 vorgestellt wird. Diese Fallstudie wird sich daher auf die Entwicklung eines statischen Prognosemodells konzentrieren und lediglich am Ende kurz die rollierende Nachschätzung von Modellparametern als Ausblick demonstrieren.

Vor dem Einstieg in die eigentliche Modellentwicklung ist noch eine wichtige Anmerkung notwendig, und zwar betreffend der Frage, warum im Labor (Simulation) Modelle so gut aussehen und später beim realen Echteinsatz komplett versagen.[122] Die Gründe dafür sind vielfältig. Ein wichtiger Grund besteht häufig in einem fehlerhaften Test des Modells bzw. einer fehlerhaften Modellentwicklungssystematik. Ein klassischer Fehler ist es dabei, bei der Simulation des Modells auf „pseudo" unbekannten Daten doch in irgendeiner Form Informationen der unbekannten Zukunft zu benutzen, die zum simulierten Prognosezeitpunkt t in der Realität nicht vorhanden sind bzw. sein können. Die Palette von Fehlerursachen dafür ist fast unbegrenzt. Zu nennen sind hier z.B. die Generierung falscher Lagstrukturen (irrtümliche Erzeugung von Leads statt Lags durch Programmierfehler), Datenvortransformationen unter Verwendung zukünftiger, in der

[122] Vgl. dazu näher HAGIN (1990).

Realität aber unbekannter Informationen, Nichtbeachtung von Veröffentlichungslags (viele Daten werden in der Realität erst mit teilweise erheblicher Verzögerung publiziert), fehlerhafte Daten in Datenbanken oder extensives Data- und Modellmining. Hierunter ist grob formuliert zu verstehen, solange an einer Simulation „herum zu schrauben", bis sich die erwünschten Testergebnisse einstellen. Es ist dann aber unwahrscheinlich, dass ein auf solche Art identifiziertes Modell beim späteren realen Echteinsatz irgendeine praktische Brauchbarkeit zeigen wird.[123]

Bei der Vorstellung und Diskussion der verschiedenen Entwicklungsschritte sind diese Warnungen zu bedenken. Es sollte kritisch reflektiert werden, ob z.B. eine bestimmte Datentransformation oder ein bestimmter Test in der vollzogenen Weise später auch auf unbekannten Daten hätte in der gleichen Form durchgeführt werden können. Anders formuliert ist stets zu fragen, ob nicht bewusst oder vielmehr unbewusst Informationen der Zukunft benutzt werden, die im späteren Echteinsatz nicht vorhanden sein können. Für die folgenden Darstellungen, die primär didaktisch orientiert sind, können an vielen Stellen großzügige Annahmen gesetzt werden; dieses Modell wird so niemals zum Einsatz kommen.

4.6.2. Statische Modellentwicklung

Zur Entwicklung eines Prognosemodells gehören vielfältige, aufeinander aufbauende Verfahrensschritte. Die im Folgenden zu behandelnde Fallstudie greift nur einige zentrale Aspekte auf, weshalb für weitergehende Diskussionen auf die Literatur verwiesen sei.[124]

Die hier betrachtete Fallstudie besteht in der Entwicklung eines Prognosemodells zur Vorhersage der zukünftigen stetigen Ein-Monatsrendite des europäischen Aktienindex Morgan Stanley Europe (MSEUR), der zu einer bekannten Indexfamilie für Aktienmärkte weltweit gehört. Der Prognosehorizont beträgt dabei einen Monat, die Modellierung erfolgt auf Basis monatlich verfügbarer Daten. Wie oben ausgeführt, umfasst der hier zugrunde liegende Datensatz 1.200 Beobachtungen simulierter Renditen für abhängige und unabhängige Variablen.[125] Als unabhängige Daten stehen verschiedene potenzielle Einflussfaktoren zur Verfügung, von denen ein prognostisch verwertbarer Informationsgehalt vermutet wird. Die folgende Tabelle 4.10 verzeichnet die

---

[123] Dies ist ein weiterer guter Grund, neben realen Daten bei der Modellentwicklung stets künstliche Daten einzusetzen, die zudem in beliebig großem Stichprobenumfang erzeugt werden können. Sie zeigen, ob bestimmte Testergebnisse nur rein zufällig sind, oder sich nachhaltig erzielen lassen. Insofern können die folgenden Darstellungen alternativ als Verifikation des bei PODDIG et al. (2008), S. 399 ff. gefundenen Modells mittels künstlicher Daten interpretiert werden. Dies ist eine Möglichkeit, das dort vorgestellte Vorgehen zu validieren.

[124] Eine umfangreichere Diskussion der Prinzipien und Vorgehensweisen bei der Modellentwicklung von Prognosemodellen findet sich bei PODDIG (1999), S. 381.

[125] Der in der Fallstudie bei PODDIG et al. (2008), S. 399 ff. verwendete Datenzeitraum reicht von Januar 1991 bis Dezember 2005, wobei tatsächlich Daten für den Beobachtungszeitraum von Dezember 1990 bis Oktober 2006 verfügbar waren. Der erste Beobachtungszeitpunkt Dezember 1990 geht dort durch die Berechnung von stetigen Renditen verloren. Die restlichen Daten des Jahres 2006 wurden nicht benutzt, um den Datenzeitraum zum letzten Jahreswechsel enden zu lassen. Das Fehlen dieser Daten sowie das inzwischen weit zurückliegende Datenmaterial spielt für didaktische Zwecke keine Rolle, zumal hier darauf basierende, künstliche Daten benutzt werden. Der Vorzug der Verwendung dieser Daten besteht auch darin, alle hier präsentierten Vorgehensweisen und Ergebnisse mit denjenigen vergleichen zu können, die beim „konventionellen" Arbeiten mit einem Ökonometrieprogramm resultieren würden.

benutzten Datenreihen, ihre im Folgenden benutzen Kürzel und gibt ein paar kommentierende Hinweise.

Grundsätzlich ist die Vorauswahl der potenziellen unabhängigen Variablen ein extrem wichtiger Schritt im Zuge der Modellentwicklung. Wie oben bereits mehrfach ausgeführt, sollte diese Vorauswahl überlegt erfolgen. Der Einsatz von Variablenselektionsalgorithmen wird später zwar hilfreich sein, nimmt dem Modellentwickler aber niemals das grundsätzliche Problem der Vorauswahl ab. Die hier getroffene Vorauswahl versteht sich als exemplarisch. Sie greift auf einige in der Literatur oftmals genannte, aber längst nicht alle denkbaren unabhängigen Variablen zurück, die für die Modellierung des europäischen Aktienmarktes interessant sein könnten. Die unabhängigen Variablen mit den laufenden Nummern 2 bis 4 stellen andere Aktienmärkte dar. Hier wird auf die empirische Beobachtung zurückgegriffen, wonach sich die Aktienkursentwicklungen der verschiedenen Aktienmärkte untereinander beeinflussen. Theoretisch ergibt sich dieser Wirkungsmechanismus aus Arbitrageüberlegungen zwischen den Märkten. Der Zusammenhang zwischen Aktienkursentwicklung und Zinsentwicklung folgt theoretisch stringent aus dem Barwertkalkül bei der Bewertung von Aktien. Zur Abbildung der Zinsentwicklungen werden hier Rentenindizes (laufende Nummern 5 bis 8) benutzt, welche die Zinsentwicklung am Kapitalmarkt (lang laufende Schuldtitel) repräsentieren. Die Geld- und Zinspolitik der Zentralbanken findet dagegen überwiegend ihre operative Umsetzung am Geldmarkt, wofür hier die Datenreihen mit den laufenden Nummern 10 und 11 herangezogen werden. Ein weiterer wichtiger Einflussfaktor kann der USD/EURO-Wechselkurs sein, weil diese den Außenwert des Euros und damit die Außenhandelsposition des Eurolandes repräsentiert. Eine Verbesserung der Außenhandelsposition sollte die Europäischen Aktienkurse steigen lassen und vice versa. Gold wird von vielen Anlegern als „sicherer Hafen" angesehen, d.h., in Zeiten hoher Unsicherheit an den Kapitalmärkten ist oftmals ein Anstieg des Goldpreises zu beobachten. In diesem Sinne wird hier der Goldpreis als „Stimmungsindikator" und Gradmesser für die Risikoaversion an den Kapitalmärkten interpretiert. Die Verwendung des Rohstoffindex DJAIG kann mit verschiedenen Argumenten begründet werden. Zum einen sind Rohstoffe zentraler Input für die realwirtschaftlichen Aktivitäten, sodass die Rohstoffpreise als Gradmesser der realwirtschaftlichen Aktivitäten angesehen werden können. Zum anderen können Rohstoffe bzw. Rohstoffinvestments auch als Vermögensanlagen angesehen werden, die in Konkurrenz zu anderen Vermögensanlagen (Aktien, Renten) und damit möglicherweise in einer Wechselwirkung stehen. Viele weitere Einflussfaktoren könnten selbstverständlich dieser exemplarischen Auswahl hinzugefügt werden, was aber für den hier beabsichtigten Zweck nicht wesentlich ist. Daher möge diese Vorauswahl für den hier verfolgten Zweck genügen.

Nach der Vorselektion der möglichen Einflussfaktoren müssen diese unbedingt auf Stationarität überprüft werden. Das folgende Demoskript 4.45 zeigt diese Überprüfung mit dem bereits vorgestellten ADF-Test in seiner vollautomatischen Variante. Dabei wird auf eine benutzerdefinierte Funktion `fAutoADFtestALL`, dargestellt in Programmlisting 4.43, zurückgegriffen, welche diesen automatisierten Test für alle benutzten Variablen organisiert. Geprüft wird dabei jede Reihe zunächst im Niveau, also so, wie sie sich originär darstellt, und anschließend in Log-Differenzenform (stetige Renditen). Das Demoskript 4.45 illustriert dieses Vorgehen.

Quellcode 4.43: Funktion zur automatisierten Durchführung des ADF-Tests für alle Variablen der Fallstudie

```
Siehe Datei: fAutoADFtestALL.m
```

Kürzel	Lfd.Nr.	Art der Daten	Kommentar
MSEUR	1	Morgan Stanley Aktienindex Europa	zu prognostizierende Zielvariable
MSUS	2	Morgan Stanley Aktienindex USA	
MSJP	3	Morgan Stanley Aktienindex Japan	
MSWORLD	4	Morgan Stanley Aktienindex Welt	
JPMEUR	5	JP Morgan Rentenindex Europa	Zinsentwicklung Kapitalmarkt Europa
JPMUS	6	JP Morgan Rentenindex USA	Zinsentwicklung Kapitalmarkt Region Nordamerika
JPMJP	7	JP Morgan Rentenindex Japan	Zinsentwicklung Kapitalmarkt Region Südostasien/Pazifik
JPMGLOBAL	8	JP Morgan Rentenindex Welt	Zinsentwicklung Kapitalmarkt weltweit
USD_EURO	9	Wechselkurs US-Dollar/Euro	Außenwert des EURO
EURO3M	10	Geldmarktindex Euroland 3 Monate	Zinsentwicklung Euroland am Geldmarkt
US3M	11	Geldmarktindex USA 3 Monate	Zinsentwicklung Nordamerika am Geldmarkt
GOLD	12	Goldpreis	mitunter als Gradmesser für Risikoaversion
DJAIG	13	Commodity Index Dow Jones AIG	Rohstoffindex, Gradmesser weltweite Wirtschaftsaktivität

Tabelle 4.10.: Datenreihen in der Fallstudie

Die Funktion `fAutoADFtestALL` organisiert den automatischen ADF-Test für alle Datenreihen einer Inputmatrix `mX`, sammelt die Ergebnisse der einzelnen Tests ein und gibt diese als Vektoren bzw. Cell-Arrays zurück. Zugleich wird der Hypothesentest durchgeführt, indem jede ADF-Teststatistik mit dem kritischen Wert verglichen wird. Der in der Funktion `fAutoADFtestALL` implementierte Hypothesentest gegen den kritischen Wert ist eine reine Illustration und nur eine sehr grobe Approximation.[126] Der benutzte kritische Testwert in Höhe von $-2,9$ ist bei EViews entnommen und bezieht sich auf etwa 200 Beobachtungen, 5% Irrtumswahrscheinlichkeit sowie ein ADF-Modell mit Konstante und Lags, aber ohne Zeittrend. Für eine genauere Bestimmung des Tests sind entweder einschlägige Tabellen heranzuziehen oder es kann die Matlab Toolbox-Funktion `adftest` benutzt werden, wie es das Demoskript 4.45 als Alternative zeigt. Um mit Hilfe der Matlab Toolbox-Funktion `adftest` alle Tests durchzuführen, wird eine ähnliche Hilfsfunktion verwendet, siehe Programmlisting 4.44.[127] Im Unterschied zum Vorgehen mit der benutzerdefinierten Funktion zum ADF-Test wird dabei keine Suche nach der optimalen Modellspezifikation vorgenommen, sondern theoretischen Überlegungen bei der Modellspezifikation gefolgt und zur Vermeidung von Autokorrelationen in den Residuen eine Anzahl von 4 Lags vorgegeben. Dies ist vermutlich übertrieben „großzügig", stellt aber von Autokorrelationen freie Residuen hinreichend zuverlässig sicher. Für die grundsätzliche Beurteilung der erzielten Ergebnisse ergibt sich aber kein Unterschied, ob mit der benutzerdefinierten oder der Matlab-eigenen Funktion zum ADF-Test gearbeitet wird.

Quellcode 4.44: Alternative Funktion zur Durchführung aller ADF-Tests

```
Siehe Datei: fADFtestALLmatlab.m
```

Das Demoskript 4.45 illustriert ebenfalls die Verwendung beider Alternativen zur Durchführung aller ADF-Tests. Zu Beginn enthält das Demoskript ferner den isolierten Test der zu prognostizierenden Zeitreihe MSEUR zu Vergleichszwecken mit der originären Fallstudie. Die Tabelle 4.11 zeigt die Ergebnisse des Demoskriptes 4.45 in kompakter Form für die Log-

[126] Die kritischen Testwerte für den ADF-Test hängen vom Stichprobenumfang, von der Modellspezifikation und von der maximal zulässigen Irrtumswahrscheinlichkeit ab. Zudem lassen sich die kritischen Testwerte nicht über eine einfache Verteilungsfunktion bestimmen, sondern wurden in verschiedenen Veröffentlichungen mit Hilfe von Monte Carlo Simulationen ermittelt. Für die Ermittlung des korrekten kritischen Wertes müsste nun in der Funktion eine umfangreiche, dreidimensionale Tabelle mit kritischen Testwerten hinterlegt werden, die einschlägigen Veröffentlichungen zu entnehmen sind. In Poddig et al. (2008), S. 769 ff. sind die von Dickey/Fuller ermittelten kritischen Werte tabelliert. Das Ökonometrieprogramm EViews verwendet die kritischen Werte nach MacKinnon, in der Matlab-Toolboxfunktion `adftest` sind mehrere verschiedene Tabellen hinterlegt. Da das Hinterlegen derartiger Tabellen auf sehr viele Seiten reiner „Zahlenkolonnen" ohne besonders lehrreichen Charakter hinauslaufen würde, wird hier auf eine grobe Abschätzung ausgewichen.

[127] Um diese Funktion zu nutzen, muss die Econometrics Toolbox lizenziert sein, in welcher sich die Matlab-Funktion `adftest` findet. Für dieses Buch setzen wir lediglich die Statistics und Optimization Toolbox voraus, sodass diese Funktion nur für diejenigen Leser interessant ist, welche zusätzlich über die Econometrics Toolbox verfügen. Für den weiteren Gang der Betrachtungen ist diese Funktion nicht essentiell. Unter Octave findet sich kein zur Matlab-Funktion `adftest` äquivalenter Ersatz. Daher gibt es zu dieser Funktion `fADFtestAllmatlab` auch keine Octave-Variante. Dies ist im weiteren Verlauf aber keine Einschränkung, da die oben vorgestellte, benutzerdefinierte Funktion `fAutoADFtestAll` unter Octave problemlos durchläuft. Allerdings ist sie unter Octave auch erheblich langsamer als unter Matlab.

Differenzenreihen.[128] Beim Vergleich der Ergebnisse ist zu bedenken, dass hier künstliche Daten in einem sehr viel größeren Stichprobenumfang (insgesamt 1.200 Beobachtungen, aufgeteilt in 600 Beobachtungen In-Sample und 600 Beobachtungen Out-of-Sample) benutzt werden.

Quellcode 4.45: Demoskript zur Entwicklung des Prognosemodells, ADF-Test

```
Siehe Datei: bDemoPrognosemodellTeil1.m
```

Kürzel	Testwert originäre Fallstudie	Testwert optimale Spezifikation	Konstante, 4 Lags	p-Wert
MSEUR	-11,37	-23,1221	-10,5754	< 0,001
MSUS	-13,00	-23,3450	-9,8089	<0,001
MSJP	-11,68	-26,2998	-9,5442	<0,001
MSWORLD	-12,18	-24,5119	-9,7040	<0,001
JPMEUR	-11,78	-12,0651	-9,8113	<0,001
JPMUS	-11,10	-19,0727	-10,5066	<0,001
JPMJP	-10,97	-14,5128	-10,4521	<0,001
JPMGLOBAL	-9,89	-18,6355	-11,3307	<0,001
USD_EURO	-10,55	-23,0087	-11,4983	<0,001
EURO3M	-12,31	-22,5792	-11,6226	<0,001
US3M	-3,64	-5,9510	-5,7264	<0,001
GOLD	-13,44	-21,2530	-12,0780	<0,001
DJAIG	-11,92	-12,4538	-9,1182	<0,001

Tabelle 4.11.: Ergebnisse des ADF-Tests in der Fallstudie. In der Spalte „originäre Fallstudie" sind die Ergebnisse auf den realen Daten, ca. 156 Beobachtungen (In-Sample), ausgewiesen (vgl. PODDIG et al. (2008), S. 406 ff.). Die Spalte „optimale Spezifikation" bezieht sich auf die hier benutzten künstlichen Daten, 600 Beobachtungen (In-Sample), unter Verwendung der benutzerdefinierten Funktion zur Suche nach der optimalen Testspezifikation. Die letzten beiden Spalten weisen die Ergebnisse unter Verwendung der Matlab-Toolbox-Funktion aus.

Die Tabelle 4.11 zeigt in der zweiten Spalte die ermittelten Testwerte bei einem manuellen Vorgehen. Dort wurde die Testspezifikation mit Konstante, ohne Trend verwendet und solange Lags hinzugefügt, bis der Durbin-Watson nahe zwei war. In der dritten Spalte sind die Testwerte des Modells mit optimaler Testspezifikation, gemessen am Schwarz-Informationskriterium (auch BIC genannt) ausgewiesen. Die vierte Spalte zeigt die mit der Matlab-eigenen Funktion `adftest` ermittelten Werte, wobei die Testspezifikation mit Konstante, ohne Zeittrend und mit vier Lags verwendet wurde. Die fünfte Spalte enthält die Irrtumswahrscheinlichkeiten für das fälschliche Verwerfen der Nullhypothese, es handele sich um einen nicht stationären Prozess, welche sich auf die Ergebnisse der vierten Spalte beziehen. Der kritische Testwert für die vierte Spalte ist

[128] Unter Octave ist die Variante `bDemoPrognosemodellTeil1_oct` zu verwenden. Dort ist die Verwendung der Matlab-Funktion `adftest` und die darauf basierende automatische Suchfunktion `fADFtestALLmatlab` auskommentiert. Unter Octave resultieren dieselben Ergegnisse wie in der Spalte „optimale Spezifikation" dargestellt. Die Laufzeit der Demo unter Octave ist allerdings deutlich länger.

durchgängig $-2,8674$. Trotz abweichender Zahlenwerte ist der grundsätzliche Befund stets identisch. Alle Log-Differenzenreihen (stetige Renditereihen) sind klar stationär, die Nullhypothese kann stets signifikant verworfen werden. Bei der Matlab-eigenen Funktion zum ADF-Test wurde hier pauschal die Testspezifikation mit Konstante, ohne Trend und vier Lags vorgegeben.

Der zweite Teilschritt bei der Entwicklung des Prognosemodells besteht nun in einer vorläufigen Selektion der relevanten Einflussgrößen (unabhängigen Variablen) mit zugehörigen Lags. Hier kommt die bereits oben vorgestellte Kreuzkorrelationsanalyse zum Einsatz. Dafür gibt es viele denkbare Vorgehensweisen. Eine einfach gehaltene Vorselektion könnte darin bestehen, sukzessive alle Kreuzkorrelationen zwischen der abhängigen Variable und allen unabhängigen Variablen nacheinander bis zu einer vorgegebenen, maximalen Lagordnung zu untersuchen. Selektiert wird dabei dasjenige Lag, welches den Absolutbetrag nach höchsten Korrelationskoeffizienten aufweist, soweit dieser statistisch signifikant ist. Das Programmlisting 4.46 zeigt eine einfache Hilfsfunktion, mit welcher diese Selektion unterstützt wird.

Quellcode 4.46: Funktion zur Selektion des optimalen Lags

```
Siehe Datei: fCrossCorrSelLag.m
```

Die Funktion `fCrossCorrSelLag` greift dabei auf die bereits oben entwickelte Funktion zur Durchführung einer Kreuzkorrelationsanalyse `fCrossCorr2` zurück. Ausgehend von der Reihe der abhängigen Variablen `vY` und der unabhängigen Variablen `vX` wird eine Kreuzkorrelationsanalyse bis zum maximalen Lag `iNumMaxLags` durchgeführt. Danach wird die dem Absolutbetrag nach maximale Kreuzkorrelation bestimmt, wobei das Lag 0, also zeitgleiche abhängige und unabhängige Variable, ausgeschlossen wird. Nach der Identifikation der maximalen Korrelation ist deren statistische Signifikanz zu prüfen. Liegt die Irrtumswahrscheinlichkeit für das Verwerfen der Nullhypothese (Korrelation ist null) unter der maximal zulässigen Irrtumswahrscheinlichkeit `dAlpha`, so wird dieses Lag selektiert und die entsprechend gelaggte Zeitreihe von `vX` zurückgeliefert. Für die Bildung des Lags wird die zuvor entwickelte Funktion `fLagmatrix` verwendet. Die Anwendung der Kreuzkorrelationsanalyse zur vorläufigen Selektion der unabhängigen Variablen zeigt das Demoskript 4.47. Es enthält zugleich den wesentlichen Teil des ersten Teils des Demoskripts 4.45, nämlich die Durchführung des ADF-Tests.[129]

Quellcode 4.47: Demoskript zur Durchführung des ADF-Tests und der Kreuzkorrelationsanalyse

```
Siehe Datei: bDemoPrognosemodellTeil2.m
```

Das Demoskript 4.47 wird später in seinen wesentlichen Teilen als Funktion neu konzipiert, wenn das Prognosemodell rollierend entwickelt und getestet wird.[130] Zentral ist dabei der Codeabschnitt zur Kreuzkorrelationsanalyse, verbunden mit dem Aufbau der Datenmatrizen. Zu bedenken ist hier, dass für die Kreuzkorrelationsanalyse im engeren Sinne nur die In-Sample-Daten benutzt werden dürfen. Für den späteren Test des Modells müssen aber für alle Daten,

[129] Da dieses Demoskript ausschließlich auf die benutzerdefinierte Funktion zur automatisierten Durchführung des ADF-Tests zurückgreift, funktioniert sie ohne Anpassungen genauso unter Octave. Allerdings sind die Laufzeiten merklich länger.

[130] Dies wird erst im Zusammenhang mit den Betrachtungen zur Geschäftsprozessmodellierung in Kapitel 6 relevant. Aus Vereinfachungsgründen wird hier noch ein Skript benutzt, jedoch bereits die Weiterentwicklung antizipiert.

In-Sample und Out-of-Sample, die notwendigen Lagstrukturen erzeugt werden. Dies ist zulässig, da das Aufbauen einer gelaggten Datenmatrix keinerlei Informationen aus der Zukunft verwendet. Der Codeabschnitt mag wegen dieser Doppelung im ersten Augenschein ein wenig unklar sein. Der erste Schritt beim Aufbau der Datenmatrix ist es, die abhängige Variable geeignet zu schneiden, wofür die bereits entwickelte benutzerdefinierte Funktion `fLagmatrix` benutzt wird. Dies ist hier nicht unbedingt notwendig. Einfacher wäre es z.B. gewesen, die ersten `iMaxLagsCrossCorr` Beobachtungen der abhängigen Variablen zu entfernen. Aus Konsistenzgründen wird im Demoskript 4.47 jedoch stets mit `fLagmatrix` gearbeitet, auch wenn es dadurch zu unnötigen Rechenoperationen kommt. In der folgenden for-Schleife wird die oben vorgestellte Funktion `fCrossCorrSelLag` gemäß Programmlisting 4.46 sukzessive für alle unabhängigen Variablen aufgerufen. Konnte die Funktion `fCrossCorrSelLag` ein statistisch signifikantes Lag identifizieren, so wird die zugehörige, gelaggte Reihe in die aufzubauende Datenmatrix `mInDataLag` übernommen. Die Funktion zur Selektion des optimalen Lags darf natürlich nur mit den In-Sample-Daten aufgerufen werden. Konnte ein statistisch signifikantes Lag identifiziert werden, muss zum Aufbau der gesamten Datenmatrix `mAllDataLag`, welche die gelaggten In-Sample- und Out-of-Sample-Daten umfasst, die Generierung der gelaggten Reihe noch einmal anhand aller Daten vollzogen werden, wofür wiederum auf die Funktion `fLagmatrix` zurückgegriffen wird. Den Abschluss des zweiten Teils des Demoskriptes 4.47 bildet die „Buchführung", mit welcher die schlussendlich identifizierten Variablen mit zugehörigem Lag verzeichnet werden. Die Tabelle 4.12 zeigt das Ergebnis des zweiten Teils zur Entwicklung des Prognosemodells.

Index	Variable	Lag
2	MSUS	10
3	MSJP	2
5	JPMEUR	4
6	JPMUS	12
7	JPMJP	9
8	JPMGLOBAL	12
9	USD_EUR	3
10	EURO3M	2
12	GOLD	4
13	DJAIG	10

Tabelle 4.12.: Vorläufig identifizierte Variablen und Lagstruktur

Im nächsten Schritt ist die vorläufige Auswahl der unabhängigen Variablen auf Multikollinearitäten zu überprüfen. Dazu sind bereits alle notwendigen Funktionen entwickelt worden. Mit der Funktion `fVIFR2` werden die Variance Inflation Factors berechnet, die Funktion `fVIFclear` bereinigt um vorliegende Multikollinearität.[131] Nach der Bereinigung um eventuell vorhandene Multikollinearitäten kann dann die finale Variablenselektion erfolgen, wofür sich die oben vorgestellten Variablenselektionsalgorithmen anbieten. In dieser Fallstudie wird exemplarisch

[131] Siehe dazu näher Kapitel 4.2.4.4, dort werden auch beide Funktionen vorgestellt.

auf den Stepwise-Algorithmus mit getrennten Irrtumswahrscheinlichkeiten für das Aufnehmen und Entfernen von unabhängigen Variablen zurückgegriffen. Das Programmlisting 4.48 zeigt den dritten Teil des Demoskriptes zur Entwicklung eines Prognosemodells. Aus Platzgründen ist der erforderliche zweite Teil der Entwicklung des Prognosemodells (siehe Demoskript 4.47) nicht enthalten. Dieser Teil wird zuerst vom Demoskript 4.48 aufgerufen.

Quellcode 4.48: Demoskript zum dritten Teil der Entwicklung des Prognosemodells

```
Siehe Datei: bDemoPrognosemodellTeil3.m
```

Das Demoskript enthält im unteren Teil zu Vergleichszwecken die Spezifikation und Schätzung des identifizierten Prognosemodells aus der originären Fallstudie („Referenzmodell").[132] Der Vergleich der Schätzung des Referenzmodells (hier auf künstlichen Daten) mit den Ergebnissen aus der originären Fallstudie zeigt eine unbedeutende Verschlechterung auf (das adjustierte Bestimmtheitsmaß beträgt hier für das Referenzmodell 0,0434, in der originären Fallstudie 0,0441). Interessanter ist jedoch, welches Modell von dem Variablenselektionsalgorithmus Stepwise identifiziert wurde. Dieser Algorithmus selektiert im vorliegenden Demoskript die Variablen 3 (MSJP), 5 (JPMEUR), 7 (JPMJP) und 12 (GOLD), womit ein abweichendes Modell gegenüber dem Referenzmodell entsteht. Zu beachten ist hier aber der veränderte, künstlich generierte Datensatz. Ein weiterer Grund ist auch die rein „manuelle" Entwicklung des Prognosemodells in der originären Fallstudie ohne Rückgriff auf Variablenselektionsalgorithmen. Der Vergleich der Kennzahlen zur Modellgüte auf den In-Sample-Daten zeigt eine teilweise recht ähnliche, leicht verbesserte Güte zum Referenzmodell, wie es Tabelle 4.13 zeigt. Gemessen an den Informationskriterien (AIC, SIC) schneidet das hier identifizierte Prognosemodell etwas besser ab.

	Stepwise	Referenz
Variablen	MSJP(-2), JPMEUR(-4), JPMJP(-9), GOLD(-4)	USD_EUR(-1), GOLD(-4), DJAIG(-1)
R2	0,0756	0,0482
adj. R2	0,0692	0,0434
Standardfehler	0,0404	0,0410
AIC	-6,4077	-6,3793
SIC	-6,3705	-6,3499
F-Statistik	11,9130	9,9902

Tabelle 4.13.: Vergleich des Stepwise-Prognosemodells mit dem Referenzmodell.

Die Performance eines Prognosemodells auf den Schätzdaten (In-Sample-Daten) ist allerdings nur begrenzt interessant. Wesentlich wichtiger ist die Frage, wie das Modell auf unbekannten Daten abschneidet, was erst im Zuge eines Tests auf den Out-of-Sample-Daten näher beurteilt werden kann. Bevor im folgenden Kapitel der Out-of-Sample-Test näher besprochen wird, soll zunächst die Modelldiagnose erfolgen. Sollten sich im Zuge der diagnostischen Tests ernsthafte

[132] Vgl. PODDIG et al. (2008), S. 419 ff. Das Demoskript läuft unverändert mit denselben Ergebnissen auch unter Octave durch.

Hinweise auf Fehlspezifikationen des Modells ergeben, so wäre dies bereits ein Hinweis auf eine eingeschränkte bis gar nicht vorhandene Leistungsfähigkeit auf unbekannten Daten.[133] Die folgende Tabelle 4.14 fasst die wichtigsten Kenngrößen des hier identifizierten Modells zusammen.

Variable	Koeffizient	Standardfehler	t-Wert	p-Wert
Konstante	0,0033	0,0019	1,7139	0,0871
MSJP(-2)	0,1185	0,0425	2,7886	0.0055
JPMEUR(-4)	0,4139	0,1341	3,0857	0,0021
JPMJP(-9)	0,3777	0,1415	2,6686	0,0078
GOLD(-4)	-0,2293	0,0481	-4,7681	0,0000
Kennzahl	**Wert**	**p-Wert**		
Durbin-Watson	1,8782			
Breusch-Pagan	20,1103	0,0005		
White-Test	44,2923	0,0001		
F-Test	11,9130	0,0000		

Tabelle 4.14.: Wichtige Kenngrößen des Prognosemodells.

Die Durbin-Watson Statistik ist mit ca. 1,9 nahe am Idealwert von 2. Die beiden Tests auf Heteroskedastizität in den Residuen (Breusch-Pagan-Test, White-Test) liefern deutliche Hinweise auf Heteroskedastizität in den (geschätzten) Residuen. Hierfür mag der Block-Bootstrap-Datengenerierungsprozess verantwortlich sein, mit welchem die hier benutzten, künstlichen Daten erzeugt wurden. Lässt man dieselbe Modellentwicklungsprozedur auf den originären, realen Daten ablaufen, so zeigt sich dieser Befund nicht. Die F-Statistik zeigt ein statistisch hoch signifikantes Regressionsmodell an, wobei wegen der aufgedeckten Heteroskedastizität die Statistiken aber auch stark verzerrt sein können. Dies gilt in analoger Weise für die einzelnen Regressionskoeffizienten und die Regressionskonstante, welche auf dem 1%-Niveau statistisch signifikant sind (auch hier werden die Signifikanzen vermutlich überschätzt). Etwas bedenklich stimmt auch die auf dem 10%-Niveau (scheinbare) Signifikanz der Regressionskonstanten, denn sie ist dazu da, einen Mittelwert von null der Residuen sicherzustellen, sollte aber im Idealfall nicht statistisch signifikant sein. In der Regressionskonstante schlägt sich der gemittelte Einfluss aller nicht im Modell berücksichtigten Einflussgrößen wieder, der im vorliegenden Fall statistisch signifikant ist. Dies ist ein Hinweis auf fehlende, aber bedeutsame Einflussgrößen. Dieser Befund ist nicht untypisch für die Entwicklung eines Prognosemodells. Selten wird es gelingen, alle bedeutsamen Einflussfaktoren vollständig zu erfassen. Allerdings könnte die Heteroskedastizität in den Residuen diesen Befund auch nur suggerieren. Die gefundenen Ergebnisse gelten in qualitativ ähnlicher Weise auch für das Referenzmodell.

In der Gesamtschau beider Modelle (Stepwise-Prognosemodell und Referenzmodell) mag schlussendlich das niedrige Bestimmtheitsmaß (R^2) überraschend wirken; dies beträgt ca. 7,5% für das Stepwise-Prognosemodell und 4,8% für das Referenzmodell, womit beide Modelle nur

[133] Die Modelldiagnose des Referenzmodells findet sich in der originären Fallstudie bei PODDIG et al. (2008), S. 422 ff.

einen kleineren Bruchteil der (zukünftigen) Varianz der (ex ante) Renditen erklären können. Dies ist aber genau aus diesem Grund nicht ungewöhnlich, denn diese beiden Modelle geben auf Basis der bis zum Zeitpunkt $t-1$ vorliegenden Informationen eine unbedingte Prognose über die in t eintretende, zukünftige Rendite ab. Das mit diesen Modellen erzielte Bestimmtheitsmaß ist im Gegenteil für monatbasierte Aktienmarktprognosemodelle schon sehr hoch.[134] Dabei handelt es sich aber noch um den Wert des Bestimmtheitsmaßes auf dem Schätzdaten (In-Sample), der möglicherweise deutlich den später auf unbekannten Daten erzielbaren Wert des Bestimmtheitsmaßes überschätzt.[135]

Insgesamt erscheint das geschätzte Prognosemodell auf Basis der Analysen auf den In-Sample-Daten (mit kleinen Vorbehalten) tauglich,[136] im Rahmen eines näheren Out-of-Sample-Tests analysiert zu werden. Dies ist Gegenstand des folgenden Kapitels.

4.6.3. Backtest des statischen Prognosemodells

Bevor ein entwickeltes Prognosemodell in der Realität zum Einsatz kommt, sollte dessen Anwendung unter Echtbedingungen simuliert werden. Einen solchen Test bezeichnet man allgemein auch als *Backtest*, bei welchem ganz allgemein gesprochen ein Modell oder Vorgehen anhand in der Vergangenheit beobachteter Daten getestet wird. Die Frage lautet dabei, wie gut ein Modell oder Vorgehen gewesen wäre, hätte man es in der spezifizierten Weise in der Vergangenheit angewendet. Die Aussagekraft eines solchen Backtests steht und fällt mit der Sorgfalt, mit welcher dieser durchgeführt wird. Entscheidend dabei ist es, den Backtest so realitätsnah wie möglich durchzuführen. Insbesondere dürfen dabei niemals Informationen verwendet werden, die einem in der Realität niemals hätten zur Verfügung stehen können. Hier passieren regelmäßig Fehler; zudem ist ein wirklich realitätsnaher Backtest kaum möglich, weil ja die Vergangenheit bereits bekannt ist. Schon die Erkenntnis beim erstmaligen Backtest eines Modells, ein schlechtes Prognosemodell entwickelt zu haben und deshalb die Entwicklung neu durchlaufen zu müssen, transportiert Informationen aus der unbekannten Zukunft in die Vergangenheit. Ex-ante kann

---

[134] Vgl. hierzu die Diskussion bei PODDIG et al. (2008), S. 420 ff. und die dort genannten Literaturquellen.

[135] Die Verwendung künstlicher Daten zeigt hier weitere, interessante Einsichten, die in der originären Fallstudie nicht erzielt werden können. Zieht man alle 1.200 Beobachtungen künstlich generierter Daten heran, um das Referenzmodell zu schätzen, so sind alle dort verwendeten unabhängigen Variablen mit einer Irrtumswahrscheinlichkeit von praktisch null signifikant. Dies zeigt zum einen, dass die künstlich generierten Daten zu den realen Daten passen und zum anderen, dass in der originären Fallstudie ein anscheinend nachhaltig statistisch signifikantes Modell identifiziert wurde. Werden aber von den künstlich generierten Daten nur die ersten 600 Beobachtungen als In-Sample-Daten gewählt, so ist die erste unabhängige Variable des Referenzmodells nur noch auf dem 5%-Niveau, die dritte auf dem 10% statistisch signifikant. Obwohl 600 Beobachtungen immer noch eine sehr umfangreiche Stichprobe darstellen und die Daten aus denselben empirischen Daten mittels Block-Bootstrap konstruiert wurden, zeigen sich daran sehr eindrucksvoll die Auswirkungen des Zufalls.

[136] Der Vorbehalt gilt der sehr eindeutig identifizierten Heteroskedastizität in den Residuen, was aber sehr typisch für die Modellierung bei Finanzmarktzeitreihen ist. Insofern sind die hier mittels der Verwendung künstlicher Daten festgestellten Befunde vor dem Hintergrund der empirischen Verhältnisse weitaus repräsentativer als die Befunde in der originären Fallstudie, die diesbezüglich als eher „untypisch" zu charakterisieren sind. Außerdem sind für die Verzerrungen der Inferenzstatistiken Autokorrelationen in den Residuen weitaus bedeutsamer als Heteroskedastizität. Die hier festgestellten, im betrachteten Anwendungskontext typischen Verhältnisse, würden also nicht zu einem Abbruch der Modellentwicklung an dieser Stelle führen.

man nicht wissen, ob ein entwickeltes Prognosemodell schlecht ist und man deshalb die Modellentwicklung neu durchlaufen muss. Der Backtest des zweiten entwickelten Modells ist also bereits verzerrt, denn er basiert auf Erkenntnissen der unbekannten Zukunft. Diese Überlegungen sollen hier nicht extensiv entwickelt werden, aber bevor eher technisch gehaltene Aspekte des Backtesting besprochen werden, ist ein Wort der Warnung angebracht.

Beim Backtesting eines statischen Prognosemodells wird dieses auf die zuvor zurückgehaltenen, ausgesonderten Out-of-Sample-Daten angewendet. Unter Beibehaltung der Modellstruktur und ohne Neuschätzung der Modellparameter werden die im Out-of-Sample-Zeitraum beobachteten aktuellen Werte der unabhängigen Variablen in das Modell eingesetzt. Es werden die Prognoseschätzer berechnet, dann gegen eine Benchmark verglichen.[137] Grob zusammengefasst, sollte die Benchmark in idealer Weise das „second best" verfügbare Prognosemodell darstellen. Da das „second best" Prognosemodell nicht immer sofort ersichtlich ist (es setzt ja bereits die Kenntnis des „first best" Prognosemodells voraus, welches aber in aller Regel unbekannt ist[138]), werden hier verschiedene Surrogate verwendet, von denen einige kurz angesprochen werden.

(i) Mittelwertmodell

Eine der einfachsten Varianten ist die Verwendung des historisch beobachteten Mittelwertes als Schätzer für eine zukünftige Größe. Die Begründung ergibt sich, wenn eine stationäre Verteilung der in der Vergangenheit beobachteten Werte, z.B. Assetrenditen, angenommen wird. Unter dieser Annahme ist der empirisch geschätzte Mittelwert eine naheliegende Wahl für den zukünftigen Erwartungswert der zu prognostizierenden Größe (z.B. zukünftige Assetrendite). Obwohl nach aller Erfahrung der historische Renditemittelwert absolut gesehen kein guter Schätzer für die zukünftig eintretenden Assetrenditen darstellt, ist es ausgesprochen schwierig, eine bessere Schätzung zu formulieren. Die Prognose mit dem Mittelwertmodell kann dabei in drei Varianten erfolgen, nämlich als statische Prognose, als rollierende Prognose mit fixiertem In-Sample-Zeitfenster und als rollierende Prognose mit expandierendem In-Sample-Zeitfenster. Das Programmlisting 4.49 zeigt eine Funktion zur Umsetzung des Mittelwert-Benchmark-Prognosemodells.

Quellcode 4.49: Funktion zur Umsetzung des Mittelwert-Benchmark-Prognosemodells

```
Siehe Datei: fMeanForecast.m
```

Die Funktion `fMeanForecast` ist dabei selbsterklärend. Sie nimmt als Argumente einen Vektor der zu prognostizierenden Zeitreihe `vY` entgegen, welcher In-Sample- und Out-of-Sample-Daten umfasst sowie den Zeitindex `iIdxEndEst`, welcher den letzten In-Sample-Zeitpunkt markiert.

---

[137] Eine kurze Diskussion zu den Kriterien einer guten (Prognose-) Benchmark findet sich z.B. bei PODDIG (1999), S. 454 ff.

[138] Man könnte an dieser Stelle einwenden, dass doch die wahren, zukünftig eintretenden Werte das „first best" Modell darstellen und daher eine geeignete Benchmark seien. Die hier angestellten Überlegungen zielen auf die Konstruktion einer „fairen" Benchmark ab, die nur in ausgesprochen seltenen Fällen die perfekte Voraussicht, also die Kenntnis der zukünftig wahren Werte sein wird. Dennoch lassen sich die wahren, zukünftig eintretenden Daten als eine Art von Potenzial-Benchmark verwenden, um den Abstand zum bestmöglich erzielbaren Ergebnis zu quantifizieren. Die folgenden Betrachtungen stellen ausschließlich auf „faire" Benchmarks ab. Der Vergleich mit einer Potenzial-Benchmark wird implizit in einigen Kennzahlen (siehe unten die Kennzahl *Wegstrecke*) erfolgen.

Von diesem Zeitpunkt ausgehend werden die Mittelwertprognosen in der jeweils gewünschten Variante erstellt.

(ii) Naive Prognose

Die *naive Prognose* besteht im Grundsatz darin, dass alles bleibt wie es ist. Es gibt jedoch zwei Varianten, diese Aussage näher zu operationalisieren. Bei der sog. *no change* Variante der naiven Prognose wird der zuletzt beobachtete Wert als Prognoseschätzer herangezogen. Wurde z.B. zuletzt bei einer Aktie ein Kursstand von 100 beobachtet, so lautet die naive Prognose für den Kursstand am Ende der nächsten Periode ebenfalls 100. Die *same change* Variante schreibt dagegen die zuletzt beobachtete Veränderung in die Zukunft fort. Hatte im Beispiel die betrachtete Aktie am Vortag einen Kursstand von 90 und wird am Ende des aktuellen Tages ein Kursstand von 100 beobachtet, so würde die Prognose für den Kursstand am Ende des nächsten Tages auf 110 lauten. Natürlich könnte statt der absoluten Änderung auch die relative Änderung als Basis für eine naive Prognose in der „same change" Variante genommen werden. Da hier aber keine Kursprognosen, sondern Renditeprognosen betrachtet werden, stellt sich die Frage, welche Variante sinnvoll erscheint. Da die Rendite selber bereits eine Änderungsrate ist, ergibt für eine naive Renditeprognose die „same change" Variante nicht viel Sinn. Naheliegend erscheint die Verwendung der zuletzt beobachteten Rendite („no change") als Schätzer für die zukünftige Rendite. Umformuliert auf den Preis, Kurs- oder Indexstand des betreffenden Assets impliziert dies die „same change" Variante der naiven Prognose bezogen auf das Kursniveau. Legt man bezogen auf das Kursniveau eine naive Prognose in der „no change" Variante zugrunde, würde dies eine konstante Renditeprognose von null implizieren. Dieses Vorgehen ist eher unüblich; dann würde eher auf den Mittelwert der historisch beobachteten Renditen als Prognosebenchmark zurückgegriffen werden. Eine eher selten verwendete Variante ist die *Anti-Naive Prognose*, die nur in der „same change" Variante Sinn ergibt. Hier wird davon ausgegangen, dass die zuletzt eingetretene Veränderung nicht fortgesetzt, sondern quasi „revidiert" wird. Im oben genannten Beispiel der Aktienkursprognose würde die Anti-Naive Prognose einen Kursstand von 90 prognostizieren. Bei einer Renditeprognose würde man die zuletzt beobachtete Rendite mit umgekehrtem Vorzeichen als naiven Prognoseschätzer benutzen. Das Programmlisting 4.50 zeigt die Umsetzung der naiven Prognose, jedoch nur in den Varianten „no change" und „same change".

Quellcode 4.50: Funktion zur Umsetzung der naiven Prognose

```
Siehe Datei: fNaiveForecast.m
```

(iii) Einfach zu schätzende Referenzmodelle

Hierunter sind Benchmark-Prognosemodelle zu verstehen, die sich mit sehr einfachen Techniken schätzen lassen, wie z.B. das autoregressive Modell erster Ordnung, kurz AR(1)-Modell, welches allgemein in Formel 4.102 dargestellt ist. Die korrespondierende Prognosegleichung ist Formel 4.103. Die Schätzung des AR(1)-Modells erfolgt z.B. mittels Kleinste-Quadrate-Schätzung, genauso wie beim Regressionsmodell. Wie auch das Mittelwert-Prognosemodell kann das AR(1)-Modell statisch, rollierend mit fixiertem und rollierend mit expandierendem Zeitfenster geschätzt werden.

$$y_t = \alpha + \beta y_{t-1} + \varepsilon_t \tag{4.102}$$

$$\hat{y}_{t+1} = \hat{\alpha} + \hat{\beta} y_t \tag{4.103}$$

Das Programmlisting 4.51 zeigt die Umsetzung des AR(1)-Modells als Benchmark-Prognosemodell. Bei näherer Betrachtung des AR(1)-Benchmark-Prognosemodells wird schnell klar, dass (fast) alle zuvor genannten Benchmark-Prognosemodelle besondere Spezialfälle dieses Modells sind. So resultiert das Mittelwertmodell dann, wenn $\alpha = \bar{y}$ und $\beta = 0$ gesetzt wird. Für die naive Prognose (no change Variante) ist $\alpha = 0$ und $\beta = 1$ zu setzen, für die Antinaive-Prognose $\alpha = 0$ und $\beta = -1$.

Quellcode 4.51: Funktion zur Umsetzung der AR(1)-Prognose

```
Siehe Datei: fAR1Forecast.m
```

Die hier exemplarisch genannten Benchmark-Prognosemodelle liefern alternative Prognosewerte, anhand derer das interessierende Prognosemodell beurteilt werden kann. Damit stellt sich im nächsten Schritt die Frage, welche geeigneten Beurteilungsmaßstäbe bzw. Gütekriterien zur Beurteilung von Prognosemodellen herangezogen werden könnten. Tatsächlich ist die Fülle möglicher Performancemaße in der Literatur nahezu unüberschaubar. Daher wird im Folgenden nur auf einige wenige Gütemaße eingegangen.[139]

Eine erste wichtige Maßzahl ist der *Mean Squared Error* (MSE) bzw. seine Quadratwurzel (*Rooted Mean Squared Error* (RMSE)), wie es Formeln 4.104 und 4.105 zeigen. Das Programmlisting 4.52 zeigt eine Funktion zur Berechnung dieser Maßzahlen.

$$MSE = \frac{1}{T} \sum_{t=1}^{T} (y_t - \hat{y}_t)^2 \tag{4.104}$$

$$RMSE = \sqrt{\frac{1}{T} \sum_{t=1}^{T} (y_t - \hat{y}_t)^2} \tag{4.105}$$

y_t wahrer Wert der Zeitreihe y zum Zeitpunkt t

$\hat{y}_t$ Prognosewert für die Zeitreihe y zum Zeitpunkt t

Quellcode 4.52: Funktion zur Berechnung von MSE und RMSE

```
Siehe Datei: fMeanSquaredError.m
```

[139] Für eine umfangreichere Diskussion vgl. z.B. PODDIG (1999), S. 458 ff. und die dort angegebene Literatur; vgl. auch PODDIG et al. (2008), S. 436 ff.

Der MSE bzw. RMSE drückt aus, wie weit die Prognose im Mittel den wahren Wert verfehlt; diese Maßzahlen können als Ausdruck des „Lagefehlers“ interpretiert werden. Da oftmals ein Prognosemodell mittels Kleinste-Quadrate-Schätzung bestimmt wird, ist der MSE ein natürliches und zum Schätzkriterium des Modells korrespondierendes Maß, weshalb es gerne verwendet wird. Nachteilig ist die schwierige Interpretierbarkeit des MSE, da durch die Quadrierung die gemessene Einheit ins Quadrat erhoben wird. Daher wird zu Interpretationszwecken gerne die Quadratwurzel berechnet, also der RMSE, womit diese Maßzahl dieselbe Einheit wie die originären Werte besitzt. Ein Nachteil wird beim MSE bzw. RMSE in der Quadrierung gesehen, welche Ausreißer überproportional gewichtet, womit ein Prognosemodell schlechter erscheinen kann als es eigentlich ist. Eine Lösung ist es, den mittleren absoluten Fehler (*Mean Absolute Error* (MAE)) zu berechnen. Aber auch hier verbleibt ein weiteres Interpretationsproblem, indem die Prognosefehler absolut, aber nicht relativ ausgewiesen werden. Dieses Defizit beseitigt der *Mean Absolute Percentage Error* (MAPE). Die Formeln 4.106 und 4.107 zeigen die Berechnung von MAE und MAPE, siehe auch das Programmlisting 4.53.

$$MAE = \frac{1}{T}\sum_{t=1}^{T}|y_t - \hat{y}_t| \tag{4.106}$$

$$MAPE = \frac{1}{T}\sum_{t=1}^{T}\frac{|y_t - \hat{y}_t|}{|y_t|} \tag{4.107}$$

Quellcode 4.53: Funktion zur Berechnung von MAE und MAPE

```
Siehe Datei: fMaeMape.m
```

Problematisch ist bei der Berechnung des MAPE die Behandlung möglicher Divisionen durch null. In der dargestellten Funktion sind zwei Varianten enthalten. Im auskommentierten Code wird eine sehr einfache Vorgehensweise gezeigt, bei welcher der MAPE auf `NaN` für alle betrachteten Zeitreihen gesetzt wird, da er in diesem Falle nicht definiert und in der Folge auch nicht mehr zwischen mehreren Zeitreihen vergleichbar wäre. Dieses Vorgehen hat jedoch den Nachteil, die Berechnung des MAPE komplett zu überspringen, sobald nur eine einzelne Division durch null irgendwo auftritt. Eine Alternative wäre es daher, alle diejenigen Werte, bei denen eine Division durch null aufgetreten ist, bei der Berechnung des MAPE zu ignorieren. Diese Variante findet sich im aktiven Code. Falls die erste Variante bevorzugt wird, sind diese Codeabschnitte auszukommentieren und diejenigen der ersten Variante wieder zu aktivieren.

Ein weiteres Gütemaß ist die Berechnung des Korrelationskoeffizienten zwischen wahren und prognostizierten Werten, wie es das Programmlisting 4.54 zeigt.

Quellcode 4.54: Funktion zur Berechnung der Korrelation zwischen prognostizierten und wahren Werten

```
Siehe Datei: fForecastCorr.m
```

Eine anschauliche Gütekennzahl ist die Trefferquote, bei welcher die Anzahl der korrekt erkannten Auf- und Abwärtsbewegungen einer Zeitreihe ins Verhältnis zur Gesamtzahl aller Prognosen gesetzt wird. Das Programmlisting 4.55 zeigt eine Funktion zur Berechnung der

Trefferquote, welche implizit Differenzen bzw. Wachstumsraten (Renditen) als Gegenstand der Prognose voraussetzt.[140]

Quellcode 4.55: Funktion zur Berechnung der Trefferquote

```
Siehe Datei: fForecastHits.m
```

Die Trefferquote ist zwar anschaulich und leicht zu interpretieren, für die Einschätzung der ökonomischen Bedeutung eines Prognosemodells aber mitunter auch irreführend. So mag eine Trefferquote von 70% auf den ersten Blick sehr beeindruckend sein. Wenn jedoch die Treffer bei unbedeutenden Marktbewegungen erzielt wurden und die 30% der Fehlprognosen gerade bei den bedeutenden Marktbewegungen auftraten, so kann daraus trotzdem ein hoher Verlust resultieren. Um dieses Problem zu beseitigen, können die Treffer mit der erzielten Rendite gewichtet werden. Die so erhaltene Maßzahl wird mitunter auch in der Literatur als *Wegstrecke*[141] bezeichnet und ist nach Formel 4.108 definiert:

$$W = \frac{\sum_{t=1}^{T}(sign(\hat{y}_t)\cdot y_t)}{\sum_{t=1}^{T}|y_t|} \tag{4.108}$$

$sign(\hat{y}_t)$ Vorzeichen der Prognose von y zum Zeitpunkt t, implizit wird vorausgesetzt, dass y_t eine absolute oder relative Änderungsgröße ist

Die Intuition hinter der Formel 4.108 ist leicht nachvollziehbar. Angenommen sei, dass y_t eine absolute oder relative Wertänderung ist, also z.B. die stetige Rendite eines Assets zum Zeitpunkt t. Ebenfalls sei angenommen, eine fiktive Investorin würde nach dem folgenden, einfachen „Handelsmodell" agieren: Aufgrund der Renditeprognose $\hat{y}_t$ nimmt sie entsprechend dem Vorzeichen der Prognose am Markt eine Kauf- (positives Vorzeichen, ein Kursanstieg wird erwartet) oder Verkaufsposition (negatives Vorzeichen) ein. Die eingenommene Marktposition $sign(\hat{y}_t)$ wird mit der tatsächlich realisierten Rendite y_t multipliziert. Lag die Prognose richtig, so konnte die Rendite in Höhe von y_t als Gewinn realisiert werden. Lag die Prognose falsch, entstand in dieser Höhe ein Verlust. Der Zählerausdruck von Formel 4.108 enthält also die aufgrund der Prognose realisierten, kumulierten Renditen bzw. Gewinne respektive Verluste. Im Nenner steht die maximal erzielbare kumulierte Rendite bzw. Gewinn bei perfekter Voraussicht (Gewinn-Potenzial, Potenzial-Benchmark). Damit ist die Wegstrecke leicht zu interpretieren. Es ist ein auf das Intervall von $+1$ bis -1 normiertes Maß. Ein Wert von $+1$ zeigt ein perfektes Prognosemodell an, welches alle möglichen Gewinne realisieren konnte. Ein Wert von -1 bedeutet dagegen ein perfektes „Kontra-Modell". Bei einem Wert von um null wurden weder Gewinne, noch Verluste erzielt. Das Programmlisting 4.56 zeigt eine Funktion zur Berechnung der Wegstrecke.

Quellcode 4.56: Funktion zur Berechnung der Wegstrecke und Sharpe-Ratio

```
Siehe Datei: fForecastProfits.m
```

[140] Im Kapitel 5.4.2 werden Hypothesentests vorgestellt, mit den die statistische Güte von Trefferquoten beurteilt werden kann. Neben der Frage, ob die Trefferquote sich statistisch von Zufall unterscheidet („Trefferquote ist 50%"), wird auch die Frage nach der zeitlichen (Un-) Abhängigkeit der Treffer beantwortet.

[141] Vgl. z.B. PODDIG (1999), S. 466 f. und die dort angegebene Literatur.

Die Funktion `fForecastProfits` berechnet im Programmlisting 4.56 drei ökonomische Gütemaße, indem das einfache Handelsmodell der oben beschriebenen, fiktiven Investorin in der beschriebenen Weise simuliert wird. Zunächst wird der Zählerausdruck von Formel 4.108 ermittelt, welcher die kumulierte Rendite bzw. Gewinn des einfachen Handelsmodells darstellt. Diese kumulierte Rendite bzw. Gewinn wird dann mit der maximal möglichen kumulierten Rendite bzw. Gewinn normiert, womit sich die Wegstrecke ergibt. Zusätzlich kann mit den ohnehin ermittelten Zwischenergebnissen auch die Sharpe-Ratio des einfachen Handelsmodells ermittelt werden. Dazu wird der Mittelwert des Zählerausdrucks nach Formel 4.108 berechnet, welcher bei stetigen Renditen die mittlere erzielte stetige Rendite darstellt. Von dieser mittleren Rendite wird der risikofreie Zinssatz abgezogen und die Differenz durch die Standardabweichung der Renditen des einfachen Handelsmodells dividiert. Das Ergebnis ist das bekannte Sharpe-Maß, welches die erzielte mittlere Überschussrendite pro Risikoeinheit (gemessen an der Standardabweichung) ausdrückt. Je größer dieser Wert, desto ökonomisch wertvoller ist das getestete Prognosemodell.

Zur grafischen Analyse der Leistungsfähigkeit eines Prognosemodells bieten sich zunächst einfache Liniencharts und Scatterplots an, mit welchen der tatsächliche Verlauf und der prognostizierte Verlauf einer Zeitreihe gegenübergestellt werden. Diese Arten von Grafiken wurden bereits behandelt. Eine interessante dritte Möglichkeit besteht darin, die kumulierten quadratischen Fehler des Benchmark-Prognosemodells im Zeitablauf zu berechnen und davon die kumulierten quadratischen Fehler des Prognosemodells abzuziehen. Formel 4.109 definiert diese Berechnung.

$$CDSFE_\tau = \sum_{t=1}^{\tau}(y_t - \hat{y}_t^B)^2 - \sum_{t=1}^{\tau}(y_t - \hat{y}_t^P)^2 \tag{4.109}$$

$CDSFE_\tau$ *Cumulated Differences in Squared Forecasting Errors* (CDSFE) zum Zeitpunkt τ

$\hat{y}_t^B$ prognostizierter Wert von y durch das Benchmark-Prognosemodell B zum Zeitpunkt t

$\hat{y}_t^P$ prognostizierter Wert von y durch das zu testende Prognosemodell P zum Zeitpunkt t

Der Verlauf des $CDSFE$ im Zeitablauf, dargestellt als Linienchart, ist sehr anschaulich interpretierbar. Ein positiver Wert zum Zeitpunkt τ bedeutet, dass bis zu diesem Zeitpunkt die Summe der kumulierten, quadrierten Prognosefehler beim Benchmarkmodell größer als beim zu testenden Modell ist. Ein negativer Wert zeigt eine größere Summe der kumulierten quadrierten Prognosefehler beim zu testenden Modell an. Ein gutes Prognosemodell sollte stets positive und monoton ansteigende Werte des $CDSFE$ im Zeitablauf besitzen. Das Programmlisting 4.57 zeigt eine Funktion zur Berechnung des $CDSFE$.

Quellcode 4.57: Funktion zur Berechnung des CDSFE

```
Siehe Datei: fForecastCDSFE.m
```

Das Demoskript 4.58 zeigt die Berechnung aller oben vorgestellten Performancemaße für die drei Benchmarkmodelle: Mittelwertmodell, naive Prognose und AR(1)-Modell. Damit die

Ergebnisse später zur Beurteilung der beiden Prognosemodelle vergleichbar sind, wurden alle drei Benchmarkmodelle in der statischen Variante berechnet.

Quellcode 4.58: Demoskript zur Berechnung der Performancemaße

```
Siehe Datei: bDemoPrognosemodellBenchmark.m
```

Kennzahl	Mittelwertmodell	Naive Prognose	AR(1)-Modell
MSE	0,0020	0,0036	0,0020
RMSE	0,0443	0,0601	0,0442
MAE	0,0339	0,0434	0,0338
MAPE	1,2928	3,2812	1,3224
Korrelation	0	0,0790	0,0790
Trefferquote	0,6350	0,5700	0,6300
Wegstrecke	0,1977	0,0795	0,1705
Sharpe-Ratio	0,1588	0,0632	0,1365

Tabelle 4.15.: Gegenüberstellung der Performancemaße für die drei Benchmarkmodelle.

Die Tabelle 4.15 zeigt die Gegenüberstellung der Performancemaße für alle drei Benchmark-Prognosemodelle im Out-of-Sample-Test.

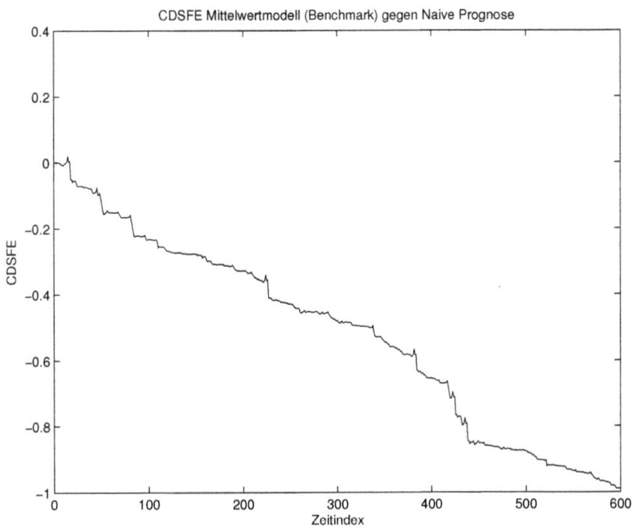

Abbildung 4.6.: CDSFE Mittelwertmodell (Benchmark) gegen naive Prognose.

Dabei unterscheiden sich die Ergebnisse des Mittelwertmodells und des AR(1)-Modells voneinander nur unwesentlich. Deutlich erkennbar ist aber das schlechte Abschneiden der naiven Prognose im Vergleich zum Mittelwertmodell oder dem AR(1)-Modell, was auch durch die

Abbildung 4.6 bestätigt wird. Die Werte des CDSFE sind im Zeitablauf durchgängig negativ und fast monoton fallend, was auf ein nahezu durchweg schlechtes Prognosemodell hinweist.[142]

Der abschließende Schritt besteht darin, die beiden Prognosemodelle (das hier automatisch identifizierte sowie das Referenzmodell) dem Backtest zu unterziehen. Das Demoskript 4.59 zeigt den vierten Teil der Entwicklung und des Tests des Prognosemodells.

Quellcode 4.59: Vierter Teil des Demoskriptes zur Entwicklung des Prognosemodells

```
Siehe Datei: bDemoPrognosemodellTeil4.m
```

Die Tabelle 4.16 zeigt die Performancemaße für das Prognose- und Referenzmodell, wobei zu leichteren Vergleichszwecken noch einmal die Spalte für das Mittelwertmodell (erste Benchmark) aufgeführt ist.

Kennzahl	Mittelwertmodell	Prognosemodell	Referenzmodell
MSE	0,0020	0,0019	0,0019
RMSE	0,0443	0,0430	0,0431
MAE	0,0339	0,0328	0,0329
MAPE	1,2928	1,5158	1,4371
Korrelation	0	0,2390	0,2359
Trefferquote	0,6350	0,6300	0,6450
Wegstrecke	0,1977	0,2491	0,2868
Sharpe-Ratio	0,1588	0,2016	0,2336

Tabelle 4.16.: Gegenüberstellung der Performancemaße für die Prognosemodelle.

Im Vergleich zum ersten Benchmarkmodell (Mittelwertmodell) schneiden beide Prognosemodelle leicht besser ab. Dabei ist der Befund auf den statistischen Gütemaßen uneinheitlich. Hinsichtlich der Maße MSE, RMSE und MAE sind die beiden Prognosemodelle marginal besser als das Benchmarkmodell, beim MAPE liegt dieses klar vorn. Die aus ökonomischer Sicht bedeutsameren Gütemaße Wegstrecke und Sharpe-Ratio zeigen eine leichte Überlegenheit der beiden Prognosemodelle. Der Vergleich der beiden Prognosemodelle, das hier entwickelte Modell und das Referenzmodell aus der Vorlage, lässt keine Unterschiede erkennen; beide Modelle scheinen gleichwertig zu sein.

Der CDSFE-Chart verläuft für beide Modelle (Prognosemodell, Referenzmodell) im positiven Bereich, was anhand der Ergebnisse in Tabelle 4.16 zu erwarten war. Aus Platzgründen ist hier nur der CDSFE-Chart für das hier entwickelte Prognosemodell in Abbildung 4.7 dargestellt. Danach scheint das Prognosemodell im Wesentlichen das Benchmarkmodell systematisch zu übertreffen, also kontinuierlich geringere Prognosefehler zu produzieren.

Interessant ist es hier auch zu fragen, ob das „manuell" entwickelte Referenzmodell besser als das automatisch generierte Prognosemodell ist, weshalb letzteres als Benchmark für das Referenzmodell dienen soll. Das Ergebnis der Analyse zeigt Abbildung 4.8. Der Chart fluktuiert sehr stark

[142] Wendet man die drei Benchmarkmodelle auf die Daten der originären Fallstudie an, so ergibt sich qualitativ exakt derselbe Befund. Die mit künstlich generierten Daten gewonnenen Ergebnisse bestätigen (qualitativ) auch hier diejenigen auf den realen Daten.

um die Nulllinie und zeigt auch keine Tendenz. Dabei wechseln sich Phasen der Überlegenheit des Referenzmodells mit Phasen der Überlegenheit des hier entwickelten Prognosemodells ab. Daher erscheint es, als ob beide Modelle annähernd gleich gut bzw. schlecht arbeiten, was auch schon durch die statistischen und ökonomischen Performancekennzahlen belegt wird.

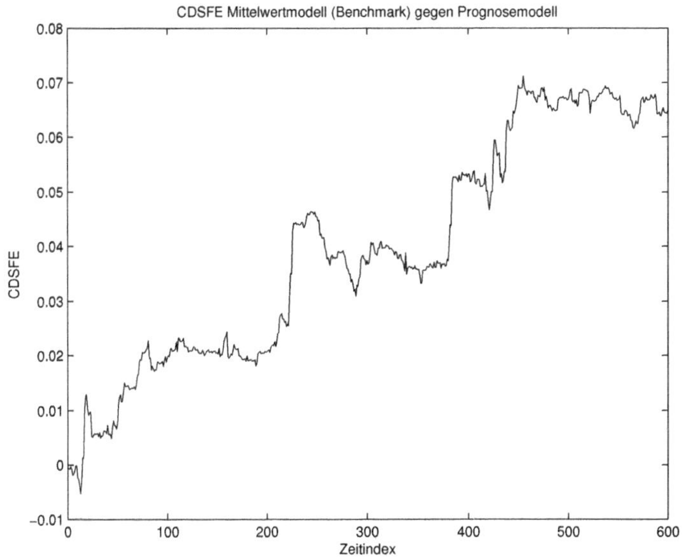

Abbildung 4.7.: CDSFE Mittelwertmodell (Benchmark) gegen Prognosemodell.

Damit sind die statische Entwicklung und Test des Prognosemodells abgeschlossen. Alle vorgestellten Verfahrensschritte können sich genauso gut mit Hilfe einer Standard-Ökonometrie-Software vollziehen lassen. Gleichzeitig enden aber an dieser Stelle die Möglichkeiten einer Standard-Ökonometriesoftware. Die jetzt kommenden Schritte lassen sich damit nicht mehr sinnvoll „manuell“ bewältigen. So würde man in der Realität wohl kaum einmal ein Modell entwickeln und dann unverändert für 600 Monate wie in dieser Fallstudie für die Prognose verwenden. Ein erster, sehr naheliegender Schritt der Verbesserung wäre es, in jedem Prognosezeitpunkt anhand der aktuell bekannten Daten das Prognosemodell nachzuschätzen. Dabei bleibt die grundsätzliche Struktur des Modells erhalten, aber die Parameter (hier Regressionskoeffizienten) werden aktualisiert. Ein noch weitergehender Schritt ist die komplette Neuentwicklung des Prognosemodells in jedem Prognosezeitpunkt. Dies ist nur sinnvoll mit CF möglich und wird später in Kapitel 6 ausführlich behandelt. In dem folgenden Kapitel soll als kurzer Ausblick die rollierende Nachschätzung der Modellparameter betrachtet werden.

4.6.4. Nachschätzung der Modellparameter

Die „Nachschätzung“ der Modellparameter in jedem Prognosezeitpunkt lässt sich am einfachsten durch eine benutzerdefinierte Funktion realisieren, die im Prinzip identisch aufgebaut ist, wie

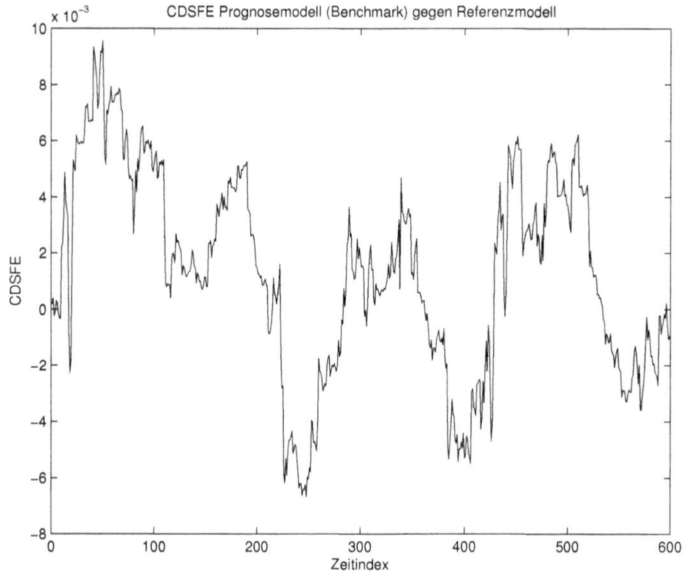

Abbildung 4.8.: CDSFE Prognosemodell (Benchmark) gegen Referenzmodell

die oben vorgestellten Funktionen zur Schätzung der Benchmark-Prognosemodelle. Dort sind bereits die Möglichkeiten einer rollierenden Neuschätzung der Modellparameter in Form eines fixierten oder expandierenden Zeitfensters vorgesehen. Die dort vorgestellte Vorgehensweise muss hier einfach nur auf das Regressionsmodell übertragen werden, wie es das Programmlisting 4.60 zeigt.

Quellcode 4.60: Funktion zur Durchführung einer rollierenden Regression

```
Siehe Datei: fRollRegress.m
```

Die Integration dieser Funktion in das Demoskript 4.59 ist einfach möglich. Dazu muss die Matlab-Anweisung zur Berechnung der Prognose `vYhatP = mXoutP * rResult.vBeta;` durch den Aufruf der Funktion `fRollRegress` ausgetauscht werden. Zuvor müssen die Inputparameter für `fRollRegress` vorbereitet werden. Aus Gründen der Konsistenz sollte ferner das Benchmark-Prognosemodell ebenfalls rollierend nachgeschätzt werden. Die dafür notwendigen Codeanpassungen im Demoskript 4.59 sind allerdings so geringfügig, dass auf eine erneute Darstellung des im wesentlichen identischen Demoskriptes hier verzichtet wird.[143] Die Durchführung des Backtests mit rollierender Neuschätzung der Parameter ergibt die in Tabelle 4.17 dargestellten Ergebnisse.

Die Ergebnisse der rollierend nachgeschätzten Prognosemodelle unterscheiden sich kaum von den vorhergehenden Ergebnissen. Insgesamt scheint die rollierende Nachschätzung nur eine

[143] Im Begleitmaterial findet sich die bereits angepasste Demo unter `bDemoPrognosemodellTeil5`.

Kennzahl	Prognosemodell, statisch	rollierend	
		fixes Zeitfenster	expandierend
MSE	0,0019	0,0019	0,0019
RMSE	0,0430	0,0431	0,0431
MAE	0,0328	0,0329	0,0329
MAPE	1,5158	1,5444	1,5292
Korrelation	0,2390	0,2340	0,2363
Trefferquote	0,6300	0,6300	0,6300
Wegstrecke	0,2491	0,2317	0,2492
Sharpe-Ratio	0,2016	0,1869	0,2017

Tabelle 4.17.: Gegenüberstellung der Performancemaße für die Prognosemodelle bei rollierender Analyse.

unbedeutende Veränderung zu bringen - wenn überhaupt. Bei näherer Betrachtungen sind die hier erzielten Ergebnisse aber auch nicht überraschend. Die verwendeten Daten wurden mittels eines Block-Bootstrap-Verfahrens konstruiert, also durch Ziehen-mit-Zurücklegen-Experimente aus einer stets gleichbleibenden „Urne“ gezogen. Dynamische Nachschätzungen der Modelparameter entfalten dann ihre Vorteile, wenn der datengenerierende Prozess sich im Zeitablauf allmählich ändert (hier eignet sich das fixe Zeitfenster) oder man anfänglich mit einer sehr kleinen Stichprobe starten muss. Bleibt im letzteren Fall der datengenerierende Prozess im Zeitablauf stabil, so verringern sich bei einem expandierenden Zeitfenster sukzessive die Schätzfehler (durch die größer werdende Lernstichprobe) und das Modell wird valider. Weder der erste, noch der zweite Umstand ist hier relevant. Der datengenerierende Prozess ist konstruktionsbedingt hier stabil und die anfängliche Lernstichprobe mit 600 Beobachtungen ist schon recht umfangreich. Daher sind besondere Vorteile einer rollierenden Nachschätzung hier nicht zu erwarten.

Mit einem kleinen Simulationsexperiment lässt sich diese Erläuterung illustrieren: Dazu ist in `bDemoPrognosemodellTeil5` bereits ein auskommentierter Codeabschnitt vorgesehen, der zu aktivieren ist. Hier wird die initiale Lernstichprobe auf 88 Beobachtungen gekürzt, die Anzahl der Out-of-Sample-Daten bleibt unverändert bei 600. Nun ist das Skript einmal statisch, also ohne dynamische Nachschätzung der Regressionskoeffizienten, und ein zweites Mal mit dynamischer Nachschätzung mit rollierend-expandierendem Zeitfenster auszuführen. Der MAPE verringert sich dabei von 1,8371 auf 1,6669, die Wegstrecke steigt von 0,2025 auf 0,2342 an. In ähnlicher Weise verbessern sich die übrigen Gütemaße. Dies illustriert, dass unter bestimmten Begleitumständen rollierende Modellschätzungen sehr sinnvoll sein können.

Interessanter ist es dagegen, die komplette Modellentwicklung rollierend (dynamisch) neu zu durchlaufen. Neben einer rollierend dynamischen Neuentwicklung ist es für die Bildung von Portfolios erforderlich, mehrere Assets gleichzeitig zu prognostizieren. Dabei werden neben den Rendite- auch Risikoprognosen benötigt. Beide Prognosen müssen dann mit Hilfe einer Portfoliooptimierung in eine anschließende Asset Allocation überführt werden. Am Ende stellt sich dann die Frage, ob ein solcher Portfoliomanagementprozess eine Überrendite gegenüber einer Benchmark erzielt, wofür ebenfalls der Baustein der Performancemessung bzw. Performanceanalyse mit integriert werden muss. Für eine fortgeschrittene Beurteilung ist folglich eine

Simulation des gesamten Portfoliomanagementprozesses notwendig. Die damit einhergehende Modellierung dieses speziellen Geschäftsprozesses ist Gegenstand von Kapitel 6.

4.7. Zwischenfazit

Finanzökonometrische Verfahren besitzen als Prozesskomponenten im CF eine große Bedeutung. Im Portfoliomanagementprozess sind sie insbesondere im Teilprozess der Finanzanalyse anzutreffen. Aufgabe der Finanzanalyse ist es ganz allgemein, die Attraktivität der zur Verfügung stehenden Anlageobjekte zu beurteilen. Ergebnisse solcher Finanzanalysen können allgemein gehaltene Beurteilungen, Kauf- bzw. Verkaufempfehlungen bis hin zu Rendite- (siehe dazu Kapitel 4.6), Varianz- und Kovarianzprognosen sein, die dann später in der Prozessstufe der Portfoliorealisierung weiter verarbeitet werden. Finanzökonometrische Verfahren kommen genauso in der letzten Prozessstufe, der Performanceanalyse und Performancemessung zum Einsatz, wie es am Beispiel der Bestimmung von Selektions- und Timingfähigkeit in Kapitel 4.3 gezeigt wurde. Neben dem Portfoliomanagementprozess werden finanzökonometrische Verfahren genauso im Risikomanagementprozess eingesetzt, wo sie z.B. im Rahmen der Risikoanalyse zur Risikomodellierung dienen.

Finanzökonometrische Verfahren besitzen auch in der empirischen Kapitalmarktforschung eine große Bedeutung. Ein wichtiges Anwendungsfeld ist hier die Implementation von (Risiko-) Faktormodellen, um damit erwartete Renditen von Assets zu schätzen. Die in diesem Kapitel behandelten Methoden stellen dafür wichtige Grundlagen dar.

In Abgrenzung von CF zu Computational Statistics ist dabei nicht die computerunterstützte Umsetzung der Verfahren per se das Ziel, sondern vor allem deren Integration als Prozesskomponente innerhalb eines größeren (Geschäfts-) Prozessmodells. Daher ist die gerade präsentierte Fallstudie aus Kapitel 4.6 hier noch nicht beendet. Wir werden diese Fallstudie nahezu nahtlos in Kapitel 6.2 wieder aufgreifen, jedoch in einem veränderten Kontext. Dort wird es darum gehen, das bis zu diesem Punkt entwickelte Renditeprognosemodell als Prozesskomponente der Finanzanalyse innerhalb einer umfassenderen Simulation des gesamten Portfoliomanagementprozesses fortzuentwickeln.

5. Stochastische Simulationen im Computational Finance

Lese- und Arbeitshinweise:
In diesem Kapitel werden ausgewählte Simulationsverfahren, ihre Umsetzung mithilfe des Programmierwerkzeugs Matlab und ihre Anwendung zur Beantwortung finanzwirtschaftlicher Fragestellungen dargestellt. In Abhängigkeit von dem konkreten Anwendungsgebiet lassen sich verschiedene Simulationstechniken unterscheiden. Entsprechend finden sich in der Literatur vor allem Werke, welche sich bei der Darstellung auf die für ein bestimmtes Anwendungsfeld geeigneten Simulationstechniken beschränken. Nur wenige Arbeiten setzen sich ganz allgemein mit Simulationstechniken auseinander [z.B. ZEIGLER et al. (2000)]. Wir verstehen unter Simulation im Folgenden die Generierung künstlicher Daten zur Replikation und Analyse realer Zusammenhänge. Im Vordergrund dieses Kapitels stehen diejenigen Simulationsverfahren, welche für die Beantwortung finanzwirtschaftlicher Fragestellungen von Bedeutung sind. Für das Studium dieses Kapitels wird die Kenntnis der Inhalte aus den Kapiteln 2-4 empfohlen. Das Kapitel 5.1 führt allgemein in die Thematik der Simulation und ihre Anwendung im CF ein. In den Kapiteln 5.2 und 5.3 werden einige zentrale Simulationstechniken vorgestellt und ihre Anwendung in Kapitel 5.4 demonstriert. Konkret befasst sich das Kapitel 5.2 mit der Erzeugung von Zufallszahlen, welche die gewünschten Verteilungseigenschaften aufweisen. Ein wichtiges Mittel hierfür ist die Inversionstransformationsmethode. Sie ist zentraler Gegenstand des Kapitels 5.2. Nach einer Aufarbeitung ihres theoretischen Hintergrunds wird erläutert, wie mit ihrer Hilfe Zufallszahlen auf Basis theoretischer oder empirischer Verteilungen abgeleitet werden können. Den Abschluss des Kapitels 5.2 bilden Tests zur Güte von Zufallszahlen. Die Güte von Zufallszahlen hängt unmittelbar mit der Aussagekraft einer Simulation zusammen. Das Kapitel 5.3 widmet sich der zeitlichen Anordnung einer endlichen Folge von Zufallszahlen. Diese werden als stochastische Prozesse bezeichnet. Zu unterscheiden sind hierbei uni- und multivariate stochastische Prozesse. Bei univariaten Prozessen werden keine Abhängigkeiten zwischen Variablen berücksichtigt, bei multivariaten Prozessen dagegen schon. Eine zentrale Herausforderung bei multivariaten Prozessen stellt daher die Herstellung der Abhängigkeiten zwischen Variablen im Rahmen von Simulationen dar. Dies ist zentraler Gegenstand des Kapitels 5.3. Im Kapitel 5.4 wird die Vorgehensweise bei der Anwendung von Simulationen anhand ausgewählter Beispiele demonstriert. Im Vordergrund stehen dabei die Fragestellungen, ob (1) klassische Risikokennzahlen geeignet sind, das Risiko in unterschiedlichen Marktphasen zu erfassen und (2) welche Determinanten für das Rendite-

Risiko-Profil der Wertsicherungsstrategie "Constant Proportion Portfolio Insurance"(CPPI) verantwortlich sind.

5.1. Einleitung

5.1.1. Zweck von stochastischen Simulationen

Simulationen stellen neben den Optimierungen eine der historisch frühesten Methodenfamilien im Computational Finance dar. Unter einer Simulation kann man sich ein Experiment für Modelle, Methoden oder Handelsstrategien vorstellen, in dem man die Rahmenbedingungen explizit vorgeben und variieren kann. Im Unterschied zu den meisten Methoden, die in den vorangegangenen Kapiteln diskutiert wurden, wird nicht nach einem Zusammenhang (z.B. Datengenerierungsprozess) in den empirischen Daten gesucht, sondern der „wahre" Zusammenhang explizit vorgegeben. Durch die Vorgabe von Zusammenhängen können die Eigenschaften von Modellen, Methoden oder Handelsstrategien durch die Simulationen unter variierenden Bedingungen untersucht werden. Das ist gerade dann vorteilhaft, wenn die Untersuchung von Annahmen, Methoden, Konzepten oder Strategien im Echteinsatz entweder nicht ratsam oder im Rahmen von „Trial-and-Error"-Versuchen nicht kostengünstig umzusetzen ist. Durch Simulationen kann man ein besseres Verständnis der Vor- und Nachteile von Modellen, Methoden oder Handelsstrategien und häufig auch die Notwendigkeit für Anpassungen und Erweiterungen gewinnen.

Die Bedeutung und die Spannweite der Einsatzgebiete von Simulationen haben in der finanzwirtschaftlichen Theorie und Praxis enorm an Bedeutung gewonnen. Simulationen werden angewendet, wenn die Anzahl der empirischen Beobachtungen gering ist, wie z.B. bei extremen Ereignissen (Finanzkrisen, Bankenzusammenbrüche, Kriegen, Naturkatastrophen etc.), oder wenn unerwünschte Seiteneffekte durch einen realen Versuch entstehen könnten. Man kann Simulationen auch benutzen, um systematisch neue (Markt-) Szenarien zu generieren. Die Generierung von neuen Szenarien ist wünschenswert, weil selbst die längste beobachtbare empirische Datenzeitreihe lediglich eine denkbare Realisation des Datengenerierungsprozesses darstellt. Simulationen sind auch sehr nützlich, wenn keine analytischen Lösungen eines Problems existieren oder eine analytische Lösung restriktive Annahmen (z.B. Normalverteilung, konstante Volatilität, Random-Walk) voraussetzt. In diesem Zusammenhang sind die simulationsbasierte Bewertung von Wertpapieren (z.B. von exotischen Optionen) und die Risikoschätzungen die prominentesten Beispiele der Anwendung von Simulationen im Rahmen von Computational Finance. Darüber hinaus hat die stetige Entwicklung der Computertechnologie den Einsatz rechenintensiver Simulationsmethoden deutlich erleichtert und zu ihrer Verbreitung beigetragen. Viele Simulationsverfahren zur Generierung künstlicher Daten und zur Validierung von Modellen und Verfahren lassen sich mit gängigen Büro-PCs umsetzen.

In den vorangegangenen Kapiteln sind die vorgestellten Methoden im Hinblick auf eine Anwendung in den Teilprozessen des Portfoliomanagements (PM) motiviert gewesen. Die Portfoliorealisierungsphase ist unzertrennlich mit den Optimierungstechniken aus dem Kapitel 3 verbunden. Die Regressionsanalyse aus dem Kapitel 4 kann wiederum in der Finanzanalyse und in der Performancemessung eingesetzt werden. Unabhängig von einem Einsatz im PM können die Optimierungstechniken ebenso mit einer Schätzung der Parameter in einer Regressionsanalyse kombiniert werden. Die MLE-Schätzung der Koeffizienten in den Kapiteln 4.4.1 und 4.4.3 sind Beispiele solcher Verknüpfungen der Methoden. Die Ermittlung der Teststatistiken für die diagnostischen Tests des geschätzten Regressionsmodells greift wiederum auf die Grundlagen der (statistischen) Verteilungen aus dem Kapitel 2.7 und der Hypothesentests aus dem Kapitel 2.8 zurück.

Diese Motivation gilt in analoger Weise für Simulationsmethoden. Sie lassen sich zunächst in jedem Teilprozess des PM einsetzten. Die Generierung von Marktszenarien zur Abschätzung von (Markt-) Risiken und die Sensitivitätsanalyse von Risikoschätzungen sind wichtige Bestandteile der Finanzanalyse und des Risikomanagements. Im Kapitel 5.4.2 werden Fallstudien vorgestellt, die sich an dieser Fragestellung orientieren. Darüber hinaus lassen sich Simulationen in anderen Kontexten einsetzen. Eines der prominentesten Anwendungsgebiete ist das Backtesting von Anlagestrategien, welches sowohl für historische Analysen als auch simulationsbasiert im Kapitel 5.4.3 dargestellt wird. Die Ermittlung von Konfidenzintervallen für Hypothesentests und für Teststatistiken ist ebenfalls eine Aufgabe, die mithilfe von Simulationen gelöst werden kann. Auf diese Aufgabe der Simulation wird im vorliegenden Kapitel auch eingegangen.

Bevor man spannende Untersuchungen vornehmen kann, ist es notwendig, sich Simulationsmethoden anzueignen. Die Variation von Rahmenbedingungen in einer Simulation erfolgt durch zufällig erzeugte Renditen von Wertpapieren. Da man einen Simulationsaufbau kostengünstig sehr häufig wiederholen kann, erzeugt man eine Vielzahl von Renditepfaden, die als Szenarien für die eigentliche Untersuchung der interessierenden Zielgröße (z.B. Performance einer Handelsstrategie) dienen. Für die Zufälligkeit der Ergebnisse sorgen im Regelfall gleichverteilte Zufallszahlen. Grundsätzlich können Simulationsanalysen mit beliebigen Zufallszahlen erfolgen. Im Rahmen des Portfoliomanagements und des Risikomanagements ist man jedoch daran interessiert, Zufallszahlen zu generieren, die sich von empirischen Renditen nicht unterscheiden lassen. Im Kapitel 2.2.3 wurden Renditen von Wertpapieren als zufällige Realisationen eines Renditegenerierungsprozesses eingeführt. Dieses Verständnis von Renditen wird im Kontext von Simulationen vorausgesetzt. Damit die Renditen realitätsnah simuliert werden, werden gleichverteilte Zufallszahlen in eine Verteilung transferiert. Die wichtigsten theoretischen und empirischen Verteilungen für finanzwirtschaftliche Anwendungen und die Schätzung der jeweiligen Verteilungsparameter sind im Kapitel 2.7 eingeführt, auf die in diesem Kapitel zurückgegriffen wird. Die Methoden zur konkreten Transformation von Zufallszahlen in realitätsnahe, simulierte Renditen werden im Kapitel 5.2 erläutert.

Die Entwicklung der empirischen Renditen im Zeitablauf folgt einem Renditegenerierungsprozess, den man für eine Simulation vorab spezifizieren muss. Im Kapitel 2.2.3 ist der Random-Walk-Prozess (RW-Prozess) eingeführt, nach dem die Änderung von Preisen zwischen zwei Perioden zufällig erfolgt. Neben dem RW-Prozess kommen auch Faktormodelle (als bereits geschätzte Regressionsmodelle) in Simulationen zum Einsatz. Ferner kann man Modelle mit zeitverzögertem (adaptivem) Lernen, Multi-Agenten-Modelle, Financial-Contagion-Modelle u.v.m. zur Vorgabe des Zusammenhangs heranziehen, nach dem die simulierten Renditen generiert werden. Die Induzierung des Renditegenerierungsprozesses in die simulierten Renditen (mit und ohne Beibehaltung von Korrelationsstruktur) wird Gegenstand des Kapitels 5.3 sein.

Ähnlich zu den vorgestellten Methoden in den vorangegangenen Kapiteln sind Simulationstechniken unverzichtbare Werkzeuge des Portfoliomanagements. Ihre Anwendung ist aber keinesfalls auf das Portfoliomanagement beschränkt. Die grundsätzliche Vorgehensweise beim Aufbau einer Simulation wird im nachfolgenden Kapitel beschrieben. Um die Bedeutung der stochastischen Simulation hervorzuheben, werden alle Datensätze in den bisherigen Kapiteln 2-4 mittels Simulationen generiert.[1] Die dazu notwendigen Methoden und Verfahren sind Gegensand des vorliegenden Kapitel.

5.1.2. Aufbau von Simulationen

Ganz allgemein versteht man unter einer Simulation[2] eine Klasse von Methoden zur Generierung künstlicher Daten zwecks Nachbildung und Untersuchung realer Zusammenhänge. Unter einer Finanzmarktsimulation verstehen wir die zielgerichtete Nachbildung von relevanten Finanzmarktvorgängen. Die Ziele von Finanzmarktsimulationen können die Bestimmung des fairen Wertes von Wertpapieren, die Ermittlung von Risiken einer Investition, die Analyse der Rendite-Risiko-Eigenschaften von Anlagestrategien u.Ä sein. Mit einem relevanten Finanzmarktvorgang ist in diesem Buch im Regelfall die Entwicklung einer oder mehrerer finanzwirtschaftlicher Zeitreihen, z.B. Entwicklung von Preis- oder Indexständen über einen Zeitraum, gemeint. Grundsätzlich können es aber auch Jahresabschlussdaten von Unternehmen sein, wenn z.B. Diskriminierungseigenschaften von Ratingverfahren oder anderen Mustererkennungsverfahren analysiert werden sollen. Im Folgenden wird der Begriff Simulation als Synonym zum Begriff Finanzmarktsimulation verwendet.

Simulationen können deterministisch oder stochastisch sein. Das Charakteristikum einer deterministischen Simulation ist der Verzicht auf die Nutzung von Zufallszahlen. Vielmehr sind die Eingangsdaten fest vorgegeben und aufgrund von veränderten Modelleinstellungen oder veränderten Restriktionen ergeben sich unterschiedliche Resultate der Simulation. Als Beispiele seien historische Simulationen, diskutiert im Kapitel 5.4.3.1, genannt. Derartige Vorgehensweisen werden auch als Sensitivitätsanalysen oder Szenarioanalysen bezeichnet. Im erstgenannten Fall möchte man gezielt untersuchen, welche Parametereinstellungen zu kritischen Werten der interessierenden Zielgröße führen. Im zweiten Fall werden gezielt bestimmte Parameterkonstellationen (Szenarien) untersucht. Dagegen werden Zufallszahlen in eine stochastische Simulation einbezogen. Im einfachsten Fall können direkt Zufallszahlen mit den Eigenschaften von empirischen Beobachtungen generiert werden, um die Eigenschaften eines Modells zu analysieren. Dieser einfachste Ansatz wurde bereits mehrfach in diesem Buch, wie z.B. im Kapitel 2.4.3 oder 4.4.3, angewendet. Im Folgenden liegt der Fokus auf der stochastischen Simulation.

Der grundsätzliche Aufbau einer Finanzmarktsimulation ist in der Abbildung 5.1 dargestellt. Im ersten Schritt („Problemformulierung“) wird das Analyseziel formuliert. Eine Investorin könnte die Eigenschaften einer Anlagestrategie analysieren oder ein neues Finanzmarktprodukt bewerten wollen. In diesem Schritt wird das eigentliche Ziel und die interessierende Messgröße („Zielgröße“) festgelegt. In einem zweiten Schritt („Orginären Datensatz sammeln“) werden

---

1 Die Vorgehensweise zur Generierung der Daten wird im Kapitel 5.A beschrieben.

2 Neben dem Begriff Simulation werden in der Literatur auch die Begriffe Monte-Carlo-Simulation und Monte-Carlo-Methoden verwendet. Alle drei Begriffe werden hier synonym benutzt. Zusätzlich unterscheidet man zwischen deterministischen und stochastischen Simulationen. In diesem Kapitel meint der Begriff Simulation ausschließlich stochastische Simulation.

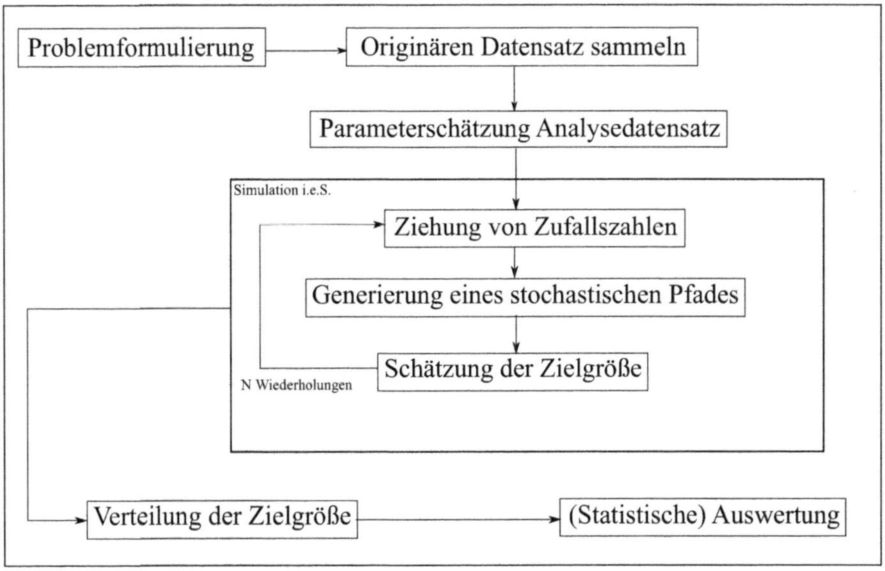

Abbildung 5.1.: Aufbau einer Simulation

empirische Daten gewonnen, die eine historisch-empirische Analyse des Problems erlauben. Aus diesem Datensatz wird ein Analysedatensatz vorbereitet, den man für die Untersuchung der eigentlichen Fragestellung benötigt. Ein einfaches Beispiel wäre die Transformation von Preisen (originärer Datensatz) in Renditen (Analysedatensatz). Basierend auf dem Analysedatensatz werden in einem dritten Schritt die benötigten Parameter für die Simulation geschätzt („Parameterschätzung Analysedatensatz"). Falls keine empirischen Daten verfügbar sind, müssen die Parameter geeignet angenommen werden, z.B. durch Expertenbefragungen u.Ä. Neben einem adäquaten Datensatz ist dieser Schritt der wichtigste und anspruchsvollste im Rahmen der Simulation. Bei der Beschreibung der Simulationstechniken wird oftmals davon ausgegangen, dass die Parameter gegeben sind und die Nachbildung der empirischen Zusammenhänge erlauben. Die Schätzung der notwendigen Parameter wird in diesem Buch bereits an mehreren Stellen besprochen und wird in diesem Kapitel nicht wiederholt. Die Parameterschätzung von Verteilungsfunktionen wird im Kapitel 2.7 diskutiert. Die Schätzung linearer Regressionsmodelle ist im Kapitel 4 umfangreich dargestellt. Die Kenntnis dieser Kapitel wird in diesem Kapitel als bekannt vorausgesetzt.

Die eigentliche Simulation beginnt in einem vierten Schritt („Ziehung von Zufallszahlen") durch die Generierung von Zufallszahlen, die gewünschte Eigenschaften aufweisen. Die Erzeugung von Zufallszahlen auf einem deterministisch arbeitenden Computer ist keinesfalls so trivial, wie es vielleicht auf den ersten Blick erscheinen mag, da ein deterministischer Automat grundsätzlich keine Zufälligkeit erzeugen kann. Es existieren verschiedene Algorithmen zur Generierung von (gleichverteilten) Zufallszahlen. Dabei handelt es sich aber nicht um echte Zufallszahlen, sondern um sogenannte Pseudo-Zufallszahlen, welche die wesentlichen statistischen Eigenschaften echter Zufallszahlen besitzen, es selber aber eben nicht sind. Wir diskutieren dies später ausführlicher und stellen Hypothesentests vor, mit denen die Güte von Zufallszahlen (insb. ihre Zufälligkeit) überprüft wird. Ferner wurden verschiedene Ansätze vorgeschlagen, um die gleichverteilten Zufallszahlen in die Zufallszahlen mit gewünschten Eigenschaften zu transformieren. Um realitätsnahe Eigenschaften von Finanzmarktzeitreihen nachbilden zu können, ist es in einem fünften Schritt („Generierung eines stochastischen Pfades") notwendig, einen stochastischen Prozess zu definieren. Im einfachsten Fall kann ein „Random-Walk" angenommen werden. Der Nutzung von Modellen, die die Zusammenhänge eines Finanzmarktes im Rahmen von Simulationen repräsentieren, sind dabei grundsätzlich keine Grenzen gesetzt. Es könnten univariate und multivariate Regressionsmodelle, GARCH-Modelle o.Ä. herangezogen werden. Im sechsten Schritt („Schätzung der Zielgröße") wird die Zielgröße mit Hilfe des stochastischen Prozesses und basierend auf Zufallszahlen berechnet. Die Schritte 4-6 sind anschließend N mal zu wiederholen. Als Ergebnis der Simulation erhält man N Werte der Zielgröße, die ihre Verteilung beschreiben. Anschließend sind weitergehende Auswertungen bzgl. der Zielgröße vorzunehmen.

5.2. Erzeugung von Zufallszahlen

Skript/Funktion	Beschreibung	Matlab	Octave	Toolboxen
bDemoSimNormRet.m	Einführendes Skript zur Erzeugung von Zufallszahlen	X	X	keine
bDemoSimNormMultiAssetRet.m	Einführendes Skript zur Erzeugung von normalverteilten Renditen für den Mehr-Asset-Fall	X	X	keine
fITM.m	Funktion generiert standardverteilte Zufallszahlen anhand theoretischer Verteilungen (Normal-, t-, F- und χ^2-Verteilung)	X	X	keine
bDemofITM.m	Skript demonstriert die Nutzung der Funktion fITM	X	X	keine
fSimRetTheorDistr.m	Funktion generiert Zufallszahlen anhand theoretischer Verteilungen (Normal-, t-, F- und χ^2-Verteilung) angepasst auf einen empirischen Datensatz	X		keine
fSimRetTheorDistr_oct.m	Funktion generiert Zufallszahlen anhand theoretischer Verteilungen (Normal-, t-, F- und χ^2-Verteilung) angepasst auf einen empirischen Datensatz, Octave-Version		X	keine
bDemoSimRetTheoretischeVerteilung.m	Skript zeigt die Nutzung der Funktion `fSimRetTheorDistr.m` auf	X		keine

Tabelle 5.1.

Skript/Funktion	Beschreibung	Matlab	Octave	Toolboxen
bDemoSimRetTheoretischeVerteilung_oct.m	Skript zeigt die Nutzung der Funktion fSimRetTheorDistr_oct.m auf, Octave-Version		X	keine
fSimReturnsEcdf.m	Erzeugung von Zufallszahlen anhand der empirischen Verteilungsfunktion	X		keine
fSimReturnsEcdf_oct.m	Erzeugung von Zufallszahlen anhand der empirischen Verteilungsfunktion, Octave-Version		X	keine
fSimReturnsKsdensity.m	Erzeugung von Zufallszahlen anhand Gauss-Kerndichtefunktion und Silverman-Faustformel für die Bandweitenschätzung	X		keine
fSimReturnsKsdensity_oct.m	Erzeugung von Zufallszahlen anhand Gauss-Kerndichtefunktion und Silverman-Faustformel für die Bandweitenschätzung, Octave-Version		X	keine
bDemoSimRetEmpirischeVerteilung.m	Skript zeigt die Erzeugung von Zufallszahlen basierend auf empirischen Verteilungen auf	X		keine
bDemoSimRetEmpirischeVerteilung_oct.m	Skript zeigt die Erzeugung von Zufallszahlen basierend auf empirischen Verteilungen auf, Octave-Version		X	keine
bDemoSimVergleichEmpTheorVert.m	Vergleich erzeugter Zufallszahlen aus theoretischen und empirischen Verteilungen basierend auf empirisch geschätzten Verteilungsparametern	X		keine
bDemoSimVergleichEmpTheorVert_oct.m	Vergleich erzeugter Zufallszahlen aus theoretischen und empirischen Verteilungen basierend auf empirisch geschätzten Verteilungsparametern, Ocatve-Version		X	keine
fRandNumbTest.m	Führt statistische Hypothesentests bzgl. der Güte von gleichverteilten Zufallszahlen durch	X	X	keine
fHistRandNumTest.m	Vektorisierte Funktion fHist zur Berechnung der absoluten Häufigkeiten	X	X	keine
bDemoZufallszahlen.m	Nutzung der Funktion fRandNumbTest	X		keine
bDemoZufallszahlen_oct.m	Nutzung der Funktion fRandNumbTest, Octave-Version		X	keine
fStratifiedSampling.m	Erzeugt gleichverteilte Zufallszahlen durch geschichtete Stichprobe	X		keine

Tabelle 5.1.

Skript/Funktion	Beschreibung	Matlab	Octave	Toolboxen
fStratifiedSampling_oct.m	Erzeugt gleichverteilte Zufallszahlen durch geschichtete Stichprobe, Octave-Version		X	keine
bDemoStratified-Sampling.m	Nutzung der Funktion `fStratifiedSampling` und Vergleich mit der klassichen ITM	X		keine
bDemoStratified-Sampling_oct.m	Nutzung der Funktion `fStratifiedSampling_oct` und Vergleich mit der klassichen ITM, Octave-Version		X	keine
bDemoVergMeanEst-StSaTwister.m	Varianzreduktion der Schätzer nach der Anwendung von Stratified Sampling im Vergleich zur klassischen ITM	X		keine
bDemoVergMeanEst-StSaTwister_oct.m	Varianzreduktion der Schätzer nach der Anwendung von Stratified Sampling im Vergleich zur klassischen ITM, Octave-Version		X	keine

Tabelle 5.1.: Übersicht verwendeter Skripte und Funktionen. Unter Matlab werden in diesem Buch die Statistics und Optimization Toolbox vorausgesetzt, sie werden deshalb nicht explizit in der Spalte „Toolboxen" ausgewiesen.

5.2.1. Einleitung

Die Generierung von Zufallszahlen kann grundsätzlich auf zwei Arten erfolgen. Zum einen können echte Zufallszahlen durch physikalisch zufällige Vorgänge gewonnen werden. Beispiele dafür sind die Zerfallsprozesse von Atomen, thermisches Rauschen u.Ä. Da diese Prozesse von Natur aus zufällig sind, werden diese Zufallszahlen als echt bezeichnet. Zum anderen können Zufallszahlen durch einen Algorithmus von einem Computer generiert werden. Da ein Computer deterministisch aufgebaut ist und der Algorithmus ebenso deterministisch ist, werden solche Zufallszahlen als *Pseudozufallszahlen* bezeichnet. Der Vorteil natürlicher Zufallszahlen liegt in ihrer intrinsischen Zufälligkeit. Die Zufälligkeit von Ereignissen, die man mithilfe der Zufallszahlen replizieren will, ist von enormer Bedeutung für das Risikomanagement und die Bewertung von Wertpapieren. Einem breiten Einsatz von echten Zufallszahlen stehen jedoch mehrere Nachteile gegenüber. Der Aufbau eines echten Zufallsgenerators ist sehr anspruchsvoll, kann mitunter auch recht teuer sein und ist langsam bei der Erzeugung vieler neuer Zufallszahlen. Die Nutzung von Pseudozufallszahlen überwindet die Nachteile echter Zufallszahlen, stellt jedoch hohe Anforderungen an den Algorithmus. Ein guter Algorithmus muss in der Lage sein, sehr viele Pseudozufallszahlen zu erzeugen, die von echten Zufallszahlen nicht zu unterscheiden sind. Die Prüfung der Zufälligkeit von Zufallszahlen wird in Kapitel 5.2.2.4 diskutiert. Im Folgenden werden wir den Begriff Zufallszahlen nutzen, auch wenn Pseudozufallszahlen gemeint sind.[3]

[3] Neben den Pseudozufallszahlen gibt es auch sog. Quasizufallszahlen. Quasizufallszahlen sind Sequenzen von gleichverteilten Zufallszahlen, die die Diskrepanz zwischen den generierten Zufallszahlen und der Verteilung von

In der Literatur werden verschiedene Verfahren zur Erzeugung von (gleichverteilten) Zufallszahlen diskutiert. Aktuell stellen die Methodenklassen des Kongruenzgenerators und des rückgekoppelten Schieberegisters den Industriestandard zur Erzeugung von Zufallszahlen dar. Matlab und Octave nutzen standardmäßig das „Mersenne Twister" Verfahren, das der Klasse von rückgekoppelten Schieberegistern angehört. Die Details dieser Verfahren können z.B. in GENTLE (2003) oder PRESS et al. (2005) nachgelesen werden. Die von Matlab erzeugten Zufallszahlen sind extensiv sowohl von Mathworks als auch von der akademischen Forschung getestet worden und unterscheiden sich nicht von anderen mathematisch-technischen Software-Lösungen. Die Erzeugung von Zufallszahlen wird in vielen Anwendungen benötigt, insbesondere bei Simulationen. Daher muss deren Erzeugung extrem schnell gehen, weshalb diese Funktionen in Matlab oder Octave Bestandteile des Kernsystems sind. Daher werden wir auf die Diskussion der Generierung gleichverteilter Zufallszahlen verzichten und die gleichverteilten Zufallszahlen von Matlab oder Octave nutzen. Grundsätzlich wäre die Implementation als benutzerdefinierte Funktion möglich, da es sich hier aber um eine laufzeitkritische Funktion handelt, ist dies nur in besonderen Fällen empfehlenswert.

Zufallszahlen mit vom Anwender gewünschten Eigenschaften können durch verschiedene Verfahren erzeugt werden. Wir werden die sog. Inversionstransformationsmethode (ITM) wegen ihrer weiten Verbreitung vorstellen. Zudem ist die Anwendung der ITM durch die Nutzung von Standardbibliotheken und Toolboxen im Regelfall einfach möglich. Daneben existieren weitere Verfahren, beispielhaft seien die sog. Acceptance-Rejection-Methode, Importance-Methode, Metropolis-Methode, Gibbs-Methode und Composition-Methode genannt.[4]

5.2.2. Inversionstransformationsmethode

5.2.2.1. Theoretischer Hintergrund

Die Inversionstransformationsmethode (ITM) ist die populärste Methode zur Erzeugung von Zufallszahlen, die einer beliebigen Verteilung mit gewünschter Parametrisierung folgen sollen.[5] Bei der ITM wird davon ausgegangen, dass jede stetige Zufallszahl durch die Verteilungsfunktion in eine Zahl $Y \in [0,1)$ und somit in eine gleichverteilte Zufallszahl transformiert werden kann. Gegeben sei eine stetige Zufallsvariable X mit einer beliebigen stetigen Verteilungsfunktion $F(x)$. Dann ist die Zufallsvariable Y mit $Y = F(X)$ eine stetige, gleichverteilte Zufallsvariable mit $Y \sim U(0,1)$. Dieser Umstand beschreibt eine sehr einfache Beziehung zwischen einer gleichverteilten

---

gleichmäßig verteilten Punkten innerhalb des Intervalls $[0,1]$ minimieren. Folglich füllen Quasizufallszahlen, konstruktionsbedingt, perfekt die Lücken in jeder Sequenz gleichverteilter Zufallszahlen aus und es entstehen keine „Klumpen" und/oder leere Flächen bei einer Visualisierung von Zufallszahlensequenzen. In diesem Kapitel werden, bis auf die Ausführungen im Kapitel 5.2.2.5, Pseudozufallszahlen behandelt.

4 Eine Darstellung der genannten Methoden ist in TANIZAKI (2004) gegeben.

5 Wir gehen in diesem Kapitel davon aus, dass der Leser mit theoretischen und empirischen Verteilungen und ihrer Parametrisierung vertraut ist, vgl. auch Kapitel 2.7. Die thematischen Darstellungen gehen nicht über die Inhalte des Kapitels 2.7 hinaus. Das Ziel des aktuellen und des nachfolgenden Kapitels besteht hauptsächlich in der Einführung neuer Matlab-Funktionen zur Simulation von Zufallszahlen bzw. Renditen.

Zufallsvariable Y und einer Zufallsvariable X aus einer beliebigen Verteilungsfunktion $F(x)$:

$$X = F^{-1}(Y) \tag{5.1}$$

Die inverse Beziehung zwischen den Zufallsvariablen X und Y gilt für jede Art einer stetigen Verteilungsfunktion.[6] Die ITM wird bevorzugt benutzt, wenn die Inverse der Verteilungsfunktion $F(x)$ eine bekannte analytische Lösung besitzt oder die Approximation der Inverse leicht zu berechnen ist. Gerade aus dem zweiten Grund wird die ITM häufig in der Literatur als ein Tabellennachschauen-Verfahren („Table-Lookup") bezeichnet. Das ist insbesondere dann der Fall, wenn für die Verteilungen von empirischen Daten kein funktionaler Zusammenhang angenommen werden kann oder soll und/oder für die Verteilung die funktionale Form nicht über den gesamten Gültigkeitsbereich bekannt ist, wie es beispielsweise bei der empirischen Verteilungsfunktion (Kapitel 2.7.1) besprochen ist und in Kapitel 5.2.2.3 fortgeführt wird. Dann werden aus den bekannten Daten die dazugehörigen, berechneten Werte aus einer Tabelle abgelesen. Ein Problem kann entstehen, wenn die funktionale Form unbekannt ist und zwischen den bekannten empirischen Werten (z.B. zwischen 1 und 2) ebenso Zufallszahlen generiert werden sollen. Ein Lösungsansatz zu diesem Problem stellt die (monotone) Interpolation zwischen den bereits bekannten, tabellierten Werten der Verteilungsfunktion dar. Eine abschnittsweise lineare Funktion stellt die einfachste Interpolationsfunktion dar. Die Interpolation werden wir in diesem Kapitel nutzen, wenn wir mithilfe einer ECDF oder einer Kernfunktion die Verteilungsfunktion empirischer Daten schätzen, mit der dann Zufallszahlen generiert werden sollen.

Die Vorgehensweise zur Erzeugung von Zufallszahlen mithilfe der ITM erfolgt in drei Schritten, die auch in der Abbildung 5.2 veranschaulicht ist:

1. Generierung von N gleichverteilten Zufallszahlen $z \equiv F(y), z \in [0,1)$

2. Transformation der gleichverteilten Zufallszahlen z in die gewünschte Verteilung durch Berechnung von $y = F^{-1}(z)$

3. Reskalierung der transformierten Zufallszahlen gemäß der Gleichung 5.2

$$x = \left(\frac{y-\mu_y}{\sigma_y}\right) \cdot \sigma_x + \mu_x \tag{5.2}$$

Die Reskalierung der Zufallszahlen ist aus zwei Gründen notwendig. Die Inverse einer Verteilungsfunktion kann Zufallszahlen liefern, die die Parametrisierung der theoretischen Verteilung (z.B. t-Verteilung, Kapitel 2.7.4) besitzen. Die Parametrisierung der Verteilung muss nicht standardisierte Zufallszahlen generieren, die einen Erwartungswert von 0 und eine Standardabweichung von 1 besitzen. Daher ist zunächst die z-Transformation, die bereits in Kapitel 2.7.4 ausführlich beschrieben wird, mit dem theoretischen Erwartungswert μ_y und der Standardabweichung σ_y notwendig, die in der Klammer der Gleichung 5.2 erfolgt. Anschließend werden die standardisierten Zufallszahlen mit der gewünschten Standardabweichung σ_x und dem gewünschten Erwartungswert μ_x reskaliert.

[6] Der Zusammenhang gilt auch für diskrete Verteilungsfunktionen, allerdings ist der Ansatz zur Erzeugung von Zufallszahlen ein anderer. Vgl. z.B. GENTLE (2003). Der Zusammenhang $X = F_x^{-1}(F_y(Y))$ gilt auch zwischen zwei Zufallsvariablen X und Y, von denen keine der Gleichverteilung folgt.

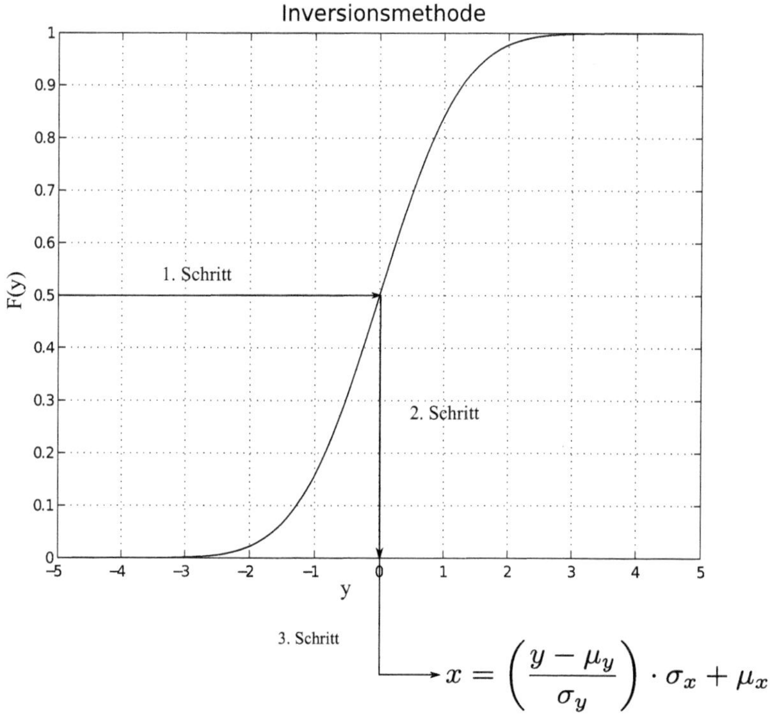

Abbildung 5.2.: Vorgehensweise bei der Durchführung der Inversionsmethode

5.2.2.2. Zufallszahlen aus theoretischen Verteilungen

Die Anwendung der ITM ist besonders einfach, wenn Zufallszahlen erzeugt werden, die die Eigenschaften einer bekannten theoretischen Verteilung haben sollen. Im Kapitel 2.7 sind u.a. die Normalverteilung, die t-Verteilung, die F-Verteilung und χ^2-Verteilung eingeführt, weil sie sich zur Beschreibung von Finanzmarktdaten besonders gut eignen. Daher wird in diesem Kapitel auf die Generierung von Zufallszahlen eingegangen, die diesen Verteilungen folgen. Im Vergleich zu den Ausführungen im Kapitel 2.7, deren Kenntnis hier vorausgesetzt wird, wird im vorliegenden Kapitel lediglich die Anwendung der ITM sowie die dazugehörigen Funktionen vorgestellt.

Programmlisting 5.1 demonstriert die Vorgehensweise bei der Anwendung der ITM zur Erzeugung von normalverteilten Zufallszahlen. Die Normalverteilung ist die wahrscheinlich am häufigsten benutzte Verteilung im Rahmen von Simulationen. Für sehr viele Anwendungen, gerade wenn monatliche Renditen von originären Wertpapieren (gewöhnliche Aktien und Anleihen) benutzt werden, stellt sie eine gute Approximation der Realität dar. Ferner kann die Verwendung normalverteilter Zufallszahlen unter Rückgriff auf den zentralen Grenzwertsatz aus der Statistik begründet werden, nach dem die Verteilung der Summe von N unabhängigen und identisch verteilten Zufallsvariablen sich hinreichend genau durch die Normalverteilung für großes N beschreiben lässt.[7]

Im Programmlisting 5.1 wird zunächst eine normalverteilte Zufallsvariable mit 2400 Beobachtungen erzeugt. Die Zufallsvariable soll einen Erwartungswert von 0,032% (Variable `dMu`) und eine Standardabweichung von 0,95% (Variable `dSigma`) besitzen.[8] Die Anweisung `vRandNum = rand( iNumObs, 1);` führt den ersten Schritt der ITM aus, indem gleichverteilte Zufallszahlen mit der Funktion `rand` erzeugt werden. Im zweiten Schritt werden diese dann mit `vStdNormRet = norminv(vRandNum,0,1)` in standardnormalverteilte Zufallszahlen transformiert. Im letzten Schritt werden die Zufallszahlen mit der Anweisung `vNormRet = vStdNormRet .* dSigma + dMu` gemäß der Gleichung 5.2 mit den gewünschten Parametern reskaliert.[9] Im Programmlisting wird zum Schluss eine Abbildung erzeugt, die einen Vergleich zwischen den erzeugten Zufallszahlen und der theoretischen Dichtefunktion der Normalverteilung ermöglicht.

Quellcode 5.1: Demonstration der ITM anhand der Erzeugung normalverteilter Zufallszahlen

```
Siehe Datei: bDemoSimNormRet.m
```

Selbstverständlich kann man eine Vielzahl unterschiedlich parametrisierter Zufallsvariablen gleichzeitig erzeugen, wie in Programmlisting 5.2 dargestellt. Dafür ist es erforderlich, Vektoren zu definieren, deren Elemente jeweils die Parameter μ und σ für jede zu erzeugende Zufallsvariable beinhalten. Anschließend ist eine Matrix von gleichverteilten Zufallszahlen zu erzeugen und diese in normalverteilte Zufallszahlen zu transformieren. Bei der Funktion `norminv` ist zu beachten, dass die Variablen für den Erwartungswert und die Standardabweichung die gleiche Dimension wie die Variable der gleichverteilten Zufallszahlen haben muss. Hierzu kann die Funktion `repmat` herangezogen werden, die bereits im Kapitel 2.2.1 zur Erläuterung von Programmlisting 2.2 vorgestellt ist.

Quellcode 5.2: Demonstration der ITM anhand der Erzeugung normalverteilter Zufallszahlen für mehrere Wertpapiere

```
Siehe Datei: bDemoSimNormMultiAssetRet.m
```

[7] Vgl. z.B. BAMBERG und BAUR (1996), S. 122.

[8] In Matlab kann der Zufallszahlengenerator mittels der Funktion `rng('shuffle', 'twister')` initialisiert werden. Weil es sich um eine matlabspezifische Einstellung handelt, ist die Zeile in Programmlisting kommentiert. In der Funktion `rng` können zwei Einstellungen gewählt werden. Mit der Einstellungen `shuffle` wird der Algorithmus des Zufallszahlengenerators mit der aktuellen Zeit initialisiert. Anstelle von `shuffle` könnte man eine nichtnegative natürliche Zahl einsetzen. Bei wiederholter Nutzung der gleichen Zahl ist es möglich, die gleiche Sequenz von Zufallszahlen zu generieren. Mit der zweiten Einstellung `twister` wird der Algorithmus, in diesem Fall der „Mersenne Twister"-Algorithmus, zur Erzeugung von Zufallszahlen ausgewählt. Der „Mersenne Twister"-Algorithmus ist standardmäßig in Matlab und Octave voreingestellt. Unter Octave kann der Zufallszahlengenerator mittels der Anweisung `rand('state','reset')` initialisiert werden.

[9] Anstelle der auf die Normalverteilung spezialisierten Funktion `norminv` kann auch die allgemeine Funktion `icdf` benutzt werden. Bei Simulationen empfiehlt es sich aufgrund von Geschwindigkeitsvorteilen, die Funktion `norminv` zu benutzen, da sie es erlaubt, die Schritte 2 und 3 der ITM zusammenzufassen, indem der Funktion die gewünschten Werte für den Erwartungswert und die Standardabweichung übergeben werden.

Die Tabelle 5.2 bietet eine Übersicht deskriptiver Statistiken der mit Programmlisting 5.2 erzeugten Zufallsvariablen. In den ersten beiden Zeilen sind die gewünschten Parameter für den Erwartungswert und die Standardabweichung angegeben. In Tabellenteil „Stichprobe" sind die deskriptiven Statistiken, geschätzt auf der Basis der simulierten Renditen, ausgewiesen. Zur Schätzung deskriptiver Statistiken wird die Funktion `fDescriptiveStats` herangezogen, die im Kapitel 2.3.7 beschrieben ist. Dort werden die deskriptiven Statistiken eingeführt sowie ihre Bedeutung und Interpretation diskutiert.

	Variable 1	**Variable 2**	**Variable 3**
		Vorgabe	
μ	0,02000	0,04000	0,06000
σ	0,02000	0,07000	0,12000
		„Stichprobenmerkmale"	
Mittelwert	0,01919	0,04089	0,05821
Median	0,01976	0,03973	0,06309
geom. Mittel	–	–	–
Varianz	0,00040	0,00489	0,01407
Standardabweichung	0,02005	0,06995	0,11863
Minimum	-0,05614	-0,22562	-0,37767
Maximum	0,08810	0,26842	0,43329
Spannweite	0,14425	0,49404	0,81096
IQR	0,02687	0,09251	0,16236
Schiefe	-0,05524	-0,00683	-0,05649
Wölbung	3,01592	3,01760	2,91732

Tabelle 5.2.: Ein Vergleich der gewünschten Erwartungswerte (μ) und Standardabweichungen (σ) sowie der deskriptiven Statistiken der erzeugten 2400 Zufallszahlen

Der visuelle Vergleich der in Tabelle 5.2 dargestellten Parameter zeigt eine gute Annäherung der erzeugten Zufallszahlen an die gewünschte Verteilung. Der geschätzte Mittelwert und die geschätzte Standardabweichung sind nahe an den gewünschten Werten. Die Verteilungen der erzeugten Zufallszahlen sind leicht linksschief, weil die Schiefen der Verteilungen negative Werte annehmen und vom theoretischen Wert (Null) abweichen. Die Wert für die Kurtosis (in der Tabelle und in der Funktion als Wölbung bezeichnet) weichen minimal vom theoretischen Wert (Drei) ab.

Für die Güte einer Simulation ist es entscheiden, ob die Eigenschaft von erzeugten Zufallszahlen mit den tatsächlich gewünschten Eingeschaften übereinstimmt. Die Ergebnisse der Tabelle 5.2 legen den Schluss nahe, dass die Eigenschaften von Zufallszahlen gut die gewünschte Verteilung approximieren. Allgemein können zwei Ursachen von nicht hinreichend genauen Approximationen von Zufallszahlen an tatsächliche und/oder gewünschte Verteilungen identifiziert werden: die Güte der gleichverteilten Zufallszahlen und die Güte der Anpassung der Verteilung an empirische Daten. Wenn bei einem Zufallszahlengenerator das Auftreten von gleichverteilten (Pseudo-)

Zufallszahlen um 0,5 wahrscheinlicher als das Auftreten von Zahlen um 0,0001 ist, werden die an sich sehr seltenen Ereignisse am linken Rand einer Verteilung nicht hinreichend gut repräsentiert. Die Güte von Zufallszahlen läßt sich allerdings statistisch testen. Auf die verbreitetsten Hypothesentests zur Güte von Zufallszahlen werden wir im Kapitel 5.2.2.4 eingehen.[10]

Der zweite Grund, warum die Ergebnisse einer numerischen Methode wie der Simulation nicht hinreichend gut sein könnten, tritt auf, wenn die Zufallszahlen die Eigenschaften nicht aufweisen, die sich empirisch beobachten lassen. Aus diesem Grund ist die Anpassung der empirischen Daten an eine Verteilungsfunktion ein wichtiger Schritt. Die Anpassung der empirischen Daten an eine theoretische Verteilungsfunktion wird ausgiebig im Kapitel 2.7 beschrieben, sodass eine Wiederholung an dieser Stelle nicht notwendig ist. Zusätzlich sei darauf hingewiesen, dass Matlab GUI-Tools (z.B. `dfittool`) bereitstellt, mit deren Hilfe die Anpassung an eine Vielzahl theoretischer Verteilungen vorgenommen werden kann. Eine inadäquate Schätzung der Parameter einer Verteilung wird die Ergebnisse der Simulation erheblich stärker verzerren als eine zu gering empfundene Anzahl der Zufallszahlen oder der Simulationsdurchläufe. Das ist ein überaus subtiler Punkt, vor allem weil er selten diskutiert wird. In der Regel wird implizit angenommen, dass sowohl die Transformation der Realität in ein Modell als auch eine stabile Schätzung der Modellparameter mithilfe einer gegebenen Datenmenge problemlos möglich sei. Gerade die Stabilität[11] der Modelle sowie der Modellparameter ist in der Finanzwirtschaft im Regelfall nicht gegeben. Bereits die Schätzung des historischen Mittelwertes und der historischen Varianz von Renditen auf Basis einer Stichprobe ist nicht als stabil anzusehen. Besonders anschaulich wird das Problem bei der Anwendung von Resampling-Verfahren im Kapitel 2.8.4. Ein genereller Ansatz zur Lösung dieses Problems existiert leider nicht. Im Allgemeinen empfiehlt es sich, die Robustheit eigener Lösungen durch zahlreiche Backtests und Variationen der Studie sicherzustellen.

Die Erzeugung von normalverteilten Zufallszahlen ist häufig der Standardfall der Anwendung der ITM. Die Generierung von Zufallszahlen aus anderen theoretischen Verteilungen folgt dabei dem gleichen Schema, das für die normalverteilten Zufallszahlen benutzt wird. Der wesentliche Unterschied besteht in der Benutzung der Inversen der spezifischen (gewüschten) Verteilungsfunktion.[12] Programmlisting 5.3 beinhaltet die Funktion `fITM`, mit der Zufallszahlen aus vier theoretischen Verteilungen (Normalverteilung, t-Verteilung, F-Verteilung sowie die χ^2-Verteilung) generiert werden können. Die Funktion erwartet vier Inputvariablen. Mit der Variable `iNumObs` wird die Anzahl zu generierender Zufallszahlen (Anzahl von „Beobachtungen") festgelegt, während mit der Variable `iNumSim` die Anzahl von Zufallsvariablen (Anzahl von Simulationen) definiert wird. Mit der dritten Variable `sType` kann die Verteilung angegeben werden, aus der die Zufallszahlen gezogen werden. Da jede Verteilungsfunktion durch ihre spezifischen

---

[10] In Kapitel 2.8 sind die allgemeinen Hypothesentests beschrieben. In dem Kapitel 5.2.2.4 widmen wir uns den speziellen Tests für Zufallszahlen.

[11] Ein Modell, das bei kleinen Variationen der Inputdaten nur wenig die Ergebnisse ändert, wird als stabil betrachtet.

[12] Die dazu notwendige Anpassung von theoretischen Verteilungen an empirische Daten ist Gegenstand des Kapitels 2.7. Die Kenntnis des Kapitels 2.7 wird im Fortgang des vorliegenden Kapitels vorausgesetzt. Man sollte sich ggf. das Kapitel 2.7 wieder in Erinnerung rufen. Insbesondere die Notwendigkeit von z-Transformationen vor und nach der Anpassung der Verteilungen ist für das Verständnis notwendig.

Verteilungsparameter[13] definiert ist, müssen diese mit der vierten Variable `vParameter` übergeben werden. Die Variable `vParameter` ist ein 1×2 Zeilenvektor. Das erste (zweite) Element von `vParameter` entspricht dem ersten (zweiten) Verteilungsparameter. Bei `sType = 'norm'` und `vParameter = [0.04, 0.2]` werden normalverteilte Zufallszahlen generiert, die einen Mittelwert von 4% bei einer Standardabweichung von 20% erwarten lassen. Die fünfte Inputvariable `iMirror` ist optional. Mit dieser Variable kann die Spiegelung der standardverteilten $F-$ und χ^2-Zufallszahlen gesteuert werden, wie sie im Kapitel 2.7 für die Modellierung von Renditen empfohlen wird. Die Standardeinstellung in der Funktion nimmt eine Spiegelung vor.

Der Schritt 1 der ITM ist die Erzeugung von gleichverteilten Zufallszahlen, die in der Funktion `fITM` der Variable `mRand` zugewiesen werden. Die `if`-Verzweigung in der Funktion unterscheidet lediglich, aus welcher theoretischen Verteilung die Zufallszahlen generiert werden sollen. Dazu wird die Matlab-Funktion `strcmpi` herangezogen, die zwei Zeichenfolgen auf Gleichheit ohne Beachtung von Groß- und Kleinbuchstaben testet.[14] Bei der Normalverteilung (Verzweigung `if strcmpi(sType,'norm'))` ist die Anwendung der ITM sehr einfach, wie bereits im vorangegangenen Programmlisting demonstriert wird. Die beiden Verteilungsmomente, mit den die Normalverteilung vollständig spezifiziert wird, sind der Erwartungswert (Mittelwert) und die Standardabweichung. Mithilfe der Funktion `fITM` lassen sich normalverteilte Zufallsvariablen generieren, die bereits die gewünschten Eigenschaften aufweisen. Für alle anderen Verteilungen werden durch die Funktion lediglich standardisierte Zufallszahlen erzeugt, die pro Zufallsvariable einen Mittelwert von 0 und eine Standardabweichung von 1 besitzen. Beispielsweise werden bei der t-Verteilung (Verzweigung `elseif strcmpi( sType, 't' ))` die gleichverteilten Zufallszahlen aus der Variable `mRand`, basierend auf dem vorgegeben Parameter der t-Verteilung, mittels der Funktion `tinv` in die t-verteilten Zufallszahlen (Variable `mRandNum`) transferiert.[15] Die Anwendung der Funktion `tinv` entspricht dem Schritt 2 der ITM.

Anschließend werden die t-verteilten Zufallszahlen anhand der Gleichung 5.2 derart reskaliert, dass sie die Eigenschaften von standardisierten t-verteilten Zufallszahlen aufweisen. Die Anwendung der Gleichung 5.2 entspricht dem Schritt 3 der ITM. Für die notwendige Reskalierung wird die theoretische Standardabweichung berechnet, die sich anhand des Verteilungsparameters bestimmen lässt. Neben der Funktion `tinv` nutzen wir ferner die Funktionen `finv` (Inverse der F-Verteilung) und `chi2inv` (Inverse der χ^2-Verteilung). Eine Besonderheit stellt die Behandlung der F und der χ^2-Verteilung dar. In den Kapiteln 2.7.5 und 2.7.6 wird für Finanzmarktanwendungen empfohlen, die z-transformierten Renditen bei der Anpassung an die Verteilung zu spiegeln (vgl. Gleichung 2.95). In der Funktion wird die Spiegelung für beide Verteilungen in der Variable `mRandNum` vorgenommen und anschließend eine Rückspiegelung vorgenommen.

Quellcode 5.3: Funktion zur Generierung von Zufallszahlen mit ausgewählten theoretischen Verteilungen

```
Siehe Datei: fITM.m
```

[13] Die Verteilungsparameter, ihre Definition und ihre Wirkung sind Gegenstand des Kapitels 2.7.

[14] Die Funktion `strcmpi` wird im Kapitel 2.8.5 eingeführt.

[15] Matlab bietet für eine Vielzahl theoretischer Verteilungen Funktionen zur Bestimmung der Inverse an. Diese Funktionen haben als Namensbestandteil ein `inv` gemein. Die Inversen von Verteilungen sind mehrfach im Buch eingesetzt worden, z.B. bei der Ermittlung von $\text{VaR}_{\textbf{emp}}$ im Kapitel 2.4.3 oder bei der Anwendung des t-Tests im Kapitel 2.8.5.

Die Nutzung der Funktion `fITM` wird beispielhaft in Programmlisting 5.4 aufgezeigt. Dort werden für alle vier Verteilungen (Variable `cType`) 120 Zufallszahlen in 100 Simulationen erzeugt. Die Wahl der Verteilungsparameter (Variable `mPara`) ist rein beispielhaft zu verstehen.

Quellcode 5.4: Demonstration der Nutzung der Funktion fITM

```
Siehe Datei: bDemofITM.m
```

Die Funktion `fITM` ermöglicht es dem Nutzer, die Eigenschaften von Zufallszahlen frei zu definieren, um z.B. die unterschiedliche Wirkung eines Verteilungsparameters auf die interessierende Zielgröße zu untersuchen. Bei der Anwendung von Simulationen ist es ferner häufig notwendig, basierend auf einem empirischen Datensatz Zufallszahlen zu erzeugen, die die Eigenschaften von tatsächlichen Beobachtungen haben. Die benutzerdefinierte Funktion `fSimRetTheorDistr` in Listing 5.5 stellt eine solche allgemeine Funktion zur Erzeugung von Zufallszahlen mittels der ITM für die Normalverteilung, t-Verteilung, F-Verteilung sowie die χ^2-Verteilung basierend auf einem empirischen Datensatz dar. Die Funktion erwartet drei Inputparameter, wobei der letzte Inputparameter optional ist. Sie liefert einen Vektor von Zufallszahlen `vRandRet` zurück, die aus der angepassten theoretischen Verteilung stammen. Die erste Inputvariable `vRet` beinhaltet die empirischen Daten, an die die theoretischen Verteilungen angepasst werden. Die zweite Inputvariable `iNumObs` ist ein `Integer`, mit der die Anzahl zu erzeugender Zufallszahlen vorgegeben wird. Mit der optionalen dritten Variable `sDistr` kann die Verteilung angegeben werden, an die die empirischen Daten angepasst werden sollen. Falls die Variable `sDistr` der Funktion nicht übergeben wird, wird standardmäßig von Normalverteilung ausgegangen. Die Funktion kann auch alle theoretischen Verteilungen simultan anpassen und für jede Verteilung Zufallszahlen simulieren. In diesem Fall ist die Outputvariable kein Vektor mehr, sondern eine Matrix mit vier Spalten.[16]

In dieser Funktion `fSimRetTheorDistr` werden, genau wie in der Funktion `fITM`, die drei Schritte der ITM umgesetzt.[17] Die Umsetzung der ITM verläuft analog zur Funktion `fITM` und wird daher nicht gesondert erläutert. Der wesentliche Unterschied zwischen den beiden Funktionen besteht in der Behandlung der Verteilungsparameter. Während in der Funktion `fITM` diese Parameter vorgegeben werden müssen, werden in der Funktion `fSimRetTheorDistr` die Verteilungsparameter erst anhand der empirischen Beobachtungen geschätzt und auf Basis der Schätzungen die Zufallszahlen generiert. Die Kalibrierung von Verteilungsparametern für die theoretischen Verteilungen erfolgt mit den im Kapitel 2.7.2 eingeführten Funktionen zur Berechnung von (negativen) Log-Likelihood-Werten in Verbindung mit den Optimierungstechniken einer MLE-Schätzung, die im Kapitel 4.4 erläutert ist.[18] Die Optimierungen werden an dieser Stelle sowohl unter Matlab als auch unter Octave genutzt, weil die Funktion `mle` in Octave nicht implementiert ist, mit der eine Verteilungsanpassung hätte durchgeführt werden können. Ferner

[16] Die Bezeichnung der Outputvariable `vRandRet` weicht in diesem Fall von unserer üblichen Benennungskonvention ab, nach der der Name einer Matrix-Variable mit dem Kleinbuchstaben `m` beginnen soll.

[17] Unter Octave ist die Funktion `fSimRetTheorDistr_oct.m` zu verwenden. Octave-Version ist notwendig, weil zur Kalibrierung der Verteilungsparameter auf unterschiedliche Optimierungsfunktionen zurückgegriffen werden muss.

[18] Im Kapitel 2.7.3 wird erläutert, warum bei der Normalverteilung eine spezifische Optimierung nicht notwendig ist, weil der Mittelwert und die Standardabweichung bereits die optimalen Parameter der Normalverteilung darstellen.

erlaubt die Anwendung der Optimierung, die Nebenbedingungen einer MLE-Schätzung besser zu kontrollieren.[19] Basierend auf den Kalibrierungsparametern aus der MLE mittels Optimierung wird die Inverse der jeweiligen Verteilungsfunktion herangezogen, um die gleichverteilten Zufallszahlen in die gewünschte Verteilung zu transferieren. Anschließend werden die standardverteilten Zufallszahlen anhand der Gleichung 5.2 derart reskaliert, dass sie die Eigenschaften bzgl. der ersten beiden Verteilungsmomente von empirischen Daten aufweisen.

Quellcode 5.5: Funktion zur Generierung von Zufallszahlen anhand ausgewählter theoretischer Verteilungen

```
Siehe Datei: fSimRetTheorDistr.m
```

Das Programmlisting 5.6 zeigt die Nutzung der Funktion `fSimRetTheorDistr` für empirische Daten. Als Datengrundlage dienen uns die Kurse vom DAX-Performanceindex zum Monatsende für den Zeitraum Januar-1967 bis Juni-2013. Die Daten des Performanceindex sind kostenfrei auf der Homepage der Bundesbank erhältlich. Im Skript erzeugen wir je 250 simulierten Renditen für alle vier diskutierten Verteilungen. Am Ende des Skripts werden die Verteilungen der generierten Zufallszahlen mit dem Kolmogorov-Smirnov-Test (KS-Test) für zwei Stichproben auf die Gleichheit mit der Verteilung der empirischen Renditen überprüft sowie deskriptive Statistiken berechnet. Der KS-Test und seine Anwendung werden im Kapitel 2.8.6 beschrieben.[20]

Quellcode 5.6: Generierung von Zufallszahlen anhand der ITM für ausgewählte theoretische Verteilungen

```
Siehe Datei: bDemoSimRetTheoretischeVerteilung.m
```

Die Ergebnisse des KS-Test nach einem Durchlauf des Skripts können zwischen den Verteilungen nicht diskriminieren. Die Verteilungen aller Zufallszahlen können nicht von der Verteilung empirischer Renditen unterschieden werden. Bei der Interpretation der Ergebnisse des KS-Tests ist darauf zu achten, dass die gesamte Verteilung verglichen wird. Die Anpassungsergebnisse desselben Skript-Durchlaufs sind auch in der Abbildung 5.3 veranschaulicht. Da es sich um Ergebnisse einer Simulation handelt, sollen die Ergebnisse nicht überwertet werden. Aus der Abbildung wird ersichtlich, dass gerade der für das Risikomanagement wichtige, untere Rand der Verteilung von keiner der Verteilung adäquat nachgebildet wird. Während die Normalverteilung, F- und χ^2-Verteilung die tatsächliche Randverteilung unterschätzen, liegen die Werte der t-Verteilung knapp oberhalb der empirischen Verteilung. Dieses Ergebnis ist jedoch nicht verallgemeinerbar. Zum einen gilt dieses Ergebnis lediglich für den benutzten Datensatz und ist nur nach einer Simulation gewonnen. Zum anderen kann eine anspruchsvollere Kalibrierung der Verteilungsfunktionen, die gerade für die F- und die χ^2 Verteilung im Beispiel sehr vereinfacht erfolgte, die Ergebnisse beeinflussen.

---

[19] Vgl. hierzu Kapitel 4.4.

[20] Unter Octave kann der KS-Test mit der Funktion `kolmogorov_smirnov_test_2` durchgeführt werden. In Matlab ist dagegen die Funktion `kstest2` zu nutzen. Aus dem Grund abweichender Funktionsnamen gibt es das Programmlisting `bDemoSimRetTheoretischeVerteilung_oct`, das unter Octave lauffähig ist.

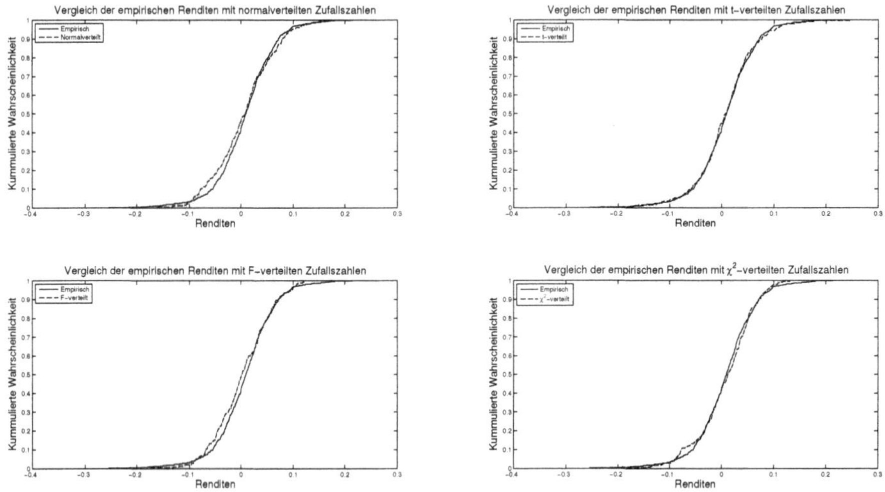

Abbildung 5.3.: Vergleich der empirischen Renditen und der Zufallszahlen aus theoretischen Verteilungsfunktionen

5.2.2.3. Zufallszahlen aus empirischen Verteilungen

Die Nutzung von theoretischen Verteilungen bei der Zufallszahlengenerierung ist dann geboten, wenn mit ihrer Hilfe die empirischen Daten gut angepasst werden können. Die Generierung von Zufallszahlen ist gleichzeitig nicht auf die theoretischen Verteilungen beschränkt, sondern kann auch für empirische Daten angewendet werden, bei denen die funktionale Form der Verteilung nicht fest vorgegeben ist bzw. sein soll. Diese Art von Verteilungen werden als empirische Verteilungen bezeichnet.

Die theoretischen Grundlagen der empirischen Verteilungen sind in den Kapiteln 2.7.1 (ECDF) und 2.7.8 (Kerndichteschätzung) dargestellt und werden in diesem Kapitel vorausgesetzt. Genau wie der vorangegangene Kapitel werden hier lediglich neue Funktionen eingeführt, die die ITM zur Erzeugung von Zufallszahlen aus empirischen Verteilungen ermöglichen. Die Verteilungsfunktionen, die durch Kerndichten bzw. der empirischen Verteilung geschätzt sind, können in der gleichen Weise zur Erzeugung von Zufallszahlen mittels der ITM benutzt werden. Der Vorteil der empirischen Verfahren ist ihre generelle Fähigkeit, die Verteilungsfunktion an die vorliegenden Daten besser anzupassen.[21] Die Funktion `fSimReturnsEcdf` demonstriert die Erzeugung von Zufallszahlen anhand der empirischen Verteilungsfunktion.[22] Die Funkti-

[21] Das kann man allerdings auch als einen Nachteil ansehen, vor allem dann, wenn es zu einer Überanpassung kommt und schon eine kleine Änderung der Stichprobe zu einer grundsätzlich verschiedenen Verteilungsfunktion führt.

[22] Unter Octave ist die Variante `fSimReturnsEcdf_oct` zu verwenden. Der Grund ist der abweichende Name der Funktion zum Aufruf eines KS-Tests unter Octave.

on fSimReturnsKsdensity erzeugt Zufallszahlen anhand einer Kerndichteschätzung.[23] Weil beiden Funktionen sehr ähnliche Berechnungen zugrunde liegen, werden wir hier die Funktion fSimReturnsEcdf detailliert besprechen. Bei der Funktion fSimReturnsKsdensity wird lediglich auf die zur Funktion fSimReturnsEcdf abweichenden Codeteile hingewiesen.

Die Funktion fSimReturnsEcdf erwartet drei Inputvariablen und erzeugt Zufallszahlen (Variable mSimRet). Bei der Inputvariable vRetData handelt es sich um die empirischen Beobachtungen. Mit der Variable iNumObsSim kann die Anzahl zu simulierender Zufallszahlen und mit der Variable iNumSims die Anzahl der zu erzeugenden Zufallsvariablen (Simulationspfade) bestimmt werden. Die Grundlage der Zufallszahlengenerierung bildet die Schätzung der empirischen Verteilungsfunktion. Diese wird durch die Anweisung [vX,vY] = fHist(vRetData,1,5) umgesetzt.[24] Die Funktion liefert zwei Variablen zurück. In der Variable vX sind die Werte der Verteilungsfunktion abgelegt. Die Variable vY beinhaltet die dazugehörigen Renditen. Es handelt sich dabei um die aufsteigend sortierten Werte aus der Variable vRetData. Weil es vorkommen kann, dass zwei aufeinanderfolgende Werte in der Variable vX identisch sind, werden die Variablen vX und vY um diese identischen Stellen bereinigt. Das Problem von identischen Werten der Verteilungsfunktion kann dann zum Problem werden, wenn im Rahmen der ITM eine gleichverteilte Zufallszahl (entspricht der Variable vX) generiert wird und der Algorithmus mehrere denkbare y-Werte aus der Variable vY zuordnen könnte. Die Bereinigung identischer Werte kann grundsätzlich entweder im Rahmen einer Schleife oder vektorisiert erfolgen. In der Funktion fSimReturnsEcdf sind beide Varianten angelegt, von denen die Schleifenkonstruktion auskommentiert ist. Die Nutzung der Schleifenkonstruktion kann u.U. bei sehr großer Anzahl von Simulationen zu Rechenzeitnachteilen führen. Unsere vektorisierte Berechnung nutzt die Matlab-Funktion unique, die die einzigartigen Elemente eines Vektors findet und die doppelten Einträge ignoriert. Neben den einzigartigen Werten liefert die Funktion einen Index zurück, mit dem die Position der ersten einzigartigen Werte im Vektor identifiziert wird. Das Kommando [~ , vIndx] = unique(vX) erzeugt die Variable vIndx, die den Index für die Zuordnung einzigartiger Werte beinhaltet.[25] Eine Verbesserung unserer Funktion fSimReturnsEcdf kann beispielsweise durch eine zusätzliche if-Abfrage erreicht werden, die die Notwendigkeit einer Bereinigung erst überprüft, bevor diese vorgenommen wird.

Ferner ist es sehr wahrscheinlich, dass eine gleichverteilte Zufallszahl generiert wird, für die kein Wert in der Variable vX und folglich auch kein Wert in vY vorhanden ist. In diesem Fall liegt die erzeugte gleichverteilte Zufallszahl zwischen zwei benachbarten Werten von vX. Daher ist zwischen den benachbarten Werten zu interpolieren. Mit dem Aufruf der Matlab-Funktion interp1(vX,vY,vRandVars,'cubic') kann eine Interpolation zwischen diesen Werten vorgenommen werden. Wir nutzen eine abschnittsweise kubische Interpolation. Daneben sind lineare, „Nearest neighbor"- und Spline-Interpolationen verfügbar. In der Funktion fSimReturnsEcdf wird außerdem mittels des KS-Tests überprüft, ob die generierten Zufallszahlen die gleiche Vertei-

---

23 Unter Octave ist die Variante fSimReturnsKsdensity_oct zu verwenden. Der Grund ist der abweichende Name der Funktion zum Aufruf eines KS-Tests unter Octave.

24 Soweit nur unter Matlab gearbeitet wird, kann alternativ [vX,vY] = ecdf(vRetData) verwendet werden. Die Funktion fHist wird im Kapitel 2.3 eingeführt.

25 Falls eine Variable durch eine Funktion nicht ausgegeben werden soll, kann dies beim Funktionsaufruf durch das Zeichen ~ berücksichtigt werden, wie im obigen Kommando geschehen.

lung wie die empirischen Daten aufweisen.[26] Wenn es nicht der Fall ist, wird die ITM wiederholt angewendet bis die Nullhypothese der Gleichheit nicht verworfen werden kann.[27] Gleichzeitig wird die Anzahl der Versuche, die statistische Gleichheit zu erreichen, auf 20 begrenzt, um eine Endlosschleife zu vermeiden. Die Anzahl der Versuche ist willkürlich auf 20 gesetzt und kann ggf. verändert werden.

Quellcode 5.7: Generierung von Zufallszahlen aus empirischer Verteilung

```
Siehe Datei: fSimReturnsEcdf.m
```

Genau wie bei der vorherigen Funktion stellt für die Funktion `fSimReturnsKsdensity` die Schätzung der empirischen Verteilungsfunktion die Grundlage der Zufallszahlengenerierung dar. Die Verteilungsfunktion wird anhand der Kerndichteschätzung mithilfe der Funktion `fKSdensity` geschätzt.[28] Die Funktion liefert zwei Variablen zurück, die in analoger Weise zur Funktion `fSimReturnsEcdf` für die Generierung von Zufallszahlen weiterverwendet werden. Die Funktion `fSimReturnsKsdensity` benutzt die Gauss-Kerne und die Bandweitenformel nach SILVERMAN (1986). Diese Vorauswahl stellt eine mögliche, aber nicht zwangsläufig die beste Auswahl dar. Alternative Kernfunktion und alternative Ansätze zur Bestimmung der optimalen Bandbreite sind im Kapitel 2.7.8 vorgestellt.

Quellcode 5.8: Generierung von Zufallszahlen aus empirischer Verteilung mittels Kerndichten

```
Siehe Datei: fSimReturnsKsdensity.m
```

Als abschließende Fallstudie in diesem Kapitel erzeugen wir Zufallszahlen anhand der empirischen Verteilungsfunktion und der Kerndichteschätzung. Wir nutzen wieder die gleichen Daten für DAXP wie in den vorangegangenen Fallstudien. In Programmlisting 5.9 wird die Vorgehensweise aufgezeigt,[29] die jedoch lediglich im Datenmanagement und im Aufrufen der Funktionen

---

[26] Der KS-Test wird ausführlich im Kapitel 2.8.6 beschrieben.

[27] Das Problem der Anwendung des KS-Test besteht hier darin, dass die in diesem Anwendungsfall eigentlich interessierenden Null- und Alternativhypothesen genau anders herum lauten müssten. Hier interessiert, ob die Verteilungen gleich sind (Alternativhypothese), die gegen die Nullhypothese ungleicher Verteilungen zu testen ist. In einem statistischen Test kann die Nullhypothese immer nur falsifiziert, nicht aber bestätigt werden. Daher gehört die zu zeigende Eigenschaft als Alternativhypothese formuliert. Der KS-Test nimmt aber als Nullhypothese die Gleichheit der Verteilungen, und damit die von uns zu zeigende Verteilungseigenschaft, an. Streng genommen ist damit der KS-Test für den hier interessierenden Hypothesentest ungeeignet formuliert. Als Behelf empfiehlt es sich, die Irrtumswahrscheinlichkeit sehr hoch anzusetzen, bei der die Gleichheit abgelehnt und auf Ungleichheit geschlossen wird. Eine Beibehaltung der Nullhypothese impliziert lediglich, dass die Annahme der Gleichheit beider Verteilungen nicht zurückgewiesen werden kann. Das ist in diesem Fall nicht gleichbedeutend mit der Aussage, dass die Hypothese von der Gleichheit der Verteilungen richtig ist. Wenn aber als Behelf die Irrtumswahrscheinlichkeit sehr hoch angesetzt wird, wird sicherheitshalber die Nullhypothese schnell abgelehnt und neue Zufallszahlen generiert. Dies soll behelfsweise sicherstellen, dass beide Verteilungen höchst wahrscheinlich gleich sind, auch wenn die Nullhypothese niemals bewiesen werden kann.

[28] Soweit nur unter Matlab gearbeitet wird, kann alternativ die Funktion `ksdensity` verwendet werden. Die Funktion `fKSdensity` wird im Kapitel 2.7.8 eingeführt.

[29] Unter Octave ist die Variante `bDemoSimRetEmpirischeVerteilung_oct` zu verwenden. Hier werden die Octave-Versionen `fSimReturnsEcdf_oct` und `fSimReturnsKsdensity_oct` zur Generierung von Zufallszahlen mittels empirischer Verteilungsfunktion bzw. Kerndichteschätzung benutzt.

`fSimReturnsEcdf` und `fSimReturnsKsdensity` besteht. Die empirische Verteilungsfunktion sowie die Verteilungsfunktionen der Zufallszahlen nach einem Durchlauf des Skriptes sind in der Abbildung 5.4 dargestellt. In der Abbildung wird die Anpassung der tatsächlichen empirischen Daten durch einmalig simulierte Renditen dargestellt. Beide Herangehensweisen (mittels ECDF und Kerndichteschätzung) überschätzen nach einem Durchlauf von Programmlisting 5.9 die Verteilung am unteren Ende, das für das finanzwirtschaftliche Risikomanagement bedeutend ist. Folglich würde beispielsweise eine Schätzung von VaR_{emp} mit den simulierten Renditen (nach diesem einen Durchlauf) zu hoch ausfallen.

Quellcode 5.9: Fallstudie zur Generierung von Zufallszahlen aus empirischer Verteilung

```
Siehe Datei: bDemoSimRetEmpirischeVerteilung.m
```

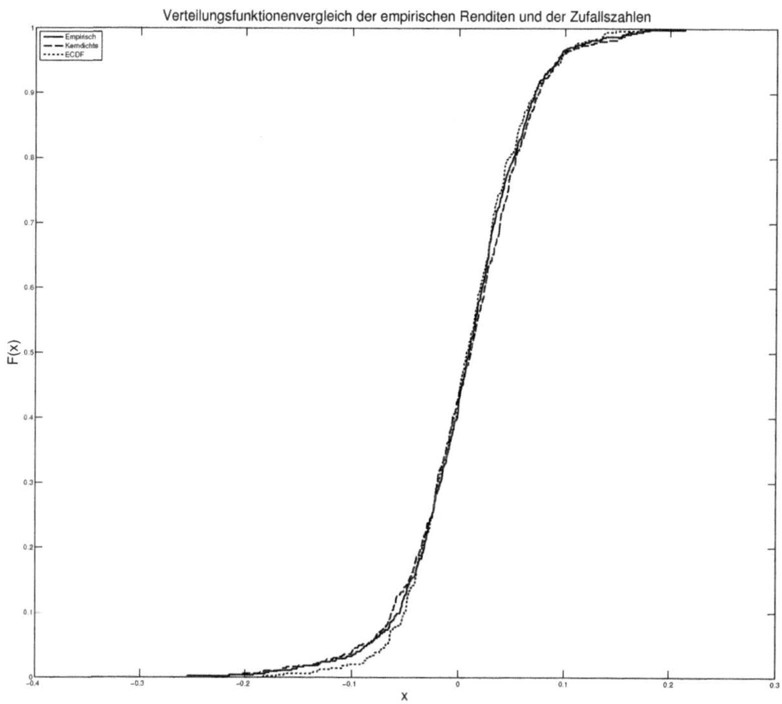

Abbildung 5.4.: Vergleich der Verteilungsfunktionen von Zufallszahlen und der empirischen Beobachtungen

Quellcode 5.10: Fallstudie zum Vergleich von Zufallszahlen aus empirischer und theoretischer Verteilung

```
Siehe Datei: bDemoSimVergleichEmpTheorVert.m
```

In Programmlisting 5.10 werden zusätzliche Auswertungen vorgenommen, die einen Vergleich zwischen den empirischen Daten sowie den simulierten Renditen aus empirischen und

	Empirisch	KS-Density	ECDF	Norm	t	F	χ^2
				Stichprobenmerkmale			
Mittelwert	0,00718	0,00919	0,00615	0,00695	0,01187	0,00705	0,00495
Median	0,00939	0,01117	0,00721	0,00639	0,01028	0,00933	0,01448
Varianz	0,00321	0,00341	0,00340	0,00297	0,00575	0,00319	0,00345
StdAbw	0,05668	0,05840	0,05832	0,05448	0,07583	0,05647	0,05877
Minimum	-0,25422	-0,23823	-0,25422	-0,17555	-0,22534	-0,14191	-0,19433
Maximum	0,21378	0,23971	0,19478	0,19505	0,37511	0,16327	0,12926
Spannweite	0,46800	0,47794	0,44900	0,37060	0,60044	0,30518	0,32359
IQR	0,06582	0,07006	0,07260	0,07421	0,08973	0,08031	0,07379
Schiefe	-0,40459	-0,05177	-0,34421	0,06030	0,12718	-0,13391	-0,63430
Wölbung	4,98608	4,84028	4,61278	3,19144	4,33117	2,70685	3,35945

Tabelle 5.3.: Deskriptive Statistiken der empirischen Renditen sowie simulierten Renditen aus empirischen Verteilungen (KS–Density und ECDF) und theoretischen Verteilungen (Normal-, t-, F- und χ^2-Verteilung) nach **einem** Durchlauf von Programmlisting 5.10. StdAbw ist die Standardabweichung einer Stichprobe.

theoretischen Verteilungen nach **einer** Simulation erlauben.[30] Daher sollen die nachfolgenden Beschreibungen lediglich aufzeigen, wie man einen Vergleich durchführen könnte. Die Ergebnisse nach einer Simulation sind natürlich nicht verallgemeinbar. Die deskriptiven Statistiken werden mithilfe unserer Funktion `fDescriptiveStats`[31] bestimmt und in der Tabelle 5.3 zusammengefasst. In der zweiten Spalte der Tabelle sind die deskriptiven Statistiken der tatsächlichen Renditebeobachtungen dargestellt und dienen als Vergleichsmaßstab. Die Mittelwerte der simulierten Renditen weichen z.T. deutlich von der empirisch beobachteten mittleren Rendite ab. Dagegen sind die Schätzer für die Varianzen und Standardabweichungen simulierter Renditen, bis auf die t-Verteilung, nahe an den empirischen Beobachtungen. Ebenso interessant ist der Vergleich von Schiefe und Wölbung zwischen empirischen und simulierten Renditen. Beide Kennzahlen sind eingehend im Kapitel 2.3.6 beschrieben. Die Schiefe empirischer Beobachtungen von -0,40459 zeigt eine linksschiefe Verteilung an, die demnach nicht symmetrisch um den Mittelwert verteilt ist. Die simulierten Renditen nach Anpassungen durch empirische Verteilungen weisen ebenso eine ausgeprägte Linksschiefe auf. Die Normal- und t-Verteilungen sind symmetrische Verteilungen, daher ist die Schiefe der simulierten Renditen aus der Normal- und der t-Verteilung nah an Null. Die simulierten Renditen aus der F-Verteilung weisen eine schwache Asymmetrie auf. Erwartungsgemäß besitzen die simulierten Renditen aus der (gespiegelten) χ^2-Verteilung die höchste Linksschiefe. Mit den Kennzahlen der Schiefen lassen sich die Ergebnisse der Mediane einfach interpretieren. Bei linksschiefen Verteilungen wird ein Median erwartet, der größer als der Mittelwert ist, wie es in unserer Simulation auch der Fall ist. Besonders ausgeprägt ist die Abweichung des Medians vom Mittelwert bei der χ^2-Verteilung. Die Wölbung (auch als Kurtosis

[30] Unter Octave ist die Variante `bDemoSimVergleichEmpTheorVert_oct` zu verwenden, da jeweils die Octave-Funktion zur Erzeugung von Zufallszahlen aufgerufen werden muss.

[31] Vgl. Kapitel 2.3.7.

bezeichnet) der empirischen Renditen ist deutlich höher als Drei und impliziert eine leptokurtische Verteilung, die eine höhere Wahrscheinlichkeitsdichte an den Rändern der Verteilung aufweist. In Verbindung mit der beobachteten Linksschiefe zeigt das Ergebnis eine höhere Wahrscheinlichkeit von hohen negativen Renditen an, als es unter der Normalverteilung zu erwarten ist. In unserem Fallbeispiel erzeugen die beiden empirischen Verteilungen und die t-Verteilung Renditen, die leptokurtisch sind.

5.2.2.4. Testen der Güte von Zufallszahlen

Die Güte der Zufallszahlen und damit die Aussagekraft einer Simulation hängt bei der ITM unmittelbar von der Güte der generierten, gleichverteilten Zufallszahlen ab. Die gleichverteilten Pseudozufallszahlen müssen die Eigenschaften echter Zufallszahlen aufweisen. Dem Zufallszahlengenerator kommt die Aufgabe zu, verschiedene Stichproben von gleichverteilten Zufallszahlen zu erzeugen, die statistisch nicht unterscheidbar von echten gleichverteilten Zufallszahlen sein dürfen. Bei dem Testen von gleichverteilten Zufallszahlen werden üblicherweise Eigenschaften erzeugter Zufallszahlen mit den theoretischen Eigenschaften der Gleichverteilung verglichen.

Die erste Eigenschaft eines Zufallszahlengenerators betrifft seine Fähigkeit, die Anzahl von Zufallszahlen innerhalb eines beliebigen Intervalls so zu generieren, dass die generierte Anzahl der erwarteten Anzahl der Zufallszahlen des Intervalls entspricht. In diesem Fall spricht man von der Anpassungsgüte. Wenn wir beispielsweise das Intervall der Gleichverteilung in k Klassen gleicher Länge unterteilen, entspricht $p = \frac{1}{k}$ der theoretisch erwarteten relativen Häufigkeit von Zufallszahlen in jeder Klasse. Generiert man N gleichverteilte Zufallszahlen, unterteilt man sie in k Klassen (gleicher Länge) und bestimmt man die Anzahl der generierten Zufallszahlen n_i in der Klasse i, dann sollte die relative Häufigkeit der generierten Zufallszahlen $f_i = \frac{n_i}{N}$ nah genug an der theoretisch erwarteten relativen Häufigkeit p liegen. Die Abbildung 5.5 zeigt die grundsätzliche Idee hinter dieser Eigenschaft. In der Abbildung sind die absoluten Häufigkeiten von 1000 gleichverteilten Zufallszahlen dargestellt, die mit der Funktion `rand` generiert und in 10 Klassen unterteilt sind. Die theoretisch erwartete Anzahl der Zufallszahlen pro Klasse liegt bei 100. Die tatsächliche Anzahl der Zufallszahlen pro Klasse weicht z.T. deutlich davon ab.

Die Abbildung 5.5 stellt lediglich einen ersten visuellen Eindruck dar. Die Eigenschaft der gleichverteilten Zufallszahlen gleichmäßig über die Klassen verteilt zu werden, lässt sich elegant mithilfe eines χ^2-Tests überprüfen. Sei f_i die beobachtete relative Häufigkeit von Zufallszahlen einer Klasse i und p_i die theoretisch erwartete relative Häufigkeit, dann ist die Teststatistik für k nicht überlappende Klassen und N Beobachtungen definiert als:

$$\chi^2_{\mathbf{rel}} = N \cdot \sum_{i=1}^{k} \frac{(f_i - p_i)^2}{p_i} \tag{5.3}$$

Unter der Nullhypothese eines wahren Modells folgt $\chi^2_{\mathbf{rel}}$ einer χ^2-Verteilung mit $k-1$ Freiheitsgraden.

Ferner muss der Zufallszahlengenerator in der Lage sein, unabhängige Zufallszahlen zu erzeugen, die die i.i.d. Eigenschaft besitzen. Diese Eigenschaft kann mithilfe von Unabhängigkeitstests auf verschiedene Weisen analysiert werden. In diesem Kapitel werden wir zwei Ansätze dar-

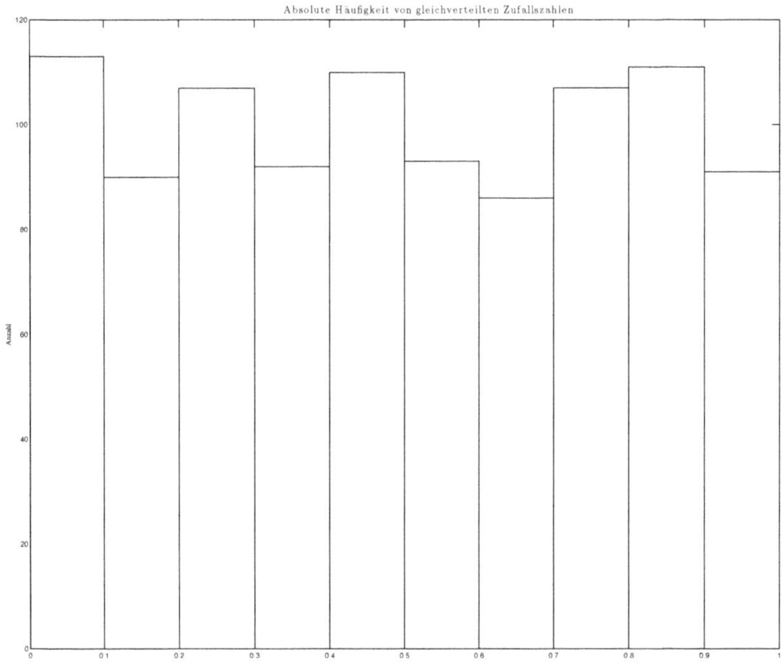

Abbildung 5.5.: Absolute Häufigkeiten von 1000 gleichverteilten Zufallszahlen über 10 Klassen

stellen.[32] Im ersten Ansatz werden Autokorrelationen $\hat{\rho}_j$ verschiedener Lagordnungen j der Zufallszahlen bestimmt und mittels eines Hypothesentests auf die Gleichheit mit 0 getestet. Eine Autokorrelation unterschiedlich von Null impliziert dabei fehlende Unabhängigkeit. Der Umkehrschluss auf eine Unabhängigkeit ist bei $\hat{\rho}_j = 0$ nicht möglich. Wie im Kapitel 2.8 diskutiert wird, impliziert der Hypothesentest lediglich die fehlende Ablehnung der Nullhypothese und nicht ihre Gültigkeit. Darüber hinaus können auch nichtlineare Abhängigkeiten existieren, die man mit der Autokorrelation nicht aufdecken kann. Der zweite Ansatz besteht in einer Überprüfung der Unabhängigkeit in zweidimensionalen (2D) oder höheren Ordnungen. Bei einer 2D-Ordnung wird der Raum in k^2 Klassen (gleicher Länge) unterteilt und aus den N Zufallszahlen werden $N/2$ nicht überlappende Paare $\{(x_1,x_2),(x_3,x_4),\ldots,(x_{n-1},x_n)\}$ gebildet. Anschließend wird die Anzahl der Paare in jeder der k^2 Klassen gezählt. Die zwingende Voraussetzung bei diesem Test ist die Prüfung von einer geraden Anzahl von Zufallszahlen, weil ansonsten eine 2D-Ordnung nicht zu realisieren ist. Der theoretisch erwartete Wert der Anzahl der Paare in einer Klasse beträgt dabei:

$$E(n_i) = \frac{N}{(2 \cdot k^2)} \tag{5.4}$$

Am Ende dieses Ansatzes kann die in Gleichung 5.3 angegebene χ^2-Teststatistik berechnet

---

[32] Weitere Ansätze werden z.B. in GENTLE (2003), dort Kapitel 2, diskutiert.

werden, die einer χ^2-Verteilung mit $(k^2 - 1)$ Freiheitsgraden folgt. Zur besseren Unterscheidung bezeichnen wir diesen χ^2-Unabhängigkeitstest als 2D-χ^2-Test. Die Idee hinter diesem Ansatz ist in der Abbildung 5.6 für 1000 gleichverteilte Zufallszahlen und 100 $(= 10^2)$ Klassen dargestellt. Der Zufallszahlengenerator muss in der Lage sein, den kompletten Raum gleichmäßig auszufüllen. Aus der Abbildung wird ersichtlich, dass bei 1000 Zufallszahlen einige Klassen annährend leer sind.

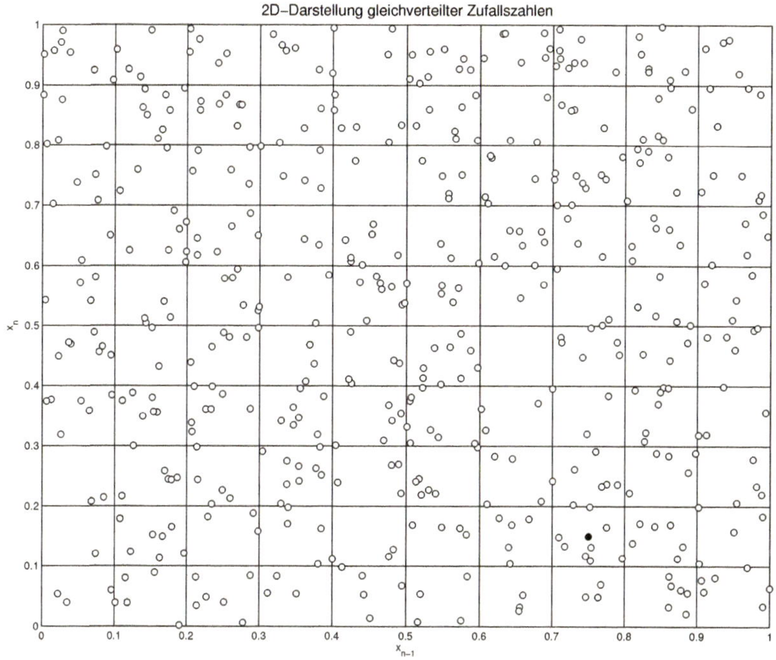

Abbildung 5.6.: Scatterplot 1000 gleichverteilter Zufallszahlen

Quellcode 5.11: Funktion zur Durchführung von Hypothesentests der Güte der gleichverteilten Zufallszahlen

```
Siehe Datei: fRandNumbTest.m
```

Die Funktion `fRandNumbTest` in Programmlisting 5.11 setzt die beschriebenen Hypothesentests um. Die Ergebnisse jedes Tests werden in der `struct`-Variable `rResults` abgelegt. Die Funktion erwartet mindestens eine Inputvariable, eine Matrix der zu testenden gleichverteilten Zufallszahlen. Zusätzlich kann die Lagordnung zur Berechnung der Autokorrelation (`iNumSerial`), die Anzahl der Klassen k (`iNumClass`) sowie die Irrtumswahrscheinlichkeit für Hypothesentests (`dAlpha`) gewählt werden. Falls der Anwender diese Parameter nicht bestimmt oder unpassende Inputvariablen übergibt, werden Standardwerte zur Berechnung benutzt. Die kleinste Lagordnung beträgt 3, die Standardklassenanzahl ist 10 und die Standardirrtumswahrscheinlichkeit wird auf 5% gesetzt. Zusätzlich wird sichergestellt, dass die Anzahl der Klassen und die Anzahl der Lags positive natürliche Zahlen sind. Die Prüfung auf eine ganze Zahl (`Integer`) wird z.B. für die Anzahl von Klassen durch die Anweisung `iNumClass ~= floor( iNumClass )` umgesetzt. Dabei wird die Variable `iNumClass` zunächst auf die nächste kleinste Zahl abgerundet und dann auf die Ungleichheit mit der Nutzereingabe geprüft. Falls man die Anzahl von Klassen beispielsweise mit 3 festlegt, liefert die logische Prüfung ein „Falsch", da die Abrundung von 3 wieder zur Zahl 3 führt, die wiederum identisch mit der Nutzereingabe ist. Bei einer Nutzereingabe von 3,5 wird die Standardklassenanzahl von 10 benutzt und eine Warnung ausgegeben. Falls die Variable `mRandNumb` Werte beinhaltet, die größer als 1 oder kleiner als 0 sind, bricht die Funktion mit einer Fehlermeldung ab, da die Gütetests für gleichverteilte Zufallszahlen konstruiert sind. Ferner muss die Anzahl der Zufallszahlen pro Zufallsvariable eine gerade Zahl sein, weil ansonsten eine Paar-Bildung für den 2D-χ^2-Test nicht möglich ist. Für den Fall einer ungeraden Anzahl von Zufallszahlen wird die letzte Beobachtung aller Zufallsvariablen entfernt. Die Prüfung auf eine gerade Anzahl wird durch die Division mit 2 mit der Anweisung `rem( iNumObs , 2 ) ~= 0` umgesetzt. Falls der Rest nach der Division ungleich Null ist, wird die letzte Zeile entfernt.

Die Gleichungen für den χ^2-Tests können direkt in Matlab-Code überführt werden. Eine Besonderheit stellt die Bestimmung der Beobachtungen pro Klasse dar. Dazu wird die im Kapitel 2.3.2 dargestellte Funktion `fHist` modifiziert. Die modifizierte Funktion `fHistRandNumTest` erwartetet zwei Inputvariablen. Die erste Inputvariable `mData` ist die Matrix von gleichverteilten Zufallszahlen. Mit der zweiten Inputvariable `iNumClass` wird die Anzahl zu bildender, nicht überlappender Klassen übergeben. Die Variable `iNumClass` ist optional. Falls sie nicht definiert ist, wird die Klassenanzahl auf den Wert 10 gesetzt. Da für den Gütetest von gleichverteilten Zufallszahlen keine `NaN`-Elemente zu erwarten sind, kann die modifizierte Funktion die absoluten Häufigkeiten auch für Matrizen ohne zusätzliche Schleifen bestimmen. Für den χ^2-Test wird das Intervall $[0,1)$ in k nicht überlappende Klassen gleicher Länge unterteilt. Dazu wird zunächst die Schrittlänge mit `dStep = 1/iNumClass` berechnet und dann die Klassengrenzen mit `vXi = 0:dStep:1` ermittelt. Diese vereinfachte Vorgehensweise der Klassengrenzenermittlung ist zulässig, weil die gleichverteilten Zufallszahlen aus der Matlab-Funktion `rand` im Intervall $[0,1)$ liegen. Demnach kann eine Beobachtung größer oder gleich Eins nicht vorkommen. Das Auszählen der Beobachtungen pro Klasse erfolgt analog zur ursprünglichen Funktion. Es sind jedoch zwei Besonderheiten zu beachten. Zum einen erfolgt das Auszählen in der Schleife durch die Hinzunahme des Laufoperators (`:`) vektorisiert über alle Spalten. Zum anderen muss die letzte Klasse nicht gesondert behandelt werden, weil gleichverteilte Zufallszahlen größer als Eins nicht auftreten können. Das Ergebnis der Funktion ist die Matrix-Variable `mFi`. Die Anzahl der Zeilen dieser Variable entspricht der Anzahl vorgegebener Klassen, d.h. in den Zeilen werden die absoluten Häufigkeiten jeder Klasse abgelegt.

Quellcode 5.12: Modifizierte Funktion zur Berechnung absoluter Häufigkeiten

```
Siehe Datei: fHistRandNumTest.m
```

Die absoluten Häufigkeiten aus der Variable `mF` werden in der Funktion `fRandNumbTest` elementenweise durch die Gesamtanzahl aller Beobachtungen dividiert, um f_i aus der Gleichung 5.3 für alle Klassen und alle Simulationen zu erhalten. Die Teststatistik 5.3 kann vektorisiert mit der Anweisung `iNumObs .* sum( (( mF - dProb ).^ 2) ./ dProb )` für jede Simulation (d.h. für jede Spalte) simultan berechnet werden. Die Irrtumswahrscheinlichkeit für die

Ablehnung der Nullhypothese wird mithilfe der `chi2cdf` Funktion bestimmt.[33] Üblicherweise geben die Matlab-Funktionen für Hypothesentests einen Wert `h` zurück, der die Werte 0 bei Beibehaltung der Nullhypothese und 1 bei Annahme der Gegenhypothese annimmt. Analog dazu wird mit `rResults.Chi2.vPValue < dAlpha` ein logischer Vektor erzeugt, der für jede Spalte von `mRandNumb` die Annahme oder Ablehnung der Nullhypothese anzeigt.

Zur Bestimmung der Autokorrelation für den Unabhängigkeitstest verzichten wir auf die Nutzung der Matlab-Funktion `corrcoef`. Auf die Problematik bei der Nutzung von `corrcoef` wird im Kapitel 4.5.2 eingegangen. Stattdessen nutzen wir die eigene Funktion `fCrossCorr2`. Ein Nachteil der Nutzung dieser Funktion liegt darin begründet, dass sie lediglich Vektoren verarbeiten kann. Daher muss für jede Simulation die Funktion separat aufgerufen werden. Dennoch bringt sie eine Zeitersparnis im Vergleich zur `corrcoef`.

Zur Durchführung des 2D-χ^2-Tests muss die Anzahl der nicht überlappenden Paare pro nicht überlappender Klasse bestimmt werden. Die nicht überlappenden Paare $\{(x_1,x_2),\ldots,(x_{n-1},x_n)\}$ werden durch die Zeile identifiziert, in der eine gleichverteilte Zufallszahl steht. Die ersten Elemente der Paare sind somit in ungerade Zeilen (Variable `mRandNumbUnGerade`) und die zweiten Elemente in gerade Zeilen (Variable `mRandNumbGerade`).

Um die Zugehörigkeit der Paare zu einer Klasse zu bestimmen, besteht die Grundidee in der Bestimmung von zwei ganzzahligen Nummern anhand der aktuellen Werte (gleichverteilter Zufallszahlen) eines Paares. Die Vorgehensweise lässt sich am einfachsten durch ein Beispiel und die Abbildung 5.6 erklären. In der Abbildung sind $k^2 = 10^2 = 100$ Klassen dargestellt, zu den die Paare zugeordnet werden. Die Klassen sind in der Abbildung durch die Gitterzellen angedeutet. Ferner seien Zufallszahlen 0,75 und 0,15 das erste Paar $\{(x_1,x_2)\}$, das auch durch den schwarz ausgefüllten Kreis in der Abbildung 5.6 repräsentiert wird. Aus der Abbildung kann man durch Ablesen feststellen, dass das Paar in die Klasse (8,2) fällt. In der Funktion `fRandNumbTest` wird die Zugehörigkeit zu einer Klasse ermittelt, in dem die gleichverteilten Zufallszahlen 0,75 und 0,15 mit k (Anzahl der eindimensionalen Klassen) multipliziert werden. Das Ergebnis der Multiplikation ist 7,5 und 1,5. Offenbar gibt es aber keine Klasse 7,5 und 1,5. Daher wird in der Funktion das Ergebnis der Multiplikation mithilfe der Funktion `ceil` auf die nächst höhere natürliche Zahl aufgerundet. Mit diesem Ansatz wird die Klasse eines Paares mit `dPosX = ceil(mRandNumbUnGerade(iClass,iRV) * iNumClass)` für die erste Dimension (im Beispiel 8) und mit `dPosY = ceil(mRandNumbGerade(iClass, iRV) * iNumClass)` für die zweite Dimension (im Beispiel 2) ermittelt.

An dieser Stelle ist in der Funktion bekannt, zu welcher Klasse das erste Paar zuzuordnen ist. Um jedoch $f_i = \frac{n_i}{N}$ für die Formel 5.3 zu ermitteln, muss ferner die Gesamtanzahl n_i aller Paare ermittelt werden, die einer Klasse angehören. Dazu wird die Matrix `mNumbPerClass` mit der Dimension $k \times k$ mit Nullen initialisiert. Aus dem bisherigen Beispiel ist bekannt, dass das erste Paar in die Klasse (8,2) fällt. Mit der Anweisung `mNumbPerClass(dPosX, dPosY) = mNumbPerClass(dPosX, dPosY) + 1` (das entspricht im Beispiel `mNumbPerClass(8, 2) = mNumbPerClass(8, 2) + 1`) wird in der Matrix `mNumbPerClass` das Element (8,2) von Null auf Eins erhöht. Wenn das nächste Paar ebenso in die Klasse (8,2) fällt, wird das Element (8,2) von `mNumbPerClass` auf 2 erhöht etc. Diese Vorgehensweise wird in der Schleife für alle

33 Die Ermittlung von Konfidenzintervallen und die Beschreibung von Hypothesentests ist Gegenstand des Kapitels 2.8.

`iNumObs/2` Paare wiederholt. Nachdem der Wert der Paare pro Klasse n_i bekannt ist, wird die Berechnung der Teststatistik und der Irrtumswahrscheinlichkeit des 2D-χ^2-Tests analog zum χ^2-Test vorgenommen.

Den Abschluss dieses Kapitels bildet eine vereinfachte Fallstudie zur Güte der gleichverteilten Zufallszahlen von Matlab, die in Programmlisting 5.13 dargestellt ist. Die `cell`-Variable `cZZG` enthält die Matlab-Namen von drei Zufallszahlengeneratoren, die standardmäßig verfügbar sind. In der Schleife wird der Zufallszahlengenerator mit der Funktion `rng('shuffle',cZZG{iZZG})` initialisiert und dann gleichverteilte Zufallszahlen generiert. Mithilfe der Funktion `fRandNumbTest` werden die Hypothesentests auf die gleichverteilten Zufallszahlen der jeweiligen Generatoren aufgerufen und die Ergebnisse in die `struct`-Variable `rRes` abgelegt. Die Besonderheit der Nutzung der Variable `rRes` liegt in der Möglichkeit der Erstellung von dynamischem Matlab-Code. Matlab bietet zwei Alternativen an, dynamisch Variablen zu erzeugen, wenn z.B. die Anzahl zu erzeugender Variablen von der Nutzereingabe abhängt. Die erste, wenig empfehlenswerte Alternative ist die Nutzung der Funktion `eval`.[34] Für diese Funktion kann der Nutzer eine Matlab-Anweisung als einen `String` zusammenstellen, den die `eval`-Funktion als einen Matlab-Befehl ausführt. Die zweite Alternative ist die Nutzung von `struct`-Variablen, weil man die Feldernamen dieser Variablen dynamisch erzeugen und weil man auf die Variablen dynamisch zugegriffen kann. In der ersten Schleife von unserem Programmlisting wird durch die Anweisung `rRes.(cZZG{iZZG})` in der Variable `rRes` ein Feld mit dem Namen `twister` erzeugt, da die ersten Spalte von `cZZG` diesen Eintrag beinhaltet. Diesem Feld werden die Ergebnisse der Gütetests für den „Mersenne Twister"-Algorithmus zugewiesen. Somit tragen die Felder der `struct`-Variable die Namen des Zufallszahlengenerators, die durch die Variable `cZZG` spezifiziert sind. Ebenso kann dynamisch auf die Felder einer `struct`-Variable zugegriffen werden. Wieder in der ersten Schleife würde die Anweisung `rRes.(cZZG{iZZG}).Chi2.lH` die logischen Werte 0 und 1 des χ^2-Tests für den „Mersenne Twister"-Algorithmus im `Command Window` von Matlab ausgeben. In Programmlisting 5.13 nutzen wir den dynamischen Zugriff auf die Variablen, um den relativen Anteil abgelehnter Nullhypothesen für den χ^2- und den 2D-χ^2-Test zu berechnen. Die relativen Anteile werden in die Variable `cTabDesc` geschrieben, die als Grundlage für die Tabelle 5.4 dient.

Es gibt zwei Vorteile der Nutzung dynamischer erzeugter Variablen(namen). Zum einen kann dann das Matlab-Skript trotz verschiedener Nutzereingaben die Ergebnisse bestimmen. Beispielsweise wird Programmlisting 5.13 die Ergebnisse berechnen, wenn man in der Variable `cZZG` einen Zufallszahlengenerator hinzufügt oder entfernt. Zum anderen wird der Matlab-Code schlanker, weil weniger Codezeilen zu schreiben sind.[35]

[34] Die Funktion `eval` erlaubt es, Matlab-Code dynamisch während der Laufzeit des Programms in einem String zu generieren und dann z.B. per `eval(sString)` ausführen zu lassen. Diese Möglichkeit eröffnet sehr interessante Programmiermöglichkeiten. Z.B. lassen sich dadurch tief verschachtelte `if ... elseif ... else ... end` Konstruktionen vermeiden. Trotzdem raten wir dringlich von der Verwendung ab: Der Programmcode wird dadurch für einen dritten Leser extrem schwer bis gar nicht verständlich. Ferner ist es extrem kniffelig, Fehler in einem solchen Programm zu finden, da der tatsächlich ausgeführte Code erst zur Laufzeit entsteht. Dies erschwert das Debugging ungemein. Soll ein Nicht-Programmautor einen Fehler in einem solchen Programm finden, ist dies eine Herkulesaufgabe.

[35] Programmlisting 5.13 ist im Hinblick auf die Fallstudie nur unter Matlab sinnvoll, weil in Octave nur der „Mersenne-Twister" Algorithmus implementiert und ein Vergleich verschiedener Zufallszahlengeneratoren nicht möglich ist.

Quellcode 5.13: Fallstudie zur Güte der gleichverteilten Zufallszahlen von Matlab

```
Siehe Datei: bDemoZufallszahlen.m
```

Die Ergebnisse für verschiedene Anzahlen von Zufallszahlen und von Simulationen sind in der Tabelle 5.4 zusammengefasst. Die Prozentzahlen zeigen den relativen Anteil der abgelehnten Nullhypothesen pro Test (χ^2- und 2D-χ^2-Test) und pro Zufallszahlengenerator (Matlab: Mersenne-Twister (Twister), Combined-Multiple-Recursive (Recursive) und Multiplicative-Lagged-Fibonacci (Fibonacci), Octave: Mersenne-Twister (Twister)). Wir haben 120, 250, 500 und 1000 Zufallszahlen (in Tabelle durch # ZZ angezeigt) generiert und jeweils 1000 und 5000 Simulationen (angezeigt durch # Sim) durchgeführt. Die Irrtumswahrscheinlichkeit ist einheitlich mit 5% vorgegeben. Die relativen Anteile der abgelehnten Nullhypothesen in der Tabelle 5.4 sollten daher nah an 5% liegen. Bei der Interpretation der Ergebnisse ist auf den Demonstrationscharakter der Fallstudie zu achten, die lediglich die Vorgehensweise und keinesfalls belastbare Ergebnisse aufzeigt. Die Anzahl der Zufallszahlen in der Fallstudie ist unüblich klein für einen Test der Güte von Zufallszahlen. Sie orientiert sich aber an typischen Finanzmarktanwendungen. Zudem scheinen die Ergebnisse der Forschung nahe zu legen, dass die Zufallszahlengeneratoren, die als Quasi-Standard gelten, unbefriedigende Ergebnisse bzgl. der Unabhängigkeit bei kleinen Stichproben liefern.[36] Wenn man die Ergebnisse für 120 Zufallszahlen und 5000 Simulationen betrachtet, scheint der Anteil der abgelehnten Nullhypothesen des χ^2-Tests sehr nah an der Erwartung zu liegen. Die Ergebnisse des 2D-χ^2-Tests weichen stärker von 5% ab. Der Mersenne-Twister Algorithmus unter Octave zeigt in dieser Fallstudie mindestens die gleiche Güte wie die Matlab-Variante.

Die Ergebnisse unserer Fallstudien zeigen über alle Simulationen an, wie häufig die Nullhypothesen bei einer Irrtumswahrscheinlichkeit α abgelehnt werden. Ein Problem, z.B. bei dem 2D-χ^2-Test für 120 Zufallszahlen und 5000 Simulationen, besteht darin zu entscheiden, ob die relative Häufigkeit der abgelehnten Nullhypothesen nahe genug an der theoretischen Erwartung von α liegt. In anderen Worten: Ist der Wert von 6,50% für den „Combined Multiple Recursive"-Algorithmus (bei 1000 Simulationen, 6,44% bei 5000) noch als akzeptable Abweichung von 5% anzusehen? Zur Entscheidung kann ein Test angewendet werden, der auf die statistische Signifikanz der Abweichung zwischen der tatsächlichen und der erwarteten relativen Häufigkeit prüft. Im Zusammenhang mit den Gütetests von gleichverteilten Zufallszahlen wird von 2-Level-Tests gesprochen. Diese Art von Tests wird ausführlich im Kapitel 5.4.2 bei Durchführung von Backtests diskutiert. Daher verzichten wir auf eine Diskussion an dieser Stelle.

Zu Beginn dieses Kapitels wurde die hohe Bedeutung der Güte von gleichverteilten Zufallszahlen hervorgehoben, weil sie die Grundlage der ITM bilden. Daher ist es ratsam, gleich nach der Erzeugung von gleichverteilten Zufallszahlen ihre Güte zu testen und ggf. eine neue Erzeugung zu erzwingen. Eine modifizierte Vorgehensweise der ITM könnte folgende Schritte aufweisen, die die generelle Vorgehensweise der ITM erweitern:

Um die generelle Nutzung der Funktion `fRandNumbTest` unter Octave zu demonstrieren und die Eigenschaften des „Mersenne-Twister" Algorithmus unter Octave zu analysieren, kann das Skript `bDemoZufallszahlen_oct` herangezogen werden. Der einzige Unterschied zwischen dem Matlab- und dem Octave-Skript besteht in der Angabe verfügbarer Zufallszahlengeneratoren in der Variable `cZZG`.

[36] Vgl. GALPERIN und GALPERIN (2006) und die dort angegebene Literatur.

	Matlab			Octave	Matlab			Octave
	Twister	Recursive	Fibonacci	Twister	Twister	Recursive	Fibonacci	Twister
		# ZZ=120, # Sim=1000				# ZZ=500, # Sim=1000		
χ^2 Test	5.20%	5.50%	4.80%	4.80%	5.60%	4.20%	4.30%	4.50%
2D-χ^2 Test	6.10%	6.50%	6.40%	4.70%	5.60%	4.20%	4.20%	5.50%
		# ZZ=120, # Sim=5000				# ZZ=500, # Sim=5000		
χ^2 Test	4.92%	4.66%	5.30%	5.00%	5.28%	4.84%	5.18%	5.68%
2D-χ^2 Test	6.36%	6.44%	5.98%	5.00%	4.94%	6.02%	4.90%	5.40%
		# ZZ=250, # Sim=1000				# ZZ=1000, # Sim=1000		
χ^2 Test	5.70%	3.80%	4.40%	5.90%	4.30%	3.70%	6.10%	6.00%
2D-χ^2 Test	5.50%	4.90%	5.50%	5.00%	5.50%	4.10%	4.70%	5.40%
		# ZZ=250, # Sim=5000				# ZZ=1000, # Sim=5000		
χ^2 Test	5.52%	5.00%	4.60%	4.84%	4.82%	4.56%	5.00%	5.20%
2D-χ^2 Test	5.46%	5.40%	5.20%	4.34%	5.34%	4.74%	5.06%	5.32%

Tabelle 5.4.: Ergebnisse des χ^2-Tests auf die Gleichverteilung sowie des 2D-χ^2-Tests auf serielle Unabhängigkeit von gleichverteilten Zufallszahlen aus drei Zufallszahlengeneratoren in Matlab. Dargestellt sind die relativen Anteile der abgelehnten Nullhypothesen des jeweiligen Tests bei der Irrtumswahrscheinlichkeit von 5%. Die Anzahl der Klassen ist 10. # ZZ ist die Anzahl der Zufallszahlen und # Sim die Anzahl der erzeugten Variablen (Simulationen). Zufallszahlengeneratoren sind: Mersenne Twister (Twister), Combined Multiple Recursive (Recursive) und Multiplicative Lagged Fibonacci (Fibonacci). Alle drei sind standardmäßig in Matlab installiert. Zusätzlich werden in gesonderten Spalten die Ergebnisse des Zufallszahlengenerators in Octave ausgewiesen, der ebenfalls auf dem Mersenne Twister Algorithmus basiert, aber möglicherweise Unterschiede in der Implementation aufweist. Nach den hier durchgeführten Simulationen ist die Octave-Implementation mindestens so gut wie diejenige unter Matlab.

1. Generierung von N gleichverteilten Zufallszahlen

2. Test der Güte von gleichverteilten Zufallszahlen, bei unzureichender Güte der erzeugten Zufallszahlen zurück zu Schritt 1

3. Transformierung der gleichverteilten Zufallszahlen in die gewünschte Verteilung $F(x)$

4. Test der Verteilungseigenschaften (z.B. mittels des KS-Tests), bei Ablehnung zurück zu Schritt 1

5. Reskalierung der transformierten Zufallszahlen gemäß der Gleichung 5.2

Mit den hier vorgestellten Funktionen und Skripten ist die Umsetzung der erweiterten ITM leicht zu implementieren. Die Güte von gleichverteilten Zufallszahlen kann mit unserer Funktion `fRandNumbTest` und die Güte simulierter Renditen aus einer Verteilung mit dem KS-Test abgeschätzt werden.

5.2.2.5. Stichprobenfehler gleichverteilter Zufallszahlen

Die Simulation beruht stark auf dem Gesetz der Großen Zahl.[37] Für viele finanzwirtschaftliche Simulationen ist die Anzahl von Zufallszahlen für eine Variable, die größer als 5000 ist, jedoch selten notwendig. Diese Zahl würde ca. zwanzig Jahren von Tagesbeobachtungen entsprechen. Bei der Erzeugung von gleichverteilten Zufallszahlen kann jedoch bei kleinen Stichproben das Problem entstehen, dass die Zufallszahlen nicht gleichmäßig verteilt sind, sondern sich in Teilklassen des Intervalls $[0,1)$ häufen. Zufall kann, gerade bei kleinen Stichproben, auch Ordnung erzeugen. Dieses Problem wird in der Abbildung 5.5 veranschaulicht und kann mithilfe des χ^2-Tests aufgedeckt werden. Selbst wenn die Anzahl der erzeugten Zufallszahlen sehr hoch erscheint, können Verzerrungen der Simulationsergebnisse durch gehäufte Zufallszahlen entstehen. Um das Problem von gehäuften Zufallszahlen abzumildern, kann die Erzeugung von N Zufallszahlen in B Teilintervallen erfolgen. Anstatt z.B. 1000 Zufallszahlen im Intervall $[0,1)$ zu erzeugen, empfiehlt es sich, das Intervall in kleinere Teilintervalle (z.B. bei $B = 5$ sind die Intervalle $[0,\ 0,2), [0,2,\ 0,4)$ etc.) aufzuteilen und in jedem Intervall die gleiche Anzahl von Zufallszahlen zu erzeugen. Mit diesem Ansatz lässt sich das Problem der gehäuften Zufallszahlen bei kleinen Stichproben elegant umgehen. Diese Lösung wird als „Stratified-Sampling“ oder als geschichtete Zufallsstichprobe bezeichnet.

Die Funktion `fStratifiedSampling` in Programmlisting 5.15 ist eine beispielhafte Umsetzung der beschrieben Methode. Die Funktion erwartet drei Inputvariablen. `iNumIntervall` stellt die Anzahl zu bildender Intervalle B dar und `iNumObs` ist die Anzahl zu bildender Zufallszahlen. Optional kann mit `sZZG` ein Matlab-Zufallszahlengenerator initialisiert werden. Standardmäßig wird der „Mersenne Twister“-Algorithmus verwendet. Die Arbeitsweise

[37] Das (schwache) Gesetz der Großen Zahl beschreibt, vereinfachend dargestellt, wie mit zunehmender Anzahl von Beobachtungen N die Wahrscheinlichkeit gegen Null tendiert, dass der emprisch ermittelte, arithmetische Mittelwert $\hat{\mu}$ außerhalb des Intervalls $[\mu - c, \mu + c]$ (μ als wahrer Erwartungswert) für beliebig kleine Werte von c sein wird und zwar für jede denkbare Verteilung. Vgl. z.B. BAMBERG und BAUR (1996), S. 121-122. Demnach ist im statistischen Sinne der arithmetische Mittelwert einer hinreichend großen Stichprobe der beste Schätzer des unbekannten Erwartungswertes.

der Funktion ist am einfachsten durch ein vereinfachtes Beispiel erklärt. Angenommen seien B = `iNumIntervall` = 10 zu bildender Intervalle und `iNumObs` = 10 zu erzeugende Zufallszahlen. Mit der Anweisung `vX = 1:iNumIntervall` erhält man die Zahlenfolge $1,2,3,4,5,6,7,8,9,10$. Wenn man von der Zahlenfolge eine Eins subtrahiert und alle Zahlen durch die Anzahl der Intervalle teilt, also `vRand = (vX-1) ./ iNumIntervall`, erhält man Zahlen (0, 0,1, 0,2, 0,3, 0,4, 0,5, 0,6, 0,7, 0,8, 0,9). Diese sind offenbar perfekt, jedoch deterministisch, im Intervall $[0,1)$ verteilt. Um die Zufälligkeit zu induzieren, kann man die obige Anweisung leicht modifizieren. Mit `vRand = (vX-1) ./ iNumIntervall + rand(1,iNumObs)/iNumIntervall` würde man zu den perfekt verteilten Zahlen ein zufälliges Element hinzufügen. In der Variable `vRand` weisen jetzt die Zahlen zwar ein zufälliges Element, aber auch eine serielle Korrelation auf. Um die serielle Korrelation zu vermeiden, kann bereits die Zahlenfolge in `vX` mithilfe der Matlab-Funktion `randperm` zufällig vertauscht werden. Die Funktion `randperm( n )` liefert einmalige Werte aus einer Zahlenreihenfolge `1:n`, die jedoch zufällig vertauscht sind. Die Anweisung `randperm(10)` könnte in den Zahlen `8, 6, 1, 3, 5, 9, 2, 7, 10, 4` resultieren. Das Ergebnis von `randperm` nutzt man dann als einen Index, um die Reihenfolge von Beobachtungen in `vX` zufällig zu vertauschen. Der komprimierte Befehl würde `vX = vX( randperm( length(vX) ))` sein, nachdem bereits `vX` erzeugt wurde. Das Minimalbeispiel der bisherigen Überlegungen ist in Programmlisting 5.14 zusammengesetzt. Die Variable `vRand` enthält jetzt nicht periodisch, aber identisch und gleichmäßig verteilte Zufallszahlen im Intervall $[0,1)$.

Quellcode 5.14: Minimalbeispiel Stratified Sampling

```
iNumIntervall=10;
iNumObs=10;
vX=1:iNumIntervall;
vX = vX( randperm( length(vX)  ) );
vRand = (vX-1) ./ iNumIntervall + rand(1,iNumObs) ./ iNumIntervall;
```

Das Minimalbeispiel funktioniert an dieser Stelle nur, weil die Anzahl der Intervalle und die Anzahl zu bildender Zufallszahlen identisch sind. Die über das Minimalbeispiel hinausgehenden Anweisungen in unserer Funktion `fStratifiedSampling` stellen,[38] neben den Fehlerprüfungen, sicher, dass die Funktion auch dann Zufallszahlen generiert, wenn die Anzahl der Intervalle nicht identisch mit der Anzahl zu erzeugender gleichverteilten Zufallszahlen ist. Die Idee ist wieder am einfachsten durch ein Beispiel zu erklären. Angenommen, die Anzahl von Zufallszahlen `iNumObs` sei 20, 30 oder 100. In diesem Fall kann die Zahlenreihenfolge aus der Variable `vX` im Minimalbeispiel `iNumObs/iNumIntervall`-male kopiert werden, also 2-mal, 3-mal oder 10-mal. Die Wiederholung der Elemente von `vX` kann mit der Funktion `repmat` durch die Anweisung `vX = repmat( vX, 1, iNumObs/iNumIntervall)` umgesetzt werden, die wir bereits mehrfach besprochen haben (z.B. in Programmlisting 2.2). Schließlich kann jedoch der Fall eintreten, dass die Division `iNumObs/iNumIntervall` nicht in einem `Integer` resultiert. Daher wird in unserer Funktion die Division abgerundet und anschließend die evtl. fehlenden Beobachtungen mit einem zufälligen erzeugten Vektor `vIndxExpand` verknüpft.

[38] Unter Octave ist die Variante `fStratifiedSampling_oct` zu verwenden. Hier bewirkt die Auswahl des Zufallszahlengenerators nichts, da in Octave nur ein Generator verfügbar ist.

Quellcode 5.15: Generierung von gleichverteilten Zufallszahlen nach Stratified Sampling

```
Siehe Datei: fStratifiedSampling.m
```

Die Anzahl zu bildender Intervalle ist ein freier Parameter dieses Verfahrens. Wenn $B = 1$ ist, dann ist das Ergebnis des Stratified-Sampling identisch zur gewönlichen Simulation. Wenn $B = N$, dann nähert man sich der Lösung der sog. „Quasi-Monte-Carlo"-Simulation an, indem Quasizufallszahlen generiert werden. Es empfiehlt sich, die Anzahl der Intervalle hoch zu setzen. In unserer Funktion ist die kleinste Anzahl der Intervalle 5.

Ein visueller Vergleich der gleichverteilten Zufallszahlen nach „Stratified Sampling" und „Mersenne Twister" findet sich in der Abbildung 5.7. Die obere Abbildung zeigt die Verteilung von Zufallszahlen, die mit der Matlab-Funktion `rand` erzeugt sind. Die untere Abbildung zeigt für identische gleichverteilte Zufallszahlen, die für die obere Abbildung benutzt wurden, das Ergebnis für „Stratified Sampling". Die Abbildung zeigt die nahezu perfekte Verteilung von gleichverteilten Zufallszahlen über 10 Klassen.

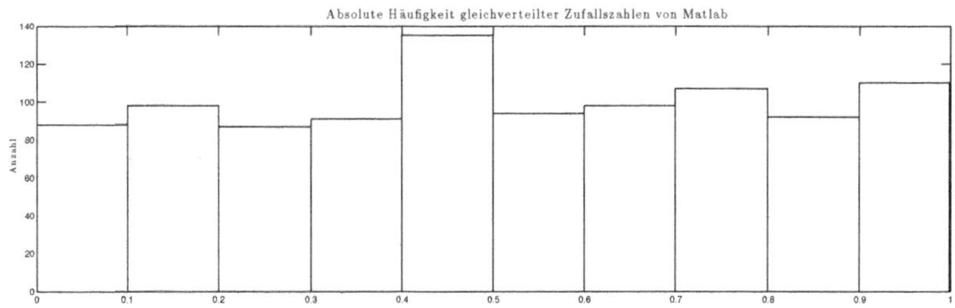

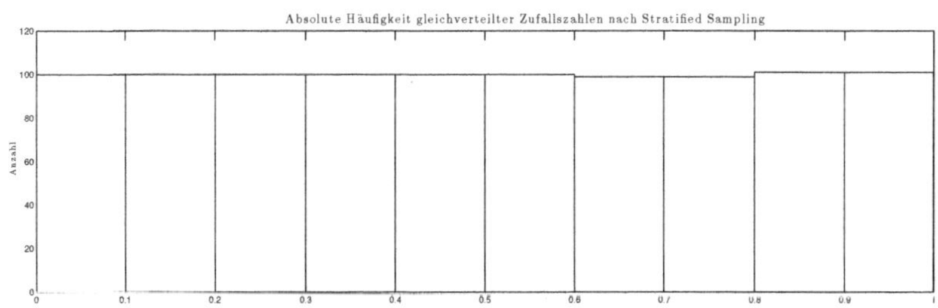

Abbildung 5.7.: Absolute Häufigkeit von 1000 gleichverteilten Zufallszahlen von Matlab und 1000 gleichverteilter Zufallszahlen nach der Stratified Sampling Methode.

Selbstverständlich reicht ein visueller Vergleich nicht aus, um auf die Güte einer Methode zu schließen. Daher werden wir die Tests der Güte von Zufallszahlen, dargestellt im Kapitel 5.2.2.4, auf die Zufallszahlen nach der Stratified-Sampling-Methode anwenden und mit Zufallszahlen aus dem Mersenne-Twister-Zufallszahlengenerator vergleichen. Programmlisting 5.16 demonstriert die Vorgehensweise bei einem Vergleich der gleichverteilten Zufallszahlen aus dem Mersenne-Twister Zufallszahlengenerator und nach der Methode des Stratified-Sampling.[39] Bei der Wahl

[39] Unter Octave ist die Variante `bTestStratifiedSampling_oct` zu verwenden.

der Klassenanzahl für die Stratified-Sampling-Methode und der Klassenanzahl für die χ^2- und 2D-χ^2-Tests muss auf die Ungleichheit der Klassen geachtet werden. Die Stratified-Sampling-Methode erzwingt eine Gleichverteilung der Zufallszahlen in die Klassen innerhalb des Intervalls $[0,1)$. Daher wären die Ergebnisse eines χ^2-Test auf die Verteilung von Zufallszahlen in die gleiche Anzahl von Klassen lediglich nachrichtlich interessant, ob die Funktion korrekt arbeitet. Die Irrtumswahrscheinlichkeit wird mit 5% vorgegeben und der Zufallszahlengenerator für gleichverteilte Zufallszahlen wird mit der Einstellung `twister` initialisiert.

Quellcode 5.16: Güte von gleichverteilten Zufallszahlen nach Stratified Sampling

```
Siehe Datei: bDemoStratifiedSampling.m
```

Die Ergebnisse des Vergleichs sind in der Tabelle 5.5 für 120, 250, 500, 1000 und 5000 Zufallszahlen über 1000 und 10.000 Simulationen zusammengefasst. In der Tabelle sind die relativen Häufigkeiten der Ablehnung der Nullhypothese dargestellt, wobei die Erwartung für alle Kennzahlen bei 5% liegt. Die Ergebnisse für die Stratified-Sampling-Methode weisen die relativen Häufigkeiten sowohl für den χ^2- als auch für den 2D-χ^2-Test von weit unter 5% aus. Dieses Ergebnis ist jedoch nur scheinbar gut. Denn falls die Daten tatsächlich zufällig erzeugt sind, sollte die relative Häufigkeit der Ablehnungen der Nullhypothese nahe an der Irrtumswahrscheinlichkeit von 5% liegen. Vielmehr werden durch die Funktion `fStratifiedSampling` die Zahlen in eine perfekte Gleichverteilung auf dem Intervall $[0,1)$ gebracht, die sehr unwahrscheinlich durch puren Zufall entstehen könnte.

# ZZ	Stratified Sampling		Twister	
	χ^2 Test	2D-χ^2 Test	χ^2 Test	2D-χ^2 Test
		# Sim=1000		
120	0,00%	3,60%	4,60%	8,30%
250	0,10%	2,50%	5,70%	5,90%
500	0,00%	2,20%	4,40%	6,00%
1000	0,10%	2,90%	4,10%	5,30%
5000	0,00%	1,90%	6,00%	4,60%
		# Sim=10000		
120	0,05%	3,92%	4,82%	8,03%
250	0,08%	3,12%	5,14%	6,07%
500	0,06%	2,74%	4,89%	5,38%
1000	0,09%	2,85%	5,17%	5,11%
5000	0,15%	2,32%	4,78%	4,92%

Tabelle 5.5.: Ergebnisse des χ^2-Tests auf Gleichverteilung und des 2D-χ^2-Tests auf serielle Unabhängigkeit beim Mersenne-Twister (Twister) Zufallszahlengenerator sowie beim Stratified-Sampling. Die Anzahl der Klassen für Stratified-Sampling ist 10. Dargestellt sind die relativen Häufigkeiten der abgelehnten Nullhypothesen des jeweiligen Tests bei der Irrtumswahrscheinlichkeit von 5%. Die Anzahl der Klassen für die Gütetests ist 20. # ZZ ist die Anzahl der Zufallszahlen und # Sim die Anzahl der erzeugten Variablen.

Diese perfekte Ordnung gleichverteilter Zufallszahlen ist gerade für Anwendungen aus dem Risikomanagement nicht wünschenswert, da zufällige Häufungen extremer Renditen nicht simuliert werden. Allerdings besitzt die „Stratified Sampling“-Methode die Eigenschaft der Varianzreduktion, die wichtig für die Schätzung von Kennzahlen basierend auf simulierten Renditen ist. Für simulationsbasierte Bewertung von Wertpapieren, wie z.B. von Optionen, Zertifikaten und anderen strukturierten Produkten, ist gerade die Varianzreduktion bedeutend, weil sie die Anzahl von notwendigen Simulationen stark reduziert. Sie wird angewendet, wenn die stochastischen Renditegenerierungsprozesse als bekannt angenommen werden können, aber eine analytische Bewertungsgleichung entweder nicht oder nicht für den interessanten Bewertungsfall existiert.

Die positive Eigenschaft der Varianzreduktion demonstrieren wir am Beispiel der Mittelwertschätzung von normalverteilten Zufallszahlen, die auf Basis gleichverteilter Zufallszahlen gemäß der „Mersenne-Twister“- und der „Stratified-Sampling“-Methode erzeugt werden. Programmlisting 5.17 veranschaulicht die Vorgehensweise,[40] die einer Kombination von Programmlisting 5.2 und 5.16 entspricht. Die simulierten Renditen sollen eine mittlere Rendite von ca. 0,667% bei einer Standardabweichung von ca. 4,333% aufweisen. Die Anzahl der simulierten Beobachtungen ist 120 (10 Jahre monatlicher Beobachtungen) und die Anzahl der Simulation ist 2000. Für die „Stratified-Sampling“-Methode werden 10 Intervalle voreingestellt, in denen die gleichverteilten Zufallszahlen gleichmäßig erzeugt werden. Basierend auf den simulierten Renditen wird der Mittelwert für jede Simulation geschätzt. Anhand der 2000 Mittelwertschätzungen bestimmen wir die deskriptiven Statistiken, die in der Tabelle 5.6 zusammengefasst sind.

Quellcode 5.17: Varianzreduktionseigenschaft des Mittelwertschätzers durch Stratified Sampling

```
Siehe Datei: bVergMeanEstStSaTwister.m
```

Die Ergebnisse aus der Tabelle 5.6 zeigen eine gute Annäherung der gewünschten mittleren Renditen von beiden Methoden, da der Mittelwert über 2000 Mittelwertschätzer sehr nah an der Vorgabe ist. Gleichzeitig ist die Standardabweichung der Mittelwertschätzer nach der „Mersenne-Twister“-Methode ca. 5 mal so hoch im Vergleich zur „Stratified-Sampling“-Methode. Der minimale Mittelwertschätzer nach der „Stratified-Sampling“-Methode ist 0,35%, während der minimale Mittelwertschätzer nach der „Mersenne-Twister“-Methode -0,67% ist. Ähnliche hohe Abweichungen können bei den maximalen Mittelwertschätzern beobachtet werden. Folglich ist die Spannweite deutlich geringer bei der „Stratified Sampling“-Methode. In der Abbildung 5.8 wird in den beiden linken Grafiken dieser Befund durch die Darstellung von absoluten Häufigkeitsverteilungen visualisiert. Die x- und die y-Achsen sind in allen Abbildungen identisch eingestellt, um die Unterschiede hervorzuheben. Die Streuung der Mittelwertschätzer ist deutlich größer bei der Standardvorgehensweise im Vergleich zur „Stratified-Sampling“-Methode.

In den beiden rechten Grafiken in der Abbildung 5.8 ist die absolute Distanz der mittleren Schätzungen zur Vorgabe über alle Simulationen dargestellt. Zur Berechnung der absoluten Distanzen greifen wir auf die Berechnung von „Mean-Absolute-Error“ aus der Gleichung 4.106 im Kapitel 4.6.3 zurück und modifizieren diese leicht. In der Gleichung 5.5 wird von der „wahren“, vorgegebenen Rendite μ nach jeder Simulation s der Mittelwert aller Schätzungen von 1 bis s

[40] Unter Octave ist die Variante `bDemoVergMeanEstStSaTwister_oct` zu verwenden.

	Stratified Sampling	**Twister**
	Stichprobenmerkmale	
Mittelwert	0,006697	0,006594
Median	0,006679	0,006590
Varianz	0,000001	0,000015
StdAbw	0,000804	0,003885
Minimum	0,003519	-0,006793
Maximum	0,009642	0,020506
Spannweite	0,006123	0,027299
IQR	0,001063	0,005316
Schiefe	0,028048	0,020144
Wölbung	3,186549	2,834521

Tabelle 5.6.: Deskriptive Statistiken von 2000 Mittelwertschätzern für 120 normalverteilte Zufallszahlen basierend auf gleichverteilten Zufallszahlen nach „Mersenne-Twister"- und „Stratifie-Sampling"-Algorithmus

subtrahiert.

$$\delta_s = \left| \mu - \left(\frac{1}{s} \sum_{k=1}^{s} \hat{\mu}_k \right) \right| \tag{5.5}$$

Die Kennzahl δ_s wird in den rechten Grafiken der Abbildung 5.8 für alle 2000 Simulationen dargestellt. Aus der Abbildung ist die relativ schnelle Konvergenz des Mittelwertschätzers ersichtlich, wenn die gleichverteilten Zufallszahlen mit der „Stratified-Sampling"-Methode generiert werden. Dagegen oszilliert der Mittelwertschätzer nach der Standardmethode und sein δ_s konvergiert auch nach 2000 Simulationen nicht gegen Null.

Die Ergebnisse veranschaulichen die Vor- und Nachteile beider Methoden, die anwendungsspezifisch sind. Wenn die eigene Anwendung eine starke Schwankung der Schätzer präferiert, wie es z.B. im Risikomanagement zur Simulation extremer Ereignisse der Fall ist, ist die Standardvorgehensweise empfehlenswert. Falls jedoch eine stabile Schätzung benötigt wird, wie es bei der Bestimmung von Wertpapierpreisen der Fall ist, ist eher die „Stratified-Sampling"-Methode empfehlenswert. Wenn man bedenkt, dass Anbieter von Optionen und Zertifikaten mehrere Tausende Wertpapiere minütlich simulationsbasiert bewerten, ist eine schnelle Konvergenz des Schätzers (und somit die Varianzreduktion) wünschenswert. Neben Stratified Sampling existieren andere Verfahren zur Abmilderung des Stichprobenfehlers. Dazu zählen u.a . „Quasi Monte Carlo"-Simulation, „Antithetic"-Verfahren oder auch „Importance Sampling".

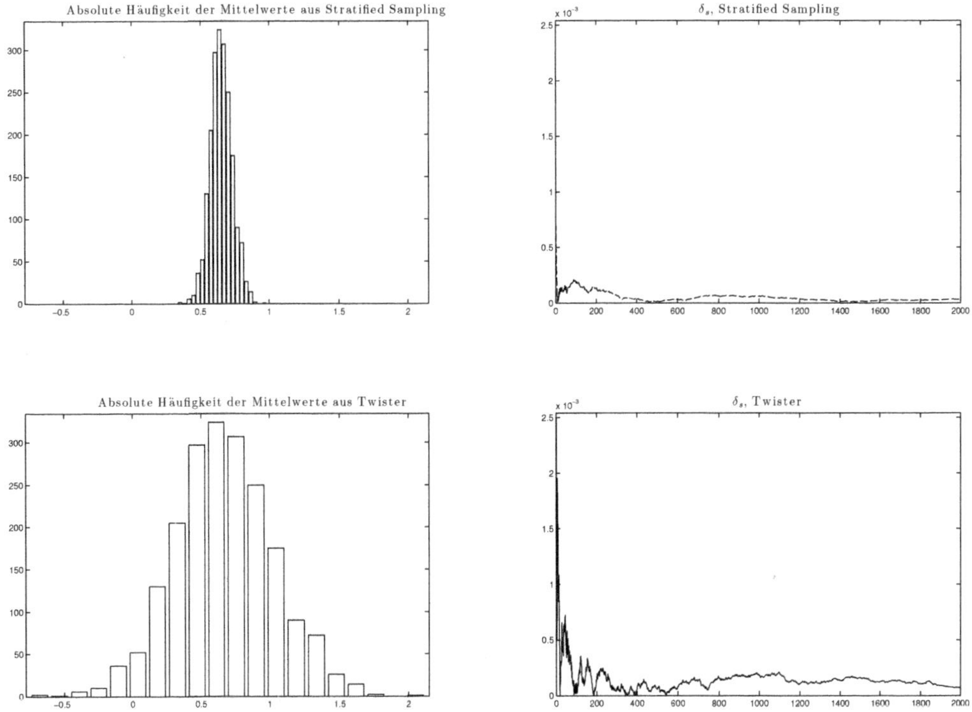

Abbildung 5.8.: Absolute Häufigkeit von 2000 Mittelwertschätzern normalverteilter Renditen.

5.3. Stochastische Prozesse

Skript/Funktion	Beschreibung	Matlab	Octave	Toolboxen
bDemoSimRWNormal.m	Erzeugung von RW-Prozessen, wenn die Zufallsvariable ε aus Normalverteilung stammt	X	X	keine
fSimRandomWalkNorm.m	Erzeugt Kurspfade eines Random-Walk-Prozesses	X	X	keine
bDemofSimRandomWalkNorm.m	Demonstriert die Nutzung der Funktion `fSimRandomWalkNorm`	X	X	keine
fSimRandomWalkGARCH.m	Erzeugt Kurspfade eines Random-Walk-Prozesses, wobei die Renditen einem GARCH(1,1)-Prozess folgen	X	X	keine
bDemofSimRandomWalkGARCH.m	Demonstriert die Nutzung der Funktion `fSimRandomWalkGARCH`	X	X	keine

Tabelle 5.7.

Skript/Funktion	Beschreibung	Matlab	Octave	Toolboxen
fSimRWUnivariat.m	Erzeugt Renditepfade aus einem Random-Walk-Prozess anhand unterschiedlicher Verteilungstypen	X		keine
fSimRWUnivariat_oct.m	Erzeugt Renditepfade aus einem Random-Walk-Prozess anhand unterschiedlicher Verteilungstypen, Octave-Version		X	keine
bDemoSimUnivarProzEmp.m	Demonstriert die Nutzung der Funktion `fSimRWUnivariat`	X		keine
bDemoSimUnivarProzEmp_oct.m	Demonstriert die Nutzung der Funktion `fSimRWUnivariat_oct`, Octave-Version		X	keine
fShiftContagion.m	Erzeugt simulierte Renditen unter Berücksichtigung von Shift-Contagion, bei der ein Schock eines Wertpapiers auf andere Wertpapiere übertragen wird	X	X	keine
bDemofShiftContagion.m	Demoskript zur Simulation von Renditen unter Shift-Contagion	X	X	keine
fSimTimmermann.m	Erzeugung von simulierten Preisen und Renditen gemaess des Modells von TIMMERMANN (1993)	X	X	keine
bDemoSimTimmermann.m	Demonstriert die Nutzung der Funktion `fSimTimmermann`	X	X	keine
fSimRetChol.m	Generiert korrelierte Zufallszahlen mithilfe der Cholesky-Zerlegung für normalverteilte Daten	X	X	keine
bDemoSimChol.m	Demonstriert die Nutzung der Funktion `fSimRetChol`	X	X	keine
fSimEmpRetChol.m	Generiert korrelierte Zufallszahlen mithilfe der Cholesky-Zerlegung für normalverteilte Daten auf Basis empirischer Beobachtungen	X	X	keine
bDemoSimCholEmp.m	Generierung von simulierten, korrelierten Renditen mittels Cholesky-Zerlegung und empirischer Daten	X		keine
bDemoSimCholEmp_oct.m	Generierung von simulierten, korrelierten Renditen mittels Cholesky-Zerlegung und empirischer Daten, Octave-Version		X	keine

Tabelle 5.7.

Skript/Funktion	Beschreibung	Matlab	Octave	Toolboxen
fIncVar.m	Erzeugt aus einer nicht positiv semidefiniten Korrelationsmatrix eine postiv semidefinite Korrelationsmatrix durch stufenweise Erhöhung aller Varianzen der Kovarianzmatrix	X	X	keine
bDemoIncrVar.m	Demonstriert die Nutzung der Funktion `fIncVar`	X	X	keine
fSimRetCholNonNormal.m	Generiert korrelierte Zufallszahlen mithilfe der Cholesky-Zerlegung für nicht normalverteilte Daten	X	X	keine
bDemoSimCholNonNormal.m	Demonstriert die Nutzung der Funktion `fSimRetCholNonNormal`	X		keine
bDemoSimCholNonNormal_oct.m	Demonstriert die Nutzung der Funktion `fSimRetCholNonNormal`, Octave-Version		X	keine
fPCAEmp.m	Hauptkomponentenanalyse und Extraktion von Faktoren nach einem vorgegebenen Selektionskriterium	X	X	keine
bDemoPCAEmp.m	Skript veranschaulicht die PCA und ihre Nutzung zur Replikation empirischer Daten	X		keine
bDemoPCAEmp_oct.m	Skript veranschaulicht die PCA und ihre Nutzung zur Replikation empirischer Daten, Octave-Version		X	keine
fPCASim.m	Simulation von Renditen auf Basis der PCA, wobei die Faktorwerte anhand vorgegebener Verteilung simuliert werden	X		keine
fPCASim_oct.m	Simulation von Renditen auf Basis der PCA, wobei die Faktorwerte anhand vorgegebener Verteilung simuliert werden, Octave-Version		X	keine
bDemoPCASim.m	Demonstriert die Nutzung der Funktion `fPCASim`	X		keine
bDemoPCASim_oct.m	Demonstriert die Nutzung der Funktion `fPCASim_oct`, Octave-Version		X	keine

Tabelle 5.7.: Übersicht verwendeter Skripte und Funktionen. Unter Matlab werden in diesem Buch die Statistics und Optimization Toolbox vorausgesetzt, sie werden deshalb nicht explizit in der Spalte „Toolboxen" ausgewiesen.

Nach der Abbildung 5.1 ist der nächste Schritt einer Simulation die Formulierung eines stochastischen Prozesses. Unter einem *stochastischen Prozess* versteht man eine zeitlich geordnete

Realisation einer endlichen Folge von Zufallszahlen.[41] Als stochastischer Prozess kann grundsätzlich jedes ökonometrische Modell benutzt werden. Ein stochastischer Prozess transformiert die Zufallszahlen in sog. Pfade oder Realisationen eines stochastischen Prozesses. Bei der Wahl des stochastischen Prozesses kann man zwischen den univariaten und multivariaten Prozessen unterscheiden. Als einen *univariaten Prozess* verstehen wir einen Prozess, bei dem Variablen ohne Berücksichtigung gegenseitiger Abhängigkeiten modelliert werden, i.d.R. als ein autoregressiver Prozess. Unter einem *multivariaten Prozess* verstehen wir einen Prozess, bei dem man mithilfe des gewählten Modells grundsätzlich in der Lage ist, die Korrelationsstruktur zwischen den Zufallsvariablen modellieren zu können. Viele finanzwirtschaftlichen Zeitreihen besitzen einen hohen Grad an Korrelation, sodass die Erzeugung von korrelierten Zufallszahlen oftmals wünschenswert ist. Diese Systematisierung von stochastischen Prozessen ist zwar in der Literatur unüblich, aber zweckdienlich für die Beschreibung von Simulationen für Finanzmärkte.

5.3.1. Univariate Prozesse

5.3.1.1. Standard-Random-Walk-Prozesse

Die grundlegende Möglichkeit der Modellierung eines stochastischen Prozesses im CF stellt die Wahl eines „Random-Walk“ (RW)-Prozesses dar. Aus dem Kapitel 2.2.3 kennen wir die Definition eines RW-Prozesses:

$$y_t = \alpha + y_{t-1} + \varepsilon_t \tag{5.6}$$

Dabei muss die Variable ε_t die i.i.d. Eigenschaft mit $\varepsilon_t \sim F(\theta)$ aufweisen, wobei F eine beliebige Verteilung mit der i.i.d. Eigenschaft und Parametervektor $\theta = const$ ist. Bei der Gleichung 5.6 handelt es sich um einen RW-Prozess mit Drift, falls $\alpha \neq 0$. Wenn wir ε_t als eine stetige Rendite in der Periode t interpretieren, ergibt sich der Kurs K_t eines Wertpapiers zum Zeitpunkt $t, t \in [1,2,3,\dots,T]$ als

$$K_t = K_{t-1} \cdot e^{\alpha+\varepsilon_t} \Leftrightarrow \tag{5.7}$$

$$\ln(K_t) = \ln(K_{t-1}) + \alpha + \varepsilon_t \tag{5.8}$$

Die Generierung von Zufallszahlen für ε_t ist in diesem Fall ausreichend, um die Pfade der Kurse von Wertpapieren anhand eines RW-Prozesses zu simulieren. Die Zufallsvariable ε_t kann grundsätzlich jeder Verteilung folgen, solange die i.i.d. Eigenschaft garantiert ist. Fügt man die Konstante α zur Variable ε_t hinzu und nimmt beispielsweise eine Normalverteilung an, dann kann man zur Simulation eines RW-Prozesses die Zufallszahlen derart erzeugen, dass $\varepsilon_t \sim N(\alpha, \sigma)$ gilt. Die Erzeugung von Zufallszahlen für ε_t entspricht somit der Vorgehensweise, die wir in den Kapiteln 5.2.2.2 und 5.2.2.3 beschrieben haben. Der RW-Prozess in Gleichung 5.7 kann als zeitdiskreter Spezialfall eines Wiener-Prozesses angesehen werden. Für $\frac{T}{N} = \Delta t \to 0$ (mit $N > T$ und N als Anzahl von Subperioden vom Gesamtzeitraum T) kann mit dem RW-Prozess der Wiener-Prozess angenähert werden.[42]

---

[41] Vgl. Poddig et al. (2008), S. 96.

[42] Die Unterteilung des betrachteten Gesamtzeitraums von z.B. $T = 250$ Tagen (etwa ein Börsenjahr) in z.B. $N = 1000$

In Programmlisting 5.18 ist die Vorgehensweise zur Simulation von RW-Prozessen dargestellt, wenn ε aus der Normalverteilung stammt. Wir nutzen die Funktion `fITM`, die im Kapitel 5.2.2.2 beschrieben ist, um normalverteilte Zufallsvariablen mit den gewünschten Eigenschaften bzgl. des Mittelwertes und der Standardabweichung zu erzeugen. Basierend auf den simulierten Renditen werden die simulierten Preise mit der Funktion `fReturnsToPrices` aus dem Kapitel 2.2.1 bestimmt. Dabei ist auf die Einstellung `iOption=1` zu achten, die eine Umrechnung ausgehend von stetigen Renditen sicherstellt.

Quellcode 5.18: RW-Prozesse mit normalverteilten ε

```
Siehe Datei: bDemoSimRWNormal.m
```

Die Abbildung 5.9 zeigt Kursverläufe von drei hypothetischen Wertpapieren, die mit den Einstellungen aus Programmlisting 5.18 mit den ersten 200 Zufallszahlen generiert wurden. Die simulierten Renditen besitzen dabei keine gemeinsame Korrelationsstruktur.[43]

Eine flexiblere Alternative zur Erzeugung eines normalverteilten RW-Renditeprozesses stellt unsere Funktion `fSimRandomWalkNorm` in Programmlisting 5.19 dar. Die Funktion erlaubt S Simulationen von T Beobachtungen für K Wertpapiere. Die gleichzeitige Erzeugung simulierter Renditen von K Wertpapieren bedarf der Vorüberlegung, in welcher Art die simulierten Daten abzulegen sind. Grundsätzlich sind drei Alternativen denkbar. Die einfachste Möglichkeit ist die Erzeugung von genauso vielen Variablen wie die Anzahl der Wertpapiere ist. Das setzt der Flexibilität der Programmierung Grenzen auf, außer man weicht auf die Matlab-Funktion `eval` aus. Die zweite Alternative stellt die Nutzung von `struct`-Variablen dar, wie es in Programmlisting 5.13 demonstriert wird. Die dritte Alternative ist die Erzeugung dreidimensionaler Variablen. Wir verwenden in der Funktion `fSimRandomWalkNorm` die dritte Alternative, um die grundsätzliche Vorgehensweise bei der Nutzung mehrdimensionaler Variablen an einem Beispiel zu demonstrieren. Programmlisting 5.19 zeigt unsere Funktion `fSimRandomWalkNorm`. Der Funktion können fünf Inputvariablen übergeben werden. Die erste Outputvariable ist die Matrix `mRetSim` mit der Dimension $T \times S \times K$. Die einfachste Art sich eine dreidimensionale Matrix vorzustellen, ist eine Analogie zum Aufbau einer Excel-Datei. Eine Excel-Datei mit mehreren Tabellen stellt ebenfalls eine dreidimensionale Matrix dar. Ein Tabellenblatt beinhaltet Zeilen und Spalten und kann als eine $T \times S$ Matrix aufgefasst werden. Die dritte Dimension K sind die unterschiedlichen Tabellenblätter einer Excel-Datei. Beispielsweise zeigt die Anweisung `mRetSim( : , : , 1)` für das erste Wertpapier die Zufallszahlen für alle Zeitpunkte und Simulationen, `mRetSim( : , : , 2)` für das zweite Wertpapier etc. Die meisten Matlab-Funktionen können standardmäßig mehrdimensionale Variablen verarbeiten. Das stellt die einzige Besonderheit der Funktion `fSimRandomWalkNorm` dar. Die Erzeugung von normalverteilten Zufallszahlen folgt der ITM, wie sie bereits in Programmlisting 5.18 verwendet wird. Dabei wird eine Schleife benutzt, die für

Subperioden (also $T/N \approx 8$ (Börsen-) Stunden) dient der Diskretisierung eines zeitstetigen Prozesses. Die Ergebnisse einer Simulation werden mit wachsendem N, also steigender Anzahl von Subperioden und verkürzender Subperiodenlänge immer genauer. Im Grenzfall $N \to \infty$ ensteht ein zeitstetiger Prozess. Wir wollen hier von Subperioden sprechen, wenn eine Unterteilung eines Gesamtzeitraums gemeint ist, obwohl auch vereinfachend nur von Perioden gesprochen werden könnte.

[43] Die Korrelationen können zufällig, aber nicht systematisch von Null abweichen. Diese Eigenschaft kann leicht mithilfe der Matlab-Funktion `corr` überprüft werden.

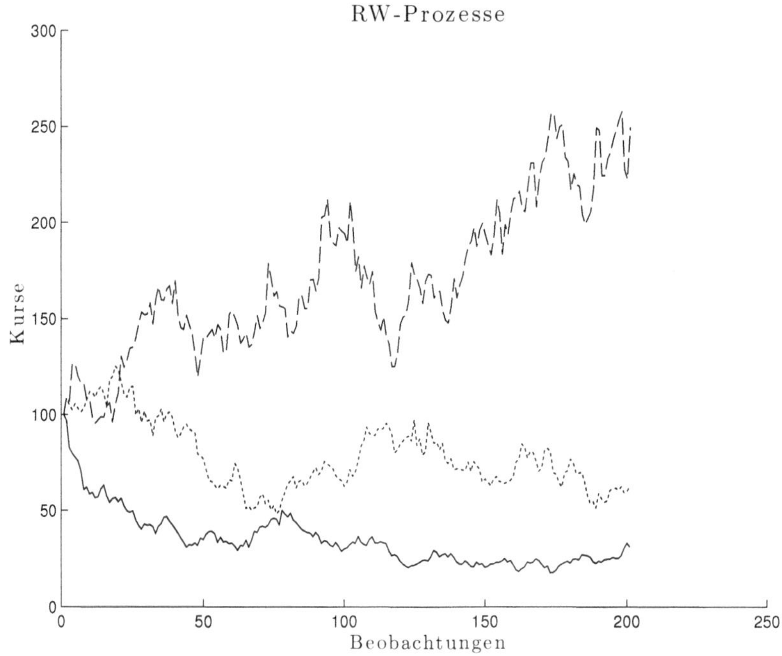

Abbildung 5.9.: Drei simulierte Random-Walks

jedes Wertpapier die normalverteilten Renditen erzeugt. Die Schleife geht über die Wertpapiere, weil in Simulationen die Anzahl der Wertpapiere i.d.R. kleiner als die Anzahl von Simulationen ist.[44] Falls der Funktion ein Vektor von Startpreisen übergeben wird, werden ebenso simulierte Kurspfade bestimmt.

Quellcode 5.19: Funktion zur Simulation von Random Walks

```
Siehe Datei: fSimRandomWalkNorm.m
```

Die Verwendung der Funktion `fSimRandomWalkNorm` sowie die Weiterverwendung von dreidimensionalen Variablen wird in Programmlisting 5.20 beispielhaft für drei Wertpapiere umgesetzt.

Quellcode 5.20: Programmlisting zur Nutzung der Funktion `fSimRandomWalkNorm`

```
Siehe Datei: bDemofSimRandomWalkNorm.m
```

Die Generierung von RW-Kurspfaden ist nicht beschränkt auf die Nutzung normalverteilter Zufallszahlen für die Variable ε_t. Vielmehr kann jede Verteilung aus dem Kapitel 5.2.2.2 und

44 Alternativ kann man auf die Nutzung von Schleifen verzichten, indem der Matlab-Funktion `norminv` dreidimensionale Variablen übergeben werden. In neueren Matlab-Versionen sind Schleifen im Vergleich zu früheren Versionen enorm geschwindigkeitsoptimiert, daher bringt eine vektorisierte Berechnung nur minimale Zeitvorteile.

5.2.2.3 herangezogen werden. Auf die Verwendung dieser Verteilungen werden wir später in diesem Kapitel zurückkommen.

Eine häufig beobachtete Eigenschaft empirischer Daten, gerade im Bereich von Tagesrenditen, ist das im Kapitel 4.4.3 diskutierte „Volatility-Clustering“. *Volatility-Clustering* beschreibt die zeitvariierende Volatilität der Renditen, gemessen durch die Standardabweichung. Bei dem RW-Prozess haben wir bisher implizit eine konstante Standardabweichung der Zufallszahlen unterstellt. Das Volatility-Clustering induziert eine leptokurtische Renditedichte, die sich durch breitere Ränder und eine höhere Spitze um den Median auszeichnet. Zur Illustration kann die Abbildung 4.4 der Tagesrenditen der IBM-Aktie im Kapitel 4.4.3 herangezogen werden.

Die im Kapitel 4.4.3 eingeführten GARCH-Modelle, die zur Modellierung von Volatility-Clustering geeignet sind, können auch zur Simulation von ε_t eines RW-Prozesses herangezogen werden. Hier werden wir uns lediglich eines GARCH(1,1)-Modells bedienen. Dabei gehen wir davon aus, dass der Leser mit der Schätzung eines GARCH(1,1)-Modells aus dem Kapitel 4.4.3 und mit der dort eingeführten Funktion `fGarchX11` vertraut ist. Das GARCH(1,1) ist durch die Gleichung 5.9 beschrieben.

$$r_t = f(\mathbf{X}) + \varepsilon_t \tag{5.9}$$

mit:

$$\varepsilon_t \sim \mathbb{N}(0, \sigma_t) \tag{5.10}$$

$$\sigma_t^2 = \omega + \gamma\sigma_{t-1}^2 + \phi\varepsilon_{t-1}^2 \tag{5.11}$$

Der Ausdruck $f(\mathbf{X})$ repräsentiert die grundsätzliche Möglichkeit, den Erwartungswert von Renditen durch eine beliebige Funktion $f(\cdot)$ zu modellieren. Wir werden an dieser Stelle das Mittelwertmodell zur Modellierung des Erwartungswertes der Renditen benutzen. Die Besonderheit des GARCH(1,1)-Modells liegt in der Varianzgleichung der Residuen. Durch die Gleichung 5.11 wird eine zeitvariable Volatilität der Renditen hervorgerufen. Dabei hängt die Varianz einer Störung ε_t zum Zeitpunkt t von (dem Quadrat) der Störung sowie der Varianz der Vorperiode ab.

Zur Simulation von Renditen, die einem GARCH(1,1)-Prozess folgen, kann man unsere Funktion `fSimRandomWalkGARCH` verwenden. Bei der Funktion handelt es sich um eine Modifikation von Programmlisting 4.28, welches eingehend in Kapitel 4.4.3 beschrieben ist. Der Matlab-Code aus Programmlisting 4.28 wird dabei in eine Funktion überführt, die für ein Wertpapier mehrere Rendite- und Kurspfade erzeugt. Die Variablennamen in der Funkion orientieren sich an den Symbolen der Gleichungen 5.9-5.11. Bei der Funktion handelt es sich letzlich um eine direkte Übertragung dieser Gleichungen in Matlab-Code. Eine Besonderheit ist die Wahl der Startwerte für ε_0 und σ_0. Grundsätzlich sind mindestens drei Möglichkeiten denkbar. Bei der ersten Möglichkeit, die im Kapitel 4.4.3 verwendet wird, würden die Startwerte beider Variablen auf Null gesetzt. Die zweite Möglichkeit, falls der Erwartungswert der Renditen durch ein Mittelwertmodell geschätzt wird, zieht die empirisch beobachtete Varianz der Renditen heran, um σ_0^2 zu initialisieren. Der Wert von ε_0 kann dann durch eine Zufallszahl $x \sim \mathbb{N}(0, \sigma_0)$ bestimmt werden. Die dritte und in der Funktion verwendete Möglichkeit ist die Nutzung der unbedingten Varianz von ε eines GARCH(1,1)-Prozesses als Startwert von σ^2. Die unbedingte Varianz von ε in einem GARCH(1,1)-Prozess ist

$$\sigma_\varepsilon^2 = \frac{\omega}{1 - \phi - \gamma} \tag{5.12}$$

Als Startwert von ε_t wird eine normalverteilte Zufallszahl mit $\mathbb{N}(0, \sigma_\varepsilon)$ benutzt.

Quellcode 5.21: Funktion zur Erzeugung simulierter Renditen eines GARCH(1,1)-Prozesses

```
Siehe Datei: fSimRandomWalkGARCH.m
```

Programmlisting 5.22 zeigt die Vorgehensweise bei der Simulation von Renditen nach einem GARCH(1,1)-Prozess. Die Parameter des GARCH(1,1)-Prozesses stammen aus dem Kapitel 4.4.3 und sind dort mit der Funktion `fGARCHX11` für IBM-Tagesrenditen geschätzt. Im Programmlisting werden lediglich die Parameter definiert und der Funktion `fSimRandomWalkGARCH` übergeben.

Quellcode 5.22: Erzeugung von simulierten Renditen anhand eines GARCH(1,1)-Prozesses

```
Siehe Datei: bDemofSimRandomWalkGARCH.m
```

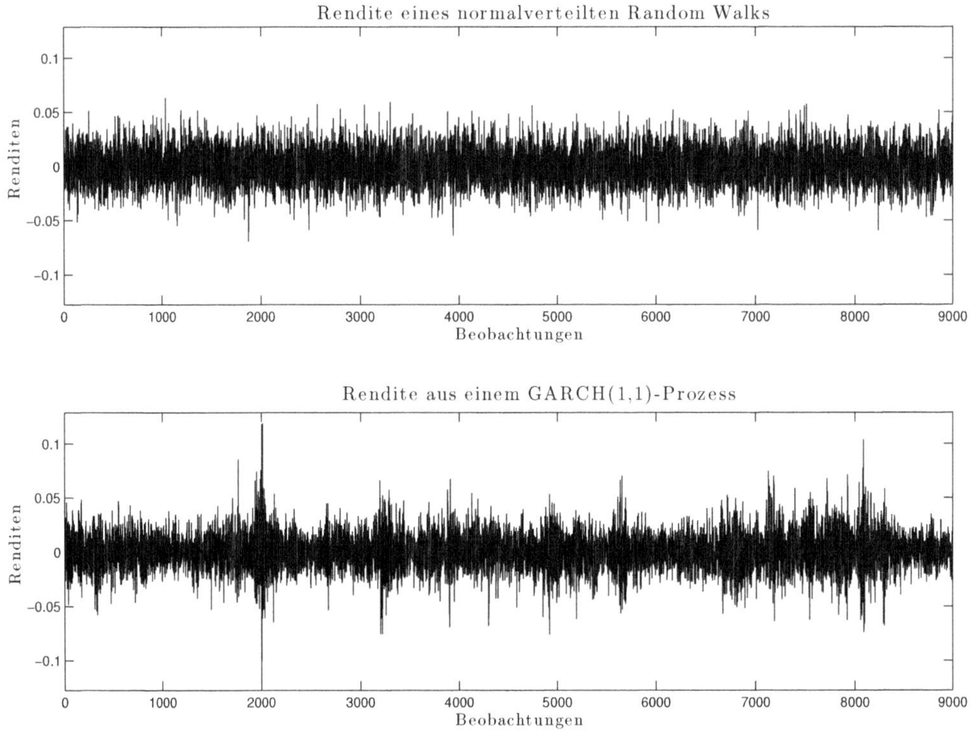

Abbildung 5.10.: Vergleich der simulierten Renditen eines RW-Prozesses und eines GARCH-Prozesses.

Die Abbildung 5.10 zeigt beispielhaft den Einfluss eines GARCH(1,1)-Prozesses auf die simulierten Renditen. Zum Vergleich sind in der oberen Abbildung die simulierten Renditen eines normalverteilten RW-Prozesses dargestellt. Für die Renditen des RW-Prozesses haben wir den gleichen historischen Mittelwert und die gleiche, jedoch konstante Standardabweichung gewählt, wie sie die IBM-Aktie aufweist. In der unteren Abbildung sind die Renditen mit demselben Erwartungswert, aber zeitvariabler Varianz simuliert. Die y-Achsen beider Abbildungen sind zur besseren Vergleichbarkeit auf den gleichen Bereich fixiert. Die Renditen des RW-Prozesses schwanken in einem konstanten Bereich um den Mittelwert. Dagegen zeigt die Rendite des GARCH-Prozesses deutlich erkennbar die sich abwechselnden Phasen niedriger und hoher Volatilitäten auf.[45]

Bisher wurde mehrfach auf die Möglichkeit hingewiesen, den RW-Prozess mit unterschiedlichen Verteilungen für ε_t aus der Gleichung 5.11 zu simulieren. Die Funktion `fSimRWUnivariat` umfasst alle bisher diskutierten Verteilungen, die man grundsätzlich zur Simulation von RW-Prozessen heranziehen kann.[46] Die Kalibrierung der Parameter für die jeweilige Verteilungsfunktion wird anhand einer empirischen Stichprobe umgesetzt, die zwingend der Funktion zu übergeben ist. Mit den Inputvariablen `iNumSim`, `iNumObsSim` und `sType` kann man die Anzahl von Simulationen, die Anzahl von simulierten Beobachtungen sowie die Verteilungsfunktion bestimmen. Falls diese Variablen nicht definiert sind, wird eine Simulation mit der gleichen Anzahl von Beobachtungen wie in dem empirischen Datensatz basierend auf der Normalverteilungsannahme durchgeführt. Wenn die simulierten Renditen einem GARCH(1,1)-Prozess folgen sollen, werden die notwendigen Parameter mit unserer Funktion `fGarchX11` geschätzt. Für die Simulation basierend auf theoretischen Verteilungen greifen wir auf unsere Funktion `fSimRetTheorDistr` zurück. Die empirischen Verteilungen werden mittels der Funktionen `fSimReturnsKsdensity` (Kerndichteschätzung) und `fSimReturnsEcdf` (empirische Verteilungsfunktion) berücksichtigt. Für jeden Verteilungstyp wird ferner ein KS-Test, analog zur Vorgehensweise im Kapitel 5.2.2.3, durchgeführt, der auf die Gleichheit der simulierten Renditen mit den empirischen Renditen prüft. Falls die Nullhypothese bei einer Irrtumswahrscheinlichkeit von 20% abgelehnt wird, werden wiederholt Zufallszahlen generiert.[47] Die Outputvariable `mRetSim` ist eine dreidimensionale Matrix, die in der dritten Dimension die simulierten Renditen von Wertpapieren beinhaltet.

Quellcode 5.23: Funktion zur Simulation von Renditen aus sieben Verteilungen

```
Siehe Datei: fSimRWUnivariat.m
```

Programmlisting 5.24 zeigt beispielhaft die Simulation von RW-Renditen für alle bisher diskutierten Verteilungen und die Schätzung von $\text{VaR}_{\textbf{emp}}$ mithilfe der Funktion `fValueAtRisk` basierend auf den simulierten Renditen.[48] Für die $\text{VaR}_{\textbf{emp}}$-Schätzungen werden die deskriptiven Statistiken ausgewertet. Als empirische Beobachtungen dienen uns wie bisher die DAXP-Renditen.

[45] Neben den hier vorgestellten univariaten Prozessen existieren zahlreiche Alternativen, wie z.B. AR-, MA-, AR(I)MA- oder „Long Memory"-Modelle. Der GARCH(1,1)-Prozess ist nur ein Vertreter aus der Methodenklasse der zeitvariablen Volatilität. Daneben existieren u.a. E-GARCH-, I-GARCH-, T-GARCH-, N-GARCH- (und viele weitere) Modelle.

[46] Unter Octave ist die Variante `fSimRWUnivariat_oct` zu verwenden. Hier werden alle zuvor vorgestellten Octave-Varianten anstelle der korrespondierenden, im Folgenden genannten Matlab-Funktionen aufgerufen.

[47] Warum die Irrtumswahrscheinlichkeit auf einen so hohen Wert von 20% gesetzt wird, wurde ebenfalls in Kapitel 5.2.2.3 diskutiert. Um eine Endlosschleife zu vermeiden, bricht die Funktion nach 20 Versuchen, den Test zu bestehen, mit einer Fehlermeldung ab.

[48] Unter Octave ist die Variante `bDemoSimUnivarProzEmp_oct.m` zu verwenden.

Die Vorgehensweise ist identisch mit der im Kapitel 2.4.3 diskutierten Herangehensweise. Daher verzichten wir auf eine eingehende Diskussion der Ergebnisse an dieser Stelle, werden aber darauf im Kapitel 5.4.2 zurückkommen.

Quellcode 5.24: Simulation von Renditen für RW-Prozessen mit unterschiedlichen Verteilungen

```
Siehe Datei: bDemoSimUnivarProzEmp.m
```

5.3.1.2. Prozesse mit Contagion–Effekten

Die im vorangegangenen Kapitel behandelten RW-Prozesse gehen zwar von unterschiedlichen Verteilungstypen der Variable ε_t aus der Gleichung 5.8 aus, die unterschiedliche Marktrahmenbedingungen simulieren sollen, jedoch werden keine zusätzlichen externen Schocks berücksichtigt, die den wahren Renditegenerierungsprozess stören könnten. Es existieren zahlreiche Ansätze, externe Schocks bei der Modellierung von Renditen zu implementieren. Nachfolgend wird der Fokus auf die sog. Finanz-Contagion-Effekte gelegt. Die Definition von Finanz-Contagion (FC) wird in der Literatur uneinheitlich vorgenommen. Das gemeinsame Merkmal aller Definitionen ist die Ansteckungsgefahr von Bankinstituten, Volkswirtschaften oder Finanzmärkten, wenn ein außergewöhnlicher Schock auf ein Bankinstitut, eine Volkswirtschaft oder einen Finanzmarkt einwirkt. Die Übertragung von Schocks von einem Wirtschaftssubjekt auf alle anderen, damit verbundenen Wirtschaftssubjekte, wird als „Shift-Contagion“ bezeichnet. In einer sehr einfachen Sichtweise kann man sich die Finanz-Contagion als eine „Krankheit“ vorstellen, bei der ein infiziertes Wirtschaftssubjekt alle anderen Wirtschaftssubjekte infiziert. Als plakatives Beispiel sei die Bankenkrise nach dem Zusammenbruch von Lehman Brothers im September 2008 genannt. Nach dem Zusammenbruch ist der Interbankenmarkt völlig zum Erliegen gekommen, weil die übrigen Banken sich nicht sicher sein konnten, auf wen die „Infektion“ springen wird.

Die Finanz-Contagion kann mithilfe von Faktormodellen beschrieben werden. Daher wird für die folgenden Ausführungen die Vertrautheit des Lesers mit dem Kapitel 4, in dem die Regressionsmethoden vorgestellt sind, vorausgesetzt. Ein sehr einfaches Modell der „Shift-Contagion“, das hier als Vertreter von FC benutzt wird, ist durch das Faktormodell in den Gleichungen 5.13-5.16 dargestellt.

$$r_{1,t} = \beta_1 F_t + \varepsilon_{1,t} \qquad \text{(ansteckendes WP)} \tag{5.13}$$

$$r_{j,t} = \beta_j F_t + \varepsilon_{j,t} + \gamma_j a \varepsilon_{1,t} \quad j = 2, \ldots, N \qquad \text{(angesteckte WP)} \tag{5.14}$$

$$r_{m,t} = \frac{1}{N} \sum_{j=1}^{N} r_{j,t} \qquad \text{(Teilmarktrendite)} \tag{5.15}$$

$$a = \begin{cases} 1 & \text{falls} \quad \varepsilon_{1,t} < \kappa, \\ 0 & \text{sonst} \end{cases} \tag{5.16}$$

Angenommen ist ein Faktor F, der die Renditen aller Wertpapiere beeinflusst (z.B. Zinssatz bei Banken). Das Wertpapier 1 ist das Wertpapier, von dem die Ansteckung auf alle anderen Wertpapiere ausgeht. Die Ansteckung passiert nur dann, wenn $\varepsilon_{1,t}$ unter einen kritischen Schwellenwert

κ fällt. Dann erhält die Indikatorfunktion a einen Wert von 1. In diesem Fall wird zu den Renditen aller übrigen Wertpapiere der Schock des ersten Wertpapiers $\varepsilon_{1,t}$ addiert und somit findet eine Übertragung der Ansteckung auf die übrigen Wertpapiere statt. In einer erweiterten Version dieses Modells kann die Schockübertragung beginnend mit der aktuellen Periode t bis zur Periode $t+Q-1$ nachwirken, wobei Q die Anzahl der Schockübertragungsperioden bezeichnet. Dann ist der Term $\gamma_j a \varepsilon_{1,t}$ im Zeitintervall t bis $t+Q-1$ aktiv. Die Intensität der Übertragung wird durch den Parameter γ bestimmt. Falls $\gamma = 0$ ist, reduziert sich Gleichung 5.14 zu einem gewöhnlichen Faktormodell. Die Rendite des (Teil-) Marktes wird als der einfache Mittelwert aller Wertpapiere angenommen (naives Portfolio). Das beschriebene Modell ist zwar sehr einfach, dennoch ist es in der Lage, den beschriebenen Wirkungsmechanismus zu simulieren. Für empirische Studien wäre entweder eine direkte Schätzung von γ denkbar oder die Analyse der Stabilität der Koeffizienten β_j. Weil die Teststatistiken für die Regressionen (und die Faktormodelle) unter der Annahme von $\gamma = 0$ hergeleitet sind, könnte eine Zeitvariabilität von β aus dem klassischen linearen Faktormodell als ein Indiz für FC interpretiert werden.[49] Es ist ferner wichtig zu erkennen, dass in diesem vereinfachten Modell die Rendite des Faktors F_t nicht durch die Contagion-Effekte betroffen ist.

Die Funktion `fShiftContagion` in Programmlisting 5.25 setzt das beschriebene Modell um. Es handelt sich dabei um eine direkte Umsetzung der Formeln und die Funktion ist ausreichend kommentiert, daher wird auf eine ausführliche Beschreibung verzichtet. Die Funktion liefert die Renditen von allen Wertpapieren (`mRetCont`), die Rendite des Teilmarktes (`mRetMarket`), einen logischen Vektor (`lShocks`), der das Vorliegen eines Schocks in einer Simulation anzeigt, und die Renditen des Teilmarktes ohne Shift-Contagion zurück. In der Funktion wird für die Verteilung der Residuen $\varepsilon_{j,t}$ die Normalverteilung angenommen. Eine Eigenschaft der Funktion kommt durch die Gleichungen nicht zum Ausdruck und bedarf einer kurzen Kommentierung. Mit der Inputvariable `iMemory` lässt sich die Dauer der Schockübertragung Q festlegen. Dabei sollen die jeweils aktuellen Schocks $\varepsilon_{1,t}$ des ersten Wertpapieres aus der Periode t auf die restlichen Wertpapiere für die Perioden $t, t+1, \ldots, t+$ `iMemory-1` übertragen werden, wenn eine Infizierung ausgelöst wurde. Wie genau die Infizierung aussieht, kann unterschiedlich spezifiziert werden. Eine Variante könnte z.B. darin bestehen, dass solange die Schockübertragung aktiv ist, dann während der gesamten Schockübertragungsdauer der Ursprungsschock des infizierenden Wertpapiers übertragen wird. Realistischer erscheint es jedoch, dass während der gesamten Schockübertragungsdauer immer der jeweils aktuelle Schock des infizierenden Wertpapiers wirkt, es also zu einer erhöhten Korrelation aller Wertpapiere mit dem infizierenden Wertpapier kommt. Bei der Berechnung der Schockübertragung muss jedoch auf die Gesamtanzahl aller Beobachtungen geachtet werden, weil ein Schock in der letzten Beobachtung T nicht mehr auf die Periode $T+1$ übertragen werden kann. Die Bestimmung derjenigen Perioden, in welchen die Ansteckung aktiv ist, wird in einem zweistufigen Prozess vorgenommen. Zuerst wird mit `lIndx = mEps1 < dKappa` ermittelt, zu welchen Zeitpunkten ein infizierender Schock vorliegt. Danach wird in einer Schleife die logische Matrix `lIndx` spaltenweise (also pro Simulation) überarbeitet. Es wird iterativ ($t = 1, \ldots, T$) nach dem Vorliegen eines Schocks gesucht. Sobald ein Schock zum Zeitpunkt t gefunden wurde, wird dieser auf die Perioden von t bis $t+$ `iMemory-1`

[49] Die Regression, Koeffizientenschätzungen und die diagnostischen Tests sind Gegenstand des Kapitel 4.

übertragen. Nach dieser Überarbeitung markiert die logische Matrix `lIndx` all diejenigen Zeitpunkte, zu denen eine Schockübertragung auf die anderen Wertpapiere stattfinden wird, und zwar unter Berücksichtigung eines Memory-Effektes. Die Matrix der überlagernden Schocks infolge von Ansteckung wird mit `mEpsAdd = mEps1 .* lIndx` berechnet. Danach ist nur noch die Schockübertragung auf die anderen Wertpapiere in einer Schleife über alle anderen Wertpapiere zu berechnen.

Quellcode 5.25: Funktion zur Simulation von Contagion-Effekten

```
Siehe Datei: fShiftContagion.m
```

Das Programmlisting 5.26 demonstriert die Nutzung der Funktion `fShiftContagion`. Alle benutzten Parameter sind rein exemplarisch gewählt. Ein beispielhafter Vergleich zwischen den simulierten Preisen eines Prozesses ohne und mit Shift-Contagion wird durch die Abbildung 5.11 dargestellt, die nach einem Durchlauf von Programmlisting 5.26 erzeugt wurde. Der Shift-Contagion-Prozess induziert ca. ab Periode 70 einen negativen Schock auf die Preise, der sich über die nächsten 40 fortpflanzt und zur deutlichen Divergenz der simulierten Preise führt.

Quellcode 5.26: Demo-Skript zur Nutzung der Funktion `fShiftContagion`

```
Siehe Datei: bDemofShiftContagion.m
```

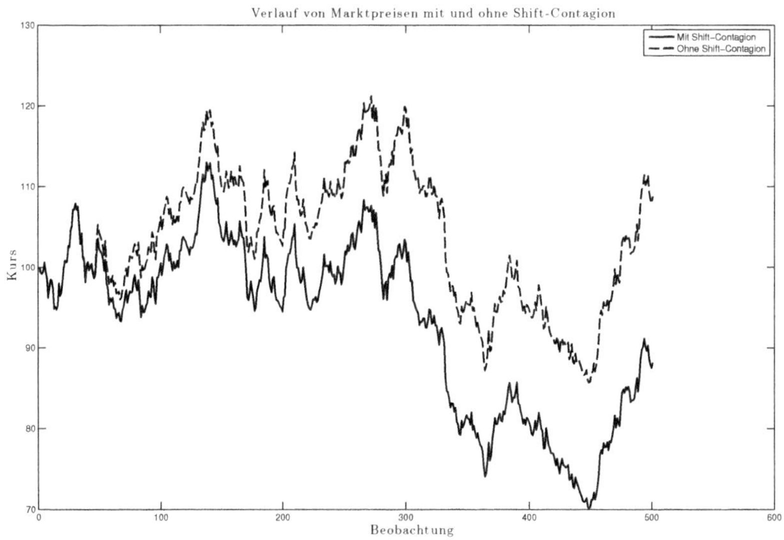

Abbildung 5.11.: Vergleich der simulierten Preise eines reinen RW-Prozesses und eines Shift-Contagion-Prozesses.

5.3.1.3. Prozesse mit adaptivem Lernen

Die Nutzung eines RW-Prozesses ist konsistent mit der Annahme eines informationseffizienten Kapitalmarktes. Demnach werden alle Informationen unmittelbar und vollständig durch die aktuellen Preise wiedergespiegelt. Folglich sind keine seriellen Korrelationen von Wertpapieren zu erwarten. Da die Ankunft neuer Informationen ex-ante zufällig ist, verhalten sich die Renditen wie ein Zufallsprozess. In der Realität muss das nicht immer der Fall sein. Ein Grund für die Abweichungen vom informationseffizienten Markt könnten die sich ändernden und adaptiven Erwartungensbildungsprozesse von Marktteilnehmern sein, die langsam im Laufe der Zeit die Informationssignale adaptieren und in ihren Preisbildungsprozess einbeziehen. Damit kann eine Information einen länger andauernden Einfluss auf den Preis und die Rendite von Wertpapieren haben. Derartige Modelle werden als Modelle mit adaptivem Lernen bezeichnet. Ein einfaches Modell, das ex-post durchaus Renditen konsistent zu empirischen Beobachtungen simulieren kann, ist von TIMMERMANN (1993) vorgeschlagen worden.

Dieses Modell dient uns als ein Vertreter der Modelle mit adaptivem Lernen, die man zur Simulation univariater Prozesse nutzen kann. Die Ausgangsüberlegung des TIMMERMANN (1993)-Modells (TM) ist das „Discounted Dividend Model“ (DDM) mit konstantem Wachstum von Dividenden. Nach dem DDM-Modell ist der erwartete heutige Preis P durch die Diskontierung aller zukünftigen Dividenden D_t mit der konstanten, risikoadjustierten Rendite r determiniert. Zur besseren Unterscheidung der Begriffe wird r im Folgenden als Diskontierungszinssatz bezeichnet. Die Dividenden gehen als Zahlung beim Investor ein. Wenn man ein konstantes Dividendenwachstum g sowie $r > g$ annimmt, dann kann der heutige Preis eines dividendenzahlenden Wertpapiers mit der Gleichung 5.17 bestimmt werden.

$$P_0 = \frac{D_1}{r-g} = \frac{D_0(1+g)}{r-g} \tag{5.17}$$

Mit der Gleichung wird eine Grundannahme des DDM offenbar. Solange der Diskontierungszinssatz r und das erwartete Dividendenwachstum g konstant sind, kann eine Preisänderung zu einem zukünftigen Zeitpunkt t nur durch eine Änderung von zukünftig erwarteten Dividenden induziert werden, weil die Marktteilnehmer von neuer Dividendenzahlung D_1 ausgehen. Dabei führt eine x% Änderungen der Dividendenzahlung zu einer x% Änderung des Preises, falls das DDM-Modell die Wertpapierpreise korrekt beschreibt. Wenn man $D_1 = 10$, $r = 0{,}08$ und $g = 0{,}03$ annimmt, dann ist der heutige Preis 200. Ändert sich die Dividendenzahlung in $t = 1$ um 1% von 10 auf dann 10,1, dann ist der neue Preis nach DDM 202 und folglich genau um 1% angestiegen. Daher kann nach DDM die Volatilität von Aktienrenditen nicht unterschiedlich zur Volatilität vom Wachstum der Dividendenzahlungen sein. Diese Annahme des DDM ist einfach zu zeigen. Die realisierte Rendite von einem Wertpapier ist als $r_{t,\text{realisiert}} = P_t/P_{t-1} - 1$ definiert. Setzt man für P_t und P_{t-1} jeweils die Gleichung 5.17 ein, erhält man:

$$r_{t,\text{realisiert}} = \frac{P_t}{P_{t-1}} - 1 = \frac{\frac{D_{t+1}}{r-g}}{\frac{D_t}{r-g}} - 1 = \frac{D_{t+1}}{D_t} - 1 = \frac{D_t \cdot (1+g)}{D_t} - 1 = g \tag{5.18}$$

Die realisierte Rendite $r_{t,\text{realisiert}}$ ist somit identisch zum (erwartetem) Wachstum der Dividenden. Die ex-post realisierte Rendite $r_{t,\text{realisiert}}$ ist dabei nicht mit dem Diskontierungszinssatz r aus dem DDM zu verwechseln.

Diese Eigenschaften des DDM wurde in zahlreichen empirischen Studien (ein prominentes Beispiel ist SHILLER (1981)) untersucht. Das gemeinsame Ergebnis dieser Studien ist es, dass die Aktienrenditen deutlich mehr schwanken als es durch eine Schwankung von Dividendenwachstum zu erklären wäre. Eine von vielen möglichen Erklärungen für die empirischen Ergebnisse könnte darin liegen, dass die rational agierenden Marktteilnehmer basierend auf den bisherigen empirischen Dividendenbeobachtungen nicht auf das wahre Dividendenwachstum g schließen können, z.B. weil sie zu kurze historische Zeitreihen heranziehen. Das Phänomen der höheren Volatilität von Aktienrenditen als der Volatilität von Dividendenwachstum wird als „Excess Volatility" bezeichnet.

Diese Überlegungen werden im TM formalisiert. Die logarithmierten Dividenden folgen einem RW-Prozess mit Drift, wobei

$$\ln(D_t) = \ln(D_{t-1}) + \mu + \varepsilon_t \quad \varepsilon_t \sim F(\cdot) \Leftrightarrow \tag{5.19}$$

$$\ln\left(\frac{D_t}{D_{t-1}}\right) = \Delta\ln(D_t) = \mu + \varepsilon_t \tag{5.20}$$

gilt. Die Verteilungsfunktion $F(\cdot)$ muss die i.i.d. Eigenschaft aufweisen und der Erwartungswert von ε muss Null sein. Bei Kenntnis der wahren Parameter μ und σ ist der „wahre" Preis eines Wertpapiers zum Zeitpunkt t durch die DDM-Gleichung 5.17 gegeben. Nimmt man die Log-Normalverteilung für den RW-Prozess in Gleichung 5.20 an, ist der Erwartungswert vom Dividendenwachstum in Gleichung 5.21 gegeben.

$$E(g) = e^{\mu + \frac{\sigma^2}{2}} - 1 \tag{5.21}$$

Die Marktteilnehmer kennen allerdings nicht die wahren Parameter μ und σ^2, sondern müssen diese anhand n vergangener empirischer Beobachtungen schätzen. Speziell wird im TM als Schätzer ein gleitender Mittelwert der letzten n Beobachtungen von $\Delta\ln(D_t)$ angenommen mit:

$$\hat{\mu}_t = \frac{n-1}{n}\hat{\mu}_{t-1} + \frac{\Delta\ln(D_t)}{n} \tag{5.22}$$

und:

$$\hat{\sigma}_t^2 = \frac{n-1}{n^2}\left(n\hat{\sigma}_{t-1}^2 + (\Delta\ln(D_t) - \hat{\mu}_{t-1})^2\right) = \frac{n-1}{n}\hat{\sigma}_{t-1}^2 + \frac{n-1}{n^2}(\Delta\ln(D_t) - \hat{\mu}_{t-1})^2 \tag{5.23}$$

Der Erwartungswert in t der zukünftigen Dividenden in $t+i$, basierend auf den geschätzten Parametern des Dividendenwachstums, ist in Gleichung 5.24 gegeben.

$$E(D_{t+i}) = D_t \cdot e^{i\cdot\hat{\mu}_t + \frac{i\cdot\hat{\sigma}_t^2}{2}} \tag{5.24}$$

Der geschätzte Preis des Wertpapiers ist dann:

$$\hat{P}_t = \frac{E(D_{t+1})}{r - \hat{g}} = D_t \cdot \frac{e^{\hat{\mu}_t + \frac{\hat{\sigma}_t^2}{2}}}{r - (e^{\hat{\mu}_t + \frac{\hat{\sigma}_t^2}{2}} - 1)} \tag{5.25}$$

Für das DDM muss zwingend $r > g$ gelten. Im Rahmen des TM gilt entsprechend $r > \hat{g}_t \Leftrightarrow r > e^{\hat{\mu}_t + \frac{\hat{\sigma}_t^2}{2}} - 1 \Leftrightarrow \ln(1+r) > \hat{\mu}_t + \frac{\hat{\sigma}_t^2}{2}$. Anderenfalls würde man mithilfe des DDM negative Preise schätzen.

Die Abweichung des geschätzten Preises vom „wahren" Preis eines Wertpapiers hängt im TM insbesondere von der Anzahl vergangener Perioden n ab, die die Marktteilnehmer als Grundlage zur Schätzung von $\hat{\mu}$ und $\hat{\sigma}^2$ heranziehen. Wenn die Anzahl der Perioden klein ist und das Dividendenwachstum $\Delta\ln(D_t)$ stark sowohl vom bisherigen Wachstum $\hat{\mu}_{t-1}$ als auch vom wahren Wachstum μ abweicht, hat das Wachstum der letzten Periode einen hohen Einfluss auf die Schätzung des erwarteten Wachstums und auf die Schätzung des Preises $\hat{P}_t$. Mit anderen Worten, wenn ein Unternehmen zufällig eine überraschend hohe Dividende bezahlt, führt dies im TM zu einer größeren Abweichung von $\hat{\mu}$ zu μ und somit zu einem übertriebenen Anstieg des Aktienpreises $\hat{P}_t$ relativ zum „wahren" Wert P. Das TM kann als ein Modell der rational entstehenden Finanzmarktblasen interpretiert werden, wenn die Marktteilnehmer die letzte Dividendenzahlung als ein Signal des Unternehmens zu stark in ihren Kalkulationen gewichten. Für $n \mapsto \infty$ sollte, falls das DDM die Realität korrekt beschreibt, $\hat{P}_t \approx P$ gelten.

In Programmlisting 5.27 ist die Funktion `fSimTimmermann` dargestellt, die die vorangegangenen Ausführungen zum TM umsetzt. Die Funktion erwartet fünf Inputvariablen: die Anzahl zu erzeugender Renditen (`iNumObs`), der Diskontierungszinssatz r (`dR`), das Dividendenwachstum μ (`dMu`), die Standardabweichung des Dividendenwachstums σ (`dStd`) sowie die Anzahl der vergangenen Perioden n (`iN`), auf deren Basis die Schätzung von $\hat{\mu}$ und $\hat{\sigma}$ vorgenommen wird. Das erste Ergebnis der Funktion `fSimTimmermann` sind die Renditen eines TM-Prozesses mit adaptivem Lernen. Daneben werden auch die Preise der Wertpapiere nach dem TM-Prozess, die „wahren" Preise und die „wahren" Renditen bei Kenntnis der „wahren" Parameter μ und σ sowie die Dividenden nach der Gleichung 5.20 unter Annahme der Kenntnis wahrer Parameter bestimmt. Die Funktion setzt in direkter Weise die Gleichungen des TM-Prozesses um und ist ausreichend kommentiert, daher verzichten wir an dieser Stelle auf eine detaillierte Beschreibung.

Quellcode 5.27: Simulation von Renditen nach dem TIMMERMANN (1993) Modell

```
Siehe Datei: fSimTimmermann.m
```

Quellcode 5.28: Demoskript zur Renditesimulation nach dem TIMMERMANN (1993) Modell

```
Siehe Datei: bDemoSimTimmermann.m
```

Das Programmlisting 5.28 zeigt die Nutzung der Funktion `fSimTimmermann` auf. Es werden 2000 (monatliche) Beobachtungen simuliert. Der Diskontierungszinssatz ist mit $0,05/12$ und das Dividendenwachstum mit $0,0146/12$ bei einer Standardabweichung von $0.0433/\sqrt{12}$ angenommen. Die Wahl der Parameter entspricht den Einstellungen in TIMMERMANN (1993). Die Werte entsprechen dem historischen Dividendenwachstum von S&P500-Aktien zwischen 1871 und 1989. Die Anzahl der vergangenen Perioden, die zur Schätzung von $\hat{\mu}$ und $\hat{\sigma}$ herangezogen werden, ist 300.[50]

[50] Die übrigen Simulationsparameter (2000 monatliche Beobachtungen, entsprechend einem Beobachtungszeitraum von gut 166 Jahren, sowie monatliche Dividendenzahlungen) sind nicht unbedingt realistisch, aber es geht hier allein um die Demonstration der Simulation selbst.

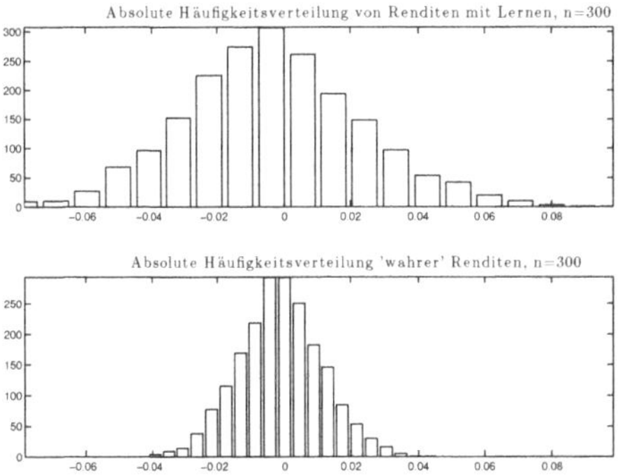

(a) Absolute Häufigkeit von Renditen bei Schätzung der Parameter mit adaptivem Lernen und „wahrer“ Renditen

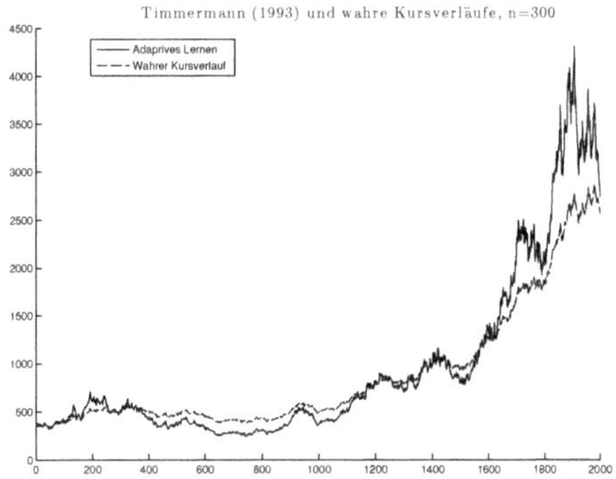

(b) Hypothetische Kursverläufe bei Kenntnis „wahrer“ Parameter und bei Schätzung der Parameter mit adaptivem Lernen.

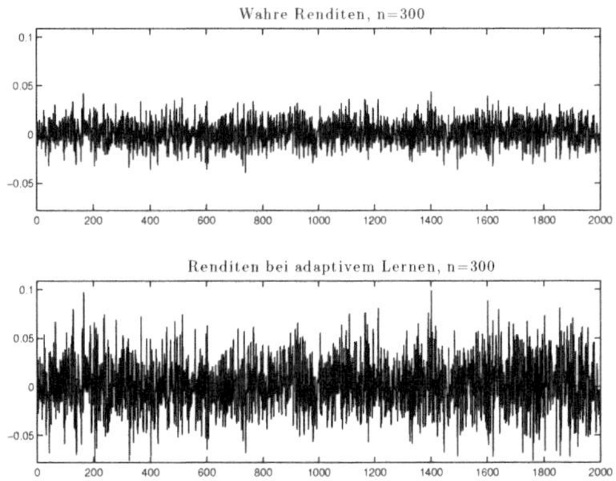

(c) Vergleich der simulierten „wahren“ Renditen und der Renditen nach dem adaptiven Lernen.

Abbildung 5.12.: Vergleich „wahrer“ und mit dem Modell von TIMMERMANN (1993) erzeugter Renditen und Preise nach einer Simulation

Die Ergebnisse eines Durchlaufs von Programmlisting 5.28 sind in der Abbildung 5.12 visualisiert. In der Abbildung 5.12a ist ein Vergleich der absoluten Häufigkeitsverteilung der Renditen aus TM (obere Abbildung) und der Rendite bei Kenntnis der „wahren“ Parameter (untere Abbildung) dargestellt. Die „wahren“[51] Renditen weisen eine geringe Schwankung auf und ähneln einer Normalverteilung. Dagegen ist die Schwankung der TM-Renditen deutlich ausgeprägter. Dieser Befund ist konsistent mit den empirischen Ergebnissen bzgl. der „Excess Volatility“ von Aktienrenditen und kann elegant durch das TM-Modell erklärt werden. Die Abbildung 5.12b zeigt einen Vergleich zwischen „wahren“ Preisen und TM-Preisen. Der TM-Preis bewegt sich um den „wahren“ Preis mit z.T. erheblichen Abweichungen. Diese Abweichungen könnten als

[51] Die Bezeichnung „wahre“ Rendite kann u.U. irritieren. Die wahren Renditen sind diejenigen Werte, die sich bei Kenntnis der wahren Parameter μ und σ ergeben würden.

„irrationale" Übertreibungen derjenigen Marktteilnehmer interpretiert werden, die die jüngsten Dividendensignale zu stark gewichten und in die Zukunft projizieren. Die Abbildung 5.12c stellt einen Vergleich der „wahren" Renditen (obere Abbildung) und der TM-Renditen (untere Abbildung) dar. Hier ist ebenso die erhöhte Schwankungsbreite der TM-Renditen auffällig.

Für den praktischen Einsatz des TM ist die Kenntnis von Dividendenzahlungen sowie des Diskontierungszinssatzes notwendig, um die Parameter für die Initialisierung des TM-Prozesses festzulegen. Unsere Funkion `fSimTimmermann` kann leicht erweitert werden, indem beispielsweise ein Vektor historischer Dividenden übergeben wird, die die „wahren" Dividenden darstellen, anhand derer die Parameter $\hat{\mu}$ und $\hat{\sigma}$ dynamisch rollierend berechnet werden. Insgesamt eignet sich das TM sehr gut, durch Simulationen die Approximation von realitätsnahen Renditen für die Zwecke des Risikomanagements zu erreichen, und die klassischen univariaten Prozesse, wie z.B. die GARCH-Modelle, zu ergänzen.

5.3.2. Multivariate Prozesse

In finanzwirtschaftlichen Simulationen ist es häufig notwendig, Renditen mehrerer Wertpapiere gleichzeitig zu simulieren, die z.B Teile eines Portfolio sind. Gewöhnlich weisen die empirischen Renditen von Wertpapieren eine Korrelationsstruktur auf. Für eine realitätsnahe Simulation ist es daher notwendig, die Korrelationsstruktur der Renditen auch in der Simulation zu erhalten. Zur Beibehaltung der Korrelationsstruktur werden multivariate Prozesse eingesetzt. In der Literatur wird eine Vielzahl von Verfahren zur Erzeugung multivariater Prozesse vorgeschlagen. An dieser Stelle werden wir uns auf drei Verfahren fokussieren, die in empirischen Anwendungen bedeutsam sind. Dazu zählen die Cholesky-Zerlegung, Verfahren mit der Rangkorrelation sowie Faktormodelle, wobei die letzteren eine Klasse von Verfahren repräsentieren.[52]

5.3.2.1. Cholesky-Zerlegung bei normalverteilten Zufallsvariablen

Den einfachsten Weg, eine Korrelationsstruktur zwischen Zufallszahlen zu erzeugen, bietet die Cholesky-Zerlegung an. Ausgangspunkt dieses Ansatzes bildet die empirische oder die vom Anwender gewünschte Korrelationsmatrix $\mathbf{C}$ mit der Dimension $N \times N$, wobei N der Anzahl der Wertpapiere entspricht. Mithilfe der Cholesky-Zerlegung lässt sich eine positiv semidefinite Korrelationsmatrix $\mathbf{C}$ mithilfe der Gleichung 5.26 in zwei Dreiecksmatrizen $\mathbf{U}$ zerlegen, sodass gilt:[53]

$$\mathbf{C} = \mathbf{U}^{\mathrm{T}}\mathbf{U} \tag{5.26}$$

Die Matrix $\mathbf{U}$ besitzt die gleiche Dimension wie $\mathbf{C}$. Bei $\mathbf{U}^{\mathrm{T}}$ handelt es sich um eine untere und bei $\mathbf{U}$ um eine obere Dreiecksmatrix.

Gegeben sei ferner eine $T \times N$-Matrix (T - Anzahl der Beobachtungen) standardnormalverteilter und unabhängiger Zufallszahlen $\mathbf{X}$. Mithilfe der Gleichung 5.27 lassen sich korrelierte

[52] Darüber hinaus ist die Nutzung multivariater Verteilungen (u.a. Kopula-Verfahren) und der Markov-Ketten sehr beliebt. Vgl. z.B. GILLI et al. (2011), S. 159-184.

[53] Die Gleichung 5.26 stellt auch gerade eine Definition der Semidefinitheit für eine symmetrische Matrix dar. Die symmetrische Matrix $\mathbf{C}$ ist positiv semidefinit, wenn kein Diagnoalelement von U den Wert Null annimmt. Eine andere Definition der positiven Semidefinitheit von $\mathbf{C}$ ist gegeben, wenn $\mathbf{x}^T\mathbf{C}\mathbf{x} \geq 0, \forall \mathbf{x} \in \mathbb{R}^N$ gilt.

Zufallszahlen **Y** erzeugen.

$$\mathbf{Y} = \mathbf{X} \cdot \mathbf{U} \tag{5.27}$$

Die $T \times N$-Matrix **Y** lässt sich anhand der Gleichung 5.2 in normalverteilte Zufallszahlen mit gewünschten Eigenschaften transformieren.

Bei der Cholesky-Zerlegung sind drei Voraussetzungen zu berücksichtigen:

1. Die Korrelationsmatrix **C** muss positiv semidefinit sein.
   Anderenfalls gelingt die Cholesky-Zerlegung nicht. Während diese Eigenschaft für historisch bestimmte Korrelationsmatrizen zutrifft, ist sie nicht garantiert, wenn eine vom Anwender willkürlich festgelegte Korrelationsmatrix benutzt wird. Zur Überprüfung der Semidefinitheit von **C** genügt es, ihre Eigenwerte zu berechnen, die nicht negativ sein dürfen.[54] Mit der Matlab-Funktion `eig` lassen sich die Eigenwerte bestimmen. Im Kapitel 5.3.2.2 wird ein Lösungsvorschlag vorgestellt, wie diese Voraussetzung eingehalten werden kann, falls die originäre Korrelationsmatrix nicht positiv semidefinit ist.

2. Die Multiplikation mit der Matrix **U** muss auf standardisierte Zufallszahlen vorgenommen werden und nicht auf die bereits reskalierten Zufallszahlen.
   Die Reihenfolge der Berechnungsschritte ist durch einen adäquaten Matlab-Code einfach sicherzustellen.

3. Die Cholesky-Zerlegung darf nur auf normalverteilte Zufallszahlen angewendet werden.
   Anderenfalls werden die Randverteilungen der Zufallszahlen verfälscht. Gerade für einen Einsatz im Risikomanagement sollte die Randverteilung nicht verändert werden. Im Kapitel 5.3.2.3 wird ein Verfahren vorgestellt, mit dem die Anwendung der Cholesky-Zerlegung auf nicht normalverteilte Zufallszahlen ermöglicht wird.

Das Programmlisting 5.29 stellt die Funktion `fSimRetChol` dar. Sie ist eine unmittelbare Umsetzung der beschriebenen Methode in Matlab-Code. Die Prüfung der Semidefinitheit findet mit dem Befehl `eig(mCorrMat)<0` statt. Falls diese Eigenschaft nicht erfüllt ist, wird die Berechnung mit einer Fehlermeldung abgebrochen. Der erste Schritt besteht in der Bestimmung der oberen Dreiecksmatrix **U** durch `mCholMat = chol(mCorrMat)`, die das Ergebnis der Cholesky-Zerlegung darstellt. Im zweiten Schritt werden N standardnormalverteilte Zufallsvariablen (**X**) in der Variable `mStdNormZV` erzeugt. Die gewünschte Korrelation wird in einem dritten Schritt anhand der Gleichung 5.27 mittels der Anweisung `mKorZV = mStdNormZV * mCholMat` generiert. Als Ergebnis erhält man in unserem Beispiel standardnormalverteilte Zufallsvariablen, die die gewünschte Korrelation aufweisen. Im letzten Schritt werden die Zufallszahlen gemäß der Gleichung 5.2 mit den gewünschten Verteilungsparametern reskaliert. Zur Probe wird die Korrelation der simulierten Zufallsvariablen und die maximale absolute Abweichung bestimmt.

Quellcode 5.29: Funktion zur Erzeugung korrelierter, simulierter Renditen mit Cholesky-Zerlegung

```
Siehe Datei: fSimRetChol.m
```

[54] Eine Einführung in die Matrixalgebra und in die Konzepte der Eigenwerte und Eigenvektoren würde dem Zweck dieses Buches nicht dienlich sein. Eine gute Einführung in die Thematik findet man z.B. bei SIMON und BLUME (1994).

Das Programmlisting 5.30 zeigt die Vorgehensweise bei der Nutzung unserer Funktion zur Simulation mittels der Cholesky-Zerlegung. In Programmlisting 5.30 ist die gewünschte Korrelationsmatrix in der Variable `mCorrMat` abgelegt. Ferner wird in Programmlisting 5.30 die Normalverteilungsannahme der simulierten und korrelierten Zufallsahlen mithilfe des Jarque-Bera-Tests überprüft.[55] Die gewünschte Korrelationsmatrix und die Korrelationsmatrix simulierter Renditen nach einem Durchlauf von Programmlisting 5.30 sind in der Tabelle 5.8 unter den Überschriften „Gewünscht" und „Normalverteilt" dargestellt. Die Ergebnisse in der Tabelle 5.8 zeigen eine gute Annäherung an die gewünschte Korrelation, solange man die Matrix **U** aus der Cholesky-Zerlegung auf standardnormalverteilte Zufallszahlen anwendet.

Quellcode 5.30: Erzeugung korrelierter, simulierter Renditen anhand Cholesky-Zerlegung

```
Siehe Datei: bDemoSimChol.m
```

Korrelationen						
	Gewünscht			Normalverteilt		
Wertpapiere	1	2	3	1	2	3
1	1.000	0.800	0.600	1.000	0.800	0.595
2	0.800	1.000	0.400	0.800	1.000	0.415
3	0.600	0.400	1.000	0.595	0.415	1.000

Tabelle 5.8.: Korrelationsmatrizen von 10000 Zufallszahlen dreier normalverteilten Zufallsvariablen nach der Cholesky-Zerlegung.

Die Funktion `fSimEmpRetChol` setzt das Cholesky-Verfahren auf Basis von empirischen Daten um, die analog zur Funktion `fSimRetChol` ist. Daher ist eine gesonderte Beschreibung nicht notwendig.

Quellcode 5.31: Funktion zur Erzeugung korrelierter, simulierter Renditen anhand der Cholesky-Zerlegung auf Basis empirischer Daten

```
Siehe Datei: fSimEmpRetChol.m
```

In Programmlisting 5.32 wird die Nutzung der Funktion `fSimEmpRetChol` aufgezeigt.[56] Als Datengrundlage dienen uns die Kurse vom DAX- und REX-Performanceindex zum Monatsende für den Zeitraum Januar-1967 bis Juni-2013. Die Daten der Performanceindizes sind kostenfrei auf der Homepage der Bundesbank erhältlich.

Quellcode 5.32: Erzeugung korrelierter, simulierter Renditen auf Basis empirischer Daten

```
Siehe Datei: bDemoSimCholEmp.m
```

[55] Alternativ kann unter Matlab die Normalverteilungseigenschaft auch mit dem KS-Test überprüft werden, wie es der auskommentierte Programmcode zeigt. Da in diesem Falle die Matlab-Funktion `kstest` standardisierte Daten erwartet, werden die simulierten Renditen vorher z-transformiert. Beim Jarque-Bera-Test ist dies nicht notwendig.

[56] Unter Octave ist die Variante `bSimCholEmp_oct` zu verwenden, weil der KS-Test einen abweichenden Funktionsnamen in Octave besitzt.

5.3.2.2. Cholesky-Zerlegung bei nicht positiv semidefiniter Korrelationsmatrix

Wenn die Korrelationsmatrix auf der Basis historischer Beobachtungen bestimmt wird, ist die positive Semidefinitheit sichergestellt. Falls jedoch die historischen Zeitreihen zu kurz sind oder gänzlich fehlen, muss oftmals eine Korrelationsstruktur geeignet angenommen werden. Als Beispiel seien neu kreierte Finanzinstrumente, wie z.B. REITs, genannt, für die oftmals keine lange Datenhistorie verfügbar ist. Eine Inkonsistenz der Korrelationsmatrix kann auch durch den Informationsaggregationsprozess entstehen, wenn die Schätzungen der Korrelations- bzw. Kovarianzmatrix durch unterschiedliche Modelle vorgenommen werden. Ein verbreitetes Beispiel ist die Schätzung der Varianzen (Diagonale der Kovarianzmatrix) mit den GARCH-Modellen, während die Kovarianzen anhand historischer Beobachtungen bestimmt werden.

FANG und O'LEARY (2008) schlagen eine einfache Lösung dieses Problems durch marginale Veränderung der Diagonalelemente von Korrelations- bzw. Kovarianzmatrix vor. Der erste Schritt eines solchen Verfahrens besteht in der Umformung der Korrelationsmatrix in die Kovarianzmatrix anhand der Gleichung 2.59. Im zweiten Schritt werden die Varianzen, die auf der Diagonale der Kovarianzmatrix liegen, schrittweise um einen festen prozentualen kleinen Wert erhöht. Oftmals genügen leichte Erhöhungen der Varianzen, um die Semidefinitheit der Kovarianzmatrix sicherzustellen. Die positive Semidefinitheit ist erreicht, wenn die Eigenwerte der Kovarianzmatrix nicht negativ sind. Anschließend ist eine Rücktransformation der Kovarianzmatrix in die Korrelationsmatrix notwendig.

Das Programmlisting 5.33 zeigt eine denkbare Funktion auf, mit der die beschriebene Erhöhung aller Varianzen umgesetzt wird, bis die Semidefinitheit erreicht wird. Die Funktion `fIncVar` erwartet als Input die ursprüngliche Korrelationsmatrix. Optional kann der feste, prozentuale Wert `dStep` festgelegt werden, um den die Varianzen schrittweise angehoben werden. Standardmäßig ist 0,00001 (entsprechend 0,001%) voreingestellt. In der Funktion wird die gesamte Diagonale der Kovarianzmatrix um den prozentualen Wert `dStep` schrittweise angehoben.

Quellcode 5.33: Funktion zur Erzeugung positiv semidefiniter Korrelationsmatrizen

```
Siehe Datei: fIncVar.m
```

Die Funktion `fIncVar` kann dahingehend geändert werden, vom Nutzer eine Eingabe zu erwarten, von welchen Wertpapieren die Varianzen geändert werden dürfen. Typischerweise würde man die Varianzen von den Wertpapieren ändern wollen, für die die Korrelationen und Varianzen durch Annahmen gesetzt worden sind. Diese Vorgehensweise kann in einer unplausibel hohen Varianz für die ausgewählten Wertpapiere führen und wird daher in unserer Funktion nicht berücksichtigt. Ferner könnte man die Varianzen um einen absoluten Betrag anheben lassen. Die notwendige Anzahl von Erhöhungen werden bei einem absoluten Betrag kleiner, aber die Varianzen von risikoarmen Wertpapieren werden in diesem Fall überproportional erhöht. Diese Vorgehensweise ist in der Funktion angelegt, aber auskommentiert, und kann bei Bedarf aktiviert werden.

In Programmlisting 5.34 wird beispielhaft eine nicht positiv semidefinite Korrelationsmatrix, die in der Tabelle 5.9 unter den Spalten „nicht positiv semidefinit" dargestellt ist, erzeugt. Die Cholesky-Zerlegung würde bei dieser Korrelationsmatrix nicht gelingen. Durch die Funktion `fIncVar` wird eine neue, positiv semidefinite Korrelationsmatrix erzeugt, auf die nun die

Cholesky-Zerlegung angewendet werden kann. Die angepasste Korrelationsmatrix ist ebenfalls in der Tabelle 5.9 dargestellt. Daneben sind auch die alten und die neuen Standardabweichungen ausgewiesen. Die Standardabweichungen (bzw. die Varianzen) sind die Werte, die durch das vorgeschlagene Verfahren verändert werden. Die Veränderung resultiert in einer einheitlichen Erhöhung der Standardabweichungen um ca. 13,6%.[57]

Quellcode 5.34: Demoskript für die Funktion `fIncVar`

```
Siehe Datei: bDemoIncrVar.m
```

	Korrelationen						StdAbw	
	nicht positiv semidefinit			positiv semidefinit			Vorher	Nachher
Wertpapiere	1	2	3	1	2	3		
1	1,000	-0,900	0,600	1,000	-0,698	0,465	0,020	0,023
2	-0,900	1,000	0,400	-0,698	1,000	0,310	0,080	0,091
3	0,600	0,400	1,000	0,465	0,310	1,000	0,160	0,182

Tabelle 5.9.: Anpassung einer nicht positiv semidefiniten Korrelationsmatrix durch Erhöhung von Varianzen. Unter der Überschrift StdAbw sind die Standardabweichungen der Wertpapiere vor und nach der Anpassung der Korrelationsmatrix dargestellt.

5.3.2.3. Cholesky-Zerlegung bei nicht normalverteilten Zufallsvariablen

Eine wichtige Voraussetzung für die Nutzung der Cholesky-Zerlegung ist die Normalverteilung der Zufallsvariablen. Das entstehende Problem der Änderung von Randverteilungen demonstriert Programmlisting 5.35 durch eine absichtlich falsche Vorgehensweise. Der einzige Unterschied zur bisherigen Vorgehensweise, dargestellt in der Funktion `fSimRetChol`, liegt in der Anweisung `mStdNormZVLogN(:,3) = exp( mStdNormZVLogN(:,3) )`, mit der die dritte standardnormalverteile Zufallsvariable mithilfe der Exponentialfunktion in eine log-normalverteilte Zufallsvariable transformiert wird.[58] Die Log-Normalverteilung beschreibt beispielsweise die Verteilung von Aktienkursen gut und wird u.a. in der Optionspreisbewertung herangezogen. Anschließend werden alle Zufallszahlen mit der oberen Dreiecksmatrix **U** aus der Gleichung 5.26 multipliziert und dann reskaliert. Die Korrelationsmatrix basierend auf den simulierten Renditen nach einem Durchlauf von Programmlisting 5.35 ist in der Tabelle 5.10 unter der Überschrift „Log-Normalverteilt" dargestellt.

Quellcode 5.35: Erzeugung korrelierter, simulierter Renditen mit Log-Normalverteilung

```
Siehe Datei: bSimCholNonNormalDist.m
```

---

[57] Die prozentuale Erhöhung kann aufgrund von Rundungen leicht abweichen, wenn man mit den Zahlen aus der Tabelle rechnet.

[58] Die Log-Normalverteilung wird im Kapitel 2.7.7 behandelt.

	Korrelationen					
	Gewünscht			Log-Normalverteilt		
Wertpapiere	1	2	3	1	2	3
1	1.000	0.800	0.600	1.000	0.954	0.874
2	0.800	1.000	0.400	0.954	1.000	0.809
3	0.600	0.400	1.000	0.874	0.809	1.000

Tabelle 5.10.: Korrelationsmatrizen von 10000 Zufallszahlen dreier Zufallsvariablen nach der Cholesky-Zerlegung, wenn nicht alle Zufallsvariablen normalverteilt sind.

Die Ergebnisse in der Tabelle 5.10 zeigen, dass sich Differenzen zwischen der gewünschten und der simulierten Korrelationsmatrix ergeben, wenn eine Zufallsvariable nicht der Standardnormalverteilung folgt. Das eigentliche Problem besteht nicht nur in dem Befund, dass die Korrelation zwischen der dritten Variable und den übrigen Variablen nicht der Vorgabe entspricht. Schwerwiegender ist die Änderung der Korrelation zwischen der ersten und der zweiten Variable. Dieses Phänomen wird durch die Änderung der Randverteilung verursacht.

Die Ergebnisse der vorangehenden Tabelle 5.10 zeigt das Problem der Cholesky-Zerlegung auf, wenn die Voraussetzung der Normalverteilung nicht beachtet wird. Im gewissen Sinne kann man das Problem der Änderung aller Korrelationskoeffizienten durch eine „geschickte" Anordnung von Zufallsvariablen abmildern. Wenn nicht die ersten Variable, sondern die zweite Variable nicht normalverteilt ist, werden durch die Cholesky-Zerlegung nur für die zweite Variable die Korrelationen geändert, während die übrigen Zufallsvariablen nur marginal tangiert werden. Das analoge Ergebnis erhält man, wenn man die nicht normalverteilte Variable an die dritte Stelle setzt. Das hängt mit dem Aufbau der oberen Dreieckmatrix $\mathbf{U}$ zusammen, deren Elemente unterhalb der Diagonale Nullen sind. Bei der Multiplikation $\mathbf{Y} = \mathbf{X} \cdot \mathbf{U}$ wird daher die erste Zufallsvariable (d.h. die Zufallsvariable der ersten Spalte) durch die obere Dreiecksmatrix $\mathbf{U}$ nicht, dagegen die letzte Zufallsvariable am meisten durch die Multiplikation $\mathbf{U}$ verändert. Allerdings zeigt schon unser Beispiel die Beschränktheit dieser Lösung: Dort liegt die nicht-normalverteilte Zufallsvariable an der dritten (letzten) Spalte und dennoch ändern sich alle Korrelationen.

Außerdem handelt es sich bei der „geschickten" Anordnung von Zufallsvariablen nicht um die Lösung des Problems im eigentlichen Sinne. Wenn die Cholesky-Zerlegung auf nicht normalverteilte Daten angewendet werden soll, kann eine Transformation aller Zufallsvariablen in eine „gedachte" Normalverteilung Abhilfe schaffen. Nach der Transformation sind alle Zufallsvariablen normalverteilt und die Nutzung der Cholesky-Zerlegung führt zu keiner Änderung der Randverteilungen. Nach der Erstellung von korrelierten normalverteilten Zufallsvariablen sind diese wieder in die ursprüngliche Verteilung zurück zu transformieren. Diese Vorgehensweise ist analog zu einer sehr vereinfachten Umsetzung der normalverteilungsbasierten Copula-Verfahren.

CHERUBINI et al. (2004) schlagen fünf Schritte vor, wenn Zufallszahlen nach einem normalverteilungsbasierten Copula-Ansatz erzeugt werden sollen:

1. Bestimme die Verteilung jeder Zufallsvariable

2. Transformiere die Zufallsvariablen anhand ihrer Verteilung in eine normalverteilte Zufallsvariablen
3. Führe die Colesky-Zerlegung (Gleichung 5.26) für die Korrelationsmatrix der Zufallsvariablen durch
4. Erzeuge standardnormalverteilte Zufallszahlen für jede Zufallsvariable
5. Induziere die Korrelationsstruktur zwischen den erzeugten standardnormalverteilten Zufallsvariablen (Gleichung 5.27)
6. Transferiere jede Zufallsvariable in die jeweils eigene, ursprüngliche Verteilung zurück

Diese Vorgehensweise ist in der Funktion `fSimRetCholNonNormal` umgesetzt. Dabei handelt es sich um eine sehr vereinfachte Vorgehensweise. Die tatsächliche Umsetzung von Copula-Verfahren geht inhaltlich und methodisch über unsere Funktion hinaus. Die Funktion erwartet als Inputvariable die Matrix empirischer Renditen. Die erste Outputvariable sind die simulierten korrelierten Renditen gemäß der empirischen Verteilung (ECDF). Zusätzlich wird die Korrelation der simulierten Renditen bestimmt und die maximale absolute Abweichung zwischen der empirischen und simulierten Korrelation berechnet. In der Funktion `fSimRetCholNonNormal` wird im ersten Schritt anhand der empirischen Renditeverteilung der zu jeder Rendite dazugehörige Wert der CDF mit unserer Funktion `fHist` bestimmt. Die CDF-Werte (`vF`) entsprechen einer gleichverteilten Zufallsvariable. Basierend auf diesen gleichverteilten Zufallszahlen werden standardnormalverteilte Zahlen gemäß der ITM-Methode mit der Funktion `norminv` generiert. Auf die Renditen aus der „gedachten" Normalverteilung der Renditen wird im zweiten Schritt das Cholesky-Verfahren angewendet, indem unsere Funktion `fSimEmpRetChol` herangezogen wird. Die Werte der CDF der korrelierten normalverteilten Zufallszahlen (nach der Anwendung des Cholesky-Verfahrens) dienen wieder als gleichverteilten Zufallszahlen, um in einem dritten Schritt die korrelierten, aber nicht zwangsläufig normalverteilten Renditen zu bestimmen. Man greift an dieser Stelle auf die im ersten Schritt spezifizierten Verteilungsparameter `vF` und `vXi` der originären Renditeverteilung zurück. Die Funktion `fSimRetCholNonNormal` erlaubt die Nutzung des Cholesky-Verfahrens zur Simulation korrelierter Renditen, selbst wenn diese nicht normalverteilt sind.

Quellcode 5.36: Funktion zur Erzeugung korrelierter, simulierter Zufallszahlen mit nicht-normalverteilten Renditen

```
Siehe Datei: fSimRetCholNonNormal.m
```

In Programmlisting 5.37 wird die Nutzung der Funktion `fSimRetCholNonNormal` anhand der Daten von DAX- und REX-Performanceindizes veranschaulicht. Es werden dieselben Daten wie in Programmlisting 5.32 verwendet.

Quellcode 5.37: Erzeugung korrelierter, simulierter Zufallszahlen mit nicht-normalverteilten Renditen basierend auf empirischen Daten

```
Siehe Datei: bDemoSimCholNonNormal.m
```

Im Programmlisting 5.37 ist ebenfalls ein Vergleich zwischen den Funktionen `fSimRetChol-NonNormal` und `fSimEmpRetChol` angelegt.[59] Die Nutzung der Funktion `fSimEmpRetChol` in Programmlisting ist äquivalent zu einer Anwendung der Cholesky-Zerlegung ohne eine sorgfältige Prüfung der Voraussetzung der Normalverteilung von Renditen. Die simulierten DAX-Renditen aus den beiden Funktionen werden mit dem KS-Test auf die Gleichheit mit empirischen Daten bei einer Irrtumswahrscheinlichkeit von 10% getestet. Nach 500 Simulationen wird in ca. 22% der Fälle die Gleichheit der empirischen Renditen und der mit der Funktion `fSimEmpRetChol` simulierten Renditen abgelehnt. Dagegen werden nur ca. 2% der mit der Funktion `fSimRetCholNonNormal` simulierten Renditen abgelehnt. Am Ende des Skriptes wird durch den Jarque-Bera-Test, der im Kapitel 4.2.4.3 eingeführt wird, die Normalverteilung von DAX-Renditen getestet. Das Ergebnis des Testes ist eine Ablehnung der Normalverteilung.

5.3.2.4. Faktormodelle in der Simulation

5.3.2.4.1. Vorüberlegungen

Eine weitere Möglichkeit zur Erzeugung korrelierter Zufallszahlen bieten Faktormodelle an, soweit diese in der sog. Diagonalform geschätzt werden. Solange die Anzahl der benutzten Faktoren hinreichend[60] gering ist, ist der Vorteil der Nutzung von Faktormodellen ihre universelle Einsetzbarkeit unabhängig von der Verteilung der zu simulierenden, korrelierten Zufallszahlen. Dabei entfällt auch die Notwendig einer Transformation von Zufallsvariablen in die „gedachten“ Normalverteilungen, die bei der Cholesky-Zerlegung notwendig ist.

Allerdings muss zunächst ein adäquates Faktormodell identifiziert und kalibriert werden. Die Grundlagen der linearen Faktormodelle wurden ausführlich in Kapitel 4 behandelt. Die Kenntnis dieser Grundlagen wird in diesem Kapitel vorausgesetzt. Ein Faktormodell ist durch die Gleichung 5.28 bzw. 5.29 spezifiziert.

$$\mathbf{r} = \mathbf{X}\boldsymbol{\beta} + \boldsymbol{\varepsilon} \tag{5.28}$$

$$\mathbf{R} = \mathbf{X}\mathbf{B} + \mathbf{E} \tag{5.29}$$

Die erste Faktormodellgleichung ist identisch zur Gleichung 4.10 im Kapitel 4.2.2. Bei der zweiten Faktormodellgleichung handelt es sich um eine Verallgemeinerung der ersten Gleichung auf N unterschiedliche Wertpapiere. $\mathbf{R}$ ist eine $T \times N$ Matrix von Renditen, die spaltenweise die Renditevektoren $\mathbf{r}$ beinhaltet. $\mathbf{X}$ ist eine $T \times K$ Matrix von K geeigneten Faktoren, die die Renditematrix $\mathbf{R}$ abbilden könnten. $\mathbf{B}$ ist eine $K \times N$ Matrix von geschätzten Koeffizienten, die spaltenweise die Koeffizientenvektoren $\boldsymbol{\beta}$ beinhaltet. Die $T \times N$ Matrix $\mathbf{E}$ beinhaltet spaltenweise die Vektoren der Residuen $\boldsymbol{\varepsilon}$ des i-ten Wertpapiers.

Das Faktormodell ist vollständig durch die Wahl von $\mathbf{X}$ und $\mathbf{B}$ parametrisiert. Die Parametri-

---

[59] Unter Octave ist die Variante `bDemoSimCholNonNormal_oct` aufgrund der Nutzung des KS-Tests zu verwenden.

[60] Aufgrund des zentralen Grenzwertsatzes wird sich die Linearkombination von unabhängigen Zufallszahlen mit konstanter Varianz asymptotisch einer Normalverteilung annähern. Daher sollte die Anzahl der Faktoren zur Simulation nicht-normalverteilter Renditen nicht größer als 10, besser 5, sein. Im Regelfall reichen 3-5 Faktoren aus, um die Renditen einer großen Anzahl von Aktien zu beschreiben.

sierung kann auf unterschiedliche Arten erfolgen.[61] Ein Ansatz besteht in der Auswahl von am Kapitalmarkt beobachtbaren Risikofaktoren **X**, die potenziell die Renditen von Wertpapieren abbilden könnten. In diesem Fall kann der Vektor der Koeffizienten $\boldsymbol{\beta}$ auf verschiedene Arten geschätzt werden. Die OLS- und die MLE-basierte Schätzung und ihre Umsetzung in Matlab ist im Kapitel 4 diskutiert. Daher verzichten wir hier auf eine Wiederholung. Die Herausforderung bei der Nutzung einer OLS- bzw. einer MLE-Schätzung für die Simulation liegt in der Auswahl der Risikofaktoren **X**, mit denen die eigentlichen Wertpapierrenditen hinreichend gut erklärt werden können. Für den Simulationseinsatz ist ein Erklärungsmodell mit einem Bestimmtheitsmaß von 90% und mehr empfehlenswert. Ein anderer Ansatz zur Schätzung notwendiger Parameter besteht in der Zerlegung der Renditematrix **R** mit Methoden der linearen Algebra in die benötigten Variablen **X** und **B**. Ein solches Verfahren stellt die Hauptkomponentenanalyse (PCA) dar, die zur Klasse von Verfahren der Faktorenanalyse gehört. Im (nächsten) Kapitel 5.3.2.4.2 werden wir die notwendigen Grundlagen der PCA beschreiben, die für eine technische Matlab-Umsetzung notwendig sind, und lassen die detaillierten Herleitungen aus.[62]

Die Simulation mit einem Faktomodell unterscheidet sich von den bisherigen Ansätzen, weil jetzt nicht direkt die Wertpapierrenditen **R**, sondern die Faktorwerte **X** zu simulieren sind. Durch die Koeffizientenmatrix **B** wird die Korrelationsstruktur in die simulierten Renditen gemäß der Gleichung 5.29 induziert. Die generelle Vorgehensweise einer Simulation auf der Basis von Faktormodellen kann in 7 Verfahrensschritten beschrieben werden:

1. Schätzung eines Faktormodells auf Basis von empirischen Renditen als Basis eines stochastischen Renditegenerierungsprozesses

2. Erzeugung von Zufallszahlen, die die Eigenschaften von Faktoren in **X** aufweisen

3. Ggf. Generierung von Zufallszahlen, die die Eigenschaften von Residuen in **E** aufweisen

4. Erzeugung von korrelierten Zufallszahlen der Matrix **R** mit dem stochastischen Prozess determiniert durch das Faktormodell in Schritt 1

5. Schätzung der zu untersuchenden Zielgröße

6. Z Wiederholungen der Schritte 2-5

7. Analyse der Ergebnisse der Simulation

Die Besonderheit einer faktormodellbasierten Simulation, nicht unmittelbar die Renditen **R**, sondern die Faktoren **X** zu simulieren, hat zwei Vorteile. Zum einen sind die Faktoren untereinander unkorreliert. Daher reicht es aus, die Faktorrenditen mittels der Verfahren aus dem Kapitel 5.2.2, d.h. unkorreliert, zu generieren. Die Renditematrix **R** dagegen wird die gewünschte Korrelationsstruktur besitzen. Zum anderen ist der Vorteil eines Faktormodells gegeben, wenn die Anzahl der Faktoren K (deutlich) kleiner als die Anzahl der Wertpapiere N ist. Anstelle

---

[61] Eine ausführliche Beschreibung verschiedener Schätzansätze der Faktormodelle ist in PODDIG et al. (2009), dort in Kapiteln 6-7, gegeben.

[62] Die PCA und die Herleitungen werden sehr ausführlich in PODDIG et al. (2009), dort Kapitel 7, behandelt.

der Simulation von N Wertpapierrenditen müssen lediglich K Faktorrenditen erzeugt werden. Nachteilig wirkt sich allerdings der Umstand aus, dass vorab ein hinreichend gutes Faktormodell identifiziert werden muss. Wie eine vergleichsweise einfache Schätzung eines Faktormodells für Simulationszwecke vorgenommen werden kann, wird im nächsten Kapitel erläutert.

5.3.2.4.2. Hauptkomponentenanalyse

Bei der PCA wird die Renditematrix **R** mit Methoden der linearen Algebra in die benötigten Variablen **X** und **B** zerlegt. Folglich besteht bei einem Einsatz der PCA der Vorteil darin, keine Risikofaktoren vorab spezifizieren zu müssen. Ferner hat man die Möglichkeit, eine einfache und vollständige Replikation der Matrix **R** zu erreichen. Diese Eigenschaft der PCA ist für den Einsatz von Simulationen im Risikomanagement interessant. Allerdings beschreiben die durch die PCA bestimmten Faktoren **X** keine in der Realität beobachtbaren Risikofaktoren, sondern stellen künstlich erzeugte Faktorwerte dar. Dieser Nachteil der PCA erklärt es auch, warum sie keine breite Anwendung zur Modellierung von empirischen Daten außerhalb von Simulationen findet.[63]

Die Ausgangsüberlegung der PCA ist der Versuch, die Anzahl notwendiger Faktoren **X** zu minimieren, mit denen eine noch hinreichend gute Approximation des ursprünglichen Datensatzes **R** möglich ist. Die notwendigen Faktoren sollen zum einen möglichst viel von der Varianz im Querschnitt der Renditen erklären und zum anderen orthogonal zueinander sein. Die Orthogonalität impliziert eine Unkorreliertheit der Faktoren untereinander. Gerade dieser Aspekt ist für den Simulationseinsatz interessant, weil für die Faktoren lediglich univariate Prozesse zu simulieren sind. Die Korrelationsstruktur der Renditen **R** bleibt durch das Verfahren erhalten. Ferner stellt die Orthogonalitätseigenschaft sicher, dass die erzeugten Faktoren mit den höchsten Varianzen auch diejenigen Faktoren mit dem höchsten Erklärungsanteil der originären Renditevarianz im Querschnitt sind.

Wenn man von der Renditematrix **R** spaltenweise die mittlere Rendite der jeweiligen Spalte abzieht, kann man eine neue Matrix **Z** definieren, deren Elemente durch $z_{ij} = y_{ij} - \hat{\mu}_j$ mit $i = 1,\ldots,T, j = 1,\ldots,N$ definiert sind, wobei $\hat{\mu}_j$ den (empirischen) Mittelwert der Spalte j anzeigt. In diesem Fall ist die Kovarianzmatrix **K** der Renditematrix **R** durch die Gleichung 5.30 spezifiziert.

$$\mathbf{K} = \mathbf{Z}^T\mathbf{Z} \tag{5.30}$$

Die Kovarianzmatrix **K** kann mithilfe der Eigenwertzerlegung in die Eigenwerte und die Eigenvektoren derart aufgeteilt werden, dass

$$\mathbf{K} = \mathbf{V}\mathbf{D}\mathbf{V}^T \tag{5.31}$$

gilt. In Gleichung 5.31 bezeichnet **V** eine $N \times N$ Matrix, die spaltenweise die Eigenvektoren von **K** beinhaltet. **D** ist eine $N \times N$ Diagonalmatrix, deren Elemente auf der Diagonale die Eigenwerte

[63] Allerdings kann die PCA im Rahmen einer Voranalyse wertvolle Einblicke in die Korrelationsstruktur empirischer Daten liefern. Beispielsweise lässt sich die Anzahl von Faktoren abschätzen, die für die Modellierung von Renditen im Rahmen von Faktormodellen notwendig sind. Ferner kann man durch Korrelationsanalysen der Hauptkomponenten und der empirischen Risikofaktoren versuchen, die wichtigsten empirischen Risikofaktoren für den vorliegenden Datensatz zu identifizieren.

($\lambda_j, j = 1,\dots,N$) der Matrix **K** und ansonsten Nullen sind. Falls k Eigenwerte deutlich höher als die übrigen $N-k$ Eigenwerte sind, kann eine gute Approximation der Kovarianzmatrix **K** mit nur k Faktoren erreicht werden. Demnach gilt

$$\mathbf{K} \approx \mathbf{V}_k \mathbf{D}_k \mathbf{V}_k^T \tag{5.32}$$

wobei $\mathbf{D}_k$ eine $k \times k$ Diagonalmatrix der k-höchsten Eigenwerte ist und $\mathbf{V}_k$ die $N \times k$ Matrix der dazugehörigen Eigenvektoren. Die Matrix $\mathbf{V}^T$ (bzw. $\mathbf{V}_k^T$) ist die sog. Faktorladungsmatrix. Sie ist das Analogon zur Koeffizientenmatrix **B** aus der Gleichung 5.29. Die sog. Faktorwerte **S** sind definiert als

$$\mathbf{S} = \mathbf{Z}\mathbf{V} \tag{5.33}$$

bzw.

$$\mathbf{S}_k = \mathbf{Z}\mathbf{V}_k \tag{5.34}$$

und sind das Analogon zur Matrix der Risikofaktoren **X** aus der Gleichung 5.29. Bei jeder Spalte von **S** handelt es sich um eine sog. Hauptkomponente. Die Hauptkomponenten sind untereinander unkorreliert und die Varianz jeder Hauptkomponente entspricht gerade den Eigenwerten aus **D** (vgl. Gleichung 5.35).

$$\begin{aligned}\mathbf{S}^T\mathbf{S} &= (\mathbf{Z}\mathbf{V})^T\mathbf{Z}\mathbf{V}\\ &= \mathbf{V}^T(\mathbf{Z}^T\mathbf{Z})\mathbf{V}\\ &= \mathbf{V}^T\mathbf{K}\mathbf{V}\\ &= \mathbf{V}^T(\mathbf{V}\mathbf{D}\mathbf{V}^T)\mathbf{V}\\ &= \mathbf{I}\mathbf{D}\mathbf{I}\\ &= \mathbf{D}\end{aligned} \tag{5.35}$$

Bei der Kovarianzmatrix **K** handelt es sich um eine symmetrische Matrix. Daher ist die Matrix der Eigenvektoren **V** eine sog. unitäre Matrix. Für eine unitäre Matrix gilt $\mathbf{V}^T\mathbf{V} = \mathbf{I}$.[64] Da die Matrix der Eigenwerte **D** eine Diagonalmatrix ist, sind die paarweisen Kovarianzen der Hauptkomponenten untereinander Null. Die diagonalen Elemente von **D** sind nach der Gleichung 5.35 die Varianzen der Hauptkomponenten. Den höchsten Erklärungsanteil der Varianz im Querschnitt der Renditen **R** hat die Hauptkomponente mit der höchsten Varianz bzw. mit dem höchsten Eigenwert. Den relativen Anteil der Varianzerklärung durch eine Hauptkomponente kann durch die Gleichung 5.36 ermittelt werden.

$$q_j = \frac{\lambda_j}{\sum_{a=1}^{N} \lambda_a} \tag{5.36}$$

Nach den Gleichungen 5.33 und 5.34 kann die Replikation der ursprünglichen Rendite durch

$$\mathbf{S}\mathbf{V}^T = \mathbf{Z}\mathbf{V}\mathbf{V}^T = \mathbf{Z}\mathbf{I} = \mathbf{Z} \tag{5.37}$$

bzw.

$$\mathbf{S}_k\mathbf{V}_k^T \approx \mathbf{Z} \tag{5.38}$$

[64] Vgl. SIMON und BLUME (1994), S. 621.

erfolgen. Die Gleichung 5.37 erlaubt eine vollständige Replikation der Ausgangsmatrix **Z** ohne Abweichungen. Je nach der Auswahl der Anzahl von Hauptkomponenten k kann eine hohe Approximationsgüte der replizierten Renditen an die Ausgangsmatrix **Z** durch die Gleichung 5.38 erreicht werden. Um die ursprüngliche Renditematrix **R** zu erreichen, muss zu jedem Element einer Spalte aus dem Ergebnis der Multiplikation $\mathbf{SV}^T$ bzw. $\mathbf{S}_k\mathbf{V}_k^T$ der Spaltenmittelwert $\hat{\mu}_j$ addiert werden.

Die vollständige Replikation der Renditematrix **R** muss nicht immer erwünscht sein, denn in diesem Fall ist die Anzahl der Faktoren gleich der Anzahl der Wertpapiere ($k = N$).[65] Leider existiert kein Variablenselektionsalgorithmus vergleichbar zu den Verfahren, die im Kapitel 4.5 diskutiert werden. Mehrere Lösungen zur Auswahl der Faktoren werden in der Literatur vorgeschlagen. Die Zahl der Faktoren kann vom Anwender zunächst willkürlich vorgegeben werden. Eine Auswahl der Faktoren kann durch das Kaiser-Kriterium vorgenommen werden, nach dem die Faktoren mit Eigenwerten der *Korrelationsmatrix* von z-transformierten **R** größer als Eins auszuwählen sind. Ein anderer Vorschlag ist es, die Anzahl der Faktoren auf die Hälfte der Anzahl von zu replizierenden Werten zu begrenzen. Ein weiterer Vorschlag ist es, den Anteil der durch die extrahierten Faktoren erklärten Varianz im Querschnitt aller Renditen auf einen a priori Wert (z.B. 90%) festzulegen. Demnach würde man zunächst die Faktoren absteigend nach ihren Eigenwerten λ_j sortieren und q_j nach der Gleichung 5.36 berechnen. Die Anzahl der Faktoren ist dann erreicht, wenn für das k-te Element die kumulierte Summe $\sum_{l=1}^{k} q_l > p$ ist, wobei p der fest vorgegebene Anteil der zu erklärenden Varianz ist.

Die Funktion `fPCAEmp` ist eine direkte Umsetzung der beschriebenen PCA in Matlab und ausreichend kommentiert, sodass eine gesonderte Kommentierung der Berechnungsschritte nicht notwendig erscheint. Die Funktion erwartet mindestens die Renditematrix als Inputvariable und führt eine vollständige Replikation durch. Falls der Nutzer eine Variablenselektion vornehmen will, kann die Variable `vVarSel` spezifiziert werden. Es handelt sich um einen 3×1 Vektor. Falls alle Elemente von `vVarSel` Null sind, wird eine vollständige Replikation durchgeführt. Die Zuweisung einer Zahl zwischen 0 und 1 zum ersten Elementes von `vVarSel` (und alle anderen Null) erzwingt eine Bestimmung der Faktorenanzahl durch den Varianzerklärungsanteil. Wenn das zweite Element auf eine Zahl größer als Null und alle anderen gleich Null sind, werden soviel Hauptkomponenten für die Replikation benutzt, wie der Wert des zweiten Elementes von `vVarSel` ist. Schließlich führt die Zuweisung von -1 zum dritten Element von `vVarSel` (und alle anderen Null) zur Variablenselektion nach dem Kaiser-Kriterium. Die Funktion führt eine vollständige Replikation durch, wenn die Bedingungen für die Belegung der Elemente von `vVarSel` nicht eingehalten werden. Eine Besonderheit ist bei der Funktion erwähnenswert. Das Ergebnis der Matlab-Funktion `eig` ist derart sortiert, dass die höchsten Eigenwerte und die dazugehörigen Eigenvektoren sich in der letzten Spalte und die niedrigsten in der ersten Spalte befinden. Wenn die Anzahl der Faktoren bereits festgelegt ist, kann man mit `mFactLoadings = mEigVect(:, end:-1:end-iNumFact+1)` ausgehend von der letzten Spalte auf die Faktorladungen mit höchsten Eigenwerten zugreifen, ohne eine gesonderte Schleifenkonstruktion zu benötigen.

---

[65] Selbst bei einer vollständigen Replikation besteht der Vorteil eines Faktormodells, lediglich unkorrelierte Faktorwerte simulieren zu müssen.

Quellcode 5.38: Funktion zur Schätzung von Hauptkomponenten und Replikation von Renditen anhand einer PCA

```
Siehe Datei: fPCAEmp.m
```

Quellcode 5.39: Empirische Schätzung der Hauptkomponenten und Replikation von Renditen

```
Siehe Datei: bDemoPCAEmp.m
```

Das Programmlisting 5.39 veranschaulicht die Nutzung der Funktion `fPCAEmp` auf Basis der empirischen Daten.[66] Diese Daten werden auch in Kapitel 3 benutzt und sind dort beschrieben. Es handelt sich um Preise von acht Assetklassen. In Programmlisting 5.39 werden die ursprünglichen Renditen durch die Vorgabe der Nutzung einer Hauptkomponente, durch einen Varianzerklärungsanteil von 90% und durch das Kaiser-Kriterium repliziert. Die Wahl dieser Kriterien resultiert zufällig in diesem Beispiel in der Nutzung von jeweils einer, zweier bzw. dreier Hauptkomponenten, die zur Replikation der originären Datenmatrix verwendet werden. Die Abbildung 5.13 zeigt den tatsächlichen Kursverlauf des ersten Assets sowie die durch die PCA replizierten Kursverläufe in Abhängigkeit vom Selektionskriterium. Der visuelle Eindruck legt die Vermutung nahe, dass bereits durch die Nutzung einer Hauptkomponente im vorliegenden Fall eine gute Annäherung an die originären Daten erreicht wird. In allen Fällen kann der KS-Test eine Gleichheit der replizierten Renditen mit den ursprünglichen Renditen nicht ablehnen.

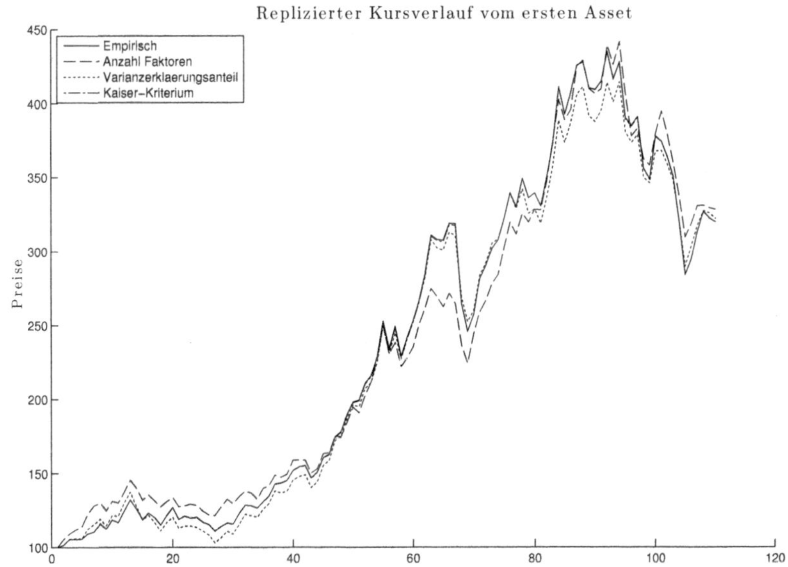

Abbildung 5.13.: Replikation empirischer Daten mit der Hauptkomponentenanalyse bei unterschiedlicher Anzahl von Hauptkomponenten

[66] Unter Octave ist die Variante `bDemoPCAEmp_oct` zu verwenden.

Die Replikation der empirischen Daten mittels der PCA dient uns zur Erzeugung von korrelierten Zufallsvariablen mithilfe der Faktorwerte **S** und der Faktorladungen **V**. Die Vorgehensweise bei einer faktormodellbasierten Simulation ist im vorangegangenen Kapitel erläutert worden. Die Funktion `fPCASim` setzen die beschriebene Vorgehensweise zur Simulation von korrelierten Renditen auf Basis der PCA um.[67] In der Funktion wird unsere Funktion `fPCAEmp` aufgerufen, um die Faktorwerte und die Faktorladungen zu bestimmen. Dann werden für jede Hauptkomponente die Faktorwerte basierend auf einer vom Nutzer spezifizierten Verteilung simuliert. Dazu wird auf die Funktion `fSimRWUnivariat` zurückgegriffen. Diese Funktion erlaubt die Nutzung der Normalverteilung, t-Verteilung, χ^2-Verteilung, der F-Verteilung, der GARCH(1,1)-Verteilung sowie der empirischen Verteilungen basierend auf der ECDF und Kerndichteschätzung. Zur Erzeugung simulierter korrelierter Renditen werden am Ende der Funktion die simulierten Faktorwerte mit den Faktorladungen multipliziert und der empirische Renditemittelwert addiert. Zum Schluss findet eine Prüfung mittels des KS-Test auf Gleichheit der Verteilungen von simulierten und empirischen Faktoren statt. Falls die Gleichheit bei irgendeiner Simulation und bei irgendeinem Faktor abgelehnt wird, bekommt die Variable `lValidFlag` einen Wert von Null (`false`) zugewiesen.

Quellcode 5.40: Funktion zur Simulation anhand einer PCA mithilfe verschiendener Verteilungen

```
Siehe Datei: fPCASim.m
```

Quellcode 5.41: PCA-Simulation mithilfe verschiendener Verteilungen

```
Siehe Datei: bDemoPCASim.m
```

Das Skript 5.41 demonstriert die Nutzung der Funktion `fPCASim`, indem drei verschiedene Verteilungen (ECDF, Kerndichte, Normalverteilung) herangezogen werden, um die Faktorwerte zu simulieren.[68] Als Selektionskriterium wird das Erreichen von 90% der Erklärung der Renditevarianz herangezogen. Es wird eine exemplarische Analyse durch die Bestimmung der empirischen Korrelation und der durch die PCA-ECDF simulierte Korrelation nach einem Simulationsdurchlauf vorgenommen. Diese Korrelationen sind in der Tabelle 5.11 dargestellt. Bei einem visuellen Vergleich können keine gravierenden Unterschiede beobachtet werden.

Die Beachtung der Korrelationsstruktur von Wertpapierrenditen ist insbesondere im Hinblick auf die Portfoliobildung interessant. Die Bildung von Portfolios dient der Senkung des Anlagerisikos durch die Ausnutzung des Diversifikationseffektes. Die simulierten korrelierten Renditen von den acht Wertpapieren, die bisher benutzt sind, sollten daher eine ähnliche Wirkung auf das Risiko aufweisen, wenn die simulierten Wertpapiere zu einem Portfolio zusammengefasst werden. Um diese Eigenschaft zu untersuchen, wird ein naives Portfolio auf der Basis empirischer sowie simulierter Renditen (jeweils für den ersten Simulationsdurchlauf) gebildet. Die Antweilsgewichte eines naiven Portfolios sind $w_i = \frac{1}{N}$, wobei N der Anzahl der Wertpapiere entspricht. Die Rendite eines naiven Portfolios zum Zeitpunkt t kann als gewöhnlicher Mittelwert berechnet werden. Die Matlab-Funktion `mean` kann für diesen Spezialfall vereinfachend zur Berechnung der Portfoliorenditen herangezogen werden. Beim Aufruf der Funktion muss auf

[67] Unter Octave ist die Variante `fPCASim_oct` zu verwenden.

[68] Unter Octave ist die Variante `bDemoPCASim_oct` zu verwenden.

Empirisch								
Assets	1	2	3	4	5	6	7	8
1	1,00	0,97	0,95	0,67	0,24	0,44	0,45	0,12
2	0,97	1,00	1,00	0,73	0,44	0,64	0,66	0,28
3	0,95	1,00	1,00	0,79	0,41	0,61	0,65	0,36
4	0,67	0,73	0,79	1,00	0,08	0,31	0,43	0,80
5	0,24	0,44	0,41	0,08	1,00	0,97	0,93	0,14
6	0,44	0,64	0,61	0,31	0,97	1,00	0,99	0,27
7	0,45	0,66	0,65	0,43	0,93	0,99	1,00	0,42
8	0,12	0,28	0,36	0,80	0,14	0,27	0,42	1,00
Simuliert								
Assets	1	2	3	4	5	6	7	8
1	1,00	0,97	0,96	0,69	0,36	0,55	0,57	0,20
2	0,97	1,00	1,00	0,73	0,54	0,71	0,74	0,32
3	0,96	1,00	1,00	0,79	0,49	0,68	0,72	0,40
4	0,69	0,73	0,79	1,00	0,08	0,30	0,42	0,83
5	0,36	0,54	0,49	0,08	1,00	0,97	0,94	0,05
6	0,55	0,71	0,68	0,30	0,97	1,00	0,99	0,19
7	0,57	0,74	0,72	0,42	0,94	0,99	1,00	0,33
8	0,20	0,32	0,40	0,83	0,05	0,19	0,33	1,00

Tabelle 5.11.: Empirische Korrelation und die Korrelation simulierter Renditen nach PCA-ECDF nach einem Simulationsdurchlauf

die Angabe der Dimension geachtet werden, in der die Mittelwerte bestimmt werden.[69] Mit dem Aufruf `vPRetECDF = mean( mSimRetECDF(:,:,1), 2)` wird durch die zusätzliche Inputvariable (2) der Funktion `mean` die Bildung der Mittelwerte pro Zeile (und nicht wie üblich pro Spalte) erreicht. Das Ergebnis dieser Berechnung sind die Renditen des naiven Portfolios für jeden Zeitpunkt.

Für dic naiven Portfolios, basierend auf den empirischen sowie den simulierten Renditen, wurden deskriptive Statistiken mithilfe der Funktion `fDescriptiveStats` ausgewertet, die im Kapitel 2.3.7 eingeführt wurde. Die deskriptiven Statistiken sind in der Tabelle 5.12 zusammengefasst. Bei der Interpretation der Kennzahlen muss beachtet werden, dass es sich lediglich um Ergebnisse nach einer Simulation handelt. Daher sind die Ergebnisse keinesfalls zu verallgemeinern. Die deskriptiven Statistiken zeigen einen typischen Befund der simulierten Renditen, der als Kleinstichproblematik in der Literatur bekannt ist. Die Varianz und die Standardabweichung der simulierten Renditen sind durchaus in der Lage, die Varianz bzw. die Standardabweichung

[69] Alternativ könnte die Matrix der Renditen transponiert werden.

	Empirisch	PCA-ECDF	PCA-KS	PCA-Normal
Mittelwert	0,00876	0,01294	0,00996	0,01007
Median	0,01037	0,01545	0,01410	0,00686
geom. Mittel	0,00832	0,01253	0,00952	0,00951
Varianz	0,00089	0,00083	0,00089	0,00114
Standardabweichung	0,02981	0,02888	0,02987	0,03375
Minimum	-0,05208	-0,08651	-0,08598	-0,07866
Maximum	0,06869	0,06916	0,07360	0,10927
Spannweite	0,12077	0,15567	0,15958	0,18793
IQR	0,05198	0,04365	0,04603	0,04503
Schiefe	-0,17679	-0,60057	-0,30774	0,21045
Woelbung	2,09698	3,19542	2,72381	3,18413

Tabelle 5.12.: Deskriptive Statistiken eines naiven Portfolios nach einem Simulationsdurchlauf basierend auf PCA. Empirisch bezeichnet die Renditen des naiven Portfolios basierend auf den originären Renditen. PCA-Kern bezeichnet die Portfoliorenditen basierend auf simulierten Anlagerenditen durch die PCA, wobei die Faktorwerte durch eine Kerndichteschätzung modelliert werden. PCA-ECDF ist analog zu PCA-Kern, wobei die Faktorwerte durch eine empirische Verteilungsfunktion simuliert werden.

empirischer Portfoliorenditen zu replizieren. Dagegen sind die Abweichungen der arithmetischen Mittelwerte der empirischen und der simulierten Renditen vergleichsweise größer ausgefallen.

Interessant ist der Vergleich der Formmaße Schiefe und Wölbung. Die empirischen Portfoliorenditen haben eine leicht negative Schiefe (d.h. linksschiefe Verteilung). Dagegen besitzen die simulierten Renditen, wenn die Faktorwerte mittels ECDF und Kerndichten erzeugt werden, eine ausgeprägtere negative Schiefe. Wenn die Faktorwerte auf der Normalverteilungsannahme generiert werden, sind die Renditen leicht rechtsschief. Die Wölbungen der simulierten Renditen sind alle nahe am Wert von 3, der als Referenzpunkt dient, weil die Normalverteilung eine Wölbung von 3 aufweist. Die empirischen Portfoliorenditen besitzen eine deutlich geringere Wölbung von ca. 2, die auf eine (von Investoren präferierte) platykurtische Verteilung hindeutet. Auch wenn die Ergebnisse lediglich für einen Durchlauf der Simulation stehen, zeigen sie zumindest die Fähigkeit einer Simulation mithilfe der PCA, die Eigenschaften von Portfoliorenditen zu generieren, die nah an den tatsächlichen Beobachtungen liegen.

Als eine abschließende Bemerkung ist auf die Vorteilhaftigkeit der Nutzung von PCA im Rahmen von Simulationen hinzuweisen. Sie ist sehr leicht zu kommunizieren und einfach in der Handhabung. Gerade die fehlende Notwendigkeit, korrelierte Zufallszahlen erzeugen zu müssen, macht das Verfahren sehr flexibel nutzbar. Die PCA kann sehr gut die empirische Korrelationsstruktur von Daten replizieren und eignet sich hervorragend für Simulationen, obwohl die Faktoren künstlich erzeugt werden. Dennoch ist unbedingt auf die eingangs formulierte Beschränkung bzgl. der Anzahl von Faktoren hingewiesen. Demnach sollte aufgrund des zentralen Grenzwertsatzes die Anzahl der Faktoren nicht zu hoch sein, weil die Linearkombination von unabhängigen Zufallsvariablen sich der Normalverteilung annähert.

5.4. Fallstudien

5.4.1. Einleitung

Skript/Funktion	Beschreibung	Matlab	Octave	Toolboxen
bDemoSimVaR_InSample.m	In-Sample-Eigenschaften von VaR-Schätzern unter verschiedenen Marktkonstellationen	X		keine
bDemoSimVaR_InSample_oct.m	In-Sample-Eigenschaften von VaR-Schätzern unter verschiedenen Marktkonstellationen, Octave-Version		X	keine
fRelFreqException.m	Bestimmt die relativen Häufigkeiten der Unterschreitung der wahren empirischen Beobachtungen unter die prognostizierten Werte	X	X	keine
bDemoSimVaR_OutofSample.m	Out-of-Sample Eigenschaften von VaR-Schätzern unter verschiedenen Marktkonstellationen	X	X	keine
bDemoSimVaR_OutofSample_Emp_oct.m	Out-of-Sample Eigenschaften von VaR-Schätzern unter verschiedenen Marktkonstellationen, Octave-Version		X	keine
bDemoSimVaR_OutofSampleTimmermann.m	Out-of-Sample Eigenschaften von VaR-Schätzern unter TM-Prozess	X	X	keine
bDemoSimVaR_Contagion.m	Out-of-Sample-Eigenschaften von VaR-Schätzern bei Contagion-Effekten	X	X	keine
bDemoSimVaR_OutofSample_Emp.m	Out-of-Sample Eigenschaften von VaR-Schätzern unter verschiedenen Verteilungsannahmen basierend auf empirischen Daten von DAXP	X		keine
fWrapperRelFreqException.m	Wrapper-Funktion zur Vorbereitung der Inputvariablen ür die Funktion `fRelFreqException` für die Anwendung von `fBootstrap`	X	X	keine
bDemoSimVaR_OutofSample_Emp_Bootstr.m	Bootstrap-basierter Hypothesentest der Abweichung der relativen von der erwarteten Unterschreitungshäufigkeit	X		keine
bDemoSimVaR_OutofSample_Emp_Bootstr_oct.m	Bootstrap-basierter Hypothesentest der Abweichung der relativen von der erwarteten Unterschreitungshäufigkeit, Octave-Version		X	keine

Tabelle 5.13.

Skript/Funktion	Beschreibung	Matlab	Octave	Toolboxen
fBackStatTests.m	Führt vier statistische Hypothesentests (Kupiec POF-Test, Christoffersen Unabhaengigkeitstest und Christoffersen Joint-Test) bzgl. der Güte von (z.B. VaR-) Prognosen durch	X	X	keine
bDemoSimVaR_Outof-Sample_Emp_HypTest.m	Demonstriert die Nutzung der Funktion `fBackStatTests`	X		keine
bDemoSimVaR_Outof-Sample_Emp_Hyp-Test_oct.m	Demonstriert die Nutzung der Funktion `fBackStatTests`, Octave-Version		X	keine
fCPPI.m	Funktion zur Auswertung der CPPI-Strategie	X	X	keine
bDemoRunTimeComp.m	Fallstudie zum Vergleich der Laufzeit von `fCPPI.m` mit und ohne Schleifen	X	X	keine
bDemoCPPIEmp.m	Fallstudie einer CPPI-Strategie unter Variation von Floorstartwert und Floorverzinsung	X	X	keine
bDemoCPPIEmp-Multiplikator.m	Fallstudie einer CPPI-Strategie unter Variation des Multiplikators	X	X	keine
bDemoCPPIEmpRoll.m	Fallstudie einer CPPI-Strategie unter Variation der Zeitperiode	X	X	keine
bDemoCPPIEmpRoll-VaR.m	VaR-Schätzungen für CPPI-Strategie	X	X	keine
fCPPILag.m	Funktion zur Auswertung der CPPI-Strategie mit Handelsbeschränkungen	X	X	keine
bDemoCPPIEmpLag.m	Fallstudie einer CPPI-Strategie mit Handelsbeschränkungen	X	X	keine
fCPPIPayment.m	Funktion zur Auswertung der CPPI-Strategie mit zwischenzeitlichen Einzahlungen	X	X	keine
bDemoCPPIEmpMon-Pay.m	Fallstudie einer CPPI-Strategie mit zwischenzeitlichen Einzahlungen	X	X	keine
fWrapperCPPI.m	Wrapper-Funktion zur Umsetzung einer Bootstrap-Analyse der CPPI-Strategie	X	X	keine
bDemoCPPISim-Bootstrap.m	Fallstudie einer Bootstrap-basierten Simulation der CPPI-Strategie	X	X	keine
bDemoCPPISimCorr.m	Fallstudie einer Cholesky-basierten Simulation der CPPI-Strategie (unter Normalverteilungsannahme)	X	X	keine

Tabelle 5.13.

Skript/Funktion	Beschreibung	Matlab	Octave	Toolboxen
bDemoCPPISimCorrNN.m	Fallstudie einer Cholesky-basierten Simulation der CPPI-Strategie (ohne Normalverteilungsannahme)	X	X	keine

Tabelle 5.13.: Übersicht verwendeter Skripte und Funktionen. Unter Matlab werden in diesem Buch die Statistics und Optimization Toolbox vorausgesetzt, sie werden deshalb nicht explizit in der Spalte „Toolboxen" ausgewiesen.

Simulationen werden für zahlreiche finanzwirtschaftliche Anwendungen in Theorie und Praxis herangezogen. In diesem Kapitel stellen wir im Rahmen von vereinfachten Fallstudien eine kleine Auswahl an möglichen Anwendungsgebieten vor. Im Regelfall genügen die in den bisherigen Kapiteln vorgestellten Funktionen in Verbindung mit den dargestellten theoretischen Aspekten aus, um eine Vielzahl interessanter Fragestellungen zu untersuchen. Die Fallstudien in diesem Kapitel bauen auf den Inhalten der bisherigen Kapitel auf. Daher ist die Vertrautheit mit den bisherigen Inhalten notwendig. Das Ziel dieses Kapitels ist die Demonstration der Vorgehensweise bei der Anwendung von Simulationen anhand ausgewählter Beispiele und weniger die Erzielung von allgemein gültigen Ergebnissen. Dazu ist sowohl die Anzahl der Simulationen, die Wahl der Verteilungen als auch die Festlegung der stochastischen Prozesse willkürlich erfolgt. Unsere Matlab-Codes können jedoch modifiziert und an die Fragestellung des Lesers angepasst werden.

Der Vorteil einer simulationsbasierten Auswertung besteht in der Möglichkeit, die Rahmenbedingungen explizit vorgeben und variieren zu können, um die Auswirkungen auf die interessierende Zielgröße (z.B. Rendite, Risiko etc.) zu identifizieren. Dadurch können sowohl isolierte Wirkungsmechanismen als auch Wechselwirkungen zwischen den Variablen eines Modells aufgedeckt werden. Das klassische Einsatzgebiet der Simulationen in der Praxis ist das Risikomanagement. Die Bestimmung von Risiko und Risikokennzahlen sowie die Quantifizierung des Einflusses auf den Erfolg durch sehr selten auftretende (negative) Ereignisse kann mit geringem Aufwand im Rahmen von Simulationen ausgewertet werden, weil man schnell viele extreme Ereignisse generieren kann, die in den empirischen Daten selten zu beobachten sind. Ferner stellt die empirische Renditezeitreihe nur eine mögliche Realisation eines Renditegenerierungsprozesses dar. Im Rahmen von Simulationen kann eine Vielzahl von Realisationen generiert sowie der Renditegenerierungsprozess selbst vorgegeben werden, um z.B. eine höhere Wahrscheinlichkeit extremer Ereignisse oder das Phänomen von „Volatility-Clustering" zu simulieren. Die Möglichkeit der Vorgabe eines Renditegenerierungsprozesses macht die Simulationen auch zu einem wertvollen Werkzeug für das Backtesting, in dem die Rendite-Risiko-Eigenschaft einer Handelsstrategie oder eines Modells sowie die statistische Signifikanz der Ergebnisse überprüft werden. Neben dem Risikomanagement und dem Backtesting ist die simulationsbasierte Bewertung von Wertpapieren eine weit verbreitete Anwendung in der finanzwirtschaftlichen Praxis.

Das erste Anwendungsbeispiel im Kapitel 5.4.2 beginnt mit der Fragestellung: In welchem Ausmaß eignen sich Risikokennzahlen, das Risiko in unterschiedlichen Marktsituationen zu erfassen? Als Risikomaß werden die in Kapitel 2.4.3 vorgestellten Risikokennzahlen $\mathrm{VaR}_{\mathbf{emp}}$ und $\mathrm{VaR}_{\mathbf{norm}}$ benutzt. In dieser Fallstudie wird auf die univariaten Prozesse zurückgegriffen, die im Kapitel 5.3 eingeführt wurden. Die Risikokennzahlen und ihre Güte werden für drei verschiedene Anwendungen getestet: in einer reinen In-Sample-Schätzung, in einer Out-of-Sample-Schätzung (Prognose) und in einer Gesamtmarktsimulation mit Contagion-Effekten. In der letzten Simulation wird das Übergreifen eines Schocks von einem Wertpapier auf alle anderen Wertpapiere unterstellt. Mit dieser Fallstudie kann beurteilt werden, ob die Risikokennzahlen adäquat das Risiko messen oder ob systematische Fehlschätzungen durch eine Risikokennzahl generiert werden. Um das Vorliegen der systematischen Fehlschätzungen aufdecken zu können, werden für diese Fallstudie weitere Hypothesentests eingeführt. Diese Tests sind speziell zur Beurteilung der Güte von Risikokennzahlen entwickelt worden und gehen z.T. über die im Kapitel 2.8 vorgestellten Hypothesentests hinaus.

Im zweiten Anwendungsbeispiel im Kapitel 5.4.3 untersuchen wir das Rendite-Risiko-Profil von (einfachen) Anlagestrategien und versuchen, die Determinanten ihres Anlageerfolgs zu analysieren. Als ein Vertreter von Anlagestrategien dient die Wertsicherungsstrategie „Constant Proportion Portfolio Insurance“ (CPPI). Die Wertsicherungsstrategien sollen helfen, risikobehaftet zu investieren und gleichzeitig einen vordefinierten Mindestwert eines Portfolio zu sichern. In der Fallstudie wird zunächst im Sinne des klassischen Backtestings eine rein historische Analyse vorgenommen, um die Sensitivität des Anlageerfolgs gegenüber variierenden Parametern der Handelsstrategie zu veranschaulichen. Im Rahmen von Simulationen wird u.A. auf die multivariaten Prozesse aus dem Kapitel 5.3.2 zurückgegriffen, da die Korrelationsstruktur in die simulierten Renditen induziert werden muss. Im Rahmen von Simulationen ist auf eine konzeptionelle Unterscheidung zu achten. Die simulierten Renditen können genutzt werden, um die Eigenschaften der CPPI-Handelsstrategie zu analysieren. Darüber hinaus kann man die CPPI-Handelsstrategie ebenfalls als einen Renditegenerierungsprozess verstehen, die einen weiteren stochastischen Prozess darstellt. Die CPPI als stochastischer Prozess kann zur Generierung von Renditen benutzt werden, um z.B. eine Analyse der Güte von VaR-Schätzungen vorzunehmen.[70]

5.4.2. Eigenschaften von Risikokennzahlen

Das erste Anwendungsbeispiel stellt die simulationsbasierte Untersuchung der Eigenschaften von Risikokennzahen unter variierenden Rahmenbedingungen vor. In diesem Anwendungsbeispiel werden speziell die Eigenschaften der ausfallorientierten Risikokennzahl Value-at-Risk (VaR) untersucht, die auch durch die aufsichtsrechtlichen Regelungen enorme Bedeutung in der Finanzpraxis erfahren hat. Die Risikokennzahl VaR und zwei Berechnungsmethoden sind im Kapitel 2.4.3 eingeführt worden. Für das weitere Verständnis wird die Kenntnis des Kapitels vorausgesetzt. Im Kapitel 2.4.3 ist ebenfalls die Funktion `fValueAtRisk` eingeführt. Sie erlaubt es $\text{VaR}_{\textbf{norm}}$, basierend auf der Normalverteilungsannahme, und $\text{VaR}_{\textbf{emp}}$, basierend auf empirischen Perzentilen, zu bestimmen. Das nachfolgende Anwendungsbeispiel lässt sich mit wenig Aufwand auf eine Vielzahl weiterer Risikokennzahlen erweitern.

[70] Dieses Vorgehen mag eventuell im ersten Augenschein als ungewöhnlich erscheinen, ist aber prinzipiell denkbar. Vor allem geht es dabei um die „doppelte“ Nutzung ohnehin im Rahmen der Simulation angefallener Daten bzw. Resultate.

5.4.2.1. In-Sample-Eigenschaften von Risikokennzahlen

Im ersten Teilabschnitt der Fallstudie werden die In-Sample-Eigenschaften der beiden Berechnungsmethoden unter variierenden Verteilungsannahmen analysiert. Dazu werden standardverteilte Zufallszahlen generiert, die aus der Normalverteilung, t-Verteilung, F-Verteilung und der χ^2-Verteilung stammen. Jeder Verteilungstyp von Renditen kann als ein Vertreter eines Marktes (bzw. Renditegenerierungsprozesses) interpretiert werden, der sich hinreichend von anderen Vertretern unterscheidet. In diesem Sinne wird in diesem Anwendungsbeispiel die Eigenschaft von VaR-Schätzungen unter variierenden Marktbedingungen untersucht. Zur Generierung der Zufallszahlen kann auf die Funktion `fITM` zurückgegriffen werden, die im Kapitel 5.2.2.2 beschrieben ist. Als Gütemaß zur Bestimmung der Genauigkeit der Berechnungen wird der relative Messfehler herangezogen. Das Gütemaß ist bereits unter dem Namen „Mean Absolute Percentage Error" (MAPE) im Kapitel 4.6.3 eingeführt worden. Die Kennzahl MAPE misst die absolute prozentuale Abweichung der Schätzungen zum wahren Wert. Folglich kann bei Abweichungen nicht unterschieden werden, ob es zu einer Unterschätzung oder einer Überschätzung des VaR kommt. Im Kapitel 4.6.3 ist auch die Funktion `fMaeMape` vorgestellt, die hier in der Simulation benutzt wird. Die Funktion `fMaeMape` erwartet als eine der Inputvariablen die „wahren" Werte des VaR.[71] Die wahren VaR-Werte werden gemäß der VaR-Definition durch die Inverse der uns in der Simulation bekannten „wahren" Verteilungen an der Stelle α bestimmt. Die wahre Verteilung und ihre Parameter sind in einer empirischen Anwendung i.d.R. nicht bekannt. Für die F- und χ^2-Verteilung müssen zwei Besonderheiten bei der Ermittlung des wahren VaR beachtet werden. Zum einen wird in der Funktion `fITM` die Verteilungen durch das Ändern des Vorzeichens gespiegelt. Daher muss nicht der erwartete VaR an der Stelle α, sondern an der Stelle $1-\alpha$ bestimmt und mit -1 multipliziert werden. Zum anderen müssen sowohl die Zufallszahlen als auch der erwartete VaR standardisiert werden, weil die theoretischen Erwartungswerte und die Standardabweichungen dieser beiden Verteilungen nicht 0 und 1 sind, jedoch unsere benutzerdefinierte Funktion `fITM` aus Gründen der Flexibiltät standardisierte Zufallszahlen liefert. Die Notwendigkeit der Standardisierung gilt ebenso für die Zufallszahlen aus der t-Verteilung.

Programmlisting 5.42 zeigt die Vorgehensweise bei der Analyse der In-Sample-Eigenschaft der VaR-Kennzahl unter variierenden Verteilungen auf.[72] Es werden je 50, 120, 250, 500, 1000 und 5000 Beobachtungen mit jeweils 1000 Simulationsläufen generiert. Eine Anzahl von 1000 bzw. 5000 Beobachtungen ist i.d.R. untypisch in empirischen Anwendungen. Sie sollen helfen, die Eigenschaft der VaR-Berechnungsmethoden in großen Stichproben zu untersuchen. Die Unterschreitungswahrscheinlichkeit α ist willkürlich mit 5% angenommen. Die Verteilungsparameter der nichtnormalen Verteilungen sind zwar willkürlich gewählt, sollen jedoch Zufallszahlen generieren, die sich hinreichend von einer Normalverteilung unterscheiden. Programmlisting 5.42 ist ausreichend kommentiert, daher wird auf eine Beschreibung verzichtet.

---

[71] Um die Laufzeit der Simulation zu minimieren, wird bei dem Aufruf der Funktion `fMaeMape` das Wissen über die Matlab-Berechnungsmethoden beim Subtrahieren von Matrizen und Skalaren ausgenutzt. Die Funktion `fMaeMape` erwartet zwar eine Matrix wahrer Werte, kann aufgrund der Rechenweise von Matlab aber ebenso mit Skalaren umgehen. Daher wird auf die Bildung von Matrizen gleicher Dimensionen mittels des Befehls `repmat` verzichtet.

[72] Unter Octave ist das Skript `bSimVaR_InSample_oct.m` zu verwenden.

Quellcode 5.42: In-Sample-Eigenschaft von VaR_{norm} und VaR_{emp}

```
Siehe Datei: bDemoSimVaR_InSample.m
```

	VaR_{emp}	VaR_{norm}	VaR_{emp}	VaR_{norm}	VaR_{emp}	VaR_{norm}
ZZ	50		120		250	
Normal	0,144	0,112	0,092	0,069	0,064	0,048
t (FG=5)	0,194	0,146	0,122	0,108	0,086	0,081
F (FG=10,10)	0,287	0,273	0,181	0,206	0,127	0,158
χ^2 (FG=15)	0,175	0,152	0,110	0,116	0,080	0,101
ZZ	500		1000		5000	
Normal	0,045	0,033	0,032	0,024	0,014	0,010
t (FG=5)	0,060	0,067	0,043	0,057	0,019	0,053
F (FG=10,10)	0,088	0,125	0,063	0,105	0,029	0,083
χ^2 (FG=15)	0,055	0,099	0,040	0,097	0,018	0,098

Tabelle 5.14.: Mittlere relative Messfehler δ der berechneten VaR. Die Spalten VaR_{emp} bzw. VaR_{norm} bezeichnen die Berechnungsmethode der Funktion. Die Zeilen zeigen die Verteilung an, aus der die standardverteilten Zufallszahlen stammen. FG ist die Anzahl der Freiheitsgrade, ZZ ist die Anzahl der simulierten Beobachtungen.

Die Ergebnisse von 1000 Simulationsdurchläufen für den Messfehler (als Dezimalzahlen) sind in der Tabelle 5.14 zusammengefasst. Bei perfekter Schätzung des VaR wäre der relative Messfehler Null. Insgesamt verringern sich die Messfehler mit zunehmender Stichprobengröße. Die Berechnung von VaR_{emp} im Vergleich zu VaR_{norm} scheint für die Zufallszahlen aus der F- und der χ^2-Verteilung geringere Abweichungen zum wahren Wert zu generieren. Dieses Ergebnis darf nicht als eine Überlegenheit der perzentilbasierten VaR-Berechnung interpretiert werden, weil der VaR lediglich In-Sample bestimmt wird. Zudem ist der relative Messfehler gerade in kleinen Stichproben, die eher dem Stichprobenumfang finanzwirtschaftlicher Anwendungen entsprechen, für alle Verteilungen und für beide Berechnungsmethoden noch als hoch anzusehen.

Dagegen ist die VaR_{norm}-Berechnung gerade für kleine Stichproben sowohl für normalverteilte als auch t-verteilte Zufallszahlen mindestens genauso gut wie die Quantilsberechnung. Das Ergebnis für die standardverteilten Zufallszahlen aus der t-Verteilung überrascht insoweit als die Ränder der t-Verteilung mit 5 Freiheitsgraden deutlich ausgeprägter als die der Standardnormalverteilung sind. Intuitiv hätte man dieses Ergebnis nicht erwartet. Dieses scheinbar kontraintuitive Ergebnis lässt sich durch die Berechnungsweise von VaR_{norm} jedoch leicht erklären. Die Parameter zur Bestimmung von VaR_{norm} in der Funktion `fValueAtRisk` werden anhand der Inputvariable `mRet` bestimmt, die in diesem Fall den generierten Zufallszahlen aus der t-Verteilung entsprechen. Weil die t-Verteilung breitere Ränder aufweist, sind die geschätzten Standardabweichungen, gerade für kleine Stichproben, leicht höher als der in der Simulationsstudie vorgegebene Wert von 1. Basierend auf der (leicht höheren) Schätzung der Standardabweichung wird der VaR_{norm} bestimmt, der dann eine gute Annäherung an den „wahren" VaR erlaubt. Diese bessere Annäherung von $\text{VaR}_{\mathbf{norm}}$ an den wahren Wert für t-verteilte Zufallszahlen im Vergleich zu $\text{VaR}_{\mathbf{emp}}$ gilt nicht für große Stichproben und noch weniger für die asymmetrischen F- und χ^2-Verteilungen.

Die Überlegungen bzgl. der guten Approximation von $\text{VaR}_{\mathbf{norm}}$ an den wahren VaR, wenn die Daten aus einer t-Verteilung stammen, werden in der Abbildung 5.14 veranschaulicht. In der Abbildung ist nur der untere Abschnitt der Verteilungsfunktionen für die Standardnormalverteilung („Normalverteilt"), Standard-t-Verteilung („t-verteilt") und für eine Normalverteilung („Normal, geschaetzt"), deren Verteilungsparameter anhand der standardverteilten Zufallszahlen aus der t-Verteilung geschätzt sind. Für die Erstellung der Abbildung sind je 250 Zufallszahlen generiert worden und die t-Verteilung ist mit 5 Freiheitsgraden parametrisiert. Für alle Verteilungen wurde ein identischer Satz gleichverteilter Zufallszahlen benutzt. Die Anzahl von 250 Beobachtungen entspricht einem Zeitraum von einem Jahr von Tagesdaten und wird von Regulierungsbehörden bei der Ermittlung von VaR (als eine von vielen Backtestingvarianten) vorgegeben. Aus der Abbildung wird die breitere Verteilung der Ränder einer t-Verteilung im Vergleich zur Standardnormalverteilung erkennbar. Wenn normalverteilte Zufallszahlen anhand der geschätzten Parameter erzeugt werden, liegt ihre Verteilungsfunktion fast durchgängig über der Verteilungsfunktion von standardnormalverteilten Zufallszahlen.

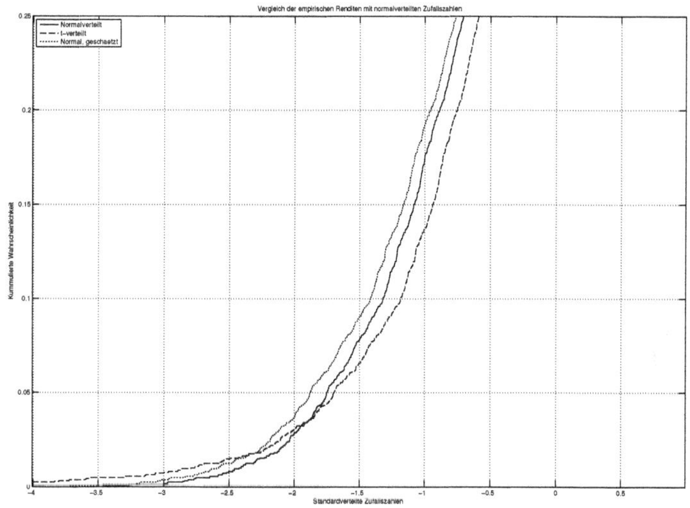

Abbildung 5.14.: Vergleich der Standardnormalverteilung, Standard-t-Verteilung und der Normalverteilung anhand geschätzter Parameter aus der Standard-t-Verteilung

5.4.2.2. Out-of-Sample-Eigenschaften von Risikokennzahlen

Die Herausforderung in der praktischen Anwendung ist es, die unbekannten Out-of-Sample-Werte des zukünftigen VaR hinreichend genau zu schätzen. Die Analyse der Out-of-Sample-Eigenschaft von VaR-Berechnungen stellt die zweite Teilfallstudie dar. Für die Simulationsstudie ist es an dieser Stelle notwendig, einen univariaten, stochastischen Prozess für die Renditen anzunehmen.

Diese werden wir auf Basis von simulierten Random-Walk-(RW)-Prozessen und auf Basis des TM-Prozesses berechnen, die im Kapitel 5.3.1 eingeführt worden sind.

Um die Out-of-Sample-Eigenschaft zu untersuchen, ist es notwendig, mindestens eine Out-of-Sample-Renditebeobachtung zu generieren, die nicht zur VaR-Schätzung benutzt wird. In der Fallstudie werden für jeden Verteilungstyp eines RW-Prozesses jeweils 1000 Renditepfade erzeugt, aus denen jeweils 1000 Out-of-Sample-Beobachtungen durch die Entfernung der letzten generierten Zufallszahl aus der simulierten Stichprobe gewonnen werden. Als Gütemaß wird die relative Häufigkeit der Unterschreitungen $\hat{a}$ verwendet, die in der Gleichung 5.39 dargestellt ist. Sie misst, wie häufig die Out-of-Sample-Beobachtung unterhalb des geschätzten VaR liegt.

$$\hat{a} = \frac{N}{T} \tag{5.39}$$

mit

$$N = \sum_{s=1}^{T} I_s \tag{5.40}$$

$$I_s = \begin{cases} 1 & \text{falls} \quad r_s < \mathrm{VaR}_s(\alpha), \\ 0 & \text{falls} \quad r_s \geq \mathrm{VaR}_s(\alpha) \end{cases} \tag{5.41}$$

Dabei bezeichnet T die Länge der betrachteten Renditezeitreihe und N die Anzahl der Renditeunterschreitungen gegenüber dem VaR.

Die Nutzung der relativen Unterschreitungshäufigkeit in diesem Anwendungsbeispiel ist durch zwei Vorteile gegenüber der Kennzahl MAPE motiviert. Zum einen ist bei einer Prognose (auch in der Simulation) nicht klar, wie hoch der wahre VaR ist. Dagegen ist der wahre Wert der relativen Unterschreitung bekannt und entspricht der vorgegebenen Unterschreitungswahrscheinlichkeit bei der VaR-Berechnung. Die Unterschreitungswahrscheinlichkeit gibt an, wie häufig Renditen von Wertpapieren auftreten werden, die kleiner als der VaR sind. Der optimale Wert der relativen Unterschreitung $\hat{a}$ ist daher exakt die Unterschreitungswahrscheinlichkeit. Zum anderen interessiert es, ob die VaR-Berechnungen systematisch dazu neigen, den VaR-Wert zu überschätzen oder zu unterschätzen. Eine relative Häufigkeit der Unterschreitung, die deutlich kleiner (höher) als die Unterschreitungswahrscheinlichkeit ist, zeigt eine Überschätzung (Unterschätzung) an.

Die Berechnungen der relativen Häufigkeit kann in Matlab durch eine Code-Zeile vorgenommen werden. Aber bei wiederholten Berechnungen wirkt der Code unsauber und die Anzahl zu definierender Variablen steigt an. Daher wird die Funktion `fRelFreqException`, dargestellt in Programmlisting 5.43, eingeführt. Die Funktion `fRelFreqException` bestimmt die relativen Häufigkeiten der Unterschreitungen gemäß Gleichungen 5.39 und 5.41 für eine Matrix der prognostizierten VaR (Variable `mFore`) und eine gleich große Matrix tatsächlicher empirischer Renditebeobachtungen (Variable `mEmp`). Das Vorliegen einer Unterschreitung wird durch das Ergebnis der logischen Überprüfung `lIndxExc = mFore > mEmp` überprüft. Das Ergebnis der logischen Überprüfung ist 1, falls eine Unterschreitung vorliegt und ansonsten 0. `lIndxExc` entspricht dem Wert der Indikatorfunktion 5.41. Bildet man die Summe von `lIndxExc`, erhält man die Anzahl der Unterschreitung N aus der Gleichung 5.40. Die relative Häufigkeit der Unterschreitungen $\hat{a}$ erhält man, indem man die Anzahl der Unterschreitungen durch die Gesamtanzahl der Beobachtungen teilt.

Quellcode 5.43: Funktion zur Bestimmung der relativen Häufigkeit der Unterschreitungen von Prognosen unterhalb des wahren Wertes

```
Siehe Datei: fRelFreqException.m
```

In Programmlisting 5.44 wird die Out-of-Sample-Eigenschaft von VaR-Berechnungen analysiert. In der Fallstudie werden $\text{VaR}_{\textbf{norm}}$ und $\text{VaR}_{\textbf{emp}}$ untersucht, die mit der Funktion `fValueAtRisk` bestimmt werden. Zur Generierung von RW-Prozessen, bei denen ε in der Gleichung 5.8 aus einer theoretischen Verteilung stammen soll, wird auf die Funktion `fITM` zurückgegriffen. In diesem Fall stammen die zufälligen Kursveränderungen jeweils aus der Normalverteilung, der t-Verteilung, der F-Verteilung und der χ^2-Verteilung. Die Parametrisierung der Verteilungen ist identisch zur vorangegangenen In-Sample-Studie. Die Bestimmung der relativen Häufigkeit der Unterschreitungen $\hat{a}$ wird anhand der Funktion `fRelFreqException` vorgenommen.

Quellcode 5.44: Out-of-Sample-Eigenschaften der VaR-Bestimmung

```
Siehe Datei: bDemoSimVaR_OutofSample.m
```

Die Bestimmung der VaR-Eigenschaften unter einem TM-Prozess wird in Programmlisting 5.45 untersucht. Zusätzlich werden in diesem Skript die Anzahl der In-Sample-Perioden n, die im TM zur Schätzung von $\hat{\mu}$ und $\hat{\sigma}$ verwendet werden, variiert.

Quellcode 5.45: Out-of-Sample-Eigenschaften der VaR-Bestimmung mit Timmermann-Modell

```
Siehe Datei: bDemoSimVaR_OutofSampleTimmermann.m
```

Die relativen Häufigkeiten der Unterschreitungen der Simulationen von RW- und TM-Prozessen für 1000 Simulationen sind in der Tabelle 5.15 dargestellt. Die erwartete Unterschreitung ist 5%, daher sollten alle Zahlen aus der Tabelle nahe an 5% liegen. Für $\text{VaR}_{\textbf{norm}}$ sind unter der Annahme von t- und F-verteilten Renditen größere Abweichungen zu beobachten. Insbesondere scheint eine Überschätzung von VaR vorzuliegen, wenn die Renditen anhand der t-Verteilung generiert werden. Insgesamt werden die besten Ergebnisse unter der Normalverteilung erzielt, die aufgrund der Berechnungsannahmen von $\text{VaR}_{\textbf{norm}}$ erwartet werden konnten.

Die Ergebnisse für den TM-Prozess, bei dem keine RW-Annahme vorliegt, sind gerade für $\text{VaR}_{\textbf{norm}}$ deutlich unterhalb der Erwartung, wenn die Anzahl der Perioden n gering ist, deren Beobachtungen zur Schätzung von $\hat{\mu}$ und $\hat{\sigma}$ herangezogen werden. Für alle TM-Prozesse wird dieselbe Anzahl der Beobachtungen von 1000 generiert. Daher ergeben sich in Abhängigkeit von n unterschiedliche Anzahl von Out-of-Sample-Schätzungen in der rollierenden Analyse. Die Ergebnisse zeigen, dass $\text{VaR}_{\textbf{norm}}$ den wahren VaR zu häufig überschätzt. Dieses Ergebnis ist ökonomisch keinesfalls positiv zu bewerten. Finanzinstitute müssen anhand der VaR-Schätzung Eigenkapital für risikobehaftete Marktgeschäfte hinterlegen. Eine Überschätzung des VaR führt zur Überschätzung drohender Verluste und somit wird zu viel Eigenkapital hinterlegt. Dadurch entstehen Opportunitätskosten, da man das Kapital zinsbringend hätte anlegen können. Zudem scheint die relative Unterschreitung mit der Anzahl der In-Sample-Perioden anzusteigen. Dieser Befund ist allerdings nur anhand von 1000 Simulationen mit konstanten Werten von r, μ und σ entstanden. Andere, variierende Parameter könnten zu abweichenden Ergebnissen führen.

	VaR_{emp}	VaR_{norm}	VaR_{emp}	VaR_{norm}	VaR_{emp}	VaR_{norm}
ZZ	50		120		250	
Normal	0,054	0,05	0,048	0,046	0,047	0,049
t (FG=5)	0,060	0,053	0,038	0,027	0,061	0,052
F (FG=10,10)	0,066	0,075	0,051	0,059	0,056	0,066
χ^2 (FG=15)	0,053	0,066	0,048	0,061	0,061	0,071
ZZ	500		1000		5000	
Normal	0,045	0,045	0,058	0,054	0,061	0,060
t (FG=5)	0,052	0,044	0,046	0,040	0,046	0,037
F (FG=10,10)	0,054	0,065	0,046	0,052	0,049	0,056
χ^2 (FG=15)	0,055	0,061	0,056	0,068	0,048	0,059
Timmermann-Prozess						
n	VaR_{emp}	VaR_{norm}				
50	0,062	0,015				
120	0,042	0,031				
250	0,049	0,045				
500	0,062	0,059				

Tabelle 5.15.: Relative Häufigkeiten der Unterschreitung $\hat{a}$ der Beobachtung $T+1$ vom geschätzten VaR bei zulässiger Unterschreitungswahrscheinlichkeit von 5%, anhand der Schätzungen VaR_{emp} und VaR_{norm}. Die Zeilen zeigen die Verteilung an, aus der die standardverteilten Zufallszahlen stammen. FG ist die Anzahl der Freiheitsgrade, ZZ ist die Anzahl der simulierten Beobachtungen. Im Tabellenbereich Timmermann-Prozess bezeichnet n die Anzahl der In-Sample-Perioden, die zur Schätzung von $\hat{\mu}$ und $\hat{\sigma}$ verwendet werden.

Die Parametrisierung der Verteilungen für die VaR-Analyse kann auch anhand der empirischen Beobachtungen mittels der Funktion `fSimRWUnivariat` erfolgen, die im Kapitel 5.3.1 eingeführt wurde. Als empirische Beobachtungen werden die Indexstände des DAXP zugrunde gelegt, die bereits im Kapitel 5.2.2.3 beschrieben und benutzt worden sind. In Programmlisting 5.46 wird die Out-of-Sample-Eigenschaft von VaR-Schätzungen anhand empirisch kalibrierter Verteilungsfunktionen eines RW-Prozesses getestet.[73] Die Zufallszahlen werden aus der Normal-, t-, F-, χ^2-Verteilung, der Kerndichte, der ECDF und des GARCH(1,1)-Prozesses gezogen. Als Gütemaß wird wieder die relative Unterschreitungshäufigkeit gemäß der Gleichung 5.39 benutzt.

Quellcode 5.46: Out-of-Sample-Eigenschaften der VaR-Bestimmung anhand empirisch kalibrierter Verteilungen

```
Siehe Datei: bDemoSimVaR_OutofSample_Emp.m
```

[73] Unter Octave ist das Skript `bDemoSimVaR_OutofSample_Emp_oct.m` zu verwenden.

Die Ergebnisse der Simulationsstudie aus Programmlisting 5.46 sind in der Tabelle 5.16 dargestellt. Die relativen Unterschreitungen sind, wie bereits in der Tabelle 5.15, relativ nah am erwarteten Wert von 5%. Zusammenfassend lässt sich feststellen, dass die Berechnung von VaR basierend auf (und trotz) der Normalverteilungsannahme zufriedenstellende Ergebnisse in den meisten der bisherigen Fallstudien liefert.

	$\text{VaR}_{\textbf{emp}}$	$\text{VaR}_{\textbf{norm}}$
Normal	0,048	0,046
t	0,059	0,058
F	0,040	0,041
χ^2	0,062	0,061
Kerndichte	0,059	0,055
ECDF	0,044	0,048
GARCH(1,1)	0,043	0,045

Tabelle 5.16.: Relative Häufigkeiten der Unterschreitung $\hat{a}$ der Beobachtung $t+1$ vom geschätzten VaR bei zulässiger Unterschreitungswahrscheinlichkeit von 5%, anhand der Schätzungen $\text{VaR}_{\textbf{emp}}$ und $\text{VaR}_{\textbf{norm}}$. Die Verteilungsparameter sind anhand empirischer Beobachtungen von DAXP geschätzt. Die Zeilen zeigen die Verteilung an, aus der die Zufallszahlen stammen.

5.4.2.3. Hypothesentests im Backtesting

Ein Problem bei der Beurteilung der Ergebnisse in den Tabellen 5.15 und 5.16 ist das Fehlen eines objektivierten Gütemaßes, das in der Lage ist anzuzeigen, ab welchem Wert eine Abweichung der beobachteten relativen Unterschreitungshäufigkeit von der erwarteten auf eine fehlspezifizierte VaR-Berechnung zurückzuführen ist. Beispielsweise sei auf die relative Unterschreitungshäufigkeit der VaR-Schätzungen für die t-verteilten simulierten Renditen bei 120 Beobachtungen ($\text{VaR}_{\textbf{emp}} = 0{,}038$, $\text{VaR}_{\textbf{norm}} = 0{,}027$) oder auf die relative Unterschreitungshäufigkeit für die χ^2-verteilten simulierten Renditen bei 250 Beobachtungen ($\text{VaR}_{\textbf{emp}} = 0{,}061$, $\text{VaR}_{\textbf{norm}} = 0{,}071$) hingewiesen. Bei der Interpretation der Ergebnisse steht man vor dem Problem entscheiden zu müssen, ob die beobachteten relativen Unterschreitungshäufigkeiten zufällig passiert sind (und somit die VaR-Schätzungen akzeptabel sind) oder ob die Abweichung durch die Schätzung selbst begründet ist. Um die Entscheidung für oder gegen die Berechnungsmethode zu treffen, ist es zweckmäßig einen Hypothesentest durchzuführen. In den beiden nachfolgenden Kapiteln 5.4.2.3.1 und 5.4.2.3.2 werden zwei Ansätze vorgestellt, mit denen man einen Hypothesentest zur Beurteilung der Güte von VaR-Schätzungen vornehmen kann.

5.4.2.3.1. Boostrapbasierte Hypothesentests

Einen generellen Ansatz, auf statisch signifikante Abweichung der relativen Unterschreitungshäufigkeiten von der erwarteten zu prüfen, stellt das Bootstrapping dar. Der Einsatz von Bootstrapping im Rahmen von Hypothesentests ist ausführlich im Kapitel 2.8.4.3 beschrieben, dessen Kenntnis für das Verständnis der nachfolgenden Ausführungen notwendig ist. Im Kapitel

2.8.4.3 sind auch die Funktionen `fBootstrap` und `fBootstrapStats` eingeführt, die in diesem Kapitel verwendet werden. Die allgemeine Vorgehensweise beim Aufbau eines Hypothesentests basierend auf dem Bootstrapping erfolgt in fünf Schritten:

1. Festlegung der Prüfgröße bzw. der Nullhypothese
2. Variation der Ausgangsdaten durch Bootstrapping
3. Wiederholte Berechnung der Zielgröße für jede Variation der Ausgangsdaten
4. (u.A.) Ermittlung der oberen und unteren empirischen Intervallgrenzen für die Zielgröße anhand der wiederholten Berechnung aus 3.
5. Prüfung der Nullhypothese

Für die Umsetzung des Boostrap-basierten Tests ist zunächst die Nullhypothese festzulegen. In der vorliegenden Fallstudie bietet es sich an, von der (statistischen) Gleichheit der empirisch beobachtbaren relativen Unterschreitungshäufigkeit $\hat{a}$ und der Unterschreitungswahrscheinlichkeit α auszugehen (vgl. Gleichung 5.42).

$$H_0 : \alpha = \hat{a} \tag{5.42}$$

Für die Nullhypothese 5.42 ist die Prüfgröße durch die Wahl der Unterschreitungswahrscheinlichkeit α zur VaR-Bestimmung determiniert. Im zweiten Schritt werden die Ausgangsdaten, in der vorliegenden Fallstudie die simulierten Renditen, durch das Boostrapping variiert, und im dritten Schritt auf der Basis von gebootstrapten Renditen die Zielgröße bestimmt. Die Zielgröße in diesem Bootstrap-basierten Test ist die relative Unterschreitungshäufigkeit $\hat{a}$, die man anhand der beobachtbaren Unterschreitungen (Gleichung 5.41) bestimmt. Die Schritte 2. und 3. werden N mal wiederholt. Als Ergebnis der N Wiederholungen erhält man N Schätzungen von $\hat{a}$, die man als eine empirische Häufigkeitsverteilung von $\hat{a}$ interpretieren kann. Mithilfe der Häufigkeitsverteilung lassen sich anhand der vom Anwender festgelegten Irrtumswahrscheinlichkeit α_{irr} für den Hypothesentest, die empirischen unteren und oberen Intervallgrenzen bestimmen, die den Grenzen des Schwankungsintervalls (als empirische Schäzung des Konfidenzintervalls) entsprechen.[74] Die Prüfung der Nullhypothese wird mit der unteren und oberen Intervallgrenze durchgeführt. Falls die Prüfgröße innerhalb der ermittelten Intervallgrenzen liegt, kann die Nullhypothese nicht abgelehnt werden.

Eine mögliche Umsetzung der Vorgehensweise eines Boostrap-basierten Hypothesentests der Abweichungen relativer VaR-Unterschreitungshäufigkeiten von der Unterschreitungswahrscheinlichkeit wird in Programmlisting 5.48 aufgezeigt.[75] Der Hypothesentest wird anhand der simulierten Renditen vorgenommen, wobei die Verteilungsparameter auf Basis von empirischen Beobachtungen des DAXP, wie in der vorangegangenen Fallstudie dargestellt in Programmlisting 5.46, geschätzt sind. Die Verteilungstypen sowie die Unterschreitungswahrscheinlichkeit sind identisch zu den Einstellungen in Programmlisting 5.46. Die Irrtumswahrscheinlichkeit α_{irr} zur

---

[74] Die Unterschreitungswahrscheinlichkeit α für die VaR-Berechnung und die Irrtumswahrscheinlichkeit α_{irr} für den Hypothesentest sind trotz ihrer ähnlichen Variablenbezeichnung inhaltlich streng voneinander zu unterscheiden.

[75] Unter Octave ist die Variante `bSimVaR_OutofSample_Emp_Bootstr_oct` zu verwenden.

Bestimmung der Intervallgrenzen wird mit 5% angenommen, während die Anzahl der Bootstrapps pro Simulation 2000 beträgt. Für jeden Verteilungstyp werden die Renditen simuliert, welche die Ausgangsdaten einer Bootstrap-Analyse darstellen. Die Prüfgröße liegt in diesem Beispiel bei 5% und entspricht der vorgegebenen Irrtumswahrscheinlichkeit α zur VaR-Berechnung. Basierend auf dem Ausgangsdatensatz werden je Simulation 2000 gebootstrapte relative Unterschreitungshäufigkeiten bestimmt. Die gebootstrapten, relativen Unterschreitungshäufigkeiten werden unter Rückgriff auf die Funktion `fBootstrap` berechnet.

Im Kapitel 2.8.4.3 wurde darauf hingewiesen, dass der Funktion `fBootstrap` als „Function-Handle" jede, auch selbst erstellte, Funktion übergeben werden kann. Trotz der enormen Flexibilität der Funktion `fBootstrap`, praktisch jede Funktion einer Bootstrap-Analyse unterziehen zu können, besteht ein Nachteil in der ausschließlichen Auswertung der ersten Outputvariable einer Funktion. Ferner nimmt die Funktion `fBootstrap` implizit an, dass lediglich die erste Inputvariable einer Funktion durch Boostrapping variiert werden soll. Die beiden genannten Punkte lassen sich jedoch sehr einfach durch die Nutzung einer selbst erstellten Wrapper-Funktion umgehen. Eine Wrapper-Funktion stellt eine Funktion dar, die andere Funktionen aufruft, ohne selber (oder nur wenige) Berechnungen durchzuführen. Der Zweck der Wrapper-Funktion im Zusammenhang mit der Bootstrapping-Analyse ist lediglich das Datenmanagement. Die Funktion `fWrapperRelFreqException` in Programmlisting 5.47 stellt eine Wrapper-Funktion für die Funktion `fRelFreqException` dar. Mit der Funktion können alle Inputvariablen `fWrapperRelFreqException` der eigentlich zu untersuchenden Funktion `fRelFreqException` durch Bootstrapping variiert werden, weil diese Variablen in Form einer Matrix als erste Inputvariable (`mForemTrue`) übergeben werden. Ferner erlaubt es die Funktion, eine der beiden ersten Outputvariablen von `fRelFreqException` als eignen Output zu bestimmen, falls es für eine Analyse notwendig ist.

Quellcode 5.47: Wrapper-Funktion zur Nutzung der Funktion `fRelFreqException` in der Bootstrapping-Analyse

```
Siehe Datei: fWrapperRelFreqException.m
```

Im Programmlisting 5.48 wird, basierend auf dem simulierten In-Sample-Ausgangsdatensatz (`mRetSim( 1:end-1, :)`) für jede Simulation $\text{VaR}_{\textbf{emp}}$ geschätzt.[76] Aus dem Ausgangsdatensatz werden die letzten simulierten Renditen entfernt, weil sie als Out-of-Sample-Beobachtung dienen. Die geschätzten $\text{VaR}_{\textbf{emp}}$ und die Out-of-Sample-Beobachtungen werden benutzt, um die gebootstrappten relativen Unterschreitungshäufigkeiten zu ermitteln. Folglich stellt nicht die Stichprobe der simulierten Renditen den Ausgangsdatensatz dar, sondern die $\text{VaR}_{\textbf{emp}}$-Schätzungen und die Out-of-Sample-Beobachtungen (Variable `mForemTrue`). Die Variable `mForemTrue` wird dann der Bootstrap-Analyse unterzogen, um die gebootstrapten Unterschreitungshäufigkeiten zu bestimmen.

Die Funktion `fBootstrap` wird mit dem Function-Handle `fWrapperRelFreqException` aufgerufen. Das Ergebnis dieses Aufrufs sind 2000 gebootstrapte relative Häufigkeiten der Unterschreitungen $\hat{a}$, die in den Zeilen `2:end` der Variable `vBootRelExc` enthalten sind. Die erste Zeile von `vBootRelExc` beinhaltet die relative Unterschreitungenshäufigkeit des Ausgangsda-

[76] Unter Octave ist die Version `bDemoSimVaR_OutofSample_Emp_Bootstr_oct` zu nutzen.

tensatzes. Diese ist nur nachrichtlich interessant, weil sie nicht für den Hypothesentest benötigt wird. Die 2000 Schätzungen von $\hat{a}$ repräsentieren die empirisch ermittelte Verteilung der Unterschreitungen, die man zur Bestimmung des Schwankungsintervalls (als Approximation des Konfidenzintervalls) für die Nullhypothese in der Gleichung 5.42 heranziehen kann. Die untere und die obere Grenze des Schwankungsintervalls wird hier vereinfachend mit der Funktion `quantile` bestimmt. Alternativ könnte die Funktion `fBootstrapStats` benutzt werden, die speziell zur Auswertung von gebootstrapten Berechnungen entwickelt ist. Da an dieser Stelle lediglich die empirischen Intervallgrenzen interessieren, wird auf die deutlich elaborierteren, aber umfangreichen Berechnungen aus der Funktion `fBootstrapStats` verzichtet. In der Variable `mTab` sind die Hauptergebnisse zusammengefasst. Die untere (obere) Intervallgrenze ist in der zweiten (dritten) Spalte von `mTab` für jeden Verteilungstyp zu finden. Um die Nullhypothese beizubehalten, muss die untere Intervallgrenze kleiner und die obere Intervallgrenze größer als die Prüfgröße α sein.

Quellcode 5.48: Umsetzung des Bootstrap-basierten Tests

```
Siehe Datei: bDemoSimVaR_OutofSample_Emp_Bootstr.m
```

Die Ergebnisse von 1000 Simulationen, die dann einem 2000-maligen Bootstrap unterzogen wurden, um die unteren und die oberen Intervallgrenzen zu bestimmen, sind in der Tabelle 5.17 unter den Spalten „Bootstrapping“ dargestellt.[77] Nachrichtlich ist die relative Unterschreitungshäufigkeit $\hat{a}$ aus der Gleichung 5.39 angegeben. Die vorgegebene Unterschreitungswahrscheinlichkeit als Prüfgröße ist 5%, daher ist zu prüfen, ob die untere und die obere Intervallgrenze die Prüfgröße umschließen. Falls das der Fall ist, kann die Nullhypothese einer zufälligen Abweichung von der Unterschreitungswahrscheinlichkeit nicht abgelehnt werden. Falls die Unterschreitungswahrscheinlichkeit nicht von den Intervallgrenzen eingeschlossen wird, kann auf eine systematische Abweichung der Schätzungen von der erwarteten Größe mit einer Irrtumswahrscheinlichkeit von 5% geschlossen werden.

Die Ergebnisse des Boostrap-basierten Hypothesentests für $\mathrm{VaR}_{\mathbf{emp}}$ deuten für die Zufallszahlen, die nach der Kerndichteschätzung generiert wurden, auf eine systematische Abweichung der relativen Unterschreitungshäufigkeit von der Unterschreitungswahrscheinlichkeit hin.[78] Das interessanteste Ergebnis des Hypothesentests ist es, wie hoch die relative Häufigkeit der Unterschreitungen sein darf, die gerade noch keine statistisch signifikante Abweichung von der Erwartung darstellt. Beispielsweise wird die relative Häufigkeit der $\mathrm{VaR}_{\mathbf{emp}}$-Unterschreitungen von χ^2-verteilten Renditen von 3,7% gerade noch als eine rein zufällige Abweichung von der Erwartung eingestuft, da die obere Intervallgrenze gerade den Wert 0,05 aufweist. Ähnlich liegt

[77] Zu beachten ist, dass hier mit Zufallszahlen gearbeitet wird und die Anzahl der Simulationen nicht sehr hoch angesetzt ist, da ansonsten lange Laufzeiten resultieren würden. Daher können beim Nachrechnen und bei mehrfacher Wiederholung der Skripte variierende Ergebnisse, insbesondere in Bezug auf die statistische Signifikanz, erzielt werden.

[78] Da die Intervallgrenzen durch Simulation bestimmt wurden, sind diese nicht in der allerletzten Nachkommastelle genau. Gegeben eine leichte Ungenauigkeit, weichen möglicherweise auch die empirisch bestimmten VaR-Schätzer systematisch von der Unterschreitungswahrscheinlichkeit ab, wenn die Renditen mit der ECDF und χ^2-Verteilung generiert wurden. Hier liegt die vorgegebene Unterschreitungswahrscheinlichkeit (Prüfgröße) genau auf der Intervallgrenze.

	Normal	t	F	χ^2	KS-Density	ECDF	GARCH(1,1)
$\hat{a}$	0.0540	0.0580	0.0530	0.0370	0.0660	0.0640	0.0470
Untere IG	0.0410	0.0445	0.0400	0.0260	0.0510	0.0500	0.0340
Obere IG	0.0690	0.0720	0.0670	0.0500	0.0820	0.0800	0.0610

Tabelle 5.17.: Ergebnisse der Bootstrap-basierten Hypothesentests der relativen Unterschreitungshäufigkeiten von $\text{VaR}_{\textbf{emp}}$-Schätzungen bei einer Irrtumswahrscheinlichkeit von 5%. Die Ergebnisse basieren auf 1000 Simulationen von RW-Prozessen unterschiedlicher Verteilungen. Die erste Zeile zeigt die Verteilung an, aus der die Zufallszahlen stammen. $\hat{a}$ ist die relative Häufigkeiten der Unterschreitung nach Gleichung 5.39 bei zulässiger Unterschreitungswahrscheinlichkeit von 5%. Die Verteilungsparameter sind anhand empirischer Beobachtungen des DAXP geschätzt. Untere IG ist der Mittelwert über 1000 Simulationen des 2,5%-Perzentils und Obere IG der Mittelwert über 1000 Simulationen des 97,5%-Perzentils der geschätzten Unterschreitungshäufigkeit.

die relative Unterschreitungshäufigkeit von 6,4% für simulierte Renditen aus der ECDF gerade an der Grenze zur Ablehnung der Nullhypothese, da die untere Intervallgrenze den Wert 0,05 annimmt.

5.4.2.3.2. Statistische Hypothesentests

Neben dem allgemeinen Bootstrapping-Ansatz, die Abweichungen der relativen Unterschreitungshäufigkeit von der Unterschreitungswahrscheinlichkeit statistisch zu prüfen, sind speziell für die VaR-Berechnungen weitere Hypothesentests entwickelt worden, die auch durch die aufsichtsrechtlichen Regelungen enorme Verbreitung gefunden haben. Einer der frühesten VaR-Tests wurde von KUPIEC (1995) vorgeschlagen. Der Test wird auch als POF-Test („Proportion of Failures“) bezeichnet. Der Ausgangspunkt des POF-Tests sind die Anzahl der Unterschreitungen N und die relative Häufigkeit der Unterschreitungen $\hat{a}$ aus den Gleichungen 5.40 und 5.39 beim Vorliegen von T VaR-Prognosen. Die Nullhypothese des POF-Tests ist durch

$$H_0: \quad \alpha = \hat{a} \tag{5.43}$$

spezifiziert. α ist die Prüfgröße und entspricht an dieser Stelle der Unterschreitungswahrscheinlichkeit für die VaR-Berechnung. Die Anzahl der Unterschreitung N folgt der Binomialverteilung, bei der die Zufallsvariable lediglich die Werte 1 oder 0 annehmen kann. Die Teststatistik des POF-Tests ist als ein Likelihood-Ratio-Test aufgebaut und in der Gleichung 5.46 gegeben.

$$\begin{aligned} LR_{\text{pof}} &= 2\ln\left(\left(\frac{1-\hat{a}}{1-\alpha}\right)^{(T-N)} \cdot \left(\frac{\hat{a}}{\alpha}\right)^{N}\right) && (5.44)\\ &= -2\ln\left((1-\alpha)^{(T-N)}\alpha^{N}\right) + 2\ln\left((1-\hat{a})^{(T-N)}\hat{a}^{N}\right) && (5.45)\\ &= -2\left((T-N)\ln(1-\alpha) + N\ln(\alpha)\right) + 2\left((T-N)\ln(1-\hat{a}) + N\ln(\hat{a})\right) && (5.46)\end{aligned}$$

Die Teststatistik LR_{pof} folgt der χ^2-Verteilung mit einem Freiheitsgrad. Der POF-Test selbst nimmt keine spezielle Verteilung der Renditen an. Sie können jede beliebige Verteilung annehmen. LR_{pof} nimmt den Wert von Null an, wenn die beobachtete Anzahl der Unterschreitung exakt der erwarteten Anzahl der Unterschreitung entspricht. In diesem Fall liegt die Irrtumswahrscheinlichkeit bei 100%. Ab einem LR_{pof}-Wert von 3,84 beträgt die Irrtumswahrscheinlichkeit 5% im Falle der Ablehnung der Nullhypothese. Die Gleichung 5.46 wirkt nicht elegant, aber sie ist die numerisch am zuverlässigsten zu berechnende Variante, weil keine hohen Potenzen auftreten können. Bei sehr hohen Potenzen könnten numerische Ungenauigkeiten bei der Berechnung aufkommen, weil Matlab sehr hohe Werte als `Inf` (`NaN`) interpretiert.

Der POF-Test (und auch der Bootstrap-basierte Test) sind allerdings nicht auf eine Anwendung bei VaR-Prognosen beschränkt. Vielmehr ist er auf alle Prognosemodelle anwendbar, die eine Auswertung gemäß der Funktion 5.39 anbieten. Ein anderes Beispiel wären Richtungsprognosen von Renditen, mit denen nicht die Höhe der zukünftigen Renditen, sondern ihr Vorzeichen geschätzt wird. In diesem Fall würde eine Unterschreitung I dann vorliegen, wenn das prognostizierte und das tatsächliche Vorzeichen der Renditen nicht übereinstimmen. Die Prüfgröße könnte dann 0,5 (50%) betragen, da a priori selbst bei einer rein zufälligen „Prognose" der Vorzeichen die Trefferwahrscheinlichkeit 50% beträgt. Ein gutes Richtungsprognosemodell sollte eine signifikant abweichende Trefferquote von der Prüfgröße anbieten. Ein weiteres Anwendungsbeispiel wäre die zusätzliche Auswertung der Trefferquoten eines gewöhnlichen Prognosemodells, die im Kapitel 4.6 benutzt wird. Die Trefferquote misst die Anzahl der korrekt erkannten Vorzeichen durch ein Prognosemodell. Als Prüfgröße kann wieder 0,5 angenommen werden oder ein anderer empirisch ermittelter a-priori-Schätzer für die Trefferwahrscheinlichkeit.

Der POF-Test wird als unbedingter Test bezeichnet, weil er lediglich prüft, ob die Anzahl der beobachtbaren Unterschreitungen der VaR-Prognosen eine zu hohe Abweichung von der erwarteten Anzahl der Unterschreitungen aufweist. Implizit wird die Annahme der seriellen Unabhängigkeit der Unterschreitungen getroffen. Daher wird die Information vernachlässigt, in welchem Zeitpunkt die Unterschreitungen vorliegen. Die Unterschreitungen können jedoch zeitlich gehäuft auftreten.

Hinreichend gute VaR-Modelle sollten in der Lage sein, auf die veränderten Rahmenbedingungen auf den Finanzmärkten schnell genug zu reagieren und folglich keine zeitliche Abhängigkeit der Unterschreitungen zu erzeugen. Der am weitesten verbreitete bedingte Test (Unabhängigkeitstest) wurde von CHRISTOFFERSEN (1998) vorgeschlagen. Der Unabhängigkeitstest prüft, ob die beobachtete Unterschreitung einer Periode vom Ergebnis der vorangegangenen Periode abhängt. Der Unabhängigkeitstest beruht auf der Funktion I aus der Gleichung 5.41. Zusätzlich wird eine Kontingenztabelle benötigt, die die relative Häufigkeit der Unterschreitungen einer Periode in Abhängigkeit des Wertes von I der Vorperiode angibt. Dazu kann die Variable n_{ji} definiert werden, die die Anzahl der Unterschreitungen einer Periode $i, i \in \{0,1\}$, in Abhängigkeit des Wertes von I der Vorperiode $j, j \in \{0,1\}$, anzeigt. Die Tabelle 5.18 veranschaulicht die Bestimmung der Variable n_{ji}. n_{00} steht für die Anzahl der Perioden, in denen weder in der aktuellen Periode, noch in der Vorperiode eine Unterschreitung stattgefunden hat, dagegen ist n_{10} die Anzahl der Perioden, in denen keine Unterschreitung beobachtet wurde, aber eine in der Vorperiode etc.

Mit Hilfe der Variable n_{ji} lassen sich die relativen Häufigkeiten $\hat{a}_1$, $\hat{a}_2$ und $\hat{a}$ der Unterschrei-

	bedingt		**unbedingt**
	I_{t-1}=0	I_{t-1}=1	
I_t=0	n_{00}	n_{10}	$n_{00} + n_{10} = T - N$
I_t=1	n_{01}	n_{11}	$n_{01} + n_{11} = N$
Σ	$n_{00} + n_{01}$	$n_{10} + n_{11}$	T

Tabelle 5.18.: Aufbau der Kontingenztabelle für den CHRISTOFFERSEN (1998)-Unabhängigkeitstest. I ist der Wert der Indikatorfunktion 5.41; 0 zeigt keine Unterschreitung, 1 eine Unterschreitung an. T ist die Anzahl der Prognosen, N ist die gesamte Anzahl der Unterschreitungen. n_{ji} ist die Anzahl der Ergebnisse i der Funktion I einer Periode in Abhängigkeit des Ergebnisses j in der Vorperiode.

tungen gemäß der Gleichungen 5.47-5.49 bestimmen.

$$\hat{a}_1 = \frac{n_{01}}{n_{00}+n_{01}} \tag{5.47}$$

$$\hat{a}_2 = \frac{n_{11}}{n_{10}+n_{11}} \tag{5.48}$$

$$\hat{a} = \frac{N}{T} = \frac{n_{01}+n_{11}}{n_{00}+n_{01}+n_{10}+n_{11}} \tag{5.49}$$

Die relative Häufigkeit $\hat{a}_1$ ist dabei die relative Unterschreitungshäufigkeit in einer Periode, wenn in der Vorperiode keine Unterschreitung zu beobachten gewesen ist. Auf der anderen Seite ist $\hat{a}_2$ die relative Unterschreitungshäufigkeit in einer Periode, wenn in der Vorperiode eine Unterschreitung passiert ist. $\hat{a}$ ist wie zuvor die relative Unterschreitungshäufigkeit. Wenn die Unterschreitungen zeitlich unabhängig sind, dann muss die Nullhypothese $H_0 : \hat{a} = \hat{a}_1 = \hat{a}_2$ gelten. Demnach ist die Wahrscheinlichkeit einer Unterschreitung weder größer noch kleiner, wenn in der Vorperiode eine oder keine Unterschreitung zu verzeichnen gewesen ist. Die Test-Statistik des Unabhängigkeitstests ist in der Gleichung 5.51 gegeben.

$$LR_{\text{ind}} = 2\ln\left(\frac{(1-\hat{a}_1)^{n_{00}} \cdot (1-\hat{a}_2)^{n_{10}} \cdot \hat{a}_1{}^{n_{01}} \cdot \hat{a}_2{}^{n_{11}}}{(1-\hat{a})^{(n_{00}+n_{10})} \cdot \hat{a}^{(n_{01}+n_{11})}}\right) \tag{5.50}$$

$$\begin{aligned} &= 2(n_{00}\ln(1-\hat{a}_1) + n_{10}\ln(1-\hat{a}_2) + n_{01}\ln(\hat{a}_1) + n_{11}\ln(\hat{a}_2)) \\ &\quad - 2((n_{00}+n_{10})\ln(1-\hat{a}) + (n_{01}+n_{11})\ln(\hat{a})) \end{aligned} \tag{5.51}$$

LR_{ind} folgt der χ^2-Verteilung mit einem Freiheitsgrad. Hohe Werte der Teststatistik LR_{ind} führen zur Ablehnung der Nullhypothese der zeitlichen Unabhängigkeit der Unterschreitungen. Wie bei dem POF-Test wird die Gleichung 5.51 aufgrund numerischer Vorteile zur Berechnung der Teststatistik in Matlab herangezogen.

Der Unabhängigkeitstest bietet eine Möglichkeit an, um ein inadäquates, zeitabhängiges VaR-Prognosemodell zu entdecken, bei dem die Abhängigkeit der aktuellen Prognosefehler von Prognosefehlern der Vorperiode existiert. Allerdings kann es viele Arten der zeitlichen Abhängigkeitsstrukturen geben. Beispielsweise könnte die Unterschreitung nicht von der Vorperiode, sondern von der Unterschreitung vor 2, 3 oder 4 Perioden abhängen. Bei der Interpretation und der Auswertung der Ergebnisse des Unabhängigkeitstests ist folgerichtig darauf zu achten, dass lediglich die einperiodige Abhängigkeit zwischen den Unterschreitungen geprüft wird.

Die Teststatistiken des POF-Tests und des Unabhängigkeitstests lassen sich zu einem sog. Joint-Test kombinieren. Der Joint-Test prüft die gemeinsame Eigenschaften von VaR-Prognosemodellen: die Abweichung der Anzahl der Unterschreitungen von der erwarteten Anzahl sowie die zeitliche (einperiodige) Unabhängigkeit der Unterschreitungen. Die Teststatistik des Joint-Tests ist definiert als

$$LR_{\text{joint}} = LR_{\text{pof}} + LR_{\text{ind}} \tag{5.52}$$

LR_{joint} folgt der χ^2-Verteilung mit zwei Freiheitsgraden.

Programmlisting 5.49 zeigt die direkte Umsetzung der zuvor beschriebenen Hypothesentests auf. Die Bezeichnungen der Variablen orientieren sich dabei an den Symbolen der vorangegangenen Gleichungen. Die Funktion erwartet drei Inputvariablen. Die Variable `mFore` beinhaltet die prognostizierten Werte des VaR (oder einer anderen Größe) zum Zeitpunkt t, während die Variable `mTrue` die tatsächlich beobachtbaren Renditen zum gleichen Zeitpunkt t umfasst. Die Prüfgröße α aus der Gleichung 5.43 wird durch die Variable `dAlpha` bestimmt. Diese Variable muss bei einer Analyse von VaR-Berechnungen der zulässigen Unterschreitungswahrscheinlichkeit entsprechen.

Quellcode 5.49: Funktion `fBackStatTests` zur Durchführung von Backtesting-Hypothesentests

```
Siehe Datei: fBackStatTests.m
```

Die Nutzung der Funktion `fBackStatTests` wird in Programmlisting 5.50 aufgezeigt.[79] Es handelt sich um eine Wiederholung der vorangegangen Fallstudie, in der die Eigenschaften von VaR-Schätzungen untersucht werden und die Renditen den o.g. Verteilungen, deren Verteilungsparameter auf Basis empirischer Daten geschätzt werden, folgen. In Programmlisting 5.50 wird allerdings die Signifikanz der Abweichungen der relativen Unterschreitungshäufigkeiten von der Unterschreitungswahrscheinlichkeit mit Hilfe des POF-Tests überprüft. Die allgemeinen Simulationseinstellungen sind identisch zu Programmlisting 5.48, in dem die bootstrap-basierten Hypothesentests umgesetzt wurden. In diesem Aufbau der Simulationsstudie kann keine zeitliche Abhängigkeit der Unterschreitungen entstehen, weil pro Simulation lediglich eine Out-of-Sample-Beobachtung berücksichtigt wird. Zwischen den Out-of-Sample-Beobachtungen verschiedener Simulationen gibt es aber keine offensichtliche Zeitabhängigkeit. Daher wird auf die Nutzung des Unabhängigkeitstests und des Joint-Testes verzichtet.

Quellcode 5.50: Signifikanzbestimmung der Abweichungen relativer VaR-Unterschreitungshäufigkeiten von der Unterschreitungswahrscheinlichkeit mittels statistischer Hypothesentests

```
Siehe Datei: bDemoSimVaR_OutofSample_Emp_HypTest.m
```

Die Ergebnisse für den POF-Test sind in der Tabelle 5.19 in Bezug auf die Berechnung von

[79] Unter Octave ist die Variante `bDemoSimVaR_OutofSample_Emp_HypTest_oct` zu verwenden.

	Normal	t	F	χ^2	KS-Density	ECDF	GARCH(1,1)
$\hat{a}$	0.0440	0.0700	0.0500	0.0350	0.0500	0.0540	0.0480
POF-Test	0.3746	0.0061	1.0000	0.0217	1.0000	0.5665	0.7702

Tabelle 5.19.: Ergebnisse der statistischen Hypothesentests der relativen Unterschreitungshäufigkeiten von VaR_{emp}-Schätzungen bei einer Irrtumswahrscheinlichkeit von 5%. Die Ergebnisse basieren auf 1000 Renditesimulationen aus RW-Prozessen unterschiedlicher Verteilungen. Die erste Zeile zeigt die Verteilung an, aus der die Zufallszahlen stammen. $\hat{a}$ ist die relative Häufigkeit der Unterschreitung nach Gleichung 5.39 bei zulässiger Unterschreitungswahrscheinlichkeit von 5%. Die Verteilungsparameter sind anhand empirischer Beobachtungen des DAXP geschätzt. In der Zeile POF-Test sind die Irrtumswahrscheinlichkeiten der Ablehnung der Nullhypothese von KUPIEC (1995)-POF-Test angegeben.

VaR_{emp} zusammengefasst.[80] Der POF-Test lehnt, allerdings für einen abweichenden Datensatz simulierter Renditen im Vergleich zum bootstrap-basierten Test, für die t- und χ^2-verteilten Renditen die Nullhypothese einer zufälligen Abweichung von der Unterschreitungswahrscheinlichkeit ab. Interessanter an dieser Stelle ist, wie zuvor beim bootstrapp-basierten Test, welche relative Unterschreitungshäufigkeit als eine signifikante Abweichung erkannt wird. Das sind beispielsweise der Wert von 7% für die t-Verteilung und der Wert von 3,5% für die χ^2-Verteilung. Diese Werte für die relativen Unterschreitungshäufigkeiten würden genauso wenig durch die Intervallgrenzen des bootstrapp-basierten Tests eingeschlossen werden.[81] Ferner ist der Vergleich der beiden Tests interssant, wenn $\hat{a}$ annähernd identische Werte annehmen, wie es z.B. für GARCH(1,1)-verteilte Renditen der Fall ist. In beiden Fällen können die Nullhypothesen nicht abgelehnt werden. Somit scheinen die Ergebnisse beider Tests, die in ihrer Berechnungslogik grundverschieden sind, konsistent zueinander zu sein.

5.4.2.4. Eigenschaften von Risikokennzahlen bei Shift-Contagion-Effekten

Die abschließende Teilfallstudie bzgl. der Eigenschaften von Risikokennzahlen hat zwei Ziele. Zum einen wird die Verwendung des im vorangegangenen Kapitel diskutierten Unabhängigkeitstests von VaR-Schätzungen in rollierenden Analysen für einen Markt unter Shift-Contagion demonstriert. Zum anderen wird die Bestimmung des VaR eines Portfolios von Wertpapieren diskutiert. Wenn man bereits ein Faktormodell zur Beschreibung der Wertpapierrenditen spezifiziert

[80] Zu beachten ist, dass hier mit Zufallszahlen gearbeitet wird und die Anzahl der Simulationen nicht sehr hoch angesetzt ist, da ansonsten lange Laufzeiten resultieren würden. Daher können beim Nachrechnen und bei mehrfacher Wiederholung der Skripte variierende Ergebnisse erzielt werden.

[81] In der Tabelle 5.17 liegt beim t-Test die untere Intervallgrenze beim Bootstrap um ca. 0,014 niedriger als die relative Unterschreitungshäufigkeit $\hat{a}$. Wenn man diesen Wert als Schätzung für die untere Intervallgrenze heranzieht, die sich bei diesem Datensatz simulierter Renditen bei einem fiktiven Bootstrap ergeben hätte, so erhält man $0,07-0,014 \approx 0,056$ als Approximation der unteren Intervallgrenze (im Falle eines fiktiven Bootstraps). Der Prüfwert in Höhe von $0,05$ liegt noch weiter unterhalb dieses Wertes, also klar außerhalb der (fiktiven) Intervallgrenzen.

hat, kann man anhand der geschätzten Koeffizienten die Varianz eines Wertpapiers bestimmen.[82] Im Rahmen des Faktormodells zur Beschreibung der Shift-Contagion (als exemplarischer Vertreter von Faktormodellen) (Gleichungen 5.13–5.16) kann die Varianz und, mittelbar über die Normalverteilungsannahme, der VaR eines Wertpapiers bestimmt werden. Die Varianz eines Wertpapiers kann anhand der Gleichung 5.53 und die Kovarianz mit Hilfe von Formel 5.54 geschätzt werden.

$$\hat{\sigma}_j^2 = \hat{\beta}_j^2 \hat{\sigma}_F^2 + \hat{\sigma}_{\varepsilon_j}^2 \tag{5.53}$$

$$\hat{\sigma}_{jk} = \hat{\beta}_j \hat{\beta}_k \hat{\sigma}_F^2 \tag{5.54}$$

Basierend auf $\hat{\sigma}_j^2$ kann, wie in der Gleichung 2.50 im Kapitel 2.4.3 beschrieben, der VaR des Wertpapiers (unter Normalverteilungsannahme) als

$$VaR_\alpha^j(r_j) = \hat{\mu}_j + z_\alpha \cdot \hat{\sigma}_j \tag{5.55}$$

bestimmt werden. Die erwarteten Renditen r_j des j-ten Wertpapiers lassen sich mit dem vorliegenden Faktormodell als

$$E(r_j) = \hat{\mu}_j = \hat{\beta}_j E(r_F) = \beta_j \mu_F \tag{5.56}$$

berechnen. Ebenso interessieren in der folgenden Fallstudie die erwarteten Rendite und die zukünftige Varianz bzw. Standardabweichung des Teilmarktes (im Folgenden auch als Teilmarktportfolio bezeichnet) sowie dessen Value-at-Risk. Hier gilt:

$$VaR_\alpha^{\text{Teilmarktportfolio}}(r_m) = \hat{\mu}_m + z_\alpha \cdot \hat{\sigma}_m \tag{5.57}$$

mit:

$$\hat{\mu}_m = \mathbf{w}^T \mathbf{r} \tag{5.58}$$

$$\hat{\sigma}_m^2 = \mathbf{w}^T \mathbf{V} \mathbf{w} \tag{5.59}$$

Die Elemente des Vektors der erwarteten Renditen **r** und der Kovarianzmatrix **V** werden nach den Formeln 5.56 bzw. Formeln 5.53 und 5.54 berechnet. Angemerkt sei, dass die vorgestellten Berechnungsformeln einen Contagion-Effekt nicht berücksichtigen, weil dieser als exogener Schock grundsätzlich rein zufällig den Störterm ε tangiert, dessen Erwartungswert aber Null ist. Es ist also interessant zu fragen, ob und wie Contagion sich auf die Eigenschaften von VaR-Schätzungen auswirkt.

Programmlisting 5.51 enthält die abschließende Teilfallstudie dieses Kapitels, in der die Out-of-Sample-Eigenschaft von geschätzten Value-at-Risk-Werten für einen Markt unter Contagion-Effekten in einer rollierenden Analyse untersucht wird. Die Value-at-Risk-Schätzung für das Teilmarktportfolio (ohne Berücksichtigung von Contagion) wird anhand der Gleichung 5.57 bestimmt. Da diese Schätzung aus einem Faktormodell abgeleitet wurde, soll sie im Folgenden kurz mit $\text{VaR}_{\textbf{Faktor}}$ bezeichnet werden. Die Teilmarktrendite wird anhand der Gleichung 5.15 bestimmt. Ferner werden empirisch basierte VaR-Schätzungen anhand der Normalverteilungsannahme sowie anhand des empirischen α-Quantils vorgenommen. In der Simulationsstudie ist die

[82] Die geschätzten Koeffizienten des Faktormodells geben ebenfall Auskunft über die Risikodeterminanten des Wertpapiers.

erwartete Rendite des Faktors F mit 5% (exogen) vorgegeben, dessen Standardabweichung wird (exogen) auf 20% gesetzt. Aus Vereinfachungsgründen wird $\beta_1 = \beta_j = 1$ und $\sigma_{\varepsilon_1} = \sigma_{\varepsilon_j} = 0{,}05$ gesetzt. Diese Jahresangaben werden auf die Tageswerte umgerechnet. Die Unterschreitungswahrscheinlichkeit zur Bestimmung des VaR ist 5%. Im Skript werden die Werte für κ und γ variiert. Die Werte von κ werden als -0,0098, -0,0062 und -0,0052 angenommen. Die gewählten κ-Werte entsprechen den theoretischen 0,1%, 2,5% und 5% Fraktilen von Residuen der ersten Anlage unter der Normalverteilungsannahme. Die Schocks ausgehend von der ersten Anlage werden bei einer 0,1% Fraktil-Schwelle ($\kappa = -0{,}0098$) seltener im Vergleich zu der 5%-Schwelle erwartet. Die Intensität der Übertragung γ wird auch variiert und kann die Werte 0, 0,5, 1,0, 1,5 und 2 annehmen. Bei $\gamma = 0$ reduziert sich das Shift-Contagion-Modell zu einem gewöhnlichen Faktormodell, das uns als eine Benchmark dienen kann. Es werden Renditen für 50 Wertpapiere über 5000 Perioden in einer Simulation erzeugt. Das rollierende Zeitfenster beträgt 250 Perioden. Die Nachwirkung eines Schocks wird mit 40 Perioden angenommen. Alle Parameter der Simulation sind willkürlich gewählt. Im Skript wird eine Auswertung der Ergebnisse mit der relativen Unterschreitungshäufigkeit $\hat{a}$ und dem CHRISTOFFERSEN (1998) Unabhängigkeitstest vorgenommen.

Quellcode 5.51: VaR-Eigenschaften unter Contagion-Effekten

```
Siehe Datei: bDemoSimVaR_Contagion.m
```

Die relativen Unterschreitungen der drei Arten von VaR-Schätzungen, generiert mit Programmlisting 5.51 nach einer Simulation, sind in der Tabelle 5.20 dargestellt. In der ersten Spalte der Tabelle sind die Werte von κ ausgewiesen, die den Schwellenwert für das Auslösen einer Contagion darstellen. Je kleiner der Wert von κ ist, desto unwahrscheinlicher ist das Auftreten von Schocks. Die Intensität der Schockübertragung ist über die Spalten ansteigend. Die relativen Häufigkeiten der Unterschreitungen von $\text{VaR}_{\mathbf{emp}}$ und $\text{VaR}_{\mathbf{norm}}$ sind alle nah an dem erwarteten Wert von 0,05. Dieses Ergebnis ist mehrheitlich in den bisherigen Fallstudien zu beobachten gewesen, mit der Ausnahme der Renditen, die gemäß des TM generiert worden sind. Der Befund legt die Vermutung nahe, dass beide VaR-Berechnungsmethoden, $\text{VaR}_{\mathbf{emp}}$ und $\text{VaR}_{\mathbf{norm}}$, zufriedenstellende Ergebnisse unter den gegebenen Simulationseinstellungen hervorbringen. Auch wenn die Normalverteilungsannahme bei der VaR-Berechnung per se nicht zwangsläufig die Renditeverteilung korrekt zu beschreiben vermag, wie die In-Sample-Studie zeigte, ist die Out-of-Sample-Unterschreitung von $\text{VaR}_{\mathbf{norm}}$ davon nicht zwangsläufig betroffen. Die relativen Häufigkeiten der Unterschreitungen von $\text{VaR}_{\mathbf{Faktor}}$, der aufgrund der Berechnungsweise konstant ist, steigt mit zunehmendem κ und γ in der Tendenz an, wobei diese Beobachtung auch rein zufällig sein kann.

Im Tabellenbereich B. der Tabelle 5.20 sind die Irrtumswahrscheinlichkeiten des Unabhängigkeitstests nach einer Simulation zusammengefasst. Zu beachten ist, dass jeder statistische Hypothesentest eine vorgegebene Irrtumswahrscheinlichkeit besitzt, also bei einer Vielzahl an Simulationen rein statistisch auch gelegentlich Ablehnungen der Nullhypothese erwartet werden müssen, auch wenn diese rein zufällig sind. In der Gesamtschau sind nur vereinzelte Ablehnungen der Nullhypothese zu beobachten, so dass es keine belastbaren Hinweise gibt, an der Akkuratheit der VaR-Schätzungen zu zweifeln.

Kappa	Gamma				
	0	0,5	1	1,5	2
A. Relative Unterschreitungshäufigkeit					
			VaR_{emp}		
-0,0098	0,0535	0,0524	0,0509	0,0509	0,0509
-0,0062	0,0543	0,0497	0,0499	0,0514	0,0503
-0,0052	0,0528	0,0499	0,0522	0,0503	0,0501
			VaR_{norm}		
-0,0098	0,0530	0,0530	0,0541	0,0545	0,0537
-0,0062	0,0520	0,0501	0,0495	0,0530	0,0482
-0,0052	0,0539	0,0511	0,0526	0,0524	0,0535
			VaR_{Faktor}		
-0,0098	0,0522	0,0522	0,0564	0,0522	0,0551
-0,0062	0,0493	0,0501	0,0524	0,0558	0,0648
-0,0052	0,0501	0,0541	0,0594	0,0655	0,0716
B. Unabhängigkeitstest (Irrtumswahrscheinlichkeit)					
			VaR_{emp}		
-0,0098	0,4454	0,2683	0,6229	0,4804	0,9331
-0,0062	0,7722	0,2269	0,2161	0,1507	0,9938
-0,0052	0,6212	0,5670	0,5586	0,5276	0,5371
			VaR_{norm}		
-0,0098	0,0181	0,4597	0,5609	0,5408	0,6335
-0,0062	0,7370	0,3532	0,2381	0,0961	0,7385
-0,0052	0,7353	0,0791	0,5992	0,5388	0,4990
			VaR_{Faktor}		
-0,0098	0,0241	0,7605	0,6148	0,5586	0,9116
-0,0062	0,4573	0,3532	0,3543	0,0180	0,8149
-0,0052	0,7464	0,0320	0,2850	0,4135	0,8853

Tabelle 5.20.: Relative Häufigkeiten der Unterschreitung $\hat{a}$ sowie die Irrtumswahrscheinlichkeiten des Unabhängigkeitstests vom geschätzten VaR bei Contagion-Effekten. α ist 5%. **Kappa** bezeichnet den Wert von $\varepsilon_{1,t}$,

Bei der Interpretation aller Ergebnisse ist allerdings auf den Demonstrationscharakter aller Fallstudien unbedingt zu achten. Die Fallstudien sollen lediglich die Vorgehensweise von simulationsbasierten Analysen der Risikokennzahleneigenschaften aufzeigen. Die Anzahl der durchgeführten Simulationen ist gering. Auch die Bestimmung des VaR mit einer Unterschreitungswahrscheinlichkeit von zumeist 5% ist willkürlich gewählt und eher unüblich in praktischen Anwendungen.

Im nachfolgenden Kapitel wird die Handelsstrategie CPPI im Rahmen von Simulationen untersucht. Da diese Handelsstrategie asymmetrische, rechtssteile Renditeverteilungen erzeugt, wird dort, als eine zusätzliche Analyse, die relative Unterschreitungshäufigkeit von VaR-Schätzungen betrachtet und mit den in diesem Kapitel erzielten Ergebnissen verglichen.

5.4.3. Eigenschaften von Handelsstrategien

Das zweite Anwendungsbeispiel von Simulationen ist die Analyse spezifischer Eigenschaften von Handelsstrategien. Im Regelfall interessiert an dieser Stelle, ob, und wenn ja wie, die Rendite- und/oder Risikoeigenschaften einer Handelsstrategie von vom Investor auszuwählenden Parametern systematisch abhängen. Eine noch einfach zu beschreibende, dennoch im Wirkungsmechanismus komplexe Handelsstrategie stellt die sog. Constant Proportion Portfolio Insurance (CPPI) dar. Die CPPI wird im Folgenden dazu dienen, den Einsatz von Simulationen im Rahmen der Analyse von Handelsstrategien zu erläutern. CPPI selbst und die historischen Analysen werden im nachfolgenden Kapitel beschrieben. Darauf aufbauend werden ausgewählte Anwendungsbeispiele der Simulation aufgezeigt.

5.4.3.1. Grundlagen der CPPI und historische Analysen

Die CPPI ist ein Vertreter sog. dynamischer Wertsicherungsstrategien. Das allgemeine Ziel der Wertsicherungsstrategien ist die Erreichung eines Mindestvermögens G am Ende der Laufzeit T bei gleichzeitiger Partizipation an positiven Entwicklungen risikobehafteter Wertpapiere.

In einer einfachen Wertsicherungsstrategie wird der Barwert des garantierten Endvermögens, der sog. Floor $F_t = G \cdot e^{-r_p(T-t)}$, in eine risikolose bzw. risikoarme Anlage, typischerweise eine Anleihe, zum risikoarmen Zinssatz r_{ft} investiert. Der versprochene (bzw. garantierte) Zinssatz r_{pt} muss nicht identisch zum risikoarmen Zinssatz r_{ft} sein. Beispielsweise ist der Garantiezinssatz einer Kapitallebensversicherung im Regelfall nicht identisch mit dem aktuell gültigen, risikoarmen Kapitalmarktzins. Der verbleibende Geldbetrag vom aktuellen Portfoliowert PV_t, der sog. Cushion $C_t = PV_t - F_t$, wird risikobehaftet investiert. Die Investition erfolgt typischerweise in Aktien oder Aktienindizes und erbringt einen risikobehafteten Zinssatz r_t.[83] In dieser einfachen Variante wäre die Rendite stark von der Rendite der risikoarmen Anlage abhängig, weil aufgrund des Garantieversprechens der risikobehaftete Anteil sehr niedrig ausfallen würde. In der CPPI-Strategie wird daher der risikobehaftete Anteil, das sog. Exposure E_t, durch eine Multiplikation von C_t mit dem sog. Multiplikator M bestimmt. Sinnvolle Werte des Multiplikators M sind mindestens größer als Null. In den meisten empirischen Studien wird häufig ein Wert von 2 angenommen. Dieser Wert deckt sich auch mit dem Wert, den Versicherungen in den in der Literatur veröffentlichten Befragungen angegeben haben. Für $M > 1$ ist der Anteil des Portfolios R_t, der in die risikoarme Anlage investiert ist, kleiner als der garantierte Floor F_t.

83 Die risikobehaftete Anlage könnte jedoch auch eine Option sein. In diesem Fall würde man einer sog. „Option Based Portfolio Insurance" (OBPI)-Strategie folgen.

In der Grundidee folgt die CPPI den „Marktphasen“. In Phasen steigender Aktienpreise wird das Exposure ansteigen, dagegen wird sich das Exposure in fallenden Märkten durch den kleiner werdenden Cushion reduzieren. Dieser Mechanismus stellt sicher, dass der aktuelle Portfoliowert PV_t nicht unter dem Wert des Floors fällt. In unserer Fallstudie wird ferner angenommen, dass Leerverkäufe nicht erlaubt sind. Daher kann weder der Anteil des Exposures E_t noch der Anteil der risikoarmen Anlage R_t über den aktuellen Portfoliowert steigen. Bei Vernachlässigung von Transaktionskosten sind die Umschichtungsregeln der CPPI durch vier Gleichungen vollständig spezifiziert:

$$C_t = \max(PV_t - F_t, 0) \tag{5.60}$$

$$E_t = \min(C_t \cdot M, PV_t) \tag{5.61}$$

$$R_t = PV_t - E_t \tag{5.62}$$

$$PV_{t+1} = E_t e^{r_{t+1}} + R_t e^{r_{ft+1}} \tag{5.63}$$

Die Größen C, PV, F, E und R sind dabei Endwerte der durch den Zeitindex angezeigten Periode, während r jeweils die Verzinsung innerhalb der durch den Zeitindex angezeigten Periode angibt. Mit der Gleichung 5.60 wird der Cushion bestimmt, indem vom aktuellen Portfoliowert der Floor abgezogen wird. Zusätzlich wird durch die Maximum-Funktion sichergestellt, dass der Wert des Cushion nicht negativ werden kann. Ein negativer Cushion würde einen Leerverkauf der risikobehafteten Anlage und die gleichzeitige Mehr-Investition gegenüber dem aktuellen Portfoliowert in die risikoarme Anlage implizieren. In der Gleichung 5.61 wird der Exposure-Wert festgelegt, der vom Multiplikator abhängig ist. Die Minimum-Funktion stellt wiederum das Leerverkaufsverbot der risikoarmen Anlage sicher. Der Portfolioanteil zur Investition in die risikoarme Anlage (Gleichung 5.62) ist die Differenz zwischen dem aktuellen Portfoliowert und dem Exposure und kann Null sein, wenn das gesamte Kapital in die risikobehaftete Anlage investiert wird. Schließlich ist der Portfoliowert der nächsten Periode (Gleichung 5.63) durch Exposure und die risikoarme Anlage sowie durch die unbekannten, zukünftigen Zinsen auf die risikobehaftete Anlage r_{t+1} und die risikoarme Anlage r_{ft+1} determiniert.

Die Rechenvorschriften gemäß der Gleichungen 5.60–5.63 sind in der Funktion `fCPPI` in Programmlisting 5.52 in direkter Weise umgesetzt.

Quellcode 5.52: Funktion fCPPI zur Auswertung der CPPI-Handelsstrategie

```
Siehe Datei: fCPPI.m
```

Die Funktion erwartet sieben Inputvariablen. Aus Platzgründen wird in der Funktion auf Fehlerprüfungen verzichtet. Die ersten beiden Inputvariablen sind die Matrizen der risikobehafteten (r_t, Variable `mRisky`) und der risikoarmen (r_{ft}, Variable `mRiskless`) Renditen. Die Verwendung von Matrizen mag an dieser Stelle überraschen, da die CPPI das Kapital lediglich zwischen *einer* risikobehafteten und *einer* risikoarmen Anlage alloziert. Die Verwendung von Matrizen ist dann sinnvoll, wenn eine Vielzahl denkbarer Kombinationen simultan ausgewertet werden soll. Beispielsweise ist es denkbar, dass eine Kombination die Umschichtung zwischen DAX und REX beinhaltet. Die zweite Kombination könnte die Umschichtung zwischen DAX und T-Bills, die dritte zwischen S&P 500 und T-Bills und die vierte zwischen S&P 500 und REX etc. sein. Anstatt wiederholt die Funktion `fCPPI` aufzurufen, kann man die Matrix `mRisky` so belegen, dass die ersten beiden Spalten die DAX-Renditen und die letzten beiden Spalten die Renditen von S&P 500 beinhalten, und die Matrix `mRiskless` derart belegen, dass die erste und die vierte Spalte die Renditen vom REX und die zweite und die dritte Spalte die Renditen von T-Bills umfassen. Mit den derart konstruierten Matrizen werden alle vier beschriebenen Kombinationen gleichzeitig ausgewertet. Da in der Funktion auf eine Fehlerprüfung verzichtet wird, muss bei ihrer Nutzung unbedingt auf konsistente Dimensionen der Inputmatrizen geachtet werden. Der ausschlaggebende Vorteil der Matrizennutzung kommt bei Simulationsstudien zum Tragen. Anstatt z.B. bei 10000 Simulationen die Funktion 10000-mal aufzurufen und 10000-mal für alle Zeitpunkte den Wert des CPPI-Portfolios zu bestimmen, muss bei adäquater Nutzung die Funktion nur einmal aufgerufen werden. Auch wenn in den jüngsten Matlab-Versionen die Laufzeit von Schleifen enorm verbessert wurde, ist die Laufzeit der Funktion in Simulationen um den Faktor 10 kürzer im Vergleich zu einer reinen Schleifenkonstruktion. Der technische Vergleich der Laufzeiten ist für den Fortgang der Analysen nicht bedeutend. Der interessierte Leser kann jedoch im Skript 5.53 einen Laufzeitvergleich einer Benutzung von `fCPPI` mit und ohne Schleifen nachsehen.

Quellcode 5.53: Demoskript zum Vergleich der Laufzeit von fCPPI beim Aufruf mit und ohne Schleifen

```
Siehe Datei: bDemoRunTimeComp.m
```

Eine weitere erläuterungsbedürftige Inputvariable ist die Floorverzinsung r_{pt}, die dem versprochenen bzw. garantierten Zinssatz entspricht. Die Vorgabe der Floorverzinsung kann entweder mit einem konstanten oder mit einem variablen Zins erfolgen. Wenn die Variable `vFloorRate` ein Skalar ist, erfolgt eine konstante, gleichbleibende Verzinsung des Floors. Sollte `vFloorRate` ein Vektor von Zinssätzen sein, erfolgt die Verzinsung der Floors separat für jeden Zeitpunkt. Es gilt für alle Kombinationen aus `mRisky` und `mRiskless` der identische, garantierte Zinssatz. Die Berechnungen von Cushion, Exposure, risikolosem Anteil sowie Portfoliowert folgen den Gleichungen 5.60–5.63, daher erscheint eine gesonderte Beschreibung über die Kommentierungen in der Funktion nicht notwendig. Die Funktion liefert insgesamt sechs Outputvariablen. Zusätzlich kann optional eine Abbildung erzeugt werden, die die Wertentwicklung des CPPI-Portfolios, des Exposures, des Floors und des risikoarm investierten Portfolioanteils dargestellt. Die Ausgabe der Abbildung wird allerdings unterdrückt, wenn mehr als nur eine denkbare Kombination aus der risikoarmen und der riskobehafteten Anlagealternative ausgewertet werden sollen.

In den nachfolgenden Fallstudien werden, neben der Nutzung der Funktion `fCPPI`, die Wirkung von vorzugebenden Parametern der CPPI-Handelsstrategie (wie z.B. Floorstartwert, Floorverzinsung, Multiplikator, betrachteter Zeitraum) auf das Ergebnis (wie z.B. Mittelwert, Standardaweichung, Sharpe-Ratio, Gain-to-Loss-Ratio und VaR der Renditen) im Rahmen reiner historischer Analysen aufgezeigt, um ein besseres Verständnis für den Wirkungsmechanismus sowie die Sensitivität der Handelsstrategie zu vermitteln. Das Ziel einer Sensitivitätsanalyse ist die Quantifizierung des Einflusses der Variation einer Variable auf das Ergebnis des Modells bzw., wie in diesem Fall, der Handelsstrategie. In den nachfolgenden Fallstudien wird immer eine isolierte Analyse vorgenommen und keine wechselseitigen Abhängigkeiten der Parameter untersucht.

5.4.3.1.1. CPPI unter Variation des Floorstartwerts

Programmlisting 5.54 zeigt eine beispielhafte Umsetzung der CPPI, in der DAX die risikobehaftete Anlage und REX die risikoarme Anlage repräsentieren. Es wird auf die frei verfügbaren Daten der Bundesbank zurückgegriffen, die bereits im Kapitel 5.2.2.2 eingeführt worden sind und in dem die Möglichkeit zu ihrem Bezug beschrieben ist. Es handelt sich dabei um die Monatsendstände des DAX-Performanceindex (DAXP) sowie des REX-Performanceindex (REXP). Der Gesamtdatensatz liegt für die Zeitperiode vom Januar 1967 bis Juni 2013 vor. Im Anwendungsbeispiel wird zunächst ein verkürzter Zeitraum vom Januar 1997 bis Januar 2003 betrachtet, der durch einen starken Anstieg und ein starkes Sinken der Aktienmarktkurse gekennzeichnet ist. Die Vorauswahl der Zeitperiode ist aus didaktischen Gründen erfolgt und dient zur besseren Veranschaulichung der Wirkung von CPPI-Parametern, die in der Gesamtperiode nicht sichtbar werden.

Damit Matlab mit Datumswerten umgehen kann, müssen diese in einem numerischen Format vorliegen. Die Nutzung des Matlab-Datumsformats hat enorme Vorteile bei dem Datenmanagement, u.a. sind Addition und Subtraktion von Daten möglich. Die Datumswerte können in Excel entweder im `dd.mm.yyyy`-Format oder bereits im numerischen Format vorliegen. Falls die Daten im `dd.mm.yyyy`-Format in Excel abgespeichert sind, können sie in das Matlab-Format mit der Funktion `datenum` umgewandelt werden. In den folgenden Skripten zu CPPI-Strategien wird die Datei `CPPI.xls` mithilfe der Funktion `fTxtReadAsCellArray` aus dem Anhang A.10 eingelesen.[84]

Im Skript 5.54 werden basierend auf dem spezifizierten Zeitraum die stetigen Renditen bestimmt, da die Funktion `fCPPI` stetige Renditen erwartet. Die nachfolgenden Einstellungen für CPPI sind willkürlich gesetzt und sind rein beispielhaft zu betrachten. Das Anfangsvermögen wird mit 100 angenommen. Der Multiplikator wird auf 2 gesetzt, der üblicherweise bei dem Testen von CPPI benutzt wird. Anstatt ein zu sicherndes Endvermögen vorzugeben, geben wir einen Startwert des Floors (Variable `dFloorIndex`) in Höhe von 90% des Anfangsvermögens an, der mit einem konstanten Garantiezins von 2% p.a. (Variable `dFloorverzinsung`) während der Laufzeit angehoben wird. Der Endwert des Floors beträgt in diesem Beispiel $90 \cdot e^{71 \cdot \frac{0,02}{12}} = 101,3057$ und erreicht gerade die nominelle Kapitalerhaltung. Eine alternative Wahl des Startwertes wäre beispielsweise die Diskontierung des versprochenen Endvermögens auf den heutigen Barwert oder das Gleichsetzen des Floors und des Startwertes. Zusätzlich soll die `fCPPI`-Funktion eine Abbildung der Wertentwicklungen von Portfolio, Floor, Exposure sowie der risikoarmen Anlage generieren. Dazu wird die Inputvariable `iOptions` (im Skript Variable `iBild`) auf 1 gesetzt.

Quellcode 5.54: Empirische Fallstudie einer CPPI-Strategie

```
Siehe Datei: bDemoCPPIEmp.m
```

[84] Für das Einlesen der Excel-Datei ist es notwendig, dass diese zunächst als .txt-Datei abgespeichert wird. Siehe hierzu die Dokumentation von `fTxtReadAsCellArray`.

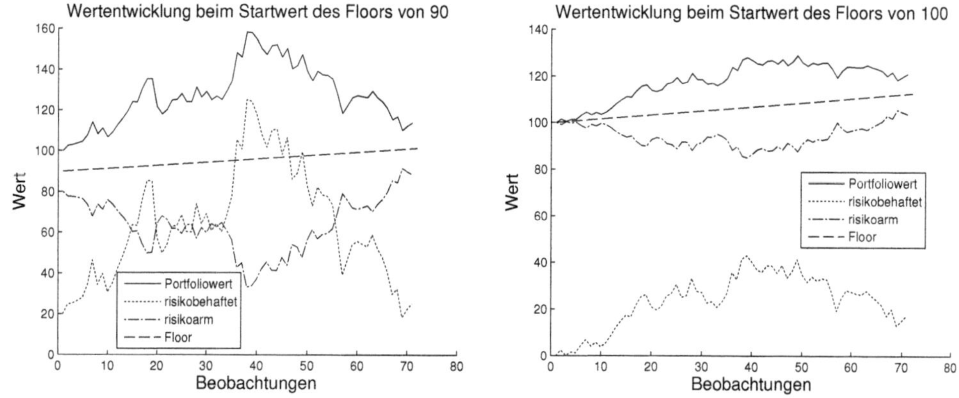

(a) Floorstartwert 90 (b) Floorstartwert 100

Abbildung 5.15.: Wertentwicklung des CPPI-Portfolios sowie der Komponenten Exposure, Floor und risikoarmer Teil im Zeitraum 01.02.1997 bis 01.01.2003

Die Entwicklung der CPPI-Strategie im Zeitraum 01.01.1997 bis 01.01.2003 in Abhängigkeit des gewählten Floorstartwertes ist in der Abbildung 5.15 dargestellt. In der Abbildung 5.15a ist der Startwert des Floors auf 90% des Portfoliostartwertes gesetzt. Die Wertentwicklung des CPPI-Portfolios ist bei dieser Einstellung hauptsächlich durch die Rendite der risikobehafteten Anlage determiniert. Der Endwert der CPPI-Strategie beläuft sich auf 112,27. In der Abbildung 5.15b wird die Wertentwicklung der CPPI-Strategie aufgezeigt, wenn der Floorstartwert auf 100% des Portfoliostartwertes gesetzt wird. Wie aus der Abbildung ersichtlich, ist diese Einstellung nicht gleichbedeutend mit einer 100% Investition in die risikoarme Anlage während der gesamten Laufzeit. Allerdings hängt dieses Ergebnis unmittelbar von der Höhe der Renditen der risikoarmen Anlage ab. Falls diese gerade am Anfang der Laufzeit höher als der Garantiezins ausfallen, entsteht ein Puffer für eine Investition in die risikobehaftete Anlage. Der Endwert dieser CPPI-Handelsstrategie beträgt 120,92 und ist in diesem Beispiel für den voreingestellten Zeitraum höher im Vergleich zu dem Floorstartwert von 90%. Daraus lassen sich jedoch keine verallgemeinerbaren Schlüsse ziehen. Aus beiden Abbildungen wird die Wertsicherung ersichtlich, da in beiden Fällen der Floor mindestens erreicht und während der Laufzeit kein einziges Mal unterschritten wird.

In der Abbildung 5.16 sind die absoluten Häufigkeitsverteilungen der Renditen von DAXP und CPPI in Abhängigkeit vom gewählten Floorstartwert abgebildet. Zur besseren Vergleichbarkeit sind die x- und y-Achsen aller Abbildungen auf einen einheitlichen Bereich fixiert. Die Dichte der CPPI-Renditen ist gegenüber der Dichte der DAXP-Renditen deutlich schmaler. Sowohl die extrem negativen als auch die extrem positiven Renditen, die bei DAXP vorkommen, sind bei den CPPI-Renditen nicht beobachtbar. Besonders deutlich wird dieser Umstand bei der CPPI-Strategie mit einem Floorstartwert von 100.

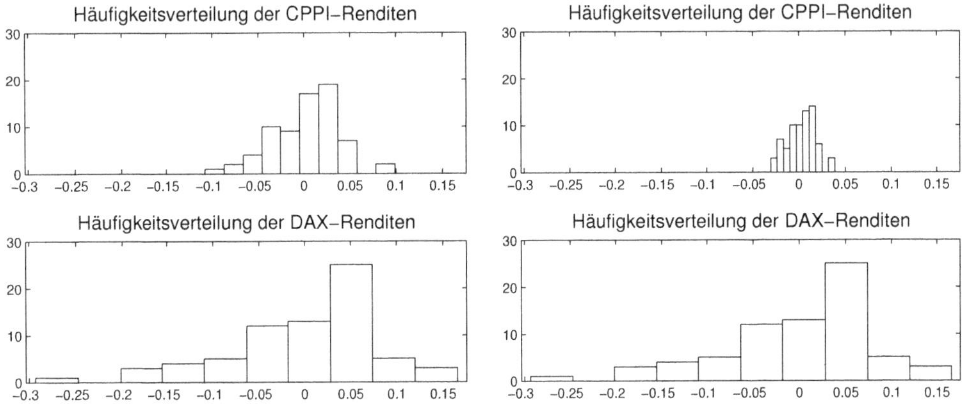

(a) Floorstartwert 90 (b) Floorstartwert 100

Abbildung 5.16.: Absolute Häufigkeitsverteilung der Renditen von DAX und von CPPI-Handelsstrategie im Zeitraum 01.02.1997 bis 01.01.2003

5.4.3.1.2. CPPI unter Variation der Floorverzinsung

In der bisherigen Analyse ist die Wirkung des Floorstartwertes als ein freier Parameter der CPPI-Strategie auf die Ergebnisse untersucht worden. Ein weiterer freier Parameter der Handelsstrategie stellt die Wahl der Verzinsung des Floors dar. Der zweite Teil des Skriptes 5.54 widmet sich in vereinfachender Weise dieser Frage. Im Skript ist eine künstliche Pause mit der Funktion `pause` eingepflegt, mit der die Ausführung des Skriptes solange angehalten wird, bis der Nutzer eine beliebige Tastaturtaste drückt. Die Floorverzinsung kann je nach spezifischem Anwendungsbeispiel für eine Berechnung der CPPI-Handelsstrategie entweder konstant oder zeitvariabel angenommen werden. Bei der Wahl einer konstanten Verzinsung könnte man in verschiedenen Durchläufen des Skriptes 5.54 unterschiedliche Zinssätze setzen und jeweils die Ergebnisse der CPPI analysieren. Alternativ, so wie im Skript 5.54, kann man eine Zeitvariabilität der Floorverzinsung annehmen. Im speziellen Beispiel wird die Floorverzinsung den REXP-Renditen gleichgesetzt. Um die Wirkung der Floorverzinsung zu untersuchen, wird der Floorstartwert auf 90% des Anfangsvermögens gesetzt und konstant gehalten. Bei einer Wahl des Floorstartwertes in Höhe von 100% des Anfangsvermögens wird nur in die risikoarme Anlage investiert, weil kein Sicherheitspuffer (Cushion) entstehen kann, der eine risikobehaftete Investition erlauben würde.

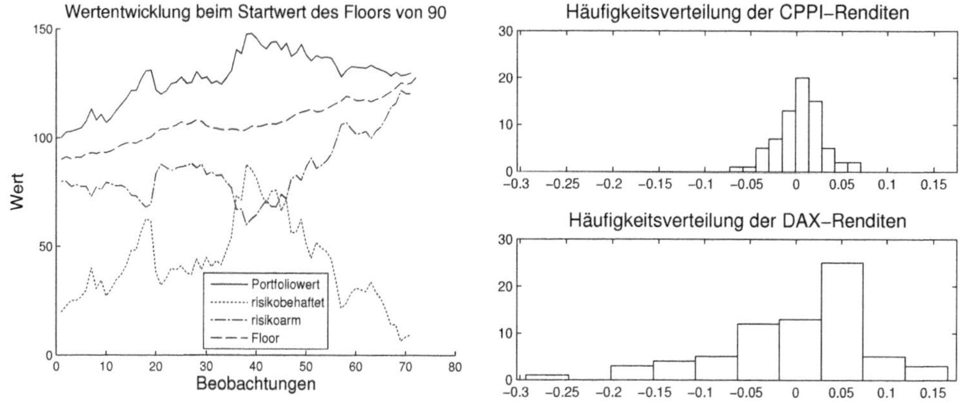

(a) Wertentwicklung

(b) Häufigkeitsverteilung

Abbildung 5.17.: Wertentwicklung des CPPI-Portfolios und der Komponenten Exposure, Floor und risikoarme Anlage sowie die absolute Häufigkeitsverteilung der Renditen von DAX und von CPPI im Zeitraum 01.02.1997 bis 01.01.2003 bei der Gleichsetzung der Floorverzinsung mit der Rendite der risikoarmen Anlage REXP.

Die Wertentwicklung dieser CPPI-Strategie und ihrer Komponenten sowie die absolute Häufigkeitsverteilung der Renditen sind in der Abbildung 5.17 dargestellt. Der Endwert des CPPI-Portfolios im gewählten Zeitraum und bei Gleichsetzung der Floorverzinsung mit den Renditen der risikoarmen Anlage beträgt 131,10 und ist somit höher im Vergleich zur Analyse mit einer festen Floorverzinsung von $\frac{0.02}{12}$. Das Ergebnis mag auf den ersten Blick überraschend wirken, weil die Handelsstrategie lediglich zwischen der risikobehafteten und risikoarmen Anlage das Kapital umschichtet und der Floor nur das Sicherungsniveau markiert. Die Höhe des risikobehafteten Kapitalanteils hängt jedoch mittelbar von der Verzinsung des Floor ab, weil die Höhe des Sicherheitspuffers (Cushion) durch den Wert des Floors bestimmt wird. Je höher die Floorverzinsung ist, desto kleiner ist ceteris paribus der Sicherheitspuffer und folglich kann weniger risikobehaftet angelegt werden. Der höhere Endwert in diesem Beispiel ist durch die Wertentwicklung von DAXP und REXP im voreingestellten Zeitraum abhängig und natürlich nicht allgemeingültig. In anderen Zeitperioden könnten abweichende Ergebnisse beobachtet werden. Auf die Zeitabhängigkeit der Ergebnisse wird später noch eingegangen.

Wie in den bisherigen Analysen wird der Floor kein einziges Mal unterschritten und die Wertsicherung wird durch die CPPI-Strategie erreicht. Die relativen Investitionsanteile der risikobehafteten und der risikoarmen Anlage schwanken im Zeitverlauf. Der höchste Betrag, der in die risikobehaftete Anlage investiert wird, ist um die Beobachtung 40 erkennbar. Im voreingestellten Zeitraum entspricht die 40. Beobachtung dem Mai 2000. Ab diesem Zeitpunkt sinkt der investierte Betrag in die risikobehaftete Anlage kontinuierlich bis zum Ende der Beobachtungsperiode (Januar 2003). Gleichzeitig hatte im März 2000 DAXP den damaligen Allzeit-Höchststand erreicht und den vorläufigen Tiefststand im März 2003. Betrachtet man die Wertentwicklung der Investition in die risikobehaftete Anlage, legt der visuelle Eindruck die Vermutung einer trendbehafteten Strategie nahe, die durch die CPPI-Handelsstrategie induziert wird. Die trendbehaftete Wirkung und der Einfluss der risikobehafteten Anlage auf die Renditen und den Endwert des CPPI-Portfolios wird lediglich durch den Sicherheitspuffer und die Wahl des Multiplikators begrenzt (im Vergleich zu einer reinen Buy&Hold-Strategie in die risikobehaftete Anlage). Die Trendbehaftung der CPPI-Handelsstrategie und die damit möglicherweise verbundenen negativen Implikationen für die Stabilität des Finanzmarktes wurde häufig in der Literatur diskutiert. Ein prominentes Beispiel ist die Studie von KIM und MARKOWITZ (1989), in der die Autoren den scheinbar plötzlichen Kurseinbruch des Finanzmarktes im Jahr 1987 zu erklären versuchen. Im Rahmen von Simulationen können sie die übertreibende Wirkung der CPPI-Handelsstrategie auf die Marktpreise zeigen, wenn genügend Marktteilnehmer ihr folgen. Die Übertreibungen sind sowohl negativer als auch positiver Natur, weil die Trendbehaftung der CPPI-Handelsstrategie die scheinbar vorherrschende Marktphase verstärkt.

In der Abbildung 5.17 ist u.a. die Wertentwicklung des Floors dargestellt. Im Unterschied zur Floorentwicklung in der Abbildung 5.15 ist kein konstanter Anstieg zu beobachten. Vielmehr kann eine (leichte) Schwankung festgestellt werden. Besonders das zwischenzeitliche Absinken des Floors im Vergleich zur Vorperiode kann in der finanzbetrieblichen Anwendung unter Umständen unerwünscht sein. Insbesondere kann es schwierig zu kommunizieren sein, warum die zu sichernde Wertuntergrenze sinkt. Daher wird in Programmlisting 5.54, nach einer weiteren Unterbrechung der Ausführung durch die Funktion `pause`, diesem Umstand in der Weise Rechnung getragen, dass nur positive Renditen der risikoarmen Anlage berücksichtigt werden. Negative Werte werden durch Nullen ersetzt und können als nominelle Erhaltung des Floorwertes interpretiert werden. Anstelle der nominellen Floorerhaltung hätte auch eine andere Verzinsung eingesetzt werden können. Dazu ist im Skript lediglich ein anderer Wert als Null der Variable `dFloorverzinsung2` zuzuweisen. Der CPPI-Portfolioendwert beim Ersetzen der negativen REXP-Renditen für die Floorverzinsung durch Nullen beträgt 145,54 und ist höher als die zuvor berechneten Werte. Es sei nochmals betont, dass die Ergebnisse insbesondere durch die Wahl der Zeitperiode determiniert sind und keinesfalls allgemeingültig sind.

5.4.3.1.3. CPPI unter Variation des Multiplikators

Neben dem Floorstartwert und der Floorverzinsung kann die Wahl des Multiplikators ebenfalls das Ergebnis der CPPI nachhaltig beeinflussen. Die Höhe von M kann, in einer sehr losen Analogie, als die Risikopräferenz des Anlegers verstanden werden. Je höher der Wert von M ist, desto mehr Kapital wird durch die CPPI-Handelsstrategie in die risikobehaftete Anlage umgeschichtet. Der Multiplikator M skaliert folglich die Höhe des risikobehaftet investierten Vermögens. Einen weiteren Interpretationsansatz liefert die Umstellung der Gleichung 5.61 nach M.

$$E_t = C_t \cdot M, \qquad \text{für} \quad C_t \cdot M \leq PV_t \tag{5.64}$$

$$E_t = (PV_t - F_t) \cdot M, \qquad \text{für} \quad PV_t - F_t \geq 0 \tag{5.65}$$

$$\frac{1}{M} = \frac{(PV_t - F_t)}{E_t} \tag{5.66}$$

Nach der Gleichung 5.66 kann der Kehrwert des Multiplikators als der maximale Wertrückgang des risikobehaftet investierten Portfolioanteils interpretiert werden, bis der Floor als die zu sichernde Wertuntergrenze erreicht ist. Gilt z.B. $M = 10$ ($M = 2$), dann kann die risikobehaftete Rendite bis zu -10% (-50%) sein, ohne eine gänzliche Umschichtung des CPPI-Portfolios in die risikoarme Anlage zu verursachen. In diesem Sinne kann der Kehrwert des Multiplikators als ein einzustellender Sicherheitspuffer interpretiert werden.

Die Sensitivität des Endvermögens (oder auch einer anderen Kennzahl, z.B. mittlere Rendite, VaR, LMP1, Sharpe-Ratio etc.) von CPPI-Portfolios gegenüber den variierenden Multiplikatorwerten zu bestimmen, ist Gegenstand der nächsten Fallstudie. Die Fallstudie ist in Programmlisting 5.55 umgesetzt. Dabei wird der Multiplikator sukzessive von 0 in kleinen Schritten von 0,1 bis auf den Wert von 10 erhöht. Alle anderen CPPI-Parameter werden konstant gehalten. Der Anlagezeitraum umfasst die gleiche Zeitperiode (Januar 1997 bis Januar 2003) wie bisher, der Floorstartwert ist 90% des Anfangsvermögens und die Floorverzinsung ist konstant 2% p.a. Die eigentliche Sensitivitätsanalyse findet in der Schleife in Programmlisting 5.55 statt, in der der Wert des Multiplikators durch den Wert der Laufvariable `dMult` festgelegt ist und der Funktion `fCPPI` als Inputvariable übergeben wird. Insgesamt werden 101 Endvermögen der CPPI-Strategie berechnet.

Quellcode 5.55: Wirkung des Multiplikators auf das Endvermögen der CPPI-Strategie

```
Siehe Datei: bDemoCPPIEmpMultiplikator.m
```

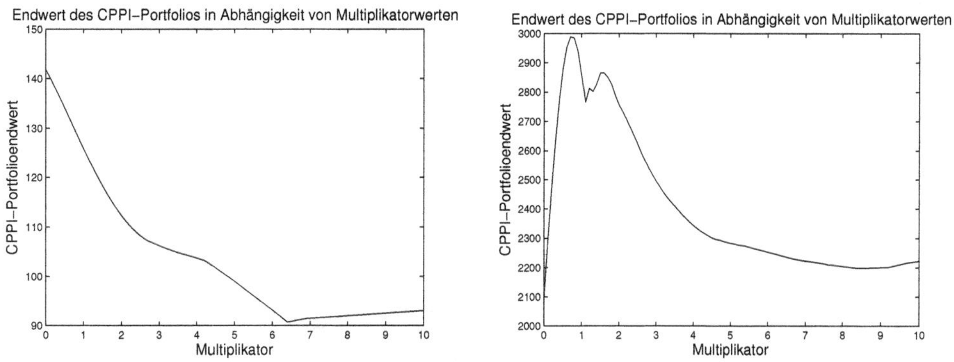

(a) Zeitraum Januar 1997 bis Januar 2003

(b) Zeitraum Januar 1967 bis Juni 2013

Abbildung 5.18.: Portfolioendwert der CPPI-Handelsstrategie in Abhängigkeit von der Wahl des Multiplikators M

Die Endvermögen sind in der Abbildung 5.18a dargestellt (linke Abbildung). Durch die Wahl des Zeitraumes mit zunächst stark ansteigenden und dann stark sinkenden DAXP-Kursen ist das CPPI-Endvermögen bis zum Multiplikatorwert von 6,4 negativ korreliert mit der Höhe des Multiplikators. Ab 6,4 ist ein sehr leichter Anstieg der Portfolioendwerte auf einem niedrigen Niveau zu verzeichnen. Der Zusammenhang zwischen dem Multiplikator und dem Endvermögen scheint darüber hinaus nichtlinear zu sein.

Die negative Korrelation des Portfolioendvermögens mit der Höhe des Multiplikators ist in dem bisherigen Beispiel möglicherweise durch die Wahl der Zeitperiode beeinflusst. Das Skript 5.55

lässt sich sehr einfach auf alternative Zeitperioden umstellen. Dazu ist es lediglich notwendig, die Zeitperiode durch das Startdatum (Variable `sStartDatum`) und durch das Enddatum (Variable `sEndDatum`) neu festzulegen. Als eine unter vielen denkbaren alternativen Zeitperioden kann die Sensitivität des Portfolioendvermögens der CPPI-Handelsstrategie im Gesamtzeitraum von Januar 1967 bis Juni 2013 betrachtet werden. Die Abbildung 5.18b (rechte Abbildung) stellt das Endvermögen der CPPI-Handelsstrategie in Abhängigkeit von variierenden Multiplikatoren (von 0 bis 10) dar, die nach der Änderung des Anfangs- und Endzeitpunktes der Zeitperiode und einem erneuten Durchlauf von Programmlisting 5.55 berechnet sind. Der nichtlineare Charakter des Zusammenhangs zwischen Multiplikatorwerten und Endvermögen der CPPI-Portfolios scheint sich für den vorliegenden Datensatz zu bestätigen. Bei der Interpretation der Ergebnisse ist auf die unterschiedliche Skalierung der beiden Abbildungen 5.18a und 5.18b zu achten. Das Endvermögen im Gesamtzeitraum ist zunächst bis zu einem Multiplikatorwert von 1 ansteigend und fällt ab diesem Wert (mit einem lokalen Hochpunkt um den Multiplikatorwert von 2) ab. Für die ganz hohen Multiplikatorwerte ist das Endvermögen wieder leicht ansteigend, jedoch auf einem ganz niedrigen Niveau. Die Wahl des freien Parameters M scheint eine große Bedeutung im Rahmen der CPPI-Handelsstrategie zu besitzen, da ausgehend von einem Anfangsvermögen von 100 die Differenz des höchsten und des niedrigsten Endvermögens mit ca. 900 über einen Zeitraum von 45 Jahren recht hoch ausfällt. Die alleinige Betrachtung des Endvermögens ist allerdings nicht ausreichend, um einen optimalen Multiplikator zu identifizieren, da bislang das eingegangene Risiko (im Sinne der Renditeschwankung) keine Rolle bei der Analyse spielt.

5.4.3.1.4. CPPI unter Variation der betrachteten Zeitperiode

In den bisherigen isolierten Analysen der CPPI-Parameter ist häufig auf den potenziellen Einfluss der Periodenwahl auf die Ergebnisse hingewiesen worden. Es erscheint naheliegend, die Festlegung des Zeitraumes systematisch zu untersuchen. Damit wird die Zeitperiode selbst ein freier Parameter der CPPI-Analyse (nicht unbedingt der CPPI-Handelsstrategie), in der eine hypothetische Anlegerin gemäß der CPPI-Strategie ihre Investitionen tätigt. Für eine systematische Analyse der Zeitperiodenauswahl ist es ratsam, eine rollierende Analyse vorzunehmen. Die Vorgehensweise bei einer rollierenden Analyse wird detailliert im Kapitel 4.6 und 6 beschrieben und ist für das Verständnis der nächsten Fallstudie wichtig. Die rollierende Analyse wird unter der Annahme eines festen Anlagezeitraumes von 60 bzw. 120 Monaten vorgenommen. Dabei wird eine Anlegerin unterstellt, die für 60 bzw. 120 Monate der Strategie im ersten Zeitraum folgt, dann für die gleiche Anzahl der Monate im zweiten Zeitraum der Strategie folgt etc. Dadurch rollt man den Analysedatensatz durch den historischen Datensatz und erhält $(T-D+1)$ Auswertungen, wobei T die gesamte Anzahl der historischen Beobachtungen und D die Länge des festen Anlagezeitraums darstellen. Der feste Anlagezeitraum entspricht dem Schätzzeitraum bei der Modellentwicklung, wie im Kapitel 4.6 beschrieben. Mit der rollierenden Analyse ist es möglich, die Zeitabhängigkeit einer Anlagestrategie aufzudecken. Da die CPPI-Strategie eine regelbasierte Strategie ohne die Notwendigkeit von Prognosen ist, ergeben sich höhere Vermögensendwerte lediglich durch das Glück, in der richtigen Zeitphase der Strategie gefolgt zu sein. Die rollierende Analyse anhand historischer Datenzeitreihen ist außerdem der erste Schritt einer umfassenden Backtesting-Analyse.

Die rollierende Analyse der CPPI-Handelsstrategie ist in Programmlisting 5.56 umgesetzt.

Im Skript werden alle CPPI-Parameter konstant (und identisch zum vorangegangenen Beispiel) gehalten, lediglich die Zeitperiode wird variiert. Aus der Gesamtmatrix der Renditebeobachtungen von DAXP und REXP werden schrittweise die Renditen des aktuellen Zeitraumes extrahiert und der Funktion `fCPPI` als Inputvariable übergeben. Die Anzahl der Beobachtungen wird durch den Wert der Variable `iWindowLength` gesteuert. Im vorliegenden Beispiel werden die Renditen der CPPI-Handelsstrategie ausgewertet, indem die mittlere Rendite und das Risiko bestimmt werden. Unter Risiko wird an dieser Stelle die Schwankung der CPPI-Renditen verstanden. Wie im Kapitel 2.4 dargelegt, existieren je nach Zieldefinition unterschiedliche Risikoverständnisse. Im Zusammenhang mit der CPPI-Handelsstrategie wäre es naheliegend, das Risiko als die Gefahr der Unterschreitung des Floors zu interpretieren. Die CPPI-Umschichtungsvorschriften verhindern aber im Regelfall diese Gefahr.

Neben der rollierenden Bestimmung der mittleren Renditen und des Risikos für die CPPI-Renditen werden in Programmlisting 5.56 auch die risikoadjustierten Performancemaße Sharpe-Ratio und die Gain-to-Loss-Ratio (GTL) ausgewertet. Die risikoadjustierten Performancemaße und die Funktion `fRiskAdjPerf` zu ihrer Berechnung sind im Kapitel 2.5 eingeführt worden. Im vorliegenden Beispiel wird die geforderte Mindestrendite τ und der risikofreie Zins mit Null angenommen. Für die Bestimmung der GTL wird die Ordnung des LPM und des HPM mit 0 angenommen. In diesem Fall kann GTL als das Verhältnis der Anzahl positiver und negativer CPPI-Renditen im Anlagezeitraum interpretiert werden. Alle angenommenen Werte dienen lediglich zur Veranschaulichung der Vorgehensweise. Beispielsweise könnte bei der Bestimmung der risikoadjustierten Performancekennzahlen der risikolose Zins durch die Rendite von REXP ersetzt werden. Als eine weitere Auswertung des Rendite-Risiko-Profils der CPPI-Handelsstrategie wird die relative Häufigkeit dafür bestimmt, dass der Endwert des CPPI-Portfolios kleiner als eine Buy&Hold-Investition in die risikobehaftete Anlage DAXP ist. Diese Auswertung soll lediglich einen ersten Eindruck von der Performance vermitteln und keinesfalls eine vollwertige Performanceanalyse ersetzen.

Quellcode 5.56: Rollierende Analyse der CPPI-Handelsstrategie

```
Siehe Datei: bDemoCPPIEmpRoll.m
```

Die mittleren CPPI-Renditen pro rollierendem Zeitfenster, die dazugehörigen Standardabweichung, Sharpe-Ratios und GTL sind in der Abbildung 5.19 dargestellt. Der feste Anlagezeitraum beträgt 60 Monate. Die x-Achse jeder Abbildung stellt den Endzeitpunkt eines jeden Zeitfensters der rollierenden Analyse dar. Demnach ist z.B. die mittlere Rendite im Januar 1973 die mittlere Rendite der CPPI-Strategie für den Zeitraum Februar 1967 bis Januar 1973. Aus der Abbildung der mittleren Renditen 5.19a (Abbildung links oben) wird die deutliche Zeitabhängigkeit der Handelsstrategie ersichtlich. Die Phasen hoher und niedriger mittlerer CPPI-Renditen wechseln sich im Zeitablauf ab. Da es sich um eine regelbasierte Handelsstrategie handelt, ist die Zeitabhängigkeit alleine durch die Wahl des Analysezeitraumes begründet. Der gleiche Befund gilt allerdings auch für die Standardabweichung der CPPI-Renditen (Abbildung 5.19b, rechts oben), die zu den gleichen Anlageendzeitpunkten hoch ausfällt, zu denen auch die mittlere Rendite hoch ist. Es liegt daher die Vermutung nahe, dass die CPPI-Renditen in diesen Perioden besonders stark durch die DAXP-Renditen determiniert werden. Eine ähnliche Zeitabhängigkeit ergibt sich ebenso für die Sharpe-Ratio und die GTL. Interessanterweise ist die GTL für fast alle Zeiträume

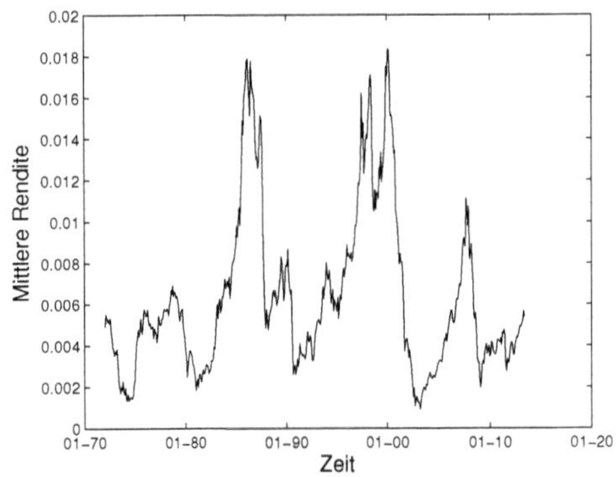

(a) Mittlere CPPI–Rendite

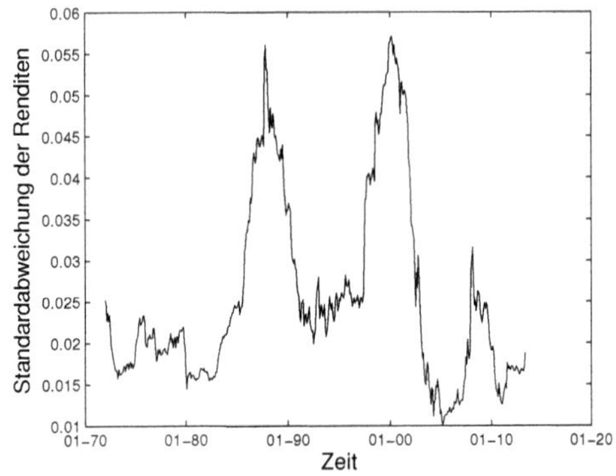

(b) Standardabweichung der CPPI–Renditen

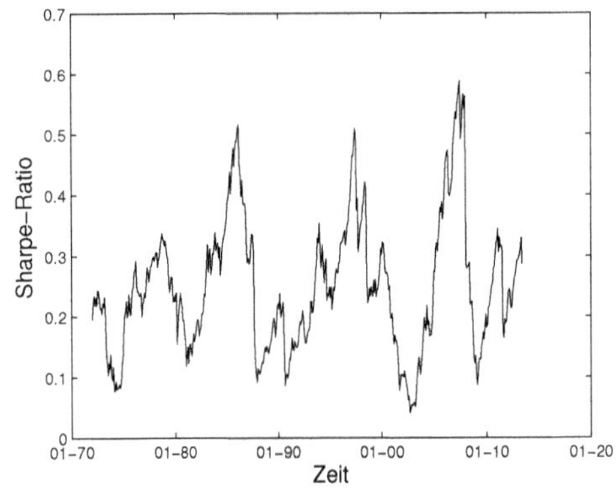

(c) Sharpe–Ratio der CPPI–Handelsstrategie

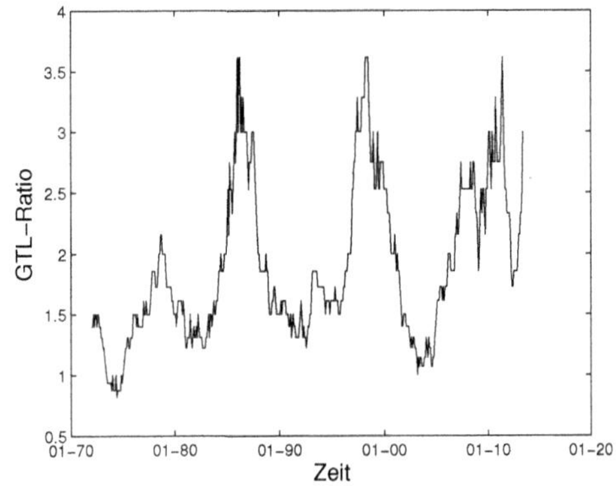

(d) Gain–to–Loss–Ratio der CPPI–Handelsstrategie

Abbildung 5.19.: Ergebnisse der rollierenden Analyse von CPPI-Handelsstrategie im Zeitraum 1967–2013 bei einer festen Anlagedauer von **60** Monaten

größer als Eins. Folglich ist die Anzahl positiver CPPI-Renditen durchgängig größer als die der negativen CPPI-Renditen.

Im Skript 5.56 wird auch die relative Häufigkeit bestimmt, bei der der Endwert der CPPI-Handelsstrategie kleiner als der Endwert einer reinen Buy&Hold-Strategie in die risikobehaftete Anlage DAXP ist. Im vorliegenden Beispiel beträgt diese relative Häufigkeit 39,16% und deutet eine bessere Performance der CPPI-Handelsstrategie gegenüber einer reinen DAXP-Investition an. Dieses Ergebnis ist insoweit überraschend als die CPPI, neben der Wertsicherung, ebenso das Risiko (im Sinne der Renditeschwankungen) durch die Kapitalallokation in die risikoarme Anlage, gegenüber einem reinen Investment in DAXP, reduziert.

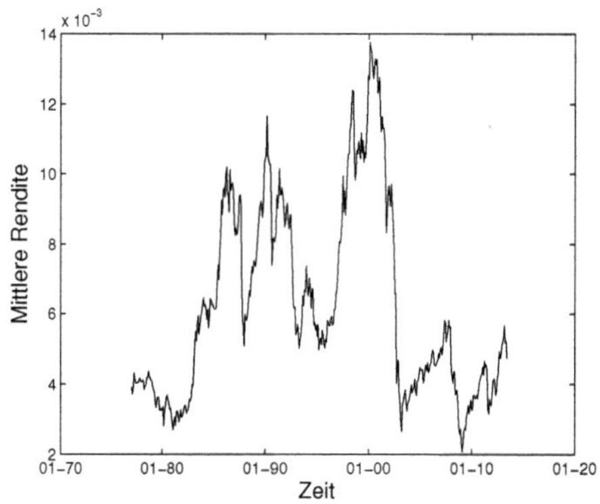

(a) Mittlere CPPI–Rendite

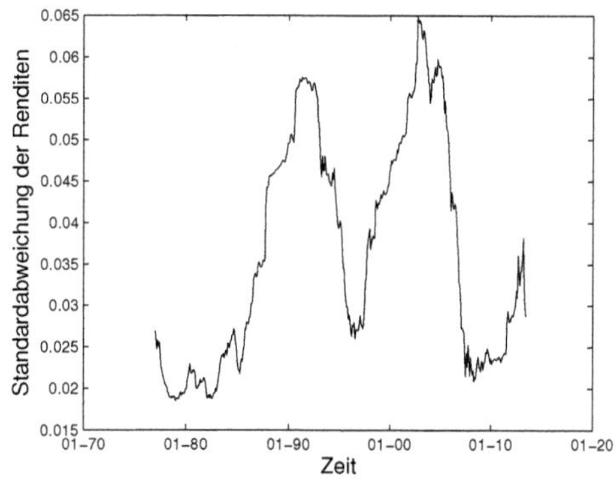

(b) Standardabweichung der CPPI–Renditen

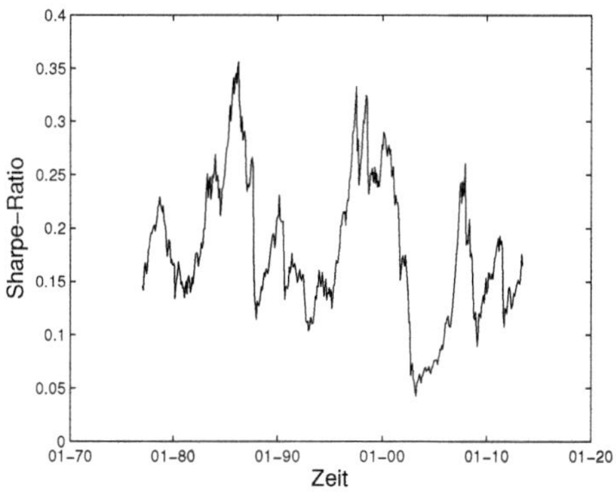

(c) Sharpe–Ratio der CPPI–Handelsstrategie

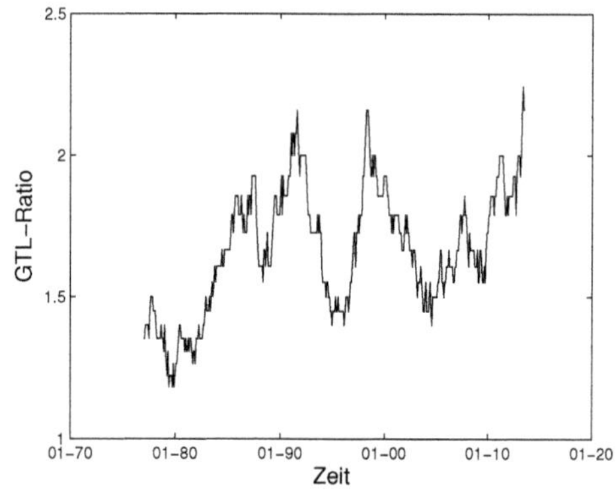

(d) Gain–to–Loss–Ratio der CPPI–Handelsstrategie

Abbildung 5.20.: Ergebnisse der rollierenden Analyse von CPPI-Handelsstrategie im Zeitraum 1967–2013 bei einer festen Anlagedauer von **120** Monaten

Die rollierende, historische Analyse erlaubt die Zeitabhängigkeit einer Handelsstrategie aufzudecken. Ein weiterer und häufig weniger beachteter Parameter der rollierenden Analyse ist die Länge des festen Anlagezeitraumes bzw. der Schätzperiode. In der Abbildung 5.20 sind die Ergebnisse derselben Analyse wie in der vorangegangenen Untersuchung dargestellt, wobei jetzt der feste Anlagezeitraum 120 Monate beträgt. Die Zeitabhängigkeit der Ergebnisse ist ähnlich ausgeprägt. Auffällig sind jedoch die deutlich kleineren Werte für die mittlere Rendite, die Sharpe-Ratio und die GTL im Vergleich zu einem Anlagezeitraum von 60 Monaten. Offenbar hat die Wahl des Anlagezeitraumes ebenfalls einen Einfluss auf die Ergebnisse und sollte im Rahmen einer systematischen Auswertung ebenfalls beachtet werden.

5.4.3.1.5. CPPI und der Value-at-Risk

Zur Abschätzung möglicher maximaler Verluste einer CPPI-Handelsstrategie kann man, und als Anbieter von CPPI-Handelsstrategien muss man aufgrund regulatorischer Bestimmungen,

VaR-Berechnungen durchführen. Die VaR-Bestimmung für die CPPI-Renditen kann man aus einer externen und einer internen Sichtweise vornehmen. In einer externen Analyse kennt man lediglich die CPPI-Renditen, anhand derer man beispielsweise die Berechnungen von $\text{VaR}_{\mathbf{emp}}$ und $\text{VaR}_{\mathbf{norm}}$ mit der Funktion `fValueAtRisk` durchführen kann.[85] Insoweit unterscheidet sich eine externe Analyse der CPPI-Renditen nicht von den bisherigen Fallstudien, in welchen die VaR-Eigenschaften untersucht wurden. Bei der Durchführung einer Analyse aus der internen Sicht kann man auf detailliertere Informationen zurückgreifen, welche die Güte der VaR-Bestimmungen steigern können. Im Rahmen der CPPI-Handelsstrategie ist dies insbesondere das Wissen über den Hauptrisikotreiber, die risikobehaftete Anlage, sowie über die genaue Zusammensetzung des CPPI-Portfolios zum Zeitpunkt der VaR-Bestimmung.

In der bisherigen Fallstudie wird die CPPI-Handelsstrategie durch eine Umschichtung des Kapitals zwischen DAXP, als die risikobehaftete Anlage, und REXP, als die risikoarme Anlage, umgesetzt. Es erscheint plausibel, den DAXP als den Hauptrisikotreiber zu identifizieren, da die DAXP-Renditen deutlich höhere Schwankungen im Vergleich zu den REXP-Renditen aufweisen und somit die Schwankungen der CPPI-Renditen hauptsächlich verursachen. In einer (sehr) naiven Herangehensweise könnte man den VaR der DAXP-Renditen als Schätzer des VaR der CPPI-Renditen heranziehen. Zur besseren Unterscheidung zwischen den Schätzern, wird zu den VaR-Kennzahlen basierend auf den DAXP-Renditen der Index „DAXP“ hinzugefügt. $\text{VaR}_{\mathbf{emp,DAXP}}$ ($\text{VaR}_{\mathbf{norm,DAXP}}$) bezeichnet demnach die Schätzung von $\text{VaR}_{\mathbf{emp}}$ ($\text{VaR}_{\mathbf{norm}}$) auf Basis der DAXP-Renditen.

Die naive Gleichsetzung der VaR-Schätzer vernachlässigt allerdings die Information über die Zusammensetzung des CPPI-Portfolios zum Zeitpunkt der VaR-Bestimmung. Betrachtet man die Investition in die risikobehaftete Anlage in der Abbildung 5.15b, wird der z.T. sehr geringe Anteil des risikobehaftet investierten Kapitals ersichtlich. Wenn aber kein oder nur wenig Kapital in die risikobehaftete Anlage alloziiert wird, führt eine VaR-Schätzung alleine auf Basis von DAXP-Renditen fast zwangsläufig zur Überschätzung des wahren CPPI-VaR. Eine VaR-Überschätzung ist ökonomisch nicht sinnvoll, da sie zu einer höheren als notwendigen Eigenkapitalhinterlegung führt. In einem zweiten Ansatz kann man die Schätzungen $\text{VaR}_{\mathbf{emp,DAXP}}$ und $\text{VaR}_{\mathbf{norm,DAXP}}$ mit dem aktuellen Anteil der risikobehafteten Anlage gewichten (vgl. Gleichungen 5.67 und 5.68). Das risikobehaftet investierte Kapital entspricht dem Exposure der CPPI-Handelsstrategie aus der Gleichung 5.61. Das Anteilsgewicht des Exposures w_{exposure} kann ermittelt werden, indem der aktuelle Wert des Exposures durch den aktuellen Portfoliowert aus der Gleichung 5.63 dividiert wird.

$$\text{VaR}_{\mathbf{norm,exposure}} = w_{\text{exposure}} \cdot \text{VaR}_{\mathbf{norm,DAXP}} = \frac{E}{PV} \cdot \text{VaR}_{\mathbf{norm,DAXP}} \tag{5.67}$$

$$\text{VaR}_{\mathbf{emp,exposure}} = w_{\text{exposure}} \cdot \text{VaR}_{\mathbf{emp,DAXP}} \tag{5.68}$$

Aus Vereinfachungsgründen ist bei den Gleichungen 5.67 und 5.68 der Zeitindex t weggelassen.

Als weiterer Ansatz bietet sich die vollständige Ausnutzung der Information über die Portfoliozusammensetzung zum Zeitpunkt der VaR-Schätzung an. Aufgrund der Korrelationsstruktur

[85] Die Definition und die Interpretation von $\text{VaR}_{\mathbf{emp}}$ und $\text{VaR}_{\mathbf{norm}}$ ist im Kapitel 2.4.3 gegeben. Dort ist auch die Funktion `fValueAtRisk` beschrieben.

zwischen DAXP und REXP kann eine Risikodiversifikation und dadurch geringere Renditeschwankung realisiert werden. Basierend auf der Portfoliozusammensetzung zum Zeitpunkt der VaR-Schätzung lässt sich die vollständige historische Renditezeitreihe des Portfolios berechnen, wenn man die aktuellen Portfoliogewichte (w_{exposure} und $(1 - w_{\text{exposure}})$) zum Zeitpunkt der VaR-Schätzung konstant hält. Die Portfoliorenditen können anschließend herangezogen werden, um, z.B. mithilfe der Funktion `fValueAtRisk`, $\text{VaR}_{\textbf{emp,Port}}$ und $\text{VaR}_{\textbf{norm,Port}}$ zu bestimmen.[86] Für die bessere Unterscheidbarkeit wird der Index „Port" benutzt, wenn die VaR-Schätzung mit den Portfoliorenditen vorgenommen wird.

Die dargestellten VaR-Schätzungen im Rahmen von rollierenden Analysen der CPPI-Handelsstrategien sind in Programmlisting 5.57 umgesetzt. Als Gütemaß der VaR-Schätzungen wird auf die in der Gleichung 5.39 dargestellte relative Häufigkeit der Unterschreitungen $\hat{a}$ zurückgegriffen. Die relative Häufigkeit von Unterschreitungen misst den relativen Anteil der Beobachtungen, bei denen die wahre CPPI-Rendite unter dem Wert des VaR-Schätzers liegt. Der optimale Wert von $\hat{a}$ sollte der Unterschreitungswahrscheinlichkeit α der VaR-Berechnung entsprechen. Zur Auswertung der statistischen Validität unterschiedlicher VaR-Schätzungen werden der POF-Test, der Unabhängigkeitstest und der Joint-Test herangezogen, die im Kapitel 5.4.2 eingeführt worden sind. Dort ist auch die Funktion `fBackStatTests` beschrieben, auf die hier zurückgegriffen wird. Die Hypothesentests zeigen an, ob eine Abweichung der relativen Häufigkeit von der Unterschreitungswahrscheinlichkeit zufällig ist (Nullhypothese) und ob die Abweichungen zeitlich gehäuft auftreten. Die Parameter der CPPI-Strategie und der rollierenden Auswertung sind identisch zum Skript 5.56.

Quellcode 5.57: Out-of-Sample Eigenschaft der VaR-Berechnungen im Rahmen einer rollierenden Analyse der CPPI-Handelsstrategie

```
Siehe Datei: bDemoCPPIEmpRollVaR.m
```

Die relativen Unterschreitungshäufigkeiten von VaR-Schätzungen sowie die Irrtumswahrscheinlichkeiten der drei Hypothesentests sind in der Tabelle 5.21 für eine rollierende Auswertung der CPPI-Handelsstrategie mit festem Anlagezeitraum von 120 Monaten dargestellt. Die Unterschreitungswahrscheinlichkeit zur Bestimmung des VaR ist mit 1% und mit 5% angenommen, um die Sensitivität der Schätzungen zu untersuchen. Wenn $\alpha = 0,01$ angenommen wird, unterschätzen die meisten VaR-Schätzungen den wahren VaR. Lediglich für die Schätzungen von $\text{VaR}_{\textbf{emp,DAXP}}$, $\text{VaR}_{\textbf{emp,exposure}}$ und $\text{VaR}_{\textbf{emp,Port}}$ lässt sich die Nullhypothese des POF-Tests mit der Irrtumswahrscheinlichkeit von 5% nicht ablehnen. Eine Zeitabhängigkeit der Unterschreitungen kann nur bei $\text{VaR}_{\textbf{norm,DAXP}}$ angenommen werden (Unabh.-Test). Die Ergebnisse sind unterschiedlich, wenn man die Analyse mit der Unterschreitungswahrscheinlichkeit von 5%

[86] Geht man von einer Normalverteilung der Renditen für die risikobehaftete und die risikoarme Anlage aus, kann der $\text{VaR}_{\textbf{norm,Port}}$ auch als

$$\text{VaR}_{\textbf{norm,Port}} = \underbrace{\mathbf{w}^T\mathbf{r}}_{\text{Portfoliorendite}} + z_\alpha \cdot \underbrace{\sqrt{\mathbf{w}^T\mathbf{V}\mathbf{w}}}_{\text{Standardabweichung der Portfoliorendite}} \tag{5.69}$$

bestimmt werden. Der hier vorgeschlagene Ansatz ist genereller und unabhängig(er) von der Normalverteilungsannahme für die Renditen von DAXP und REXP. Ferner zeigen die Ergebnisse der Simulationen im Kapitel 5.4.2, dass $\text{VaR}_{\textbf{norm}}$ nicht nur für normalverteilte Renditen brauchbare Schätzungen liefert.

	Irrtumswahrscheinlichkeiten			
	$\hat{a}$	POF	Unabh.-Test	Joint-Test
		$\alpha = 0,01$		
$\text{VaR}_{\textbf{emp}}$	0,0342	0,0001	0,3018	0,0002
$\text{VaR}_{\textbf{norm}}$	0,0571	0,0000	0,0548	0,0000
$\text{VaR}_{\textbf{emp,DAXP}}$	0,0137	0,4614	0,6828	0,7013
$\text{VaR}_{\textbf{norm,DAXP}}$	0,0274	0,0026	0,0023	0,0001
$\text{VaR}_{\textbf{emp,exposure}}$	0,0160	0,2470	0,6332	0,4566
$\text{VaR}_{\textbf{norm,exposure}}$	0,0342	0,0001	0,0955	0,0001
$\text{VaR}_{\textbf{emp,Port}}$	0,0137	0,4614	0,6828	0,7013
$\text{VaR}_{\textbf{norm,Port}}$	0,0342	0,0001	0,0955	0,0001
		$\alpha = 0,05$		
$\text{VaR}_{\textbf{emp}}$	0,0913	0,0003	0,4609	0,0013
$\text{VaR}_{\textbf{norm}}$	0,0890	0,0007	0,1704	0,0012
$\text{VaR}_{\textbf{emp,DAXP}}$	0,0479	0,8426	0,0845	0,2214
$\text{VaR}_{\textbf{norm,DAXP}}$	0,0457	0,6727	0,0096	0,0320
$\text{VaR}_{\textbf{emp,exposure}}$	0,0548	0,6500	0,1757	0,3606
$\text{VaR}_{\textbf{norm,exposure}}$	0,0548	0,6500	0,1757	0,3606
$\text{VaR}_{\textbf{emp,Port}}$	0,0548	0,6500	0,1757	0,3606
$\text{VaR}_{\textbf{norm,Port}}$	0,0571	0,5059	0,2168	0,3738

Tabelle 5.21.: Relative Unterschreitungshäufigkeiten $\hat{a}$ von VaR-Schätzungen für die CPPI-Handelsstrategie und die Irrtumswahrscheinlichkeiten ihrer Abweichung von der Unterschreitungswahrscheinlichkeit α nach dem POF-Test, Unabhängigkeitstest und dem Joint-Test. Der Anlagezeitraum in der rollierenden Analyse beträgt 120 Monate.

durchführt. Jetzt kann die Nullhypothese des POF-Tests nur für $\text{VaR}_{\textbf{emp}}$ und $\text{VaR}_{\textbf{norm}}$ abgelehnt werden. Überdies sind die statistisch signifikanten Unterschätzungen sehr hoch. Ferner kann eine Zeitabhängigkeit des $\text{VaR}_{\textbf{norm,DAXP}}$-Schätzers beobachtet werden.

Die Ergebnisse in der Tabelle 5.21 sind für einen Anlagezeitraum von 120 Monaten ermittelt worden. Nachrichtlich sei angemerkt, dass die Ergebnisse sich, z.T. deutlich, von den präsentierten Ergebnissen unterscheiden, wenn der feste Anlagezeitraum 60 Monate beträgt.[87] Die Sensitivität der Ergebnisse in Abhängigkeit von der Länge des Anlagezeitraumes in einer rollierenden Analyse ist bereits durch die vorangegangene Fallstudie in Programmlisting 5.56 dokumentiert und wird hier nochmals bestätigt.

In der Analyse des VaR für die CPPI-Rendite wird die Sichtweise einer Anlegerin angenommen, die eine Risikoabschätzung ihrer Handelsstrategie vornehmen will. Die CPPI-Handelsstrategie kann man in einer generellen Sichtweise auch als einen weiteren Datengenerierungsprozess (d.h. stochastischen Prozess) verstehen. Die CPPI-Handelsstrategie im Sinne eines stochastischen

[87] Diese Analyse lässt sich im Skript 5.57 durch die Zuweisung der Zahl 60 zu der Variable `iWindowLength` umsetzen.

Prozesses erzeugt eine ausgeprägte Asymmetrie der Renditen, die aus der Abbildung 5.16 ersichtlich wird. Dort wird die Rechtsschiefe der CPPI-Renditeverteilung deutlich, die einer (originären, d.h. nicht gespiegelten) F- bzw. χ^2-Verteilung ähnelt.

5.4.3.2. Erweiterungen der CPPI

In den vorangegangenen Kapiteln wurden die Grundlagen einer ersten, einfachen CPPI-Strategie dargelegt und die Sensitivität ihrer Ergebnisse gegenüber der Variation vorzugebender Parameter im Rahmen historischer Analysen untersucht. In den nachfolgenden Kapiteln werden zwei Erweiterungen der CPPI vorgestellt. Diese und die einführend vorgestellte Strategie werden im weiteren Verlauf dieses Kapitels zur stochastischen Simulation herangezogen. Konkret handelt es sich bei den beiden Erweiterungen um CPPI-Strategien, bei denen nicht in jeder Periode umgeschichtet werden darf und bei denen auch laufende Einzahlungen berücksichtigt werden können. In den bisherigen Analysen wird von der Möglichkeit von jederzeitigen und unbegrenzten Umschichtungen ausgegangen. Es stellt sich die Frage, wie sich die Ergebnisse ändern, wenn nicht in jeder denkbaren Periode die Portfolioumschichtungen vorgenommen werden sollen bzw. dürfen. Als ein Beispiel seien Hedgefonds als risikobehaftete Investitionen genannt, aus denen man das investierte Kapital erst nach einer längeren Frist abziehen darf. Als ein anderes Beispiel sei die mögliche Vorschrift genannt, nach der nur einmal im Monat die Portfoliozusammensetzung geändert werden darf. Gleichzeitig könnten die Renditen für jeden Tag beobachtet, aber aufgrund der Vorschrift keine Umschichtungen veranlasst werden. Die fehlende Anpassung des Portfolios gemäß der CPPI-Handelsstrategie könnte z.B. dazu führen, dass der Floorwert unterschritten wird. Die zweite Fragestellung widmet sich der Möglichkeit von laufenden, zusätzlichen Einzahlungen durch die Anlegerin während des Anlagezeitraumes, in dem der CPPI-Strategie gefolgt wird. In den bisherigen Analysen wird von einer einmaligen Gesamtinvestition in das CPPI-Portfolio ausgegangen. Mit der Betrachtung der laufenden Einzahlungen kann mittelbar eine Analyse der „Cost-Averaging-Hypothese“ durchgeführt werden. Die Cost-Averaging-Hypothese geht von einer Überlegenheit der festen, laufenden Einzahlungen in eine Handelsstrategie im Vergleich zu einer einmaligen Gesamtinvestition aus.[88] Die laufenden Einzahlungen in die CPPI-Strategie kann man sich als einen Vertreter für eine Cost-Averaging-Strategie vorstellen.

5.4.3.2.1. CPPI mit Handelsbeschränkungen

Die Funktion `fCPPILag` in Programmlisting 5.58 setzt eine CPPI-Variante um, bei der nicht in jeder Periode eine Kapitalumschichtung gemäß den CPPI-Vorschriften in den Gleichungen 5.60-5.63 vorgenommen werden soll. Sie stellt eine Modifikation der Funktion `fCPPI` dar. In der Funktion `fCPPILag` wird durch die Variable `iNoTrade` die Anzahl der Perioden festgelegt, die zwischen zwei Zeitpunkten vergehen muss, bis wieder eine Umschichtung erlaubt ist. Legt man den Wert der Variable `iNoTrade` mit 5 fest, dann darf vor dem ersten Zeitpunkt eine Umschichtung vorgenommen werden, dann wieder vor dem sechsten (elften etc.) Zeitpunkt. Bei einem Wert von 1 für `iNoTrade` setzen `fCPPILag` und `fCPPI` die identische CPPI-Strategie um. Die

[88] Für eine weiter gehende Auseinandersetzung mit dem Cost-Averaging-Effekt vgl. CONSTANTINIDES (1979) oder KNIGHT und MANDELL (1993).

einzige Code-Modifikation in der Funktion `fCPPILag` ist eine `if`-Kontrollstruktur, in der geprüft wird, ob für die vorliegende Beobachtung (bzw. Periode) eine Umschichtung vorgenommen werden darf oder nicht. Wenn keine Umschichtung erlaubt ist, werden das Exposure und die risikoarme Anlage im Sinne einer Buy&Hold-Investition behandelt.

Quellcode 5.58: Funktion zur Umsetzung der CPPI-Handelsstrategie, nach der die Umschichtung nur in festen zeitlichen Abständen vorgenommen werden

```
Siehe Datei: fCPPILag.m
```

Quellcode 5.59: Auswertung der CPPI-Handelsstrategie ohne jederzeitige Umschichtungsmöglichkeit

```
Siehe Datei: bDemoCPPIEmpLag.m
```

Eine mögliche Analyse der Auswirkungen des Fehlens der jederzeitigen Umschichtungsmöglichkeit auf die mittlere CPPI-Rendite in unterschiedlichen historischen Zeiträumen ist in Programmlisting 5.59 umgesetzt. Im Skript wird die Anzahl von Perioden ohne Handel (Variable `iNoTrade` der Funktion `fCPPILag`) von 1 bis 24 schrittweise erhöht. Neben der mittleren CPPI-Rendite wird ebenso ausgewertet, ob eine Unterschreitung des Floors zu verzeichnen gewesen ist. Die mittleren Renditen für eine variierende Anzahl von Zeitperioden ohne Umschichtung sind in der Abbildung 5.21 dargestellt. Die mittleren Renditen schwanken ohne ein erkennbares Muster in unterschiedlichen historischen Zeitperioden. Die vorgestellten Ergebnisse sind, wie alle anderen Ergebnisse in diesem Kapitel, rein illustrativ und können nicht verallgemeinert werden. Insbesondere können abweichende Ergebnisse auftreten, wenn man die CPPI mithilfe der Tagesrenditen anstelle von monatlichen Renditen analysieren und nur einmal im Monat eine Umschichtung stattfinden würde.

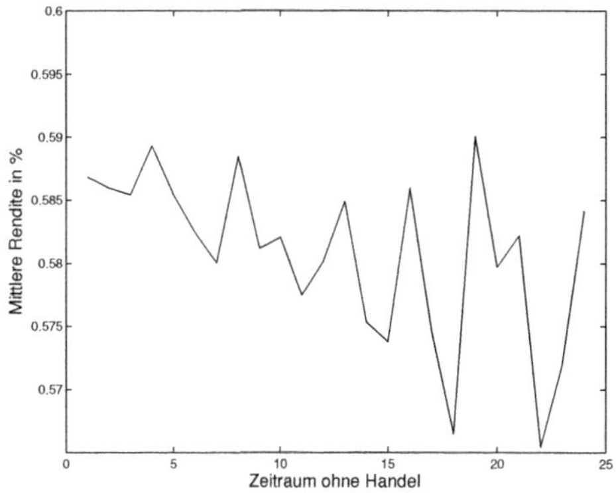

(a) Mittlere CPPI-Renditen im Zeitraum 1967–2013

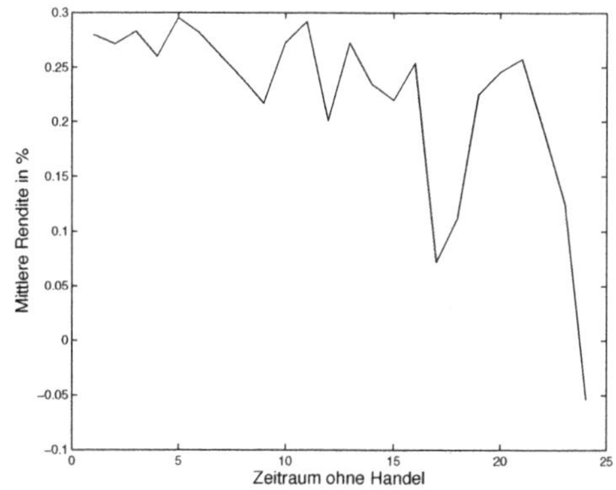

(b) Mittlere CPPI-Renditen im Zeitraum 1997–2003

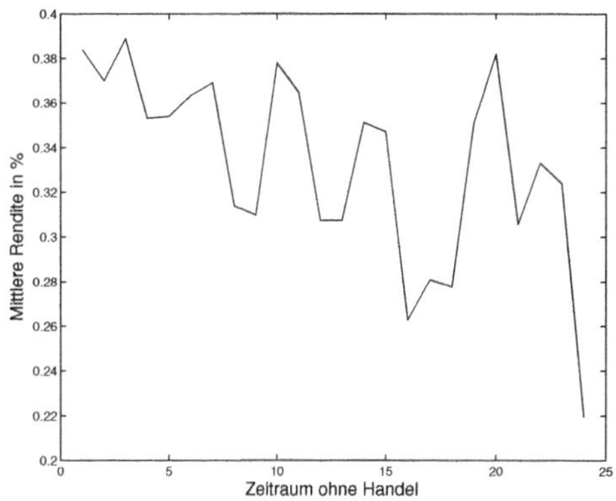

(c) Mittlere CPPI-Renditen im Zeitraum 1997–2013

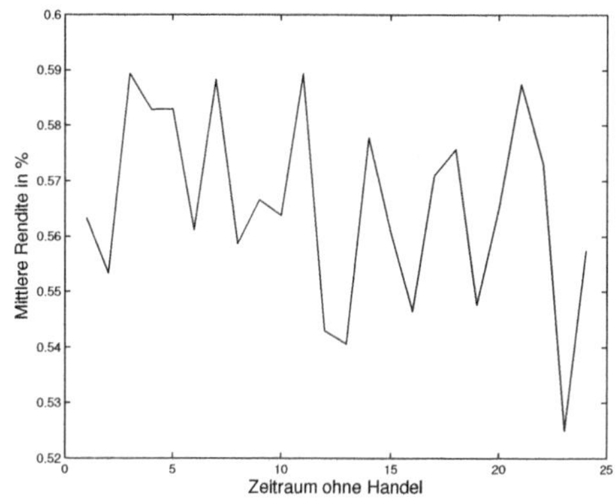

(d) Mittlere CPPI-Renditen im Zeitraum 1990–2013

Abbildung 5.21.: Mittlere CPPI-Renditen für variierende Zeitperioden ohne Umschichtungen in vier historischen Zeiträumen. Der Multiplikator ist 2, Floorstartwert ist 90% des Startkapitals, Floorverzinsung ist 2% p.a., die risikobehaftete Anlage ist DAXP und die risikoarme Anlage ist REXP.

5.4.3.2.2. CPPI mit laufenden Einzahlungen

Als letzte CPPI-Variante soll ein Vergleich zwischen einer einmaligen Gesamtinvestition und einer laufenden Einzahlung in ein CPPI-Portfolio betrachtet werden. Die Funktion `fCPPIPayment` in Programmlisting 5.60 kann laufende monatliche Einzahlungen in ein CPPI-Portfolio bei der Umsetzung der Handelsstrategie berücksichtigen. Im Vergleich zur Grundfunktion `fCPPI` erwartet `fCPPIPayment` als zusätzliche Inputvariable den Wert oder den Vektor monatlicher Einzahlungen `vMonPay`. Die Nutzung des Vektors monatlicher Einzahlungen bietet sich dann an, wenn die monatlichen Einzahlungen im Zeitablauf nicht konstant sein sollen. Die monatliche Einzahlung zum Zeitpunkt t wird in der Funktion anteilig dem Exposure und der risikoarmen Anlage hinzugefügt und bei der Bestimmung der Rendite der CPPI-Strategie zum Zeitpunkt $t+1$ berücksichtigt. Ein Hinweis bzgl. der Funktion `fCPPIPayment` ist zu beachten. In der Funktion wird bei der Bestimmung der CPPI-Renditen auf die Funktion `fPricesToReturns` verzichtet, da durch die laufenden Einzahlungen in das CPPI-Portfolio die *wertgewichteten* Renditen zu bestimmen sind. Die Berechnung der wertgewichteten Renditen ist identisch zur Bestimmung der Portfoliorendite in der Gleichung 2.62 (im Kapitel 2.6), wenn die Anteilsgewichte w bekannt sind. Für die CPPI-Portfolios sind die Anteilsgewichte zu jedem Zeitpunkt bekannt und daraus lässt sich die wertgewichtete Portfoliorendite $r_{t,\text{Port}}$ zum Zeitpunkt t als

$$r_{t,\text{Port}} = w_{\text{exposure}} \cdot r_t + \left(1 - w_{\text{exposure}}\right) \cdot r_{ft} \tag{5.70}$$

bestimmen. Die Formel für die wertgewichtete Portfoliorendite gilt jedoch nur unter Verwendung von diskreten Renditen. Da die CPPI-Funktionen jedoch mit stetigen Renditen arbeiten, sind diese zunächst in diskrete Renditen zu transformieren, daraus ist dann die diskrete Portfoliorendite zu bestimmen, welche zu Zwecken der Konsistenz in eine stetige Portfoliorendite zu transformieren ist.

Quellcode 5.60: Funktion zur Umsetzung der CPPI-Handelsstrategie unter Berücksichtigung monatlicher Einzahlungen

```
Siehe Datei: fCPPIPayment.m
```

In Programmlisting 5.61 wird ein stark vereinfachender Vergleich zwischen einer einmaligen Investition und einer Investition mit konstanten monatlichen Einzahlungen vorgenommen. Damit ein annähernd fairer Vergleich stattfindet, wird als einmalige Investition der Barwert BW aller konstanten monatlichen Einzahlungen C zuzüglich der ersten Einzahlung C_0 zu Beginn der Strategie angenommen. Die Berechnung des Barwertes ist in der Gleichung 5.71 gegeben.

$$BW = \sum_{t=1}^{T} \frac{C}{(1+r_{pt})^t} + C_0 \approx \frac{C}{WGF} + C_0 \tag{5.71}$$

mit:

$$WGF = \frac{r_{pt} \cdot (1+r_{pt})^T}{(1+r_{pt})^T - 1} \tag{5.72}$$

Als Diskontierungszinssatz wird die Floorverzinsung angenommen, die dem garantierten Zinssatz entspricht. Das Anfangsvermögen und die konstanten monatlichen Einzahlungen betragen jeweils 100. Alle anderen Einstellungen sind identisch zu den Einstellungen in Programmlisting 5.56.

Quellcode 5.61: Auswertung der CPPI-Handelsstrategie mit und ohne monatliche Einzahlungen

```
Siehe Datei: bDemoCPPIEmpMonPay.m
```

Wenn man die Analyse für den Gesamtzeitraum von 1967 bis 2013 durchführt, ergibt sich ein CPPI-Endwert von 955.608,34 für die Einmalzahlung und ein Endwert von 507.813,35, wenn konstante monatliche Einzahlungen zu leisten wären. Führt man die historische Analyse für die Jahre 1997 bis 2003 (2000 bis 2003) durch, ist der CPPI-Endwert bei einer einmaligen Investition 9897,15 (5208,27) und bei monatlichen Einzahlungen 10.053,98 (5449,81). Die sich widersprechenden Rangfolgen der Vorteilhaftigkeit beider Einzahlungsarten sollen an dieser Stelle ein zentrales Ergebnis der Literatur bzgl. des Cost-Averaging-Effektes wiedergeben. Ein Cost-Averaging-Effekt kommt besonders dann zum Tragen, wenn während des Investitionszeitraumes zunächst eine Marktphase mit fallenden Kursen gefolgt von einer Marktphase mit steigenden Kursen bis zum Ende der Investitionsdauer zu beobachten ist. Das ist gerade für die Jahre 2000 bis 2003 zu beobachten gewesen. Ein nahezu identisches Ergebnis für beide Einzahlungsarten erreicht man, wenn mehrere Marktphasen aufeinander folgen, wie es für die Jahre 1997 bis 2003 der Fall ist. Ein Vorteil der einmaligen Investition ist dagegen dann zu erwarten, wenn es sich um einen Markt mit insgesamt ansteigenden Kursen handelt, wie es für den Gesamtzeitraum zu beobachten ist.

5.4.3.3. Eigenschaften der CPPI in Simulationen

In den bisherigen Fallstudien zu der CPPI-Handelsstrategie ist insbesondere die Wirkung von variierenden Parametern (Floorstartwert, Floorverzinsung, Multiplikator) auf die Performance der CPPI-Handelsstrategie untersucht worden. Ferner erfolgten auch Variationen der historischen Analyse, indem rollierende Analysen mit unterschiedlichen Längen des Anlagezeitraumes vorgenommen und die Wirkung dieser Variationen auf die Performance untersucht wurde. Eine entscheidende Größe ist jedoch in allen Untersuchungen identisch gewesen, nämlich die Renditen von DAXP und REXP. Die historischen Renditen stellen jedoch nur *eine* zufällige Realisation des Datengenerierungsprozesses dar. Für eine systematische Analyse der CPPI-Handelsstrategie sollten weitere denkbare Realisationen von Renditen im Rahmen von Simulationen herangezogen oder auch gänzlich andere stochastische Prozesse für die Entwicklung von simulierten Renditen angenommen werden. Damit werden die hier diskutierten Fallstudien mit den zu Beginn dieses Kapitels eingeführten stochastischen Simulationen kombiniert. Mit dieser Aufgabe beschäftigen sich die nachfolgenden Fallstudien. Wie in allen bisherigen Fallstudien wird auch dort eine isolierte Analyse vorgenommen, in der nur die Renditen simuliert und keine Wechselwirkungen zu anderen Parametern und Einstellungen untersucht werden.

Die Eigenschaften von CPPI-Handelsstrategien (oder auch anderen Methoden) im Rahmen von Simulationen zu untersuchen, bedeutet, wenn man sich Simulationen als ein Experiment vorstellt, den „wahren" Renditegenerierungsprozess vorzugeben und eine Vielzahl von denkbaren Realisationen von Renditepfaden gemäß eines stochastischen Prozesses zu erzeugen. Mit den simulieren Renditen kann dann die Performance der CPPI-Handelsstrategie unter unterschiedlichen Marktbedingungen analysiert werden. Nachfolgend wird die Simulation der CPPI-Strategien (Einmalzahlung ohne Handelsbeschränkungen, Einmalzahlung mit Handelsbeschränkungen, laufende Einzahlungen) anhand des Bootstrapping, der Cholesky-Zerlegung unter Normalverteilungsannahme und der Cholesky-Zerlegung ohne Normalverteilungsannahme vorgestellt.

5.4.3.3.1. CPPI-Simulation mit Bootstrapping

In den vorangegangenen Fallstudien sind die Eigenschaften der CPPI-Handelsstrategien im Rahmen von rollierenden historischen Analysen (auch historische Simulationen genannt) untersucht worden. Als eine Zwischenstufe zwischen rein historischen Simulationen und „echten" Simulationen kann das Bootstrapping angesehen werden, das im Kapitel 2.8.4.3 erläutert worden ist. Dort ist auch die Funktionen `fBootstrap` eingeführt worden, auf die im vorliegenden Kapitel zurückgegriffen wird. Das Bootstrapping mit dem Zweck, Hypothesen zu testen, ist im Kapitel 5.4.2 angewendet worden. In der nächsten Fallstudie wird das Bootstrapping verwendet, um neue Realisationen der Renditen zu erzeugen. Der Unterschied zwischen der Bootstrap-Anwendung für einen Hypothesentest und für die Generierung neuer Renditepfade ist rein konzeptioneller Natur. Die technische Umsetzung ist in beiden Fällen identisch.[89]

Der Vorteil von Bootstrapping bei der Erzeugung von Renditezeitreihen im Vergleich zu echten Simulationen liegt in der einfacheren Umsetzung, weil keine Annahmen über die Verteilungseigenschaften von Renditen oder über stochastische Prozesse getroffen werden müssen. Lediglich die Stationarität der empirischen Renditen muss gewährleistet sein.[90] Basierend auf einem Ausgangsdatensatz wird die zeitliche Reihenfolge der Renditen zufällig vertauscht und dadurch eine neue Renditezeitreihe generiert. Praktisch lassen sich dadurch bei typischen Finanzmarktanwendungen mit 250 Beobachtungen "unendlich" viele unterscheidbare Variationen generieren. Ein weiterer Vorteil von Bootstrapping ist die Beibehaltung der Korrelationsstruktur des Ausgangsdatensatzes. Die übliche Vorgehensweise eines Bootstraps besteht in der zufälligen Neuanordnung der Zeitpunkte von Renditen. Wenn die Neuanordnung der Zeitpunkte identisch für die Rendite aller untersuchten Wertpapiere ist, bleibt die empirische Korrelationsstruktur in den gebootstrappten Renditen erhalten. Ein mehr oder weniger aufwändiges Verfahren zur Induzierung der Korrelationsstruktur in die simulierten Renditen, vergleichbar mit den im Kapitel 5.3.2 diskutierten Verfahren, ist somit nicht notwendig.

Den Vorteilen von Bootstrapping stehen Nachteile gegenüber. Zum einen muss ein Ausgangsdatensatz überhaupt existieren, mit dem das Bootstrapping durchzuführen ist. Der Ausgangsdatensatz kann aus simulierten Renditen bestehen, wenn man das Bootstrapping für einen Hypothesentest, wie in den Kapiteln 2.8.4.3 und 5.4.2, heranzieht. Zum anderen und bedeutender, kann ein Bootstrap keine neuen Beobachtungen erzeugen, sondern es ordnet lediglich die vorhandenen empirischen Beobachtungen neu an. Eine Rendite, die im Ausgangsdatensatz nicht vorhanden ist, wird ebenso wenig im gebootstrappten Datensatz existieren.

Eine exemplarische Bootstrap-Analyse der CPPI-Handelsstrategie ist in Programmlisting 5.63 umgesetzt. In der Fallstudie soll die Wirkung von Variationen des Ausgangsdatensatzes auf die mittlere CPPI-Rendite, die Standardabweichung, die Sharpe-Ratio und die (Out-of-Sample-) VaR-Schätzung für die CPPI-Renditen untersucht werden. Als Ausgangsdatensatz werden die empirischen Daten von DAXP und REXP für den Zeitraum 1967-2013 herangezogen. Um die Funktion `fBootstrap` hier adäquat nutzen zu können, wird eine neue Wrapper-Funktion `fWrapperCPPI` eingeführt, die in Programmlisting 5.62 dargestellt ist.[91] Die Funktion `fWrapperCPPI` wird insbesondere benötigt, um die Bootstrap-Analyse gleichzeitig über die DAXP- *und* REXP-Renditen durchzuführen, da die Funktion `fBootstrap` einen gebootstrappten Datensatz nur für die erste Inputvariable einer Funktion erzeugt. Ferner wird durch das Bootstrapping über beide empirischen Zeitreihen die Beibehaltung der Korrelationsstruktur sichergestellt. Im Unterschied zur

[89] Vgl. zur Generierung künstlicher Daten mithilfe von Bootstrapping auch Kapitel 4.6 und den Anhang 5.A zu diesem Kapitel 5.

[90] Die Stationaritätseigenschaft von Renditen und die Tests auf Stationarität werden im Kapitel 4.2.5 beschrieben.

[91] Eine Diskussion zur Notwendigkeit einer Wrapper-Funktion bei der Nutzung der Funktion `fBootstrap` ist im Kapitel 5.4.3.1 gegeben.

Funktion fCPPI geht die Wrapper-Funktion vom Vorliegen einer risikobehafteten und einer risikoarmen Anlage aus, die in Form einer Matrix als erste Inputvariable (mRiskymRiskless) der Funktion fWrapperCPPI übergeben werden. In der Wrapper-Funktion werden für jeden Bootstrap-Datensatz neben der Bestimmung der mittleren CPPI-Renditen weitere Kennzahlen berechnet und Variablen definiert, die für den Fortgang der Betrachtungen notwendig sind. Das sind insbesondere die letzte gebootstrappte CPPI-Rendite, die für die Bestimmung der relativen Unterschreitungshäufigkeit von VaR-Schätzungen benötigt wird, und die mittleren Renditen der gebootstrappten DAXP- und REXP-Renditen. Alle berechneten Kennzahlen werden in Form eines Vektors als das einzige Ergebnis der Funktion zurückgeliefert. Der Hintergrund für die Definition einer Outputvariable ist wieder durch die Nutzung der Funktion fBootstrap begründet, die nur für die erste Outputvariable einer Funktion die Auswertung vornimmt.

Quellcode 5.62: Wrapper-Funktion zur Umsetzung einer Bootstrap-Analyse der CPPI-Handelsstrategie

```
Siehe Datei: fWrapperCPPI.m
```

In Programmlisting 5.63 wird die CPPI-Handelsstrategie mithilfe von 2000 Bootstraps untersucht. Für jeden gebootstrappten Datensatz werden 250 Beobachtungen aus dem Ausgangsdatensatz gezogen und zeitlich neu angeordnet. Der VaR wird mit einer Unterschreitungswahrscheinlichkeit von 5% bestimmt. Darüber hinaus wird im Skript die Funktion fBackStatTests herangezogen, um die statistische Validität der VaR-Schätzungen in Bezug auf die relative Häufigkeit der Unterschreitungen mithilfe des POF-Tests zu überprüfen.[92] Ferner werden deskriptive Statistiken der gebootstrappten Kennzahlen unter Verwendung der Funktion fDescriptiveStats berechnet.

Quellcode 5.63: Bootstrap-Analyse der CPPI-Strategie

```
Siehe Datei: bDemoCPPISimBootstrap.m
```

Die absoluten Häufigkeitsverteilungen der mittleren Renditen von CPPI und DAXP für die 2000 Bootstraps sind in der Abbildung 5.22a (linke Abbildung) dargestellt. Die Einstellungen für die Wertebereiche der x- und y-Achsen sind in der Abbildung identisch, um eine einfachere Vergleichbarkeit zu gewährleisten. Die mittleren CPPI-Renditen scheinen im Vergleich zu den mittleren DAXP-Renditen leicht nach rechts verschoben zu sein. Sie weisen insbesondere keine negativen Werte auf. Die Häufigkeitsverteilung der mittleren CPPI-Renditen weist die Merkmale einer rechtsschiefen Verteilung auf, während die Häufigkeitsverteilung der mittleren DAXP-Renditen eher einer linksschiefen Verteilung ähnelt. Dieser Eindruck wird durch die berechneten Schiefen der mittleren Renditen aus der Tabelle 5.22 (Tabellenbereich A.) bestätigt. Im Kapitel 2.3.6 wurde auf die Präferenz eines risikoaversen Investors für rechtsschiefe Verteilungen hingewiesen, da bei diesen die Wahrscheinlichkeit von hohen Renditen ceteris paribus höher als bei einer linksschiefen Verteilung ist. Die deskriptiven Statistiken in der Tabelle 5.22 beziehen sich jedoch nur auf die mittleren Renditen. Demnach erzeugt die CPPI-Handelsstrategie im Mittel Renditen, die eine risikoaverse Anlegerin präferieren würde. Interessant ist auch der Vergleich der Mittelwerte der mittleren Renditen von CPPI und DAXP, nach dem es praktisch keinen nennenswerten Unterschied zwischen einer Buy&Hold-Anlage in DAXP und einer CPPI-Handelsstrategie

[92] Die Hypothesentests und die Funktion sind im Kapitel 5.4.2 beschrieben.

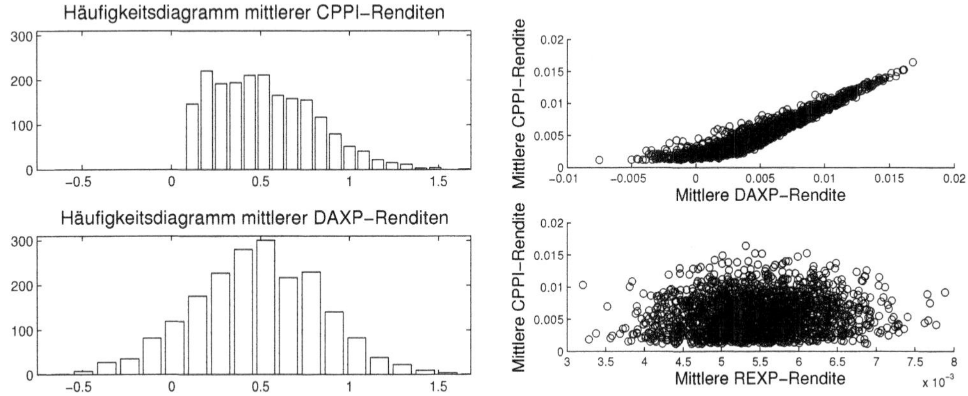

(a) Häufigkeitsdiagramme der CPPI- und DAXP-Renditen

(b) Scatterplots: CPPI- gegen DAXP- und REXP-Rendite

Abbildung 5.22.: Häufigkeitsdiagramm von mittleren CPPI- und DAXP-Renditen nach 2000 Bootstraps, basierend auf den empirischen, monatlichen Renditen für DAXP und REXP im Zeitraum 1967-2013 und Scatterplots der mittleren CPPI-Rendite in Abhängigkeit von den mittleren DAXP- und REXP-Renditen. Pro Bootstrap werden 250 simulierte Renditen generiert.

gibt. Auch die maximalen mittleren Renditen sind fast gleich. Die Performanceunterschiede werden insbesondere durch die minimale mittlere Rendite und die Spannweite der mittleren Renditen verdeutlicht.

Im Bereich B. der Tabelle 5.22 sind die relativen Unterschreitungshäufigkeiten der $\text{VaR}_{\mathbf{emp}}$- und $\text{VaR}_{\mathbf{norm}}$-Schätzungen sowie die Irrtumswahrscheinlichkeiten des POF-Tests zusammengefasst. Beide Kennzahlen unterschätzen den VaR und folglich kann die Nullhypothese des POF-Tests sogar bei einer Irrtumswahrscheinlichkeit von 1% abgelehnt werden. Die Ergebnisse für $\text{VaR}_{\mathbf{emp}}$ und $\text{VaR}_{\mathbf{norm}}$ sind konsistent mit den Ergebnissen, die in rollierenden Analysen im Rahmen von historischen Simulationen in Tabelle 5.21 erzielt wurden. Da in der vorliegenden Bootstrapping-Fallstudie 250 Beobachtungen herangezogen werden, und in der historischen Simulation das rollierende Zeitfenster 120 Monate betrug, unterscheiden sich die Zahlen der beiden Tabellen. Die relativen Häufigkeiten der Unterschreitungen aus der vorliegenden Bootstrapping-Analyse können folglich nicht als ein Schätzer für die historische Analyse aus dem Skript 5.57 herangezogen werden. Wenn man von der reinen Analyse der CPPI-Handelsstrategie abstrahiert und die CPPI als einen zusätzlichen Renditegenerierungsprozess versteht, scheinen sich die Schätzungen von $\text{VaR}_{\mathbf{emp}}$ und $\text{VaR}_{\mathbf{norm}}$ auf der Basis von CPPI-Renditen besonders schwierig zu gestalten. In diesem Sinne kann die vorliegende Bootstrapping-Analyse als eine Erweiterung der VaR-Fallstudien aus dem Kapitel 5.4.2 angesehen werden.

In der Abbildung 5.22b (rechte Abbildung) sind die Abhängigkeiten zwischen der mittleren CPPI-Rendite und der mittleren DAXP- sowie REXP-Rendite visualisiert. Aus der Abbildung wird die Abhängigkeit des Erfolgs der CPPI-Strategie von den DAXP-Renditen (als risikobehaftete Anlage) ersichtlich. Je höher die mittlere DAXP-Rendite ist, desto höher fällt die Rendite

A. Deskriptive Statistiken	$\hat{\mu}_{CPPI}$	$\hat{\mu}_{DAXP}$	$\hat{\sigma}_{CPPI}$	SR_{CPPI}
Mittelwert	0,0057	0,0055	0,0455	0,1232
Median	0,0054	0,0055	0,0466	0,1164
Varianz	0,0000	0,0000	0,0001	0,0030
Standardabweichung	0,0029	0,0037	0,0078	0,0549
Minimum	0,0011	-0,0071	0,0192	0,0263
Maximum	0,0178	0,0179	0,0649	0,3395
Spannweite	0,0167	0,0251	0,0458	0,3132
IQR	0,0043	0,0050	0,0108	0,0792
Schiefe	0,6009	-0,0777	-0,5572	0,6123
Woelbung	2,8314	2,9500	2,9851	2,9730

B. Irrtumswahrscheinlichkeiten der VaR-Hypothesentests	$\hat{a}$	POF
$VaR_{\mathbf{emp}}$	0,0710	0,0000
$VaR_{\mathbf{norm}}$	0,0675	0,0006

Tabelle 5.22.: Deskriptive Statistiken der gebootstrappten CPPI-Performancekennzahlen und Irrtumswahrscheinlichkeiten des POF-Tests der VaR-Schätzungen. $\hat{\mu}_{CPPI}$ ($\hat{\mu}_{DAXP}$) bezeichnen die mittleren Renditen von CPPI (DAXP). $\hat{\sigma}_{CPPI}$ steht für die Standardabweichung der CPPI-Renditen und SR_{CPPI} für die Sharpe-Ratio.

der CPPI-Strategie aus. Diese Abhängigkeit ist der Grund für den zuvor erstellten Vergleich der mittleren DAXP- und der mittleren CPPI-Renditen. Denn ein offensichtlicher Zusammenhang zwischen der mittleren CPPI-Rendite und der REXP-Rendite (als risikoarme Anlage) scheint nicht gegeben zu sein.

5.4.3.3.2. CPPI-Simulation mit Cholesky-Zerlegung unter Normalverteilungsannahme

In der nächsten Fallstudie, die in Programmlisting 5.64 dargestellt ist, werden im Rahmen einer reinen Simulation die Renditen von der risikobehafteten und der risikoarmen Anlage erzeugt, um die Performance der CPPI-Handelsstrategien zu untersuchen. Um eine realitätsnahe Simulation umzusetzen, muss die Korrelationsstruktur zwischen den beiden Anlagen bei der Erzeugung von Zufallszahlen beachtet werden. Dafür wird auf die multivariaten stochastischen Prozesse zurückgegriffen, die im Kapitel 5.3.2 vorgestellt worden sind. In einer ersten Annäherung wird von der Normalverteilung der Renditen für die risikobehaftete und die risikoarme Anlage ausgegangen. In diesem Fall kann die gewöhnliche Cholesky-Zerlegung angewendet werden, um korrelierte Renditen zu simulieren. Zur Erzeugung korrelierter Renditen wird die Funktion `fSimRetChol` aus dem Kapitel 5.3.2.1 herangezogen. In der Fallstudie werden zwei Arten von CPPI untersucht: gewöhnliche CPPI (Funktion `fCPPI`) und CPPI mit laufenden Einzahlungen

(Funktion `fCPPIPayment`). In 1000 Simulationen werden CPPI-Handelsstrategien ausgewertet, bei der der Multiplikator 2, das Anfangskapital 100, die monatlichen Einzahlungen 100, der Floorstartwert 80% des Anfangskapitals und die konstante Floorverzinsung 2% p.a. sind. Das Anfangsvermögen für die gewöhnliche CPPI-Strategie wird als Barwert aller Einzahlungen berücksichtigt (vgl. Gleichung 5.71), um eine Vergleichbarkeit zur CPPI-Handelsstrategie mit monatlichen Einzahlungen zu ermöglichen.

In jeder Simulation werden 1000 Tagesrenditen generiert. Die erwartete Rendite (Standardabweichung) der risikoarmen Anlage beträgt 3% p.a. (3% p.a.). Die Werte für die risikoarme Anlage werden in allen Simulationsvarianten konstant gehalten. Die erwartete Rendite der risikobehafteten Anlage wird mit -5% p.a. und 5% p.a. variiert, beide mit der Standardabweichung von 15% p.a. Darüber hinaus wird die Korrelation zwischen der risikoarmen und risikobehafteten Anlage mit je -0,2 und 0,2 angenommen. Damit ergeben sich insgesamt vier verschiedene Simulationsvarianten. Zur Auswertung und zum Vergleich verschiedener CPPI-Handelsstrategien werden die deskriptiven Statistiken der mittleren CPPI-Renditen und der Standardabweichungen der CPPI-Renditen verwendet. In der Fallstudie wird von der unrealistischen Annahme täglicher Einzahlungen ausgegangen.

Quellcode 5.64: Simulation der Rendite für die CPPI-Strategie basierend auf der Cholesky-Zerlegung und normalverteilten Renditen

```
Siehe Datei: bDemoCPPISimCorr.m
```

Die deskriptiven Statistiken von mittleren Renditen und Standardabweichungen (beide auf der Basis täglicher Renditen) für die CPPI-Handelsstrategien mit der Einmalzahlung und den konstanten Einzahlungen sind in der Tabelle 5.23 dargestellt. Die Standardabweichung der täglichen Renditen für die CPPI-Strategie mit der Einmalzahlung ist höher, unabhängig davon, wie die erwarteten Renditen bzw. die Korrelationen in der Simulation angenommen werden. Diese Eigenschaft der Risikosenkung durch die monatliche Einzahlungen ist ein zentrales Ergebnis der Cost-Averaging-Literatur und wird hier in einem zur Literatur gänzlich unterschiedlichen Simulationsaufbau bestätigt. Die Risikosenkungseigenschaft ist relativ einfach zu erklären. Bei einer einmaligen Gesamtinvestition wird das Kapital während der gesamten Laufzeit den Renditeschwankungen von risikoarmer und risikobehafteter Anlage ausgesetzt. Im Unterschied wird bei den laufenden Einzahlungen das Kapital nur teilweise bzw. nach und nach während der Laufzeit den Renditeschwankungen unterworfen, während gerade zu Beginn der Investitionstätigkeit ein Großteil des Kapitals keinem Risiko ausgesetzt ist.

Wenn man die mittleren Renditen beider CPPI-Handelsstrategien vergleicht, sind die CPPI-Renditen bei einmaliger Gesamtinvestition dann besser, wenn die angenommene Rendite der risikobehafteten Anlage positiv ist, und dann schlechter, wenn die angenommene Rendite der risikobehafteten Anlage negativ ist. Die Korrelation zwischen der risikobehafteten und der risikoarmen Anlage scheint in dieser Fallstudie keinen systematischen Einfluss auf die Höhe der mittleren Rendite zu besitzen. Die Abhängigkeit der Vorteilhaftigkeit der CPPI-Strategien von der angenommenen erwarteten Rendite der risikobehafteten Anlage spiegelt ein weiteres zentrales Ergebnis der Literatur in Bezug auf den Cost-Averaging-Effekt wieder. Die Erklärung für diesen Befund ist analog zur Erklärung unterschiedlicher Standardabweichungen zwischen den CPPI-Strategien. Wenn die erwartete Rendite einer Investition positiv ist, dann ist es vorteilhafter das

	CPPI		CPPI Payment		CPPI		CPPI Payment	
	Ret	Std	Ret	Std	Ret	Std	Ret	Std
	A. $E(r) = 0,05$ p.a. und $\rho_{r,r_f} = 0,2$				B. $E(r) = 0,05$ p.a. und $\rho_{r,r_f} = -0,2$			
Mittel	0,00017	0,00483	0,00013	0,00207	0,00018	0,00446	0,00013	0,00185
Median	0,00015	0,00470	0,00013	0,00204	0,00015	0,00429	0,00012	0,00185
Std	0,00016	0,00107	0,00007	0,00011	0,00016	0,00114	0,00006	0,00006
Min	-0,00012	0,00240	-0,00008	0,00184	-0,00014	0,00212	-0,00010	0,00169
Max	0,00099	0,00869	0,00038	0,00274	0,00086	0,00823	0,00033	0,00218
Spannw.	0,00110	0,00628	0,00046	0,00090	0,00101	0,00612	0,00043	0,00049
	C. $E(r) = -0,05$ p.a. und $\rho_{r,r_f} = 0,2$				D. $E(r) = -0,05$ p.a. und $\rho_{r,r_f} = -0,2$			
Mittel	0,00002	0,00380	0,00011	0,00203	0,00002	0,00336	0,00010	0,00184
Median	0,00001	0,00369	0,00011	0,00202	0,00000	0,00324	0,00011	0,00184
Std	0,00009	0,00074	0,00006	0,00008	0,00009	0,00072	0,00005	0,00005
Min	-0,00015	0,00239	-0,00007	0,00180	-0,00018	0,00202	-0,00007	0,00169
Max	0,00079	0,00744	0,00027	0,00263	0,00065	0,00701	0,00030	0,00215
Spannw.	0,00094	0,00505	0,00034	0,00083	0,00083	0,00499	0,00038	0,00046

Tabelle 5.23.: Deskriptive Statistiken der mittleren Rendite und der Standardabweichung der Renditen von CPPI-Handelsstrategien mit Einmalzahlung und laufenden monatlichen Zahlungen bei einer Renditesimulation mit Cholesky-Zerlegung und Normalverteilungsannahme. Es handelt sich um Zahlen auf täglicher Basis. Die Tabellenbereiche A. bis D. unterscheiden sich durch die angenommenen erwarteten Renditen ($E(r)$) der risikobehafteten Anlage und die Korrelation (ρ_{r,r_f}) zwischen der risikobehafteten und der risikoarmen Anlage.

gesamte Kapital sofort für die Gesamtlaufzeit zu investieren. Wenn dagegen die erwartete Rendite einer Investition negativ ist, dann führt die Aufteilung des Kapitals in monatliche Einzahlungen zu einer überlegenen Performance im Vergleich zu einer Buy&Hold-Investition in das CPPI-Portfolio. Den letzten Fall bezeichnet man als den Cost-Averaging-Effekt, weil man durch die tendenziell fallenden Preise der risikobehafteten Anlage relativ mehr Anteile bzw. relativ günstigere Anteile erwerben kann.

5.4.3.3.3. CPPI-Simulation mit Cholesky-Zerlegung ohne Normalverteilungsannahme

Eine andere Modifikation der vorangegangenen Fallstudie bietet die Verwendung der empirischen Daten zur Kalibrierung von Verteilungsparametern sowie die Aufgabe der Normalverteilungsannahme bei der Cholesky-Zerlegung. Diese Modifikation ist in Programmlisting 5.65 umgesetzt. Um die Cholesky-Zerlegung zur Renditesimulation ohne die Normalverteilungsannahme durchzuführen, wird die Funktion `fSimRetCholNonNormal` verwendet, die im Kapitel 5.3.2.1 eingeführt wurde. Die empirische Grundlage bilden die monatlichen Renditen von DAXP (risikobehaftete Anlage) und REXP (risikoarme Anlage). Die übrigen Simulations- und CPPI-Parameter sowie die Auswertungen sind identisch zur vorangegangenen Fallstudie in Programmlisting 5.64.

Quellcode 5.65: Simulation der Rendite für die CPPI-Strategie basierend auf der Cholesky-Zerlegung ohne Normalverteilungsannahme

```
Siehe Datei: bDemoCPPISimCorrNN.m
```

	CPPI		CPPI Payment	
	Ret	Std	Ret	Std
Mittel	0,00544	0,05706	0,00550	0,05173
Median	0,00535	0,05754	0,00541	0,05235
Std	0,00173	0,00386	0,00155	0,00463
Min	0,00157	0,04158	0,00243	0,03506
Max	0,01030	0,06648	0,01045	0,06376
Spannw.	0,00874	0,02490	0,00802	0,02870

Tabelle 5.24.: Deskriptive Statistiken der mittleren Rendite und der Standardabweichung der Renditen von CPPI-Handelsstrategien mit Einmalzahlung und laufenden monatlichen Zahlungen bei einer Renditesimulation mit Cholesky-Zerlegung ohne Normalverteilungsannahme. Die Schätzungen sind auf der Basis von monatlichen Beobachtungen von DAXP und REXP ermittelt worden. Bei den deskriptiven Statistiken handelt es sich um Zahlen auf monatlicher Basis.

Die monatlichen deskriptiven Statistiken der mittleren Renditen sowie der Standardabweichungen der Renditen der CPPI-Handelsstrategien mit einmaliger Gesamtzahlung und laufenden monatlichen Einzahlungen sind in der Tabelle 5.24 dargestellt. Zwischen den beiden CPPI-Arten gibt es in Bezug auf den Mittelwert der mittleren Renditen praktisch keine Differenzen. Die minimale mittlere CPPI-Rendite einer Einmalzahlung ist jedoch kleiner als die der laufenden Einzahlungen. Bzgl. der Renditeschwankungen sind zwischen den beiden CPPI-Arten leichte Differenzen festzustellen. Die Standardabweichung ist geringer bei der CPPI-Handelsstrategie mit monatlichen Einzahlungen. Der Befund ist konsistent mit den Ergebnissen aus der vorangegangenen Fallstudie und mit den Ergebnissen aus der Literatur. Bei der Interpretation der Ergebnisse ist darauf zu achten, dass es sich bei den Ergebnissen in der Tabelle 5.24 um monatliche Werte handelt.

Interessant erscheint auch ein Vergleich mit den Ergebnissen aus der Bootstrapping-Analyse. Der Mittelwert aus der Tabelle 5.22 ist praktisch kaum vom Mittelwert der CPPI-Handelsstrategie mit Einmalzahlung aus der Tabelle 5.24 zu unterscheiden. Das Minimum und das Maximum der mittleren Renditen aus den beiden Analysen sind dagegen z.T. deutlich verschieden. Die Standardabweichungen der CPPI-Renditen sind ebenfalls unterschiedlich, da die Standardabweichung der CPPI-Renditen mit gebootstrappten DAXP- und REXP-Renditen deutlich niedriger ausfällt. Der Befund könnte u.a. auf zwei Ursachen zurückzuführen sein. Zum einen könnten die Nachteile des Bootstrapping ausschlaggebend sein, da ein Bootstrap lediglich eine zeitliche Neuanordnung der Renditen darstellt. Dadurch können keine neuen, vor allem keine neuen extremen Renditen generiert werden. Die historischen DAXP-Renditen könnten zusätzlich ein insgesamt zu positives Bild der Kapitalmarktentwicklung zeichnen. Zum anderen könnte die Nutzung der Cholesky-Zerlegung ohne die Normalverteilungsannahme für die Ergebnisse verantwortlich sein. Bei dieser Methode werden die Renditeverteilungen in eine gedachte Normalverteilung überführt, um die Voraussetzungen der Cholesky-Zerlegung zu erfüllen. Dabei könnte die Datengrundlage von 557 historischen Beobachtungen zu gering sein, um eine zuverlässige Schätzung vornehmen zu können.

5.5. Zwischenfazit

Die vorangegangenen Fallstudien dienen der Demonstration der Vorgehensweise bei der Entwicklung einer Simulationen. Die Fallstudien bilden dabei ein Spektrum an Anwendungsmöglichkeiten ab. In den Simulationen sind, allerdings nicht annähernd systematisch für die Erzielung von inhaltlich verallgemeinerbaren Ergebnissen, die Renditen erzeugt worden, für welche zuvor an die gewünschte oder an die empirische Verteilung angepasst worden ist. Für die Adaption weiterer Verteilungen und/oder stochastischer Prozesse können die präsentierten Fallstudien als eine erste Ausgangsbasis dienen. Es handelt sich insgesamt, wie auch im Kapitel 5.4.3.1, um eine isolierte Analyse der Auswirkung von Renditerealisationen auf die Ergebnisse der CPPI-Handelsstrategie. Die hier erzielten Ergebnisse können sensibel auf die Änderung eines jeden CPPI-Parameters reagieren.

Ein weiteres Merkmal der Fallstudien ist konzeptioneller Natur. Einerseits können mit den Simulationen die Eigenschaften der CPPI-Handelsstrategie untersucht werden. Anderseits können die simulierten Renditen der CPPI-Handelsstrategie als ein weiterer stochastischer Prozess im Sinne des Kapitels 5.3 interpretiert werden, den man zur Erzeugung von Renditen benutzen kann. Die CPPI-Renditen können dann für die Analyse weiterer Methoden benutzt werden, die mit der CPPI-Handelsstrategie keinen unmittelbaren Zusammenhang haben. Im vorliegenden Kapitel werden beispielsweise die Eigenschaften von VaR-Berechnungsmethoden analysiert. Die VaR-Schätzung kann einen unmittelbaren Zusammenhang zur CPPI-Strategie haben, z.B. zur Abschätzung des Risikos. Die CPPI-Renditen könnten auch in einem gänzlich anderen Zusammenhang genutzt werden. Auch wenn es bei der technischen Umsetzung der Simulationen keine Unterschiede zur bisherigen Analyse gibt, ist es wichtig, diese konzeptionelle Unterscheidung zu beachten. Die vorstehenden Ausführungen haben verdeutlicht, dass die Grenze zwischen einer rein stochastischen Simulation und der Simulation komplexerer finanzwirtschaftlicher Fragestellungen bzw. Systeme fließend ist. Im folgenden Kapitel wird die Simulation komplexer Systeme noch stärker in der Vordergrund gerückt.

5.A. Künstliche Daten im Buch

Der vorliegende Anhang beschreibt kurz, wie die in diesem Buch verwendeten künstlichen Daten erzeugt wurden. Dabei wird konsequent auf die zuvor präsentierten Grundlagen zurückgegriffen, sodass dieser Anhang auch als eine Darstellung weiterer Fallstudien angesehen werden kann.

5.A.1. Künstliche Daten zur Performanceanalyse

Die künstlichen Daten in Kapitel 2 für die Einführung in die Performanceanalyse wurden mit Hilfe eines 3-Faktorenmodells erzeugt, so wie dieses allgmein in Kapitel 5.3.2.4 beschrieben ist.

Skript/Funktion	Beschreibung	Matlab	Octave	Freemat	Toolboxen
bGeneriereDaten-BenchmarkFonds.m	Demoskript zur Generierung der Daten für Kapitel 2	X	X	X	keine
bGeneriereDaten-PortfolioOpt.m	Demoskript zur Generierung der Daten für Kapitel 3, Portfoliooptimierung	X	X	X	keine
bGeneriereDaten-IndexTracking.m	Demoskript zur Generierung der Daten für Kapitel 3, Index-Tracking	X	X	X	keine
bGeneriere-BASFDAX.m	Demoskript zur Generierung der Daten für Kapitel 4, Marktmodell	X	X	X	keine
bGeneriere-Kreuzkorrelationen.m	Demoskript zur Generierung der Daten für Kapitel 4, Kreuzkorrelationen	X	X	X	keine
bGeneriereDaten-BlockBoot.m	Demoskript zur Generierung der Daten für Kapitel 4, Fallstudie Renditeprognosemodell	X	X	X	keine

Tabelle 5.25.: Übersicht verwendeter Skripte und Funktionen zur Generierung der künstlichen Daten in diesem Buch.

Insbesondere sei dort auf die Gleichungen 5.28 für ein Ein-Faktoren- und auf Gleichung 5.29 für ein allgemeines Mehr-Faktoren-Modell verwiesen.

Der konkrete datengenerierende Prozess besitzt in diesem Beispiel die folgende Struktur nach Formel 5.73 bzw. in Matrizenschreibweise nach Formel 5.74.

$$r_{it} = \alpha_i + \beta_{1i}F_{1t} + \beta_{2i}F_{2t} + \beta_{3i}F_{3t} + \varepsilon_{it} \tag{5.73}$$

$$\mathbf{r}_i = \mathbf{F} \cdot \boldsymbol{\beta}_i + \boldsymbol{\varepsilon}_i \tag{5.74}$$

Dabei ist r_{it} die Rendite des Fonds bzw. Benchmark zum Zeitpunkt t, F_{jt} ist der Wert des renditetreibenden Faktors mit $j = 1,...,3$ und α_i, β_{ji} sind die Faktorsensitivitäten bzw. das Alpha von Fonds und Benchmark. Dementsprechend ist $\mathbf{F}$ eine $T \times 4$ Matrix der Faktorwerte und $\boldsymbol{\beta}_i$ eine 4×1 Koeffizientenmatrix. Die erste Spalte der Matrix $\mathbf{F}$ enthält lauter Einsen und repräsentiert die Konstante; ebenso enthält die erste Zeile der Koeffizientenvektoren $\boldsymbol{\beta}_i$ die Werte von α_i.

Die Faktorwerte und Residuen wurden gemäß den in Kapitel 5.3.1 dargestellten Verfahren simuliert und anschließend in den Dateien `Faktoren.txt` (simulierte Faktorwerte), `ResidFonds.txt` (Residuen Fonds) und `ResidBench.txt` (Residuen Benchmark) abgespeichert. Die Betas von Fonds und Benchmark wurden vorgegeben (abgespeichert in der Datei `BetaFonds.txt` für den Fonds und Datei `BetaBench.txt` für die Benchmark).

Das Programmlisting zeigt die Generierung der künstlichen Daten für die Performanceanalyse 5.66. Die Generierung der Daten folgt dem oben beschriebenen Vorgehen bei einem (hier 3-) Faktorenmodell. Der letzte Schritt der Datengenerierung besteht darin, die künstlich erzeugten Daten in Preisreihen umzurechnen. Dafür wird auf die Funktion `fReturnsToPrices` zurückgegriffen, welche in Kapitel 2.2.1 näher beschrieben ist.

Quellcode 5.66: Demoskript zur Generierung der künstlichen Daten für die Performanceanalyse

```
1 Siehe Datei: bGeneriereDatenBenchmarkFonds.m
```

5.A.2. Künstliche Daten zur Portfoliooptimierung

In Kapitel 3 werden zwei unterschiedliche Datensätze benutzt. Der erste Datensatz zur Portfoliooptimierung im engeren Sinne wird nachfolgend beschrieben. Die Beschreibung des zweiten Datensatzes für die Demonstration der Modelle zum Index Tracking wird im nachfolgenden Kapitel beschrieben. Für die Generierung dieses Datensatzes wird ebenfalls ein 3-Faktorenmodell benutzt, ähnlich wie es bereits in Kapitel 5.A.1 verwendet wird. Der einzige Unterschied ist hier, dass das Faktorenmodell kein explizites Alpha vorsieht, also die Struktur nach Formel 5.75 besitzt (in Matrizenschreibweise Formel 5.76).

$$r_{it} = \beta_{1i}F_{1t} + \beta_{2i}F_{2t} + \beta_{3i}F_{3t} + \varepsilon_{it} \tag{5.75}$$

$$\mathbf{R} = \mathbf{F} \cdot \boldsymbol{\beta}^{\mathrm{T}} + \boldsymbol{\varepsilon} \tag{5.76}$$

Hier ist $\mathbf{F}$ eine $T \times 3$ Matrix der Faktorwerte und $\boldsymbol{\beta}$ eine 8×3 Koeffizientenmatrix (hier sind die Betas zeilenweise pro Asset angeordnet). Die erste Spalte der Matrix $\mathbf{F}$ enthält bei dieser Simulation keine Einsen, da ein 3-Faktorenmodell ohne Konstante angenommen wird. Ebenso enthält die Koeffizientenmatrix $\boldsymbol{\beta}$ hier keine Alpha-Werte. Die Matrix $\boldsymbol{\varepsilon}$ ist eine $T \times 8$ Matrix residualer Renditen.

Zur Kalibrierung des Faktormodells wurde zunächst auf realen Daten eine Hauptkomponentenanalyse (PCA, siehe auch näher Kapitel 5.3.2.4) durchgeführt und anschließend die drei erklärungsstärksten Faktoren selektiert. Die nicht durch diese drei Faktoren erklärten Residualrenditen wurden ermittelt. Sie dienten zur Kalibrierung und Simulation der residualen Renditen. Genauso wurden die drei erklärungsstärksten Faktoren zur Kalibrierung und Simulation der Faktorwerte benutzt.

Das Programmlisting 5.67 zeigt die Generierung der künstlichen Daten für die Portfoliooptimierung.

Quellcode 5.67: Demoskript zur Generierung der künstlichen Daten für die Portfoliooptimierung

```
1 Siehe Datei: bGeneriereDatenPortfolioOpt.m
```

Wie aus dem Demoskript 5.67 ersichtlich, werden in einem ersten Schritt die Assetrenditen aus dem Faktormodell, aber ohne Berücksichtigung der Residualrenditen, ermittelt. Da die so ermittelten simulierten Renditen noch nicht die gewünschten Skaleneigenschaften besitzen, erfolgt die Reskalierung im nächsten Schritt. Danach werden die residualen Renditen addiert, welche in dieser Simulation bereits mit den gewünschten Skaleneigenschaften versehen sind. Im letzten Schritt werden dann wieder die simulierten Assetrenditen in fiktive Preise umgerechnet.

5.A.3. Künstliche Daten zum Index-Tracking

Die Generierung der künstlichen Daten für das Index-Tracking folgt in nahezu identischer Weise dem Vorgehen aus dem vorangegangenen Kapitel 5.A.2, außer dass hier ein 6-Faktorenmodell angenommen wird. Das Programmlisting 5.68 zeigt die Generierung der künstlichen Daten für das Index-Tracking.

Quellcode 5.68: Demoskript zur Generierung der künstlichen Daten für das Index-Tracking

```
Siehe Datei: bGeneriereDatenIndexTracking.m
```

Aufgrund der vorhergehenden Kalibrierung des Faktormodells wurden die Faktorwerte so simuliert, dass sie zwar einen Mittelwert von null, aber dieselbe Varianz wie die originären Faktorwerte besitzen. Daher müssen im Demoskript 5.68 zum Zwecke der Reskalierung der Renditen nur noch die Mittelwerte der Assetrenditen addiert werden, jedoch ist die Multiplikation mit der Standardabweichung hier nicht mehr erforderlich. Die simulierten Residualrenditen besitzen auch hier bereits die gewünschten Skaleneigenschaften und werden daher nur noch addiert. Abschließend erfolgt die Umrechnung der simulierten Renditen in fiktive Preisreihen.

5.A.4. Künstliche Daten zum Marktmodell

In Kapitel 4.2.2 wird ein erstes einführendes Beispiel zur Regressionsanalyse betrachtet, welches sich an einem Beispiel bei PODDIG et al. (2008), S. 265 ff. orientiert. Basierend auf den dort präsentierten Analyseergebnissen (Schätzung des Marktmodells für die Renditen der BASF-Aktien in Bezug auf die Renditen des Deutschen Aktienindex DAX) wird hier kurz demonstriert, wie sich korrespondierende künstliche Daten generieren lassen. Die Vorgehensweise dabei ist sehr einfach gehalten und orientiert sich an dem Vorgehen in Kapitel 5.2.2.2 zur Erzeugung künstlicher, normalverteilter Renditen für den DAX. Die Erzeugung der künstlichen BASF-Renditen orientiert sich wieder an dem Vorgehen bei einem Faktormodell (siehe Kapitel 5.3.2.4 und oben), wobei hier ein Ein-Faktorenmodell angenommen wird. Die Erzeugung der normalverteilten Residuen folgt ebenfalls dem in Kapitel 5.2.2.2 beschrieben Vorgehen. Analytisch zerfällt das Vorgehen in drei Schritte: (i) Erzeugung normalverteilter DAX-Renditen, (ii) Erzeugung der BASF-Renditen gemäß Ein-Faktorenmodell (hier: geschätzte Marktmodell), (iii) Addition der Residuen (residualen Renditen).

Das Programmlisting 5.69 zeigt die Generierung der künstlichen Daten für das Marktmodell. In dem Demoskript werden die beschrieben Schritte umgesetzt, jedoch in leicht abweichender Reihenfolge. Bei der Erzeugung der künstlichen Residuen ist zu beachten, dass diese einen Erwartungswert von null besitzen, was durch die Schätzung des Regressionsmodells mit Konstante sichergestellt ist. Auch hier besteht der letzte Schritt in der Umrechnung der simulierten Renditen in fiktive Kursreihen (Preise, Indexstände).

Quellcode 5.69: Demoskript zur Generierung der künstlichen Daten für das Marktmodell

```
Siehe Datei: bGeneriereBASFDAX.m
```

5.A.5. Künstliche Daten zur Kreuzkorrelationsanalyse

In Kapitel 4.5.2 wird die Kreuzkorrelationsanalyse vorgestellt und an einem einfachen Beispiel basierend auf künstlichen Daten demonstriert. Der dort angenommene datengenerierende Prozess lautet nach Formel 5.77:

$$y_t = 1,2 \cdot x_{t-2} - 0,8 \cdot x_{t-6} + \varepsilon_t \tag{5.77}$$

Offensichtlich handelt es sich dabei wieder um ein Mehr-Faktorenmodell, wobei hier die Faktoren verschiedene Lags der unabhängigen Variable x darstellen. Daraus ergibt sich eine leicht abweichende Vorgehensweise bei der Generierung der künstlichen Daten, indem nur die Faktorwerte für einen Faktor x erzeugt werden. Aus Vereinfachungsgründen wird hier eine Normalverteilung der Faktorwerte angenommen. Nach der Erzeugung der Faktorwerte müssen aber noch die Lags konstruiert werden; erst danach können die Werte der abhängigen Variable y berechnet werden.

Das Programmlisting 5.70 zeigt eine mögliche Vorgehensweise. Das Demoskript sieht die Erzeugung beliebiger Kreuzkorrelationen für eine unabhängige Variable x vor. Dazu ist die maximale Lagordnung `iNumLags` vorzugeben. Die relevanten, zu erzeugenden Lagstrukturen sind dann im Vektor `vBeta` zu setzen, im betrachteten Beispiel sind dies `vBeta(3) = 1.2` und `vBeta(7) = -0.8`. Zu beachten sind die um Eins verschobenen Indizes, da der Index 1 die kontemporäre Abhängigkeit beschreibt, die hier aber mit null angenommen wird.

Quellcode 5.70: Demoskript zur Generierung der künstlichen Daten für die Kreuzkorrelationsanalyse

```
Siehe Datei: bGeneriereKreuzkorrelationen.m
```

In dem hier betrachteten Beispiel werden normalverteilte Daten (unabhängige Variable x, Residuen ε und damit abhängige Variable y) angenommen, außerdem sind keine besonderen Vorgaben hinsichtlich der Skaleneigenschaften der erzeugten Daten zu beachten. Daher ist die Generierung der künstlichen Daten in diesem Beispiel unkritisch. Die Übertragung dieses Beispiels auf die Erzeugung komplexer Kreuzkorrelationsstrukturen bei mehreren Faktoren und nicht normalverteilten Daten und unter Beachtung gewünschter Skaleneigenschaften ist dagegen sehr kompliziert. Das dazu notwendige Vorgehen geht über den Fokus dieses Buchs hinaus.

5.A.6. Künstliche Daten zur Finanzprognose

In Kapitel 4.6.1 werden kurz die Daten für die Entwicklung und den Test eines Renditeprognosemodells vorgestellt. Die Datengenerierung benutzt dabei das Block-Bootstrap-Verfahren, welches in Kapitel 2.8.4.3, dort die benutzerdefinierte Funktion `fMakeBlockBootSample` in Programmlisting 2.64, kurz angesprochen wurde. Die Begründung für die Verwendung von künstlichen Daten wurde ebenfalls in Kapitel 4.6.1 gegeben. Hier soll nur kurz die konkrete Datengenerierung vorgestellt werden, zumal das Block-Bootstrap-Verfahren bisher in diesem Buch nicht angewendet wurde.

Die programmtechnische Umsetzung ist dabei mit Hilfe der benutzerdefinierten Funktion `fMakeBlockBootSample` sehr einfach, siehe dazu auch Programmlisting 5.71

Quellcode 5.71: Demoskript zur Generierung der künstlichen Daten für die Finanzprognpose

```
Siehe Datei: bGeneriereDatenBlockBoot.m
```

Zu Demonstrationszwecken liest das Skript künstlich generierte Daten ein, da wir die originären Daten nicht bereitstellen können. Es wurde aber in identischer Weise auf den originären Daten angewendet, um die Block-Boostrap-Daten zu generieren, auf denen dann die Darstellungen in Kapitel 4.6 basieren.

Die Alternative zur Generierung der künstlichen Daten wäre ein Vorgehen ähnlich wie bei der Generierung der künstlichen Daten zur Kreuzkorrelationsanalyse in Kapitel 5.A.5, in dem z.B. die Analyseergebnisse der Originalfallstudie bei PODDIG et al. (2008), S. 399 ff. für die Erzeugung der Daten herangezogen werden. Dies wäre jedoch deutlich aufwändiger, außerdem müssen mit Blick auf die Fallstudie in Kapitel 6.2 die kompletten gegenseitigen Abhängigkeiten innerhalb des ganzen Datensatzes modelliert werden, nicht nur in Bezug auf eine abhängige Variable. Soll ferner keine Normalverteilung der einzelnen Datenreihen angenommen werden, so ist dies mit den hier vorgestellten Techniken nur mittels Block-Bootstrap möglich. Der alternative Datensatz, welcher in der Datei `DatenPrognosemodellSimVAR.txt` bereitgestellt wird, erfordert Techniken außerhalb des Fokus dieses Buchs. Dieser kann aber gut für eigene Experimente herangezogen werden, um z.B. die Fallstudien des Buchs mit einem alternativen Datensatz nachzuarbeiten.

6. Simulation von Geschäftsprozessen

Lese- und Arbeitshinweise:
Zur anschaulichen und kompakten Darstellung der im CF eingesetzten Methoden folgen die Kapitel 2-5 einem methodenmotivierten Aufbau. Ein methodenmotivierter Aufbau geht jedoch mit dem Nachteil einher, dass die vielfach komplexen finanzwirtschaftlichen Entscheidungsprobleme zum Zweck der Demonstration des Einsatzes der Methoden zu simplifizierten, von der Realität abstrahierenden Fallstudien mutieren. Der tatsächlichen Komplexität finanzwirtschaftlicher Entscheidungsprobleme wird dagegen kaum Rechnung getragen. Nachdem die wichtigsten Methoden im CF in den Kapiteln 2-5 eingeführt sind, können in diesem Kapitel komplexe finanzwirtschaftliche Entscheidungsprobleme in den Mittelpunkt der Betrachtungen rücken. So werden in den Kapiteln 2-5 jeweils isolierte Fragestellungen innerhalb bestimmter Bausteine des Portfoliomanagementprozesses als Fallstudien herangezogen. Dabei wird von der übergeordneten Aufgabe der Kapitalanlageentscheidung weitgehend abstrahiert. In dem vorliegenden Kapitel werden die Bausteine des Portfoliomanagentprozesses als Einzelmodelle zu Gesamtmodellen zusammengesetzt, welche als Ausgangspunkte für Simulationsmodelle des Portfoliomanagementprozesses herangezogen werden können.

In dem Kapitel 6.1 wird die oben eingeführte Motivation für dieses Kapitel 6 näher erläutert. In dem Kapitel 6.2 werden die drei Phasen des Portfoliomanagementprozesses in einer integrierten Sichtweise zu einem Simulationsmodell zusammengesetzt. Es nimmt dabei die Portfolio Selection als Ausgangspunkt der Betrachtungen und setzt die in den Kapiteln 2-5 entwickelten Einzelmodelle der Bausteine des Portfoliomanagementprozesses zu einem Gesamtmodell zusammen.

Leser, die vor allem an den Methoden des CF und ihrer Umsetzung mithilfe von Programmierwerkzeugen interessiert sind, können dieses Kapitel überspringen. Das vorliegende Kapitel wird insbesondere Lesern empfohlen, welche an der Anwendung der Methoden des CF und der Komplexität der Anwendungen interessiert sind. Für die Lektüre dieses Kapitel wird die Kenntnis der Kapitel 2-5 vorausgesetzt.

6.1. Einführung

Im Kapitel 1 haben wir Computational Finance in einer ersten Arbeitsdefinition als den computerbasierten Einsatz von Methoden der Statistik, Optimierung, Ökonometrie und Simulation zur Beantwortung finanzwirtschaftlicher Fragestellungen definiert. Der Aufbau dieses Buches in den Kapiteln 2-5 ist an die in dieser ersten Arbeitsdefinition genannten Methodengruppen angelehnt. In jedem dieser Kapitel werden ausgewählte Methoden, ihre computerbasierte Umsetzung mithilfe der Programmierwerkzeuge Matlab bzw. Octave und ihr Einsatz anhand finanzwirtschaftlicher Fallstudien vorgestellt und demonstriert. Der Vorteil dieser Vorgehensweise in den Kapiteln 2-5 ist die kompakte und anschauliche Darstellung der wesentlichen Methoden, welche für die Beantwortung finanzwirtschaftlicher Fragestellungen von Bedeutung sind. Dieser Vorteil wird erkauft durch den Nachteil, dass der tatsächlichen Komplexität finanzwirtschaftlicher Fragestellungen nicht ausreichend Rechnung getragen werden kann. So kommt den in den Kapiteln 2-5 diskutierten finanzwirtschaftlichen Fragestellungen lediglich ein Fallstudiencharakter zu, welcher von der Komplexität tatsächlicher Entscheidungsprobleme abstrahiert. In diesem Kapitel wird der Fokus von den Methoden abgewandt und der Beantwortung komplexer finanzwirtschaftlicher Fragestellungen zugewandt. Unter Berücksichtigung dessen ist Computational Finance auch die Entwicklung computerbasierter Modelle von komplexen realen finanzwirtschaftlichen Systemen und das Experimentieren mit diesen Modellen mit dem Zweck, Aussagen über das Verhalten des realen Systems im Zeitablauf treffen und damit finanzwirtschaftliche Entscheidungen unterstützen zu können.[1] Die vorstehenden Ausführungen können einfach am Portfoliomanagementprozess verdeutlicht werden. Dieser besteht, wie im Kapitel 1 erläutert, aus den Phasen Portfolioplanung, Portfoliorealisation und Portfoliokontrolle, welchen wiederum verschiedene Bausteine zugeordnet sind. Die Fallstudien in den Kapiteln 2-5 befassen sich mit isolierten Fragestellungen aus diesen Bausteinen. So können die Fallstudien aus Kapitel 2 insbesondere dem Baustein Performancemessung der Phase Portfoliokontrolle zugeordnet werden. Die Fallstudien aus dem Kapitel 3 sind vor allem dem Baustein Portfoliobildung aus der Phase Portfoliorealisation zuzurechnen. Die Fallstudien aus dem Kapitel 4 orientieren sich eng an den Bausteinen Performancemessung aus der Phase Portfoliokontrolle und Finanzanalyse aus der Phase Portfolioplanung. Die Fallstudien aus dem Kapitel 5 widmen sich verschiedenen Bausteinen aus dem Portfoliomanagementprozess, die Betrachtungen gehen jeweils aber nicht über die Beantwortung einer isolierten Fragestellung innerhalb eines Bausteins hinaus. Eine ganzheitliche, methodisch unterstützte Betrachtung des Portfoliomanagementprozesses, welche die Zusammenhänge und Interdependenzen der darin enthaltenen Bausteine berücksichtigt, ist bisher jedoch nicht erfolgt. In diesem Kapitel ändert sich diese Betrachtungsweise insoweit als die Simulation komplexer finanzwirtschaftlicher Fragestellungen mit dem Zweck der Entscheidungsunterstützung in den Mittelpunkt der Betrachtungen rückt. Zum methodengeprägten Verständnis von Computational Finance in den Kapiteln 2-5 kommt damit in diesem Kapitel ein entscheidungsorientiertes Verständnis hinzu.

Das nachfolgende Kapitel 6.2 widmet sich einer ganzheitlichen Betrachtung des Portfoliomanagementprozesses, indem alle drei Phasen des Portfoliomanagementprozesses in einer integrierten, ganzheitlichen Sichtweise modelliert werden. Der Portfoliomanagementprozess besteht aus zahlreichen, hochgradig interdependenten Entscheidungsproblemen, die kaum als isolierte Einzelentscheidungen sinnvoll betrachtet werden dürfen.[2] Dies bedeutet letztendlich, dass hier das verantwortliche Management innerhalb eines Systems hoch interdependenter Teilkomponenten handeln muss, deren Zusammenwirken nicht unmittelbar durchschaubar ist. Solche Aspekte

---

1 Vgl. hierzu auch unser erweitertes Verständnis von CF in Kapitel 1.2.

2 Die folgenden Darstellungen folgen PODDIG et al. (2013), die auf PODDIG und DICHTL (1999a), PODDIG und DICHTL (1999b), PODDIG und DICHTL (2000) und DICHTL (2001) zurückgehen.

könnten bei der Frage nach der optimalen Konfiguration eines Portfoliomanagementprozesses sein:

- Soll im Rahmen einer passiven Strategie ein vorgegebenes Benchmarkportfolio (z.B. ein Marktindex) nachgebildet werden oder sollte man versuchen, durch eine aktive Strategie von dem Benchmarkportfolio gezielt abzuweichen, um ein besseres Ergebnis zu erreichen?
- Ist eine solche passive oder aktive Strategie generell anzuwenden oder muss differenziert werden, d.h., gibt es bestimmte Märkte, auf denen eine aktive Strategie lohnt und andere, bei denen eine passive vorzuziehen ist?
- Welches Prognoseverfahren erweist sich auf welchem Markt überhaupt als leistungsfähig?
- Sollte man bei einer internationalen Asset-Allocation die dabei anfallenden Währungsrisiken durch geeignete Absicherungsstrategien („Hedge-Strategien") eliminieren oder sollte man sie übernehmen?[3]

Die im Allgemeinen zu treffenden Einzelentscheidungen hinsichtlich der Konfiguration der Prozesselemente sind offensichtlich durch ihre gegenseitige Wechselwirkung charakterisiert. Beispielsweise könnte eine aktive Strategie bei einem nationalen Anlageuniversum einer passiven überlegen sein, während bei einer internationalen Asset-Allocation unter Umständen die passive Anlagestrategie der aktiven vorzuziehen wäre. Zudem sind die Entscheidungen überwiegend auf der Grundlage von Prognosen zu treffen. So wird beispielsweise die konkrete Portfolioallokation maßgeblich durch die erwarteten Renditen und die prognostizierten Risiken der einzelnen Assets bestimmt, die als Prognosen durch die Finanzanalyse bereit gestellt werden. Auch die Handhabung der zukünftigen Währungsrisiken (Übernahme oder Absicherung) wird wesentlich durch die erwartete Entwicklung der Währungsmärkte sowie der Leistungsfähigkeit der eingesetzten Prognosemethoden determiniert.

Diese wenigen exemplarischen Fragen zeigen, dass es sich beim Portfoliomanagement um ein Denken, Entscheiden und Handeln innerhalb eines komplexen, dynamischen Systems von Teilkomponenten handelt. Zur Beantwortung dieser Fragen bzw. zur Lösung der damit verbundenen Probleme wird vorgeschlagen, ein Simulationsmodell des Portfoliomanagementprozesses zu entwerfen, mit dem sich diese Fragestellungen simulationsbasiert untersuchen lassen. Frühe Vorschläge für den Aufbau eines solchen Simulationsmodells finden sich bei PODDIG und DICHTL (1999a), PODDIG und DICHTL (1999b), PODDIG und DICHTL (2000), die schließlich umfassend bei DICHTL (2001) ausgeführt sind. Eine knappe Zusammenfassung und die Betrachtung von nachfolgenden Modellen findet sich bei PODDIG et al. (2013).

3 Offensichtlich hängt diese Frage auch damit zusammen, ob man Währungskursentwicklungen einigermaßen werthaltig prognostizieren kann oder nicht.

6.2. Simulation des Portfoliomanagementprozesses

Skript/Funktion	Beschreibung	Matlab	Octave	Toolboxen
fCrossCorrSel.m	Funktion zur Durchführung der Vorselektion mittels Kreuzkorrelationsanalyse	X	X	keine
fRollRegressDev.m	Funktion zur rollierenden Modellentwicklung mittels Regressionsanalyse	X	X	keine
bDemoRollModDev.m	Demoskript zur Replikation der rollierenden Nachschätzung der Modellparameter	X	X	keine
fMultiForecastRollRegressModDev.m	Funktion zur Durchführung einer rollierenden Modellentwicklung für mehrere zu prognostizierende, abhängige Variablen	X	X	keine
fMultiForecastBenchmark.m	Funktion zur Erstellung mehrfacher Benchmarkprognosen für mehrere abhängige, zu prognostizierende Variablen	X	X	keine
bDemoRollModDev2.m	Demoskript zur rollierenden Modellentwicklung, zweite Variante	X	X	keine
bDemoRollModDev3.m	Demoskript zur Prognose mehrerer Märkte	X	X	keine
fRollEstCov.m	Funktion zur Prognose der Kovarianzmatrix	X	X	keine
fRollPortOpt.m	Funktion zur rollierenden Portfoliooptimierung	X	-	keine
fRollPortOpt_oct.m	Funktion zur rollierenden Portfoliooptimierung, Octave-Version	-	X	keine
fPRetRisk.m	Hilfsfunktion zur Berechnung von Portfoliorendite und -risiko bei gegebenen Renditebeobachtungen und Portfoliogewichten	X	X	keine
bDemoRollModDev4.m	Demoskript zum letzten Teil der Fallstudie	X	-	keine
bDemoRollModDev4_oct.m	Demoskript zum letzten Teil der Fallstudie, Octave-Version	-	X	keine
bDemoRollModDev5.m	Demoskript zum Ausblick in der Fallstudie: Modellkombinationen	X	-	keine

Tabelle 6.1.

Skript/Funktion	Beschreibung	Matlab	Octave	Toolboxen
bDemoRollModDev5_oct.m	Demoskript zum Ausblick in der Fallstudie: Modellkombinationen, Octave-Version	-	X	keine

Tabelle 6.1.: Übersicht verwendeter Skripte und Funktionen. Unter Matlab werden in diesem Buch die Statistics und Optimization Toolbox vorausgesetzt, sie werden deshalb nicht explizit in der Spalte „Toolboxen" ausgewiesen.

6.2.1. Konzeption eines einfachen Simulationsmodells

Die nachfolgende Fallstudie zur Modellierung des Portfoliomanagementprozesses orientiert sich an einem Vorschlag von DICHTL (2001) für ein Integriertes Prognose- und Entscheidungsunterstützungssystem (IPES), welches mit Blick auf die zuvor aufgeworfenen Fragestellungen entwickelt wurde. Die Grundstruktur von IPES wird durch die Abbildung 6.1 illustriert.

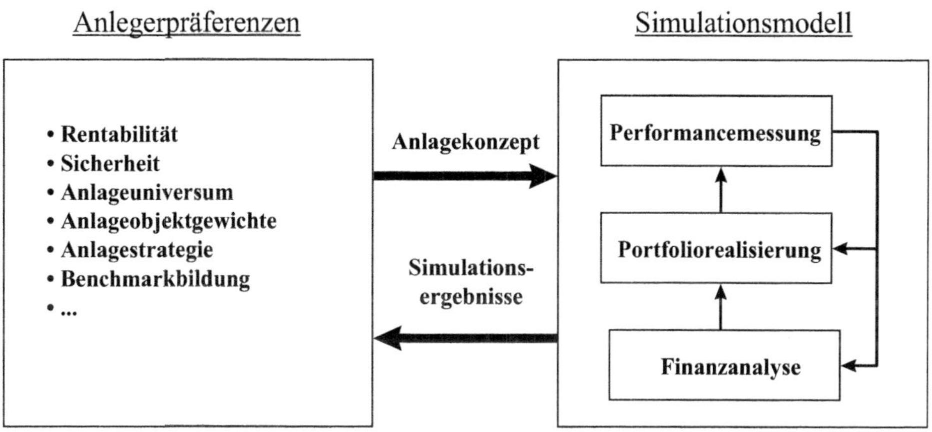

Abbildung 6.1.: Simulation des Portfoliomanagementprozesses (Abbildung entnommen bei PODDIG und DICHTL (1999b), S. 308.

Das Simulationsmodell ist dabei eng orientiert am Aufbau des Portfoliomanagementprozesses (vgl. dazu die Einführung und näheren Erläuterungen in Kapitel 1.2.3 sowie dort die Abbildung 1.1). Im Simulationsmodell werden zunächst die Teilprozesse des Portfoliomanagementprozesses danach aufgespalten, ob sie innerhalb eines Simulationsmodells integriert werden können (sog. modellendogene Prozesskomponenten) oder außerhalb liegen (sog. modellexogene Prozesskomponenten). Greift man auf den in Abbildung 1.1 dargestellten Portfoliomanagementprozess zurück, so fallen unter die modellexogenen Prozesskomponenenten die Anlegeranalyse sowie die Vermögensverwaltungsanalyse. Die Vermögensverwaltungsanalyse findet zumeist vor der Aufnahme des Portfoliomanagementprozesses statt und wird oftmals durch spezialisierte, externe Berater oder Beratungsgesellschaften durchgeführt, weshalb dieser Teilprozess streng genommen auch gar nicht zum Portfoliomanagementprozess im engeren Sinne zählen sollte. Die Anlegeranalyse ist ein sorgfältig durchzuführender Teilprozess, der stark durch den Einsatz qualitativer Analyseinstrumente gekennzeichnet ist. Außerdem handelt es sich hier ebenfalls um einen Teilprozess, der nur einmal oder wenige Male bedarfsweise i.d.R. vor dem Beginn des Portfoliomanagements durchgeführt wird. Aus diesem Grund wird die Anlegeranalyse ebenfalls zu den modellexogenen Komponenten gezählt, die aber wichtige Vorgaben für die spätere Simulation liefert. In der Abbildung 6.1 wird dies durch den linken Kasten illustriert.

Die modellendogenen Komponenten sind dagegen die Finanzanalyse, die Portfoliorealisierung sowie die sich daran anschließende Performancemessung, wie es der rechte Kasten in Abbildung 6.1 zum Ausdruck bringt. Dass es sich hier um einen dynamischen, rückgekoppelten Regelkreislauf handelt, wird durch die rücklaufenden Prozesspfeile veranschaulicht. In Anlehnung an diesen Vorschlag eines Simulationsmodells sind folgende Prozesskomponenten zu erarbeiten:

- Die (simulierte) Finanzanalyse besitzt die Aufgabe, alle notwendigen Inputparameter für die nachfolgende Portfoliooptimierung bereitzustellen. Welche dies genau sind, hängt vom konkret benutzten Portfolioplanungsmodell ab. Wir werden hier das in Kapitel 3.3 vorgestellte Standard-Markowitz-Modell benutzen. Daher muss die (simulierte) Finanzanalyse Prognosen für die Renditen, deren Varianzen und Kovarianzen aller betrachteten Assets der Simulation liefern. Angesichts der Vielzahl möglicher Prognoseverfahren für Renditen, Varianzen und Kovarianzen kann die (simulierte) Finanzanalyse beliebig komplex ausgeführt werden. In der kommenden Fallstudie werden wir uns hier auf sehr einfache Basismethoden beschränken.

- Die durch die (simulierte) Finanzanalyse bereitgestellten Prognosen werden dann gemäß dem benutzten Portfolioplanungsmodell in einen Vorschlag für eine Asset Allocation überführt. Die Simulation der darauf folgenden Implementation des geplanten Portfolios kann wiederum viele verschiedene Aspekte berücksichtigen, wie z.B. Transaktionskosten oder andere Friktionen. In der nachfolgenden Fallstudie werden wir dies aus Vereinfachungsgründen vernachlässigen, aber auch hier kann das Simulationsmodell beliebig komplex ausgestaltet sein.

- Der Wertverlauf des (simulierten) Portfolios ist anschließend in der (simulierten) Performancemessung festzustellen und ggf. weiter mit fortgeschrittenen Methoden der Performanceattribution zu analysieren. In der vorzustellenden Fallstudie werden dies einfache Performancekennzahlen und das Jensens-Alpha sein. Fortgeschrittenere Analysen können jedoch leicht integriert werden.

Die wesentliche Idee hinter diesem Simulationsmodell ist es also, durch die Integration der einzelnen Teilprozesse das Zusammenwirken der zahlreichen Teilprozesse und darauf bezogener Einzelentscheidungen prozess- und damit auch organisationsübergreifend zu veranschaulichen. Dadurch wird der Einfluss einer Einzelentscheidung auf die gesamte Prozesskette und damit auf die letztendlich erzielte Portfolioperformance sichtbar.[4]

[4] Vgl. PODDIG et al. (2013), S. 249. Weiterentwicklungen des hier kurz skizzierten IPES werden kurz in PODDIG et al.

Die nachfolgende Fallstudie setzt die skizzierten Modellierungsschritte sukzessive um. Dabei liegt der Fokus ausschließlich auf der Integration der Teilprozesse. Es geht also nicht darum, in den jeweiligen Teilprozessen neue Betrachtungen über die bereits vorgestellten Konzepte hinaus anzustellen. Daher wird auf ausgewählte Bausteine der vorhergehenden Kapitel zurückgegriffen:

- Die (simulierte) Finanzanalyse greift auf die in Kapitel 4.2 vorgestellte Regressionsanalyse zurück, die dann auch näher im Rahmen der Fallstudie in Kapitel 4.6 sukzessive zu einem Renditeprognosemodell ausgebaut wird. Die Varianz- und Kovarianzprognosen erfolgen einfach unter Rückgriff auf die empirischen Schätzer, siehe dazu Kapitel 2.3.5 und 2.6.

- Zur Portfolioplanung wird das Maximum-Sharpe-Ratio-Portfolio benutzt, welches in Kapitel 3.4.3.3 vorgestellt wird und auf dem Standard-Markowitz-Modell, dargestellt in Kapitel 3.3, beruht.

- Die Performancemessung stützt sich auf einfache Performancekennzahlen, wie z.B. die Sharpe-Ratio (siehe Kapitel 2.5), und das Jensens-Alpha (vgl. dazu näher Kapitel 4.3).

Die zentrale Herausforderung entsteht dadurch, diese einzelnen Bausteine zu einem Gesamtprozess zu verknüpfen, wobei insbesondere bislang einzeln betrachtete Arbeitsschritte (z.B. die Renditeprognose für ein Asset) mehrfach durchzuführen sind. Außerdem ist die fortgesetzte Anwendung des Gesamtprozesses in der Zeit zu simulieren. Die dabei anzuwendende Vorgehensweise wurde bereits in Kapitel 4.6, dort insbesondere 4.6.1 diskutiert. Während es dort jedoch nur um die isolierte Anwendung und Test eines einzelnen Renditeprognosemodells ging, wird jetzt der komplette Portfoliomanagementprozess einer derartigen simulierten Anwendung (Out-of-Sample-Test) unterzogen. Die genannten Kapitel sind als Bausteine zentral für das Verständnis beim weiteren Vorgehen, weshalb auf diese ausdrücklich zurückverwiesen sei. Um die nachfolgenden Darstellungen möglichst knapp halten zu können, wird ferner konsequent die Fallstudie aus Kapitel 4.6 als Ausgangsbasis der Betrachtungen genutzt; ihre Kenntnis wird hier zwingend vorausgesetzt.

6.2.2. Simulierte Finanzanalyse

In Anlehnung an den Vorschlag für ein Simulationsmodell des Portfoliomanagementprozesses wie in Abbildung 6.1 dargestellt, ist in einem ersten Schritt die simulierte Finanzanalyse umzusetzen. Wie oben ausgeführt, setzen die Betrachtungen dafür auf den Erkenntnissen aus Kapitel 4.6 auf und fahren am Ende von Kapitel 4.6.4 fort. Dort wurde bereits die fortgesetzte Anwendung eines statischen Renditeprognosemodells in der Zeit durch sukzessive Nachschätzung der Modellparameter illustriert. Dies ist ein erster, obgleich viel zu kurz greifender Schritt für eine in der Zeit fortgesetzte Finanzanalyse.

(2013), S. 249 ff. angesprochen, die aber für die nachfolgende Fallstudie nicht weiter interessieren, da lediglich das Grundkonzept in einer kleinen Fallstudie illustriert werden soll.

6.2.2.1. Rollierende Modellneuentwicklung

Die rollierende Modellneuentwicklung in jedem Prognosezeitpunkt dürfte das realitätsgerechteste Szenario sein. Zugleich ist aber dessen Umsetzung deutlich schwieriger als das bisherige Vorgehen in Kapitel 4.6. Beim bisherigen Vorgehen ging es zunächst nur um die Replikation einer einmaligen Modellentwicklung, weshalb viele wichtige Modellentwicklungsschritte direkt in das Ablaufskript hineingeschrieben werden konnten. Für ein einmaliges Vorgehen ist dies ausreichend, obgleich vielleicht ein nicht besonders eleganter Programmierstil. Sollen dagegen die bisher entwickelten Verfahrensschritte zur Modellentwicklung mehrfach durchlaufen werden, so sind die im Ablaufskript als einmalig zu durchlaufen angelegten Programmteile in Funktionen zu transferieren. Ein erster wichtiger Schritt dazu ist es, die Variablenvorselektion über die Kreuzkorrelationsanalyse komplett aus dem Ablaufskript zu entfernen und als eigenständige Funktion zu realisieren, wie es das Programmlisting 6.1 zeigt. Außerdem wurde gegenüber dem bisherigen Vorgehen eine wichtige Erweiterung vorgenommen. In der in Kapitel 4.6 vorgestellten Arbeitsweise der Kreuzkorrelationsanalyse war es nur erlaubt, für eine unabhängige Variable maximal ein Lag zu selektieren, soweit dieses statistisch signifikant war. Dies mag als unnötige Einschränkung erscheinen. Die im Programmlisting 6.1 dargestellte Funktion `fCrossCorrSel` erlaubt es, pro unabhängiger Variable so viele Lags zu selektieren, wie statistisch signifikante vorhanden sind. Sie ist insofern eine verallgemeinerte Version von `fCrossCorrSelLag`, die in Kapitel 4.6 benutzt wurde.

Quellcode 6.1: Funktion zur Durchführung der Vorselektion mittels Kreuzkorrelationsanalyse

```
Siehe Datei: fCrossCorrSel.m
```

Im zweiten Schritt ist der gesamte Modellentwicklungsprozess als Funktion zu „abstrahieren“, wie es das Programmlisting 6.2 zeigt. Im Wesentlichen sind hier in einer Funktion sämtliche Modellentwicklungsschritte „verpackt“, die zuvor sukzessive mit den Demoskripten 4.45, 4.47, 4.48 und 4.59 entwickelt wurden. Substanziell „neue“ Vorgehensweisen sind in der Funktion `fRollRegressDev` nicht enthalten.

Quellcode 6.2: Funktion zur rollierenden Modellentwicklung mittels Regressionsanalyse

```
Siehe Datei: fRollRegressDev.m
```

Die Funktion `fRollRegressDev` nimmt zunächst als Inputparameter die abhängige, zu prognostizierende Variable `vY` und die Matrix potenzieller, unabhängiger Variablen `mX` entgegen, und zwar zusammenhängend für In-Sample- und Out-of-Sample-Zeitraum. Die Inputparameter `iEstStart` und `iEstEnd` markieren Anfang und Ende des In-Sample-Zeitraums als Zeitindizes. Aufgabe der Funktion `fRollRegressDev` ist es, in einem ersten Schritt für diesen gewählten In-Sample-Zeitraum die komplette Entwicklung des Regressionsmodells durchzuführen. Nach der Erstellung des Prognosemodells führt diese Funktion eine Anzahl von `iNumFore` Prognosen durch. Die Prognosen können je nach Wahl (siehe Inputparameter `iOption`) statisch oder mit dynamischer Neuschätzung der Modellparameter (rollierend fixes Zeitfenster oder rollierend expandierendes Zeitfenster) durchgeführt werden. Die grundsätzliche Idee ist es, später einmal diese Funktion in einer Schleife aufzurufen, bei welcher die Start- und Endindizes sukzessive um eine Periode vorrücken, also die Funktion so oft wiederholt wird, wie Prognosen erstellt werden. In diesem Fall wird dann `iNumFore` auf eins gesetzt.

Wie stets in diesem Buch wird aus Darstellungsgründen und zur Vereinfachung auf jegliche Fehlerprüfungen verzichtet, wobei gerade bei dieser Funktion viele Fehlerkonditionen auftreten können. Zunächst ist die Funktion auf eine konsistente Wahl der Inputparameter angewiesen. Hier müssten unbedingt zahlreiche Plausibilitätsprüfungen im Vorfeld durchgeführt werden, ob die Inputparameter `iEstStart`, `iEstEnd`, `iNumFore`, `iMaxLag` sowie die Datenmatrizen `vY` und `mX` überhaupt konsistent zueinander passen. Weiterhin enthält die Funktion überhaupt keine Absicherung gegenüber dem Fall, dass sämtliche unabhängigen Variablen den ADF-Test nicht passieren, dass die Kreuzkorrelationsanalyse keine Variablen vorselektiert oder dass die Stepwise-Prozedur scheitert. Aufgrund dieser fehlenden Prüfungen sollte diese Funktion (wie auch alle anderen in diesem Buch) keinesfalls unbedacht für irgendwelche praktischen Anwendungen eingesetzt werden.[5]

Das Demoskript 6.3 zeigt die Replikation der Vorgehensweise aus Kapitel 4.6, wobei hier gegebenenfalls einige Modifikationen vorgenommen werden können. Da im Folgenden eine umfassende Simulation des gesamten Portfoliomanagementprozesses angestrebt wird, steigen die Programmlaufzeiten mit jeder der folgenden Erweiterungen stark an. Eine vollständige Simulation auf dem gesamten künstlichen Datensatz aus Kapitel 4.6 auf den dort enthaltenen ca. 1.200 Beobachtungsdaten erfordert einen leistungsfähigen Computer bei gleichzeitig viel Geduld. Unter Octave, welches deutlich langsamer als Matlab arbeitet, sind diese vollständigen Simulationen unter dem Aspekt der Programmlaufzeiten nicht empfehlenswert. Aus diesem Grund ist bedarfsweise zu überlegen, den In-Sample- und Out-of-sample-Zeitraum zu verkürzen, sodass sich akzeptable Laufzeiten ergeben. Um die Betrachtungen aus Kapitel 4.6 fortzuführen, wird hier stets der volle Umfang künstlicher Daten genutzt. Soll dagegen der Originalfallstudie aus PODDIG et al. (2008), S. 399 ff. gefolgt werden, so wäre ein gesamter Datenzeitraum von 180 Beobachtungen zu verwenden, welcher vom Umfang für typische Anwendungsszenarien im Asset-Management realistisch ist. Die im Folgenden vorzustellenden Demoskripte können durch den Leser mit minimalem Aufwand an veränderte Datenumfänge angepasst werden. Dies ist zugleich interessant um zu untersuchen, wie sich die Simulationsergebnisse ändern, wenn bei identischem datengenerierenden Prozess der Stichprobenumfang variiert wird. Die Experimentiermöglichkeiten sind hier sehr groß und sollen aus Platzgründen nicht extensiv untersucht werden. Hier wird daher stets der volle künstliche Datensatz verwendet. In Anlehnung an Kapitel 4.6 werden also 600 In-Sample- und 600 Out-of-Sample-Beobachtungen genutzt.

Quellcode 6.3: Demoskript zur Replikation der rollierenden Nachschätzung der Modellparameter

```
Siehe Datei: bDemoRollModDev.m
```

[5] Ferner gibt es zahlreiche weitere Verbesserungsmöglichkeiten. So sind z.B. die Irrtumswahrscheinlichkeit für das Aufnehmen bzw. Entfernen von Variablen fix auf 5% bzw. 10% beim Stepwise-Variablenselektionsalgorithmus oder der Grenzwert für den VIF auf 10 für die Bereinigung um Multikollinearitäten eingestellt. Diese und auch weitere Einstellungsmöglichkeiten könnten als Inputparameter der Funktion ausgeführt werden, um weitergehende Simulationsvarianten zu bieten. Hier sei noch einmal betont, dass es sich um sehr einfach gehaltene Demonstrationscodes handelt, die nur die grundsätzlichen Möglichkeiten illustrieren, aber keine fertige Lösung darstellen.

Das Demoskript 6.3 ist nunmehr deutlich „verschlankt“ worden.[6] In einem ersten Simulationsexperiment ergeben sich die in Tabelle 6.2 dargestellten Ergebnisse.[7] Die Tabelle 6.2 weist dabei nicht explizit die Ergebnisse der Benchmarkmodelle (Mittelwertmodell in verschiedenen Varianten der Nachschätzung des Mittelwertes) aus. Wie jedoch aus den durch das Demoskript 6.3 abgespeicherten Ergebnissen schnell ersichtlich ist, wird das Benchmarkmodell stets geschlagen. Dies ist konsistent zu den Ergebnissen aus Kapitel 4.6.

	statisch	rollierend	
Kennzahl		fixes Zeitfenster	expandierend
MSE	0,0018	0,0018	0,0018
RMSE	0,0429	0,0426	0,0427
MAE	0,0330	0,0330	0,0329
MAPE	1,8079	1,8675	1,8198
Korrelation	0,2660	0,2836	0,2767
Trefferquote	0,6233	0,6117	0,6233
Wegstrecke	0,2896	0,2913	0,3203
Sharpe-Ratio	0,1964	0,1979	0,2228

Tabelle 6.2.: Gegenüberstellung der Performancemaße für die Prognosemodelle bei veränderter Kreuzkorrelationsanalyse, 600 Out-of-Sample-Prognosen, künstlicher Datensatz. „Prognosemodell, statisch“ bedeutet die einmalige Modellentwicklung am initialen Schätzzeitraum und die dann unveränderte Anwendung des geschätzten Modells im Out-of-Sample-Zeitraum. Unter „rollierend“ wird die Art der Nachschätzung der Modellparameter im Out-of-Sample-Zeitraum bei strukturell unverändertem Prognosemodell angegeben.

Ein Problem dieser ersten Simulation könnte der mittels Block-Bootstrap-Verfahren konstruierte künstliche Datensatz sein, da ein Block-Bootstrap keine neuen Daten erzeugt, sondern lediglich bereits vorhandene Daten immer wieder neu anordnet. Um die Problematik des Block-Bootstrap-Verfahrens, keine wirklich neuen Daten erzeugen zu können, zu adressieren, wurde zu Vergleichszwecken ein alternativer künstlicher Datensatz mit 1.200 (Rendite-) Beobachtungen generiert, der zum einen die in Kapitel 5 beschriebenen Techniken zur Simulation von Renditen umfassend nutzt und mit Techniken kombiniert, die weit über den Fokus dieses Buches hinausgehen. Wir beschreiben daher hier nicht die Konstruktion dieses Datensatzes, stellen diesen aber für eigene Experimente zur Verfügung.[8] Die Tabelle 6.3 weist die auf diesem Datensatz erzielten Simulationsergebnisse aus. Die bereits gewonnenen Einsichten ändern sich dadurch

---

6 Wie aus Demoskript 6.3 ersichtlich, findet an dieser Stelle noch keine rollierende Modellneuentwicklung statt. Vielmehr wird noch das Vorgehen aus Kapitel 4.6 repliziert, d.h., es wird einmalig das Modell am initialen In-Sample-Zeitraum entwickelt und dann strukturell unverändert in der Prognose genutzt. Lediglich die Modellparameter werden ggf. rollierend nachgeschätzt.

7 Angemerkt sei, dass sich selbst bei Nutzung des vollständigen Datensatzes aus Kapitel 4.6 die Ergebnisse der dortigen Tabelle 4.17 nicht exakt replizieren lassen, da hier die oben eingeführte, modifizierte Variante der Kreuzkorrelationsanalyse eingesetzt wird.

8 Der Datensatz befindet sich in der Datei `DatenPrognosemodellSimVAR.txt`.

qualitativ nicht. Auch hier wird stets das Mittelwertmodell als Benchmark geschlagen, was die oben erzielten Ergebnisse bestätigt.

Kennzahl	statisch	rollierend fixes Zeitfenster	rollierend expandierend
MSE	0,0019	0,0019	0,0019
RMSE	0,0438	0,0435	0,0434
MAE	0,0333	0,0332	0,0330
MAPE	1,6249	1,9038	1,7599
Korrelation	0,2212	0,2340	0,2434
Trefferquote	0,6133	0,6133	0,6317
Wegstrecke	0,2916	0,3112	0,3468
Sharpe-Ratio	0,1951	0,2116	0,2422

Tabelle 6.3.: Gegenüberstellung der Performancemaße für die Prognosemodelle bei veränderter Kreuzkorrelationsanalyse, 600 Out-of-Sample-Prognosen, **alternativer** künstlicher Datensatz. „Prognosemodell, statisch" bedeutet die einmalige Modellentwicklung am initialen Schätzzeitraum und die dann unveränderte Anwendung des geschätzten Modells im Out-of-Sample-Zeitraum. Unter „rollierend" wird die Art der Nachschätzung der Modellparameter im Out-of-Sample-Zeitraum bei strukturell unverändertem Prognosemodell angegeben.

Eine erste Analyse zeigt, dass sich die Ergebnisse in Abhängigkeit von der Prozesskonfiguration „statisch", „rollierend, fix" und „rollierend, expandierend" nicht wesentlich ändern, also dieser Konfigurationsaspekt im ersten Augenschein keine besondere Relevanz zu besitzen scheint. Zugleich sind die Ergebnisse unabhängig von der Prozesskonfiguration recht stabil, was jedoch bei dem umfangreichen Datensatz nicht verwundert. Anscheinend sind die verwendeten Methoden in der Lage, bei diesem Datenumfang stabil die relevante Modellstruktur zu extrahieren. Nachschätzungen verbessern die Performance nur unwesentlich. Eine tendenzielle Verbesserung ist bei der rollierenden Nachschätzung mit expandierendem Zeitfenster in Bezug auf die ökonomischen Gütemaße zu beobachten. Auch dieser Befund ist intuitiv plausibel, da mit zunehmendem In-Sample-Stichprobenumfang der Schätzfehler der unbekannten Parameter sinkt und die Prognoseergebnisse Out-of-Sample damit in der Tendenz besser werden sollten.

Eine weitergehende Möglichkeit, die Simulation zu verbessern und realitätsnäher zu gestalten, besteht darin, die rollierende Modellneuentwicklung zu simulieren, welche bisher vorbereitet, aber noch nicht durchgeführt wurde.

6.2.2.2. Renditeprognosen für mehrere Assets

Bevor die rollierende Modellneuentwicklung simuliert wird, soll noch eine zusätzliche, weitere wichtige Erweiterung vorgenommen werden. Diese Erweiterung betrifft die Ausdehnung der bisherigen Vorgehensweise auf die Prognose mehrerer abhängiger Variablen (zu prognostizierender Zielgrößen). Schlussendlich wird es später um die Bildung eines Portfolios gehen, in welchem mehrere Assets vorhanden sind. Entsprechend müssen auch so viele Renditeprognosen erstellt werden, wie Assets für die Portfoliobildung zur Verfügung stehen. Auch dies ist mit dem bisherigen Vorgehen aus Kapitel 4.6 nicht möglich. Aufgrund der bisher geleisteten Vorarbeiten ist es aber nicht schwierig, diese anstehenden Erweiterungen in einer neuen Funktion umzusetzen, wie es das Programmlisting 6.4 zeigt.

Quellcode 6.4: Funktion zur Durchführung einer rollierenden Modellentwicklung für mehrere zu prognostizierende, abhängige Variablen

```
Siehe Datei: fMultiForecastRollRegressModDev.m
```

In der Funktion `fMultiForecastRollRegressModDev` sind alle bisherigen Vorgehensweisen kompakt zusammengefasst. Zunächst erlaubt die Funktion, die bisherige statische Modellentwicklung anzuwenden, wobei jedoch die Möglichkeit der rollierenden Nachschätzung der Modellparameter vorgesehen ist. Dafür sind die Optionen `iOption` auf 0 und `iOptionParaEst` auf wahlweise 0 (statische Prognose ohne Nachschätzung der Modellparameter), 1 (statische Prognose mit rollierender Nachschätzung der Modellparameter anhand eines fixierten Zeitfensters) oder 2 (statische Prognose mit rollierender Nachschätzung der Modellparameter anhand eines expandierenden Zeitfensters) zu setzen. Alternativ kann die Simulation der rollierenden Modellentwicklung gewählt werden, indem `iOption` auf 1 (Simulation mit fixiertem Zeitfenster) oder 2 (Simulation mit expandierendem Zeitfenster) gesetzt wird. In diesem Fall rückt die Simulation in jedem Modellentwicklungsschritt um eine Zeitperiode voran und erstellt genau eine Prognose für die nächste Periode. Aus diesem Grund besitzt der Parameter `iOptionParaEst` hier keine Relevanz. Die Prognoseerstellung ist dann fest vorgegeben, die Art (rollierend fix oder rollierend expandierend) hängt von der Wahl von `iOption` ab. Eine weitere Verallgemeinerung der Funktion könnte darin bestehen, die Anzahl der Zeitperioden, um welche die Simulation vorrückt, variabel zu gestalten, d.h. als zusätzlichen Inputparameter zu übergeben. Beispielsweise könnte die Modellneuentwicklung statt in jeder Periode nur in jeder 5. oder 10. Periode erfolgen, während zwischenzeitlich das zuletzt gefundene Modell beibehalten wird. In diesem Fall würde der Parameter `iOptionEstPara` wieder von Bedeutung sein, denn die zwischenzeitlichen Prognosen (während derer das Prognosemodell unverändert bleibt) können dann statisch oder mit rollierender Nachschätzung der Modellparameter (rollierend fix oder rollierend expandierend) durchgeführt werden. Da die Funktion aber primär zu Illustrationszwecken dient, soll von dieser möglichen Verallgemeinerung abgesehen werden. Als weitere wichtige Erweiterung erlaubt es die Funktion, die Prognosen für eine Vielzahl von unabhängigen Variablen durchzuführen. Aus Vereinfachungsgründen nimmt die Funktion `fMultiForecastRollRegressModDev` jedoch an, dass alle abhängigen Variablen auf dieselbe Menge unabhängiger Variablen bei der Modellentwicklung potenziell zurückgreifen. Auch dies muss nicht sein. Eine Verallgemeinerung könnte es z.B. sein, anstatt einer Datenmatrix unabhängiger Variablen `mX`, welche identisch für alle abhängigen Variablen ist, auch ein Cell-Array mit Matrizen unabhängiger Variablen pro abhängiger Variable zu übergeben.

Sobald mehrere abhängige Variablen prognostiziert werden, sind auch entsprechende Prognose-Benchmarkmodelle erforderlich. Es bietet sich an, dafür ebenfalls eine Funktion zu schreiben, welche automatisch für eine Vielzahl zu prognostizierender Variablen die Prognose-Benchmarkmodelle schätzt. Das Programmlisting 6.5 zeigt einen Vorschlag für eine solche Funktion.

Quellcode 6.5: Funktion zur Erstellung mehrfacher Benchmarkprognosen für mehrere abhängige, zu prognostizierende Variablen

```
1 Siehe Datei: fMultiForecastBenchmark.m
```

Die Funktion `fMultiForecastBenchmark` setzt dabei lediglich das bisher entwickelte Vorgehen aus Kapitel 4.6 der Erstellung von Benchmark-Prognosen für mehrere abhängige, zu prognostizierende Variablen für drei Benchmark-Prognosemodelle (Mittelwertmodell, naive Prognose und AR(1)-Modell) um. Die Aufgabe der Funktion besteht offensichtlich nur darin, die Bechmarkprognosemodelle für alle zu prognostizierenden Variablen sukzessive abzuarbeiten, die Ergebnisse einzusammeln und als Outputparameter wieder zurückzuliefern.

Das Demoskript in Programmlisting 6.6 setzt nun diese beiden Funktionen ein, um das bisherige Vorgehen aus Kapitel 4.6 zu replizieren.[9] Es resultieren exakt die in Tabelle 6.2 dargestellten Ergebnisse, wenn das Demoskript 6.6 entsprechend konfiguriert wird. Darüber hinaus erlaubt es die rollierende Modellentwicklung und außerdem ist das Demoskript vorbereitet, um mit nur geringfügigen Änderungen an die rollierende Modellentwicklung für die Prognose mehrerer abhängiger Variablen angepasst zu werden.

Quellcode 6.6: Demoskript zur rollierenden Modellentwicklung, zweite Variante

```
1 Siehe Datei: bDemoRollModDev2.m
```

Bei der nun folgenden Simulation interessiert die Frage, ob eine rollierende Modellneuentwicklung gegenüber der einmaligen Modellentwicklung, ggf. ergänzt durch rollierende Nachschätzung der Modellparameter, zu besseren Ergebnissen führt. Die folgende Tabelle 6.4 zeigt die Ergebnisse der drei Benchmark-Prognosemodelle, der statischen Modellentwicklung (mit rollierender (rollierend fix) Nachschätzung der Modellparameter) sowie der dynamischen Modellentwicklung bei fixiertem Zeitfenster auf den künstlichen Daten des Kapitels 4.6.

Die Ergebnisse laut Tabelle 6.4 bei dynamischer Modellneuentwicklung stellen sich in Bezug auf die statistischen Maßzahlen im Wesentlichen als unverändert gegenüber den vorher erzielten dar (statische Modellentwicklung mit rollierender Nachschätzung der Modellparameter). Bei den ökonomischen Gütekennzahlen wurde jedoch eine sehr leichte Verbesserung erzielt. Dennoch dürfen die Unterschiede nicht überbewertet werden, da die Ergebnisunterschiede gering und auch rein zufällig sein können. Eine zweite Variante ist es, die Modellentwicklung dynamisch mit expandierendem Zeitfenster durchzuführen. Die Tabelle 6.5 weist die dabei erzielten Ergebnisse aus. Zu beachten ist, dass sich auch die Ergebnisse der Benchmarkmodelle wegen des expandierenden Zeitfensters leicht ändern.

Die Ergebnisse laut Tabelle 6.5 zeigen nahezu dieselben Befunde an. Eine sehr geringfügige Verbesserung kann wiederum bei den ökonomischen Performancemaßen festgestellt werden. Die ersten Simulationen legen also den Schluss nahe, dass der Mehraufwand für die rollierende Modellneuentwicklung sich nur in sehr unwesentlich verbesserten Prognoseergebnissen niederschlägt.

Um diese Befunde zu überprüfen, wird die Simulation in identischer Weise auf dem alternativen Satz künstlicher Daten wiederholt. Die Ergebnisse sind in den Tabellen 6.6 und 6.7 ausgewiesen

[9] Unter Octave entstehen sehr lange Laufzeiten. Daher wurden die Simulationen unter Octave nur für kleine Stichprobenumfänge wiederholt. Die Ergebnisse dort stimmen zwischen Matlab und Octave überein.

Kennzahl	Mittelwertmodell	naive Prognose	AR(1)-Modell	statisch	dynamisch
MSE	0,0020	0,0036	0,0020	0,0018	0,0018
RMSE	0,0443	0,0601	0,0443	0,0426	0,0427
MAE	0,0339	0,0434	0,0338	0,0330	0,0325
MAPE	1,3012	3,2812	1,3317	1,8675	1,7780
Korrelation	-0,0202	0,0790	0,0437	0,2836	0,2965
Trefferquote	0,6350	0,5700	0,6200	0,6117	0,6283
Wegstrecke	0,1977	0,0795	0,1578	0,2913	0,3403
Sharpe-Ratio	0,1197	0,0245	0,0872	0,1979	0,2403

Tabelle 6.4.: Gegenüberstellung der Performancemaße für die Prognosemodelle bei dynamischer Modellentwicklung (rollierend fix), 600 Out-of-Sample-Prognosen, künstliche Daten. Die Spalte „Mittelwertmodell" enthält die Gütemaße für das rollierend nachgeschätzte Mittelwert-Benchmarkmodell, die Spalten „naive Prognose" und „AR(1)-Modell" die korrespondierenden Gütemaße für die weiteren Benchmarkmodelle. Die Spalte „statisch" weist zu Vergleichszwecken die Gütemaße bei einmaliger Modellentwicklung, aber mit rollierender Nachschätzung der Modellparameter aus. Die letzte Spalte „dynamisch" zeigt die Gütemaße bei rollierender Modellneuentwicklung.

und beruhen wie bisher auf 600 Out-of-Sample-Prognosen sowie einem rollierenden, fixierten Zeitfenster von 600 Perioden bzw. einem rollierenden, expandierenden Zeitfenster.

Die Gesamtbeurteilung aller Simulationen auf beiden künstlichen Datensätzen zeigt, dass die rollierende Modellneuentwicklung nicht unbedingt zu besseren Ergebnissen führen muss als eine einfache, rollierende Nachschätzung der Modellparameter. Jedoch ist diese Aussage mit Vorsicht zu interpretieren. Die hier benutzten Datensätze stellen einen stationären datengenerierenden Prozess sicher, d.h., dieser bleibt im Zeitablauf unverändert und „wandert" nicht. Dies ist nicht zwangsläufig für reale Daten anzunehmen. Reale Daten werden in einer sich beständig wandelnden ökonomischen Umwelt erzeugt. Es ist daher nicht auszuschließen, dort einen instationären datengenerierenden Prozess vorzufinden. Rollierende Modellentwicklungen hätten dann den Vorteil, einen „Drift" im datengenerierenden Prozess einzufangen und so überlegene Prognoseergebnisse zu erzeugen. Da hier ein streng stationärer datengenerierender Prozess vorliegt, kann die rollierende Neuentwicklung *bei fixiertem Zeitfenster* keinen systematischen Vorteil besitzen. Bei expandierendem Zeitfenster entsteht der Vorteil aber dadurch, dass nun fortlaufend eine immer größer werdende In-Sample-Stichprobe vorliegt und damit die Modellentwicklung sowie Parameterschätzungen statistisch valider werden. Dies sollte sich dann auch in verbesserten Prognoseergebnisse Out-of-Sample niederschlagen, was auch in den Simulationen in der Tendenz zu beobachten ist. Bei rollierender Modellneuentwicklung mit expandierendem Zeitfenster wird die Benchmark (Mittelwertmodell) geschlagen und Ergebnisse erzielt, die gegenüber einer rollierenden Parameternachschätzung im Wesentlichen nicht schlechter, mitunter auch leicht besser ausfallen. Die Unterschiede sind allerdings nicht groß, sodass der deutliche Mehraufwand für die rollierende Modellneuentwicklung nicht wirklich gerechtfertigt erscheint. Um den Nutzen einer rollierenden Modellneuentwicklung weiter zu untersuchen, könnte ein dritter künstlicher Datensatz erzeugt werden, bei welchem ein sich im Zeitablauf wandelnder datengenerierender

Kennzahl	Mittelwertmodell	naive Prognose	AR(1)-Modell	statisch	dynamisch
MSE	0,0020	0,0036	0,0020	0,0018	0,0018
RMSE	0,0443	0,0601	0,0442	0,0427	0,0421
MAE	0,0339	0,0434	0,0338	0,0329	0,0318
MAPE	1,3026	3,2812	1,3431	1,8198	1,8046
Korrelation	-0,0208	0,0790	0,0544	0,2767	0,3208
Trefferquote	0,6350	0,5700	0,6233	0,6233	0,6467
Wegstrecke	0,1977	0,0795	0,1652	0,3203	0,3632
Sharpe-Ratio	0,1197	0,0245	0,0933	0,2228	0,2606

Tabelle 6.5.: Gegenüberstellung der Performancemaße für die Prognosemodelle bei dynamischer Modellentwicklung (rollierend expandierend), 600 Out-of-Sample-Prognosen, künstliche Daten. Zur Tabellenbeschreibung vgl. Tabelle 6.4.

Kennzahl	Mittelwertmodell	naive Prognose	AR(1)-Modell	statisch	dynamisch
MSE	0,0020	0,0039	0,0020	0,0019	0,0020
RMSE	0,0447	0,0624	0,0448	0,0435	0,0447
MAE	0,0340	0,0485	0,0340	0,0332	0,0342
MAPE	1,4796	3,2444	1,4840	1,9038	1,8580
Korrelation	-0,0564	0,0209	-0,0397	0,2340	0,1615
Trefferquote	0,6183	0,5117	0,6167	0,6133	0,5767
Wegstrecke	0,2055	0,0413	0,2058	0,3112	0,2391
Sharpe-Ratio	0,1241	-0,0060	0,1243	0,2116	0,1515

Tabelle 6.6.: Gegenüberstellung der Performancemaße für die Prognosemodelle bei dynamischer Modellentwicklung (rollierend fix), 600 Out-of-Sample-Prognosen, **alternative** künstliche Daten. Zur Tabellenbeschreibung vgl. Tabelle 6.4.

Prozess angenommen wird. Dies wir hier aber nicht mehr weiter verfolgt, wäre aber eine reizvolle Aufgabe für eigene Simulationen.

Eng verbunden mit den gerade aufgeworfenen Fragestellungen ist, ob die Modellentwicklungssystematik im Mittel bei einer Vielzahl von zu prognostizierenden Zeitreihen besser oder schlechter als die Benchmarkmodelle abschneidet. Um diese Frage näher zu untersuchen, könnten in der betrachteten Fallstudie mehrere Zeitreihen prognostiziert werden. Das Programmlisting 6.7 zeigt die dritte Variante des Demoskriptes.[10]

Quellcode 6.7: Demoskript zur Prognose mehrerer Märkte

```
Siehe Datei: bDemoRollModDev3.m
```

[10] Unter Octave sollte die Anzahl simulierter Prognosezeitpunkte auf 2 herabgesetzt werden, da das Demoskript unter Octave extrem viel Zeit benötigt. Daher wurden zu Testzwecken nur 2 Prognosezeitpunkte simuliert und die Ergebnisse mit denen unter Matlab verglichen. Die Untersuchungen dieses Kapitels wurden nicht unter Octave repliziert, lediglich die Lauffähigkeit der Programme sichergestellt.

Kennzahl	Mittelwertmodell	naive Prognose	AR(1)-Modell	statisch	dynamisch
MSE	0,0020	0,0039	0,0020	0,0019	0,0019
RMSE	0,0446	0,0624	0,0447	0,0434	0,0435
MAE	0,0339	0,0485	0,0339	0,0330	0,0329
MAPE	1,5734	3,2444	1,5710	1,7599	1,8561
Korrelation	-0,0811	0,0209	-0,0155	0,2434	0,2336
Trefferquote	0,6183	0,5117	0,6183	0,6317	0,6200
Wegstrecke	0,2055	0,0413	0,2055	0,3468	0,3221
Sharpe-Ratio	0,1241	-0,0060	0,1241	0,2422	0,2209

Tabelle 6.7.: Gegenüberstellung der Performancemaße für die Prognosemodelle bei dynamischer Modellentwicklung (rollierend expandierend), 600 Out-of-Sample-Prognosen, **alternative** künstliche Daten.Zur Tabellenbeschreibung vgl. Tabelle 6.4.

Die Aufgabe dieses Demoskriptes 6.7 ist es, alle in der Fallstudie aus Kapitel 4.6 einbezogenen Märkte zu prognostizieren, wobei die beiden Geldmärkte EURO3M und US3M sowie die Reihe DJAIG ausgeschlossen werden.[11] Alle drei genannten Reihen verbleiben aber als potenzielle unabhängige Variablen, d.h., als unabhängige Variablen werden alle Variablen verwendet, inklusive der zeitverzögerten endogenen (abhängigen) Variablen. Damit ergibt sich eine leichte Änderung im Vorgehen gegenüber demjenigen, mit dem die oben dargestellten Ergebnisse erzielt wurden. Die Ergebnisse fallen nicht identisch aus, da jetzt der Variablenselektionsalgorithmus in einer leicht erweiterten Menge potenzieller unabhängiger Variablen suchen kann. Diese Erweiterung scheint nicht bedenklich; vermutlich würde man in der praktischen Anwendung auch die zeitverzögerten Werte der endogenen Variablen als potenzielle Einflussgrößen zulassen, um eventuell vorhandene zeitliche Abhängigkeiten in der zu prognostizierenden Variable selber zu modellieren.

Um die Ergebnisübersichten kompakt zu halten, wurden die erzielten Ergebnisse weiter verdichtet. Dazu werden nur noch drei Kennzahlen berechnet, die sich als Quotienten oder Differenzen einer Maßzahl des Prognosemodells und der entsprechenden Maßzahl des Benchmarkmodells darstellen, wobei hier ausschließlich das Mittelwertmodell als Benchmark herangezogen wird, welches sich bisher am besten bewährt hat. Die Maßzahlen sind nach Formeln 6.1, 6.2 und 6.3 definiert.

$$TheilMSE = \frac{MSE^P}{MSE^B} \tag{6.1}$$

$$TheilCor = Cor^P - Cor^B \tag{6.2}$$

$$TheilWeg = W^P - W^B \tag{6.3}$$

[11] Bei Simulationen auf den realen Daten zeigte sich, dass beim US-amerikanischen Geldmarkt das Ergebnis des ADF-Tests unklar war. Hier konnte nicht eindeutig entschieden werden, ob diese Reihe stationär war, weshalb sie sicherheitshalber nicht berücksichtigt wurde. Wegen des Ausschlusses des US-amerikanischen Geldmarktes wird auch der europäische Geldmarkt aus der Prognose herausgenommen. Beim Durchlauf des Demoskriptes auf den realen Daten erwies sich ferner die Reihe DJAIG als nicht durchgängig stationär, weshalb sie aus Vereinfachungsgründen ebenfalls als abhängige, zu prognostizierende Variable entfernt wurde.

TheilMSE Theilscher Ungleichheitskoeffizient in Bezug auf den *MSE*, mit MSE^P Mean-Squared-Error des Prognosemodells und MSE^B Mean-Squared-Error des Benchmarkmodells

TheilCor Differenz der Korrelationen zwischen Prognosewerten und wahren Werten, mit Cor^P Korrelation der Renditeprognosen des Prognosemodells mit den wahren Renditen und Cor^B Korrelation der Renditeprognosen des Benchmarkmodells mit den wahren Renditen

TheilWeg Differenz in Bezug auf die Wegstrecke, mit W^P Wegstrecke des Prognosemodells und W^B Wegstrecke des Benchmarkmodells

Der Quotient der Mean-Squared-Errors zwischen dem zu beurteilenden Prognosemodell und dem naiven Prognosemodell (siehe Formel 6.1) wird in der Literatur zumeist als *Theilscher Ungleichheitskoeffizient* bezeichnet, wobei dort auch anstelle des *MSE* alternativ der *RMSE* verwendet wird. Die Verwendung der naiven Prognose als Benchmarkmodell wird hier auf die Verwendung des Mittelwertmodells als Benchmark übertragen. Der *MSE* bzw. alternativ *RMSE* kann als Lagefehler der Prognosen angesehen werden.

In der Formel 6.2 wird die Berechnung auf die Verwendung der Korrelation als alternatives Gütemaß erweitert. Hier ergibt sich die Schwierigkeit, dass die Korrelation auch negativ werden kann, womit erhebliche Probleme bei der Interpretation eines Quotienten entstehen könnten. Daher wird hier nur die einfache Differenz gebildet. Die Verwendung der Korrelation als Gütemaß begründet sich mit der Messung dea Verlaufzusammenhangs von prognostizierten und realisierten Renditen. Die Korrelation kann insofern als „Formmaß“ des Prognosefehlers angesehen werden.

Die Wahl der Wegstrecke begründet sich damit, in möglichst kompakter Weise die ökonomische Performance der Prognosemodelle zu messen. Hierfür hätte auch die Sharpe-Ratio herangezogen werden können, jedoch können auch negative Sharpe-Ratios resultieren, die nicht sinnvoll interpretierbar sind. Dagegen besitzen negative Wegstrecken eine sinnvolle Interpretierbarkeit. Wie bei der Korrelation wird aber auf die Bildung eines Quotienten verzichtet und nur die einfache Differenz ermittelt.

Die Tabellen 6.8 und 6.9 zeigen die erzielten Ergebnisse für die Prognose von zehn Märkten bei rollierender Neuentwicklung der Prognosemodelle mit fixiertem und wachsendem Zeitfenster auf den künstlichen Daten des Kapitels 4.6.

Bei der Interpretation der Tabellen 6.8 und 6.9 ist zu beachten, dass die Werte für den „Quotient MSE“ kleiner als eins und für die „Differenz Korrelation“ sowie „Differenz Wegstrecke“ größer als null sein sollten, um auf eine Überlegenheit des Prognosemodells gegenüber dem Benchmarkmodell zu schließen. Offensichtlich ist dies überwiegend der Fall, sowohl in Bezug auf den MSE als auch in Bezug auf die Korrelation und Wegstrecke erweist sich das Prognosemodell nahezu durchgängig als überlegen. Eindrucksvoll wird aus beiden Tabellen 6.8 und 6.9 die vorteilhafte Wirkung eines expandierenden Zeitfensters bei diesen Daten deutlich. Unter Verwendung des expandierenden Zeitfensters kann zweifelsfrei das Benchmarkmodell (Mittelwertmodell) klar geschlagen werden.

Zur Überprüfung dieser Befunde werden alle Simulationen auf dem alternativen Satz künstlicher Daten wiederholt. Die Tabellen 6.10 und 6.11 zeigen die dort erzielten Ergebnisse.

Markt	Quotient MSE	Differenz Korrelation	Differenz Wegstrecke
MSEUR	0,9265	0,3191	0,1332
MSUS	0,9778	0,2497	0,1816
MSJP	1,0243	0,1698	0,0572
MSWORLD	0,9584	0,2534	0,1185
JPMEUR	0,9634	0,3546	-0,0667
JPMUS	0,9351	0,3460	0,0003
JPMJP	0,9227	0,3295	0,0377
JPMGLOBAL	1,0204	0,1997	-0,0265
USD_EURO	1,0035	0,2242	0,1005
GOLD	1,0037	0,2843	0,1609

Tabelle 6.8.: Ergebnisse aller Prognosen in der Fallstudie (rollierend fix), 600 In-Sample Beobachtungen, 600 Out-of-Sample-Prognosen, künstliche Daten.

Markt	Quotient MSE	Differenz Korrelation	Differenz Wegstrecke
MSEUR	0,8864	0,3637	0,1861
MSUS	0,9491	0,2735	0,2319
MSJP	0,9826	0,2641	0,0752
MSWORLD	0,9395	0,2871	0,1745
JPMEUR	0,9069	0,3835	-0,0025
JPMUS	0,9109	0,3942	0,0292
JPMJP	0,8967	0,3816	0,0200
JPMGLOBAL	0,9576	0,3362	0,0330
USD_EURO	0,9375	0,2908	0,1488
GOLD	0,9659	0,3039	0,1374

Tabelle 6.9.: Ergebnisse aller Prognosen in der Fallstudie (rollierend expandierend), 600 In-Sample Beobachtungen und wachsend, 600 Out-of-Sample-Prognosen, künstliche Daten.

Die Ergebnisse in den Tabellen 6.10 und 6.11 zeigen qualitativ dieselben Befunde, quantitativ ergeben sich hier tendenziell sogar leicht bessere Ergebnisse.

Insgesamt sind die hier gefundenen Ergebnisse nicht direkt vergleichbar zu Befunden in der jüngeren akademischen Literatur zur Güte von Prognosemodellen basierend auf einfachen Regressionstechniken. In einer viel beachteten Referenzstudie von WELCH und GOYAL (2008) konnte dort mit einfachen Regressionsmodellen keine Überlegenheit gegenüber dem einfachen Mittelwertmodell erzielt werden. Jedoch unterscheiden sich benutzte Datensätze und Vorgehensweise erheblich. In jener Studie wurden primär einzelne unabhängige Variablen auf ihre Prognosekraft untersucht, wurden lange Zeitreihen historischer Daten und keinerlei Variablenselektionsalgorithmen benutzt. Insbesondere wurde nicht nach zeitlichen Lagstrukturen gesucht, da Ansatz und Fragestellung jener Studie auch gänzlich anders gelagert waren. Die hier vorgestellte Studie ist zudem primär didaktisch orientiert und erhebt nicht den Anspruch, belastbare Aussagen über die Prognosefähigkeit von Finanzmärkten auf realen Daten abzuliefern. Am ehesten lässt sich

Markt	Quotient MSE	Differenz Korrelation	Differenz Wegstrecke
MSEUR	0,9959	0,2385	0,0449
MSUS	0,9543	0,3521	0,3032
MSJP	0,8804	0,3689	0,2453
MSWORLD	0,8093	0,4895	0,3458
JPMEUR	0,8361	0,4537	0,0286
JPMUS	0,7249	0,5922	0,0969
JPMJP	0,8258	0,4272	0,1466
JPMGLOBAL	0,7123	0,5436	0,2395
USD_EURO	0,8241	0,4487	0,3413
GOLD	0,8653	0,4484	0,4427

Tabelle 6.10.: Ergebnisse aller Prognosen in der Fallstudie (rollierend fix), 600 In-Sample Beobachtungen, 600 Out-of-Sample-Prognosen, **alternative** künstliche Daten.

Markt	Quotient MSE	Differenz Korrelation	Differenz Wegstrecke
MSEUR	0,9580	0,3026	0,1044
MSUS	0,8974	0,4464	0,3268
MSJP	0,8522	0,4268	0,2629
MSWORLD	0,7908	0,5696	0,3290
JPMEUR	0,8109	0,4772	0,0642
JPMUS	0,7272	0,5520	0,0766
JPMJP	0,8117	0,4446	0,1241
JPMGLOBAL	0,6837	0,6081	0,2715
USD_EURO	0,8180	0,5475	0,3524
GOLD	0,8425	0,5296	0,4552

Tabelle 6.11.: Ergebnisse aller Prognosen in der Fallstudie (rollierend expandierend), 600 In-Sample Beobachtungen und wachsend, 600 Out-of-Sample-Prognosen, **alternative** künstliche Daten.

die kleine, vorgestellte Studie als Potenzialanalyse verstehen. Sie zeigt, dass bei ausreichend großem Stichprobenumfang mit den hier vorgestellten Verfahren werthaltige Finanzprognosen möglich sind, wenn die Daten aus einem stationären, datengenerierenden Prozess stammen. Oder anders ausgedrückt: Die vorgestellten Verfahren „funktionieren", soweit die benutzten Daten den Prämissen und Anforderungen genügen, die diesen Methoden zugrunde liegen.

Eine weitere unbeantwortete Frage ist es bisher, ob von der anscheinend vorhandenen Prognosefähigkeit einzelner Finanzmärkte (auf den hier verwendeten Daten) zugleich auf eine überlegene Kapitalallokation, also Performance auf Portfolioebene, geschlossen werden kann. Das nächste Kapitel widmet sich dieser Frage.

6.2.3. Simulation der Kapitalallokation und Performancemessung

Die im vorhergehenden Kapitel erstellten Renditeprognosen dienen als zentraler Inputparameter für eine darauf aufsetzende Portfoliooptimierung. Naheliegend ist es nun, basierend auf den bisher erzielten Renditeprognosen auch die darauf aufsetzende Kapitalallokation mittels Portfoliooptimierung zu simulieren. Dafür sind noch einige Vorarbeiten erforderlich. Für eine Portfoliooptimierung reicht eine Renditeprognose nicht aus, genauso werden Prognosen der zukünftigen Kovarianzmatrix benötigt. Auch dafür stehen ausgefeilte ökonometrische Methoden zur Verfügung, die aber hier nicht näher betrachtet werden. Für die Prognose der zukünftigen Kovarianzmatrix soll hier nur die zuletzt empirisch geschätzte Kovarianzmatrix verwendet werden.[12] Das Programmlisting 6.8 zeigt eine Funktion zur Prognose der zukünftigen Kovarianzmatrix. Die Prognose kann dabei auf einer statischen Schätzung beruhen, ebenso kann diese rollierend mit fixiertem oder expandierendem Zeitfenster erfolgen.

Quellcode 6.8: Funktion zur Prognose der Kovarianzmatrix

```
Siehe Datei: fRollEstCov.m
```

Bei näherer Analyse der Funktion `fRollEstCov` zeigt sich, dass diese quasi identisch zur Renditeprognose mit dem einfachen Mittelwertmodell ist. Im Gegensatz dazu wird hier nicht der Mittelwert, sondern die Kovarianzmatrix berechnet. Die Ergebnisse der Kovarianzschätzungen bzw. -prognosen werden in Form einer dreidimensionalen Matrix abgespeichert. Die beiden ersten Dimensionen stellen eine gewöhnliche Kovarianzmatrix dar, die dritte Dimension ist die Zeitachse. Ansonsten ergeben sich keine bedeutsamen Unterschiede zum bereits bekannten Vorgehen bei der Renditeprognose mit dem einfachen Mittelwertmodell.

Im nächsten Schritt ist eine Funktion zu schreiben, welche die rollierenden Portfoliooptimierungen durchführt. Das Programmlisting 6.9 zeigt eine solche Funktion.[13]

Quellcode 6.9: Funktion zur rollierenden Portfoliooptimierung

```
Siehe Datei: fRollPortOpt.m
```

Dabei ist zunächst unklar, welches der vielen verfügbaren Modelle zur Portfoliooptimierung hier gewählt werden sollte. Eine denkbare Wahl ist es, das Maximum-Sharpe-Ratio-Portfolio zu bestimmen. Diese Wahl vermeidet es, den Risikoaversionsparameter festlegen zu müssen. Außerdem ist es intuitiv nachvollziehbar anzunehmen, eine Anlegerin wünsche bei der Kapitalallokation das bestmögliche Verhältnis zwischen Rendite und Risiko zu realisieren, gemessen anhand der Sharpe-Ratio. Aber natürlich können auch hier andere Portfoliooptimierungsmodelle zum Einsatz kommen; die getroffene Wahl versteht sich rein exemplarisch. Die Funktion nimmt eine Matrix von Renditeprognosen sowie eine dreidimensionale Matrix der Kovarianzprognosen

---

[12] Bei strenger Betrachtung gehört die Prognose der Kovarianzmatrix zur Finanzanalyse und damit in das vorhergehende Kapitel. Da es sich hier aber um eine extrem einfach gehaltene Form der Kovarianzprognose in Form der Bestimmung der empirischen Kovarianzmatrix handelt, soll diese kurz im Zusammenhang mit der unmittelbar folgenden Portfoliooptimierung erwähnt und nicht als „echte“ Prognose betrachtet werden.

[13] Unter Octave ist die Variante `fRollPortOpt_oct` zu verwenden. Diese benutzt die an Octave angepasste Funktion `fMaxSharpeRatioPort_oct` zur Bestimmung des Maximum-Sharpe-Ratio Portfolios.

für den Out-of-Sample-Zeitraum entgegen. Mit diesen Inputparametern, gegebenenfalls optional zu setzenden Unter- und Obergrenzen für die Anteilsgewichte sowie dem erwarteten risikofreien Zinssatz, werden dann die Maximum-Sharpe-Ratio-Portfolios bestimmt. Die Funktion sieht nur eine sehr einfache Fehlerbehandlung vor, falls die Optimierung fehlgeschlagen ist. In diesem Fall wird das naive Portfolio als optimale Lösung zurückgeliefert.

Das Demoskript 6.11 enthält den letzten Teil der Fallstudie, bei welchem basierend auf den Renditeprognosen die Portfoliooptimierungen durchgeführt werden.[14] Dieses Demoskript verwendet die in Programmlisting 6.10 dargestellte Hilfsfunktion zur Berechnung von Portfoliorendite und -risiko bei gegebenen Renditebeobachtungen und Portfoliogewichten. Dabei wird die Performancemessung als letzter Teilprozess innerhalb des Portfoliomanagements hier mit integriert. Der Grund liegt darin, dass in dieser kleinen Fallstudie zur Simulation des gesamten Portfoliomanagementprozesses die Performancemessung aus Vereinfachungsgründen auf die Berechnung weniger ausgewählter Performancemaße reduziert wird. Eine separate Behandlung ist daher nicht erforderlich. Die explizite Behandlung als eigenständige Prozesskomponente des Simulationsmodells wäre jedoch dann sinnvoll, wenn jetzt aufwändige Performanceanalysen folgen würden.

Quellcode 6.10: Hilfsfunktion zur Berechnung von Portfoliorendite und -risiko bei gegebenen Renditebeobachtungen und Portfoliogewichten

```
Siehe Datei: fPRetRisk.m
```

Quellcode 6.11: Demoskript zum letzten Teil der Fallstudie

```
Siehe Datei: bDemoRollModDev4.m
```

Aus Platzgründen wurde der vorhergehende Teil mit der Erstellung der rollierenden Renditeprognosen ausgelassen. Es muss entweder das vorhergehende Demoskript 6.7 aufgerufen werden oder aber, was hier viel schneller geht, die gespeicherten Ergebnisse eines vorhergehenden Durchlaufs des Demoskriptes 6.7 geladen werden.[15] Für die Portfoliooptimierungen ist zu bedenken, dass die Entwicklung der Prognosemodelle und die Renditeprognosen auf stetigen Renditen basieren, während die Formeln zur Berechnung von Portfoliorendite und Portfoliovarianz exakt nur für diskrete Renditen gelten. Im Demoskript werden deshalb die stetigen Renditen für die weitere Verwendung in diskrete Renditen konvertiert. Ebenso wird aus Gründen der späteren Berechnungskonsistenz die Prognose der zukünftigen Kovarianzmatrizen auf diskreten Renditen durchgeführt. Unterlässt man diese Konvertierung, ergeben sich nur Näherungen für die exakte Portfoliorendite und Portfoliovarianz. Mit einem pragmatischen Argument könnte auf diese eingeschobene Konvertierung verzichtet werden: Die durch die Fehler in den Prognosen ausgelöste fehlerhafte Bestimmung der optimalen Assetgewichte ist um Größenordnungen bedeutsamer als

[14] Unter Octave ist die Variante `bDemoRollModDev4_oct` zu verwenden.

[15] Aufgrund der recht langen Laufzeit von Demoskript 6.7 ist dieses Vorgehen dringlich zu empfehlen. Unter Octave sind die Laufzeiten des angepassten Demoskriptes `bDemoRollModDev4_oct` so extrem lang (wenn vorher das Demoskript 6.7 ausgeführt wird), dass dies praktisch unumgänglich ist. Tatsächlich wurden die Tests der Octave-Version mit den unter Matlab berechneten und dort gespeicherten Ergebnissen durchgeführt. Es resultieren dabei diesselben Ergebnisse.

die Ungenauigkeiten, die sich durch den falschen Berechnungsmodus ergeben. Insofern könnte auch der Codeabschnitt mit der Konvertierung ausgelassen werden.

Nach der noch notwendigen Erstellung der Kovarianzprognosen erfolgen die rollierenden Portfoliooptimierungen. Diese erfolgen zunächst auf Basis der Renditeprognosen des Prognosemodells. Um die Güte der später erzielten, ex-post beobachteten Renditeentwicklung der optimierten Portfolios zu beurteilen, bedarf es verschiedener Benchmarks. Eine naheliegende Benchmark ist es, die rollierenden Portfoliooptimierungen für die Prognosen eines Benchmark-Prognosemodells zu wiederholen. Dies geschieht hier für die Prognosen des rollierend geschätzten Mittelwertmodells, welches sich bisher als beste Prognose-Benchmark erwiesen hatte. Genauso könnten weitere rollierende Portfoliooptimierungen auf Basis der naiven Prognose oder des AR(1)-Prognosemodells durchgeführt werden. Eine andere Art der Benchmark ist es, ein „prognosefreies" Portfolio zu verwenden. Typischerweise werden hierfür ex ante festgelegte Kapitalmarktindizes verwendet. Eine ebenfalls oftmals verwendete Alternative ist das naive Portfolio, in welchem jedes Asset mit demselben Anteilsgewicht gehalten wird. Die Intuition dahinter ist einfach: Der gesamte Aufwand der Prognoseerstellung und Portfoliooptimierung ist nutzlos, wenn es damit nicht gelingt, eine solche „primitive" Allokationsregel zu schlagen. Das Demoskript 6.11 betrachtet daher beide Benchmarks.

Nachdem die Benchmark-Portfolios bestimmt und deren Renditen berechnet wurden, schließt sich die Performancemessung an. Hierfür kommen alle Techniken in Frage, die ausführlich Gegenstand in Kapitel 2 und 4 waren. Um die Betrachtungen hier einfach zu halten, werden nur Portfoliorendite, Portfoliorisiko, Sharpe-Ratio und Jensens-Alpha berechnet. Die Tabelle 6.12 zeigt die Ergebnisse der abschließenden Simulationen. Zum Vergleich werden in Tabelle 6.13 die Ergebnisse auf den alternativen künstlichen Daten ausgewiesen.

Portfolio	Rendite	Risiko	Sharpe	Jensens-Alpha	p-Wert
Naives Portfolio	0,0051	0,0148	0,3480	0,0060	0,0000
Mittelwertmodell (roll, fix)	0,0065	0,0088	0,7379	0,0035	0,0000
Prognosemodell (roll, fix)	0,0091	0,0117	0,7827		
Naives Portfolio	0,0051	0,0148	0,3480	0,0074	0,0000
Mittelwertmodell (roll, exp.)	0,0066	0,0089	0,7428	0,0049	0,0000
Prognosemodell (roll, exp.)	0,0104	0,0117	0,8934		

Tabelle 6.12.: Ergebnisse der optimierten Portfolios auf den künstlichen Daten.

Der Vergleich der Ergebnisse auf den künstlichen und alternativen (künstlichen) Daten zeigt qualitativ übereinstimmende Befunde. Gemessen an der Sharpe-Ratio ergibt sich stets das klare Ranking mit dem Prognosemodell als bestes Modell, gefolgt vom Mittelwertmodell, dann das naive Portfolio als schlechtestes Modell. Beim Jensens-Alpha ergeben sich stets statistisch hoch signifikante Alphas beim Prognosemodell gegenüber dem naiven Portfolio und dem Mittelwertmodell als Benchmark. Auffällig ist ferner eine klare Verbesserung der Ergebnisse für das Prognosemodell, wenn mit expandierendem Zeitfenster gearbeitet wird. Dies gilt für beide künstlichen Datensätze. Anscheinend erlauben in dieser Fallstudie Renditeprognosen gerade bei expandierendem Zeitfenster eine deutlich überlegene Kapitalallokation gegenüber dem naiven

Portfolio	Rendite	Risiko	Sharpe	Jensens-Alpha	p-Wert
Naives Portfolio	0,0041	0,0156	0,2621	0,0095	0,0000
Mittelwertmodell (roll, fix)	0,0053	0,0083	0,6414	0,0081	0,0000
Prognosemodell (roll, fix)	0,0121	0,0122	0,9917		
Naives Portfolio	0,0041	0,0156	0,2621	0,0104	0,0000
Mittelwertmodell (roll, exp.)	0,0053	0,0081	0,6552	0,0091	0,0000
Prognosemodell (roll, exp.)	0,0130	0,0122	1,0687		

Tabelle 6.13.: Ergebnisse der optimierten Portfolios auf den **alternativen** künstlichen Daten.

Portfolio und dem Mittelwertmodell. Die auf der Stepwise-Methode basierende Regressionsanalyse zur Konstruktion der Prognosemodelle bringt bei diesen Datensätzen einen deutlich erkennbaren Vorteil gegenüber dem einfachen Mittelwertmodell.

6.2.4. Optimierung des Portfoliomanagementprozesses durch Kombimodelle

Die bisherige Fallstudie zielte darauf ab, in sehr einfacher Weise den gesamten Portfoliomanagementprozess zu modellieren, um dann exemplarisch die Leistungsfähigkeit einer speziellen Prozesskonfiguration durch Simulation zu untersuchen. Die damit erzielten Ergebnisse sind überzeugend, stehen aber per se nicht im Fokus der Betrachtungen. Wichtig ist primär, dass nunmehr ein sehr einfaches Modell zur Simulation des gesamten Portfoliomanagementprozesses vorliegt, mit dem jetzt u.A. die Suche nach einer optimalen Prozesskonfiguration oder den Gründen für eine gute oder schlechte Performance beginnen kann. So kann das gewählte Vorgehen an vielen Stellen erweitert werden. Die beispielhaft umgesetzte Kapitalallokation berücksichtigt aus Vereinfachungsgründen z.B. keinerlei Transaktionskosten, welche den Vorteil einer aktiven, auf Prognosen basierenden Managementstrategie erheblich schmälern können. Andererseits wurden noch längst nicht alle Möglichkeiten der Portfoliooptimierung genutzt. Untersucht wurde bisher noch nicht, wie sich der Einsatz von Nebenbedingungen auf das Ergebnis der Kapitalallokation auswirkt. Auch könnte der Einsatz anderer Portfoliooptimierungsmodelle ein nochmals verbessertes Anlageergebnis bewirken.

Der Schlüssel für ein erfolgreiches Anlageergebnis liegt indessen in der Renditeprognose, wie aus den bisherigen Betrachtungen sehr deutlich geworden sein sollte. Auch hier sind nur ansatzweise die Möglichkeiten genutzt worden, die sich bereits in diesem Buch finden. So wurden längst nicht alle Modelle und Variablenselektionsalgorithmen untersucht. Eine einfach umzusetzende Erweiterung zeigt das Demoskript 6.12, welches als Ergänzung zum vorhergehenden Demoskript 6.11 gedacht ist.[16] Es soll dabei lediglich den Ansatz einer Suche nach verbesserter Prozesskonfiguration illustrieren, jedoch keine tiefer gehende Diskussion mehr einleiten. Hier wird die Idee untersucht, ob sich durch Kombination der Prognosen mehrerer verschiedener Prognosemodelle die Performance einer aktiven Anlagestrategie verbessern lässt. Diese Fragestellung illustriert

[16] Unter Octave ist die Variante `bDemoRollModDev5_oct` zu verwenden.

die Zweckdienlichkeit einer Simulation des Portfoliomanagementprozesses. Während derartigen Kombinationsmodellen in der Literatur bei der Prognose einzelner zu prognostizierender Größen eine Überlegenheit nachgesagt wird, ist es im Portfoliokontext nicht einfach antizipierbar, wie hier Kombinationsmodelle wirken werden. Denn im Portfoliomanagement sind die Renditen mehrerer Assets zu prognostizieren, zusätzlich gehen Varianz- und Kovarianzprognosen in die Optimierung ein und schließlich trägt auch die Optimierung selbst zu der finalen Portfolioperformance mit bei. Wie in der Einleitung zur Simulation des Portfoliomanagementprozesses ausgeführt, bedarf es zur Klärung dieser Frage eines geeigneten Entscheidungsunterstützungssystems, wie es in dieser Fallstudie entwickelt wurde.

Quellcode 6.12: Demoskript zum Ausblick in der Fallstudie: Modellkombination

```
Siehe Datei: bDemoRollModDev5.m
```

In dem Demoskript 6.12 werden wie beschrieben alle bisher erstellten Prognosen (entwickelte Prognosemodell, 3 Benchmark-Prognosemodelle) miteinander kombiniert, indem von allen Renditeprognosen das arithmetische Mittel über alle vier kombinierten Prognosemodelle gebildet wird. Da hier keine umfassende Diskussion von Prognosemodellkombinationen mehr beabsichtigt ist, findet keine extensive Analyse des Kombinationsmodells statt. Es wird lediglich erneut die rollierende Kapitalallokation berechnet sowie das Jensens-Alpha des Kombinationsmodells gegenüber dem naiven Portfolio und dem Mittelwertprognosemodell bestimmt. Die Tabellen 6.14 (künstliche Daten) und 6.15 (alternative künstliche Daten) zeigen die bisherigen Ergebnisse, jedoch erweitert um diejenigen des Kombinationsmodells. Die Einträge zum Jensens-Alpha beziehen sich hier auf das Kombinationsmodell. Sie sind wie oben auch beim jeweiligen Referenzmodell eingetragen.

Portfolio	Rendite	Risiko	Sharpe	Jensens-Alpha	p-Wert
Naives Portfolio	0,0051	0,0148	0,3480	0,0060	0,0000
Mittelwertmodell (roll, fix)	0,0065	0,0088	0,7379	0,0035	0,0000
Prognosemodell (roll, fix)	0,0091	0,0117	0,7827		
Kombimodell (roll, fix)	0,0075	0,0115	0,6507		
Naives Portfolio	0,0051	0,0148	0,3480	0,0051	0,0000
Mittelwertmodell (roll, exp.)	0,0066	0,0089	0,7428	0,0021	0,0000
Prognosemodell (roll, exp.)	0,0104	0,0117	0,8934		
Kombimodell (roll, exp.)	0,0081	0,0114	0,7135		

Tabelle 6.14.: Ergebnisse der optimierten Portfolios, inkl. Kombinationsmodell, künstliche Daten.

Die Ergebnisse in den Tabellen 6.14 und 6.15 fallen qualitativ eindeutig aus. Auf den künstlichen Daten ist gemessen anhand der Sharpe-Ratio keine Verbesserung erkennbar, d.h., das Kombinationsmodell kann das bisherige Prognosemodell nicht schlagen. Alle Jensens-Alpha-Werte des Kombinationsmodells sind positiv und hoch signifikant gegenüber dem naiven Portfolio und Mittelwertmodell als Benchmark. Dieser Befund mag gerade für den ersten künstlichen Datensatz überraschen, da dort gemessen an der Sharpe-Ratio das Kombinationsmodell etwas schlechter abschneidet als das Mittelwertmodell. Jedoch kann das Mittelwertmodell als Benchmark die

Portfolio	Rendite	Risiko	Sharpe	Jensens-Alpha	p-Wert
Naives Portfolio	0,0041	0,0156	0,2621	0,0056	0,0000
Mittelwertmodell (roll, fix)	0,0053	0,0083	0,6414	0,0036	0,0000
Prognosemodell (roll, fix)	0,0121	0,0122	0,9917		
Kombimodell (roll, fix)	0,0080	0,0099	0,8070		
Naives Portfolio	0,0041	0,0156	0,2621	0,0056	0,0000
Mittelwertmodell (roll, exp.)	0,0053	0,0081	0,6552	0,0036	0,0000
Prognosemodell (roll, exp.)	0,0130	0,0122	1,0687		
Kombimodell (roll, exp.)	0,0081	0,0098	0,8227		

Tabelle 6.15.: Ergebnisse der optimierten Portfolios, inkl. Kombinationsmodell, **alternative** künstliche Daten.

Renditen des Kombinationsmodells nicht vollständig erklären, sodass der davon systematisch unerklärte Anteil im Alpha landet.

Im Vergleich mit den Ergebnissen und Debatten in der Literatur um die Sinnhaftigkeit von (Prognose-) Kombinationsmodellen sind diese Ergebnisse durchaus konsistent. Die Sinnhaftigkeit von Kombinationsmodellen wird vor allem mit der sehr schwachen Prognosefähigkeit typischer Finanzprognosemodelle begründet. Fügt man diese zu einem Verbund zusammen, so erwächst daraus zumeist eine Verbesserung der Prognosefähigkeit, da die Prognosefehler der Einzelmodelle in aller Regel nicht perfekt miteinander korreliert sind und sich durch Bildung eines Kombinationsmodells ein „Diversifikationseffekt“ auf der Ebene des (aggregierten) Prognosefehlers ergibt. Andererseits kann die Prognosefähigkeit einzelner, bereits für sich sehr guter Prognosemodelle nicht dadurch Kombination mit schlechten Prognosemodellen gesteigert werden. Genau dies ist hier der Fall.

In Übereinstimmung mit vielen Untersuchungen zeigt sich hier exemplarisch, dass die Frage nach der Sinnhaftigkeit einer Prognosemodellkombination nicht generell, sondern nur im Einzelfall beantwortet werden kann. In dem hier betrachteten Fall ist bereits die Prognoseleistung des betrachteten Prognosemodells (bzw. besser: des gesamten Prognosemodellentwicklungsverfahrens) so gut, dass es sich durch Kombination mit den 3 Benchmarkmodellen (naive Prognose, AR(1)-Prognose, Mittelwertmodell) nicht mehr verbessern lässt. Jedoch könnte es ebenfalls andere Prognosemodelle geben, mit denen eine leistungssteigernde Kombination eingegangen werden könnte. Diese Fragen lassen sich nur durch Simulation des Portfoliomanagementprozesses beantworten.

Diese Überlegungen sollen aber nur als Anregung für das eigene Weiterarbeiten dienen. Verbesserte Prognosemethoden und deren Kombination untereinander gelten heute in der Forschung als ein vielversprechender Weg, die Performance zu steigern - soweit dies überhaupt im betrachteten Anwendungsfall möglich ist.

6.2.5. Schlussbetrachtungen und Ausblick

Die vorliegende Fallstudie zeigt die Integration elementarer Teilprozesskomponenten des Portfoliomanagementprozesses in sehr vereinfachter Weise. Um jetzt die Suche nach einer optimalen Prozesskonfiguration zu beginnen, sind zahlreiche Erweiterungen der Demoskripte sinnvoll:

- Das Simulationsmodell wurde weitgehend als ein Skript umgesetzt, was wenig wartungsfreundlich und vor allem unflexibel für zukünftige Erweiterungen ist. Das bisher entwickelte Simulationsmodell könnte stärker modularisiert und in Form von Funktionen ausgeführt werden.

- Rekonfigurationen des Portfoliomanagementprozesses müssen durch eine Neuprogrammierung bzw. Modifikation der Simulationsskripte vorgenommen werden. Dies ist wenig benutzerfreundlich, fehlerträchtig und unflexibel. Eine Verbesserung könnte die Konfiguration und Steuerung der Simulation durch eine Konfigurationsdatei oder durch eine grafische Benutzeroberfläche sein.

- Im Simulationsmodell sind nur elementare Methoden aus den Bereichen Finanzanalyse, Portfoliooptimierung und Performancemessung hinterlegt, die zudem wenig flexibel rekonfiguriert werden können (siehe oben). Daher sollten nicht nur sehr viel mehr Methoden aus diesen Bereichen integriert, sondern auch deren flexible Konfigurierbarkeit beachtet werden.

- Eine weitere wichtige Vereinfachung gegenüber dem in Abbildung 6.1 dargestellten Konzept eines Simulationsmodells für den gesamten Portfoliomanagementprozess ist hier die fehlende Rückkopplung späterer Prozessschritte auf vorgelagerte Prozessstufen. Das oben vorgestellte, sehr stark vereinfachte Modell sieht nur eine lineare Prozessabfolge von der Finanzanalyse, über die Portfoliorealisierung hin zur Performancemessung vor. Aus diesem Grund konnten auch erst alle Finanzprognosen für alle Simulationszeitpunkte erstellt und danach diesen dann komplett „am Stück“ im Rahmen der rollierenden Portfoliooptimierung verarbeitet werden. Die Berücksichtigung von Feedback-Mechanismen würde eine andere Organisation des Programmablaufs erfordern. Hier müsste tatsächlich pro Zeittick die gesamte Prozesskette durchlaufen und der sich daraus ergebende Rückkopplungseffekt auf vorgelagerte Prozessstufen ermittelt werden, der dann im nächsten Zeittick der Simulation wirksam wird. Die vorgestellten Bausteine können jedoch leicht durch den Leser in dieser Weise reorganisiert werden.

6.3. Zwischenfazit

Die zuletzt vorgestellte Fallstudie aus Kapitel 6.2 zeigt einen aus unserer Sicht wichtigen Betrachtungsgegenstand des CF, die Geschäftsprozessmodellierung finanzwirtschaftlicher Prozesse, hier am Beispiel des Portfoliomanagements. Dies ist die konsequnete Fortführung der stochastischen Simulation, welche wir in Kapitel 5 behandelt haben. Dabei ist die Abgrenzung zwischen stochastischer Simulation und Geschäftsprozessmodellierung im hier verstandenen Sinne nicht trennscharf. So können insbesondere die Betrachtungen in Kapitel 5.4.3 als sehr einfach gehaltene Varianten einer „Geschäftsprozessmodellierung“ angesehen werden. Die hier gewählte Abgrenzung spricht dann von „Geschäftsprozessmodellierung“, wenn zwei oder mehr klar voneinander separierbare Teilprozesse und deren Wechselwirkung untersucht werden sollen. In den Beispielen des Kapitels 5.4.3 geht es im Wesentlichen nur um die Untersuchung eines Allokationsmodells (Teilprozess Portfolioplanung), nicht jedoch um die Untersuchung der Wechselwirkung, welche aus der Verknüpfung mehrerer Teilprozesse resultiert. Dies ist erst in Kapitel 6.2 der Fall, in welchem die Teilprozesse Finanzanalyse und Portfolioplanung miteinander verkoppelt und dann untersucht werden. Ferner wird der Teilprozess der Performanceanalyse ansatzweise zusätzlich integriert, jedoch nur in sehr eingeschränkter Weise. Insbesondere gehen von diesem Baustein in der Fallstudie des Kapitels 6.2 noch keine Wechselwirkungen auf andere Bausteine aus. Eine weiter entwickelte Variante könnte dies aber berücksichtigen, in dem z.B. dynamisch auf Basis der festgestellten Ergebnisse in der Performanceanalyse steuernd in den Teilprozess der Finanzanalyse oder Portfolioplanung eingegriffen wird. Hier bieten sich dem Leser interessante Erweiterungen und zugleich Experimentiermöglichkeiten.

Zentral für die hier betrachtete Art der Geschäftsprozessmodellierung im CF ist die Frage nach den Eigenschaften eines bestimmten Geschäftsprozesses und den Möglichkeiten der Optimierung der Prozesskonfiguration. So hat zunächst die Fallstudie aus dem Kapitel 6.2 die Potenziale aufgezeigt, einen leistungsfähigen, aktiven Portfoliomanagementprozess auf Basis von standard-ökonometrischen Methoden und Optimierungstechniken aufzusetzen. Möglichkeiten und Grenzen verschiedener Variationen der Prozesskonfigurationen konnten ebenfalls aufgezeigt werden. Wichtig ist es jedoch, die Zielsetzung und Grenzen der vorgestellten Simulationen zu kennen. Die Zielsetzung bestand darin, grundsätzlich die Möglichkeiten einer Geschäftsprozessmodellierung zu veranschaulichen. Dafür besitzt die Verwendung künstlicher Daten eine besondere Tauglichkeit, weil hier unter Kenntnis des wahren datengenerierenden Prozesses die verwendeten Modelle und Methoden umfassend validiert und auf ihre Leistungspotenziale hin untersucht werden können. Reale Daten sind für diesen Zweck nur eingeschränkt tauglich, da der ihnen zugrunde liegende datengenerierende Prozess unbekannt ist und sie oftmals als eine sehr kleine, d.h. unzureichend große Stichprobe vorliegen, um die eingesetzten Methoden und Prozesskonfigurationen per se zu validieren.

Die konsequente Verwendung künstlich erzeugter Daten stellt in diesem Buch eine weitere Verbindung zwischen stochastischer und Geschäftsprozesssimulation stellt her. Dies mag vielleicht vorschnell als wenig „praxisrelevant“ abgetan werden, da die damit erzielten Ergebnisse vermeintlich für auf die Realität bezogene Untersuchungen völlig uninteressant sind. Dieser Einschätzung sind mehrere Argumente entgegen zu halten. Zunächst haben die Betrachtungen in diesem Buch gezeigt, wie teilweise hoch komplex die eingesetzten Methoden sind und wie schnell dabei potenziell ein „lapidarer“ Programmierfehler passieren kann, welcher zu einer völligen Fehlfunktion des gesamten Modells führen kann. Aus langjähriger Industrieprojekterfahrung, akademischer Forschung und umfangreichen Betreuungen von Bachelor-, Master- und Diplomarbeiten sowie Promotionen sei nur auf **den** „klassischen“ Programmierfehler hingewiesen, den falschen Indexzugriff. Gerade bei Simulationen auf Zeitreihendaten und bei Berücksichtigung von zeitlichen Lags erfordern Indexzugriffe extreme Sorgfalt. Wird auf Daten an der Stelle `iIdxT` zugegriffen, an welcher es eigentlich in korrekter Weise `iIdxT-1` hätte heißen müssen,[17] so zeigen sich in der Simulation möglicherweise hervorragende Ergebnisse. Bringt man dann dieses Modell in den Echteinsatz, resultieren katastrophale, zumindest völlig unerwartete Ergebnisse.

Natürlich kann dieser Fehler auch umgekehrt wirken: Testet man dieses fehlerhafte Modell sofort auf realen Daten und erhält dabei absolut enttäuschende Ergebnisse, so ist nicht klar, worauf diese ursächlich zurückzuführen sind: Liegt ein Programmierfehler vor oder ist das Modell per se ungeeignet? Da der „Modell-Programmierer" zumeist ein ausgesprochenes Selbstvertrauen (unzählige Bachelor-, Master- und Diplomarbeiten sprechen hier „Bände") in die eigenen Fertigkeiten haben dürfte, wird erstgenannte Möglichkeit nicht immer ausreichend bedacht und schnell auf die generelle Untauglichkeit (oder noch schlimmer: Tauglichkeit) eines Modells oder einer Methode geschlossen. Erst extensive Tests auf künstlichen Daten mit bekannten Eigenschaften erlauben es, die grundlegende Funktionsfähigkeit eines Modells oder Methode hinreichend sicher zu stellen. Nach Sicherstellung der grundlegenden Funktionsfähigkeit sind überdies umfassende Simulationen auf künstlichen Daten notwendig, um zu prüfen, bei welchen Dateneigenschaften sich ein Modell oder Methode wie verhält. Auch das Verhalten auf kleinen Stichproben muss evaluiert werden (siehe die kurze Diskussion weiter unten zu den Befunden auf realen Daten). Möglicherweise funktionieren bestimmte Methoden auf großen Stichproben sehr gut, versagen aber völlig auf kleinen Stichproben. Variationen des Stichprobenumfangs sind unter kontrollierten Bedingungen nur bei künstlichen Daten möglich. Bei realen Daten lässt sich entweder der Stichprobenumfang nicht beliebig erhöhen, weil nur sehr begrenzte Umfänge beobachteter Daten vorliegen, oder aber diese Erhöhung ist nicht unter kontrollierten Bedingungen möglich. Beispielsweise könnte für eine Untersuchung ein anfänglich beobachteter Zeitraum von 1990 bis 2010 (20 Jahre) auf 1890 bis 2010 (120 Jahre) ausdehnt werden. Selbst wenn aber dafür beobachtete Daten verfügbar sind, so ist doch fraglich, ob Aufzeichnungen aus 1890 dieselbe Datenqualität haben wie aus 1990. Ferner war das ökonomische Umfeld 1890 vermutlich ein völlig anderes. Selbst wenn es also technisch möglich wäre, den Stichprobenumfang realer Beobachtungen zu erweitern, mag dies inhaltlich sehr bedenklich sein.

Die konsequente Verwendung von künstlichen Daten erlaubt also Untersuchungen und Gewinnung von Einsichten, welche so nicht mit realen Daten gewonnen werden können. Da es in diesem Buch um die Veranschaulichung von Modellen und Methoden geht sowie das Aufzeigen sinnhafter und weniger sinnhafter Anwendungskontexte, wurden durchgängig künstliche Daten benutzt. Dies darf nicht missverstanden werden: Schlussendlich zählt in der praktischen Anwendung allein die Leistungsfähigkeit eines Modells oder einer Methode auf realen Daten. Bevor aber dieser Einsatz erfolgt, ist die umfassende Validierung auf künstlichen Daten ratsam. Genau so weit geht dieses Buch. Die Anwendung der hier umfassend validierten und untersuchten Modelle auf reale Daten ist nun eine reizvolle Aufgabe für den Leser. Überdies sei auch angemerkt, dass in der Fallstudie des Kapitels 6.2 der Vergleich zwischen den Ergebnissen der Modellsimulationen auf realen und künstlichen Daten leicht möglich ist.

---

[17] Dieser „Klassiker" kann natürlich in zahllosen anderen Varianten auftauchen; diese Beispiel ist lediglich als Stellvertreter für den immensen Variantenreichtum sehr subtiler Programmierfehler anzusehen. Fairerweise sollte man auch nicht nur Bachelor-, Master- und Diplomarbeiten als mögliche Orte nennen, derartige Fehler anzutreffen. Auch akademische Studien in hochrangigen wissenschaftlichen Journalen sind nicht mit 100% Sicherheit davon auszuschließen.

Tatsächlich wurden alle Simulationen auch auf dem originären Datensatz von PODDIG et al. (2008), S. 399 ff. durchgeführt. Wie erläutert, ist aber jener Datensatz für die hier verfolgte Zielsetzung nur sehr bedingt tauglich, da es primär um die Validierung der eingesetzten Modelle und Prozesssimulation geht, nicht jedoch um die Untersuchung der Prognostizierbarkeit von Finanzmärkten. Die geringe Tauglichkeit des originären Datensatzes liegt in dem geringen Stichprobenumfang von gut 180 Beobachtungen (ca. 15 Jahre an Monatsdaten), für die es keine überzeugende Aufteilung in In-Sample- und Out-of-Sample-Zeittraum gibt. Zu Demonstrationszwecken werden in der Vorlage bei PODDIG et al. (2008) die letzten 24 Monate als Out-of-Sample-Zeitraum abgetrennt. Dort dient dieses Vorgehen nur der beispielhaften Illustration für die Trennung in In-Sample- und Out-of-Sample-Zeitraum. Hier interessiert jedoch die Validierung der Methoden und Prozesse, für die 24 Out-of-Sample-Beobachtungen schlichtweg zu wenig sind. Selbst 180 Out-of-Sample-Beobachtungen, also der volle Datenumfang, wären dafür unzureichend - abgesehen von dem Umstand, dass dann keine In-Sample-Daten mehr übrig wären. Auch eine hälftige Aufteilung wäre wenig überzeugend. 90 In-Sample-Beobachtungen sind für die hier verwendeten Modellentwicklungsmethoden viel zu wenig, um eine verlässliche Modellentwicklung durchzuführen. Zugleich wäre dann das Ergebnis auf den 90 Out-of-Sample-Beobachtungen in jeglicher Hinsicht zufällig. Es würde auf einem völlig unzureichend langen In-Sample- und zugleich Out-of-Sample-Zeitraum basieren. Im Grunde ist es sinnlos, für den hier verfolgten Zwecken den realen Datensatz zu nutzen.

Ungeachtet aller Vorbehalte wurden zwei grundlegende Simulationsszenarien auf den realen Daten durchgeführt. Das erste Szenario benutzt 24 Out-of-Sample-Beobachtungen, das zweite 108 Out-of-Sample-Beobachtungen. Die Simulationen erfolgten in allen oben vorgestellten Variationen und wurden zugleich auf den beiden künstlichen Datensätzen wiederholt, indem von beiden künstlichen Datensätzen die ersten 180 Daten als Gesamtstichprobe (also derselbe Stichprobenumfang wie in der Vorlage) herangezogen wurden. Aus Platzgründen sollen hier nicht mehr die vielen Ergebnistabellen gezeigt werden; der Leser kann diese bei Interesse leicht selber produzieren. In der Gesamtschau sind drei zentrale Ergebnisse dieser Simulationen hervorzuheben:

- Die Simulationsergebnisse auf den realen Daten aus PODDIG et al. (2008), S. 399 ff. und auf den verkürzten künstlichen Daten (die ersten 180 Beobachtungen des Block-Bootstrap-Datensatzes sowie die ersten 180 Beobachtungen des alternativen Datensatzes) unterscheiden sich qualitativ überhaupt nicht voneinander,[18] es ergibt sich stets derselbe, übereinstimmende Befund.

- Bei dem Stichprobenumfang von 180 Beobachtungen ist es in keinem Simulationsszenario möglich, das Mittelwertmodell als bestes Benchmarkmodell zu schlagen, jedoch aber die naive Prognose. Wie erläutert, ist aber selbst eine Out-of-Sample-Stichprobe von 108 Beobachtungen zu klein, um dies als belastbares Ergebnis anzusehen. Geht man aber für den

[18] Natürlich ergeben sich unterschiedliche numerische Werte für die Performancekennzahlen wie z.B. MSE, Sharpe-Ratio oder Jensens-Alpha, je nachdem, ob der reale Datensatz, der erste oder zweite künstliche Datensatz benutzt wird. Mit „qualitativ dieselben Ergebnisse" ist gemeint, dass sich die Gesamtbeurteilung nicht ändert, sich also auf jedem der drei Datensätze exakt derselbe Gesamtbefund ergibt. Dies stützt zugleich die Vermutung, dass beide künstlichen Datensätze repräsentativ für den realen Datensatz sind und damit realitätsgerechte Simulationen erlauben.

Moment davon aus, dies sei ein belastbares Ergebnis, so wäre die Schlussfolgerung, dass bei den im realen Asset-Management vorliegenden Stichprobenumfängen eine Outperformance unter Einsatz der hier vorgestellten Methoden nicht möglich ist. Dies liegt jedoch nicht an einer generellen Untauglichkeit der Methoden, denn deren Leistungsfähigkeit konnte ja positiv validiert werden. Vielmehr ist der im realen Asset-Management vorliegende Stichprobenumfang oftmals zu klein, um eine valide Modellentwicklung zu gewährleisten. Dies ist aber nur eine denkbare Schlussfolgerung, denn selbst das Simulationsszenario mit 108 Out-of-Sample-Beobachtungen (60 In-Sample-Beobachtungen bei rollierend fixiertem Zeitfenster bzw. für das erste Schätzzeitfenster bei rollierend expandierendem Zeitfenster) besitzt keinen belastbaren Stichprobenumfang.

- In diesen Simulationsszenarien zeigt das Prognose-Kombinationsmodell eine bessere Performance als das Einzel-Prognosemodell (oder besser: die dahinter stehende Prognosemodellentwicklungssystematik). Wie oben erwähnt, ist dieser Befund konsistent zu der Diskussion in der Literatur zur Sinnhaftigkeit von Prognosemodellkombinationen. Einzelne, für sich allein schlechte Prognosemodelle können als Kombinationsmodell eine bessere Prognoseleistung bieten, bereits sehr gute Prognosemodelle können durch Kombination mit anderen, schlechten Prognosemodellen nicht verbessert werden. In diese Simulationsszenarien ist der Modellentwicklungsalgorithmus aufgrund des geringen In-Sample-Stichprobenumfangs nicht in der Lage, eine valide Modellentwicklung durchzuführen, woraus hier schlechte Prognosemodelle resultieren. Diese können hier durch Kombination mit den anderen (auch schlechten) Prognosemodellen verbessert werden.

Weiterhin sei in der Rückschau auch noch einmal auf das Zusammenspiel der präsentierten Bausteine des CF hingewiesen. Das Kapitel 2 in Verbindung mit Kapitel 5 stellen wichtige Grundzüge der Datenanalyse, Datenmodellierung und (stochastischer) Simulation bereit. Zugleich sind die in Kapitel 2 präsentierten Grundlagen in der Performanceanalyse zentral. Mit den Kapiteln 3 und 4 werden weitere Prozesskomponenten aus dem Asset- und Risikomanagement behandelt. All diese Bausteine finden dann ihre Zusammenführung in der Geschäftsprozessmodellierung und -simulation. Ziel ist es hier, die komplexe Wechselwirkung aller dieser Prozesskomponenten besser zu verstehen sowie leistungsfähige Prozesskonfigurationen und Anwendungsbedingungen (z.B. kritische Stichprobengrößen) zu identifizieren. Der nun folgende Schritt besteht in der sukzessiven Erweiterung. Diese kann sich auf die einzelnen Teilprozesskomponenten beziehen, aber auch den zu modellierenden Geschäftsprozess als solchen verfeinern. Insofern kann das vorliegende Buch nur eine erste Einführung darstellen. Die Betrachtungen zum CF enden daher nicht an dieser Stelle, sie beginnen erst gerade.

Einführung in Matlab

Anhang A.
Matlab Grundlagen

A.1. Vorbemerkungen

Der folgende Anhang A vermittelt eine Basiseinführung in Matlab. Die Zielsetzung dieses Anhanges ist es nicht, eine umfassende Einführung in Matlab zu geben; dafür existieren zahlreiche andere Werke. Die Zielsetzung ist vielmehr, die notwendigen Kenntnisse zu vermitteln, um den weiteren Gang der Betrachtungen in den Kapiteln 2 und folgende zu verstehen.

Ferner beschäftigt sich dieser erste Einstieg auch nicht mit der grundlegenden Bedienung von Matlab, dessen Bedienelementen oder Werkzeugen. Diese ergibt sich entweder intuitiv von selbst oder ist umfassend in Tutorials oder „Getting Started“ Dokumenten beschrieben.[1] Wir setzen daher voraus, dass der Leser über die notwendigen Fertigkeiten verfügt, Matlab zu starten, die Anordnung der wesentlichen Bedienelemente kennt und im Umgang mit den wichtigsten Werkzeugen (insbesondere dem integrierten Editor) vertraut ist.

Soweit nicht besonders vermerkt, setzen wir kein spezielles Betriebssystem voraus, d.h., die Betrachtungen und Beispiele sollten sowohl unter Linux, MacOS oder Windows ablauffähig sein. Eine wichtige Einschränkung ist dabei die direkte Kommunikation mit und Datenübernahme aus Excel, die problemlos nur unter dem Betriebssystem Windows funktioniert. Unter MacOS oder Linux sind hier Umwege erforderlich; wir werden dies an den entsprechenden Stellen vermerken.

Für die Betrachtungen in diesem Buch werden die Matlab-Toolboxen *Statistics Toolbox* und *Optimization Toolbox* vorausgesetzt. Ferner ist an manchen Stellen, z.B. bei Datumsoperationen, die *Financial Toolbox* hilfreich. Anwender von Open Source Software können alle Darstellungen im Buch alternativ mit Octave nacharbeiten, wobei wir uns aber primär auf Matlab konzentrieren werden. Octave Anwender sollten mindestens die Packages *statistics* und *optim* sowie damit alle in Abhängigkeit stehenden Pakete installieren.

A.2. Matlab und Matlab Klone

Der Name *Matlab* steht für „Matrix Laboratory“; er signalisiert bereits die Herkunft und Zweckbestimmung. Matlab ist ein lineares Algebra-System, mit dem gerade Berechnungsvorgänge, die unter Verwendung von Operationen der Linearen Algebra dargestellt werden können, besonders

[1] Eine erste gute Anlaufstelle für die Suche nach Dokumentationen ist das Matlab-eigene Documentation Center, zu finden unter der URL http://www.mathworks.de/de/help/index.html.

einfach und effizient vollzogen werden. Ein natürliches Anwendungsgebiet sind daher die Natur- und Ingenieurwissenschaften, in denen sich viele Modelle elegant in Form von Operationen der Linearen Algebra formulieren lassen. Die Implementation dieser Modelle geschieht im Idealfall dann einfach dadurch, dass der Anwender das in Matrizennotation formulierte Modell 1:1 in der Matlab-Notation eingibt. Auch viele ökonometrische Modelle lassen sich auf diese Weise implementieren. Oftmals genügt es, Berechnungsformeln aus Standardlehrbüchern der Ökonometrie einfach in Matlab-Code einzutippen. Die Berechnungsformel ist dann sofort ausführbar und funktioniert im Idealfall wie im Lehrbuch. Um die Arbeitsweise von Matlab im weiteren Verlauf zu verstehen, ist die Kenntnis dieser „Grundphilosophie" wichtig.

Die grundlegende Konzeption hinter Matlab ist nicht einzigartig, so gibt es viele ähnliche Programmsysteme, die denselben oder einen sehr ähnlichen Ansatz verfolgen. Beispielhaft seien hier GAUSS oder Scilab genannt; letzteres ist Open-Source, recht ähnlich zu Matlab und kann gegebenenfalls als Alternative angesehen werden. Da Matlab als kommerzielles Produkt mitunter sehr teuer werden kann, sind eine Reihe von Open-Source-Klonen entstanden. Der wichtigste Vertreter hier ist das Open-Source-Projekt *Octave*. Dieses Projekt ist dabei nicht nur angetreten, einen „Klone" zu erstellen, sondern zahlreiche Verbesserungen gegenüber Matlab umzusetzen, also am Ende das „bessere" Matlab zu sein. In der Tat verfügt Octave über sehr sinnvolle Features und Erweiterungen, die man sich auch gut für Matlab vorstellen könnte. Viele Nutzer dürfte aber hier die recht „spartanische" Benutzeroberfläche bis zur Version 3.6.4 abschrecken. Interessant ist dagegen die neue grafische Benutzeroberfläche ab Version 3.8.0, die in dieser Version noch als „experimentell" bezeichnet wird. Alle Matlab-Codes in diesem Buch konnten jedoch fast vollständig unter Octave 3.8.1 portiert und erfolgreich getestet werden. Wir betrachten daher in diesem Buch Octave ab Version 3.8.1 als nahezu vollwertige Alternative, obgleich Matlab primär im Fokus der Betrachtungen stehen wird. Freemat ist eine jüngere Entwicklung, die über eine ansprechende Benutzeroberfläche verfügt und dabei teilweise eng an Matlab orientiert ist. Der Nachteil ist hier der sehr geringe Umfang der Funktionsbibliotheken.

Die Inhalte im Buch können grundsätzlich mit Hilfe der Alternative Octave vollständig und partiell mit Freemat nachvollzogen werden, wobei aber Einschränkungen nicht verschwiegen werden sollen. Der Umfang der Funktionsbibliotheken für Octave erlaubt es am besten, die Matlab-Codes darauf zu übertragen, jedoch nicht immer 1:1. Ferner sind Abstriche beim Bedienkomfort hinzunehmen. Freemat eignet sich nur für die ersten einführenden Betrachtungen, später wird der Umfang der Funktionsbibliotheken nicht mehr ausreichend sein, um den weiteren Darstellungen im Buch zu folgen. Grundsätzlich kann Octave bis zur Version 3.6.4 (ohne grafische Oberfläche) zusammen mit einem guten Texteditor (z.B. Notepad++[2]) oder ab der Version 3.8.0 (mit grafischer Oberfläche) eine Alternative sein.[3] Die folgenden Darstellungen erfolgen mit primärem Fokus auf Matlab. Gegebenenfalls werden Hinweise auf Octave gegeben, wenn hier Abweichungen oder Besonderheiten zu beachten sind. Diese können niemals erschöpfend

---

[2] Unter MacOS oder Ubuntu (Linux) sind andere geeignete Texteditoren zu verwenden, z.B. TextWrangler unter MacOS oder gedit unter Ubuntu (Linux).

[3] Erste Anlaufstelle für Octave ist die Projektseite unter der URL: `http://www.gnu.org/software/octave`, die vielfältige Verweise auf weiterführende Webseiten und Tutorials enthält. Freemat kann über die Projektseite `http://freemat.sourceforge.net` bezogen werden, allerdings ist nicht genau klar, ob dieses Projekt noch aktiv gepflegt wird.

sein, sodass weitere Recherchen im Internet eventuell erforderlich werden. Die Lauffähigkeit unter Freemat ist nur sehr vereinzelt getestet worden.

A.3. Matlab-Befehle und Matlab-Ausdrücke

Die zentrale Schnittstelle zum Benutzer ist die Konsole, auf welcher der Nutzer Kommandos an das Matlab-System absetzen kann. Derartige Kommandos können Ausdrücke zur Berechnung eines numerischen Problems oder der Aufruf einer Funktion und/oder eines Skriptes sein. Beispielsweise bewirkt die Eingabe des Kommandos `help` am Kommandoprompt (in Matlab „Command Window“) die Ausgabe an den Benutzer, welche elementaren Hilfefunktionen zur Verfügung stehen.

```
>> help
HELP topics:
matlabxl\matlabxl - MATLAB Builder EX
matlab\demos - Examples and demonstrations.
matlab\graph2d - Two dimensional graphs.
...
>>
```

Die genaue Ausgabe hängt dabei von der installierten Matlab-Version ab. Auch Octave oder Freemat antworten auf Eingabe des Befehls `help` in anderer, aber prinzipiell ähnlicher Form. Die Eingabe von `2*2` bewirkt die Berechnung dieses Ausdrucks und liefert als Antwort 4:[4]

```
>> 2 * 2
ans =
4
>>
```

Die Eingabe von `mA = [1 2;3 4]` legt eine Matrix an, welche in der ersten Zeile die Elemente 1 und 2, in der zweiten Zeile die Elemente 3 und 4 enthält.

```
>> mA = [1 2;3 4]
mA =
     1     2
     3     4
>>
```

Diese einfache Operation verdient eine nähere Kommentierung, die für das Verständnis der Arbeitsweise von Matlab hilfreich ist. Zunächst ist auf die eckigen Klammern `[]` hinzuweisen; in Matlab sind sie der Verbindungsoperator (Konkatenation), mit welchem die Elemente, die sich im Klammerausdruck befinden, zusammengebunden werden. Das Semikolon in `1 2;3 4` markiert eine Zeilenschaltung, also die Zahlen `1 2;3 4` werden nicht hintereinander horizontal gebunden, sondern nach `1 2` erfolgt ein Zeilensprung. Daraus resultiert die Bindung von `1 2` in der ersten, die Bindung von `3 4` in der zweiten Zeile. Das Leerzeichen zwischen `1` und `2` bzw. `3` und `4` ist der Separationsoperator, damit werden die Zahlen voneinander separiert. Alternativ hätten anstelle der Leerzeichen auch Kommata eingegeben werden können. Das Gleichheitszeichen `=` ist der Zuweisungsoperator, damit wird das Ergebnis des Ausdrucks auf der rechten Seite dem

4 In der Ausgabe des Matlab-Systems taucht die Systemvariable `ans` auf; siehe `ans = 4`. Diese Systemvariable wird immer automatisch angelegt, wenn keine Variable auf der linken Seite angebenen ist, welche das Ergebnis der Berechnung aufnehmen soll. Dies wird weiter unten erläutert.

Objekt auf der linken Seite zugewiesen.[5] Das Ergebnis der Operation wird auch auf der Konsole an den Anwender ausgegeben.

Die Benennung von neu anzulegenden Objekten, wie z.B. Vektoren, Matrizen, Funktionen usw. kann wahlfrei erfolgen, zulässig sind dabei Groß- und Kleinbuchstaben sowie Zahlen und einige Sonderzeichen, wie z.B. der Unterstrich (_). Wir benutzen in diesem Buch eine eigene Benennungskonvention, die in Kapitel A.11.3 näher erläutert wird. Jeder Name beginnt in diesem Buch mit einem Kleinbuchstaben, welcher den Typ des Objektes ausdrückt. Der Kleinbuchstabe `m` bezeichnet eine Matrix. Dann folgt eine beliebige Zeichenkette, hier nur `A`.

Es gibt im Matlab zahlreiche Operatoren. Die folgende Aufzählung nennt nur einige wichtige Operatoren, die sehr häufig benutzt werden.

`=` Zuweisungsoperator, Ergebnis der rechten Seite wird dem Objekt der linken Seite zugewiesen

`+` (Matrizen-) Addition

`-` (Matrizen-) Subtraktion

`*` (Matrizen-) Multiplikation

`/` Division (Skalare) oder Lösung eines Gleichungssystems (Matrizen)

`\` linke Division zur Lösung von Gleichungssystemen (Matrizen)

`.*` elementenweise Multiplikation (bei Matrizen)

`./` elementenweise Division (bei Matrizen)

`[]` Konkatenation (Zusammenbindung)

`:` Laufoperator, von - bis, z.B: `1:10` erzeugt die Zahlenfolge 1,2, ...,10

Oftmals ist es beim Arbeiten mit Matlab hilfreich abzufragen, welche Objekte aktuell angelegt sind und sich im Arbeitsspeicher (in Matlab *Workspace* genannt) befinden. Das Kommando `who` ermöglicht diese Abfrage

```
>> who
Your variables are:
mA    ans
>>
```

Aktuell vorhanden sind zwei Objekte, das Objekt `mA`, welches als Ergebnis der vorhergehenden Operation resultierte sowie die Systemvariable `ans`, welche dann vorhanden ist, wenn keine linke Seite einer Operation spezifiziert ist, wie oben im Beispiel der Eingabe von `2 * 2`. Um den Inhalt eines Objektes anzuzeigen, ist einfach der Name des Objektes am Kommandoprompt einzugeben.

[5] Das Matlab-System legt jetzt ein neues Objekt mit dem Namen `mA` an (es handelt sich hier also um eine Matrix mit zwei Zeilen und zwei Spalten), welches das Ergebnis des Ausdrucks der rechten Seite aufnimmt.

```
>> mA
mA =
      1     2
      3     4
>>
```

In Matlab sind die Abfrage des Workspace mit `who` und das Anzeigen des Inhaltes eines Objektes durch Eingabe des Namens wenig komfortabel, da Matlab selber ein Fenster mit den Objekten im Workspace enthält. Dieses Fenster listet alle Objekte des Workspace auf. Ein Doppelklick auf ein Objekt öffnet dieses in einem Dateneditor.[6] Dieser erlaubt eine genauere Inspektion oder gar das Ändern einzelner Werte. Insofern ist dieser visuelle Dateninspektor der grafischen Benutzeroberfläche sehr hilfreich.[7]

Als lineares Algebra-System lassen sich Vektor-Vektor, Vektor-Matrizen oder Matrizen-Matrizen Operationen ganz einfach und in natürlicher Schreibweise eingeben. Der Ausdruck wird dann ausgewertet, wenn die Operation in der Linearen Algebra zulässig ist. Beispielsweise sei `vB = [5;6]` und es soll `vC = mA * vB` berechnet werden:

```
>> vB = [5;6]
vB =
      5
      6
>> vC = mA * vB
vC =
     17
     39
>>
```

Zumeist ist es unerwünscht, jedes Mal von Matlab das Ergebnis der Auswertung eines jeden Ausdrucks angezeigt zu bekommen. Um die Ausgabe der Ergebnisse auf der Kommandokonsole zu unterdrücken, ist die Kommandozeile durch ein Semikolon abzuschließen. Die folgenden Operationen sind absolut identisch zu den vorhergehenden, unterdrücken jedoch die Ausgabe auf der Konsole.

```
>> vB = [5;6];
>> vC = mA * vB;
>>
```

Man kann sich das Ergebnis jetzt entweder mit Hilfe des Dateninspektors anschauen oder durch Eingabe des Objektnamens auf der Kommandokonsole abfragen. Unzulässige Operationen der Linearen Algebra führen zu einer Fehlermeldung. Die Operation `vC = vB * mA` ist nicht definiert, da `vB` eine Spalte, aber `mA` zwei Zeilen besitzt.

```
>> vC = vB * mA;
Error using  *
Inner matrix dimensions must agree.

>>
```

---

6 Im Folgenden werden wir für den Dateneditor auch synonym die Begriffe „Dateninspektor" oder „Workspace Editor" verwenden.

7 Sofern aber eine grafische Benutzeroberfläche fehlt, wie z.B. bei Octave bis Version 3.6.4, bleibt die beschriebene Vorgehensweise als einzige Möglichkeit. D.h., mit `who` kann der Inhalt des Workspace aufgelistet werden, durch Eingabe des Namens einer Variable auf der Konsole wird dessen Inhalt angezeigt. Das Ändern der Variable geschieht durch Zuweisen neuer Werte, wie oben beschrieben. Auch die neue Version ab 3.8.0 besitzt keinen integrierten Dateneditor, zeigt aber in einem separaten Fenster die vorhandenen Objekte an.

Matrizenoperationen sind für das CF sehr hilfreich, da sich viele Berechnungen leicht mit Hilfe von Matrizenoperationen formulieren lassen. Z.B. kann die (erwartete) Rendite eines Portfolios aus den Anteilsgewichten der im Portfolio enthaltenen Assets und deren einzelnen (erwarteten) Renditen nach folgender Formel berechnet werden:

$$\mu_p = \mathbf{w}^\mathbf{T} \mathbf{r} \tag{A.1}$$

Dabei ist $\mathbf{w}^\mathbf{T}$ der transponierte Gewichtevektor und $\mathbf{r}$ der Vektor der (erwarteten) Renditen der einzelnen Assets. In diesem Buch wird üblichen Konventionen folgend stets angenommen, dass ein Vektor, wenn nicht anders bezeichnet, stets ein Spaltenvektor ist, also M Zeilen und eine Spalte besitzt. Ein Zeilenvektor besitzt dagegen nur eine Zeile und M Spalten. Das hochgestellte „T" bezeichnet das Transponieren eines Vektors oder Matrix. Beim Transponieren werden die Spalten eines Vektors oder einer Matrix zu Zeilen et vice versa. Durch Transponieren wird aus einem (Spalten-) Vektor ein Zeilenvektor. In Matlab wird mit dem Hochstrich ' das Transponieren ausgelöst. Sei z.B. `vW = [0.3; 0.2; 0.5]` und `vR = [0.14; -0.07; 0.03]`, dann hat das Portfolio eine Rendite von:

```
>> vW = [0.3; 0.2; 0.5];
>> vR = [0.14; -0.07; 0.03];
>> dRp = vW' * vR
dRp =
    0.0430
>>
```

Ein anderes Beispiel ist die Berechnung der Portfoliovarianz. Die Berechnung der Portfoliovarianz ist leicht möglich nach:

$$\sigma_p^2 = \mathbf{w}^\mathbf{T} \mathbf{V} \mathbf{w} \tag{A.2}$$

Dabei ist $\mathbf{V}$ die Kovarianzmatrix der Assetrenditen. In der Praxis liegt oftmals die Kovarianzmatrix nicht direkt vor; stattdessen verfügt man über die Korrelationsmatrix der Assetrenditen und deren Standardabweichungen (Volatilitäten). Die Berechnung der Kovarianz lässt sich daraus leicht ableiten:[8]

$$\sigma_{ij} = \sigma_i \sigma_j \rho_{ij} \tag{A.3}$$

Dabei ist ρ_{ij} der Korrelationskoeffizient der Renditen zwischen dem i-ten und dem j-ten Asset und σ_i bzw. σ_j bezeichnen die Standardabweichungen der Renditen des i-ten bzw. j-ten Assets. Die Übersetzung in Matrizenoperationen sieht wie folgt aus:

$$\mathbf{V} = \boldsymbol{\sigma} \boldsymbol{\sigma}^\mathrm{T} . * \mathbf{C} \tag{A.4}$$

Hier bezeichnet $\boldsymbol{\sigma}$ den Vektor der Standardabweichungen und $\mathbf{C}$ die Korrelationsmatrix. In der Formel wird ein neuer Operator `.*` benutzt, der in Matlab die elementenweise Multiplikation zweier Matrizen bezeichnet. Streng genommen handelt es sich hier nicht um eine Operation der Linearen Algebra, aber um eine in Matlab sehr hilfreiche Operation. Im vorangegangenen Beispiel sei nun angenommen, die drei Assets haben Standardabweichungen von `vS = [0.1;`

[8] Die folgenden Darstellungen werden in Kapitel 2.6 wesentlich umfassender behandelt. Hier interessiert für den Moment nur die Berechnung in Matlab.

`0.15; 0.2]` und eine Korrelationsmatrix von `mC = [1 0.8 0.6;0.8 1 0.4;0.6 0.4 1]`. Die Berechnung der Portfoliovarianz ergibt sich wie folgt:[9]

```
>> vS = [0.1; 0.15; 0.2]
vS =
    0.1000
    0.1500
    0.2000
>> mC = [1 0.8 0.6;0.8 1 0.4;0.6 0.4 1]
mC =
    1.0000    0.8000    0.6000
    0.8000    1.0000    0.4000
    0.6000    0.4000    1.0000
>> dVp = vW' * ((vS * vS') .* mC) * vW
dVp =
    0.0192
>>
```

Das Setzen von runden Klammern `()` erlaubt es dabei, die Priorität der Berechnung zu organisieren. Ausdrücke innerhalb einer runden Klammer werden zuerst ausgewertet. Bei mehreren verschachtelten Klammern werden die Klammern von innen nach außen aufgelöst, wie es auch bei der Auflösung mathematischer Ausdrücke üblich ist. Das Setzen von Klammern dient mitunter auch der Erhöhung der Lesbarkeit von Ausdrücken, selbst wenn aufgrund der impliziten Priorisierung der mathematischen Operatoren dies unnötig erscheint. Bei letzterer verwendet Matlab die in der Mathematik übliche Priorisierung, also „Punktrechnung vor Strichrechnung"; bei gleicher Priorität wird der Ausdruck von links nach rechts abgearbeitet.

Funktionen werden durch Aufruf des Funktionsnamen ausgewertet. Im obigen Beispiel könnte etwa die Berechnung der Standardabweichung der Portfoliorendite `dSp` als Risikomaß von Interesse sein, welche sich einfach als Quadratwurzel aus der Varianz ergibt. Der entsprechende Matlab-Ausdruck wäre also:

```
>> dSp = sqrt(dVp)
dSp =
    0.1387
>>
```

Mit `sqrt` wird in Matlab die Funktion zur Berechnung der Quadratwurzel aufgerufen; innerhalb der runden Klammern folgt dann das Argument der Funktion, in diesem Beispiel die Portfoliovarianz `dVp`.[10]

---

9 Die Ergebnisausgabe auf der Konsole kann unterdrückt werden, wenn die Eingabe mit dem Semikolon abgeschlossen wird. Z.B. würde die Eingabe von `vS = [0.1; 0.15; 0.2];` die Darstellung des Vektors `vS` auf der Konsole unterdrücken.

10 In matrizenorientierten Programmiersprachen ist die Verwendung einer Funktion „sqrt" mit äußerster Vorsicht und nur nach sorgfältigem Lesen der Programmdokumentation zu verwenden, da diese höchst unterschiedlich arbeiten kann. Soweit es sich bei dem Argument um einen Skalar handelt, arbeitet `sqrt` wie erwartet. Vorsicht ist allerdings geboten, wenn das Argument eine Matrix ist. In vielen matrizenorientierten Programmiersprachen liefert `sqrt` eine Matrixzerlegung, sodass wenn `mX = sqrt(mA)`, dann `mA=mX*mX` resultiert. Die Matrix `mX` enthält also nicht die komponentenweisen Quadratwurzeln der Elemente von `mA`. Frühere Matlab-Versionen haben `sqrt` in dieser Weise interpretiert, jüngere Versionen unterscheiden `sqrt` für die komponentenweisen Quadratwurzeln und `sqrtm` für die Matrixzerlegung. Bei anderen matrizenorientierten Programmiersprachen ist die Dokumentation zu lesen. Ersatzweise kann auch `mX=mA.^(0.5)` verwendet werden, wenn die komponentenweisen Quadratwurzeln berechnet werden sollen. Mit dieser Variante ist man immer „auf der sicheren Seite". Ohne Beachtung der Programmdokumentation ist ansonsten `sqrt` immer Quelle für Fehlinterpretationen und kuriose Programmfehler.

Diese ersten einführenden Betrachtungen zeigen die Bedeutung der Kommandokonsole. Alle Operationen, die im Umgang mit Matlab notwendig sind, um ein bestimmtes Ziel zu erreichen, können grundsätzlich durch Eingabe aller dafür erforderlichen Ausdrücke auf der Kommandokonsole initiiert werden. Allerdings wird auch deutlich, dass dies bei einer sehr umfangreichen Berechnungsfolge sehr aufwändig und schnell impraktikabel wird. Um wiederkehrende Berechnungsfolgen zu organisieren, sind (Matlab-) Skripte ein einfacher Weg.

A.4. Matlab-Skripte

Skript/Funktion	Beschreibung	Matlab	Octave	Freemat	Toolboxen
bSript1.m	Einfaches Beispiel eines Skriptes	X	X	X	keine

Tabelle A.1.: Übersicht verwendeter Skripte und Funktionen.

Matlab-Skripte sind einfache Folgen von Matlab-Ausdrücken, die in einer Textdatei zusammengefasst werden. Für Excel-Umsteiger sind diese am besten vergleichbar mit Excel-Makros. Die Erstellung eines Matlab-Skriptes ist sehr einfach. Dafür ist der in der Matlab-Entwicklungsumgebung integrierte Editor aufzurufen. Um die Berechnungen des vorhergehenden Kapitels als ein Matlab-Skript zu fixieren, könnte beispielhaft das folgende Skript A.1 dienen:

Quellcode A.1: Beispiel eines Skripts

```
Siehe Datei: bSkript1.m
```

Als Benennungskonvention in diesem Buch sei vereinbart, dass ein Skript mit einem vorangestellten Kleinbuchstaben `b`, dann gefolgt von einem Großbuchstaben, dann gefolgt von einer beliebigen Zeichenkette aus Groß-, Kleinbuchstaben und Sonderzeichen wie _ zu benennen ist.[11]

Das Prozentzeichen % innerhalb einer Zeile, vorzugsweise am Anfang, leitet einen Kommentar ein, d.h., Matlab ignoriert den folgenden Teil und interpretiert diesen nicht als einen Matlab-Ausdruck. Kommentare sollten in Skripten und später auch Funktionen sehr extensiv genutzt werden. Da in Matlab komplexe Rechenoperationen in hoch kompakter und hoch effizienter Weise formuliert werden können, ist es oftmals einem dritten Leser nicht immer ersichtlich, was mit einem bestimmten Ausdruck bezweckt wird.[12] Nach der Eingabe der Kommentare und Matlab-Ausdrücke ist die Datei unter einem geeigneten Namen abzuspeichern, z.B. hier unter `bSkript1.m`. Im Dialog zum Abspeichern der Datei fügt der Matlab-Editor die Dateinamenerweiterung `.m` automatisch ein, es reicht also, im Abspeichern-Dialog einfach `bSkript1` einzugeben.

[11] Die in diesem Buch verwendeten Benennungskonventionen werden in Kapitel A.11.3 noch einmal zusammengefasst, erläutert und näher begründet.

[12] Analog gilt dies auch für den Programmautor selber, denn im zeitlichen Abstand von einigen Monaten oder zumindest Jahren wird der selbst geschriebene Code oftmals wie von einer anderen Person geschrieben erscheinen.

Die Verwendung des in Matlab integrierten Editors ist nicht unbedingt notwendig, es kann auch jeder beliebige externe Programmeditor, wie z.B. Notepad++, verwendet werden. Dennoch ist die Verwendung des integrierten Editors empfehlenswert, da dieser einige sehr hilfreiche, unterstützende Funktionen enthält.

Nachdem die Datei abgespeichert wurde, wird das Skript durch Eingabe des Dateinamens (ohne Erweiterung) aufgerufen, in unserem Beispiel also durch `bSkript1`:

```
>> clear
>> bSkript1
>>
```

Der Befehl `clear` bewirkt die Löschung aller Objekte im Workspace (Arbeitsspeicher) von Matlab. Dies stellt sicher, dass nicht eventuell noch „Relikte“ vorhergehender Berechnungen im Arbeitsspeicher vorhanden sind und irgendwelche Seiteneffekte auf den Gang der Berechnungen ausüben. Sinnvoll ist es, am besten gleich den `clear` Befehl als ersten Befehl in das Skript selber aufzunehmen. Die Eingabe von `bSkript1` im Beispiel bewirkt den Aufruf des Skriptes und dessen Ausführung. Da im Skript selber jeder Ausdruck mit einen Semikolon abgeschlossen wird, erfolgt keine Ausgabe der Berechnungsergebnisse auf der Konsole; die Ausgabe wird unterdrückt. Die erfolgreiche Berechnung von Portfoliorendite und Portfoliorisiko kann jedoch leicht überprüft werden. Zum Einen befinden sich die berechneten Objekte im Workspace (dies lässt sich mit dem Dateninspektor überprüfen). Zum Anderen kann durch Eingabe des Objektnamens, z.B. durch `dSp`, das betreffende Objekt auf der Kommandokonsole angezeigt werden.

```
>> dSp
dSp =
     0.1387
>>
```

Skripte sind ein einfacher Weg, um lange Berechnungsfolgen zu organisieren und zu automatisieren. Wäre dieses Skript z.B. ein sehr umfangreicher Analyseprozess im Risikomanagement, so könnte dieser einmal aufgebaut, als Skript abgespeichert und dann jedes Mal durch Aufruf des Skriptes abgearbeitet werden. Bei komplexen Analyseabläufen würden jedoch sehr lange Skripte entstehen und damit schwer lesbar, wenig wartungsfreundlich und wenig flexibel werden. Ferner sind Skripte immer sehr spezifisch an eine bestimmte Aufgabenstellung angepasst. Sie lassen sich nicht einfach auf neue, ähnlich gelagerte Problemstellungen übertragen. Wesentlich sinnvoller ist es daher, bestimmte, immer wiederkehrende Berechnungsaufgaben in eigene Funktionen zu verpacken, die entsprechend universell einsetzbar gestaltet werden. Skripte werden dann nur noch für die konkrete Ablaufsteuerung, also die Organisation der Funktionsaufrufe für eine spezifische Aufgabe benutzt, greifen jedoch im Wesentlichen auf Funktionen zurück. Im Sinne der „klassischen“ Programmierung wäre also ein Skript als „Hauptprogramm“ oder „Hauptfunktion“ anzusehen. Die eigentlichen Berechnungen erfolgen dann in eigenen Funktionen. Das nächste Kapitel zeigt, wie benutzerdefinierte Funktionen in Matlab geschrieben werden.

A.5. Matlab-Funktionen

Skript/Funktion	Beschreibung	Matlab	Octave	Freemat	Toolboxen
fVerdopple.m	Einfaches Beispiel einer Funktion	X	X	X	keine
fVerdopple_v2.m	Variante von fVerdopple	X	X	X	keine

Tabelle A.2.: Übersicht verwendeter Skripte und Funktionen.

Das gesamte Matlab-System besteht aus einem im Grunde sehr einfachen „Rechenkern", der im Wesentlichen den Interpreter und einen Just-in-Time-Compiler, sowie einige geschwindigkeitsoptimierte Basisfunktionen enthält. Ansonsten besteht das Matlab-System weitestgehend aus Funktionen, die in der Matlab-eigenen Programmiersprache geschrieben sind. Diese erweitern die ansonsten sehr geringe Funktionalität des Basissystems und stellen - je nach Umfang der lizenzierten Toolboxen (die Funktionsbibliotheken) - die eigentliche Mächtigkeit des Systems dar. So wie der größte Teil des Matlab-Systems selbst in der Matlab-eigenen Programmiersprache geschrieben ist, so kann der Anwender das System in beliebiger Weise durch eigene, selbstgeschriebene Funktionen ergänzen. Dabei ist es natürlich nicht das Ziel, „das Rad neu zu erfinden", d.h. bereits bestehende System- oder Toolbox-Funktionen durch eigene, benutzerdefinierte Funktionen zu replizieren. Vielmehr werden benutzerdefinierte Funktionen verwendet, um z.B. Daten geeignet einzulesen, vorbereitende Datentransformationen durchzuführen oder die Ergebnisausgabe geeignet zu organisieren. Bei den eigentlichen Berechnungen sollte dagegen - wenn immer möglich - auf bereits bestehende System- oder Toolbox-Funktionen zurückgegriffen werden. In diesem Buch wird versucht, möglichst nur auf die Grundfunktionen von Matlab zurückzugreifen, um die Notwendigkeit von vom Leser zu kaufenden Toolbox-Funktionen bei der Bearbeitung der Inhalte auf ein Minimum zu reduzieren sowie die Portabilität zwischen Matlab und Octave zu erhöhen.

Das Matlab-System selbst differenziert nicht zwischen internen System-, lizenzierten Toolbox- oder benutzerdefinierten, also selbstgeschriebenen Funktionen. Sobald eine Funktion aufgerufen und das Matlab-System eine entsprechende Funktion mit passendem Namen auf den voreingestellten Suchpfaden findet, wird diese ausgeführt - unabhängig von ihrer Herkunft.[13]

Wie Skripte werden Funktionen am besten mit dem systemeigenen Editor erstellt. Den grundlegenden Aufbau einer Funktion zeigt das folgende Beispiel A.2:

Quellcode A.2: Beispiel einer Funktion

```
Siehe Datei: fVerdopple.m
```

Eine Funktion wird durch die Schlüsselwörter `function` und `end` eingeschlossen; dazwischen befindet sich der Funktionskörper. Dieser besteht aus dem Namen der Funktion, der Liste der

[13] Bei der Benennung (Namensgebung) von Funktionen sollte die Wahl des Funktionsnamen mit Bedacht vorgenommen werden. Der Funktionsname sollte einerseits selbsterklärend sein, zum anderen aber so gewählt werden, dass Namenskonflikte, z.B. mit den Matlab-eigenen Funktionen, ausgeschlossenen sind.

Eingabe- und Rückgabeparameter sowie den Berechnungsausdrücken. Im vorstehenden Beispiel ist die Struktur sehr einfach. Der Name der Funktion heißt `fVerdopple`. Der Rückgabeparameter hat den (formalen) Namen `dDoppelterWert`, der Eingabeparameter trägt den (formalen) Namen `dEinfacherWert`. Danach folgen erläuternde Kommentare. Der Funktionskörper im engeren Sinne enthält dann schließlich die notwendigen Berechnungsausdrücke.

Als Benennungskonvention in diesem Buch sei vereinbart, dass eine Funktion mit einem vorangestellten Kleinbuchstaben `f`, dann gefolgt von einem Großbuchstaben, dann gefolgt von einer beliebigen Zeichenkette aus Groß-, Kleinbuchstaben und Sonderzeichen wie _ zu benennen ist.[14]

Eine häufig anzutreffende Schwierigkeit beim Einstieg in die Programmierung ist es, den Unterschied von formalen und aktuellen Parametern zu verstehen. Unter formalen Parametern sind die Namen der Ein- und Ausgabeparameter innerhalb der Funktion selber zu verstehen. Sie dienen als Platzhalter (formale Parameter) für die später bei der Ausführung konkreten Werte der Parameter. Mit dem Aufruf einer Funktion erfolgt die Übergabe der Eingabe- (synonym Input-) und die Rückholung der Rückgabeparameter (synonym Outputparameter). Erst beim Funktionsaufruf werden die konkreten Werte der beim Aufruf verwendeten Variablen (aktuelle Parameter) an die Platzhalter (formale Parameter) gebunden. Daher müssen die Namen der Parameter beim Aufruf der Funktion keinesfalls identisch mit den Namen der Parameter innerhalb der Funktion sein. Die Bindung von aktuellen an die formalen Parameter vollzieht sich mit dem Funktionsaufruf. Dies zeigt das nachfolgende Beispiel:

```
>> dA = 2;
>> dB = fVerdopple(dA)
dB =
     4
>>
```

Die aktuellen Parameter sind hier `dA` und `dB`, die beim Funktionsaufruf an die formalen Parameter (`dA` an `dEinfacherWert` und `dB` an `dDoppelterWert`) gebunden werden. Bei der Übergabe von Parametern an Funktionen ist auch oftmals die Frage, ob es durch die Bindung der aktuellen an die formalen Parameter dazu kommen kann, dass die Werte der aktuellen Parameter, im Beispiel etwa der Wert von `dA`, unbeabsichtigt geändert werden. Dazu wollen wir folgende Variante des Beispiels in Programmlisting A.3 betrachten:

Quellcode A.3: Variante der Funktion fVerdopple

```
Siehe Datei: fVerdopple_v2.m
```

Offensichtlich ist dies dieselbe Funktion wie im vorhergehenden Beispiel, jedoch wird hier der Eingabeparameter zugleich als Rückgabeparameter verwendet. Beim Funktionsaufruf wird `dA` dann an `dInOutPara` gebunden, dann dessen Wert verdoppelt und dieser an `dB` zurückgegeben, wobei `dB` ebenfalls an `dInOutPara` gebunden ist. Was ist aber nach dem Funktionsaufruf mit dem Wert von `dA`? Ist dieser dann 2 (wie bei Aufruf der Funktion) oder 4 (nach Ausführung der Funktion)? Ein kleines Experiment zeigt die Antwort:

14 Die in diesem Buch verwendeten Benennungskonventionen werden in Kapitel A.11.3 noch einmal zusammengefasst, erläutert und näher begründet.

```
>> dB = fVerdopple_v2(dA)
dB =
     4
>> dA
dA =
     2
>>
```

Der Wert von `dA` ist trotz der Bindung an den formalen Parameter `dInOutPara` erhalten geblieben. Das bezeichnet man als *call by value*, d.h., bei der Bindung des aktuellen Parameters an den formalen wird nur dessen Wert übergeben, es wird quasi eine Kopie angelegt.[15]

Die bisherigen Betrachtungen haben gezeigt, wie sich Matlab über die Kommandokonsole bedienen lässt, wie Berechnungsfolgen in Skripten organisiert werden können und wie sich das Matlab-System mittels benutzerdefinierter Funktionen erweitern lässt. Nun ist ein näherer Blick auf die von Matlab zur Verfügung gestellten Datenstrukturen sinnvoll. In welcher Weise lassen sich Daten in Matlab darstellen? Oder anders gefragt: Welche elementaren Datenstrukturen bietet Matlab an? Diese Betrachtungen sind Gegenstand des nächsten Kapitels.

A.6. Datenstrukturen

A.6.1. Matrizen, Arrays und Indizierungen

Matlab kennt verschiedene Datenstrukturen. Die wichtigste davon haben wir bereits kennengelernt, die Matrix.[16] Eine Matrix ist eine tabellenförmige Anordnung numerischer Einträge, die in M Zeilen und N Spalten organisiert sind. Dementsprechend bezeichnen wir dies als eine M x N Matrix. Wichtige Spezialfälle von Matrizen sind Vektoren und Skalare. Ein Vektor ist eine Matrix mit nur einer Spalte (Dimension M x 1, ein Spaltenvektor) oder nur einer Zeile (Dimension 1 x N, Zeilenvektor). Ein Skalar ist eine Matrix mit nur einer Zeile und einer Spalte, besitzt also die Dimension 1 x 1. Skalare sind die „einfachen Zahlen", mit denen üblicherweise gerechnet wird. Matrizen werden vom Dateninspektor in Matlab als „Tabellensymbol" angezeigt; gleiches gilt für Vektoren oder Skalare. Matrizen entstehen in Matlab als Ergebnis bestimmter Rechenoperationen, als Ergebnis von (Berechnungs-) Funktionen, durch Import von empirischen

[15] Neben den Funktionsaufrufen nach dem Verfahren *call by value* gibt es auch die Variante *call by reference*. Bei *call by reference* wird bei der Bindung von aktuellen an den formalen Parameter nur die Referenz auf den aktuellen Parameter übergeben, also keine Kopie angelegt. Jede Berechnung innerhalb der aufgerufenen Funktion, die den formalen Parameter ändert, ändert dann automatisch auch den aktuellen Parameter. Derartige Seiteneffekte sind in Matlab nicht zu befürchten. Der Funktionsaufruf mittels *call by reference* hat auch Vorteile. So müssen etwa nicht die Eingabeparameter kopiert werden, was erheblich an Zeit kosten kann, wenn hier sehr umfangreiche Datenmengen bei dem Funktionsaufruf übergeben werden. In der Tat verwendet Matlab einen Mittelweg aus beiden, um die Vorteile zu kombinieren. Beim Funktionsaufruf erfolgt zunächst die Bindung mittels *call by reference*, es wird also keine Kopie angelegt und dadurch Zeit gespart. Das Matlab-System überwacht aber, ob es innerhalb der Funktion zu einer Änderung am aktuellen Parameter kommen würde. Sobald dies passiert, legt Matlab eine Kopie an und arbeitet ab dann in der Funktion nur noch mit der Kopie weiter. Nach außen sieht es für den Anwender daher so aus, als ob Matlab nach dem *call by value* Prinzip arbeiten würde.

[16] Als Lineares-Algebra-System basiert Matlab zentral auf der Datenstruktur der Matrix und darauf basierenden Operationen, deren Kenntnis hier vorausgesetzt wird. Eine sehr knapp gehaltene Kurzeinführung in die Grundlagen der Matrizenrechnung findet sich bei PODDIG et al. (2008), S. 751 ff. oder PODDIG et al. (2009), S. 60 ff.

Daten oder durch bestimmte Erzeugungsfunktionen. Wichtige Erzeugungsfunktionen sind `zeros`, `ones` und `NaN`. Der Ausdruck `mA=zeros(2,3)` erzeugt z.B. eine Matrix mit zwei Zeilen und drei Spalten, welche nur Nullen enthält.

```
>> mA = zeros(2,3)
mA =
     0     0     0
     0     0     0
>>
```

In diesem Buch sei als Bennungskonvention vereinbart, dass Matrizen mit einem vorangestellten Kleinbuchstaben `m`, dann gefolgt von einem Großbuchstaben, dann einer beliebigen Zeichenkette aus Groß-, Kleinbuchstaben und Sonderzeichen wie `_` benannt werden. Vektoren werden mit einem vorangestellten Kleinbuchstaben `v` benannt.[17]

Die Erzeugungsfunktion `ones` würde die zu erzeugende Matrix mit Einsen füllen. Die Erzeugungsfunktion `NaN` füllt die neu angelegte Matrix mit *Not a Number*. Dies ist ein Code, mit dem eine Gleitkommazahl als ungültig markiert wird. Ungültige (Gleitkomma-) Zahlen können z.B. als Ergebnis nicht definierter Rechenoperationen resultieren, also z.B. bei Division von Null durch Null.[18] Die Initialisierung einer Matrix mit `NaN` ist in vielen Fällen sehr sinnvoll, denn darüber werden die Einträge einer Matrix eindeutig als „undefiniert" gekennzeichnet, was im weiteren Gang der Berechnungen sehr hilfreich sein kann, um Fehler zu entdecken. Wenn nämlich als Ergebnis einer fehlerfreien Berechnung die komplette Ausfüllung der Matrix mit definierten Zahlenwerten erwartet werden muss und sich tatsächlich am Ende der Berechnungen doch noch einige `NaN` Einträge finden, so muss irgendwo ein Fehler passiert sein. Hätte man dagegen die Matrix mit Nullen oder Einsen initialisiert, so wären dann einzelne Null- oder Eins-Einträge nicht dahingehend unterscheidbar, ob sie nun das Ergebnis einer korrekten Berechnung oder doch nur Überbleibsel der Initialisierung sind. Die Verwendung von `NaN` ist auch sinnvoll, um fehlende Daten in empirischen Datensätzen zu kennzeichnen.

Die Matrix als elementare Datenstruktur wird in Matlab als Objekt der Linearen Algebra behandelt. Die grundlegenden algebraischen Operationen Addition (+), Subtraktion (-) und Multiplikation (*) werden als Operationen der Linearen Algebra interpretiert und ausgeführt. Besondere Umsicht ist bei der Verwendung von / („Division") geboten, da eine „Division" bei Matrizen und Vektoren nicht existiert. Die „Division" / arbeitet nur für Skalare in der bekannten und erwarteten Weise. Bei zwei Matrizen `mA` und `mB` bewirkt der Ausdruck `mX = mA / mB` die Berechnung der Matrix `mX`, sodass gilt: `mA = mX * mB`.

```
>> mA = [1 2;3 4];
>> mB = [5 6;7 8];
>> mX = mA / mB
mX =
```

[17] Die in diesem Buch verwendeten Benennungskonventionen werden in Kapitel A.11.3 noch einmal zusammengefasst, erläutert und näher begründet.

[18] Das Ergebnis nicht definierter Rechenoperationen kann je nach Programmsystem unterschiedlich gehandhabt werden. Die Division `1 / 0` führt in Matlab zu dem Ergebnis `+Inf`, wobei `Inf` ein spezieller Code für Gleitkommazahlen ist, mit dem eine sehr große Gleitkommazahl („infinum") angezeigt wird. Die Division `0 / 0` erzeugt in Matlab `NaN`. Rechenoperationen mit `Inf` als Argument liefern ebenfalls `NaN` in Matlab, z.B. `(+Inf) + (-Inf)`. Octave verhält sich ähnlich, gibt jedoch bei Divisionen durch null eine Warnung aus, was sehr hilfreich ist, da solche Operationen im Regelfall nicht beabsichtigt sind.

```
    3.0000   -2.0000
    2.0000   -1.0000

>> mX * mB
ans =
     1     2
     3     4
>>
```

Analytisch sind von Matrizen in Matlab die Arrays zu unterscheiden. Tatsächlich entsteht diese Unterscheidung nur durch die Interpretation des Benutzers, Arrays sind als solche kein eigenständiger Datentyp. Arrays sind ebenfalls Tabellen, die numerische Daten organisiert in Zeilen und Spalten enthalten, genauso wie eine Matrix. Arrays können mehr als zwei Dimensionen haben.[19]

Der formale Unterschied ist es nun, dass Arrays keine Objekte der Linearen Algebra sind, Matrizen schon. Unmittelbar klar wird dies z.B. bei einem sechsdimensionalen Array, auf dem die Standardoperationen der Linearen Algebra nicht definiert sind und daher ein sechsdimensionales Array offensichtlich kein Objekt der Linearen Algebra ist. Jedoch ist dies nicht mehr unterscheidbar bei zweidimensionalen Arrays und Matrizen. Der Unterschied besteht hier lediglich in der Interpretation durch den Benutzer, ob ein solches Objekt als Objekt der Linearen Algebra, also als Matrix, oder als Array (kein Objekt der Linearen Algebra) interpretiert wird. Auf Arrays sind die komponentenweise Addition `.+`, Subtraktion `.-`, Multiplikation `.*` und Division `./` definiert. Würde man im obigen Beispiel die Matrizen `mA` und `mB` als Arrays interpretieren, so wäre das Ergebnis von `mX = mA ./ mB` die komponentenweise Division der Elemente in `mA` durch ihre jeweils korrespondierenden Elemente in `mB`:

```
>> mX = mA ./ mB
mX =
    0.2000    0.3333
    0.4286    0.5000
>>
```

Voraussetzung für die Array-Addition, -Subtraktion, -Multiplikation und -Division ist also nur, dass beide Arrays dieselbe Dimension besitzen. Für die Matrizen-Addition, -Subtraktion sowie -Multiplikation gelten die spezifischen Voraussetzungen der jeweiligen Matrizenoperationen in der Linearen Algebra.

Auf die Elemente einer Matrix oder eines Arrays kann per Indizierung zugegriffen werden; dabei spielt es keine Rolle, ob das betreffende Objekt als Matrix oder Array interpretiert wird. Der Indexzugriff erfolgt, indem unmittelbar nach dem Namen der Matrix oder des Arrays in runden Klammern die gewünschten Indizes angegeben werden. Soll im Beispiel das Element in der ersten Zeile und zweiten Spalte von `mX` adressiert werden, so wäre die Eingabe `mX(1,2)` erforderlich:

```
>> mX(1,2)
ans =
    0.3333
>>
```

[19] Frühere Matlab-Versionen erlaubten bis zu sechsdimensionale Arrays, in jüngeren Versionen existiert diese Grenze nicht mehr. Ungeachtet dessen ist aber fraglich, ob mehr als vier- oder fünfdimensionale Matrizen inhaltlich sinnvoll gehandhabt werden können.

Ebenso können ganze Bereiche einer Matrix oder eines Arrays adressiert werden, indem der Colon-Operator : verwendet wird. Zur Illustration legen wir mit `mX=randn(4,4)` eine 4 x 4 Matrix mit standardnormalverteilten Zufallszahlen an. Mit `mSubMat = mX(1:2,3:4)` adressieren wir die Submatrix in `mX`, welche von der ersten bis zur zweiten Zeile sowie von der dritten bis zur vierten Spalte reicht:

```
>> mX = randn(4,4)
mX =
    0.5377    0.3188    3.5784    0.7254
    1.8339   -1.3077    2.7694   -0.0631
   -2.2588   -0.4336   -1.3499    0.7147
    0.8622    0.3426    3.0349   -0.2050

>> mSubMat = mX(1:2,3:4)
mSubMat =
    3.5784    0.7254
    2.7694   -0.0631

>> mSubMat = mX([1 3],[1 2 4])
mSubMat =
    0.5377    0.3188    0.7254
   -2.2588   -0.4336    0.7147

>>
```

Mit dem Ausdruck `mSubMat = mX([1 3],[1 2 4])` ist es möglich, nicht zusammenhängende Bereiche einer Matrix zu adressieren. In dem Beispiel wird die erste und die dritte Zeile von `mX` sowie die erste, zweite und die vierte Spalte von `mX` ausgewählt. Dabei ist zu beachten, dass die Zeilen bzw. die Spalten, die adressiert werden, in eckigen Klammern stehen müssen.

Bei mehrdimensionalen Arrays funktioniert die Indizierung genauso, dabei sind die Indizes durch Kommata getrennt für jede Dimension anzugeben. Mit `mX = randn(2,2,2)` wird z.B. ein dreidimensionales Array standardnormalverteilter Zufallszahlen angelegt. Mit `mX(1,1,1)` wird das Element mit dem Index 1 in der ersten, zweiten und dritten Dimension adressiert. Bereiche lassen sich genauso wie im zweidimensionalen Fall mit dem Colon-Operator ansprechen.[20]

```
>> mX = randn(2,2,2)
mX(:,:,1) =
   -0.1241    1.4090
    1.4897    1.4172
mX(:,:,2) =
    0.6715    0.7172
   -1.2075    1.6302

>> mX(1,1,1)
ans =
   -0.1241
>>
```

Die Verwendung des Colon-Operators ohne Angabe von `VonIndex` und `BisIndex`, also einfach nur :, meint alle Elemente der betreffenden Dimension. Es ist die Kurzform von `1:end` und meint in diesem Beispiel „von der ersten bis zur letzten Zeile". Dies ist in der obigen Matlab-Ausgabe enthalten, dort steht z.B. `mX(:,:,1) =`, gefolgt von einer zweidimensionalen Matrix. Der Ausdruck `mX(:,:,1)` ist sinngemäß so zu lesen, dass hier alle Elemente der ersten

[20] Die Matlab-Funktion `randn` erzeugt standardnormalverteilte Zufallszahlen. Daher kann die Ergebnisausgabe beim Nacharbeiten unter Matlab oder Octave auch anders aussehen.

und zweiten Dimension ausgelesen werden, die in der dritten Dimension den Index 1 besitzen. Im Beispiel könnte man mX auch als einen Würfel interpretieren, mit zwei Zeilen, zwei Spalten und zwei Schichten. Der dritte Index mit Wert 1 liefert die Matrix der ersten Schicht, der dritte Index mit Wert 2 die Matrix der zweiten Schicht. Dreidimensionale Arrays erlauben es in einfacher Weise, Matrizen längs einer dritten Dimension anzuordnen, z.B. im Zeitablauf variable Kovarianzmatrizen. Die erste und zweite Dimension stellen dann die beiden Dimensionen einer gewöhnlichen Kovarianzmatrix dar, die dritte Dimension ist dann die Zeitdimension. Wenn z.B. `mKovarianz` ein solches dreidimensionales Array wäre, so würde der Indexzugriff `mKovarianz(i,j,t)` die Kovarianz zwischen dem i-ten und j-ten Asset zum Zeitpunkt t liefern.

Zeitvariable Kovarianzmatrizen könnten sich ferner je nach Modell unterscheiden, mit denen sie berechnet wurden. Daher könnte man zeitvariable Kovarianzmatrizen unterschiedlicher Modelle in einem vierdimensionalen Array ablegen. Die vierte Dimension wäre dann die Modelldimension. Falls einem weitere sinnvolle Organisationsmöglichkeiten einfallen, kann dies unter Nutzung zusätzlicher Dimension ausgeweitet werden.

Für die Indizierungen gibt es einen mitunter sehr hilfreichen speziellen Indexzugriff in Matlab, da Matrizen und Arrays in Matlab, gleich welcher Dimension, intern als Vektoren abgespeichert werden. Matlab legt die Elemente in der Reihenfolge der Dimensionen nacheinander in einem Vektor ab, also erst nach der ersten, dann nach der zweiten, dann nach der dritten Dimension usw. Um dies zu illustrieren, adressieren wir alle Elemente in mX aus dem vorhergehenden Beispiel als Vektor durch Eingabe von `mX(:)`.

```
>> mX(:)
ans =
   -0.1241
    1.4897
    1.4090
    1.4172
    0.6715
   -1.2075
    0.7172
    1.6302
>>
```

Zu erkennen ist, wie aus mX die Elemente erst längs der ersten, dann längs der zweiten und schließlich längs der dritten Dimension nacheinander entnommen werden bzw. - anders ausgedrückt - Matlab-intern abgespeichert sind. Auf den ersten Blick mag dieser spezielle Indexzugriff sehr merkwürdig erscheinen, er ist aber ein gängiges „Stilelement" der Matlab-Programmierung. Viele Matlab-Funktionen und Programme enthalten derartige Operationen.

Bisher wurden Indizierungen betrachtet, um Teile einer Matrix oder eines Arrays auszulesen. Genauso können Indizierungen aber verwendet werden, um gezielt bestimmte Elemente oder Bereiche einer Matrix oder eines Arrays mit anderen Werten zu überschreiben. Im vorhergehenden Beispiel würde `mX(1,1,1) = NaN` das entsprechende Element mit dem Wert `NaN` überschreiben.[21]

```
>> mX = randn(2,2,2)
mX(:,:,1) =
   -0.1241    1.4090
```

[21] Die Matlab-Funktion `randn` erzeugt standardnormalverteilte Zufallszahlen. Daher kann die Ergebnisausgabe beim Nacharbeiten unter Matlab oder Octave auch anders aussehen.

```
      1.4897    1.4172
mX(:,:,2) =
      0.6715    0.7172
     -1.2075    1.6302

>> mX(1,1,1) = NaN
mX(:,:,1) =
         NaN    1.4090
      1.4897    1.4172
mX(:,:,2) =
      0.6715    0.7172
     -1.2075    1.6302

>>
```

Der Ausdruck `mX(:,1,1) = [1;2]` ersetzt die erste Spalte in der Matrix der ersten Schicht mit den Werten 1 und 2:

```
>> mX(:,1,1) = [1;2]
mX(:,:,1) =
      1.0000    1.4090
      2.0000    1.4172
mX(:,:,2) =
      0.6715    0.7172
     -1.2075    1.6302
>>
```

Dabei ist zu beachten, dass die linke und die rechte Seite des obigen Ausdruckes, falls kein Skalar benutzt wird, die gleiche Dimension aufweisen müssen. Anders ausgedrückt: Zwei Elemente einer Matrix können nicht durch drei Elemente ersetzt werden.

Weist man einem adressierten Bereich die leere Matrix `[]` zu, so wird dieser Bereich komplett aus dem Array oder der Matrix entfernt und das Array bzw. die Matrix verkleinern sich entsprechend. Dies funktioniert aber nur, wenn die Löschung eines Teilbereichs sinnvoll möglich ist. Z.B. führt `mX(1,1,1) = []` zu einer Fehlermeldung, da dieser adressierte Teilbereich nicht konsistent aus dem dreidimensionalen Array entfernt werden kann.

```
>> mX(1,1,1) = []
A null assignment can have only one non-colon index.
>>
```

Entfernt werden könnten dagegen eine komplette Zeile, eine komplette Spalte oder eine komplette Schicht. Der Befehl `mX(:,:,1) = []` löscht im Beispiel die komplette erste Schicht des dreidimensionalen Arrays.

```
>> mX(:,:,1) = []
mX =
      0.6715    0.7172
     -1.2075    1.6302
>>
```

A.6.2. Strings

Strings sind in Matlab Zeichenketten, um alphanumerische Informationen darzustellen, z.B. Namen von Datenreihen, Datumsbezeichnungen oder ähnliches. Matlab behandelt dabei Strings wie Zeilenvektoren bestehend aus alphanumerischen Elementen. Insofern kann man mittels Indizierungen auf Strings genauso wie auf Vektoren zugreifen und darauf operieren, als ob es sich um „richtige“ Vektoren handelt. Strings werden durch Hochkommata eingeschlossen. Der Ausdruck `sName = 'Peter'` erzeugt ein Matlab-Objekt vom Typ String, das den Inhalt „Peter“ besitzt. Auf die Elemente dieser Zeichenkette kann wie auf einen Vektor zugegriffen werden; der Ausdruck `sSubString = sName(1:3)` liefert die ersten drei Zeichen von `sName`. Genauso können Teile des Strings geändert werden, indem per Indexzugriff Bereiche durch andere Zeichenketten ersetzt werden. Der Ausdruck `sName(1:3) = 'Mal'` ändert den Inhalt von `sName` zu `Maler`.

```
>> sName = 'Peter'
sName =
Peter

>> sName(1:3)
ans =
Pet

>> sName(1:3) = 'Mal'
sName =
Maler

>>
```

Als Benennungskonvention in diesem Buch sei vereinbart, dass ein String mit einem vorangestellten Kleinbuchstaben `s`, dann gefolgt von einem Großbuchstaben, dann gefolgt von einer beliebigen Zeichenkette aus Groß-, Kleinbuchstaben und Sonderzeichen wie _ zu benennen ist.[22]

Matlab enthält eine Vielzahl von Funktionen zur Manipulation oder zum Umgang mit Strings. Auf einige wichtige Funktionen sei im Folgenden exemplarisch hingewiesen. Eine immer wiederkehrende Aufgabe ist die Zusammenfügung zweier oder mehrerer Strings zu einem neuen String. Dafür stehen verschiedene Varianten zur Verfügung, eine wichtige ist `strcat`. Der Ausdruck `sNeuerString = strcat(sName,' ist ein Beruf.')` fügt die beiden Teilstrings zusammen.

```
>> sNeuerString = strcat(sName,' ist ein Beruf.')
sNeuerString =
Maler ist ein Beruf.

>>
```

Das gleiche Ergebnis erhielte man mit der Anweisung `sNeuerString = [ sName, ' ist ein Beruf.']`.

Sehr wichtig sind Funktionen zur Konvertierung von Strings in Zahlen und umgekehrt. Die Funktion `num2str` ist eine Möglichkeit, um eine Zahl in einen String zu konvertieren, der dann wie ein String weiter verarbeitet werden kann. Diese Funktion kann z.B. zur Generierung automatischer Variablenbezeichnungen oder zur Benennung von Datenreihen verwendet werden. Im folgenden Beispiel wird eine numerische Variable mit Wert 2 erzeugt und anschließend in einen String konvertiert. Danach wird ein automatischer Variablenname erzeugt, z.B. `VarNo_2`, der durch Zusammenfügung der Teilstrings `VarNo_` und der konvertierten Zahl 2 in einen String mittels `strcat` entsteht.

---

22 Die in diesem Buch verwendeten Benennungskonventionen werden in Kapitel A.11.3 noch einmal zusammengefasst, erläutert und näher begründet.

```
>> dNummer = 2;
>> num2str(dNummer)
ans =
2

>> sVarName = strcat('VarNo_',num2str(dNummer))
sVarName =
VarNo_2

>>
```

Die Funktion `sprintf` erlaubt es, eine formatierte Ausgabe (Zeichenkette) zu erstellen und in einem String abzulegen, wie es das folgende Beispiel zeigt:

```
>> sStringAusgabe = sprintf('Die Nummer ist %d, die Variable heißt %s.', dNummer, sVarName)
sStringAusgabe =
Die Nummer ist 2, die Variable heißt VarNo_2.

>>
```

Die Funktion `sprintf` liefert als Ergebnis einen String. Das erste Argument von `sprintf` ist ein Formatstring, der aus Text und Platzhaltern bestehen kann. Die Platzhalter nehmen später einmal die als weitere Argumente der Funktion zu übergebenden Parameter auf und bestimmen deren Art der Umwandlung in eine Zeichenkette.[23] Der Platzhalter `%d` steht z.B. für eine (numerische) Zahl in Standarddarstellung, der Platzhalter `%s` für einen String. Die Matlab-Dokumentation verzeichnet viele weitere Typen von Platzhaltern, die im Formatstring benutzt werden können. Die Funktion `sprintf` muss so viele weitere Argumente (Eingabeparameter) enthalten, wie es Platzhalter im Formatstring gibt. Die weiteren Argumente werden dann in der angegebenen Reihenfolge in die Platzhalter eingesetzt und je nach Art des Platzhalters interpretiert und konvertiert. Wichtig ist es darauf zu achten, dass der Typ des Platzhalters und der zugehörige Eingabeparameter zueinander verträglich sind. Eine Variante von `sprintf` ist `fprintf`. Der Unterschied ist dabei, dass das Ergebnis nicht in eine Stringvariable, sondern als formatierter Output auf die Konsole geschrieben oder in eine Textdatei ausgegeben werden kann. Sinn und Zweck dieser Funktion ist es z.B., Druckerausgaben zu erzeugen oder Protokolldateien zu schreiben:

```
>> fprintf('Die Nummer ist %d,\n die Variable heißt %s.\n', dNummer, sVarName)
Die Nummer ist 2,
 die Variable heißt VarNo_2.
>>
```

Das Beispiel zu `fprintf` zeigt eine wichtige Erweiterung, und zwar ist es ebenfalls möglich, in den Formatstring Steueranweisungen für die formatierte Ausgabe aufzunehmen. Die Steueranweisung `\n` in der Mitte und am Ende des Formatstrings bewirkt einen Zeilenumbruch. Ohne diesen würden weitere Ausgaben auf die Konsole oder in eine Protokolldatei ohne Zeilenumbruch direkt an das Ende der vorhergehenden Ausgabe gehängt werden, was die Lesbarkeit

[23] Eine Gleitkommazahl kann z.B. auf vielfältige Weise in eine Zeichenkette umgewandelt werden: Mit oder ohne führendes Vorzeichen, mit einer bestimmten Anzahl an Nachkommastellen, mit oder ohne führende Nullen, Darstellung in kaufmännischer oder wissenschaftlicher Art usw. Über die Wahl des entsprechenden Formatstrings wird dies gesteuert.

beeinträchtigen kann.[24] Desweiteren gibt es eine Vielzahl weiterer, wichtiger Steueranweisungen, wie z.B. `\t` für das Einfügen eines Tabulatorzeichens. Dies ist insbesondere dann sinnvoll, wenn als Matlab-Ausgabe eine CSV-Datei „manuell" aufgebaut wird, welche als Separationszeichen zwischen den Zellen den Tabulator verwendet.

A.6.3. Cell-Arrays

Eine interessante Datenstruktur ist das *Cell-Array*, welches sich insbesondere anbietet, um sehr umfangreiche und zugleich sehr heterogene Informationen in Tabellenform oder noch höher dimensionalen Arrays zu organisieren.[25] Ein Cell-Array ist dabei am besten vergleichbar mit einer Excel-Tabelle. Eine Excel-Tabelle besteht aus tabellenförmig angeordneten Zellen, wobei jede Zelle unterschiedliche Typen von Inhalten aufweisen kann. Eine Zelle kann eine Zahl, eine Zeichenkette, eine Formel, einen Funktionsaufruf und dergleichen enthalten. Ein Cell-Array in Matlab ist dazu sehr ähnlich. Dabei handelt es sich um ein Array (siehe Kapitel A.6.1), wobei jedoch eine Zelle innerhalb eines Cell-Arrays Matlab-Objekte beliebigen Typs aufnehmen kann. In diesem Sinne ist ein Cell-Array auch als eine Art von „Lager" für „Datencontainer" interpretierbar. Die einzelnen „Datencontainer" (Zellen) können beliebig komplexe Datenstrukturen enthalten. Die „Datencontainer" selber sind dann systematisch in einem „Lager" in Form eines Arrays organisiert. Beim Zugriff auf Objekte vom Typ Cell-Array ist sehr sorgfältig zu unterscheiden, ob man auf die Zelle selber zugreifen möchte (dies wäre in Analogie der komplette „Container") oder auf den Inhalt der Zelle (in Analogie ist damit der Inhalt des „Containers" gemeint). Für die Adressierung der Zelle selber benutzt Matlab in konsistenter Weise die runden Klammern, wie eben bei einem Array auch. Möchte man dagegen auf den Inhalt der betreffenden Zelle zugreifen, so sind geschweifte Klammern `{}` für den Indexzugriff zu verwenden. Diese Überlegungen seien an einem einfachen Beispiel illustriert, in welchem wir zunächst zwei Matrizen `mA` und `mB` standardnormalverteilter Zufallszahlen erzeugen und anschließend in Form von einem Cell-Array ablegen.

```
>> mA = randn(2,2)
mA =
   -0.0631   -0.2050
    0.7147   -0.1241

>> mB = randn(3,3)
mB =
    1.4897    0.6715    1.6302
    1.4090   -1.2075    0.4889
    1.4172    0.7172    1.0347

>> cLager = cell(2,1)
cLager =
```

[24] Als kleines Experiment möge dieselbe Matlab-Anweisung noch einmal, jedoch ohne diese Steueranweisungen ausgeführt werden. Jetzt taucht die Ausgabe inklusive des anschließenden Kommandoprompts in derselben Zeile, also ohne Zeilenumbruch, auf.

[25] In Bezug auf die maximal zulässige Dimension eines Cell-Arrays gelten dieselben Aussagen wie bei einem Array: Frühere Matlab-Versionen erlaubten bis zu sechsdimensionale Cell-Arrays, jüngere haben diese Einschränkung nicht mehr. Ungeachtet dessen ist die Sinnhaftigkeit von mehr als fünf- oder sechsdimensionalen (Cell-) Arrays aus der Sicht der praktischen Anwendung zu hinterfragen.

```
    []
    []
>> cLager{1,1} = mA;
>> cLager{2,1} = mB;
>> cLager
cLager =
    [2x2 double]
    [3x3 double]
>>
```

Als Benennungskonvention in diesem Buch sei vereinbart, dass ein Cell-Array mit einem vorangestellten Kleinbuchstaben `c`, dann gefolgt von einem Großbuchstaben, dann gefolgt von einer beliebigen Zeichenkette aus Groß-, Kleinbuchstaben und Sonderzeichen wie _ zu benennen ist.[26]

Der Ausdruck `cLager = cell(2,1)` erzeugt ein leeres Cell-Array (`cLager` mit „leeren Containern") in Form eines 2 x 1 Arrays (sozusagen ein „Lager", in welchem die „Datencontainer" in Form eines 2 x 1 „Spaltenvektors" aufgestellt sind). Der Ausdruck `cLager{1,1} = mA` weist nun dem Inhalt der ersten Zelle die Matrix `mA` zu (der Inhalt des ersten „Datencontainers" wird also mit der Matrix `mA` „befüllt"). In analoger Weise bewirkt `cLager{2,1} = mB` die Zuweisung der Matrix `mB` an den Inhalt der zweiten Zelle des Cell-Arrays. Die Anzeige des Cell-Arrays mit `cLager` zeigt die Struktur des Cell-Arrays an, also womit strukturell die Zellinhalte befüllt sind. Möchte man sich z.B. den Inhalt der zweiten Zelle anschauen, so wäre `cLager{2,1}` einzugeben. Die wichtige Unterscheidung zwischen Zelle und Zellinhalt bei einem Cell-Array wird durch das folgende Beispiel illustriert.

```
>> cX = cLager(2,1)
cX =
    [3x3 double]
>> mY = cLager{2,1}
mY =
    1.4897    0.6715    1.6302
    1.4090   -1.2075    0.4889
    1.4172    0.7172    1.0347
>>
```

Mit dem Ausdruck `cX = cLager(2,1)` wird auf die Zelle, also in Analogie auf den gesamten „Datencontainer" an der Position Zeile 2 und Spalte 1 zugegriffen und das Ergebnis des Zugriffs (ein „Container") an `cX` zugewiesen. `cX` ist danach ein Cell-Array, also ein „Datencontainer". Dagegen greift der Ausdruck `mY = cLager{2,1}` auf den Inhalt der Zelle zu, also auf den „Containerinhalt". `mY` ist dann entsprechend eine 3 x 3 Matrix, aber kein Cell-Array (also kein „Datencontainer"). Für viele Einsteiger in Matlab ist diese Unterscheidung anfänglich verwirrend, aber die Analogie zu einem Containerlager hat sich hier zumeist als hilfreich für das Verständnis erwiesen. Als grobe Faustregel für den Umgang mit Cell-Arrays mag die „Eselsbrücke" hilfreich sein sich zu fragen, ob man in der aktuellen Situation auf den Container selber oder aber auf dessen Inhalt zugreifen möchte.

---

[26] Die in diesem Buch verwendeten Benennungskonventionen werden in Kapitel A.11.3 noch einmal zusammengefasst, erläutert und näher begründet.

Cell-Arrays sind in Matlab vor allem nützlich, um große Mengen heterogener Daten in einer einheitlichen Struktur als Tabelle zu organisieren. Dies ist insbesondere für eine „formatierte“ Ausgabe nach Excel sinnvoll. So kann man vor der Ergebnisausgabe in Matlab mittels eines Cell-Arrays die Ausgabe so wie sie später in Excel aussehen soll vorher systematisch zusammensetzen und dann mit einem `xlswrite` Befehl nach Excel exportieren. Dies ist in der täglichen Anwendung ungemein praktisch, aber auch ohne Excel existieren zahllose sinnvolle Einsatzmöglichkeiten für Cell-Arrays in Matlab.

A.6.4. Struct

Die Datenstruktur bzw. das Matlab-Objekt vom Typ `struct` erlaubt es, zusammenhängende Information in strukturierter, auch hierarchisch geordneter Weise zu organisieren und zusammenzubinden. Ein einfaches Beispiel könnte ein Personenstammdatensatz sein, der alle wichtigen Information zu einer Person zusammenbindet:

```
>> rStammsatz.sVorname = 'Ulrike';
>> rStammsatz.sNachname = 'Meier';
>> rStammsatz.rAdresse.sStrasse = 'Baumweg';
>> rStammsatz.rAdresse.sHausnummer = '2a';
>> rStammsatz.rAdresse.iPostleitzahl = 90117;
>> rStammsatz.rAdresse.sOrt = 'Lummerland';
>> rStammsatz.iSozialversicherungsnummer = 2823419;
>> rStammsatz
rStammsatz =
                     sVorname: 'Ulrike'
                    sNachname: 'Meier'
                     rAdresse: [1x1 struct]
   iSozialversicherungsnummer: 2823419

>> rStammsatz.rAdresse
ans =
          sStrasse: 'Baumweg'
       sHausnummer: '2a'
     iPostleitzahl: 90117
              sOrt: 'Lummerland'
>>
```

Als Benennungskonvention in diesem Buch sei vereinbart, dass ein Struct mit einem vorangestellten Kleinbuchstaben `r`, dann gefolgt von einem Großbuchstaben, dann gefolgt von einer beliebigen Zeichenkette aus Groß-, Kleinbuchstaben und Sonderzeichen wie _ zu benennen ist.[27]

Die einfachste Möglichkeit, ein Objekt vom Typ `struct` anzulegen besteht darin, den Namen des Objektes anzugeben, mit dem Feldnamen zu verbinden und diesem einen Wert zuzuweisen. Der Ausdruck `rStammsatz.sVorname = 'Ulrike'` erzeugt ein Matlab-Objekt von Typ `struct` mit Namen `rStammsatz`, fügt diesem Objekt ein Feld mit Bezeichnung `sVorname` hinzu und weist diesem Feld den Inhalt `Ulrike` zu. Nach dieser Operation besteht dann schon eine Variable vom Typ `struct` mit Namen `rStammsatz`, die allerdings nur ein Feld mit Namen `sVorname` enthält. Noch einfacher ist die Anweisung `rStammsatz = struct`, welche eine leere Variable vom Typ `struct` erzeugt. Diese enthält dann aber noch gar kein Feld.

[27] Die in diesem Buch verwendeten Benennungskonventionen werden in Kapitel A.11.3 noch einmal zusammengefasst, erläutert und näher begründet.

Der folgende Ausdruck `rStammsatz.sNachname = 'Meier'` erweitert das bereits bestehende Matlab-Objekt um ein weiteres Feld mit der Bezeichnung `sNachname`, welches den Inhalt `Meier` zugewiesen bekommt. Die weiteren Eingaben im Beispiel sind in analoger Weise zu lesen. Interessant ist die Möglichkeit, eine beliebig tief verschachtelte Struktur aufzubauen. Der Ausdruck `rStammsatz.rAdresse.sStrasse = 'Baumweg'` erweitert nicht nur das Matlab-Objekt um ein weiteres Feld mit dem Namen `rAdresse`, sondern dieses Feld wird zugleich um ein Unterfeld mit Namen `sStrasse` erweitert, welches den Inhalt `Baumweg` zugewiesen bekommt. Für die Tiefe der Schachtelung gibt es keine Grenze, Informationen können beliebig tief hierarchisch gestaffelt organisiert werden. Aus Gründen der Lesbarkeit des Programms empfiehlt es sich aber, dies nicht zu extensiv zu betreiben. Jedes Feld eines Matlab-Objektes vom Typ `struct` kann von beliebigem Typ sein, also ein Skalar, Vektor, Matrix, Array, String, Struct usw.

Der Zugriff auf die Elemente des Typs `struct` erfolgt durch Angabe des Namens, gefolgt von einem Punkt und dann dem Feldnamen (gegebenenfalls weitere Punkte und Feldnamen bei hierarchischer Staffelung). Soll im Beispiel die Postleitzahl verändert werden, so wäre dies z.B. mittels `rStammsatz.rAdresse.iPostleitzahl = 20345;` möglich.

```
>> rStammsatz.rAdresse.iPostleitzahl = 20345;
>> rStammsatz.rAdresse
ans =
         sStrasse: 'Baumweg'
      sHausnummer: '2a'
    iPostleitzahl: 20345
             sOrt: 'Lummerland'

>>
```

Um automatisierte Abläufe mit den `struct`-Variablen vornehmen zu können, ist die Funktion `fieldnames` hilfreich, die als Ergebnis (in Form eines Cell-Arrays) die Namen der Felder zurückliefert. Die automatisch ausgelesenen Namen der Felder können benutzt werden, um auf spezifische Feldinhalte dynamisch zuzugreifen.

```
>> cFieldNames=fieldnames(rStammsatz)
cFieldNames =

    'sVorname'
    'sNachname'
    'rAdresse'
    'iSozialversicherungsnummer'

>> sName=rStammsatz.(cFieldNames{1,1})
sName =

Ulrike

>>
```

Mit der Anweisung `cFieldNames{1,1}` wird auf den Inhalt des Containers `cFieldNames` zugegriffen, der in diesem Beispiel `sVorname` und vom Typ `String` ist. Wenn ein dynamischer Zugriff auf die Felder einer `struct`-Variable erfolgen soll, muss der zu erzeugende Feldname in runden Klammern stehen. Der dynamische Zugriff ist besonders dann interessant, wenn man beispielsweise in einem Skript automatisiert erst überprüfen will, ob ein Feld überhaupt existiert (z.B. Postleitzahl) und wenn ja, erst dann eine spezifische Berechnung (z.B. Zuordnung einer Person zu der Gruppe aller Personen aus einer Postleitzahlgruppe) durchgeführt wird.

A.6.5. Logicals

Eine weitere wichtige Datenstruktur bzw. Matlab-Objekt sind logische Objekte, sogenannte „logicals". Ein Matlab-Objekt vom Typ `logical` kann dabei nur die Werte „Wahr" (`true`) oder „Falsch" (`false`) annehmen. In gängigen Programmiersprachen werden derartige Objekte auch häufig als boolsche Variablen bezeichnet. Die Logicals lassen sich mit den Funktionen `true` und `false` erzeugen. Logicals resultieren jedoch im Regelfall als Ergebnis einer logischen Operation bzw. Vergleichs. Dies zeigt das folgende Beispiel:

```
>> lVergleich = 4 > 3
lVergleich =
     1
```

Als Benennungskonvention in diesem Buch sei vereinbart, dass ein Logical mit einem vorangestellten Kleinbuchstaben `l`, dann gefolgt von einem Großbuchstaben, dann gefolgt von einer beliebigen Zeichenkette aus Groß-, Kleinbuchstaben und Sonderzeichen wie _ zu benennen ist. Dabei ist es bei der in diesem Buch verwendeten Benennungskonvention unerheblich, ob ein Logical ein (logischer) Skalar, Vektor oder Matrix ist.[28]

Bei einem Logical (hier: `lVergleich`) steht der Wert `1` für „Wahr" und `0` für „Falsch". In Matlab können nicht nur Skalare, sondern auch Vektoren und Matrizen miteinander verglichen werden, wie es das folgende Beispiel zeigt:

```
>> mA = randn(2,2)
mA =
    0.7269    0.2939
   -0.3034   -0.7873

>> mB = randn(2,2)
mB =
    0.8884   -1.0689
   -1.1471   -0.8095

>> lX = mA > mB
lX =
     0     1
     1     1
>>
```

Das Ergebnis im Beispiel ist eine Matrix `lX`, welche nur die Werte „Wahr" oder „Falsch" enthält. Als logische Operatoren kennt Matlab alle gängigen Vergleichsoperatoren, wie > („größer"), < („kleiner"), == („gleich")[29], >= („größer-gleich") oder <= („kleiner-gleich"). Logische Ausdrücke oder logische Variablen können mittels logischer Verknüpfungsoperatoren verbunden werden. Auch hier sind alle gängigen Verknüpfungsoperatoren wie das logische UND (`&&`, `&`), ODER (`||`, `|`) oder Negation (`~`) vorhanden. (Logische) Matrizen sind mit `&` bzw. `|` zu verknüpfen. Skalare Ausdrücke können mit `&&` oder `&` bzw. mit `||` oder `|` verknüpft werden. Dabei kennzeichnet das doppelte UND (`&&`) bzw. das doppelte ODER (`||`) die „Kurzschlussvariante" (*short circuit*) der UND- bzw. ODER-Verknüpfung, die nur bei skalaren Ausdrücken zulässig

[28] Die in diesem Buch verwendeten Benennungskonventionen werden in Kapitel A.11.3 noch einmal zusammengefasst, erläutert und näher begründet.

[29] Der logische Vergleich auf Gleichheit ist streng von dem Zuweisungsoperator, dem einfachen Gleichheitszeichen = zu unterscheiden.

ist. Beispielsweise kann der logische Ausdruck `A && B` nicht mehr „Wahr“ werden, wenn bereits `A` „Falsch“ ist. Dann braucht der Ausdruck `B` auch nicht mehr ausgewertet werden. Der Unterschied ist nun, dass in der regulären Form (`&`, `|`) der gesamte logische Ausdruck immer vollständig ausgewertet wird, während die „Kurzschlussvariante“ die Auswertung des gesamten logischen Ausdrucks dann abkürzt, also nicht vollständig auswertet, wenn das Ergebnis bereits eindeutig bestimmt ist. Bei skalaren Ausdrücken bietet sich die „Kurzschlussvariante“ stets an, da sie unnötige Auswertungen logischer Ausdrücke vermeidet. Ein Grund für die zwingende Verwendung der „Kurzschlussvariante“ könnte beispielsweise sein, wenn im logischen Ausdruck `A && B` der zweite Teil `B` erst dann ausgewertet werden darf, wenn der erste Teil `A` „Wahr“ ergibt. In der regulären Form könnte in diesem Fall ein Fehler auftreten. Ebenso ist aber der mögliche Seiteneffekt zu bedenken, dass im Beispiel `A && B` der zweite Teil `B` nicht ausgewertet wurde, falls der erste Teil `A` bereits „Falsch“ war.

Eine besonders hilfreiche Eigenschaft von Matlab ist es, dass sich Vektoren, Matrizen und Arrays mit logischen Ausdrücken oder Vektoren und Arrays indizieren lassen. Der logische Indexvektor oder das logische Indexarray muss mit der Größe des zu adressierenden Objektes verträglich sein. Im folgenden Beispiel werden alle Elemente von `mA`, die größer als die korrespondierenden Elemente in `mB` sind, mittels `NaN` als ungültig markiert:

```
>> mA(mA > mB) = NaN
mA =

    0.7269       NaN
       NaN       NaN

>>
```

Im nächsten Beispiel werden aus `mA` alle Elemente entnommen, die nicht als `NaN` markiert sind:[30]

```
>> dX = mA(~isnan(mA))
dX =
    0.7269

>>
```

Das Beispiel zeigt zwei wichtige Aspekte. Zum einen ist `NaN` eine spezielle Markierung einer Gleitkommazahl in einem Computer, aber keine definierte Zahl. Daher können übliche Vergleichsoperatoren nicht auf `NaN` angewendet werden. Stattdessen müssen für den Umgang mit `NaN` spezifische Funktionen verwendet werden. Die Matlab-Funktion `isnan` prüft, ob eine Zahl, ein Vektor, Matrix oder Array als `NaN` markierte Elemente enthält. Das Ergebnis von `isnan` ist ein Logical (Skalar, Vektor, Array). Die vorangestellte Tilde (`~`) im Beispiel negiert die Einträge der Rückgabematrix, also das Ergebnis von `isnan(mA)`. Die (Dimension der) Rückgabe einer logisch adressierten Matrix hängt von der Art der konkreten Indizierung ab. Im oben genannten Beispiel ist das Ergebnis von `~isnan(mA)` ein Vektor derjenigen Elemente, für welche die betreffende Bedingung wahr ist. Die Größe des Vektors hängt davon ab, für wie viele Elemente die betreffende Bedingung erfüllt ist und kann daher, trotz konstanter Größe der zu indizierenden Matrix (hier `mA`) variieren.

---

30 Dasselbe Ergebnis wäre viel einfacher mit `dX = mA(mA <= mB)` erzielbar gewesen. Das Beispiel wurde aber bewusst so gewählt, um den Umgang mit `NaN` zu illustrieren, was in der praktischen Anwendung sehr häufig vorkommt.

A.7. Kontrollstrukturen

Skript/Funktion	Beschreibung	Matlab	Octave	Freemat	Toolboxen
bSkript_if.m	Einfaches Beispiel für if-Struktur	X	X	X	keine
bSkript_if2.m	Einfaches Beispiel für geschachtelte if-Struktur	X	X	X	keine
bSkript_if3.m	Erweitertes Beispiel für geschachtelte elseif-Struktur	X	X	X	keine
bSkript_case.m	Einfaches Beispiel für case-Struktur	X	X	X	keine
bSkript_for.m	Einfaches Beispiel für for-Schleife	X	X	X	keine
bSkript_for2.m	Einfaches Beispiel für for-Schleife mit Indexzugriff	X	X	X	keine
bSkript_for3.m	Einfaches Beispiel für verschachtelte for-Schleife	X	X	X	keine
bSkript_while.m	Einfaches Beispiel für while-Schleife	X	X	X	keine
bSkript_while2.m	Einfaches Beispiel für while-Schleife mit break	X	X	X	keine
bSkript_try.m	Einfaches Beispiel für try-catch	X	-	-	keine
bSkript_try_oct.m	Einfaches Beispiel für try-catch, Octave-Version	-	X	-	keine
bSkript_try_fre.m	Einfaches Beispiel für try-catch, Freemat-Version	-	-	X	keine

Tabelle A.3.: Übersicht verwendeter Skripte und Funktionen.

Um leistungsfähige Skripte und Funktionen in Matlab zu schreiben, verfügt Matlab über verschiedene einfache Kontrollstrukturen, die den Ablauf eines Matlab-Skriptes oder -Funktion steuern bzw. kontrollieren können. Im Folgenden werden die wichtigsten Kontrollstrukturen kurz vorgestellt.

A.7.1. Verzweigungen

Verzweigungen steuern den Programmablauf in Abhängigkeit von Bedingungen. Je nachdem, ob eine Bedingung erfüllt ist oder nicht, werden verschiedene Zweige eines Programms durchlaufen. Daher spricht man von Verzweigungen. Die einfachste Form der Verzweigung ist die Struktur „if-else“. Diese besitzt die folgende, allgemeine Struktur:

```
if Bedingung
        if-Block
else
        else-Block
end
```

Die Schlüsselwörter sind `if`, `else` und `end`, welche die Kontrollstruktur als Ganzes umschließen. Unter `Bedingung` ist ein logischer Ausdruck zu verstehen, z.B. der Vergleich, ob eine bestimmte Variable einen bestimmten Wert besitzt. Mit `if-Block` und `else-Block` sind Folgen von Matlab-Ausdrücken gemeint, z.B. Ausdrücke zur Berechnung von irgendwelchen Größen. Ein derartiger Anweisungsblock kann beliebig groß sein, selber wiederum Kontrollstrukturen beinhalten oder auch leer sein. Oftmals trifft dies für den else-Block zu, sodass der gesamte else-Zweig auch fortgelassen werden kann, falls dort keine zu bearbeitenden Ausdrücke vorhanden sind.

Die Kontrollstruktur ist ansonsten selbsterklärend. Wenn die Bedingung nach `if` erfüllt ist, wird der `if-Block` ausgeführt, ansonsten wird der `else-Block` betreten. Wenn der `else-Block` nicht vorhanden ist, passiert gar nichts (wenn die Bedingung nicht erfüllt ist). Das folgende Beispiel A.4 zeigt eine einfache Anwendung dieser Kontrollstruktur:

Quellcode A.4: Einfaches Beispiel für if-Struktur

```
Siehe Datei: bSkript_if.m
```

Es können if-else-Strukturen beliebig ineinander geschachtelt werden. Eine Modifikation des Beispiels im Programmlisting A.5 unterscheidet z.B., ob bei einer positiven Zahl diese größer oder kleiner als eins ist:

Quellcode A.5: Einfaches Beispiel für geschachtelte if-Struktur

```
Siehe Datei: bSkript_if2.m
```

Mit Hilfe tief verschachtelter if-else-Kontrollstrukturen lassen sich sukzessive verschiedene Fälle nacheinander abfragen. Soweit nur zwei oder drei Fallunterscheidungen notwendig sind, ist dies leicht umsetzbar. Bei mehr Fallunterscheidungen wird aber der Programmcode mit vielen verschachtelten if-else-Zweigen schnell unübersichtlich und wenig leserlich. Matlab sieht dafür eine spezifische Variante vor, die folgende allgemeine Struktur besitzt:

```
if Bedingung1
        if-Block1
elseif Bedingung2
        if-Block2
elseif Bedingung3
        usw.
else
        else-Block
end
```

Mit `usw.` ist gemeint, dass hier nun beliebig viele `elseif` Abfragen aneinander gereiht werden können. Das folgende Beispiel A.6 zeigt eine weitere Variante des vorhergehenden Beispiels:

Quellcode A.6: Erweitertes Beispiel für geschachtelte elseif-Struktur

```
Siehe Datei: bSkript_if3.m
```

Die `if-elseif-else` Struktur kann selbstverständlich auch am Anfang der Schachtelung oder für sich alleine stehen. Im Beispiel wurde sie nur in den if-Zweig der bereits bestehenden `if-else` Struktur eingebettet, um zu zeigen, dass sich diese Strukturen beliebig ineinander verschachteln lassen.

Auch wenn if-elseif-else Strukturen ein komfortables Mittel sind, um viele Fallunterscheidungen nacheinander abzufragen, so kann doch darunter die Lesbarkeit und Übersicht bei sehr vielen

Fallunterscheidungen leiden. Als Alternative bietet sich hier die `switch-case-otherwise` Kontrollstruktur an, die folgende allgemeine Struktur besitzt:

```
switch Variable
        case Wert1
                case-Block1
        case Wert2
                case-Block2
        case Wert3
                usw.
        otherwise
                otherwise-Block
end
```

Nach dem Schlüsselwort `switch` ist eine Variable zu nennen, deren Wert im Folgenden mit den Werten `Wert1`, `Wert2` usw. verglichen wird. Dort, wo der Wert der Variable und der Wert des betreffenden `case` Ausdrucks übereinstimmen, wird der zugehörige `case-Block` betreten. Genauso wie ein `if-` oder `else-Block` umfasst ein `case-Block` eine beliebige Anzahl von Matlab-Ausdrücken, die selber wieder beliebig tief verschachtelte Kontrollstrukturen beinhalten können. Das folgende Beispiel A.7 zeigt die Verwendung dieser Kontrollstruktur.

Quellcode A.7: Einfaches Beispiel für case-Struktur

```
Siehe Datei: bSkript_case.m
```

Der Befehl `rand(1)` erzeugt eine zwischen null und eins gleichverteilte Zufallszahl. Diese wird in `dA = fix( 3 * rand(1) )` mit 3 multipliziert und dann in Richtung null gerundet (`fix`), womit als Ergebnis eine ganze Zahl `dA` mit den Werten 0, 1, 2 oder 3 resultieren kann. Deren Wert wird dann mittels der case-Kontrollstruktur abgefragt.

Ähnlich wie bei einer `if-else` Kontrollstruktur kann der `otherwise` Block leer sein oder ganz fehlen; dann passiert in diesem Fall nichts. Ebenso können bestimmte `case` Blöcke auch leer sein. Das kann dann sinnvoll sein, wenn ein Teilprojekt bereits geplant ist, aber noch nicht programmiert wurde. In diesem Fall würde der leere `case` Block als ein Platzhalter dienen. Die Kontrollstrukturen `if-else`, `if-elseif-else` und `switch-case-otherwise` können weiterhin beliebig miteinander kombiniert werden, ebenso mit den anderen noch zu betrachtenden Kontrollstrukturen. Zu bedenken ist allerdings, dass mit zunehmender Kombination und Verschachtelung der Programmcode erheblich an Verständlichkeit verliert. Tiefe Schachtelungen und lange Anweisungsblöcke sollten daher vermieden werden. Wenn innerhalb eines Anweisungsblocks sehr komplexe, umfangreiche Operationen durchzuführen sind, so sollten diese am besten in eine eigenständige Funktion ausgelagert werden. Damit würde sich der Anweisungsblock auf einen einfachen Funktionsaufruf reduzieren.

A.7.2. Schleifen

Unter Schleifen werden wiederholte Ausführungen von Anweisungen verstanden. Die Anweisungen sind dabei in einem „Schleifenblock" oder „Schleifenkörper" organisiert. Dieser Anweisungsblock wird dann eine vorgegebene Anzahl von Durchläufen ausgeführt (for-Schleife) oder aber solange, wie eine bestimmte Durchführungsbedingung erfüllt ist (while-Schleife). Eine for-Schleife besitzt die folgende, allgemeine Struktur:

```
for Laufvariable=Anfangswert:Schrittweite:Endwert
        for-Block
end
```

Nach dem Schlüsselwort `for` ist eine `Laufvariable` anzugeben, deren Wert sich bei Durchführung der for-Schleife sukzessive ändert. Die Schleife startet, indem der `Laufvariable` der `Anfangswert` zugewiesen wird und dann der `for-Block` einmal ausgeführt wird. Der `for-Block` kann beliebig viele Matlab-Ausdrücke enthalten, auch weitere Kontrollstrukturen. Nach Abarbeitung von `for-Block` wird dann der Wert der Laufvariable um die angegebene `Schrittweite` erhöht und geprüft, ob der Wert der Laufvariable größer als der `Endwert` ist. Ist dies nicht der Fall, wird der `for-Block` erneut durchlaufen. Dies wiederholt sich solange, bis die `Laufvariable` größer als der `Endwert` geworden ist. Wird die `Schrittweite` nicht angegeben, so wird 1 als `Schrittweite` angenommen. Das folgende Skript A.8 berechnet mit Hilfe einer for-Schleife die Summe der Zahlen von 1 bis 10:[31]

Quellcode A.8: Einfaches Beispiel für for-Schleife

```
Siehe Datei: bSkript_for.m
```

Die Laufvariable einer for-Schleife wird oftmals als Index für den Indexzugriff auf Elemente eines Vektors, Matrix oder Arrays benutzt. Das folgende Beispiel A.9 berechnet die Summe der Elemente eines Vektors:

Quellcode A.9: Einfaches Beispiel für for-Schleife mit Indexzugriff

```
Siehe Datei: bSkript_for2.m
```

Das dritte Beispiel A.10 zeigt die Möglichkeit, for-Schleifen ineinander zu verschachteln, um z.B. die Elemente einer Matrix auszulesen, zu bearbeiten oder zu ändern. Im Beispiel wird eine 5 x 5 Matrix Zeile für Zeile mit Werten von 1 bis 25 befüllt:

Quellcode A.10: Einfaches Beispiel für verschachtelte for-Schleife

```
Siehe Datei: bSkript_for3.m
```

Eine flexiblere Variante einer Schleife ist die while-Schleife, die einfach solange ausgeführt wird, wie eine vorgegebene Bedingung wahr ist. Zu beachten ist, dass es sich hier um eine *Fortführungsbedingung* handelt. Sobald diese falsch wird, wird die Schleife beendet. Die allgemeine Struktur einer while-Schleife sieht wie folgt aus:

```
while Bedingung
        while-Block
end
```

---

31 Abgesehen davon, dass sich die Summe der Zahlen von 1 bis 10 mittels einer einfachen Formel berechnen lässt, gibt es dafür in Matlab einen noch eleganteren Weg, der die Verwendung einer for-Schleife erübrigt. Dazu reicht der Ausdruck `iSumme=sum(1:10)`. Der Teilausdruck `1:10` erzeugt zunächst eine Zahlenfolge 1, 2, ..., 10 als Vektor, auf den dann die Summationsfunktion `sum` angewendet wird (eine Matlab-Kernfunktion). Dieses Beispiel illustriert, dass sich in Matlab oftmals unter Verwendung der Matlab-Funktionen und -Operatoren Berechnungen in kompakter Weise durchführen lassen, die in anderen Programmiersprachen Schleifenkonstruktionen erfordern.

Der `while-Block` kann wiederum beliebig komplex sein, beliebig viele Matlab-Ausdrücke und Kontrollstrukturen enthalten. Ein einfaches Beispiel für eine while-Schleife ist die im folgenden Programmlisting A.11 dargestellte Zählung, wie häufig eine standardnormalverteilte Zufallszahl gezogen werden muss, bis eine negative Zahl auftritt.

Quellcode A.11: Einfaches Beispiel für while-Schleife

```
Siehe Datei: bSkript_while.m
```

Sowohl bei for- als auch while-Schleifen ist es manchmal hinderlich, dass die (erneute) Prüfung der Fortführungsbedingung erst erfolgt, nachdem der `for-` bzw. `while-Block` komplett ausgeführt wurde. Manchmal kann es sinnvoll sein, die Ausführung des Anweisungsblocks schon innerhalb des Blocks sofort abzubrechen, sobald eine *Abbruchbedingung* auftritt. Um den sofortigen Abbruch innerhalb eines Anweisungsblock zu erzwingen, kann der Befehl `break` eingesetzt werden. In Abgrenzung zur Fortführungsbedingung im Kopf der while-Schleife erfolgt hier der Abbruch, wenn die Abbruchbedingung wahr ist. Das folgende Beispiel A.12 ist eine Variante des vorhergehenden unter Verwendung des Break-Befehls.

Quellcode A.12: Einfaches Beispiel für while-Schleife mit break

```
Siehe Datei: bSkript_while2.m
```

Der Ausdruck `while true ... end` ist ein gängiger „Kunstgriff“, um eine endlos laufende Schleife zu erzeugen, die dann aber unbedingt innerhalb des Anweisungsblocks eine Prüfung der Abbruchbedingung und entsprechend einen `break` Befehl besitzen muss.[32]

Abschließend sei auf eine wichtige Variante hingewiesen: Wie in anderen Programmiersprachen die Variante einer `while`-Schleife in Form von `do ... while` (oder ähnlich) existiert, findet sich eine vergleichbare Variante unter (jüngeren Versionen von) Matlab in Form von `repeat ... until`. Die entsprechende Konstruktion unter Octave lautet `do ... until`. Der Unterschied bei dieser Variante ist es, dass der Schleifenkörper zwingend betreten und erst am Ende des Schleifenkörpers (nicht zu Beginn) die Prüfung der Abbruchbedingung erfolgt. So kann es bei der `while ... end`-Variante dazu kommen, dass der Schleifenkörper möglicherweise gar nicht erst betreten wird, wenn nämlich schon vor dem erstmaligen Durchlauf die Abbruchbedingung erfüllt ist. Oftmals setzen aber viele Algorithmen voraus, den Schleifenkörper mindestens einmal auszuführen, bevor die Prüfung der Abbruchbedingung sinnvoll erfolgen kann.

---

[32] Man mag darüber trefflich streiten, ob das letzte Beispiel ein gutes Vorbild für einen „guten“ Programmierstil ist. Dogmatiker mögen hier reklamieren, dass `break` nichts anderes ist als ein kaschierter „go to“ Befehl, der schon seit Jahrzehnten Ausdruck unzulänglichen Programmierstils ist, da dieser die Programme schlecht lesbar, schwer durchschaubar und wenig wartbar gestaltet. Dies mag eine Frage des persönlichen Stils sein; auf jeden Fall gilt die Empfehlung, den `break` Befehl nur in unbedingt notwendig erscheinenden Fällen zu benutzten und auf jeden Fall eine echte, sinnhafte und aussagekräftige Bedingung hinter `while` zu setzen. Konstrukte wie `while true ... end` sind nach Möglichkeit zu vermeiden, da für einen dritten Leser nicht sofort ersichtlich wird, worin die Abbruchbedingung besteht. Gerade in langen, komplexen Programmen wird dadurch die Undurchsichtigkeit und Fehlerträchtigkeit nur unnötig erhöht. Eine kluge Analyse des Problems und intelligente Codierung kommen immer ohne `break` Anweisung aus. In ähnlicher Weise gelten diese Überlegungen für den Befehl `continue`, mit welchem innerhalb einer Schleife des Rest des Schleifenkörpers übersprungen und direkt zum Schleifenkopf zurückgekehrt wird, um den Eintritt in die nächste Schleifeniteration zu überprüfen.

Aus diesem Grund ergeben die Varianten in Form von `repeat ... until` (Matlab) oder `do ... until` (Octave) Sinn, die im Unterschied zur `while ... end`-Variante zwingend mindestens einmal durchlaufen werden. Leider sind bei Verwendung dieser Variante die Quellcodes von Matlab und Octave nicht mehr zueinander kompatibel. In Matlab (und Octave) lässt sich diese Konstruktion aber mittels `while ... if ... break` künstlich nachbilden. Aus Gründen der möglichst umfassenden Austauschbarkeit der Codes zwischen Matlab und Octave vermeiden wir in diesem Buch diese Variante. Soweit diese Variante erforderlich ist, wird sie durch geeignete Initialisierung der Abbruchbedingungen vor dem Betreten der `while`-Schleife oder durch `break` nachgebildet.

A.7.3. Try-Catch

Eine hilfreiche Matlab-Kontrollstruktur ist ferner `try-catch`, mit der im Fehlerfall bestimmte definierte Abschlussoperationen durchgeführt werden können. Die Kontrollstruktur hat folgende allgemeine Struktur:

```
try
        try-Block
catch
        catch-Block
end
```

Dabei stellen `try-Block` und `catch-Block` wieder beliebig lange, beliebig komplexe, auch weitere Kontrollstrukturen beinhaltende Matlab-Ausdrücke dar. Der `try-Block` umfasst dabei diejenigen Anweisungen, die eigentlich durchlaufen werden sollen. Diese werden auch zuerst probiert, d.h., der `try-Block` wird immer zuerst betreten. Wenn der `try-Block` fehlerfrei ausgeführt werden kann, passiert nichts weiter; der `catch-Block` wird dann ignoriert. Nur wenn im `try-Block` ein Ausführungsfehler auftritt, wird sofort der `catch-Block` betreten und die dortigen Anweisungen abgearbeitet. Typischerweise ist es dann Aufgabe des `catch-Blocks`, die Art des aufgetretenen Fehlers zu analysieren, geeignete „Reparaturprozeduren" einzuleiten oder aber das Programm in einer definierten Weise zu beenden. Die prinzipielle Arbeitsweise dieser Kontrollstruktur zeigt das folgende Beispiel A.13:[33]

Quellcode A.13: Einfaches Beispiel für try-catch

```
Siehe Datei: bSkript_try.m
```

In dem Skript wird ein Spaltenvektor mit 5 Elementen angelegt. Im `try-Block` wird dann versucht, auf das sechste Element zuzugreifen. In diesem einfachen Beispiel ist der Fehler leicht ersichtlich. In komplexeren Programmen ist diese Art von Fehler aber ein sehr häufig auftretender Fall, der alles andere als leicht durchschaubar oder antizipierbar ist. Insofern wird in diesem Beispiel eine gängige Fehlerbedingung simuliert. Das `catch` Statement enthält nach `catch` die Variable `ME`, in welcher Matlab Informationen über den aufgetretenen Fehler abspeichert. Wichtige Informationen sind hier in den Feldern `identifier` und `message` enthalten. Dabei ist im Matlab-System der `identifier` eine Kurzbezeichnung und eindeutige Information des aufgetretenen Fehlers, während `message` eine weitergehende Beschreibung enthält und als Information für

[33] Unter Octave ist die Variante `bSkript_try_oct` zu verwenden, unter Freemat die Variante `bSkript_try_fre`.

den Benutzer gedacht ist. Der catch-Block im Beispiel unternimmt hier keine besonderen Operationen. Es wird lediglich der Fehler abgefangen, die Fehlerinformation ausgelesen und per fprintf an den Benutzer ausgegeben. Die Ausführung des Skriptes zeigt folgendes Ergebnis:

```
>> bSkript_try
 Fehler aufgetreten:
 Identifier: MATLAB:badsubscript
 Message: Attempted to access vA(6); index out of bounds because numel(vA)=5.
>>
```

In einem richtigen Programm würde es sich anbieten, zunächst den identifier genauer zu überprüfen und die Art des Fehlers zu identifizieren. Je nach Art des Fehlers könnte das Programm entscheiden, ob geeignete Reparaturmaßnahmen oder Fehlerumgehungen möglich sind. Falls dies nicht der Fall ist, könnten definierte Abbruchprozeduren aufgerufen werden, welche z.B. den bisher erreichten Stand der Berechnungen sichern, Fehlerprotokolle schreiben, Datenbankverbindungen ordnungsgemäß beenden usw. Ohne try-catch würde das Matlab-System die Programmausführung sofort an der Stelle beenden, an der der Fehler auftritt. Irgendwelche „Notfallmaßnahmen" erfolgen nicht; in aller Regel sind dann auch alle bisher erzielten Berechnungsergebnisse verloren. Dies ist besonders ärgerlich, wenn es sich um langlaufende Simulationen handelt.

Natürlich ist es kaum praktikabel, eine Matlab-Funktion oder gar ein komplexes Programm an jeder denkbaren Stelle durch try-catch Kontrollstrukturen abzusichern. Zumindest bietet es sich aber an, diese Struktur bei besonders kritischen Passagen zu verwenden.

Die vorangegangenen Betrachtungen haben grundlegende Einführungen in das Matlab-System, Daten- und Kontrollstrukturen gegeben. Um erste „produktive" finanzökonomische Analysen durchführen zu können, müssen aber zunächst zu analysierende Daten vorhanden sein. Die folgenden Betrachtungen zeigen, welche elementaren Formen des Datenim- und -exportes zur Verfügung stehen. Aufwändigere Varianten des Datenim- und -exportes, etwa über Datenbankanbindungen, werden im Rahmen dieser Einführung nicht behandelt.

A.8. Datenim- und -export

Skript/Funktion	Beschreibung	Matlab	Octave	Freemat	Toolboxen
bDemoExcelImport.m	Einfaches Beispiel für den Datenimport aus Excel	X	-	-	keine
bDemoExcelImport_oct.m	Einfaches Beispiel für den Datenimport aus Excel	-	X	-	io
fXls2MatlabDate.m	Umwandlung Excel- in Matlab-Datumsformat	X	-	-	keine
fMatlab2XlsDate.m	Umwandlung Matlab- in Excel-Datumsformat	X	-	-	keine

Tabelle A.4.: Übersicht verwendeter Skripte und Funktionen.

Die einfachste Möglichkeit des Datenim- und -exportes gelingt über Excel; dies dürfte für viele Anwender ein sehr naheliegender Weg sein, da sehr häufig die benötigten Daten in Excel vorliegen. Oftmals erscheint auch der Export der Analyseergebnisse nach Excel hilfreich, da z.B. dort die Ergebnisse noch in irgendeiner Form weiter verarbeitet werden sollen. Der Nachteil dieser ersten Möglichkeit ist allerdings die Einschränkung auf Windows-Betriebssysteme. Unter Linux oder MacOS funktioniert die im Folgenden vorgestellte Variante leider nicht immer zuverlässig. Wir werden weiter unten Alternativen betrachten, die auch unter diesen Betriebssystemen stets zuverlässig, obgleich viel umständlicher, funktionieren.

Die Standardbefehle für den Datenimport und Datenexport aus bzw. nach Excel sind `xlsread` und `xlswrite`, die in verschiedenen Varianten existieren. Im folgenden Beispiel sollen Kursinformationen (Datum, Preise und Umsätze) aus einer Excel-Tabelle importiert werden. Die folgende Abbildung A.1 zeigt einen Ausschnitt aus der Excel-Tabelle:

	A	B	C	D	E	F	G
1	Date	Open	High	Low	Close	Volume	Adj Close
2	2014-08-05	9186,03	9237,14	9152,38	9189,74	80560700	9189,74
3	2014-08-04	9222,05	9243,23	9130,34	9154,14	85304300	9154,14
4	2014-08-01	9379,74	9394,48	9185,41	9210,08	141582500	9210,08
5	2014-07-31	9576,16	9582,74	9395,35	9407,48	131077400	9407,48
6	2014-07-30	9646,43	9704,01	9572,9	9593,68	79991300	9593,68
7	2014-07-29	9607,1	9692,33	9573,48	9653,63	66002300	9653,63
8	2014-07-28	9660,71	9665,05	9527,59	9598,17	71997100	9598,17

Abbildung A.1.: Kursdaten für den deutschen Aktienindex DAX

Die Kursdaten von DAX wurden von Yahoo!Finance (Internet-URL: `https://de.finance.yahoo.com/q/hp?s=%5EGDAXI`) abgerufen und in Microsoft Excel importiert.[34] Die Kursinformationen befinden sich dabei im Zellenbereich `A2:G6002` innerhalb des Tabellenblattes mit dem Namen `Blatt1` in der Datei `Dax.xlsx`. Der Matlab-Befehl zum Einlesen der Daten lautet z.B.: `[mData, cText, cRaw] = xlsread('Dax.xlsx','Blatt1','A1:G6002')`.[35] Die `xlsread` Funktion liefert drei Rückgabewerte. In der Matrix `mData` werden alle numerischen

[34] Aus lizenzrechtlichen Gründen können wir diese Datei nicht als Begleitmaterial bereitstellen, sie kann aber vom Leser selbst leicht erstellt werden. Dazu sind die Kursinformationen von der genannten Webseite als „Aufbereitet für Tabellenkalkulationsprogramm" am unteren Ende der Webseite abzurufen. Vor dem Import der Daten in Excel müssen gegebenenfalls mit Hilfe eines Texteditors noch überflüssige, störende Informationen entfernt werden, die den Import verhindern. Im Übrigen soll dieses Beispiel auch nur dazu dienen, den Datenimport aus Excel zu illustrieren. Daher hat dieses Beispiel auch keine weitergehende Bedeutung im weiteren Verlauf der Betrachtungen. Leser, die Schwierigkeiten mit dem Import der Daten in Excel haben, können alternativ auf die Excel-Datei `DAXzufall.xlsx` zurückgreifen. Diese ist exakt genauso aufgebaut, enthält jedoch anstelle der Kursdaten nur Zufallszahlen. Das folgende Beispiel kann damit genauso nachvollzogen werden. Es ist dann nur der Dateiname zu ändern.

[35] Die Befehle `xlsread` und `xlswrite` funktionieren problemlos nur mit Matlab unter dem Betriebssystem Microsoft Windows. Unter Octave ist das Package `io` erforderlich, wobei sich je nach verwendetem Betriebssystem Probleme ergeben können. Das folgende Beispiel ist nur unter Windows in der vorgestellten Form ablauffähig, unter MacOS oder Linux treten hier verschiedene Probleme auf. MacOS und Linux Anwender müssen leider auf umständlichere, aber zuverlässigere Varianten ausweichen. Dies wird weiter unten detaillierter diskutiert.

Daten abgelegt, welche in dem einzulesenden Tabellenbereich gefunden wurden. Das Cell-Array `cText` enthält alle nicht numerischen Daten des eingelesenen Tabellenbereichs, typischerweise nicht als Zahlen interpretierbare, alphanumerische Zeichenketten (Strings). Das Cell-Array `cRaw` enthält den gesamten eingelesenen Tabellenbereich, wobei jede Zelle des Cell-Arrays als Inhalt den Inhalt der korrespondierenden Zelle des eingelesenen Excel-Tabellenbereichs enthält. Der Vorteil des Cell-Array `cRaw` ist es, den gesamten eingelesenen Excel-Tabellenbereich als „1:1“ Kopie zu enthalten. Allerdings ist die Information in `cRaw` nicht direkt zu verarbeiten, sondern muss daraus erst extrahiert und gegebenenfalls konvertiert werden.

Im betrachteten Beispiel enthält die Matrix `mData` die Kursdaten im engeren Sinne, schon im numerischen Format. Die ersten drei Zeilen und vier Spalten der eingelesenen Daten können mit `mData(1:3,1:4)` auf der Kommandokonsole angezeigt werden:[36]

```
>> [mData, cText, cRaw] = xlsread('Dax.xlsx','Blatt1','A1:G6002');
>> mData(1:3,1:4)
ans =

   1.0e+03 *

    9.1860    9.2371    9.1524    9.1897
    9.2220    9.2432    9.1303    9.1541
    9.3797    9.3945    9.1854    9.2101
>>
```

Es handelt sich hier in der (Spalten-) Reihenfolge um die Eröffnungs-, Höchst-, Tiefst- und Schlusskurse des deutschen Aktienindex DAX der letzten drei Börsentage. Wie bereits in Kapitel A.6.1 ausgeführt, bezeichnen die runden Klammern unmittelbar hinter der Matrix `mData` einen Indexzugriff auf die Matrix. Mit dem Ausdruck `mData(i,j)` wird dasjenige Element in der Matrix `mData` adressiert bzw. darauf zugegriffen, welches in der *i*-ten Zeile und *j*-ten Spalte steht. Mit Hilfe des `:` können ganze Bereiche adressiert werden, also `VonIndex:BisIndex`.

Das folgende Beispiel A.14 zeigt eine etwas erweiterte Demo zum Import von Daten aus Excel:

Quellcode A.14: Einfaches Beispiel für den Datenimport aus Excel

```
Siehe Datei: bDemoExcelImport.m
```

Wie oben erläutert, liest dieses Demoskript zunächst die vorbereitete Excel-Datei ein. Bei der Weiterverarbeitung der Daten ist es oftmals wichtig zu wissen, welche Spalten welche Daten enthalten. Diese Information kann dem Cell-Array `cRaw` entnommen werden. Mit Hilfe der folgenden for-Schleife werden im Demoskript A.14 die eingelesenen Spaltenbezeichnungen auf der Konsole dem Anwender angezeigt:

```
iNumCols = size(cRaw,2);
for iIdx=1:iNumCols
    fprintf('Gelesen Reihe: %s\n', cRaw{1,iIdx});
end
```

Ebenfalls typisch für praktische Anwendungen ist es, dass die vorhandenen Daten einen Zeitstempel tragen. Im Beispiel enthält die erste Spalte von `cRaw` die zugehörigen Datumsangaben, und zwar im Format `yyyy-mm-dd`, wie es von Yahoo!Finance bereitgestellt wird. Für

[36] Wie bereits hingewiesen, funktionieren die nachfolgenden Beispiele zu `xlsread` nicht unter MacOS oder Linux.

die Weiterverarbeitung ist es im Allgemeinen sehr hilfreich, die Zeit- und Datumsangaben (als Strings) in ein numerisches Format zu konvertieren, mit dem sich leichter Rechenoperationen oder Vergleiche durchführen lassen. Zur Konvertierung von Zeit- und Datumsangaben in Form eines Strings in eine Zahl dient in Matlab die Funktion `datenum`. Die Funktion `datenum` besitzt als erstes Argument eine Zeit- oder Datumsangabe als String (oder Cell-Array, wenn mehrere Datumswerte), als zweites Argument einen Formatstring, der angibt, wie das Zeit- oder Datumsformat aussieht. Mit den folgenden Anweisungen wird das hier betrachtete Datumsformat in das Matlab-eigene, numerische Datum konvertiert.

```
sDateFormat = 'yyyy-mm-dd'; % Datumsformat
vDate = datenum(cRaw(2:end,1),sDateFormat); % Datumsspalte konvertieren
mData = [vDate, mData]; % Konvertierte Datum zurueckspeichern
```

Zum Schluss werden mit dem Befehl `dlmwrite('DaxMatlabDate.txt', mData,';')` die eingelesenen und teilweise konvertierten Daten in eine reine Textdatei exportiert, die dann später unter allen Betriebssystemen und Matlab oder Octave problemlos eingelesen werden kann.

Das Einlesen von Daten aus Excel dürfte für sehr viele Anwender der Standardfall sein, daher verdient dieser eine kurze Kommentierung. Das Einlesen der Daten erfolgt durch Matlab nicht durch direktes Auslesen der Excel-Datei. Stattdessen startet Matlab zunächst Excel als Server-Anwendung im Hintergrund, baut als Client-Anwendung einen Kommunikationskanal zu Excel auf und fordert dann über diesen von Excel die betreffenden Daten an. Das eigentliche Einlesen der Daten im engeren Sinne wird also durch Excel übernommen, welches dann nur noch die Daten über den Kommunikationskanal nach Matlab überträgt. Dieses Vorgehen besitzt den Vorteil, unabhängig von der Excel-Version und dem spezifischen Versionsformat der Excel-Datei zu funktionieren. Ebenso werden ärgerliche Fehlinterpretationen der Daten aufgrund der Regionaleinstellungen (Dezimalkomma statt Dezimalpunkt und umgekehrt) vermieden. Diese an sich sehr elegante Lösung hat aber auch Nachteile. So ist eine wesentliche Einschränkung die Bindung an das Windows-Betriebssystem; das Einlesen von Daten auf diese Weise funktioniert so nicht unter MacOS oder Linux.[37]

Unter MacOS oder Linux funktioniert das gerade beschriebene Verfahren nicht, daher sieht Matlab eine Direktzugriffsmöglichkeit auf die Excel-Dateien vor, der sog. `basic` Mode. Zugriffe im `basic` Mode besitzen einige wichtige Einschränkungen, die in der Matlab-Dokumentation nachgeschlagen werden können. Viele Anwender berichten auch, dass dies nicht immer wirklich komfortabel und nicht in jedem Fall einwandfrei funktioniert. MacOS- oder Linux-Anwender sollten daher bei Problemen die Im- und Exportmöglichkeiten über das CSV-Format wählen, was im Übrigen auch mit anderen Tabellenkalkulationen funktioniert. Dies wird später erläutert.

Anwender von Octave haben beim Import von Excel mit weiteren Problemen zu kämpfen. Zunächst besitzt das Octave-Basissystem selber nicht die Funktionalität, mit Excel-Dateien umzugehen. Hier ist das Paket `io` zu installieren. Je nach Art der Octave Installation ist dieses bereits im Zusammenhang mit der Installation des Basissystems erfolgt oder muss manuell vorgenommen werden. Die manuelle Nachinstallation gelingt bei bestehender Internetverbindung am einfachsten mit dem Befehl: `pkg install -forge io`. Manchmal scheitert dies auch bei

[37] Ein weiterer Nachteil ist der Start von Excel als Server-Anwendung im Hintergrund, was eine gewisse Zeit dauert. Daher wundern sich Matlab-Anwender oftmals, warum das Einlesen geringster Datenmengen mitunter scheinbar „eine Ewigkeit“ dauert.

intakter Internetverbindung. Dann ist das aktuelle Paket io manuell herunterzuladen und im aktuellen Arbeitsverzeichnis zu hinterlegen. Nachfolgend kann die Installation erneut mit pkg install io versucht werden, eventuell ist der genaue Dateiname des io Pakets anzugeben.

Nach erfolgreicher Installation ist das Lesen und Schreiben von Excel-Dateien möglich, zumeist aber nur im aktuellen XLSX-Format. Ältere Excel-Dateiformate oder sogar Open Office Dateien können von Octave mit Paket io gelesen werden, benötigen dafür aber die JAVA-Schnittstelle, die zusätzliche Installationen erfordert und nicht einfach zum Laufen zu bringen ist. Wir setzen daher im Folgenden beim Arbeiten mit Excel und Octave zwingend das neue XLSX-Format voraus. Liegt eine Datei im älteren oder anderen Format vor, muss diese in Excel geöffnet und dann erneut im XLSX-Format gespeichert werden. Das Demoskript A.15 zeigt die Octave-Variante.

Quellcode A.15: Einfaches Beispiel für den Datenimport aus Excel, Octave-Variante

```
Siehe Datei: bDemoExcelImport_oct.m
```

Die Octave-Variante funktioniert betriebssystemunabhängig unter Windows, MacOS oder Ubuntu (Linux), sofern eine funktionsfähige Octave-Installation mit Paket io vorliegt. Falls sich hier Probleme ergeben, wird ebenfalls als Alternative zum Im- und Export von Daten über CSV- bzw. TXT-Dateien geraten.

Dazu ist zunächst die betreffende Tabelle unter der jeweils benutzten Tabellenkalkulation (am besten zugleich unter dem Betriebssystem, unter dem auch Matlab benutzt wird) im CSV-Format abzuspeichern. Für den Im- und Export stehen dann die Befehle csvread und csvwrite bzw. alternativ dlmread und dlmwrite zur Verfügung. Empfehlenswert sind dlmread und dlmwrite, da csvread und csvwrite nur Kommata als Trennzeichen zulassen, was bei Verwendung des Dezimalkommas in Excel (oder einer anderen Tabellenkalkulation) zu Fehlern führt. Daher sollte beim Abspeichern einer Datei innerhalb der Tabellenkalkulation als Separationszeichen das Semikolon oder der Tabulator angegeben werden, welches man dann wieder bei dlmread bzw. dlmwrite als Separationszeichen angibt. Wichtig ist auf jeden Fall, nur rein numerische Daten (nicht die Textbezeichnungen) als CSV-Datei abzuspeichern. Dies betrifft insbesondere das Datum, welches bereits innerhalb von Excel in ein numerisches Format zu überführen ist (z.B. die betreffenden Zellen als „Zahl" formatieren).[38] Nach dem erfolgreichen Export der Daten aus der Abbildung A.1 in eine CSV-Datei sollte man sich diese zunächst in einem Texteditor anschauen, wie es die Abbildung A.2 beispielhaft zeigt. Die ersten Zeilen der CSV-Datei sollten dann im Editor etwa wie in Abbildung A.2 dargestellt aussehen.

Wichtig ist die Kontrolle des Separationszeichens (in Abbildung A.2 das Semikolon ;), des Dezimaltrennzeichens (unbedingt Dezimalpunkt[39]) und die Beschränkung auf rein numerische Daten. Danach lassen sich die Daten mit dlmread('DAXCSV.csv',';',0,0) (Semikolon als Separationszeichen) oder dlmread('DAXCSV.csv','\t',0,0)(Tabulator als Separationszeichen) einlesen. Das erste Argument 'DAXCSV.csv' der Funktion dlmread ist der Dateiname

[38] Den betreffenden Bereich in Excel markieren, dann mit der rechten Maustaste das Auswahlmenü öffnen, „Zellen formatieren" auswählen und als Kategorie „Zahl" ohne Nachkommastellen bestimmen.

[39] Gegebenenfalls ist im Texteditor mittels der Suchen-und-Ersetzen-Funktion das Dezimalkomma gegen den Dezimalpunkt zu tauschen; komfortabler kann man dies aber beim CSV-Export mit angeben.

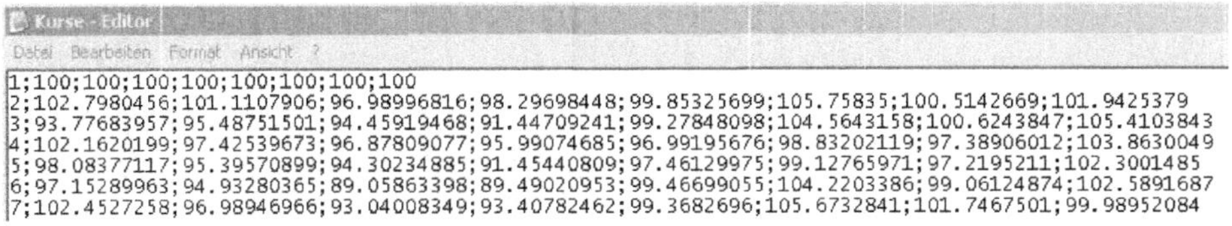

```
1;100;100;100;100;100;100;100;100
2;102.7980456;101.1107906;96.98996816;98.29698448;99.85325699;105.75835;100.5142669;101.9425379
3;93.77683957;95.48751501;94.45919468;91.44709241;99.27848098;104.5643158;100.6243847;105.4103843
4;102.1620199;97.42539673;96.87809077;95.99074685;96.99195676;98.83202119;97.38906012;103.8630049
5;98.08377117;95.39570899;94.30234885;91.45440809;97.46129975;99.12765971;97.2195211;102.3001485
6;97.15289963;94.93280365;89.05863398;89.49020953;99.46699055;104.2203386;99.06124874;102.5891687
7;102.4527258;96.98946966;93.04008349;93.40782462;99.3682696;105.6732841;101.7467501;99.98952084
```

Abbildung A.2.: CSV-Datei im Editor

der einzulesenden Datei, das zweite Argument (z.B. `';'` oder `'\t'` bezeichnet das Separationszeichen (in Abbildung A.2 ein Semikolon, im Codebeispiel der Tabulator, kann beliebig anders gewählt werden), das dritte und vierte Argument (`0` und `0`) bezeichnen die linke, obere Ecke der Datenmatrix in der CSV-Datei, ab der eingelesen werden soll. Im Beispiel soll ab der 0-ten Zeile (also ab Zeile 1 einschließlich) und ab der 0-ten Spalte (also ab Spalte 1 einschließlich) eingelesen werden.[40] Diese können hier auch weggelassen werden, dann wird automatisch ab der Stelle 0, 0 eingelesen.

```
>> mData = dlmread('DAXCSV.csv','\t');
>> mData(1:3,1:4)
ans =

   1.0e+04 *

    4.1856    0.9186    0.9237    0.9152
    4.1855    0.9222    0.9243    0.9130
    4.1852    0.9380    0.9394    0.9185
>>
```

Unter Octave funktioniert dies in genau derselben Weise, jedoch bereitet mitunter das Semikolon als Separationszeichen Probleme, d.h., die Daten werden dann nicht richtig erkannt und falsch eingelesen. Alternativ kann der Tabulator verwendet werden, der die geringsten Probleme bereitet.

Anders als oben liegt jetzt aber das Datum nicht als String, sondern bereits als numerischer Wert gemäß der Excel-Datumskonvention vor. Nach der Umformatierung der Datumswerte in Excel werden meist sehr hohe Zahlen angezeigt. Es handelt sich dabei um die Anzahl der Tage seit dem 01.01.1900. Ein Datum vor dem 01.01.1900 kann Excel nicht verarbeiten und es erkennt es nicht als Datum. In Matlab wird nach einem ähnlichen Prinzip die Anzahl der Tage seit dem 01.01.0000 gezählt. Viele akademische Finanzmarktzeitreihen beginnen Anfang des 19. Jahrhunderts. Ihre Datumsstempel könnten in Excel gar nicht als Datum bearbeitet werden. Um die Konsistenz der Daten zwischen Matlab und Excel zu wahren, ist es notwendig, die eingelesenen Excel-Datumswerte in das äquivalente Matlab-Format umzuwandeln. Numerische Datumswerte gemäß Excel-Datumskonvention können mit der Matlab-Funktion `x2mdate` (Excel-Datum nach Matlab-Datum konvertieren) bzw. `m2xdate` (Matlab-Datum nach Excel-Datum konvertieren) umgewandelt werden. Allerdings setzt dies die zusätzliche Lizenzierung der Financial Toolbox voraus. Alternativ kann unsere Funktion `fXls2MatlabDate` benutzt werden, um die Konvertierung von Excel-Datumsformat zum Matlab-Datumsformat vorzunehmen. Dagegen leistet die

[40] Warum bei dieser speziellen Funktion Matlab die Zählung mit 0 und nicht wie sonst üblich mit 1 beginnt, ist nicht offensichtlich.

Funktion `fMatlab2XlsDate` die umgekehrte Transformation, in der die Daten aus dem Matlab- in das Excel-Datumsformat konvertiert werden.

Quellcode A.16: Umwandlung Excel- in Matlab-Datumsformat

```
Siehe Datei: fXls2MatlabDate.m
```

Quellcode A.17: Umwandlung Matlab- in Excel-Datumsformat

```
Siehe Datei: fMatlab2XlsDate.m
```

Die Funktionsweise unserer Funktion `fXls2MatlabDate` kann an einem einfachen Beispiel demonstriert werden. Die Funktion selbst ist ein Zweizeiler, wenn man von der Fehlerprüfung absieht. Mit der Anweisung `dAdj = datenum(1899, 12, 31)` wird der letzte Tag vor dem 01.01.1900 (erstes in Excel darstellbares Datum) im numerischen Matlab-Format ermittelt. Diese Zahl wird dann durch `vMatlabDates = vExcelDates + dAdj` zu den Excel-Daten addiert. In der Funktion `fMatlab2XlsDate` wird genau die umgekehrte Rechnung vorgenommen, in der von den numerischen Matlab-Daten der Wert der Variable `dAdj` abgezogen wird.

Die Nutzung des numerischen Matlab-Datumsformats hat enorme Vorteile bei dem Datenmanagement, u.a. sind Addition und Subtraktion von Daten und die automatisierte Spezifikation einer gewünschten Zeitperiode für eigene Untersuchungen möglich.

Octave-Anwender können hier kostenlos auf das als Open Source verfügbare Paket `financial` zurückgreifen, welches ebenfalls diese Funktionen besitzt.[41]

Für Excel-Anwender unter Windows mag der Datenim- und -export über `dlmread` und `dlmwrite` auf den ersten Blick sehr umständlich erscheinen, jedoch besitzt dieser auch Vorteile. Als reine Textdatei ist eine CSV-Datei zwischen verschiedenen Betriebssystemen und Tabellenkalkulationsprogrammen austauschbar, bietet also ein sehr hohes Maß an Portierbarkeit. MacOS- und Linux-Anwender werden auf diese Variante vermutlich häufiger zurückgreifen müssen, da `xlsread` hier nicht immer problemlos arbeitet.

Die bisherigen Betrachtungen haben streng genommen nur den Datenimport gezeigt. Genauso können Daten aus Matlab nach Excel oder in eine CSV-Datei exportiert werden. Zur Illustration wird mit `mDaten = randn(5,5)` eine 5x5 Matrix mit standardnormalverteilten Zufallszahlen erzeugt. Danach werden diese Daten in eine Excel- und eine CSV-Datei mit `xlswrite` bzw. `dlmwrite` exportiert.[42]

```
>> mDaten = randn(5,5)
mDaten =
    0.5377   -1.3077   -1.3499   -0.2050    0.6715
    1.8339   -0.4336    3.0349   -0.1241   -1.2075
   -2.2588    0.3426    0.7254    1.4897    0.7172
    0.8622    3.5784   -0.0631    1.4090    1.6302
    0.3188    2.7694    0.7147    1.4172    0.4889
>> xlswrite('DatenExport.xlsx',mDaten,'Tabelle1','A1');
>> dlmwrite('DatenExport.csv',mDaten,';');
>>
```

[41] Sofern dieses Paket nicht bei der Erstinstallation mit installiert wurde, kann es mit `pkg install -forge financial` bei bestehender Internetverbindung nachinstalliert werden.

[42] Für die Funktionen `xlswrite` und `dlmwrite` gelten die zuvor gegebenen Hinweise bei anderen Programmen (z.B. Octave) und anderen Betriebssystemen (z.B. Linux) in analoger Weise.

Die Daten werden in Dateien `DatenExport.xlsx` (Excel) bzw. `DatenExport.csv` (CSV-Datei) exportiert, die Datenquelle ist in beiden Fällen die zuvor erzeugte Datenmatrix `mDaten`. Die weiteren Argumente `Tabelle1` und `A1` in `xlswrite` bezeichnen den Namen der Tabelle (`Tabelle1`), in welche die Daten geschrieben werden sollen und die linke, obere Zelle, ab der die Daten dann geschrieben werden (hier die Zelle an der Position `A1`). Die Angabe von `A1` kann weggelassen werden, weil Matlab standardmäßig mit der Zelle `A1` beginnt. Bei `dlmwrite` bezeichnet das dritte Argument der Funktion `';'` das Separationszeichen. Alternativ kann der Tabulator `'\t'`als Separationszeichen verwendet werden, der beim Arbeiten mit Octave zuverlässiger funktioniert. Nach dem Datenexport können die Dateien entweder in Excel („DatenExport.xlsx") oder in einem Texteditor („DatenExport.csv") angeschaut werden. Das direkte Öffnen der CSV-Datei in Excel ist ebenfalls problemlos über die Datenimport-Funktion von Excel möglich.

Der hier nur an einfachen Beispielen illustrierte Datenim- und -export funktioniert natürlich in derselben Weise mit beliebig großen Datenmengen, insofern ist ein problemloser Datenaustausch zwischen Excel und Matlab sowie zwischen Matlab und jedem anderen Programm (über Text- und CSV-Dateien) möglich.

Nachdem gezeigt wurde, wie Daten in Matlab importiert und nach deren Verarbeitung wieder exportiert werden können, soll eine kleine Fallstudie die vorhergehenden Betrachtungen erweitern, indem wir den Export eines Cell-Arrays als CSV-Datei behandelt, um z.B. Analyseergebnisse für eine Tabellenkalkulation (aber nicht notwendigerweise Excel) aufbereitet zu übergeben (exportieren).

A.9. Export eines Cell-Arrays als CSV-Datei

Skript/Funktion	Beschreibung	Matlab	Octave	Freemat	Toolboxen
fPrintCellArrayAsTable.m	Export eines Cell-Arrays als CSV-Datei	X	X	X	keine
bDemoCSVexport.m	Demoskript zum Export eines Cell-Arrays als CSV-Datei	X	X	X	keine

Tabelle A.5.: Übersicht verwendeter Skripte und Funktionen.

Die Fortführung der vorhergehenden Betrachtungen zum Datenim- und -export stellt eine kleine Fallstudie dar, in welcher einige der oben vorgestellten Programmierkonzepte von Matlab in einem Anwendungsbeispiel zusammengeführt werden. Beispielhaft soll es hier um eine Funktion gehen, mit welcher der Export eines Cell-Arrays aus Matlab in eine CSV-Datei vorgenommen werden kann. Für den Datenim- und Datenexport stehen in Matlab, wie oben dargestellt, verschiedene Funktionen zur Verfügung, so unter Anderem auch die Funktionen `csvwrite` und `dlmwrite`, mit denen grundsätzlich (numerische) Matrizen leicht im CSV-Format in eine reine Textdatei exportiert werden können. Die direkte Ausgabe eines Cell-Arrays ist dabei nicht trivial. Ein typischer Fall ist es, dass ein Cell-Array als Ausgabetabelle vorformatiert wurde, um dieses dann nach Excel oder in eine Textverarbeitung zu exportieren. Funktionen für diese Aufgabe finden sich in großer Anzahl im Internet als Open Source, insbesondere auch auf dem Matlab

File Exchange Server. Diese Fragestellung ist aber auch hier aus zwei Gründen interessant. Zum einen kann daran gezeigt werden, wie die Matlab-Programmierkonzepte in einem konkreten Anwendungsfall eingesetzt werden können. Zum anderen wird diese Funktion später, z.B. in Kap. 2, für den Export von Berechnungsergebnissen benötigt.

Die folgende Funktion `fPrintCellArrayAsTable` zeigt beispielhaft, wie dieses Problem gelöst werden kann. Wie bei allen Skripten und Funktionen in diesem Buch gilt hier, dass besondere Fehlerprüfungen nicht erfolgen, insbesondere die Inputparameter nicht auf Zulässigkeit überprüft oder im Funktionsablauf auftretende Fehlerkonditionen nicht abgefangen werden. Diese Funktion setzt den einfachen Standardfall voraus, bei dem eine als Cell-Array vorformatierte Tabelle vorliegt. Diese besitzt zwingend vorausgesetzt in der ersten Spalte als Strings die Zeilenbeschriftungen (die Strings können aber auch leer sein) sowie in der ersten Zeile (auch als Strings) die Spaltenbeschriftungen. Der innere Teil der vorformatierten Tabelle darf nur numerische Werte enthalten. Das Programmlisting A.18 zeigt die Umsetzung dieser Funktion in Matlab.

Quellcode A.18: Export eines Cell-Arrays als CSV-Datei

```
Siehe Datei: fPrintCellArrayAsTable.m
```

Die Funktion verarbeitet die als Inputparameter übergebene, gemäß den gesetzten Annahmen vorformatierte Tabelle `cCellArray`. Die Funktion benutzt die hilfreiche `size` Funktion, mit welcher die Dimension (Anzahl von Zeilen und Spalten) eines Vektors, Matrix oder Arrays abgefragt werden kann. Nach Abfrage der Dimension des zu exportierenden Cell-Arrays wird die angegebene Datei mit als Inputparameter übergebenem Dateinamen `sFilename` geöffnet. Danach werden die Inhalte der ersten Zeile von `cCellArray`, also die Spaltenbeschriftungen, als Strings interpretiert (Formatstring `%s` in `fprintf`) und geschrieben. Im nächsten Schritt werden dann alle weiteren Zeilen von `cCellArray` geschrieben. Per Voraussetzung enthält die erste Spalte immer die Zeilenbeschriftung als String, danach folgen dann numerische Werte. Die einzige Flexibilität dieser Funktion ist die Möglichkeit, den Formatstring für das Schreiben der numerischen Werte im Inputparameter `sFormat` zu übergeben. Dieser wird jedoch auf alle numerischen Einträge des inneren Teils von `cCellArray` angewendet. Eine weitere Verbesserung könnte es sein, ein Cell-Array mit Formatstrings für jede einzelne numerische Zelle einer Zeile von `cCellArray` zu übergeben.

Das folgende Demoskript A.19 zeigt die Anwendung der Funktion an einem einfachen Beispiel. Zunächst löscht das Demoskript den gesamten Arbeitsspeicher, Ausgaben auf der Kommandokonsole und eventuell vorhandene Grafiken in Matlab. Danach wird mit `cTabelle = cell(3,3);` ein leeres Cell-Array angelegt. In den folgenden Programmzeilen werden dann die Zellinhalte gefüllt. Anschaulich ersichtlich ist, wie in einem Cell-Array Daten unterschiedlichen Typs (hier Strings und numerische Daten) gemeinsam abgelegt werden können. Der Aufruf der Funktion `fPrintCellArrayAsTable` schreibt dann die so angelegte Tabelle als CSV-Datei. Diese kann dann in einem Editor angeschaut oder in Excel als Tabelle importiert werden.[43]

Quellcode A.19: Demoskript zum Export eines Cell-Arrays als CSV-Datei

[43] Beim Import in Excel ist zu beachten, dass beim direkten Öffnen der CSV-Datei die Tabellenstruktur von Excel nicht zuverlässig erkannt wird. Daher sollte immer die Datenimportfunktion von Excel verwendet werden.

```
Siehe Datei: bDemoCSVexport.m
```

A.10. Datenimport aus und Datenexport nach .txt-Datei

Skript/Funktion	Beschreibung	Matlab	Octave	Toolboxen
fTxtReadAsCellArray.m	Datenimport aus .txt-Datei	X	X	keine
fWriteCellArrayAsTxt.m	Datenexport nach .txt-Datei	X	X	keine
bDemoReadAndWrite.m	Demoskript für Datenimport aus und -export nach .txt-Datei	X	X	keine

Tabelle A.6.: Übersicht verwendeter Skripte und Funktionen.

Die Betrachtungen in den Kapiteln A.8 und A.9 haben gezeigt, dass der Datenimport und Datenexport in Abhängigkeit vom verwendeten Betriebssystem (z.B. Windows, Mac OS oder Linux), dem verwendeten Programmierwerkzeug (Matlab oder Octave) und den zu verwendenden Datentypen (numerische Daten, alphanumerische Daten, numerische und alphanumerische Daten) unterschiedlich kompliziert sein kann und unterschiedliche Lösungen erfordert. Vor diesem Hintergrund haben wir in Programmlisting A.20 und A.21 die Funktionen `fTxtReadAsCellArray` und `fWriteCellArrayAsTxt` entwickelt, welche den Datenimport aus und Datenexport nach .txt-Dateien unabhängig vom verwendeten Betriebssystem, dem verwendeten Programmierwerkzeug und den zu verwendenden Datentypen erlauben sollen.

Quellcode A.20: Datenimport aus .txt-Datei

```
Siehe Datei: fTxtReadAsCellArray.m
```

Quellcode A.21: Datenexport nach .txt-Datei

```
Siehe Datei: fWriteCellArrayAsTxt.m
```

Die Funktion `fTxtReadAsCellArray` erwartet zwei Eingabeparameter. Der erste Eingabeparameter ist der Name der einzulesenden .txt-Datei (inkl. Dateinamenende). Der zweite Eingabeparameter gibt die Art der Spaltentrennung an. Die Funktion erlaubt hier die Verwendung von `'\t'` für Tabulator-Trennung und `';'` für Semikolon-Trennung. Die Funktion liefert drei Rückgabewerte, welche Analog zur `xlsread`-Funktion gewählt sind, welche in Kapitel A.8 erläutert wurde. Eine wichtige Voraussetzung bei der Verwendung der Funktion `fTxtReadAsCellArray` ist, dass als Dezimaltrennzeichen ein Punkt verwendet wird. Liegen die Daten beispielsweise in Excel vor und sollte dort ein Komma als Dezimaltrennzeichen verwendet werden, so kann dies in den Excel-Optionen umgestellt werden. Anschließend können die Daten Tabstopp-getrennt als .txt-Datei abgespeichert werden und dann mithilfe von `fTxtReadAsCellArray` nach Matlab oder Octave importiert werden.

Die Funktion `fWriteCellArrayAsTxt` erwartet mindestens zwei Eingabeparameter; die beiden letzten sind optional. Der erste Eingabeparameter bezeichnet die in einer .txt-Datei abzuspeichernde Matlab-/Octave-Variable, der zweite Eingabeparameter den Namen der zu schreibenden .txt-Datei. Im dritten Eingabeparameter kann optional der Delimiter, im vierten der Formatstring für die Ausgabe der numerische Inhalte angegeben werden.

Das Programmlisting A.22 demonstriert die Verwendung der Funktionen A.20 und A.21 an einer einfachen .txt-Datei

Quellcode A.22: Demoskript für den Datenimport aus und Datenexport nach .txt-Datei

```
Siehe Datei: bDemoReadAndWrite.m
```

Sollen die aus Matlab oder Octave exportierten Daten in Excel weiterverwendet werden, so kann die .txt-Datei als Textdatei in Excel importiert werden.

A.11. Tipps zur Matlab-Programmierung

Für die Programmierung größerer Projekte im CF mit Hilfe von Matlab hat es sich bewährt, bestimmte Richtlinien, Tipps und „Tricks" zu beachten. Welche davon jedoch als sinnvoll oder weniger sinnvoll angesehen werden, mag individuell unterschiedlich ausfallen. Im Folgenden präsentieren wir eine subjektive Sichtweise auf Basis unserer Erfahrung, welche Grundsätze bei der Programmierung in Matlab sich bewährt haben. Die folgenden Darstellungen sind nicht umfassend oder vollständig. Vielmehr geht es darum, einige wichtige Hinweise zu geben, die für das Verständnis der Beispielcodes in diesem Buch zweckdienlich sind. Die folgenden Hinweise und Empfehlungen sind dabei zumeist nicht spezifisch für Matlab, sondern können in analoger Weise auch für andere Programmiersprachen gelten. Dennoch gehen wir hier zunächst von Matlab aus.

A.11.1. Programmierung

Beim Schreiben von Programmcode sollte auf Modularität und Portierbarkeit geachtet werden. Codeabschnitte, die eine in sich geschlossene Aufgabe (Berechnung, Operation) erfüllen, und prinzipiell auch in einem anderen Kontext (als Bestandteil für eine andere Aufgabe) nutzbar sind, sollten als eigenständige Funktion ausgeführt werden (Prinzip der Modularität). Dies erlaubt später das schnelle Design neuer Funktionen, indem vorhandene nur neu zusammengesetzt werden müssen. Um Programmcode besser zwischen verschiedenen Hard- und Softwareplatformen portieren zu können, hat es sich als hilfreich erwiesen, auf eine grundsätzliche Trennung von folgenden Operationen zu achten:

- Benutzerinteraktion (User-I/O).
- Datenin- und -output (File-I/O).
- Eigentliche Berechnungen (Verarbeitungsfunktionen).

Die o.g. grundlegenden Operationen sollten nicht miteinander vermischt werden, sondern die drei Arten von Operationen werden vorzugsweise von speziell dafür geschriebenen Funktionen ausgeführt. Lediglich das Haupt- oder Steuerprogramm (in Matlab besser „Skript“) kann alle drei Arten von Operationen enthalten. Vorzugsweise wird das Haupt- oder Steuerskript so konzipiert, dass es allein für den Datenaustausch zwischen den drei Arten von Funktionen Verantwortung trägt. So müssen z.B. bei einem Neudesign der Benutzerschnittstelle im Wesentlichen nur die User-I/O Funktionen (und ggf. das Haupt- oder Steuerskript) überarbeitet werden, während die übrigen Funktionen unbeeinflusst bleiben. Außerdem werden dadurch Seiteneffekte minimiert, wenn z.B. Berechnungsfunktionen in anderen Programmen verwendet werden.

Im Allgemeinen ist das Schreiben eines „Programmmonolithen“ (quasi ein „Mega-Skript“) zu vermeiden (Prinzip der Modularität). Als Grundsatz gilt, dass keine Funktion (ohne Dokumentation gerechnet) länger als eine Seite (DIN A4) sein sollte. Größere Funktionen lassen sich immer sinnvoll in kleinere Funktionen zerlegen, die eigenständige Aufgaben auch in anderen Programmen erfüllen können. Verständnis, Dokumentation, Portierbarkeit und Wiederverwendbarkeit werden dadurch erleichtert bzw. verbessert.

A.11.2. Dokumentation

Die Dokumentation von Funktionen ist im Allgemeinen lästig und kostet Zeit. Dennoch gilt zu bedenken: Eine gute Dokumentation erlaubt es einem Dritten, den geschriebenen Programmcode schnell zu verstehen, in eigenen Programmen zu verwenden und nicht zuletzt Fehler zu entdecken und zu korrigieren. Im Augenblick des Entwurfs eines Programms ist dem Programmautor alles unmittelbar klar, nach einiger Zeit weiß aber auch dieser selbst leicht nicht mehr, was der Programmcode genau tun soll. Im Zweifelsfalle ist eine ausführlichere Dokumentation hilfreicher als eine knappe. Andererseits ist es auch redundant, Trivialitäten zu kommentieren.

Einige Grundsätze für die Dokumentation werden anhand der in diesem Buch vorgestellten Programmierbeispiele durchweg deutlich. Andere haben wir aus Platzgründen nicht umgesetzt, sind aber dennoch zu bedenken. Eine selbst geschriebene Funktion sollte folgend auf den Funktionskopf eine komprimierte, aber vollständige Beschreibung hinsichtlich folgender Aspekte beinhalten:

- Name der Funktion, ggf. Versionsnummer und Datum der letzten Revision.[44]
- Darstellung des Funktionsaufrufs.
- Kurzbeschreibung der Aufgabe, welche die Funktion erfüllt.
- Beschreibung aller Inputparameter hinsichtlich Art, Dimension, Bedeutung, usw. Insbesondere sind notwendige und optionale Inputparameter klar zu kennzeichnen. Alle Inputparameter, die nicht als optional kenntlich gemacht werden, müssen zwingende Inputparameter sein.

[44] Der Dateiname der Funktion ist auf jeden Fall dann hilfreich, wenn Funktions- und Dateiname nicht identisch sind. Wir führen diesen der Vollständigkeit halber ebenfalls mit auf, auch wenn Funktions- und Dateiname identisch sind.

- Beschreibung aller Outputparameter (Rückgabewerte der Funktion) hinsichtlich Art, Dimension und Bedeutung. Insbesondere sind die Fehlercodes genau zu dokumentieren, falls eine Funktion solche zurückliefert.

Soweit es bei einer Funktion sinnvoll möglich erscheint, sollte die Dokumentation des Funktionskopfs auch ein Beispiel zur Arbeitsweise, Funktionsaufruf und korrektem Ergebnis beinhalten. Bei sehr umfangreichen oder komplexen Funktionen ist stattdessen die Beschreibung ausführlicher zu halten.

Die Dokumentation des Funktionskopfs nach diesen Empfehlungen besitzt außerdem folgenden Nebeneffekt: Matlab liefert als Ergebnis des Befehls `help <Funktionsname>` die Dokumentation, die sich unmittelbar an den Funktionskopf anschließt. Da sich ein Dritter die Dokumentation mit diesem Befehl anzeigen lassen kann, sollte die Dokumentation in kompakter Form alle Informationen (s.o.) enthalten, um die Funktion in zweifelsfreier Weise anwenden zu können.

Bei komplexeren oder komplizierten Funktionen kann es ebenfalls sinnvoll sein, in der Dokumentation des Funktionskopfs einen Verweis auf die benutzte Literatur zu geben. Zur Eindeutigkeit und Klarheit der Aufgabe einer Funktion können auch die benutzten Berechnungsformeln genannt werden. Letztere sind auf jeden Fall Gegenstand der Dokumentation des Funktionskörpers, falls sie nicht im Funktionskopf ausgeführt werden.

Für die Dokumentation des Funktionskörpers, also diejenigen Teile der Dokumentation, die nicht unmittelbar dem Funktionskopf nach `function ...` folgen und mittels `help` angezeigt werden, gelten folgende Empfehlungen: Wesentliche, in sich abgeschlossene Abschnitte innerhalb einer Funktion sollten durch `% --` oder ähnliche Kennzeichnungen voneinander abgegrenzt werden. Bei den eigentlichen Berechnungen ist das Berechnungsprinzip oder die Berechnungsformel zu nennen, ggf. (ergänzend oder ersatzweise) unter Hinweis auf die Literatur oder eine separate Dokumentation, falls eine kompakte Erläuterung im Rahmen des Programmcodes nicht sinnvoll möglich ist.

Trivialitäten oder offensichtliche Operationen brauchen nicht dokumentiert zu werden. Es darf durchaus ein in Matlab sachverständiger Leser vorausgesetzt werden. Allerdings lassen sich in Matlab hoch kompakte Ausdrücke formulieren, deren syntaktische Bedeutung dem sachverständigen Matlab-Leser klar sein mag, nicht jedoch dessen Semantik. Deshalb sollte bei der Kommentierung nicht primär die Syntax, sondern die inhaltliche Bedeutung (Zweckbestimmung) einer Operation erläutert werden. Hinweise auf den Sinn bestimmter (komplexer) Operationen sind immer sinnvoll.

A.11.3. Suchpfade und Benennungskonventionen

Einer der häufigsten Fehler, der Neueinsteigern in Matlab Probleme bereitet, ist das Nichtauffinden von Funktionen durch Matlab oder - mitunter noch schlimmer - die unbeabsichtigte Nutzung falscher Funktionen. Beim Aufruf einer Funktion, unabhängig davon, ob es sich um eine systemeigene, eine Toolbox- oder benutzerdefinierte Funktion handelt, durchsucht das Matlab-System alle voreingestellten Verzeichnispfade in der festgelegten Reihenfolge.[45] Es führt dann diejenige

[45] Die ursprüngliche Setzung der Verzeichnispfade und die Festlegung der Suchreihenfolge geschieht bei der erstmaligen Programminstallation. Diese Voreinstellung ist manchmal völlig ausreichend, nicht jedoch, wenn intensiver mit Matlab gearbeitet wird. Dann sind Ergänzungen und Änderungen, auch der Suchreihenfolge, erforderlich.

Funktion mit dem passenden Namen aus, welche als erstes gefunden wird. Typische Fehlerquellen sind hier:

- Nichtbeachtung von Groß- und Kleinschreibung: Matlab unterscheidet streng Groß- und Kleinschreibung. Der Funktionsname muss exakt passen. Oftmals ist nur ein Buchstabe statt groß versehentlich klein geschrieben.
- Die gewünschte Funktion ist zwar vorhanden, befindet sich aber nicht in der Liste der zu durchsuchenden Verzeichnispfade.
- Es existieren mehrere Funktionen mit exakt demselben Namen, jedoch taucht die „falsche" Funktion zuerst in der Liste der zu durchsuchenden Verzeichnispfade auf.

Der erste Problempunkt ist leicht zu lösen. Liegt das Problem vermutlich beim zweiten Punkt, so sind die voreingestellten Suchpfade zu kontrollieren. Dies kann über die grafische Benutzeroberfläche in Matlab durchgeführt werden. Alternativ zeigt der Befehl `path` die eingestellten Suchpfade in der zu durchsuchenden Reihenfolge an. Fehlende Verzeichnispfade können hinzugefügt, überflüssige oder fehlerhafte gelöscht werden. Dies kann der Benutzer wahlweise über die grafische Oberfläche oder über die Kommandokonsole oder über Skripte und Funktionen zur Laufzeit des Programms vornehmen. Wichtig ist, dass zum Ablaufzeitpunkt des Matlab-Programms die Suchpfade korrekt gesetzt sind.

Der dritte Problempunkt hängt teilweise mit dem zweiten zusammen. Matlab verfährt bei der Suche nach Funktionen nach dem First-Come-First-Serve-Prinzip, die zuerst gefundene Funktion mit passendem Namen wird ausgeführt. Namenskonflikte lassen sich teilweise über die geschickte Anordnung der Suchpfade lösen. Möchte man z.B. sicherstellen, dass eigene benutzerdefinierte Funktionen immer den Matlab-eigenen Funktionen vorgezogen werden, so sind die Verzeichnispfade mit den eigenen benutzerdefinierten Funktionen in der Reihenfolge vor den Matlab-Verzeichnispfaden zu platzieren.

Die geschickte Anordnung der Reihenfolge der zu durchsuchenden Verzeichnispfade ist indessen ein fehlerträchtiger Behelf. Alle Erfahrung zeigt hier, dass es irgendwann einmal daneben geht. Besser ist es, Namenskonflikte immer zu vermeiden. Dies leitet über zu Benennungskonventionen. Grundsätzlich ist der Benutzer frei, Variablen und Funktion nach freiem Belieben zu benennen. Zur Vermeidung von Namenskonflikten und zur Erhöhung der Lesbarkeit eines Programms sollten dabei aber strenge Regeln (Benennungskonventionen) beachtet werden. Die Wahl dieser Regeln ist völlig frei, sie müssen nur sinnvoll sein.

Wir verwenden in diesem Buch ein paar wenige, einfache Regeln, die aber nach unserer Erfahrung die genannten Probleme vermeiden und die oben schon eingeführt wurden (siehe dazu die Kapitel A.4, A.5 und A.6). In diesem Buch werden folgende Konventionen verwendet: Jeder *Variablenname* beginnt mit einem Kleinbuchstaben. Der erste Kleinbuchstabe kennzeichnet den Typ der Variable. Dadurch wird implizit dem Programmcode eine einfache Dokumentation mitgegeben, in dem der (intendierte) Typ einer Variablen leichter ersichtlich ist. Die Typen werden wie folgt bezeichnet:

- c: Cell Array.
- d: Gleitkommazahl (im Double-Format), Skalar.

- i: Integervariable, Skalar.
- l: logische (boolsche) Variable (1 oder 0), Skalar, Vektor oder Matrix.
- m: Matrix (Zahlenmatrix, Gleitkommazahlen oder Integer).
- r: struct (für „record“ wie in vielen anderen Programmiersprachen).
- s: String.
- v: Vektor (für gewöhnlich Spaltenvektor, auch Zeilenvektor; reine Zeilenvektoren können auch durch das vorangestellte kleine „w“ gekennzeichnet sein, Gleitkommazahlen oder Integer).
- h: Handle, hierbei handelt es sich um einen Matlab-internen Verweis (Referenz) auf ein Matlab-Objekt, zumeist eine Grafik oder eine Funktion. Manche Matlab-Funktionen benötigen eine solche Referenz als Argument der Funktion.

Die Kennzeichnung einer Variablen als Vektor oder Matrix drückt aus, dass es sich potenziell um einen Vektor oder eine Matrix handeln könnte. Während des Programmablaufs können sich Vektoren oder Matrizen ggf. zu Skalaren oder Vektoren reduzieren, wenn der Anwender anstelle einer Matrix einen Vektor der Funktion übergibt. Bei den Matrizen sollte in der Dokumentation zusätzlich mit angegeben werden, welche Informationen in Spalten bzw. in Zeilen abgelegt sind.

Der zweite Buchstabe ist als Großbuchstabe zu wählen. Die weitere Benennung der Variable soll deren Bedeutung ausdrücken. Abkürzungen sind möglich, der Silbenbeginn sollte mit einem Großbuchstaben gekennzeichnet werden. Der Unterstrich „_“ kann zur Erhöhung der Lesbarkeit von Variablennamen eingesetzt werden. Die Benennung kann sich an angelsächsischen Begriffen orientieren. Beispiele sind:

- iIndex: Integer, Skalar, Laufindex
- vSource: Vektor, Gleitkommazahlen oder Integer, Datenquelle
- mInputData: Matrix, Gleitkommazahlen oder Integer, (Input-) Datenmatrix
- sErrMsg: String, Fehlermeldung
- dLambda: Gleitkommazahl, Skalar, z.B. Multiplikator

Die vielen Programmbeispiele im Buch werden zeigen, dass diese Systematik in aller Regel, aber nicht immer eingehalten wird. Ausnahmen sind z.B. kurze Demoskripte aus Vereinfachungsgründen oder Übernahme von Variablennamen aus der Matlab-Dokumentation, um den Bezug zur Matlab-Dokumentation herzustellen.

Die Benennung von *Funktionen* und *Skripten* folgt denselben Prinzipien. Beide beginnen mit einem Kleinbuchstaben, und zwar:

- b: Skript („batch“), oder alternativ direkt beginnend mit Großbuchstaben

- f: Funktion

Danach folgt ein Großbuchstabe. Die weitere Benennung erfolgt in analoger Weise wie bei Variablen. Die Buchstabenfolge „f" plus Großbuchstabe verhindert auf jeden Fall einen Namenskonflikt mit den Matlab-eigenen Funktionen, da diese stets aus einer Folge von Kleinbuchstaben bestehen. Auch viele Open-Source-Bibliotheken verwenden ausschließlich Kleinbuchstaben zur Benennung von Funktionen, so dass auch mit diesen Namenskonflikte vermieden werden. Jedoch ist dies ein sehr einfaches Regelwerk zur Benennung von Variablen und Funktionen, welches für Zwecke des vorliegenden Buches völlig ausreichend ist, nicht jedoch für umfangreiche Projekte.

A.12. Wrapper-Funktionen

Skript/Funktion	Beschreibung	Matlab	Octave	Freemat	Toolboxen
corrcoef.m	Wrapper-Funktion zur Umleitung von `corrcoef` auf `corr`	X	X	X	keine
bDemoWrapperCorrcoef.m	Demoskript zur Wrapper-Funktion `corrcoef`	X	X	X	keine

Tabelle A.7.: Übersicht verwendeter Skripte und Funktionen.

Beim Arbeiten im CF ist es glücklicherweise selten der Fall, bei der Programmierung komplexer Analyseabläufe alle notwendigen Funktionen bis hin zu elementaren Basisfunktionen, wie z.B. statistische Grundfunktionen, komplett neu zu implementieren. Üblicherweise wird auf vorhandene Programmbibliotheken (synonym auch: Toolboxen, Pakete, packages, usw.) zurückgegriffen. Die Herausforderung besteht eher darin, die Funktionen vorhandener Bibliotheken geeignet miteinander zu verknüpfen. Oftmals müssen dabei Bibliotheken unterschiedlicher Herkunft zusammengesetzt werden. Auch ist die Portierung von Programmen mitunter in Abhängigkeit von der jeweils genutzten Bibliothek eingeschränkt. In diesem Zusammenhang werden vielfach (benutzerdefinierte) „Wrapper-Funktionen" eingesetzt. Eine Wrapper-Funktion (oder kurz: „Wrapper") kann am besten mit „Vermittlungsfunktion" (oder auch „Umleitungsfunktion") übersetzt werden. Ein Beispiel dafür ist die in Kapitel 3.4.3 oftmals erwähnte Wrapper-Funktion `fmincon_oct`. Sie „vermittelt" zwischen originären Matlab-Skripten, die mit der Matlab-eigenen Optimierungsfunktion `fmincon` arbeiten, und der Octave-Systemfunktion `sqp` zur nichtlinearen Optimierung mit Nebenbedingungen. Durch Einsatz dieser „Vermittlungsfunktion" ist es möglich, die Octave-Systemfunktion `sqp` fast genauso zu nutzen, als ob es die Matlab-eigene Optimierungsfunktion `fmincon` wäre. Dies erleichtert die Anpassung von originären Matlab-Skripten an Octave erheblich. Ein noch weitergehender Schritt sind die Wrapper-Funktionen `linprog`, `fminunc` und `fmincon` wie in Kapitel 3, die sogar dieselben Namen wie die korrespondierenden, originären Matlab-Funktionen tragen. Diese übernehmen nicht nur eine „Vermittlungsfunktion", sondern leiten komplett Aufrufe der originären Matlab-Funktionen auf Funktionen einer anderen Bibliothek um.

Die konkreten Aufgaben von Wrapper-Funktionen können sehr vielfältig sein, in diesem Buch sind es z.B:

- Erleichterung der Portierung von Programmen einer Sprache bzw. eines Systems (hier Matlab) in eine andere Sprache bzw. System (hier Octave oder Freemat); siehe dazu das Beispiel unten).
- Umleitung von Funktionsaufrufen auf andere als die originär intendierten Funktionen (z.B. Umleitung von der Matlab-eigenen Optimierungsfunktion `fmincon` auf `fNLfmincon`, siehe dazu z.B. Kapitel 3.4 und Kapitel 3.A).
- Gezielte Selektion oder Umsortierung von Input- und Outputparametern: Viele Beispiele in Kapitel 5 werden die Bootstrap-Funktion `fBootstrap` (siehe dazu näher Kapitel 2.8.4.3) einsetzen, welche es allerdings nur erlaubt, das erste Outputargument einer Funktion dem Bootstrap zu unterziehen. Soll z.B. das dritte Outputargument einer Funktion dem Bootstrap unterzogen werden, ist es Aufgabe des Wrappers, die interessierende Funktion aufzurufen, das dritte Outputargument zu selektieren und dann als erstes Outputargument der Wrapper-Funktion zurückzuliefern.[46]

Ein sehr einfach gehaltenes Beispiel soll die Einsatzmöglichkeiten eines Wrappers illustrieren. Im Matlab-Basissystem befindet sich eine Funktion `corrcoef` (siehe dazu näher Kapitel 2.6), mit welcher die (empirischen) Korrelationskoeffizienten zwischen verschiedenen Zufallsvariablen anhand von Beobachtungen geschätzt werden können. Matlab-Skripte und Funktionen, die diese Funktion verwenden, bereiten bei der Portierung nach Octave oder Freemat immer Probleme, da dort die korrespondierende Funktion `corr` heißt. Auch in der Statistics Toolbox von Matlab selber, die wir hier voraussetzen, befindet sich eine dazu äquivalente Toolbox-Funktion `corr`. Um Portierungen von Matlab-Skripten und Funktionen nach Octave oder Freemat zu erleichtern, könnte natürlich konsequent beim Schreiben neuer Skripte und Funktionen auf den Einsatz von `corrcoef` verzichtet werden. Ein Problem ergibt sich, wenn bereits in der Vergangenheit geschriebene Skripte und Funktionen oder solche von anderen Programmautoren verwendet werden sollen, die `corrcoef` nutzen. In diesem Falle könnten alle Skripte und Funktionen in einem Programmeditor nach `corrcoef` durchsucht werden. Das manuelle Anpassen einer Vielzahl von gefundenen Aufrufen von `corrcoef` würde jedoch sehr mühsam sein. Auch ist es in vielen Anwendungsfällen unerwünscht oder gar verboten, die betreffenden Skripte und Funktionen zu ändern. Eine eleganter Weg zur einfachen Lösung dieses Problems ist es, die Funktion `corrcoef` mit einer gleichnamigen Wrapper-Funktion zu „überlagern“, welche alle Funktionsaufrufe von `corrcoef` auf die Funktion `corr` abbildet, die in allen drei Systemen vorhanden ist. Das Programmlisting A.23 zeigt ein solches einfaches Beispiel.

Quellcode A.23: Wrapper-Funktion corrcoef

```
Siehe Datei: corrcoef.m
```

---

[46] Der Funktion `fBootstrap` wird in diesem Fall als Inputparameter ein Function Handle (dies ist eine Referenz auf eine Funktion, mit welcher Funktionen als Argumente einer Funktion übergeben werden können) auf die vermittelnde Wrapper-Funktion übergeben, jedoch nicht auf die eigentlich intendierte Funktion (diese wird dann mittels des Wrappers aufgerufen).

Das Demoskript A.24 zeigt eine einfache Anwendung des Wrappers. Damit der Einsatz einer Wrapper-Funktion, die den Aufruf einer systemeigenen Funktion auf eine andere Funktion umleitet, gelingt, müssen einige Voraussetzungen beachtet werden. Die Wrapper-Funktion muss (i) denselben Namen wie die zu überlagernde Systemfunktion besitzen und muss (ii) in der Reihenfolge der Suchpfade vor den Suchpfaden für die systemeigenen Funktionen positioniert sein, weil Matlab (Octave, Freemat) bei Namenskonflikten immer die zuerst gefundene Funktion verwendet. Damit dieses Demoskript korrekt abläuft, muss dies sichergestellt sein. Für Matlab-Anwender hat dieses Demoskript in Verbindung mit der Wrapper-Funktionen `corrcoef` nur rein illustrativen Charakter, aber keinen praktischen Nutzen. Anwender von Octave oder Freemat können die vorgestellte Wrapper- Funktion jedoch gut nutzen, um Matlab-Skripte, welche `corrcoef` verwenden, einfacher unter Octave oder Freemat ablaufen zu lassen.

Quellcode A.24: Demoskript zur Wrapper-Funktion corrcoef

```
Siehe Datei: bDemoWrapperCorrcoef.m
```

Wie ausgeführt, können Wrapper ganz verschiedene Aufgaben erfüllen. Die hier demonstrierte einfache Umleitung eines Funktionsaufrufs auf einen anderen ist nur ein möglicher Anwendungsfall. Je nach zu erfüllender Aufgabe können daher Wrapper mehr oder weniger kompliziert sein. Ein sehr komplexer Wrapper wird z.B. in Kapitel 3.A.1 vorgestellt. In vielen Fällen beschränken sich aber die Aufgaben eines Wrappers nur auf Umsortierungen oder Selektionen von In- und Outputparametern. Derartige Wrapper-Funktionen sind sehr leicht zu schreiben.

Literaturverzeichnis

Baetge, J. und *Fischer, T.*: Systemanalyse, in: *Handwörterbuch der Planung*, (1989), S. 1943–1952

Bamberg, G. und *Baur, F.*: Statistik, Oldenbourg, München, Wien, 9., überarbeitete Auflage, 1996

Beer, S.: Kybernetik und Monagement, S. Fischer Verlag, 1959

Bol, G.: Induktive Statistik: Lehr-und Arbeitsbuch, Oldenbourg Verlag, München, 2003

Bollerslev, T.: Generalized autoregressive conditional heteroskedasticity, in: *Journal of Econometrics*, 31, (1986), S. 307–327

Breusch, T. S. und *Pagan, A. R.*: A simple test for heteroscedasticity and random coefficient variation, in: *Econometrica*, 47, (1979), S. 1287–1294

Chatterjee, S. und *Price, B.*: Regression Analysis by Example, Wiley, New York, 2. Auflage, 1991

Cherubini, U., *Luciano, E.* und *Vecchiato, W.*: Copula methods in finance, John Wiley and Sons, 2004

Chopra, V. K. und *Ziemba, W. T.*: The effect of errors in means, variances, and covariances on optimal portfolio choice, in: *The journal of Portfolio Management*, 19 (2), (1993), S. 6–11

Christoffersen, P. F.: Evaluating interval forecasts, in: *International Economic Review*, 39, (1998), S. 841–862

Constantinides, G. M.: A note on the suboptimality of dollar-cost averaging as an investment policy, in: *Journal of Financial and Quantitative Analysis*, 14, (1979), S. 443–450

Dichtl, H.: Ganzheitliche Gestaltung von Investmentprozessen: Integrierte Modellierung von Entscheidungsabläufen im Asset Management, Uhlenbruch, Bad Soden/Ts., 2001

Dörner, D.: Die Logik des Misslingens: Strategisches Denken in komplexen Situationen, Rowohlt Verlag GmbH, 2000

Efron, B. und *Tibshirani, R. J.*: An Introduction to the Bootstrap, Chapman & Hall, New York, 1993

Elton, E. J., *Gruber, M. J.*, *Brown, S. J.* und *Goetzmann, W. N.*: Modern portfolio theory and investment analysis, John Wiley & Sons, 2007

Engle, R. F.: Autoregressive conditional heteroscedasticity with estimates of the variance of United Kingdom inflation, in: *Econometrica: Journal of the Econometric Society*, 50, (1982), S. 987–1007

Fama, E. F.: Efficient Capital Markets: A Review Of Theory And Empirical Work, in: *The Journal of Finance*, 25, (1970), S. 383–417

Fama, E. F.: Efficient capital markets: II, in: *The Journal of Finance*, 46, (1991), S. 1575–1617

Fang, H.-R. und *O'leary, D.*: Modified Cholesky algorithms: a catalog with new approaches, in: *Mathematical Programming*, 115 (2), (2008), S. 319–349

Forrester, J. W.: Das intuitionswidrige Verhalten sozialer Systeme, in: *D. L. Meadows* und *D. H. Meadows* (Hrsg.), Das globale Gleichgewicht, Rowohlt, Stuttgart, 1974

Franke, G. und *Hax, H.*: Finanzwirtschaft des Unternehmens und Kapitalmarkt: mit 32 Tabellen, Springer, 5 Auflage, 2004

Galperin, E. A. und *Galperin, I.*: Small sample uniformity in random number generation, in: *Computers & Mathematics with Applications*, 52, (2006), S. 95–108

Gentle, J. E.: Random number generation and Monte Carlo methods, Springer, 2003

Gilli, M., *Maringer, D.* und *Schumann, E.*: Numerical methods and optimization in finance, Elsevier, 2011

Hagin, R. L.: What Practitioners Need to Know About Backtesting, in: *Financial Analysts Journal*, (July-August), (1990), S. 17–20

Hartung, J.: Statistik: Lehr- und Handbuch der angewandten Statistik, Oldenbourg, München, 10., durchgesehene Auflage, 1995

Heinen, E.: Industriebetriebslehre: Entscheidungen im Industriebetrieb, Gabler, 9 Auflage, 1991

Hildebrandt, J.: Nichtparametrische integrierte Rendite-und Risikoprognosen im Asset-Management mit Hilfe von Prädiktorselektionsverfahren, Cuvillier, 2009

Jensen, M. C.: The performance of mutual funds in the period 1945–1964, in: *The Journal of Finance*, 23, (1968), S. 389–416

Kim, G.-R. und *Markowitz, H. M.*: Investment rules, margin, and market volatility, in: *The Journal of Portfolio Management*, 16, (1989), S. 45–52

Knight, J. R. und *Mandell, L.*: Nobody gains from dollar cost averaging: analytical, numerical and empirical results, in: *Financial Services Review*, 2, (1993), S. 51–61

Krcmar, H. et al.: Informationsmanagement, Springer, Heidelberg, 5., völlig überarbeitete und erweiterte Auflage, 2010

Kupiec, P. H.: Techniques for verifying the accuracy of risk measurement models, in: *Journal of Derivatives*, 3, (1995), S. 73–84

Lau, O., *Linke, A.* und *Will, T.*: Variablen to go - Closures in aktuellen Programmiersprachen, in: *c't*, (17), (2013), S. 168–171

Laux, H.: Entscheidungstheorie, Springer, 7 Auflage, 2007

Lintner, J.: The valuation of risk assets and the selection of risky investments in stock portfolios and capital budgets, in: *Review of Economics and Statistics*, 47, (1965), S. 13–37

Markowitz, H.: Portfolio selection, in: *Journal of Finance*, 7, (1952), S. 77–91

Markowitz, H.: Portfolio selection: efficient diversification of investments, Yale university press, 1959

Markowitz, H. M.: Portfolio Selection, efficient diversification of investments, Oxford University Press, 2 Auflage, 1998

Mossin, J.: Equilibrium in a capital asset market, in: *Econometrica*, 34, (1966), S. 768–783

Mosteller, F. und *Tukey, J.*: Data analysis, including statistics, in: *G. Lindzey* und *E. Aronson* (Hrsg.), The Handbook of Social Psychology, Addison Wesley, Reading, 2. Auflage, 1968, S. 80–203

Nelder, J. A. und *Mead, R.*: A simplex method for function minimization, in: *The Computer Journal*, 7, (1965), S. 308–313

Poddig, T.: Handbuch Kursprognose, Uhlenbruch-Verlag, Bad Soden/Ts, 1999

Poddig, T., *Baitinger, E.* und *Lüdemann, S.*: Werkzeuge für das quantitative Asset Management: von FAT zu P-ART, in: *T. Poddig* und *F. Schindler* (Hrsg.), Aspekte aus der Finanz- und Immobilienwirtschaft: Festschrift für Heinz Rehkugler, Uhlenbruch, Bad Soden/Ts., 2013, S. 231–277

Poddig, T., *Brinkmann, U.* und *Seiler, K.*: Portfoliomanagement-Konzepte und Strategien: Theorie und praxisorientierte Anwendung in Excel, Uhlenbruch Verlag, 2009

Poddig, T. und *Dichtl, H.*: Einsatz eines integrierten Prognose- und Entscheidungssystems im Assetmanagement, in: *Sparkasse*, 116 (7), (1999a), S. 333–335

Poddig, T. und *Dichtl, H.*: Simulation von Portfolio Management-Prozessen, in: *WiSt: Wirtschaftswissenschaftliches Studium*, 28, (1999b), S. 307–310

Poddig, T. und *Dichtl, H.*: Softwaregestützte Simulation und Gestaltung von Investmentprozessen für Spezialfonds, in: *J. Kleeberg* und *C. Schlenger* (Hrsg.), Handbuch Spezialfonds, Uhlenbruch, Bad Soden/Ts., 2000, S. 415–447

Poddig, T., *Dichtl, H.* und *Petersmeier, K.*: Statistik, Ökonometrie, Optimierung: Methoden und ihre praktische Anwendungen in Finanzanalyse und Portfoliomanagement, Uhlenbruchverlag, Bad Soden, 3. Auflage, 2003

Poddig, T., *Dichtl, H.* und *Petersmeier, K.*: Statistik, Ökonometrie, Optimierung: Methoden und ihre praktische Anwendungen in Finanzanalyse und Portfoliomanagement, Uhlenbruchverlag, Bad Soden, 4. Auflage, 2008

Press, W. H., *Teukolsky, S. A.*, *Vetterling, W. T.* und *Flannery, B. P.*: Numerical Recipes in C: The Art of Scientific Computing, Cambridge Univ. Press, 2005

Probst, G. J. und *Ulrich, H.*: Anleitung zum ganzheitlichen Denken und Handeln, Haupt, Bern, 1988

Schmidt-von Rhein, A.: Die moderne Portfoliotheorie im praktischen Wertpapiermanagement: eine theoretische und empirische Analyse aus der Sicht privater Anleger, Uhlenbruch, Bad Soden/Ts., 1996

Schmidt, D.: Strategisches Management komplexer Systeme, Dissertation, Universität München, 1992

Sharpe, W.: Mutual Fund Performance, in: *Journal of Business*, 39, (1964), S. 119–138

Shiller, R. J.: Do Stock Prices Move Too Much to be Justified by Subsequent Changes in Dividends?, in: *The American Economic Review*, 300

Silverman, B. W.: Density estimation for statistics and data analysis, CRC press, 1986

Simon, C. und *Blume, L.*: Mathematics for economists, Norton, New York, 1994

Tanizaki, H.: Computational methods in statistics and econometrics, CRC Press, 2004

Timmermann, A. G.: How learning in financial markets generates excess volatility and predictability in stock prices, in: *The Quarterly Journal of Economics*, 108 (4), (1993), S. 1135–1145

Tobin, J.: Liquidity preference as behavior towards risk, in: *Review of Economic Studies*, 25, (1958), S. 65–86

Tsay, R. S.: Analysis of financial time series, Wiley, 2005

Welch, I. und *Goyal, A.*: A comprehensive look at the empirical performance of equity premium prediction, in: *Review of Financial Studies*, 21, (2008), S. 1455–1508

White, H.: A heteroskedasticity-consistent covariance matrix estimator and a direct test for heteroskedasticity, in: *Econometrica*, 48, (1980), S. 817–838

Zeigler, B. P., *Praehofer, H.* und *Kim, T. G.*: Theory of modeling and simulation: integrating discrete event and continuous complex dynamic systems, Academic press, 2000

Index

ÇA PEUT
PAS
FAIRE
DE MAL

Cet ouvrage a été conçu à partir de l'émission de radio de France Inter « Ça peut pas faire de mal », dans laquelle Guillaume Gallienne propose aux auditeurs d'écouter des extraits d'œuvres classiques.
L'ambition de ce livre ? Ajouter à l'acte de lire le plaisir d'entendre interpréter le texte dans le même temps par un remarquable comédien.
Aussi avons-nous composé cet ouvrage à partir des éditions de référence et fait le choix de publier l'intégralité des extraits. Les passages lus sont aisément repérables car composés dans une typographie différente.

À Philippe Val qui m'a donné la possibilité de vivre cette aventure radiophonique.
Guillaume Gallienne

www.gallimard.fr www.editions.radiofrance.fr

ÇA PEUT PAS FAIRE DE MAL

LA
POÉSIE

BAUDELAIRE
APOLLINAIRE
ÉLUARD
ET ARAGON
LUS ET COMMENTÉS PAR

GUILLAUME GALLIENNE
SOCIÉTAIRE DE LA COMÉDIE-FRANÇAISE

avec la collaboration d'Estelle Gapp et Laura El Makki

PRÉFACE
ANDRÉ VELTER

Gallimard | France Inter

Les Grandes Ondes

S'il est une mission spécifique dévolue à la poésie, c'est sans doute celle qui veut qu'elle ne cesse de tenter l'impossible. De dire avec des mots et avec la musique des mots ce qui appartient au mystère, à l'imprévu, à l'inconnu, à ce qui n'a pas encore été ainsi formulé. En quelque sorte, de dire l'indicible, et de prouver qu'il n'est pas illusoire de transmettre sentiments, révoltes, troubles, intuitions, expériences, grâce à cette alliance, grâce à cet alliage, de sons et de sens. Car tout poème est une partition qui conjugue la pensée et le chant, même quand la pensée se perd en glossolalies, même quand le chant n'est plus que suspens ou silences.

Aussi la poésie s'est-elle toujours inventé des lieux, et pas seulement dans les livres. De temples en châteaux, de tréteaux en boudoirs, de théâtres en salons, guinguettes, cabarets, bistrots, préaux, stades, chapiteaux, roulottes, librairies, bibliothèques, elle a, selon les âges, vaticiné, charmé, séduit, diverti, enflammé, mobilisé, enchanté les esprits et les cœurs, mais pour des publics déterminés, physiquement localisés. Des troubadours qui pérégrinaient de cours royales en demeures princières, courant les routes et les places de village, jusqu'à Federico García Lorca, les auditoires, nobles ou plébéiens, triés sur le volet ou accueillant le tout-venant, ne pouvaient être multipliés à l'infini.

L'invention de la radiodiffusion allait changer tout cela en permettant à la fois une liberté d'accès et une simultanéité d'écoute. Puissants ou misérables, contredisant sur ce point La Fontaine, pouvaient désormais prêter l'oreille, où qu'ils se trouvent et quel que soit leur rang. *Les Grandes Ondes*, comme les vagues de l'océan, se révélaient par nature non discriminatoires. Chacun était convié sans arbitraire ni préséance à profiter de ce nouveau médium. Il faut bien sûr ajouter aussitôt que, ne se vouant pas exclusivement à la diffusion de la poésie (c'était sans doute une erreur, mais c'était ainsi), la radio, à l'instar de la langue d'Ésope, devait vite passer pour la meilleure et la pire des choses : au mieux, un facteur d'éveil; au pire, un outil de propagande. Se succédèrent à l'antenne, qui pourrait le nier, les propos les plus émancipateurs et les discours les plus abjects.

Néanmoins, le développement de la voie hertzienne ouvrit un espace inédit à la parole poétique, favorisant une évolution, voire une révolution de l'écriture qui, dans son surgissement même, devait prendre en compte ce moyen spécifique de transmission. Peut-être n'a-t-on pas encore saisi l'importance d'un tel phénomène ni mesuré assez les effets — sur la scansion, le rythme, le tempo notamment — qui dès lors commençaient à façonner les poèmes *à l'oreille.*

Et dans ce mouvement qui, offrant à la poésie une vaste chambre d'échos, inspirait, emportait, perturbait parfois les poètes, le rôle des passeurs de textes à l'oral se révélait essentiel. On n'insistera jamais suffisamment sur ce point : les comédiens ont été et demeurent en ce domaine les plus toniques, les plus efficaces, les plus irremplaçables alliés. Il y aurait d'ailleurs une histoire à composer qui recenserait non seulement les relations fécondes et les amitiés décisives entre poètes et comédiens, mais aussi les influences, les créations, les risques partagés.

Aujourd'hui, l'aventure à voix haute de Guillaume Gallienne témoigne si évidemment de ce compagnonnage qu'il n'est que d'écouter et d'entendre. Y a-t-il façon plus fervente, attentionnée, consciente et jubilante de transmettre et de tenir parole ? Y a-t-il, sans se payer de mots, meilleure manière de conjuguer éducation populaire et élitisme pour tous ? Avec lui, Baudelaire, Apollinaire, Éluard, Aragon, après et avant beaucoup d'autres, s'invitent à l'improviste pour contrecarrer la rumeur du monde. Car ce qu'ils disent ils le disent autrement, car ce qu'ils ont vécu s'ingéniait, coûte que coûte et avec pertes et profits, à changer la vie.

Baudelaire osait proclamer : « J'ai pris de la boue et j'en ai fait de l'or. » Et son entreprise ténébreuse était à l'évidence un inestimable trésor. Apollinaire revendiquait la liberté totale du créateur, et il était en toutes circonstances digne de la devise qu'il s'était choisie : « J'émerveille ». Éluard, avec ses mélodies de rêveur éveillé, restituait la charge des mystères enfouis, des désirs sans entraves, des stupeurs aimantées. Aragon, fasciné par les splendeurs et les fourvoiements de l'époque, jouait en virtuose du mentir-vrai, cédant tout à l'amour et, par éclairs, à une cruelle lucidité.

Quatre poètes, ici conviés, escortés, revivifiés, sans qu'ils soient un instant statufiés, taillés dans le marbre ni livrés à on ne sait quel panthéon sonore. Quatre poètes magnifiquement servis par la si bien nommée « magie des ondes ».

André Velter

SOMMAIRE

Extraits des œuvres lues

Annexes

CHARLES BAUDELAIRE

LES FLEURS DU MAL (EXTRAITS)

CHARLES BAUDELAIRE

« — Hypocrite lecteur, — mon semblable, — mon frère ! » : est-ce Baudelaire qui nous demande de tomber le masque ou lui qui avoue sa nature ? Le poète vient de nous confier un ennemi commun, prêt à détruire le monde. Il n'invoque ni les puissances du Mal ni les guerres humaines : il parle de l'Ennui, ce « monstre délicat ». Le poème d'ouverture des *Fleurs du Mal* marque au fer rouge l'histoire de la littérature et témoigne de la conscience du poète devant son époque : l'effondrement des préceptes de l'art classique, la vérité fragile de l'artiste au cœur de son temps, l'avènement d'une civilisation nouvelle, faite d'industries, de rêves avortés, de journées mornes et de songes délivrés par les drogues. Il y a tout cela chez Baudelaire et plus encore : des visions inquiètes, virant à l'étrange, qui rendent l'homme du XIXe siècle étranger à lui-même, une distance devant le « Progrès » du monde qui provoque le ricanement, une solitude qui rêve à des terres lointaines ; également une santé qui critique son temps avec lucidité et devine dans ces changements violents un lendemain qui, bien qu'incertain, sera source d'émerveillement. Baudelaire est devenu le chantre de la modernité. On peut dès lors se rendre dans des expositions de peinture et voir naître des artistes inspirés, visionnaires : Baudelaire sera ce visiteur, ce grand critique d'art. On peut voir Paris changer de visage, s'en désoler comme s'en étonner, en avoir le spleen, mais pas sans une fécondité artistique là encore : Baudelaire sera ce flâneur, ce prosateur de la capitale. Et si l'Ennui est au cœur de nos vies, on peut l'affronter par la force de l'image poétique, en détourner le cours ralenti par le fleuve de ses propres images : ce sont *Les Fleurs du Mal*. De telles visions, toutes chargées aux yeux des censeurs de l'époque d'immoralisme et d'érotisme, vaudront un procès épuisant à Baudelaire. Qu'importe, il fera face. Le mot « Spleen » est placé à côté d'un autre dans la première partie de ce recueil, celui d'« Idéal ». Baudelaire est envahi par la volupté des sens qui font l'homme, et lui font écrire dans un poème dont le titre est son programme, « Correspondances » : « Les parfums les couleurs et les sons se répondent. » Dernier champion du vers classique, romantique absolu, citoyen d'un monde à venir, Baudelaire est le poète de la volupté grave, du souvenir millénaire, d'un désir de terres lointaines où l'homme retrouverait la vérité d'une genèse. Tout en confiant, au sujet de cet aller-retour entre le spleen de l'artiste et ce désir d'un ailleurs, dans un des *Petits Poëmes en prose* : « Qui ne sait pas peupler sa solitude, ne sait pas non plus être seul dans une foule affairée. »

– Vous évoquez la disparition d'un philosophe français qui est emprisonné avec vous, Maurice Halbwachs. Cet homme qui est votre compagnon se sent mourir. Afin de rendre ce passage dans l'au-delà peut-être moins douloureux, vous avez l'idée de lui dire les vers de Baudelaire que vous avez en tête. C'est ça, la littérature aussi.
– [...] Elle prend la place d'une prière. Halbwachs était un sociologue qui n'était pas un croyant, moi, je n'étais pas croyant, je n'allais pas faire le simulacre ou la simagrée de l'accompagner par une prière, alors que ces quelques vers de Baudelaire remplacent cette évocation de la mort dans le voyage. « Ô Mort, vieux capitaine, il est temps ! levons l'ancre ! »

Entretien avec Jorge Semprún

CHARLES BAUDELAIRE

Les Fleurs du Mal

LA VOIX

Mon berceau s'adossait à la bibliothèque,
Babel sombre, où roman, science, fabliau,
Tout, la cendre latine et la poussière grecque,
Se mêlaient. J'étais haut comme un in-folio.
Deux voix me parlaient. L'une, insidieuse et ferme,
Disait : « La Terre est un gâteau plein de douceur ;
Je puis (et ton plaisir serait alors sans terme !)
Te faire un appétit d'une égale grosseur. »
Et l'autre : « Viens ! oh ! viens voyager dans les rêves,
Au delà du possible, au delà du connu ! »
Et celle-là chantait comme le vent des grèves,
Fantôme vagissant, on ne sait d'où venu,
Qui caresse l'oreille et cependant l'effraie.

Je te répondis : « Oui ! douce voix ! » C'est d'alors
Que date ce qu'on peut, hélas ! nommer ma plaie
Et ma fatalité. Derrière les décors
De l'existence immense, au plus noir de l'abîme,
Je vois distinctement des mondes singuliers,
Et, de ma clairvoyance extatique victime,
Je traîne des serpents qui mordent mes souliers.
Et c'est depuis ce temps que, pareil aux prophètes,
J'aime si tendrement le désert et la mer ;
Que je ris dans les deuils et pleure dans les fêtes,
Et trouve un goût suave au vin le plus amer ;
Que je prends très-souvent les faits pour des mensonges,
Et que, les yeux au ciel, je tombe dans des trous.
Mais la voix me console et dit : « Garde tes songes ;
Les sages n'en ont pas d'aussi beaux que les fous ! »

Ce poème intitulé « La Voix » a été édité avec les poèmes censurés dans *Les Épaves*, un recueil publié à Bruxelles en 1866. Ce texte tardif témoigne de l'histoire douloureuse des *Fleurs du Mal*. Six mois après *Madame Bovary* de Flaubert, le livre de Baudelaire connaît la même condamnation pour outrage à la morale publique et aux bonnes mœurs. Très touché par ce jugement, Baudelaire prépare une seconde, puis une troisième édition qui restera inachevée des *Fleurs du Mal* où il adopte un ton plus pessimiste.

Effeuillons ces fleurs maladives comme les nomme Baudelaire dans sa dédicace au parfait magicien et chef de file du romantisme, Théophile Gautier. Cet ouvrage subversif marque aussi une rupture radicale avec les thèmes classiques de la poésie romantique. De l'exotisme au voyage impossible, de la sensualité à la violence amoureuse, de l'errance dans un Paris triste à l'obsession de la mort, découvrons les thèmes d'inspiration majeurs du poète de la mélancolie.

Commençons par la préface du recueil, intitulée « Au Lecteur ». Ce poème tient une place majeure au sein des *Fleurs du Mal*, non seulement il est très représentatif du ton provocateur et parfois agressif de Baudelaire, mais il ébauche également un portrait peu avantageux de la condition humaine. En effet, le poète tend ici un miroir à son futur lecteur, l'invitant à s'y regarder et à y déceler ses propres faiblesses. Le péché, la lassitude, le mal, la mort, tous les thèmes du recueil sont ici en germe.

AU LECTEUR

La sottise, l'erreur, le péché, la lésine,
Occupent nos esprits et travaillent nos corps,
Et nous alimentons nos aimables remords,
Comme les mendiants nourrissent leur vermine.

Nos péchés sont têtus, nos repentirs sont lâches;
Nous nous faisons payer grassement nos aveux,
Et nous rentrons gaiement dans le chemin bourbeux,
Croyant par de vils pleurs laver toutes nos taches.

Sur l'oreiller du mal c'est Satan Trismégiste
Qui berce longuement notre esprit enchanté,
Et le riche métal de notre volonté
Est tout vaporisé par ce savant chimiste.

C'est le Diable qui tient les fils qui nous remuent !
Aux objets répugnants nous trouvons des appas ;
Chaque jour vers l'Enfer nous descendons d'un pas,
Sans horreur, à travers des ténèbres qui puent.

Ainsi qu'un débauché pauvre qui baise et mange
Le sein martyrisé d'une antique catin,
Nous volons au passage un plaisir clandestin
Que nous pressons bien fort comme une vieille orange.

Serré, fourmillant, comme un million d'helminthes,
Dans nos cerveaux ribote un peuple de Démons,
Et, quand nous respirons, la Mort dans nos poumons
Descend, fleuve invisible, avec de sourdes plaintes.

Si le viol, le poison, le poignard, l'incendie,
N'ont pas encor brodé de leurs plaisants dessins
Le canevas banal de nos piteux destins,
C'est que notre âme, hélas ! n'est pas assez hardie.

Mais parmi les chacals, les panthères, les lices,
Les singes, les scorpions, les vautours, les serpents,
Les monstres glapissants, hurlants, grognants, rampants,
Dans la ménagerie infâme de nos vices,

Il en est un plus laid, plus méchant, plus immonde !
Quoiqu'il ne pousse ni grands gestes ni grands cris,
Il ferait volontiers de la terre un débris
Et dans un bâillement avalerait le monde ;

C'est l'Ennui ! — l'œil chargé d'un pleur involontaire,
Il rêve d'échafauds en fumant son houka.
Tu le connais, lecteur, ce monstre délicat,
— Hypocrite lecteur, — mon semblable, — mon frère !

Il existe peut-être un remède à l'ennui et au spleen et le poète tente de le trouver à travers la quête d'un ailleurs réconfortant. Voici « L'Invitation au voyage », l'un des poèmes les plus célèbres des *Fleurs du Mal* qui s'inscrit dans la première partie du recueil, « Spleen et Idéal ».

L'INVITATION AU VOYAGE

Mon enfant, ma sœur,
Songe à la douceur
D'aller là-bas vivre ensemble !
Aimer à loisir,
Aimer et mourir

Au pays qui te ressemble !
Les soleils mouillés
De ces ciels brouillés
Pour mon esprit ont les charmes
Si mystérieux
De tes traîtres yeux,
Brillant à travers leurs larmes.

Là, tout n'est qu'ordre et beauté,
Luxe, calme et volupté.

Des meubles luisants,
Polis par les ans,
Décoreraient notre chambre ;
Les plus rares fleurs
Mêlant leurs odeurs
Aux vagues senteurs de l'ambre,
Les riches plafonds,
Les miroirs profonds,
La splendeur orientale,
Tout y parlerait
À l'âme en secret
Sa douce langue natale.

Là, tout n'est qu'ordre et beauté,
Luxe, calme et volupté.

Vois sur ces canaux
Dormir ces vaisseaux
Dont l'humeur est vagabonde ;
C'est pour assouvir
Ton moindre désir
Qu'ils viennent du bout du monde.

— Les soleils couchants
Revêtent les champs,
Les canaux, la ville entière,
D'hyacinthe et d'or;
Le monde s'endort
Dans une chaude lumière.

Là, tout n'est qu'ordre et beauté,
Luxe, calme et volupté.

Baudelaire occupe une situation privilégiée. Il est en quelque sorte le pivot autour duquel la poésie tourne pour devenir moderne. Et toutes les Écoles l'ont pris pour référence privilégiée. Ce qui donne à Baudelaire cette place, c'est qu'il a su tirer, plus clairement et plus profondément que tout autre avant lui, de son expérience individuelle un certain nombre de conséquences et de conclusions sur la nature même de cette entreprise qu'est la poésie.

Michel Butor

Mais le rêve d'un pays lointain et chaleureux n'est que de courte durée. Le poète est en effet déchiré entre l'aspiration au voyage et l'impossibilité de s'élever. Ce déchirement, qui conduit au spleen, finira par triompher. Baudelaire l'explique dans un autre poème très célèbre du recueil : « L'Albatros ».
Voici le portrait qu'il dresse de cet oiseau mal-aimé, voyageur condamné aux moqueries des hommes.

L'ALBATROS

Souvent, pour s'amuser, les hommes d'équipage
Prennent des albatros, vastes oiseaux des mers,
Qui suivent, indolents compagnons de voyage,
Le navire glissant sur les gouffres amers.

À peine les ont-ils déposés sur les planches,
Que ces rois de l'azur, maladroits et honteux,
Laissent piteusement leurs grandes ailes blanches
Comme des avirons traîner à côté d'eux.

Ce voyageur ailé, comme il est gauche et veule !
Lui, naguère si beau, qu'il est comique et laid !

L'un agace son bec avec un brûle-gueule,
L'autre mime, en boitant, l'infirme qui volait !

Le Poëte est semblable au prince des nuées
Qui hante la tempête et se rit de l'archer ;
Exilé sur le sol au milieu des huées,
Ses ailes de géant l'empêchent de marcher.

Réel ou métaphorique, le voyage ne permet pas d'échapper aux désillusions ni à la mort. C'est par ce long poème, « Le Voyage », que Baudelaire clôt le recueil des *Fleurs du Mal*. Dédié à Maxime Du Camp, le poète de la modernité, ce texte est une critique du progrès et de l'illusion qu'il entretient pour l'homme d'échapper à sa condition de mortel.

LE VOYAGE

À Maxime Du Camp.

I

Pour l'enfant, amoureux de cartes et d'estampes,
L'univers est égal à son vaste appétit.
Ah ! que le monde est grand à la clarté des lampes !
Aux yeux du souvenir que le monde est petit !

Un matin nous partons, le cerveau plein de flamme,
Le cœur gros de rancune et de désirs amers,
Et nous allons, suivant le rythme de la lame,
Berçant notre infini sur le fini des mers :

Les uns, joyeux de fuir une patrie infâme ;
D'autres, l'horreur de leurs berceaux, et quelques-uns,
Astrologues noyés dans les yeux d'une femme,
La Circé tyrannique aux dangereux parfums.

Pour n'être pas changés en bêtes, ils s'enivrent
D'espace et de lumière et de cieux embrasés ;
La glace qui les mord, les soleils qui les cuivrent,
Effacent lentement la marque des baisers.

Mais les vrais voyageurs sont ceux-là seuls qui partent
Pour partir ; cœurs légers, semblables aux ballons,
De leur fatalité jamais ils ne s'écartent,
Et, sans savoir pourquoi, disent toujours : Allons !

Ceux-là dont les désirs ont la forme des nues,
Et qui rêvent, ainsi qu'un conscrit le canon,
De vastes voluptés, changeantes, inconnues,
Et dont l'esprit humain n'a jamais su le nom !

II

Nous imitons, horreur ! la toupie et la boule
Dans leur valse et leurs bonds ; même dans nos sommeils

La Curiosité nous tourmente et nous roule,
Comme un Ange cruel qui fouette des soleils.

Singulière fortune où le but se déplace,
Et, n'étant nulle part, peut être n'importe où !
Où l'Homme, dont jamais l'espérance n'est lasse,
Pour trouver le repos court toujours comme un fou !

Notre âme est un trois-mâts cherchant son Icarie ;
Une voix retentit sur le pont : « Ouvre l'œil ! »
Une voix de la hune, ardente et folle, crie :
« Amour… gloire… bonheur ! » Enfer ! c'est un écueil !

Chaque îlot signalé par l'homme de vigie
Est un Eldorado promis par le Destin ;
L'Imagination qui dresse son orgie
Ne trouve qu'un récif aux clartés du matin.

Ô le pauvre amoureux des pays chimériques !
Faut-il le mettre aux fers, le jeter à la mer,
Ce matelot ivrogne, inventeur d'Amériques
Dont le mirage rend le gouffre plus amer ?

Tel le vieux vagabond, piétinant dans la boue,
Rêve, le nez en l'air, de brillants paradis ;

Son œil ensorcelé découvre une Capoue
Partout où la chandelle illumine un taudis.

III

Étonnants voyageurs ! quelles nobles histoires
Nous lisons dans vos yeux profonds comme les mers !
Montrez-nous les écrins de vos riches mémoires,
Ces bijoux merveilleux, faits d'astres et d'éthers.

Nous voulons voyager sans vapeur et sans voile !
Faites, pour égayer l'ennui de nos prisons,
Passer sur nos esprits, tendus comme une toile,
Vos souvenirs avec leurs cadres d'horizons.

Dites, qu'avez-vous vu ?

IV

« Nous avons vu des astres
Et des flots ; nous avons vu des sables aussi ;
Et, malgré bien des chocs et d'imprévus désastres,
Nous nous sommes souvent ennuyés, comme ici.

La gloire du soleil sur la mer violette,
La gloire des cités dans le soleil couchant,
Allumaient dans nos cœurs une ardeur inquiète
De plonger dans un ciel au reflet alléchant.

Les plus riches cités, les plus grands paysages,
Jamais ne contenaient l'attrait mystérieux
De ceux que le hasard fait avec les nuages.
Et toujours le désir nous rendait soucieux !

— La jouissance ajoute au désir de la force.
Désir, vieil arbre à qui le plaisir sert d'engrais,
Cependant que grossit et durcit ton écorce,
Tes branches veulent voir le soleil de plus près !

Grandiras-tu toujours, grand arbre plus vivace
Que le cyprès ? — Pourtant nous avons, avec soin,
Cueilli quelques croquis pour votre album vorace,
Frères qui trouvez beau tout ce qui vient de loin !

Nous avons salué des idoles à trompe ;
Des trônes constellés de joyaux lumineux ;
Des palais ouvragés dont la féerique pompe
Serait pour vos banquiers un rêve ruineux ;

Des costumes qui sont pour les yeux une ivresse ;
Des femmes dont les dents et les ongles sont teints,
Et des jongleurs savants que le serpent caresse. »

V

Et puis, et puis encore ?

VI

« Ô cerveaux enfantins !

Pour ne pas oublier la chose capitale,
Nous avons vu partout, et sans l'avoir cherché,
Du haut jusques en bas de l'échelle fatale,
Le spectacle ennuyeux de l'immortel péché :

La femme, esclave vile, orgueilleuse et stupide,
Sans rire s'adorant et s'aimant sans dégoût ;
L'homme, tyran goulu, paillard, dur et cupide,
Esclave de l'esclave et ruisseau dans l'égout ;

Le bourreau qui jouit, le martyr qui sanglote ;
La fête qu'assaisonne et parfume le sang ;

Le poison du pouvoir énervant le despote,
Et le peuple amoureux du fouet abrutissant ;

Plusieurs religions semblables à la nôtre,
Toutes escaladant le ciel ; la Sainteté,
Comme en un lit de plume un délicat se vautre,
Dans les clous et le crin cherchant la volupté ;

L'Humanité bavarde, ivre de son génie,
Et folle, maintenant comme elle était jadis,
Criant à Dieu, dans sa furibonde agonie :
« Ô mon semblable, ô mon maître, je te maudis ! »

Et les moins sots, hardis amants de la Démence,
Fuyant le grand troupeau parqué par le Destin,
Et se réfugiant dans l'opium immense !
— Tel est du globe entier l'éternel bulletin. »

VII

Amer savoir, celui qu'on tire du voyage !
Le monde, monotone et petit, aujourd'hui,
Hier, demain, toujours, nous fait voir notre image :
Une oasis d'horreur dans un désert d'ennui !

Faut-il partir ? rester ? Si tu peux rester, reste ;
Pars, s'il le faut. L'un court, et l'autre se tapit
Pour tromper l'ennemi vigilant et funeste,
Le Temps ! Il est, hélas ! des coureurs sans répit,

Comme le Juif errant et comme les apôtres,
À qui rien ne suffit, ni wagon ni vaisseau,
Pour fuir ce rétiaire infâme ; il en est d'autres
Qui savent le tuer sans quitter leur berceau.

Lorsque enfin il mettra le pied sur notre échine,
Nous pourrons espérer et crier : En avant !
De même qu'autrefois nous partions pour la Chine,
Les yeux fixés au large et les cheveux au vent,

Nous nous embarquerons sur la mer des Ténèbres
Avec le cœur joyeux d'un jeune passager.
Entendez-vous ces voix, charmantes et funèbres,
Qui chantent : « Par ici ! vous qui voulez manger

Le Lotus parfumé ! c'est ici qu'on vendange
Les fruits miraculeux dont votre cœur a faim ;
Venez vous enivrer de la douceur étrange
De cette après-midi qui n'a jamais de fin ! »

À l'accent familier nous devinons le spectre ;
Nos Pylades là-bas tendent leurs bras vers nous.
« Pour rafraîchir ton cœur nage vers ton Électre ! »
Dit celle dont jadis nous baisions les genoux.

VIII

Ô Mort, vieux capitaine, il est temps ! levons l'ancre !
Ce pays nous ennuie, ô Mort ! Appareillons !
Si le ciel et la mer sont noirs comme de l'encre,
Nos cœurs que tu connais sont remplis de rayons !

Verse-nous ton poison pour qu'il nous réconforte !
Nous voulons, tant ce feu nous brûle le cerveau,
Plonger au fond du gouffre, Enfer ou Ciel, qu'importe ?
Au fond de l'Inconnu pour trouver du *nouveau* !

Un autre voyage intérieur : l'amour. Voici « La Chevelure », une rêverie exotique et sensuelle très certainement inspirée par la muse de Baudelaire, Jeanne Duval. Le poète et sa Vénus noire se rencontrent en 1842 à Paris. Leur relation sera tumultueuse puis ils se perdront de vue. Si l'on ignore tout de la suite de sa vie et de la date de son décès, le souvenir de cette femme demeure à travers ce très beau poème.

LA CHEVELURE

Ô toison, moutonnant jusque sur l'encolure !
Ô boucles ! Ô parfum chargé de nonchaloir !
Extase ! Pour peupler ce soir l'alcôve obscure
Des souvenirs dormant dans cette chevelure,
Je la veux agiter dans l'air comme un mouchoir !

La langoureuse Asie et la brûlante Afrique,
Tout un monde lointain, absent, presque défunt,
Vit dans tes profondeurs, forêt aromatique !
Comme d'autres esprits voguent sur la musique,
Le mien, ô mon amour ! nage sur ton parfum.

J'irai là-bas où l'arbre et l'homme, pleins de sève,
Se pâment longuement sous l'ardeur des climats ;
Fortes tresses, soyez la houle qui m'enlève !
Tu contiens, mer d'ébène, un éblouissant rêve
De voiles, de rameurs, de flammes et de mâts :

Un port retentissant où mon âme peut boire
À grands flots le parfum, le son et la couleur ;
Où les vaisseaux, glissant dans l'or et dans la moire,
Ouvrent leurs vastes bras pour embrasser la gloire
D'un ciel pur où frémit l'éternelle chaleur.

Je plongerai ma tête amoureuse d'ivresse
Dans ce noir océan où l'autre est enfermé ;
Et mon esprit subtil que le roulis caresse
Saura vous retrouver, ô féconde paresse !
Infinis bercements du loisir embaumé !

Cheveux bleus, pavillon de ténèbres tendues,
Vous me rendez l'azur du ciel immense et rond ;
Sur les bords duvetés de vos mèches tordues
Je m'enivre ardemment des senteurs confondues
De l'huile de coco, du musc et du goudron.

Longtemps ! toujours ! ma main dans ta crinière lourde
Sèmera le rubis, la perle et le saphir,

Afin qu'à mon désir tu ne sois jamais sourde !
N'es-tu pas l'oasis où je rêve, et la gourde
Où je hume à longs traits le vin du souvenir ?

Une autre passante dans la vie de Baudelaire. C'est l'un des poèmes les plus célèbres des *Fleurs du Mal* : « À une passante ». Au-delà du respect de la forme classique, ce sonnet témoigne de la fascination de l'écrivain pour un matériau nouveau en poésie, l'inconnu, dans tout ce qu'il a de mystérieux et d'instantané.

À UNE PASSANTE

La rue assourdissante autour de moi hurlait.
Longue, mince, en grand deuil, douleur majestueuse,
Une femme passa, d'une main fastueuse
Soulevant, balançant le feston et l'ourlet ;

Agile et noble, avec sa jambe de statue.
Moi, je buvais, crispé comme un extravagant,
Dans son œil, ciel livide où germe l'ouragan,
La douceur qui fascine et le plaisir qui tue.

Un éclair... puis la nuit ! — Fugitive beauté
Dont le regard m'a fait soudainement renaître,
Ne te verrai-je plus que dans l'éternité ?

Ailleurs, bien loin d'ici ! trop tard ! *jamais* peut-être !
Car j'ignore où tu fuis, tu ne sais où je vais,
Ô toi que j'eusse aimée, ô toi qui le savais !

Après le voyage et l'amour impossible, le poète erre dans une ville triste et morne. Voici quelques-uns de ces « Tableaux parisiens » ajoutés dans la seconde édition des *Fleurs du Mal* en 1861. Grand admirateur de Victor Hugo, Baudelaire lui dédie ce poème, « Les Petites Vieilles », qui formait à l'origine avec « Les Sept Vieillards » une rubrique intitulée « Fantômes parisiens ». Dans une lettre à Victor Hugo, le poète confie : « Le second morceau a été fait en vue de vous imiter. Riez de ma fatuité, j'en ris moi-même, après avoir relu quelques pièces de vos recueils, où une charité si magnifique se mêle à une familiarité si touchante. » Voici le regard cru mais compatissant qu'il porte à celles qui auraient pu être ses muses.

LES PETITES VIEILLES

À Victor Hugo.

I

Dans les plis sinueux des vieilles capitales,
Où tout, même l'horreur, tourne aux enchantements,
Je guette, obéissant à mes humeurs fatales,
Des êtres singuliers, décrépits et charmants.

Ces monstres disloqués furent jadis des femmes,
Éponine ou Laïs ! Monstres brisés, bossus
Ou tordus, aimons-les ! ce sont encor des âmes.
Sous des jupons troués et sous de froids tissus

Ils rampent, flagellés par les bises iniques,
Frémissant au fracas roulant des omnibus,
Et serrant sur leur flanc, ainsi que des reliques,
Un petit sac brodé de fleurs ou de rébus;

Ils trottent, tout pareils à des marionnettes;
Se traînent, comme font les animaux blessés,
Ou dansent, sans vouloir danser, pauvres sonnettes
Où se pend un Démon sans pitié! Tout cassés

Qu'ils sont, ils ont des yeux perçants comme une vrille,
Luisants comme ces trous où l'eau dort dans la nuit;
Ils ont les yeux divins de la petite fille
Qui s'étonne et qui rit à tout ce qui reluit.

— Avez-vous observé que maints cercueils de vieilles
Sont presque aussi petits que celui d'un enfant?
La Mort savante met dans ces bières pareilles
Un symbole d'un goût bizarre et captivant,

Et lorsque j'entrevois un fantôme débile
Traversant de Paris le fourmillant tableau,
Il me semble toujours que cet être fragile
S'en va tout doucement vers un nouveau berceau;

À moins que, méditant sur la géométrie,
Je ne cherche, à l'aspect de ces membres discords,
Combien de fois il faut que l'ouvrier varie
La forme de la boîte où l'on met tous ces corps.

— Ces yeux sont des puits faits d'un million de larmes,
Des creusets qu'un métal refroidi pailleta...
Ces yeux mystérieux ont d'invincibles charmes
Pour celui que l'austère Infortune allaita !

II

De Frascati défunt Vestale enamourée ;
Prêtresse de Thalie, hélas ! dont le souffleur
Enterré sait le nom ; célèbre évaporée
Que Tivoli jadis ombragea dans sa fleur,

Toutes m'enivrent ! mais parmi ces êtres frêles
Il en est qui, faisant de la douleur un miel,
Ont dit au Dévouement qui leur prêtait ses ailes :
Hippogriffe puissant, mène-moi jusqu'au ciel !

L'une, par sa patrie au malheur exercée,
L'autre, que son époux surchargea de douleurs,
L'autre, par son enfant Madone transpercée,
Toutes auraient pu faire un fleuve avec leurs pleurs !

III

Ah ! que j'en ai suivi de ces petites vieilles !
Une, entre autres, à l'heure où le soleil tombant
Ensanglante le ciel de blessures vermeilles,
Pensive, s'asseyait à l'écart sur un banc,

Pour entendre un de ces concerts, riches de cuivre,
Dont les soldats parfois inondent nos jardins,
Et qui, dans ces soirs d'or où l'on se sent revivre,
Versent quelque héroïsme au cœur des citadins.

Celle-là, droite encor, fière et sentant la règle,
Humait avidement ce chant vif et guerrier ;
Son œil parfois s'ouvrait comme l'œil d'un vieil aigle ;
Son front de marbre avait l'air fait pour le laurier !

IV

Telles vous cheminez, stoïques et sans plaintes,
À travers le chaos des vivantes cités,
Mères au cœur saignant, courtisanes ou saintes,
Dont autrefois les noms par tous étaient cités.

Vous qui fûtes la grâce ou qui fûtes la gloire,
Nul ne vous reconnaît ! un ivrogne incivil
Vous insulte en passant d'un amour dérisoire ;
Sur vos talons gambade un enfant lâche et vil.

Honteuses d'exister, ombres ratatinées,
Peureuses, le dos bas, vous côtoyez les murs ;
Et nul ne vous salue, étranges destinées !
Débris d'humanité pour l'éternité mûrs !

Mais moi, moi qui de loin tendrement vous surveille,
L'œil inquiet, fixé sur vos pas incertains,
Tout comme si j'étais votre père, ô merveille !
Je goûte à votre insu des plaisirs clandestins :

Je vois s'épanouir vos passions novices ;
Sombres ou lumineux, je vis vos jours perdus ;
Mon cœur multiplié jouit de tous vos vices !
Mon âme resplendit de toutes vos vertus !

Ruines ! ma famille ! ô cerveaux congénères !
Je vous fais chaque soir un solennel adieu !
Où serez-vous demain, Èves octogénaires,
Sur qui pèse la griffe effroyable de Dieu ?

« Si la littérature s'éloigne du Mal, elle devient vite ennuyeuse. »

Georges Bataille

Un aller-retour entre rêve et réalité. On sait que les rêveries de notre promeneur solitaire sont souvent nourries par la consommation de haschich ou d'opium. Dans ce poème intitulé « Rêve parisien », le poète, toujours en quête de nouveauté, s'émerveille à la contemplation de paradis artificiels qui donneront son titre à un autre célèbre recueil de Baudelaire. Voici ce décor onirique qui présage un douloureux réveil.

RÊVE PARISIEN

À Constantin Guys.

I

De ce terrible paysage,
Tel que jamais mortel n'en vit,
Ce matin encore l'image,
Vague et lointaine, me ravit.

Le sommeil est plein de miracles !
Par un caprice singulier
J'avais banni de ces spectacles
Le végétal irrégulier,

Et, peintre fier de mon génie,
Je savourais dans mon tableau
L'enivrante monotonie
Du métal, du marbre et de l'eau.

Babel d'escaliers et d'arcades,
C'était un palais infini,
Plein de bassins et de cascades
Tombant dans l'or mat ou bruni;

Et des cataractes pesantes,
Comme des rideaux de cristal,
Se suspendaient, éblouissantes,
À des murailles de métal.

Non d'arbres, mais de colonnades
Les étangs dormants s'entouraient,
Où de gigantesques naïades,
Comme des femmes se miraient.

Des nappes d'eau s'épanchaient, bleues,
Entre des quais roses et verts,
Pendant des millions de lieues,
Vers les confins de l'univers;

C'étaient des pierres inouïes
Et des flots magiques; c'étaient
D'immenses glaces éblouies
Par tout ce qu'elles reflétaient !

Insouciants et taciturnes,
Des Ganges, dans le firmament,
Versaient le trésor de leurs urnes
Dans des gouffres de diamant.

Architecte de mes féeries,
Je faisais, à ma volonté,
Sous un tunnel de pierreries
Passer un océan dompté;

Et tout, même la couleur noire,
Semblait fourbi, clair, irisé;
Le liquide enchâssait sa gloire
Dans le rayon cristallisé.

Nul astre d'ailleurs, nuls vestiges
De soleil, même au bas du ciel,
Pour illuminer ces prodiges,
Qui brillaient d'un feu personnel !

Et sur ces mouvantes merveilles
Planait (terrible nouveauté !
Tout pour l'œil, rien pour les oreilles !)
Un silence d'éternité.

II

En rouvrant mes yeux pleins de flamme
J'ai vu l'horreur de mon taudis,
Et senti, rentrant dans mon âme,
La pointe des soucis maudits ;

La pendule aux accents funèbres
Sonnait brutalement midi,
Et le ciel versait des ténèbres
Sur le triste monde engourdi.

Restons dans l'intimité du poète. Inspiré par l'actrice Marie Daubrun qui fut un temps la maîtresse de Baudelaire, ce poème « Le Chat » peut se lire comme une tendre déclaration d'amour mais aussi comme une allégorie de l'esprit tourmenté de celui que l'on a surnommé le « poète des chats ». Voici la description de cette étrange créature, animal ou femme, qui hante la première partie des *Fleurs du Mal* entre Spleen et Idéal.

LE CHAT

I

Dans ma cervelle se promène,
Ainsi qu'en son appartement,
Un beau chat, fort, doux et charmant.
Quand il miaule, on l'entend à peine,

Tant son timbre est tendre et discret ;
Mais que sa voix s'apaise ou gronde,
Elle est toujours riche et profonde.
C'est là son charme et son secret.

Cette voix, qui perle et qui filtre,
Dans mon fonds le plus ténébreux,
Me remplit comme un vers nombreux
Et me réjouit comme un philtre.

Elle endort les plus cruels maux
Et contient toutes les extases ;
Pour dire les plus longues phrases,
Elle n'a pas besoin de mots.

Non, il n'est pas d'archet qui morde
Sur mon cœur, parfait instrument,
Et fasse plus royalement
Chanter sa plus vibrante corde,

Que ta voix, chat mystérieux,
Chat séraphique, chat étrange,
En qui tout est, comme en un ange,
Aussi subtil qu'harmonieux !

II

De sa fourrure blonde et brune
Sort un parfum si doux, qu'un soir

J'en fus embaumé, pour l'avoir
Caressée une fois, rien qu'une.

C'est l'esprit familier du lieu ;
Il juge, il préside, il inspire
Toutes choses dans son empire ;
Peut-être est-il fée, est-il dieu ?

Quand mes yeux, vers ce chat que j'aime
Tirés comme par un aimant,
Se retournent docilement
Et que je regarde en moi-même,

Je vois avec étonnement
Le feu de ses prunelles pâles,
Clairs fanaux, vivantes opales,
Qui me contemplent fixement.

Hypnotisé par les yeux du chat, Baudelaire l'est aussi par les yeux verts de sa charmante maîtresse qu'il compare à une drogue. Voici « Le Poison », le premier des poèmes inspirés par la comédienne Marie Daubrun, aussi surnommée « La Belle aux cheveux d'or », du nom d'un personnage qu'elle incarnait au théâtre. Dans ce poème, Baudelaire considère l'amour comme la plus néfaste des addictions. Il y mêle dans un parfum de scandale un thème classique de la poésie romantique, les yeux miroirs de l'âme, à celui plus prosaïque des substances illicites.

LE POISON

Le vin sait revêtir le plus sordide bouge
D'un luxe miraculeux,
Et fait surgir plus d'un portique fabuleux
Dans l'or de sa vapeur rouge,
Comme un soleil couchant dans un ciel nébuleux.

L'opium agrandit ce qui n'a pas de bornes,
Allonge l'illimité,
Approfondit le temps, creuse la volupté,
Et de plaisirs noirs et mornes
Remplit l'âme au delà de sa capacité.

Tout cela ne vaut pas le poison qui découle
De tes yeux, de tes yeux verts,
Lacs où mon âme tremble et se voit à l'envers...
Mes songes viennent en foule
Pour se désaltérer à ces gouffres amers.

Tout cela ne vaut pas le terrible prodige
De ta salive qui mord,
Qui plonge dans l'oubli mon âme sans remord,
Et, charriant le vertige,
La roule défaillante aux rives de la mort !

De l'extase au désespoir, le « Spleen » de Baudelaire n'est pas la douce mélancolie des rêveurs, mais l'Ennui, au sens existentiel et théologique, qui désigne la tentation du péché accompagné de remords et de morosité. Dans ce quatrième poème intitulé « Spleen », le poète développe un lyrisme sombre qui s'apparente un peu au sublime des romantiques allemands.

SPLEEN

Quand le ciel bas et lourd pèse comme un couvercle
Sur l'esprit gémissant en proie aux longs ennuis,
Et que de l'horizon embrassant tout le cercle
Il nous verse un jour noir plus triste que les nuits ;

Quand la terre est changée en un cachot humide,
Où l'Espérance, comme une chauve-souris,
S'en va battant les murs de son aile timide
Et se cognant la tête à des plafonds pourris ;

Quand la pluie étalant ses immenses traînées
D'une vaste prison imite les barreaux,

Et qu'un peuple muet d'infâmes araignées
Vient tendre ses filets au fond de nos cerveaux,

Des cloches tout à coup sautent avec furie
Et lancent vers le ciel un affreux hurlement,
Ainsi que des esprits errants et sans patrie
Qui se mettent à geindre opiniâtrement.

— Et de longs corbillards, sans tambours ni musique,
Défilent lentement dans mon âme ; l'Espoir,
Vaincu, pleure, et l'Angoisse atroce, despotique,
Sur mon crâne incliné plante son drapeau noir.

L'obsession du temps et de la mort. Censuré pour outrage aux bonnes mœurs, le recueil des *Fleurs du Mal* ne se résume pas à un éloge provocateur du péché, de la sexualité et des drogues. Au-delà du scandale, Baudelaire y développe une conception pessimiste de l'existence, hantée par la fuite du temps et la fin ultime, comme en témoigne ce magnifique poème, « L'Horloge ».

L'HORLOGE

Horloge ! dieu sinistre, effrayant, impassible,
Dont le doigt nous menace et nous dit : « *Souviens-toi !*
Les vibrantes Douleurs dans ton cœur plein d'effroi
Se planteront bientôt comme dans une cible ;

Le Plaisir vaporeux fuira vers l'horizon
Ainsi qu'une sylphide au fond de la coulisse ;
Chaque instant te dévore un morceau du délice
À chaque homme accordé pour toute sa saison.

Trois mille six cents fois par heure, la Seconde
Chuchote : *Souviens-toi !* — Rapide, avec sa voix

D'insecte, Maintenant dit : Je suis Autrefois,
Et j'ai pompé ta vie avec ma trompe immonde !

Remember ! Souviens-toi ! prodigue ! *Esto memor !*
(Mon gosier de métal parle toutes les langues.)
Les minutes, mortel folâtre, sont des gangues
Qu'il ne faut pas lâcher sans en extraire l'or !

Souviens-toi que le Temps est un joueur avide
Qui gagne sans tricher, à tout coup ! c'est la loi.
Le jour décroît ; la nuit augmente ; *souviens-toi !*
Le gouffre a toujours soif ; la clepsydre se vide.

Tantôt sonnera l'heure où le divin Hasard,
Où l'auguste Vertu, ton épouse encor vierge,
Où le Repentir même (oh ! la dernière auberge !),
Où tout te dira : Meurs, vieux lâche ! il est trop tard ! »

Face à la mort, un sursaut d'idéalisme. Baudelaire décrit sa fascination pour le phénomène de la décomposition dans un terrible poème, « Une charogne », où il s'adresse à la femme qu'il aime, Jeanne Duval. Alternant l'alexandrin et l'octosyllabe, ce texte évoque comme une faible lueur d'espoir, une possible immortalité de la femme transcendée par la forme poétique.

UNE CHAROGNE

Rappelez-vous l'objet que nous vîmes, mon âme,
Ce beau matin d'été si doux :
Au détour d'un sentier une charogne infâme
Sur un lit semé de cailloux,

Les jambes en l'air, comme une femme lubrique,
Brûlante et suant les poisons,
Ouvrait d'une façon nonchalante et cynique
Son ventre plein d'exhalaisons.

Le soleil rayonnait sur cette pourriture,
Comme afin de la cuire à point,

Et de rendre au centuple à la grande Nature
Tout ce qu'ensemble elle avait joint ;

Et le ciel regardait la carcasse superbe
Comme une fleur s'épanouir.
La puanteur était si forte, que sur l'herbe
Vous crûtes vous évanouir.

Les mouches bourdonnaient sur ce ventre putride,
D'où sortaient de noirs bataillons
De larves, qui coulaient comme un épais liquide
Le long de ces vivants haillons.

Tout cela descendait, montait comme une vague,
Ou s'élançait en pétillant ;
On eût dit que le corps, enflé d'un souffle vague,
Vivait en se multipliant.

Et ce monde rendait une étrange musique,
Comme l'eau courante et le vent,
Ou le grain qu'un vanneur d'un mouvement rythmique
Agite et tourne dans son van.

Les formes s'effaçaient et n'étaient plus qu'un rêve,
Une ébauche lente à venir,

Sur la toile oubliée, et que l'artiste achève
Seulement par le souvenir.

Derrière les rochers une chienne inquiète
Nous regardait d'un œil fâché,
Épiant le moment de reprendre au squelette
Le morceau qu'elle avait lâché.

— Et pourtant vous serez semblable à cette ordure,
À cette horrible infection,
Étoile de mes yeux, soleil de ma nature,
Vous, mon ange et ma passion !

Oui ! telle vous serez, ô la reine des grâces,
Après les derniers sacrements,
Quand vous irez, sous l'herbe et les floraisons grasses,
Moisir parmi les ossements.

Alors, ô ma beauté ! dites à la vermine
Qui vous mangera de baisers,
Que j'ai gardé la forme et l'essence divine
De mes amours décomposés !

Et voici pour conclure un autre poème censuré en 1857. Ce texte sulfureux fait partie du cycle dédié à Mme Sabatier, une galante dont Baudelaire fut éperdument amoureux. Il fréquente le salon de cette mondaine surnommée « La Présidente », qui inspirera à Flaubert d'ailleurs le personnage de la Maréchale dans *L'Éducation sentimentale*. À la fin du mois d'août 1857, en plein procès pour les *Fleurs du Mal*, Baudelaire entretient une brève liaison avec Mme Sabatier et la supplie d'intervenir en sa faveur. Mais il est trop tard. Il n'échappe pas à la condamnation. Désespéré, il met un terme à leur relation et lui écrit : « Il y a quelques jours, tu étais une divinité, te voilà femme maintenant. » Voici le portrait enflammé qu'il faisait d'elle, en 1852.

À CELLE QUI EST TROP GAIE

Ta tête, ton geste, ton air
Sont beaux comme un beau paysage ;
Le rire joue en ton visage
Comme un vent frais dans un ciel clair.

Le passant chagrin que tu frôles
Est ébloui par la santé
Qui jaillit comme une clarté
De tes bras et de tes épaules.

Les retentissantes couleurs
Dont tu parsèmes tes toilettes
Jettent dans l'esprit des poëtes
L'image d'un ballet de fleurs.

Ces robes folles sont l'emblème
De ton esprit bariolé ;
Folle dont je suis affolé,
Je te hais autant que je t'aime !

Quelquefois dans un beau jardin
Où je traînais mon atonie,
J'ai senti, comme une ironie,
Le soleil déchirer mon sein ;

Et le printemps et la verdure
Ont tant humilié mon cœur,
Que j'ai puni sur une fleur
L'insolence de la Nature.

Ainsi je voudrais, une nuit,
Quand l'heure des voluptés sonne,
Vers les trésors de ta personne,
Comme un lâche, ramper sans bruit,

Pour châtier ta chair joyeuse,
Pour meurtrir ton sein pardonné,
Et faire à ton flanc étonné
Une blessure large et creuse,

Et, vertigineuse douceur !
À travers ces lèvres nouvelles,
Plus éclatantes et plus belles,
T'infuser mon venin, ma sœur !

Six poèmes en tout ont été censurés par la justice du Second Empire pour, je cite, « leur réalisme grossier et offensant pour la pudeur ». Baudelaire aura beau s'en défendre et demander à ses juges de considérer l'ouvrage dans son ensemble, rien n'y fera. *Les Fleurs du Mal*, ce livre atroce, selon les propres mots du poète, dans lequel il a mis, je cite toujours, « tout son cœur », est pointé du doigt comme une œuvre blasphématoire, ce qui conduira Baudelaire à déclarer ceci : « Désormais on ne fera que des livres consolants et servant à démontrer que l'homme est né beau et que tous les hommes sont heureux. » Malgré tout cela, le poète maudit recevra pendant de longues années les encouragements de ses amis, dont Flaubert, Sainte-Beuve et même Victor Hugo. Et il continuera d'écrire, laissant à la postérité des ouvrages tels que *Les Paradis artificiels*, *Mon cœur mis à nu* et, bien sûr, *Le Spleen de Paris*.

GUILLAUME APOLLINAIRE

LETTRES À LOU (EXTRAITS)

GUILLAUME APOLLINAIRE

La poésie du XXe siècle naît avec lui. Baudelaire l'a fait entrer dans la modernité, Verlaine lui a donné une mélancolie au rythme inédit, Rimbaud une sauvagerie d'une grâce nouvelle, Apollinaire va, lui, la faire danser. Il sera de tous les combats, intellectuels comme guerriers, traversera toutes les soirées, populaires et mondaines, s'enthousiasmera devant tous les arts, fraternellement. Avec lui, la poésie boit en compagnie de la peinture, s'encanaille dans les guinguettes, joue de la musique, qu'il s'agisse des salles d'opéras ou des bas-fonds des cabarets. C'est que le monde change. Les formes poétiques versifiées ont été mises en péril par quelques aînés. Apollinaire et ses contemporains vont poursuivre ce geste ; c'est l'avènement du vers libre, tout chargé d'une culture classique. Oui, le monde change : des gouvernements, plus meurtriers les uns que les autres, deviennent les « auteurs », à leur triste manière, d'une Première Guerre mondiale dont Apollinaire sera, lui, un modeste participant, trépané après avoir reçu un éclat d'obus. On a lu Apollinaire, on l'a chanté aussi : dans ces vers inventifs, dont le révolutionnaire poème narratif « Zone » dans *Alcools* (recueil né de quinze années d'écriture et paru en 1913), souvenirs et désirs font entendre leur chanson, avec une délicatesse proche des pleurs. Apollinaire est toutefois l'homme des contrastes : à peine lui prête-t-on les vertus de l'émotion qu'il devient sensuel, érotique, ou trivial. L'auteur du « Pont Mirabeau » est également celui du grotesque *Les Mamelles de Tirésias*. Chez lui, l'amour vire souvent à la farce et la farce vise à renverser le monde. Le poète trouvera d'ailleurs le désir d'une pareille fête dans les peintures de ses contemporains : le Douanier Rousseau, Picasso, Dufy ou Matisse. Accompagnant le dadaïsme, le cubisme, donnant son nom au surréalisme naissant, Apollinaire est grand poète comme grand critique d'art. C'est qu'il est de toutes les créations, de toutes les tentatives. Il peut même aimer une femme, Lou, en vain : qu'importe, il s'agit pour lui de féconder son temps. Dès lors, les poèmes se mettent à danser sur la page, se font courbe, hanche, pluie, paysage ou réclame : ce sont les merveilleux *Calligrammes*. Le monde a définitivement changé. La naissance d'un siècle nouveau l'invite à revêtir celui-ci d'un charme inédit. Sa poésie, par sa musicalité, est sur les lèvres de chacun, demeurant ainsi dans la mémoire de tous.

96

Apollinaire s'était donné pour devise : « J'émerveille ». Aujourd'hui encore, il me paraît certain que cette devise eût été un écueil pour tout autre, que nul autre n'eût été en mesure de justifier une telle prétention. Une telle gageure, il fallait être quelqu'un d'unique pour la tenir. Et pourtant, quand j'avais vingt ans, Apollinaire n'avait qu'à se faire entendre pour me transporter dans le monde des merveilles, en ces très mystérieux confins de la légende et de l'histoire où il avait pied. Ces lieux que les hommes n'entrevoient qu'à grand-peine lui étaient découverts. Devant son regard intérieur, ils s'étendaient à perte de vue.

André Breton

GUILLAUME APOLLINAIRE
Lettres à Lou

I

Nice, 28 septembre 1914.

Vous ayant dit ce matin que je vous aimais, ma voisine d'hier soir, j'éprouve maintenant moins de gêne à vous l'écrire.

Je l'avais déjà senti dès ce déjeuner dans le vieux Nice où vos grands et beaux yeux de biche m'avaient tant troublé que je m'en étais allé aussi tôt que possible afin d'éviter le vertige qu'ils me donnaient.

C'est ce regard-là que je revois partout, plutôt que vos yeux de cette nuit dont mon souvenir retrouve surtout la forme et non le regard.

De cette nuit bénie j'ai avant tout gardé devant les yeux le souvenir de l'arc tendu d'une bouche entr'ouverte de petite fille, d'une bouche fraîche et rieuse, proférant les choses les plus raisonnables et les plus spirituelles avec un son de voix si enchanteur qu'avec l'effroi et le regret où nous jettent les souhaits impossibles je songeais qu'auprès d'une Louise comme vous, je n'eusse voulu être rien autre que le Taciturne.

Puissé-je encore toutefois entendre une voix dont le charme cause de si merveilleuses illusions !

Vingt-quatre heures se sont à peine écoulées depuis cet événement que déjà l'amour m'abaisse et m'exalte tour à tour si bas et si haut que je me demande si j'ai vraiment aimé jusqu'ici.

Et je vous aime avec un frisson si délicieusement pur que chaque fois que je me figure votre sourire, votre voix, votre regard tendre et moqueur il me semble que, dussé-je ne plus vous revoir en personne, votre chère apparition liée à mon cerveau m'accompagnera désormais sans cesse.

Ainsi que vous pouvez voir, j'ai pris là, mais sans le vouloir, des précautions de désespéré, car après une minute vertigineuse d'espoir je n'espère plus rien, sinon que vous permettiez à un poète qui vous aime plus que la vie de vous élire pour sa dame et se dire, ma voisine d'hier soir dont je baise les adorables mains, votre serviteur passionné.

Guillaume Apollinaire.

Cette lettre fut écrite par Guillaume Apollinaire le 28 septembre 1914 et elle fut adressée à celle qu'il venait à peine de rencontrer, Louise de Coligny-Châtillon. La veille, Apollinaire se rend avec un ami dans un restaurant de Nice. Ils font la connaissance de Louise et, en quelques secondes, c'est le coup de foudre. La soirée se termine en parlant littérature et en fumant de l'opium. Puis Apollinaire rentre à son hôtel, prend sa plume et écrit à Louise une lettre. La première d'une correspondance qui en comptera des centaines. À cette époque, la jeune femme a trente-trois ans. Fraîchement divorcée, sans le sou, elle est de passage à Nice, hébergée chez une cousine, et travaille bénévolement à l'hôpital militaire de la ville. Très indépendante et aventureuse, elle fascine le poète qui lui déclare rapidement toute son admiration. C'est le début d'une passion aussi intense qu'éphémère, rythmée par la guerre et l'éloignement. Une passion qui va disparaître aussi vite qu'elle a débuté mais qui demeure l'un des épisodes les plus marquants de la vie d'Apollinaire.

Je vous propose donc de nous plonger dans ces *Lettres à Lou* qui ont fait la légende du poète. Tout a commencé il y a cent ans, lorsque l'auteur d'*Alcools* est tombé amoureux de son étoile polaire. Pour son petit Lou, il écrira non seulement des lettres magnifiques, mais aussi des poèmes et des calligrammes. Nous sommes au mois d'août 1914. Guillaume Apollinaire est seul à Paris et il s'ennuie. Après quinze ans de travail acharné, il vient de publier son recueil poétique *Alcools* et se trouve désormais un peu désœuvré. Non seulement la presse et les maisons d'édition sont à l'arrêt mais surtout tous ses amis sont partis à la guerre, sauf lui. Ce n'était pourtant pas l'envie qui lui manquait, mais sa demande a été refusée car, né en Pologne, il n'avait pas la nationalité française. Alors quand un ami lui propose de l'accompagner sur la Côte d'Azur, il accepte et son ennui se dissipe rapidement lorsqu'il rencontre Lou. Elle a le titre de comtesse mais, aux yeux d'Apollinaire, l'allure d'une reine. D'emblée elle ne lui fait espérer qu'une relation amicale, maintenant ses distances et répondant à ses lettres avec courtoisie. Apollinaire n'en peut plus. Et alors qu'il brûle de désir pour elle, sa demande d'engagement est enfin acceptée. Ce départ tant souhaité pour le front est désormais imminent. Le voici rattaché au trente-huitième régiment d'artillerie de campagne à Nîmes et, le lendemain de son arrivée, Lou vient le rejoindre et devient sa maîtresse. Quelques jours plus tard, il lui écrit une lettre datée du 10 décembre 1914.

13

10 Xbre 1914.

Mon Lou adoré, je t'écris de la cantine. Le papier est déjà taché, il le sera beaucoup plus tout à l'heure, mais il n'y a qu'ici, que dans le brouhaha j'ai un peu de tranquillité. Ce matin lever dans la nuit, appel dans la pluie. Entre-temps café, après l'appel on nous distribue du pain et une tablette de chocolat. Le brigadier me désigne pour être de plat avec un autre poilu. À six heures et demie on me montre à seller dans l'écurie qui sent bon comme l'amour. À huit et demie au manège où je vois mes camarades faire le tape-cul. J'irai après-midi. À 9 1/2, manœuvre à pied on me fait manœuvrer à part. À dix heures et demie je vais chercher la soupe et le rata à la cuisine. Pas très rigolo — On bouffe. Je rapporte le plat et les saletés tout seul, je fous le camp au plus vite pour qu'on ne me fasse pas vider ces ordures — Et voilà, Lou Adoré. Je n'ai plus que quelques minutes, je mange une poire et bois une chopine. À midi moins le quart il faut que je sois lavé et rasé pour aller seller. Il est onze heures et quart. Le quartier est consigné jusqu'à 5 h 1/2. Lou adoré, je te promets de t'aimer toute ma vie et de n'aimer jamais que toi. Tu es ma seule femme à jamais et toujours, toujours je te serai fidèle. J'ai reçu les deux cartes dans l'enveloppe et ai beaucoup ri.

Cette nuit, Lou, je me suis aperçu que ma chaîne s'était cassée. Toutes les médailles s'étaient répandues dans mon lit et je les ai toutes récoltées une à une, serré dans mon petit lit, puis je les glissais dans mon porte-monnaie. J'ai bien embrassé les tiennes, Lou exquis. Je pense à toi, à ton corps adorable, à ta chère âme si simple et si profonde. Au revoir, petit Lou, à tout à l'heure. Je vais travailler.

On m'a remis le paquet. Mon Lou est exquis, mon Lou est tout pour moi, mes lèvres sont pour toujours sur les tiennes, chère, toi, la plus chère partie de moi-même.

Je bois mon dernier verre de vin à ta santé et t'embrasse de tout mon cœur.

À ce soir.

Guillaume Apollinaire
et *Guillaume Kostrowitzky*
2e canonnier-conducteur
38e régt d'artillerie
78e batterie
Nîmes

Apollinaire écrit beaucoup à Lou, une, deux, trois, parfois quatre lettres par jour. De son côté Lou lui répond et lui raconte toute sa vie, décidant de ne rien lui cacher. Elle lui fait part de ses rencontres et même de ses aventures et elle évoque souvent un homme surnommé « Toutou », lui aussi mobilisé, mais avec lequel elle entretient une véritable relation amoureuse. Ces franchises ne dérangent pas Apollinaire, du moins pour l'instant. Il veut que sa bien-aimée soit heureuse et accepte donc de la partager. Il lui donne même régulièrement de l'argent et lui a mis à disposition son appartement parisien. Voici une lettre datée du 18 décembre 1914.

17

[Nîmes, le] 18 Xbre [19]14.

Mon Lou à moi,

J'ai reçu aujourd'hui tes lettres II et III. Tu penses si je les ai lues avec avidité et avec quelle joie. Je suis content que tu aies trouvé le liseur pour Toutou. Envoie-lui mes meilleures amitiés. Moi, je t'adore. Je ne passe pas près du square où est l'hôtel du Midi sans une émotion à la fois terrible et délicieuse. Cependant, je n'ai pas osé repasser près de l'hôtel même. Je ne vis plus qu'avec l'espoir de ma permission du jour de l'an en attendant la grande permission de la paix. J'ai battu aujourd'hui ma veste avec un martinet. Tu peux deviner ce que j'ai pensé. Mon Lou chéri, je t'aime pour ta beauté si précieuse et tellement gracieuse, je t'aime aussi et tout autant pour ta grande bonté, ce cœur d'or qui m'a déjà donné tant de preuves d'amour et d'amitié encore dont je te serai toujours infiniment reconnaissant. Je songe à tes yeux,

> Au lac de tes yeux très profond
> Mon pauvre cœur se noie et fond
> Là le défont
> Dans l'eau d'amour et de folie
> Souvenir et Mélancolie

Je songe à ton regard de volupté et de douleur tendre qui m'a tant touché le jour où je t'ai vue la première fois avec ton grand chapeau cavalier et ta blouse orange où s'est concentré pour moi désormais tout le soleil. Je songe à nos étreintes, à nos baisers affolés, à nos frissons, à nos tendresses, à ces tendres disputes de Saint-Jean et de Nîmes après quoi la réconciliation était si exquise. Dis-moi tout ce que tu as fait à Nice et à Baratier depuis ton retour. Tout ce que tu fais, voilà mes seules nouvelles. En toi, se résume l'univers, tu es pour moi le microcosme des scolastiques et c'est très juste, car tu es ma beauté et par conséquent toute la nature, ô mon seul, mon plus grand, mon très cher amour.

La vie ici s'écoule avec la même violente monotonie toujours. Ce matin de 7 à 9 1/2 cheval, trot, mouvements d'assouplissements au trot. Je fais des progrès. Le reste toujours semblable. J'ai acheté une ceinture de flanelle et je vais bien, sauf que je n'ai pas dormi, car jusqu'à une heure du matin j'ai été de garde dans les couloirs pour empêcher les poilus de venir y changer leur poisson d'eau. Tu parles si c'était triste. Tout seul dans les couloirs de la caserne par un froid qui m'a paru terrible. J'ai réagi. Ça m'a fait du bien, ça m'a trempé, cette première garde avec une consigne à exécuter, et ça m'a même guéri du mal de ventre, par la volonté que j'avais de résister au froid malgré que je n'avais pas de manteau. Ton souvenir veillait avec moi et je lui disais mon amour pour toi, mes rêves et mes espérances. À demain, ma couronne de laurier, je t'embrasse sur toutes les feuilles ; même celles qui sont à l'envers et je mordille délicieusement tes baies si glorieuses. Ton

Gui.

23

Nîmes, 23 décembre 1914.

Ma chérie, une mauvaise nouvelle à t'annoncer. Je crois, d'une façon presque certaine, que je n'aurai pas de permission pour le nouvel an. La faute en est aux compagnies de chemin de fer. Les simples soldats n'ont plus droit aux express. Dans ces conditions, il faut par train omnibus 38 heures pour aller de Nîmes à Nice. Je suis désolé. On n'accordera pas, très, très probablement, de permissions pour Nice. Si on me l'accordait je te télégraphierais. Mais n'y compte pas. J'irai demain trouver le lieutenant commandant ma batterie pour lui demander si je peux espérer avoir 48 heures vers le 15 janvier par exemple, auquel cas j'irai à Nice alors. En tout cuirassons-nous contre

toutes les éventualités même les plus désagréables. Depuis deux jours pas de lettres de toi. Je suis navré. Aujourd'hui cependant j'ai reçu les oranges qui m'ont rappelé le jardin des Hespérides où tu vis ma déesse, ma fable, ma mythologie. Je te remercie, mais j'ai vu que tu as payé un franc de recommandation. Ne m'envoie plus, ma chérie. C'est trop cher pour un simple soldat. Aujourd'hui 3e chute de cheval. Je ne [me] suis rien fait. J'avais un cheval qui ruait. À la première ruade je n'ai pas bronché, à la seconde j'ai foutu le camp. Ensuite, on m'a vacciné contre la variole. J'ai reçu du Dr Comons un certificat qui me dispensera de la pénible vaccination contre la typhoïde. La nuit j'ai chaud dans mon petit lit, mais le matin et à 4 h. il fait un froid de chien. Une bonne nouvelle : un soldat d'une chambrée voisine, voyageur en nouveautés et qui est de Nice, m'a offert de partager la chambre qu'il a en ville et que lui prête pendant tout son séjour ici une cliente. Demain à 4 h. je vais faire ma toilette à fond et je pourrai garder là quelques affaires, des lettres ou autre chose. La vie de caserne est rudement em.....
Je ne te cache pas que si tu me relèves de la promesse que je t'ai faite, je demanderai à partir pour le front le plus tôt possible. Au moins plus d'imprévu ! Plus d'aventures ! Et moins de tracasseries. Ma toute chérie, aime-moi bien, écris-moi. Si je ne t'avais pas, si tu n'étais ma constellation, mon étoile polaire, mon guide, je serais sans ressort et me laisserais aller à l'abrutissement inhérent à la vie de caserne. Mais je songe à ton joli corps de fée, à ta tendresse, à ce cœur si noble et si pur

qui palpite en toi. Je me reprends alors à espérer. Je crois en toi, ma chérie, tu es ma foi, mon espérance et mon amour. Prie pour moi puisque tu es croyante et espérons bien vite des victoires où j'aie ma part afin que tu puisses être aussi fière de moi que je suis fier de toi. Mon amour exquis, donne-moi aussi des nouvelles de Toutou, qui par son amour pour toi et par celui que tu as pour lui est désormais pour moi une partie de moi-même. À nous deux nous saurons tant t'aimer et te dompter, belle rétive, que tu seras la plus heureuse des femmes entre les plus heureux des hommes. Je te baise partout et prends toute ta volupté en un spasme que je souhaite éperdument. Si tu savais comme j'ai envie de toi !!!!

Gui.

Finalement, Apollinaire parvient à obtenir une permission et rejoint Lou pour le jour de l'an 1915. Les deux amants passent quarante-huit heures ensemble. « Deux jours merveilleux et deux nuits de folie », écrira le poète qui ne vit maintenant que pour cette femme et semble n'avoir jamais autant aimé. Même son grand amour Marie Laurencin, disciple de Matisse et Picasso, n'est qu'un pâle souvenir. Voici la lettre du 13 janvier 1915.

45

[Nîmes, le] 13 janvier 1915.

Mon Lou, reçu ta lettre du dix et tu peux penser si l'histoire du capitaine Foutriquet m'a amusé. Ne te désespère pas pour Toutou et puisque l'histoire du parent malade peut compliquer les choses renonces-y — Vois toi-même. Je ne sais pas, je ne peux pas donner de conseils à ce propos, Lou adorée, parce qu'ici on n'a aucun renseignement sauf qu'il paraît que les permissions se donnent beaucoup plus difficilement maintenant qu'avant le nouvel an.

Dis bonjour à Toutou et dis-lui combien je souhaite que tu réussisses. Je suis grippé depuis hier. Je vais prendre des tisanes, des comprimés d'aspirine à l'infirmerie où l'on est très gentil. Aujourd'hui on nous a félicités de nos succès d'examens. Tu parles si je suis content. Maintenant, j'ai encore un scrupule malgré ce que tu peux dire car il paraît que même si je réussis à devenir officier je ne partirai pas sur le front avant six mois peut-être huit... Qu'en penses-tu, sérieusement et sans égoïsme, mon Lou ? Écris-le moi. Aujourd'hui champ de tir, on nous a fait aller sur les arrière-trains comme servants et je t'assure qu'on est rudement mal sur ces arrière-trains.

Maintenant, il paraît qu'on ne peut être officier dans le régiment où on a suivi le peloton. Si je pouvais aller à Nice ce serait épatant ! Mais je ne sais rien encore.

Lou, encore une fois je veux que tu ne te fasses pas menotte trop souvent. Je vais être jaloux de ton doigt. Je veux que tu me dises quand tu t'ais fait menotte et que tu résistes un peu. Je serai obligé de te corriger. Tu ne fais aucun effort de ce côté. Tu es merveilleusement jolie ; je ne veux pas que tu te fanes en t'épuisant par les plaisirs solitaires. Je veux te revoir épatamment fraîche, sans quoi tu recevras des claques comme un écolier qui s'est branlé au lieu d'apprendre ses leçons. Quand on était au collège on faisait un trou à sa poche droite, on passait la main et on faisait ça pendant toute l'étude. Yeux cernés. Mais je ne veux pas qu'une grande fille comme toi qui a un cul superbe et a déjà fait cornard son mari, se branle comme un petit garçon pas sage. Si tu fais ainsi, c'est le fouet que tu auras, ma gosse, le fouet pour te mater. Tu auras beau faire métalliser ton derrière, je te fesserai jusqu'au sang, de manière que tu ne puisses plus t'asseoir. Ton cul payera pour ton petit con, ma chérie. Je te désire éperdument. Je n'en puis plus. Je ne sais si on me donnera une permission pr Nice avant longtemps. Il me tarde que tu sois là. Si tu savais comme j'ai envie de faire l'amour, c'est inimaginable. C'est à chaque instant la tentation de saint Antoine, tes totos chéris, ton cul splendide, tes poils, ton trou de balle, l'intérieur si animé, si doux et si serré de ta petite sœur, je passe mon temps à penser à ça, à ta bouche, à tes narines. C'est un véritable supplice. C'est extraordinaire, ce que je peux te désirer. Tu m'as fait oublier mes anciennes maîtresses à un point inimaginable. Pourtant elles étaient jolies. Je ne les vois plus que comme de la m...de. L'Anglaise qui était épatante, blonde comme la lune, des tétons épatants, gros et fermes et droits, qui bandaient dès qu'on les touchait et la mettaient de suite en chaleur, un cul mirobolant énorme et une taille mince à ravir. Elle n'est plus rien. Marie L. ravissamment faite, un des plus gros derrières du monde et que je transperçais avec un âcre plaisir. Elle n'est pas plus que du crottin. Toi seule, mon Lou adoré, ma chère captive, ma chère fouettée, toi seule existes. Mon Lou je me souviens de notre 69 épatant à Grasse. Quand on se reverra on recommencera. Si ça continue, je me demande si je ne serai pas obligé de me faire menotte moi aussi en ton honneur. C'est tout de même malheureux d'être privé de toi. Le désir au fur et à mesure qu'il s'accroît devient un supplice. Je te couvre de baisers partout, tes chers pieds que j'aime tant je leur fais petit salé, entre chaque doigt, je remonte le long du mollet que je mordille, tes belles cuisses, je m'arrête au centre et parcours longtemps de la langue la cloison qui sépare tes deux trous adorés. Je les adore toutes, les neuf portes sacrées de ton corps, le vagin royal où bouillonne la cyprine voluptueuse que tu me prodigues ô chérie et d'où s'épanche l'or en fusion de ton pipi mignon, l'anus plissé et jaune comme un Chinois où pénétrant je t'ai fait crier de douleur âcre, la bouche adorable où ta salive a le goût des fruits que j'aime le mieux, les deux narines où j'ai mis ma langue et qui ont une saveur salée délicieusement délicate et ces deux oreilles si chaudes, si nerveuses. Les neuf portes de ton corps sont les entrées merveilleuses du plus beau, du plus noble palais du monde. Que je l'aime ma chérie. J'oubliais tes deux yeux chauds et salés comme la mer et plus profonds que ses gouffres. Neuf portes, ô mes neuf muses, quand vous entrouvrirai-je encore ? Ma chérie, ma chérie, tu ne peux pas imaginer à quel point je te voudrais. Dis-moi quels sont ces amis à toi qui sont maintenant à Nice. Lou, je ne veux pas que tu t'ennuies, amuse-toi je ne veux pas que tu t'embêtes mais je ne veux pas non plus que tu ailles plus loin que tu ne dois, et ça tu le sais toi-même. Mais Lou pas trop de menotte. Écris, fais quelque chose. Je t'embrasse, je t'aime, je t'adore, je te suce, je te baise, je t'encule, je te lèche, je te fais feuille de rose, boule de neige, tout tout tout absolument tout mon adorée, je te prends toute. Ton

Gui.

Si Apollinaire ne cesse de déclarer son amour à Lou, celle-ci ne manifeste pas autant d'enthousiasme. Lou reçoit plus de lettres qu'elle n'en envoie et ce comportement attriste beaucoup Apollinaire qui met la jeune femme sur un piédestal. Il est passionnément amoureux d'elle mais il souffre aussi terriblement, non seulement de son absence mais aussi de son silence. Lettre du 30 janvier 1915.

62

Nîmes, 30 janvier 1915.

Mon petit Lou adoré,

Pas de lettre de toi ce matin. Il fait froid. Ce matin réveillé à 3 h 1/2 pas pu me rendormir, pensé à toi, à tes yeux dans la volupté, pensé à mille choses à faire ensemble, pensé même à être deux pour t'amuser. Enfin, toutes sortes de folies que je laisse à développer par ton imagination. En tout cas, ton regard ne m'abandonne point, il est d'une fidélité délicieusement obsédante. — Je t'écris comme hier de la cantine et une horrible serveuse vient de verser du café sur la table, quelques gouttes sont tombées sur le papier, j'ai quitté la cantine aux belles filles et suis retourné à l'autre où on est mieux — Je reviens donc à ce matin. Imaginé des liens (chez moi à Paris) pour t'attacher sérieusement sans trop froisser tes poignets. T'expliquerai cela. Ai pensé aussi aux délicieuses chevauchées longues et serrées que tu fis à Nîmes toi cavalière, moi cheval. T'en souviens-tu ? Le réveil est venu interrompre ces belles idées. — Hier après t'avoir écrit à midi, sellé, nous avons été loin sauter des murs, passer parmi les arbres, beaucoup, beaucoup de trot, puis recherche d'emplacement de batteries, etc, retour à 5 h. Sortie. Au Tortoni causé avec un médecin major des Sénégalais, retour du front et passant ici pour vérifier les inaptes. Il m'a dit que c'était une vraie boucherie et que chez Sénégalais le cadre gradé entièrement sacrifié, médecin à 300 mètres du feu parce qu'officiers savent que leurs hommes ne les relèveront pas et veulent sentir les médecins tout près. On forme en Algérie 40 régiments de nègres. Après coucher et t'ai raconté la nuit, ce matin ai dit au revoir à ceux qui partaient sur le front et que je connaissais. Ils étaient contents. J'avais presque envie de demander à les suivre comme servant. Car ce peloton que je suis est dur. Je n'ose le comparer à l'enfer, mais c'est un vrai purgatoire. Et je t'assure que je ne suis pas seul à penser ainsi.

Maintenant sitôt lettre finie vais aller seller pour la seconde fois, car avons fait deux h. manège ce matin puis mathématiques d'artillerie théorique.

Mon Lou adoré, je m'embête loin de toi. Je m'embête.

Toi, j'espère que tu t'amuses beaucoup — que tu t'excites — que tu passes le temps par conséquent le mieux possible pour une gentille Lou comme tu l'es.

Je ne peux pas demander la journée demain car on a supprimé les permissions pour toute la batterie à cause de types manquant à l'appel le matin. Demain vais me lever à 7 h. vais t'écrire jusqu'à 11 h. et ficherai le camp en ville pour y mieux penser à toi.

Il est l'heure Lou, je t'embrasse mille fois et continuerai ma lettre ce soir —

Je continue ma lettre, mon Lou, je t'aime à l'infini. J'espère une belle lettre de toi ce soir. Je pense à tes yeux qui m'ont appris à t'aimer.

Voici, mon Lou, quelques mots de l'argot spécial, je crois, au 38e.

Le Pastisse, ce mot s'applique à tout ce qui est un peu embrouillé. La guerre c'est le pastisse, si on se met en pagaille quand on est à cheval ou à pied, c'est le pastisse ; tout notre travail, c'est le pastisse, le mot vient du patois de Nice.

Le Balesse, un type, un poilu quelconque. J'en noterai d'autres au fur et à mesure que je les remarquerai.

J'oubliais une histoire singulière. Il y a 2 jours ai été dire bonjour aux poilus de la 33e mon ancienne chambrée. Le conducteur qui a écrit la jolie lettre que je t'ai envoyée, mécontent du morceau de viande qu'on lui avait donné, un assez gros morceau composé surtout de graisse, l'a enfilé en signe de mépris. Il y a fait un trou, a sorti ce que je n'ose pas dire et qui était long et mince comme chez les chiens et les Chinois, une sorte de crayon, quoi, et l'a enfoncé dans la viande et activant les mouvements est allé jusqu'au bout au milieu des hurlements de joie de la chambrée tout entière, puis le morceau de viande d'où dégouttait le fluide vital qu'il y avait dardé, il l'a lancé par la fenêtre où il est allé tomber sur un adjudant surnommé *tête de mort* qui malheureusement a vu la fenêtre d'où c'était tombé, est monté et finalement toute la chambrée, brigadier en tête, a couché le soir à la boîte. Heureusement qu'il n'a pas su ce qu'il y avait dans la bidoche et moi je me suis félicité de n'être plus de la chambre 33.

Mon Lou, je t'embrasse, mille fois, te prends dans mes bras, menotte, menotte et bois ton âme par ta bouche, ma très, très chérie.

Gui.

Tu sais je veux que tu gardes mes lettres, mais veux pas que tu les montres à qui que ce soit.

83

[Nîmes, le] 12 fév. 1915.

Quatre jours ! mon amour, pas de lettre de toi
Le jour n'existe plus, le soleil s'est noyé
La caserne est changée en maison de l'effroi
Et je suis triste ainsi qu'un cheval convoyé

Que t'est-il arrivé ? souffres-tu, ma chérie ?
Pleures-tu ? Tu m'avais bien promis de m'écrire
Lance ta lettre, obus de ton artillerie,
Qui doit me redonner la vie et le sourire.

Huit fois déjà le vaguemestre a répondu
« Pas de lettres pour vous » Et j'ai presque pleuré
Et je cherche au quartier ce joli chien perdu
Que nous vîmes ensemble, ô mon cœur adoré

En souvenir de toi longtemps je le caresse
Je crois qu'il se souvient du jour où nous le vîmes
Car il me lèche et me regarde avec tendresse
Et c'est le seul ami que je connaisse à Nîmes

Sans nouvelles de toi je suis désespéré
Que fais-tu ? Je voudrais une lettre demain
Le jour s'est assombri, qu'il devienne doré.
Et tristement, ma Lou, je te baise la main

Mon cœur écris-moi, écris-moi, je ne sais pas pourquoi tu ne m'écris pas. Écris. Il faut que je retienne l'appartement. J'ai préparé un tas de choses et même acheté un coquetier en buis sculpté autrefois par un forçat de Toulon et qui représente une fois la Cène et de chaque côté la Flagellation. Je ne sais plus que penser. Je suis triste. Je n'écoute plus les cours avec ardeur, je m'embête, ma Lou m'oublie-t-elle ? C'est insensé ! ce qu'on peut être inquiet. Qu'est-ce qu'il y a ? Tu es partie dans un tel état de surexcitation que je me demande ce qui est arrivé à tout point de vue. Écris, tu dois être près de Toutou maintenant. Encore mes amitiés au gentil maréchal des logis. Mais, sacré nom d'une pipe, écris-moi. Si tu crois que Nîmes a de quoi vous consoler de l'attente d'une lettre, tu te mets le doigt dans l'œil. Écris donc, Lou, je suis furieux que tu me laisses ainsi dans l'inquiétude malgré tes promesses. Lou, les postes peuvent-elles avoir de si longs retards ? C'est insensé. Je suis comme un train qui va partir. Je bous d'impatience. Écris donc. Dis quand tu reviens. Écris. Écris. Cette attente est insupportable. Ceci est ma troisième lettre depuis que tu as quitté le bord de la mer et le jardin des Hespérides où tu vivais. Je te prends toute, ma bouche dans la tienne.

Gui.

Mais la situation malheureusement ne s'arrange pas. Apollinaire, dont le quotidien est de jour en jour plus difficile, commence à désespérer. Il se rend compte que les sentiments qu'il a pour Lou ne sont pas partagés et qu'elle n'a pas besoin de lui autant qu'il a besoin d'elle. Avec ses amis du front il fait le fier, leur raconte qu'il n'est pas amoureux et que c'est une conquête parmi d'autres. Mais dans les lettres qu'il envoie à Lou, il parle de sa souffrance et lui reproche de ne pas tenir ses promesses. Lou devait venir le rejoindre, ce qu'elle n'a pas fait à temps. Lui de son côté a refusé une mission qu'il aurait aimé accomplir juste pour la voir. Voici la lettre de rupture qu'il lui adresse le 17 mars 1915.

89

Nîmes, 17 mars 1915.

Ma chère amie,

N'en parlons plus, tu as bien fait, tout ce que tu fais est bien et il n'y a rien à y redire. N'empêche que tu m'as fait être lâche pour la première fois de ma vie. Car toi qui as de si bons tuyaux tu ne sais rien sur ce qui se passe à notre dépôt de Nîmes. Je fais partie d'une division spéciale d'É. O. R. formée par le colonel et par les commandants des 2 régiments de Nîmes. Elle n'a rien d'officiel, on y a mis les gens distingués de 30 ans et au-dessus. Nous devions passer par tous les grades jusqu'à celui de s/lieut. une fois passé l'examen de chef de section, mais la circulaire du ministre parue vers le 10 fév. a tout changé et comme nous n'avons aucune existence officielle, nous continuons le cours par grâce des commandants mais sommes à la disposition de nos batteries pr les départs une fois 3 mois de service. J'y suis. On a passé la visite et lundi on formait une batterie de 90 pr aller à Bizerte et de là en Turquie. On a demandé à notre peloton des volontaires pr partir comme brigadiers faisant fonction de logis. On en demandait 2 et ce sont deux autres qui partent, pas moi, car lâche que j'étais, je n'avais pas de tes nouvelles et en espérais. Voilà, ma chère amie où peut conduire la passion. *Je ne me le pardonnerai jamais et ferai tout mon possible pr réparer cette faute et partir* (puisque tu ne m'aimes plus) *même comme 2e conducteur* avec la batterie de 120 qui va être formée bientôt. Tout cela d'ailleurs ne t'intéresse pas. D'autre part sans te demander autre chose, je te demande, *même maintenant que je ne veux plus t'aimer et veux être guéri de toi*, comme ultime satisfaction, de quitter le front où tu n'es pas à ta place, où tu dois donner du souci à tout le monde et en particulier à Toutou. Je ne te demande nullement de venir me trouver (sacrifice fait), non, ne viens pas ici, c'est absolument inutile puisque tu ne m'aimes pas et que bientôt je ne t'aimerai plus non plus, mais pars de là-bas pour ma tranquillité, pour que je puisse travailler avec courage. Tu m'as anéanti pendant ces 2 mois, si je n'ai pas eu une fièvre cérébrale ce n'est pas de ta faute, mais je suis en plein dans l'anémie cérébrale. Je comprends tous tes sentiments et les respecte mais de ton côté rends-toi compte de ce que j'ai pu souffrir. Dimanche à bout de force après je ne sais combien de jours sans nouvelles, (après ta lettre précédente de Baccarat) j'ai envoyé carte recommandée à Toutou pr avoir nouvelles, ai envoyé lettre (non compromettante pr toi) à Jules pr savoir si tu étais en bonne santé — Enfin, si je n'avais pas eu de lettre de toi, aujourd'hui 17 date fixée par toi pour ta venue je me tuais demain 18. Maintenant c'est fini, je veux ne plus t'aimer, on souffre, on souffre, puis on apprend à ne plus souffrir. Pr notre rencontre à Marseille (car c'est là que tu me fixeras sans aucun doute, par dernière ironie, un illusoire et dernier rendez-vous), n'y compte pas. On ne donne plus de permissions pr Marseille à moins d'un cas de force majeure et je n'en trouverai aucun en l'occurrence.

Ne me crois pas méchant, ma chère amie. Je ne t'ai pas aimée égoïstement, tu te trompes, et me fais injure bien gratuitement ; si je t'ai demandé de revenir, c'est surtout à cause des dangers que je savais et que Toutou ne me cachait pas dans les mots qu'il joignait à tes lettres, je ne t'en ai rien dit pr ne pas t'épouvanter toi-même. Bref, je ne demande absolument rien pour moi, mais reviens, ne viens pas ici, va où tu veux, tu es libre, fais ce que tu veux puisque tu ne m'aimes pas tu peux bien aimer qui tu veux, mais ôte-moi le souci de te savoir là-haut, je ne te demande que cela — Si tu vas à Paris, mets chez ma concierge, 202 Bd. St.-Germain, mes lettres et aussi celles que tu m'as écrites (qui m'appartiennent) à moins que tu ne veuilles pas me donner ces lettres que j'aurais toujours relues avec plaisir comme un exquis monument de ma vie en 1914-1915. En ce cas, tu es encore libre d'agir comme tu veux. Je ne t'en veux nullement, tu as embelli ma vie pendant quelques mois, tu m'as fait des serments qui m'ont exalté. Ils m'ont mis quelque temps au-dessus des autres hommes. J'y ai cru et ai été heureux. Donc je dois t'en être et t'en suis extrêmement reconnaissant. Je serai toujours, si tu veux, ton ami et même sans amour tu peux, étant femme et au nom des souvenirs que ton nom m'évoque, compter sur moi en tout et pour tout, sauf naturellement que si je ne t'aime plus, *comme ma volonté le fera en quelques jours,* je ferai toutes les choses que tu as droit d'exiger de moi je les ferai, dis-je, *amicalement* et non plus *amoureusement.* J'aime beaucoup Toutou, chère amie, mais je souffre un peu (plus beaucoup maintenant), d'être toujours la cinquième roue à ta voiture. J'aime bien qu'il soit tout, mais c'est un peu embêtant de n'être rien du tout.

Enfin ne te fais pas de bile pr moi, si tant est que tu t'en sois jamais fait, je ne suis plus fâché, plus du tout. *Lorsque l'amour meurt...* Je suis seulement encore très inquiet à cause des dangers que tu cours et cette inquiétude me rend malade. Voilà.

Guil.

J'envoie copie de cette lettre à Baratier au cas improbable où tu serais partie quand elle arrivera là-haut.

Je n'ai mis — je crois — dans cette lettre que la vérité. Mais si tu me trouvais injuste à ton égard ou si tu croyais qu'il y ait là quelque chose qui puisse froisser Toutou (même s'il ne lit pas la lettre) déchire-la et voilà.

Malgré cette décision, leur correspondance ne s'interrompt pas. Par désir et par habitude aussi, Apollinaire continue d'écrire à Lou. Il ne se fait plus aucune illusion sur leur amour et se porte volontaire pour partir dans les tranchées en tant que canonnier de première classe. Le voici soldat, comme les autres, dans la boue, mais toujours poète comme en témoigne cette lettre du 5 avril 1915, adressée à celle qui ne quitte pas ses pensées.

110

Le 5 avril 1915.
Entre Bar s / Aube et Troyes.

Ptit Lou, je profite de l'obligeance d'un voyageur qui va à Paris pour t'envoyer cette lettre. On me dit que Paris est plein d'embusqués, surtout embusqués dans l'aviation. C'est dégoûtant tout simplement. Je pense beaucoup à mon ptit Lou. Je l'aime et c'est suffisant. Tout le reste n'existe pas. Cette Champagne est un pays extrêmement triste. On a déjà vu des huttes de soldats. C'est très curieux. Mais t'as déjà vu tout ça, ptit Lou, honneur de l'Artillerie. Écris-moi vite, que je sache comment tout va.

Ici, on entend d'autres conversations qu'à Nîmes. On n'entend parler que de guerre, que de guerre. Dis-moi comment est Paris ?

Je t'aime beaucoup mon ptit Lou. En route, des blessés, mais avons pas vu de prisonniers. J'aurais bien voulu en voir.

Que fait Toutou ?

Tu sais que j'ai écrit à la concierge et au gérant.

Mon ptit Lou, j'espère te revoir bientôt. C'est très singulier. Il me semble que je te reverrai bientôt. Nous avons fait jusqu'à maintenant bon voyage, très agréable, presque un voyage d'agrément. En ce moment, la pluie se mêle au soleil, c'est le diable qui se bat avec sa femme.

J'ai vu de jolis patelins que j'aurais voulu visiter avec toi.

On ira après la guerre faire une gentille balade, si je reviens, mais enfin, j'espère bien en revenir de ce fameux brasier.

Enfin, Lou, au revoir. Quand t'auras cette lettre, je serai arrivé et t'enverrai aussitôt mon adresse.

IL Y A

Il y a des petits ponts épatants
Il y a mon cœur qui bat pour toi
Il y a une femme triste sur la route
Il y a un beau petit cottage dans un jardin
Il y a six soldats qui s'amusent comme des fous
Il y a mes yeux qui cherchent ton image
Il y a un petit bois charmant sur la colline
Et un vieux territorial pisse quand nous passons

Il y a un poète qui rêve au ptit Lou
Il y a un ptit Lou exquis dans ce grand Paris
Il y a une batterie dans une forêt
Il y a un berger qui paît ses moutons
Il y a ma vie qui t'appartient
Il y a mon porte-plume réservoir qui court, qui court
Il y a un rideau de peupliers délicat, délicat
Il y a toute ma vie passée qui est bien passée
Il y a des rues étroites à Menton où nous nous sommes aimés
Il y a une petite fille de Sospel qui fouette ses camarades
Il y a mon fouet de conducteur dans mon sac à avoine
Il y a des wagons belges sur la voie
Il y a mon amour
Il y a toute la vie
Je t'adore

Au revoir mon ptit Lou

Gui.

Apollinaire, canonnier puis brigadier, apprend à faire la guerre. Lou, elle, mène une vie confortable à Paris dans l'appartement d'Apollinaire qu'elle occupe toujours, sur le boulevard Saint-Germain. Le poète continue de lui écrire et a également commencé une autre correspondance avec une certaine Madeleine Pagès, jeune fille rencontrée dans le train et dont il va vite s'éprendre. Mais les lettres qu'il envoie à Lou sont comme une drogue, quelque chose qui le maintient en vie, même si elles demeurent souvent sans réponse. Lettre du 12 avril 1915.

121

12 avril 1914[1].

Mon Lou, pas de lettres encore ! Le temps est long. Aujourd'hui été aux tranchées, puis chez le commandant, puis à B., le gros bourg le plus proche, d'où je t'ai envoyé mon adresse. Suis fatigué. Espère dormir, car ai pas dormi encore depuis que suis ici. Mais pas d'obus. La canonnade pète toujours, mais assez lointaine. Aux tranchées c'est fantastique. Les tranchées des fantassins. Nos batteries sont à 1 100 m. des tranchées boches. Donc c'est pas loin. L'adjudant observateur d'artillerie, faut le trouver et pour un novice pas facile. Boyaux étonnants.

1. *Sic*, pour « 1915 ».

Il paraît que les tranchées de notre secteur sont les plus belles du front. Boyau Bonaparte, boyau du commandant, que sais-je ? C'est, je te dis, fantastique. Au bout, tout créneaux comme au Moyen Âge. On voit les Boches à 140, 150 mètres. Gourbis, cuisines couvertes de mousse, trous de repos profonds de 12 mètres. Ah ! Mon Lou ! Faut l'avoir vu pr s'en faire une idée. Évidemment, toi, qui as été voir Toutou, tu sais tout ça, je ne te l'écris que pour me relire après la guerre, et garder la mémoire de tout cela qu'aucun journal n'a décrit. Formidable tout cela. À ne pas croire si on ne l'a pas vu. Et la terre marneuse de la Champagne, sur soi, sur les fantassins ! ! ! Pas d'attaque à ce moment. J'espère avoir l'occasion d'y aller au moment du feu. Mais, nom d'une pipe de nom d'une pipe, ces créneaux sont à donner le cauchemar. Le colonel d'infanterie n'est pas là naturellement et t'as rien à craindre pr Toutou, à moins qu'il ne fasse absolument le même métier que moi. Il paraît que j'aurai à lui porter souvent des notes mais je ne lui suis pas spécialement affecté. C'est là un poste plus tranquille et qui mène plus facilement aux honneurs, le mien ne mène qu'à l'honneur. Tous les soirs à 9 heures, je vais aux tranchées porter les lettres, le matin au commandant. Ça change, tout de même, de tout, même de toi. Enfin, ptit Lou, tout va bien dans le meilleur des mondes. Une seule chose importe, c'est que je supporte l'humidité de ce bois marécageux. Maintenant, je te sens auprès de moi comme jadis, toute petite dans mes bras, me racontant tes choses gentilles, me donnant ta bouche, ta langue savoureuse. Dis-moi, quand coulichonnette. Ça me rapprochera de toi de savoir tes *affaires.*

Ptit Lou, pourquoi donc qu't'es si méchante, quand on t'aime. T'es aussi rigolote que la guerre. Tu sais que je t'en veux pas, parce que je sais bien que te raurai. Mais enfin, t'es trop méchante et ça vaut vraiment pas la peine d'être méchante avec ton Gui qui demande pas mieux que tout ce que tu veux même à son détriment. T'aimerais peut-être mieux si tu m'aimais, mais t'aimerais peut-être pas plus. Enfin, t'as raison, t'es mon ptit Lou quand même et tu ne le sais que trop, p'tite vaque ! Coups de canons sur Perthes !!!

La lampe à la lueur de quoi je t'écris est un verre suspendu sur un quart attaché à un fil de fer. Elle est alimentée par de la graisse de bœuf gardée par les hommes et rognée sur leur ration puis fondue, la mèche est constituée par le brin d'un bonnet coton appartenant par un poilu de ma pièce qui l'a destiné pour cet usage. Mon ptit Lou, un feu de chêne à gauche, un tronc d'arbre pour écrire, la veilleuse devant et je t'adore.

Journaux, on sait plus ce que c'est. On lit vaguement le communiqué. Mais on peut se flatter que ce qu'on t'a dit quand t'as été voir Toutou est de la couillonnade pure et simple. Tu verras ce que je te dis. Je m'épate qu'un homme intelligent comme celui que tu dis ait pu énoncer des choses aussi bêtes. Mon pauvre ptit Lou, il y a bien gens bêtes dont tu te doutes pas. Cependant toi t'es pas bête, mais snob épouvantablement. Ça t'empêche de bien comprendre la vie, le vice et peut-être même l'amour et ça t'empêche surtout d'être vraiment heureuse. Tu verras ça. J'aurai ma revanche. Et peut-être plus tôt que tu ne crois. Tu veux rien comprendre ni à ce que je suis ni à ce que je puis être. C'est peut-être ton tort. Car peut-être ton désamour m'empêchera-t-il d'être tout ce que je voulais être et par toi j'aurais pu être plus qu'un, que deux, que mille hommes. Mais n'en parlons plus, tout ça perdu, enterré, foutu. Ainsi va la vie, à cause des femmes. Et quand on dit de quelqu'un c'est un con, on sait bien ce que parler veut dire. Bonjour à Toutou.

T'embrasse très fort. Vive la France.

Gui.

Il y a deux façons d'envisager la guerre. Il y a celle du feu, de Barbusse, la boue, les poilus et il y a celle d'un grand poète, de Guillaume Apollinaire. Il voyait des hommes de faïence et de clair de lune, sous des fusées pâles. Il envoyait à Auvers des cartes postales ravissantes. Il s'écriait, « Ah ! Que la guerre est donc jolie ! » J'avoue que cette forme d'héroïsme est beaucoup plus proche de ma personne. La guerre était pour lui une chose gracieuse et dangereuse dans laquelle il se promenait avec cette démarche de ballon captif qu'il avait, et je ne connaissais pas encore Apollinaire ni ses poèmes sur la guerre, mais je dois dire qu'il a eu sur moi une vraie influence.

Jean Cocteau

Voici maintenant un poème qu'il lui écrit le 22 avril 1915. Durant cette période, Apollinaire rédige plusieurs poèmes qu'il envoie simultanément, à la fois, à Lou et à Madeleine. Lou n'est pas au courant de la relation qui est en train de s'installer entre Apollinaire et sa nouvelle amante. Apollinaire ne veut rien lui dire. Le poème suivant s'intitule : « Gui chante pour Lou ».

131

22 avril 1915.

Il est minuit et demie, mon Amour, et nous attendons. À 7 heures, Alerte !, en une heure, on était prêt et depuis ce temps on attend dans la nuit noire, tout éteint. J'écris dans ma cabane, un logis m'a prêté sa lampe électrique de poche et Berthier m'éclaire pendant que je t'écris. J'espère que ce sera une fausse alerte, car attendre encore des lettres de toi, loin peut-être aux Darda. dont on reparle ici, ça m'embêterait considérablement. J'ai reçu aujourd'hui ton ptit mot épatant « Mystère et pommes de terre frites ». T'as vu le communiqué du 20 — Vives actions d'artillerie dans le secteur de R. C'est surtout jusqu'au 18 que ça se passait, depuis c'est les 60 ou 70 obus quotidiens, c'est rien du tout —

SCÈNE NOCTURNE DU 22 AVRIL 1915

GUI CHANTE POUR LOU

Mon ptit Lou adoré Je voudrais mourir un jour que tu m'aimes
Je voudrais être beau pour que tu m'aimes
Je voudrais être fort pour que tu m'aimes
Je voudrais être jeune jeune pour que tu m'aimes
Je voudrais que la guerre recommençât pour que tu m'aimes
Je voudrais te prendre pour que tu m'aimes
Je voudrais te fesser pour que tu m'aimes
Je voudrais te faire mal pour que tu m'aimes
Je voudrais que nous soyons seuls dans une chambre d'hôtel
à Grasse pour que tu m'aimes

Je voudrais que nous soyons seuls dans mon petit bureau près
de la terrasse couchés sur le lit de fumerie pour que tu
m'aimes
Je voudrais que tu sois ma sœur pour t'aimer incestueusement
Je voudrais que tu eusses été ma cousine pour qu'on se soit
aimés très jeunes
Je voudrais que tu sois mon cheval pour te chevaucher long-
temps, longtemps
Je voudrais que tu sois mon cœur pour te sentir toujours en
moi.
Je voudrais que tu sois le paradis ou l'enfer selon le lieu où
j'aille
Je voudrais que tu sois un petit garçon pour être ton précepteur
Je voudrais que tu sois la nuit pour nous aimer dans les
ténèbres
Je voudrais que tu sois ma vie pour être par toi seule
Je voudrais que tu sois un obus boche pour me tuer d'un
soudain amour

Gui.

Voici un extrait datant probablement de mai 1915, c'est un chant du cygne. Le poète constate avec amertume la fin d'un amour qui fut certainement le plus grand de toute sa vie.

154

L'AMOUR, LE DÉDAIN ET L'ESPÉRANCE

Je t'ai prise contre ma poitrine comme une colombe qu'une petite fille étouffe sans le savoir
Je t'ai prise avec toute ta beauté ta beauté plus riche que tous les placers de la Californie ne le furent au temps de la fièvre de l'or
J'ai empli mon avidité sensuelle de ton sourire, de tes regards, de tes frémissements
(J'ai eu à moi, à ma disposition ton orgueil même quand je te tenais courbée et que tu subissais ma puissance et ma domination)
J'ai cru prendre tout cela, ce n'était qu'un prestige

(Et je demeure semblable à Ixion après qu'il eut fait l'amour avec
le fantôme de nuées fait à la semblance de celle qu'on
appelle Héra ou bien Junon l'invisible.
Et qui peut prendre, qui peut saisir des nuages ? qui peut
mettre la main sur un mirage ? et qu'il se trompe celui-là
qui croit emplir ses bras de l'azur céleste !
J'ai bien cru prendre toute ta beauté et je n'ai eu que ton corps
Le corps hélas n'a pas l'éternité
Le corps a la fonction de jouir mais il n'a pas l'amour
Et c'est en vain maintenant que j'essaye d'étreindre ton
esprit
Il fuit, il me fuit de toutes parts comme un nœud de couleuvres
qui se dénoue

Et tes beaux bras sur l'horizon lointain sont des serpents
couleur d'aurore qui se lovent en signe d'adieu
Je reste confus, je demeure confondu
Je me sens las de cet amour que tu dédaignes
Je suis honteux de cet amour que tu méprises tant

Le corps ne va pas sans l'âme
Et comment pourrais-je espérer rejoindre ton corps de naguère
puisque ton âme était si éloignée de moi
Et que le corps a rejoint l'âme
Comme font tous les corps vivants
Ô toi que je n'ai possédée que morte !)

*

Et malgré tout, cependant que parfois je regarde au loin si vient
le vaguemestre
Et que j'attends comme un délice ta lettre quotidienne mon
cœur bondit comme un chevreuil lorsque je vois venir le
messager
Et j'imagine alors des choses impossibles puisque ton cœur n'est
pas avec moi
Et j'imagine alors que nous allons nous embarquer, tous deux,
tout seuls peut-être trois, et que jamais personne au
monde ne saura rien de notre cher voyage vers rien, mais
vers ailleurs et pour toujours
Sur cette mer plus bleue encore, plus bleue que tout le bleu
du monde
Sur cette mer où jamais l'on ne crierait : « Terre ! »
Pour ton attentive beauté mes chants plus purs que toutes les
paroles monteraient plus libres encore que les flots
Est-il trop tard, mon cœur, pour ce mystérieux voyage ?
La barque nous attend, c'est notre imagination
Et la réalité nous rejoindra un jour
Si les âmes se sont rejointes
Pour le trop beau pèlerinage...

*

Allons, mon cœur d'homme la lampe va s'éteindre
Verses-y ton sang.
Allons, ma vie, alimente cette lampe d'amour
Allons, canons, ouvrez la route
Et qu'il arrive enfin le temps victorieux, le cher temps du retour

*

Je donne à mon espoir mes yeux, ces pierreries
Je donne à mon espoir, mes mains, palmes de victoire
Je donne à mon espoir mes pieds, chars de triomphe
Je donne à mon espoir ma bouche, ce baiser
Je donne à mon espoir mes narines qu'embaument les fleurs
de la mi-mai
Je donne à mon espoir mon cœur en ex-voto
Je donne à mon espoir tout l'avenir qui tremble comme une
petite lueur au loin dans la forêt

Gui.

Voici pour conclure la dernière lettre qu'Apollinaire adresse à Lou le 18 janvier 1916. Depuis le mois d'août 1915, il est fiancé à Madeleine. Lou, qui vit avec Toutou, n'est qu'un lointain souvenir mais ils se donnent toujours des nouvelles.

222

18 janvier 1916.

Retour de permission, je trouve tes deux lettres. Entendu pr les trucs, ce sera lors de ton prochain voyage —

Moi j'ai fait voyage épatant. Je te l'ai souhaitée bonne et heureuse par l'entremise de Toutou, car je ne savais si tu étais toujours à Lunéville. J'espère que cette lettre t'y trouvera. J'ai beaucoup de travail en ce moment, étant pour l'instant commandant de compagnie.

Je suis content que tu sois contente.

Embrasse Toutou de ma part.

Il fait assez beau temps.

Écris-moi de tes nouvelles.

Je te souhaite de belles amours et beaucoup de bonheur.

Alors, on s'habitue à la guerre, moi j'ai participé aux coups de chien de la cote 194 près de la butte de Tahure.

Enfin je m'en tire pr l'instant sans dégâts c'est pas mal après tout.

Gui.

Quelques mois plus tard, Apollinaire est enfin naturalisé français mais il ne va pas en profiter longtemps. Le 17 mars 1916, il est touché à la tempe par un éclat d'obus qui l'oblige à rentrer à Paris. Affaibli, il trouve encore la force de publier *Calligrammes* et d'épouser, non pas Madeleine, mais une certaine Jacqueline. Il n'a plus aucune nouvelle de Lou. Il meurt en novembre 1918, à l'âge de trente-huit ans, emporté par la grippe espagnole.

PAUL ÉLUARD

POÈMES

PAUL ÉLUARD

Si la poésie est une expérience, il doit en être autant de l'amour. Ou l'inverse. Vivre l'amour jusqu'à en faire la plus intime expression de la langue et vivre la poésie comme une langue d'amour pour autrui : ce désir, Paul Éluard l'a porté à son sommet. Ce fut sa vie, ce fut son œuvre. Ici la poésie habite l'homme et lui ouvre les yeux sur le monde ; ici l'amour parle à travers la voix du poète, et ne saurait le trahir. Et si cette langue poétique nous émeut, c'est qu'elle est ancrée dans la beauté du réel. *Elle est vivante*. Désormais, le poète est là ; il aime et il parle ; il écrit et nous aimons voir la forme mesurée de cette écriture s'accorder à la voix soupirante du désir qui l'étreint. « J'ai eu longtemps un visage inutile, / Mais maintenant / J'ai un visage pour être aimé / J'ai un visage pour être heureux. » On a souvent comparé la langue d'Éluard à celle de Racine : comme celle du dramaturge du XVIIe siècle, sa pureté se déploie à travers un lexique aux mots récurrents, plus encore aux *états* permanents, qui voient feu et glace se mêler, nuit et jour se faire face comme dans un miroir. Il y a continûment, dans cette poésie née avec le surréalisme, un jeu de contraste, dont la limpidité cristalline impressionne, sans jamais céder à la moindre complaisance. Ces vers portent en eux une force inaltérable : celle de la réciprocité des amants, l'image d'une passion qui, une fois survenue, ne s'altère jamais : elle est amour au quotidien, un quotidien à la fois merveilleux et émerveillé. Et quand le monde vient à vibrer, jusqu'à trembler, violenter, tuer, le poète ne cède pas : il continue de vivre pleinement sa présence au monde, il entre dans la Résistance et *en résistance*, en ayant foi dans ses engagements, en croyant à une fraternité qui a pour nom Liberté. Les poèmes peuvent donc devenir poèmes politiques et donner ce nom à un recueil : l'Homme n'est et ne peut être que dans un tel mouvement. Le *dur désir de durer* advient aussi après la perte de l'être aimé : Paul Éluard mènera jusqu'au bout un combat pour la vie, afin de dire bonjour « À tout ce que le temps nous infuse de force ».

Je ne peux m'empêcher d'écrire et c'est le seul moyen que j'ai trouvé dans ma vie d'être libre. J'écris depuis l'âge de quatorze ans des poèmes et j'ai toujours l'impression malheureusement de me répéter.
Les sujets changent selon l'heure et le temps qu'il fait, mais l'écho qu'ils trouvent en moi est toujours sensiblement le même. Le poète fait ce qu'il peut et non ce qu'il veut. Le tout est qu'il ait quelque chose à dire, car la poésie doit, étant le premier des arts, porter sens, plus que les autres arts.
Et pour porter sens, il faut que le poète soit sincère.

Paul Éluard

PAUL ÉLUARD
Poèmes

ESSAI DE SIMULATION DE LA PARALYSIE GÉNÉRALE

[Ma grande adorée belle comme tout sur la terre et dans les plus belles étoiles de la terre que j'adore ma grande femme adorée par toutes les puissances des étoiles belle avec la beauté des milliards de reines qui parent la terre l'adoration que j'ai pour ta beauté me met à genoux pour te supplier de penser à moi je me mets à tes genoux j'adore ta beauté pense à moi toi ma beauté adorable ma grande beauté que j'adore] je roule les diamants dans la mousse plus haute que les forêts dont tes cheveux les plus hauts pensent à moi — ne m'oublie pas ma petite femme sur mes genoux à l'occasion au coin du feu sur le sable en émeraude — regarde-toi dans ma main qui me sert à me baser sur tout au monde pour que tu me reconnaisses pour ce que je suis ma femme brune-blonde ma belle et ma bête pense à moi dans les paradis la tête dans mes mains.

[Je n'avais pas assez des cent cinquante châteaux où nous allions nous aimer on m'en construira demain cent mille autres j'ai chassé des forêts de baobabs de tes yeux les paons les panthères et les oiseaux-lyres je les enfermerai dans mes châteaux forts et nous irons nous promener tous deux dans les forêts d'Asie d'Europe d'Afrique d'Amérique qui entourent nos châteaux dans les forêts admirables de tes yeux qui sont habitués à ma splendeur.]

Tu n'as pas à attendre la surprise que je veux te faire pour ton anniversaire qui tombe aujourd'hui le même jour que le mien — je te la fais tout de suite puisque j'ai attendu quinze fois l'an mille avant de te faire la surprise de te demander de penser à moi à cache-cache — je veux que tu penses à moi ma jeune femme éternelle en riant. J'ai compté avant de m'endormir des nuées et des nuées de chars pleins de betteraves pour le soleil et je veux te mener la nuit sur la plage d'astrakan qu'on est en train de construire à deux horizons pour tes yeux de pétrole à faire la guerre [je t'y conduirai par des chemins de diamants pavés de primevères d'émeraudes et le manteau d'hermine dont je veux te couvrir est un oiseau de proie les diamants que tes pieds fouleront je les ai fait tailler en forme de papillon. Pense à moi qui ne songe qu'à ton éclat où s'endort le luxe ensoleillé d'une terre et de tous les astres que j'ai conquis pour toi je t'adore et j'adore tes yeux et j'ai ouvert tes yeux ouverts à tous ceux qu'ils ont vus et je donnerai à tous les êtres que tes yeux ont vus des habits d'or et de cristal des habits qu'ils devront jeter quand tes yeux les auront ternis de leur mépris.] Je saigne dans mon cœur aux seules initiales de ton nom sur un drapeau aux initiales de ton nom qui sont toutes les lettres dont z est la première dans l'infini des alphabets et des civilisations où je t'aimerai encore puisque tu veux être ma femme et penser à moi dans les pays où il n'y a plus de moyenne. Mon cœur saigne sur ta bouche et se referme sur ta bouche sur tous les marronniers roses de l'avenue de ta bouche où nous allons dans la poussière éclatante nous coucher parmi les météores [de ta beauté que j'adore ma grande créature si belle que je suis heureux de parer mes trésors de ta présence de ta pensée et de ton nom qui multiplie les facettes de l'extase de mes trésors de ton nom que j'adore parce qu'il trouve un écho dans tous les miroirs de beauté de ma splendeur] ma femme originelle mon échafaudage en bois de rose tu es ma faute de ma faute de ma très grande faute comme Jésus-Christ est la femme de ma croix — douze fois douze mille cent quarante-neuf fois je t'ai aimée de passion sur le chemin et je suis crucifié au nord à l'est à l'ouest et au nord pour ton baiser de radium et je te veux et tu es dans mon miroir de perles le souffle de l'homme qui ne te remontera pas à la surface et qui t'aime dans l'adoration ma femme couchée debout quand tu es assise en te peignant.

[Tu viendras tu penses à moi tu viendras tu accourras sur tes treize jambes pleines et sur toutes tes jambes vides qui battent l'air du balancement de tes bras une multitude de bras qui veulent m'enlacer moi à genoux entre tes jambes et tes bras pour t'enlacer sans crainte que mes locomotives t'empêchent de venir à moi et je te suis et je suis devant toi pour t'arrêter pour te donner toutes les étoiles du ciel en un baiser sur les yeux tous les baisers du monde en une étoile sur la bouche.]

Bien à toi en flambeau.

P.-S. — Je voudrais un bottin pour la messe un bottin avec une corde à nœuds pour marquer les pages. Tu m'apportes aussi un drapeau franco-allemand que je le plante sur le terrain vague. Et une livre de chocolat Menier avec la petite fille qui colle les affiches (je ne me rappelle plus). Et puis encore neuf de ces petites filles avec leurs avocats et leurs juges et tu viens dans le train spécial avec la vitesse de la lumière et les brigands du Far-West qui me distrairont une minute qui saute ici malheureusement comme les bouchons de champagne. Et un patin. Ma bretelle gauche vient de casser je soulevais le monde comme une plume. Peux-tu me faire une commission achète un tank je veux te voir venir comme les fées.

Si cette déclaration d'« amour fou » rappelle la magnifique *Nadja* d'André Breton, elle n'est pas l'œuvre du seul poète. Elle est signée par deux grands amis, liés par la même passion pour l'art et les femmes : André Breton et Paul Éluard. Ensemble, ils publient, en 1930, cette œuvre radicale, *L'Immaculée Conception*, où ils s'autorisent toutes les excentricités du langage. Nous sommes à l'apogée de la période surréaliste où, à la suite du mouvement Dada de Tristan Tzara, des écrivains, réunis autour de Louis Aragon, mais aussi des peintres, comme Pablo Picasso et Salvador Dalí, explorent l'inconscient en se libérant des contraintes de la création. C'est l'âge d'or de l'écriture automatique et des collages qui vont révolutionner l'art moderne. Riche en juxtapositions d'images, l'extrait que nous venons d'entendre évoque les grands thèmes de la poésie d'Éluard : l'amour absolu, inspiré par les trois femmes de sa vie, Gala, Nusch, Dominique, mais aussi la volonté d'ouvrir une « fenêtre » sur le monde et le foisonnement du réel. Car l'écriture d'Éluard se veut en prise avec le monde des hommes. Mobilisé pendant la guerre de 1914, témoin de la guerre d'Espagne, Éluard incarnera la figure du poète résistant au cours de la Seconde Guerre mondiale, avec son plus célèbre poème, « Liberté », devenu le symbole de la poésie de combat.

Commençons par cette magnifique ode à la liberté, « Un chant d'amour et de combat ». Publié en ouverture du recueil *Poésie et Vérité* en 1942, ce long poème se transmet en secret dans les milieux de la Résistance. En 1943, des milliers de tracts anonymes reproduisant le poème sont parachutés en France par l'aviation britannique. « Il fallait bien que la poésie prît le maquis », commente Paul Éluard à son sujet. Résistant, un temps réfugié dans un hôpital psychiatrique en zone sud, le poète participe à l'activité clandestine des éditions de Minuit aux côtés de Louis Aragon et de Pierre de Lescure. Plus tard, on apprendra que ce texte fut d'abord un poème d'amour, inspiré par Nusch, de son vrai nom Marie Benz, la seconde épouse de Paul Éluard. Voici ce long poème qui offrait le monde entier à sa muse, devenu un véritable chant des partisans.

LIBERTÉ

Sur mes cahiers d'écolier
Sur mon pupitre et les arbres
Sur le sable sur la neige
J'écris ton nom

Sur toutes les pages lues
Sur toutes les pages blanches
Pierre sang papier ou cendre
J'écris ton nom

Sur les images dorées
Sur les armes des guerriers

Sur la couronne des rois
J'écris ton nom

Sur la jungle et le désert
Sur les nids sur les genêts
Sur l'écho de mon enfance
J'écris ton nom

Sur les merveilles des nuits
Sur le pain blanc des journées
Sur les saisons fiancées
J'écris ton nom

Sur tous mes chiffons d'azur
Sur l'étang soleil moisi
Sur le lac lune vivante
J'écris ton nom

Sur les champs sur l'horizon
Sur les ailes des oiseaux
Et sur le moulin des ombres
J'écris ton nom

Sur chaque bouffée d'aurore
Sur la mer sur les bateaux

Sur la montagne démente
J’écris ton nom

Sur la mousse des nuages
Sur les sueurs de l’orage
Sur la pluie épaisse et fade
J’écris ton nom

Sur les formes scintillantes
Sur les cloches des couleurs
Sur la vérité physique
J’écris ton nom

Sur les sentiers éveillés
Sur les routes déployées
Sur les places qui débordent
J’écris ton nom

Sur la lampe qui s’allume
Sur la lampe qui s’éteint
Sur mes maisons réunies
J’écris ton nom

Sur le fruit coupé en deux
Du miroir et de ma chambre

Sur mon lit coquille vide
J'écris ton nom

Sur mon chien gourmand et tendre
Sur ses oreilles dressées
Sur sa patte maladroite
J'écris ton nom

Sur le tremplin de ma porte
Sur les objets familiers
Sur le flot du feu béni
J'écris ton nom

Sur toute chair accordée
Sur le front de mes amis
Sur chaque main qui se tend
J'écris ton nom

Sur la vitre des surprises
Sur les lèvres attentives
Bien au-dessus du silence
J'écris ton nom

Sur mes refuges détruits
Sur mes phares écroulés

Sur les murs de mon ennui
J'écris ton nom

Sur l'absence sans désir
Sur la solitude nue
Sur les marches de la mort
J'écris ton nom

Sur la santé revenue
Sur le risque disparu
Sur l'espoir sans souvenir
J'écris ton nom

Et par le pouvoir d'un mot
Je recommence ma vie
Je suis né pour te connaître
Pour te nommer

Liberté.

« Le temps est venu où tous les poètes ont le droit et le devoir de soutenir qu'ils sont profondément enfoncés dans la vie des autres hommes, dans la vie commune », affirmait Éluard en ouverture de *L'Évidence poétique*. Cette responsabilité face à ses contemporains, Éluard l'exprime dans un magnifique poème en hommage aux deux mille victimes civiles de Guernica, petite ville du Pays basque espagnol, bombardé le 26 avril 1937 par l'aviation allemande en soutien aux franquistes. Publié dans le recueil *Cours naturel* en 1938, le poème fait écho à la célèbre toile de Picasso, *Guernica*, que les peintres exposent dès 1937 à l'Exposition universelle de Paris. Voici ce poème qui s'intitule « La victoire de Guernica ».

LA VICTOIRE DE GUERNICA

I

Beau monde des masures
De la mine et des champs

2

Visages bons au feu visages bons au froid
Aux refus à la nuit aux injures aux coups

3

Visages bons à tout
Voici le vide qui vous fixe
Votre mort va servir d'exemple

4

La mort cœur renversé

5

Ils vous ont fait payer le pain
Le ciel la terre l'eau le sommeil
Et la misère
De votre vie

6

Ils disaient désirer la bonne intelligence
Ils rationnaient les forts jugeaient les fous
Faisaient l'aumône partageaient un sou en deux

Ils saluaient les cadavres
Ils s'accablaient de politesses

7

Ils persévèrent ils exagèrent ils ne sont pas de notre monde

8

Les femmes les enfants ont le même trésor
De feuilles vertes de printemps et de lait pur
Et de durée
Dans leurs yeux purs

9

Les femmes les enfants ont le même trésor
Dans les yeux
Les hommes le défendent comme ils peuvent

10

Les femmes les enfants ont les mêmes roses rouges
Dans les yeux
Chacun montre son sang

11

La peur et le courage de vivre et de mourir
La mort si difficile et si facile

12

Hommes pour qui ce trésor fut chanté
Hommes pour qui ce trésor fut gâché

13

Hommes réels pour qui le désespoir
Alimente le feu dévorant de l'espoir
Ouvrons ensemble le dernier bourgeon de l'avenir

14

Parias la mort la terre et la hideur
De nos ennemis ont la couleur
Monotone de notre nuit
Nous en aurons raison.

Le poète est celui qui inspire, bien plus que celui qui est inspiré. Les poèmes ont toujours de grandes marges blanches, de grandes marges de silence où la mémoire ardente se consume pour recréer un délire sans passé. Leur principale qualité est non pas, je le répète, d'invoquer, mais d'inspirer.

Paul Éluard

Max Ernst, Pablo Picasso, mais aussi Marc Chagall, Henri Matisse, Paul Klee… Grand ami des peintres, Éluard donne justement à sa poésie l'ambition de « donner à voir ». Éluard et Picasso se rencontrent dès la première exposition surréaliste à Paris en 1925. Plus jeune d'une quinzaine d'années, le poète est fasciné par la personnalité du peintre qui l'inspire et lui apprend à voir. « Et nos regards au loin dissipent les erreurs », écrit Éluard dans son célèbre recueil *Capitale de la douleur*, publié en 1926. Dix ans plus tard, la guerre d'Espagne les rapproche encore. La même année, Éluard accompagne Picasso dans une grande rétrospective à Madrid. En 1938, Éluard rend hommage à ses amis peintres dans un recueil intitulé *Donner à voir*, véritable manifeste esthétique. Voici l'éloge que le poète fait de celui qu'il appellera son « ami sublime », à travers une sorte d'inventaire amoureux de son univers pictural : « À Pablo Picasso ».

À PABLO PICASSO

I

Les uns ont inventé l'ennui d'autres le rire
Certains taillent à la vie un manteau d'orage
Ils assomment les papillons font tourner les oiseaux en eau
Et s'en vont mourir dans le noir

Toi tu as ouvert des yeux qui vont leur voie
Parmi les choses naturelles à tous les âges
Tu as fait la moisson des choses naturelles
Et tu sèmes pour tous les temps

On te prêchait l'âme et le corps
Tu as remis la tête sur le corps
Tu as percé la langue de l'homme rassasié
Tu as brûlé le pain bénit de la beauté
Un seul cœur anima l'idole et les esclaves
Et parmi tes victimes tu continues à travailler
Innocemment

C'en est fini des joies greffées sur le chagrin.

II

Un bol d'air bouclier de lumière

Derrière ton regard aux trois épées croisées
Tes cheveux nattent le vent rebelle
Sous ton teint renversé la coupole et la hache de ton front
Délivrent la bouche tendue à nu
Ton nez est rond et calme
Les sourcils sont légers l'oreille est transparente

À ta vue je sais que rien n'est perdu.

III

Fini d'errer tout est possible
Puisque la table est droite comme un chêne
Couleur de bure couleur d'espoir
Puisque dans notre champ petit comme un diamant
Tient le reflet de toutes les étoiles

Tout est possible on est ami avec l'homme et la bête
À la façon de l'arc-en-ciel

Tour à tour brûlante et glaciale
Notre volonté est de nacre
Elle change de bourgeons et de fleurs non selon l'heure mais
selon
La main et l'œil que nous nous ignorions

Nous toucherons tout ce que nous voyons
Aussi bien le ciel que la femme
Nous joignons nos mains à nos yeux
La fête est nouvelle.

IV

L'oreille du taureau à la fenêtre
De la maison sauvage où le soleil blessé
Un soleil d'intérieur se terre

Tentures du réveil les parois de la chambre
Ont vaincu le sommeil.

V

Est-il argile plus aride que tous ces journaux déchirés
Avec lesquels tu te lanças à la conquête de l'aurore
De l'aurore d'un humble objet
Tu dessines avec amour ce qui attendait d'exister
Tu dessines dans le vide
Comme on ne dessine pas
Généreusement tu découpas la forme d'un poulet
Tes mains jouèrent avec ton paquet de tabac
Avec un verre avec un litre qui gagnèrent

Le monde enfant sortit d'un songe

Bon vent pour la guitare et pour l'oiseau
Une seule passion pour le lit et la barque
Pour la verdure neuve et pour le vin nouveau

Les jambes des baigneuses dénudent vague et plage
Matin tes volets bleus se ferment sur la nuit
Dans les sillons la caille a l'odeur de noisette
Des vieux mois d'août et des jeudis
Récoltes bariolées paysannes sonores
Écailles des marais sécheresse des nids

Visage aux hirondelles amères au couchant rauque

Le matin allume un fruit vert
Dore les blés les joues les cœurs
Tu tiens la flamme entre tes doigts
Et tu peins comme un incendie

Enfin la flamme unit enfin la flamme sauve.

VI

Je reconnais l'image variable de la femme
Astre double miroir mouvant
La négatrice du désert et de l'oubli
Source aux seins de bruyère étincelle confiance
Donnant le jour au jour et son sang au sang
Je t'entends chanter sa chanson

Ses mille formes imaginaires
Ses couleurs qui préparent le lit de la campagne
Puis qui s'en vont teinter des mirages nocturnes

Et quand la caresse s'enfuit
Reste l'immense violence
Reste l'injure aux ailes lasses
Sombre métamorphose un peuple solitaire
Que le malheur dévore

Drame de voir où il n'y a rien à voir
Que soi et ce qui est semblable à soi
Tu ne peux pas t'anéantir
Tout renaît sous tes yeux justes

Et sur les fondations des souvenirs présents
Sans ordre ni désordre avec simplicité
S'élève le prestige de donner à voir.

1938.

Ce que la poésie d'Éluard donne merveilleusement à voir, c'est surtout le corps sublimé de la femme aimée. En 1947, dans un texte écrit pour la radio, intitulé « Dit de la force de l'amour », Éluard confie : « Parlez, les mots d'amour sont des caresses fécondantes. Les autres mots ne sont là que pour la commodité de la vie. Aimer, c'est l'unique raison de vivre. » Vingt ans plus tôt, le poète publie son premier grand recueil, *Capitale de la douleur*, inspiré par sa première femme, Gala. Rencontrée au sanatorium de Davos en 1914, alors qu'ils avaient tout juste vingt ans, elle deviendra plus tard la muse et la femme de Dalí. Voici quelques-uns de ses célèbres poèmes. Le premier évoque un thème surréaliste par excellence, il s'intitule « La courbe de tes yeux ».

La courbe de tes yeux fait le tour de mon cœur,
Un rond de danse et de douceur,
Auréole du temps, berceau nocturne et sûr,
Et si je ne sais plus tout ce que j'ai vécu
C'est que tes yeux ne m'ont pas toujours vu.

Feuilles de jour et mousse de rosée,
Roseaux du vent, sourires parfumés,
Ailes couvrant le monde de lumière,
Bateaux chargés du ciel et de la mer,
Chasseurs des bruits et sources des couleurs

Parfums éclos d'une couvée d'aurores
Qui gît toujours sur la paille des astres,
Comme le jour dépend de l'innocence

Le monde entier dépend de tes yeux purs
Et tout mon sang coule dans leurs regards.

Découvrons çà et là d'autres détails du visage aimé.

Ta chevelure d'oranges dans le vide du monde
Dans le vide des vitres lourdes de silence
Et d'ombre où mes mains nues cherchent tous tes reflets.

La forme de ton cœur est chimérique
Et ton amour ressemble à mon désir perdu.
Ô soupirs d'ambre, rêves, regards.

Mais tu n'as pas toujours été avec moi. Ma mémoire
Est encore obscurcie de t'avoir vu venir
Et partir. Le temps se sert de mots comme l'amour.

Ta bouche aux lèvres d'or n'est pas en moi pour rire
Et tes mots d'auréole ont un sens si parfait
Que dans mes nuits d'années, de jeunesse et de mort
J'entends vibrer ta voix dans tous les bruits du monde.

Dans cette aube de soie où végète le froid
La luxure en péril regrette le sommeil,
Dans les mains du soleil tous les corps qui s'éveillent
Grelottent à l'idée de retrouver leur cœur.

Souvenirs de bois vert, brouillard où je m'enfonce
J'ai refermé les yeux sur moi, je suis à toi,
Toute ma vie t'écoute et je ne peux détruire
Les terribles loisirs que ton amour me crée.

Écoutons cette autre déclaration d'amour pour celle qui incarne « Celle de toujours, toute ».

CELLE DE TOUJOURS, TOUTE

Si je vous dis : « j'ai tout abandonné »
C'est qu'elle n'est pas celle de mon corps,
Je ne m'en suis jamais vanté,
Ce n'est pas vrai
Et la brume de fond où je me meus
Ne sait jamais si j'ai passé.

L'éventail de sa bouche, le reflet de ses yeux,
Je suis le seul à en parler,
Je suis le seul qui soit cerné
Par ce miroir si nul où l'air circule à travers moi
Et l'air a un visage, un visage aimé,
Un visage aimant, ton visage,

À toi qui n'as pas de nom et que les autres ignorent,
La mer te dit : sur moi, le ciel te dit : sur moi,
Les astres te devinent, les nuages t'imaginent
Et le sang répandu aux meilleurs moments,
Le sang de la générosité
Te porte avec délices.
Je chante la grande joie de te chanter,
La grande joie de t'avoir ou de ne pas t'avoir,
La candeur de t'attendre, l'innocence de te connaître,

Ô toi qui supprimes l'oubli, l'espoir et l'ignorance,
Qui supprimes l'absence et qui me mets au monde,
Je chante pour chanter, je t'aime pour chanter
Le mystère où l'amour me crée et se délivre.

Tu es pure, tu es encore plus pure que moi-même.

En 1929, Gala rencontre Salvador Dalí, tandis qu'Éluard fait la connaissance d'une charmante inconnue, Marie Benz, surnommée Nusch, qui deviendra sa compagne. Peu avant sa séparation d'avec Gala, Éluard lui dédie un ultime ouvrage intitulé *L'Amour la poésie*. L'exemplaire qu'il lui offre porte cette dédicace : « Tout ce que j'ai dit, Gala, c'était pour que tu l'entendes. Ma bouche n'a jamais pu quitter tes yeux. » C'est dans ce recueil que le poète écrit l'un des vers les plus célèbres de la poésie surréaliste.

PREMIÈREMENT

Je te l'ai dit pour les nuages
Je te l'ai dit pour l'arbre de la mer
Pour chaque vague pour les oiseaux dans les feuilles
Pour les cailloux du bruit
Pour les mains familières
Pour l'œil qui devient visage ou paysage
Et le sommeil lui rend le ciel de sa couleur
Pour toute la nuit bue
Pour la grille des routes
Pour la fenêtre ouverte pour un front découvert
Je te l'ai dit pour tes pensées pour tes paroles
Toute caresse toute confiance se survivent.

*

Toi la seule et j'entends les herbes de ton rire
Toi c'est ta tête qui t'enlève
Et du haut des dangers de mort
Sous les globes brouillés de la pluie des vallées
Sous la lumière lourde sous le ciel de terre
Tu enfantes la chute.

Les oiseaux ne sont plus un abri suffisant
Ni la paresse ni la fatigue
Le souvenir des bois et des ruisseaux fragiles
Au matin des caprices
Au matin des caresses visibles
Au grand matin de l'absence la chute.
Les barques de tes yeux s'égarent
Dans la dentelle des disparitions
Le gouffre est dévoilé aux autres de l'éteindre
Les ombres que tu crées n'ont pas droit à la nuit.

*

Mon amour pour avoir figuré mes désirs
Mis tes lèvres au ciel de tes mots comme un astre
Tes baisers dans la nuit vivante
Et le sillage de tes bras autour de moi

Comme une flamme en signe de conquête
Mes rêves sont au monde
Clairs et perpétuels.

Et quand tu n’es pas là
Je rêve que je dors je rêve que je rêve.

*

D’une seule caresse
Je te fais briller de tout ton éclat.

*

La terre est bleue comme une orange
Jamais une erreur les mots ne mentent pas
Ils ne vous donnent plus à chanter
Au tour des baisers de s’entendre
Les fous et les amours
Elle sa bouche d’alliance
Tous les secrets tous les sourires
Et quels vêtements d’indulgence
À la croire toute nue.

Les guêpes fleurissent vert
L’aube se passe autour du cou

Un collier de fenêtres
Des ailes couvrent les feuilles
Tu as toutes les joies solaires
Tout le soleil sur la terre
Sur les chemins de ta beauté.

*

Le sommeil a pris ton empreinte
Et la colore de tes yeux.

*

Le front aux vitres comme font les veilleurs de chagrin
Ciel dont j'ai dépassé la nuit
Plaines toutes petites dans mes mains ouvertes
Dans leur double horizon inerte indifférent
Le front aux vitres comme font les veilleurs de chagrin
Je te cherche par-delà l'attente
Par-delà moi-même.
Et je ne sais plus tant je t'aime
Lequel de nous deux est absent.

*

Les corbeaux battent la campagne
La nuit s'éteint
Pour une tête qui s'éveille
Les cheveux blancs le dernier rêve
Les mains se font jour de leur sang
De leurs caresses

Une étoile nommée azur
Et dont la forme est terrestre

Folle des cris à pleine gorge
Folle des rêves
Folle aux chapeaux de sœur cyclone
Enfance brève folle aux grands vents
Comment ferais-tu la belle la coquette

Ne rira plus
L'ignorance l'indifférence
Ne révèlent pas leur secret
Tu ne sais pas saluer à temps
Ni te comparer aux merveilles
Tu ne m'écoutes pas.
Mais ta bouche partage l'amour
Et c'est par ta bouche
Et c'est derrière la buée de nos baisers
Que nous sommes ensemble.

*

Il fallait bien qu'un visage
Réponde à tous les noms du monde.

Mon amour, pour avoir figuré mes désirs
Mis tes lèvres au ciel de tes mots comme un astre
Tes baisers dans la nuit vivante
Et le sillage de tes bras autour de moi
Comme une flamme en signe de conquête
Mes rêves sont au monde
Clairs et perpétuels.

Et quand tu n'es pas là
Je rêve que je dors je rêve que je rêve.

Paul Éluard

Restons dans le registre amoureux, mais passons de la poésie à la prose. Héritier du don de voyance cher à Rimbaud, Éluard est fasciné par la métaphore du regard et la pratique de l'écriture comme art visionnaire. La même année que *Capitale de la douleur*, il publie un court recueil intitulé *Les Dessous d'une vie* qui rassemble des récits de rêves. Le poète y fait cette confidence : « Je devins esclave de la faculté pure de voir. Esclave de mes yeux irréels et vierges. » Son premier texte évoque une mystérieuse « Dame de carreau ». Souvenir d'un amour d'adolescence, ce personnage incarne aussi la vocation du poète pour la pureté et la quête de l'amour absolu.

D'abord, un grand désir m'était venu de solennité et d'apparat. J'avais froid. Tout mon être vivant et corrompu aspirait à la rigidité et à la majesté des morts. Je fus tenté ensuite par un mystère où les formes ne jouent aucun rôle. Curieux d'un ciel décoloré d'où les oiseaux et les nuages sont bannis. Je devins esclave de la faculté pure de voir, esclave de mes yeux irréels et vierges, ignorants du monde et d'eux-mêmes. Puissance tranquille. Je supprimai le visible et l'invisible, je me perdis dans un miroir sans tain. Indestructible, je n'étais pas aveugle.

LA DAME DE CARREAU

Tout jeune, j'ai ouvert mes bras à la pureté. Ce ne fut qu'un battement d'ailes au ciel de mon éternité, qu'un battement de cœur amoureux qui bat dans les poitrines conquises. Je ne pouvais plus tomber.

Aimant l'amour. En vérité, la lumière m'éblouit. J'en garde assez en moi pour regarder la nuit, toute la nuit, toutes les nuits.

Toutes les vierges sont différentes. Je rêve toujours d'une vierge.

À l'école, elle est au banc devant moi, en tablier noir. Quand elle se retourne pour me demander la solution d'un problème, l'innocence de ses yeux me confond à un tel point que, prenant mon trouble en pitié, elle passe ses bras autour de mon cou.

Ailleurs, elle me quitte. Elle monte sur un bateau. Nous sommes presque étrangers l'un à l'autre, mais sa jeunesse est si grande que son baiser ne me surprend point.

Ou bien, quand elle est malade, c'est sa main que je garde dans les miennes, jusqu'à en mourir, jusqu'à m'éveiller.

Je cours d'autant plus vite à ses rendez-vous que j'ai peur de n'avoir pas le temps d'arriver avant que d'autres pensées me dérobent à moi-même.

Une fois, le monde allait finir et nous ignorions tout de notre amour. Elle a cherché mes lèvres avec des mouvements de tête lents et caressants. J'ai bien cru, cette nuit-là, que je la ramènerais au jour.

Et c'est toujours le même aveu, la même jeunesse, les mêmes yeux purs, le même geste ingénu de ses bras autour de mon cou, la même caresse, la même révélation.

Mais ce n'est jamais la même femme.

Les cartes ont dit que je la rencontrerai dans la vie, *mais sans la reconnaître.*

Aimant l'amour.

*

Je tourne sans cesse dans un souterrain où la lumière n'est que sous-entendue. Attiré par son dernier reflet, je passe et repasse devant une fille forte et blonde à qui je donne le vertige et qui le redoute pour moi. Elle connaît le langage des sourds-muets, on s'en sert dans sa famille. Je ne suis pas curieux de savoir pourquoi on a tiré sur elle. La basse est restée près du cœur et l'émotion gonfle encore sa gorge.

Et nous roulons en auto, dans un bois. Une biche traverse la route. La belle jeune fille claque de la langue. C'est une musique délicieuse. Elle voudrait voir la couleur de mon sang. Ses cheveux sont coupés à tort et à travers, un vrai lit d'herbes folles qu'elle cache. Quelqu'un près de moi désire confusément fuir avec elle. Je m'en irai et je m'en vais. Passez assez vite pour que, brusquement, je ne sente sa bouche fraîche et féroce sur la mienne.

Quelques années plus tard, en 1931, Éluard écrit un autre poème en prose qui s'intitule « Dors ». Dans ce récit, il fait de sa rencontre avec Nusch l'objet d'un rêve prémonitoire. Dans ce portrait sublimé, la jeune femme semble être l'incarnation de l'idéal amoureux du poète, comme un écho à la mystérieuse Dame de carreau.

DORS

Il faut que j'éclaircisse aujourd'hui l'espèce de réussite que sont mes rêves, et je dis réussite parce que de me coucher auprès d'un être nouveau, dans des lieux aussi inattendus, aussi répugnants que sont, par exemple, une cuisine ou une salle de musée, me fait entrevoir les limites de la vie, ne me laisse rien à subir que la mort.

Une femme très jeune, très malheureuse, ayant pour elle la beauté crépusculaire des êtres qui se donnent, qui s'abandonnent parce qu'ils perdront ainsi celui qui les recevra. Ayant pour elle la beauté crépusculaire des êtres dont l'innocence est absolue parce qu'ils ne calculent pas ce qu'ils ont vécu, ni ce qu'il leur reste à vivre. Elle est là pour me recevoir, moi et cette innocence que je n'ai pas perdue, puisque je dors, puisque je suis à la merci d'un amour qui n'est pas nouveau, mais éternel, le maître de moi-même, de la naissance à la mort de la nuit.

Serments sans raison, tout étant déjà juré. Plus de soucis. Sérieux sans soucis, sans serments. Nous ne rions pas, parce que nous n'avons pas à nous défendre. Nous nous aimons parmi les déchets de la vie éveillée : salles d'école, querelles, l'argent menaçant, présences habituelles, la cuisine, la table, le travail, les voyages, les habits. Et même la nudité ne nous éblouit pas, il n'y a plus effort pour que la lumière ne soit pas troublée par elle-même, pour que le ciel gris ne se fonde en aucun ciel bleu. Cette fille que je découvre en m'endormant, comme une étoile noire dans l'oubli du jour, ne connaît d'elle-même que ce que j'ignore de moi. Sa chair très douce répond du plaisir qu'elle prend à mes caresses, mais n'en répond que du haut de sa vertu. Ni ne gagne, ni ne perd, ni ne risque, ni n'est certaine. La volonté n'est plus le masque qu'on enlève, ni les yeux qui s'ouvrent. Elle ne me demande pas d'abdiquer, ni de tenir. Je suis livré, vraiment livré, à la réalité d'un miroir qui ne reflète pas mon apparence. Livré à ses désirs. Je me suppose la proie. Sans hier ni lendemain. Ce visage pur recommence.

Le plus grand jour de ma vie, toujours.

Mais après la saison de l'amour vient celle du deuil. De 1929 à 1946, Paul Éluard vit une relation passionnée auprès de Nusch. Mariés en 1934, ils traversent ensemble les épreuves de la guerre, de la vie clandestine et des combats de la Résistance. Nusch devient la muse de la vie quotidienne comme nous le montrent ces quelques vers extraits du second volume *Le Livre ouvert*, publié en 1942.

BELLE ÉPOUSE

Belle épouse de mémoire
Elle sortit de son lit
Comme on entre dans l'histoire.

Mais après dix-sept ans de vie commune, Nusch meurt subitement en s'effondrant en pleine rue, en l'absence d'Éluard parti en Suisse donner une conférence. Sous le choc, Éluard traverse la période la plus noire de son existence. C'est en alexandrin qu'il note la date de ce jour tragique :

Vingt-huit novembre mil neuf cent quarante-six

*

Nous ne vieillirons pas ensemble
Voici le jour
En trop : le temps déborde.

*

Mon amour si léger prend le poids d'un supplice.

Pour le poète, c'est le début d'un long désespoir. L'écrivain se heurte aux « limites du malheur ».

LES LIMITES DU MALHEUR

Mes yeux soudain horriblement
Ne voient pas plus loin que moi
Je fais des gestes dans le vide
Je suis comme un aveugle-né
De son unique nuit témoin

La vie soudain horriblement
N'est plus à la mesure du temps
Mon désert contredit l'espace
Désert pourri désert livide
De ma morte que j'envie

J'ai dans mon corps vivant les ruines de l'amour
Ma morte dans sa robe au col taché de sang.

Son écriture prend un ton élégiaque pour célébrer « ma morte vivante ».

MA MORTE VIVANTE

Dans mon chagrin rien n'est en mouvement
J'attends personne ne viendra
Ni de jour ni de nuit
Ni jamais plus de ce qui fut moi-même

Mes yeux se sont séparés de tes yeux
Ils perdent leur confiance ils perdent leur lumière
Ma bouche s'est séparée de ta bouche
Ma bouche s'est séparée du plaisir
Et du sens de l'amour et du sens de la vie
Mes mains se sont séparées de tes mains
Mes mains laissent tout échapper
Mes pieds se sont séparés de tes pieds

Ils n'avanceront plus il n'y a plus de routes
Ils ne connaîtront plus mon poids ni le repos

Il m'est donné de voir ma vie finir
Avec la tienne
Ma vie en ton pouvoir
Que j'ai crue infinie

Et l'avenir mon seul espoir c'est mon tombeau
Pareil au tien cerné d'un monde indifférent

J'étais si près de toi que j'ai froid près des autres.

À son ami Man Ray, Éluard confie en décembre 1946 : « Je te réécrirai quand j'aurai repris conscience de la vie. » En ces mois douloureux, le poète se sent réduit au silence. Il s'adresse une dernière fois à Nusch pour évoquer ce que fut leur existence. Voici, « Notre vie ».

NOTRE VIE

Notre vie tu l'as faite elle est ensevelie
Aurore d'une ville un beau matin de mai
Sur laquelle la terre a refermé son poing
Aurore en moi dix-sept années toujours plus claires
Et la mort entre en moi comme dans un moulin

Notre vie disais-tu si contente de vivre
Et de donner la vie à ce que nous aimions
Mais la mort a rompu l'équilibre du temps
La mort qui vient la mort qui va la mort vécue
La mort visible boit et mange à mes dépens

Morte visible Nusch invisible et plus dure
Que la soif et la faim à mon corps épuisé
Masque de neige sur la terre et sous la terre
Source des larmes dans la nuit masque d'aveugle
Mon passé se dissout je fais place au silence.

« Je t'ai imaginée »

Le grand merci que je dois à la vie
Non à la mienne mais à toute vie
Car tu es femme entière à la folie
Et rien n'a pu te réduire à toi-même
Dors mon enfance ma confiance d'or
Sur la litière où nous n'avons qu'un cœur
Fuyez misères à visage d'homme
Veiller sur toi c'est rêver d'être toi

Paul Éluard

Enfin le miracle de l'amour se réalise à nouveau et tout se passe comme si le couple brisé renaissait de ses cendres. Après guerre, Éluard participe à de nouveaux congrès sur la paix. En 1949, lors d'une conférence à Mexico, le poète fait une rencontre inespérée, celle de Dominique, qui deviendra sa dernière épouse et avec qui il partagera les trois dernières années de son existence. Ces trois années sont celles du retour à la vie et à l'amour qui lui inspirent une poésie de la maturité. Voici ce portrait intitulé « Dominique aujourd'hui présente », publié dans un recueil qui porte bien son nom, *Le Phénix*, publié en 1951.

DOMINIQUE AUJOURD'HUI PRÉSENTE

Toutes les choses au hasard
Tous les mots dits sans y penser
Et qui sont pris comme ils sont dits
Et nul n'y perd et nul n'y gagne

Les sentiments à la dérive
Et l'effort le plus quotidien
Le vague souvenir des songes
L'avenir en butte à demain

Les mots coincés dans un enfer
De roues usées de lignes mortes

Les choses grises et semblables
Les hommes tournant dans le vent

Muscles voyants squelette intime
Et la vapeur des sentiments
Le cœur réglé comme un cercueil
Les espoirs réduits à néant

*

Tu es venue l'après-midi crevait la terre
Et la terre et les hommes ont changé de sens
Et je me suis trouvé réglé comme un aimant
Réglé comme une vigne

À l'infini notre chemin le but des autres
Des abeilles volaient futures de leur miel
Et j'ai multiplié mes désirs de lumière
Pour en comprendre la raison

Tu es venue j'étais très triste j'ai dit oui
C'est à partir de toi que j'ai dit oui au monde
Petite fille je t'aimais comme un garçon
Ne peut aimer que son enfance

Avec la force d'un passé très loin très pur
Avec le feu d'une chanson sans fausse note
La pierre intacte et le courant furtif du sang
Dans la gorge et les lèvres

Tu es venue le vœu de vivre avait un corps
Il creusait la nuit lourde il caressait les ombres
Pour dissoudre leur boue et fondre leurs glaçons
Comme un œil qui voit clair

L'herbe fine figeait le vol des hirondelles
Et l'automne pesait dans le sac des ténèbres
Tu es venue les rives libéraient le fleuve
Pour le mener jusqu'à la mer

Tu es venue plus haute au fond de ma douleur
Que l'arbre séparé de la forêt sans air
Et le cri du chagrin du doute s'est brisé
Devant le jour de notre amour

Gloire l'ombre et la honte ont cédé au soleil
Le poids s'est allégé le fardeau s'est fait rire
Gloire le souterrain est devenu sommet
La misère s'est effacée

La place d'habitude où je m'abêtissais
Le couloir sans réveil l'impasse et la fatigue
Se sont mis à briller d'un feu battant des mains
L'éternité s'est dépliée

Ô toi mon agitée et ma calme pensée
Mon silence sonore et mon écho secret
Mon aveugle voyante et ma vue dépassée
Je n'ai plus eu que ta présence

Tu m'as couvert de ta confiance.

Et voici en conclusion l'ultime hommage que rend Éluard à sa dernière compagne, une déclaration d'amour qui est aussi un chant d'espérance. Il s'agit d'un extrait du second volume de *Poésie ininterrompue*, publié de manière posthume en 1953.
Rappelons-nous la promesse faite par André Breton et Paul Éluard en 1930 dans *L'Immaculée Conception*. Le poète promettait à sa muse, « cent mille châteaux aux rivières d'émeraude ». À la fin de sa vie, Éluard évoque au contraire un mystérieux château des pauvres d'où les prisonniers s'échappent pour vivre leur amour en liberté. Ce long poème lui a été inspiré par le nom d'une vieille ferme dans le Périgord, non loin de sa dernière résidence.

LE CHÂTEAU DES PAUVRES

Venant de très bas, de très loin, nous arrivons au-delà.

Une longue chaîne d'amants
Sortit de la prison dont on prend l'habitude

Sur leur amour ils avaient tous juré
D'aller ensemble en se tenant la main
Ils étaient décidés à ne jamais céder
Un seul maillon de leur fraternité

La misère rampait encore sur les murs
La mort osait encore se montrer

Il n'y avait encore aucune loi parfaite
Aucun lien admirable

S'aimer était profane
S'unir était suspect

Ils voulaient s'enivrer d'eux-mêmes
Leurs yeux voulaient faire leur miel
Leur cœur voulait couver le ciel
Ils aimaient l'eau par les chaleurs
Ils étaient nés pour adorer le feu l'hiver

Ils avaient trop longtemps vécu contradictoires
Dans le chaos de l'esclavage
Rongeant leur frein lourds de fatigue et de méfaits
Ils se heurtaient entre eux étouffant les plus faibles

Quand ils criaient au secours
Ils se croyaient punissables ou fous
Leur drame était le repoussoir
De la félicité des maîtres

Que de baisers désespérés les menottes aux lèvres
Sous le soleil fécond que de retours à rien
Que de vaincus par le trop-plein de leur candeur
Empoignant un poignard pour prouver leur vertu

Ils étaient couronnés de leurs nerfs détraqués
On entendait hurler merci

Merci pour la faim et la soif
Merci pour le désastre et pour la mort bénie
Merci pour l'injustice
Mais qu'en attendez-vous et l'écho répondait

Nous nous délecterons de la monotonie
Nous nous embellirons de vêtements de deuil
Nous allons vivre un jour de plus
Nous les rapaces nous les rongeurs de ténèbres
Notre aveugle appétit s'exalte dans la boue
On ne verra le ciel que sur notre tombeau

Il y avait bien loin de ce Château des pauvres
Noir de crasse et de sang
Aux révoltes prévues aux récoltes possibles

Mais l'amour a toujours des marges si sensibles
Que les forces d'espoir s'y sont réfugiées
Pour mieux se libérer

Je t'aime je t'adore toi
Par-dessus la ligne des toits

Aux confins des vallées fertiles
Au seuil des rires et des îles
Où nul ne se noie ni ne brûle
Dans la foule future où nul
Ne peut éteindre son plaisir
La nuit protège le désir

L'horizon s'offre à la sagesse
Le cœur aux jeux de la jeunesse
Tout monte rien ne se retire

L'univers de fleurs violentes
Protège l'herbe la plus tendre
Je peux t'enclore entre mes bras
Pour me délivrer du passé
Je peux être agité tranquille
Sans rien déranger de ton rêve
Tu me veux simplement heureux
Et nous serons la porte ouverte
À la rosée au grand soleil
Et je t'entraîne dans ma fièvre
Jusqu'au jour le plus généreux

Il n'y a pas glaces qui tiennent
Devant la foudre et l'incendie
Devant les épis enflammés

D’un vrai baiser qui dit je t’aime
Graine absorbée par le sillon
Il n’y aura pas de problèmes
Minuscules si nous voyons
Ensemble l’aube à l’horizon
Comme un tremplin pour dépasser
Tout ce que nous avons été
Quand le crépuscule régnait

Toi la plus désespérée
Des esclaves dénuées
Toi qui venais de jamais
Sur une route déserte
Moi qui venais de très loin
Par mille sentiers croisés
Où l’homme ignore son bien

Innocent je t’ai fait boire
L’eau pure du miroir
Où je m’étais perdu
Minute par minute

Ce fut à qui donna
À l’autre l’illusion
D’avoir un peu vécu
Et de vouloir durer

Ainsi nous demeurâmes
Dans le Château des pauvres
Au loin le paysage
S'aggravait d'inconnu
Et notre but notre salut
Se couvrait de nuages
Comme au jour du déluge

Château des pauvres les pauvres
Dormaient séparés d'eux-mêmes
Et vieillissaient solitaires
Dans un abîme de peines
Pauvreté les menait haut
Un peu plus haut que des bêtes
Ils pourrissaient leur château
La mousse mangeait la pierre
Et la lie dévastait l'eau
Le froid consumait les pauvres
La croix cachait le soleil

Ce n'était que sur leur fatigue
Sur leur sommeil que l'on comptait
Autour du Château des pauvres
Autour de toutes les victimes
Autour des ventres découverts
Pour enfanter et succomber

Et l'on disait donner la vie
C'est donner la mort à foison
Et l'on disait la poésie
Pour obnubiler la raison
Pour rendre aimable la prison

Pauvres dans le Château des pauvres
Nous fûmes deux et des millions
À caresser un très vieux songe
Il végétait plus bas que terre
Qu'il monte jusqu'à nos genoux
Et nous aurions été sauvés
Notre vie nous la concevions
Sans menaces et sans œillères
Nous pouvions adoucir les brutes
Et rayonnants nous alléger
Du fardeau même de la lutte

Les aveugles nous contemplent
Les pires sourds nous entendent
Ils parviennent à sourire
Il ne nous en faut pas plus
Pour tamiser l'épouvante
De subsister sans défense
Il ne nous en faut pas plus
Pour nous épouser sans crainte

Nous nous voyons nous entendons
Comme si nous donnions à tous
Le pouvoir d'être sans contrainte

Si notre amour est ce qu'il est
C'est qu'il a franchi ses limites
Il voulait passer sous la haie
Comme un serpent et gagner l'air
Comme un oiseau et gagner l'onde
Comme un poisson gagner le temps
Gagner la vie contre la mort
Et perpétuer l'univers

Tu m'as murmuré perfection
Moi je t'ai soufflé harmonie
Quand nous nous sommes embrassés
Un grand silence s'est levé
Notre nudité délirante
Nous a fait soudain tout comprendre
Quoi qu'il arrive nous rêvons
Quoi qu'il arrive nous vivrons

Tu tends ton front comme une route
Où rien ne me fait trébucher
Le soleil y fond goutte à goutte
Pas à pas j'y reprends des forces

De nouvelles raisons d'aimer
Et le monde sous son écorce
M'offre sa sève conjuguée
Au long ruisseau de nos baisers

Quoi qu'il arrive nous vivrons
Et du fond du Château des pauvres
Où nous avons tant de semblables
Tant de complices tant d'amis
Monte la voile du courage
Hissons-la sans hésiter
Demain nous saurons pourquoi
Quand nous aurons triomphé

Une longue chaîne d'amants
Sortit de la prison dont on prend l'habitude

La dose d'injustice et la dose de honte
Sont vraiment trop amères

Il ne faut pas de tout pour faire un monde il faut
Du bonheur et rien d'autre

Pour être heureux il faut simplement y voir clair
Et lutter sans défaut

Nos ennemis sont fous débiles maladroits
Il faut en profiter

N’attendons pas un seul instant levons la tête
Prenons d’assaut la terre

Nous le savons elle est à nous submergeons-la
Nous sommes invincibles

Une longue chaîne d’amants
Sortit de la prison dont on prend l’habitude

Au printemps ils se fortifièrent
L’été leur fut un vêtement un aliment
L’hiver ils crurent au cristal aux sommets bleus
La lumière baigna leurs yeux
De son alcool de sa jeunesse permanente

Ô ma maîtresse Dominique ma compagne
Comme la flamme qui s’attaque au mur sans paille
Nous avons manqué de patience
Nous en sommes récompensés

Tu veux la vie à l’infini moi la naissance
Tu veux le fleuve moi la source

Nul brouillard ne nous a voilés
Et simplement dans la clarté je te retrouve

Vois les ruines déjà du Château qu'on oublie
Il n'avait pas d'architecture définie
Il n'avait pas de toit
Il n'avait pas d'armure
Agonies et défaites y resplendissaient
La naissance y était obscure

Vois l'ombre transparente du Château des pauvres
Qui fut notre berceau notre vieille misère
Rions à travers elle
Rions du beau temps fixe qui nous met au monde

Il s'est fait un climat sur terre plus subtil
Que la montée du jour fertile
C'est le climat de nos amours
Et nous en jouissons car nous le comprenons

Il est la vérité sa clarté nous inonde

Nous étendons la fleur de la vie ses couleurs
Le meilleur de nous-mêmes
Par-delà toute nuit

Notre cœur nous conduit
Notre tendresse unit les heures

Ce matin un oiseau chante
Ce soir une femme espère
L'oiseau chante pour demain
La femme nous reproduit

Le vieux mensonge est absorbé
Par les plus drus rochers par la plus grasse glèbe
Par la vague par l'herbe
Les pièges sont rouillés

Sur la ligne droite qui mène
La cascade à son point de chute
Et sur la longue inclinaison
Qui torture le cours du fleuve
Se fixent mille points d'aplomb
Où la vue et la vie s'émeuvent
Éblouies ou se reposant

Fleuve et cascade du présent
Comme un seul battement de cœur
Pour l'unique réseau du sang
L'eau se mêle à l'espoir visible
Je vois une vallée peuplée

Des grands gardiens de l'ordre intime
L'exaltation jointe à la paix

L'homme courbé qui se redresse
Qui se délasse et crie victoire
Vers son prochain vers l'infini
Le jour souple qui se détend
Moulant la terre comme un gant
L'étincelle devient diamant
La vague enflammée un étang

Tout se retourne la moisson
Devient le grain du blé crispé
La fleur se retrouve bouton
Le désir et l'enfant s'abreuvent
De même chair de même lait
Et la nuit met sous les paupières
De l'homme et de l'eau la même ombre

La vie au cours du temps la vie
Le réel et l'imaginaire
Sont ses deux mains et ses deux yeux
Ma table pèse mon poème
Mon écriture l'articule
L'image l'offre a tout venant
Chacun s'y trouve ressemblant

Le réel c'est la bonne part
L'imaginaire c'est l'espoir
Confus qui m'a mené vers toi
À travers tant de bons refus
À travers tant de rages froides
Tant de puériles aventures
D'enthousiasmes de déceptions

Souviens-toi du Château des pauvres
De ces haillons que nous traînions
Et vrai nous croyions pavoiser
Nous reflétions un monde idiot
Riions quand il fallait pleurer
Voyions en rose la vie rouge
Absolvions ce qui nous ruinait

Dis-toi que je parle pour toi
Plus que pour moi puisque je t'aime
Et que tu te souviens pour moi
De mon passé par mes poèmes
Comment pourrais-tu m'en vouloir
Ne comptons jamais sur hier
Tout l'ancien temps n'est que chimères

De même que je t'aime enfant
Et jeune fille il faut m'aimer
Comme un homme et comme un amant
Dans ton univers nouveau-né
Nous avions tous deux les mains vides
Quand nous nous sommes abordés
Et nous nous sommes pensés libres

Il ne fallait rien renoncer
Que le mal de la solitude
Il ne fallait rien abdiquer
Que l'orgueil vain d'avoir été
En dépit de la servitude
Ô disais-tu mon cœur existe
Mon cœur bat en dépit de tout

Je ne mens jamais ni ne doute
Je t'aime comme on vient au monde
Comme le ciel éclate et règne
Je suis la lettre initiale
Des mots que tu cherchas toujours
La majuscule l'idéale
Qui te commande de m'aimer

Dans le Château des pauvres je n'ai pu t'offrir
Que de dire ton cœur comme je dis mon cœur

Sans ombre de douleur sans ombre de racines
En enfant frère des enfants qui renaîtront
Toujours pour confirmer notre amour et l'amour

Le long effort des hommes vers leur cohésion
Cette chaîne qui sort de la géhenne ancienne
Est soudée à l'or pur au feu de la franchise
Elle respire elle voit clair et ses maillons
Sont tous des yeux ouverts que l'espoir égalise

La vérité fait notre joie écoute-moi
Je n'ai plus rien à te cacher tu dois me voir
Tel que je suis plus faible et plus fort que les autres
Plus fort tenant ta main plus faible pour les autres
Mais j'avoue et c'est là la raison de me croire

J'avoue je viens de loin et j'en reste éprouvé
Il y a des moments où je renonce à tout
Sans raisons simplement parce que la fatigue
M'entraîne jusqu'au fond des brumes du passé
Et mon soleil se cache et mon ombre s'étend

Vois-tu je ne suis pas tout à fait innocent
Et malgré moi malgré colères et refus
Je représente un monde accablant corrompu

L'eau de mes jours n'a pas toujours été changée
Je n'ai pas toujours pu me soustraire à la vase

Mes mains et ma pensée ont été obligées
Trop souvent de se refermer sur le hasard
Je me suis trop souvent laissé aller et vivre
Comme un miroir éteint faute de recevoir
Suffisamment d'images et de passions
Pour accroître le poids de ma réflexion

Il me fallait rêver sans ordre et sans logique
Sans savoir sans mémoire pour ne pas vieillir
Mais ce que j'ai souffert de ne pouvoir déduire
L'avenir de mon cœur fugitif dis-le toi
Toi qui sais comment j'ai tenté de m'associer
À l'espoir harmonieux d'un bonheur assuré

Dis-le toi la raison la plus belle à mes yeux
Ma quotidienne bien-aimée ma bien-aimante
Faut-il que je ressente ou faut-il que j'invente
Le moment du printemps le cloître de l'été
Pour me sentir capable de te rendre heureuse
Au cœur fou de la foule et seule à mes côtés

Nul de nous deux n'a peur du lendemain dis-tu
Notre cœur est gonflé de graines éclatées

Et nous saurons manger le fruit de la vertu
Sa neige se dissipe en lumières sucrées
Nous le reproduirons comme il nous a conçus
Chacun sur un versant du jour vers le sommet

Oui c'est pour aujourd'hui que je t'aime ma belle
Le présent pèse sur nous deux et nous soulève
Mieux que le ciel soulève un oiseau vent debout
C'est aujourd'hui qu'est née la joie et je marie
La courbe de la vague à l'aile d'un sourire
C'est aujourd'hui que le présent est éternel

Je n'ai aucune idée de ce que tu mérites
Sauf d'être aimée et bien aimée au fond des âges
Ma limite et mon infini dans ce minuit
Qui nous a confondus pour la vie à jamais
En nous abandonnant nous étions davantage

Ce minuit-là nous fûmes les enfants d'hier
Sortant de leur enfance en se tenant la main
Nous nous étions trouvés retrouvés reconnus
Et le matin bonjour dîmes-nous à la vie
À notre vie ancienne et future et commune

À tout ce que le temps nous infuse de force.

LOUIS ARAGON

LES POÈTES (ÉPILOGUE)

LOUIS ARAGON

Après Hugo, qui aurait pensé qu'une telle force créatrice puisse naître ? Comme chez son aîné romantique, il y a une puissance d'invention inédite chez Louis Aragon, poète, prosateur, romancier, essayiste, également éditeur, animateur des *Lettres Françaises*, artiste engagé avec passion dans le communisme. La grandeur des formes littéraires n'empêchera jamais Aragon de regarder vers le peuple ; le poète verra dans l'avènement de l'U.R.S.S. une voie pour une société nouvelle. Cette adhésion ne révélera chez lui aucune faille envers le P.C.F. mais s'épuisera envers l'U.R.S.S. à partir des événements de Prague de 1968. Comme l'auteur des *Misérables*, Aragon croit en l'Homme ; cela signifie pour lui Liberté, Justice et Beauté. En rejoignant Breton et les exigences comme excès du surréalisme, Aragon possède dès ses débuts littéraires cette vision sincère, qui n'est pas sans conflit avec son époque, où l'homme est à l'écoute de ses rêves et perçoit le monde comme un jeu de correspondances et de rencontres, vivant ainsi une vie éveillée. Le jeune écrivain se fait vite remarquer avec l'un de ses premiers livres, *Le Paysan de Paris*. Ce roman raconte à travers une prose somptueuse sa découverte de la capitale, notamment celle des passages parisiens, un monde caché et commun à la fois, une sorte d'image poétique de l'ensemble de l'œuvre : l'homme du xxe siècle doit se confronter aux mouvements de son temps comme se révéler dans l'intimité de l'amour. L'Amour... Aragon lui offre des demeures nouvelles à travers des recueils remarquables, et un nom : Elsa. *Le Fou d'Elsa*, né de sa connaissance du monde arabo-andalou, est l'un des grands moments de cette somme poétique amoureuse, des pages et des pages inspirées, une déclaration sans fin, une inventivité verbale incessante. Aux côtés des grands romans (*Aurélien* ; *La Semaine Sainte* ; *Blanche ou l'Oubli* ou le cycle *Les Communistes*), la poésie d'Aragon est une narration continue et fascinée pour Elsa Triolet ; le poète y multiplie les formes d'écriture, déployant vers libres et versification, témoignant d'un héritage érudit de la poésie revisité à l'aune de la modernité. Ceux qui à partir des années 1950 hantent les caves de Saint-Germain entendront d'une oreille neuve ces poèmes. Aragon deviendra l'un des grands inspirateurs des chansonniers, trouvant par une voie populaire exigeante d'autres auditeurs, d'autres lecteurs.

LOUIS ARAGON
Les Poètes, « Épilogue »

Je me tiens sur le seuil de la vie et de la mort les yeux baissés
les mains vides
Et la mer dont j'entends le bruit est une mer qui ne rend jamais
ses noyés
Et l'on va disperser mon âme après moi vendre à l'encan mes
rêves broyés
Voilà déjà que mes paroles sèchent comme une feuille à ma
lèvre humide

J'écrirai ces vers à bras grands ouverts qu'on sente mon cœur
quatre fois y battre
Quitte à en mourir je dépasserai ma gorge et ma voix mon
souffle et mon chant
Je suis le faucheur ivre de faucher qu'on voit dévaster sa vie et
son champ

Et tout haletant du temps qu'il y perd qui bat et rebat sa faux
comme plâtre

J'ai choisi de donner à mes vers cette envergure de crucifixion
Et qu'en tombe au hasard la chance n'importe où sur moi le
couteau des césures
Il me faut bien à la fin des fins atteindre une mesure à ma
démesure
Pour à la taille de la réalité faire un manteau de mes fictions

Cette vie aura passé comme un grand château triste que tous
les vents traversent
Les courants d'air claquent les portes et pourtant aucune
chambre n'est fermée
Il s'y assied des inconnus pauvres et las qui sait pourquoi cer-
tains armés
Les herbes ont poussé dans les fossés si bien qu'on n'en peut
plus baisser la herse

Dans cette demeure en tout cas anciens ou nouveaux nous
ne sommes pas chez nous
Personne à coup sûr ne sait ce qui le mène ici tout peut-être n'est
qu'un songe
Certains ont froid d'autres ont faim la plupart des gens ont un
secret qui les ronge

De temps en temps passent des rois sans visage On se met
devant eux à genoux

Quand j'étais jeune on me racontait que bientôt viendrait la
victoire des anges
Ah comme j'y ai cru comme j'y ai cru puis voilà que je suis
devenu vieux
Le temps des jeunes gens leur est une mèche toujours retombant dans les yeux
Et ce qu'il en reste aux vieillards est trop lourd et trop court que
pour eux le vent change

Ils s'interrogent sur l'essentiel sur ce qui vaut encore qu'on
s'y voue
Ils voient le peu qu'ils ont fait parcourant ce chantier monstrueux qu'ils abandonnent
L'ombre préférée à la proie ô pauvres gens l'avenir qui n'est
à personne
Petits qui jouez dans la rue enfants quelle pitié sans borne
j'ai de vous

Je vois tout ce que vous avez devant vous de malheur de sang
de lassitude
Vous n'aurez rien appris de nos illusions rien de nos faux pas
compris

Nous ne vous aurons à rien servi vous devrez à votre tour payer le prix
Je vois se plier votre épaule À votre front je vois le pli des habitudes

Bien sûr bien sûr vous me direz que c'est toujours comme cela mais justement
Songez à tous ceux qui mirent leurs doigts vivants leurs mains de chair dans l'engrenage
Pour que cela change et songez à ceux qui ne discutaient même pas leur cage
Est-ce qu'on peut avoir le droit au désespoir le droit de s'arrêter un moment

Et vienne un jour quand vous aurez sur vous le soleil insensé de la victoire
Rappelez-vous que nous avons aussi connu cela que d'autres sont montés
Arracher le drapeau de servitude à l'Acropole et qu'on les a jetés
Eux et leur gloire encore haletants dans la fosse commune de l'histoire

Songez qu'on n'arrête jamais de se battre et qu'avoir vaincu n'est trois fois rien

Et que tout est remis en cause du moment que l'homme
de l'homme est comptable
Nous avons vu faire de grandes choses mais il y en eut
d'épouvantables
Car il n'est pas toujours facile de savoir où est le mal où est
le bien

Vous passerez par où nous passâmes naguère en vous je lis à livre
ouvert
J'entends ce cœur qui bat en vous comme un cœur me semble-
t-il en moi battait
Vous l'userez je sais comment et comment cette chose en vous
s'éteint se tait
Comment l'automne se défarde et le silence autour d'une rose
d'hiver

Je ne dis pas cela pour démoraliser Il faut regarder le néant
En face pour savoir en triompher Le chant n'est pas moins beau
quand il décline
Il faut savoir ailleurs l'entendre qui renaît comme l'écho dans
les collines
Nous ne sommes pas seuls au monde à chanter et le drame est
l'ensemble des chants

Le drame il faut savoir y tenir sa partie et même qu'une voix
se taise

Sachez-le toujours le chœur profond reprend la phrase interrompue
Du moment que jusqu'au bout de lui-même le chanteur a fait ce qu'il a pu
Qu'importe si chemin faisant vous allez m'abandonner comme une hypothèse

Je vous laisse à mon tour comme le danseur qui se lève une dernière fois
Ne lui reprochez pas dans ses yeux s'il trahit déjà ce qu'il porte en lui d'ombre
Je ne peux plus vous faire d'autres cadeaux que ceux de cette lumière sombre
Hommes de demain soufflez sur les charbons

À vous de dire ce que je vois

ANNEXES

GUILLAUME GALLIENNE

Sociétaire de la Comédie-Française

Lire à voix haute les plus grands textes du répertoire littéraire classique, c'est faire l'économie du signe et du geste. Un exercice que travaille déjà Guillaume Gallienne, comédien, acteur, chroniqueur, écrivain et réalisateur, à la scène comme à l'écran, mais qu'il lui faut abandonner entièrement au micro. Et ce qu'il fait sans affectation, avec clarté et chaleur, de cette voix devenue désormais familière aux auditeurs de France Inter. Aujourd'hui le public s'élargit avec la publication d'un deuxième ouvrage consacré à l'émission « Ça peut pas faire de mal » qui depuis 2009 rend vivant le théâtre d'une multiplicité de personnages, ceux de Shakespeare, Cervantès, Thomas Mann, Dostoïevski ou encore Marcel Proust. Les personnages prennent chair et Guillaume Gallienne devient par la force de la voix cet autre improbable, fantasmé, né de la rencontre d'un écrivain et de son lecteur. Mais qui est donc Guillaume Gallienne, me direz-vous ?

À l'en croire lui-même, la clé de l'énigme se trouve en son enfance. Né le 8 février 1972, à Neuilly-sur-Seine, dans une famille de la haute bourgeoisie parisienne – sa mère appartient à l'aristocratie russo-géorgienne et son père est un homme d'affaires –, il grandit entouré de ses frères sous le regard de sa mère qu'il admire et incarne des années plus tard au théâtre et au cinéma. Le succès de *Les Garçons et Guillaume, à table !*, monologue qu'il écrit et interprète en 2008, puis porte à l'écran cinq années plus tard, lui vaut en 2014 une pluie de récompenses, pas moins de cinq Césars. Il entre au Cours Florent avant d'intégrer le Conservatoire national supérieur d'art dramatique. Puis c'est la Comédie-Française qui lui ouvre ses portes en 1998. Guillaume Gallienne est âgé de 26 ans et enchaîne dès lors les plus grands rôles du répertoire classique sous la direction de Daniel Mesguich, Lukas Hemleb, Alain Françon, Jérôme Deschamps, Thierry de Peretti ou encore Denis Podalydès.

Aujourd'hui sociétaire de la Comédie-Française, il poursuit sa carrière de comédien et joue dans diverses pièces : *Un fil à la patte* de Georges Feydeau, *Lucrèce Borgia* de Victor Hugo, *Oblomov*, adaptée du roman d'Ivan Gontcharov. Artiste éclectique, mu par l'action, fasciné par la puissance du travestissement qui débarrasse le corps du mouvement, l'homme multiplie les expériences, notamment au cinéma et à la télévision. Il tourne avec Fabien Onteniente (*Jet set*), Gérard Krawczyk (*Fanfan la tulipe*), Gilles Lellouche et Tristan Aurouet (*Narco*), Matthieu Delaporte (*La Jungle*), Sofia Coppola (*Marie-Antoinette*), Diane Kurys (*Sagan*), Olivier Baroux (*L'Italien*), Pascal Thomas (*Ensemble, nous allons vivre une très, très grande histoire d'amour*) et Jalil Lespert (*Yves Saint Laurent*). Également passionné de danse, il écrit en 2005 le livret du ballet *Caligula* de Nicolas Le Riche et adapte en 2011 *Illusions perdues* de Balzac pour le Bolchoï. En 2006, il met en scène *Huis clos* sur une scène du nô à Tokyo et *Sur la grand-route* de Tchekhov en 2007 au Studio-Théâtre de la Comédie-Française.

Lecteur passionné de littérature, grand amoureux du texte, Guillaume Gallienne réserve sans nul doute encore aujourd'hui bien des surprises.

ÇA PEUT PAS FAIRE DE MAL

L'émission de France Inter qui invite tous les samedis soir, de 18 h 10 à 19 h, les auditeurs de France Inter à un voyage au cœur des grands textes littéraires. Des classiques du répertoire aux monologues en passant par des textes philosophiques, des pièces de théâtre ou des poèmes, Guillaume Gallienne prête sa voix aux écrivains français ou étrangers et ne s'interdit rien.

Liste non exhaustive des émissions de Guillaume Gallienne entre 2009 et 2014.

2009

Les moralistes du XVIIe siècle (septembre)
Les poèmes de Pouchkine (octobre)
Jorge Luis Borges (octobre)
Georges Simenon (novembre)
Louis Aragon (décembre)

2010

Louis-Ferdinand Céline (février)
Guy de Maupassant, (février)
Anton Tchekhov (février)
Honoré de Balzac (mars)
Miguel de Cervantes (avril)
Louis-Ferdinand Céline (août)
Albert Camus (septembre)
Alexandre Dumas, *Les Trois Mousquetaires* (novembre)
Stefan Zweig (décembre)

2011

Albert Cohen, *Belle du Seigneur* (janvier)
Philip Roth (janvier)
Milan Kundera (avril)
Romain Gary (juin)
Hermann Hesse (juin)
Léon Tolstoï, *Anna Karénine* (septembre)
James Joyce, *Ulysse* (octobre)
Robert Musil, *L'Homme sans qualités* (décembre)
William Shakespeare (décembre)

2012

Stendhal, *Le Rouge et le Noir* (janvier)
Goethe, *Les souffrances du jeune Werther* (février)
Marguerite Duras (février)
Thomas Mann, *La Montagne magique* (mars)
Flaubert, *L'Éducation sentimentale* (juillet)
Virginia Woolf (avril)
Dostoïevski (mai)
Rimbaud et Verlaine (juin)
Kafka (juin)
Émile Zola, *Les Rougon-Macquart* (septembre)
Vladimir Nabokov, *Lolita* (octobre)
Marguerite Yourcenar (octobre)
Jane Austen (novembre)

2013

Charles Baudelaire, *Les Fleurs du Mal* (janvier)
Herman Melville, *Moby Dick* (décembre)
Boris Vian, *L'Écume des jours* (mars)
Les sœurs Brontë (avril)
Ivan Tourgueniev (avril)
Dante, *La Divine Comédie* (mai)
Roland Barthes, *Fragment d'un discours amoureux* (septembre)
Doris Lessing (octobre)
Chateaubriand, *Les Mémoires d'outre-tombe* (octobre)

2014

Hemingway (janvier)
Diderot (janvier)
Oscar Wilde, *Le Portrait de Dorian Gray* (janvier)
Georges Perec, *La Vie mode d'emploi* (février)
Gogol (février)
Antoine de Saint-Exupéry (février)
Joseph Kessel, *Le Lion* (avril)
Laurence Sterne, *Tristram Shandy* (avril)
Octavio Paz (août)
Honoré de Balzac, *Le Lys dans la vallée* (septembre)
Guillaume Apollinaire, *Les Lettres à Lou* (septembre)
Goethe, *Faust* (octobre)
Alphonse Donatien de Sade (octobre)
Truman Capote, *De sang-froid* (novembre)

2015

André Chénier (janvier)
Mary Shelley, *Frankenstein* (janvier)
Boris Pasternak, *Le Docteur Jivago* (février)
Alexandre Dumas, *Le Comte de Monte Cristo* (mars)
Gustave Flaubert, *Madame Bovary* (avril)
René Char (mai)
Émile Zola, *La Curée* (mai)
Paul Éluard (juin)

L'INCONTOURNABLE ET ESSENTIELLE BIBLIOGRAPHIE

CHARLES BAUDELAIRE

Critique d'art suivi de ***Critique musicale*** [1992]. Édition de Claude Pichois, 800 p., ill., coll. Folio essais (n° 183).

Fusées, Mon cœur mis à nu, La Belgique déshabillée [première parution en 1975. Nouvelle édition en 1986]. Édition d'André Guyaux, 736 p., coll. Folio classique (n° 1727).

Le Spleen de Paris, petits poèmes en prose [première parution en 1973. Nouvelle édition en 2006]. Édition de Robert Kopp. Introduction de Georges Blin, 352 p., coll. *Poésie*/Gallimard (n° 415).

Le Spleen de Paris, petits poèmes en prose [2010]. 192 p., coll. Folio (n° 5079).

Les Fleurs du Mal [première parution en 1972]. Introduction de Claude Pichois, 352 p., coll. *Poésie*/ Gallimard (n° 85).

Les Fleurs du Mal [première parution en 1972]. Édition de Claude Pichois, 352 p., coll. Folio classique (n° 3219).

Les Paradis artificiels [première parution en 1977. Nouvelle édition en 2007]. Édition de Claude Pichois, 112 p., coll. Folio classique (n° 964).

Œuvres complètes. Édition de Claude Pichois. Nouvelle édition en 2 vol., coll. Bibliothèque de la Pléiade. Tome I : ***Les Fleurs du Mal - Poésies diverses - Le Spleen de Paris - Les Paradis artificiels - Essais et nouvelles - Théâtre - Journaux intimes - Carnet*** [1975]. 1664 p., (n° 1). Tome II : ***Critique littéraire - Critique d'art - Critique musicale - Sur la Belgique - Œuvres en collaboration - Journalisme littéraire et politique*** [1976]. 1712 p., (n° 7).

Correspondance. Édition de Claude Pichois. Avec la collaboration de Jean Ziegler. Édition en 2 vol., coll. Bibliothèque de la Pléiade. Tome I : ***1832-1860*** [1973]. 1216 p., (n° 247). Tome II : ***1860-1866*** [1973]. 1160 p., (n° 248).

GUILLAUME APOLLINAIRE

Alcools [première parution en 1920]. 144 p., coll. Blanche.

Alcools, suivi de ***Le Bestiaire*** et de ***Vitam Impedere amori*** [1966]. Illustrations de Raoul Dufy, 192 p., ill., coll. *Poésie*/ Gallimard (n° 10).

Alcools [première parution en 1920]. 256 p., ill., collection Folio (n° 5546).

Calligrammes [première parution en 1925. Nouvelle édition en 2014]. Postface de Claude Debon, suivi du fac-similé d'un exemplaire de ***Case d'Armons*** publié au front en 1915, 224 p., ill., coll. Blanche.

Calligrammes [première parution en 1925]. Préface de Michel Butor, 192 p., coll. *Poésie*/Gallimard (n° 4).

Chroniques d'art [première parution en 1960]. Édition de L.-C. Breunig, 528 p., coll. Blanche.

Chroniques d'art [première parution en 1960]. 640 p., coll. Folio essais (n° 221).

Correspondance avec les artistes [2009]. Édition de Laurence Campa et Peter Read, 960 p., ill., coll. Blanche.

La Femme assise [première parution en 1920]. 148 p., coll. Blanche.

La Femme assise [première parution en 1920]. 154 p., coll. L'Imaginaire (n° 37).

Le Flâneur des deux rives [1928]. 120 p., coll. Blanche.

Le Flâneur des deux rives, suivi de ***Contemporains pittoresques*** [première parution en 1975]. 182 p., coll. L'Imaginaire (n° 305).

Le Guetteur mélancolique [première parution en 1952]. Édition de Robert Mallet et Bernard Poissonnier. Préface d'André Salmon, 144 p., coll. Blanche.

Le Guetteur mélancolique suivi de ***Poèmes retrouvés*** [1970]. 256 p., coll. *Poésie*/ Gallimard (n° 57).

L'Enchanteur pourrissant, suivi de ***Les Mamelles de Tirésias*** et de ***Couleur du temps*** [1972]. Édition de Michel Décaudin. Illustrations d'André Derain, 256 p., ill., coll. *Poésie*/ Gallimard (n° 80).

Le Poète assassiné [première parution en 1947]. Édition de Michel Décaudin, 320 p., coll. *Poésie*/Gallimard (n° 127).

Les Diables amoureux [première parution en 1964]. Préface et notes de Michel Décaudin, 288 p., coll. Blanche.

Lettres à Lou [1969]. Préface et notes de Michel Décaudin, 544 p., ill., coll. Blanche.

Lettres à Lou [première parution en 1969. Nouvelle édition en 2010]. Édition de Laurence Campa. Préface et notes de Michel Décaudin, 548 p., ill., coll. L'Imaginaire (n° 593).

Lettres à Madeleine suivi de ***Tendre comme le souvenir*** [2005]. Édition de Laurence Campa, 472 p., ill., coll. Blanche.

Lettres à Madeleine suivi de ***Tendre comme le souvenir*** [première parution en 2005]. Édition de Laurence Campa, 528 p., ill., collection Folio (n° 4428).

Lettres à sa marraine [1951]. Introduction et notes de Marcel Adéma, 112 p., coll. Blanche.

Poème à Lou, précédé d'***Il y a*** [1969]. Préface de Michel Décaudin, 256 p., coll. *Poésie*/Gallimard (n° 44).

Tendre comme le souvenir [1952]. 356 p., coll. Blanche.

Tendre comme le souvenir [première parution en 1952]. 378 p., coll. L'Imaginaire (n° 361).

Œuvres poétiques complètes. Édition de Marcel Adéma et Michel Décaudin. Édition en 1 vol., coll. Bibliothèque de la Pléiade. ***Le Bestiaire - Alcools - Vitam impendere amori - Calligrammes - Il y a - Poèmes à Lou - Le Guetteur mélancolique - Poèmes à Madeleine - Poèmes à la marraine - Poèmes retrouvés - Poèmes épistolaires - Poèmes inédits.*** Théâtre : ***Les Mamelles de Tirésias - Couleur du temps - Casanova*** [1956]. 1344 p., (n° 121).

Œuvres en prose complètes. Édition de Pierre Caizergues et Michel Décaudin. Édition en 3 vol., coll. Bibliothèque de la Pléiade.

—

Tome I. Édition de Michel Décaudin : Contes et récits : ***L'Enchanteur pourrissant - L'Hérésiarque et Cie - Le Poète assassiné - Contes écartés du « Poète assassiné » - La Femme assise - Contes retrouvés - La Fin de Babylone - Les Trois Don Juan - La Femme blanche des Hohenzollern.*** Théâtre : ***La Température - Le Marchand d'anchois - Jean-Jacques - La Colombelle - Fragments divers.*** Cinéma : ***La Bréhatine - C'est un oiseau qui vient de France*** [1977]. 1584 p., (n° 267).

—

Tome II. Édition de Pierre Caizergues et Michel Décaudin : Écrits sur l'art : ***Méditations esthétiques - Les Peintres cubistes - Fragonard et l'Amérique - Chroniques et paroles sur l'art.*** Critique littéraire : ***La Phalange nouvelle - Les Poèmes de l'année - Les Poètes d'aujourd'hui - L'Antitradition futuriste - L'Esprit nouveau et les Poètes.*** Chroniques et articles : ***Théories et polémiques - Portraits et silhouettes - Critique - Variétés. Échos sur les lettres et les arts*** [1991]. 1872 p., (n° 382).

—

Tome III : Édition de Pierre Caizergues et Michel Décaudin : ***Le Flâneur des deux rives - La Vie anecdotique - Chroniques et échos - Les Diables amoureux.*** Appendices : ***Essai sur la littérature sotadique au XIXe siècle - L'Arétin et son temps - Lettre à Louis Chadourne.*** Textes érotiques : ***Les Onze Mille Verges - Les Exploits d'un jeune Don Juan.*** Théâtre : ***Un buveau d'absinthe qui a lu Victor Hugo - À la cloche de bois - Revue de l'année : La Vérité sur la vie et le théâtre.*** Contes : ***Un vol à la cour de Prusse - Le Roi Lune - Héloïse ou Dieu même. Chroniques et échos*** [1993]. 1632 p., (n° 399).

PAUL ÉLUARD

Capitale de la douleur [1926]. 156 p., coll. Blanche.

Capitale de la douleur suivi de ***L'Amour la poésie*** [première parution en 1964]. Préface d'André Pieyre de Mandiargues, 256 p., coll. *Poésie*/Gallimard (n° 1).

Donner à voir [1939]. 224 p., coll. Blanche.

Donner à voir [première parution en 1939]. 224 p., coll. *Poésie*/Gallimard (n° 122).

J'ai un visage pour être aimé [2009]. Préface d'André Velter, 448 p., coll. *Poésie*/Gallimard (n° 447).

L'Amour la poésie [1929]. 136 p., coll. Blanche.

La Vie immédiate précédé de ***L'Évidence poétique*** et suivi de ***La Rose publique*** et de ***Les Yeux fertiles*** [1967]. 256 p., coll. *Poésie*/Gallimard (n° 18).

Le Livre ouvert [1947]. 240 p., coll. Blanche.

Le Livre ouvert [première parution en 1947]. 192 p., coll. *Poésie*/Gallimard (n° 101).

Les Mains libres [première parution en 1947]. 160 p., coll. *Poésie*/Gallimard (n° 445).

Les Sentiers et les Routes de la Poésie [1954]. 176 p., coll. Blanche.

Lettres à Gala [1984]. Édition de Pierre Dreyfus. Préface de Jean-Claude Carrière, 528 p., ill., coll. Blanche.

Une leçon de morale [1949]. 184 p., coll. Blanche.

Une leçon de morale [première parution en 1949]. 192 p., coll. *Poésie*/Gallimard (n° 157).

Œuvres complètes. Édition de Marcelle Dumas et Lucien Scheler. Édition en 2 vol., coll. Bibliothèque de la Pléiade.

—

Tome I : **1913-1945** [1968]. 1760 p., (n° 200).

—

Tome II : **1945-1953** [1968]. 1520 p., (n° 201).

Poèmes politiques [1948].
Préface de Louis Aragon,
60 p., coll. Blanche.

Poésie ininterrompue
[1946]. 96 p., coll. Blanche.

Poésie ininterrompue
[première parution en 1946].
160 p., coll. *Poésie*/Gallimard
(nº 39).

Poésies [1971].
Préface de Claude Roy.
Illustrations de Max Ernst,
224 p., ill., coll. *Poésie*/
Gallimard (nº 65).

LOUIS ARAGON

Anicet ou le Panorama, roman [1921]. 208 p.,
coll. Blanche.

Anicet ou le Panorama, roman [première parution
en 1921]. 288 p., coll. Folio
(nº 195).

Aurélien [1944].
576 p., coll. Blanche.

Aurélien
[première parution en 1944].
704 p., coll. Folio (nº 1750).

Blanche ou l'Oubli [1967].
524 p., coll. Blanche.

Blanche ou l'Oubli
[première parution en 1967].
544 p., coll. Folio (nº 792).

Elsa [1959]. 136 p.,
coll. Blanche.

Elsa
[première parution en 1959].
Postface d'Olivier Barbarant,
156 p., coll. *Poésie*/Gallimard
(nº 444).

Henri Matisse, roman [1998].
868 p., ill., coll. Quarto.

La Mise à mort [1965].
432 p., coll. Blanche.

La Mise à mort
[première parution en 1965].
544 p., coll. Folio (nº 314).

La Semaine Sainte [1958].
608 p., coll. Blanche.

La Semaine Sainte
[première parution en 1958].
848 p., coll. Folio (nº 3099).

Le Crève-cœur
[première parution en 1941].
88 p., coll. Blanche.

Le Nouveau Crève-cœur
[1948]. 128 p., coll. Blanche.

Le Crève-cœur - Le Nouveau Crève-cœur [1980].
192 p., coll. *Poésie*/Gallimard
(nº 137).

Le Fou d'Elsa [1963].
464 p., coll. Blanche.

Le Fou d'Elsa
[première parution en 1963].
560 p., coll. *Poésie*/Gallimard
(nº 376).

Le Libertinage [1924].
294 p., coll. Blanche.

Le Libertinage [première
parution en 1924]. 294 p.,
coll. L'Imaginaire (nº 9).

Le Mentir-vrai [1980].
552 p., coll. Blanche.

Le Mentir-vrai
[première parution en 1980].
688 p., coll. Folio (nº 3001).

Le Mouvement perpétuel
précédé de ***Feu de joie***
et suivi d'***Écritures automatiques*** [1970]. Préface
d'Alain Jouffroy, 160 p.,
coll. *Poésie*/Gallimard (nº 54).

Le Paysan de Paris [1926].
264 p., coll. Blanche.

Le Paysan de Paris
[première parution en 1926].
256 p., coll. Folio (nº 782).

Le Roman inachevé [1956].
244 p., coll. Blanche.

Le Roman inachevé
[première parution en 1956].
Préface d'Étiemble, 256 p.,
coll. *Poésie*/Gallimard (nº 7).

Les Aventures de Télémaque
[1922]. 136 p., coll. Blanche.

Les Aventures de Télémaque
[première parution en 1922].
104 p., coll. L'Imaginaire
(nº 370).

Les Beaux Quartiers
[première parution en 1970].
528 p., coll. Blanche.

Les Beaux Quartiers
[première parution en 1970].
640 p., coll. Folio (nº 241).

Les Cloches de Bâle
[première parution en 1968].
384 p., coll. Blanche.

Les Cloches de Bâle
[première parution en 1968].
448 p., coll. Folio (nº 791).

Les Poètes [1960].
224 p., coll. Blanche.

Les Poètes [première parution
en 1960]. 264 p., coll. *Poésie*/
Gallimard (nº 114).

Les Voyageurs de l'impériale
[première parution en 1942].
660 p., coll. Blanche.

Les Voyageurs de l'impériale
[première parution en 1942].
768 p., coll. Folio (nº 120).

Lettres à André Breton [2011].
480 p., ill., coll. Blanche.

Théâtre/Roman [1974].
458 p., coll. Blanche.

Théâtre/Roman
[première parution en 1974].
532 p., coll. L'Imaginaire
(nº 381).

Traité du style [1928].
244 p., coll. Blanche.

Traité du style
[première parution en 1928].
238 p., coll. L'Imaginaire
(nº 59).

Œuvres poétiques complètes.
Édition publiée sous la
direction d'Olivier Barbarant.
Édition en 2 vol., coll.
Bibliothèque de la Pléiade.
—
Tome I : Édition publiée sous
la direction d'Olivier
Barbarant avec la
collaboration de Daniel
Bougnoux, François Eychart,
Marie-Thérèse Eychart,
Nathalie Limat-Letellier
et Jean-Baptiste Para. Préface
de Jean Ristat : ***Feu de joie
- Traductions et textes épars
(1917-1922) - Une vague
de rêves - Le Mouvement
perpétuel - Le Paysan de Paris
- Écritures automatiques
- La Chasse au Snark
- La Grande Gaîté
- Textes épars (1924-1930)
- Persécuté persécuteur -
- Aux enfants rouges***

- Hourra l'Oural
- La Naissance de la Paix
- Traductions et textes épars (1932-1938) - Le Crève-cœur
- Les Yeux d'Elsa - Brocéliande
- En étrange pays dans mon pays lui-même - Le Musée Grévin - La Diane française
- Cinq sonnets de Pétrarque
- Le Nouveau Crève-cœur
- Mes caravanes et autres poèmes - Traductions et textes épars (1943-1954) [2007]. 1776 p., ill., (n° 533).

—

Tome II : Édition publiée sous la direction d'Olivier Barbarant avec la collaboration de Jamel Eddine Bencheikh, François Eychart, Marie-Thérèse Eychart, Philippe Forest et Bernard Leuilliot. Préface de Jean Ristat : ***Les Yeux et la Mémoire*** *- Le Roman inachevé - Elsa*
- Les Poètes - Le Fou d'Elsa
- Le Voyage de Hollande et autres poèmes - Il ne m'est Paris que d'Elsa - Élégie à Pablo Neruda - Les Chambres
- Les Adieux et autres poèmes
- Traductions et textes épars (1958-1982) - Écrits sur la poésie (choix de textes) [2007]. 1744 p., ill., (n° 534).

Œuvres romanesques complètes. Édition publiée sous la direction de Daniel Bougnoux. Édition en 5 vol., coll. Bibliothèque de la Pléiade.

—

Tome I : Édition publiée sous la direction de Daniel Bougnoux avec la collaboration de Philippe Forest : *Anicet ou Le panorama, roman - Les Aventures de Télémaque - Le Libertinage*
- La Défense de l'infini - Les Cloches de Bâle [1997]. 1392 p., (n° 436).

—

Tome II : Édition publiée sous la direction de Daniel Bougnoux avec la collaboration de Raphaël Lafhail-Molino : *La Sainte Russie - Les Beaux Quartiers*
- Un Roman commence sous vos yeux - Les Voyageurs de l'impériale - Servitude et grandeur des Français
- Les Portraits - Les Contes de quarante années [2000]. 1552 p., (n° 463).

—

Tome III : Édition publiée sous la direction de Daniel Bougnoux avec la collaboration de Bernard Leuilliot : *Aurélien*
- Les Communistes [I à III]. Document : « Il y avait eu de grands signes dans le ciel... » [2003]. 1744 p., (n° 493).

—

Tome IV : Édition publiée sous la direction de Daniel Bougnoux avec la collaboration de Bernard Leuilliot et Nathalie Piégay-Gros : *Les Communistes* [IV et V]
- Les Rendez-vous romains
- La Semaine Sainte
- Chproumpph - L'Inconnue du Printemps - Histoire de Fred et Roberto - Damien ou Les Confidences - Shakespeare en meublé - Pastorale dernier cri - Les Histoires
- La Machine à tuer le temps
- Le Mentir-vrai [2008]. 1760 p., (n° 545).

—

Tome V : Édition publiée sous la direction de Daniel Bougnoux avec la collaboration de Philippe Forest. Préface de Jean Ristat : ***La Mise à mort.*** Appendices : Prière d'insérer de l'édition originale - Préface à « Murmure ». ***L'Aveugle*** *- Blanche ou l'Oubli.* Appendice : Prière d'insérer de l'édition originale.
Le Feu mis - Prénatalité - Tuer n'est pas jouer - Mini mini mi - Le contraire-dit - La Valse des adieux - Théâtre/Roman. Appendices : Version ancienne de « Daniel ou Le Metteur en scène » - Fin retranchée de « Maintenant l'imaginaire ? » - Aragon parle de son nouveau roman (*Le Monde*, 29 mars 1974) - Prière d'insérer de l'édition Gallimard. [2012]. 1616 p., (n° 584).

CE QUE CONTIENNENT LES DISQUES AUDIO

ÇA PEUT PAS FAIRE DE MAL

Conception éditoriale et présentation : Guillaume Gallienne
Émissions préparées par Estelle Gapp et Laura El Makki
Collaboration artistique, réalisation : Xavier Pestuggia (France Inter)
Mastering : Alain Joubert (Radio France)

CD1

Baudelaire
Avec les poèmes suivants :
« La Voix »
« Au lecteur »
« L'Invitation au voyage »
« L'Albatros »
« Le Voyage »
« La Chevelure »
« À une passante »
« Les Petites Vieilles »
« Rêve parisien »
« Le Chat »
« Le Poison »
« Spleen »
« L'Horloge »
« Une charogne »
« À celle qui est trop gaie »
Durée 38'19 © 2013

Apollinaire, *Lettres à Lou*
Durée 38'11 © 2014

CD2

Éluard
« Essai de simulation de la paralysie générale »
« Liberté », extrait de *Poésie et Vérité* (1942)
« Victoire de Guernica », extrait de *Cours naturel* (1938)
« À Pablo Picasso », extrait du recueil *Donner à voir* (1939)
« La courbe de tes yeux », « Ta chevelure d'orange », « Ta bouche aux lèvres d'or », « Celle de toujours, toute », extraits de *Capitale de la douleur* (1926)
« La terre est bleue comme une orange », extrait du recueil *L'Amour la poésie* (1929)
« La Dame de carreau », extrait du recueil *Les dessous d'une vie* (1926).
« Dors », récit de rêve, extrait de *La vie immédiate* (1932)
« Belle épouse... », extrait de *Livre ouvert* (1942)
« Vingt-huit novembre mil neuf cent quarante six... », « Limites du malheur », « Ma morte vivante », « Notre vie », extraits du recueil *Le temps déborde* (1947), publié sous le pseudonyme Didier Desroches
« Dominique aujourd'hui présente », extrait du recueil *Le Phénix* (1951)
« Le Château des Pauvres », extrait de *Poésie ininterrompue*, ouvrage posthume (1953)
Durée 37'30 © 2015

Aragon, *Épilogue*
Durée 4'40 © 2009

ILLUSTRATIONS MUSICALES

CD1 / BAUDELAIRE / APOLLINAIRE

Baudelaire
Philippe Dubosson, « Tableau blanc » / 1'17
Fabrice Ravel-Chapuis, « À rebours » / 1'30
Piotr Moss, « La tête dans l'eau » / 40"
Régis Campo, « The life and soul of his imagined landscape pour 3 quatuors à cordes » / 3'24
Philippe Dubosson, « Tableau blanc » / 45"
Philippe Dubosson, « Tableau blanc » / 1'30
Philippe Dubosson, « Tableau blanc » / 1'17
Piotr Moss, « La tête dans l'eau » / 40"
François Elie Roulin, « Trombone Harpe » /1'25
François Elie Roulin, « Les amants » / 38"
Fabrice Ravel-Chapuis, « En retard » / 56"
Fabrice Ravel-Chapuis, « En retard » / 46"
Philippe Dubosson, « Après » / 1'10
Philippe Dubosson, « Tableau blanc » / 1'17
Régis Campo, « The life and soul of his imagined landscape pour 3 quatuors à cordes » / 3'24

Apollinaire
Fabrice Ravel-Chapuis, « Many tears » / 1'33
Fabrice Ravel-Chapuis, « Le déjeuner » / 41"
Fabrice Ravel-Chapuis, « Le déjeuner » / 47"
Philippe Dubosson, « Tableau blanc » / 49"
Fabrice Ravel-Chapuis, « Êtes-vous comme ci ? » / 2'
Fabrice Ravel-Chapuis, « L'oriental, le crime » / 57"
Fabrice Ravel-Chapuis, « L'oriental, le crime » / 37"
Philippe Dubosson, « Les roches de Kador » / 1'45
Philippe Dubosson, « Après » / 55"
Philippe Dubosson, « Après » / 16"
Fabrice Ravel-Chapuis, « Aux lendemains » / 36"
Fabrice Ravel-Chapuis, « Midtown, suite partie 3 » / 2'12
Fabrice Ravel-Chapuis, « Many tears » / 1'10

CD2 / ÉLUARD / ARAGON

Éluard
Philippe Dubosson, « L'enfant de Paris » / 1'26
Monty Adkins, « Panel 1 to Luke » / 1'09 – Radio France/ Signature – CD « Five panels » Référence SIG 11063
Piotr Moss, « Passage à l'étrange » / 1'22 – Radio France/ Signature – CD « Départs » Référence SIG 11039
Philippe Dubosson, « Tableau blanc » / 1'09
Fabrice Ravel-Chapuis, « L'oriental, le destin » / 55"
Dominique Vasseur, « Une esquisse de paysage imaginaire » / 1'28 – Radio France/Signature – CD « Dans le souffle des ombres » Référence SIG 11007
Fabrice Ravel-Chapuis, « Ainsi de suite » / 52"
Fabrice Ravel-Chapuis, « Gloom » / 1'38
Piotr Moss, « La tête dans l'eau » / 1'57 – Radio France/Signature – CD « Départs » Référence SIG 11039
Philippe Dubosson, « Un enfant » / 1'04
Philippe Dubosson, « Un enfant » / 24"
Monty Adkins, « Panel 1 to Rose » / 1'55 – Radio France/ Signature – CD « Five panels » Référence SIG 11063
Piotr Moss, « Passage à l'étrange » / 20" – Radio France/ Signature – CD « Départs » Référence SIG 11039
Fabrice Ravel-Chapuis, « Les yeux clos » / 1'34
Philippe Dubosson, « Sortilège » / 1'07
Philippe Dubosson, « Sortilège » / 50"

ÉDITION

GALLIMARD

Conception éditoriale : Franck Fertille
Édition déléguée : Marie Thomas
Direction artistique : Anne Lagarrigue
Conception graphique : Pascal Guédin
Mise en page : Daniel Collet et Dominique Guillaumin
Relecture-correction : Dominique Valentinelli et Daniel Debonnet
Chef de fabrication : Christophe de Mullenheim
Fabrication : Annette Istasse

Rédaction de la biographie des auteurs : Marc Blanchet

RADIO FRANCE

Direction de France Inter : Laurence Bloch
Direction des Éditions : Magali Fourmaintraux
Coordination éditoriale : Anne-Julie Bémont et Marie-Annick Huet
Avec l'aimable collaboration de Laura El Makki, Estelle Gapp et Xavier Pestuggia

Couverture : Photo © Ward Ivan Rafik (détail)
Illustrations (intérieur) : Pascal Guédin

Cet ouvrage est composé
en Fedra Sans dessinée par Peter Bil'ak
et en Brioni / Brioni Sans, dessinées
par Nikola Djurek pour Typotheque.
Papier : Mediopaque Hochweiss 80 g/m² (intérieur).
Achevé d'imprimer en octobre 2015
sur les presses de Grafica Veneta, Trebasseleghe
Dépôt légal : octobre 2015
ISBN : 978-2-07-010831-2
Imprimé en Italie
Numéro d'édition : 291670